9급, 7급, 행정사, 군무원, 공사공단 대비

NEW 김규대
비주얼 행정학

단원별
기출문제
1200제 1권

김 규 대 행 정 학

(주) K&P TRADERS

머리말 ··· Preface

안녕하세요.
행정학을 바라보는 새로운 시선, 비주얼 행정학 김규대입니다.
"기출 올인원, 단기로 충분합니다."

올해 기출문제집을 준비하면서 가장 중요하게 생각했던 부분은 행복이(행정학을 정복하려는 이들) 여러분들께서 가장 편하게, 그리고 효율적으로 기출을 학습하실 수 있도록 교재를 구성하는 것이었습니다. 그래서 작년 교재와 최신 기출문제 중 필수 문제들을 엄선하여 김규대 행정학 단원별 기출문제집 1200제와 2) 김규대 행정학 기출문제 진도별 모의고사(기진모) 두 가지의 기출문제집을 출간하게 되었습니다.

[기출문제 진도별 모의고사(기진모)]는 강의를 들은 후 수업 진도에 맞춰 바로 문제를 풀어볼 수 있도록 기본서 목차대로 배열했습니다. 2010년부터 2025년까지 16년간 기출문제들을 면밀히 분석한 후 반드시 알아야 할 필수 문제를 총 240제 엄선했으며, 단원별 출제 비중을 고려하여 총 12회 기출모의고사를 구성했습니다. 중요한 논점들을 빠지지 않고 충분히 연습할 수 있도록 단원마다 2회분의 회차를 제공함으로써(단, 6~7단원은 시험 범위를 고려하여 두 단원을 합쳐서 제공) 빈출 정도나 내용의 강약도 십분 반영했습니다. [단원별 기출문제집 1200제]와 함께 활용한다면 최적의 학습 효과를 얻을 수 있다고 자부합니다.

공무원 시험에서 기출문제가 중요하다는 것은 잘 아시겠지만, 이를 회독하고, 또 완전히 이해하는 것에는 정말 많은 시간과 노력이 필요합니다. 본 교재는 강의로 학습한 후 혼자 회독하기에도 가장 효율적으로 구성한 교재라는 것을 자신 있게 말씀드립니다. 올해 행정학은 기출 올인원 "단기"와 함께라면 더욱더 완벽하게 준비하실 수 있습니다.

"여러분도 행정학을 정복하실 수 있습니다."
처음 행정학을 접하는 분들은 방대한 양을 암기하는 것에 대해 가장 걱정하십니다. 그리고 행정학이라는 과목 자체가 실생활에서 쉽게 접하는 내용도 아니고, 처음 배우다 보니 더 낯선 감정을 가지게 되는 것 같습니다. 하지만 충분히 정복하실 수 있습니다. 저는 해당 내용이 눈앞에 잘 그려질 수 있어야 좋은 설명이라고 생각합니다. 그래서 항상 이 부분을 어떻게 설명하면 더 쉽게 이해할 수 있을지 끊임없이 고민합니다. 이에 도식화로 행정학을 표현하고, 행정학 개념은 실생활에서 쉽게 접할 수 있는 내용과 연계해서 설명을 해드리려고 노력합니다. 이렇게 추상적인 이론이 현실적으로 피부에 와닿도록 시각화, 도식화하는 과정을 저의 비주얼 행정학 커리큘럼에 담았고, 커리큘럼을 따라 비주얼 행정학만의 복습 프로그램까지 진행하다 보면 어느덧 자연스럽게 행정학을 정복하게 될 것이라고 확신합니다.

"공부의 가속도가 붙는 것이 중요합니다."

수험생들은 공부하다 보면 자신에게 끊임없이 "과연 내가 합격할 수 있을까?"라는 의문을 갖게 됩니다. 이런 고민을 하다 보면 그 생각에 빠지게 되고, 더 불안하고 초조해집니다. 하지만 이런 생각을 하기보다 "나는 반드시 합격한다. 다만 그 시간을 단축시킬 수 있는 방법은 무엇일까?"라는 앞을 향한 질문을 던지셔야 합니다. 처음 기출문제집을 공부하시다 보면 이런 문제들을 내가 과연 시험장에서 1분 안에 풀어낼 수 있을까 하는 생각이 들 것입니다. 결론부터 말하자면 분명히 하실 수 있고, 오히려 실전에서 더 빨리 풀 수 있습니다. 공부의 가속도가 붙기 시작하면 나중에 그 속도는 어마어마하게 빨라지기 때문입니다. 여러분은 이제 저와 함께 본격적으로 출발선에 섰습니다. 달리십시오! 얼마의 시간이 흐르면 결승선에서 기쁨의 눈물을 흘릴 수 있는 멋진 주인공이 될 것입니다.

"감사하고, 또 감사합니다."

이 교재가 출간되기까지 항상 연구실의 기둥이 되어 최선을 다해주신 연구실장님과 애써주신 연구실 가족 여러분들께 진심으로 감사하다는 말씀을 전합니다. 좋은 교재와 강의를 만들고 싶어 하는 저의 바람을 항상 이해해주고 늘 같은 마음으로 지지해주셔서 감사합니다. 그리고 부족한 저에게 힘이 되어주는 저의 가족들에게도 진심으로 감사하다는 말씀을 전합니다. 마지막으로, 절 믿고, 선택해주신 많은 분들께 합격이라는 행복만 드릴 수 있도록 최선을 다하는 김규대가 되겠습니다. 감사합니다.

김규대 드림

책의 구성 및 특징 ··· Guide

대표문제
각 절마다 대표문제를 엄선하여 전면 배치함으로써 해당 단원의 기출문제 특징을 쉽게 파악할 수 있습니다. 전체적으로 기출문제를 학습한 다음 대표문제 위주로 회독해도 출제경향과 흐름을 직관적으로 알 수 있습니다.
또한 모든 기출문제에는 '출제유형, 출제영역, 출제빈도, 난도'를 분석 표기했습니다.

행복노트와의 완벽한 연계
행정학 도식화로 유명한 〈행복노트〉의 주요 내용을 해설에 담았습니다. 라서 본서의 해설만으로도 행정학을 해하기 쉽고 효율적으로 학습하실 수 있습니다.

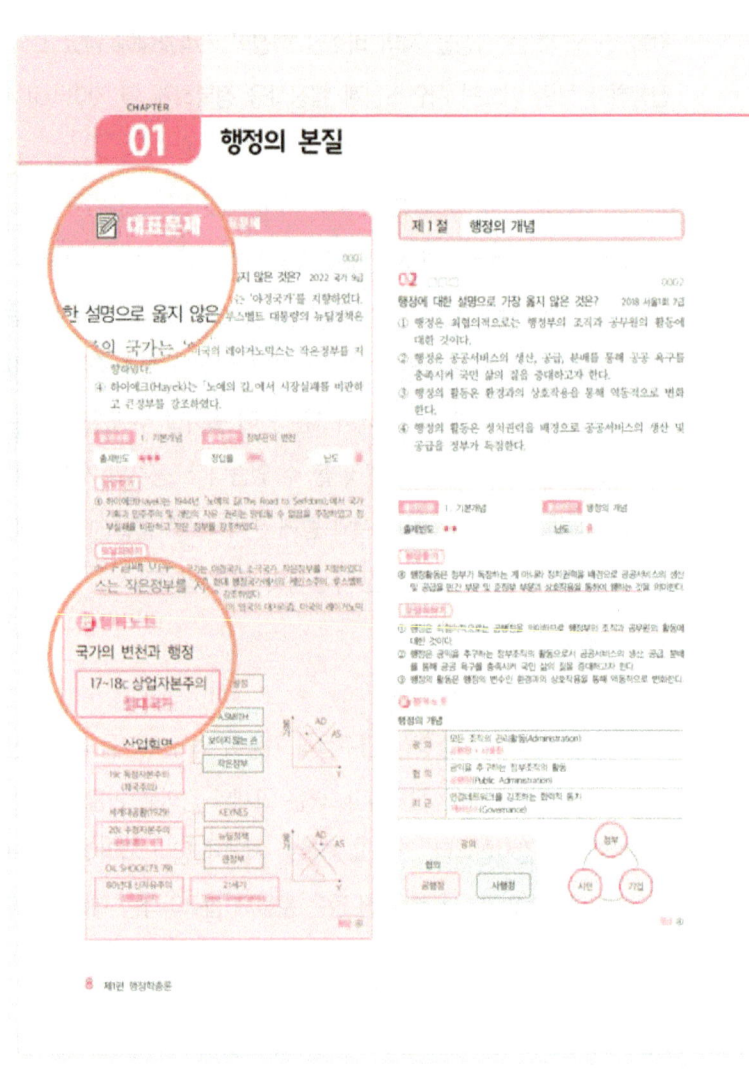

김규대 행정학
단원별 기출문제집
1200제

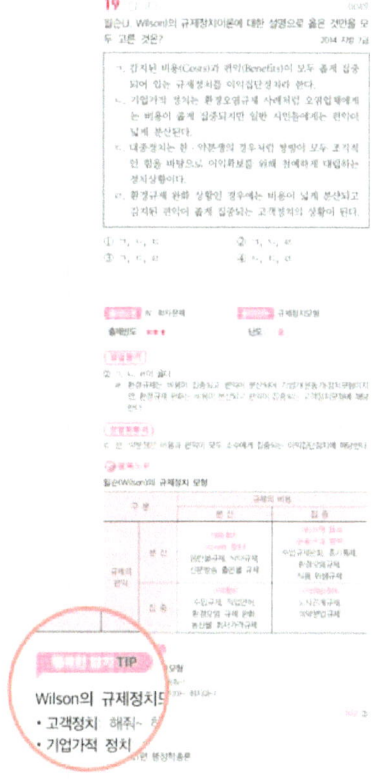

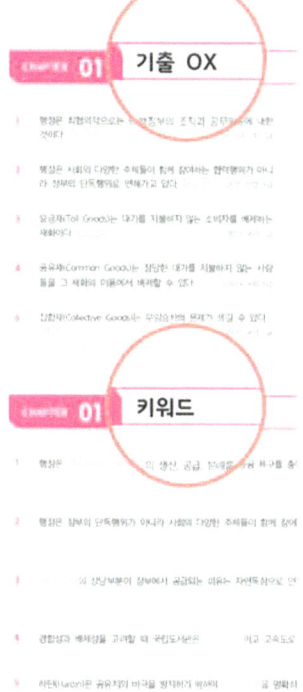

기출 OX와 기출 키워드
단원마다 꼭 알아야 할 기출 OX와 키워드를 추가 수록했습니다. 객관식 문제풀이 이후 필수 지문만 따로 떼어 꼼꼼하게 학습함으로써 찍기의 요행을 배제하고 중요 지문을 탄탄히 숙지할 수 있습니다.

행복한 암기 TIP
수업을 들으면서 보다 편리하고 효과적으로 복습할 수 있도록 김규대 선생님만의 암기 TIP을 장착했습니다. 암기만 읽어도 음성지원 되는 느낌을 받으실 것입니다.

차례 ··· Contents

1권

제1편 행정학총론

CHAPTER 01 행정의 본질	10
CHAPTER 02 행정환경과 역할	27
CHAPTER 03 행정의 지향과 가치	54
CHAPTER 04 행정학의 이해와 주요이론	73

제2편 정책론

CHAPTER 01 정책과 정책학	124
CHAPTER 02 정책의제	140
CHAPTER 03 정책분석과 미래예측	168
CHAPTER 04 정책결정	180
CHAPTER 05 정책집행	208
CHAPTER 06 정책평가와 환류	224
CHAPTER 07 기 획	251

제3편 조직관리이론

CHAPTER 01 조직론의 기본적 이해	254
CHAPTER 02 조직의 구조와 형태	270
CHAPTER 03 조직관리의 이해	314
CHAPTER 04 조직의 인간관과 동기부여	336
CHAPTER 05 조직과 환경적응	355

김규대 행정학
단원별 기출문제집
1200제

2권

제 4 편 인사행정론

CHAPTER 01 인사행정의 이론적 기초 — 6
CHAPTER 02 공직의 분류 — 26
CHAPTER 03 공무원의 임용과 능력발전 — 53
CHAPTER 04 공무원의 동기부여 — 76
CHAPTER 05 공무원의 통제 — 89

제 5 편 재무행정론

CHAPTER 01 재무행정의 기초 — 118
CHAPTER 02 예산결정이론과 예산과정 — 161
CHAPTER 03 예산행태와 예산개혁 — 188

제 6 편 행정환류론

CHAPTER 01 행정통제론 — 210
CHAPTER 02 미래의 행정 — 224
CHAPTER 03 정보사회와 행정 — 229

제 7 편 지방자치론

CHAPTER 01 지방자치의 이해 — 254
CHAPTER 02 지방자치의 체계 — 262
CHAPTER 03 지방자치단체의 기관 — 277
CHAPTER 04 주민의 참여 — 284
CHAPTER 05 지방재정 — 299
CHAPTER 06 정부 간 관계 — 319

김규대 행정학
단원별 기출문제집
1200제

제 **1** 편

행정학총론

Chapter 01 행정의 본질
Chapter 02 행정환경과 역할
Chapter 03 행정의 지향과 가치
Chapter 04 행정학의 이해와 주요이론

CHAPTER 01 행정의 본질

대표문제

01 □□□   0001

정치·행정이원론에 대한 설명으로 옳지 않은 것은?

                                               2024 국가 7급

① 엽관주의 극복을 위한 반엽관주의(anti-spoils system) 움직임에 따라 대두되었다.
② 부패한 정치로부터 행정의 분리를 주장했다.
③ 행정의 정책형성기능 강화로 인해 기능적 행정학을 추구했다.
④ 윌슨(W. Wilson)은 행정을 관리와 경영의 영역으로 규정했다.

출제유형	Ⅰ. 기본개념	출제영역	정치와 행정의 관계
출제빈도	★★★	정답률	65%	난도	중

정답찾기
③ 행정의 정책형성기능 강화로 인해 기능적 행정학을 추구했다는 설명은 정치행정일원론에 해당한다. 정치·행정이원론은 행정의 정책형성기능을 인정하지 않고, 행정은 정책집행에 국한되어야 한다고 본다.

오답피하기
① 엽관주의 극복을 위한 반엽관주의(anti-spoils system) 움직임에 따라 대두되었다. 미국에서 정치적 후원에 따라 공직을 배분하는 엽관주의에 대한 반발로 정치와 행정의 분리를 강조하는 이원론이 등장했다.
② 부패한 정치로부터 행정의 분리를 주장했다. 정치·행정이원론은 부패한 정치권으로부터 행정의 전문성과 중립성을 보호하고자 했다.
④ 윌슨(W. Wilson)은 행정을 관리와 경영의 영역으로 규정했다. 그는 행정의 연구(The Study of Administration)에서 행정은 경영의 영역이라고 주장했다.

행복노트
국가의 변천과 행정

```
          정치              경영
      결정              관리(집행)
      공익                 능률
      가치              가치중립
     (value)    행정       (fact)

   정치행정 일원론      정치행정 이원론
   공사행정 이원론      공사행정 일원론
  Dimock, Appleby, Sayre…   Wilson, Gulick, Goodnow…
```

정답 ③

제1절 행정의 개념

02 □□□   0002

행정에 대한 설명으로 가장 옳지 않은 것은?   2018 서울1회 7급

① 행정은 최협의적으로는 행정부의 조직과 공무원의 활동에 대한 것이다.
② 행정은 공공서비스의 생산, 공급, 분배를 통해 공공 욕구를 충족시켜 국민 삶의 질을 증대하고자 한다.
③ 행정의 활동은 환경과의 상호작용을 통해 역동적으로 변화한다.
④ 행정의 활동은 정치권력을 배경으로 공공서비스의 생산 및 공급을 정부가 독점한다.

출제유형	Ⅰ. 기본개념	출제영역	행정의 개념
출제빈도	★★			난도	중

정답찾기
④ 행정활동은 정부가 독점하는 게 아니라 정치권력을 배경으로 공공서비스의 생산 및 공급을 민간 부문 및 준정부 부문과 상호작용을 통하여 행하는 것을 의미한다.

오답피하기
① 행정은 최협의적으로는 공행정을 의미하므로 행정부의 조직과 공무원의 활동에 대한 것이다.
② 행정은 공익을 추구하는 정부조직의 활동으로서 공공서비스의 생산, 공급, 분배를 통해 공공 욕구를 충족시켜 국민 삶의 질을 증대하고자 한다.
③ 행정의 활동은 행정의 변수인 환경과의 상호작용을 통해 역동적으로 변화한다.

행복노트
행정의 개념

광의	모든 조직의 관리활동(Administration) 공행정 + 사행정
협의	공익을 추구하는 정부조직의 활동 공행정(Public Administration)
최근	연결네트워크를 강조하는 협력적 통치 거버넌스(Governance)

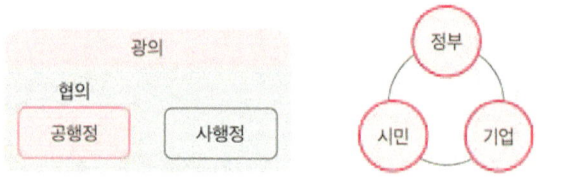

정답 ④

03
행정에 대한 설명으로 옳지 않은 것은?   2015 지방 9급

① 행정은 정부의 단독행위가 아니라 사회의 다양한 주체들이 함께 참여하는 협력행위로 변해가고 있다.
② 행정은 사회의 공공가치 실현을 목적으로 한다.
③ 행정은 민주주의의 원칙에 따라 재원의 확보와 사용에 있어서 국회의 통제를 받는다.
④ 행정의 본질적 가치로는 능률성, 책임성 등이 있으며 수단적 가치로는 정의, 형평성 등을 들 수 있다.

04
현대 민주주의 국가에서 정부와 시민사회의 관계에 대한 설명으로 적절하지 않은 것은?   2012 지방 9급

① 시민사회의 역량이 커지면서 정부 중심의 통치에서 거버넌스로 관점이 변화하고 있다.
② 정부주도의 성장 과정에서 초래된 사회적 부작용을 완화하는 방안으로 시민사회의 역할이 강조되고 있다.
③ 시민의식이 성숙되고 시민의 참여욕구가 증대하면서 정부와 시민사회의 새로운 파트너십이 요구되고 있다.
④ 시민사회에 발생하는 이해관계자 간의 다양한 갈등을 해결하기 위하여 심판자로서의 정부 역할이 강화되고 있다.

출제유형 Ⅰ. 기본개념   **출제영역** 행정의 개념
출제빈도 ★★   난도 중

정답찾기
④ 자유와 평등 및 정의, 형평성 등은 본질적 가치이고 민주성과 능률성 및 합리성, 책임성 등은 수단적 가치에 해당한다.

오답피하기
① 행정은 정부의 단독행위가 아니라 사회의 다양한 주체들이 함께 참여하는 연결네트워크를 강조하는 협력행위로 변해가고 있다.
② 행정은 공익성을 추구하며 공적문제의 해결 및 사회의 공공가치 실현을 목적으로 한다.
③ 행정은 민주주의의 원칙에 따라 재원의 확보와 사용에 있어서 국회의 통제를 받는다.

행복노트
행정가치의 구분

본질적 가치	• 행정이 이루고자 하는 궁극적 가치 • 공익 · 자유 · 형평성 · 정의 · 복지 · 평등
수단적 가치	• 본질적 가치를 달성하기 위한 수단이 되는 가치 • 합법성 · 능률성 · 민주성 · 효과성 · 효율성 · 신뢰성 · 투명성 · 가외성 · 합리성 등

행복한 풀이 TIP
본질적 가치
형(평성)! 공(익)자(유를)정(의)복(지)해!

정답 ④

출제유형 Ⅰ. 기본개념   **출제영역** 행정의 개념
출제빈도 ★★   난도 하

정답찾기
④ 시민사회에 발생하는 이해관계자 간의 갈등 해결을 위한 중립적 심판자로서의 정부 역할은 근대 자유주의 국가에서의 정부에 해당한다. 현대 민주주의 국가는 거버넌스 등을 중시하며 시민사회의 역할과 참여가 강조되고 있다.

정답 ④

05 ☐☐☐   0005

사바스(Savas)의 공공서비스 유형에 대한 설명으로 옳지 않은 것은?
2024 지방 7급

① 요금재는 자연독점 등으로 인한 시장실패에 대응하기 위하여 정부가 직접 공급하거나 공기업이 공급하는 경우가 많다.
② 집합재는 비용 부담에 따라 서비스 혜택을 차별화하거나 서비스에서 배제할 수 없어 무임승차 문제가 일어날 수 있다.
③ 시장재는 주로 시장에서 제공되어 공공부문의 개입이 최소화되는 서비스이다.
④ 공유재는 비경합성과 비배제성을 특징으로 하며 국방, 외교 등이 여기에 속한다.

출제유형 Ⅰ. 기본개념 **출제영역** 재화의 분류
출제빈도 ★★ **난도** 하

정답찾기
④ 비경합성과 비배제성을 특징으로 하며 국방, 외교 등은 집합재(공공재)에 해당한다. 공유재는 경합성과 비배제성을 특징으로 하며 공동목초지, 어장, 지하수 등이 있다.

오답피하기
① 사바스(Savas)는 요금재가 자연독점 등으로 인한 시장실패에 대응하기 위해 정부가 직접 공급하거나 공기업이 공급하는 경우가 많다고 설명했다.
② 집합재는 비용 부담에 따라 서비스 혜택을 차별화하거나 서비스에서 배제할 수 없어 무임승차 문제가 발생할 수 있다. 집합재의 특성인 비배제성으로 인해 무임승차 문제가 발생한다.
③ 시장재는 주로 시장에서 제공되어 공공부문의 개입이 최소화되는 서비스이다. 시장재는 민간이 경쟁적으로 공급하며 가격 메커니즘에 의해 배분된다.

행복노트
재화의 유형과 공공재로서의 행정의 특징

구 분		경합성	
		○	×
배제성	○	시장재(사적재) (신발, 의류)	요금재(유료재) (전기, 가스, 상하수도)
	×	공유재(공동재) (천연자원, 국립공원, 하천)	공공재(집합재) (국방, 치안, 외교)

정답 ④

06 ☐☐☐   0006

다음 〈보기〉 내용의 시장실패에 대한 설명으로 옳지 않은 것은?
2015 지방 9급

― 보기 ―
한 마을에 적당한 크기의 목초지가 있었다. 그 마을에는 열 가구가 오순도순 살고 있었는데, 각각 한 마리의 소를 키우고 있었고 그 목초지는 소 열 마리가 풀을 뜯는 데 적당한 크기였다. 소들은 좋은 젖을 주민들에게 공급하면서 튼튼하게 자랄 수 있었다. 그런데 한 집에서 욕심을 부려 소 한 마리를 더 키우면서 문제가 시작되었다. 다른 집들도 소 한 마리, 또 한 마리 등 욕심을 부리기 시작하면서 목초지는 풀뿌리까지 뽑히게 되었고, 결국 소가 한 마리도 살아갈 수 없는 황폐한 공간으로 바뀌고 말았다.

① 위에서 나타나는 시장실패의 주된 요인은 무임승차자 문제이다.
② 〈보기〉의 사례에 나타난 재화는 배제불가능성과 함께 소비에서의 경합성을 특징으로 한다.
③ 〈보기〉의 사례는 '공유지의 비극(Tragedy of The Commons)'에 대한 설명이다.
④ 이러한 시장실패를 해결하기 위한 방법의 하나는 재화의 재산권을 명확히 하는 것이다.

출제유형 Ⅰ. 기본개념 **출제영역** 재화의 분류
출제빈도 ★ **난도** 하

정답찾기
① 해당 사례는 시장실패인 공유지의 비극에 해당한다. 공유지의 비극은 편익의 집중과 비용의 분산으로 인한 과잉소비가 나타나는 것이다. 무임승차자 문제는 비경합성과 비배제성으로 인해서 나타나는 공공재의 문제점에 해당한다.

오답피하기
② 공유재는 비배제성과 경합성의 성격을 가진다.
③ 해당 사례는 공유지의 비극에 대한 설명이다.
④ 공유지의 비극과 같은 시장실패를 극복하기 위해서는 사익에 배치되지 않으면서도 공익에 기여할 수 있는 제도적 장치를 마련하거나 하딘(Hardin)이 제시한 재산권을 명확히 하여 재화의 성격을 바꾸는 것이 바람직하다.

정답 ①

07

사바스(Savas)가 구분한 네 가지 공공서비스 유형과 내용의 연결이 옳지 않은 것은?
2015 국가 7급

① 요금재(Toll Goods) - 대가를 지불하지 않는 소비자를 배제할 수 없다.
② 집합재(Collective Goods) - '무임승차'의 문제가 생길 수 있다.
③ 시장재(Private Goods) - 경합성과 배제성을 동시에 갖는 서비스이다.
④ 공유재(Common Pool Goods) - 과잉 소비의 문제가 발생할 수 있다.

08

공유재(Common Pool Resource)에 관한 설명 중 옳지 않은 것은?
2014 서울 7급

① 공유재는 잠재적 사용자의 배제가 불가능 또는 곤란한 자원이다.
② 공유지의 비극(Tragedy of Commons)은 개인의 합리성과 집단의 합리성이 충돌하는 딜레마 현상이다.
③ 공유지의 비극(Tragedy of Commons)은 개인의 합리성 추구로 인해 공유재가 고갈되는 현상을 일컫는다.
④ 하딘(Hardin)은 공유지의 비극을 방지하기 위하여 국가 규제의 강화를 주장하였다.
⑤ 공유재는 개인의 사용량이 증가함에 따라 나머지 사람들이 사용할 수 있는 양이 감소하는 특성을 가진 자원이다.

출제유형 Ⅰ. 기본개념　　**출제영역** 재화의 분류
출제빈도 ★★　　**난도** 중

정답찾기
① 요금재(Toll Goods)는 비경합성과 배제성을 띠기 때문에 대가를 지불하지 않는 소비자를 배제할 수 있다. 전기, 가스, 수도 등의 서비스가 이에 해당한다.

오답피하기
② 집합재(Collective Goods)는 공공재로서 비배제성과 비경합성으로 인한 '무임승차'의 문제가 생길 수 있다.
③ 시장재(Private Goods, 사적재, 민간재)는 경합성과 배제성을 동시에 갖는 서비스이다.
④ 공유재(Common Pool Goods)는 경합성과 비배제성으로 인해 편익은 집중되고 비용은 분산되므로 과잉소비의 문제가 발생할 수 있다.

행복노트

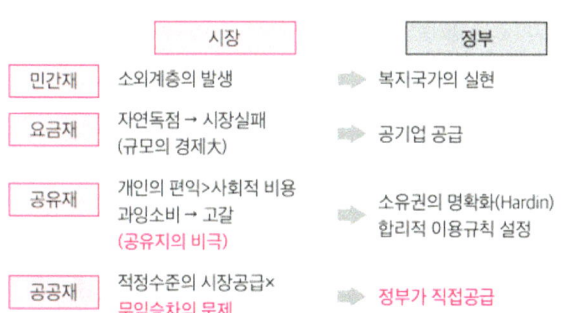

정답 ①

출제유형 Ⅰ. 기본개념　　**출제영역** 재화의 분류
출제빈도 ★★　　**난도** 중

정답찾기
④ 공유지의 비극은 공유지의 과잉 이용에서 비롯되는 고갈이나 황폐화의 현상을 말한다. 하딘(Hardin)은 이를 해소하기 위해서는 국가 규제를 강화하기보다는 소유권과 같은 적절한 제도적 장치가 필요하다고 보았다.

오답피하기
① 공유재는 비배제성과 경합성의 특징을 지닌 재화이다. 비배제성은 가격을 지불하지 않아도 소비의 혜택에서 배제가 불가능하다는 것을 의미한다.
② 공유지의 비극(Tragedy of Commons)은 개인의 합리성 추구가 집단적 또는 사회적 합리성을 저해한다는 것으로서 개인의 합리성과 집단의 합리성이 충돌하는 딜레마 현상에 해당한다.
③ 공유지의 비극(Tragedy of Commons)은 개인의 합리성 추구로 인해 공유재가 고갈되는 현상을 말한다.
⑤ 공유재는 경합성을 가지고 있어 개인의 사용량이 증가함에 따라 나머지 사람들이 사용할 수 있는 양이 감소하는 특성을 지닌 자원이다.

정답 ④

09　0009

공공서비스에 대한 설명으로 옳지 않은 것만을 모두 고른 것은?

2014 국가 7급

ㄱ. 무임승차자 문제가 발생하는 근본 원인으로는 비배제성을 들 수 있다.
ㄴ. 정부가 공공서비스의 생산부문까지 반드시 책임져야 할 필요성은 약해지고 있다.
ㄷ. 전형적인 지방공공서비스에는 상하수도, 교통관리, 건강보험 등이 있다.
ㄹ. 공공서비스 공급을 정부가 담당해야 하는 이유로는 공공재의 존재 및 정보의 비대칭성 등이 있다.
ㅁ. 전기와 고속도로는 공유재의 성격을 가지는 공공서비스이다.

① ㄱ, ㄷ
② ㄱ, ㅁ
③ ㄴ, ㄹ
④ ㄷ, ㅁ

출제유형 Ⅰ. 기본개념　**출제영역** 공공서비스
출제빈도 ★　**난도** 상

정답찾기
ㄷ. 상하수도나 교통관리는 주민 밀착형 지방공공서비스에 속하지만, 건강보험은 전국적 통일성과 형평성이 요구되며 중앙정부의 보건복지부의 위탁관리형 서비스에 속한다.
ㅁ. 전기와 고속도로는 규모의 경제가 발생하는 요금재에 해당한다. 천연자원이나 희귀 동식물, 연안 어장, 목초지, 국립공원, 하천 등 관개시설, 산림자원, 정부예산 등 한정된 공유자원이 공유재에 속한다.

오답피하기
ㄱ. 공공재는 비배제성과 비경합성을 특징으로 한다. 그중에서 비배제성은 일단 재화의 생산과 공급이 이루어지고 나면 생산비를 부담하지 않은 경제주체라고 할지라도 소비에서 배제시킬 수 없는 특성을 말한다. 따라서 비배제성으로 인해 무임승차의 문제가 발생한다.
ㄴ. 근래에는 행정의 다양성과 복잡성으로 인하여 공급은 정부가 하더라도 생산은 민간의 전문성을 많이 활용하고 있다. 그러므로 공공서비스 생산부문까지 정부가 반드시 책임져야 할 필요성이 점점 약해지고 있다.
ㄹ. 공공재의 존재나 정보의 비대칭성은 시장실패의 영역이므로 정부의 역할이 필요하다.

정답 ④

제2절　행정의 시대적 변화

10　0010

작은정부를 적극적으로 옹호하는 것은?

2020 지방 9급

① 행정권 우월화를 인정하는 정치행정일원론
② 경제공황 극복을 위한 뉴딜정책
③ 사회복지 프로그램의 확대
④ 신공공관리론

출제유형 Ⅰ. 기본개념　**출제영역** 정부관의 변천
출제빈도 ★★★　**난도** 중

정답찾기
④ 신공공관리론(NPM)은 신자유주의 이념에 부합하며 1980년대 정부실패에 대한 대응으로 작은정부를 적극 옹호하는 이론이다.

오답피하기
① 행정권 우월화를 인정하는 정치행정일원론은 큰정부를 지향하는 이론이다.
② 시장실패인 경제공황 극복을 위한 뉴딜정책은 큰정부를 지향하는 이론이다.
③ 사회복지 프로그램의 확대는 큰정부를 지향하는 이론이다.

행복노트
신공공관리론(NPM)
- 정부실패를 극복하기 위한 정부개혁론(1980's)
- 신보수주의, 신자유주의 바탕
- 시장주의 → 작은정부
- 신관리주의 → 기업가적 정부(성과중시)
- 행정 → 경영·관리
- 생산성(효율성) 강조

정답 ④

11　0011

작은정부와 큰정부에 대한 설명으로 가장 옳지 않은 것은?

2019 서울 7급

① 큰정부의 등장은 대공황 등 경제위기 속에서 시장에 대한 정부의 적극적 개입을 통해 대공황을 극복해야 한다는 케인즈주의에 사상적 기반을 두고 있다.
② 시장실패에 대한 대응으로 나타난 큰정부는 규제를 완화하고 사회보장, 의료보험 등 사회정책을 펼침으로써, 정부의 적극적 역할을 강조하였으며, 이러한 이유로 정부의 크기가 커졌다.
③ 경제 대공황 극복을 위하여 등장한 뉴딜정책과 함께 2차 세계대전 등 전쟁은 큰정부가 탄생하는 데 결정적인 영향을 주었다.
④ 작은정부를 주장하는 하이에크는 케인즈의 주장을 반박하며, 정부의 시장 개입은 단기적 경기 부양에는 효과적일 수 있어도 장기적으로는 시장의 효율성을 심각하게 훼손한다고 주장하였다.

12　0012

행정국가화 현상에 대한 설명 중 가장 부적절한 것은?

2014 국회 9급

① 행정체제가 공공부문뿐 아니라 민간부문까지도 운영을 주도한다.
② 행정기능이 단순해지고 축소되므로 작은정부 실현에 도움이 된다.
③ 행정체제가 정책결정까지 담당하여 관료의 정치세력화 우려가 크다.
④ 정부사업 확대로 행정비용이 늘어나서 국민적 부담이 가중된다.
⑤ 행정체제의 독점적 권력행사로 행정의 무사안일주의나 형식주의 등의 부작용이 나타난다.

출제유형 Ⅰ. 기본개념　　**출제영역** 정부관의 변천

출제빈도 ★★★　　난도 상

정답찾기

② 시장실패에 대한 대응으로 나타난 큰정부는 규제를 <u>강화</u>하고 사회보장, 의료보험 등 사회정책을 펼침으로써, 정부의 적극적 역할을 강조하였으며, 이러한 이유로 정부의 크기가 커졌다.

오답피하기

국가의 변천과 행정

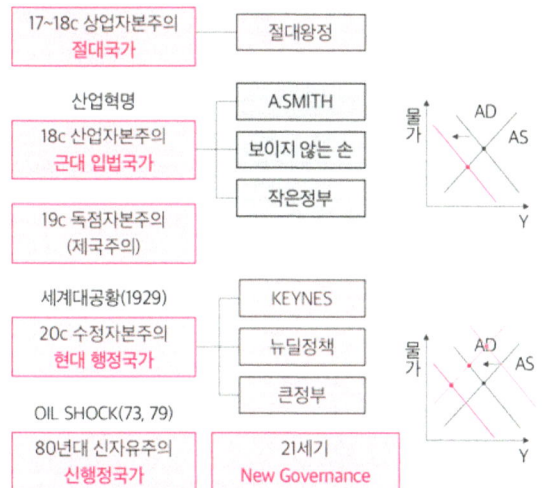

정답 ②

출제유형 Ⅰ. 기본개념　　**출제영역** 정부관의 변천

출제빈도 ★★　　난도 중

정답찾기

② 행정국가란 대공황 등 경제위기 이후 행정기능이 양적으로 팽창하고 질적으로 전문화되어 정부 규제, 복지 등 정부 기능이 전반적으로 커진 <u>큰정부</u>를 의미한다.

오답피하기

① 행정국가에서는 정부가 공공부문뿐만 아니라 민간부문에도 적극적으로 개입한다.
③ 행정국가에서는 정부가 정책결정 등 정치적 기능까지 담당하는 행정의 정치화(정치행정일원론)현상이 대두된다.
④ 행정국가에서는 정부재정이 팽창하고 국민들의 세금부담도 가중된다.
⑤ 행정국가에서는 지나치게 독점적·낙관적 행정으로 무사안일 등 비민주적이고 독단적인 부작용이 나타난다.

정답 ②

13

신자유주의 정부이념 및 관리수단과 연관성이 적은 것은?

2013 국가 9급

① 시장실패의 해결사 역할을 해오던 정부가 오히려 문제의 유발자가 되었다는 인식을 바탕으로 다시 시장을 통한 문제 해결을 강조하며 '작은정부'(Small Government)를 추구한다.
② 민간기업의 성공적 경영기법을 행정에 접목시켜 효율적인 행정관리를 추구할 뿐 아니라 개방형 임용, 성과급 등을 통하여 행정에 경쟁 원리 도입을 추진한다.
③ 케인즈(Keynes) 경제학에 기반을 둔 수요중시 거시 경제정책을 강조하므로 공급측면의 경제정책에 대하여는 반대 입장을 견지한다.
④ 정부의 민간부문에 대한 간섭과 규제는 최소화 또는 합리적으로 축소·조정되어야 한다는 입장에서 규제 완화, 민영화 등을 강조한다.

14

정부의 역할에 대한 입장을 바르게 설명하는 것만 모두 고른 것은?

2014 서울 9급

> ㉠ 진보주의 정부관에 따르면, 정부에 대한 불신이 강하고 정부실패를 우려한다.
> ㉡ 공공선택론의 입장은 정부를 공공재의 생산자로 규정하고, 대규모 관료제에 의한 행정의 효율성을 높이는 것이 중요하다고 본다.
> ㉢ 보수주의 정부관은 자유방임적 자본주의를 옹호한다.
> ㉣ 신공공서비스론 입장에 따르면, 정부의 역할은 시민들로 하여금 공유된 가치를 창출하고 충족시킬 수 있도록 봉사하는 데 있다.
> ㉤ 행정국가시대에는 '최대의 봉사가 최선의 정부'로 받아들여졌다.

① ㉠, ㉡, ㉢
② ㉡, ㉢, ㉣
③ ㉢, ㉣, ㉤
④ ㉠, ㉣, ㉤
⑤ ㉠, ㉡, ㉤

출제유형 Ⅰ. 기본개념 **출제영역** 정부관의 변천

출제빈도 ★★ **난도** 중

정답찾기

③ 케인즈(Keynes) 경제학에 기반을 둔 유효수요 중시의 거시 경제정책을 강조하는 것은 1930년대 경제대공황(시장실패) 극복을 위한 진보주의 정책의 특성으로서 행정국가시대에 해당한다.

오답피하기

자유방임주의 vs 수정자본주의

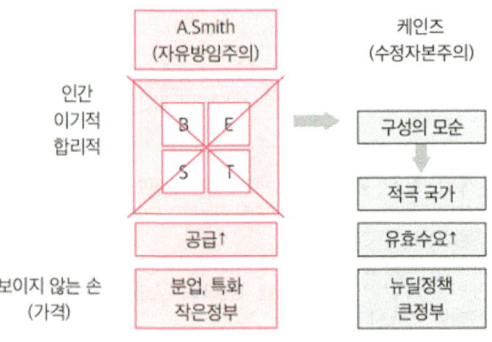

출제유형 Ⅰ. 기본개념 **출제영역** 정부관의 변천

출제빈도 ★ **난도** 중

정답찾기

㉢ 보수주의 정부관은 자유방임적 자본주의를 옹호하고 시장에 대한 강한 신뢰를 가진다.
㉣ 신공공서비스론 입장에 따르면, 정부의 역할은 시민들로 하여금 공유된 가치를 창출하고 충족시킬 수 있도록 봉사하는 데 있다.
㉤ 행정국가시대에는 큰정부를 강조하면서 '최대의 봉사가 최선의 정부'로 받아들여졌다.

오답피하기

㉠ 정부에 대한 불신이 강하고 정부실패를 우려하는 것은 보수주의 정부관이다. 진보주의는 시장실패 치유를 위해 정부 개입의 필요성을 강조하는 입장이다.
㉡ 공공선택론은 정부를 공공재의 생산자로 규정하고 시민을 소비자로 인식하는 것은 맞지만, 시민의 선호에 부응할 수 있는 분권화되고 시장화된 탈관료제적 새로운 서비스 전달장치를 통해 효율성을 높이는 것이 중요하다고 보았다.

정답 ③   정답 ③

15　0015

진보주의 정부에서 선호하는 정책으로 가장 적절하지 않은 것은?

2020 군무원 9급

① 조세 감면 확대
② 정부규제 강화
③ 소득재분배 강조
④ 소수민족 기회 확보

출제유형 Ⅰ. 기본개념　　**출제영역** 정부관의 차이

출제빈도 ★　　난도 하

정답찾기
① 조세 감면 확대는 보수주의에서 선호하는 정책이다.

오답피하기
② 정부규제 강화, ③ 소득재분배 강조, ④ 소수민족 기회 확보는 진보주의 정부에서 선호하는 정책이다.

행복노트
정부관의 차이: 진보주의와 보수주의

진보주의　　　　　　　보수주의
(평등주의, 좌파)　　(자유주의, 우파)
　　　　　　　　　　　　↓
　　　　　　　　　　시장주의자

구 분	진보주의(좌파)	보수주의(우파)
인간관	• 경제인관 부정 • 욕구, 협동, 오류 가능성 있는 인간 가정	• 경제인관 인정 • 전지인(오류 가능성 ×)
가치관	• 적극적 자유 • 경제적 결과의 평등 • 배분적 정의	• 소극적 자유 • 기회의 평등 • 교환적 정의
시장과 정부	• 자유시장의 잠재력 인정 • 시장 불신 • 실질적 정부개입 허용	• 자유방임적 자본주의 옹호 • 시장에 대한 강한 신뢰 • 정부 불신
정 책	• 낙태금지, 종교교육 반대 • 소득재분배 옹호 • 정부 규제 허용	• 낙태금지, 종교교육 찬성 • 시장 지향 정책 • 소외계층 지원 정책 선호 ×

정답 ①

제 3 절　정치와 행정의 관계

16　0016

행정학의 발달에서 〈보기 1〉의 인물과 〈보기 2〉의 주장한 내용을 바르게 연결한 것은?

2017 지방 9급 추가

보기 1
ㄱ. 리그스(F. Riggs)　　ㄴ. 가우스(J. Gaus)
ㄷ. 화이트(L. White)　　ㄹ. 사이먼(H. Simon)

보기 2
A. 행정이론은 동시에 정치이론을 의미한다.
B. 조직의 최고관리층은 기획, 조직, 인사, 지휘, 조정, 보고, 예산 기능을 담당한다.
C. 정치와 행정의 관계는 연속적이기 때문에 양자를 구별하는 것은 적절하지 않다.
D. 원리주의의 원리들은 과학적인 실험을 거치지 않은 격언(Proverb)에 불과하다.

① ㄱ - A　　② ㄴ - B
③ ㄷ - C　　④ ㄹ - D

출제유형 Ⅳ. 학자문제　　**출제영역** 행정학의 발달

출제빈도 ★　　난도 중

정답찾기
④ 행태주의자 ㄹ. 사이먼(Simon)은 D. 원리주의의 원리들이 과학적인 실험이나 검증을 거치지 않은 속담이나 격언에 불과하다고 비판하였다.

오답피하기
ㄱ. 리그스(Riggs)는 비교행정론을 주장한다.
ㄴ. 가우스(Gaus)는 생태론적 접근방법을 주장한다.
ㄷ. 화이트(White)는 1926년 최초의 행정학 교과서를 저술하였다.
　A. 가우스(Gaus)가 행정이론은 동시에 정치이론을 의미한다고 주장하였다.
　B. 귤릭(Gulick)이 최고관리층의 7대 기능을 POSDCoRB라고 제시하였다.
　C. 디목(Dimock)과 애플비(Appleby)는 정치와 행정은 연속적 관계라며 정치행정일원론을 주장하였다.

정답 ④

17 ☐☐☐ 0017

다음 중 행정학과 관련된 학자에 대한 설명으로 가장 옳지 않은 것은?　　2016 서울 7급

① 굿노(F. J. Goodnow)는 행정은 국가의 의지를 실천하는 것이라고 주장하였다.
② 테일러(F. W. Taylor)는 시간과 동작에 관한 연구를 통해 최선의 방법(One Best Way)을 추구하였다.
③ 사이먼(H. A. Simon)은 행정 원리의 보편성과 과학성을 강조하였다.
④ 귤릭(L. H. Gulick)은 POSDCoRB를 통해 능률적인 관리 활동 방법을 제시하였다.

18 ☐☐☐ 0018

윌슨(W. Wilson)의 「행정의 연구(The Study of Administration)」에 대한 설명으로 가장 옳지 않은 것은?　　2019 서울 7급

① 19세기 말엽 미국 정부의 규모가 그 이전과 비교도 안 될 정도로 커지고, 행정의 수요가 급증한 상황에서 행정학 연구의 중요성을 역설하였다.
② 19세기 말엽 미국 내 정경유착과 보스 중심의 타락한 정당정치로 인하여 부패가 극심한 상황에서 행정이 정치로부터 독립해야 한다고 주장하였다.
③ 윌슨은 행정의 전문성을 강조하면서, 정치와 행정의 분리와 함께 행정의 영역(Field of Administration)을 비즈니스의 영역(Field of Business)으로 규정하기도 하였다.
④ 윌슨은 행정의 본질을 의사결정과 이에 따른 집행의 효과성을 높이는 것으로 파악하고 있으며, 근본적으로 효율적인 정부가 되어 돈과 비용을 덜 들여야 한다고 주장하고 있다.

출제유형 Ⅳ. 학자문제　**출제영역** 행정의 이념
출제빈도 ★　**난도** 중

정답찾기
③ 사이먼은 고전적 행정원리가 경험적 검증을 거치지 않아 과학성과 보편성을 지니지 못한 속담이나 격언에 불과하다고 신랄하게 비판하였다.

오답피하기
① 1900년 「정치와 행정」에서 굿노(Goodnow)가 주장한 것이다.
② 테일러(Taylor)의 과학적 관리법에 대한 내용이다.
④ 1938년 「행정과학논총」에서 귤릭(Gulick)은 최고관리자의 7대 기능으로 POSDCoRB을 주장하였다.

정답 ③

출제유형 Ⅳ. 학자문제　**출제영역** 행정의 이념
출제빈도 ★★　**난도** 중

정답찾기
④ 행정의 본질을 의사결정으로 본 것은 사이먼(Simon)이다. 윌슨(Wilson)은 행정의 본질을 결정된 법이나 정책을 효율적으로 집행하는 것으로 파악하였다.

오답피하기
① 19세기 이후 급속한 산업화의 진전에 따라 정부 역할이 커지면서 윌슨(Wilson)은 행정학 연구의 중요성을 역설하였다.
② 윌슨(Wilson)의 정치행정이원론은 행정을 정치와 분리시켜 비효율과 낭비, 부패를 청산함으로써 좋은 정부 구현을 위한 이론적 토대가 되었다.
③ 윌슨(Wilson)은 정치행정이원론을 주장하면서 행정을 관리와 경영의 영역으로 규정하였다.

정답 ④

19 0019

윌슨(Wilson)의 「행정연구(The Study of Administration, 1887)」에 대한 설명으로 옳지 않은 것은?

2016 지방 7급

① 정부개혁을 통해 특정지역 및 계층중심의 관료파벌을 해체하고자 했다.
② 행정과 경영의 유사성을 강조했다.
③ 정치와 행정을 분리하고자 했다.
④ 효율적 정부 운영에 관심을 두었다.

20 0020

행정학의 발달과정에 대한 설명으로 옳지 않은 것은?

2016 국가 7급

① 1960년대 신행정학은 행정학의 실천적 성격과 적실성을 회복하기 위해 정책지향적인 행정학을 강조했다.
② 사이먼(Simon)은 인간행태에 연구의 초점을 두었고 행정이론의 과학화에 기여하였다.
③ 애플비(Appleby)는 정치는 국가의 의지를 표명하고 정책을 구현하는 것이며 행정은 이를 실천하는 것으로 정치와 행정의 차이를 명확히 구별했다.
④ 미국행정학은 테일러(Taylor)의 과학적 관리법에 근거를 둔 조직이론으로부터 영향을 받았다.

출제유형 Ⅳ. 학자문제 **출제영역** 행정의 이념
출제빈도 ★★   난도 중

정답찾기
① 정부개혁을 통해 특정 지역 및 계층중심의 관료파벌을 해체하고자 했던 것은 엽관주의에 해당한다. 윌슨(Wilson)은 엽관제의 폐해를 극복하여 비효율과 낭비, 부패를 청산하여 좋은 정부를 만들기 위한 이론적 토대를 제공하고 실적제 확립을 통한 행정의 전문성과 능률성 확보가 중요함을 강조하였다.

오답피하기
② 윌슨(Wilson)은 정치행정이원론을 주장하면서 행정을 관리와 경영의 영역으로 규정하고 행정과 경영의 유사성을 강조했다.
③ 윌슨(Wilson)은 정치로부터 행정영역을 따로 확립하는 정치행정이원론을 주장하였다.
④ 윌슨(Wilson)은 행정의 영역을 비즈니스의 영역으로 규정하면서 효율적 정부 운영에 관심을 두었다.

정답 ①

출제유형 Ⅳ. 학자문제 **출제영역** 행정학의 발달
출제빈도 ★★   난도 중

정답찾기
③ 정치를 국가의 의지 표명으로, 행정을 국가 의지의 집행으로 정의한 학자는 애플비(Appleby)가 아니라 굿노(Goodnow)이다. 1930년대 애플비(Appleby)와 디목(Dimock)과 같은 정치행정일원론자들은 정치의 연장선에 있는 행정을 주장하며 정치와 행정의 관계는 정합적, 연속적, 순환적이어서 양자를 구별하는 것은 부적합함을 설명한다.

정답 ③

21
다음 중 행정학의 이론적 사조에 대한 설명으로 옳지 않은 것은?

2012 서울 7급

① Simon, March와 같은 학자들은 행태의 과학성에 주목하였고, 정치행정일원론에 해당한다.
② Sharansky는 체제론자이다.
③ Frederickson은 신행정론자로서 형평성을 강조하였다.
④ Gulick과 Urwick은 정치행정이원론 시기의 학자들이다.
⑤ 현상학적 조직론을 주창한 Harmon은 신행정학자이다.

22
정치행정이원론에 대한 설명으로 옳은 것은?

2020 국가 9급

① 정당정치의 개입으로부터 자유로운 행정 영역을 강조하였다.
② 1930년대 뉴딜정책은 정치행정이원론이 등장하게 된 중요 배경이다.
③ 과학적 관리론과 행정개혁운동은 정치행정이원론의 한계를 지적하였다.
④ 정치행정이원론을 대표하는 애플비(Appleby)는 정치와 행정이 단절적이라고 보았다.

출제유형 Ⅰ. 기본개념 **출제영역** 행정학의 발달
출제빈도 ★★ **난도** 중

정답찾기
① 행정행태론 연구의 사이먼(Simon), 마치(March) 등은 연구대상을 가치와 사실을 구분하여 과학적으로 검증 가능한 사실중심의 과학적 연구에 주력함으로써 새로운 정치행정이원론을 주장한 학자이다.

오답피하기
② 체제론은 행정을 유기체로서 인식하고 구성요소들 간 또는 체제와 환경과의 상호작용의 분석에 중점을 두고 있는데 체제론 접근방법을 도입한 대표적인 학자는 이스턴(Easton)과 샤렌스키(Sharansky)이다.
③ 프레드릭슨(Frederickson)은 신행정론자로서 형평성을 강조하였다. 그는 사회적 형평을 위해 행정이 수행해야 할 내용으로 봉사의 공평성, 정책의 책임성, 변화지향성, 시민요구에 대한 대응성을 강조하였다.
④ 귤릭(Gulick)과 어윅(Urwick)은 정치행정이원론 시기의 학자들이다.
⑤ 현상학적 조직론을 주창한 하몬(Harmon)은 신행정학자이다.

정답 ①

출제유형 Ⅱ. 이론·제도 **출제영역** 정치와 행정의 관계
출제빈도 ★★★ **난도** 중

정답찾기
① 정치행정이원론은 행정을 정치로부터 분리하여 정당정치의 개입으로부터 자유로운 행정 영역을 강조하였다.

오답피하기
② 1930년대 경제대공황으로 인한 뉴딜정책은 정치행정일원론이 등장하게 된 중요 배경이다.
③ 과학적 관리론과 행정개혁운동은 정치행정이원론을 주장하였다.
④ 애플비(Appleby)는 정치행정일원론을 대표하는 학자이다.

정답 ①

23　　　　　　　　　　　　　　　　　　0023

정치행정이원론에 대한 설명으로 옳지 않은 것은?　2022 국가 7급

① 행정과 경영이 차이가 없음을 강조하는 공사행정일원론의 입장을 취한다.
② 의사결정 역할을 하는 정치와 결정된 의사를 집행하는 행정의 역할을 엄격하게 구분할 것을 주장하였다.
③ 윌슨(Wilson)은 행정을 전문적·기술적 영역으로 규정하고, 정부는 효율성과 전문성을 갖추어야 한다고 주장하였다.
④ 대공황 이후 각종 사회문제를 해결하기 위해서 행정의 정책결정·형성 및 준입법적 기능수행을 정당화하였다.

출제유형 Ⅱ. 이론·제도　　**출제영역** 정치와 행정의 관계
출제빈도 ★★★　　난도 중

정답찾기
④ 대공황 이후 각종 사회문제를 해결하기 위해서 행정의 정책결정·형성 및 준입법적 기능수행을 정당화한 것은 정치행정일원론에 해당한다.

오답피하기
① 행정과 경영이 차이가 없음을 강조하는 공사행정일원론의 입장을 취한다.
② 정치행정이원론은 의사결정 역할을 하는 정치와 결정된 의사를 집행하는 행정의 역할을 엄격하게 구분할 것을 주장하였다.
③ 정치행정이원론의 윌슨(Wilson)은 행정을 전문적·기술적 영역으로 규정하고, 정부는 효율성과 전문성을 갖추어야 한다고 주장하였다.

행정이념의 학설 흐름

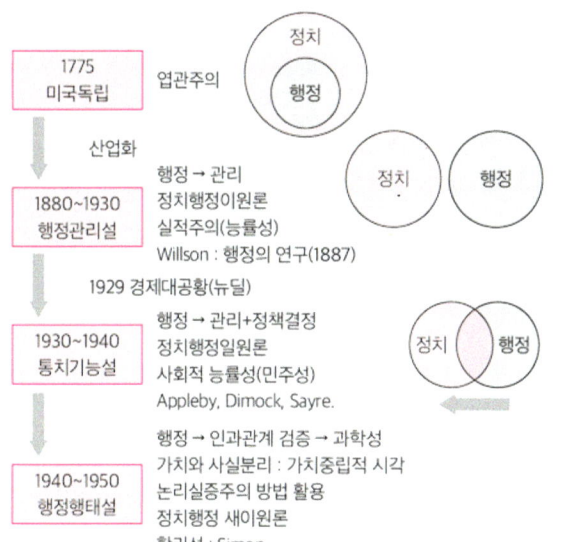

정부실패

시장실패를 교정하기 위한 정부규제가 결과적으로 자원 배분을 왜곡하고, 사회적 불평등 및 경제안정을 더욱 악화시키는 현상

정답 ④

24　　　　　　　　　　　　　　　　　　0024

정치행정이원론에 대한 설명으로 적절하지 않은 것은?
　　　　　　　　　　　　　　　　　　2012 국회 9급

① 행정의 전문성과 중립성 확보의 필요성을 강조한다.
② 과학적 관리론의 영향을 받아 행정을 비정치적인 관리현상으로 이해한다.
③ 독자적인 학문으로서의 행정학의 발전에 기여하였다.
④ 공사행정일원론의 성립에 기여하였다.
⑤ 행정에 내포되어 있는 정치적인 기능을 강조한다.

출제유형 Ⅱ. 이론·제도　　**출제영역** 정치와 행정의 관계
출제빈도 ★★★　　난도 중

정답찾기
⑤ 정치행정이원론은 행정의 관리기능을 강조한다. 행정에 내포되어 있는 정치적인 기능을 강조하는 것은 정치행정일원론이다.

오답피하기
① 정치행정이원론은 엽관주의의 정치적 폐해로부터 행정을 해방시키고, 행정을 전문기술인에게 맡기고, 관료제의 자율성과 정치적 중립 및 공무원 신분보장이 중요함을 역설한 윌슨(Wilson)의 행정관인 탈정치화모델에서 출발하므로 행정의 전문성과 중립성 확보의 필요성을 강조한다.
② 정치행정이원론은 과학적 관리론의 영향을 받아 행정을 비정치적인 관리현상으로 이해한다.
③ 독자적인 학문으로서의 행정학의 발전에 기여하였다.
④ 정치행정이원론은 공사행정일원론의 성립에 기여하였다.

정답 ⑤

25　0025

애플비(Appleby)가 주장한 정치행정일원론의 내용에 해당하는 것은?

2022 지방 7급

① 행정은 효율성을 추구하는 관리를 핵심으로 한다.
② 행정은 민의를 중시해야 하며 정책결정과 집행의 혼합작용이다.
③ 시간과 동작연구를 통한 직무의 전문화는 행정조직의 생산성을 극대화할 수 있다.
④ 고위 관료가 능률적으로 관리해야 할 행정원리는 기획, 조직, 인사, 지휘, 조정, 보고, 예산 등이 있다.

출제유형 Ⅱ. 이론·제도　**출제영역** 정치와 행정의 관계
출제빈도 ★★★　**난도** 중

정답찾기

② 정치행정일원론은 행정은 민의를 중시해야 하며 <u>정책결정과 집행의 혼합작용</u>으로 본다.

오답피하기

① 정치행정이원론의 윌슨은 행정은 효율성을 추구하는 관리를 핵심으로 한다.
③ 정치행정이원론의 테일러는 시간과 동작연구를 통한 직무의 전문화는 행정조직의 생산성을 극대화할 수 있다.
④ 정치행정이원론의 귤릭은 고위 관료가 능률적으로 관리해야 할 행정원리는 기획, 조직, 인사, 지휘, 조정, 보고, 예산 등이 있다.

정답 ②

26　0026

정치행정일원론에 대한 설명으로 옳은 것은?

2021 지방 9급

① 행정국가의 등장과 연관성이 깊다.
② 윌슨(Wilson)의 「행정연구」가 공헌하였다.
③ 정치는 의사결정의 영역이고, 행정은 결정된 내용을 집행한다고 보았다.
④ 행정은 경영과 비슷해야 하며, 행정이 지향하는 가치로 절약과 능률을 강조하였다.

출제유형 Ⅱ. 이론·제도　**출제영역** 정치와 행정의 관계
출제빈도 ★★★　**난도** 중

정답찾기

① 정치행정일원론은 1929년 경제대공황 이후 수정자본주의 시절 <u>행정국가의 등장</u>과 함께 강조되었다.

오답피하기

② 윌슨(Wilson)은 「행정연구」에서 행정은 관리라는 <u>정치행정이원론</u>을 강조하였다.
③ 정치는 의사결정의 영역이고, 행정은 결정된 내용을 집행한다고 보는 것은 <u>정치행정이원론</u>에 해당한다.
④ 행정은 경영과 비슷해야 하며, 행정이 지향하는 가치로 절약과 능률을 강조한 것은 <u>정치행정이원론</u>에 해당한다.

행복노트

행정의 이념

정답 ①

27
정치행정일원론에 대한 설명으로 가장 옳지 않은 것은?

2019 서울 9급

① 공공조직의 관리자들은 정책결정자를 위한 지원, 정보제공의 역할만을 수행한다.
② 공공조직의 관리자들은 정책을 구체화하면서 정책결정 기능을 수행한다.
③ 공공조직의 관리자들이 수집, 분석, 제시하는 정보가 가치판단적인 요소를 내포한다.
④ 행정의 파급효과는 정치적인 요소를 내포한다.

출제유형 Ⅱ. 이론·제도 **출제영역** 정치와 행정의 관계
출제빈도 ★★★ 난도 중

정답찾기
① 공공조직의 관리자들은 정책결정자를 위한 지원, 정보제공의 역할만을 수행하고 정책결정자만이 정책을 결정한다고 보는 것은 <u>정치행정이원론</u>에 대한 설명이다.

오답피하기
② 정치행정일원론은 정책결정 기능을 중시하는 입장이므로 공공조직의 관리자들은 정책을 구체화하면서 정책결정 기능을 수행한다.
③ 정치행정일원론에서는 행정과 정치와의 연계성을 강조하여 행정에 있어서의 가치판단을 중시하므로 공공조직의 관리자들이 수집, 분석, 제시하는 정보가 가치판단적인 요소를 내포한다.
④ 정치행정일원론에서의 행정의 파급효과는 정치적인 요소를 내포한다.

정답 ①

제4절 경영과 행정의 관계

28
다음 중 행정과 경영의 관계에 대한 설명으로 가장 옳지 않은 것은?
2015 국회 9급

① 행정학이 독립된 학문으로 태동되던 초창기 때, 행정학은 경영학으로부터 많은 논리를 도입하였다.
② 정치행정이원론은 행정과 경영의 유사성을 강조하며, 행정을 기술적 과정으로 인식하고 행정의 과학화를 추구하는 입장이다.
③ 행정은 경영보다 본질적으로 정치적 성격을 갖고 있으며, 엄격한 법적 규제를 받는다.
④ 공동 목표를 달성하기 위한 합리적이고 집단적인 협동 행위는 행정과 경영에서 공통적으로 나타난다.
⑤ '행정의 경영화'가 추구하는 정부개혁은 정부의 관료제적 성격을 강화하는 것이다.

출제유형 Ⅰ. 기본개념 **출제영역** 경영과 행정의 관계
출제빈도 ★★ 난도 중

정답찾기
⑤ 행정의 경영화는 정부실패 이후 행정을 관리로 인식하고 민간의 경영기법을 도입하여 효율성을 제고시키는 전략으로 <u>정부의 탈관료제화</u>를 지향한다.

오답피하기
① 행정학 성립초기의 행정관리설에 해당한다.
② 행정학 성립초기의 정치행정이원론에 대한 설명이다.
③ 행정은 본질적으로 정치적 성격을 갖고 있으며, 엄격한 법적 규제를 받는다는 점은 행정과 경영의 차이에 해당한다.
④ 공동 목표달성을 위한 협동행위라는 점에서 행정과 경영은 유사하다.

행복노트

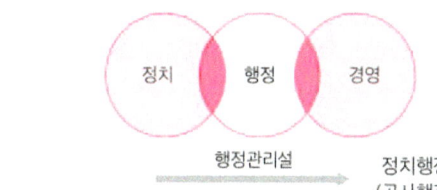

정답 ⑤

29　　　　　　　　　　　　　　　　　0029
경영과 구분되는 행정의 속성이라고 보기 어려운 것은?

2014 국가 9급

① 행정은 사익이 아닌 공익을 우선적으로 추구한다.
② 행정은 모든 시민을 평등하게 대우하여야 한다.
③ 행정조직 구성원은 원칙상 법령에 의해 신분이 보장된다.
④ 행정은 효과적인 업무수행을 위해 관리성이 강조된다.

출제유형 Ⅰ. 기본개념　　**출제영역** 경영과 행정의 관계
출제빈도 ★★　　**난도** 중

정답찾기
④ 행정과 경영은 모두 인적·물적 자원을 관리하여 목표를 달성하려는 협동행위이므로 관리성은 <u>행정과 경영의 공통점</u>에 해당한다.

오답피하기
① ② ③ 경영과 구분되는 행정의 특징이다.

행복노트
경영과 행정의 유사점과 차이점

구분	행정	경영
주체	정부	기업
목적	공익의 실현	사익의 실현
수단	권력	시장기구
법적 규제	강함	약함
평등성	적용	배제
독점성	강함	약함
산출물	공공재	민간재
재원	조세	판매수입
보상관계	일반적 보상	개별적 보상
의사결정 방식	집단적 의사결정	개별적 의사결정
수입·지출의 결정방식	총량적 결정	한계적 결정
지도이념	형평성 우선	효율성 우선
신분보장	강함	약함
공개성	강함	약함
유사성	관리성, 관료제적 성격, 협동적·집단적 행위, 합리적·능률적 관리를 위한 의사결정방식, 목표달성을 위한 수단성, 봉사성	

정답 ④

제5절　행정과정

30　　　　　　　　　　　　　　　　　0030
다음 중 귤릭(L. H. Gulick)이 제시하는 POSDCoRB에 대한 설명으로 가장 옳지 않은 것은?

2016 서울 9급

① P는 기획(Planning)을 의미한다.
② O는 조직화(Organizing)를 의미한다.
③ Co는 협동(Cooperation)을 의미한다.
④ B는 예산(Budgeting)을 의미한다.

출제유형 Ⅳ. 학자문제　　**출제영역** 행정과정
출제빈도 ★　　**난도** 하

정답찾기
③ 귤릭(Gulick)이 1937년 「행정과학논총」에서 최고관리자의 7대 기능으로 제시한 POSDCoRB 중 Co는 협동이 아닌 조정(Coordinating)을 의미한다.

오답피하기
전통적 행정과정(Gulick) vs 현대적 행정과정

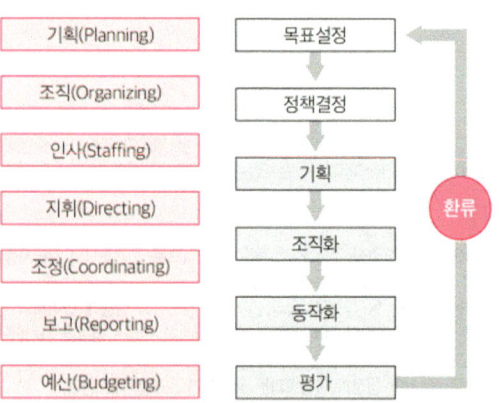

정답 ③

CHAPTER 01 기출 OX

1. 행정은 최협의적으로는 행정부의 조직과 공무원의 활동에 대한 것이다. — o

2. 행정은 정부의 단독행위가 아니라 사회의 다양한 주체들이 함께 참여하는 협력행위로 변해가고 있다. — x

3. 요금재(Toll Goods)는 대가를 지불하지 않는 소비자를 배제하는 재화이다. — o

4. 공유재(Common Goods)는 정당한 대가를 지불하지 않는 사람들을 그 재화의 이용에서 배제하기 어렵다는 문제가 있다. — x

5. 집합재(Collective Goods)는 비용 부담에 따라 서비스 혜택을 차별화하거나 서비스에서 배제할 수 없어 무임승차 문제가 일어날 수 있다. — o

6. 공유지의 비극(Tragedy of Commons)은 개인의 합리성 추구로 인해 공유재가 고갈되는 현상을 일컫는다. — o

7. 정치행정이원론은 정당정치의 개입으로부터 자유로운 행정 영역을 강조하였다. — o

8. 대공황 이후 케인스주의, 루스벨트 대통령의 뉴딜정책은 큰정부관을 강조하였다. — x

9. 행정권 우월화를 인정하는 정치행정일원론은 큰정부를 적극적으로 옹호한다. — x

10. 하이에크(Hayek)는 「노예의 길」에서 정부실패를 비판하고 작은정부를 강조하였다. — x

11. 보수주의자는 기본적으로 자유시장을 신뢰하고 정부를 불신하고, 진보주의자는 조세제도를 통한 소득재분배 정책을 선호한다. — x

12. 보수주의 정부관에 따르면, 정부에 대한 불신이 강하고 정부실패를 우려한다. — x

13. 사이먼(Simon)은 원리주의의 원리들이 과학적인 실험이나 검증을 거치지 않은 속담이나 격언에 불과하다고 비판하였다. — x

14. 귤릭(L. H. Gulick)이 제시하는 POSDCoRB에서 Co는 조정(Coordinating)을 의미한다. — x

CHAPTER 01 키워드

1. 행정은 _____의 생산, 공급, 분배를 통해 공공 욕구를 충족시켜 국민 삶의 질을 증대하고자 한다. — 공공서비스
   2018 서울 1회 7급

2. 행정은 정부의 단독행위가 아니라 사회의 다양한 주체들이 함께 참여하는 _____ 행위로 변해가고 있다. — 협력
   2015 지방 9급

3. _____의 상당부분이 정부에서 공급되는 이유는 자연독점으로 인한 시장실패에 대응해야 하기 때문이다. — 요금재
   2010 지방 7급

4. 경합성과 배제성을 고려할 때 국립도서관은 _____이고 고속도로는 요금재이다. — 공유재
   2014 국가 9급

5. 하딘(Hardin)은 공유지의 비극을 방지하기 위하여 _____을 명확히 할 것을 주장하였고 그것이 안 될 경우, 국가의 적절한 개입을 주장하였다. — 소유권
   2014 서울 7급

6. 행정권 우월화를 인정하는 정치행정일원론은 _____ 정부를 적극적으로 옹호한다. — 큰
   2020 지방 9급

7. 행정국가시대에는 '_____의 봉사가 최선의 정부'로 받아들여졌다. — 최대
   2014 서울 9급

8. 영국의 대처리즘, 미국의 레이거노믹스는 _____ 정부를 지향하였다. — 작은
   2022 국가 9급

9. 공익 증진을 위한 정부규제의 강화, 소외집단을 위한 정부정책의 선호, 효율과 공정에 대한 자유시장의 잠재력 인정 등은 _____ 정부관과 관련된다. — 진보주의
   2011 서울 9급

10. 정치행정 _____은 정당정치의 개입으로부터 자유로운 행정 영역을 강조하였다. — 이원론
    2020 국가 9급

11. _____는 행정은 국가의 의지를 실천하는 것이라고 주장하였다. — 굿노(F. Goodnow)
    2016 서울 7급

12. 1930년대 뉴딜정책은 정치행정 _____이 등장하게 된 중요 배경이다. — 일원론
    2020 국가 9급

13. 행정은 경영과 유사하게 효과적인 업무 수행을 위한 _____ 개념을 강조한다. — 관리
    2014 국가 9급

14. 귤릭(L. Gulick)이 제시하는 POSDCoRB 중 P는 _____을 의미한다. — 기획(Planning)
    2016 서울 9급

CHAPTER 02 행정환경과 역할

대표문제

01 ☐☐☐   0031

우리나라 정부의 규제제도에 대한 설명으로 옳은 것은?

2025 지방 9급

① 정부의 규제정책을 심의·조정하고 규제의 심사·정비 등에 관한 사항을 종합적으로 추진하기 위하여 국무총리 소속으로 규제개혁위원회를 둔다.
② 규제일몰제는 규제의 존속기한 또는 재검토기한을 정하지 않고 규제의 타당성을 주기적으로 관리하는 제도이다.
③ 포지티브 규제는 '원칙적 허용, 예외적 금지'의 형식을 갖는 규제체계를 의미한다.
④ 규제샌드박스는 특정한 신기술을 활용한 새로운 서비스 또는 제품에 관련된 기존 규제의 적용을 일정 기간 면제 또는 완화해 주는 제도이다.

출제유형 Ⅰ. 기본개념　　**출제영역** 정부규제
출제빈도 ★★★　　**난도** 중

정답찾기
④ 규제샌드박스는 신기술·신서비스의 개발과 사업화를 촉진하기 위해 기존 규제의 적용을 일정 기간 면제하거나 완화해주는 제도이다.

오답피하기
① 규제개혁위원회는 <u>대통령</u> 소속으로 설치되며, 국무총리 소속이 아니다.
② 규제일몰제는 규제의 존속기한이나 재검토기한을 <u>미리 정해두고</u> 해당 기한이 도래하면 규제를 폐지하거나 재검토하는 제도이다. 기한을 정하지 않는다는 설명은 틀렸다.
③ 포지티브 규제는 '원칙적 금지, 예외적 허용'의 형식을 갖는 규제체계이다. 네거티브 규제가 '원칙적 허용, 예외적 금지'의 형식이다.

행복노트
정부규제 분류

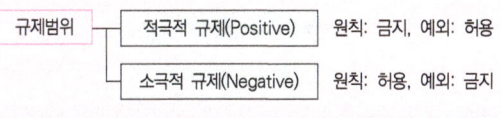

포지티브 규제보다 피규제자의 자율성 더 보장

정답 ④

제1절 시장실패

02 ☐☐☐   0032

시장실패에 대한 설명 중 가장 옳지 않은 것은?

2015 서울 7급

① 자원배분의 효율성을 저해하는 불완전 경쟁은 시장실패의 원인이다.
② 제3자에게 의도하지 않은 이득이나 손해를 주는 현상은 시장실패의 원인이 되기도 한다.
③ 공공조직의 내부성(Internalities)은 시장실패의 원인이다.
④ 시장실패에 대응하기 위해 정부는 공적유도를 통한 시장에의 개입을 시도한다.

출제유형 Ⅰ. 기본개념　　**출제영역** 시장실패
출제빈도 ★★★　　**난도** 하

정답찾기
③ 공공조직의 내부성(Internalities)은 공익보다는 관료들이 사익을 추구하는 현상으로 행정조직의 내부목표와 사회적 목표의 괴리 현상이며, 이는 <u>정부실패의 원인</u>이다.

오답피하기
① 자원배분의 효율성을 저해하는 불완전 경쟁은 시장실패의 원인이다.
② 제3자에게 의도하지 않은 이득이나 손해를 주는 현상은 외부효과로서 이는 시장실패의 원인이 되기도 한다.
④ 시장실패에 대응하기 위해 정부는 공적공급, 공적유도, 정부규제를 통한 시장에의 개입을 시도한다.

행복노트
시장실패

- 시장에서의 자원배분이 효율적 ×
- 형평성이 달성되지 못한 상태

- 공공재 존재
- 외부효과
- 자연독점
- 불완전 경쟁시장
- 정보의 비대칭
- 분배 불평등

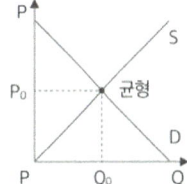

정답 ③

03 ☐☐☐   0033

정부개입의 근거가 되는 시장실패의 원인으로 옳지 않은 것은?

2021 국가 9급

① 외부효과 발생
② 시장의 독점 상태
③ X-비효율성 발생
④ 시장이 담당하기 어려운 공공재의 존재

04 ☐☐☐   0034

시장실패에 대한 설명으로 옳지 않은 것은?

2024 국가 9급

① 민영화를 강조하는 작은 정부론은 시장실패에 대한 대응으로 제기되었다.
② 시장기구를 통해 자원을 효율적으로 배분할 수 없는 상태를 말한다.
③ 정부는 시장개입 및 규제를 통해 시장실패를 교정한다.
④ 공공재의 존재는 시장실패를 야기하는 요인이다

출제유형	Ⅰ. 기본개념	출제영역	시장실패
출제빈도	★★★	난도	하

[정답찾기]

③ X-비효율성의 발생은 정부실패의 원인에 해당한다.

[오답피하기]

① 외부효과 발생은 시장실패의 원인에 해당한다.
② 시장의 독점 상태는 시장실패의 원인에 해당한다.
④ 시장이 담당하기 어려운 공공재의 존재는 시장실패의 원인에 해당한다.

📒 행복노트

시장실패

- 시장에서의 자원배분이 효율적 ×
- 형평성이 달성되지 못한 상태

― 공공재 존재
― 외부효과
― 자연독점
― 불완전 경쟁시장
― 정보의 비대칭
― 분배 불평등

정부실패

시장실패를 교정하기 위한 정부규제가 결과적으로 자원 배분을 왜곡하고, 사회적 불평등 및 경제안정을 더욱 악화시키는 현상

사적 목표의 설정(내부성)	관료조직 내부목표 ≠ 사회목표
X-비효율성	독점으로 인한 관리상의 비효율성
파생적 외부효과	정부개입의 예상치 못한 부작용
권력의 편재	권력과 특혜에 따른 분배적 불평등
정치인의 높은 시간할인율	선거주기에 맞춘 가시적 결과 추구
편익과 비용의 분리	공공재 수요 증가로 비용증가

정답 ③

출제유형	Ⅰ. 기본개념	출제영역	시장실패
출제빈도	★★★	난도	하

[정답찾기]

① 민영화를 강조하는 작은 정부론은 정부실패에 대한 대응으로 제기되었다.

[오답피하기]

② 시장실패는 시장기구를 통해 자원을 효율적으로 배분할 수 없는 상태를 말한다.
③ 정부는 시장개입 및 규제를 통해 시장실패를 교정한다.
④ 공공재의 존재는 시장실패를 야기하는 요인이다.

정답 ①

05
외부효과를 교정하기 위한 방법에 대한 설명으로 옳지 않은 것은?
2015 국가 9급

① 교정적 조세(피구세: Pigouvian Tax)는 사회 전체적인 최적의 생산수준에서 발생하는 외부효과의 양에 해당하는 만큼의 조세를 모든 생산물에 대해 부과하는 방법이다.
② 외부효과를 유발하는 기업에게 보조금을 지급하여 사회적으로 최적의 생산량을 생산하도록 유도한다.
③ 코우즈(R. Coase)는 소유권을 명확하게 확립하는 것이 부정적 외부효과를 줄이는 방법이라고 주장했다.
④ 직접적 규제의 활용 사례로는 일정한 양의 오염허가서(Pollution Permits) 혹은 배출권을 보유하고 있는 경제주체만 오염물질을 배출할 수 있게 허용하는 방식이 있다.

06
시장실패 원인에 대응하는 정부의 방식에 대한 설명으로 가장 옳지 않은 것은?
2016 서울 9급

① 외부효과 발생에 대해서는 보조금 혹은 정부규제로 대응할 수 있다.
② 자연독점에 대해서는 공적공급 혹은 정부규제로 대응할 수 있다.
③ 정보의 비대칭성에 대해서는 보조금으로 대응할 수 있다.
④ 불완전경쟁에 대해서는 보조금 혹은 공적공급으로 대응할 수 있다.

출제유형 I. 기본개념 **출제영역** 외부효과
출제빈도 ★ **난도** 상

정답찾기
④ 오염허가서(Pollution Permits)제도란 오염물질 배출행위를 할 수 있는 일정한 권리를 신설·인정하여 이 권리를 시장에서 매매가 가능하도록 하는 공해배출권 거래 제도를 말한다. 그러므로 환경오염과 같은 외부불경제 등에 오염배출부과금을 매기는 것은 시장기제를 이용한 간접적 규제에 해당한다.

오답피하기
① 교정적 조세는 외부효과로 인하여 사회 전체적인 최적수준에서 발생하는 외부효과의 양에 해당하는 만큼 조세로 비용부담을 시키는 제도로서 부정적 외부효과를 줄이는 효과가 있다.
② 긍정적 외부효과를 유발하는 기업에 대해서는 보조금을 주어 이를 장려한다.
③ 코우즈의 정리(Coase Theorem)란 시장에서 외부효과가 발생하더라도 소유권을 명확하게 하게 되면 당사자 간 자발적인 협상에 의하여 외부효과 문제가 해결된다는 것을 의미하며 특히 부정적 외부효과를 줄이는 방법에 해당한다.

행복노트
외부효과

제3자에게 의도하지 않은 이득이나 손해를 주는 현상

구 분	외부경제	외부불경제
소 비	교육, 예방접종	공공장소에서 흡연행위
	사회적 편익 > 사적 편익	사회적 편익 < 사적 편익
생 산	양봉업자, 산림녹화	폐수방류, 환경오염
	사회적 비용 < 사적 비용	사회적 비용 > 사적 비용
시장실패	사회적정량보다 적게 발생	사회적정량보다 많이 발생
정부역할	보조금을 통한 생산유도	규제를 통한 생산억제

정답 ④

출제유형 I. 기본개념 **출제영역** 시장실패
출제빈도 ★★★ **난도** 중

정답찾기
④ 불완전경쟁이란 담합 등 인위적인 방식에 의한 과점현상이므로 정부규제방식으로 대응하여야 한다.

오답피하기
③ 정보의 비대칭성에 대해서는 공적유도(보조금) 또는 정부규제로 대응할 수 있다.

행복노트
시장실패 원인별 정부의 대응방식

구 분	공적공급	공적유도(보조금)	정부규제
공공재의 존재	○		
외부효과의 발생		○	○
자연독점 (규모의 경제)	○		○
불완전경쟁 (독과점)			○
정보의 비대칭성		○	○

정답 ④

07　□□□　0037

정부규제에 대한 설명으로 옳은 것만을 모두 고르면?

2019 국가 9급

> ㄱ. 포지티브(Positive) 규제가 네거티브(Negative) 규제보다 자율성을 더 보장해준다.
> ㄴ. 환경규제와 산업재해규제는 사회규제의 성격이 강하다.
> ㄷ. 공동규제는 정부로부터 위임을 받은 민간집단에 의해 이뤄지는 규제를 의미한다.
> ㄹ. 수단규제는 정부의 목표를 달성하기 위해 필요한 기술이나 행위에 대해 사전적으로 규제하는 것을 의미한다.

① ㄱ, ㄴ　　② ㄷ, ㄹ
③ ㄱ, ㄴ, ㄷ　　④ ㄴ, ㄷ, ㄹ

출제유형 Ⅰ. 기본개념　　**출제영역** 정부규제
출제빈도 ★★★　　**난도** 중

정답찾기
ㄴ. 환경규제와 산업재해규제 등은 사회적 규제에 해당한다.
ㄷ. 공동규제는 직접규제와 자율규제의 중간 성격을 띤다.
ㄹ. 수단규제는 정부의 특정 목표를 달성하기 위해 필요한 기술이나 행위에 대해 사전적으로 규제하는 것이다.

오답피하기
ㄱ. 원칙은 허용, 예외는 금지방식인 네거티브(Negative) 규제가 포지티브(Positive) 규제보다 피규제자에게 자율성을 더 보장해준다.

행복노트
정부규제 분류

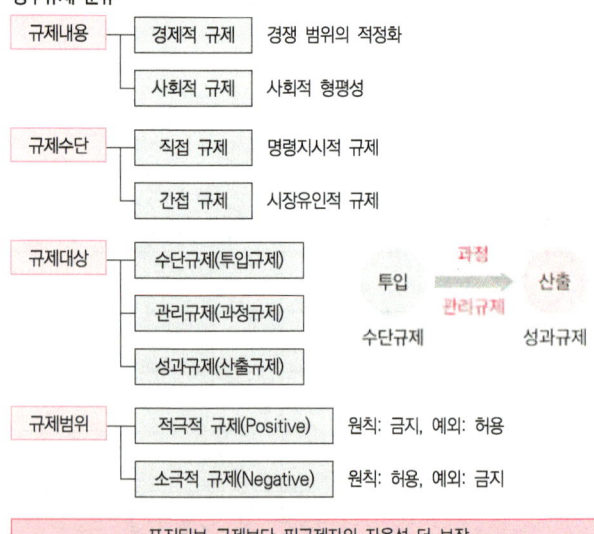

포지티브 규제보다 피규제자의 자율성 더 보장

정답 ④

08　□□□　0038

규제는 해결할 수단, 관리 방식, 최종 성과를 대상으로 설계될 수 있는데, 이들을 각각 수단규제, 관리규제, 성과규제라고 한다. 그 사례를 바르게 연결한 것은?

2016 국가 7급

> ㄱ. 식품안전을 위해 그 효용이 부각되는 위해요소중점관리기준(HACCP: Hazard Analysis Critical Control Point)을 지킬 것을 요구하는 것.
> ㄴ. 인체건강을 위해 개발된 신약에 대해 부작용의 허용가능한 발생 수준을 요구하는 것.
> ㄷ. 환경오염을 방지하기 위해 기업에 특정한 유형의 환경통제 기술을 사용할 것을 요구하는 것.

	수단규제	관리규제	성과규제
①	ㄱ	ㄴ	ㄷ
②	ㄱ	ㄷ	ㄴ
③	ㄷ	ㄴ	ㄱ
④	ㄷ	ㄱ	ㄴ

출제유형 Ⅰ. 기본개념　　**출제영역** 정부규제
출제빈도 ★★★　　**난도** 중

정답찾기
ㄱ. 식품안전을 위한 식품위해요소중점관리기준(HACCP)을 지킬 것을 요구하는 것은 관리규제에 해당한다.
ㄴ. 인체건강을 위해 개발된 신약의 허용가능 부작용 발생 수준을 요구하는 것은 성과규제이다.
ㄷ. 환경오염 방지를 위해 특정한 유형의 환경통제 기술 사용을 요구하는 것은 수단규제이다.

오답피하기
규제대상에 따른 분류: 수단규제, 관리규제, 성과규제

수단규제 (투입규제)	목표달성을 위한 기술이나 행위에 대한 사전적 규제 ・안전장비 착용 의무화, 환경오염 방지 위해 특정한 기술 사용 요구
관리규제 (과정규제)	수단이나 성과가 아닌 과정에 대한 규제 ・식품위해요소중점관리기준(HACCP)
성과규제 (산출규제)	정부가 목표 달성 수준을 정하고, 피규제자에게 이를 달성할 것을 요구 ・이산화탄소 농도 일정 수준 유지, 개발신약에 대한 부작용 발생 수준 규제

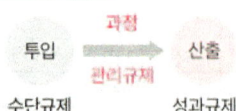

정답 ④

09

규제의 유형에 대한 설명으로 옳지 않은 것은? 2018 지방 9급

① 리플리와 프랭클린(Ripley & Franklin)은 보호적 규제와 경쟁적 규제로 구분하고 있다.
② 경제규제는 주로 시장의 가격 기능에 개입하고 특정 기업의 시장 진입을 배제하거나 억압하는 방식으로 작동된다.
③ 포지티브 규제는 네거티브 규제보다 피규제자의 자율성을 더 보장한다.
④ 자율규제는 피규제자가 스스로 합의된 규범을 만들고 이를 구성원들에게 적용하는 형태의 규제방식이다.

출제유형 Ⅰ. 기본개념   **출제영역** 정부규제
출제빈도 ★★★   난도 중

정답찾기
③ 네거티브 규제가 포지티브 규제보다 피규제자의 자율성을 더 보장한다. 원칙 금지, 예외 허용인 포지티브 규제는 적극적 규제이므로 원칙 허용, 예외 금지인 네거티브 규제보다 자율성이 떨어진다.

오답피하기
① 리플리와 프랭클린(Ripley & Franklin)은 규제정책의 유형을 경쟁적 규제와 보호적 규제로 구분하였다.

행복노트
규제의 개입 범위: 적극적 규제, 소극적 규제

- 적극적 규제(Positive System) 원칙: 금지, 예외: 허용
- 소극적 규제(Negative System) 원칙: 허용, 예외: 금지

포지티브 규제보다 피규제자의 자율성 더 보장

정답 ③

10

정부규제를 사회적 규제와 경제적 규제로 나눌 경우 경제적 규제의 성격이 가장 강한 것은? 2017 지방 9급

① 진입규제
② 환경규제
③ 산업재해규제
④ 소비자안전규제

출제유형 Ⅰ. 기본개념   **출제영역** 정부규제
출제빈도 ★★★   난도 중

정답찾기
① 경제규제는 주로 시장의 가격 기능에 개입하고 특정 기업의 시장 진입을 배제하거나 억압하는 방식으로 작동되는데 진입규제는 경쟁을 제한하기 위해 진입을 배제하는 경제적 규제이다.

오답피하기
②, ③, ④ 모두 사회적 규제이다. 사회적 규제는 현대적 규제에 속하는 것으로 삶의 질과 기본권 신장, 경제적 약자의 보호와 사회적 형평성의 확보를 그 목적으로 하는 규제이다.

행복노트
경제적 규제와 사회적 규제

구 분	경제적 규제(전통적)	사회적 규제(현대적)
목 적	경쟁범위 적정화를 위해 생산자 본원적 활동 규제	사회적 약자 보호와 사회적 형평성 확보를 위해 규제
대 상	개별 산업	모든 산업
특 징	• 지대추구 & 포획현상 ↑ • 규제실패가능성 ↑ • 규제완화의 본질적 대상	• 지대추구 & 포획현상 ↓ • 정당성 ↑, 실패가능성 ↓ • 규제강화의 대상이 됨
유 형	가격규제, 진입·퇴거 규제, 독과점·불공정거래 규제	소비자보호규제, 산업재해규제, 환경규제, 사회적 차별규제

정답 ①

11　0041

다음 중 정부규제와 관련된 설명으로 가장 옳은 것은?

2015 서울 7급

① 정부규제를 수단규제와 성과규제로 구분할 경우, 수단규제는 성과규제에 비해 규제대상기관의 자율성이 크다.
② 정부규제를 수행주체에 따라 구분할 경우, 공동규제는 정부로부터 위임을 받은 민간집단에 의해 이루어지는 규제로 자율규제와 직접규제의 중간 성격을 띤다.
③ 정부규제를 포지티브(Positive) 규제와 네거티브(Negative) 규제로 구분할 경우, 포지티브(Positive) 규제는 네거티브(Negative) 규제에 비해 규제대상기관의 자율성이 크다.
④ 규제개혁은 규제관리 → 규제품질관리 → 규제완화 등의 단계로 진행되는 것이 일반적이다.

12　0042

규제에 대한 설명으로 옳지 않은 것은?

2015 지방 7급

① 윌슨(Wilson)의 규제정치이론에 따르면, 고객정치 상황에서는 응집력이 강한 소수의 편익 수혜자의 논리가 투입될 가능성이 높다.
② 포지티브 규제는 '원칙 허용·예외 금지'의 형태를 취하는 것으로서, 명시적으로 금지하는 것 이외의 모든 것을 허용한다.
③ 국회, 법원, 헌법재판소, 선거관리위원회 및 감사원이 하는 사무에 대하여는 「행정규제기본법」을 적용하지 아니한다.
④ 「행정규제기본법」상 규제의 존속기한 또는 재검토기한은 규제의 목적을 달성하기 위하여 필요한 최소한의 기간 내에서 설정되어야 하며, 그 기간은 원칙적으로 5년을 초과할 수 없다.

출제유형 Ⅰ. 기본개념　　**출제영역** 정부규제

출제빈도 ★★★　　**난도** 중

정답찾기

② 정부규제를 수행주체에 따라 구분할 경우, 공동규제는 정부로부터 위임을 받은 민간집단에 의해 이루어지는 규제로 자율규제와 직접규제의 중간 성격을 띤다.

오답피하기

① 수단규제는 사전적 투입규제이고, 성과규제는 산출규제의 성격을 지닌다. 그러므로 수단규제는 성과규제에 비해 자율성이 낮다.
③ 네거티브(Negative) 규제는 '원칙 허용, 예외 금지'이고, 포지티브 규제는 '원칙 금지, 예외 허용'이므로 네거티브 규제가 포지티브 규제에 비해서 자율성이 크다.
④ 규제개혁은 (총량적) 규제 완화 → (개별적 규제의 질적) 규제 품질관리 → (양과 질 및 거시적인) 규제 관리 등의 세 단계로 구분할 수 있다.

행복노트

규제 개혁의 단계

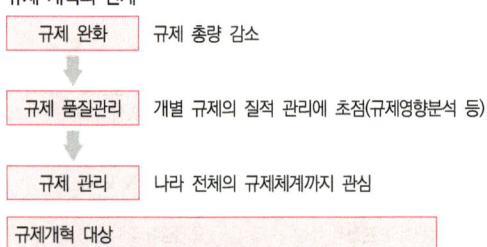

규제 완화 — 규제 총량 감소
규제 품질관리 — 개별 규제의 질적 관리에 초점(규제영향분석 등)
규제 관리 — 나라 전체의 규제체계까지 관심

규제개혁 대상
정부로부터 규제 권한 위임 받은 민간기관도 포함

정답 ②

출제유형 Ⅲ. 법령문제　　**출제영역** 정부규제

출제빈도 ★★★　　**난도** 상

정답찾기

② 포지티브 규제란 '원칙 금지, 예외 허용'의 형태를 취하는 것으로 명시적으로 허용하는 것 이외에는 원칙적으로 모든 행위가 금지되는 규제방식을 말한다. 네거티브 규제는 '원칙 허용, 예외 금지'의 형태를 취하는 것으로서, 명시적으로 금지하는 것 이외의 모든 것을 허용한다.

오답피하기

① 윌슨(Wilson)의 규제정치이론에 따르면, 고객정치 상황에서는 편익은 집중되고 비용은 분산되므로 응집력이 강한 소수의 편익 수혜자의 논리가 투입될 가능성이 높다.
③ 국회, 법원, 헌법재판소, 선거관리위원회 및 감사원이 하는 사무에 대하여는 「행정규제기본법」을 적용하지 아니한다.

관련조문
「행정규제기본법」제3조 【적용범위】
② 다음 각 호의 어느 하나에 해당하는 사항에 대하여는 이 법을 적용하지 아니한다.
　1. 국회, 법원, 헌법재판소, 선거관리위원회 및 감사원이 하는 사무

④ 「행정규제기본법」상 규제의 존속기한 또는 재검토기한은 규제의 목적을 달성하기 위하여 필요한 최소한의 기간 내에서 설정되어야 하며, 그 기간은 원칙적으로 5년을 초과할 수 없다.

관련조문
「행정규제기본법」제8조 【규제의 존속기한】
② 규제의 존속기한 또는 재검토기한은 규제의 목적을 달성하기 위하여 필요한 최소한의 기간 내에서 설정되어야 하며, 그 기간은 원칙적으로 5년을 초과할 수 없다.

정답 ②

13

정부규제(행정규제)에 대한 설명으로 옳은 것만을 모두 고르면?

2014 국가 9급

ㄱ. 정부규제는 파생적 외부효과를 해결한다는 장점이 있다.
ㄴ. 경제적 규제에서는 피규제산업에 의한 규제기관의 포획현상이 나타날 수 있다.
ㄷ. 리플리와 프랭클린(R. Ripley & G. Franklin)은 규제정책의 유형을 경쟁적 규제와 보호적 규제로 구분하였다.
ㄹ. 시장유인적 규제는 규제효과를 담보할 수 있다는 장점이 있으나 기업에 불필요한 비용부담을 주는 단점이 있다.

① ㄱ, ㄴ
② ㄴ, ㄷ
③ ㄴ, ㄹ
④ ㄷ, ㄹ

14

정부규제에 대한 설명으로 옳지 않은 것은?

2021 지방 7급

① 종합편성 채널의 운영권을 부여하고, 이를 확보한 방송사에 대한 규제는 리플리와 프랭클린(Ripley & Franklin)의 보호적 규제 정책을 시행한 것으로 볼 수 있다.
② 네거티브 규제(Negative Regulation)는 포지티브 규제(Positive Regulation)보다 자율성을 적극적으로 부여한다는 측면에서 피규제자가 선호하는 방식이다.
③ 우리나라는 신기술과 신산업을 육성하기 위하여 규제샌드박스제도를 도입하였다.
④ 윌슨(Wilson)의 규제정치 이론에 따르면, 대체로 경제적 규제는 고객정치의 상황으로 분류되며 사회적 규제는 기업가정치의 상황으로 분류된다.

출제유형 I. 기본개념 　**출제영역** 정부규제
출제빈도 ★★★ 　난도 중

정답찾기
ㄴ. 경제적 규제에서는 시장의 가격 기능에 개입하고 특정 기업의 시장 진입을 배제하거나 억압하는 방식으로 작동되므로 피규제산업에 의한 규제기관의 포획현상이 나타날 수 있다.
ㄷ. 리플리와 프랭클린(Ripley & Franklin)은 규제정책의 유형을 경쟁적 규제와 보호적 규제로 구분하였다.

오답피하기
ㄱ. 시장실패인 외부효과에 대해서 정부규제가 대응 방안이 될 수 있다. 하지만 규제의 부작용으로 인한 파생적 외부효과는 정부규제 등이 초래하는 정부실패의 요인에 해당하므로 정부보조 삭감이나 규제완화가 필요하다.
ㄹ. 시장유인 규제는 정부정책에 순응하는 산업이나 기업은 보조금이나 조세감면, 오염배출부과금, 공해허가증 등과 같은 혜택을 받고, 불응하는 산업이나 기업은 불이익을 받도록 하는 유도적, 간접적 성격의 규제이다. 때문에 직접적인 지시·명령식 규제에 비해 규제효과를 담보할 수 없고, 기업에 불필요한 비용부담을 준다는 단점이 있다.

정답 ②

출제유형 I. 기본개념 　**출제영역** 정부규제
출제빈도 ★★★ 　난도 중

정답찾기
① 종합편성 채널의 운영권을 부여하고, 이를 확보한 방송사에 대한 규제는 리플리와 프랭클린(Ripley & Franklin)의 경쟁적 규제 정책을 시행한 것으로 볼 수 있다.

오답피하기
② '원칙 허용, 예외 금지'인 네거티브 규제(Negative Regulation)는 '원칙 금지, 예외 허용'인 포지티브 규제(Positive Regulation)보다 자율성을 적극적으로 부여한다는 측면에서 피규제자가 선호하는 방식이다.
③ 우리나라는 신기술과 신산업을 육성하기 위하여 규제샌드박스제도를 도입하였다.
④ 윌슨(Wilson)의 규제정치 이론에 따르면, 대체로 경제적 규제는 편익이 집중되고 비용은 분산되므로 고객정치의 상황으로 분류되며 편익이 분산되고 비용은 기업에게 집중되는 사회적 규제는 기업가정치의 상황으로 분류된다.

▎**규제샌드박스제도**
규제샌드박스는 사업자가 신기술을 활용한 새로운 제품과 서비스를 일정 조건(기간·장소·규모 제한)하에서 시장에 우선 출시해 시험·검증할 수 있도록 현행 규제의 전부나 일부를 적용하지 않는 것을 말하며 그 과정에서 수집된 데이터를 토대로 합리적으로 규제를 개선하는 제도이다. 이는 2016년 영국 정부가 처음으로 도입해 현재 우리나라를 비롯한 60여 개국에서 운영중인 제도로서 아이들이 모래놀이터(Sandbox)에서 안전하게 뛰어놀 수 있는 것처럼 시장에서의 제한적 실증을 통해 신기술을 촉진하는 동시에 이 기술로 인한 안전성 문제 등을 미리 검증하는 것을 목적으로 하고 있다. 우리나라의 규제샌드박스는 영국 등 먼저 제도를 시행한 국가의 모델을 더욱 발전시키고 확대하여 운영하고 있다.

정답 ①

15 ○○○ 0045

월슨(Wilson)의 규제정치 유형 중 다음 설명에 해당하는 것은?

2022 국가 9급

> 정부규제로 발생하게 될 비용은 상대적으로 작고 이질적인 불특정 다수에게 부담된다. 그러나 편익은 크고 동질적인 소수에 귀속된다. 이런 상황에서 상당한 이익을 얻을 수 있는 소수집단은 정치조직화하여 편익이 자신들에게 제도적으로 보장될 수 있도록 정치적 압력을 행사한다.

① 대중정치
② 고객정치
③ 기업가정치
④ 이익집단정치

출제유형 Ⅳ. 학자문제 **출제영역** 규제정치모형
출제빈도 ★★★ **정답률** 65% **난도** 중

정답찾기
② 고객정치는 정부규제로 발생하게 될 비용은 상대적으로 작고 이질적인 불특정 다수인에게 분산되지만, 그 편익은 대단히 크며 동질적인 소수에게 귀속되는 상황의 정치이다.

오답피하기
① 대중정치는 규제 비용과 편익 모두 이질적인 불특정 다수의 일반국민에게 광범위하게 분산되어 그 크기가 상대적으로 작은 경우의 정치이다.
③ 기업가정치는 규제로 인한 비용은 일부 동질적인 집단에 집중되는 반면, 편익은 불특정 다수인에게 광범위하게 분산되는 경우이다. 기업가정치는 사회적 규제와 연관성이 높다.
④ 이익집단정치는 비용과 편익이 모두 소수의 동질적 집단에게만 국한되고, 그 크기 역시 대단히 크게 느껴져서 쌍방이 막강한 정치 조직적 힘을 바탕으로 첨예하게 대립되기 때문에 편익을 얻는 집단과 비용을 부담하는 집단 사이에는 갈등이나 제로섬(Zero-Sum) 게임이 형성된다.

정답 ②

16 ○○○ 0046

월슨(Wilson)의 규제정치유형과 예시를 연결한 것으로 옳지 않은 것은?

2018 지방 9급

① 고객정치 - 농산물에 대한 최저가격 규제
② 이익집단정치 - 신문·방송·출판물의 윤리규제
③ 대중정치 - 낙태에 대한 규제
④ 기업가정치 - 식품에 대한 위생규제

출제유형 Ⅳ. 학자문제 **출제영역** 규제정치모형
출제빈도 ★★★ **난도** 중

정답찾기
② 신문·방송·출판물의 윤리규제는 비용과 편익이 다수에게 넓게 분산되는 경우로서 대중정치모형에 해당한다.

오답피하기
① 농산물에 대한 최저가격 규제 등 소수 생산자를 보호하기 위한 규제는 진입규제 등과 함께 대표적인 고객정치모형에 해당한다.
③ 낙태, 종교활동, 언론, 독과점, 음란물 등에 대한 규제는 비용과 편익이 모두 분산되어 일반인들의 관심이 약한 대중정치모형에 해당한다.
④ 식품에 대한 위생규제, 환경오염규제, 각종 안전규제 등 사회적 규제는 기업가의 정치모형에 해당한다.

행복노트

월슨(Wilson)의 규제정치모형

구 분		규제의 비용	
		분산	집중
규제의 편익	분산	대중정치 (다수의 정치) 음란물규제, 낙태규제, 신문방송 출판물 규제	기업가적 정치 (운동가의 정치) 수입규제완화, 총기통제, 환경오염규제, 식품 위생규제
	집중	고객정치 수입규제, 직업면허, 환경오염 규제 완화, 농산물 최저가격규제	이익집단정치 노사관계규제, 의약분업규제

행복한 필기 TIP

Wilson의 규제정치모형
고객정치: 해줘~ 해줘~!
기업가적 정치: 하지마~ 하지마~!

정답 ②

17
0047

다음 사례에 가장 부합하는 윌슨(Wilson)의 규제정치유형은?

2017 국가 7급

> A시와 검찰은 지난해부터 올 2월까지 B상수원 보호구역 내 불법 음식점 70곳을 단속해 7명을 구속기소하고 12명을 불구속기소하는 한편 45명을 벌금 500만~3천만 원에 약식 기소했다. 이에 해당 유역 8개 시·군이 참여하는 '특별대책지역 수질보전정책협의회' 상인대표단은 11일 "B상수원 환경정비구역 내 휴게·일반음식점 규제·단속은 형평성이 결여됐다"며 중앙정부 차원의 해결책을 요구했다.

① 고객정치
② 대중정치
③ 이익집단정치
④ 기업가정치

18
0048

윌슨(J. Q. Wilson)은 정부 규제로부터 감지되는 비용과 편익의 분포에 따라 규제정치를 아래 표와 같이 네 가지 유형으로 구분했다. ㉠~㉣에 들어갈 유형의 명칭과 그 사례의 연결이 가장 적합한 것은?

2015 서울 9급

구 분		감지된 편익	
		넓게 분산	좁게 집중
감지된 비용	넓게 분산	㉠	㉡
	좁게 집중	㉢	㉣

① ㉠ 대중적 정치 - 각종 위생 및 안전 규제
② ㉡ 고객정치 - 수입 규제
③ ㉢ 기업가적 정치 - 낙태 규제
④ ㉣ 이익집단정치 - 농산물에 대한 최저가격 규제

출제유형 Ⅳ. 학자문제 **출제영역** 규제정치모형
출제빈도 ★★★ **난도** 중

정답찾기
④ 주어진 제시문은 환경오염을 방지하기 위한 규제 정책에 대하여 피해 집단이 저항하는 상황으로서 편익은 다수에게 분산되고, 비용은 소수에게 집중되는 환경규제에 대해 나타나는 기업가적 정치 상황에 해당한다.

오답피하기

환경오염 규제	⇒	기업가적 정치
비용	집중(기업)	정치세력화 → 로비 → 포획가능
편익	분산(국민)	집단행동의 딜레마
환경오염 규제완화	⇒	고객정치

정답 ④

출제유형 Ⅳ. 학자문제 **출제영역** 규제정치모형
출제빈도 ★★★ **난도** 중

정답찾기
② ㉠-대중정치, ㉡-고객정치, ㉢-기업가정치, ㉣-이익집단정치이다. 의사면허나 수입규제 등 각종 면허에 의한 행위제한은 편익은 소수에 집중되고 비용은 다수에 분산되는 고객정치에 해당한다.

구 분		감지된 편익	
		넓게 분산	좁게 집중
감지된 비용	넓게 분산	㉠ 대중정치	㉡ 고객정치
	좁게 집중	㉢ 기업가정치	㉣ 이익집단정치

오답피하기
① 각종 위생 및 안전 규제는 규제로 인한 편익은 다수에 분산되고, 비용은 소수에게 집중되므로 기업가정치모형에 해당한다.
③ 낙태규제는 편익과 비용이 다수에 분산되므로 대중정치모형에 해당한다.
④ 농산물에 대한 최저가격 규제를 하게 되면 편익은 소수에 집중되고, 비용은 다수에 분산되므로 고객정치모형에 해당한다.

정답 ②

19

윌슨(J. Wilson)의 규제정치이론에 대한 설명으로 옳은 것만을 모두 고른 것은?
2014 지방 7급

ㄱ. 감지된 비용(Costs)과 편익(Benefits)이 모두 좁게 집중되어 있는 규제정치를 이익집단정치라 한다.
ㄴ. 기업가적 정치는 환경오염규제 사례처럼 오염업체에게는 비용이 좁게 집중되지만 일반 시민들에게는 편익이 넓게 분산된다.
ㄷ. 대중정치는 한·약분쟁의 경우처럼 쌍방이 모두 조직적인 힘을 바탕으로 이익확보를 위해 첨예하게 대립하는 정치상황이다.
ㄹ. 환경규제 완화 상황인 경우에는 비용이 넓게 분산되고 감지된 편익이 좁게 집중되는 고객정치의 상황이 된다.

① ㄱ, ㄴ, ㄷ
② ㄱ, ㄴ, ㄹ
③ ㄱ, ㄷ, ㄹ
④ ㄴ, ㄷ, ㄹ

출제유형 Ⅳ. 학자문제 **출제영역** 규제정치모형
출제빈도 ★★★ **난도** 중

정답찾기
② ㄱ, ㄴ, ㄹ이 옳다.
ㄹ. 환경규제는 비용이 집중되고 편익이 분산되어 기업가(운동가)정치모형이지만, 환경규제 완화는 비용이 분산되고 편익이 집중되는 고객정치모형에 해당한다.

오답피하기
ㄷ. 한·약분쟁은 비용과 편익이 모두 소수에게 집중되는 이익집단정치에 해당한다.

행복노트
윌슨(Wilson)의 규제정치 모형

구 분		규제의 비용	
		분산	집중
규제의 편익	분산	대중정치 (다수의 정치) 음란물규제, 낙태규제, 신문방송 출판물 규제	기업가적 정치 (운동가의 정치) 수입규제완화, 총기통제, 환경오염규제, 식품 위생규제
	집중	고객정치 수입규제, 직업면허, 환경오염 규제 완화, 농산물 최저가격규제	이익집단정치 노사관계규제, 의약분업규제

행복한 평가 TIP
Wilson의 규제정치모형
• 고객정치: 해줘~ 해줘~!
• 기업가적 정치: 하지마~ 하지마~!

정답 ②

20

다음은 윌슨(Wilson)의 규제정치유형에 대한 설명이다. 각 유형별 사례를 바르게 짝지은 것은?
2014 지방 9급

ㄱ. 정부규제로 인해 발생되는 비용은 상대적으로 이질적인 불특정 다수집단에 부담되나, 그 편익은 매우 크며 동질적인 소수집단에게 귀속되는 상황
ㄴ. 정부규제로 인해 감지된 비용과 편익이 쌍방 모두 이질적인 불특정 다수에게 미치기 때문에 개개인으로 보면 그 크기가 작은 상황
ㄷ. 규제로부터 예상되는 비용과 편익이 모두 소수의 동질적인 집단에 국한되고, 쌍방이 모두 조직적인 힘을 바탕으로 이익 확보를 위해 첨예하게 대립하는 상황
ㄹ. 피규제집단에는 비용이 좁게 집중되지만, 규제로 인한 편익이 일반시민을 포함하여 넓게 분포되는 상황

	ㄱ	ㄴ	ㄷ	ㄹ
①	수입규제	음란물규제	한약규제	원자력발전규제
②	원자력발전규제	수입규제	한약규제	음란물규제
③	한약규제	원자력발전규제	수입규제	음란물규제
④	수입규제	한약규제	음란물규제	원자력발전규제

출제유형 Ⅳ. 학자문제 **출제영역** 규제정치모형
출제빈도 ★★★ **난도** 중

정답찾기
ㄱ. 고객정치에 대한 사례로는 수입규제, 의사·변호사·약사 등 각종 직업면허, 택시사업 인가 등의 경제적 규제가 있다.
ㄴ. 다수의 정치(대중정치)에 대한 사례로는 음란물규제, 종교규제, 사회적 차별 규제, 낙태규제 등이 있다.
ㄷ. 이익집단정치에 대한 사례로는 한·약분쟁, 의약분업정책에 있어서 의사와 약사의 대립, 중소기업 간의 대립 등이 있다.
ㄹ. 기업가(운동가)의 정치에 대한 사례로는 환경오염규제, 원자력발전규제, 위해물품규제 등의 사회적 규제가 있다.

정답 ①

21　　　0051
다음 설명에 해당하는 정책현상은?　　2016 지방 9급

> 어떤 하나의 규제가 시행된 결과, 원래 규제설계 당시에는 미리 예기하지 못한 또 다른 문제점이 나타나게 되면 규제기관은 그 문제의 해결을 위해 또 다른 규제를 하게 됨으로써 결국 규제가 규제를 낳는 결과를 초래한다.

① 타르 베이비 효과(Tar-baby Effect)
② 집단행동의 딜레마
③ 규제의 역설(Regulatory Paradox)
④ 지대추구행위

출제유형 Ⅰ. 기본개념　**출제영역** 규제의 문제점
출제빈도 ★　**난도** 하

정답찾기
① 규제는 한번 발생하면 예상치 못한 문제가 발생하고 이를 보완하기 위해 또 다른 규제가 발생한다. 규제가 규제를 낳는 규제악순환 현상을 타르 베이비 효과(Tar-Baby Effect; 끈끈이 인형 효과)라 한다.

오답피하기
정부 규제의 문제점
- 관료 부패의 가능성: 민간은 지대추구, 공무원은 포획
- 정부조직의 팽창
- 획일성, 경직성에 따른 법규주의
- 경제적 비효율성: 사회적 비용 증가
- 규제의 악순환: 규제가 규제를(규제피라미드, 끈끈이 인형 효과)
- 공익 저해
- 규제의 역설의 발생: 규제의 의도와 다른 부작용 초래

정답 ①

22　　　0052
규제영향분석에 대한 설명으로 옳지 않은 것은?　　2017 지방 9급 추가

① 규제의 경제·사회적 영향을 과학적으로 분석해 타당성을 평가한다.
② 정치적 이해관계의 조정과 수렴의 기회를 제공한다.
③ 규제가 초래할 사회적 부담에 대해 책임성을 가지도록 유도한다.
④ 규제의 비용보다 규제의 편익에 주안점을 둔다.

출제유형 Ⅲ. 법령문제　**출제영역** 행정규제기본법
출제빈도 ★★　**난도** 중

정답찾기
④ 규제영향분석은 규제의 비용과 편익을 모두 검토하여 규제의 신설 또는 강화여부를 결정하는 도구이다. 하지만 규제로 인한 편익보다는 규제로 인한 부작용, 국민부담 등 비용에 주안점을 둔다.

오답피하기
① 규제영향분석은 규제의 경제적 영향뿐만 아니라 사회적 영향도 과학적으로 분석해 타당성을 평가한다.
② 규제영향분석은 사전적으로 이루어지므로 그 과정에서 정치적 이해관계의 조정과 수렴의 기회를 제공한다.
③ 규제영향분석은 규제가 가져오는 편익과 비용을 분석하므로 규제가 초래할 사회적 부담에 대해 책임성을 가지도록 유도한다.

행복노트
규제영향분석
- 규제의 신설 또는 강화 시, 사전적 검토
- 사회적 자원의 효율적 배분
- 합리적 의사결정 유도
- 정치적 이해관계 조정과 수렴의 기회 제공
- 편익, 비용 동시 분석 → 타당성 제고

정답 ④

23

정부규제에 대한 설명으로 옳지 않은 것은? 2016 지방 7급

① 「행정규제기본법」은 규제 법정주의를 규정하고 있다.
② 규제개혁위원회는 위원장 2명을 포함한 20명 이상 25명 이하의 위원으로 구성한다.
③ 규제영향분석이 필요한 이유 중 하나는 관료에게 규제비용에 대한 관심과 책임성을 갖도록 유도한다는 점이다.
④ 정부의 규제정책을 심의·조정하고 규제의 심사·정비 등에 관한 사항을 종합적으로 추진하기 위하여 국무총리 소속으로 규제개혁위원회를 두고 있다.

24

규제영향분석에 관한 다음의 설명 중 적합하지 않은 것은? 2014 서울 7급

① 규제영향분석은 규제의 경제·사회적 영향을 과학적으로 분석하여 그 타당성을 평가한다.
② 규제영향분석은 정치적 이해관계의 조정과 수렴의 기회를 제공한다.
③ 불필요한 정부규제를 완화하고자 할 때 현존하는 규제의 사회적 편익과 비용을 점검하고 측정하는 체계적인 의사결정도구이다.
④ 1970년대 이후 세계의 여러 국가에서 도입하여 왔으며, OECD에서도 회원국들에게 규제영향분석의 채택을 권고하고 있다.
⑤ 규제 외의 대체수단 존재여부, 비용-편익분석, 경쟁 제한적 요소의 포함 여부 등을 고려하여야 한다.

출제유형 III. 법령문제 **출제영역** 행정규제기본법
출제빈도 ★★ **난도** 중

정답찾기
④ 대통령 소속으로 규제개혁위원회를 두고 있다.

오답피하기
① 「행정규제기본법」 제4조에 규제 법정주의를 규정하고 있다.
② 「행정규제기본법」 제25조에 규제개혁위원회는 위원장 2명을 포함한 20명 이상 25명 이하의 위원으로 구성한다고 규정하고 있다.

행복노트
행정규제기본법의 주요 특징

- **목적**: 불필요한 행정규제를 폐지, 비효율적인 행정규제 신설 억제
- **특징**
  - 적용범위: 국회, 법원, 헌법재판소, 선거관리위원회, 감사원 사무는 「행정규제기본법」 적용 ×
  - 규제 법정주의: 규제는 법률에 근거
  - 규제 최소한의 원칙
  - 우선 허용 사후규제: 신기술 서비스·제품 관련 규제 시
  - 규제 영향분석 및 자체심사: 규제를 신설 또는 강화 시 중앙행정기관장은 규제영향분석 및 규제영향분석서 작성
  - 규제 일몰제: 규제의 존속기한 명시, 원칙적으로 5년, 연장 필요 시 존속기한 도래 3월 전까지 개정안 국회 제출
  - 규제개혁위원회: 대통령 소속

정답 ④

출제유형 III. 법령문제 **출제영역** 행정규제기본법
출제빈도 ★★ **난도** 중

정답찾기
③ 규제영향분석은 「행정규제기본법」 제7조(규제영향분석 및 자체심사)에 "① 중앙행정기관의 장은 규제를 신설하거나 강화(규제의 존속기한 연장을 포함한다. 이하 같다)하려면 다음 각 호의 사항을 종합적으로 고려하여 규제영향분석을 하고 규제영향분석서를 작성하여야 한다고 명시되어 있는바 규제를 완화할 때가 아니라 신설하거나 강화할 때 규제영향분석을 실시한다."고 규정되어 있다.

오답피하기
① 규제영향분석은 규제의 경제적·사회적 영향을 과학적으로 분석하여 그 타당성을 평가한다. 이를 통해 정부에 규제에 대한 객관적 정보를 전달하여 불필요하고 불합리한 규제도입의 가능성을 차단하고 질 높은 규제를 선택할 수 있다.
② 이해관계가 얽힌 규제의 경우 이해당사자들 간에 정치적 협상 혹은 조정과 선택이 필요한데 규제영향분석은 이러한 정치적 협상과 조정을 구현할 수 있는 기회를 제공한다.
④ 1970년대 이후 세계의 여러 국가에서 도입하여 왔으며, OECD에서도 회원국들에게 규제영향분석의 채택을 권고한다. 우리나라는 1998년 규제개혁위원회를 통한 신설·강화 규제심사에 규제영향분석을 중요한 항목으로 포함시켰다.
⑤ 규제영향분석 등을 바탕으로 이루어지는 규제심사는 규제의 필요성과 대안 검토, 비용편익분석과 비교, 규제내용의 적정성과 실효성 검토 등을 중심으로 이루어진다.

정답 ③

25

행정지도의 폐단에 해당하지 않는 것은? 2017 지방 9급 추가

① 책임소재가 불분명할 수 있다.
② 공무원의 재량이 많이 작용하기 때문에 형평성이 보장되기 어렵다.
③ 입법과정의 복잡한 절차가 필요하다.
④ 행정의 과도한 경계확장을 유도한다.

26

행정지도에 관한 내용으로 옳지 않은 것은? 2012 서울 9급

① 공무원들이 어떤 목적을 달성하기 위해 국민에게 영향력을 미치려는 활동의 하나이다.
② 법적 구속력을 수반하는 권고, 협조요청, 알선행위 등을 말한다.
③ 행정지도는 민간부문의 정부 의존도가 높을수록 유용성이 커진다.
④ 행정수요의 변화에 비해 입법조치가 탄력적이지 못할 때 활용된다.
⑤ 행정수요가 임시적, 잠정적이어서 법적 대응이 곤란할 때 활용된다.

출제유형 Ⅰ. 기본개념　　**출제영역** 행정지도

출제빈도 ★　　난도 하

정답찾기
③ 행정지도는 비권력적 사실행위로 복잡한 입법절차를 거치지 않고도 긴급한 행정수요에 응급적으로 대응할 수 있으므로 행정의 간편성 제고에 기여한다.

오답피하기
① 법적 근거가 없이 이루어지므로 책임소재가 분명하지 않다.
② 공무원의 재량권이 남용되어 형평성을 저해할 수 있다.
④ 행정지도는 행정국가 시기에 행정기능의 과도한 팽창을 초래하였다.

행복노트

행정지도

구분	내용
의미	행정기관이 공권력을 배경으로 행정목적을 실현하기 위하여 국민에게 일정한 행위를 하거나, 하지 않도록 지도·협조요청·권고·지시·단속 등을 하는 행정작용을 말한다.
장점	적시성↑, 융통성↑
단점	불분명한 책임, 법치주의의 위협

정답 ③

출제유형 Ⅰ. 기본개념　　**출제영역** 행정지도

출제빈도 ★　　난도 하

정답찾기
② 행정지도는 행정기관이 공권력을 바탕으로 행정목적을 실현하기 위하여 국민에게 일정한 행위를 하거나, 또는 하지 않도록 지도·권고·조언하는 행정작용이다. 그러므로 행정지도는 법적 행위가 아니기 때문에 법적 구속력을 수반하지는 않는다.

오답피하기

구 분	행정지도	행정규제
권력적	×	○
법적 구속력	×	○

정답 ②

제 2 절 　 정부실패

27 　 □□□ 　 0057
정부의 규모와 역할에 대한 행정이론의 설명으로 옳지 않은 것은?
2017 국가 9급

① X – 비효율성은 과열된 경쟁에서 나타나는 정부의 과다한 비용발생을 의미한다.
② 지대추구이론은 규제나 개발계획과 같은 정부의 시장개입이 클수록 지대추구행태가 증가하고 그에 따른 사회적 손실도 증가한다고 주장한다.
③ 거래비용이론에서는 당사자 간의 협상 및 커뮤니케이션 비용과 계약의 준수를 감시하는 비용도 거래비용으로 포함한다.
④ 대리인이론은 주인 – 대리인 사이에 정보비대칭성이 있고 대리인이 기회주의적으로 행동하는 경우 역선택(Adverse Selection) 문제가 발생할 수 있다고 주장한다.

출제유형 Ⅱ. 이론·제도　　**출제영역** 정부의 역할
출제빈도 ★　　**난도** 중

정답찾기
① X – 비효율성은 정부업무가 경쟁상태에 노출되지 않은 독점적 성격에서 나타나는 정부의 효율성 약화와 과다한 비용발생을 의미한다.

오답피하기
② 지대추구이론은 규제나 개발계획과 같은 정부의 시장개입이 클수록 민간은 지대추구행태가 증가하고 공무원은 포획되는 현상이 발생할 수 있어 그에 따른 사회적 손실도 증가한다고 주장한다.
③ 거래비용이론에서는 사전적 거래비용인 당사자 간의 협상 및 커뮤니케이션 비용과 사후적 거래비용인 계약의 준수를 감시하는 비용도 거래비용으로 포함한다.
④ 대리인이론은 주인 – 대리인 사이에 정보 비대칭성이 있고 대리인이 기회주의적으로 행동하는 경우 역선택(Adverse Selection) 문제가 발생할 수 있다고 주장한다.

정답 ①

28 　 □□□ 　 0058
정부실패의 요인에 대한 설명으로 옳지 않은 것은?
2022 국가 7급

① 'X – 비효율성'은 정부가 가진 권력을 통해 불평등한 분배가 이루어지는 현상이다.
② '지대추구'는 정부개입에 따라 발생하는 인위적 지대를 획득하기 위해 자원을 낭비하는 활동이다.
③ '파생적 외부효과'는 시장실패를 해결하기 위해 정부가 개입하지만 의도하지 않은 부작용을 초래하는 것이다.
④ '내부성(internalities)'은 공공조직이 공익적 목표보다는 관료 개인이나 소속기관의 이익을 우선적으로 고려하는 것이다.

출제유형 Ⅰ. 기본개념　　**출제영역** 정부실패
출제빈도 ★★★　　**난도** 중

정답찾기
① 'X – 비효율성'은 독점으로 인한 행정관리상의 비효율을 의미한다. 정부가 가진 권력을 통해 불평등한 분배가 이루어지는 현상은 권력의 편재에 해당한다.

오답피하기
② '지대추구'는 정부개입에 따라 발생하는 인위적 지대를 획득하기 위해 자원을 낭비하는 활동이다.
③ '파생적 외부효과'는 시장실패를 해결하기 위해 정부가 개입하지만 의도하지 않은 부작용을 초래하는 것이다.
④ '내부성(internalities)'은 공공조직이 공익적 목표보다는 관료 개인이나 소속기관의 이익을 우선적으로 고려하는 것이다.

> 시장실패를 교정하기 위한 정부규제가 결과적으로 자원 배분을 왜곡하고, 사회적 불평등 및 경제안정을 더욱 악화시키는 현상

사적 목표의 설정(내부성)	관료조직 내부목표 ≠ 사회목표
X – 비효율성	독점으로 인한 관리상의 비효율성
파생적 외부효과	정부개입의 예상치 못한 부작용
권력의 편재	권력과 특혜에 따른 분배적 불평등
정치인의 높은 시간할인율	선거주기에 맞춘 가시적 결과 추구
편익과 비용의 분리	공공재 수요 증가로 비용증가

정답 ①

29 ☐☐☐ 0059

정부실패의 요인에 해당하지 않는 것은? 2017 지방 7급

① 공공서비스에서의 비용과 편익의 분리
② 경제 활동에 영향을 주는 외부불경제(External Diseconomy)
③ 비공식적 목표가 공식적 조직목표를 대체하는 현상
④ 의도하지 않은 파생적 외부효과

30 ☐☐☐ 0060

정부실패(government failure)의 원인 중 다음 설명에 해당하는 것은? 2025 국가 9급

> 비공식적 목표가 공식적 조직 목표를 대체하는 현상으로서, 관료 자신이 개인적 이익이나 소속기관의 이익을 사회적 목표보다 우선 고려함으로써 사회 전체의 목표와 조직 내부 목표 간 괴리가 발생하는 것이다.

① 파생적 외부효과
② X - 비효율성
③ 권력의 편재
④ 내부성

출제유형 Ⅰ. 기본개념   **출제영역** 정부실패

출제빈도 ★★   **난도** 하

[정답찾기]
② 경제 활동에 영향을 주는 외부불경제(External Diseconomy)는 시장실패 요인에 해당한다.

[오답피하기]
①, ③, ④ 비용과 편익의 분리(절연), 비공식적 목표를 우선시하는 내부성, 파생적 외부효과 등이 정부실패의 요인에 해당한다.

[행복노트]
정부실패

> 시장실패를 교정하기 위한 정부규제가 결과적으로 자원 배분을 왜곡하고, 사회적 불평등 및 경제안정을 더욱 악화시키는 현상

- 사적 목표의 설정(내부성) — 관료조직 내부목표 ≠ 사회목표
- X-비효율성 — 독점으로 인한 관리상의 비효율성
- 파생적 외부효과 — 정부개입의 예상치 못한 부작용
- 권력의 편재 — 권력과 특혜에 따른 분배적 불평등
- 정치인의 높은 시간할인율 — 선거주기에 맞춘 가시적 결과 추구
- 편익과 비용의 분리 — 공공재 수요 증가로 비용증가

정답 ②

출제유형 Ⅰ. 기본개념   **출제영역** 정부실패

출제빈도 ★★   **난도** 중

[정답찾기]
④ 내부성은 관료나 조직이 사회적 목표보다 자신이나 조직의 이익을 우선시하여 정부실패를 초래하는 현상이다.

[오답피하기]
① 파생적 외부효과는 정부개입이 의도치 않은 부작용을 초래하는 현상이다.
② X-비효율성은 경쟁이 없는 독점 상황에서 발생하는 비효율을 말한다.
③ 권력의 편재는 권력이 특정 집단에 편중되어 발생하는 정부실패 원인이다.

정답 ④

31　□□□　0061

시장실패와 정부실패에 대한 설명으로 적절하지 않은 것은?

2016 지방 9급

① 시장실패는 시장기구를 통해 자원배분의 효율성을 달성할 수 없는 경우를 의미한다.
② 비배제성과 비경합성을 가진 공공재의 존재는 시장실패의 주요 원인 중 하나이다.
③ X-비효율성으로 인해 시장실패가 야기되어 정부의 시장개입 정당성이 약화된다.
④ 정부실패는 시장실패에 대응하는 개념으로 행정서비스의 비효율성을 야기한다.

출제유형　Ⅰ. 기본개념　　**출제영역**　시장실패와 정부실패
출제빈도　★★★　　**난도**　중

정답찾기
③ X-비효율성으로 인해 정부실패가 야기되어 정부의 시장개입 정당성이 약화된다.

오답피하기
① 시장실패란 시장에 의한 자원배분의 효율성과 형평성을 담보하지 못하는 상태이다.
② 공공재의 특징(비경합성과 비배제성)으로 시장실패가 발생한다.
④ 정부실패란 시장실패를 줄이기 위해 정부의 개입이 의도된 결과를 나타내지 못하거나 오히려 기존의 상태를 더욱 악화시키는 현상을 의미한다.

정답 ③

32　□□□　0062

시장실패 및 정부실패에 대한 설명으로 옳지 않은 것은?

2016 국가 9급

① 시장실패를 초래하는 요인은 공공재의 존재, 외부효과의 발생, 불완전한 경쟁, 정보의 비대칭성 등이다.
② 시장실패를 교정하기 위한 정부 역할은 공적 공급, 공적 유도, 정부 규제 등이다.
③ 정부개입에 의해 초래된 의도하지 않은 결과 때문에 자원배분상태가 정부개입이 있기 전보다 오히려 더 악화될 수 있다.
④ 정부실패는 관료나 정치인들의 개인적 요인 때문에 발생하며, 정부라는 공공조직에 내재하는 구조적 요인 때문에 발생하는 것은 아니다.

출제유형　Ⅰ. 기본개념　　**출제영역**　시장실패와 정부실패
출제빈도　★★★　　**난도**　중

정답찾기
④ 정부실패는 관료나 정치인의 개인적 요인뿐만 아니라, 공공조직 내의 불합리한 구조적 요인이나 공공재의 속성에 의해서도 발생하게 된다.

오답피하기
③ 정부개입에 의해 초래된 의도하지 않은 결과 때문에 자원배분상태가 정부개입이 있기 전보다 오히려 더 악화될 수 있는 파생적 외부효과가 발생할 수 있고 이는 정부실패 원인이다.

행복노트
시장실패 원인별 정부의 대응방식

구 분	공적 공급	공적 유도(보조금)	정부규제
공공재의 존재	○		
외부효과의 발생		○	○
자연독점 (규모의 경제)	○		○
불완전경쟁 (독과점)			○
정보의 비대칭성		○	○

정답 ④

33 ○○○ 0063

큰정부론과 작은정부론의 논쟁에 대한 설명으로 옳지 않은 것은?

2014 지방 9급

① 작은정부론은 민영화의 확대를 주장하지만, 또다른 시장실패를 유발할 수 있다는 점에서 네트워크 거버넌스의 필요성이 제기되기도 한다.
② 공공재는 시장에서 적절하게 제공되지 못하므로 정부가 제공해야 한다는 주장은 시장에 대한 정부의 개입을 강조한다.
③ 작은정부론은 정부의 개입이 초래하는 대표적 정부실패의 사례로 독점으로 인해 발생하는 X-비효율성을 제시한다.
④ 큰정부론자는 "비용과 편익이 괴리되어 시장실패가 발생하는 경우, 정부가 시장에 개입해야 한다."라고 주장한다.

출제유형 Ⅰ. 기본개념 **출제영역** 시장실패와 정부실패
출제빈도 ★★★   난도 중

정답찾기
④ 비용과 편익의 괴리는 정부실패의 요인이며, 이를 위해서는 작은정부를 지향해야 한다. 정부의 산출물은 공공재라는 특성상 편익수혜자와 비용부담자가 직접 연결되어 있지 않고 분리되어 있으므로 낭비가 발생하고 자원이 효율적으로 배분되지 않는 정부실패가 발생하게 된다.

오답피하기
① 작은정부론은 민영화의 확대를 주장하지만, 역대리 문제와 같은 또다른 시장실패를 유발할 수 있다는 점에서 네트워크 거버넌스의 필요성이 제기되기도 한다.
② 공공재는 비경합성과 비배제성으로 인해 시장에서 적절하게 제공되지 못하므로 정부가 제공해야 한다는 주장은 시장에 대한 정부의 개입을 강조한다.
③ 작은정부론은 정부의 개입이 초래하는 대표적 정부실패의 사례로 독점으로 인해 발생하는 X-비효율성을 제시한다.

정답 ④

34 ○○○ 0064

공기업 민영화에 대한 설명으로 옳지 않은 것은? 2017 지방 9급

① 공공기관 경영평가에서 3년 연속 최하등급을 받은 공기업은 「공공기관의 운영에 관한 법률」상 민영화하여야 한다.
② 공공영역을 일정 부분 축소하는 것으로 볼 수 있다.
③ 공기업을 민영화하면 국민에 대한 보편적 서비스의 제공이 약화될 수 있다.
④ 공기업 매각 방식의 민영화를 통해 공공재정의 확충이 가능하다.

출제유형 Ⅲ. 법령문제 **출제영역** 민영화
출제빈도 ★★   난도 중

정답찾기
① 3년 연속 최하등급을 받았다고 「공공기관의 운영에 관한 법률」상 민영화하여야 하는 것은 아니다. 경영평가에서 실적이 부진한 공기업·준정부기관에 대해서는 운영위원회의 심의·의결을 거쳐 기관장·상임이사의 임명권자에게 그 해임을 건의하거나 요구할 수 있다.

오답피하기
② 공기업의 민영화란 공공부문을 일부 축소하고 민간부문을 확대하는 것이다.
③ 공기업을 민영화할 경우 약자에 대한 배려의 부족으로 보편적 서비스의 제공이나 행정의 형평성을 저하시킨다.
④ 공기업을 매각할 경우 공공재정의 확충이 가능하다.

┌─ 관련조문 ─
「공공기관의 운영에 관한 법률」 제48조 【경영실적 평가】
③ 기획재정부장관은 제1항에 따른 경영실적의 평가를 위하여 필요한 경우 공기업·준정부기관에 관련 자료의 제출을 요청할 수 있다.
⑧ 기획재정부장관은 제7항에 따른 경영실적 평가 결과 경영실적이 부진한 공기업·준정부기관에 대하여 운영위원회의 심의·의결을 거쳐 제25조 및 제26조의 규정에 따른 기관장·상임이사의 임명권자에게 그 해임을 건의하거나 요구할 수 있다.

정답 ①

35 ☐☐☐ 0065

지방정부의 행정서비스 공급체계 및 방식에 대한 설명으로 옳지 않은 것은? 2018 국가 9급

① 정부의 직접적 공급이 아닌 대안적 서비스 공급체계(ASD: Alternative Service Delivery)는 생활쓰레기 수거, 사회복지사업 운영, 시설 관리 등의 분야에 적용되고 있다.
② 과잉생산과 독점 등이 야기한 공공부문 비효율의 해결책으로 계약방식을 통한 서비스 공급이 도입되고 있다.
③ 사용자부담 방식의 활용은 재정부담의 공평성 제고에 기여한다.
④ 사바스(E. Savas)가 제시한 공공서비스공급유형론에 따르면, 자원봉사(Voluntary Service)방식은 민간이 결정하고 정부가 공급하는 유형에 속한다.

36 ☐☐☐ 0066

다음 중 Savas의 공공서비스 제공방식에 대한 유형별 설명으로 가장 옳지 않은 것은? 2017 서울 7급

① 공공부문이 생산자(Productor)인 동시에 배열자(Arranger)인 경우의 예로 정부 간 협약을 통해 한 정부가 또 다른 정부의 공공서비스를 구매하는 방식이 있다.
② 공공부문이 생산자이고 민간부문이 배열자인 경우의 예로 정부응찰방식을 통해 민간부문이 정부가 생산한 공공서비스를 선별, 구매하고 대가를 지불하는 방식이 있다.
③ 민간부문이 생산자이고 정부가 배열자인 경우의 예로 민간 위탁, 바우처(Voucher)를 통한 서비스 제공 등이 있다.
④ 민간부문이 생산자인 동시에 배열자인 경우의 예로 임대형 민자사업(BTL), 보조금에 의한 서비스 제공 등을 들 수 있다.

출제유형 Ⅰ. 기본개념 **출제영역** 공공서비스 제공방식

출제빈도 ★★ **난도** 중

정답찾기
④ 사바스(Savas)가 제시한 공공서비스공급유형론에 따르면, 자원봉사(Voluntary Service)방식은 민간이 결정하고 민간이 공급하는 유형에 속한다.

오답피하기
① 정부의 직접적 공급이 아닌 대안적 서비스 공급체계는 국민의 권리, 의무와는 크게 관련되지 않는 생활쓰레기 수거, 사회복지사업 운영, 시설 관리 등의 분야에 적용되고 있다.
② 과잉생산과 독점 등이 야기한 공공부문 비효율의 해결책으로 시장경쟁을 위한 계약방식을 통한 서비스 공급이 도입되고 있다.
③ 사용자부담 방식의 활용은 사용자가 비용을 부담하므로 재정부담의 공평성 제고에 기여한다.

행복노트
사바스(Savas)의 공공서비스 제공방식(10가지)

구 분		공급 결정자(책임자, 배열자, 중개자)	
		정 부	민 간
생산	정부	정부공급, 정부 간 계약	정부판매
	민간	외부계약(민간 위탁) 허가(면허 Franchise) 보조금(Grants) 바우처	시장공급 자원봉사 자급(자조)방식

정답 ④

출제유형 Ⅱ. 이론·제도 **출제영역** 공공서비스 제공방식

출제빈도 ★★ **난도** 상

정답찾기
④ 임대형 민자사업(BTL)과 보조금에 의한 서비스 제공방식은 정부가 배열자, 민간부문이 생산자가 되는 공급방식이다.

오답피하기
① 정부 간 협약은 서로 협의를 통하여 공공서비스가 제공되는 것으로 어떤 정부가 공급 주선자가 될 것인지 혹은 생산자가 될 것인지 정하는 것이다.
② 정부판매는 공공부문이 생산하고, 민간부문이 배열자인 경우이다.
③ 민간부문이 생산자이고 정부가 배열자인 경우의 예로 민간 위탁, 바우처(Voucher)를 통한 서비스 제공 등이 있다. 바우처의 경우 민간이 생산자, 정부가 배열자로 보는 경우도 있으므로 다른 선지를 보고 판단을 하여야 한다.

정답 ④

37 ☐☐☐ 0067

바우처(Voucher) 제도에 대한 설명으로 옳지 않은 것은?

2017 국가 9급 추가

① 살라몬(L. M. Salamon)의 행정수단 유형분류에 있어서 민간 위탁과 같이 직접성이 매우 높은 행정수단이다.
② 전자바우처의 도입을 통해 행정비용을 절감할 수 있다.
③ 수혜자에게 현금을 지원하는 대신 특정 재화나 서비스를 구매할 수 있는 쿠폰이나 포인트를 제공하는 제도이다.
④ 저소득층 및 특수계층을 대상으로 하는 복지 분야에서 많이 활용되고 있다.

38 ☐☐☐ 0068

복지국가의 공공서비스 공급 접근방식에 대한 설명으로 가장 옳은 것은?

2017 서울 9급

① 민간부문을 조정·관리·통제하는 공공서비스 기능이 강조된다.
② 서비스의 배분 준거는 재정효율화이다.
③ 공공서비스의 형태는 선호에 따라 차별적으로 상품화된 서비스이다.
④ 성과관리는 수요자 중심의 맞춤형 관점에서 이루어진다.

출제유형 Ⅱ. 이론·제도 **출제영역** 공공서비스 제공방식

출제빈도 ★★ 난도 중

정답찾기
① 살라몬(Salamon)은 바우처를 보조금과 함께 직접성이 낮은 행정수단으로 분류하고 있다. 바우처 제도는 저소득층과 같은 소비자에게 구매권에 명시된 금액만큼 특정재화나 서비스를 구매할 수 있는 쿠폰을 제공하는 방식이다.

오답피하기
② 전자바우처의 도입은 종이 바우처를 생산할 필요가 없으므로 행정비용을 절감할 수 있다.

햄복노트
살라몬(Salamon)의 정책수단의 유형(직접성)

직접성	행정수단	효과성	효율성	형평성	관리 가능성	정당성
낮음	손해 책임법, 보조금, 대출보증, 정부출자기업, 바우처	낮음	높음	낮음	낮음	높음
중간	조세 지출, 계약, 사회규제, 벌금 부과금	낮음/중간	중간	낮음	낮음	높음
높음	정부소비, 직접대출, 정부제공, 보험, 공기업, 경제규제	높음	중간	높음	높음	낮음

TIP
Salamon의 정책수단의 유형(직접성)
직접성이 높은 수단: 살라살라! 소대 제보 공경!

정답 ①

출제유형 Ⅱ. 이론·제도 **출제영역** 공공서비스 제공방식

출제빈도 ★★ 난도 상

정답찾기
① 복지국가란 현대 행정국가를 의미하며 정부가 민간부문에 대하여 공공서비스 기능을 직접 조정·관리·통제(규제)하는 것을 강조한다.

오답피하기
② 복지국가의 공공서비스는 형평적 배분이 준거가 된다.
③ 복지국가의 공공서비스는 국가최저수준의 보편화되고 표준화된 공공서비스를 강조한다.
④ 복지국가의 공공서비스는 시설·기관 중심의 공급자 관점의 성과관리에 초점을 둔다.

정답 ①

39

민간부문의 자율성을 높이고 그 역할을 확대하는 민간화(Privatization) 방법과 거리가 먼 것은? 2016 지방 7급

① 진입규제 강화
② 바우처 제공
③ 정부계약(Contracting Out) 활용
④ 공동생산(Co-production)

40

민영화의 유형에 대한 설명으로 가장 옳지 않은 것은? 2015 서울 7급

① 민영화의 계약방식(Contracting-out)은 일반적으로 경쟁입찰을 통해 서비스 생산주체가 결정되므로 정부재정 부담을 경감시킬 수 있다.
② 민영화의 프랜차이즈(Franchise) 방식은 정부가 서비스 제공자에게 서비스 비용을 직접 지불하여 이용자의 비용 부담을 경감시키는 장점이 있다.
③ 전자 바우처(Vouchers) 방식은 개별적인 바우처 사용행태를 분석하여 실제 이용자의 실시간 모니터링이 가능하다.
④ 자조활동(Self-help) 방식은 공공서비스 수혜자와 제공자가 같은 집단에 소속되어 서로 돕는 형식이다.

출제유형 Ⅱ. 이론·제도 **출제영역** 공공서비스 제공방식
출제빈도 ★★ **난도** 하

정답찾기
① 경제적 규제 중 진입규제나 퇴거규제는 민간화 방법과 반대 경향의 정부규제에 속한다.

오답피하기
②, ③, ④ 민간화는 공공서비스의 제공이나 이를 위한 재산의 소유에서 정부의 영역을 줄이고 민간의 영역을 늘리는 것을 의미한다. 민간 위탁, 면허, 보조금, 바우처, 자원봉사자 방식, 정부계약 활동, 공동생산 등의 다양한 방법이 있다.

정답 ①

출제유형 Ⅱ. 이론·제도 **출제영역** 공공서비스 제공방식
출제빈도 ★★★ **난도** 중

정답찾기
② 정부가 서비스 제공자에게 서비스 비용을 직접 지불하여 이용자의 비용 부담을 경감시키는 장점이 있는 것은 계약에 의한 위탁방식의 장점이다. 프랜차이즈는 일정한 지역을 정하여 서비스 공급의 독점적 권한을 민간부문에게 부여하고, 그 서비스 제공에 대한 비용지불은 소비자가 생산자에게 직접 지불한다.

오답피하기
민간 위탁과 면허

민간 위탁(계약)	면 허
정부 결정, 민간 생산	정부 결정, 민간 생산
정부가 비용부담	소비자가 비용 부담
경쟁 입찰	서비스 공급권 부여
민간의 전문기술 활용 및 비용의 절감	독점 면허, 경쟁 면허

• 민간 위탁 대상: 민간의 전문성, 능률성이 요구되는 사무
  국민의 권리와 의무와 무관한 단순행정사무
• 면허: 민간조직에게 일정한 구역 내에서 공공서비스를 제공하는 권리를 인정하는 것

정답 ②

41
민간위탁(contracting out)에 대한 설명으로 옳지 않은 것은?

2022 지방 7급

① 정부가 제공하는 서비스를 민간부문에 맡기고 비용을 지불하는 방식이다.
② 비영리단체는 민간위탁의 대상이 되지 않는다.
③ 정부의 직접공급에 비해 고용과 인건비의 유연성 확보가 용이하다.
④ 대표적인 예로는 쓰레기수거업무나 도로건설업무가 있다.

출제유형 Ⅱ. 이론·제도 **출제영역** 공공서비스 제공방식
출제빈도 ★★★ **난도** 중

정답찾기
② 민간위탁은 정부가 민간기업이나 비영리조직과의 계약을 통해 국민에게 서비스를 제공하는 방식으로 비영리단체는 민간위탁의 대상이 된다.

오답피하기
① 정부가 제공하는 서비스를 민간부문에 맡기고 비용을 지불하는 방식이다.
③ 정부의 직접공급에 비해 고용과 인건비의 유연성 확보가 용이하다.
④ 대표적인 예로는 쓰레기수거업무나 도로건설업무가 있다.

민간 위탁과 면허

민간 위탁(계약)	면 허
정부 결정, 민간 생산	정부 결정, 민간 생산
정부가 비용부담	소비자가 비용 부담
경쟁 입찰	서비스 공급권 부여
민간의 전문기술 활용 및 비용의 절감	독점 면허, 경쟁 면허

- 민간 위탁 대상: 민간의 전문성, 능률성이 요구되는 사무
  국민의 권리와 의무와 무관한 단순행정사무
- 면허: 민간조직에게 일정한 구역 내에서 공공서비스를 제공하는 권리를 인정하는 것

정답 ②

42
정부는 공공서비스를 효율적으로 공급하기 위한 방법의 하나로서 민간 위탁 방법을 사용하기도 하는데, 민간 위탁 방식에 해당하지 않는 것은?

2014 서울 9급

① 면허 방식
② 이용권(바우처) 방식
③ 보조금 방식
④ 책임경영 방식
⑤ 자조활동 방식

출제유형 Ⅱ. 이론·제도 **출제영역** 공공서비스 제공방식
출제빈도 ★★★ **난도** 중

정답찾기
④ 책임경영 방식은 공공부문의 고유 업무 영역으로 계속 존치시키면서도 서비스 제공방식은 시장논리에 따라 일정 수익을 확보하도록 규정하는 방식으로서 생산을 정부가 담당하므로 민간 위탁 방식에 해당하지 않는다.

오답피하기
① 면허 방식, ② 이용권(바우처) 방식, ③ 보조금 방식, ⑤ 자조활동 방식 모두 민간이 생산을 담당한다. 따라서 민간 위탁 방식에 해당한다.

행복노트
공공서비스 공급(생산)방식의 유형

구 분		생산 주체	
		정부(공공부문)	민간(민간부문)
수 단	권력 (통제)	일반행정 정부 기본업무 (국방, 치안 …)	민간 위탁형 안정적 서비스 공급
	시장 (자율)	책임경영형 공적 책임, 시장논리 (공기업)	민영화형 민간 생산, 시장탄력적 공급

정답 ④

43 ☐☐☐　0073
민간 위탁 방식에 대한 설명으로 옳지 않은 것은? 2012 지방 9급

① 자조활동(Self-help) 방식은 서비스의 생산과 관련된 현금 지출에 대해서만 보상받고 직접적인 보수는 받지 않으면서 공익을 위해 봉사하는 사람들을 활용하는 것이다.
② 보조금 방식은 민간조직 또는 개인이 제공한 서비스 활동에 대해 정부가 재정 또는 현물을 지원하는 것이다.
③ 바우처(Voucher) 방식은 공공서비스의 생산을 민간부문에 위탁하면서 시민들의 구입부담을 완화시키기 위해 금전적 가치가 있는 쿠폰(Coupon)을 제공하는 것이다.
④ 면허 방식은 민간조직에게 일정한 구역 내에서 공공서비스를 제공하는 권리를 인정하는 것이다.

44 ☐☐☐　0074
공기업 민영화 과정에서 발생할 수 있는 문제점에 대한 설명으로 옳지 않은 것은? 2015 국가 7급

① 민영화 과정에서 특혜, 정경유착 등의 부패가 발생할 수 있다.
② 공기업에서 제공하던 공공서비스가 사적 서비스로 변환되기 때문에 서비스 배분의 형평성 문제가 제기될 수 있다.
③ 민영화를 통해 정부의 지분이 다수 국민에게 지나치게 분산되면 대주주는 없고 다수의 소액주주만 있어서 공기업에 대한 효과적인 감시가 어려워질 수 있다.
④ 시장성이 큰 서비스를 다루는 공기업을 민영화하게 되면 지나친 경쟁체제에 노출되기 때문에 민영화의 실익이 없다.

출제유형 Ⅱ. 이론·제도　**출제영역** 공공서비스 제공방식
출제빈도 ★★★　**난도** 중

정답찾기
① 서비스의 생산과 관련된 현금 지출에 대해서만 보상받고 직접적인 보수는 받지 않으면서 공익을 위해 봉사하는 사람들을 활용하는 것은 자원봉사에 해당한다. 자조활동(Self-help) 방식은 주민순찰·보육사업·고령자대책·문화예술사업 등에서 수혜자와 제공자가 동일한 집단에 소속되어 상호적으로 돕는 형식의 활동이다.

오답피하기

민간 위탁(계약)	면 허
정부 결정, 민간 생산	정부 결정, 민간 생산
정부가 비용부담	소비자가 비용부담
경쟁 입찰	서비스 공급권 부여
민간의 전문기술 활용 및 비용의 절감	독점 면허, 경쟁 면허

보조금	구매권(바우처)
비수익사업	수익사업
현물/재정 지급	카드/쿠폰 제공
외부경제효과	소득재배분 효과
생산자 재정 지원	소비자 선택권의 확보
기술적으로 복잡한 서비스, 서비스 목표 달성 불확실	공급자 간 경쟁 유도
한계: 시장가격의 왜곡	한계: 공급자의 수요 예측 곤란

바우처 방식 ― 종이 바우처 / 전자 바우처
대상 ― 명시적 바우처(소비자) / 묵시적 바우처(생산자)

정답 ①

출제유형 Ⅱ. 이론·제도　**출제영역** 공공서비스 제공방식
출제빈도 ★★　**난도** 중

정답찾기
④ 시장성이 큰 서비스를 다루는 공기업을 민영화할 경우 경쟁체제 노출로 인해 민영화의 실익이 크지만, 공공성이 큰 서비스를 다루는 공기업을 민영화하게 되면 지나친 경쟁체제에 노출되므로 민영화의 실익이 없다.

오답피하기
① 민영화 과정에서 특정기업에 특혜를 주는 등 부패가 발생할 수 있다.
② 민영화는 능률성, 전문성, 생산성은 높아지지만 형평성, 안정성, 책임성의 문제가 발생한다.
③ 다수의 소액 주주들은 집단행동의 딜레마로 인한 효과적인 감시가 어려워질 수 있다.

정답 ④

45 0075

최근 쓰레기 수거와 같이 전통적으로 정부의 고유영역으로 간주되어 온 서비스를 민간에 위탁하는 경우가 있는데, 그 목적이라고 보기 힘든 것은?

2015 국가 9급

① 행정의 효율성 향상
② 행정의 책임성 확보
③ 경쟁의 촉진
④ 작은정부의 실현

출제유형 Ⅱ. 이론·제도 **출제영역** 공공서비스 제공방식
출제빈도 ★★ **난도** 하

정답찾기
② 민영화의 장점은 기업적 효율성은 높아지는 것이지만 단점은 행정의 본질적 가치인 <u>공공성과 사회적 책임성 및 형평성, 안정성은 약화된다</u>는 것이다.

오답피하기
①, ③, ④ 정부가 제공하던 서비스를 민간에 위탁할 경우 경쟁이 촉진되므로 행정의 효율성이 향상될 것이고 정부의 규모가 축소되어 작은정부의 실현이 이루어질 것이다.

행복노트
민영화의 필요성과 문제점

필요성	문제점
효율성, 전문성 구축	책임성, 형평성 저해
자본시장의 활성화	역대리 문제, 가격상승
정부규모의 적정화	공공성↑사업 – 민영화 곤란
경쟁촉구 → 서비스 향상	크림 스키밍, 황금주
근린행정 구현	부작용↑(특혜, 정경유착)

정답 ②

46 0076

공기업 민영화와 관련해 '역대리인' 이론이 제기하는 문제점으로 가장 적절한 것은?

2012 국가 7급

① '주인 – 대리인' 문제가 반복됨으로써 대리인 문제나 비효율의 문제가 반복된다.
② 민간이 흑자 공기업만 인수하려고 하기 때문에 적자 공기업은 매각되지 않고, 흑자 공기업만 매각된다.
③ 민영화 이후에 공공서비스가 제대로 공급되지 못하는 경우가 나타난다.
④ 민영화의 과정에서 정부가 일부 지분을 계속 유지하려고 한다.

출제유형 Ⅱ. 이론·제도 **출제영역** 민영화
출제빈도 ★★ **난도** 하

정답찾기
③ 역대리인 문제는 정부가 민간업자를 선정할 때 정보 부족으로 인해 올바른 공급자 선정을 하기가 어렵다보니 민영화 과정에서 대리 손실이 커지고, 느슨한 감독을 받고자 뇌물을 제공하는 등 불공정거래나 정경유착의 관료부패가 발생하기 쉬워 <u>공공서비스가 제대로 공급되지 못하는 현상</u>을 일컫는 말이다.

오답피하기
① '주인 – 대리인' 문제가 반복됨으로써 대리인 문제나 비효율의 문제가 반복되는 것은 <u>복대리인</u> 문제이다.
② 민간이 흑자 공기업만 인수하려고 하기 때문에 적자 공기업은 매각되지 않고, 흑자 공기업만 매각되는 것은 크림 탈취(Cream Skimming) 효과에 대한 설명이다.
④ 민영화의 과정에서 정부가 일부 지분을 계속 유지하려고 하는 것은 <u>황금주(Golden Share)</u>에 관한 설명이다.

행복노트
- **복대리인이론**: 대리관계의 누적으로 인한 문제 제거 필요 → 민영화해야 함
- **역대리인이론**: 민영화를 해도 대리손실 추가 발생 → 민영화는 신중히

정답 ③

47

민간투자사업자가 사회기반시설 준공과 동시에 해당 시설 소유권을 정부로 이전하는 대신 시설관리운영권을 획득하고, 정부는 해당 시설을 임차 사용하여 약정기간 임대료를 민간에게 지급하는 방식은?

2020 지방 9급

① BTO(Build – Transfer – Operate)
② BTL(Build – Transfer – Lease)
③ BOT(Build – Own – Transfer)
④ BOO(Build – Own – Operate)

48

사회기반시설에 대한 민간투자사업에 있어서 사업시행자가 시설을 건설한 후 해당 시설의 소유권 및 운영권을 사업시행자가 가지는 방식은?

2017 국가 9급 추가

① BOO(Build–Own–Operate)
② BLT(Build–Lease–Transfer)
③ BTO(Build–Transfer–Operate)
④ BTL(Build–Transfer–Lease)

출제유형 Ⅱ. 이론·제도 **출제영역** 민간투자 계약방식
출제빈도 ★★ **난도** 중

정답찾기
② 민자로 건설하고, 완공시점에 소유권을 정부 소유로 넘기고, 정부가 임차 사용 기간을 정하여 임차료를 민간 사업자에게 지급하는 방식은 BTL(Build–Transfer–Lease) 방식이다.

오답피하기
① BTO(Build–Transfer–Operate)는 민간이 건설하고 즉시 소유권을 이전하고 일정기간 동안 운영권을 민간이 가진다.
③ BOT(Build–Own–Transfer)는 민간이 건설하고 일정기간 동안 민간이 소유권을 가지고 그 후 소유권을 정부에 넘기는 방식이다.
④ BOO(Build–Own–Operate)는 민간자본의 사업시행자가 사회간접자본시설을 건설하여 그 시설의 소유권과 운영권을 가지고 시설을 운영하는 방식이다.

정답 ②

출제유형 Ⅱ. 이론·제도 **출제영역**
출제빈도 ★★ **난도** 하

정답찾기
① BOO(Build–Own–Operate)는 민간자본의 사업시행자가 사회간접자본시설을 건설하여 그 시설의 소유권과 운영권을 가지고 시설을 운영하는 방식으로서 실제로는 거의 사용하지 않는다.

오답피하기
② BLT(Build–Lease–Transfer)는 민간이 건설하고 일정기간 임대료를 받고 그 후에 소유권을 이전한다.
③ BTO(Build–Transfer–Operate)는 민간이 건설하고 즉시 소유권을 이전하고 일정기간 동안 운영권을 민간이 가진다.
④ BTL(Build–Transfer–Lease)은 민간이 건설하고 즉시 소유권을 이전하고 일정기간 동안 임대료를 받는다.

정답 ①

49　0079

새로운 공공서비스 공급방식으로 제시된 BTO(Build-Transfer-Operate)와 BTL(Build-Transfer-Lease)에 대한 설명으로 옳지 않은 것은?
2012 국가 9급

구 분	BTO 방식	BTL 방식
ㄱ. 실제운영의 주체	민간	정부
ㄴ. 운영 시 소유권	정부	민간
ㄷ. 투자비 회수방법	사용료	임대료
ㄹ. 소유권 이전시기	준공	준공

① ㄱ　　② ㄴ
③ ㄷ　　④ ㄹ

출제유형 Ⅱ. 이론·제도　**출제영역** 민간투자 계약방식
출제빈도 ★★　**난도** 중

정답찾기
② BTL과 BTO는 모두 완공과 동시에 소유권을 정부로 이전하므로 운영 시 정부가 소유권을 가진다.

오답피하기
사회간접자본의 민간투자 계약방식

구 분	BTL	BTL	BTL	BOT	BOO
건 설	민간	민간	민간	민간	민간
시설운영 주체	정부	정부	민간	민간	민간
운영기간 동안 소유권	정부	민간	정부	민간	민간
소유권 이전시기	준공시점	운영종료 시점	준공시점	운영종료 시점	이전 ×
운영 형태	정부에 임대	정부에 임대	직접운영	계약만료 후 기부채납	운영권
사업 성격	비수익사업에 적합		투자회수 가능 수익사업에 적합		—

정답 ②

50　0080

「비영리민간단체 지원법」상 정부의 비영리민간단체 지원에 대한 설명으로 옳지 않은 것은?
2024 국가 9급

① 비영리민간단체는 영리가 아닌 공익활동을 수행하는 것을 주된 목적으로 하는 민간단체이어야 한다.
② 등록비영리민간단체는 공익사업의 소요경비를 지원받을 수 있으며 소요경비의 범위는 사업비를 원칙으로 한다.
③ 등록비영리민간단체가 공익사업 추진의 보조금을 교부받고자 할 때에는 사업의 목적과 내용, 소요경비, 기타 필요한 사항을 기재한 사업계획서를 제출해야 한다.
④ 등록비영리민간단체는 보조금을 받아 수행한 공익사업을 완료한 때에는 사업보고서를 대통령에게 제출해야 하며 사업평가, 사업보고서 및 평가결과의 공개 등에 필요한 사항은 대통령령으로 정한다.

출제유형 Ⅱ. 이론·제도　**출제영역** 민간투자 계약방식
출제빈도 ★★　**난도** 중

정답찾기
④ 등록비영리민간단체는 보조금을 받아 수행한 공익사업을 완료한 때에는 사업보고서를 <u>행정안전부장관, 시·도지사나 특례시의 장</u>에게 제출해야 하며 사업평가, 사업보고서 및 평가결과의 공개 등에 필요한 사항은 <u>행정안전부령</u>으로 정한다. (제 9조)

오답피하기

> **관련조문**
> 비영리민간단체 지원법
> 제2조(정의) 이 법에 있어서 "비영리민간단체"라 함은 영리가 아닌 공익활동을 수행하는 것을 주된 목적으로 하는 민간단체로서 다음 각호의 요건을 갖춘 단체를 말한다
>
> 제6조(보조금의 지원) ① 행정안전부장관, 시·도지사나 특례시의 장은 제4조제1항에 따라 등록된 비영리민간단체(이하 "등록비영리민간단체"라 한다)에 다른 법률에 따라 보조금을 교부하는 사업 외의 사업으로서 공익활동을 추진하기 위한 사업(이하 "공익사업"이라 한다)의 소요경비를 지원할 수 있다.
> ② 제1항에 따라 지원하는 소요경비의 범위는 사업비를 원칙으로 한다.
>
> 제8조(사업계획서 제출) 등록비영리민간단체가 공익사업을 추진하기 위하여 보조금을 교부받고자 할 때에는 사업의 목적과 내용, 소요경비, 기타 필요한 사항을 기재한 사업계획서를 해당 회계연도 2월 말까지 행정안전부장관, 시·도지사나 특례시의 장에게 제출하여야 한다

정답 ④

CHAPTER 02 기출 OX

1. X-비효율성 발생은 정부개입의 근거가 되는 시장실패의 원인에 해당한다. (O/X) 2021 국가 9급
2. 시장실패 원인에 대응하는 정부의 방식에 대해서 불완전경쟁에 대해서는 보조금 혹은 공적 공급으로 대응할 수 있다. (O/X) 2016 서울 9급
3. 직접적 규제의 활용 사례로는 일정한 양의 오염허가서(Pollution Permits) 혹은 배출권을 보유하고 있는 경제주체만 오염물질을 배출할 수 있게 허용하는 방식이 있다. (O/X) 2015 국가 9급
4. 자율규제는 정부로부터 위임을 받은 민간집단에 의해 이뤄지는 규제를 의미한다. (O/X) 2019 국가 9급
5. 인체 건강을 위해 개발된 신약에 대해 부작용의 허용 가능한 발생 수준을 요구하는 것은 수단규제에 속한다. (O/X) 2016 국가 7급
6. 포지티브 규제(Positive Regulation)는 네거티브 규제(Negative Regulation)보다 자율성을 적극적으로 부여한다는 측면에서 피규제자가 선호하는 방식이다. (O/X) 2021 지방 7급
7. 윌슨(J. Wilson)의 규제정치모형 중 '감지된 비용은 좁게 집중되지만, 감지된 편익은 넓게 분산되는 경우'는 고객정치이다. (O/X) 2013 서울 9급
8. 규제영향분석이 필요한 이유 중 하나는 관료에게 규제비용에 대한 관심과 책임성을 갖도록 유도한다는 점이다. (O/X) 2016 지방 7급
9. 국회, 법원, 헌법재판소, 선거관리위원회 및 감사원이 하는 사무에 대하여는 「행정규제기본법」을 적용한다. (O/X) 2015 지방 7급
10. X-비효율성은 과열된 경쟁에서 나타나는 정부의 과다한 비용발생을 의미한다. (O/X) 2017 국가 9급
11. 공공서비스에서의 비용과 편익의 분리, 비공식적 목표가 공식적 조직목표를 대체하는 현상, 의도하지 않은 파생적 외부효과 등은 정부실패요인에 해당한다. (O/X) 2017 지방 7급
12. 사바스(E. Savas)가 제시한 공공서비스공급유형론에 따르면, 자원봉사(Voluntary Service) 방식은 민간이 결정하고 정부가 공급하는 유형에 속한다. (O/X) 2018 국가 9급
13. 보조금은 공공서비스에 대한 요건을 구체적으로 명시할 수 있으나 서비스가 기술적으로 복잡하고 서비스의 목표를 어떻게 달성할 것인지가 불확실한 경우에 사용된다. (O/X) 2012 국가 7급
14. 자조활동(Self-help) 방식이란 공공서비스 수혜자와 제공자가 다른 집단에 소속되어 서로 돕는 형식으로 활동하는 것을 의미한다. (O/X) 2013 국회 9급
15. 민간투자사업자가 사회기반시설 준공과 동시에 해당 시설 소유권을 정부로 이전하는 대신 시설관리운영권을 획득하고, 정부는 해당 시설을 임차 사용하여 약정기간 임대료를 민간에게 지급하는 방식은 BTO(Build-Transfer-Operate)이다. (O/X) 2020 지방 9급

---

1. X-비효율성 발생은 정부실패의 원인에 해당한다. X
2. 시장실패 원인에 대응하는 정부의 방식에 대해서 불완전경쟁에 대해서는 정부규제로 대응할 수 있다. X
3. 간접적 규제의 활용 사례로는 일정한 양의 오염허가서(Pollution Permits) 혹은 배출권을 보유하고 있는 경제주체만 오염물질을 배출할 수 있게 허용하는 방식이 있다. X
4. 공동규제는 정부로부터 위임을 받은 민간집단에 의해 이뤄지는 규제를 의미한다. X
5. 인체 건강을 위해 개발된 신약에 대해 부작용의 허용 가능한 발생 수준을 요구하는 것은 성과규제에 속한다. X
6. 네거티브 규제(Negative Regulation)는 포지티브 규제(Positive Regulation)보다 자율성을 적극적으로 부여한다는 측면에서 피규제자가 선호하는 방식이다. X
7. 윌슨(J. Wilson)의 규제정치모형 중 '감지된 비용은 좁게 집중되지만, 감지된 편익은 넓게 분산되는 경우'는 기업가정치이다. X
8. 규제영향분석이 필요한 이유 중 하나는 관료에게 규제비용에 대한 관심과 책임성을 갖도록 유도한다는 점이다. O
9. 국회, 법원, 헌법재판소, 선거관리위원회 및 감사원이 하는 사무에 대하여는 「행정규제기본법」을 적용하지 아니한다. X
10. X-비효율성은 독점적 성격에서 나타나는 정부의 과다한 비용발생을 의미한다. X
11. 공공서비스에서의 비용과 편익의 분리, 비공식적 목표가 공식적 조직목표를 대체하는 현상, 의도하지 않은 파생적 외부효과 등은 정부실패요인에 해당한다. O
12. 사바스(E. Savas)가 제시한 공공서비스공급유형론에 따르면, 자원봉사(Voluntary Service) 방식은 민간이 결정하고 민간이 공급하는 유형에 속한다. X
13. 보조금은 공공서비스에 대한 요건을 구체적으로 명시하기 곤란하거나 서비스가 기술적으로 복잡하고 서비스의 목표를 어떻게 달성할 것인지가 불확실한 경우에 사용된다. X
14. 자조활동(Self-help) 방식이란 공공서비스 수혜자와 제공자가 같은 집단에 소속되어 서로 돕는 형식으로 활동하는 것을 의미한다. X
15. 민간투자사업자가 사회기반시설 준공과 동시에 해당 시설 소유권을 정부로 이전하는 대신 시설관리운영권을 획득하고, 정부는 해당 시설을 임차 사용하여 약정기간 임대료를 민간에게 지급하는 방식은 BTL(Build-Transfer-Lease)이다. X

CHAPTER 02 키워드

1. 외부효과 발생, 시장의 독점 상태, 시장이 담당하기 어려운 공공재의 존재 등은 정부개입의 근거가 되는 _____ 실패의 원인에 해당한다. — 시장 *2021 국가 9급*

2. 공공재가 지니는 비배제성과 비경합성의 특성은 _____ 문제를 야기할 가능성이 높다. — 무임승차(Free-riding) *2012 지방 9급*

3. _____ 실패를 극복하기 위한 정부의 역할은 공적 공급, 공적 유도, 정부규제 등으로 구분할 수 있다. — 시장 *2010 국가 9급*

4. 정부규제를 수행주체에 따라 구분할 경우, _____는 정부로부터 위임을 받은 민간집단에 의해 이루어지는 규제로 자율규제와 직접규제의 중간 성격을 띤다. — 공동규제 *2015 서울 7급*

5. 정부규제를 포지티브(Positive) 규제와 네거티브(Negative) 규제로 구분할 경우, 네거티브(Negative) 규제는 포지티브(Positive) 규제에 비하여 규제대상기관의 _____이 크다. — 자율성 *2015 서울 7급*

6. 식품안전을 위해 그 효용이 부각되는 위해요소중점관리기준(Hazard Analysis Critical Control Point)을 지킬 것을 요구하는 것은 _____에 속한다. — 관리규제 *2016 국가 7급*

7. _____는 신문·방송·출판물의 윤리규제, 낙태에 대한 규제 등이 해당된다. — 대중정치 *2018 지방 9급*

8. 환경규제가 완화되는 상황인 경우에는 비용이 넓게 분산되고 감소된 편익이 좁게 집중되는 _____의 상황이 된다. — 고객정치 *2014 지방 7급*

9. 정부의 규제정책을 심의·조정하고 규제의 심사·정비 등에 관한 사항을 종합적으로 추진하기 위하여 _____ 소속으로 규제개혁위원회를 두고 있다. — 대통령 *2016 지방 7급*

10. X-비효율성으로 인해 _____가 야기되어 정부의 시장개입 정당성이 약화된다. — 정부실패 *2016 지방 9급*

11. 사바스(E. Savas)의 분류에 따르면, 계약·허가·보조금 등은 _____가 공급을 결정하고 민간부문이 생산을 담당하는 공급유형에 속한다. — 정부 *2013 지방 7급*

12. 민영화의 방법 중 _____ 방식은 일반적으로 경쟁 입찰을 통해 서비스의 생산주체가 결정되므로 정부의 재정부담을 경감시킬 수 있다는 장점을 지닌다. — 계약(Contracting-out) *2016 서울 7급*

13. _____ 제도는 소비자에게 서비스의 선택권을 부여하며, 공급자 간 경쟁을 촉진시켜 서비스의 질을 제고한다. — 바우처 *2016 국회 8급*

14. 민간투자사업자가 사회기반시설 준공과 동시에 해당 시설 소유권을 정부로 이전하는 대신 시설관리운영권을 획득하고, 정부는 해당 시설을 임차 사용하여 약정기간 임대료를 민간에게 지급하는 방식은 _____이다. — BTL(Build-Transfer-Lease) *2020 지방 9급*

CHAPTER 03 행정의 지향과 가치

대표문제

01 □□□ 0081
다음 설명에 해당하는 행정가치는?   2025 지방 9급

> 신행정론의 등장과 함께 강조된 개념으로 민주이념 실현과정에서 정치·경제적으로 소외된 약자 및 소수집단에 대한 특별한 배려가 필요함을 의미하며 롤스(Rawls)의 '차등의 원리'가 이론적 근거이다.

① 평등성
② 형평성
③ 민주성
④ 능률성

출제유형 Ⅰ. 기본개념   **출제영역** 행정이념
출제빈도 ★★★   **난도** 중

정답찾기
② 형평성은 신행정론에서 강조된 개념으로, 정치·경제적으로 소외된 약자나 소수집단에 대한 특별한 배려를 의미한다. 롤스(Rawls)의 정의론에서 제시한 '차등의 원리'가 이론적 근거가 된다. 단순한 평등이 아니라 불평등한 상황에 있는 사람들에 대한 우선적 배려를 강조한다.

오답피하기
① 평등성은 모든 사람을 동등하게 대우하는 것으로 특별한 배려보다는 균등한 처우를 의미한다.
③ 민주성은 국민의 참여와 통제를 강조하는 가치이다.
④ 능률성은 최소의 투입으로 최대의 산출을 얻는 것을 의미한다.

정답 ④

제1절 행정과 가치

02 □□□ 0082
관료제모형에서 베버(Weber)가 강조한 행정 가치는?   2021 지방 7급

① 민주성
② 형평성
③ 능률성
④ 대응성

출제유형 Ⅰ. 기본개념   **출제영역** 행정가치
출제빈도 ★★   **난도** 하

정답찾기
③ 고전적 조직이론을 대표하는 베버(Weber)의 근대 관료제모형은 대량생산을 위한 분업과 공식적 규칙에 따라 업무 수행을 실시하여 조직 내부의 능률적 관리를 강조하였다.

오답피하기
① 민주성은 국민과의 관계뿐만 아니라 정부 관료제 내부의 의사결정 과정의 두 가지 측면에서 논의되는데 대외적으로는 국민을 위한·국민에 의한·국민의 행정을 의미하고 대내적으로는 인간성을 존중하는 행정관리를 의미한다.
② 형평성은 정치적·경제적·사회적으로 불리한 입장에 있는 소외계층을 위해서 보다 나은 행정서비스를 보다 우선적으로 제공하고자 하는 것을 의미한다.
④ 대응성은 수혜자의 요구를 충족시켜 주는 정도를 의미한다.

정답 ③

제 2 절 행정이념의 변천과 상관관계

03 ☐☐☐   0083

행정이론의 패러다임과 추구하는 가치를 바르게 연결한 것은?

2018 지방 9급

① 행정관리론 – 절약과 능률성
② 신행정론 – 형평성과 탈규제
③ 신공공관리론 – 경쟁과 민주성
④ 뉴거버넌스론 – 대응성과 효율성

출제유형 Ⅰ. 기본개념   **출제영역** 행정이념

출제빈도 ★★★   난도 중

정답찾기
① 행정관리론은 행정학 성립기 때의 고전기 행정 패러다임으로 정치행정이원론에 입각하고 절약과 능률을 최고의 가치로 지향한다.

오답피하기
② 신행정론은 1960년대 말 미국 격동기의 사회문제를 해결하기 위하여 대두된 것으로 형평성과 책임성을 강조한다.
③ 신자유주의에 바탕을 두고 정부실패를 해결하기 위하여 시장의 경쟁원리와 기법을 받아들인 신공공관리론은 경쟁과 탈규제를 강조한다. 신공공관리론은 효율성을 중시하나 민주성은 저해된다.
④ 뉴거버넌스는 정부와 기업, 시민사회의 협치를 강조하는 모형으로 민주성과 대응성을 중시하였다.

정답 ①

04 ☐☐☐   0084

행정이념에 대한 설명으로 옳지 않은 것은?

2012 국가 7급

① 19세기 후반 현대 미국 행정학의 태동기에 강조되었던 행정이념은 민주성과 합법성이었다.
② 효과성은 발전행정론에서 강조된 행정이념으로서 과정보다는 산출 결과에 중점을 둔다.
③ 롤스(J. Rawls)의 정의관은 자유와 평등의 조화를 추구하는 입장으로서 신행정론의 등장 이후 사회적 형평성 논의에 많은 영향을 미쳤다.
④ 민주성과 능률성은 항상 상충되는 것은 아니고 상호보완적일 수 있다.

출제유형 Ⅰ. 기본개념   **출제영역** 행정이념

출제빈도 ★★★   난도 중

정답찾기
① 19세기 후반 현대 미국 행정학의 태동기에 강조되었던 행정이념은 능률성이었다. 민주성은 1930년대, 합법성은 근대 국가 당시에 중시된 이념이었다.

오답피하기
② 효과성은 발전행정론에서 강조된 행정이념으로서 과정보다는 산출 결과, 즉 목표 달성에 중점을 둔다.
③ 롤스(Rawls)의 정의관은 자유와 평등의 조화를 추구하는 입장으로서 특히 최대최소의 원리와 같이 약자에 대한 우대를 가정하므로 신행정론의 등장 이후 사회적 형평성 논의에 많은 영향을 미쳤다.
④ 사회적 능률성은 민주성에 해당하므로 민주성과 능률성은 항상 상충되는 것은 아니고 상호보완적일 수 있다.

행복노트

행정이념의 시대적 변천

19C 초	관료제 – 합법성, 법률에 의한 행정
19C 말	행정관리론 – 능률성, 최소비용 최대산출(기계적 능률성)
1930년	통치기능론 – 민주성, 국민을 위한 행정(사회적 능률성)
1950년	행정행태론 – 합리성, 목표에 대한 수단의 적합성
1960년	발전행정론 – 효과성, 목표달성도
1970년	신행정론 – 형평성, 소외계층에 대한 배려 강조
1980년	신공공관리론 – 생산성, 능률성 + 효과성
1990년	뉴거버넌스 – 신뢰성, 정부에 대한 국민의 믿음, 사회적 자본

정답 ①

제3절 행정이념

05 ☐☐☐ 0085

행정가치 중 수단적 가치에 대한 설명으로 가장 옳지 않은 것은?

2017 서울 9급

① 대외적 민주성을 확보하기 위해 행정통제가 필요하다.
② 수단적 가치는 본질적 가치의 실현을 가능하게 하는 가치들이다.
③ 전통적으로 책임성은 제도적 책임성(Accountability)과 자율적 책임성(Responsibility)으로 구분되어 논의되었다.
④ 사회적 효율성(Social Efficiency)은 과학적 관리론의 등장과 함께 강조되었다.

06 ☐☐☐ 0086

공리주의적 관점에서 공익을 설명한 것으로 옳은 것만을 모두 고르면?

2020 국가 9급

> ㄱ. 사회 전체의 효용이 증가하면 공익이 향상된다.
> ㄴ. 목적론적 윤리론을 따르고 있다.
> ㄷ. 효율성(Efficiency)보다는 합법성(Legitimacy)이 윤리적 행정의 판단기준이다.

① ㄱ
② ㄷ
③ ㄱ, ㄴ
④ ㄴ, ㄷ

출제유형 Ⅰ. 기본개념 **출제영역** 행정이념
출제빈도 ★★ **난도** 중

정답찾기
④ 과학적 관리론은 기계적 효율성을 강조하였으며 인간관계론이나 통치기능설은 사회적 효율성을 강조하였다.

오답피하기
① 대외적 민주성을 위해서는 행정이 국민에게 책임을 지는 책임행정을 구현하기 위해 행정통제가 필요하다.
② 수단적 가치는 궁극적 목적인 본질적 가치의 실현을 가능하게 한다.
③ 제도적 책임은 파이너(Finer)가 주장한 것으로 합법성 등에 의한 외재적 책임, 자율적 책임은 프레드리히(Friedrich)가 주장한 것으로 양심과 내면적 기준에 의한 내재적 책임과 연관된다.

정답 ④

출제유형 Ⅰ. 기본개념 **출제영역**
출제빈도 ★★★ **난도** 상

정답찾기
ㄱ. 공리주의는 가장 많은 사람들에게 최대의 혜택을 주는지 여부에 따라 옳고 그름을 결정하는 것으로서 사회 전체의 효용이 증가하면 공익이 향상된다고 본다.
ㄴ. 가치의 상대적 성격을 인정하고, 행동이나 규범을 관찰 가능한 현상과 비교함으로써 옳고 그름을 결정해야 한다고 주장하는 것이 상대론(목적론)이다. 따라서 공리주의는 상대론적이고 목적론적인 윤리론이다.

오답피하기
ㄷ. 공리주의는 합법성보다는 효율성과 같은 결과적 가치를 중시한다.

정답 ③

07　　　　　　　　　　　　　　　0087

공익에 대한 설명으로 옳은 것은?　　2019 국가 9급

① 「국가공무원법」은 제1조에서 공무원은 국민 전체의 봉사자로서 공익을 추구해야 함을 명시하고 있다.
② 「공무원 헌장」은 공무원이 실천해야 하는 가치로 공익을 명시하고 있다.
③ 신공공서비스론에서는 공익을 행정의 목적이 아닌 부산물로 보아야 한다는 점을 강조한다.
④ 공익에 대한 실체설에서는 공익을 사익 간 타협 또는 집단 간 상호작용의 산물로 본다.

08　　　　　　　　　　　　　　　0088

공익에 대한 설명으로 옳은 것만을 모두 고르면?

2022 지방 9급

> ㄱ. 실체설에 의하면 공익은 사익을 초월한 것이다.
> ㄴ. 과정설에 의하면 공익은 사익 간 갈등을 조정·타협하는 과정에서 산출되는 것이다.
> ㄷ. 실체설은 다원적 민주주의에 도움을 준다.
> ㄹ. 플라톤(Plato)과 루소(Rousseau) 모두 공익실체설을 주장하였다.

① ㄱ, ㄴ
② ㄴ, ㄷ
③ ㄱ, ㄴ, ㄹ
④ ㄱ, ㄷ, ㄹ

출제유형 Ⅰ. 기본개념　　**출제영역** 행정이념

출제빈도 ★★★　　난도 상

[정답찾기]
② 「공무원 헌장」에는 공무원이 지향하여야 할 가치로 창의성, 다양성, 투명성, 전문성, 공익성, 공정성을 명시하고 있다.

[오답피하기]
① 「국가공무원법」 제1조(목적)는 공익추구라는 가치가 명시되어 있지 않다.
③ 신공공서비스론에서는 공익을 행정의 궁극적인 목표로 보아야 한다는 점을 강조하며 공익을 찾기 위해 노력해야 하며, 공익을 공유가치에 대한 담론의 결과로 보면서, 공익을 찾기 위해 노력해야 한다고 주장한다.
④ 공익을 사익 간 타협 또는 집단 간 상호작용의 산물로 보는 것은 과정설에 해당한다. 실체설은 공익이 사익을 초월한 선험적·도덕적·규범적인 것으로 존재한다고 주장한다.

┌─ 관련조문 ─┐
「국가공무원법」 제1조【목적】
이 법은 각급 기관에서 근무하는 모든 국가공무원에게 적용할 인사행정의 근본 기준을 확립하여 그 공정을 기함과 아울러 국가공무원에게 국민 전체의 봉사자로서 행정의 민주적이며 능률적인 운영을 기하게 하는 것을 목적으로 한다.

■ 「공무원 헌장」
우리는 자랑스러운 대한민국의 공무원이다.
우리는 헌법이 지향하는 가치를 실현하여 국가에 헌신하고 국민에게 봉사한다.
우리는 국민의 안녕과 행복을 추구하고 조국의 평화통일과 지속 가능한 발전에 기여한다.
이에 굳은 각오와 다짐으로 다음을 실천한다.
하나, 공익을 우선하여 투명하고 공정하게 맡은 바 책임을 다한다.
하나, 창의성과 전문성을 바탕으로 업무를 적극적으로 수행한다.
하나, 우리 사회의 다양성을 존중하고 국민과 함께하는 민주행정을 구현한다.
하나, 청렴을 생활하고 규범과 건전한 상식에 따라 행동한다.

정답 ②

출제유형 Ⅰ. 기본개념　　**출제영역** 행정이념

출제빈도 ★★★　　정답률 76%　　난도 중

[정답찾기]
ㄱ. 실체설에 의하면 공익은 사익을 초월한 것이고 과정설에서는 공익이 사익의 총합으로 본다.
ㄴ. 과정설에 의하면 공익은 사익 간 갈등을 조정·타협하는 과정에서 산출되는 것이다.
ㄹ. 플라톤(Plato)과 루소(Rousseau) 모두 공익실체설을 주장하였다.

[오답피하기]
ㄷ. 과정설에서 공익을 사익의 조정과 타협의 산물로 보는 것이므로 다원적 민주주의에 도움을 준다.

행복노트

[실체적(적극설)]
- 국가주의, 선량주의(엘리트)
- 개발도상국의 입장
- 공익과 사익 구별
- 공익우선주의
- 전체주의, 권위주의로 변질
- Rawls, Platon, Aristoteles

사익 합 ≠ 공익(Σ사익<공익)

[과정설(소극설)]
- 개인주의, 다원주의
- 선진국의 입장, 민주적 공익관
- 조정과 타협의 산물
- 집단이기주의 폐단 우려
- 정부의 활동: 중립적 조정자
- Herring, Hobbes, Hume, Schbert 등

사익 합 = 공익(Σ사익=공익)

정답 ③

09　0089

공익에 대한 설명으로 가장 옳지 않은 것은?　2019 서울 9급

① 과정설은 개인의 사익을 초월한 공동체 전체의 공익이 따로 있다고 보는 견해이다.
② 실체설은 사회 전 구성원의 총효용을 극대화함으로써 공익에 도달할 수 있다고 보는 견해이다.
③ 과정설은 공익이 사익의 총합이거나 사익 간의 타협·조정 과정을 통해 얻어지는 것으로 보는 견해이다.
④ 실체설은 사회공동체 내지 국가의 모든 가치를 포괄하는 절대적인 선의 가치가 있다고 보는 견해이다.

10　0090

사회적 형평성(social equity)에 대한 설명으로 옳지 않은 것은?
　2024 지방 9급

① 1968년 개최된 미노부룩 회의(Minnowbrook Conference)에서 태동한 신행정론에서 강조하였다.
② 롤스(Rawls)의 『정의론』은 사회적 형평성 논의에 영향을 주었다.
③ 수직적 형평성(vertical equity)은 '동등한 여건에 있지 않은 사람을 동등하게 취급'함을 의미하며, 누진세가 그 예이다.
④ 수평적 형평성(horizontal equity)은 '동등한 여건에 있는 사람을 동등하게 취급'함을 의미하며, 동일노동 동일임금이 그 예이다.

출제유형 Ⅰ. 기본개념　　**출제영역** 행정이념
출제빈도 ★★★　　**난도** 중

정답찾기
① 개인의 사익을 초월한 공동체 전체의 공익이 따로 있다고 보는 견해는 실체설에 해당한다.

오답피하기

실체적(적극설)
- 국가주의, 선량주의(엘리트)
- 개발도상국의 입장
- 공익과 사익 구별
- 공익우선주의
- 전체주의, 권위주의로 변질
- Rawls, Platon, Aristoteles

공익
사익 합 ≠ 공익(Σ사익<공익)

과정설(소극설)
- 개인주의, 다원주의
- 선진국의 입장, 민주적 공익관
- 조정과 타협의 산물
- 집단이기주의 폐단 우려
- 정부의 활동: 중립적 조정자
- Herring, Hobbes, Hume, Schbert 등

사익 합 = 공익(Σ사익=공익)

정답 ①

출제유형 Ⅰ. 기본개념　　**출제영역** 행정이념
출제빈도 ★★★　　**난도** 중

정답찾기
③ 수직적 형평성(vertical equity)은 '동등한 여건에 있지 않은 사람을 동등하지 않게 취급'함을 의미하며, 누진세가 그 예이다.

오답피하기
① 사회적 형평성은 1968년 개최된 미노부룩 회의(Minnowbrook Conference)에서 태동한 신행정론에서 강조하였다.
② 롤스(Rawls)의 『정의론』은 사회적 형평성 논의에 영향을 주었다.
④ 수평적 형평성(horizontal equity)은 '동등한 여건에 있는 사람을 동등하게 취급'함을 의미하며, 동일노동 동일임금이 그 예이다.

정답 ③

11
행정이념으로서의 형평성에 대한 설명으로 가장 옳지 않은 것은?

2018 서울 1회 7급

① 롤스(Rawls)의 최소최대원칙(Minimax Principle)은 사회에서 가장 취약한 집단에게 최대의 편익이 돌아가게 하는 정책이 바람직하다는 기준을 의미한다.
② 인간의 기본욕구 충족과 최소한의 평등 확보 측면에서 욕구이론은 수평적 형평에 대한 유용한 기준을 제시한다.
③ 실적의 차이에 따른 차등적 배분의 정당성을 뒷받침하는 실적이론은 수직적 형평의 관념을 바탕으로 하고 있다.
④ 행정에의 참여와 가치지향을 강조하는 신행정론에서 주목한 바 있다.

12
롤스(J. Rawls)의 정의론에 대한 설명으로 옳지 않은 것은?

2018 국가 9급

① 원초적 자연상태(State of Nature)하에서 구성원들의 이성적 판단에 따른 사회형태는 극히 합리적일 것이라고 가정하는 사회계약론적 전통에 따른다.
② 현저한 불평등 위에서는 사회의 총체적 효용 극대화를 추구하는 공리주의가 정당화될 수 없다고 본다.
③ 사회의 모든 가치는 평등하게 배분되어야 하며, 불평등한 배분은 그것이 사회의 최소수혜자에게도 유리한 경우에 정당하다고 본다.
④ 자유와 평등의 조화를 추구하는 중도적 입장보다는 자유방임주의에 의거한 전통적 자유주의 입장을 취하고 있다.

출제유형 I. 기본개념　**출제영역** 행정이념
출제빈도 ★★★　**난도** 중

정답찾기
① 롤스(Rawls)는 사회에서 가장 취약한 집단에게 최대의 편익이 돌아가게 하는 정책이 바람직하다는 최대최소원칙(Maximin Principle)을 최종적인 의사결정 기준으로 제시하였다.

오답피하기
② 욕구이론은 인간은 자신의 능력이나 실적에 관계없이 자신의 기본적 욕구를 보장받을 권리가 있다는 관점으로서 인간의 기본욕구 충족과 최소한의 평등 확보 측면에서 수평적 형평에 대한 유용한 기준을 제시한다. 정치적 기본권 같은 경우 수평적 형평이 주로 적용된다.
③ 실적의 차이에 따른 차등적 배분의 정당성을 뒷받침하는 실적이론은 다른 것은 다르게라는 수직적 형평의 관념을 바탕으로 하고 있다.
④ 행정에의 참여와 가치지향을 강조하는 신행정론에서 형평성을 추구하였다.

행복노트
행정의 본질적 가치: 사회적 형평성

개념	정치적·경제적·사회적으로 불리한 입장에 있는 소외계층을 위해서 보다 나은 행정서비스를 보다 우선적으로 제공하고자 하는 것
출현배경	1960년대 말 월남전의 패배, 흑인폭동, 신·구세대 간의 갈등, 풍요 속의 빈곤 등 격동기의 미국사회를 배경으로 1970년대 신행정론자들이 가치중립적인 행태론은 사회문제를 해결할 능력이나 적실성이 없다고 비판하면서 등장
시각	신행정학에서 주장하는 배분의 정의는 수평적·기계적 형평이 아니라 수직적 형평을 의미

정답 ①

출제유형 IV. 학자문제　**출제영역** 행정이념
출제빈도 ★★★　**난도** 중

정답찾기
④ 롤스(Rawls)는 바람직한 가치의 배분은 완전한 자유주의나 극단적인 사회주의를 지향하기 보다는 이를 절충한 중도적 입장에서 이루어지는 것이 바람직하다고 주장하였다.

오답피하기
행정의 본질적 가치: 정의

이념	분배적 정의를 의미하는 것으로서 사회구성원이 각자 자신이 향유해야 할 사회적·경제적 가치의 응분의 몫을 누리는 상태를 말하며 형평성과 깊게 연관됨
Rawls 정의관	① 가정: 무지의 베일에 싸인 원초적 상태 ② 합의: 최소극대화(최대최소, Maxmin)의 원리
특징	• 사회계약설의 영향을 받은 평등주의 변형이론 • 공리주의 가치배분 한계 지적 • 자유·평등의 조화를 중시하는 중도주의적 입장
한계	• 중도적 입장으로 좌우진영의 비판 받음 • 개념도출의 인위성 • 최소극대화 원칙의 비현실성

정답 ④

13

롤스(J. Rawls)가 제시한 정의론(Justice Theory)의 내용으로 가장 옳지 않은 것은?

2017 서울 7급

① 롤스는 사회계약론의 입장에서 정의의 원리를 도출한다.
② 전제조건으로 원초상태란 무지의 베일에 가리어져 있는 상태를 말한다.
③ 제1의 원리는 사회적 약자의 편익을 최대화하는 것이다.
④ 롤스의 정의관은 자유와 평등의 조화를 추구하고 있다.

출제유형 Ⅳ. 학자문제　　**출제영역** 행정이념
출제빈도 ★★★　　**난도** 중

정답찾기

③ 롤스(Rawls)가 제시한 정의의 제1원리는 동등한 자유의 원리로서 누구나 다른 사람의 자유와 상충되지 않는 한 자신의 자유를 최대한 동등하게 누릴 수 있는 원리를 말한다. 사회적 약자의 이익을 최대화하는 것은 제2의 원리 중 차등의 원리에 해당한다.

오답피하기

행정의 본질적 가치: 정의

① 가정: 무지의 베일에 싸인 원초적 상태
② 합의: 최소극대화(최대최소, Maxmin)의 원리

제1의 원리	평등한 자유	모든 사람, 최대의 평등한 자유 자유우선의 원칙
제2의 원리	기회 균등의 원리	모든 사람, 모두 공개, 기회의 공평
	차등의 원리	가장 불리한 사람에게 최대 이익 Maximin(최소극대화)

정답 ③

14

행정가치에 대한 설명으로 옳지 않은 것은?

2014 국가 7급

① 공익과정설은 현실주의적이고 개인주의적인 공익개념이다.
② 공익실체설은 개인의 사익을 모두 합한 것이 공익이라고 보지 않는다.
③ 행정이념으로서 사회적 형평성은 신행정론의 등장과 함께 강조되었다.
④ 롤스(J. Rawls)가 정의론에서 제시한 '기본적 자유의 평등원리'는 개개인의 권리가 다른 사람의 유사한 자유와 상충되더라도 최대한의 기본적 자유가 인정되어야 한다는 것이다.

출제유형 Ⅳ. 학자문제　　**출제영역** 행정이념
출제빈도 ★★★　　**난도** 중

정답찾기

④ 롤스(Rawls)가 제시한 정의론의 제1원칙인 기본적 자유의 평등원리는 타인의 자유를 침해하지 않는 범위에서 기본적 자유에 대한 동등한 권리를 보장하여야 한다는 것이다.

오답피하기

① 공익과정설은 공익을 사익 간 조정과 타협에 의한 경험적 산물이라고 주장한다. 이는 다원주의, 공리주의, 현실주의 및 개인주의 관점으로, 점증주의모형과 관련된다.
② 개인이익의 총합으로 보는 것은 과정설이다. 공익실체설은 공익을 사익이나 특수이익의 단순한 집합을 초월한 선험적 이익으로 본다.
③ 사회적 형평성이란 소외계층을 위한 보다 나은 행정서비스를 우선적으로 제공하고자 하는 이념으로 1960년대 후반 미국사회의 혼란과 더불어 제기된 신행정학에서 강조되었다.

정답 ④

15

롤스(J. Rawls)의 사회 정의의 원리와 거리가 먼 것은?

2014 서울 9급

① 원초 상태(Original Position)하에서 합의되는 일련의 법칙이 곧 사회 정의의 원칙으로서 계약 당사자들의 사회협동체를 규제하게 된다.
② 정의의 제1원리는 기본적 자유의 평등원리로서, 모든 사람은 다른 사람의 유사한 자유와 상충되지 않는 한도 내에서 최대한의 기본적 자유에의 평등한 권리를 인정하는 것이다.
③ 정의의 제2원리의 하나인 '차등의 원리(Difference Principle)'는 가장 불우한 사람들의 편익을 최대화해야 한다는 원리이다.
④ 정의의 제2원리의 하나인 '기회 균등의 원리'는 사회·경제적 불평등은 그 모체가 되는 모든 직무와 지위에 대한 기회 균등이 공정하게 이루어진 조건하에서 직무나 지위에 부수해 존재해야 한다는 원리이다.
⑤ 정의의 제1원리가 제2원리에 우선하고, 제2원리 중에서 '차등의 원리'가 '기회균등의 원리'에 우선되어야 한다.

출제유형 Ⅳ. 학자문제 **출제영역** 행정이념
출제빈도 ★★★ 난도 중

정답찾기
⑤ 정의의 제1원리가 제2원리에 우선하고, 제2원리 중에서는 기회균등의 원칙이 차등의 원리에 우선한다.

정답 ⑤

16

롤스(J. Rawls)의 정의론과 거리가 먼 것은?

2013 지방 7급

① 기본적 자유의 평등 원리
② 최대극대화의 원리
③ 차등의 원리
④ 공정한 기회균등의 원리

출제유형 Ⅳ. 학자문제 **출제영역** 행정이념
출제빈도 ★★★ 난도 하

정답찾기
② 롤스(Rawls)는 원초적 자연상태(State of Nature)하에서 구성원들의 이성적 판단에 따른 사회형태는 극히 합리적일 것이라고 가정하는 사회계약론적 전통에 따라서 <u>최소극대화의 원리(Maximin)</u>를 도출할 것으로 본다.

오답피하기
① 정의의 제1원리는 기본적 자유의 평등원리로서, 모든 사람은 다른 사람의 유사한 자유와 상충되지 않는 한도 내에서 최대한의 기본적 자유에의 평등한 권리를 인정하는 것이다.
④ 정의의 제2원리는 그 모체가 되는 모든 직무와 지위에 대한 기회 균등이 공정하게 이루어진 조건하에서 직무나 지위에 부수해 존재해야 한다는 원리이다.

행복노트
행정의 본질적 가치: 정의

① 가정: 무지의 베일에 싸인 원초적 상태
② 합의: 최소극대화(최대최소, Maxmin)의 원리

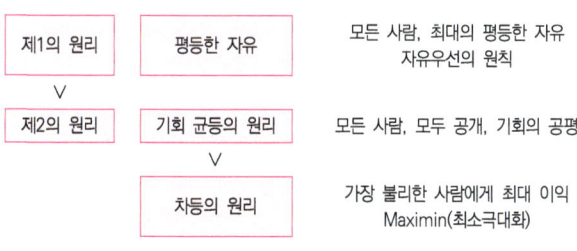

제1의 원리	평등한 자유	모든 사람, 최대의 평등한 자유 자유우선의 원칙
제2의 원리	기회 균등의 원리	모든 사람, 모두 공개, 기회의 공평
	차등의 원리	가장 불리한 사람에게 최대 이익 Maximin(최소극대화)

정답 ②

17 0097

Rawls의 정의론에 대한 설명으로 옳지 않은 것은? 2012 서울 7급

① 사회계약론 영향을 강하게 받은 평등주의의 한 변형이론이다.
② 무지의 베일(Veil of Ignorance)에 가려진 원초적 상황(Original Position)을 전제로 하고 있다.
③ 인간의 운명적 변수에 대해서는 정부의 개입을 반대하는 입장을 취한다.
④ 정의란 자연적이고 사회적인 우연을 개혁하는 것이라고 보았다.
⑤ Rawls의 정의원칙 속에는 자유주의와 사회주의적 가치가 함께 들어 있다.

18 0098

행정이 추구하는 가치에 대한 설명으로 옳지 않은 것은?

2019 지방 9급

① 합리성은 어떤 행위가 궁극적인 목표달성을 위한 최적의 수단이 되느냐를 가리키는 개념이다.
② 효과성은 투입 대비 산출의 비율을, 능률성은 목표의 달성도를 나타내는 개념이다.
③ 행정의 민주성은 대외적으로 국민 의사의 존중·수렴과 대내적으로 행정조직의 민주적 운영이라는 두 가지 측면이 있다.
④ 수평적 형평성이란 동등한 것을 동등하게 취급하는 것, 수직적 형평성이란 동등하지 않은 것을 서로 다르게 취급하는 것을 의미한다.

정답찾기

② 능률성은 투입 대비 산출의 비율을, 효과성은 목표달성도를 나타내는 개념이다.

오답피하기

능률성, 효과성과 효율성(생산성)

효과성	개념	산출이 목표를 달성한 정도인 목표달성도
	대두배경	1960년대 발전행정론에서 중시
효율성	개념	비용 대비 목표달성도(능률성 + 효과성)
	대두배경	1980년대 신공공관리론에서 강조

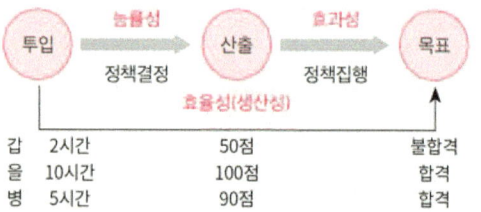

효과성을 추구하는 과정에서 능률성의 희생이 될 수 있음

정답 ②

정답찾기

③ 롤스(Rawls)는 인간에게 주어지는 우연적인 요소인 천부적 자질이나 사회적 지위는 운명적 변수로서 불평등하게 태어나며, 이러한 운명적 변수를 방치함으로써 인생의 성패가 좌우되는 사회는 결코 정의사회가 될 수 없기 때문에, 정의란 이러한 운명적 변수를 개혁하는 것이라고 주장한다.

정답 ③

19   0099

행정가치에 대한 설명으로 옳지 않은 것은?   2020 지방 9급

① 공익과정설에 따르면 사익을 초월한 별도의 공익이란 존재할 수 없다.
② 롤스(Rawls)는 사회 정의의 제1원리와 제2원리가 충돌할 경우 제1원리가 우선이라고 주장한다.
③ 파레토 최적 상태는 형평성 가치를 뒷받침하는 기준이다.
④ 근대 이후 합리성은 목표를 달성하는 수단과 관련된 개념이다.

출제유형 Ⅰ. 기본개념   **출제영역** 행정가치
출제빈도 ★★   난도 중

정답찾기
③ 파레토 최적 상태는 형평성 가치를 뒷받침하는 기준이 아니라 능률성을 뒷받침하는 개념이다.

오답피하기
① 공익과정설에 따르면 사익을 초월한 별도의 공익이란 존재할 수 없고 공익을 사익 간 타협 또는 집단 간 상호작용의 산물로 본다.
② 롤스(Rawls)는 사회 정의의 제1원리가 제2원리에 우선하고, 제2원리 중에서 '기회 균등의 원리'가 '차등의 원리'에 우선되어야 한다고 주장한다.
④ 근대 이후 합리성은 목표를 달성하는 수단과 관련된 개념으로서 목표성취에 부합하는 수단을 강구하고 이에 따르는 행위를 의미한다.

정답 ③

20   00100

행정이 추구하는 가치에 대한 설명으로 옳은 것을 <보기>에서 모두 고른 것은?   2018 서울 2회 7급

보기
ㄱ. 효과성을 추구하는 과정에서 능률성의 희생이 발생될 수 있다.
ㄴ. 민주성은 국민과의 관계뿐만 아니라 정부 관료제 내부의 의사결정 과정의 두 가지 측면에서 논의된다.
ㄷ. 절차적 합리성은 목표에 비추어 적합한 행동이 선택되는 정도를 의미한다.
ㄹ. 투명성은 정보공개뿐만 아니라 정보에 대한 접근권까지 포함하는 개념이다.
ㅁ. 제도적 책임성은 자율적이고 적극적인 행정책임을 의미한다.

① ㄱ, ㄷ, ㅁ   ② ㄴ, ㄷ, ㅁ
③ ㄱ, ㄴ, ㄹ   ④ ㄴ, ㄷ, ㄹ

출제유형 Ⅰ. 기본개념   **출제영역** 행정가치
출제빈도 ★★   난도 상

정답찾기
ㄱ. 효과성은 목표달성도에 초점이 맞춰진 것으로 비용 내지 투입의 개념이 들어있지 않다. 따라서 비용이 포함된 능률성은 목표 달성을 위해 투입이 지나치면 능률성이 희생되는 경우가 충분히 발생할 수 있다.
ㄴ. 민주성은 국민과의 관계인 '대외적 민주성'과 관료제 내부의 측면에서의 '대내적 민주성' 등 두 가지 측면에서 논의된다.
ㄹ. 투명성은 정보공개의 소극적 개념뿐만 아니라 정부 외부에 존재하는 사람들에게 원하는 정보에 대한 접근권까지 보장한다는 점에서 적극적 개념도 가진다.

오답피하기
ㄷ. 목표에 비추어 적합한 행동이 선택되는 정도는 내용적 합리성을 의미한다(Simon). 절차적 합리성은 행동대안을 선택하기 위하여 밝은 절차가 적합한 것인지에 대한 것이다.
ㅁ. 자율적이고 적극적인 행정책임은 제도적 책임이 아닌 자율적 책임을 의미한다.

정답 ③

21 ⬜⬜⬜ 0100

행정이념에 대한 설명으로 가장 옳지 않은 것은? 2018 서울 9급

① 디목(Dimock)은 기술적 능률성을 대체하는 개념으로 사회적 능률성을 제시하고 있는데, 이는 행정이 그 목적 가치인 인간과 사회를 위해서 산출을 극대화하고 그 산출이 인간과 사회의 만족에 기여하는 것을 의미한다.
② 1930년대를 분수령으로 하여 정치행정이원론의 지양과 정치행정일원론으로 전환과 때를 같이해서 행정에서 민주성의 이념이 대두되었다.
③ 효과성은 수단적·과정적 측면에 중점을 두는 반면에 능률성은 목표의 달성도를 중시한다.
④ 합법성은 법률적합성, 법에 의한 행정, 법에 근거한 행정, 즉 법치행정을 의미한다. 합법성을 지나치게 강조하는 경우 수단가치인 법의 준수가 강조되어 목표의 전환(Displacement of Goal), 형식주의를 가져올 수 있다.

22 ⬜⬜⬜ 0101

디목(M. Dimock)의 사회적 능률에 대한 설명으로 가장 적절하지 않은 것은? 2020 군무원 9급

① 사회적 형평성을 보장하기 위한 개념이다.
② 행정의 사회 목적 실현과 관련이 있다.
③ 경제성과 연계될 수 있는 개념이다.
④ 최소의 투입으로 최대의 산출을 추구한다.

출제유형 Ⅰ. 기본개념   **출제영역** 행정가치
출제빈도 ★★   **난도** 중

정답찾기
③ 능률성(Efficiency)은 투입 대 산출의 비율로 <u>수단적·과정적 측면에 중점을 두는</u> 반면에 효과성(Effectiveness)은 목표의 달성도로 <u>기능적·결과적 측면에 중점을</u> 둔다.

오답피하기
① 투입 대 산출의 비율을 수치적 관점에서 바라 본 기계적 능률성과 달리 디목(Dimock)은 사회적 능률을 강조하였다.
② 1930년대 경제대공황을 계기로 등장한 정치행정일원론에서 민주성이 대두되었다.
④ 근대 입법국가 때 강조되었던 합법성은 법률에 적합한 행정을 의미하며 행정의 일관성·공평성을 높여 주지만 목표의 전환, 형식주의 등의 폐단을 가져올 수 있다.

정답 ③

출제유형 Ⅰ. 기본개념   **출제영역** 행정가치
출제빈도 ★★   **난도** 하

정답찾기
① 사회적 능률은 사회적 가치와 조화되지 않는 능률은 진정한 능률이 아니라는 인식에서 디목(Dimock)이 제시한 능률이다. <u>사회적 형평성은 1960년대 말 신행정론자들이 주장하였다.</u>

오답피하기
② 사회적 능률은 행정의 사회 목적의 실현과 다원적 이익의 조정을 추구한다.
③, ④ 사회적 능률은 사회적 가치와 능률성과의 조화를 추구하는 가치지향적·인간적 능률이다. 하지만 결국 능률성을 추구하기에 경제성과도 연계될 수 있으며, 최소의 투입으로 최대의 산출을 추구한다.

행복노트
행정의 수단적 가치: 능률성

개념	최소의 투입으로 최대의 산출
대두 배경	• 19C 말 행정국가 대두와 행정기능 확대로 인한 국민의 조세부담 증가에 따라서 능률성에 관심 증대 • 과학적 관리운동의 영향과 정치행정이원론의 등장
기계적 능률성	• 경제인(X이론적 인간) • 금전적·수치적·대차대조표적·양적·단기적 능률, 공식구조 강조 • 행정학 성립 초기(행정관리설, 과학적 관리론) • 굴릭(Gulick)이 강조
사회적 능률성	• 사회인(Y이론적 인간), 민주성을 의미 • 가치적·장기적·합목적적·질적·상대적 능률, 비공식구조 강조 • 인간관계론, 통치기능설(정치행정일원론) • 디목(Dimock)이 강조

정답 ①

23 0102

다음과 관련 있는 행정가치에 대한 설명으로 옳은 것은?

2019 국가 7급

- 안전을 위하여 자동차의 제동장치를 이중적으로 설계하였다.
- 정전에 대비하여 건물 자체적으로 자가발전시설을 갖추도록 하였다.

① 형평성과 상충관계에 있다.
② 행정체제의 신뢰성과 안정성을 저하시킨다.
③ 수단적 가치보다는 행정의 본질적 가치로서의 성격이 더 강하다.
④ 창의성이 제고될 수 있다.

출제유형 Ⅰ. 기본개념 **출제영역** 행정가치
출제빈도 ★★★ 난도 하

정답찾기
④ 제시문은 동일한 기능을 수행하는 기관이나 절차가 중복되어 존재하는 현상을 지칭하는 것으로 가외성에 해당한다. 가외성은 중복적 조직들의 상호작용으로 조직의 창의성을 향상시킬 수 있다.

오답피하기
① 가외성은 경제성·능률성과 상충된다.
② 가외성은 오류 발생 가능성을 예방하고 불확실한 상황하에서 실패의 확률을 감소시켜 신뢰성과 안정성을 향상시킨다.
③ 가외성은 행정의 수단적 가치로서의 성격이 더 강하다.

정답 ④

24 0103

다음 설명에 해당하는 것은?

2016 국가 9급

이것은 불확실한 상황에서의 오류 발생 가능성을 최소화하고 체제의 신뢰성을 높이기 위해 강조되는 행정가치이며, 여러 기관에 한 가지 기능이 혼합되는 중첩성(Overlapping)과 동일 기능이 여러 기관에서 독립적으로 수행되는 중복성(Duplication) 등을 포괄하는 개념이다.

① 가외성(Redundancy) ② 합리성(Rationality)
③ 효율성(Efficiency) ④ 책무성(Accountability)

출제유형 Ⅰ. 기본개념 **출제영역** 행정가치
출제빈도 ★★ 난도 하

정답찾기
① 불확실한 상황에서의 오류 발생 가능성을 최소화하고 체제의 신뢰성을 높이기 위해 강조되는 행정가치는 가외성에 해당한다.

오답피하기
행정의 수단적 가치: 가외성(Landau)

의의	기능 중복이나 남는 부분·여분·초과분을 허용하는 현상
유형	① 중첩성: 동일한 기능을 협력적으로 수행 ② 중복성: 동일한 기능을 여러 기관에서 독자적 수행 ③ 동등잠재력: 보조조직(여유분)
효용	• 신뢰성(오류의 최소화) • 창의성과 개혁성 • 안전성 • 목표의 전환 방지
사례	권력분립, 견제와 균형, 연방제, 삼심제도, 분권화
한계	• 능률성과의 충돌 • 갈등과 대립 • 비용과 지원의 한계 • 소극적 대처

정답 ①

25　　　　　　　　　　　　　　0104

행정이 추구해야 할 바람직한 가치에 대한 설명 중 가장 부적절한 것은?

2014 국회 9급

① 효과성(Effectiveness)은 투입한 자원 대비 얼마나 많은 산출을 얻었느냐를 의미한다.
② 총효용(총이익)의 극대화를 추구하는 효율성(Efficiency)은 분배 문제를 고려하지 않기 때문에 형평성(Equity)과는 배타적인 관계라고 보는 것이 일반적이다.
③ 일반적으로 효율성과 효과성은 행정의 본질적 가치라기보다는 수단적 가치라고 할 수 있다.
④ 효율성은 공리주의에 기초하고 있는 효용이론이나 후생경제학에 근거를 두고 있다.
⑤ 단기적 관점에서 민주성을 강조하면 시간이나 비용 측면에서 비효율을 초래하지만, 민주적 절차를 무시하고 효율성만을 기준으로 행정이 이루어지면 장기적으로 부작용이 나타나 비효율적인 결과를 초래한다.

26　　　　　　　　　　　　　　0105

조직효과성의 경쟁가치모형(Competing Values Model)에서 조직의 성장 및 자원획득의 목표를 강조하는 관점은?

2018 서울 1회 7급

① 개방체제 관점
② 내부과정 관점
③ 인간관계 관점
④ 합리적 목표 관점

출제유형 Ⅰ. 기본개념　**출제영역** 행정가치
출제빈도 ★★　**난도** 하

정답찾기
① 투입한 자원 대비 얼마나 많은 산출을 얻었느냐는 **능률성(Efficiency)**에 대한 설명이다.

오답피하기
② 능률성과 형평성은 성장과 분배 차원에서 대개 서로 대립되는 이념으로 보는 것이 일반적이다.
③ 공익, 자유, 형평, 평등, 정의, 복지는 본질적 가치, 나머지는 모두 수단적 가치에 해당한다.
④ 효율성은 벤덤(Bentham)의 공리주의나 후생경제학의 한계효용이론 등 경제논리에 근거를 두고 있다.
⑤ 단기적 관점에서 민주성을 강조하면 시간이나 비용 측면에서 비효율을 초래하지만, 민주적 절차를 무시하고 효율성만을 기준으로 행정이 이루어지면 장기적으로 부작용이 나타나 비효율적인 결과를 초래한다.

정답 ①

출제유형 Ⅱ. 이론·제도　**출제영역** 경쟁가치모형
출제빈도 ★★　**난도** 중

정답찾기
① 조직의 성장 및 자원획득의 목표를 강조하고 유연성과 외적평가를 수단으로 하는 것은 퀸과 로보그(Quinn & Rohrbaugh, 1983)의 경쟁가치모형 중 **개방체제 관점**에 해당한다.

오답피하기
퀸과 로보그(Quinn & Rohrbaugh)의 경쟁가치모형(효과성측정모형)

구 분	인간(내부)	조직(외부)
통제 (안정)	**내부과정모형(위계질서)** • 목표: 안정성, 균형 확보 • 수단: 정보관리, 의사소통 • 효과성기준: 조직안정성, 균형	**합리적목표모형(과업지향)** • 목표: 생산성, 능률성, 수익성 • 수단: 계획, 목표 설정 • 효과성기준: 조직의 이윤, 생산성
유연성 (융통)	**인간관계모형(집단문화)** • 목표: 인적자원 개발 • 수단: 응집력, 사기 및 훈련 • 효과성기준: 인적자원 개발	**개방체제모형(혁신발전지향)** • 목표: 성장, 자원 확보 • 수단: 준비성, 외부평가 • 효과성기준: 조직성장 여부

TIP
퀸과 로보그의 경쟁가치모형
로봇 합체(는) 인내를 가지고 하자!

정답 ①

27

퀸과 로보그(Quinn & Rohrbaugh)는 조직이 초점을 어디에 두는가와 조직구조의 성격에 따라 네 가지 효과성가치모형을 제시하였다. ㉠~㉣모형에 대한 설명으로 옳은 것은?

2017 지방 7급

구조 초점	안정성(통제)	유연성(융통성)
내부	㉠	㉡
외부	㉢	㉣

① ㉠ 모형은 조직의 생산성, 능률성, 수익성을 달성하는 것이 목표가치이며, 그 수단으로서 계획과 목표 설정이 강조된다.
② ㉡ 모형의 목표가치는 인적자원 개발이며, 그 수단으로서 조직구성원의 응집성, 사기 및 훈련 등이 강조된다.
③ ㉢ 모형의 목표가치는 성장과 자원 획득 등이며, 그 수단으로서 준비성과 외부평가 등이 강조된다.
④ ㉣ 모형은 조직의 균형을 확보하는 것이 목표가치이며, 그 수단으로서 정보관리와 의사소통 등이 강조된다.

출제유형 Ⅱ. 이론·제도 **출제영역** 경쟁가치모형
출제빈도 ★★   난도 상

정답찾기

구조 초점	안정성(통제)	유연성(융통성)
내부	㉠ 내부과정모형	㉡ 인간관계모형
외부	㉢ 합리목표모형	㉣ 개방체제모형

② ㉡ 인간관계모형은 조직 그 자체보다 구성원을 중시하고, 유연한 구조를 중시하는 것으로 목표가치는 인적자원을 개발하는 것으로 수단으로 응집력, 사기 및 훈련 등이 강조된다.

오답피하기
① 지문은 합리목표모형에 대한 설명이다. ㉠ 내부과정모형은 조직 그 자체보다는 구성원을 중시하고, 조직의 안정성을 강조 하는 것으로 수단으로 정보관리가 강조된다.
③ 지문은 개방체제모형에 대한 설명이다. ㉢ 합리적목표모형은 생산성과 경영수지가 목표이고, 수단으로는 목표설정, 기획, 평가가 강조된다.
④ 지문은 내부과정모형에 대한 설명이다. ㉣ 개방체제모형은 조직구성원보다 조직 자체를 중시하고, 구조의 유연성을 중시하는 것으로 가치목표는 성장, 자원확보이고 수단은 융통성, 외적 평가가 강조된다.

정답 ②

28

효과성평가모형 중 퀸과 로보그(Quinne & Rohrbaugh)의 경합가치모형에 관한 다음의 설명 중 적절하지 못한 것은?

2014 서울 7급

① 조직이 내부·외부 중 어디에 초점을 두고 있는지와 조직 구조가 통제와 융통성 중 어떤 것을 강조하는지를 기준으로 조직효과성에 관한 네 가지 경쟁모형을 도출하였다.
② 조직의 내부에 초점을 두고 융통성을 강조하는 경우의 효과성평가유형은 인간관계모형이다.
③ 개방체제모형은 조직의 외부에 초점을 두며 융통성을 강조하는 경우의 평가유형이다.
④ 조직의 외부에 초점을 두고 통제를 강조하는 경우 성장 및 자원 확보를 목표로 하게 된다.
⑤ 조직의 내부에 초점을 두고 통제를 강조하는 경우 안정성 및 균형을 목표로 하게 된다.

출제유형 Ⅱ. 이론·제도 **출제영역** 경쟁가치모형
출제빈도 ★★   난도 상

정답찾기
④ 조직외부에 초점을 두고 통제를 강조하는 모형은 합리목표모형으로 생산성이나 능률성을 목표로 한다. 성장과 자원 확보를 목표로 하는 모형은 조직외부에 초점을 두고 유연성을 강조하는 개방체제모형이다.

오답피하기

퀸과 로보그(Quinn & Rohrbaugh)의 경쟁가치모형(효과성측정모형)

구 분	인간(내부)	조직(외부)
통제 (안정)	내부과정모형(위계질서) • 목표: 안정성, 균형 확보 • 수단: 정보관리, 의사소통 • 효과성기준: 조직안정성, 균형	합리적목표모형(과업지향) • 목표: 생산성, 능률성, 수익성 • 수단: 계획, 목표 설정 • 효과성기준: 조직의 이윤, 생산성
유연성 (융통)	인간관계모형(집단문화) • 목표: 인적자원 개발 • 수단: 응집력, 사기 및 훈련 • 효과성기준: 인적자원 개발	개방체제모형(혁신발전지향) • 목표: 성장, 자원 확보 • 수단: 준비성, 외부평가 • 효과성기준: 조직성장 여부

TIP

퀸과 로보그의 경쟁가치모형
로봇 합체(는) 인내를 가지고 하자!

정답 ④

29 □□□ 0108

사회적 자본에 대한 설명으로 옳은 것은? 2021 국가 7급

① 사회적 자본이 증가하면 제재력이 약화되는 역기능이 있다.
② 타인에 대한 신뢰는 사회적 자본의 구성요소가 아니다.
③ 호혜주의는 사회적 자본에 영향을 미치지 않는다.
④ 사회적 자본은 거래비용을 감소시키는 순기능이 있다.

30 □□□ 0109

사회적 자본(Social Capital)에 대한 설명으로 옳은 것을 〈보기〉에서 모두 고른 것은? 2019 서울 7급

보기

ㄱ. 푸트남(R. Putnam)은 사회적 자본에 있어 네트워크, 규범, 신뢰를 강조하였다.
ㄴ. 사회적 자본이 형성되는 경우 거래비용 감소의 긍정적 효과가 있다.
ㄷ. 사회적 자본은 조정과 협동을 용이하게 만든다.
ㄹ. 세계은행은 개발도상국 개발사업에 사회적 자본 개념을 활용하고 있다.
ㅁ. 후쿠야마(F. Fukuyama)는 한국 사회에 만연한 불신은 사회적 비효율성의 원인이라고 하였다.

① ㄱ, ㄷ, ㅁ
② ㄱ, ㄹ, ㅁ
③ ㄱ, ㄴ, ㄷ, ㅁ
④ ㄱ, ㄴ, ㄷ, ㄹ, ㅁ

출제유형 Ⅱ. 이론·제도 **출제영역** 사회적 자본
출제빈도 ★★★ **난도** 하

정답찾기
④ 사회적 자본은 신뢰수준을 향상시켜 거래비용을 감소시키는 순기능이 있다.

오답피하기
① 사회적 자본이 증가하면 집단 동조성과 제한된 결속력은 외부인을 암묵적으로 배제할 수 있고, 구성원의 사적 자유를 제한하게 됨으로써 제재력이 강화되는 역기능이 있다.
② 타인에 대한 신뢰는 사회적 자본의 구성요소에 해당한다.
③ 호혜주의는 사회적 자본의 특성에 해당된다.

행복노트

사회적 자본

의의	공통의 목적을 위해 협력하는 사람들 사이의 상호신뢰, 사회적 네트워크, 일반화된 호혜적 규범, 믿음, 규율, 공동체주의를 의미
특성	• 사회구성원 간의 관계 속에서 존재하는 자본 • 이익이 배타적이지 않고 이익이 공유되는 특성 • 거시적 차원에서 공공재의 속성을 가짐 • 지속적으로 유지하려는 노력을 투입해야 하는 자본 • 동등한 가치를 지닌 등가물의 교환이 아님 • 사회자본의 교환은 사용할수록 증가(Positive-sum)
순기능	• 거래비용의 감소로 경제의 활성화 • 가외성의 필요성 감소 • 정보공유로 창의성과 학습 향상
역기능	• 집단 간 배타주의 • 동조성의 요구로 선택의 제약

정답 ④

출제유형 Ⅱ. 이론·제도 **출제영역** 사회적 자본
출제빈도 ★★★ **난도** 중

정답찾기
ㄱ. 푸트남(Putnam)은 사람들이 협조를 활발하게 함으로써 사회의 효율성을 개선할 수 있는 사회적 자본을 주장하였고 네트워크, 규범, 신뢰를 강조하였다.
ㄴ. 사회적 자본은 사회적 관계에서 불신으로 인한 비용이 줄어들어 거래비용을 감소시켜주는 긍정적 기능을 수행한다.
ㄷ. 사회적 자본은 구성원들 사이의 협력과 신뢰관계를 근간으로 조정과 협동을 용이하게 한다.
ㄹ. 세계은행은 개발도상국가의 빈곤퇴치를 위한 지원사업과 관련하여 사회적 자본의 개념을 중요하게 활용되고 있다.
ㅁ. 후쿠야마(Fukuyama)는 한국 사회에 만연한 불신은 사회적 비효율성의 원인이 되고 있음을 지적하였다.

정답 ④

31 0110

사회자본이론(Social Capital Theory)에 대한 설명으로 옳지 않은 것은?
2017 국가 9급 추가

① 신뢰와 네트워크를 통한 과도한 대외적 개방성에 대하여 많은 비판을 받고 있다.
② 정밀한 사회적 연결망은 신뢰를 강화하고, 거래비용을 낮추며, 혁신을 가속화함으로써 경제 발전을 촉진할 수 있다.
③ 푸트남(R. D. Putnam) 등은 이탈리아에서 사회자본(시민공동체의식)이 지방정부의 제도적 성과 차이를 잘 설명한다고 주장했다.
④ 사회자본은 참여자들이 협력하도록 함으로써 공유한 목적을 보다 효과적으로 성취하게 만드는 신뢰, 규범, 네트워크와 같은 사회조직의 특징으로 정의할 수 있다.

32 0111

'사회적 자본(Social Capital)'에 대한 설명으로 옳지 않은 것은?
2015 지방 7급

① 사회적 자본을 축적하기 위해서는 자발적 결사체의 결성과 활동이 촉진될 수 있는 여건이 중요하다.
② 지역이 보유하고 있는 물질적 자원을 중심으로 한 발전전략에 따라 강조되었다.
③ 주요 속성으로는 상호신뢰, 호혜주의, 적극적 참여 등이 있다.
④ 공동체 의식의 강화를 통하여 지식의 공유와 네트워크의 강화를 기대할 수 있다.

출제유형 Ⅱ. 이론·제도   **출제영역** 사회적 자본
출제빈도 ★★★   난도 중

정답찾기
① 사회적 자본은 <u>내부적 강력한 결속력과 공동체의 폐쇄성</u>으로 인해 집단구성원에 대한 과잉욕구를 유발하게 되어 구성원들의 성공을 가로막는 장애가 되기도 한다.

오답피하기
② 사회적 자본에 의한 믿음은 거래비용을 낮추고 경제사회 발전을 촉진시킨다.
③ 푸트남(Putnam)은 이탈리아를 사례로 한 연구에서 사회적 자본이 민주주의의 확립과 제도적 성과나 효율성을 높여준다고 설명한다.
④ 사회적 자본의 순기능과 의의에 관한 설명이다.

행복노트
사회적 자본

의 의	공통의 목적을 위해 협력하는 사람들 사이의 상호신뢰, 사회적 네트워크, 일반화된 호혜적 규범, 믿음, 규율, 공동체주의를 의미
특 성	• 사회구성원 간의 관계 속에서 존재하는 자본 • 이익이 배타적이지 않고 이익이 공유되는 특성 • 거시적 차원에서 공공재의 속성을 가짐 • 지속적으로 유지하려는 노력을 투입해야 하는 자본 • 동등한 가치를 지닌 등가물의 교환이 아님 • 사회자본의 교환은 사용할수록 증가(Positive-sum)
순기능	• 거래비용의 감소로 경제의 활성화 • 가외성의 필요성 감소 • 정보공유로 창의성과 학습 향상
역기능	• 집단 간 배타주의 • 동조성의 요구로 선택의 제약

정답 ①

출제유형 Ⅱ. 이론·제도   **출제영역** 사회적 자본
출제빈도 ★★★   난도 중

정답찾기
② 지역이 보유하고 있는 물질적 자원은 유형적 자본이다. 사회적 자본은 사회구성원간의 관계 속에 존재하는 <u>무형적 자본</u>에 해당한다.

오답피하기
① 사회적 자본은 사회구성원 간의 관계 속에서 존재하는 자본이므로 축적하기 위해서는 자발적 결사체의 결성과 활동이 촉진될 수 있는 여건이 중요하다.
③ 사회자본이란 공통의 목적을 위해서 협력을 가능케 하는 사람들 사이의 상호신뢰, 사회적 네트워크, 일반화된 호혜적 규범, 믿음, 규율, 공동체주의, 정치·경제의 발전을 지지해주는 윤리적 기반 등으로 구성된 사회구조라고 할 수 있으므로 주요 속성으로는 상호신뢰, 호혜주의, 적극적 참여 등이 있다.
④ 공동체 의식의 강화를 통하여 지식의 공유와 네트워크의 강화를 기대할 수 있다.

정답 ②

33 0112

다음 중 사회적 자본에 대한 다음 설명으로 가장 옳지 않은 것은?
2015 국회 9급

① 한 집단 내에서 형성된 사회자본은 새로운 구성원에 대하여도 높은 신뢰를 갖게 해준다.
② 높은 수준의 신뢰를 가진 집단 내에서는 사회적 관계에서의 거래비용이 낮아진다.
③ 대의민주주의의 결함을 보완하는 거버넌스 형성에 긍정적인 영향을 미친다.
④ 사회구조와 네트워크 내에서 개인 간의 협동을 촉진한다.
⑤ 개인 간의 사적인 신뢰를 중시한 개념이다.

출제유형 Ⅱ. 이론·제도   **출제영역** 사회적 자본
출제빈도 ★★★   **난도** 중

[정답찾기]
⑤ 사회적 자본은 구성원 간 또는 정부와 국민 간 공적 신뢰를 바탕으로 한다.

[오답피하기]
① 사회적 자본은 구성원 간 신뢰와 협력을 바탕으로 선순환적 특성을 가진다.
② 사회적 자본으로 인한 거래비용을 감소시켜준다.
③ 거버넌스는 사회적 자본에 의한 신뢰를 바탕으로 한다.
④ 사회적 자본은 개인 간의 협력을 촉진한다.

정답 ⑤

CHAPTER 03 기출 OX

1. 공리주의적 관점에서 공익은 효율성(Efficiency)보다는 합법성(Legitimacy)이 윤리적 행정의 판단기준이다.
   2020 국가 9급

2. 공익과정설에 의하면 공익은 사익을 초월한 것이다.
   2022 지방 9급

3. 과정설은 공익이라는 미명하에 개인의 이익이 침해될 수 있는 위험요소를 내포하고 있다.
   2017 국가 9급

4. 공익에 대한 실체설에서는 공익을 사익 간 타협 또는 집단 간 상호작용의 산물로 본다.
   2019 국가 9급

5. 장애인들에게 특별한 세금감면의 혜택을 부여하는 것은 다른 것은 다르게 다루어야 한다는 수평적 형평성에 부합하는 제도이다.
   2015 국회 8급

6. 정의의 제1원리는 기회 균등의 원리로, 다른 사람의 유사한 자유와 상충되지 않는 범위 내에서 최대한의 기본적 자유에의 평등한 권리가 인정되어야 한다는 원리이다.
   2015 사회복지

7. 롤스(Rawls)는 사회 정의의 제1원리와 제2원리가 충돌할 경우 제2원리가 우선이라고 주장한다.
   2020 지방 9급

8. 파레토 최적 상태는 형평성 가치를 뒷받침하는 기준이다.
   2020 지방 9급

9. 효과성은 투입 대비 산출의 비율을, 능률성은 목표의 달성도를 나타내는 개념이다.
   2019 지방 9급

10. 근대 이후 합리성은 목표를 달성하는 수단과 관련된 개념이다.
    2020 지방 9급

11. 조직효과성의 경쟁가치모형(Competing Values Model)에서 조직의 성장 및 자원획득의 목표를 강조하는 관점은 합리적 목표 관점이다.
    2018 서울 1회 7급

12. 효과성평가모형 중 퀸과 로보그(Quinne & Rohrbaugh)의 경합가치모형 중 조직의 내부에 초점을 두고 융통성을 강조하는 경우의 효과성평가유형은 인간관계모형이다.
    2014 서울 7급

13. 사회적 자본은 거래비용을 증가시키는 순기능이 있다.
    2021 국가 7급

14. 사회적 자본은 집단결속력을 강조하므로 다른 집단과의 관계에서 부정적 효과를 나타낼 수도 있다.
    2013 국회 8급

---

1. 공리주의적 관점에서 공익은 합법성(Legitimacy)보다는 효율성(Efficiency)이 윤리적 행정의 판단기준이다. x

2. 공익실체설에 의하면 공익은 사익을 초월한 것이다. x

3. 실체설은 공익이라는 미명하에 개인의 이익이 침해될 수 있는 위험요소를 내포하고 있다. x

4. 공익에 대한 과정설에서는 공익을 사익 간 타협 또는 집단 간 상호작용의 산물로 본다. x

5. 장애인들에게 특별한 세금감면의 혜택을 부여하는 것은 다른 것은 다르게 다루어야 한다는 수직적 형평성에 부합하는 제도이다. x

6. 정의의 제1원리는 기본적 자유의 평등원리로, 다른 사람의 유사한 자유와 상충되지 않는 범위 내에서 최대한의 기본적 자유에의 평등한 권리가 인정되어야 한다는 원리이다. x

7. 롤스(Rawls)는 사회 정의의 제1원리와 제2원리가 충돌할 경우 제1원리가 우선이라고 주장한다. x

8. 파레토 최적 상태는 능률성 가치를 뒷받침하는 기준이다. x

9. 능률성은 투입 대비 산출의 비율을, 효과성은 목표의 달성도를 나타내는 개념이다. x

10. 근대 이후 합리성은 목표를 달성하는 수단과 관련된 개념이다. o

11. 조직효과성의 경쟁가치모형(Competing Values Model)에서 조직의 성장 및 자원획득의 목표를 강조하는 관점은 개방체제 관점이다. x

12. 효과성평가모형 중 퀸과 로보그(Quinne & Rohrbaugh)의 경합가치모형 중 조직의 내부에 초점을 두고 융통성을 강조하는 경우의 효과성평가유형은 인간관계모형이다. o

13. 사회적 자본은 거래비용을 감소시키는 순기능이 있다. x

14. 사회적 자본은 집단결속력을 강조하므로 다른 집단과의 관계에서 부정적 효과를 나타낼 수도 있다. o

CHAPTER 03 키워드

1. 행정의 _____ 가치에는 능률성과 책임성 등이 있고, 본질적 가치로는 정의와 형평성 등이 있다. 　2015 지방 9급　　수단적

2. 공익에 대한 설명중에서 플라톤(Plato)과 루소(Rousseau) 모두 공익 _____ 을 주장하였다. 　2022 지방 9급　　실체설

3. 공리주의적 관점에서 공익은 합법성(Legitimacy)보다는 _____ 이 윤리적 행정의 판단기준이다. 　2020 국가 9급　　효율성(Efficiency)

4. 공익 _____ 에 따르면 사익을 초월한 별도의 공익이란 존재할 수 없다. 　2020 지방 9급　　과정설

5. 행정이념으로서 사회적 형평성은 _____ 의 등장과 함께 강조되었다. 　2014 국가 7급　　신행정론

6. 롤스(J. Rawls)는 자유방임주의에 의거한 전통적 자유주의 입장보다는 자유와 평등의 조화를 추구하는 _____ 입장을 취하고 있다. 　2018 국가 9급　　중도적

7. 롤스는 정의의 제1원리가 제2원리에 우선하고, 제2원리 중에서는 기회균등의 원리가 _____ 원리에 우선되어야 한다고 주장한다. 　2020 지방 8급, 2014 서울 9급　　차등

8. 파레토 최적 상태는 _____ 가치를 뒷받침하는 기준이다. 　2020 지방 9급　　효율성

9. 근대 이후 _____ 은 목표를 달성하는 수단과 관련된 개념이다. 　2020 지방 9급　　합리성

10. _____ 은 목표의 달성도를 나타내는 개념으로, 비용이나 투입의 개념이 들어가 있지 않다. 　2015 경찰간부　　효과성

11. 퀸과 로보그(Quinn & Rohbaugh)의 경쟁가치모형에서 조직의 성장 및 자원획득의 목표를 강조하는 관점은 _____ 모형에 해당한다. 　2018 서울 1회 7급　　개방체제

12. 푸트남(R. Putnam)은 사회적 자본에 있어 _____, 규범, 신뢰를 강조하였다. 　2019 서울 7급　　네트워크

13. _____ 은 불확실한 상황에서의 오류 발생 가능성을 최소화하고 체제의 신뢰성을 높이기 위해 강조되는 행정이념이다. 　2016 국가 9급　　가외성

14. _____ 은 정보공개뿐만 아니라 정보에 대한 접근권까지 포함하는 개념이다. 　2018 서울 2회 7급　　투명성

CHAPTER 04 행정학의 이해와 주요이론

대표문제

01 ☐☐☐   0113

행정이론에 대한 설명으로 옳지 않은 것은?

2025 지방 9급

① 공공가치관리론에서 보즈만(Bozeman)은 정당성과 지지, 공공가치, 운영역량으로 구성된 전략적 삼각형(strategic triangle) 모형을 제시한다.
② 신공공서비스론은 정부의 역할에 대해 시장에 의한 방향잡기보다 시민에 대한 봉사를 강조한다.
③ 뉴거버넌스론은 정부와 민간부문 그리고 비영리부문 간 상호 신뢰 관계에 기초한 협력적 네트워크를 강조한다.
④ 공공선택론은 공공부문의 시장경제화를 통해 시민의 편익을 극대화할 수 있는 서비스의 공급과 생산이 가능하다고 본다.

출제유형 Ⅱ. 이론·제도   **출제영역** 행정학의 발달

출제빈도 ★★★   **난도** 중

정답찾기
① 전략적 삼각형(strategic triangle) 모형은 <u>무어(Moore)가 제시한 개념</u>이다. 무어는 공공가치, 운영역량, 정당성과 지지로 구성된 전략적 삼각형을 통해 공공관리자의 역할을 설명했다. 보즈만(Bozeman)이 아니라 무어(Moore)의 이론이다.

행복노트
② 신공공서비스론은 시장지향적 접근보다는 시민에 대한 봉사와 공공이익을 강조한다.
③ 뉴거버넌스론은 정부, 민간, 시민사회 간의 협력적 네트워크와 상호신뢰를 중시한다.
④ 공공선택론은 시장원리를 공공부문에 도입하여 효율성을 추구하고 시민의 편익을 극대화하려고 한다.

행정이론의 전개

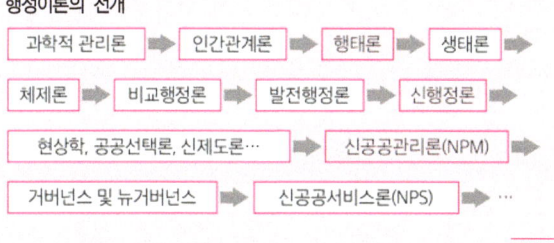

정답 ①

제1절 행정학의 이론 및 학문적 성격

02 ☐☐☐   0114

다음 중 행정학의 학문적 특성에 대한 설명으로 가장 옳지 않은 것은?

2015 국회 9급

① 행정학은 원인과 결과의 규칙성을 발견하는 기술성을 중시하는 학문이다.
② 행정학은 전문직업적 성격을 포함한다.
③ 행정학은 실천적이고 도구적 성격이 강한 응용학문이다.
④ 행정학은 종합 학문적 성격을 지니고 있어 정체성에 대한 논란이 지속적으로 제기되어 왔다.
⑤ 행정학의 연구에서 가치와 사실을 구분할 수 있어도 가치판단 문제를 완전히 배제할 수는 없다.

출제유형 Ⅱ. 이론·제도   **출제영역** 행정학의 특성

출제빈도 ★   **난도** 중

정답찾기
① 원인과 결과의 규칙성을 발견하는 것은 행정학의 과학성에 대한 설명이다.

오답피하기
② 행정학은 전문직업적 성격을 포함한다는 것은 왈도(Waldo)의 주장이다.
③ 행정학의 사회문제를 해결해야 하는 특성이다.
④ 행정학은 연합 학문적 성격으로 인해 발생하는 논란이다.
⑤ 일반적으로 행정학의 연구에서 가치와 사실을 구분할 수 있어도 가치판단 문제를 완전히 배제할 수는 없다.

행복노트

행정학의 과학성과 기술성

과학성	기술성
왜(Why) 중심	어떻게(How) 중심
설명성, 기술성, 객관성	실용성, 처방성, 실천성
지식, 이론의 발견	지식, 이론의 적용
가치중립적	가치지향적

정답 ①

03　□□□　0115

행정학의 기술성과 과학성에 대한 설명으로 옳지 않은 것은?

2020 군무원 9급

① 왈도(D. Waldo)가 'Practice'란 용어로 지칭한 기술성은 정해진 목표를 어떻게 효율적으로 달성하는가 하는 방법을 의미한다.
② 윌슨(W. Wilson) 등 초기 행정학자들은 관리기술이나 행정의 원리 등을 발견하려는 데 초점을 두고 행정학의 기술성을 강조하였다.
③ 행태주의 학자들은 행정학 연구에서 처방보다는 학문의 과학화에 역점을 두고 가설의 경험적 검증 등을 강조했다.
④ 현실 문제의 해결은 언제나 과학에만 의존할 수 없으므로 행정학은 기술성과 과학성을 동시에 고려하여야 한다.

출제유형 Ⅱ. 이론·제도　**출제영역** 행정학의 특성
출제빈도 ★　　　　　　　　　난도　중

정답찾기
① 왈도(Waldo)는 Art 또는 Profession으로 표현하는 데 비해 사이먼(Simon)은 'Practice'란 용어로 지칭한 기술성은 정해진 목표를 어떻게 효율적으로 달성하는가 하는 방법을 의미한다.

오답피하기
② 윌슨(Wilson)과 어윅(Urwick) 등 초기 행정학자들은 과학적 연구를 내세워 과학성을 제고하려고 하였으나, 관리기술이나 행정의 원리 등을 발견하려는 데 초점을 두어서 결과적으로 실험과 검증을 거치지 않은 원리들을 찾는 데 급급하여 사실상 과학성보다는 행정학의 기술성의 수준에 머물렀다는 비판을 받았다.
③ 행태주의 학자들은 논리실증주의에 기반하여 가설의 경험적 검증 등을 통한 학문의 과학화에 역점을 두었다.
④ 현실문제의 해결은 언제나 과학에만 의존할 수 없으므로 행정학은 기술성과 과학성을 동시에 고려하여야 한다.

정답 ①

제2절　행정학의 발달

04　□□□　0116

(가)~(라)의 행정이론이 등장한 시기를 순서대로 바르게 나열한 것은?

2022 국가 9급

> (가) 정부와 공공부문에 참여하는 다양한 참여자들의 네트워크를 중시하고, 정부는 전체 네트워크를 관리하는 조정자의 입장에 있다고 하였다.
> (나) 미국 행정학의 '지적 위기'를 지적하면서 인간을 이기적합리적 존재로 전제하고, 공공재의 공급이 서비스 기관 간 경쟁과 고객의 선택에 의해 이루어지는 시스템을 제안하였다.
> (다) 정치는 국가의 의지를 표명하고 정책을 구현하는 것이며, 행정은 이를 실천하는 관리활동으로서 정치와 행정의 차이를 분명히 하였다.
> (라) 왈도(Waldo)를 중심으로 가치와 형평성을 중시하면서 사회의 문제해결에 대한 현실 적합성을 갖는 새로운 행정학의 정립을 시도하였다.

① (다) → (라) → (가) → (나)
② (다) → (라) → (나) → (가)
③ (라) → (다) → (가) → (나)
④ (라) → (다) → (나) → (가)

출제유형 Ⅰ. 기본개념　**출제영역** 행정이론의 발전
출제빈도 ★★★　　**정답률** 82%　　**난도** 중

정답찾기
② (다) 행정관리론(19세기~1930년대) → (라) 신행정학(1970년대) → (나) 공공선택론[1973년 오스트롬(Ostrom)] → (가) 뉴거버넌스(1990년대) 순으로 행정이론이 등장하였다.

오답피하기
행정이론의 전개

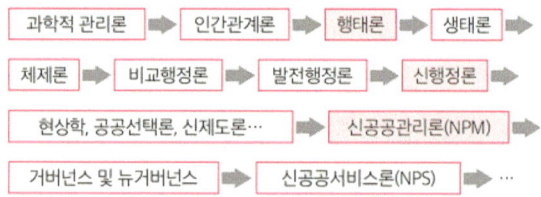

정답 ②

05　0117

미국의 관리과학으로서 주류행정학에 대한 설명으로 가장 옳지 않은 것은?
2018 서울 1회 7급

① 1920년대와 30년대의 미국 행정학은 능률에 기초한 관리를 주장하였다.
② 미국 태프트위원회에서 사용한 절약과 능률은 행정관리의 성과를 평가하는 가치 기준이 됐다.
③ 브라운위원회에서 제시된 능률적인 관리활동은 POSDCoRB로 집약된다.
④ 관리과학으로서 주류행정학은 대공황과 뉴딜(New Deal) 정책 이후에도 미국 행정학에서 지배적인 자기 정체성을 유지했다.

06　0118

미국 행정이론의 발달과정에 대한 설명으로 가장 옳지 않은 것은?
2017 서울 7급

① 19세기 이후 엽관제의 비효율 극복을 위해 제퍼슨 – 잭슨 철학에 입각한 진보주의 운동과 행정의 탈정치화를 강조한 정치행정이원론이 전개되었다.
② 1930년대 경제대공황 이후 행정권의 우월화 현상을 인정한 정치행정일원론이 등장하였다.
③ 비교행정론의 대표적 학자 리그스(F. W. Riggs)의 프리즘적 모형은 농경국가도 산업국가도 아닌 제3의 국가형태인 개발도상국을 연구하는 데 적합하다.
④ 1968년 미노부르크 회의(Minnowbrook Conference)는 행정의 적실성, 사회적 형평성 등을 강조한 신행정학의 탄생에 영향을 주었다.

출제유형 Ⅱ. 이론·제도　　**출제영역** 행정학의 발달
출제빈도 ★★★　　난도 중

정답찾기
④ 관리과학으로서의 고전기 주류행정학은 절약과 능률의 가치를 중시하였으며, 정치행정이원론과 행정의 원리라는 두 개의 패러다임으로 구성되었다. 그러나 경제대공황과 뉴딜(New Deal)정책 이후에 행정의 적극적 역할을 강조한 정치행정일원론이 등장하면서 퇴조하였다.

오답피하기
①, ②, ③ 1920년대부터 30년대까지 미국행정학을 지배했던 고전기 행정관리주의는 절약과 능률을 강조했던 태프트위원회(1912)에서 시작되어 1937년 행정관리에 관한 대통령위원회(브라운로우위원회)와 귤릭의 POSDCoRB(최고관리층의 7대 관리기능)로 완성·집약되었다.

정답 ④

출제유형 Ⅱ. 이론·제도　　**출제영역** 행정학의 발달
출제빈도 ★★★　　난도 상

정답찾기
① 19세기 이후 제퍼슨 – 잭슨 철학에 입각한 엽관주의의 폐단을 극복하기 위해 펜들턴(Pendleton)과 윌슨(Wilson)이 주도한 공직개혁운동인 진보주의운동이 전개됐다.

오답피하기
행정이론의 전개

정답 ①

07
미국 민주주의의 규범적 관료제 모형에 대한 설명으로 옳은 것은?

2017 국가 7급

① 제퍼슨주의(Jeffersonianism)는 개인의 자유를 극대화하기 위한 행정책임을 강조하고 소박하고 단순한 정부와 분권적 참여과정을 중시한다.
② 잭슨주의(Jacksonianism)는 행정의 탈정치화를 통해 정당정치의 개입으로부터 자유로운 행정을 강조한다.
③ 매디슨주의(Madisonianism)는 국가이익의 증진을 위해 강한 행정부의 적극적 역할과 행정의 유효성을 지향한다.
④ 해밀턴주의(Hamiltonianism)는 다원적 과정을 통한 이익집단 요구의 조정과 이를 가능하게 하는 견제와 균형을 중시한다.

출제유형 II. 이론·제도 출제영역 행정학의 발달
출제빈도 ★★★   난도 중

정답찾기
① 제퍼슨주의(Jeffersonianism)는 개인의 자유를 극대화하기 위하여 행정책임을 강조하고 작은정부와 분권적 참여과정을 중시하는 자유주의를 표방한다.

오답피하기
② 행정의 탈정치화를 통해 정당정치의 개입으로부터 자유로운 행정을 강조한 것은 윌슨주의(Wilsonianism)이다. 잭슨민주주의는 정치와 행정을 연계시키는 엽관주의를 통한 행정이 가장 민주적인 행정이라고 주장한다.
③ 해밀턴주의(Hamiltonianism)는 국가이익의 증진을 위해 강한 행정부의 적극적 역할과 행정의 유효성을 지향한다.
④ 매디슨주의(Madisonianism)는 다원적 과정을 통한 이익집단 요구의 조정과 이를 가능하게 하는 견제와 균형을 중시한다.

행복노트
미국 행정학의 발달

해밀턴 연방주의	중앙집권, 정부의 적극적 역할 강조
제퍼슨 자유주의	'최선의 정부는 최소의 정부' 주장, 지방분권 및 지방정부와 지역사회 역할 중시
매디슨 다원주의	이익집단을 중시, 행정부는 균형잡힌 중재자의 역할 강조
잭슨 민주주의	엽관주의에 의한 책임행정 강조
윌슨 능률주의	정행이원론 입각, 유럽의 행정 연구·도입

행복암기 TIP
미국 행정학의 발달
헤이~ 제매 잭슨!? 연자다민!? 제자를 메다 꽂아~!

정답 ①

제3절 행정학의 접근방법

08
행정학의 주요 접근법, 학자, 특성을 바르게 연결한 것은?

2022 지방 9급

① 행정생태론 – 오스본(Osborne)과 게블러(Gaebler) – 환경 요인 중시
② 후기행태주의 – 이스턴(Easton) – 가치중립적·과학적 연구 강조
③ 신공공관리론 – 리그스(Riggs) – 시장원리인 경쟁을 도입
④ 뉴거버넌스론 – 로즈(Rhodes) – 정부·시장·시민사회 간 네트워크

출제유형 II. 이론·제도 출제영역 행정학의 접근방법
출제빈도 ★★   난도 중

정답찾기
④ 뉴거버넌스론 – 로즈(Rhodes) – 정부·시장·시민사회 간 네트워크

오답피하기
① 행정생태론 – 리그스(Riggs) – 환경 요인 중시
② 후기행태주의 – 이스턴(Easton) – 가치평가적 정책연구 강조
③ 신공공관리론 – 오스본(Osborne)과 게블러(Gaebler) – 시장원리인 경쟁을 도입

정답 ④

09

행정학의 접근방법에 대한 설명으로 옳지 않은 것은?

2021 지방 7급

① 생태론적 접근방법은 외부 환경이 행정 체제에 영향을 미친다는 시각으로 환경에 대한 행정의 주체적인 역할을 경시했다는 비판을 받는다.
② 후기행태주의는 적실성(Relevance)과 실천(Action)을 강조하고, 가치중립적인 과학적 연구보다는 가치평가적인 정책연구를 지향하였다.
③ 공공선택이론은 권한이 분산된 여러 작은 조직들에 의해 공공서비스가 공급되는 것보다 단일의 대규모 조직에 의해 독점적으로 공급되는 것을 선호한다.
④ 역사적 제도주의에서 제도는 경로의존성과 관성적인 성향으로 인해 새로운 환경의 변화에 적절히 대응하지 못할 수도 있다.

출제유형 Ⅱ. 이론·제도 **출제영역** 행정학의 접근방법
출제빈도 ★★ 난도 상

정답찾기
③ 공공선택이론은 정부 중심의 단일의 대규모 조직에 의해 독점적으로 공급되는 것은 시민의 요구에 민감하게 반응할 수 없는 공급자 중심의 행정이 되므로 중첩과 경쟁으로 권한이 분산된 여러 작은 조직들에 의해 공공서비스가 공급되는 것을 선호한다.

정답 ③

10

행정학의 접근방법에 대한 설명으로 옳은 것은? 2020 국가 9급

① 법적·제도적 접근방법은 개인이나 집단의 속성과 행태를 행정 현상의 설명변수로 규정한다.
② 신제도주의 접근방법에서는 제도를 공식적인 구조나 조직 등에 한정하지 않고, 비공식적인 규범 등도 포함한다.
③ 후기 행태주의 접근방법은 행정을 자연·문화적 환경과 관련하여 이해하면서 행정체제의 개방성을 강조한다.
④ 툴민(Toulmin)의 논변적 접근방법은 환경을 포함하여 거시적인 관점에서 행정 현상을 분석하고, 확실성을 지닌 법칙 발견을 강조한다.

출제유형 Ⅱ. 이론·제도 **출제영역** 행정학의 접근방법
출제빈도 ★★ 난도 중

정답찾기
② 구제도주의 접근방법에서는 제도를 공식적인 구조나 조직 등에 한정한 반면, 신제도주의 접근방법에서는 제도를 공식적인 구조나 조직 등에 한정하지 않고, 비공식적인 규범 등도 포함한다.

오답피하기
① 개인이나 집단의 속성과 행태를 행정 현상의 설명변수로 규정하는 것은 행태론적 접근법이다.
③ 행정을 자연·문화적 환경과 관련하여 이해하면서 행정체제의 개방성을 강조하는 것은 생태론적 접근법이다.
④ 환경을 포함하여 거시적인 관점에서 행정 현상을 분석하고, 확실성을 지닌 법칙 발견을 강조하는 것은 실증적 연구방법에 해당한다. 논변적 접근방법은 타협과 합의를 도출하는 민주적 절차를 중시하는 담론적 접근방법을 말한다.

정답 ②

11 ☐☐☐   0123
행정학의 접근방법에 대한 설명으로 옳은 것은?   2015 국가 9급

① 법률적·제도론적 접근방법은 공식적 제도나 법률에 기반을 두고 있기 때문에 제도 이면에 존재하는 행정의 동태적 측면을 체계적으로 파악할 수 있다.
② 행태론적 접근방법은 후진국의 행정현상을 설명하는 데 크게 기여했으며, 행정의 보편적 이론보다는 중범위이론의 구축에 자극을 주어 행정학의 과학화에 기여했다.
③ 합리적 선택 신제도주의는 방법론적 전체주의(Holism)에, 사회학적 신제도주의는 방법론적 개체주의(Individualism)에 기반을 두고 있다.
④ 신공공관리론은 기업경영의 원리와 기법을 그대로 정부에 이식하려고 한다는 비판을 받는다.

제4절 행정학의 주요이론

12 ☐☐☐   0124
행정이론에 대한 설명으로 옳은 것은?   2023 국가 9급

① 과학적관리론은 최고관리자의 운영원리로 POSDCoRB를 제시하였다.
② 행정행태론은 가치와 사실을 구분하고 가치에 기반한 행정의 과학화를 시도하였다.
③ 신행정론은 실증주의적 방법론을 비판하고 사회적 형평성과 적실성을 강조하였다.
④ 신공공관리론은 민간과 공공 부문의 파트너십을 강조하고 기업가 정신보다 시민권을 중요시하였다.

출제유형 Ⅱ. 이론·제도 **출제영역** 행정학의 접근방법
출제빈도 ★★ **난도** 중

정답찾기
④ 신공공관리론은 행정과 경영을 동일시하며 기업경영의 원리와 기법을 그대로 공공부문에 이식하려 한다는 비판을 받는다. 이를 보완하기 위해 거버넌스나 신공공서비스론이 등장한다.

오답피하기
① 법률적·제도적 접근은 공식적 제도나 법률에 기반을 두기 때문에 제도 이면에 존재하는 행정의 동태적 측면을 체계적으로 파악할 수 없다.
② 후진국의 행정현상을 설명하는 데 크게 기여했으며, 행정의 보편적 이론보다는 중범위이론의 구축에 자극을 주어 행정학의 과학화에 기여한 것은 생태론에 대한 설명이다.
③ 합리적 선택의 신제도주의는 방법론적 개체주의이고 사회학적 신제도주의는 방법론적 전체주의이다.

정답 ④

출제유형 Ⅱ. 이론·제도 **출제영역** 행정학의 발달
출제빈도 ★★★ **난도** 중

정답찾기
③ 신행정론은 실증주의적 방법론을 비판하고 사회적 형평성과 적실성을 강조하였다.

오답피하기
① 귤릭(Gulick)은 최고관리자의 운영원리로 POSDCoRB를 제시하였다.
② 행정행태론은 가치와 사실을 구분하고 사실에 기반한 행정의 과학화를 시도하였다.
④ 신공공서비스론은 민간과 공공 부문의 파트너십을 강조하고 기업가 정신보다 시민권을 중요시하였다.

신행정론
- **의의**
  - 1960년대 말 미국의 국내문제 해결을 위해 등장
  - 행태주의 한계를 지적하며 가치문제와 처방적 연구 강조
  - 정치행정새일원론(Minnowbrook 회의: Waldo)
- **특징**
  - 사회적 적실성, 실천성, 규범적 성격
  - 사회적 형평성 강조, 고객지향성, 분권화와 참여 강조
  - 규범적 성격, 변동의 필요성 강조, 후기(탈)관료제 모형
  - 사회현실연구에 대한 해석학적인 방법 선호
- **공헌 한계**
  - 고객지향적 행정, 민주 행정 강조, 소외계층의 배려
  - 전문행정가능성에 대한 의문, 이상적인 개혁방안 제시

정답 ③

13 0125

행정이론에 대한 설명으로 옳지 않은 것은? 〈2022 지방 7급〉

① 신행정학은 행정의 적실성 회복을 강조한다.
② 발전행정론은 환경이 행정에 미치는 영향에 주목한다.
③ 공공선택론은 시민들의 다양한 요구와 선호에 민감하게 부응할 수 있는 제도적 장치 마련을 강조한다.
④ 신공공관리론은 지역사회 문제를 해결하는 과정에서 시민들의 공유된 가치를 관료가 협상하고 중재해야 한다고 주장한다.

14 0126

행정학이론의 발달에 대한 설명으로 가장 옳지 않은 것은?
2016 서울 9급

① 행정관리론은 행정학의 기본가치로서 능률성을 강조하였다.
② 행태주의는 과학적 설명보다는 실질적인 처방을 강조하였다.
③ 호손실험에서는 비공식집단의 역할에 주목하였다.
④ 윌슨(W. Wilson)은 정치행정이원론을 주장하였다.

정답찾기
④ 신공공서비스론은 지역사회 문제를 해결하는 과정에서 시민들의 공유된 가치를 관료가 협상하고 중재해야 한다고 주장한다.

오답피하기
① 신행정학은 행정의 적실성 회복을 강조한다.
② 발전행정론은 환경이 행정에 미치는 영향에 주목한다.
③ 공공선택론은 시민들의 다양한 요구와 선호에 민감하게 부응할 수 있는 제도적 장치 마련을 강조한다.

신공공서비스론

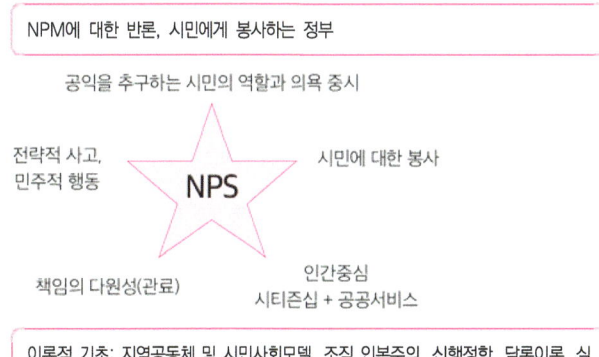

이론적 기초: 지역공동체 및 시민사회모델, 조직 인본주의, 신행정학, 담론이론, 실증주의, 해석학, 비판이론, 포스트 모더니즘 등

정답 ④

정답찾기
② 행태주의 행정학은 실질적인 처방보다는 과학적 설명을 강조하였다.

오답피하기
① 행정관리론은 행정학의 기본가치로서 투입 대비 산출의 극대화를 추구하는 능률성을 강조하였다.
③ 호손실험에서는 공식집단 내에 현실적 인간관계를 바탕으로 하는 비공식집단의 역할에 주목하였다.
④ 윌슨(Wilson)은 정치행정이원론을 주장하면서 정치를 공공정책의 형성으로, 행정을 공공정책의 상세하고 체계적인 집행으로 정의하였다.

행복노트

행태론

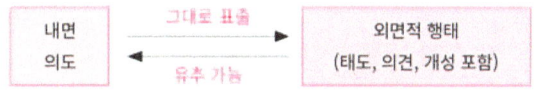

- 동기, 가치, 법령, 제도보다 관찰 가능한 형태를 연구
- 논리실증주의 도입

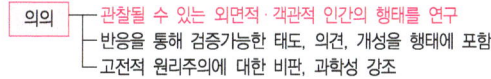
의의 — 관찰될 수 있는 외면적·객관적 인간의 행태를 연구
 — 반응을 통해 검증가능한 태도, 의견, 개성을 행태에 포함
 — 고전적 원리주의에 대한 비판, 과학성 강조

특징 — 가치와 사실의 분리, 사실만을 연구대상: 가치 중립적
 — 행태의 규칙성, 논리실증주의 도입, 인과관계 규명
 — 정치행정새이원론(행정의 정책결정 기능은 부인 ×)
 — 방법론적 개체주의

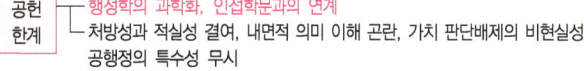
공헌 한계 — 행정학의 과학화, 인접학문과의 연계
 — 처방성과 적실성 결여, 내면적 의미 이해 곤란, 가치 판단배제의 비현실성, 공행정의 특수성 무시

정답 ②

15   0127

행정이론에 대한 설명으로 옳지 않은 것은?   2015 국가 9급

① 행정관리론(사무관리론·조직관리론)에서는 계획과 집행을 분리하고 권한과 책임을 명확히 규정할 것을 강조하였다.
② 신행정학에서는 정부의 적극적인 역할과 적실성 있는 정책의 수립을 강조하였다.
③ 뉴거버넌스론에서는 공공참여자의 활발한 의사소통, 수평적 합의, 네트워크 촉매자로서의 정부역할을 강조하였다.
④ 신공공서비스론에서는 시민을 주인이 아닌 고객의 관점으로 볼 것을 강조하였다.

16   0128

다음 〈보기〉에 제시된 행정학 계보에 관한 서술내용 중 옳은 것은?   2014 국회 9급

보기

ㄱ. 과학적관리법의 반작용으로 나타난 인간관계론은 능률이념을 비판한다.
ㄴ. 자연과학적 연구방법을 취하는 행태주의는 원리주의에 대한 비판에서 출발한다.
ㄷ. 행정의 가치중립성을 비판한 신행정학파는 행정에 경쟁원리의 도입을 주장한다.
ㄹ. 신공공관리학파는 거래비용이론, 대리인이론 등 제도경제학적 접근법을 취한다.
ㅁ. 뉴거버넌스학파는 공공문제를 참여와 네트워크방식으로 해결할 것을 강조한다.

① ㄱ, ㄴ, ㄷ   ② ㄱ, ㄷ, ㅁ
③ ㄱ, ㄹ, ㅁ   ④ ㄴ, ㄷ, ㄹ
⑤ ㄴ, ㄹ, ㅁ

출제유형 Ⅱ. 이론·제도   **출제영역** 행정학의 발달
출제빈도 ★★   **난도** 중

정답찾기
④ 신공공관리론에서는 시민을 고객으로 간주한 반면, 신공공서비스론에서는 시민을 고객이 아닌 주인의 관점에서 볼 것을 강조하였다.

오답피하기
신공공관리론, 신공공서비스론 비교

구 분	신공공관리론	신공공서비스론
합리성	기술적·경제적 합리성	전략적 합리성
공익관	Σ개인이익	담론의 결과
시민관	고객	시민
정부역할	방향잡기	봉사
정책목표 달성기제	인센티브 시스템 (민간, 비영리기구)	공공기관, 영리기구, 개인 간 네트워크
행정책임	시장지향적 책임	다면적 책임
조직구조	분권화된 공공조직	협력적 구조
동기유발	기업가정신, 경제적 유인	공공서비스, 봉사심

정답 ④

출제유형 Ⅱ. 이론·제도   **출제영역** 행정학의 발달
출제빈도 ★★   **난도** 중

정답찾기
ㄴ. 사이먼(Simon)은 고전적 원리주의를 검증을 거치지 않은 속담이나 격언에 불과하다고 비판하였다.
ㄹ. 신공공관리론은 경제학적 관점인 거래비용경제학, 대리인이론 등을 공공부문에 적용하였다.
ㅁ. 뉴거버넌스는 네트워크와 참여를 통한 협치를 주장한다.

오답피하기
ㄱ. 과학적 관리법의 반작용으로 나타난 인간관계론이지만 인간관계론 역시 능률성 향상을 위한 사회적 능률을 주장한 능률학파(관리학파)이다.
ㄷ. 행정의 가치중립성을 비판한 신행정학파는 행정에 경쟁원리의 도입을 주장하지 않았다. 정부실패를 지적한 공공선택론과 신공공관리론에서 경쟁의 원리를 강조하였다.

정답 ⑤

17 0129

테일러(Taylor)의 과학적관리론에 대한 설명으로 옳지 않은 것은?

2021 국가 9급

① 관리자는 생산증진을 통해서 노·사 모두를 이롭게 해야 한다.
② 조직 내의 인간은 사회적 욕구에 의해 동기가 유발된다고 전제한다.
③ 업무와 인력의 적정한 결합은 노동자가 아닌 관리자에 의해 결정되어야 한다.
④ 업무수행에 관한 유일 최선의 방법을 찾기 위해 동작연구와 시간연구를 사용한다.

출제유형 Ⅱ. 이론·제도   **출제영역** 과학적관리론
출제빈도 ★★★   난도 중

정답찾기
② 테일러(Taylor)는 경제적 욕구에 의해서 동기가 유발되며, 사회적 욕구에 의해 동기가 유발된다고 전제하는 것은 인간관계론이다.

오답피하기
과학적 관리론
- **의의**
  - 민간의 경영합리화 운동(고전기 행정이론)
  - Taylor System(시간연구 & 동작연구)
  - Ford(이동조립법), Fayol(일반 및 산업관리론)
- **특징**
  - 정치행정이원론
  - 과업의 표준화와 전문화, 기계적 능률
  - 공식구조, 기술적 행정학, 폐쇄적 환경관
  - 합리적 경제인관(X이론적 인간관)
- **공헌 한계**
  - 고전적 행정학 기틀 마련, 엽관주의 폐단 극복
  - 공식구조만 중시, 편향된 인간관, 능률지상주의

정답 ②

18 0130

다음 〈보기〉 중 테일러(F. W. Taylor)가 제시한 과학적 관리법에 관한 설명으로 옳은 것은?

2014 국회 9급

보기
ㄱ. 업무에 가장 적합한 사람을 과학적으로 선정하고 훈련시키는 것이 필요하다.
ㄴ. 테일러는 생산성과 임금에 있어 고용주와 종업원 간에 이견이 있다고 가정한다.
ㄷ. 업무를 가장 효율적으로 수행할 수 있는 최선의 방법이 있다고 가정한다.
ㄹ. 목표관리제(MBO)처럼 종업원의 과업은 조직의 상관과 협의하여 과학적으로 정해진다.
ㅁ. 동기부여의 가정과 방법 면에서 현재의 성과관리제도에 이론적 기반을 제공한다.

① ㄱ, ㄴ, ㄷ ② ㄱ, ㄷ, ㅁ
③ ㄱ, ㄹ, ㅁ ④ ㄴ, ㄷ, ㄹ
⑤ ㄴ, ㄹ, ㅁ

출제유형 Ⅱ. 이론·제도   **출제영역** 과학적관리론
출제빈도 ★★★   난도 중

정답찾기
ㄱ. 테일러(Taylor)는 업무에 가장 적합한 사람에 대한 과학적인 선발과 훈련을 주장한다.
ㄷ. 문제를 해결하는 유일최선의 길(The Best One Way)이 존재한다고 가정하고 작업분석, 시간연구, 동작연구를 토대로 한 과업의 표준화와 전문화·합리화를 중시한다.
ㅁ. 경쟁과 성과중심의 신공공관리론의 기반을 제공하였다.

오답피하기
ㄴ. 최초의 성과급을 주장한 테일러(Taylor)는 고용주와 종업원 모두 성과급을 원하는 합리적 경제인으로 가정한다.
ㄹ. 종업원의 과업은 상관과의 협의를 하지 않고 관리자가 업무와 인력의 적정한 결합을 결정한다.

정답 ②

19　0131

다음 중 호손실험에 대한 내용으로 가장 옳은 것은?

2016 서울 7급

① 인간관계론의 이론적 틀을 마련하였다.
② 테일러의 과학적 관리법을 계승한다.
③ 개인의 생산성 향상을 위해서는 물리적 작업환경이 중요하다는 점을 발견하였다.
④ 본래 실험 의도와 다르게 작업의 과학화, 객관화, 분업화의 중요성을 발견하였다.

20　0132

다음 중 인간관계론의 주요내용이 아닌 것은?

2012 서울 9급

① 사회적 능력과 사회적 규범에 의한 생산성 결정
② 시간과 동작에 관한 연구
③ 비경제적 요인의 우월성
④ 비공식 집단중심의 사기형성
⑤ 의사소통과 리더십

출제유형 Ⅱ. 이론·제도　**출제영역** 인간관계론
출제빈도 ★★　**난도** 중

정답찾기
① 호손실험은 메이요(Mayo) 등이 실시한 실험으로 생산량은 경쟁이나 물리적인 근무환경보다는 인간관계 등 비공식적인 요인이 더 중요하다는 것을 일깨워주고 인간관계론의 이론적 틀을 마련하였다.

오답피하기
② 호손실험은 테일러(Taylor)의 과학적 관리법을 비판한다.
③ 개인의 생산성 향상을 위해서는 인간관계가 중요하다는 점을 발견하였다.
④ 호손실험은 작업의 과학화, 객관화, 분업화보다는 대인관계의 중요성을 발견하였다.

정답 ①

출제유형 Ⅱ. 이론·제도　**출제영역** 인간관계론
출제빈도 ★★　**난도** 하

정답찾기
② 시간과 동작연구는 테일러(Taylor)의 과학적 관리론의 바탕이 되었다.

오답피하기
인간관계론

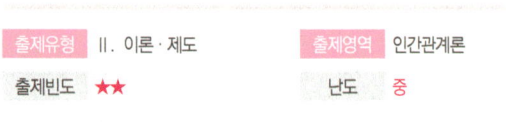

정답 ②

21　0133
행태적 접근방법에 대한 설명으로 옳지 않은 것은?

2018 국가 7급

① 집단의 고유한 특성을 인정하지 않는 방법론적 개체주의의 입장을 취한다.
② 행태의 규칙성, 상관성 및 인과성을 경험적으로 입증하고 설명할 수 있다고 본다.
③ 연구에서 가치와 사실을 구분하지 않는다.
④ 사회현상을 관찰 가능한 객관적 대상으로 보며, 인간의 주관이나 의식을 배제하고 인식론적 근거로서 논리실증주의를 신봉한다.

22　0134
행태론적 접근방법에 대한 설명으로 가장 옳지 않은 것은?

2017 서울 7급

① 행태주의는 사회과학이 행태에 공통된 관심을 갖고 있기 때문에 통합된다고 보고 있다.
② 행정의 실체는 제도나 법률이 아니라고 주장하며 행정인의 행태에 초점을 맞춘다.
③ 논리실증주의를 강조한 사이먼(Simon) 이후 행정학 분야에서 크게 발전하였다.
④ 사회적 문제의 개선에 기여할 수 있는 연구와 가치평가적 정책연구를 지향한다.

출제유형 Ⅱ. 이론·제도　　**출제영역** 행태론
출제빈도 ★★　　**난도** 중

정답찾기
③ 행태적 접근방법은 <u>가치와 사실을 구분</u>하여 가치를 배제하고 사실 위주의 연구를 지향한다.

오답피하기
① 행태주의는 방법론적 개체주의를 주장한다.
②, ④ 행태주의는 주관과 의식을 배제하고 인간행태에 존재하는 규칙성과 인과성을 발견하고자 논리실증주의를 적용한다.

행복노트

행태론
- 동기, 가치, 법령, 제도보다 관찰 가능한 형태를 연구
- 논리실증주의 도입

의의	관찰될 수 있는 외면적·객관적 인간의 행태를 연구 반응을 통해 검증가능한 태도, 의견, 개성을 행태에 포함 고전적 원리주의에 대한 비판, 과학성 강조
특징	가치와 사실의 분리, 사실만을 연구대상: 가치 중립적 행태의 규칙성, 논리실증주의 도입, 인과관계 규명 정치행정새이원론(행정의 정책결정 기능은 부인 ×) 방법론적 개체주의
공헌 한계	행정학의 과학화, 인접학문과의 연계 처방성과 적실성 결여, 내면적 의미 이해 곤란, 가치 판단배제의 비현실성, 공행정의 특수성 무시

정답 ③

출제유형 Ⅱ. 이론·제도　　**출제영역** 행태론
출제빈도 ★★　　**난도** 중

정답찾기
④ 사회적 문제의 개선에 기여할 수 있는 연구와 가치평가적 정책연구를 지향하는 것은 <u>신행정학</u>에 해당한다. 행태주의는 가치와 사실을 구분하여, 가치를 연구대상에서 배제하는 가치중립성의 특성으로 한다.

오답피하기
① 행태주의는 사회과학이 행태에 공통된 관심을 갖고 있기 때문에 통합된다고 보고 있다.
② 행정의 실체는 제도나 법률이 아니라고 주장하며 가치중립적 입장에서 관찰될 수 있는 외면적·객관적 인간행태를 연구대상으로 하는 방법으로서 행정인의 행태에 초점을 맞춘다.
③ 행태주의는 가치중립적 태도를 취하는 논리실증주의를 강조한 사이먼(Simon) 이후 행정학 분야에서 크게 발전하였다.

정답 ④

23 ☐☐☐ 0135

행태론적 접근방법에 대한 설명으로 가장 옳지 않은 것은?

2014 국회 9급

① 종합학문적인 성격을 지닌 접근방법이다.
② 인간행태의 규칙성을 가정하는 접근방법이다.
③ 인간행태의 진정한 의미를 이해하기 위해 외면적으로 드러난 객관적 사실뿐만 아니라 내면의 주관적 의지, 감정, 가치 등도 주요 연구대상으로 한다.
④ 연구대상 이외의 다른 대상에도 보편적으로 적용될 수 있는 일반법칙성을 추구한다.
⑤ 현상들 간의 정확한 인과관계를 규명하고자 한다.

24 ☐☐☐ 0136

가우스(J. M. Gaus)가 지적한 행정에 영향을 미치는 환경요인에 포함되지 않는 것은?

2012 국가 9급

① 국민(People)   ② 장소(Place)
③ 대화(Communication)   ④ 재난(Catastrophe)

| 출제유형 | II. 이론·제도 | 출제영역 | 생태론 |
| 출제빈도 | ★ | 난도 | 중 |

정답찾기

③ 대화(Communication)는 리그스(Riggs)가 비교행정론에서 융합사회와 분화사회를 비교한 다섯 가지 요인(정치, 경제, 사회구조, 이념, 대화) 중의 하나에 해당한다. 가우스(Gaus)가 지적한 행정에 영향을 미치는 환경요인에 포함되지 않는다.

오답피하기

① 국민(People) 혹은 주민은 행정에 영향을 미치는 환경요인에 해당한다.
② 장소(Place)는 행정에 영향을 미치는 환경요인에 해당한다.
④ 재난(Catastrophe) 외에도 물리적 기술, 사회적 기술, 욕구, 인물(개성)이 행정에 영향을 미치는 환경요인에 해당한다.

행복노트

생태론: Gaus(정치이론 = 행정이론)

생태론은 정치행정이원론 but 가우스는 정치행정일원론 주장

행복한 합격 TIP

생태론
가! 주시는 욕하지만 장물은 인재야!

정답 ③

| 출제유형 | II. 이론·제도 | 출제영역 | 행태론 |
| 출제빈도 | ★★ | 난도 | 중 |

정답찾기

③ 행태론은 가치와 사실을 분리하여 외면적 행태만을 연구대상으로 하며 내면적인 가치, 감정 등은 연구대상에서 배제한다.

오답피하기

① 행태론은 대부분의 사회과학이 인간의 행태에 공통된 관심을 갖고 있다고 보고 학문 간 통합을 주장한다.
② 행태론은 인간의 행태에는 규칙성이 있다고 전제하고 이를 과학적으로 입증하고자 하였다.
④ 행태론은 경험적 검증을 거친 일반 보편화된 이론을 추구한다.
⑤ 행태론은 행정현상들 사이에 존재하는 인과관계를 규명하려는 이론이다.

정답 ③

25　0137

리그스(Riggs)의 프리즘적모형(Prismatic Model)에서 설명하는 프리즘적 사회의 특성으로 옳지 않은 것은?

2015 국가 7급

① 고도의 이질혼합성　② 형식주의
③ 고도의 분화성　　　④ 다규범성

26　0138

체제이론에서 제시하는 개방체제의 특징으로 옳지 않은 것은?

2024 국가 7급

① 목적 달성을 위한 유일 최선의 방법은 없으며 다양한 방법이 존재한다.
② 환경의 변화에 맞도록 구조와 기능이 다양하게 분화될 것을 요구한다.
③ 체제의 에너지 소모로 인한 소멸 가능성을 강조한다.
④ 환경과 끊임없는 상호작용을 강조한다.

출제유형 Ⅱ. 이론·제도　　**출제영역** 생태론
출제빈도 ★　　난도 중

정답찾기
③ 프리즘 사회는 고도의 이질혼합성과 가치의 응집성을 띠게 된다. 고도의 분화성은 프리즘 사회가 아니라 산업사회의 특성에 해당한다.

오답피하기
①, ②, ④ 프리즘적모형의 특성이다.

행복노트
생태론: Riggs의 사회삼원론

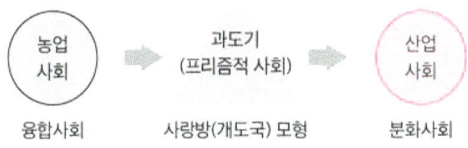

프리즘사회 특징

| 이질혼합성, 형식주의, 표리부동성, 연고우선주의, 다분파주의, 다규범성, 정경유착, 양초점성, 가격의 불확정성, 상향적·하향적 누수체제 및 전략적 지출 |

정답 ③

출제유형 Ⅱ. 이론·제도　　**출제영역** 생태론
출제빈도 ★★　　난도 중

정답찾기
③ 체제의 에너지 소모로 인한 소멸 가능성을 강조한다는 설명은 틀리다. 개방체제는 오히려 환경으로부터 에너지를 받아들여 부의 엔트로피를 유지하고, 체제의 유지와 발전을 강조한다.

오답피하기
① 목적 달성을 위한 유일 최선의 방법은 없으며 다양한 방법이 존재한다. 개방체제는 균형 유지를 위해 다양한 방법을 활용할 수 있다는 특징을 가진다.
② 환경의 변화에 맞도록 구조와 기능이 다양하게 분화될 것을 요구한다. 개방체제는 환경 변화에 적응하기 위해 구조와 기능의 분화를 강조한다.
④ 환경과 끊임없는 상호작용을 강조한다. 개방체제는 체제와 환경 사이의 상호작용을 중시한다.

정답 ③

27 ☐☐☐ 0139

파슨스(Parsons)가 제시한 사회적 기능, 각 기능을 수행하는 조직유형, 그리고 각 조직유형별 예시를 모두 바르게 연결한 것은? 2015 지방 7급

① 적응(Adaptation) 기능 – 교육조직 – 학교
② 목표 달성(Goal Attainment) 기능 – 정치조직 – 행정기관
③ 통합(Integration) 기능 – 통합조직 – 종교단체
④ 잠재적 형상 유지(Latent Pattern Maintenance) 기능 – 경제조직 – 민간기업

출제유형 Ⅱ. 이론·제도 **출제영역** 체제론
출제빈도 ★ **난도** 상

정답찾기
② 목표달성기능은 체제가 추구할 목표를 정하고, 목표달성을 위하여 유·무형의 가치를 창출하는 기능으로 정치조직이 그 기능을 수행하며 그 예로 행정기관이 대표적이다.

오답피하기
① 적응기능은 경제적 생산조직으로서 민간기업이 해당한다. 교육조직이나 학교 등은 체제유지기능을 한다.
③ 통합기능은 통합조직으로서 사법기관, 정당 및 사회복지기관 등이 해당한다. 종교단체는 체제유지기능을 한다.
④ 잠재적 형상유지 기능은 형상유지 조직으로서 교육기관이나 종교단체가 해당된다. 민간기업은 경제조직으로서 적응기능을 한다.

행복노트
체제의 기능: 파슨스(Parsons)의 AGIL

Adaptation 적응기능(경제)	환경 변화에 적응 세계불황에 대응하여 신성장동력 발굴
Goal Attainment 목표달성기능(정치)	목표를 정하고 그 목표를 위해 노력하는 것 정치조직의 활동: 선진국 진입, 4만불 달성
Integration 통합기능	각 부분 및 하위체제들의 활동을 조정·조절 법원, 경찰서: 갈등해소, 질서유지
Latent Pattern Maintenance 체제유지기능	체제를 유지하고 가치와 규범을 재생산 교육기관, 문화단체

정답 ②

28 ☐☐☐ 0140

비교행정의 한계에 대한 설명으로 옳지 않은 것은?
2016 지방 7급

① 독자적인 연구대상을 획정하기가 어렵다.
② 환경과 행정의 교류적 관계를 경시한 정태적 접근이다.
③ 처방성과 문제해결성을 강조함에 따라 행정의 비과학화를 초래하였다.
④ 행정을 지나치게 과소평가함으로써 행정의 독자성을 무시하고 행정의 종속성을 강조하고 있다.

출제유형 Ⅱ. 이론·제도 **출제영역** 비교행정론
출제빈도 ★★ **난도** 중

정답찾기
③ 비교행정은 생태론적 접근을 통하여 문화횡단면적이고 일반법칙적인 연구를 추구하였고 행정의 과학화에 기여하였다. 하지만 당시 신생국의 저발전을 극복하기 위한 처방성과 문제해결성은 제시하지 못했다.

오답피하기
① 비교할 대상이 필요하므로 독자적인 연구대상을 획정하기가 어렵다.
② 근본적으로 균형이라고 볼 수 있는 구조기능론에 근거를 두고 있으므로 환경과 행정의 교류적 관계를 경시한 정태적 접근이다.
④ 행정을 지나치게 과소평가함으로써 발전이나 근대화의 전망에 대해 비관적으로 바라보았으며, 행정의 독자성을 무시하고 행정의 종속성을 강조하고 있다.

행복노트
비교행정론

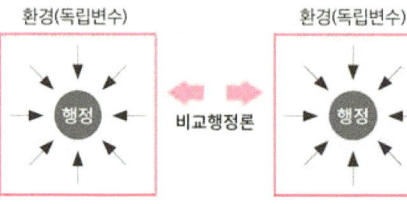

의의	모든 나라의 행정 비교, 적용할 수 있는 이론 일반 법칙적이고 과학적인 이론 미국의 대외원조 정책의 실효성 강화하는 이론
특징	구조기능주의 영향(제도론 ×) 정태적 균형이론 행정의 독립변수적 역할 경시(행정의 능동성 ×) 행정에 영향을 주는 환경요인 분석
공헌 한계	기능주의, 행정의 과학화에 크게 기여 독자적인 연구대상 획정 곤란, 동태적 측면 고려 × 행정 과소 평가, 신생국에 처방적 대안 제시 ×

정답 ③

29

다음의 역사적 배경을 바탕으로 태동한 행정학 연구에 대한 설명으로 옳지 않은 것은?

2022 국가 7급

- 월남전 패배, 흑인 폭동, 소수민족 문제 등 미국사회의 혼란을 해결하지 못하는 학문의 무력함에 대한 반성으로 나타났다.
- 1968년 미국 미노브룩회의에서 왈도의 주도하에 새로운 행정학의 방향모색으로 태동하였다.

① 고객중심의 행정, 시민의 참여, 가치문제 등을 중시했다.
② 행정학의 실천적 성격과 적실성을 회복하기 위한 정책 지향적 행정학을 요구하였다.
③ 행정의 능률성을 강조했으며, 논리실증주의 및 행태주의의 주장을 지지하였다.
④ 소외계층을 위한 복지서비스를 확대해 사회적 형평을 실현해야 한다는 행정의 적극적 역할을 강조했다.

30

신행정학(New Public Administration)의 핵심 내용으로 옳은 것만을 모두 고른 것은?

2017 국가 9급

ㄱ. 효율성 강조
ㄴ. 실증주의적 연구 지향
ㄷ. 적실성 있는 행정학 연구
ㄹ. 고객중심의 행정
ㅁ. 기업식 정부 운영

① ㄱ, ㄴ
② ㄴ, ㄷ
③ ㄷ, ㄹ
④ ㄹ, ㅁ

출제유형 II. 이론·제도　　**출제영역** 신행정학
출제빈도 ★★★　　**난도** 중

[정답찾기]
③ 신행정학은 행정의 형평성을 강조했으며, 논리실증주의 및 행태주의의 주장을 비판하였다.

[오답피하기]
① 신행정학은 고객중심의 행정, 시민의 참여, 가치문제 등을 중시했다.
② 신행정학은 행정학의 실천적 성격과 적실성을 회복하기 위한 정책 지향적 행정학을 요구하였다.
④ 신행정학은 소외계층을 위한 복지서비스를 확대해 사회적 형평을 실현해야 한다는 행정의 적극적 역할을 강조했다.

신행정론

- **의의**
  - 1960년대 말 미국의 국내문제 해결을 위해 등장
  - 행태주의 한계를 지적하며 가치문제와 처방적 연구 강조
  - 정치행정새일원론(Minnowbrook 회의: Waldo)
- **특징**
  - 사회적 적실성, 실천성, 규범적 성격
  - 사회적 형평성 강조, 고객지향성, 분권화와 참여 강조
  - 규범적 성격, 변동의 필요성 강조, 후기(탈)관료제 모형
  - 사회현실연구에 대한 해석학적인 방법 선호
- **공헌 한계**
  - 고객지향적 행정, 민주 행정 강조, 소외계층의 배려
  - 전문행정가능성에 대한 의문, 이상적인 개혁방안 제시

정답 ③

출제유형 II. 이론·제도　　**출제영역** 신행정학
출제빈도 ★★★　　**난도** 중

[정답찾기]
③ 신행정학은 1960년대 말 미국 사회의 격동기 시기에 빈곤, 차별, 소외 등 사회문제를 해결하기 위하여 등장한 이론으로 논리실증주의를 바탕으로 하는 행태론에 대한 반발로 등장하였다. 따라서 신행정학은 적실성과 실천성을 지향하며 가치주의와 정책지향주의를 제창하였다.
ㄷ. 행정학의 적실성과 실천을 강조한다.
ㄹ. 사회문제를 해결하기 위해 소외계층 등 고객중심의 행정을 강조한다.

[오답피하기]
ㄱ. 신행정학의 이념적 가치는 형평성과 정의를 강조한다. 효율성을 강조하는 것은 신공공관리론에 해당한다.
ㄴ. 신행정학은 가치지향적 연구를 지향하였다. 실증주의적 연구를 지향하는 것은 행태론에 해당한다.
ㅁ. 기업식 정부운영은 신공공관리론의 특징이다.

정답 ③

31　　　　　　　　　　　　　　　　0143

신행정학(New Public Administration)의 특징에 해당하는 것만을 모두 고른 것은?
　　　　　　　　　　　　　　　　2015 지방 7급

> ㄱ. 논리실증주의에 대한 지지
> ㄴ. 사회적 형평성의 추구
> ㄷ. 현실 적합성의 추구
> ㄹ. 참여의 강조

① ㄱ, ㄴ　　　　　② ㄴ, ㄷ
③ ㄱ, ㄴ, ㄷ　　　　④ ㄴ, ㄷ, ㄹ

32　　　　　　　　　　　　　　　　0144

신행정학의 특징으로 가장 옳지 않은 것은?
　　　　　　　　　　　　　　　　2015 서울 7급

① 정치행정일원론보다는 정치행정이원론에 가까운 입장이다.
② 행정학 연구에 있어 적실성을 강조한다.
③ 행정의 고객지향성을 강조한다.
④ 분권화와 참여를 강조한다.

출제유형 Ⅱ. 이론·제도　　**출제영역** 신행정학
출제빈도 ★★★　　**난도** 중

정답찾기
ㄴ, ㄷ, ㄹ. 신행정론은 현실적합성 추구, 가치문제의 중시, 사회적 형평성의 가치 중시, 고객중심의 행정, 참여의 강조 등을 특징으로 한다.

오답피하기
ㄱ. 논리실증주의에 대한 지지는 행태론의 특징이다. 신행정학은 행태주의와 논리실증주의에 대한 비판으로부터 시작되었다.

행복노트
신행정론
- 의의
  - 1960년대 말 미국의 국내문제 해결 위해 등장
  - 행태주의 한계 지적하며 가치문제와 처방적 연구 강조
  - 정치행정새일원론(Minnowbrook 회의: Waldo)
- 특징
  - 사회적 적실성, 실천성, 규범적 성격
  - 사회적 형평성 강조, 고객지향성, 분권화와 참여 강조
  - 규범적 성격, 변동의 필요성 강조, 후기(탈)관료제 모형
  - 사회현실연구에 대한 해석학적인 방법 선호
- 공헌 한계
  - 고객지향적 행정, 민주 행정 강조, 소외계층의 배려
  - 전문행정가능성에 대한 의문, 이상적인 개혁방안 제시

정답 ④

출제유형 Ⅱ. 이론·제도　　**출제영역** 신행정학
출제빈도 ★★★　　**난도** 중

정답찾기
① 신행정학은 1970년대 절박한 사회문제를 해결하고 사회적 형평성과 같은 가치주의 실현을 위하여 행정의 사회적 적실성 및 처방성을 중시함으로써 정치행정일원론 입장을 취한다.

오답피하기
② 신행정학은 기존의 행정이론들이 사회문제를 해결하기 위한 제도의 발전을 강조하면서도, 절박한 사회문제 해결에는 현실적 적실성 부족을 드러내며, 외적 환경을 무시한 보수성을 지니고 있다고 비판하면서, 행정학 연구에 있어 적실성을 강조한다.
③ 신행정학은 사회적 형평을 위해 행정이 수행해야할 내용을 봉사의 공평성, 정책의 책임성, 변화지향성, 시민요구에 대한 대응성을 강조하므로 행정의 고객지향성을 강조한다.
④ 신행정학은 변동의 방향은 분권화(권한위임), 평가, 조직발전, 책임성 확대, 대응능력, 고객참여 등의 요소로 구성된 새로운 탈관료제 형태를 지닐 때 가능하다는 입장을 취하므로 분권화와 참여를 강조한다.

정답 ①

33

현상학적 행정연구에 대한 설명으로 옳지 않은 것은?

2017 국가 7급 추가

① 행정현상은 사람들의 의식, 생각, 언어, 개념 등을 통해 구성된 것이다.
② 행정연구에서는 행정활동과 관련된 사람들 사이의 상호작용에 의해 구성된 상호주관적 경험이 중요하다.
③ 행정연구에서 가치와 사실의 구별을 인정하며, 현상을 개체적으로 파악하고자 한다.
④ 기존의 관찰이나 믿음에 영향을 받지 않기 위해 '괄호 안에 묶어두기' 또는 '현상학적 판단정지'가 중요하다.

출제유형 Ⅱ. 이론·제도 **출제영역** 현상학
출제빈도 ★★★ **난도** 상

정답찾기
③ 행정연구에서 가치와 사실의 구별을 인정하며, 현상을 개체적으로 파악하고자 하는 것은 행태론적 접근방법에 해당한다. 현상학적 접근방법은 질적 해석학적 방법을 선호하면서, 행태의 인과관계 논증보다는 인간의 의도된 행위와 행위동기의 의미를 이해하고자 한다.

오답피하기
① 행정현상은 인간행위와 별개 객체로 존재하는 것이 아니라 사람들의 의식, 생각, 언어, 개념 등을 통해 구성된 것이다.
② 행정연구에서는 모든 사회적 실재는 인간행위와 별개 객체로 존재하는 것이 아니라, 인간의 상호주관적 공유의 경험으로 이루어지는 것이기에 행정활동과 관련된 사람들 사이의 상호작용에 의해 구성된 상호주관적 경험이 중요하다.
④ 현상학적 행정연구에서는 개별 행정현상을 이해하여야 한다. 따라서 기존의 관찰이나 믿음에 영향을 받지 않기 위해 '괄호 안에 묶어두기' 또는 '현상학적 판단정지'가 중요하다.

정답 ③

34

현상학적 접근방법의 주요내용으로 적절하지 않은 것은?

2012 국가 7급

① 인간의 의도된 행위와 표출된 행위를 구별하고, 관심 분야는 의도된 행위에 두어야 한다.
② 조직 내외에 있는 인간들은 자신의 행위나 다른 사람들의 행위에 의미를 부여함으로써 조직을 설계한다.
③ 객관적 존재의 서술을 위해서는 현상을 분해하여 분석할 필요가 있다.
④ 조직의 중요성은 겉으로 나타난 구조성에 있는 것이 아니라 그 안에 있는 가치, 의미 및 행동에 있다.

출제유형 Ⅱ. 이론·제도 **출제영역** 현상학
출제빈도 ★★ **난도** 중

정답찾기
③ 객관적 존재의 서술을 위해서는 현상을 분해하여 분석할 필요가 있다는 것은 행태론의 특징이다. 현상학은 실증주의와 행태주의에 대한 반론으로 등장하여 간주관적인 연구방법을 특징으로 한다.

오답피하기
①, ②, ④ 현상학은 모든 사회적 실재는 인간행위와 별개 객체로 존재하는 것이 아니라, 인간의 상호주관적 공유의 경험으로 이루어지는 것이기에 인간의 의도된 행위와 행위동기의 의미를 이해하는 것이 중요하다는 이론이다.

행복노트

현상학

의의	- 인간의 의도된 행위와 그 동기의 중요성 강조 - Kant의 비판철학에 뿌리를 두고 있는 접근법 - 선험적 관념론(경험이 아닌 선천적인 직관 및 사고 중시)
특징	- 행동(Action)의 의미를 중시 - 능동적·사회적 인간관 - 공감을 통한 상호작용 중시 - 인간성 회복을 도모하는 탈물화 인식론
공헌 한계	- 인식의 통합, 인간행위의 이해 - 인간생활에 영향을 주는 제도적 측면 경시

정답 ③

35　0147
공공선택이론에 대한 설명으로 옳지 않은 것은?　2024 지방 9급
① 인간을 이기적이고 합리적인 경제인으로 본다.
② 비시장적 의사결정을 경제학적 관점에서 연구한다.
③ 뷰캐넌(Buchanan), 털럭(Tullock), 오스트롬(Ostrom) 등이 대표적인 학자이다.
④ 경제주체의 집단적 선택행위를 중시하는 방법론적 집단주의 입장이다.

36　0148
공공선택론(Public Choice Theory)에 대한 설명으로 옳은 것은?　2017 국가 7급 추가
① 관할권이 다른 지방정부로 이주하는 것은 개인의 지방정부에 대한 선호 표시와는 관련이 없다.
② 집권적이며 계층제적 구조를 강조하는 정부관료제가 시민의 요구에 민감하게 반응한다고 주장한다.
③ 공공선택론의 대표적인 학자들 중에는 뷰캐넌(Buchanan), 오스트롬(Ostrom), 니스카넨(Niskanen)이 있다.
④ 개인이 아닌 공공조직을 분석의 기초단위로 채택함으로써 방법론적 개체주의에 반대한다.

출제유형 Ⅱ. 이론·제도 **출제영역** 공공선택론
출제빈도 ★★ **난도** 중

정답찾기
④ 공공선택론은 경제주체의 개인적 선택행위를 중시하는 방법론적 개체주의 입장이다

오답피하기
① 인간을 이기적이고 합리적인 경제인으로 본다.
② 비시장적 의사결정을 경제학적 관점에서 연구한다.
③ 뷰캐넌(Buchanan), 털럭(Tullock), 오스트롬(Ostrom) 등이 대표적인 학자이다.

행복노트
공공선택론
- 의의
  - 정부실패의 원인과 극복하기 위한 방안 제시
  - 정치경제학적 접근: 비시장적 의사결정의 경제학적 연구
- 특징
  - 정부를 공급자(생산자)로, 시민을 소비자로 규정
  - 고객중심주의, 경쟁, 권한 분산, 대안적 서비스 전달과 같은 시장화(시장경제화)를 처방책으로 제시
  - 시민의 요구에 반응하는 제도마련으로 민주행정 구현

정답 ④

출제유형 Ⅱ. 이론·제도 **출제영역** 공공선택론
출제빈도 ★★ **난도** 중

정답찾기
③ 공공선택론의 대표적인 학자들 중에는 뷰캐넌(Buchanan), 오스트롬(Ostrom), 니스카넨(Niskanen)이 있다. 뷰캐넌(Buchanan)과 털럭(Tullock)은 비용극소화모형, 오스트롬(Ostrom)은 민주행정 패러다임, 니스카넨(Niskanen)은 관료예산극대화가설을 제시하였다.

오답피하기
① 관할권이 다른 지방정부로 이주하는 것은 개인의 선호의 이동으로 볼 수 있다. 특히 공공선택론 이론 중 티부가설은 다수의 지방정부가 다양한 정책을 제시하고 주민들의 선호가 지방 간 이동을 통해 나타나게 함으로써 지방공공재 공급의 적정규모가 결정될 수 있다고 본다.
② 공공선택론은 분권형의 탈계층제가 시민의 요구에 민감하게 반응할 수 있다고 주장하면서 정부관료제는 공공서비스를 독점 공급하고, 소비자의 선택을 억압하며, 시민의 요구에 민감한 반응을 보일 수 없는 제도적 장치라는 비판하였다.
④ 공공선택론은 인간은 합리적 경제인이며 개인을 분석단위로 삼는 미시적, 연역적이고 방법론적 개체주의 입장을 지향한다.

정답 ③

37　0149

다음과 같은 비판이 제기되고 있는 행정학의 접근방법은?

2017 지방 7급

- 인간은 경제적 이해관계로만 움직이지 않는다.
- 정부활동의 성과를 지나치게 시장적 가치로 환원하려는 경향이 있다.

① 생태론적 접근방법
② 현상학적 접근방법
③ 공공선택론적 접근방법
④ 체제론적 접근방법

출제유형　　　　**출제영역**

출제빈도 ★★　　　난도　하

정답찾기

③ 공공선택론은 인간을 합리적 경제인관에 입각하고 있으며, 비시장적 의사결정분야를 경제학적 접근방법으로 한 연구방법이다. 따라서 인간은 경제적 이해관계로만 움직이지 않고, 정부활동의 성과를 지나치게 시장적 가치로 환원하려는 경향이 있다고 비판받는 것은 공공선택론에 해당한다.

오답피하기

공공선택론

- 의의
  - 정부실패의 원인과 극복하기 위한 방안 제시
  - 정치경제학적 접근: 비시장적 의사결정의 경제학적 연구
- 특징
  - 정부를 공급자(생산자)로, 시민을 소비자로 규정
  - 고객중심주의, 경쟁, 권한 분산, 대안적 서비스 전달과 같은 시장화(시장경제화)를 처방책으로 제시
  - 시민의 요구에 반응하는 제도마련으로 민주행정 구현

정답 ③

38　0150

공공선택론에 대한 설명으로 옳지 않은 것은?

2016 지방 9급

① 공공선택론은 역사적으로 누적 및 형성된 개인의 기득권을 타파하기 위한 접근이다.
② 공공선택론은 공공재의 공급에서 경제학적인 분석도구를 적용한다.
③ 공공선택론에서는 공공서비스를 독점 공급하는 전통적인 정부관료제가 시민의 요구에 민감하게 대응할 수 없는 장치라고 본다.
④ 공공선택론은 공공서비스의 효율적 공급을 위해서 분권화된 조직 장치가 필요하다는 입장이다.

출제유형 Ⅱ. 이론·제도　　**출제영역** 공공선택론

출제빈도 ★★　　　난도　중

정답찾기

① 공공선택론은 공공부문에 시장경제학적 논리를 적용하려는 이론이다. 하지만 경쟁시장, 자유시장의 논리는 그 자체가 현상 유지와 균형이론에 집착하는 것으로 비판을 받아왔다. 그래서 공공선택론은 정부혁신을 주장하는 보수적 이론이 되어 역사적으로 누적 및 형성된 개인의 기득권을 타파하는 데에 한계를 지닌다.

오답피하기

② 공공선택론은 정부를 공공재의 공급주체로, 시민은 공공재의 소비자로 규정하면서, 민간의 적자생존 논리를 공공부문에 적용하여 시민의 편익을 극대화할 수 있는 서비스의 공급은 공공부문의 시장경제화를 통해 가능하다는 경제학적인 분석도구를 적용한다.
③ 공공선택론에서는 민간재는 개인적 선택의 거래를 하게 되지만, 공공재는 시장 메커니즘을 통해서는 원활히 거래가 될 수 없는 시장실패의 재화이므로 공공서비스를 독점 공급하는 전통적인 정부관료제가 시민의 요구에 민감하게 대응할 수 없는 장치라고 본다.
④ 공공선택론은 공공서비스의 효율적 공급을 위해서 분권화된 조직 장치가 필요하다는 입장이다.

정답 ①

39 0151

공공선택론에 대한 비판적 시각으로 가장 적절하지 않은 것은?

2016 서울 7급

① 행정은 가치중립적인 것이며 정치의 영역 밖에 있다고 가정하는데, 이는 현실적합성이 매우 떨어진다.
② 시민과 기업의 참여를 통한 서비스의 공동 공급을 주장하지만, 이는 실현 불가능한 이상향에 가깝다.
③ 현실 세계가 효용극대화를 추구하고 있으며 합리적인 개인들로 구성되어 있다고 가정하는데, 이는 현실적이지 못하다.
④ 자유경쟁시장의 논리를 공공부문에 도입하고자 하는데, 그 논리 자체가 현상유지와 균형이론에 집착하는 것이며 시장실패라는 고유한 한계 또한 가지고 있다.

출제유형 Ⅱ. 이론·제도 **출제영역** 공공선택론
출제빈도 ★★ **난도** 중

정답찾기
② 시민과 기업의 참여를 통한 서비스의 공동 공급을 주장하는 것은 뉴거버넌스의 특징이다. 공공선택론은 정부는 공공서비스의 생산자이고 시민은 소비자라는 시각의 이론이기 때문에 공동 공급을 주장하지 않았다.

오답피하기
①, ③, ④는 공공선택론에 대한 비판적 시각이다.

정답 ②

40 0152

니스카넨(Niskanen)의 예산극대화이론과 던리비(Dunleavy)의 관청형성이론에 대한 설명으로 옳지 않은 것은?

2020 국가 7급

① 니스카넨(Niskanen)에 따르면 최적의 서비스 공급 수준은 한계편익(Marginal Benefit)과 한계비용(Marginal Cost)이 일치하는 수준에서 결정된다.
② 두 이론 모두 관료를 자신의 이익과 효용을 추구하는 인간으로 가정한다.
③ 던리비(Dunleavy)에 따르면 관청형성의 전략 중 하나는 내부 조직 개편을 통해 정책결정 기능과 수준을 강화하되 일상적이고 번잡스러운 업무는 분리하고 이전하는 것이다.
④ 니스카넨(Niskanen)에 따르면 예산극대화 행동은 예산유형과 직위의 관계, 기관유형, 시대적 상황 등의 측면에서 다양하게 나타날 수 있다.

출제유형 Ⅱ. 이론·제도 **출제영역** 공공선택론
출제빈도 ★★ **난도** 중

정답찾기
④ 던리비(Dunleavy)의 관청형성모형에 따르면 예산극대화 행동은 예산유형과 직위의 관계, 기관유형, 시대적 상황 등의 측면에서 다양하게 나타날 수 있다.

오답피하기
① 니스카넨(Niskanen)에 따르면 최적의 서비스 공급 수준은 한계편익(Marginal Benefit)과 한계비용(Marginal Cost)이 일치하는 수준에서 결정된다. 그러나 관료들은 자신들의 효용을 극대화시키기 위해 총비용과 총편익이 일치하는 수준까지 서비스 공급 수준을 늘리려고 한다.
② 니스카넨(Niskanen)의 예산극대화이론과 던리비의 관청형성이론은 관료를 자신의 이익과 효용을 추구하는 인간으로 가정한다.
③ 던리비(Dunleavy)에 따르면 관청형성의 전략 중 하나는 내부 조직 개편을 통해 정책결정 기능과 수준을 강화하되 일상적이고 번잡스러운 업무는 분리하고 지방정부나 준정부기관에 이전하는 것이다.

행복노트

니스카넨(Niskanen)의 예산극대화모형

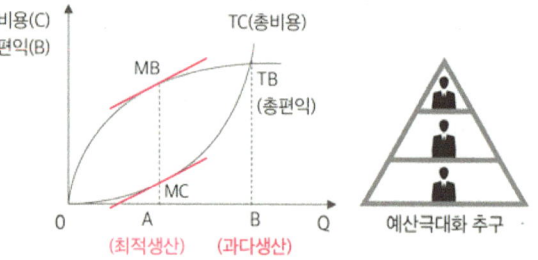

- 정치가(A 선택): 한계비용 = 한계편익, 사회후생의 극대화
- 관료(B 선택): 총비용 = 총편익, 개인후생의 극대화

정답 ④

41
던리비(Dunleavy)의 관청형성모형에 대한 설명으로 가장 옳은 것은? 2018 지방 9급

① 고위 관료의 선호에 맞지 않는 기능을 민영화나 위탁계약을 통해 지방정부나 준정부기관으로 넘긴다.
② 합리적인 고위직 관료들은 소속기관의 예산극대화를 추구한다.
③ 중하위직 관료는 주로 관청예산의 증대로 이득을 얻는다.
④ 관료들이 정책결정을 할 때 사적이익보다는 공적이익을 우선시한다.

42
티부(Tiebout)모형의 전제조건으로 옳지 않은 것은? 2022 지방 9급

① 시민의 이동성
② 외부효과의 배제
③ 고정적 생산요소의 부존재
④ 지방정부 재정패키지에 대한 완전한 정보

출제유형 II. 이론·제도 **출제영역** 공공선택론
출제빈도 ★★ **난도** 중

정답찾기
① 던리비(Dunleavy)가 주장하는 합리적 관료들은 정책결정 기능과 수준을 강화하되 일상적이고 번잡스러운 업무는 고위관료의 선호에 맞지 않으므로 준정부기관이나 책임운영기관 등 다양한 정부조직을 형성하여 떠넘기는 경향이 있다.

오답피하기
② 정책수준의 고위관료는 예산극대화 전략보다는 관청형성 전략을 통한 효용증대에 노력을 기울인다.
③ 중하위직 관료는 주로 핵심예산의 증대로 이익을 얻으며, 관청예산의 증대로 이익을 얻는 건 이전기관이다.
④ 던리비(Dunleavy)의 관청형성모형은 관료들이 정책결정을 할 때 사적이익을 우선시한다고 가정한다.

행복노트
관청형성모형(Dunleavy)

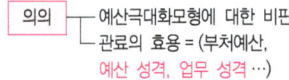

- **의의**
  - 예산극대화모형에 대한 비판
  - 관료의 효용 = (부처예산, 예산 성격, 업무 성격 …)

- **특징**
  - 고위 관료는 관청형성을 통한 효용증대 주력
  - 결정기능이나 권력 중심 기능만 수행하려는 경향
  - 외부계약을 통해 다양한 정부조직 형성
  - 계선보다는 참모 중시(자율성 ↑, 책임성 ↓)
  - 통제기관은 예산극대화 ×

- **한계**
  - 정부팽창의 은폐수단 or 책임회피수단
  - 행정통제력 약화 가능성

정답 ①

출제유형 II. 이론·제도 **출제영역** 티부가설
출제빈도 ★★★ **난도** 중

정답찾기
③ 모든 지방정부는 최소한 한 가지 이상의 고정적인 생산요소를 가지며 이러한 제약으로 인하여 각 지방정부는 최적규모를 추구하게 된다고 가정한다.

오답피하기
① 시민의 완전한 이동성은 티부모형의 전제조건에 해당한다.
② 외부효과의 배제는 티부모형의 전제조건에 해당한다.
④ 지방정부 재정패키지에 대한 완전한 정보 즉 세입세출구조에 대한 완전한 정보는 티부모형의 전제조건에 해당한다.

행복노트
티부가설

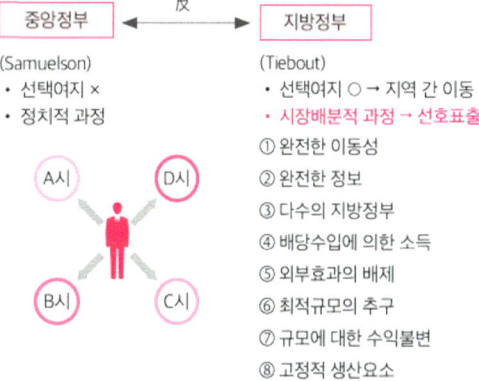

중앙정부 ↔ 反 ↔ 지방정부
(Samuelson) (Tiebout)
- 선택여지 × · 선택여지 ○ → 지역 간 이동
- 정치적 과정 · 시장배분적 과정 → 선호표출

① 완전한 이동성
② 완전한 정보
③ 다수의 지방정부
④ 배당수입에 의한 소득
⑤ 외부효과의 배제
⑥ 최적규모의 추구
⑦ 규모에 대한 수익불변
⑧ 고정적 생산요소

정답 ③

43 ☐☐☐ 0155

티부가설(Tiebout Hypothesis)의 가정이 아닌 것은? 2019 국가 7급

① 다수의 이질적인 지방정부가 존재한다.
② 주민들은 지방정부가 제공하는 서비스의 정보를 완전히 알고 있다.
③ 지방공공재는 외부효과가 존재한다.
④ 개인들은 자유롭게 다른 지역으로 이주할 수 있다.

출제유형 Ⅱ. 이론·제도　**출제영역** 티부가설
출제빈도 ★★★　　　　　난도　중

정답찾기
③ 특정 지방정부가 공급하는 서비스는 순전히 그 지방정부에 한정되며, 다른 지역으로 확산되지 않아야 한다고 전제하므로 외부효과가 존재하지 않는다고 가정한다.

오답피하기
① 티부가설(Tiebout Hypothesis)은 주민들이 선택할 수 있는 다수의 이질적인 자치정부가 존재한다고 가정한다.
② 티부가설(Tiebout Hypothesis)은 주민들이 지방정부가 제공하는 서비스의 정보를 완전히 알고 있다고 가정한다.
④ 티부가설(Tiebout Hypothesis)은 모든 시민들이 자유롭게 자신의 선호에 맞는 지방정부로 이동할 수 있다고 가정한다.

정답 ③

44 ☐☐☐ 0156

티부(Tiebout)모형의 가정(Assumptions)으로 옳지 않은 것은?
2016 국가 9급

① 충분히 많은 수의 지방정부가 존재한다.
② 공급되는 공공서비스는 지방정부 간에 파급효과 및 외부효과를 발생시킨다.
③ 주민들은 언제나 자유롭게 이동할 수 있다.
④ 주민들은 지방정부들의 세입과 지출 패턴에 관하여 완전히 알고 있다.

출제유형 Ⅱ. 이론·제도　**출제영역** 티부가설
출제빈도 ★★★　　　　　난도　중

정답찾기
② 공급되는 공공서비스는 다른 지방정부에게도 영향을 미치는 파급효과와 외부효과가 발생하게 되면 이동의 유인효과가 없어지기 때문에 지방정부 간에 파급효과 및 외부효과는 발생하지 않는다고 가정한다.

오답피하기
① 다수의 지방정부는 티부(Tiebout)모형의 가정에 해당한다.
③ 주민의 자유로운 이동은 티부(Tiebout)모형의 가정에 해당한다.
④ 세입세출에 관한 완전한 정보는 티부(Tiebout)모형의 가정에 해당한다.

정답 ②

45　0157

분권화된 지방정부에서 발에 의한 투표(Vote by Feet)가 가능해지기 위한 전제조건들에 대한 설명으로 가장 옳지 않은 것은?

2019 서울 7급

① 지방정부의 시민들은 그들의 선호체계에 가장 적합한 지역으로 이동하는 것이 가능하다.
② 시민들이 지방정부들의 세입 세출 형태에 관해 완전한 정보를 가지고 있어야 한다.
③ 시민들이 배당수입에 의존하여 생활해야 한다.
④ 공급되는 공공재도 외부비용과 외부효과 문제를 가지고 있을 수 있다.

출제유형 Ⅱ. 이론·제도　**출제영역** 티부가설
출제빈도 ★★★　난도 중

정답찾기
④ 특정 지방정부가 공급하는 서비스는 순전히 그 지방정부에 한정되며, 다른 지역으로 확산되지 않아야 한다고 전제하므로 외부효과가 존재하지 않는다고 가정한다.

오답피하기
①, ②, ③은 티부가설의 가정들이다.

정답 ④

46　0158

신제도주의에 대한 설명으로 옳지 않은 것은?

2021 지방 9급

① 제도는 법률, 규범, 관습 등을 포함한다.
② 역사적 제도주의는 제도가 경로의존성을 따른다고 본다.
③ 사회학적 제도주의는 적절성의 논리보다 결과성의 논리를 중시한다.
④ 합리적 선택 제도주의는 제도가 합리적 행위자의 이기적 행태를 제약한다고 본다.

출제유형 Ⅱ. 이론·제도　**출제영역** 신제도주의
출제빈도 ★★★　난도 중

정답찾기
③ 사회학적 제도주의는 사회적으로 정당성을 획득한 제도의 동형화를 강조하므로 결과성의 논리보다는 적절성의 논리를 강조한다.

오답피하기
① 신제도주의에서는 제도는 법률, 규범, 관습 등을 포함한다고 본다.
② 역사적 제도주의는 제도가 경로의존성을 따른다고 본다.
④ 합리적 선택 제도주의는 행위자가 제도를 창출하지만, 제도는 행위자를 제약하며, 행위자들과 그들 간에 설정된 제도적 망이 구조를 형성하게 된다고 보았다.

행복노트
역사적 vs 사회학적 vs 합리적 선택

구분	역사적 제도주의	사회학적 제도주의	합리적 선택
제도 개념	역사적 맥락 경로의존성	사회문화 상징체계	개인의 합리적 계산
선호	내생적 선호	내생적 선호	외생적 선호
제도	진화의 산물	주어진 것	만드는 것
제도 범위	거시적 (국가, 정치체제)	거시적 (사회문화, 상징)	미시적 (개인선택, 거래)
분석	국가	사회	개인
변동	외부충격 권력의 불균형	동형화의 진행과 정당성 획득	비용편익 비교 개인의 전략선택
방법	사례연구, 비교연구, 귀납적 접근, 방법론적 총체주의	경험적, 해석학, 귀납적 접근, 방법론적 총체주의	미시적 접근, 연역적 접근, 방법론적 개체주의

정답 ③

47 ☐☐☐ 0159

신제도주의에 대한 다음 설명 중 가장 옳지 않은 것은?

2015 서울 9급

① 신제도주의는 행태주의에서 규명하고자 했던 개인의 선호체계와 행위결과 간의 직선적 인과관계에 의문을 제기한다.
② 합리적 선택 신제도주의 계열에는 거래비용 경제학, 공공선택이론, 공유재이론 등이 있다.
③ 사회학적 신제도주의는 경제적 효율성이 아니라 사회적 정당성 때문에 새로운 제도적 관행이 채택된다고 주장한다.
④ 역사적 신제도주의는 경로의존적인 사회적 인과관계를 강조하므로 특정 제도가 급격한 변화에 의해 중단될 수 있는 가능성을 부정한다.

48 ☐☐☐ 0160

역사적 신제도주의의 특징으로 옳지 않은 것은?

2015 지방 9급

① 행정기관, 의회, 대통령, 법원 등 유형적인 개별 정치제도가 주된 연구대상이다.
② 제도를 이해하는 데 있어 역사적·사회적 맥락의 중요성을 강조한다.
③ 제도가 형성되면 안정성과 경로의존성을 갖는다고 본다.
④ 제도란 공식적 법규범뿐만 아니라 비공식적 절차, 관례, 관습 등을 포함한다.

출제유형 Ⅱ. 이론·제도 　 **출제영역** 신제도주의
출제빈도 ★★★ 　 **난도** 상

[정답찾기]
④ 역사적 신제도주의 연구는 역사적 변화와 제도의 변화가 일어나기 힘든 제도의 지속성과 경로의존성에 입각하고 있기 때문에 일단 제도가 형성되면 상당기간 안정성을 유지하게 되는 경향이 있지만, 역사적 사건들의 흐름이 중요한 분기점으로 작용하게 될 때 변화 가능성을 인정하므로 특정 제도가 급격한 변화에 의해 중단될 수 있는 가능성을 인정한다.

[오답피하기]
① 신제도주의는 행태주의에서 규명하고자 했던 개인의 선호체계와 행위결과 간의 직선적 인과관계가 시대별 정책적 차이나 다양성을 설명하지 못하는 한계를 가지고 있다는 점을 주목하였다.

정답 ④

출제유형 Ⅱ. 이론·제도 　 **출제영역** 신제도주의
출제빈도 ★★★ 　 **난도** 상

[정답찾기]
① 역사적 신제도주의에서는 행정기관, 의회, 대통령, 법원 등 유형적인 개별 정치제도를 주된 연구대상으로 삼는 것이 아니라 왜 동일한 상황인데도 국가 간에 서로 다른 정책을 채택하고 정책효과가 다르게 나타나는지에 대한 설명변수로서 역사적으로 형성된 각국의 제도에 주목한다.

[오답피하기]
② 역사적 신제도주의에서는 개인의 행위는 제도적 맥락 속에서 형성되고 제약을 받게 되므로 개인의 선호와 그에 따른 의사결정은 제도의 산물로 간주하고, 행위를 형성하고 제약하는 맥락이 형성되는 역사적 과정을 중심으로 분석한다.
③ 역사적 신제도주의에서는 제도 변화는 역사적 사건들의 흐름이 중요한 분기점으로 작용할 때 변화한다는 입장을 취함으로써, 일단 제도가 형성되면 상당기간 안정성과 경로의존성을 유지하게 된다고 본다.
④ 신제도주의에서는 제도에 비공식적·무형적 제도까지 포함한다.

행복노트

구제도주의 vs 신제도주의

구 분	구제도주의	신제도주의
제도 개념	공식적·가시적 제도 (법령·통치체제·행정기관)	공식적·가시적 + 비공식적·무형적 제도
제도 형성	외생적 요인 일방적 결정	제도, 행위자 간 상호작용
접근 방법	거시적 접근 (인간 불고려)	거시와 미시의 연계
연구 범위	인간행위 현상 포함 ×	인간행위 현상 포함
제도 특성	공식적, 정태적, 구체적, 규범적, 보편적, 유형적	비공식적, 동태적, 상징적, 문화적, 무형적
정부 역할	적극적 역할	소극적 역할
제도 접근	시장과 계층제의 이분법적	다학문적 접근

정답 ①

49

사회학적 신제도주의에 대한 설명으로 옳지 않은 것은? 2021 지방 7급

① 개인의 행위는 고립된 상태에서 선택되는 것이 아니라 사회관계에 의하여 영향을 받는다는 의미에서 '배태성(Embeddedness)'이라는 개념을 사용한다.
② 조직들이 시장의 압력 속에서 생존하기 위해 경쟁력 있는 조직형태나 조직관리기법을 합리적으로 선택하는 것은 규범적 동형화(Normative Isomorphism)의 예이다.
③ 정부의 규제정책에 따라 기업들이 오염방지장치를 도입하거나 장애인 고용을 확대하는 것은 강압적 동형화(Coerciveisomorphism)의 예이다.
④ 정부의 제도개혁에 선진국의 제도를 도입하여 적용하는 것은 모방적 동형화(Mimetic Isomorphism)의 예이다.

출제유형 Ⅱ. 이론·제도 **출제영역** 신제도주의
출제빈도 ★★★ **난도** 상

[정답찾기]
② 조직들이 시장의 압력 속에서 생존하기 위해 경쟁력 있는 조직형태나 조직관리기법을 합리적으로 선택하는 것은 합리적 선택 제도주의에 해당한다. 규범적 동형화란 전문가직업사회에서 전문가집단의 직업적 자율성을 얻기 위한 전문화 과정을 통한 동형화를 말한다

[오답피하기]
① 배태성이란 개인의 행위가 고립된 상태에서 선택되는 것이 아니라, 사회적 관계에 의해 영향을 받는다는 것이다.
③ 강제적 동형화란 어떤 조직이 의존하고 있는 다른 조직으로부터 공식적·비공식 압력이 있거나 혹은 조직에 대한 사회의 문화적 기대라는 압력에 의해 조직 형태가 수렴되어 가는 과정을 뜻하므로 정부의 규제정책에 따라 기업들이 오염방지장치를 도입하거나 장애인 고용을 확대하는 것은 강압적 동형화에 해당한다.
④ 모방적 동형화란 정당성을 인정받고 있거나 성공적이라고 평가받는 조직을 모방해가는 과정의 결과 조직 형태가 유사해지는 것을 뜻하므로 정부의 제도개혁에 선진국의 제도를 도입하여 적용하는 것은 모방적 동형화에 해당한다.

[행복노트]
역사적 vs 사회학적 vs 합리적 선택

구분	역사적 제도주의	사회학적 제도주의	합리적 선택
제도 개념	역사적 맥락 경로의존성	사회문화 상징체계	개인의 합리적 계산
선호	내생적 선호	내생적 선호	외생적 선호
제도	진화의 산물	주어진 것	만드는 것
제도 범위	거시적 (국가, 정치체제)	거시적 (사회문화, 상징)	미시적 (개인선택, 거래)
분석	국가	사회	개인
변동	외부충격 권력의 불균형	동형화의 진행과 정당성 획득	비용편익 비교 개인의 전략선택
방법	사례연구, 비교연구, 귀납적 접근, 방법론적 총체주의	경험적, 해석학, 귀납적 접근, 방법론적 총체주의	미시적 접근, 연역적 접근, 방법론적 개체주의

정답 ②

50

신제도주의 이론에 대한 설명으로 옳지 않은 것은?
2013 지방 7급

① 신제도주의는 원자화된 개인이 아니라 제도라는 맥락 속에서 전개되는 개인 행위에 초점을 맞춘다.
② 신제도주의에서 제도는 독립변수일 수도 있고 종속변수일 수도 있다.
③ 합리적 선택 신제도주의에 의하면 행위자의 선호는 개인들 간 상호작용을 통해 형성된다.
④ 역사적 신제도주의는 전체주의(Holism) 입장을 취하며 주로 중범위 수준에서 분석을 수행한다.

출제유형 Ⅱ. 이론·제도 **출제영역** 신제도주의
출제빈도 ★★★ **난도** 중

[정답찾기]
③ 합리적 선택의 제도 연구에서는 행위자의 선호가 개인 간 상호작용이 아니라 선호 자체는 사회적 제약을 받지 않는 외생적인 것으로 보았다.

[오답피하기]
① 신제도주의는 행태주의와 원자적 설명 방식의 한계를 지적하면서 제도가 성과에 영향을 미치는 가장 중요한 요인임을 강조하는 접근방법이므로 원자화된 개인이 아니라 제도라는 맥락 속에서 전개되는 개인 행위에 초점을 맞춘다.
② 신제도주의에서 제도와 행위자 간에 상호작용이 이루어 질 수 있으므로 제도는 독립변수일 수도 있고 종속변수일 수도 있다.
④ 역사적 신제도주의는 방법론적 전체주의에 입각하여, 중간 수준의 제도적 변수에 초점을 둠으로써 여러 국가들 간의 규칙성을 강조하는 거시이론과 특정 국가의 개별 사례들에 관한 미시적 이론 사이의 교량적 역할을 하는 중범위이론 수준에서 분석을 지향한다.

정답 ③

51 0163

신제도주의에 대한 설명으로 옳은 것만을 모두 고른 것은?

2013 지방 9급

> ㄱ. 합리적 선택 신제도주의가 형성되는 데 거래비용접근법이 많은 영향을 미쳤다.
> ㄴ. 사회학적 신제도주의는 문화가 제도의 형성에 미치는 영향을 간과한다.
> ㄷ. 역사적 신제도주의는 행위자 간의 상호작용을 제약하는 제도의 영향력과 제도적 맥락을 강조한다.

① ㄱ, ㄴ
② ㄱ, ㄷ
③ ㄴ, ㄷ
④ ㄱ, ㄴ, ㄷ

52 0164

행정학의 접근방법 중 신제도주의에 대한 설명으로 옳지 않은 것은?

2012 지방 7급

① 제도가 수행하는 기능, 제도와 개인형태 사이의 관계, 제도의 성립과 변화를 설명한다.
② 행태주의에 대한 반발표시로 등장 하였다.
③ 법과 공식적인 제도에 대한 정태적 서술에 초점을 두고 있다.
④ 역사적 제도주의는 정치행위자를 합리적 극대화론자라기보다는 규칙을 준수하는 만족화주의자(Satisficer)로 본다.

출제유형 Ⅱ. 이론·제도 **출제영역** 신제도주의
출제빈도 ★★★ **난도** 중

정답찾기

ㄱ. 합리적 선택 신제도주의가 행위자가 제도를 창출하지만, 제도는 행위자를 제약하며, 행위자들과 그들 간에 설정된 제도적 망이 구조를 형성하게 된다고 보았다. 공공선택이론, 주인대리인이론, 거래비용이론, 공유재이론이 포함된다.
ㄷ. 역사적 신제도주의는 미시적 행태론의 한계를 극복하고 개인과 집단행위를 제약하고 있는 거시적 구조에 초점을 맞추어 사회현상을 설명할 수 있게 하므로 행위자 간의 상호작용을 제약하는 제도의 영향력과 제도적 맥락을 강조한다.

오답피하기

ㄴ. 사회학적 신제도주의는 문화가 제도의 형성에 미치는 영향을 중시한다.

정답 ②

출제유형 Ⅱ. 이론·제도 **출제영역** 신제도주의
출제빈도 ★★★ **난도** 중

정답찾기

③ 법과 공식적인 제도에 대한 정태적 서술에 초점을 두는 접근방법은 전통적인 구제도주의적 접근이다. 신제도주의는 인간행태에 영향을 미치는 합리적 선택의 규칙, 역사적 관행, 사회적 상징 및 문화를 중심으로 분석하는 연구로서 비공식적·무형적 제도까지 포함한다.

오답피하기

① 신제도주의자들은 제도를 '인간의 행위현상에 영향을 미치는 일단의 규칙'으로 인식하면서 제도가 수행하는 기능, 제도와 개인형태 사이의 관계, 제도의 성립과 변화를 설명한다.
② 신제도주의는 행태주의에서 규명하고자 했던 개인의 선호체계와 행위결과 간의 직선적 인과관계가 시대별 정책적 차이나 다양성을 설명하지 못하는 한계를 가지고 있다는 점을 비판한다.
④ 역사적 제도주의는 정치행위자를 제도가 행위를 결정하는 것이 아니라 단지 행위자의 선택을 제약하는 맥락으로서 역할을 한다는 점에서 제도와 행위 간의 정확한 인과관계를 제시하지 못하는 합리적 극대화론자라기보다는 규칙을 준수하는 만족화주의자(Satisficer)로 본다.

정답 ③

53　　　　　　　　　　　　　　　　　　0165

주인 – 대리인이론(Principal-Agent theory)에 대한 설명으로 가장 옳지 않은 것은?　　　　　　　　　　　2017 서울 7급

① 주인(Principal)과 대리인(Agent) 모두를 자신의 효용을 극대화시키는 합리적인 인간으로 가정하며 주인이 대리인보다 전문적인 지식이 부족하다고 간주한다.
② 주인이 대리인을 통제하고 감시하는 데 발생하는 비용을 거래비용(Transaction Cost)이라고 한다.
③ 대리인에 의한 도덕적 해이(Moral Hazard)는 대리인에게 지급한 성과급이 거래비용보다 클 때 나타난다.
④ 주인과 대리인 간의 정보의 비대칭(Information Asymmetry)으로 인하여 역선택(Adverse Selection)이 발생한다.

54　　　　　　　　　　　　　　　　　　0166

다음 상황과 관련 있는 이론은?　　　　　　2020 국가 7급

- A 보험회사는 보험 가입 대상자의 건강 상태 및 사고 확률에 대한 특수정보를 가지고 있지 않다.
- A 보험회사는 질병 확률 및 사고 확률이 높은 B를 보험에 가입시켜 회사의 보험재정이 악화되었다.

① 카오스이론　　　　② 상황조건적합이론
③ 자원의존이론　　　④ 대리인이론

출제유형 Ⅱ. 이론·제도　　**출제영역** 신제도주의
출제빈도 ★★★　　난도 중

정답찾기
③ 대리인이론에서 주인과 대리인은 계약을 맺게 되는데 이때 주인이 대리인에게 지급한 성과급이 거래비용보다 클 경우 도덕적 해이는 나타나지 않는다. 따라서 거래비용보다 많은 충분한 인센티브를 대리인에게 지급할 경우 도덕적 해이현상을 방지할 수 있다.

오답피하기
주인 – 대리인 이론

정보의 비대칭성(주인 < 대리인) 대리손실
대리손실의 최소화: 정보 균형화, 감시통제, 인센티브, 복수 대리인 선정 등

정답 ③

출제유형 Ⅱ. 이론·제도　　**출제영역** 신제도주의
출제빈도 ★★★　　난도 중

정답찾기
④ 주인 – 대리인이론은 불완전한 정보로 인한 역선택과 도덕적 해이 상황을 설명한다. A 보험회사는 보험가입 대상자의 건강 상태 및 사고 확률에 대한 특수정보를 가지고 있지 못하는 정보의 부족으로 인해 질병 확률 및 사고 확률이 높은 B를 보험에 가입시키는 역선택을 하게 된 것이다. 따라서 위의 상황은 대리인이론에 해당한다.

오답피하기
① 카오스이론은 혼돈 상태(Chaos)를 연구하여 폭넓고 장기적인 변동의 경로와 양태를 찾아보려는 이론이다.
② 상황조건적합이론은 환경, 기술 규모와 같은 상황변수에 적합하게 조직구조, 관리체계, 관리과정과 같은 조직특성변수가 설계되어야 조직의 효과성이 높아질 수 있다고 보는 이론이다.
③ 자원의존이론은 조직은 자원으로부터 자유로울수 없고 조직이 필요로 하는 자원들을 얻기 위해 조직 외부의 많은 다양한 조직들과 거래관계를 형성한다고 보는 이론으로서, 조직의 안정과 생존을 위한 조직의 주도적·능동적 행동을 중시하는 이론이다.

정답 ④

55 0167
신공공관리론(NPM)에 대한 비판적 논의에 해당하지 않는 것은?
2018 국가 9급

① 공공부문은 민간부문과 다르기 때문에 민간부문의 관리 기법을 공공부문에 그대로 적용하는 데에는 한계가 있다.
② 민주적 책임성과 기업가적 재량권 간의 갈등으로 인하여 정부관료제의 효율성을 제고하기 어렵다.
③ 고객 중심 논리는 국민을 관료주도의 행정서비스 제공에 의존하는 수동적 존재로 전락시킬 우려가 있다.
④ 정치적 논리를 우선하여 내부관리적 효율성을 경시하는 경향이 있다.

56 0168
신공공관리론(New Public Management)에 대한 비판으로 가장 옳지 않은 것은?
2018 서울 2회 7급

① 유인기제가 지나치게 다양하여 공공부문 성과관리에 어려움을 초래하고 있다.
② 민영화에 따른 정부 역할의 약화로 인해 행정의 책임성 문제가 발생될 수 있다.
③ 국민은 단지 소비자인 고객이 아니라 정부 정책에 적극적으로 참여하는 존재이다.
④ 정부와 기업 간의 근본적인 환경 차이를 무시하고 정부 부문에 시장기제를 적용하고 있다.

출제유형 Ⅱ. 이론·제도 **출제영역** 신공공관리론
출제빈도 ★★★ **난도** 중

정답찾기
④ 신공공관리론(NPM)은 정부실패를 해결하기 위하여 시장 논리를 공공부문에 도입하여 내부관리의 효율성과 성과를 제고시키려는 기법이다. 그러므로 행정의 정치적 성격을 경시하는 경향이 있다.

오답피하기
신공공관리론(NPM)
- 정부실패를 극복하기 위한 정부개혁론(1980's)
- 신보수주의, 신자유주의 바탕
- 시장주의 → 작은정부
- 신관리주의 → 기업가적 정부(성과중시)
- 행정 → 경영·관리
- 생산성(효율성) 강조

한계
- 민간부문 관리기법 적용의 한계: 공공부문 ≠ 민간부문
- 정부관료제 효율성 저하: 민주적 책임성 vs 기업가적 재량권
- 국민을 고객으로 전락: 주체가 아닌 객체로서의 고객
- 정책 조정 능력 약화: 방향잡기에만 주력
- 사회적 형평성 약화: 수익자 부담의 원칙, 절약과 능률 강조
- 직업 공무원제 약화: 공무원의 사기 저하

정답 ④

출제유형 Ⅱ. 이론·제도 **출제영역** 신공공관리론
출제빈도 ★★★ **난도** 중

정답찾기
① 신공공관리론은 개인차나 상황의 차이를 무시하고 성과급이라는 외재적 보상을 강조하는 획일적 유인기제를 사용하므로 비경제적 측면까지 균형 있게 고려해야 하는 공공부문의 성과관리에 어려움을 초래할 수 있다.

오답피하기
② 공공부문이 축소되고 정부 역할이 약화됨으로써 행정의 책임성 문제가 발생될 수 있다.
③ 신공공관리론은 국민은 단지 소비자인 고객이 아니라 정부 정책에 적극적으로 참여하는 주체적 존재라는 점을 간과한다.
④ 정부와 기업 간의 근본적인 환경 차이를 무시하고 공공 부문에 무분별하게 시장기제를 적용하려 하고 있다는 비판을 받는다.

정답 ①

57

다음과 같은 내용의 공통적인 특성을 갖는 행정이론은?

2017 국가 7급 추가

- 공익을 사적 이익의 총합으로 파악한다.
- 기업가적 목표 달성을 위해 폭넓은 행정 재량을 공무원에게 허용할 수 있다.
- 경영학의 성과관리와 경제학의 신제도주의가 혼합되어 영향을 주었다.

① 신공공관리론 ② 뉴거버넌스
③ 신공공서비스론 ④ 신행정론(신행정학)

58

신공공관리론에 대한 다음 설명 중 가장 옳은 것은? 2015 서울 9급

① 신공공관리론은 정부의 역할(Steering)을 시장에 맡겨야 한다는 이론이다.
② 신공공관리론의 고객중심 논리는 국민을 능동적인 존재로 만들 수 있다.
③ 신공공관리론은 행정 효율성을 향상시키기 위해 기업가적 재량권을 선호하므로 공공책임성의 문제를 야기할 수 있다.
④ 신공공관리론은 수익자부담 원칙 강화, 경쟁 원리 강화, 민영화 확대, 규제 강화 등을 제시한다.

출제유형 II. 이론·제도 **출제영역** 신공공관리론
출제빈도 ★★★ 난도 중

정답찾기
① 신공공관리론은 경영학에서 발전한 성과관리와 경제학의 신제도주의, 행정학의 관리주의가 혼합하면서 성과에 기초한 관리, 분권화, 자율적 권한부여 등을 강조하는 행정이론이다.

오답피하기
② 뉴거버넌스는 정부와 시장의 이분법 논리를 넘어 시장, 정부, 시민사회가 상호협력의 파트너십으로 국정을 운영하는 협치의 시스템을 말한다.
③ 신공공서비스론은 공익을 추구하려는 시민의 적극적 역할과 의욕을 존중하며, 시민에게 힘을 실어주고 시민에게 봉사하는 정부의 역할을 강조하는 이론이다.
④ 신행정론(신행정학)은 행정의 정체성 확립과 사회적 불평등에 기인한 현실적 사회문제 해결을 위한 적극적 행정의 역할을 강조한 새로운 행정학 경향이다.

정답 ①

출제유형 II. 이론·제도 **출제영역** 신공공관리론
출제빈도 ★★★ 난도 중

정답찾기
③ 신공공관리론은 민주적 책임성을 무시하고 행정 효율성을 향상시키기 위해 기업가적 재량권을 선호하므로 공공책임성의 문제를 야기할 수 있다.

오답피하기
① 신공공관리론은 방향잡기(Steering)를 정부의 역할로 보았다.
② 신공공관리론의 고객중심 논리는 국민(소비자) 만족에 초점을 둠으로써 국민을 수동적 존재로 전락시킬 우려가 있다는 비판을 받는다.
④ 신공공관리론은 수익자 부담원칙 강화, 경쟁원리 강화, 민영화 확대를 강화하지만 규제 완화를 제시한다.

정답 ③

59　0171
신공공관리론에 대한 설명으로 옳지 않은 것은?　2014 지방 7급

① 신공공관리론의 이면에는 공공선택론, 주인-대리인이론, 거래비용이론 등이 자리 잡고 있다.
② 신공공관리론에서는 수익자 부담 원칙의 강화, 정부부문 내 경쟁 원리 도입 등을 행정개혁의 방향으로 제시한다.
③ 관료제는 비효율적이므로 다른 수단으로 대체되어야 하며, 혁신을 통해 기업형 정부로 변화되어야 한다고 본다.
④ 신공공관리론에서는 사회적 요구에 대한 능동적 대처를 위해 구조적 통합을 통한 분절화의 축소를 지향하고 있다.

60　0172
다음 중 신공공관리론자들이 지향하는 가치와 거리가 먼 것을 모두 고른 것은?　2014 지방 9급

> ㄱ. 하이예크의 「노예에로의 길」
> ㄴ. 미국의 '위대한 사회(The Great Society)' 정책
> ㄷ. 성과에 의한 관리
> ㄹ. 오스본과 게블러의 「정부 재창조」
> ㅁ. 유럽식의 '최대의 봉사자가 최선의 정부'

① ㄱ, ㄴ　　② ㄱ, ㄷ
③ ㄴ, ㄹ　　④ ㄴ, ㅁ

출제유형 Ⅱ. 이론·제도　**출제영역** 신공공관리론
출제빈도 ★★★　**난도** 중

정답찾기
④ 신공공관리론은 구조통합보다는 정책과 집행의 분리, 책임운영기관 등 행정의 <u>분절화를 강조</u>한다. 사회적 요구에 대한 능동적 대처를 위해 구조적 통합을 통한 분절화의 축소를 지향하는 것은 탈신공공관리론의 특징이다.

오답피하기
① 신공공관리론은 경제학적 신제도주의를 배경으로 하므로 신공공관리론의 이면에는 공공선택론, 주인-대리인이론, 거래비용이론 등이 자리 잡고 있다.
②, ③ 신공공관리론은 시장주의를 추구하므로 수익자 부담 원칙의 강화, 정부부문 내 경쟁 원리 도입과 기업형 정부를 추구한다.

행복노트
탈신공공관리론

NPM의 문제점 해결을 위해 재규제화, 재집권화 강조
NPM의 부정·대체 ×, 수정·보완 ○

구 분	신공공관리	탈신공공관리
정부기능	시장지향주의	재규제화, 정치적 통제 강조
행정 가치	능률성, 경제성	전통적 가치와 균형 (형평, 민주)
공공서비스 제공방식	시장메커니즘	민간-공공 파트너십
구조설계	탈관료제모형	관료제와 탈관료제 조화
의사결정구조	유기적 구조	재집권화 (분권화와 집권화의 조화)
통제 메커니즘	산출, 결과 중심	과정, 소통 중심

정답 ④

출제유형 Ⅱ. 이론·제도　**출제영역** 신공공관리론
출제빈도 ★★★　**난도** 중

정답찾기
④ ㄴ, ㅁ은 복지정책을 강조하는 행정국가를 지향하는 내용으로 신공공관리론과는 거리가 멀다.
ㄴ. 미국 존슨행정부가 추진한 빈곤과의 전쟁으로 큰정부를 초래한 대표적인 복지정책이었다.
ㅁ. 영국 대처행정부 이전에 추진되었던 복지정책기조를 말한다. 신공공관리론(NPM)은 '최대의 봉사자가 최선의 정부'라는 유럽식의 복지국가에 반대하면서 등장하였다.

오답피하기
ㄱ. 하이예크(Hayek)는 「노예에로의 길(The Road to Serfdom)」에서 국가기획과 개인의 자유는 양립할 수 없다고 주장하였다. 국가기획은 국민의 노예화를 초래할 것이라면서 국가기획을 반대하였다.
ㄷ, ㄹ. 오스본과 게블러(Osborne & Gaebler)의 「정부 재창조론」은 성과에 의한 관리를 강조하는 신공공관리론(NPM) 분야의 대표적 저자이다.

정답 ④

61　0173

미국, 영국 등 영미국가에서 강조하고 있는 신공공관리 행정개혁의 방향과 거리가 먼 것은?　2012 국가 9급

① 정책기능과 집행기능의 통합에 의한 책임행정체제 확립
② 정부와 시장기능의 재정립을 통한 정부역할 축소
③ 공공부문 내에 경쟁원리와 시장기제 도입
④ 행정서비스의 질 향상 노력을 통한 고객지향적 행정체제의 확립

62　0174

정부모형으로서 기업가적 정부를 제안하고 있는 신공공관리론에 대한 설명으로 옳지 않은 것은?　2012 국회 9급

① 시장주의와 신관리주의를 결합하여 전통적인 관료제 패러다임의 한계를 극복한다.
② 주민에게 권한을 부여하여 공공서비스 공급 주체의 일원으로 참여시킨다.
③ 업무 성과를 제고하기 위하여 산출과 결과를 기준으로 자원을 배분한다.
④ 의사결정의 효율성을 확보하기 위해 위계조직을 통한 권한의 집중을 추구한다.
⑤ 법규나 규정보다는 임무와 목표를 중심으로 한 조직 관리를 중시한다.

출제유형 II. 이론·제도　　**출제영역** 신공공관리론
출제빈도 ★★★　　**난도** 하

[정답찾기]
① 정책기능과 집행기능의 분리가 신공공관리론 방향의 핵심이다.

[오답피하기]
② 정부와 시장기능의 재정립을 통한 정부역할 축소는 신공공관리 행정개혁에 해당한다.
③ 공공부문 내에 경쟁원리와 시장기제 도입은 신공공관리 행정개혁에 해당한다.
④ 행정서비스의 질 향상 노력을 통한 고객지향적 행정체제의 확립은 신공공관리 행정개혁에 해당한다.

[행복노트]
신공공관리론(NPM)
- 정부실패를 극복하기 위한 정부개혁론(1980's)
- 신보수주의, 신자유주의 바탕
- 시장주의 → 작은정부
- 신관리주의 → 기업가적 정부(성과중시)
- 행정 → 경영·관리
- 생산성(효율성) 강조

한계
- 민간부문 관리기법 적용의 한계: 공공부문 ≠ 민간부문
- 정부관료제 효율성 저하: 민주적 책임성 vs 기업가적 재량권
- 국민을 고객으로 전략: 주체가 아닌 객체로서의 고객
- 정책 조정 능력 약화: 방향잡기에만 주력
- 사회적 형평성 약화: 수익자 부담의 원칙, 절약과 능률 강조
- 직업 공무원제 약화: 공무원의 사기 저하

정답 ①

출제유형 II. 이론·제도　　**출제영역** 신공공관리론
출제빈도 ★★★　　**난도** 중

[정답찾기]
④ 기업가적 정부를 제안하고 있는 신공공관리론은 의사결정의 효율성을 확보하기 위해 전통적인 계층제 위계조직을 탈피하고, 환경변화에 유연하게 적응할 수 있는 분권화된 탈계층형 조직을 추구한다.

[오답피하기]
② 정부의 역할은 방향잡기나 촉매자로서 역할을 하고 주민에게 권한을 부여하여 공공서비스 공급 주체의 일원으로 참여시키는 분권적 정부를 지향한다.

정답 ④

63　0175

신공공관리론에서 지향하는 '기업가적 정부'의 특성에 해당하지 않는 것은?
2021 지방 9급

① 경쟁적 정부
② 노젓기 정부
③ 성과 지향적 정부
④ 미래 대비형 정부

64　0176

오스본(D. Osborne)과 게블러(T. Gaebler)의 정부재창조론에서 제시된 기업가적 정부 운영의 원리에 관한 내용으로 가장 옳지 않은 것은?
2017 서울 9급

① 시민에 대한 봉사 지향적 정부
② 지역사회가 주도하는 정부
③ 분권적 정부
④ 촉진적 정부

출제유형 Ⅱ. 이론·제도　**출제영역** 신공공관리론
출제빈도 ★★★　**난도** 하

정답찾기
② 노젓기 정부는 전통적 관료제의 특성에 해당한다.

오답피하기
① 경쟁적 정부는 신공공관리론의 특성에 해당한다.
③ 성과 지향적 정부는 신공공관리론의 특성에 해당한다.
④ 미래 대비형 정부는 신공공관리론의 특성에 해당한다.

행복노트
오스본과 게블러(Osborne & Gaebler) 정부재창조론

구 분	전통적 관료제	기업가형 정부	10대 원리
정부역할	노젓기	방향잡기	촉매적 정부
공급 방식	행정메커니즘	시장메커니즘	시장지향 정부
관리방식	계층제 투입 중심 사후치료 지출 중시	분권화 성과연계 예산 예측과 예방 수익 중시	분권적 정부 성과지향 정부 예방적 정부 기업가적 정부
관리기제	규칙 중심 관리	임무 지향	임무지향 정부
주도주체	관료제 지향	고객 지향	고객지향 정부
정부활동	직접	권한 부여	시민소유 정부
서비스	독점 공급	경쟁 도입	경쟁적 정부

정답 ②

출제유형 Ⅱ. 이론·제도　**출제영역** 신공공관리론
출제빈도 ★★★　**난도** 하

정답찾기
① 시민에 대한 봉사위주의 정부는 신공공서비스론에서 지향하는 정부이다.

오답피하기
②, ③, ④ 오스본(Osborne)과 게블러(Gaebler)의 정부재창조론은 지역사회가 주도하는 정부, 촉진적 정부, 분권적 정부 등을 강조한다.

정답 ①

65 ☐☐☐ 0177
기업가적 정부에 대한 설명으로 옳지 않은 것은? 2012 서울 9급

① 미국에서는 D. Osornbe과 T. Gaebler가 정부재창조의 방안으로 제시하였다.
② 공공서비스의 소유권과 통제권을 관료로부터 시민에게 넘겨주어야 한다.
③ 업무성과의 측정을 강화하고 그에 따라 유인의 배분을 결정해야 한다.
④ 규칙보다는 결과를 중시하는 임무지향적(Mission-driven) 정부를 강조하고 있다.
⑤ 정부는 리더십을 발휘하여 직접적인 서비스의 공급자로서 역할을 수행해야 한다.

66 ☐☐☐ 0178
탈신공공관리(Post NPM)에 대한 설명으로 옳지 않은 것은? 2021 지방 7급

① 성과보다는 공공책임성을 중시하는 인사관리 강조
② 탈관료제 모형에 기반을 둔 경쟁과 분권화 강조
③ 구조적 통합을 통한 분절화의 축소와 조정의 증대
④ '통(通) 정부(Whole of Government)'적 접근

출제유형 Ⅱ. 이론·제도 **출제영역** 탈신공공관리론
출제빈도 ★ **난도** 중

[정답찾기]
② 탈관료제 모형에 기반을 둔 경쟁과 분권화를 강조하는 것은 <u>신공공관리론</u>에 해당한다.

[오답피하기]
① 탈신공공관리는 성과보다는 공공책임성을 중시하는 인사관리를 강조한다.
③ 탈신공공관리는 구조적 통합을 통한 분절화의 축소와 조정의 증대를 가져오는 총체적이고 합체적 정부를 추구한다.
④ 탈신공공관리는 총체적 정부인 통(通) 정부적 접근을 추구한다.

[행복노트]
탈신공공관리론

NPM의 문제점 해결을 위해 재규제화, 재집권화 강조
NPM의 부정·대체 ×, 수정·보완 ○

구 분	신공공관리	탈신공공관리
정부 기능	시장지향주의	재규제화, 정치적 통제 강조
행정 가치	능률성, 경제성	전통적 가치와 균형 (형평, 민주)
공공서비스 제공방식	시장메커니즘	민간-공공 파트너십
구조 설계	탈관료제모형	관료제와 탈관료제 조화
의사결정 구조	유기적 구조	재집권화 (분권화와 집권화의 조화)
통제 메커니즘	산출, 결과 중심	과정, 소통 중심

정답 ②

출제유형 Ⅱ. 이론·제도 **출제영역** 신공공관리론
출제빈도 ★★★ **난도** 중

[정답찾기]
⑤ 기업가적 정부는 직접적인 노젓기식의 서비스의 공급자로서 역할이 아닌 <u>방향잡기식의 기능</u>을 수행하는 데 초점을 맞춘다.

[오답피하기]
① 미국에서는 오스본(Osornbe)과 게블러(Gaebler)가 정부재창조의 방안으로 제시하였다.
② 공공서비스의 소유권과 통제권을 관료로부터 시민에게 넘겨주어야 한다는 고객지향적 정부를 추구하였다.
③ 업무성과의 측정을 강화하고 그에 따라 유인의 배분을 결정해야 한다는 성과지향적 정부를 추구하였다.
④ 규칙보다는 결과를 중시하는 임무지향적(Mission-driven) 정부를 강조하고 있다.

정답 ⑤

67
현대 행정학의 주요 이론에 대한 설명으로 가장 옳지 않은 것은?

2018 서울 9급

① 신공공관리론은 공공선택이론의 주장과 같이 정부의 역할을 대폭 시장에 맡겨야 한다는 입장은 아니며, 기존의 계층제적 통제를 경쟁원리에 기초한 시장체제로 대체함으로써 관료제의 효율성과 성과를 높이려 한다.
② 탈신공공관리(Post-NPM)는 신공공관리의 역기능적 측면을 교정하고 통치역량을 강화하며, 구조적 통합을 통한 분절화의 확대, 재집권화와 재규제의 축소, 중앙의 정치·행정적 역량의 강화를 강조한다.
③ 피터스(B. Guy Peters)는 뉴거버넌스에 기초한 정부개혁 모형으로 시장모형, 참여정부 모형, 유연조직 모형, 저통제정부 모형을 제시한다.
④ 신공공관리론이 시장, 결과, 방향잡기, 공공기업가, 경쟁, 고객지향을 강조한다면 뉴거버넌스는 연계망, 신뢰, 방향잡기, 조정자, 협력체제, 임무중심을 강조한다.

68
다음 중 신거버넌스(New Governance)에 대한 설명으로 가장 옳지 않은 것은?

2015 국회 9급

① 정치행정이원론의 성격이 강하고 결과에 근거한 관리를 중요시한다.
② 구성원 간의 참여와 합의를 바탕으로 행정의 민주성과 신뢰성을 강조한다.
③ 국가의 역할을 부정하지 않고 네트워크 양식을 통해 민간의 역량을 동원하여 공적인 문제를 해결하고자 한다.
④ 국민을 고객으로만 보는 것을 넘어 국정의 파트너로 본다.
⑤ 행정의 효율성을 중시하지만 신공공관리론적 정부개혁에 대해 비판적으로 접근한다.

출제유형 II. 이론·제도 **출제영역** 행정학이론
출제빈도 ★★★ **난도** 중

정답찾기
② 탈신공공관리(Post-NPM)는 신공공관리의 역기능적 측면을 교정하고 통치역량을 강화하며, 구조적 통합을 통한 분절화의 축소, 재집권화와 재규제의 확대, 중앙의 정치·행정적 역량의 강화를 강조하는 특징을 가진다.

정답 ②

출제유형 II. 이론·제도 **출제영역** 뉴거버넌스
출제빈도 ★★★ **난도** 하

정답찾기
① 정치행정이원론의 성격이 강하고 결과에 근거한 관리를 중요시하는 것은 신공공관리론에 대한 설명이다. 뉴거버넌스는 시장논리에 입각하여 결과나 효율만을 중시하는 신공공관리론에 대한 비판적 입장이다.

오답피하기
② 구성원과의 참여와 소통을 통한 민주성과 신뢰성을 중시한다.
③ 협력적 네트워크를 통해 민간과 공적 문제를 함께 해결한다.
④ 국민을 국정의 객체(고객)가 아닌 주체(파트너, 공동생산자)로 인식한다.
⑤ 효율성만을 중시하는 신공공관리론과 달리 책임성, 민주성까지도 중시한다.

정답 ①

69 ☐☐☐ 0181

뉴거버넌스에 대한 설명으로 옳지 않은 것은?   2014 국가 7급

① 참여자 간 신뢰와 협력을 강조한다.
② 정치적 과정은 중요하게 인식되지 않는다.
③ 정부만이 공공서비스를 독점적으로 생산하고 공급한다고 보지 않는다.
④ 정책과정에서 정부와 민간부문 및 비영리부문 간의 네트워크를 활용한다.

70 ☐☐☐ 0182

피터스(Peters)가 「미래의 국정관리(The Future of Governing)」에서 제시한 정부개혁 모형에 해당하지 않는 것은?   2024 지방 9급

① 시장 모형
② 자유민주주의 모형
③ 참여 모형
④ 탈규제 모형

출제유형 Ⅱ. 이론·제도   **출제영역** 뉴거버넌스
출제빈도 ★★★   **난도** 중

정답찾기
② 뉴거버넌스는 결과를 중시하는 신공공관리론과 달리 다양한 참여주체들 간의 경쟁적 이익을 조정하는 정부역할 때문에 과정을 중시한다.

오답피하기
① 신공공관리론의 작동원리가 가격과 경쟁이라면 뉴거버넌스의 작동원리는 구성원 간의 신뢰와 협력 즉, 사회적 자본이다.
③, ④ 뉴거버넌스는 공공서비스 생산에 있어 정부 독점성을 부인하며 정부와 시장 그리고 시민사회의 유기적 결합을 강조한다.

행복노트
NPM과 뉴거버넌스 차이점

구 분	신공공관리론	뉴거버넌스
이데올로기	신자유주의	공동체주의
관리 기구	시장	연계망
지향가치	효율성, 생산성	신뢰성, 민주성
관료 역할	공공기업가	조정자
작동원리	시장메커니즘	연계망 협력체제
서비스 방식	민영화, 민간 위탁	시민, 기업 참여
분석 수준	조직 내	조직 간
재창조 대상	정부 재창조	시민 재창조
정치행정 관계	정치행정이원론	정치행정일원론

정답 ②

출제유형 Ⅱ. 이론·제도   **출제영역** 뉴거버넌스
출제빈도 ★★★   **난도** 중

정답찾기
② 자유민주주의 모형은 피터스(Peters)가 『미래의 국정관리(The Future of Governing)』에서 제시한 정부개혁 모형에 해당하지 않는다. 시장, 신축, 참여, 탈규제 모형이 해당한다.

오답피하기
① 시장 모형은 피터스(Peters)가 『미래의 국정관리(The Future of Governing)』에서 제시한 정부개혁 모형에 해당한다.
③ 참여 모형은 피터스(Peters)가 『미래의 국정관리(The Future of Governing)』에서 제시한 정부개혁 모형에 해당한다.
④ 탈규제 모형은 피터스(Peters)가 『미래의 국정관리(The Future of Governing)』에서 제시한 정부개혁 모형에 해당한다.

정답 ②

71　0183

피터스(G. Peters)의 정부모형에 대한 설명으로 옳은 것은?

2019 국가 7급

① 참여모형에서는 조직의 고위층과 최하위층 간에 계층 수가 많지 않아야 한다.
② 유연정부모형은 변화하는 정책수요에 맞춰 탄력적으로 구성원들을 활용함으로써 이들의 조직과 업무에 대한 몰입도를 높인다.
③ 시장모형은 정치지도자들의 권력을 약화시키고 기업가적 관료들의 정책결정자로서의 역할을 제고하는 결과를 가져왔다.
④ 탈규제모형은 정부역할의 적극성 및 개입성이 높으면 공익 구현이 어렵다는 인식을 전제한다.

72　0184

피터스(B. Guy Peters)가 제시한 정부개혁모형에 대한 설명으로 옳은 것은?

2017 국가 9급 추가

① 시장모형(Market Model)에서는 조직의 통합을 통한 집권화를 처방한다.
② 참여정부모형(Participatory Model)에서는 조직 하층부 구성원이나 고객들의 의사결정 참여기회가 확대될수록 조직이 효과적으로 기능한다고 본다.
③ 신축적 정부모형(Flexible Government)에서는 정규직 공무원의 확대를 통하여 비용을 절감하고 공익을 증진시킬 수 있다고 본다.
④ 탈규제적 정부모형(Deregulated Government)에서는 경제적 규제 완화를 통한 시장 활성화를 추구하기 위하여 정부의 권한을 축소해야 한다고 본다.

출제유형 Ⅱ. 이론·제도　**출제영역** 뉴거버넌스
출제빈도 ★★★　**난도** 상

정답찾기
① 참여모형은 계층제를 문제로 보았으며 하급관료와 시민들의 참여를 중시하므로 조직의 고위층과 최하위층 간에 계층 수가 많지 않아야 한다.

오답피하기
② 유연정부모형은 변화하는 정책수요에 맞춰 탄력적으로 구성원들을 활용하므로 이들의 조직과 업무에 대한 몰입도를 떨어뜨릴 수 있다.
③ 탈규제모형은 정치지도자들의 권력을 약화시키고 기업가적 관료들의 정책결정자로서의 역할을 제고하는 결과를 가져왔다.
④ 정부역할의 적극성 및 개입성이 높다는 것은 정부가 민간에 대해 개입하는 정도가 크다는 것을 의미한다. 하지만 탈규제모형은 정부 내의 규제를 완화해야한다는 인식이므로 이 지문은 탈규제모형과 상관없는 지문이다.

정답 ①

출제유형 Ⅱ. 이론·제도　**출제영역** 뉴거버넌스
출제빈도 ★★★　**난도** 중

정답찾기
② 참여정부모형(Participatory Model)에서는 계층제를 문제점으로 인식하고 조직 하층부 구성원이나 고객들의 의사결정 참여기회가 확대될수록 조직이 효과적으로 기능한다고 본다.

오답피하기
① 시장모형은 독점구조 혁파를 통한 조직의 분권화와 시장화를 처방한다.
③ 신축적 정부모형은 정책이나 조직의 항구성을 문제삼으며 가변조직이나 임시고용 등 행정의 유연화를 통하여 비용을 절감하고 공익을 증진시킬 수 있다고 보는 거버넌스 모형이다.
④ 탈규제적 정부모형은 내부규제를 문제삼으며 공무원에 대한 지나친 내부규제가 공무원의 독창성과 창의력을 억제하여 정부실패가 발생하였다고 보기 때문에 내부규제의 완화를 처방한다. 경제적 규제 완화를 통한 시장 활성화는 민간에 대한 정부규제와 관련된다.

정답 ②

73

피터스(B. Guy Peters)의 뉴거버넌스 정부개혁모형에 대한 설명으로 가장 옳지 않은 것은? 2016 서울 9급

① 시장모형은 구조 개혁 방안으로 평면조직을 상정한다.
② 참여정부모형의 관리 개혁 방안은 총품질관리팀제이다.
③ 유연조직모형의 정책결정 개혁 방안은 실험이다.
④ 저통제정부모형의 공익 기준은 창의성과 활동주의이다.

출제유형 Ⅱ. 이론·제도　　**출제영역** 뉴거버넌스
출제빈도 ★★★　　난도 중

정답찾기
① 시장모형은 구조의 개혁 방안으로 <u>분권화된</u> 조직을 상정한다. 반면, 평면조직은 계층제를 문제의식으로 하는 참여정부모형의 구조 개혁 방안이다.

오답피하기
④ 저통제정부모형은 탈규제모형이라고도 하며 공익의 판단기준은 창의성과 활동주의이다.

행복노트
피터스(G. Peters)의 거버넌스모형 비교

구 분	전통적	뉴거버넌스모형			
		시장적	신축적	참여적	탈(내부)규제
문 제	전근대적 권위	독점성	영속성	계층제	내부규제
조직 개혁	계층제	분권화	가상조직	평면조직	특정내용 ×
관리 개혁	직업 공무원제, 절차적 통제	성과급, 민간부문의 기법	가변적 인사관리	참여적 관리 TQM, 팀제	관리재량권 확대
정책결정 개혁방안	정치, 행정의 구분	시장기제로 대체	임시고용 제도 활용	계층제 축소	기업가적 정부
공익의 기준	안정성, 평등	저비용	저비용, 조정	참여, 협의	창의성, 활동주의

행복한 암기 TIP
G. Peters의 거버넌스모형 비교
피가 팍 터져s!(피터스) (이유를 알기 위해) 시신 참탈!
독! 영계내! (독있는 영계를 먹었구나!)

정답 ①

74

피터스(G. Peters)의 거버넌스정부모형에 대한 설명이 틀린 것은? 2012 서울 7급

① 시장적 정부는 관료적 독점 혁파를 위하여 분권화와 시장적 기제로 전환하여 경쟁을 통한 행정의 효율화를 추구한다.
② 참여적 정부는 참여를 어렵게 하는 엄격한 계층제에 입각한 관리체계를 완화하기 위하여 계층제의 축소와 수평적 평면조직을 통하여 소비자 불만을 해소하는 데 초점을 맞춘다.
③ 신축적 정부는 조직과 직원의 영속성과 과잉 신분보장이 정책의 창의성을 저해한다고 보고, 융통성과 혁신적이고 덜 경직된 정부 방향을 추구한다.
④ 탈내부규제는 관료제 운영의 사전적 내부규제가 저효율과 민주성에 역행한다고 보고, 사후에 규칙이나 규제를 통하여 기업가적 정부 방향으로 개혁하고자 한다.
⑤ 책임성 확보 과정에서 시장적 정부는 시장에 대한 책임을, 참여적 정부는 소비자에 대한 책임을, 신축적 정부는 명확한 제안이 없는 가운데, 탈규제적 정부는 사전통제에 의존하는 특징을 지닌다.

출제유형 Ⅱ. 이론·제도　　**출제영역** 뉴거버넌스
출제빈도 ★★★　　난도 상

정답찾기
⑤ 탈내부규제(= 저통제) 정부는 책임성 확보 방안으로서 창의와 역동성을 가로막는 사전의 내부규제를 가능한 줄이고, 재량권 확대를 통한 <u>사후통제</u>에 의존하는 책임방식을 주장한다.

정답 ⑤

75   0187

신공공관리와 뉴거버넌스에 대한 설명으로 옳은 것은??

2021 국가 9급

① 뉴거버넌스가 상정하는 정부의 역할은 방향잡기(Steering)이다.
② 신공공관리의 인식론적 기초는 공동체주의이다.
③ 신공공관리가 중시하는 관리 가치는 신뢰(Trust)이다.
④ 뉴거버넌스의 관리 기구는 시장(Market)이다.

76   0188

다음 신공공관리론(New Public Management)과 뉴거버넌스론(New Governance)에 대한 설명으로 가장 옳은 것은?

2016 서울 7급

① 신공공관리론의 인식론적 기초는 민주주의이다.
② 뉴거버넌스론의 인식론적 기초는 공동체주의이다.
③ 신공공관리론은 관료의 역할로 조정자(Coordinator)의 역할을 강조하였다.
④ 뉴거버넌스론은 관료의 역할로 공공기업가(Public Entrepreneur)의 역할을 강조하였다.

출제유형 Ⅱ. 이론·제도   **출제영역** 뉴거버넌스
출제빈도 ★★★   **난도** 중

정답찾기
① 신공공관리론과 뉴거버넌스가 상정하는 정부의 역할은 방향잡기이다.

오답피하기
② 신공공관리의 인식론적 기초는 신자유주의이다.
③ 신공공관리가 중시하는 관리 가치는 효율성이다.
④ 뉴거버넌스의 관리 기구는 연계망이다.

행복노트

NPM과 뉴거버넌스 차이점

구 분	신공공관리론	뉴거버넌스
이데올로기	신자유주의	공동체주의
관리 기구	시장	연계망
지향가치	효율성, 생산성	신뢰성, 민주성
관료 역할	공공기업가	조정자
작동원리	시장메커니즘	연계망 협력체제
서비스 방식	민영화, 민간 위탁	시민, 기업 참여
분석 수준	조직 내	조직 간
재창조 대상	정부 재창조	시민 재창조
정치행정 관계	정치행정이원론	정치행정일원론

정답 ①

출제유형 Ⅱ. 이론·제도   **출제영역** 뉴거버넌스
출제빈도 ★★★   **난도** 중

정답찾기
② 거버넌스론의 인식론적 기초는 공동체주의이다.

오답피하기
① 신공공관리론의 인식론적 기초는 신자유주의이다.
③ 신공공관리론은 관료의 역할로 기업가의 역할을 강조하였다.
④ 뉴거버넌스론은 관료의 역할로 조정자의 역할을 강조하였다.

정답 ②

77　　　　　　　　　　　　　　　　0189
신공공관리이론과 뉴거버넌스이론과의 비교로 적절하지 않은 것은?
2013 서울 7급

① 두 이론 모두 투입보다는 산출에 대한 통제를 강조한다.
② 신공공관리는 공공부문과 민간부문을 명확하게 구분하는 데 비해서 뉴거버넌스는 명확하게 구분하지 않는다.
③ 공공관리는 조직내부 문제, 뉴거버넌스는 조직 간 문제를 다룬다.
④ 신공공관리는 부문 간 경쟁을, 뉴거버넌스는 부문 간 협력을 강조한다.
⑤ 두 이론 모두 정부실패를 이념적 토대로 설정하여 그 대응책을 마련하고자 한다.

출제유형 Ⅱ. 이론·제도　　**출제영역** 뉴거버넌스
출제빈도 ★★★　　난도 중

정답찾기
② 신공공관리론과 뉴거버넌스론 모두 공공부문과 민간부문을 명확하게 구분하지 않은 공사행정일원론을 강조한다.

정답 ②

78　　　　　　　　　　　　　　　　0190
신공공서비스론의 특성에 대한 설명으로 옳지 않은 것은?
2021 국가 9급

① 정부의 역할은 시민에 대한 봉사여야 한다.
② 공익은 개인적 이익의 집합체이기 때문에 시민들과 신뢰와 협력의 관계를 확립해야 한다.
③ 책임성이란 단순하지 않기 때문에 관료들은 헌법, 법률, 정치적 규범, 공동체의 가치 등 다양한 측면에 관심을 기울여야 한다.
④ 생산성보다는 사람에게 가치를 부여하기 때문에 공공조직은 공유된 리더십과 협력의 과정을 통해 작동되어야 한다.

출제유형 Ⅱ. 이론·제도　　**출제영역** 신공공서비스론
출제빈도 ★★★　　난도 중

정답찾기
② 공익은 개인적 이익의 집합체로 보는 것은 신공공관리론에 해당한다. 신공공서비스에서는 공익을 담론의 결과로 보기 때문에 시민들과 신뢰와 협력의 관계를 확립해야 한다.

오답피하기
신공공관리론, 신공공서비스론 비교

구 분	신공공관리론	신공공서비스론
합리성	기술적·경제적 합리성	전략적 합리성
공익관	∑개인이익	담론의 결과
시민관	고객	시민
정부역할	방향잡기	봉사
정책목표 달성기제	인센티브 시스템 (민간,비영리기구)	공공기관, 영리기구, 개인 간 네트워크
행정책임	시장지향적 책임	다면적 책임
조직구조	분권화된 공공조직	협력적 구조
동기유발	기업가정신, 경제적 유인	공공서비스, 봉사심

정답 ②

79

신공공관리론과 뉴거버넌스에 대한 설명으로 옳은 것은?

2024 지방 7급

① 신공공관리론은 신뢰를 기반으로 조정의 원리를 강조하고, 뉴거버넌스는 시장지향적 경쟁원리를 강조한다.
② 신공공관리론은 국민을 덕성을 지닌 시민으로 보고, 뉴거버넌스는 국정의 대상인 고객으로 본다.
③ 신공공관리론은 정부의 역할로 방향잡기(steering)를 중시하고, 뉴거버넌스는 방향잡기보다 노젓기를 중시한다.
④ 신공공관리론은 행정의 효율성을 보다 중시하고, 뉴거버넌스는 행정의 민주성에 더 초점을 둔다.

80

신공공서비스론(New Public Service)에 대한 설명으로 가장 옳지 않은 것은?

2018 서울 1회 7급

① 공무원들은 고객이 아니라 시민에게 봉사해야 한다고 본다.
② 공익은 공유된 가치에 대한 담론의 결과로 이해된다.
③ 정부는 시장의 힘을 활용하는 데 있어 방향잡기의 역할을 해야 한다고 본다.
④ 법, 공동체, 정치규범, 전문성, 시민이익 등 다양한 책임성 기제의 중요성을 강조한다.

출제유형 Ⅱ. 이론·제도 **출제영역** 신공공서비스론
출제빈도 ★★★ **난도** 중

정답찾기
④ 신공공관리론은 행정의 효율성을 보다 중시하고, 뉴거버넌스는 행정의 민주성에 더 초점을 둔다. 신공공관리론은 최소의 비용으로 최대의 산출을 이끌어내는 효율성을 강조하며, 성과, 경쟁, 고객중심주의 등의 가치를 중시합니다. 반면 뉴거버넌스는 시민참여, 협력, 투명성, 책임성 등 민주적 가치를 더 중시한다.

오답피하기
① 뉴거버넌스는 신뢰를 기반으로 조정의 원리를 강조하고, 신공공관리론은 시장지향적 경쟁원리를 강조한다.
② 뉴거버넌스는 국민을 덕성을 지닌 시민으로 보고, 신공공관리론은 국정의 대상인 고객으로 본다.
③ 신공공관리론은 정부의 역할로 방향잡기(steering)를 중시하고, 뉴거버넌스 역시 정부의 직접적인 노젓기(rowing)보다는 방향잡기 역할을 중시한다. 다만 뉴거버넌스는 정부만이 아닌 다양한 이해관계자들과의 협력적 방향설정을 강조한다.

행복노트
신공공서비스론

NPM에 대한 반론, 시민에게 봉사하는 정부

공익을 추구하는 시민의 역할과 의욕 중시

전략적 사고, 민주적 행동 / 시민에 대한 봉사 / NPS / 책임의 다원성(관료) / 인간중심 시티즌십 + 공공서비스

이론적 기초: 지역공동체 및 시민사회모델, 조직 인본주의, 신행정학, 담론이론, 실증주의, 해석학, 비판이론, 포스트 모더니즘 등

출제유형 Ⅱ. 이론·제도 **출제영역** 신공공서비스론
출제빈도 ★★★ **난도** 중

정답찾기
③ 신공공서비스론에 의하면 정부는 방향잡기의 역할이 아닌 시민들에게 힘을 실어주고 봉사하는 역할을 수행해야 한다고 본다. 시장의 힘을 활용하여 방향잡기의 역할을 해야 한다는 관점은 신공공관리론의 관점이다.

오답피하기
덴하트(Denhardt)의 신공공서비스론의 특징

- 방향잡기보다 시민에게 봉사하라
- 공익은 부산물이 아니라 궁극적 목표이다
- 전략적으로 생각하고 민주적으로 행동하라
- 고객이 아니라 시민 모두에게 봉사하라
- 관료들의 책임은 단순하지 않다
- 생산성만을 중시하는 것이 아니라 사람을 존중하라
- 기업가정신보다 시민정신과 공공서비스를 중시하라

정답 ④

정답 ③

81 0193
신공공서비스론의 주장으로 보기 어려운 것은?

2017 지방 9급 추가

① 관료가 반응해야 하는 대상은 고객이 아닌 시민이다.
② 정부의 역할은 방향제시(Steering)가 아닌 노젓기(Rowing)이다.
③ 관료의 동기부여 원천은 보수나 기업가 정신이 아닌 공공서비스 제고이다.
④ 공익은 개인이익의 단순한 합산이 아닌 공유하고 있는 가치에 대해 대화와 담론을 통해 얻은 결과물이다.

82 0194
신공공서비스론(NPS)에 대한 설명으로 가장 옳지 않은 것은?

2016 서울 7급

① 신공공서비스론은 민주주의 이론 및 비판이론, 포스트 모더니즘 등을 바탕으로 탄생한 복합적 이론이다.
② 책임성 확보의 방법으로 행정인이 민주적으로 선출된 대표자에게 책임을 다하는 것을 강조한다.
③ 정책과정에 있어서 전략적으로 생각하고 민주적으로 행동해야 한다고 강조한다.
④ 관료의 역할로 방향잡기보다는 시민들로 하여금 공유된 가치를 표명하고 그것을 충족시킬 수 있도록 도와주고 봉사해야 함을 강조한다.

출제유형 Ⅱ. 이론·제도 **출제영역** 신공공서비스론

출제빈도 ★★★   난도 하

정답찾기
② 신공공서비스에서 정부의 역할은 방향잡기보다 봉사자이다. 노젓기를 강조하는 행정은 전통적 행정이다.

오답피하기
① 신공공관리론에서 관료의 반응대상이 고객이지만 신공공서비스에서는 시민이다.
③ 신공공관리론은 관료의 동기부여의 원천이 기업가 정신이지만 신공공서비스에서는 시민정신에 입각한 공공서비스 제고이다.
④ 신공공관리론은 공익을 사익의 단순한 합으로 보지만 신공공서비스는 공유가치에 대한 대화와 담론을 통해 얻은 결과물로 본다.

행복노트
신공공관리론, 신공공서비스론 비교

구 분	신공공관리론	신공공서비스론
합리성	기술적·경제적 합리성	전략적 합리성
공익관	Σ개인이익	담론의 결과
시민관	고객	시민
정부역할	방향잡기	봉사
정책목표 달성기제	인센티브 시스템 (민간, 비영리기구)	공공기관, 영리기구, 개인 간 네트워크
행정책임	시장지향적 책임	다면적 책임
조직구조	분권화된 공공조직	협력적 구조
동기유발	기업가정신, 경제유인	공공서비스, 봉사심

정답 ②

출제유형 Ⅱ. 이론·제도 **출제영역** 신공공서비스론

출제빈도 ★★★   난도 상

정답찾기
② 행정책임을 선출 대표자에 대한 책임을 강조하는 것은 전통적 행정의 특징이고 신공공서비스론은 법, 지역공동체 가치, 정치규범, 전문적 기준에 대한 책임 등 다면적 책임을 강조한다.

오답피하기
① 신공공서비스론은 실증주의, 해석학, 비판이론 및 후기근대주의를 포괄하는 다양한 지식체계에 두면서 민주주의 정신을 새롭게 부활하고자 하는 특성을 가진다.
③ 신공공서비스론은 공공의 욕구를 충족시키기 위한 정책은 집합적 노력과 협동적 과정을 통해 가장 효율적이고 확실하게 달성될 수 있도록 해야 하므로 전략적으로 생각하고 민주적으로 행동해야 한다고 강조한다.
④ 신공공서비스론에서 관료의 역할은 방향 잡고 통제하는 것이 아니라, 시민의 가치를 충족시킬 수 있도록 도와주는 데 있다.

정답 ②

83 ☐☐☐ 0195

신공공서비스론에 대한 설명으로 옳지 않은 것은??

2024 지방 9급

① 신공공관리론을 극복하기 위해 등장하였으며, 비판이론과 포스트모더니즘을 활용한다.
② 공익은 시민의 공유된 가치에 대한 담론의 결과이다.
③ 정부는 '노젓기'보다 '방향잡기'에 집중하면서 시민에게 더 많은 권력을 부여해야 한다.
④ 정부관료는 헌법과 법률, 정치 규범, 시민에 대한 대응성을 중요시해야 한다.

출제유형 Ⅱ. 이론·제도   **출제영역** 신공공서비스론
출제빈도 ★★★   **난도** 중

정답찾기
③ 정부는 '방향잡기'보다 '봉사'에 집중하면서 시민에게 더 많은 권력을 부여해야 한다

오답피하기
① 신공공관리론을 극복하기 위해 등장하였으며, 비판이론과 포스트모더니즘을 활용한다.
② 신공공서비스에서 공익은 시민의 공유된 가치에 대한 담론의 결과이다.
④ 신공공서비스에서 정부관료는 헌법과 법률, 정치 규범, 시민에 대한 대응성을 중요시해야 한다.

정답 ③

84 ☐☐☐ 0196

다음 중에서 신공공관리론(NPM)의 오류에 대한 반작용으로 대두된 신공공서비스론(NPS)에서 주장하는 원칙에 해당하는 것은?

2013 서울 9급

① 지출보다는 수익 창출
② 노젓기보다는 방향잡기
③ 서비스 제공보다 권한 부여
④ 고객이 아닌 시민에 대한 봉사
⑤ 시장기구를 통한 변화 촉진

출제유형 Ⅱ. 이론·제도   **출제영역** 신공공서비스론
출제빈도 ★★★   **난도** 중

정답찾기
④ 신공공관리론이 정부의 주인인 시민을 고객으로 전락시켰다는 비판을 받으면서 덴하트와 덴하트(Denhardt & Denhardt)는 신공공서비스론에서 고객이 아닌 시민에게 봉사하는 것을 강조하고 있다.

오답피하기
①, ②, ③, ⑤ 신공공관리론(NPM)에서 주장하는 내용이다.

행복노트
신공공관리론(NPM)
- 정부실패를 극복하기 위한 정부개혁론(1980's)
- 신보수주의, 신자유주의 바탕
- 시장주의 → 작은정부
- 신관리주의 → 기업가적 정부(성과중시)
- 행정 → 경영·관리
- 생산성(효율성) 강조

한계
- 민간부문 관리기법 적용의 한계: 공공부문 ≠ 민간부문
- 정부관료제 효율성 저하: 민주적 책임성 vs 기업가적 재량권
- 국민을 고객으로 전락: 주체가 아닌 객체로서의 고객
- 정책 조정 능력 약화: 방향잡기에만 주력
- 사회적 형평성 약화: 수익자 부담의 원칙, 절약과 능률 강조
- 직업 공무원제 약화: 공무원의 사기 저하

정답 ④

85　　　　　　　　　　　　　　　　　　0197

파머(Farmer)가 주장한 포스트모더니티 행정이론의 내용으로 옳지 않은 것은?　　　　　　　　　　　　　　2021 지방 7급

① 나 아닌 다른 사람을 인식적 객체가 아닌 도덕적인 타자(他者)로 인정한다.
② 관점에 따라 다양한 가능성이 허용되는 상상(Imagination)보다는 과학적 합리성(Rationality)이 더 중요하다.
③ 행정에서도 지식과 학문의 영역 간 경계가 사라지는 탈영역화(Deterritorialization)가 나타난다.
④ '행정은 객관적으로 연구될 수 있다'는 설화는 해체(Deconstruction)를 통해 더 잘 이해할 수 있다.

86　　　　　　　　　　　　　　　　　　0198

포스트모더니즘에 기초한 행정이론의 특징으로 가장 옳지 않은 것은?　　　　　　　　　　　　　　　　2018 서울 9급

① 맥락 의존적인 진리를 거부한다.
② 타자에 대한 대상화를 거부한다.
③ 고유한 이론의 영역을 거부한다.
④ 지배를 야기하는 권력을 거부한다.

출제유형 Ⅱ. 이론·제도　　**출제영역** 포스트모더니티 행정
출제빈도 ★　　　　　　**난도** 중

정답찾기
② 포스트모더니티행정이론은 과학적 합리성보다는 관점에 따라 다양한 가능성이 허용되는 상상(Imagination)이 더 중요하다.

오답피하기
파머(Farmer) 포스트모더니티 행정의 특성

상상	소극적: 규칙에 얽매이지 않음 적극적: 문제의 특수성 인정
해체	메타설화 및 근원주의 부정(근거를 파헤쳐 봄), 탈구성
탈영역화	지식과 학문영역의 경계 타파, 영역해체, 탈관료제
타자성	나 아닌 다른 사람을 인식적 타자가 아닌 인격체로 존중받아야 할 도덕적 타자로 인정
반행정	통제위주의 기존제도 반대, 관료제 해체, 적극적 시민참여, 지배를 야기하는 권력 거부

정답 ②

출제유형 Ⅱ. 이론·제도　　**출제영역** 포스트모더니티 행정
출제빈도 ★　　　　　　**난도** 중

정답찾기
① 포스트모더니즘에 기초한 행정이론은 시공을 초월하여 적용되는 보편적 진리보다는 시대와 상황에 따라 적용되는 진리가 다르다는 맥락의존적인 진리를 강조하며 거시이론, 거대한 설화, 거시 정치 등을 부인한다.

오답피하기
② 포스트모더니티는 타인을 조작의 대상이나 인식의 개체로 보지 않고 자신과 언제든지 소통과 교류가 가능한 주체로 본다. 즉 타인을 도덕적 타자로 본다.
③ 포스트모더니티는 고유한 이론의 영역을 거부하고 학문 간 통합을 강조한다.
④ 포스트모더니티는 인간을 억압·통제·지배하는 권력을 거부하고 인간을 행위의 주체로 보는 해방주의를 강조한다.

행복노트
포스트모더니티 행정이론

모더니티(현대주의)	포스트모더니티
객관주의, 실증주의	구성주의, 주관주의
절대주의, 보편주의	상대주의, 다원주의
집단주의, 획일주의	해방주의
안정된 존재와 결과중심	행동과 과정의 중시

정답 ①

87　0199

무어(Moore)의 공공가치창출론(creating public value)적 시각에 대한 설명으로 옳지 않은 것은?　2023 지방 9급

① 행정의 정당성 위기를 극복하기 위한 대안적 접근이다.
② 전략적 삼각형 개념을 제시한다.
③ 신공공관리론을 계승하여 행정의 수단성을 강조한다.
④ 정부의 관리자들은 공공가치 실현에 힘써야 한다고 주장한다.

출제유형 Ⅱ. 이론·제도　　**출제영역** 공공가치창출론
출제빈도 ★　　**난도** 상

정답찾기
③ 무어(Moore)의 공공가치창출론(creating public value)은 신공공관리론의 행정의 수단성만을 강조하는 것에 대한 비판으로 등장하였다.

오답피하기
① 무어(Moore)의 공공가치창출론은 행정의 정당성 위기를 극복하기 위한 대안적 접근이다.
② 무어(Moore)의 공공가치창출론은 전략적 삼각형 개념을 제시한다.
④ 무어(Moore)의 공공가치창출론은 정부의 관리자들은 공공가치 실현에 힘써야 한다고 주장한다.

무어의 공공가치의 창출론
- 공공가치의 창출과 공공관리자의 거시적인 전략적 사고 강조
- 정당성을 부여받은 정부관리자는 공공자산을 활용하여 시민을 위한 공공가치를 창출해야 한다고 봄
- 신공공관리론의 행정의 수단성만을 강조하는 것에 대한 비판으로 등장

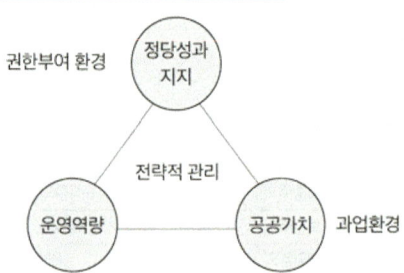

공공가치창출을 위한 전략적 삼각형 모델

정답 ③

88　0200

공공가치론에 대한 설명으로 옳은 것만을 모두 고르면?　2023 지방 9급

ㄱ. 무어(Moore)는 공공가치 실패를 진단하는 도구로 '공공가치 지도그리기(mapping)'을 제안한다.
ㄴ. 보즈만(Bozeman)은 공공기관에 의해 생산된 순(純) 공공가치를 추정하는 '공공가치 회계'를 제시했다.
ㄷ. '전략적 삼각형' 모델은 정당성과 지지, 운영 역량, 공공가치로 구성된다.
ㄹ. 시장과 공공부문이 공공가치 실현에 필수적으로 요구되는 재화와 서비스를 제공하지 못할 때 '공공가치 실패'가 일어난다.

① ㄱ, ㄴ
② ㄱ, ㄹ
③ ㄴ, ㄷ
④ ㄷ, ㄹ

출제유형 Ⅱ. 이론·제도　　**출제영역** 공공가치창출론
출제빈도 ★　　**난도** 상

정답찾기
④
ㄷ. 무어의 공공가치창출론에서의 '전략적 삼각형' 모델은 정당성과 지지, 운영 역량, 공공가치로 구성된다.
ㄹ. 보우즈만의 공공가치 실패론에서 시장과 공공부문이 공공가치 실현에 필수적으로 요구되는 재화와 서비스를 제공하지 못할 때 '공공가치 실패'가 일어난다.

오답피하기
ㄱ. 보즈만(Bozeman)은 공공가치 실패를 진단하는 도구로 '공공가치 지도그리기(mapping)'을 제안한다.
ㄴ. 무어(Moore)는 공공기관에 의해 생산된 순(純) 공공가치를 추정하는 '공공가치 회계'를 제시했다.

정답 ④

89

넛지(nudge)의 특성으로 옳은 것만을 모두 고르면? 2022 지방 7급

> ㄱ. 넛지 방식으로 정책을 설계하는 것을 선택설계라고 한다.
> ㄴ. 정책대상집단의 행동에 개입하지만 개인의 자유로운 선택을 허용한다.
> ㄷ. 넛지는 디폴트 옵션 설정 방식처럼 사람들의 인지적 편향을 전략적으로 활용하는 정책수단이다.

① ㄱ, ㄴ
② ㄱ, ㄷ
③ ㄴ, ㄷ
④ ㄱ, ㄴ, ㄷ

90

다음 대화에서 옳지 않은 말을 한 사람은? 2023 국가 7급

> A: 신공공관리론의 학문적 토대는 신고전학파 경제학인데, 넛지이론은 공공선택론이야.
> B: 신공공관리론은 효율성을 증대하여 고객 대응성을 높이자는 목표를 가지는데, 넛지이론은 행동변화를 통해서 삶의 질을 높이는 것이 목표야.
> C: 신공공관리론에서는 경제적 합리성을 가정하지만, 넛지이론에서는 제한된 합리성을 가정하지.
> D: 신공공관리론에서는 공무원이 정치적 기업가가 되길 원하지만 넛지이론에서는 선택설계자가 되길 바라지.

① A
② B
③ C
④ D

정답찾기 (89)

④ 탈러와 선스타인의 넛지이론의 넛지는 원래 '팔꿈치로 슬쩍 찌르다'라는 뜻으로 선택을 유도하는 부드러운 개입이라는 행동경제학의 용어로서 실제의 인간 행동에 관한 행동경제학의 통찰을 정부의 정책설계 및 집행에 적용·응용하기 위한 이론이다.

ㄱ. 넛지 방식으로 정책을 설계하는 것을 <u>선택설계</u>라고 한다.
ㄴ. 정책대상집단의 행동에 개입하지만 개인의 자유로운 선택을 허용한다.
ㄷ. 넛지는 디폴트 옵션 설정 방식처럼 <u>인지적 편향을 전략적으로 활용</u>하는 정책수단이다.

신공공관리론, 넛지이론 비교

구분	신공공관리론	넛지이론
학문적 토대	신고전학파 경제학, 공공선택론	행동경제학
합리성	완전한 합리성, 경제학 합리성	제한된 합리성, 생태적 합리성
이념적 기초	신자유주의, 시장주의	자유주의적 개입주의
정부 역할의 근거와 한계	시장실패와 제도실패, 정부실패	행동적 시장실패와 정부실패
공무원상	정치적 기업가	선택설계자
정부정책 목표	고객주의, 개인의 이익 증진	행동변화를 통한 삶의 질↑
정책 수단	경제적 인센티브	넛지
정부개혁 모델	기업가적 정부	넛지정부

정답 ④

정답찾기 (90)

① A: 신공공관리론의 학문적 토대는 신고전학파 경제학인데, <u>넛지이론은 행동경제학</u>에 해당한다.

오답피하기

B: 신공공관리론은 효율성을 증대하여 고객 대응성을 높이자는 목표를 가지는데, 넛지이론은 행동변화를 통해서 삶의 질을 높이는 것이 목표야.
C: 신공공관리론에서는 경제적 합리성을 가정하지만, 넛지이론에서는 제한된 합리성을 가정하지.
D: 신공공관리론에서는 공무원이 정치적 기업가가 되길 원하지만 넛지이론에서는 선택설계자가 되길 바라지.

정답 ①

91

넛지(Nudge) 이론에 대한 설명으로 옳은 것은? 2024 지방 7급

① 자유주의적 개입주의 원리에 따라 시장기반의 경제적 인센티브 수단을 선호한다.
② 행동경제학에 기반하여 실험을 통한 귀납적 분석보다는 가정에 기초한 연역적 분석을 지향한다.
③ 정부의 역할 및 정책수단으로서 선택설계의 개념을 도입한다.
④ 인간의 휴리스틱은 인지적 오류와 행동편향을 방지한다.

출제유형 Ⅱ. 이론·제도 **출제영역** 넛지이론
출제빈도 ★★ **난도** 중

정답찾기
③ 넛지 이론은 행동경제학과 심리학적 통찰을 토대로 정부가 시민들의 선택 환경을 설계함으로써 바람직한 행동을 유도할 수 있다고 보기 때문에 정부의 역할 및 정책수단으로서 선택설계의 개념을 도입한다.

오답피하기
① 넛지 이론은 자유주의적 개입주의 원리에 따라 시장기반의 경제적 인센티브 수단을 선호하지 않는다. 오히려 넛지는 강제나 경제적 인센티브 없이 선택설계를 통해 행동변화를 유도하는 접근법이다.
② 넛지 이론은 행동경제학에 기반하여 실증적인 실험과 관찰을 통한 귀납적 분석을 중시한다.
④ 인간의 휴리스틱(직관적 판단)은 인지적 오류와 편향을 일으키는 원인이 되며, 넛지는 이러한 인간의 인지적 한계를 고려하여 행동변화를 유도한다.

정답 ③

CHAPTER 04 기출 OX

1. 해밀턴주의(Hamiltonianism)는 다원적 과정을 통한 이익집단 요구의 조정과 이를 가능하게 하는 견제와 균형을 중시한다. (O｜X)
2017 국가 7급

2. 테일러(Taylor)의 과학적관리론에서 업무와 인력의 적정한 결합은 관리자가 아닌 노동자에 의해 결정되어야 한다. (O｜X)
2021 국가 9급

3. 메이요(E. Mayo)의 호손실험을 통하여 조직 내 공식집단의 중요성이 부각되었다. (O｜X)
2013 지방 9급

4. 행태적 접근방법은 연구에서 가치와 사실을 구분하지 않는다. (O｜X)
2018 국가 7급

5. 행태론적 접근 방법은 외부 환경이 행정 체제에 영향을 미친다는 시각으로 환경에 대한 행정의 주체적인 역할을 경시했다는 비판을 받는다. (O｜X)
2021 지방 7급

6. 신행정학에서는 정부의 적극적 역할과 적실성 있는 정책의 수립을 강조하였다. (O｜X)
2015 국가 9급

7. 공공선택론은 개인이 아닌 공공조직을 분석의 기초단위로 채택함으로써 방법론적 개체주의에 반대한다. (O｜X)
2017 국가 7급 추가 채용

8. 니스카넨(Niskanen)에 따르면 최적의 서비스 공급 수준은 한계편익(Marginal Benefit)과 한계비용(Marginal Cost)이 일치하는 수준에서 결정된다. (O｜X)
2020 국가 7급

9. 티부(Tiebout)모형에서 공급되는 공공서비스는 지방정부 간에 파급효과 및 외부효과를 발생시킨다고 가정(Assumptions)한다. (O｜X)
2016 국가 9급

10. 신제도주의 접근방법에서는 제도를 공식적인 구조나 조직 등에 한정하지 않고, 비공식적인 규범 등도 포함한다. (O｜X)
2020 국가 9급

11. 신공공관리론은 작은정부를 적극적으로 옹호한다. (O｜X)
2020 지방 9급

12. 피터스(G. Peters)의 정부모형 중 유연정부모형은 변화하는 정책수요에 맞춰 탄력적으로 구성원들을 활용함으로써 이들의 조직과 업무에 대한 몰입도를 높인다. (O｜X)
2019 국가 7급

13. 뉴거버넌스가 새로운 국정관리시스템으로 정착되기 위해서는 정부와 시장 그리고 시민사회가 수평적 네트워크를 구축해야만 한다. (O｜X)
2015 경찰간부

14. 신공공서비스론에서는 시민을 주인이 아닌 고객의 관점으로 볼 것을 강조하였다. (O｜X)
2015 국가 9급

15. 포스트모더니즘은 맥락 의존적인 진리를 강조한다. (O｜X)
2018 서울 9급

---

1. 매디슨주의(Madisonianism)는 다원적 과정을 통한 이익집단 요구의 조정과 이를 가능하게 하는 견제와 균형을 중시한다. ✗

2. 테일러(Taylor)의 과학적관리론에서 업무와 인력의 적정한 결합은 노동자가 아닌 관리자에 의해 결정되어야 한다. ✗

3. 메이요(E. Mayo)의 호손실험을 통하여 조직 내 비공식집단의 중요성이 부각되었다. ✗

4. 행태적 접근방법은 연구에서 가치와 사실을 구분한다. ✗

5. 생태론적 접근 방법은 외부 환경이 행정 체제에 영향을 미친다는 시각으로 환경에 대한 행정의 주체적인 역할을 경시했다는 비판을 받는다. ✗

6. 신행정학에서는 정부의 적극적 역할과 적실성 있는 정책의 수립을 강조하였다. O

7. 공공선택론은 개인을 분석의 기초단위로 채택함으로써 방법론적 개체주의를 지향한다. ✗

8. 니스카넨(Niskanen)에 따르면 최적의 서비스 공급 수준은 한계편익(Narginal Benefit)과 한계비용(Marginal Cost)이 일치하는 수준에서 결정된다. O

9. 티부(Tiebout)모형에서 공급되는 공공서비스는 지방정부 간에 파급효과 및 외부효과를 발생시키지 않는다고 가정(Assumptions)한다. ✗

10. 신제도주의 접근방법에서는 제도를 공식적인 구조나 조직 등에 한정하지 않고, 비공식적인 규범 등도 포함한다. O

11. 신공공관리론은 작은정부를 적극적으로 옹호한다. O

12. 피터스(G. Peters)의 정부모형 중 유연정부모형은 변화하는 정책수요에 맞춰 탄력적으로 구성원들을 활용함으로써 이들의 조직과 업무에 대한 몰입도를 떨어뜨린다. ✗

13. 뉴거버넌스가 새로운 국정관리시스템으로 정착되기 위해서는 정부와 시장 그리고 시민사회가 수평적 네트워크를 구축해야만 한다. O

14. 신공공서비스론에서는 시민을 고객이 아닌 주인의 관점으로 볼 것을 강조하였다. ✗

15. 포스트모더니즘은 맥락 의존적인 진리를 강조한다. O

CHAPTER 04 키워드

1. _____ 은 '행정의 연구(The Study of Administration)'에서 엽관주의의 폐해를 제거하기 위하여 실적주의를 도입하고자 하였다.   2016 지방 7급   윌슨(W. Wilson)

2. _____ 는 시간과 동작에 관한 연구를 통해 최선의 방법을 추구하였다.   2016 서울 7급   테일러(P. Taylor)

3. _____ 실험은 테일러의 과학적 관리법을 비판한 것으로 인간관계론의 이론적 틀을 마련하였다.   2016 서울 7급   호손

4. _____ 는 연구에서 가치와 사실을 구분하여 가치를 배제하고 사실 위주의 연구를 지향한다.   2018 국가 7급   행태주의

5. _____ 은 가우스(J. Gaus)와 리그스(F. Riggs)등이 발전시킨 이론으로 중범위이론의 구축에 자극을 주어 행정학의 과학화에 기여하였다.   2015 서울 7급   생태론

6. _____ 은 적실성, 참여, 변화, 가치, 사회적 형평성 등에 기초한 행정의 독자적 주체성을 강조한다.   2016 교행 9급   신행정론

7. 현상학적 접근방법에서는 인간의 의도된 행위와 표출된 행위를 구별하고, 관심 분야는 _____ 행위에 두어야 한다.   2012 국가 7급   의도된

8. _____ 은 공공부문의 비시장적 의사결정을 경제학적으로 연구하며, 전통적인 관료제를 비판하였다.   2016 사회복지   공공선택론

9. 니스카넨(W. Niskanen)의 '_____ 모형'에 의하면 정치가는 사회후생의 극대화를 추구하여 총편익과 총비용의 차이인 순편익이 최대가 되는 수준에서 공공서비스를 공급하려 한다.   2011 지방 7급   예산극대화

10. _____ 접근방법에서는 제도를 공식적인 구조나 조직 등에 한정하지 않고, 비공식적인 규범 등도 포함한다.   2020 국가 9급   신제도주의

11. _____ 은 수익자부담 원칙 강화, 경쟁원리 강화, 민영화 확대, 규제의 완화 또는 철폐 등을 제시한다.   2015 서울 9급   신공공관리론

12. _____ 정부모형의 문제진단기준은 관료적 계층제에 있으며, 구조개혁 방안으로 평면조직을 제안한다.   2013 국회 8급   참여적

13. 신공공서비스론에서는 _____ 을 공유된 가치에 대한 담론의 결과물로 인식한다.   2017 사회복지   공익

14. _____ 은 진리의 기준은 맥락 의존적이라고 보면서, 행정에 있어서의 상상, 해체, 타자성 등을 강조하였다.   2016 서울 7급   포스트모더니즘

Memo

김규대 행정학
단원별 기출문제집
1200제

제 2 편
정책론

Chapter 01 정책과 정책학
Chapter 02 정책의제
Chapter 03 정책분석과 미래예측
Chapter 04 정책결정
Chapter 05 정책집행
Chapter 06 정책평가와 환류
Chapter 07 기 획

CHAPTER 01 정책과 정책학

대표문제

01 ☐☐☐   0204

리플리(Ripley)와 프랭클린(Franklin)이 제시한 경쟁적 규제정책에 해당하는 것은?   2025 국가 9급

① 특정 기업에게 특정 노선의 항공 운항권 부여
② 공공요금 책정
③ 최저임금제도 및 근로시간 제한
④ 환경 문제를 개하기 위한 규제

출제유형 Ⅰ. 기본개념   **출제영역** 정책유형

출제빈도 ★★★   **난도** 중

정답찾기
① 특정 기업에게 특정 노선의 항공 운항권을 부여하는 것은 경쟁적 규제정책의 예이다. 이는 희소한 자원에 대한 접근을 제한하고 그 혜택을 특정 집단에게 부여하는 정책이다.

오답피하기
② 공공요금 책정은 기존 사업자를 외부 경쟁으로부터 보호하는 보호적 규제정책에 해당한다.
③ 최저임금제도와 근로시간 제한은 사회 전체의 복리를 위한 보호적 규제에 해당한다.
④ 환경규제는 사회 전체의 복리 증진을 위한 보호적 규제에 해당한다.

정책의 유형: 정책 성격에 따른 분류

구분	유형
T.J. Lowi	분배, 구성, 규제, 재분배
Almond & Powell	분배, 규제, 상징, 추출정책
Ripley & Franklin	분배, 경쟁적 규제, 보호적 규제, 재분배
Salisbury	분배, 규제, 재분배, 자율규제 정책

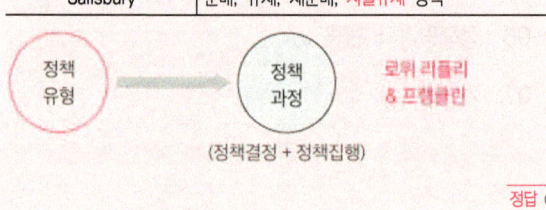

정답 ①

제1절 정책학의 등장과 정책의 본질

02 ☐☐☐   0205

정책학의 발전과정에 대한 설명으로 옳은 것은?   2022 지방 7급

① 드로어(Dror)는 정책결정의 방법, 지식, 체제에 관심을 두어야 한다고 주장하고, 정책결정체제에 대한 이해와 정책결정의 개선을 강조하였다.
② 정책의제 설정이론은 정책의제의 해결방안 탐색을 강조하며, 문제가 의제로 설정되지 않는 비결정(nondecision making) 상황에 관하여는 관심이 적다.
③ 라스웰(Lasswell)은 정책과정에 관한 지식보다 정책에 필요한 지식이 더 중요하며, 사회적 가치는 분석 대상에서 제외해야 함을 강조하였다.
④ 1950년대에는 담론과 프레임을 통한 문제구조화에 관심이 높아 OR(operation research)과 후생경제학의 기법 활용에는 소홀하였다.

출제유형 Ⅰ. 기본개념   **출제영역** 정책학의 발전과정

출제빈도 ★   **난도** 상

정답찾기
① 드로어(Dror)는 정책결정의 방법, 지식, 체제에 관심을 두어야 한다고 주장하고, 정책결정체제에 대한 이해와 정책결정의 개선을 강조하였다.

오답피하기
② 정책의제 설정이론은 정책의제의 해결방안 탐색을 강조하고, 문제가 의제로 설정되지 않는 비결정(nondecision making) 상황에 관하여서도 무의사결정으로 관심을 가진다.
③ 라스웰(Lasswell)은 정책과정에 관한 지식뿐만 아니라 정책에 필요한 지식 모두 중요하며, 사회적 가치는 분석 대상에 포함되어야 함을 함을 강조하였다.
④ 1950년대에는 행태주의는 사실중심의 가치중립적 연구에 관심이 높아 OR(operation research)과 후생경제학의 기법 활용에 적극적이었다.

최적모형(Y. Dror)

합리성 + 초합리성   직관적 판단(경험 & 통찰력)으로 보완

초정책 결정단계 → 정책 결정단계 → 후정책 결정단계

- 초정책 결정단계: 정책결정을 위한 정책결정, 상위정책 결정 (Meta-Policy Making)
- 후정책 결정단계: 정책집행에 대한 동기부여, 정책집행, 정책평가, 커뮤니케이션 및 환류

특징
- 정책결정체제의 성과를 최적화하려는 질적 모형
- 합리모형의 비현실성과 점증모형의 보수성을 모두 경계
- 계량적 분석분만 아니라 직관적 판단에 의한 결정도 중시
- 합리성과 초합리성 중시하면서 혁신적 정책전환 모색

정답 ①

03　　　　　　　　　　　　　　　　　　　0206

정책학의 발달에 대한 설명으로 옳지 않은 것은?　2024 지방 7급

① 1951년 「정책지향(Policy Orientation)」이라는 논문은 정책학의 정체성 확립에 기여하였다.
② 라스웰(Lasswell)은 1971년 『정책학 소개(A Pre-View of Policy Sciences)』에서 맥락지향성, 이론지향성, 연합학문지향성을 제시하였다.
③ 1980년대 정책학의 연구는 정책형성, 집행, 평가, 변동 등 다양한 분야로 확대되었다.
④ 드로(Dror)는 정책결정 단계를 상위정책결정(meta-policy making), 정책결정(policymaking), 정책결정 이후(post-policymaking)로 나누는 최적모형을 제시하였다.

출제유형 Ⅰ. 기본개념　　**출제영역** 정책학의 발전과정
출제빈도 ★　　난도 상

정답찾기
② 라스웰(Lasswell)은 1971년 『정책학 소개(A Pre-View of Policy Sciences)』에서 맥락지향성, <u>문제지향성</u>, 연합학문지향성을 제시하였다.

오답피하기
① 1951년 「정책지향(Policy Orientation)」이라는 논문은 정책학의 정체성 확립에 기여하였다.
③ 1980년대 정책학의 연구는 정책형성, 집행, 평가, 변동 등 다양한 분야로 확대되었다.
④ 드로(Dror)는 정책결정 단계를 상위정책결정(meta-policymaking), 정책결정(policymaking), 정책결정 이후(post-policymaking)로 나누는 최적모형을 제시하였다.

정답 ②

04　　　　　　　　　　　　　　　　　　　0207

라스웰(Lasswell)의 정책지향(Policy Orientation)의 내용에 대한 설명으로 가장 옳지 않은 것은?　2018 서울 1회 7급

① 정책학은 사회문제의 해결을 지향해야 한다.
② 정책과정에 관한 지식은 규범적, 처방적 지식을 의미한다.
③ 정책적 의사결정을 사회적 과정의 부분에 해당한다고 본다.
④ 다양한 연구방법의 사용을 장려한다.

출제유형 Ⅳ. 학자문제　　**출제영역** 정책학 등장
출제빈도 ★　　난도 중

정답찾기
② 라스웰(Lasswell)에 의하면 정책과정의 합리화를 위해서는 정책과정에 '관한' 지식과 정책과정에 '필요한' 지식의 제공이 필요하다고 본다. 정책과정에 '관한' 지식은 정책이 어떻게 형성되어 산출로 이어지는가에 대한 <u>경험적·실증적 지식</u>을 의미한다. 반면 <u>정책과정에 '필요한' 지식</u>은 사회문제의 해결을 위해 실질적인 정책과정에 활용되어 정책형성·결정·집행·평가에 도움을 주는 <u>규범적·처방적 지식</u>을 의미한다.

오답피하기
① '정책지향'에서 정책학은 사회문제의 해결이라는 실천적 목표를 지향해야 한다.
③ 라스웰(Lasswell)은 정책적 의사결정이 사회적 과정의 부분에 해당된다고 본다.
④ 정책학은 범학문적 성격과 방법론상의 다양성을 갖는다고 보았다.

행복노트
정책학의 발달

정답 ②

05 ⬜⬜⬜ 0208

성과의 측정은 투입(Input)지표, 산출(Output)지표, 성과(Outcome)지표, 영향(Impact)지표 등을 통하여 이루어진다. 아래의 사례에서 성과지표에 해당하는 것은?

2014 서울 9급

> 고용노동부에서는 2013년도에 10억 원의 예산을 투입하여 강사 50명을 채용하고, 200명의 교육생에게 연 300시간의 직업교육을 실시하였다. 교육 이수 후 200명 중에서 50명이 취업하였으며, 이를 통하여 국가경쟁력이 3% 제고되었다.

① 10억 원의 예산
② 200명의 교육생
③ 연 300시간의 교육
④ 50명의 취업
⑤ 3%의 국가경쟁력 제고

출제유형 Ⅰ. 기본개념   **출제영역** 정책의 효과
출제빈도 ★   **난도** 중

정답찾기
④ 취업생 50명은 성과지표에 해당한다. 성과란 정책 산출이 정책대상자에게 가져온 최종적이고 직접적인 변화를 말한다.

오답피하기
① 투입된 10억 원의 예산은 투입지표이다.
② 200명의 교육생은 산출지표에 해당한다. 산출은 중간산출을 의미한다.
③ 연 300시간의 교육은 산출지표에 해당한다.
⑤ 3%의 국가경쟁력 제고는 영향지표에 해당한다. 영향은 사회전반에 미친 영향을 의미한다.

정답 ④

06 ⬜⬜⬜ 0209

살라몬(Salamon)의 정책수단 유형 중 직접 수단에 해당하는 것은?

2021 국가 7급

① 사회적 규제
② 보조금
③ 조세지출
④ 공기업

출제유형 Ⅳ. 학자문제   **출제영역** 정책수단
출제빈도 ★★   **난도** 중

정답찾기
④ 공기업은 살라몬(Salamon)의 정책수단 유형 중 직접 수단에 해당한다.

오답피하기
① 사회적 규제는 직접성 정도가 중간 정도인 행정수단이다.
② 보조금은 직접성 정도가 낮은 정도인 행정수단이다.
③ 조세지출은 직접성 정도가 중간 정도인 행정수단이다.

행복노트

살라몬(Salamon)의 정책수단의 유형(직접성)

직접성	행정수단	효과성	효율성	형평성	관리가능성	정당성
낮음	손해 책임법, 보조금, 대출보증, 정부출자기업, 바우처	낮음	높음	낮음	낮음	높음
중간	조세 지출, 계약, 사회규제, 벌금 부과금	낮음/중간	중간	낮음	낮음	높음
높음	정부소비, 직접대출, 정부제공, 보험, 공기업, 경제규제	높음	중간	높음	높음	낮음

행복한 합격 TIP

Salamon의 정책수단의 유형(직접성)
직접성이 높은 수단: 살라살라! 소대 제보 공경!

정답 ④

07 □□□ 0210

살라몬(L. M. Salamon)이 제시한 정책수단의 유형에서 직접적 수단으로만 묶은 것은?

2018 국가 9급

> ㄱ. 조세지출(Tax Expenditure)
> ㄴ. 경제적 규제(Economic Regulation)
> ㄷ. 정부소비(Direct Government)
> ㄹ. 사회적 규제(Social Regulation)
> ㅁ. 공기업(Government Corporation)
> ㅂ. 보조금(Grant)

① ㄱ, ㄴ, ㄷ
② ㄱ, ㄹ, ㅂ
③ ㄴ, ㄷ, ㅁ
④ ㄹ, ㅁ, ㅂ

출제유형 Ⅳ. 학자문제 **출제영역** 정책수단
출제빈도 ★★   난도 중

정답찾기
③ 직접적 수단으로만 묶여진 것은 ㄴ. 경제적 규제, ㄷ. 정부소비, ㅁ. 공기업이다.

오답피하기
ㄱ. 조세지출은 직접성 정도가 중간 정도인 행정수단이다.
ㄹ. 사회적 규제는 직접성 정도가 중간 정도인 행정수단이다.
ㅂ. 보조금은 직접성 정도가 낮은 정도인 행정수단이다.

정답 ③

08 □□□ 0211

살라몬(Salamon)의 정책수단유형 중 간접수단에 해당하는 것은?

2016 국가 7급

① 경제적 규제
② 조세지출
③ 직접대출
④ 공기업

출제유형 Ⅳ. 학자문제 **출제영역** 정책수단
출제빈도 ★★   난도 중

정답찾기
② 조세지출은 직접성 정도가 중간 정도인 행정수단이다.

오답피하기
① 경제적 규제는 직접적 수단에 해당한다.
③ 직접대출은 직접적 수단에 해당한다.
④ 공기업은 직접적 수단에 해당한다.

살라몬(Salamon)의 정책수단의 유형(직접성)

직접성	행정수단	효과성	효율성	형평성	관리 가능성	정당성
낮음	손해 책임법, 보조금, 대출보증, 정부출자기업, 바우처	낮음	높음	낮음	낮음	높음
중간	조세 지출, 계약, 사회규제, 벌금 부과금	낮음/중간	중간	낮음	낮음	높음
높음	정부소비, 직접대출, 정부제공, 보험, 공기업, 경제규제	높음	중간	높음	높음	낮음

TIP
Salamon의 정책수단의 유형(직접성)
직접성이 높은 수단: 살라살라! 소대 제보 공경!

정답 ②

09　　　0212

살라몬(Salamon)의 정책도구 분류에서 강제성이 가장 높은 것은?

2022 지방 9급

① 경제적 규제　② 바우처
③ 조세지출　④ 직접대출

10　　　0213

베덩(Vedung)이 강제성의 정도에 따라 분류한 정책수단에 해당하지 않는 것은?

2025 지방 9급

① 규제적 도구
② 종교적 도구
③ 경제적 도구
④ 정보적 도구

출제유형 ⅳ. 학자문제　**출제영역** 정책수단
출제빈도 ★★　**난도** 중

정답찾기
① 살라몬(Salamon)의 정책도구 분류에서 강제성이 가장 높은 것은 경제적 규제이다.

오답피하기
② 바우처는 강제성이 중간 정도의 행정수단이다.
③ 조세지출은 강제성이 낮은 수준의 행정수단이다.
④ 직접대출은 강제성이 중간 정도의 행정수단이다.

행복노트
살라몬(Salamon)의 정책수단의 유형(강제성)

직접성	행정수단	효과성	효율성	형평성	관리가능성	정당성
낮음	손해 책임법, 정보제공, 조세지출	낮음	중간	낮음	중간	높음
중간	바우처, 보험, 보조금, 공기업, 대출보증, 직접대출, 벌금	중간	높음	중간	중간	중간
높음	경제적 규제, 사회적 규제	높음	높음/낮음	높음	낮음	높음/낮음

정답 ①

출제유형 ⅳ. 학자문제　**출제영역** 정책수단
출제빈도 ★★　**난도** 중

정답찾기
② 베덩(Vedung)은 강제성의 정도에 따라 정책수단을 규제적 도구(regulatory instruments), 경제적 도구(economic instruments), 정보적 도구(informational instruments)로 분류했다. 종교적 도구는 베덩의 분류에 포함되지 않는다..

오답피하기
① 규제적 도구는 베덩이 분류한 정책수단 중 하나로, 강제성이 가장 높은 도구이다.
③ 경제적 도구는 베덩이 분류한 정책수단 중 하나로, 중간 정도의 강제성을 가진 도구이다.
④ 정보적 도구는 베덩이 분류한 정책수단 중 하나로, 강제성이 가장 낮은 도구이다.

정답 ②

제2절 정책유형과 정책과정

11 ☐☐☐ 0214

정책의 유형과 분류에 대한 설명으로 가장 옳은 것은?

2018 서울 1회 7급

① 로위(Lowi)의 정책 분류는 다원주의와 엘리트주의를 통합하려는 노력의 일환으로 볼 수 있다.
② 알몬드와 파우얼(Almond & Powell)에 따르면 조세 및 부담금 등은 재분배정책으로 볼 수 있다.
③ 로위(Lowi)는 군인연금에 관한 정책을 분배정책으로 분류한다.
④ 로위(Lowi)의 정책 분류에 따라 정책에 대한 조작적 정의(Operationalization)가 용이해졌다.

12 ☐☐☐ 0215

정책유형에 대한 설명으로 가장 옳지 않은 것은?

2018 서울 9급

① 로위(Lowi)는 정책의 유형에 따라 정책의 결정 및 집행과정이 달라진다고 보았으며, 정책유형에 따라 정치적 관계가 달라질 것으로 가정하고 있다.
② 로위(Lowi)는 정책유형을 배분정책, 구성정책, 규제정책, 재분배 정책으로 구분하였으며, 구분의 기준이 되는 것은 강제력의 행사 방법(간접적, 직접적)과 비용의 부담주체(소수에 집중 아니면 다수에 분산)이다.
③ 로위(Lowi)의 분류 중 재분배정책의 예는 연방은행의 신용통제, 누진소득세, 사회보장제도이고, 구성정책의 예는 선거구 조정, 기관신설 등이다.
④ 리플리 & 프랭클린(Ripley & Franklin)은 보호적 규제 정책을 제시하는데, 이는 소수자나 사회적 약자, 그리고 일반대중을 보호하기 위해서 개인이나 집단의 권리 행사나 행동의 자유를 제한하는 정책이다.

출제유형 Ⅰ. 기본개념　**출제영역** 정책의 유형
출제빈도 ★★★　**난도** 상

정답찾기
① 로위(Lowi)는 규제정책은 다원주의적 정책결정, 재분배정책은 엘리트주의적 정책결정이 이루어진다고 보아 다원주의와 엘리트주의의 통합을 추구하였다.

오답피하기
② 알몬드와 파우얼(Almond & Powell)에 따르면 조세 및 부담금 등은 추출정책에 해당한다.
③ 로위(Lowi)는 보수나 연금에 관한 정책을 구성정책으로 분류한다.
④ 로위(Lowi)의 분류는 연역적 추론에 따른 것이고 분류된 정책들이 상호배타적이지 못하고 정책분류에서 사용한 기본 개념들의 모호함이 조작화(Operationalization)를 어렵게 하는 단점이 있다.

행복노트

정책의 유형: 정책 성격에 따른 분류

T. J. Lowi	분배, 구성, 규제, 재분배
Almond & Powell	분배, 규제, 상징, 추출정책
Ripley & Franklin	분배, 경쟁적 규제, 보호적 규제, 재분배
Salisbury	분배, 규제, 재분배, 자율규제 정책

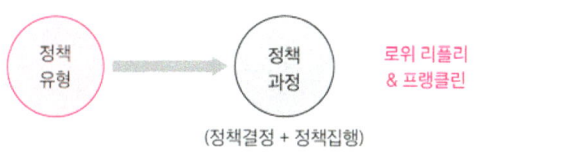

(정책결정 + 정책집행)

정답 ①

출제유형 Ⅰ. 기본개념　**출제영역** 정책의 유형
출제빈도 ★★★　**난도** 상

정답찾기
② 로위(Lowi)는 수직적 차원에서 강제력의 행사방법(직접적, 간접적)과 수평적 차원에서 강제력의 적용대상(개인의 행위·행위의 환경)을 기준으로 정책을 네 가지로 나누었다.

오답피하기
① 로위(Lowi)는 정책유형에 따라 정책과정이 달라진다고 보고 정책을 유형화하였다.
③ 연방은행의 신용통제, 누진소득세, 사회보장제도는 재분배정책의 예이고 선거구 조정 및 정부기관 신설은 구성정책의 예이다.
④ 리플리 & 프랭클린(Ripley & Franklin)은 보호적 규제정책을 제시하는데, 이는 소수자나 사회적 약자, 그리고 일반대중을 보호하기 위해서 개인이나 집단의 권리 행사나 행동의 자유를 제한하는 정책이다.

정답 ②

13

로위(Lowi)는 강제력의 행사방법과 강제력의 적용영역 차이에 따라 정책을 네 가지(A~D)로 유형화하고, 정책유형별 특징과 사례를 제시하였다. 이에 대한 설명으로 옳지 않은 것은?

2016 지방 7급

강제력의 행사방법 \ 강제력의 적용영역	개별적 행위	행위의 환경
간접적	A	B
직접적	C	D

① A에서는 정책내용이 세부단위로 쉽게 구분되고 각 단위는 다른 단위와 별개로 처리될 수 있다.
② B에는 선거구 조정, 정부조직이나 기구 신설, 공직자 보수 등에 관한 정책이 포함된다.
③ C에서는 피해자와 수혜자가 명백하게 구분되며 정책결정자와 집행자가 서로 결탁하여 갈라먹기식(Log-rolling)으로 정책을 결정하는 것이 어렵다.
④ D에서는 지방적 수준에서 분산적인 정책결정이 이루어진다.

출제유형 Ⅰ. 기본개념 **출제영역** 정책의 유형
출제빈도 ★★★ **난도** 중

정답찾기
A는 분배정책, B는 구성정책, C는 규제정책, D는 재분배정책이다.
④ 재분배정책(D)는 고소득층으로부터 많은 조세를 징수하여 저소득층에게 사회보장지출을 하여 소득의 재분배를 도모하는 정책으로 국가수준의 집중적 정책결정이 이루어진다.

오답피하기
③ 규제정책(C)은 정책 수혜자와 피해자를 선택하여 정책을 결정하므로 피해자와 수혜자가 명백하게 구분된다.

행복노트
로위(Lowi)의 분류

구 분		강제력 적용 대상	
		개별적 행위	행위의 환경
강제력 행사방법	간접적	분배정책 사회간접자본, 국가보조금	구성정책 선거구조정, 기관신설
	직접적	규제정책 불공정경쟁, 과대광고규제	재분배정책 누진소득세, 사회보장제도

[한계] ─ 분류된 정책들이 상호 배타적이지 못함
       └ 정책분류에 사용한 개념의 모호함으로 인해 조작화 곤란

정답 ④

14

로위(Lowi)의 정책유형과 그에 대한 설명으로 옳은 것만을 모두 고르면?

2021 국가 9급

ㄱ. 규제정책은 특정 개인이나 집단에 대한 선택의 자유를 제한하는 유형의 정책으로 강제력이 특징이다.
ㄴ. 분배정책의 사례에는 FTA협정에 따른 농민피해 지원, 중소기업을 위한 정책자금지원, 사회보장 및 의료보장정책 등이 있다.
ㄷ. 재분배정책은 고소득층으로부터 저소득층으로 소득이전을 목적으로 하기 때문에 계급대립적 성격을 지닌다.
ㄹ. 재분배정책의 사례로는 저소득층을 위한 근로장려금 제도, 영세민을 위한 임대주택 건설, 대덕 연구개발 특구 지원 등이 있다.
ㅁ. 구성정책은 정부기관의 신설과 선거구 조정 등과 같이 정부기구의 구성 및 조정과 관련된 정책이다.

① ㄱ, ㄴ, ㄷ
② ㄱ, ㄷ, ㅁ
③ ㄴ, ㄹ, ㅁ
④ ㄷ, ㄹ, ㅁ

출제유형 Ⅰ. 기본개념 **출제영역** 정책의 유형
출제빈도 ★★★ **난도** 중

정답찾기
ㄱ. 규제정책은 특정 개인이나 집단에 대한 선택의 자유를 제한하는 유형의 정책으로 강제력이 특징이다.
ㄷ. 재분배정책은 고소득층으로부터 저소득층으로 소득이전을 목적으로 하기 때문에 계급대립적 성격을 지닌다.
ㅁ. 구성정책은 정부기관의 신설과 선거구 조정 등과 같이 정부기구의 구성 및 조정과 관련된 정책이다.

오답피하기
ㄴ. 분배정책의 사례에는 FTA협정에 따른 농민피해 지원, 중소기업을 위한 정책자금지원을 들 수 있으나 사회보장 및 의료보장정책은 재분배정책에 해당한다.
ㄹ. 재분배정책의 사례로는 저소득층을 위한 근로장려금 제도, 영세민을 위한 임대주택 건설을 들 수 있으나, 대덕 연구개발 특구 지원은 분배정책에 해당한다.

행복노트
로위(Lowi)의 분류

구 분		강제력 적용 대상	
		개별적 행위	행위의 환경
강제력 행사방법	간접적	분배정책 사회간접자본, 국가보조금	구성정책 선거구조정, 기관신설
	직접적	규제정책 불공정경쟁, 과대광고규제	재분배정책 누진소득세, 사회보장제도

[한계] ─ 분류된 정책들이 상호 배타적이지 못함
       └ 정책분류에 사용한 개념의 모호함으로 인해 조작화 곤란

정답 ②

15
로위(Lowi)의 정책분류와 그 특징을 연결한 것 중 옳지 않은 것은?

2014 지방 9급

① 배분정책 – 재화와 서비스를 사회의 특정 부분에 배분하는 정책으로 수혜자와 비용부담자 간 갈등이 발생한다.
② 규제정책 – 특정 개인이나 집단에 대한 선택의 자유를 제한하는 유형의 정책으로 정책불응자에게는 강제력을 행사한다.
③ 재분배정책 – 고소득층으로부터 저소득층으로의 소득이전을 목적으로 하기 때문에 계급대립적 성격을 지닌다.
④ 구성정책 – 정부기관의 신설과 선거구 조정 등과 같이 정부기구의 구성 및 조정과 관련된 정책이다.

16
다음 괄호 안에 들어갈 용어를 옳게 짝지은 것은?

2017 지방 7급

(㉠)은/는 의회에서 이권과 관련된 법안을 해당 의원들이 서로에게 이익이 되도록 협력하여 통과시키거나, 특정이익에 대한 수혜를 대가로 상대방이 원하는 정책에 동의해 주는 방식으로 이루어진다. 반면, (㉡)은/는 각종 개발 사업과 관련된 법안이나 정책 교부금을 둘러싸고 의원들이 그 혜택을 서로 나누어 가지려고 노력하는 현상을 말한다.

	㉠	㉡
①	로그롤링(Log Rolling)	포크배럴(Pork Barrel)
②	로그롤링(Log Rolling)	지대추구(Rent Seeking)
③	지대추구(Rent Seeking)	로그롤링(Log Rolling)
④	포크배럴(Pork Barrel)	로그롤링(Log Rolling)

출제유형 Ⅰ. 기본개념　**출제영역** 정책의 유형
출제빈도 ★★★　난도 중

정답찾기
① 배분정책은 세금을 재원으로 서비스를 불특정다수(민간 및 정부)에게 나누어 주는 정책을 의미한다. 배분정책은 수혜자 집단 간에 최소한의 승리감을 안겨 줄 수 있는 정책이므로 수혜자와 비용부담자 간 갈등이 없어서 추진하기가 용이하고 정부 당국의 정책에 대한 자율성은 그만큼 크다.

행복노트
로위(Lowi)의 분류

구 분	개 념	특 징	예	주 도
분배정책	서비스 분배 개별적 영향 조정	포크배럴, 로그롤링, 철의 삼각, 비영합게임, 능률성, 효과성	공원조성 국유지불하 SOC구축	의회
규제정책	제약, 억제	갈등과 타협, 다원주의 정치, 합법성 강조	불공정거래규제, 포획/지대추구 공정거래법	이익집단
재분배정책	이전소득	영합게임, 계급대립, 수직적 공평성	누진세, 사회보장정책	엘리트
구성정책	체제의 구조, 운영	모든 국민 대상 국가수준협상, 타협 정치적 적합성	선거구의 조정 기관신설, 선전	정당

행복한 평가 TIP
정책의 유형: 정책 성격에 따른 분류
로위: low(네트 낮게) 배구 규제~

정답 ①

출제유형 Ⅰ. 기본개념　**출제영역** 분배정책
출제빈도 ★★　난도 중

정답찾기
㉠ 의원들의 투표교환(로그롤링)을 뜻한다. 로그롤링(Log Rolling)은 이권이 결부된 몇 개의 법안을 관련 의원들이 서로 투표의 거래나 투표 담합 행위를 통해 통과시키는 행태를 협력하여 통나무를 굴리는 현상에 빗대어 일컫는 용어이다.
㉡ 포크배럴 정치를 말한다. 포크배럴(Pork Barrel)은 구유통 정치 또는 돼지고기통 정치라고도 하며, 이권 또는 정책 교부금을 얻으려고 모여드는 의원들이 마치 美남부의 농장에서 농장주가 돼지고기통에서 한 조각의 고기를 던져 줄 때 모여드는 노예와 같다는 뜻에서 유래하였다.

오답피하기
로위(Lowi)의 분류: 분배정책(= 배분정책)

국민에게 재화나 서비스를 제공하는 정책

- 넌제로섬 게임
- 개별화된 정책의 성격으로 상호불간섭 내지 수용
- 재원: 일반조세(국민 전체 부담)
  → 비용부담자 무관심
- 수혜자: 포크배럴(갈라먹기)
  로그롤링(타협)
  철의 삼각(상임위 – 관료 – 이익집단)

예시 수혜 특혜 금융, 사회간접자본 제공(국공립 학교, 항만, 고속도로, 신공항 등), 직업훈련사업, 기업/지자체에 대한 국가 보조금, 항만/연구개발비 지원, 주택자금 대출, 택지분양, 국유지불하, 농민을 위한 영농정보 제공

정답 ①

17 0220

분배정책에 대한 설명으로 옳지 않은 것은? 2015 서울 9급

① 이해당사자 간 제로섬(Zero Sum) 게임이 벌어지고 갈등이 발생될 가능성이 규제정책에 비해 상대적으로 더 크다.
② 일반적으로 포크배럴(Pork Barrel) 현상이 발생한다.
③ 도로, 다리의 건설, 국·공립학교를 통한 교육서비스의 제공 등이 분배정책에 해당한다.
④ 정책과정에서 이해당사자들이 서로 협력하는 로그롤링(Log Rolling) 현상이 발생한다.

출제유형 Ⅰ. 기본개념 **출제영역** 분배정책
출제빈도 ★★★ **난도** 중

정답찾기
① 규제정책이 배분정책에 비해 이해당사자 간 제로섬(Zero Sum) 게임이 벌어지고 갈등이 발생될 가능성이 상대적으로 더 크다.

정답 ①

18 0221

로위(Lowi)의 정책 유형에 대한 설명 중 분배정책에 해당하는 것만을 모두 고르면? 2020 국가 7급

ㄱ. 정책 과정에서 이해당사자들 간의 협상을 통해 비교적 안정적인 연합을 형성한다.
ㄴ. 누진소득세와 같이 이데올로기적인 기반에서 정책결정이 이루어진다.
ㄷ. 로그롤링(Log-rolling)이나 포크배럴(Pork Barrel)과 같은 정치적 현상이 나타난다.
ㄹ. 집단 사이의 갈등 수준이 상당히 높은 편이며, 개인이나 집단의 행위를 통제하기 위하여 정부의 강제력이 직접적으로 동원된다.

① ㄱ, ㄴ ② ㄱ, ㄷ
③ ㄴ, ㄷ ④ ㄷ, ㄹ

출제유형 Ⅰ. 기본개념 **출제영역** 분배정책
출제빈도 ★★★ **난도** 중

정답찾기
② 분배정책이란 정부가 조세를 통해 특정 집단에 권리나 이익 또는 재화나 서비스 등의 가치를 배분해주는 정책으로 정책과정에서 구성원 간에 ㄷ. 로그롤링(Log-rolling)이나 포크배럴(Pork Barrel)과 같은 정치적 현상이 나타나고, ㄱ. 정책 과정에서 이해당사자들 간의 협상을 통해 비교적 안정적인 연합을 형성한다.

오답피하기
ㄴ. 누진소득세와 같이 이데올로기적인 기반에서 정책결정이 이루어지는 것은 재분배정책이다.
ㄹ. 집단 사이의 갈등 수준이 상당히 높은 편이며, 개인이나 집단의 행위를 통제하기 위하여 정부의 강제력이 직접적으로 동원되는 것은 규제정책이다.

행복노트
로위(Lowi)의 분류: 분배정책(= 배분정책)

국민에게 재화나 서비스를 제공하는 정책

- 넌제로섬 게임
- 개별화된 정책의 성격으로 상호불간섭 내지 수용
- 재원: 일반조세(국민 전체 부담)
  → 비용부담자 무관심
- 수혜자: 포크배럴(갈라먹기)
  로그롤링(타협)
  철의 삼각(상임위 - 관료 - 이익집단)

예시 수혜 특혜 금융, 사회간접자본 제공(국공립 학교, 항만, 고속도로, 신공항 등), 직업훈련사업, 기업/지자체에 대한 국가 보조금, 항만/연구개발비 지원, 주택자금 대출, 택지분양, 국유지불하, 농민을 위한 영농정보 제공

정답 ②

19 ☐☐☐ 0222

정책을 규제정책, 분배정책, 재분배정책, 추출정책으로 분류할 때 저소득층을 위한 근로장려금 제도는 어느 정책으로 분류하는 것이 타당한가?

2015 지방 9급

① 규제정책 ② 분배정책
③ 재분배정책 ④ 추출정책

20 ☐☐☐ 0223

재분배정책에 대한 설명으로 옳지 않은 것은? 2013 지방 7급

① 표준운영절차나 상례적 절차를 확립하여 원활하게 집행할 가능성이 상대적으로 낮다.
② 부나 권리의 편중을 해소하기 위하여 정부가 가진 자와 못 가진 자의 분포를 인위적으로 변화시키려고 하는 정책이다.
③ 누진세·사회보장·사회간접자본정책 등이 그 예이다.
④ 정책참여자들 간 이해 대립으로 갈등이 발생할 가능성이 높다.

출제유형 Ⅰ. 기본개념 **출제영역** 재분배정책

출제빈도 ★★ 난도 중

정답찾기

③ 저소득층을 위한 근로장려금 부여 등 복지정책은 재분배정책에 속한다.

오답피하기

로위(Lowi)의 분류: 재분배정책

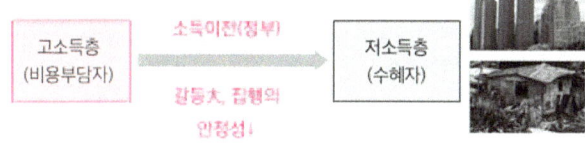

- 정부가 가진 자와 못 가진 자 분포를 인위적으로 변화시키려는 정책
- 정상연합에서 결정(계급대립과 이데올로기적 기반에서 결정)
- 규제정책보다 갈등 ↑ (제로섬 게임)
- 재산권 행사와 관련된 것이 아니라 재산 자체를 문제로 삼음
  → 평등한 대우의 문제가 아닌 평등한 소유를 문제 삼고 있음

예시 누진소득세 제도, 저소득층 세액 공제·감면, 각종 사회보장책 마련, 임대주택건설

정답 ③

출제유형 Ⅰ. 기본개념 **출제영역** 재분배정책

출제빈도 ★★ 난도 중

정답찾기

③ 누진세·사회보장은 재분배정책이 맞지만, 사회간접자본(SOC)정책은 배분정책에 해당한다.

오답피하기

① 어떤 계층의 희생을 전제로 다른 계층에게 혜택이 이전되는 정책이기 때문에 표준운영절차나 상례적 절차를 확립하여 원활하게 집행할 가능성이 상대적으로 낮다.
② 재분배정책은 부나 권리의 편중을 해소하기 위하여 정부가 가진 자와 못 가진 자의 분포를 인위적으로 변화시키려고 하는 정책이다.
④ 부와 소득 및 정치적 권리나 인권을 사회적 계층과 인종에 따라 인위적으로 배분하고자하는 계급 대립적 성격의 정책이기 때문에 정책참여자들 간 이해 대립으로 갈등이 발생할 가능성이 높다.

정답 ③

21　　　　　　　　　　　　　　　0224

로위(Lowi)가 제시한 구성정책의 사례로 옳지 않은 것은?

2019 지방 9급

① 공직자 보수에 관한 정책
② 선거구 조정 정책
③ 정부기관이나 기구 신설에 관한 정책
④ 국유지 불하 정책

출제유형 Ⅰ. 기본개념　　**출제영역** 구성정책
출제빈도 ★★　　　　　**난도** 하

정답찾기
④ 국유지 불하 정책은 분배정책에 해당한다.

오답피하기
구성 정책은 정부조직의 신설이나 선거구역의 획정 등 행정체제의 유지를 위한 정책을 의미하므로 ① 공직자 보수에 관한 정책, ② 선거구 조정 정책, ③ 정부기관이나 기구 신설에 관한 정책은 구성정책에 해당한다.

행복노트
로위(Lowi)의 분류: 구성정책

- 헌정수행에 필요한 운영규칙과 관련된 정책
- 선거구 조정, 정부 조직·기구 설립, 공직자의 보수에 관한 정책
- 상위정책(정책위의 정책)
- 대외적: 큰 영향×, 대내적: '게임의 법칙' 발생

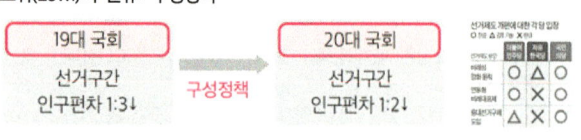
예시　정부기관 신설, 선거구 조정, 공직자(군인연금) 보수 결정

정답 ④

22　　　　　　　　　　　　　　　0225

로위(Lowi)의 정책유형 중 선거구의 조정 등 헌법상 운영규칙과 관련된 정책으로 가장 옳은 것은?

2019 서울 9급

① 구성정책　　② 배분정책
③ 규제정책　　④ 재분배정책

출제유형 Ⅰ. 기본개념　　**출제영역** 구성정책
출제빈도 ★★　　　　　**난도** 하

정답찾기
① 선거구의 조정 등은 헌정수행에 필요한 운영규칙에 관련된 정책으로 로위(Lowi)의 구성정책에 해당한다.

오답피하기
로위(Lowi)의 분류

구 분	개 념	특 징	예	주 도
분배정책	서비스 분배 개별적 영향 조정	포크배럴, 로그롤링, 철의 삼각, 비영합게임, 능률성, 효과성	공원조성 국유지불하 SOC구축	의회
규제정책	제약, 억제	갈등과 타협, 다원주의 정치, 합법성 강조	불공정거래규제, 포획/지대추구 공정거래법	이익집단
재분배 정책	이전소득	영합게임, 계급대립, 수직적 공평성	누진세, 사회보장정책	엘리트
구성정책	체제의 구조, 운영	모든 국민 대상 국가수준협상, 타협 정치적 적합성	선거구의 조정 기관신설, 선전	정당

행복한 합격 TIP

정책의 유형: 정책 성격에 따른 분류
로위: low(네트 낮게) 배구 규제~

정답 ①

23 ☐☐☐ 0226

리플리(Ripley)와 프랭클린(Franklin)의 경쟁적 규제정책에 대한 설명으로 옳지 않은 것은?
2022 국가 7급

① 국가가 소유한 희소한 자원에 대해 다수의 경쟁자 중에서 지정된 소수에게만 서비스나 재화를 공급하도록 규제한다.
② 선정된 승리자에게 공급권을 부여하는 대신에 이들에게 규제적인 조치를 하여 공익을 도모할 수 있다.
③ 경쟁적 규제정책의 예로는 주파수 할당, 항공노선 허가 등이 있다.
④ 정책집행 단계에서 규제받는 자들은 규제기관에 강하게 반발하거나 저항하기도 한다.

출제유형 Ⅰ. 기본개념 **출제영역** 경쟁적 규제정책
출제빈도 ★★ 난도 중

정답찾기
④ 정책집행 단계에서 규제받는 자들은 규제기관에 강하게 반발하거나 저항하기도 하는 것은 보호적 규제에 해당한다.

오답피하기
① 경쟁적 규제정책은 국가가 소유한 희소한 자원에 대해 다수의 경쟁자 중에서 지정된 소수에게만 서비스나 재화를 공급하도록 규제한다.
② 경쟁적 규제정책은 선정된 승리자에게 공급권을 부여하는 대신에 이들에게 규제적인 조치를 하여 공익을 도모할 수 있다.
③ 경쟁적 규제정책의 예로는 주파수 할당, 항공노선 허가 등이 있다.

Ripley & Franklin의 분류
경쟁적 규제정책: 경쟁 제한 정책
- 분배, 규제 정책 성격 동시에 지님
- 수혜자가 되기 위한 경쟁

예시 방송국 설립 인가, 항공노선 취항 허가

보호적 규제정책: 기업의 활동조건 설정(일반대중 보호 목적)
- 재분배 정책에 가까움
- 집행의 어려움: 소수의 비용부담집단, 다수의 수혜집단

예시 소비자보호법, 산업안전법, 최저임금제 실시, 근로기준법 마련, 개발제한구역 설정, 독과점 규제

정답 ④

24 ☐☐☐ 0227

리플리와 프랭클린(Ripley & Franklin)은 정책유형에 따라 집행과정의 특징이 다르다고 주장한다. 다음과 같은 특징이 있는 정책유형은?
2017 국가 7급

- 집행과정의 안정성과 정형화의 정도가 높다.
- 집행에 대한 갈등의 정도가 낮다.
- 집행을 둘러싼 이념적 논쟁의 정도가 낮다.
- 참여자 간 관계의 안정성이 높다.
- 작은 정부에 대한 요구와 압력의 정도가 낮다.

① 분배정책 ② 경쟁적 규제정책
③ 보호적 규제정책 ④ 재분배정책

출제유형 Ⅰ. 기본개념 **출제영역** 정책유형
출제빈도 ★★ 난도 중

정답찾기
① 지문의 내용은 분배정책의 특성이다. 분배정책은 공적재원으로 특정 또는 불특정다수인에게 서비스를 배분하는 정책으로 집행을 둘러싼 이데올로기의 논쟁의 정도가 가장 낮아서 갈등의 정도 또한 낮으며, 가장 용이하고 안정적으로 집행이 가능한 정책이다. 따라서 작은정부에 대한 압력의 정도도 가장 낮다.

오답피하기
리플리와 플랭클린(Ripley & Franklin)의 분류: 집행과정의 특징
집행의 난이도 < < <

구 분	분배정책	경쟁적 규제정책	보호적 규제정책	재분배정책
안정적 집행의 루틴화 가능성	높음	보통	낮음	낮음
관련자들 간의 동일성과 관계의 안정성	높음	낮음	낮음	높음
집행에 대한 논란과 갈등의 정도	낮음 (비영합)	보통	높음	높음 (영합)
관료의 집행 결정에 대한 반발 강도	낮음	보통	높음	높음
집행을 둘러싼 이데올로기의 정도	낮음	다소 높음	높음	매우 높음
정부활동의 감축을 원하는 압력의 강도	낮음	다소 높음	높음	높음

TIP
정책의 유형: 정책 성격에 따른 분류
Ripley & Franklin: 다시(Re) 만나기 전에 배경보재~

정답 ①

25 ☐☐☐ 0228

다음 〈보기〉 중 정책과 정책유형이 바르게 짝지어진 것은?

2015 국회 9급

보기
ㄱ. 영세민을 위한 임대주택 건설
ㄴ. 국토해양부를 국토교통부와 해양수산부로 분리
ㄷ. 4대강 사업
ㄹ. 기업의 대기오염 방지시설 의무화

	ㄱ	ㄴ	ㄷ	ㄹ
①	분배정책	구성정책	추출정책	상징정책
②	재분배정책	구성정책	상징정책	규제정책
③	규제정책	분배정책	재분배정책	상징정책
④	규제정책	재분배정책	추출정책	상징정책
	상징정책	추출정책	규제정책	구성정책

26 ☐☐☐ 0229

정책유형과 사례를 바르게 연결한 것만을 모두 고른 것은?

2014 국가 7급

ㄱ. 추출정책 - 부실기업 구조조정
ㄴ. 상징정책 - 노령연금제도
ㄷ. 규제정책 - 최저임금제도
ㄹ. 구성정책 - 정부조직 개편
ㅁ. 분배정책 - 신공항 건설
ㅂ. 재분배정책 - 지방자치단체에 지원되는 국고보조금

① ㄱ, ㄴ, ㅁ ② ㄱ, ㄹ, ㅂ
③ ㄴ, ㄷ, ㅂ ④ ㄷ, ㄹ, ㅁ

출제유형 Ⅰ. 기본개념　**출제영역** 정책유형

출제빈도 ★★　**난도** 중

정답찾기
ㄱ. '영세민을 위한 임대주택 건설'은 재분배정책으로서 부의 이전과 관련된 정책으로 사회보장정책과 계급·이전정책이 해당한다.
ㄴ. '국토해양부를 국토교통부와 해양수산부로 분리'는 구성정책으로서 행정체제와 관련된 정책으로 정부기관 신설과 선거구역 확정이 그 예이다.
ㄷ. '4대강 사업'은 상징정책으로서 정부가 정치체제에 대한 정당성과 신뢰성 및 국민 통합성을 증진시키기 위한 이미지나 상징과 관련된 정책이 해당한다.
ㄹ. '기업의 대기오염 방지시설 의무화'는 규제정책으로서 개인·집단 행동의 제약과 관련된 정책으로 환경규제, 안전규제, 진입규제 등이 속한다.

정답 ②

출제유형 Ⅰ. 기본개념　**출제영역** 정책유형

출제빈도 ★★　**난도** 중

정답찾기
ㄷ. 최저임금제도는 규제정책이다.
ㄹ. 정부조직 개편은 구성정책이다.
ㅁ. 신공항 건설은 분배정책이다.

오답피하기
ㄱ. 부실기업 구조조정은 강제퇴출 형태의 규제정책이다.
ㄴ. 노령연금제도는 재분배정책에 해당한다.
ㅂ. 자치단체에 지원되는 국고보조금은 분배정책이다.

정답 ④

27　0230
정책유형과 그 사례를 바르게 연결한 것은?　2013 지방 9급

① 분배정책(Distribution Policy) – 사회간접자본의 구축, 환경오염 방지를 위한 기업 규제
② 경쟁적 규제정책(Competitive Regulatory Policy) – TV·라디오 방송권의 부여, 국공립학교를 통한 교육서비스
③ 보호적 규제정책(Protective Regulatory Policy) – 작업장 안전을 위한 기업 규제, 국민건강보호를 위한 식품위생 규제
④ 재분배정책(Redistribution Policy) – 누진세를 통한 사회보장지출 확대, 항공노선 취항권의 부여

28　0231
정책의 유형 중에서 정책목표에 의해 일반 국민에게 인적 물적 자원을 부담시키는 정책은?　2022 국가 9급

① 추출정책　② 구성정책
③ 분배정책　④ 상징정책

출제유형 Ⅰ. 기본개념　**출제영역** 정책유형
출제빈도 ★★　**난도** 중

정답찾기
③ 보호적 규제정책(Protective Regulatory Policy)은 소수자나 사회적 약자, 그리고 일반대중을 보호하기 위해서 민간활동의 허용 또는 제한되는 조건을 설정함으로써 개인이나 집단의 권리 행사나 행동의 자유를 제한하는 정책으로서 작업장 안전을 위한 기업 규제, 국민건강보호를 위한 식품위생 규제 등이 해당된다.

오답피하기
① 사회간접자본의 구축은 분배정책에 해당하나, 환경오염방지를 위한 기업 규제는 규제정책에 해당한다.
② TV·라디오 방송권의 부여는 경쟁적 규제정책에 해당하나, 국공립학교를 통한 교육서비스는 분배정책에 해당한다.
④ 누진세를 통한 사회보장지출 확대는 재분배정책에 해당하나, 항공노선 취항권의 부여는 경쟁적 규제정책에 속한다.

행복노트
리플리와 플랭클린(Ripley & Franklin)의 분류
경쟁적 규제정책: 경쟁 제한 정책
- 분배, 규제정책 성격 동시에 지님
- 수혜자가 되기 위한 경쟁

예시 방송국 설립 인가, 항공노선 취항 허가

보호적 규제정책: 기업의 활동조건 설정(일반대중 보호 목적)
- 재분배 정책에 가까움
- 집행의 어려움: 소수의 비용부담집단, 다수의 수혜집단

예시 소비자보호법, 산업안전법, 최저임금제 실시, 근로기준법 마련, 개발제한구역 설정, 독과점 규제

정답 ③

출제유형 Ⅰ. 기본개념　**출제영역** 정책유형
출제빈도 ★★★　**정답률** 82%　**난도** 중

정답찾기
① 정책목표에 의해 일반 국민에게 인적·물적 자원을 부담시키는 정책은 추출정책에 해당한다.

오답피하기
② 구성정책은 정부기관의 신설과 선거구 조정 등과 같이 정부기구의 구성 및 조정과 관련된 정책이다.
③ 분배정책은 특수한 대상 집단에게 각종 서비스, 지위, 기회 등을 분배하는 정책이다.
④ 상징정책은 국민 전체의 자긍심 제고를 위한 경복궁 복원·군대열병·월드컵 개최와 자치단체마다 상징물을 지정하거나 공공건물 동상·광장 등의 상징적 물체 건립과 국경일 제정과 같은 정책이다.

정답 ①

CHAPTER 01 기출 OX

1. 살라몬(Salamon)의 정책도구 분류에서 경제적 규제는 강제성이 낮은 수단이다. (O : X)
   2022 지방 9급

2. 정책수단 유형 중 간접수단이란 행정부의 의지만으로 결정될 수 있는 것으로 경제적 규제, 직접대출, 공기업, 정부소비 등이 이에 해당한다. (O : X)
   2016 국가 7급

3. 살라몬(L. Salamon)은 형평성에 대한 고려가 특히 중요한 경우에는 간접적 수단이 직접적 수단보다 적절하다고 주장한다. (O : X)
   2016 사회복지

4. 규제정책은 사회계급적인 접근을 기반으로 이루어지기 때문에 재분배정책보다 갈등이 더 가시적이다. (O : X)
   2015 사회복지

5. 로위(T. Lowi)는 정책유형 중 규제정책은 특정 개인이나 집단에 대한 선택의 자유를 제한하는 유형의 정책으로 강제력이 특징이다. (O : X)
   2021 국가 9급

6. 누진세를 통한 사회보장 지출의 확대는 재분배정책에 해당한다. (O : X)
   2013 지방 9급

7. 상징정책은 헌정수행에 필요한 운영규칙과 관련된 정책으로 선거구의 조정, 정부의 새로운 조직이나 기구의 설립, 공직자의 보수 등에 관한 정책 등이 이에 해당된다. (O : X)
   2015 서울 7급

8. 정책의 유형 중에서 정책목표에 의해 일반 국민에게 인적 물적 자원을 부담시키는 정책은 구성정책이다. (O : X)
   2022 국가 9급

9. 로위(Lowi)의 정책 유형 중 분배정책은 로그롤링(Log-rolling)이나 포크배럴(Pork Barrel)과 같은 정치적 현상이 나타나고, 정책 과정에서 이해당사자들 간의 협상을 통해 비교적 안정적인 연합을 형성한다. (O : X)
   2020 국가 7급

10. 리플리와 프랭클린(Ripley & Franklin)의 정책유형 중 작업장 안전을 위한 기업규제, 국민건강보호를 위한 식품위생규제 등은 경쟁적 규제정책에 해당한다. (O : X)
    2013 지방 9급

---

1. 살라몬(Salamon)의 정책도구 분류에서 경제적 규제는 강제성이 **높은** 수단이다. — X

2. 정책수단 유형 중 **직접수단**이란 행정부의 의지만으로 결정될 수 있는 것으로 경제적 규제, 직접대출, 공기업, 정부소비 등이 이에 해당한다. — X

3. 살라몬(L. Salamon)은 형평성에 대한 고려가 특히 중요한 경우에는 **직접적 수단이 간접적 수단**보다 적절하다고 주장한다. — X

4. **재분배정책**은 사회계급적인 접근을 기반으로 이루어지기 때문에 **규제정책**보다 갈등이 더 가시적이다. — X

5. 로위(T. Lowi)는 정책유형 중 규제정책은 특정 개인이나 집단에 대한 선택의 자유를 제한하는 유형의 정책으로 강제력이 특징이다. — O

6. 누진세를 통한 사회보장 지출의 확대는 재분배정책에 해당한다. — O

7. **구성정책**은 헌정수행에 필요한 운영규칙과 관련된 정책으로 선거구의 조정, 정부의 새로운 조직이나 기구의 설립, 공직자의 보수 등에 관한 정책 등이 이에 해당된다. — X

8. 정책의 유형 중에서 정책목표에 의해 일반 국민에게 인적 물적 자원을 부담시키는 정책은 **추출정책**이다. — X

9. 로위(Lowi)의 정책 유형 중 분배정책은 로그롤링(Log-rolling)이나 포크배럴(Pork Barrel)과 같은 정치적 현상이 나타나고, 정책 과정에서 이해당사자들 간의 협상을 통해 비교적 안정적인 연합을 형성한다. — O

10. 리플리와 프랭클린(Ripley & Franklin)의 정책유형 중 작업장 안전을 위한 기업규제, 국민건강보호를 위한 식품위생규제 등은 **보호적** 규제정책에 해당한다. — X

CHAPTER 01 키워드

1. 정책학은 후기행태주의(Post Behavoralism)의 등장과 　　　　의 신조와 실천의 강조로 인하여 다시 등장하였다.　　　2011 경찰간부 　　　**적실성**

2. 살라몬(L. Salamon)의 　　　　수단에는 경제적 규제, 정부소비, 공기업이 해당된다.　　　2018 국가 9급 　　　**직접적**

3. 　　　　는 정책유형을 배분정책, 구성정책, 규제정책, 재분배정책으로 구분하였으며, 구분의 기준이 되는 것은 강제력의 행사방법(간접적, 직접적)과 강제력의 적용대상(개별적 행위, 행위의 환경)이다.　　　2018 서울 9급 　　　**로위(T. Lowi)**

4. 규제정책은 특정 개인이나 집단에 대한 선택의 자유를 제한하는 유형의 정책으로 　　　　이 특징이다.　　　2021 국가 9급 　　　**강제력**

5. 분배정책에서는 일반적으로 포크배럴(Pork Barrel)현상과 정책과정에서 이해당사자들이 서로 협력하는 　　　　현상이 발생한다.　　　2015 서울 9급 　　　**로그롤링(Log Rolling)**

6. 부실기업의 구조조정은 　　　　정책이고, 노령연금제도는 재분배정책에 해당한다.　　　2014 국가 7급 　　　**규제**

7. 정부기관 신설, 선거구 획정, 시·군 통폐합, 행정구역의 개편 등은 로위(T. Lowi)의 　　　　정책에 해당한다.　　　2011 경남 전환 　　　**구성**

8. 알몬드(G. Almond)와 파우얼(G. Powell)은 정책의 유형을 분배정책, 규제정책, 　　　　정책, 상징정책으로 분류하였다.　　　2011 서울 9급 　　　**추출**

9. 정책의 유형 중에서 정책목표에 의해 일반 국민에게 인적·물적 자원을 부담시키는 정책은 　　　　이다.　　　2022 국가 9급 　　　**추출정책**

10. 리플리와 프랭클린(Ripley & Franklin)의 정책유형 중 작업장 안전을 위한 기업규제, 국민건강보호를 위한 식품위생규제 등은 　　　　규제정책에 해당한다.　　　2013 지방 9급 　　　**보호적**

11. 솔즈베리(R. Salisbury)는 정책을 분배정책, 재분배정책, 규제정책, 　　　　정책으로 분류하였다.　　　2012 경찰간부 　　　**자율규제**

CHAPTER 02 정책의제

대표문제

01 ☐☐☐   0232

정책의제설정 모형에 대한 설명으로 옳지 않은 것은?

2025 국가 9급

① 외부주도모형에서는 사회문제가 공중의제를 거쳐 공식의제로 전환된다.
② 동원모형에서는 정부가 먼저 공식의제를 채택한 후 공중의제화를 시도한다.
③ 내부접근모형에서는 정부 내부자나 그들과 밀접한 관계에 있는 집단에 의해 의제가 설정된다.
④ 공고화모형에서는 대중의 지지가 낮은 정책문제에 대하여 시민사회가 주도적으로 해결을 시도한다.

출제유형 Ⅰ. 기본개념   **출제영역** 정책의제설정 유형
출제빈도 ★★   **정답률** 69%   **난도** 중

정답찾기
④ 공고화모형에서는 대중의 지지가 높은 정책문제에 대하여 정부가 주도적으로 해결을 시도한다.

오답피하기
① 외부주도모형은 사회 문제가 공중의제로 전환된 후 공식의제가 되는 과정이다.
② 동원모형은 정부가 먼저 공식의제로 채택한 후 공중의 지지를 얻기 위해 노력하는 모형이다.
③ 내부접근모형은 정부 내부자나 유관 집단에 의해 의제가 설정되는 모형이다..

행복노트
P. May와 Howlett & Ramesh의 정책의제설정모형

구 분		대중의 지지 정도	
		높 음	낮 음
의제 설정의 주도자	민 간	외부 접근형 (정치적 과정 중요)	내부 접근형 (전문가, 정부기관 주도)
	정 부	굳히기(공고화)형 (정책결정자 주도)	동원형 (PR 필요)

정답 ④

제1절 정책의제의 설정

02 ☐☐☐   0233

정책 메커니즘에 대한 설명으로 옳지 않은 것은?

2013 국가 9급

① 정책은 편파적으로 이익과 손해를 나누어주는 성격도 갖고 있다.
② 모든 사회문제는 정책의제화된다.
③ 정책목표와 정책수단 사이에는 인과관계가 있어야 한다.
④ 정책대안 선택의 기준들 사이에는 갈등이 있을 수 있다.

출제유형 Ⅰ. 기본개념   **출제영역** 정책의제
출제빈도 ★   **난도** 하

정답찾기
② 현실적으로 사회문제 중 일부만이 공식적 정책문제로 채택된다.

오답피하기
① 정책은 차별적 이해관계성으로 인해 편파적으로 이익을 보는 수혜집단과 손해를 보는 희생집단이 있게 된다.
③ 정책목표와 정책수단 사이에는 인과관계가 있어야 한다.
④ 정책대안 선택의 기준들 사이에는 소망성이나 실현가능성 정도에 따라 갈등이 있을 수 있다.

행복노트
정책과정

정책의제 설정	사회문제 → 사회적 이슈 → 공중의제 → 공식의제
정책결정	문제정의 → 목표설정 → 대안탐색 → 결과예측 → 비교·평가 → 선택
정책집행	지침개발 → 자원확보 → 실현활동 → 감독·통제
정책평가	목표확인 → 평가성 사정 → 평가기준 → 인과모형 → 조사설계 → 자료수집 → 환류·활용
정책변동	정책혁신, 정책유지, 정책승계, 정책종결

정답 ②

03 □□□ 0234

정책의제설정에 관한 설명 중 옳지 않은 것은? 2013 서울 9급

① 일반적으로 정책의제는 정치성, 주관성, 동태성 등의 성격을 가진다.
② 정책대안이 아무리 훌륭하더라도 정책문제를 잘못 인지하고 채택하여 정책문제가 여전히 해결되지 않은 상태로 남아 있는 현상을 제2종 오류라 한다.
③ 킹던(Kingdon)의 정책의 창 모형은 정책문제의 흐름, 정책대안의 흐름, 정치의 흐름이 어떤 계기로 서로 결합함으로써 새로운 정책의제로 형성되는 것을 말한다.
④ 콥(R. W. Cobb)과 엘더(C. D. Elder)의 이론에 의하면 정책의제설정 과정은 사회문제 – 사회적 이슈 – 체제의제 – 제도의제의 순서로 정책의제로 선택됨을 설명하고 있다.
⑤ 정책의제의 설정은 목표설정 기능 및 적절한 정책수단을 선택하는 기능을 하고 있다.

04 □□□ 0235

다음 중 정책의제 설정에 관한 설명으로 옳지 않은 것은? 2012 서울 7급

① 정책의제란 정책담당자가 공식적으로 논의하기로 결정한 정책문제를 말한다.
② 정책문제의 해결 가능성이 낮을수록 정책의제화가 용이하다.
③ 문제를 인지하는 집단의 규모가 크고 응집력이 강할수록 정책의제화가 용이하다.
④ 무의사결정론은 의제설정 과정은 다원론적이지 않고 특정 엘리트나 정치집단에 의해 조정·통제된다고 주장한다.
⑤ 다원론적 관점에서 볼 때 정책문제는 무수히 많은 사회 문제 중에서 무작위로 채택되는 것이다.

정답찾기
② 정책대안이 아무리 훌륭하더라도 정책문제를 잘못 인지하고 채택하여 정책문제가 여전히 해결되지 않은 상태로 남아 있는 현상을 제3종 오류라 한다.

오답피하기
정책의제의 설정과 오류

▪ 정책의제 설정
사회적 문제 중 정부가 공식문제로 채택하는 과정

정책 결정 & 평가 단계에서 발생

제1종 오류	옳은 영가설을 배제(기각)하는 오류 • 정책 효과가 없는데 있다고 판단하는 오류
제2종 오류	틀린 영가설을 채택(인용)하는 오류 • 정책효과가 있는데 없다고 판단하는 오류
제3종 오류	정책 문제를 잘못 인지하여 정책문제가 해결되지 못하는 근원적인 오류

정책의제 설정 단계에서 발생

정답 ②

정답찾기
② 정책문제의 해결 가능성이 높을수록 의제화가 용이하다.

오답피하기
정책의제 설정에 영향을 미치는 요인

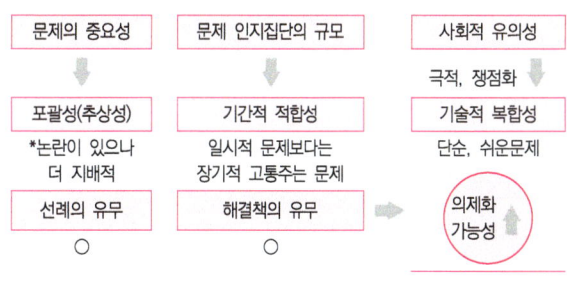

정답 ②

05 □□□ 0236

통계적 결론의 타당성 확보에 있어서 발생할 수 있는 오류와 그에 대한 설명을 바르게 연결한 것은?
2015 국가 9급

> ㄱ. 정책이나 프로그램의 효과가 실제로 발생하였음에도 불구하고 통계적으로 효과가 나타나지 않은 것으로 결론을 내리는 경우
> ㄴ. 정책의 대상이 되는 문제 자체에 대한 정의를 잘못 내리는 경우
> ㄷ. 정책이나 프로그램의 효과가 실제로 발생하지 않았음에도 불구하고 통계적으로 효과가 나타난 것으로 결론을 내리는 경우

	제1종 오류	제2종 오류	제3종 오류
①	ㄱ	ㄴ	ㄷ
②	ㄱ	ㄷ	ㄴ
③	ㄴ	ㄱ	ㄷ
④	ㄷ	ㄱ	ㄴ

06 □□□ 0237

통계적 가설검정의 오류에 대한 설명으로 옳지 않은 것은?
2021 국가 7급

① 제1종 오류는 실제로는 모집단의 특성이 영가설과 같은 것인데 영가설을 기각하는 경우에 발생한다.
② 제2종 오류는 모집단의 특성이 영가설과 같지 않은데 영가설을 기각하지 않는 경우에 발생한다.
③ 제1종 오류는 α로 표시하고, 제2종 오류는 β로 표시한다.
④ 확률 $1-\alpha$는 검정력을 나타내며, 확률 $1-\beta$는 신뢰수준을 나타낸다.

출제유형 Ⅰ. 기본개념　**출제영역** 제1, 2, 3종 오류
출제빈도 ★　　　　　**난도** 상

정답찾기
ㄱ. 정책효과가 있는데 없다고 판단하여 옳은 대안을 선택하지 않는 경우는 제2종 오류에 해당한다.
ㄴ. 문제 자체를 잘못 정의한 경우는 제3종 오류에 해당한다.
ㄷ. 정책효과가 없는데 있다고 판단하여 잘못된 대안을 선택해버린 경우는 제1종 오류에 해당한다.

오답피하기
오류의 유형(제1종 오류, 제2종 오류)

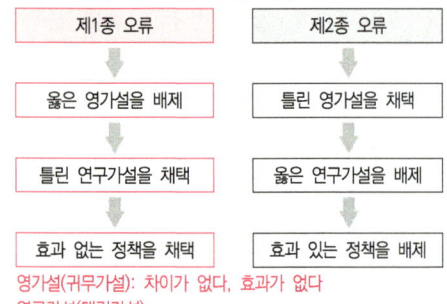

영가설(귀무가설): 차이가 없다, 효과가 없다
연구가설(대립가설)

행복한 행정 TIP
오류의 유형
제1종 오류: 1종! 오(옳)! 영배!, 제2종 오류: 2틀 영채랑~!

정답 ④

출제유형 Ⅰ. 기본개념　**출제영역** 제1, 2, 3종 오류
출제빈도 ★　　　　　**난도** 상

정답찾기
④ 확률 $1-\alpha$는 영가설이 옳았을 때 옳았다고 할 수 있는 신뢰수준을 나타내며, 확률 $1-\beta$는 영가설이 틀렸을 때 틀렸다고 검증할 수 있는 검정력을 나타낸다.

오답피하기
① 제1종 오류는 실제로는 모집단의 특성이 영가설과 같은 것인데 통계적으로 잘못 해석하여 옳은 영가설을 기각하는 경우에 발생한다.
② 제2종 오류는 모집단의 특성이 영가설과 같지 않은데 영가설을 기각하지 않는 경우에 발생한다.
③ 제1종 오류는 α로 표시하고, 제2종 오류는 β로 표시한다.

정답 ④

07　0238

정책문제의 특성에 대한 설명으로 가장 옳지 않은 것은?

2017 서울 7급

① 정책문제는 당위론적 가치관의 입장에서 정의하는 것이 중요하다.
② 정책주체와 객체의 행태는 주관적이지만 정책문제는 객관적이다.
③ 특정 문제의 발생 원인이나 해결 방안 등은 다른 문제들과 상호 연관성을 갖는다.
④ 정책수혜집단과 정책비용집단이 있다는 것을 의미하는 차별적 이해성을 갖는다.

08　0239

정책분석에 있어서 문제구조화에 대한 설명으로 옳지 않은 것은?

2017 지방 9급

① 던(Dunn)은 정책문제를 구조화가 잘된 문제(Well-structured Problem), 어느 정도 구조화된 문제(Moderately Structured Problem), 구조화가 잘 안된 문제(Ill-structured Problem)로 분류한다.
② 구조화가 잘된 문제의 해결을 위해서 분석가는 전통적인(Conventional) 방법을 사용하기도 한다.
③ 문제구조화는 상호 관련된 네 가지 단계인 문제의 감지, 문제의 정의, 문제의 추상화, 문제의 탐색으로 구성되어 있다.
④ 문제구조화의 방법으로는 경계분석, 분류분석, 가정분석 등이 있다.

출제유형 Ⅰ. 기본개념　　**출제영역** 정책문제의 특성

출제빈도　★　　　　　　난도　중

정답찾기
② 정책문제는 정책문제를 정의하는 집단이나 사람들에 의해 선택적으로 정의되고, 설명되고, 평가되므로 정책문제는 주관적이다.

오답피하기
① 정책문제는 당위적인 공공성을 갖는다.
③ 정책문제는 일반적으로 동시다발적이며, 상호의존적인 특성을 갖는다.
④ 정책문제는 차별적 이해성을 갖는다.

행복노트
정책문제의 특성 및 구체화 과정

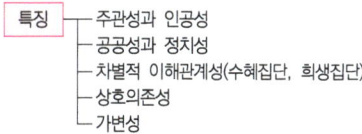

특징
- 주관성과 인공성
- 공공성과 정치성
- 차별적 이해관계성(수혜집단, 희생집단)
- 상호의존성
- 가변성

정답 ②

출제유형 Ⅰ. 기본개념　　**출제영역** 정책문제의 구조화

출제빈도　★　　　　　　난도　중

정답찾기
문제구조화는 문제해결의 방법모색 이전에 정책문제의 본질·범위·심각성에 관한 정보에 입각하여 문제의 본질을 적극적으로 정의 내리는 분석이다.
③ 문제의 감지 → 문제의 탐색 → 문제의 정의 → 문제의 구체화의 과정을 거친다.

과정

문제 감지 → 문제 탐색 → 문제 정의 → 문제 구체화
문제 상황 파악　메타문제 확인　실질문제로 이동　공식문제

정답 ③

09

정책문제의 구조화기법과 설명이 바르게 연결된 것은?

2014 국가 9급

A. 경계분석(Boundary Analysis)
B. 가정분석(Assumption Analysis)
C. 계층분석(Hierarchy Analysis)
D. 분류분석(Classification Analysis)

ㄱ. 정책문제와 관련된 여러 구조화되지 않은 가설들을 창의적으로 통합하기 위해 사용하는 기법으로 이전에 건의된 정책부터 분석한다.
ㄴ. 간접적이고 불확실한 원인으로부터 차츰 확실한 원인을 차례로 확인해 나가는 기법으로 인과관계 파악을 주된 목적으로 한다.
ㄷ. 정책문제의 존속기간 및 형성과정을 파악하기 위해 사용하는 기법으로 포화표본추출(Saturation Sampling)을 통해 관련 이해당사자를 선정한다.
ㄹ. 문제상황을 정의하기 위해 당면문제를 그 구성요소들로 분해하는 기법으로 논리적 추론을 통해 추상적인 정책문제를 구체적인 요소들로 구분한다.

	A	B	C	D
①	ㄱ	ㄷ	ㄴ	ㄹ
②	ㄱ	ㄷ	ㄹ	ㄴ
③	ㄷ	ㄱ	ㄴ	ㄹ
④	ㄷ	ㄱ	ㄹ	ㄴ

10

정책문제의 구조화기법에 대한 설명으로 옳은 것만을 모두 고르면?

2024 지방 9급

ㄱ. 가정분석: 문제상황의 가능성 있는 원인, 개연성(plausible) 있는 원인, 행동가능한 원인을 식별하기 위한 기법
ㄴ. 계층분석: 정책문제에 관해 서로 대립되는 가정의 창조적 종합을 목표로 하는 기법
ㄷ. 시네틱스(유추분석): 문제들 사이에 유사한 관계를 인지하는 것이 분석가의 문제해결 능력을 크게 증가시킬 것이라는 가정에 기초한 기법
ㄹ. 분류분석: 문제상황을 정의하고 분류하기 위해 사용되는 개념을 명확하게 하기 위한 기법

① ㄱ, ㄴ
② ㄱ, ㄹ
③ ㄴ, ㄷ
④ ㄷ, ㄹ

정답찾기 (09)

ㄱ. 정책문제와 관련된 여러 구조화되지 않은 가설들을 창의적으로 통합하기 위해 사용하는 기법으로 이전에 건의된 정책부터 분석하는 것은 가정분석(B)에 대한 설명이다.
ㄴ. 간접적이고 불확실한 원인으로부터 차츰 확실한 원인을 차례로 확인해 나가는 기법으로 인과관계 파악을 주된 목적으로 하는 것은 계층분석(C)에 대한 설명이다.
ㄷ. 정책문제의 존속기간 및 형성과정을 파악하기 위해 사용하는 기법으로 포화표본추출(Saturation Sampling)을 통해 관련 이해당사자를 선정하는 것은 경계분석(A)에 대한 설명이다.
ㄹ. 문제상황을 정의하기 위해 당면문제를 그 구성요소들로 분해하는 기법으로 논리적 추론을 통해 추상적인 정책문제를 구체적인 요소들로 구분하는 것은 분류분석(D)에 대한 설명이다.

정답 ③

정답찾기 (10)

④
ㄷ. 시네틱스(유추분석)은 문제들 사이에 유사한 관계를 인지하는 것이 분석가의 문제해결 능력을 크게 증가시킬 것이라는 가정에 기초한 기법이다.
ㄹ. 분류분석은 문제상황을 정의하고 분류하기 위해 사용되는 개념을 명확하게 하기 위한 기법이다

오답피하기

ㄱ. 계층분석은 문제상황의 가능성 있는 원인, 개연성(plausible) 있는 원인, 행동가능한 원인을 식별하기 위한 기법이다.
ㄴ. 가정분석은 정책문제에 관해 서로 대립되는 가정의 창조적 종합을 목표로 하는 기법이다.

정답 ④

11 0242

정책의제설정과정에서 일반 대중의 관심과 주의를 받고 있으며, 정부가 개입하여 문제를 해결하여야 한다고 인정되지만, 정부가 문제해결을 고려하기로 공식적으로 밝히지 않은 것은?

2015 지방 7급

① 사회문제(Social Problem)
② 사회적 쟁점(Social Issue)
③ 공중의제(Public Agenda) 또는 체제의제(Systemic Agenda)
④ 정부의제(Governmental Agenda) 또는 제도의제(Institutional Agenda)

12 0243

아이스톤(Eyestone)이 제시한 정책의제형성 과정에 대한 설명으로 옳지 않은 것은?

2012 지방 7급

① 사회문제(Social Problem)는 개인의 문제가 다수로부터 공감을 얻게 되어 많은 사람들의 문제로 인식된 상태를 말한다.
② 공공의제(Public Agenda)는 일반대중의 주목을 받을 가치는 있으나 아직 정부가 문제해결을 하는 것이 정당한 것으로 인정되지 않는 상태를 말한다.
③ 사회논제(Social Issue)는 사회문제가 여러 가지 다른 견해를 갖는 다수의 집단들로 하여금 논쟁을 야기하며 일반인의 관심을 집중하고 여론을 환기시키려는 상태를 말한다.
④ 공식의제(Official Agenda)는 여러 가지 공공의제들 중에서 정부가 그 해결을 위하여 심각하게 관심과 행동을 집중하는 정부의제로 선별되는 상태를 말한다.

출제유형 Ⅰ. 기본개념   **출제영역** 정책의제 설정과정

출제빈도 ★★★   난도 중

정답찾기

③ 일반 대중이 정부가 해결 방안을 강구해야 한다고 공감하는 문제는 공중의제(체제의제, 토의의제, 환경의제)에 해당한다.

오답피하기

정책의제 형성과정: Cobb & Elder

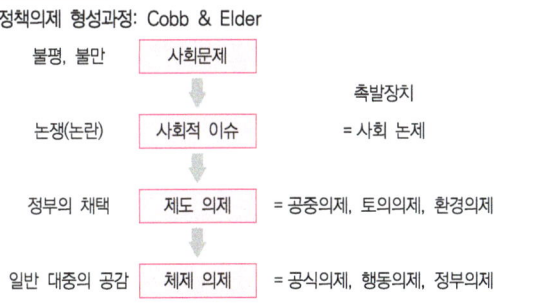

출제유형 Ⅰ. 기본개념   **출제영역** 정책의제 설정과정

출제빈도 ★★★   난도 중

정답찾기

② 공공의제(Public Agenda)는 일반 대중의 주목을 받을 가치가 있고, 정부가 문제해결을 하는 것이 정당한 것으로 인정되는 사회문제를 말한다. 아이스톤(Eyestone)은 공공(공중)의제, 콥(Cobb)과 엘더(Elder)는 체제의제, 앤더슨(Anderson)은 토의의제라고 부른다.

오답피하기

④ 공식의제(Official Agenda)는 여러 가지 공공의제들 중에서 정부가 그 해결을 위하여 심각하게 관심과 행동을 집중하는 정부의제로 선별되는 상태를 말한다. 아이스톤(Eyestone)은 공식의제, 콥(Cobb)과 엘더(Elder)는 제도의제, 앤더슨(Anderson)은 행동의제라고 한다.

정답 ③

정답 ②

13

다음 중 어떠한 정책문제가 정책의제로 채택될 가능성이 가장 낮은 경우는?

2015 국가 9급

① 정책문제의 해결가능성이 높은 경우
② 이해관계자의 분포가 넓고 조직화 정도가 낮은 경우
③ 선례가 있어 관례화(Routinized)된 경우
④ 정책의제화를 요구하는 집단의 규모가 큰 경우

14

정책의제의 설정에 영향을 미치는 요인에 대한 설명으로 옳지 않은 것은?

2014 서울 9급

① 일상화된 정책문제보다는 새로운 문제가 보다 쉽게 정책의제화된다.
② 정책 이해관계자가 넓게 분포하고 조직화 정도가 낮은 경우에는 정책의제화가 상당히 어렵다.
③ 사회 이슈와 관련된 행위자가 많고, 이 문제를 해결하기 위한 정책의 영향이 많은 집단에 영향을 미치거나 정책으로 인한 영향이 중요한 것일 경우 상대적으로 쉽게 정책 의제화된다.
④ 국민의 관심 집결도가 높거나 특정 사회 이슈에 대해 정치인의 관심이 큰 경우에는 정책의제화가 쉽게 진행된다.
⑤ 정책문제가 상대적으로 쉽게 해결될 것으로 인지되는 경우에는 쉽게 정책의제화된다.

출제유형 Ⅰ. 기본개념 **출제영역** 정책의제 설정

출제빈도 ★★ **난도** 중

정답찾기

② 정책의제설정 과정에서 이해관계자들의 분포가 넓고, 조직화 정도가 높은 경우에 정책의제로 채택될 가능성이 높아진다.

오답피하기

① 정책문제의 해결가능성이 높은 경우 정책의제로 채택될 가능성이 높다.
③ 선례가 있어 관례화(Routinized)된 경우 정책의제로 채택될 가능성이 높다.
④ 정책의제화를 요구하는 집단의 규모가 큰 경우 정책의제로 채택될 가능성이 높다.

정답 ②

출제유형 Ⅰ. 기본개념 **출제영역** 정책의제 설정

출제빈도 ★★ **난도** 중

정답찾기

① 새로운 문제보다 일상화된 정책문제가 보다 쉽게 정책의제화된다.

오답피하기

정책의제 설정에 영향을 미치는 요인

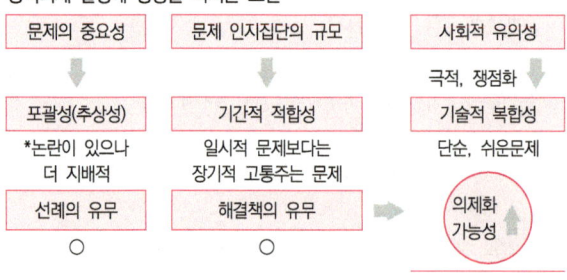

정답 ①

15

정책의제형성에 영향을 미치는 요인들에 대한 설명으로 옳지 않은 것은? 2013 국가 7급

① 문제가 사회적 유의성이 높을수록 의제로 채택될 가능성이 높다.
② 단순한 문제가 의제로 채택될 가능성이 높다.
③ 극적인 사건이나 위기 등은 의제로 채택될 가능성이 높다.
④ 선례가 있는 문제들은 의제로 채택될 가능성이 낮다.

제 2 절   정책의제 설정모형

16

다음은 콥과 로스(Cobb & Ross)가 제시한 의제 설정 과정이다. (가)~(다)에 들어갈 유형을 바르게 연결한 것은? 2021 지방 7급

- (가) : 사회문제 → 정부의제
- (나) : 사회문제 → 공중의제 → 정부의제
- (다) : 사회문제 → 정부의제 → 공중의제

	(가)	(나)	(다)
①	동원형	외부주도형	내부접근형
②	내부접근형	동원형	외부주도형
③	외부주도형	내부접근형	동원형
④	내부접근형	외부주도형	동원형

출제유형 Ⅰ. 기본개념 **출제영역** 정책의제 설정
출제빈도 ★★ **난도** 중

정답찾기
④ 과거 경험적으로 선례가 있었던 문제가 정책의제형성이 될 가능성이 높다.

오답피하기
① 문제가 사회적 유의성(잠재적으로 영향을 받는 사람이 많은 이슈일수록)이 높을수록 의제로 채택될 가능성이 높다.
② 기술적으로 까다로운 경우보다 단순하고 기술적으로 이해가 쉬운 문제일수록 의제로 채택될 가능성이 높다.
③ 극적인 사건이나 위기 등은 의제로 채택될 가능성이 높다.

정답 ④

출제유형 Ⅱ. 이론·제도 **출제영역** 정책의제설정모형
출제빈도 ★★★ **난도** 중

정답찾기
④ 사회문제가 바로 정부의제화가 되는 것은 내부접근형에 해당하고, 사회문제가 공중의제를 거쳐서 정부의제가 되는 것은 외부주도형에 해당한다. 그리고 사회문제가 바로 정부의제가 되고 그 후에 행정PR 등을 통해서 공중의제과정을 거치는 것은 동원형에 해당한다.

정답 ④

17　　0248

정책의제 설정과정의 유형에 대한 설명으로 옳지 않은 것은?

2022 지방 7급

① 내부접근모형에서는 일반 시민의 지지를 얻기 위해 관료집단이 주도한 의제가 정부의 홍보활동을 통해 공중의제로 확산된다.
② 동원모형은 정치지도자의 지시에 따라 사회문제가 바로 정부의제로 채택되며 정부의 힘이 강하고 민간 부문이 취약한 후진국에서 자주 볼 수 있다.
③ 외부주도형은 이익집단들에 의해 제기된 문제가 여론을 형성해 공중의제로 전환되며 정부가 외부의 요구에 민감하게 반응하는 정치체제에서 자주 볼 수 있다.
④ 공고화모형에서는 이미 광범위한 일반 대중의 지지가 있는 경우에, 정부는 동원 노력보다는 이미 존재하는 지지를 그대로 공고화해 의제를 설정한다.

출제유형 Ⅰ. 기본개념　　**출제영역** 정책의제 설정
출제빈도 ★★★　　**난도** 중

정답찾기
① 동원형에서는 일반 시민의 지지를 얻기 위해 관료집단이 주도한 의제가 정부의 홍보활동을 통해 공중의제로 확산된다. 내부접근형은 홍보활동을 하지 않는다.

오답피하기
② 동원모형은 정치지도자의 지시에 따라 사회문제가 바로 정부의제로 채택되며 정부의 힘이 강하고 민간 부문이 취약한 후진국에서 자주 볼 수 있다.
③ 외부주도형은 이익집단들에 의해 제기된 문제가 여론을 형성해 공중의제로 전환되며 정부가 외부의 요구에 민감하게 반응하는 정치체제에서 자주 볼 수 있다.
④ 공고화모형에서는 이미 광범위한 일반 대중의 지지가 있는 경우에, 정부는 동원 노력보다는 이미 존재하는 지지를 그대로 공고화해 의제를 설정한다.

Cobb & Ross의 정책의제 설정 모형

| ㄱ. 사회문제 | ㄴ. 사호적 이슈 | ㄷ. 공중의제 | ㄹ. 정부의제 |

구분	외부주도형 (ㄱ→ㄴ→ㄷ→ㄹ)	동원형 (ㄱ→ㄹ→ㄴ→ㄷ)	내부접근형 (ㄱ→ㄹ, 정부PR ×)
주도자	문제 당사자	정치 지도자	정부 고위 관료
전개	외부 → 내부	내부 → 외부	내부 → 내부
특징	다원화된 선진국 강요된 정책문제 이익집단 진흙탕싸움	권위주의 후진국 채택된 정책문제 정부PR ○	음모형, 국민무시 시간 촉박 시 사용 엘리트 사회
사례	패널오염사건 주택임대차보호	새마을 운동 한·미 FTA	무기 구입 계약 외교·국방 정책

정답 ①

18　　0249

정책의제설정모형에 대한 설명으로 옳지 않은 것은?

2020 국가 7급

① 내부접근형(Inside Access Model)에서 정부기관 내부의 집단 혹은 정책결정자와 빈번히 접촉하는 집단은 공중의제화하는 것을 꺼린다.
② 동원형(Mobilization Model)에서는 주로 정부 내 최고 통치자나 고위정책결정자가 주도적으로 정부의제를 만든다.
③ 외부주도형(Outside Initiative Model) 정책의제 설정은 다원화된 정치체제에서 많이 나타난다.
④ 공고화형(Consolidation Model)은 대중의 지지가 낮은 정책문제에 대한 정부의 주도적 해결을 설명한다.

출제유형 Ⅱ. 이론·제도　　**출제영역** 정책의제설정모형
출제빈도 ★★★　　**난도** 중

정답찾기
④ 공고화형(Consolidation Model)은 대중의 지지가 높은 정책문제에 대한 정부의 주도적 해결을 설명한다.

오답피하기
P. May와 Howlett & Ramesh의 정책의제설정모형

구분		대중의 지지 정도	
		높음	낮음
의제 설정의 주도자	민간	외부 접근형 (정치적 과정 중요)	내부 접근형(전문가, 정부기관 주도)
	정부	굳히기(공고화)형 (정책결정자 주도)	동원형(PR 필요)

Cobb & Ross의 정책의제 설정 모형

| ㄱ. 사회문제 | ㄴ. 사호적 이슈 | ㄷ. 공중의제 | ㄹ. 정부의제 |

구분	외부주도형 (ㄱ→ㄴ→ㄷ→ㄹ)	동원형 (ㄱ→ㄹ→ㄴ→ㄷ)	내부접근형 (ㄱ→ㄹ, 정부PR ×)
주도자	문제 당사자	정치 지도자	정부 고위 관료
전개	외부 → 내부	내부 → 외부	내부 → 내부
특징	다원화된 선진국 강요된 정책문제 이익집단 진흙탕싸움	권위주의 후진국 채택된 정책문제 정부PR ○	음모형, 국민무시 시간 촉박 시 사용 엘리트 사회
사례	패널오염사건 주택임대차보호	새마을 운동 한·미 FTA	무기 구입 계약 외교·국방 정책

정답 ④

19 □□□　　　　　　　　　　　　　　0250
정책의제설정모형에 대한 설명으로 가장 옳은 것은?

2015 서울 7급

① 올림픽이나 월드컵 유치 등 국민들이 적극적인 관심을 보인 사례는 외부집단이 주도한 외부주도형이다.
② 내부접근형은 대중의 지지를 획득하기 위한 공중의제화 과정이 없다는 점에서 공중의제화 과정을 거치는 동원형과 다르다.
③ 사회문제가 바로 정책의제로 채택되는 과정을 거치는 모형은 외부주도형이다.
④ 동원형은 공중의제화 과정을 거치기 때문에 행정부의 영향력이 작고 민간부문이 발전된 선진국에서 많이 나타나는 모형이다.

20 □□□　　　　　　　　　　　　　　0251
정책의제설정모형에 대한 설명 중 동원모형에 해당되는 것은?

2012 국가 7급

① 정부 지도자들이 대중들의 지지를 확보하기 위하여 공공관계 캠페인(Public Relations Campaign)을 벌인다.
② 정책확장이 정책과 관련된 주제에 대하여 특별한 지식이나 관심을 가진 집단들에 한정하여 이루어진다.
③ 심볼 활용(Symbol Utilization)이나 매스 미디어 등을 통해 쟁점이 확산된다.
④ 정책결정자들이 정치 과정을 통하여 사회적 이슈를 공식적 정책의제로 채택하는 전략적 과정을 설명하는 논리이다.

출제유형 Ⅱ. 이론·제도　　**출제영역** 정책의제설정모형
출제빈도 ★★★　　**난도** 중

정답찾기
② 내부접근형은 사회문제가 바로 정부의제화가 된다. 하지만 대중의 지지를 획득하기 위한 정부PR과 같은 공중의제화 과정이 없다는 점에서 공중의제화 과정을 거치는 동원형과 다르다.

오답피하기
① 올림픽이나 월드컵 유치 등은 국민들이 적극 관심을 보이지 않는 상태에서 정부 내의 정책담당자들 간의 활발한 논의를 통해 공식적 정책문제로 확산되는 것이므로 동원형이다.
③ 사회문제가 바로 정책의제로 채택되는 과정을 거치는 모형은 내부접근형이나 동원형이다.
④ 동원형은 공중의제화 과정을 거치지만 카리스마적 지도자 하에서 또는 정부의 힘이 강하고 민간부문의 힘이 취약한 후진국에서 많이 나타나는 유형이다.

정답 ②

출제유형 Ⅱ. 이론·제도　　**출제영역** 정책의제설정모형
출제빈도 ★★★　　**난도** 중

정답찾기
① 대중적 지지를 얻기 위해 공공관계(행정PR)을 통하여 확산시키는 것은 동원모형에 해당한다.

오답피하기
② 정책확장이 정책과 관련된 주제에 대하여 특별한 지식이나 관심을 가진 집단들에 한정하여 이루어지는 것은 내부접근형에 해당한다. 최초의 정책제안은 정부 단위 내부 혹은 측근 집단에서 일어나지만, 문제 제기자는 이슈를 공중의제로 확장하지 않고 의도적으로 막으려고 노력한다.
③ 심볼 활용(Symbol Utilization)이나 매스 미디어 등을 통해 쟁점이 확산되는 것은 외부주도모형에 해당한다. 외부주도모형의 이슈 확장에는 이슈의 정의(Definition), 상징(Symbol), 대중매체(Mass Media)의 기능이 중요한데, 상징이나 대중매체 활용은 문제를 체제의제로 진행시키고자 하는 집단에게는 유력한 무기가 될 수 있기 때문이다.
④ 정책결정자들이 정치 과정을 통하여 사회적 이슈를 공식적 정책의제로 채택하는 전략적 과정을 설명하는 논리는 외부주도모형의 과정에 대한 설명이다.

정답 ①

21 ⬜⬜⬜ 0252

메이(May)는 정책의제설정의 주도자와 대중의 관여 정도에 따라 정책의제설정과정을 네 가지 유형(A~D)으로 구분하였는데, 이에 대한 설명으로 옳지 않은 것은?

2016 지방 7급

대중의 관여 정도 정책의제설정의 주도자	높음	낮음
민간	A	B
정부	C	D

① A는 외부집단이 주도하여 정책의제 채택을 정부에게 강요하는 경우로 허쉬만(Hirschman)이 말하는 '강요된 정책문제'에 해당된다.
② B의 경우 정책결정에 영향력을 가진 집단은 대중들에게 정책을 공개하여 지지를 획득하려고 한다.
③ C에서는 이미 민간집단의 광범위한 지지가 형성된 이슈에 대하여 정책결정자가 지지의 공고화(Consolidation)를 추진한다.
④ D는 정부의 힘이 강하고 이익집단의 역할이 취약한 후진국에서 일반적으로 많이 나타난다.

출제유형 Ⅱ. 이론·제도 **출제영역** 정책의제설정모형
출제빈도 ★★★ **난도** 중

정답찾기
② B의 경우는 내부접근형으로서 정책을 공개하지 않고 비밀리에 은밀하게 추진하는 특성을 지닌다.

오답피하기
① A는 외부접근형으로서 외부집단이 주도하여 정책의제 채택을 정부에게 강요하는 경우로 허쉬만(Hirschman)이 말하는 '강요된 정책문제'에 해당된다.
③ C는 굳히기형으로서 이미 민간집단의 광범위한 지지가 형성된 이슈에 대하여 정책결정자가 지지의 공고화(Consolidation)를 추진한다.
④ D는 동원형으로서 정부의 힘이 강하고 이익집단의 역할이 취약한 후진국에서 일반적으로 많이 나타난다.

행복노트
P. May와 Howlett & Ramesh의 정책의제설정모형

구 분		대중의 지지 정도	
		높 음	낮 음
의제 설정의 주도자	민 간	외부 접근형 (정치적 과정 중요)	내부 접근형 (전문가, 정부기관 주도)
	정 부	굳히기(공고화)형 (정책결정자 주도)	동원형 (PR 필요)

정답 ②

22 ⬜⬜⬜ 0253

정책의제설정모형에 관한 설명으로 가장 옳은 것은?

2018 서울 1회 7급

① 포자모형은 정책문제가 제기되어 정의되는 환경보다는 정책문제 자체의 성격이 갖는 중요성에 주목한다.
② 이슈관심주기모형은 공공의 관심을 끌기 위한 치열한 경쟁과 별개로 이슈 자체에 생명주기가 있다고 본다.
③ 정책흐름모형은 조직화된 무정부 상태에서의 합리성과는 다른 합리성 가정을 의제설정과정의 설명에 적용한다.
④ 동형화모형은 정부 간 정책전이(Policy Transfer)가 모방, 규범, 강압을 통해 이뤄진다고 본다.

출제유형 Ⅱ. 이론·제도 **출제영역** 정책의제설정모형
출제빈도 ★★★ **난도** 중

정답찾기
④ 강압적 동형화란 공식·비공식 압력에 의한 순응을 말하고, 모방적 동형화란 조직이 자발적으로 주변의 성공사례를 벤치마킹하는 것이며, 규범적 동형화란 전문직업사회에서의 전문화과정에 의한 동형화를 말한다.

오답피하기
① 포자모형은 곰팡이의 포자가 적당한 환경이 조성되어야 비로소 균사체로 성장할 수 있듯이 문제 자체 성격보다는 환경을 중시하는 모형이다.
② 이슈관심주기모형은 이슈에 대한 공공의 관심을 끌기 위한 치열한 경쟁으로 주기가 있기 때문에 하나의 문제에 대하여 일반 대중은 오랜 기간 관심을 가지지 못한다고 본다.
③ 정책흐름모형은 쓰레기통모형 등 조직화된 무정부상태에서의 합리성을 설명하는 모형이다.

행복노트

정책흐름모형	쓰레기통모형 등 조직화된 무정부상태에서의 합리성을 설명하는 모형
포자모형	정책문제 자체 성격보다는 환경을 중시하는 모형
이슈관심주기	공공의 관심을 끌기 위한 치열한 경쟁으로 이슈자체에 주기가 있다고 보는 모형
동형화모형	정부 간 정책전이가 모방, 규범, 강압에 의해 이루어진다는 모형

정답 ④

23

킹던(Kingdon)이 제시한 정책흐름모형에 대한 설명으로 옳은 것만을 모두 고르면?

2023 지방 9급

> ㄱ. 경쟁하는 연합의 자원과 신념 체계(belief system)를 강조한다.
> ㄴ. 쓰레기통모형을 발전시킨 것이다.
> ㄷ. 정책 과정의 세 흐름은 문제흐름, 정책흐름, 정치흐름이 있다.

① ㄱ
② ㄷ
③ ㄱ, ㄴ
④ ㄴ, ㄷ

24

킹던(J. Kingdon)의 '정책의 창(Policy Windows) 이론'에 대한 설명으로 옳지 않은 것은?

2018 국가 9급

① 마치(J. G. March)와 올슨(J. P. Olsen)이 제시한 쓰레기통 모형을 발전시킨 것이다.
② 문제 흐름(Problem Stream), 이슈 흐름(Issue Stream), 정치 흐름(political Stream)이 만날 때 '정책의 창'이 열린다고 본다.
③ '정책의 창'은 국회의 예산주기, 정기회기 개회 등의 규칙적인 경우뿐 아니라, 때로는 우연한 사건에 의해 열리기도 한다.
④ 문제에 대한 대안이 존재하지 않을 경우 '정책의 창'이 닫힐 수 있다.

출제유형 Ⅰ. 기본개념 **출제영역** 정책흐름 모형
출제빈도 ★★ **난도** 중

정답찾기
ㄴ. 정책결정에서의 쓰레기통모형을 발전시켜 정책의제 설정과정에서 정책흐름모형을 제시하였다.
ㄷ. 킹던(Kingdon)이 제시한 정책흐름모형에서의 정책 과정의 세 흐름은 문제흐름, 정책흐름, 정치흐름이 있다.

오답피하기
ㄱ. 경쟁하는 연합의 자원과 신념 체계(belief system)를 강조하는 것은 사바티어의 정책지지연합모형에 해당한다.

정책 창 모형(kingdon) 쓰레기통 모형을 정책의제 설정과정에 적용시킨 모형

특징 — 오래 지속되지 않으며 아주 짧은 기간 동안만 열림
— 한번 닫히면 다시 열릴 때까지 오랜 시간이 걸림

정답 ④

출제유형 Ⅱ. 이론·제도 **출제영역** 정책의 창 모형
출제빈도 ★★★ **난도** 중

정답찾기
② 킹던(Kingdon)의 '정책의 창(Policy Windows) 이론'에 따르면 문제의 흐름, 정책의 흐름, 정치의 흐름이 독자적으로 흘러다니다가 우연히 만날 때 정책결정이 이루어진다는 모형이다.

오답피하기
정책창모형(Kingdon)

> 쓰레기통모형을 정책의제 설정과정에 적용시킨 모형

특징 — 오래 지속되지 않으며 아주 짧은 기간 동안만 열림
— 한번 닫히면 다시 열릴 때까지 오랜 시간이 걸림

정답 ②

25 　　　　　　　　　　　　　　　　　　　　0256

킹던(Kingdon)의 '정책의 창(정책흐름)' 모형에 대한 설명으로 옳지 않은 것은?
　　　　　　　　　　　　　　　　　　　2015 국가 7급

① 정책과정 중 정책의제설정 단계에 초점을 맞춘 모형이다.
② 정치의 흐름은 국가적 분위기 전환, 선거에 따른 행정부나 의회의 인적 교체, 이익집단들의 로비활동과 압력행사 등과 같은 요소들로 구성된다.
③ 문제의 흐름, 정책의 흐름, 정치의 흐름의 세 가지 흐름은 상호의존적 경로를 따라 진행된다.
④ 정책의 흐름은 문제를 검토하여 해결방안들을 제안하는 전문가들과 분석가들로 구성되며, 여기서 여러 가능성들이 탐색되고 그 범위가 좁혀진다.

26 　　　　　　　　　　　　　　　　　　　　0257

"많은 희생자를 발생시킨 다중이용시설의 갑작스러운 붕괴사고 이후 정부는 다중시설에 대한 보다 강화된 안전관리 조치를 실행했다." 이와 같은 정책변동 상황을 설명하기에 가장 적합한 이론은?
　　　　　　　　　　　　　　　　　　　2015 국회 9급

① 드로(Dror) – 최적모형
② 사이먼(Simon) – 만족모형
③ 킹던(Kingdon) – 정책창모형
④ 앨리슨(Allison) – 관료정치모형
⑤ 에치오니(Etzioni) – 혼합주사모형

출제유형 Ⅱ. 이론·제도　　**출제영역** 정책의 창 모형
출제빈도 ★★★　　**난도** 상

정답찾기
③ 정책의 창 모형은 문제의 흐름, 정책의 흐름, 정치의 흐름의 세 가지 흐름이 <u>아무 연관성이 없이 독자적으로 흘러다니다가</u> 우연히 만나서 의사결정이 이루어진다는 것이다.

오답피하기
① 킹던(Kingdon)의 정책의 창 모형은 쓰레기통모형을 정책의제 설정과정에 적용시킨 모형이다.
② 정치의 흐름은 국가적 분위기 전환, 선거에 따른 행정부나 의회의 인적 교체, 이익집단들의 로비활동과 압력행사 등과 같은 요소들로 구성되고 킹던(Kingdon)은 정치적 흐름이 가장 중요하고 마지막에 열리는 흐름으로 본다.
④ 정책의 흐름은 문제를 검토하여 해결방안들을 제안하는 전문가들과 분석가들로 구성되며, 여기서 여러 가능성들이 탐색되고 그 범위가 좁혀진다.

정답 ③

출제유형 Ⅱ. 이론·제도　　**출제영역** 정책의 창 모형
출제빈도 ★★★　　**난도** 중

정답찾기
③ <u>의사결정에 필요한 요소들이 독자적으로 흘러다니다가 대형참사 같은 것이 점화계기가 되어 의사결정이 이루어지는 모형</u>은 킹던(Kingdon)의 정책창모형에 해당한다.

정답 ③

27

킹던(J. W. Kingdon)의 '정책의 창 이론(Policy Window Theory)'에서, 서로 결합하여 새로운 정책의제로 형성되는 독립된 흐름이 아닌 것은?

2013 국가 7급

① 정보의 흐름(Information Stream)
② 정치의 흐름(Political Stream)
③ 정책의 흐름(Policy Stream)
④ 문제의 흐름(Problem Stream)

28

엘리트이론과 다원주의이론에 대한 설명으로 옳지 않은 것은?

2023 지방 9급

① 고전적 엘리트이론에서 엘리트들은 다른 계층에 대해 책임을 지지 않는다.
② 밀즈(Mills)는 명성접근법을 사용하여 엘리트들을 분석한다.
③ 달(Dahl)은 권력이 분산되어 있음을 전제로 다원주의론을 전개한다.
④ 바흐라흐와 바라츠(Bachrach & Baratz)는 무의사결정이 의제설정과정분만 아니라 정책결정과정에서도 발생할 수 있다고 주장한다.

출제유형 Ⅱ. 이론·제도   출제영역 정책의 창 모형

출제빈도 ★★★   난도 중

정답찾기

① 킹던(Kingdon)은 정책의 흐름 모형을 제시하면서, 정치흐름, 정책흐름, 문제흐름의 세 가지 흐름이 서로 아무런 관련이 없이 흘러 다니다가, 우연히 결합될 때 정책의 창이 열리게 된다는 주장을 하였다. 정보의 흐름은 해당하지 않는다.

오답피하기

정책창모형(Kingdon)

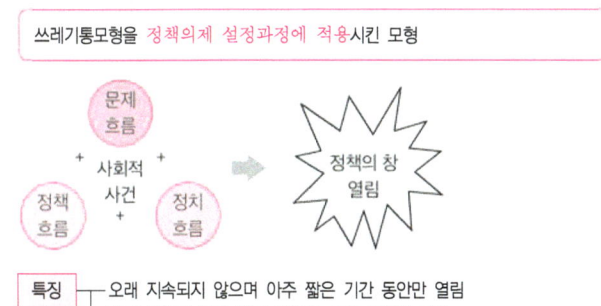

정답 ①

출제유형 Ⅱ. 이론·제도   출제영역 정책의제 설정이론

출제빈도 ★★   난도 중

정답찾기

② 명성접근법을 사용하여 엘리트들을 분석한 것은 헌터에 해당한다. 밀즈는 군산복합체로서 엘리트를 분석하였다.

오답피하기

① 고전적 엘리트이론에서 엘리트들은 다른 계층에 대해 책임을 지지 않는다.
③ 달(Dahl)은 권력이 분산되어 있음을 전제로 다원주의론을 전개한다.
④ 바흐라흐와 바라츠(Bachrach & Baratz)는 무의사결정이 의제설정과정분만 아니라 정책결정과정에서도 발생할 수 있다고 주장한다.

권력 모형: 정책 주도권에 관한 논쟁

정답 ②

29 0260
다원주의(Pluralism)에 대한 설명으로 가장 옳지 않은 것은?

2019 서울 9급

① 권력은 다양한 세력들에게 분산되어 있다.
② 정책영역별로 영향력을 행사하는 엘리트들이 각기 다르다.
③ 이익집단들 간의 영향력 차이는 주로 정부의 정책과정에 대한 상이한 접근기회에 기인한다.
④ 이익집단들 간의 영향력 차이는 있지만 전체적으로 균형을 유지하고 있다.

30 0261
다원주의론은 기본적으로 집단과정이론과 다원적 권력이론으로 크게 구분되는데, 이들 이론에 공통된 다원주의의 주요 특성으로 가장 옳지 않은 것은?

2019 서울 7급

① 이익집단들 간의 경쟁은 정치체제의 유지에 순기능적이라고 본다.
② 권력의 원천이 특정 세력에 집중되어 있는 것이 아니고 각기 분산된 불공평성을 띤다.
③ 이익집단들 간에 상호경쟁적이지만 기본적으로는 게임의 규칙을 준수해야 하는 데 합의를 하고 있다고 본다.
④ 다양한 이익집단은 정부의 정책과정에 동등한 접근기회를 가지고 있으며 이익집단들 간의 영향력에 차이가 있음을 인정하지 않는다.

출제유형 Ⅱ. 이론·제도 **출제영역** 정책의제설정이론
출제빈도 ★★ **난도** 중

정답찾기
③ 이익집단들은 정부의 정책과정에 대한 동등한 접근기회에 가지며 이익집단 간의 영향력 차이는 주로 이익집단의 규모, 영향력, 전문성 등의 차이로 인해 발생한다.

오답피하기
① 다원주의는 권력은 다양한 세력들에게 분산되어 있다고 주장한다.
② 달(Dahl)의 다원주의에 따르면, 엘리트 집단이 존재하기는 하나, 정책결정을 담당하는 엘리트집단이 정책 분야별로 다르다.
④ 다원주의에 따르면, 게임의 규칙을 준수하는 한, 이익집단들 간에 상호경쟁적이고 영향력의 차이는 있지만 전체적으로 균형을 유지한다.

정답 ③

출제유형 Ⅱ. 이론·제도 **출제영역** 정책의제설정이론
출제빈도 ★★ **난도** 중

정답찾기
④ 다원주의에서 사회의 다양한 이익집단은 정부의 정책과정에 동등한 접근기회를 가지고 있으나 이익집단들 간의 영향력에 차이가 있음을 인정한다.

오답피하기
① 다원주의에서 이익집단들 간의 경쟁은 정치체제의 유지와 민주주의 발전에 순기능적이라고 본다.
② 다원주의에서는 권력의 원천은 다수의 이해집단으로 분산되어 있으며 불공평성을 띠지만 사회 전체적으로는 균형을 이룬다.
③ 이익집단들 간에 상호경쟁적이지만 기본적으로는 게임의 규칙을 준수해야 한다는데 합의를 하고 있다고 본다.

정답 ④

31 0262

바흐라흐(Bachrach)와 바라츠(Baratz)의 무의사결정론에 대한 설명으로 옳지 않은 것은? 2023 국가 9급

① 무의사결정의 행태는 정책과정 중 정책문제 채택단계 이외에서도 일어난다.
② 기존 정치체제 내의 규범이나 절차를 동원하여 변화 요구를 봉쇄한다.
③ 정책문제화를 막기 위해 폭력과 같은 강제력을 사용하기도 한다.
④ 엘리트의 두 얼굴 중 권력행사의 어두운 측면을 고려하지 못한다고 비판했기 때문에 신다원주의로 불린다.

32 0263

무의사결정론에 대한 설명으로 옳지 않은 것은? 2020 국가 9급

① 정치체제 내의 지배적 규범이나 절차가 강조되어 변화를 위한 주장은 통제된다고 본다.
② 엘리트들에게 안전한 이슈만이 논의되고 불리한 이슈는 거론조차 못하게 봉쇄된다고 한다.
③ 위협과 같은 폭력적 방법을 통해 특정한 이슈의 등장이 방해받기도 한다고 주장한다.
④ 조직의 주의집중력과 가용자원은 한계가 있어 일부 사회문제만이 정책의제로 선택된다고 주장한다.

출제유형 Ⅱ. 이론·제도 **출제영역** 정책의제설정이론
출제빈도 ★★★ **난도** 중

정답찾기
④ 엘리트의 두 얼굴 중 권력행사의 어두운 측면을 고려하지 못한다고 비판했기 때문에 <u>신엘리트주의</u>로 불린다.

오답피하기
① 무의사결정의 행태는 정책과정 중 정책문제 채택단계 이외에서도 일어난다.
② 기존 정치체제 내의 규범이나 절차를 동원하여 변화 요구를 봉쇄한다.
③ 정책문제화를 막기 위해 폭력과 같은 강제력을 사용하기도 한다.

신엘리트주의: Bachrach와 Baratz의 무의사결정론

정답 ④

출제유형 Ⅱ. 이론·제도 **출제영역** 정책의제설정이론
출제빈도 ★★★ **난도** 중

정답찾기
④ <u>조직의 주의집중력과 가용자원은 한계가 있어 일부 사회문제만이 정책의제로 선택된다는 주장은 사이먼(Simon)의 의사결정론에 해당한다.</u> 무의사결정이란 정책문제 채택과정에서 기존 세력의 이익에 도전하는 이슈나 요구를 정책문제화 하지 않고 이를 억압하는 것으로 지배적인 엘리트 집단에 의해서 행해지는 현상이다.

오답피하기
① 무의사결정론에서는 정치체제 내의 지배적 규범이나 절차가 강조되어 <u>변화를 위한 주장은 통제된다</u>고 본다.
② 무의사결정론에서는 엘리트들에게 안전한 이슈만이 논의되고 <u>불리한 이슈는 거론조차 못하게 봉쇄된다</u>고 한다.
③ 무의사결정론에서는 <u>위협과 같은 폭력적 방법을 통해 특정한 이슈의 등장이 방해받기도 한다</u>고 주장한다.

정답 ④

33
신엘리트이론에 대한 설명으로 옳지 않은 것은? 2018 국가 7급

① 엘리트들에게 안전한 이슈만을 논의하고 불리한 문제는 거론조차 못하게 봉쇄하는 무의사결정론과 밀접하게 연결되어 있다.
② 모스카(Mosca)나 미헬스(Michels) 등에 의해 대표되는 고전적 엘리트이론과 달리 밀즈(Mills)의 지위접근법이나 헌터(Hunter)의 명성적 접근방법을 도입하였다.
③ 정책결정에 영향을 미치는 정치권력은 두 가지 얼굴이 있다고 주장하며, 이 가운데 하나의 측면만을 고려하는 다원주의를 비판하였다.
④ 엘리트는 정책문제의 정의와 의제설정과정에서 은밀한 영향력을 행사하기 때문에 실증적 분석방법론의 활용이 어렵다고 주장하였다.

출제유형 Ⅱ. 이론·제도 출제영역 정책의제설정이론
출제빈도 ★★★ 난도 중

정답찾기
② 모스카(Mosca)와 미헬스(Michels), 파레토(Pareto)는 대표적 고전적 엘리트론자이며, 밀즈(Mills)의 지위접근법이나 헌터(Hunter)의 명성적접근법 역시 초기 미국 엘리트이론에 해당한다. 신엘리트이론은 밀즈(Mills)의 지위접근법이나 헌터(Hunter)의 명성접근법을 도입한 것이 아니라, 정책결정에 영향을 미치는 정치권력은 두 가지 얼굴이 있다고 주장하며, 무의사결정권력을 도입하였다.

오답피하기
① 신엘리트이론은 엘리트들에게 불리한 문제를 거론하지 못하게 하는 무의사결정론을 의미한다.
③ 신엘리트이론은 바흐라흐(Bachrach)와 바라츠(Baratz)가 연구한 권력의 두 얼굴모형을 통하여 연구되었다. 권력의 두 얼굴이란 엘리트들이 가지고 있는 어두운 얼굴과 밝은 얼굴을 말하는데 다원주의는 밝은 얼굴 측면만을 고려하였다고 비판하였다.
④ 엘리트는 불리한 문제가 처음부터 제기되지 못하도록 은밀하게 영향력을 행사하기 때문에 실증적 분석방법론으로는 파악하기 어렵다고 주장한다.

정답 ②

34
무의사결정(Non-decision Making)에 대한 설명으로 옳은 것은? 2017 국가 9급

① 지배적인 엘리트집단은 자신들의 이해관계와 부합하지 않는 이슈라도 정책의제설정단계에서 논의하려고 한다.
② 무의사결정은 중립적인 행동으로 다원주의이론의 관점을 반영한다.
③ 집행과정에서는 무의사결정이 일어나지 않는다.
④ 정책문제 채택과정에서 기존 세력에 도전하는 요구는 정책문제화하지 않고 억압한다.

출제유형 Ⅱ. 이론·제도 출제영역 정책의제설정이론
출제빈도 ★★★ 난도 중

정답찾기
④ 무의사결정이란 정책문제 채택과정에서 기존 세력의 이익에 도전하는 이슈나 요구를 정책문제화 하지 않고 이를 억압하는 것으로 지배적인 엘리트 집단에 의해서 행해지는 현상이다.

오답피하기
① 무의사결정은 엘리트 집단의 이해에 충돌되는 이슈를 논의하지 않으려는 과정에서 발생한다.
② 무의사결정은 중립적 행동이 아닌 엘리트 집단에 의해서 기존 세력의 이익에 도전하는 이슈나 요구를 억압하는 신엘리트이론이다.
③ 무의사결정은 정책의 의제설정 과정 및 정책의 전 과정에서 일어난다.

행복노트
신엘리트주의: Bachrach와 Baratz의 무의사결정론

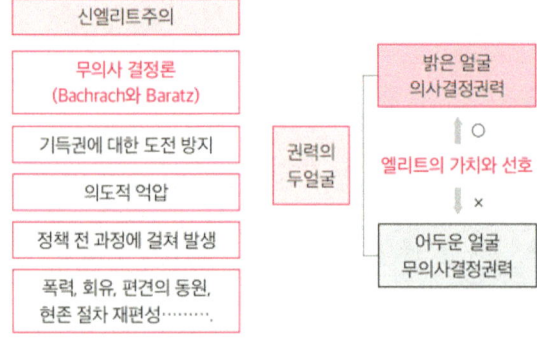

정답 ④

35

바흐라흐와 바라츠(P. Bachrach & M. S. Baratz)의 무의사결정(Non-decision Making)을 추진하는 수단이나 방법으로 옳지 않은 것은?

2014 국가 7급

① 폭력이나 테러행위는 사용되지 않는다.
② 정치체제의 규범, 규칙, 절차 자체를 수정·보완하여 정책요구를 봉쇄한다.
③ 변화의 주창자에 대해서 현재 부여되고 있는 혜택을 박탈하거나 새로운 이익으로 매수한다.
④ 정치체제 내의 지배적 규범이나 절차를 강조하여 변화를 주장하는 요구가 제시되지 못하도록 한다.

출제유형 II. 이론·제도   **출제영역** 정책의제설정이론
출제빈도 ★★★   난도 중

정답찾기
① 무의사결정을 추진하는 가장 직접적 방법인 <u>폭력이나 테러행위가 사용된다.</u>

오답피하기
② 정치체제의 규범, 규칙, 절차 자체를 수정·보완하여 정책요구를 봉쇄하는 방법은 <u>가장 세련되고 간접적인 수단이다.</u>
③ 변화의 주창자에 대해서 현재 부여되고 있는 혜택을 박탈하거나 새로운 이익으로 매수하는 것은 <u>권력을 활용한 무의사결정의 수단이다.</u>
④ 지배적 규범이나 절차를 강조하여 변화를 주장하는 요구가 제시되지 못하도록 하는 것은 <u>편견을 동원한 무의사결정의 수단이다.</u>

정답 ①

36

정책과정에 대한 설명으로 옳지 않은 것은?

2012 국가 9급

① 콥(R. W. Cobb)은 주도집단에 따라 정책의제설정유형을 외부주도형, 동원형, 내부접근형으로 분류하였다.
② 바크라흐(P. Bachrach)와 바라츠(M. Baratz)는 신다원론(Neo-pluralism) 관점에서 정치권력의 두 개의 얼굴 중 하나인 무의사결정을 주장하였다.
③ 킹던(J. Kingdon)은 어떤 중요한 시점에서 문제, 정책, 정치 등 세 가지 흐름(Streams)의 결합에 의하여 정책의제가 설정 된다고 주장하였다.
④ 달(R. Dahl)은 다원론(Pluralism) 관점에서 미국은 민주주의 국가이기 때문에 특정한 어느 개인이나 집단도 주도권을 행사하기 어렵다고 주장하였다.

출제유형 II. 이론·제도   **출제영역** 정책의제설정이론
출제빈도 ★★★   난도 중

정답찾기
② 바흐라흐(Bachrach)와 바라츠(Baratz)가 제시한 무의사결정이론은 <u>신엘리트이론에 토대를 두고 있는 이론이다.</u>

오답피하기

정답 ②

37　　　　　　　　　　　　　0268

조합주의(Corporatism)에 대한 설명으로 옳지 않은 것은?

2016 국가 7급

① 정부활동은 다양한 이익집단 간 이익의 소극적 중재자 역할에 한정된다.
② 이익집단은 단일적·위계적인 이익대표체계를 형성한다.
③ 정부는 사회적 공동선을 달성하기 위해 중요 이익집단과 우호적 협력관계를 유지한다.
④ 이익집단은 상호경쟁보다는 국가에 협조함으로써 특정 영역에서 자신의 요구를 정책과정에 투입한다.

38　　　　　　　　　　　　　0269

다국적 기업과 같은 중요 산업조직이 국가 또는 정부와 긴밀한 동맹관계를 형성하고 이들이 경제 및 산업정책을 함께 만들어간다고 설명하는 이론은?

2013 국가 9급

① 신마르크스주의이론
② 엘리트이론
③ 공공선택이론
④ 신조합주의이론

출제유형 Ⅱ. 이론·제도　　**출제영역** 정책의제설정이론

출제빈도 ★★　　**난도** 중

정답찾기

① 정부의 역할을 집단 사이의 이익중재에만 그치는 소극적 역할에 한정하는 것은 다원주의에 대한 설명이다. 조합주의는 정부의 보다 적극적인 역할을 통하여 이익집단과의 상호우호적인 협력관계를 유지하며 정책을 주도해 나간다는 국가 중심의 이론이다.

오답피하기

조합주의와 신조합주의

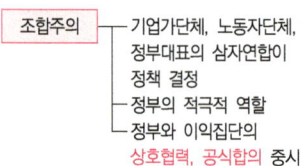
조합주의 ─ 기업가단체, 노동자단체, 정부대표의 삼자연합이 정책 결정
　　　　 ─ 정부의 적극적 역할
　　　　 ─ 정부와 이익집단의 **상호협력, 공식합의 중시**

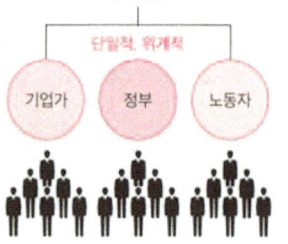

정답 ①

출제유형 Ⅱ. 이론·제도　　**출제영역** 정책의제설정이론

출제빈도 ★★★　　**난도** 중

정답찾기

④ 신조합주의이론은 다국적 기업들이 국가와 긴밀한 동맹관계를 형성하면서 함께 경제정책을 만들어간다는 이론으로서 조합주의이론보다 기업의 더 큰 영향력을 강조한다.

오답피하기

① 신마르크스주의는 국가는 어느 정도 자본가계급으로부터 자율성을 가진 주체로서, 징세권 행사와 복지정책을 수행하는 주체로 인식하는 이론이다.
② 엘리트이론은 정부 관료제는 다른 대규모 조직들과 함께 엘리트 권력의 중요한 출처가 되면서, 소수 권력엘리트가 정치체제를 지배하고, 국가정책은 엘리트집단의 이익을 대변한다고 보는 이론이다.
③ 공공선택이론은 경제학적 분석 방법을 활용하여 정책을 결정한다고 보는 이론이다.

정답 ④

39　0270

정책참여자의 권력관계모형에 대한 설명으로 옳지 않은 것은?

2021 지방 7급

① 국가조합주의는 국가가 민간부문의 집단들에 대하여 강력한 주도권을 행사한다고 보는 모형이다.
② 다원주의는 주로 개발도상국가에서 경제개발과정에서의 이익집단에 대한 통제를 설명하기 위한 이론으로 활용되었다.
③ 사회조합주의는 사회경제체제의 변화에 순응하려는 이익집단의 자발적 시도로부터 생성되었다.
④ 다원주의는 이익집단 간의 영향력 차이를 인정하지만 전반적으로 균형이 유지되고 있다는 입장을 지닌다.

출제유형 Ⅱ. 이론·제도　　**출제영역** 정책의제설정이론
출제빈도 ★★★　　**난도** 상

정답찾기
② 다원주의는 주로 선진국의 정치과정을 설명하는 이론이며, 개발도상국가에서 경제개발과정에서의 이익집단에 대한 통제를 설명하기 위한 이론으로 활용된 것은 국가조합주의에 해당한다.

오답피하기
엘리트론과 다원론

엘리트주의	다원주의
동질적이고 폐쇄적	권력은 다수에 분산
엘리트 정책의 독점지배	이익집단 간 정치적 균형과 타협
엘리트의 자율성	힘의 차이 존재(불공평성) But 동등한 접근기회
계층적이고 하향적 통치	정부는 중립적 심판자
엘리트 이익에 부합하는 정책의제만 설정	고전적 다원론 Dahl의 다원론
Mills 지위접근법(군산정) Hunter 명성접근법(지역)	

조합주의와 신조합주의

조합주의 ─ 기업가단체, 노동자단체, 정부대표의 삼자연합이 정책 결정
　　　　 ─ 정부의 적극적 역할
　　　　 ─ 정부와 이익집단의 **상호협력, 공식합의 중시**

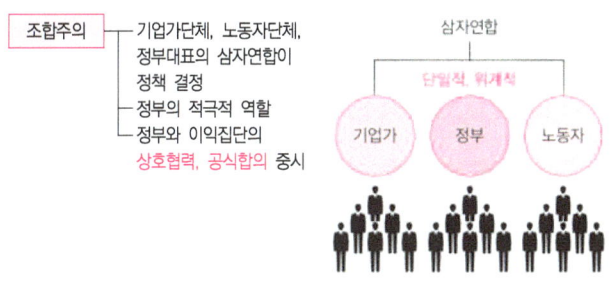

정답 ②

40　0271

정책과정에서 행위자 사이의 권력관계이론에 대한 설명으로 가장 옳지 않은 것은?

2018 서울 9급

① 헌터(Hunter)는 지역사회연구를 통해 응집력과 동료의식이 강하고 협력적인 정치 엘리트들이 지역사회를 지배한다는 엘리트론을 주장한다.
② 무의사결정(Nondecision-making)론은 권력을 가진 집단은 자신들에게 불리하거나 바람직하지 않다고 생각되는 특정이슈들이 정부 내에서 논의되지 못하도록 봉쇄한다고 설명한다.
③ 다원론을 전개한 다알(Dahl)은 뉴 헤이븐(New Haven)시를 대상으로 한 연구에서 정책결정을 담당하는 엘리트가 분야별로 다른 형태를 보인다고 설명한다.
④ 신다원론에서는 집단 간 경쟁의 중요성은 여전히 인정하면서 집단 간 대체적 동등성의 개념을 수정하여 특정집단이 다른 집단보다 더욱 강력할 수 있다는 점을 인정하였다.

출제유형 Ⅱ. 이론·제도　　**출제영역** 정책의제설정이론
출제빈도 ★★★　　**난도** 상

정답찾기
① 헌터(Hunter)는 명성접근법이라는 엘리트이론에서 폐쇄적이고 응집력 있는 소수의 **기업엘리트 집단**(기업인, 변호사, 고위관료 등)에 의한 의사결정을 중시하였다.

오답피하기
② 신엘리트이론의 일종인 무의사결정론에 대한 설명이다.
③ 다원론을 전개한 다알(Dahl)은 뉴 헤이븐(New Haven)시를 대상으로 한 연구에서 정책결정을 담당하는 엘리트가 존재는 하지만 동일한 엘리트가 모든 정책영역에서 지배적 권력을 행사하는 것은 아니며, 엘리트간 정치적 경쟁(선거)으로 일반대중의 선호가 정책에 반영될 수 있다고 주장한다. 다만 다알(Dahl)은 각 정책영역별로 영향력을 행사하는 엘리트들이 각기 다르다고 주장하며 또한 엘리트들이 영역별로 분산되어 있기 때문에 분야별로 다른 형태를 보인다고 주장한다.
④ 신다원론은 이익집단 간 경쟁을 중시하면서도 정부의 전문적·능동적인 역할을 강조한 결과 정경유착에 의한 우월적 특정집단의 존재를 인정한 모형이다.

정답 ①

41 ☐☐☐   0272

정책과정을 설명하는 이론의 내용으로 옳은 것은?

2017 지방 9급 추가

① 현대엘리트이론은 국가가 소수의 지배자와 다수의 피지배자로 구분되기 어렵다고 본다.
② 공공선택론은 사적 이익보다는 집단 이익을 위한 합리적 선택에 초점을 둔다.
③ 다원주의이론은 정부정책을 다양한 행위자들 간의 협상과 경쟁의 결과로 본다.
④ 조합주의이론은 정책과정에서 국가의 역할이 소극적·제한적이라고 본다.

42 ☐☐☐   0273

다음 이론에 대한 설명 중 옳은 것만을 모두 고르면?

2016 국가 9급

> ㄱ. 이익집단론은 정치체제가 잠재이익집단과 중복회원 때문에 특수이익에 치우치지 않는다고 주장한다.
> ㄴ. 신다원주의론은 자본주의 국가에서는 기업가 집단의 특권적 지위가 현실의 정책과정에서 나타난다고 본다.
> ㄷ. 하위정부론은 정책분야별로 이익집단, 정당, 해당 관료조직으로 구성된 실질적 정책결정권을 공유하는 네트워크가 존재한다고 주장한다.

① ㄱ   ② ㄱ, ㄴ
③ ㄴ, ㄷ   ④ ㄱ, ㄴ, ㄷ

출제유형 Ⅱ. 이론·제도   출제영역 정책의제설정이론
출제빈도 ★★★   난도 중

정답찾기
③ 다원주의이론은 다양한 행위자들(이익집단 등) 간의 협상, 경쟁과 합의의 결과를 정책으로 본다.

오답피하기
① 현대 엘리트이론은 다수의 피지배자와 소수 지배자로 구분된다고 본다.
② 공공선택론은 경제학적 관점을 도입하여 집단이익보다 사익을 위한 합리적 선택에 초점을 둔다.
④ 조합주의이론은 국가와 이익집단 간 합의 또는 동맹관계를 토대로 국가의 역할을 적극적·능동적이라고 본다.

정답 ③

출제유형 Ⅱ. 이론·제도   출제영역 정책의제설정이론
출제빈도 ★★★   난도 중

정답찾기
ㄱ. 벤틀리(Bentley)와 트루먼(Truman)의 이익집단론은 정치체제가 잠재이익집단과 중복회원 때문에 특수이익에 치우치지 않는다고 주장한다.
ㄴ. 신다원주의론은 자본주의 국가에서는 기업가 집단의 특권적 지위가 현실의 정책과정에서 나타난다고 본다.

오답피하기
ㄷ. 하위정부론(철의 삼각)은 이익집단, 의회 상임위원회, 해당 관료조직으로 구성되었다.

행복노트
하위정부모형
- 기관료 + 의회상임위 + 이익집단
- 안정적, 폐쇄적, 이해관계의 일치(동맹적)
- 정책분야별로 다양한 하위정부 존재
- 분배정책 분야에서 주로 형성
- 미국 사회가 다원화되면서 설명력 약화

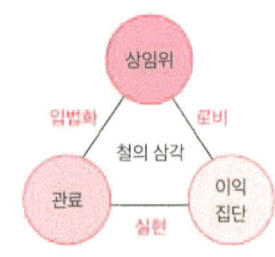

정답 ②

43
정책의제설정과 관련된 이론과 설명이 바르게 연결된 것은?

2014 국가 9급

A. 사이먼(H. Simon)의 의사결정론
B. 체제이론
C. 다원주의론
D. 무의사결정론

ㄱ. 조직의 주의 집중력은 한계가 있어 일부의 사회문제만이 정책의제로 선택된다.
ㄴ. 문지기(Gate-keeper)가 선호하는 문제가 정책의제로 채택된다.
ㄷ. 이익집단들이나 일반 대중이 정책의제설정에 상당한 영향력을 행사한다.
ㄹ. 대중에 대한 억압과 통제를 통해 엘리트들에게 유리한 이슈만 정책의제로 설정된다.

	A	B	C	D
①	ㄱ	ㄴ	ㄷ	ㄹ
②	ㄱ	ㄷ	ㄴ	ㄹ
③	ㄹ	ㄴ	ㄷ	ㄱ
④	ㄹ	ㄷ	ㄴ	ㄱ

44
정책결정 참여자로서의 관료의 역할에 대한 설명으로 옳지 않은 것은?

2013 서울 7급

① 조합주의는 관료의 적극적 역할을 옹호한다.
② 엘리트주의에서는 관료의 적극적 역할보다는 지배계층의 역할에 주목한다.
③ 철의 삼각에서 관료는 특수 이익집단의 이익에 종속되는 경향이 있다.
④ 다원주의에서는 외부집단이나 지배계층보다 관료의 역할을 더욱 중요시한다.
⑤ 이슈네트워크에서는 이슈에 따라 관료가 방관자가 되거나 주도적 역할을 하기도 한다.

출제유형 II. 이론·제도　　**출제영역** 정책의제설정이론
출제빈도 ★★★　　**난도** 중

정답찾기
① A는 ㄱ, B는 ㄴ, C는 ㄷ, D는 ㄹ과 각각 연관된다.
A. ㄱ의 사이먼(Simon)은 인간은 인지능력의 한계로 모든 문제를 다 인지하지는 못한다고 주장하고 조직 또한 주의 집중력은 한계가 있어 일부의 사회문제만이 정책의제로 선택된다고 주장한다.
B. ㄴ의 이스턴(Easton)의 체제이론은 체제의 문제해결능력의 한계로 인하여 문지기(Gate-keeper)가 선호하는 문제만 정책의제로 채택이 된다는 주장을 하였다.
C. ㄷ의 다원주의론은 다양한 이익집단이나 일반대중이 정책에 영향을 미친다고 주장한다.
D. ㄹ의 신엘리트이론에 입각한 무의사결정론은 엘리트들에게 유리한 이슈만 정책의제로 설정된다고 주장한다.

정답 ①

출제유형 II. 이론·제도　　**출제영역** 정책의제설정이론
출제빈도 ★★★　　**난도** 중

정답찾기
④ 다원주의에서는 정책 자체를 다양한 이해관계자들 간의 타협에 의해 결정되는 과정에서 정부는 소극적 중재자 역할을 하는 것으로 보는 입장이다.

오답피하기
엘리트론과 다원론

엘리트주의	다원주의
동질이고 폐쇄적	권력은 다수에 분산
엘리트 정책의 독점지배	이익집단 간 정치적 균형과 타협
엘리트의 자율성	힘의 차이 존재(불공평성) But 동등한 접근기회
계층적이고 하향적 통치	정부는 중립적 심판자
엘리트 이익에 부합하는 정책의제만 설정	
Mills 지위접근법(군산정) Hunter 명성접근법(지역)	고전적 다원론 Dahl의 다원론

정답 ④

45　0276

정책네트워크의 유형별 특징에 대한 설명으로 옳지 않은 것은?

2020 지방 7급

① 철의 삼각(Iron Triangle)모형에서는 이익집단, 관련 행정부처(관료조직), 그리고 의회 위원회가 연합하여 실질적인 정책결정이 이루어진다고 본다.
② 하위정부(Subgovernment)모형은 철의 삼각모형의 경험적 타당성에 대해 의문을 제기하면서 참여자의 범위를 대폭 확대하였다.
③ 정책공동체(Policy Community)의 주요구성원에는 하위정부모형의 참여자 외에 전문가집단이 포함된다.
④ 이슈네트워크(Issue Network)는 정책공동체와 비교할 때 네트워크의 경계가 불분명하여 참여자들의 진입과 퇴장이 쉬운 편이다.

46　0277

정책네트워크에 대한 설명으로 옳지 않은 것은?

2019 국가 9급

① 정책네트워크의 참여자는 정부뿐만 아니라 민간부문까지 포함한다.
② 정책공동체(Policy Community)에 비해서 이슈네트워크(Issue Network)는 제한된 행위자들이 정책과정에 참여하며 경계의 개방성이 낮은 특성이 있다.
③ 헤클로(Heclo)는 하위정부모형을 비판적으로 검토하면서 정책이슈를 중심으로 유동적이며 개방적인 참여자들 간의 상호작용 현상을 묘사하기 위한 대안적 모형을 제안하였다.
④ 하위정부(Sub-government)는 선출직 의원, 정부관료, 그리고 이익집단의 역할에 초점을 맞춘다.

출제유형 Ⅱ. 이론·제도　**출제영역** 정책네트워크
출제빈도 ★★★　**난도** 중

정답찾기
② 철의 삼각모형의 경험적 타당성에 대해 의문을 제기하면서 참여자의 범위를 대폭 확대한 것은 이슈네트워크모형에 해당한다.

오답피하기
정책네트워크모형의 속성 비교

출제유형 Ⅱ. 이론·제도　**출제영역** 정책네트워크
출제빈도 ★★★　**난도** 중

정답찾기
② 이슈네트워크(Issue Network)에 비해서 정책공동체(Policy Community)는 제한된 행위자들이 정책과정에 참여하며 경계의 개방성이 낮은 특성이 있다. 이슈네트워크는 참여자의 범위가 넓고, 개방적·유동적이다.

오답피하기
① 정책네트워크의 참여자는 정부뿐만 아니라 민간부문까지 포함한다.
③ 헤클로(Heclo)는 하위정부모형을 비판적으로 검토하면서, 거미줄처럼 엮어진 수많은 행위자들 간의 유동적이고 불안정한 관계를 묘사하여 이슈네트워크모형을 제시하였다.
④ 하위정부(Sub-government)는 이익집단, 관료조직, 의회 상임위원회가 철의 삼각을 이룬다.

행복노트
정책네트워크모형 〈Policy Network〉

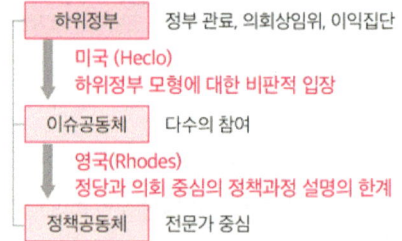

정답 ②

47

로즈(Rhodes) 등을 중심으로 논의된 정책네트워크모형의 특징으로 가장 옳지 않은 것은? 2018 서울 1회 7급

① 정책공동체는 비교적 폐쇄적이고 안정적이며 지속적인 네트워크이다.
② 이슈네트워크의 행위자는 매우 유동적이고 불안정하며, 이슈의 성격에 따라 주요 행위자가 수시로 변할 수 있다.
③ 정책네트워크를 구성하는 행위자들 간의 관계 형성 동기는 소유 자원의 상호의존성에 기인한다.
④ 정책네트워크를 통한 정책산출은 처음 의도한 정책내용과 유사하며, 정책산출에 대한 예측이 용이하다.

48

정책네트워크에 대한 설명으로 옳은 것은? 2017 지방 9급 추가

① 정책공동체(Policy Community)의 참여자는 하위정부(Subgovernment)에 비해 제한적이다.
② 정책공동체(Policy Community)는 일시적이고 느슨한 형태의 집합체이다.
③ 이슈네트워크(Issue Network)에서는 비교적 소수의 엘리트들이 협력하여 특정한 영역의 정책결정을 지배한다.
④ 하위정부(Sub-government)의 주된 참여자는 정부관료, 선출직 의원, 이익집단이다.

출제유형 II. 이론·제도 **출제영역** 정책네트워크
출제빈도 ★★★ **난도** 중

정답찾기
④ 정책네트워크를 통한 정책산출은 각종 이해관계자나 참여자들 간 상호작용에 의하여 처음 의도했던 정책내용과 상이하게 나타날 수 있는 가변성을 지닌다.

오답피하기
① 정책공동체는 관료나 전문가들로 제한된 참여가 이루어지므로 비교적 폐쇄적이고 안정적이며 지속적인 네트워크이다.
② 이슈네트워크의 행위자는 광범위한 다수의 참여를 가정하므로 매우 유동적이고 불안정하며, 이슈의 성격에 따라 주요 행위자가 수시로 변할 수 있다.
③ 정책네트워크를 구성하는 행위자들 간의 관계 형성 동기는 지식과 소유 자원의 상호의존성에 기인한다.

행복노트
이슈네트워크 vs 정책공동체

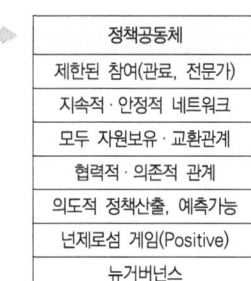

이슈네트워크	정책공동체
광범위한 다수의 참여	제한된 참여 (관료, 전문가)
유동적, 불안정 네트워크	지속적·안정적 네트워크
자원보유 한정·합의관계	모두 자원보유·교환관계
경쟁적, 갈등적 관계	협력적·의존적 관계
정책산출의 예측 곤란	의도적 정책산출, 예측가능
제로섬 게임(Negative)	넌제로섬 게임(Positive)
다원주의	뉴거버넌스

정답 ④

출제유형 II. 이론·제도 **출제영역** 정책네트워크
출제빈도 ★★★ **난도** 중

정답찾기
④ 하위정부모형은 관료, 의회 상임위원회, 이익집단 간 삼자연합에 의하여 정책결정이 이루어진다고 본다.

오답피하기
① 하위정부모형의 참여자는 관료, 의회 위원회, 이익집단이므로 다양한 전문가가 참여하는 정책공동체보다 더 제한적이다.
② 일시적이고 느슨한 형태의 집합체는 이슈네트워크에 해당하는 설명이다.
③ 비교적 소수의 엘리트들이 협력하여 특정한 영역의 정책결정을 지배하는 것은 하위정부에 해당한다. 이슈네트워크는 다양한 이해관계자들이 광범위하게 참여하는 개방적이고 일시적인 네트워크이다.

정답 ④

49　　　　　　　　　　　　　　　　　　0280
정책네트워크모형에 대한 설명으로 옳지 않은 것은?

2015 지방 7급

① 로즈와 마쉬(Rhodes & Marsh)에 따르면, 이슈네트워크는 비교적 폐쇄적이고 안정적인 반면 정책공동체는 개방적이고 유동적이다.
② 헤클로(Heclo)는 하위정부모형에 대한 비판적 입장에서 이슈네트워크모형을 제안했다.
③ 많은 학자들은 1960년대에 등장한 하위정부모형이나 1970년대에 등장한 이슈네트워크모형이 정책네트워크모형의 기원이라고 본다.
④ 정책공동체의 경우, 모든 참여자가 자원을 가지며 참여자 사이의 근본적인 관계는 교환관계이다.

50　　　　　　　　　　　　　　　　　　0281
'정책네트워크(Policy Network)'에 대한 설명으로 옳지 않은 것은?

2012 국가 7급

① 참여자 간 교호작용 속에서 형성되는 연계가 중요하고 참여자와 비참여자를 구분하는 경계가 없다.
② 정책형성뿐만 아니라 정책집행까지 설명하는 유용한 도구이다.
③ 정책 네트워크 유형에는 하위정부, 정책공동체, 정책문제망 등이 있다.
④ 행위자들 사이에 나타나는 상호작용의 패턴을 찾아내는 데 사용된다.

출제유형	Ⅱ. 이론·제도	출제영역	정책네트워크
출제빈도	★★★	난도	중

정답찾기
① 정책네트워크 모형에는 참여자 간 교호작용 속에서 형성되는 연계가 중요하고 참여자와 비참여자를 구분하는 경계가 있다.

오답피하기
② 이샤이(Yishai, 1992)는 정책네트워크 모형을 통해 정책형성뿐만 아니라 정책집행까지 설명하고 있다.
③ 정책네트워크 유형에는 하위정부, 정책공동체, 정책문제망(이슈네트워크) 등이 있다.
④ 정책네트워크모형은 행위자들 사이에 나타나는 상호작용의 패턴을 찾아내는데 사용된다.

행복노트
정책네트워크모형 속성

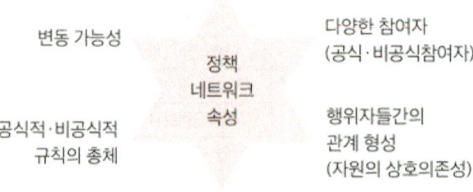

정답 ①

출제유형	Ⅱ. 이론·제도	출제영역	정책네트워크
출제빈도	★★★	난도	중

정답찾기
① 이슈네트워크는 개방적이고 유동적인 반면, 정책공동체는 비교적 폐쇄적이고 안정적이다.

오답피하기
② 헤클로(Heclo)는 하위정부모형의 비판적 입장에서 이슈네트워크모형을 제시하였다.
④ 정책공동체의 경우 모든 참여자가 자원을 갖고 교환관계를 형성하며, 공동의 이익을 추구하는 정합(Positive-sum) 게임의 성격을 가진다.

정답 ①

51 ☐☐☐ 0282

정책네트워크이론(모형)에 대한 설명으로 옳지 않은 것은?

2012 국가 9급

① 정책네트워크이론의 대두배경은 정책결정의 부분화와 전문화 추세를 반영한다.
② 철의 삼각(Iron Triangle)모형은 소수 엘리트 행위자들이 특정 정책의 결정을 지배한다는 점을 강조한다.
③ 이슈네트워크(Issue Network)모형은 쟁점을 둘러싼 정책참여자들 간의 상호작용을 중시한다.
④ 정책과정에 대한 국가중심 접근 방법과 사회중심 접근방법이라는 이분법적 논리를 극복하지 못하고 있다.

52 ☐☐☐ 0283

정책네트워크모형에 대한 설명으로 옳지 않은 것은?

2012 지방 7급

① 사회학이나 문화인류학의 연구에서 이용되어 왔던 네트워크 분석을 다양한 참여자들의 행위들로 특정되어지는 정책과정의 연구에 적용한 것이다.
② 행위자들 간의 연계는 의사소통과 전문지식, 신뢰 그리고 여타 자원을 교환하는 통로로 작용한다.
③ 미국의 경우 정당과 의회중심의 정책과정 설명이 한계에 부딪히면서 등장하였다.
④ 이슈네트워크는 정부부처의 고위관료, 의원, 기업가, 로비스트, 학자, 언론인 등 특정영역에 이해관계가 있거나 관심을 가지는 사람들 간의 네트워크이다.

정답찾기

④ 정책네트워크이론은 사회 중심적 접근방법과 국가 중심 접근방법이라는 이분법적 논리의 경직성에 회의를 갖고, 정책이해의 연계관계를 보다 신축적으로 설명하고자 발전시킨 이론이다.

오답피하기

① 정책네트워크이론의 대두배경은 정책영역별 또는 정책문제별로 정책이 형성되는 속성을 가지므로 정책결정의 전문화와 부분화 추세를 반영한다.
② 철의 삼각(Iron Triangle)모형은 정부관료, 의회 상임위원회, 이익집단 등 소수 엘리트 행위자들이 특정 정책의 결정을 지배한다는 점을 강조한다.
③ 이슈네트워크(Issue Network)모형은 쟁점을 둘러싼 정책참여자들 간의 상호작용을 중시하는 모형이다.

행복노트

정책의제설정이론의 유형

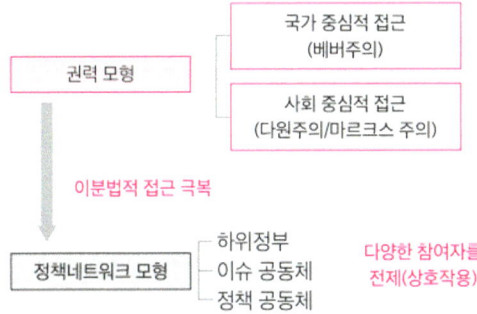

정답찾기

③ 영국은 정당과 의회 중심의 정책과정 설명이 한계에 직면하면서 정책공동체 모형을 제시하였다.

오답피하기

④ 이슈네트워크는 정부부처의 고위관료, 의원, 기업가, 로비스트, 학자, 언론인 등 특정영역에 이해관계가 있거나 관심을 가지는 사람들 간의 네트워크이다. 반면 정책공동체는 전문가 공동체이므로 참여자 수가 매우 제한적이다.

정답 ③

정답 ④

CHAPTER 02 기출 OX

1. 제1종 오류는 정책의 대상이 되는 문제 자체에 대한 정의를 잘못 내리는 경우이다. (O X) 2015 국가 9급

2. 분류분석은 문제상황을 정의하기 위해 당면 문제를 그 구성요소로 분해하는 기법으로, 논리적 추론을 통해 추상적인 정책문제를 구체적인 요소들로 구분하는 방법이다. (O X) 2014 국가 9급

3. 체제의제는 여러 가지 공공의제들 중에서 정부가 그 해결을 위하여 심각하게 관심과 행동을 집중하는 정부의제로 선별되는 상태를 말한다. (O X) 2012 지방 7급

4. 문제가 복잡하고 사회적 유의성이 높을수록 의제로 채택될 가능성이 높다. (O X) 2013 국가 7급

5. 내부접근형은 정책결정자들이 정치과정을 통하여 사회적 이슈를 공식적 정책의제로 채택하는 전략적 과정을 설명하는 논리이다. (O X) 2012 국가 7급

6. 동원형은 정책담당자들에 의해 자발적으로 정책의제가 형성되는 경우로, 정부의 힘이 강하고 민간부문의 힘이 취약한 선진국에서 많이 나타난다. (O X) 2010 국회 9급

7. 공고화형(Consolidation Model)은 대중의 지지가 낮은 정책문제에 대한 정부의 주도적 해결을 설명한다. (O X) 2020 국가 7급

8. 다원주의는 정책결정에 있어서 정부의 이해관계와 영향력을 간과하고 있다는 비판을 받는다. (O X) 2011 지방 7급

9. 무의사결정은 기득권 세력의 특권이나 이익 그리고 가치관이나 신념에 대한 잠재적 또는 현재적 도전을 좌절시키려는 것을 의미한다. (O X) 2015 지방 9급

10. 무의사결정론에서는 위협과 같은 폭력적 방법을 통해 특정한 이슈의 등장이 방해받기도 한다고 주장한다. (O X) 2020 지방 7급

11. 조합주의론(Corporatism)의 주요내용은 정부의 보다 적극적인 역할을 인정하지 않는다는 것이다. (O X) 2010 서울 7급

12. 하위정부(Subgovernment)는 철의 삼각과 같이 정부관료, 선출직 의원, 그리고 시민단체의 역할에 초점을 맞춘다. (O X) 2017 국회 8급

13. 이슈네트워크는 비교적 폐쇄적이고 안정적인 반면, 정책공동체는 개방적이고 유동적이다. (O X) 2015 지방 7급

14. 정책공동체의 경우 모든 참여자가 자원을 가지는 것은 아니지만 참여자 사이의 근본적인 관계는 교환관계이다. (O X) 2015 지방 7급

---

1. 제3종 오류는 정책의 대상이 되는 문제 자체에 대한 정의를 잘못 내리는 경우이다. ✗

2. 분류분석은 문제상황을 정의하기 위해 당면 문제를 그 구성요소들로 분해하는 기법으로, 논리적 추론을 통해 추상적인 정책문제를 구체적인 요소들로 구분하는 방법이다. O

3. 공식의제(Official Agenda)는 여러 가지 공공의제들 중에서 정부가 그 해결을 위하여 심각하게 관심과 행동을 집중하는 정부의제로 선별되는 상태를 말한다. ✗

4. 문제가 단순하고 사회적 유의성이 높을수록 의제로 채택될 가능성이 높다. ✗

5. 외부주도형은 정책결정자들이 정치과정을 통하여 사회적 이슈를 공식적 정책의제로 채택하는 전략적 과정을 설명하는 논리이다. ✗

6. 동원형은 정책담당자들에 의해 자발적으로 정책의제가 형성되는 경우로, 정부의 힘이 강하고 민간부문의 힘이 취약한 후진국에서 많이 나타난다. ✗

7. 공고화형(Consolidation Model)은 대중의 지지가 높은 정책문제에 대한 정부의 주도적 해결을 설명한다. ✗

8. 다원주의는 정책결정에 있어서 정부의 이해관계와 영향력을 간과하고 있다는 비판을 받는다. O

9. 무의사결정은 기득권 세력의 특권이나 이익 그리고 가치관이나 신념에 대한 잠재적 또는 현재적 도전을 좌절시키려는 것을 의미한다. O

10. 무의사결정론에서는 위협과 같은 폭력적 방법을 통해 특정한 이슈의 등장이 방해받기도 한다고 주장한다. O

11. 조합주의론(Corporatism)의 주요내용은 정부의 보다 적극적인 역할을 인정한다는 것이다. ✗

12. 하위정부(Subgovernment)는 철의 삼각과 같이 정부관료, 선출직 의원, 그리고 이익집단의 역할에 초점을 맞춘다. ✗

13. 정책공동체는 비교적 폐쇄적이고 안정적인 반면, 이슈네트워크는 개방적이고 유동적이다. ✗

14. 정책공동체의 경우 모든 참여자가 자원을 가지며 참여자 사이의 근본적인 관계는 교환관계이다 ✗

CHAPTER 02 키워드

1. 정책대안이 아무리 훌륭하더라도 정책문제를 잘못 인지하고 채택하여 정책문제가 여전히 해결되지 않은 상태로 남아 있는 현상을 _____ 오류라 한다.   *2013 서울 9급* — **제3종**

2. _____은 정책문제의 존속기간 및 형성 과정을 파악하기 위해 사용하는 기법으로 포화표본추출(Saturation Sampling)을 통해 관련 이해당사자를 선정하는 것과 관련이 깊다.   *2014 국가 9급* — **경계분석**

3. 콥(R. Cobb)과 엘더(C. Elder)는 사회문제 – 사회적 이슈 – _____ – 제도의제의 순서로 정책의제로 선택됨을 설명하고 있다.   *2013 서울 9급* — **체제의제**

4. _____ 의제(System Agenda)는 일반 대중의 관심과 주의를 받고 있으며 정부가 개입하여 문제를 해결해야 한다고 인정되지만, 아직까지 정부가 문제해결을 고려하기로 공식적으로 밝히지 않은 의제를 말한다.   *2015 지방 7급* — **체제**

5. 극적인 사건이나 위기 등은 의제로의 채택 가능성을 높이며, 선례가 있는 문제들은 의제로 채택될 가능성이 _____.   *2013 국가 7급* — **높다**

6. 정책의제설정에는 외부주도형, _____, 내부접근형 등의 유형이 있으며 정책의제설정 과정에서는 주도집단, 정책체제, 환경 등의 변수들이 중요하게 작용한다.   *2013 국회 8급* — **동원형**

7. 올림픽이나 월드컵 유치 등 국민들이 적극적인 관심을 보인 사례는 _____에 속한다.   *2015 서울 7급* — **동원형**

8. 정책의제설정모형 중 공고화형(Consolidation Model)은 대중의 지지가 _____ 정책문제에 대한 정부의 주도적 해결을 설명한다.   *2020 국가 7급* — **높은**

9. 헌터(F. Hunter)의 _____ 접근방법은 사회적 명성이 있는 소수자들이 결정한 정책을 일반대중이 수용한다는 입장이다.   *2014 국회 8급* — **명성적**

10. 바흐라흐(P. Bachrach)와 바라츠(M. Baratz)는 신엘리트론의 관점에서 정치권력의 두 얼굴 중 하나인 어두운 얼굴에서 발생하는 _____을 폭로하였다.   *2012 국가 9급* — **무의사결정**

11. 신다원주의론은 자본주의 국가에서는 _____ 집단의 특권적 지위가 현실의 정책과정에서 나타난다고 본다.   *2016 국가 9급* — **기업가**

12. _____에서 정부는 공동선을 달성하기 위하여 중요 이익집단과 우호적 협력 관계를 유지하며, 이익집단 또한 상호경쟁보다는 국가에 협조함으로써 특정 영역에서 자신의 요구를 정책과정에 투입하고자 한다.   *2016 국가 7급* — **조합주의 (Corporatism)**

13. _____는 철의 삼각과 같이 정부관료, 선출직 의원, 그리고 이익집단의 역할에 초점을 맞춘다.   *2017 국회 8급* — **하위정부 (Subgovernment)**

14. 이슈네트워크는 어느 정도의 합의는 있으나 항상 갈등이 있고, _____는 모든 참여자가 기본적인 가치관을 공유하며 성과의 정통성을 수용한다.   *2016 국가 9급* — **정책커뮤니티**

CHAPTER 03 정책분석과 미래예측

대표문제

01 □□□   0284
다음 설명에 해당하는 정책분석기법은?   2024 지방 9급

① 효과성(effectiveness)이란 정책대안이 의도한 목표를 어느 정도 달성할 수 있는가를 판단하는 기준이다.
② 대응성(responsiveness)이란 정책대안이 수혜집단의 요구를 어느 정도 반영하였는가를 판단하는 기준이다.
③ 실현가능성(feasibility)이란 정책대안의 내용이 충실히 집행될 수 있는가를 판단하는 기준이다.
④ 능률성(efficiency)이란 정책대안에 따른 비용과 편익이 상이한 개인 및 집단에게 얼마나 고르게 배분될 수 있는가를 판단하는 기준이다.

출제유형 Ⅱ. 이론·제도   **출제영역** 정책분석기법
출제빈도 ★★★   **정답률** 69%   **난도** 중

정답찾기
④ 정책대안에 따른 비용과 편익이 상이한 개인 및 집단에게 얼마나 고르게 배분될 수 있는가를 판단하는 기준은 형평성(equity)에 대한 설명이다. 능률성은 투입 대비 산출의 비율, 즉 비용 대비 효과나 편익의 정도를 측정하는 기준이다.

오답피하기
① 효과성은 정책목표의 달성 정도를 측정하는 기준으로 설명이 옳다.
② 대응성은 정책이 수혜집단이나 이해관계자들의 요구와 선호를 얼마나 반영하는지를 판단하는 기준으로 설명이 옳다.
③ 실현가능성은 정책이 실제로 집행될 수 있는지, 기술적·정치적·행정적으로 실행 가능한지를 판단하는 기준으로 설명이 옳다.

정답 ④

제2절 정책분석의 주요기법

02 □□□   0285
비용편익분석에 대한 내용으로 옳지 않은 것은?   2018 국가 7급

① 재화에 대한 잠재가격(Shadow Price)의 측정과정에서 실제 가치를 왜곡할 수 있다.
② 내부수익률(Internal Rate of Return)은 순현재가치를 영으로 만드는 할인율을 말한다.
③ 칼도-힉스기준(Kaldor-Hicks Criterion)은 재분배적 편익의 문제를 중시한다.
④ 정책대안이 가져오는 모든 비용과 편익을 측정하려고 하며, 화폐적 비용이나 편익으로 쉽게 측정할 수 없는 무형적인 것도 포함된다.

출제유형 Ⅱ. 이론·제도   **출제영역** 비용편익분석
출제빈도 ★★★   **난도** 상

정답찾기
③ 칼도-힉스기준(Kaldor-Hicks Criterion)은 어떠한 자원배분의 변화가 사회 전체적으로 얻는 이득이 손실보다 크다면 바람직한 것으로 보는 기준으로 능률성에 대한 이론적 기준이 된다. 따라서 분배정책의 비용편익분석에 일반적으로 활용되며 형평성이나 재분배적 편익의 문제를 다루지는 못한다.

오답피하기
① 잠재가격은 시장가격이 존재하지 않거나 활용할 수 없을 때 편익·비용의 화폐가치에 대해 주관적 판단을 하는 절차로 왜곡이 있을 수 있다.
② 내부수익률은 편익과 비용의 현재가치를 같게 만들어 주는 때의 할인율로서 순현재가치를 0으로 만드는 것을 의미한다.
④ 비용편익분석은 모든 비용과 편익을 금전적 가치로 표현하되, 무형적인 것도 포함된다.

정답 ③

03

정부의 예산 분석에 활용되는 비용편익분석에 대한 설명으로 가장 옳지 않은 것은?

2017 서울 7급

① 예산 편성 과정에서 사업의 타당성과 우선순위를 식별하는 분석 도구로 사용된다.
② 완전경쟁적인 가격으로 조정된 시장가격을 잠재가격(Shadow Price)이라 한다.
③ 전체 이자를 계산하는 데 사용되는 일반적인 방법은 복리접근 방법이다.
④ 높은 할인율을 적용하면 장기간에 걸쳐 편익이 발생하는 장기 투자에 유리하다.

04

A사업을 집행하기 위하여 소요된 총비용은 80억 원이고, 1년 후의 예상 총편익은 120억 원일 경우에, 내부수익률은 얼마인가?

2014 서울 9급

① 67% ② 50%
③ 40% ④ 25%
⑤ 20%

정답찾기

④ 높은 할인율을 적용하면 장기간에 걸쳐 편익이 발생하는 <u>장기 투자의 편익의 현재가치가 작아져서 타당성을 잃는 경우가 많으므로 높은 할인율을 적용하면 장기투자에 불리하다.</u>

오답피하기

① 예산 편성 과정에서 비용편익분석은 합리주의 모형에서 주로 사용하는 방법으로 사업의 타당성과 사업의 우선순위를 식별하는 중요한 분석 도구이다.
② 공공부문의 비용편익분석에서는 시장가격을 사용할 수 없기 때문에 완전경쟁적인 가격으로 조정한 잠재가격을 사용한다.
③ 전체적으로 이자는 일반적으로 복리 접근 방법을 사용하여 계산한다.

정답 ④

정답찾기

② 내부수익률은 할인율을 알지 못해도 사업평가가 가능하도록 하는 분석기법으로 공공 프로젝트를 평가하는 데 적절한 할인율이 알려져 있지 않을 경우 유용하게 사용할 수 있다. 내부수익률은 <u>순현재가치(NPV)를 영으로 만들거나 비용편익비(B/C)를 1로 만드는 할인율을 의미한다.</u> 80(1 + r) = 120에서 r = 0.5, 즉 50%의 내부수익률이 된다.

오답피하기

이자율과 할인율

$P.V = \dfrac{(P.V)}{(1+r)^n}$ ⟹ r↑ → P.V↓, r↓ → P.V↑
(r과 P.V는 반비례)

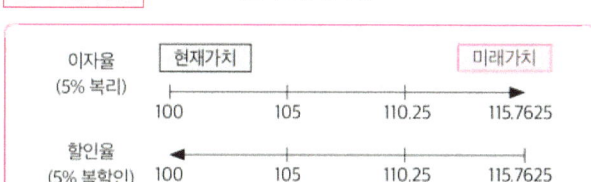

정답 ②

05
0288

비용편익분석에 대한 설명으로 옳지 않은 것은? 2014 지방 7급

① 바람직한 대안을 선택하는 것뿐 아니라, 단일 정책의 비용과 편익의 비교에도 이용된다.
② 적용되는 할인율이 낮을수록 미래 금액의 현재 가치는 높아지게 된다.
③ 비용편익비(B/C ratio)가 1보다 큰 사업은 경제적으로 타당성이 있다고 볼 수 있다.
④ 내부수익률(IRR)은 순현재가치(NPV)를 1로 만드는 할인율을 의미한다.

06
0289

공공사업의 경제성분석에 대한 설명으로 옳은 것만을 모두 고르면? 2021 국가 9급

> ㄱ. 할인율이 높을 때는 편익이 장기간에 실현되는 장기투자사업보다 단기간에 실현되는 단기투자사업이 유리하다.
> ㄴ. 직접적이고 유형적인 비용과 편익은 반영하고, 간접적이고 무형적인 비용과 편익은 포함하지 않는다.
> ㄷ. 순현재가치(NPV)는 비용의 총현재가치에서 편익의 총현재가치를 뺀 것이며 0보다 클 경우 사업의 타당성을 인정할 수 있다.
> ㄹ. 내부수익률은 할인율을 알지 못해도 사업평가가 가능하도록 하는 분석기법이다.

① ㄱ, ㄴ
② ㄱ, ㄹ
③ ㄴ, ㄷ
④ ㄱ, ㄷ, ㄹ

출제유형 Ⅱ. 이론·제도 **출제영역** 비용편익분석
출제빈도 ★★★ **난도** 중

정답찾기
④ 내부수익률은 순현재가치(NPV)를 영으로 만들거나 비용편익비(B/C)를 1로 만드는 할인율을 의미한다.

오답피하기
① 대안의 우선순위는 물론, 단일한 사업의 비용과 편익을 비교하여 타당성 유무도 판단 가능하다.
② 할인율과 현재가치는 반비례한다.
③ 편익비용비(B/C)>1이거나 순현재가치(B-C)>0인 사업은 경제적으로 타당성이 있다.

행복노트
비용편익분석의 평가기준

순현재가치 (NPV)	B-C > 0일 때 타당성 높음(칼도-힉스기준) 가장 널리 이용, 대규모사업 유리 규모 상이 시 적용 곤란
편익비용비 (B/C비율)	B/C > 1 일 때 타당성 높음 보조적 사용, 사업의 규모 파악 곤란 사업의 부작용 있을 시 수익률 달라짐
내부수익률 (IRR)	B-C = 0, B/C = 1이 되도록 하는 할인율 할인율을 몰라도 사업대안간 평가 가능 사업기간 상이 시 적용 곤란
자본회수기간 (PBR)	투자비용을 회수하는 데 소요되는 시간 기간이 짧을수록 유리한 사업

정답 ④

출제유형 Ⅱ. 이론·제도 **출제영역** 비용편익분석
출제빈도 ★★★ **난도** 중

정답찾기
ㄱ. 할인율이 높을 때는 편익이 장기간에 실현되는 장기투자사업 편익의 현재가치가 작아지므로 단기간에 실현되는 단기투자사업이 유리하다.
ㄹ. 내부수익률은 할인율을 알지 못해도 사업평가가 가능하도록 하는 분석기법으로 공공프로젝트를 평가하는 데 적절한 할인율이 알려져 있지 않을 경우 유용하게 사용할 수 있다.

오답피하기
ㄴ. 비용편익분석에서는 직접적이고 유형적인 비용과 편익과 간접적이고 무형적인 비용과 편익도 포함시킨다.
ㄷ. 순현재가치(NPV)는 편익의 총현재가치에서 비용의 총현재가치를 뺀 것이며 0보다 클 경우 사업의 타당성을 인정할 수 있다.

정답 ②

07　0290

비용편익분석과 비용효과분석에 대한 설명으로 옳지 않은 것은?

2016 지방 9급

① 순현재가치(NPV)는 할인율의 크기에 따라 그 값이 달라지지만, 편익·비용 비(B/C ratio)는 할인율의 크기에 영향을 받지 않는다.
② 내부수익률은 공공프로젝트를 평가하는 데 적절한 할인율이 알려져 있지 않을 경우 유용하게 사용할 수 있다.
③ 비용효과분석은 비용과 효과가 서로 다른 단위로 측정되기 때문에 총효과가 총비용을 초과하는지의 여부에 대한 직접적 증거는 제시하지 못한다.
④ 비용효과분석은 산출물을 금전적 가치로 환산하기 어렵거나, 산출물이 동일한 사업의 평가에 주로 이용되고 있다.

출제유형 Ⅱ. 이론·제도　　**출제영역** 비용편익분석
출제빈도 ★★★　　난도 중

정답찾기
① 할인율이란 미래에 발생될 비용과 편익을 현재가치화하는 데 이용되는 유지계수로서 순현재가치(NPV)는 물론 편익·비용 비(B/C ratio) 역시 현재가치를 구해야 하므로 할인율에 따라 그 값이 달라진다.

오답피하기
② 할인율이 주어지지 않을 때 내부수익률을 통해 사업대안 간 평가가 유용하다.
③, ④ 비용효과분석은 비용편익분석과 기본논리가 동일하지만 비용은 금전적 가치로, 효과는 측정가능한 산출물단위로 측정되어 총효과가 총비용을 초과하는지의 여부에 대한 직접적 증거는 제시하지 못한다.

정답 ①

08　0291

비용효과(cost-effectiveness)분석에 대한 설명으로 옳은 것은?

2022 지방 7급

① 정책대안의 비용과 효과는 모두 화폐단위로 측정된다.
② 분석결과는 사회적 후생의 문제와 쉽게 연계시킬 수 있다.
③ 시장가격의 메커니즘에 전적으로 의존한다.
④ 국방, 치안, 보건 등의 영역에 적용할 수 있다.

출제유형 Ⅰ. 기본개념　　**출제영역** 비용효과분석
출제빈도 ★★　　난도 중

정답찾기
④ 비용효과(cost-effectiveness)분석은 국방, 치안, 보건 등의 영역에 적용할 수 있다.

오답피하기
① 비용편익분석은 정책대안의 비용과 효과는 모두 화폐단위로 측정된다.
② 비용편익분석은 모두 화폐가치로 나타내므로 분석결과는 사회적 후생의 문제와 쉽게 연계시킬 수 있다.
③ 비용편익분석은 시장가격의 메커니즘에 전적으로 의존한다.

비용편익분석(B/C)과 비용효과분석(E/C)

	비용편익(B/C) 분석	비용효과(E/C) 분석
측정단위	반드시 화폐	측정단위의 다양성
요소	가변비용 – 가변편익	최소비용 – 최대효과
중점	경제적 합리성 (사업의 타당성)	기술적 합리성 (정책대안의 효과성)
성격	양적분석 (공공부문 적용 한계)	질적분석 (공공부문 적용 적합)
대상	자본계획(투자)	운영상의 사업
사관	장기분석	단기분석
예	수자원개발, 인력개발 등	국방, 경찰, 보건 부문

정답 ④

09

정책분석기법에 대한 설명으로 옳지 않은 것은?

2017 국가 7급 추가

① 의사결정나무(Decision Tree)를 활용한 분석모형에서는 상황의 불확실성을 고려한다.
② 추세 연장에 의한 예측에서 가장 표준적인 방법은 선형 경향 추정(Linear Trend Estimation)이다.
③ 칼도－힉스기준(Kaldor－Hicks Criterion)은 전통적인 비용편익분석(Cost－benefit Analysis)의 기초가 된다.
④ 교차영향분석(Cross－impact Analysis)은 불완전한 정보를 가지고 있는 모형 내의 파라미터의 변화에 따라 대안의 결과가 어떻게 반응하는지를 분석하는 기법이다.

출제유형 Ⅱ. 이론·제도   **출제영역** 정책분석기법
출제빈도 ★★   **난도** 중

정답찾기
④ 불완전한 정보를 가지고 있는 모형 내의 파라미터의 변화에 따라 대안의 결과가 어떻게 반응하는지를 분석하는 기법은 민감도 분석이다. 교차영향분석은 연관사건의 발생여부에 따라 대상사건이 발생할 가능성에 관한 주관적 판단을 구하고 그 관계를 분석하는 기법이다.

오답피하기
① 의사결정나무(Decision Tree)분석모형은 의사결정에서 나무의 가지를 가지고 목표와 상황과의 상호관련성을 나타내어 최종적인 의사결정을 한다. 그러므로 상황의 불확실성을 고려하는 모형이다.
② 추세 연장에 의한 예측에서 대표적인 기법은 선형 경향 추정(Linear Trend Estimation)이다.
③ 칼도－힉스기준(Kaldor－Hicks Criterion)은 파레토기준(Pareto Criterion)과 함께 능률성 판단기준으로 비용편익분석의 기초가 된다.

정답 ④

10

미래 예측을 위한 일반적 델파이기법에 대한 설명으로 옳지 않은 것은?

2017 국가 9급 추가

① 전문가들의 의견을 종합하여 보다 합리적인 아이디어를 만들려는 시도이며, 정책대안의 결과 예측뿐 아니라 정책대안의 개발·창출에도 사용된다.
② 전문가집단의 의사소통은 구조화된 설문지를 통해 반복적으로 이루어진다.
③ 불확실한 먼 미래보다는 가까운 미래를 예측하기 위하여 통계분석을 활용하는 객관적 미래예측방법이다.
④ 전문가집단은 익명성이 보장된 상태에서 답변하며 자신의 답변을 수정할 수 있다.

출제유형 Ⅱ. 이론·제도   **출제영역** 델파이기법
출제빈도 ★★★   **난도** 중

정답찾기
③ 델파이기법은 그 분야의 전문가 직관에 의존한 직관적·질적 예측기법이다.

오답피하기
① 전문가들의 의견을 종합하여 보다 합리적인 아이디어를 만들려는 시도이며, 정책대안의 결과 예측뿐 아니라 정책대안의 개발·창출에도 사용된다.
② 전문가집단의 의사소통은 구조화된 설문지를 통해 반복적으로 이루어진다. 개별적 판단은 집계 후에 몇 회에 걸쳐 다시 알려주고, 이러한 수정 과정을 반복한다. 모든 전문가들에게 2－3회 이상 반복하여 자신의 의견수정의 기회를 부여한다.
④ 전문가집단은 익명성이 보장된 상태에서 답변하며 자신의 답변을 수정할 수 있다. 익명으로 전문가의 응답을 받아내는 일종의 무기명식 토론이기 때문에 전문가의 체면손상을 피하면서 수정 가능한 의견집약을 기할 수 있다.

행복노트
전통적 델파이기법

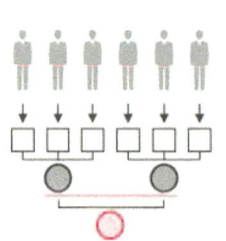
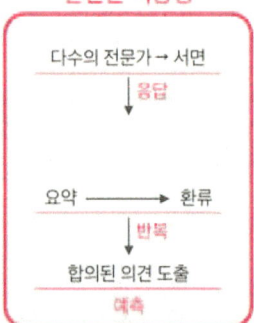

정답 ③

11 0293

집단의 의사결정 기법 중 미래 예측을 위해 전문가 집단의 반복적인 설문조사 과정을 통하여 의견 일치를 유도하는 방법은?

2017 서울 9급

① 델파이기법(Delphi method)
② 브레인스토밍(Brainstorming)
③ 지명반론자기법(Devil s advocate method)
④ 명목집단기법(Normal group technique)

출제유형 Ⅱ. 이론·제도   **출제영역** 델파이기법
출제빈도 ★★★   **난도** 중

정답찾기
① 전문가집단의 반복적인 설문조사를 통하여 의견일치를 유도하는 방식으로 미래를 예측하는 집단적 의사결정 기법은 델파이기법에 해당한다. 델파이기법은 관련분야의 전문지식을 가진 전문가들에게 토론 없이 서면으로 자문을 의뢰하고 이를 반복·종합하여 예측결과를 도출하는 기법이다.

오답피하기
② 브레인스토밍은 독자적으로 형성된 전문가들의 의견을 종합·정리하여 미래를 예측하는 방법이다.
③ 지명반론자기법은 대작위적으로 특정 조직원들 또는 집단을 반론을 제기하는 집단으로 지정해 반론자 역할을 부여하고 이들이 제기하는 반론과 이에 대한 제안자의 옹호 과정을 통해 의사결정을 유도하는 기법이다.
④ 명목집단기법은 제한된 토론 후 표결로 대안을 확정지으며 미래를 예측하는 집단적 의사결정 기법이다.

정답 ①

12 0294

다음 설명을 특징으로 하는 정책분석기법의 기본 원칙이 아닌 것은?

2020 국가 7급

> 그리스 현인들이 미래를 예견하던 아폴로 신전이 위치한 도시의 이름을 따서 붙여졌다. 1948년 미국 랜드(RAND) 연구소의 연구진에 의해 개발되어 공공부문이나 민간부문의 예측 활동에서 활용된다.

① 조건부확률과 교차영향행렬의 적용
② 익명성 보장과 반복
③ 통제된 환류와 응답의 통계처리
④ 전문가 합의

출제유형 Ⅱ. 이론·제도   **출제영역** 델파이기법
출제빈도 ★★★   **난도** 중

정답찾기
① 그리스 현인들이 미래를 예견하던 아폴로 신전이 위치한 도시의 이름을 따서 붙여진 것으로 1948년 미국 랜드(RAND) 연구소의 연구진에 의해 개발되어 공공부문이나 민간부문의 예측 활동에서 활용되는 것은 델파이기법에 해당한다. 하지만 조건부 확률과 교차영향행렬은 주로 교차영향분석에서 사용된다.

오답피하기

결과예측방법: 직관적 예측(추측)

브레인스토밍	자유집단토론(누구나), 비판금지(의견제시 후평가), 질보다 양, 대면토론, 편승기법 인정, 한정된 주제
델파이	완전한 익명성, 격리, 전문가, 반복적 설문, 통제된 환류, 대면토론 ×, 합의강조(중간값), 미국 랜드연구소에서 개발
정책델파이	선택적 익명성, 이해관계자 등 다양한 참여자, 양극화된 통계처리, 갈등의 조성

기타 직관적 예측(추측)

휴리스틱	제한된 합리성을 통한 문제해결 과정으로 최선의 답보다는 그럴듯한 답에 도달하려는 주먹구구식 탐색 방법으로 현실적이며 효율적

알고리즘

교차영향분석	관련된 선행사건의 발생에 기초하여 미래사건의 발생 확률 계산, 조건확률 원리
변증법적 토론기법	찬반으로 나누어 토론진행하며 합의 특정대안의 장점과 단점이 최대한 노출 가능
명목집단법	익명, 서면제시 → 제한된 집단토론 → 표결 의사소통 원활×, 방만한 운영 막기 가능
실현가능성 분석	정치적 실현가능성 중시

정답 ①

13 0295

정책델파이(Policy Delphi)기법에 대한 설명으로 옳지 않은 것은?

2021 국가 7급

① 대립되는 입장에 내재된 가정과 논증을 표면화시키고 명백하게 하기 위하여 노력한다.
② 개인의 판단을 집약할 때, 불일치와 갈등을 의도적으로 강조하는 수치를 사용한다.
③ 정책대안에 대한 주장들이 표면화된 후에는 참가자들로 하여금 비공개적으로 토론을 벌이게 한다.
④ 참가자를 선발하는 과정은 '전문성' 자체보다는 이해관계와 식견이라는 기준에 바탕을 둔다.

14 0296

다음 설명에 해당하는 정책분석기법은?

2024 지방 9급

> 관련 사건이 일어났느냐 일어나지 않았느냐에 기초하여 미래에 어떤 사건이 일어날 확률에 대해서 식견 있는 판단(informed judgments)을 끌어내는 방법이다.

① 브레인스토밍
② 교차영향분석
③ 델파이 기법
④ 선형경향추정

출제유형 Ⅱ. 이론·제도　**출제영역** 정책델파이기법

출제빈도 ★★★　**난도** 중

[정답찾기]
③ 정책대안에 대한 주장들이 표면화된 후에는 참가자들로 하여금 공개적으로 토론을 벌이게 한다.

[오답피하기]
정책델파이기법

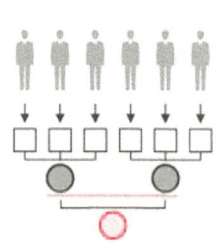
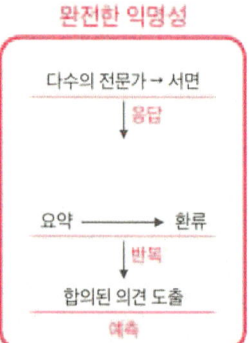

정답 ③

출제유형 Ⅱ. 이론·제도　**출제영역** 정책델파이기법

출제빈도 ★★★　**난도** 중

[정답찾기]
② 교차영향분석은 관련 사건이 일어났느냐 일어나지 않았느냐에 기초하여 미래에 어떤 사건이 일어날 확률에 대해서 식견 있는 판단(informed judgments)을 끌어내는 방법이다.

[오답피하기]
① 브레인스토밍은 기발하고 다양한 아이디어를 자유분방하게 제안하도록 함으로써 많은 아이디어를 얻기 위한 활동이다.
③ 델파이 기법은 동질적인 전문가들의 의견을 수렴하여 의견일치를 유도하려는 예측기법이다.
④ 선형경향추정은 예측기법은 과거부터 현재까지의 자료를 토대로 미래 사회의 상태를 예상하는 방법이다

정답 ②

15 ☐☐☐　　　　　　　　　　　　　　0297

조직의 의사결정에 대한 설명으로 옳지 않은 것은?

2019 지방 9급

① 고도로 집권화된 구조나 기능을 중심으로 편제된 조직의 의사결정은 최고관리자 개인이 주도하는 경우가 많다.
② 브레인스토밍 과정에서는 타인의 아이디어를 비판하거나 평가하지 말아야 한다.
③ 현실의 세계에서는 완벽한 합리성이 아닌 제한된 합리성의 상황에서 의사결정이 이루어진다.
④ 전통적 델파이기법은 전문가들의 다양성을 고려해 의견일치를 유도하지 않는다.

출제유형 Ⅱ. 이론·제도　　**출제영역** 정책델파이기법
출제빈도 ★★★　　　　　　**난도** 중

정답찾기
④ 정책델파이기법의 경우 전문가들의 다양성을 고려해 의견일치를 유도하지 않지만 전통적 델파이는 전문가들의 의견을 수렴하여 의견일치를 유도하려는 예측기법이다.

정답 ④

16 ☐☐☐　　　　　　　　　　　　　　0298

다음 집단의 의사결정기법에 대한 설명 중 가장 옳은 것은?

2016 서울 7급

① 델파이(Delphi)기법은 미래 예측을 위해 전문가가 아닌 일반인 다수를 활용하는 의사결정 기법이다.
② 브레인스토밍(Brainstorming)은 아이디어가 많은 소수에게 여러 개 주제에 대해 아이디어를 제시하도록 해 좋은 아이디어를 발굴하는 기법이다.
③ 지명반론자기법(Devil's Advocate Method)은 작위적으로 특정 조직원들 또는 집단을 반론을 제기하는 집단으로 지정해 반론자 역할을 부여하고 이들이 제기하는 반론과 이에 대한 제안자의 옹호 과정을 통해 의사결정을 유도하는 기법이다.
④ 명목집단기법(Nominal Group Technique)은 관련자들이 의사결정에 직접 참여하여 대안에 대한 아이디어를 제출하도록 하고 충분한 토의를 거쳐 투표로 의사결정을 하는 기법이다.

출제유형 Ⅱ. 이론·제도　　**출제영역** 의사결정기법
출제빈도 ★★★　　　　　　**난도** 중

정답찾기
③ 지명반론자기법은 변증법적 토론기법이라고도 하며 작위적으로 특정 조직원들 또는 집단을 반론을 제기하는 집단으로 지정해 반론자 역할을 부여하고 이들이 제기하는 반론과 이에 대한 제안자의 옹호 과정을 통해 의사결정을 유도하는 기법이다.

오답피하기
① 델파이기법은 그 분야의 전문가들의 직관에 의존한 미래예측의 기법이다.
② 브레인스토밍은 한정된 주제에 대하여 분야의 전문가들의 다양한 아이디어를 도출하는 일종의 아이디어 회의식 대안수집 방식이다.
④ 명목집단기법(Nominal Group Technique)은 관련자들이 의사결정에 직접 참여하여 대안에 대한 아이디어를 제출하도록 하고 제한된 토의를 거쳐 제시된 대안에 대하여 투표로 의사결정을 하는 기법이다.

정답 ③

17 0299

집단적 문제해결의 전통적 방법을 수정한 대안과 그 특징을 바르게 연결하지 않은 것은?
2013 국가 7급

① 델파이기법(Delphi Method) – 문제해결의 아이디어를 제공하는 사람들이 서로 대면적인 접촉을 하지 않고 각각 독자적으로 형성한 판단들을 종합·정리하는 방법이다.
② 브레인스토밍(Brain Storming) – 참가자들이 될 수 있는대로 많은 독창적 의견을 내도록 노력해야 하므로, 이미 제안된 여러 아이디어들을 종합하여 새로운 아이디어를 만들어내는 편승기법(Piggy Backing)의 사용을 지양한다.
③ 변증법적 토론(Dialectical Inquiry) – 두 집단으로 나누어 토론을 하기 때문에 특정 대안의 장점과 단점이 최대한 노출될 수 있다.
④ 명목집단기법(Nominal Group Method) – 개인들이 개별적인 해결방안을 구상하고 그에 대해 제한된 집단적 토론만 한 다음, 표결로 의사를 결정하는 방법이다.

출제유형 Ⅱ. 이론·제도 **출제영역** 의사결정기법
출제빈도 ★★★ **난도** 중

정답찾기
② 브레인스토밍(Brain Storming)은 될 수 있는 대로 많은 독창적 의견을 내도록 유도하기 위하여 편승기법(Piggy-backing)을 허용한다.

오답피하기
기타 직관적 예측(추측)

휴리스틱	제한된 합리성을 통한 문제해결 과정으로 최선의 답보다는 그럴듯한 답에 도달하려는 주먹구구식 탐색 방법으로 현실적이며 효율적

알고리즘

교차영향분석	관련된 선행사건의 발생에 기초하여 미래사건의 발생 확률 계산, 조건확률 원리
변증법적 토론기법	찬반으로 나누어 토론진행하며 합의 특정대안의 장점과 단점이 최대한 노출 가능
명목집단법	익명, 서면제시 → 제한된 집단토론 → 표결 의사소통 원활×, 방만한 운영 막기 가능
실현가능성 분석	정치적 실현가능성 중시

정답 ②

18 0300

정책 환경의 불확실성을 극복하는 대처방안 중 소극적인 방법에 해당하는 것은?
2019 지방 9급

① 상황에 대한 정보의 획득
② 정책실험의 수행
③ 협상이나 타협
④ 지연이나 회피

출제유형 Ⅱ. 이론·제도 **출제영역** 불확실성 대처방안
출제빈도 ★★ **난도** 중

정답찾기
④ 지연이나 회피는 불확실성을 주어진 것으로 전제하는 소극적 대처방안이다.

오답피하기
① 상황에 대한 정보의 획득은 불확실한 것을 확실하게 하려는 적극적 해소방안에 해당한다.
② 정책실험의 수행은 불확실한 것을 확실하게 하려는 적극적 해소방안에 해당한다.
③ 협상이나 타협은 불확실한 것을 확실하게 하려는 적극적 해소방안에 해당한다.

행복노트
불확실성에 대한 대처방안

적극적 방안 (불확실한 것을 확실하기)	소극적 방안 (불확실한 것을 주어진 것으로 봄)
추가정보의 획득, 불확실성 유발 환경 통제, 미래예측 이론이나 모형개발, 질적예측기법	중복 및 가외성, 보수적 결정(최악 가정), 악조건 가중분석, 분기점 분석, 복수의 대안 제시, 상황의존도, 민감도 분석, 한정적 합리성 확보, 휴리스틱스

정답 ④

19　　　　　　　　　　　　　　0301

행정에서 불확실성의 문제를 해소하기 위한 대처방안과 가장 거리가 먼 것은?　　　　　　　　　　　　2014 지방 7급

① 일반적으로 불확실성이 높다고 생각하는 경우에는 정보와 지식의 수집활동에 소극적으로 대응하기 쉽다.
② 작업과정에서 행정의 표준화를 통해 개인의 자의적 행위를 예방하여 확실성을 확보하고자 한다.
③ 주요 정책결정에 있어 가외성(Redundancy)을 감안할 수 있는 제도적 장치를 준비한다.
④ 행정 조직은 통제할 수 없는 환경에 대하여 구조적으로 대응할 수 있는 방책을 마련한다.

출제유형 Ⅱ. 이론·제도　　**출제영역** 불확실성 대처방안
출제빈도 ★★　　**난도** 중

정답찾기
① 환경의 불확실성이 높을수록 정보와 지식의 수집활동에 적극적으로 대응하는 것이 바람직하다.

오답피하기
② 행정의 표준화(SOP)를 통하여 어느 정도 불확실성을 완화시킬 수 있다.
③ 가외성(Redundancy)은 불확실성을 해소하기 위한 소극적 대처 방안이다.
④ 통제할 수 없는 불확실한 환경에 대하여 분권화와 같은 구조적 대응방안을 마련하기도 한다.

정답 ①

CHAPTER 03 기출 OX

1. 비용편익분석은 정책대안의 비용과 편익을 모두 가시적인 화폐 가치로 바꾸어 측정한다. (O/X) 2020 지방 9급
2. 비용편익분석은 분야가 다른 정책이나 프로그램은 비교할 수 없다. (O/X) 2020 지방 9급
3. 비용편익분석은 편익의 현재가치가 비용의 현재가치를 초과하면 순현재가치(NPV)는 0보다 작다. (O/X) 2020 지방 9급
4. 비용편익분석은 바람직한 대안을 선택하는 것뿐 아니라, 단일 정책의 비용과 편익의 비교에도 이용된다. (O/X) 2014 지방 7급
5. 비용편익분석은 산출물을 금전적 가치로 환산하기 어렵거나, 산출물이 동일한 사업의 평가에 주로 이용되고 있다. (O/X) 2016 지방 9급
6. 내부수익률은 공공프로젝트를 평가하는 데 적절한 할인율이 알려져 있는 경우 유용하게 사용할 수 있다. (O/X) 2016 지방 9급
7. 내부수익률(IRR)은 정책대안의 순현재가치를 1로 만드는 할인율로, 여러 가지 정책대안들을 비교할 때 내부수익률이 낮은 대안일수록 좋은 대안으로 평가받는다. (O/X) 2010 국가 9급
8. 교차영향분석(Cross-impact Analysis)은 불완전한 정보를 가지고 있는 모형 내의 파라미터의 변화에 따라 대안의 결과가 어떻게 반응하는지를 분석하는 기법이다. (O/X) 2017 국가 7급 추가
9. 아이디어 개발단계에서의 브레인스토밍 활동의 분위기는 개방적이고 자유롭게 유지되어야 하며, 아이디어 개발과 평가는 분리하여 진행된다. (O/X) 2014 국회 8급
10. 델파이기법(Delpi Method)은 미래 예측을 위해 다양한 집단을 활용하는 의사결정방법이다. (O/X) 2016 사회복지
11. 전통적 델파이기법은 전문가들의 다양성을 고려해 의견일치를 유도하지 않는다. (O/X) 2019 지방 9급
12. 정책델파이(Policy Delphi)기법은 정책대안에 대한 주장들이 표면화된 후에는 참가자들로 하여금 비공개적으로 토론을 벌이게 한다. (O/X) 2021 국가 7급
13. 변증법적 토론(Dialectical Inquiry)은 두 집단으로 나누어 토론하기 때문에 특정 대안의 장점과 단점이 최대한 노출될 수 있다. (O/X) 2013 국가직 7급
14. 명목집단기법(Nominal Group Technique)은 관련자들이 의사결정에 직접 참여하여 대안에 대한 아이디어를 제출하도록 하고 충분한 토의를 거쳐 투표로 의사결정을 하는 기법이다. (O/X) 2016 서울 7급
15. 지연이나 회피는 정책 환경의 불확실성을 극복하는 대처방안 중 소극적인 방법에 해당한다. (O/X) 2019 지방 9급

---

1. 비용편익분석은 정책대안의 비용과 편익을 모두 가시적인 화폐 가치로 바꾸어 측정한다. **O**
2. 비용편익분석은 분야가 다른 정책이나 프로그램은 비교할 수 <u>있다</u>. **X**
3. 비용편익분석은 편익의 현재가치가 비용의 현재가치를 초과하면 순현재가치(NPV)는 0보다 <u>크다</u>. **X**
4. 비용편익분석은 바람직한 대안을 선택하는 것뿐 아니라, 단일 정책의 비용과 편익의 비교에도 이용된다. **O**
5. <u>비용효과</u>분석은 산출물을 금전적 가치로 환산하기 어렵거나, 산출물이 동일한 사업의 평가에 주로 이용되고 있다. **X**
6. 내부수익률은 공공프로젝트를 평가하는 데 적절한 할인율이 <u>알려져 있지 않을 경우</u> 유용하게 사용할 수 있다. **X**
7. 내부수익률(IRR)은 정책대안의 순현재가치를 0으로 만드는 할인율로, 여러 가지 정책대안들을 비교할 때 내부수익률이 <u>높은</u> 대안일수록 좋은 대안으로 평가받는다. **X**
8. <u>민감도 분석</u>은 불완전한 정보를 가지고 있는 모형 내의 파라미터의 변화에 따라 대안의 결과가 어떻게 반응하는지를 분석하는 기법이다. **X**
9. 아이디어 개발단계에서의 브레인스토밍 활동의 분위기는 개방적이고 자유롭게 유지되어야 하며, 아이디어 개발과 평가는 분리하여 진행된다. **O**
10. 델파이기법(Delpi Method)은 미래 예측을 위해 <u>전문가</u> 집단을 활용하는 의사결정방법이다. **X**
11. <u>정책</u>델파이기법은 전문가들의 다양성을 고려해 의견일치를 유도하지 않는다. **X**
12. 정책델파이(Policy Delphi)기법은 정책대안에 대한 주장들이 표면화된 후에는 참가자들로 하여금 <u>공개적</u>으로 토론을 벌이게 한다. **X**
13. 변증법적 토론(Dialectical Inquiry)은 두 집단으로 나누어 토론하기 때문에 특정 대안의 장점과 단점이 최대한 노출될 수 있다. **O**
14. 명목집단기법(Nominal Group Technique)은 관련자들이 의사결정에 직접 참여하여 대안에 대한 아이디어를 제출하도록 하고 <u>제한된</u> 토의를 거쳐 투표로 의사결정을 하는 기법이다. **X**
15. 지연이나 회피는 정책 환경의 불확실성을 극복하는 대처방안 중 소극적인 방법에 해당한다. **O**

CHAPTER 03 키워드

1. _____은 정책대안의 실현가능성을 분석하며, 정책대안이 가져올 비용과 효과의 분배적 측면을 분석한다.   2012 국회 8급   **정책분석**

2. 비용편익분석은 정책대안의 비용과 편익을 모두 가시적인 _____ 가치로 바꾸어 측정한다.   2020 지방 9급   **화폐**

3. 비용편익분석에서 높은 _____을 적용하면 장기간에 걸쳐 편익이 발생하는 장기투자에 불리하다.   2017 서울 7급   **할인율**

4. 비용편익분석은 편익의 현재가치가 비용의 현재가치를 초과하면 _____는 0보다 크다.   2020 지방 9급   **순현재가치(NPV)**

5. 내부수익률은 할인율을 몰라도 적용할 수 있으며, 내부수익률이 사회적 할인율보다 _____ 경제적 타당성이 있다.   2012 군무원 9급   **높아야**

6. _____은 산출물을 금전적 가치로 환산하기 어렵거나, 산출물이 동일한 사업의 평가에 주로 이용되고 있다.   2016 지방 9급   **비용효과분석**

7. _____은 광범위하거나 복잡한 문제보다는 테마가 한정된 경우에 적합한 회의방식이며, 토론의 질보다는 양을 중시하는 회의방식이다.   2015 경찰간부   **브레인스토밍**

8. 델파이기법은 미래 예측을 위해 _____를 활용하는 의사결정기법이다.   2016 서울 7급   **전문가**

9. _____는 정책문제 해결을 위한 정책대안을 개발하고 그 결과를 예측하기 위해 만들어진 방법으로, 일반적인 델파이와 달리 개인의 이해관계나 가치판단이 개입될 수 있다.   2012 지방 9급   **정책델파이**

10. _____은 연관사건의 발생 여부에 따라 대상 사건이 발생할 가능성에 관한 주관적 판단을 구하고 그 관계를 분석하는 것이다.   2015 국회 8급   **교차영향분석**

11. _____은 개인들이 개별적으로 해결방안을 구상하고 그에 대해 제한된 집단적 토론만 한 후 표결로 의사를 결정하는 방법이다.   2013 국가 7급   **명목집단기법**

12. 보수적 결정은 미래에 발생할 수 있는 _____의 상황을 전제하고 정책 대안의 결과를 예측하는 방법이다.   2010 국가 9급   **최악**

13. 이론의 개발, 정책델파이, 정보의 충분한 획득 등은 정책과정에서 정책결정자가 불확실한 것을 확실하게 하려는 불확실성의 _____ 극복방안에 해당한다.   2017 교육행정   **적극적**

CHAPTER 04 정책결정

대표문제

01 ☐☐☐   0302

정책결정 모형에 대한 설명으로 옳지 않은 것은?   2025 지방 9급

① 킹던(Kingdon)의 정책흐름모형은 문제의 흐름, 해결책의 흐름, 참여자의 흐름, 선택기회의 흐름을 제시한다.
② 혼합탐사모형은 정책결정을 근본적 결정과 세부적 결정으로 구분하고 지속적인 교호작용이 이루어진다고 본다.
③ 최적모형은 정책결정에 경제적 합리성과 함께 직관, 통찰력과 같은 초합리적 요소들도 고려해야 한다고 주장한다.
④ 앨리슨모형 중 조직과정모형(Model II)에 따르면 정부는 하위조직들의 집합체이며, 하위조직의 표준운영절차(SOP)에 의해 정책이 결정된다.

출제유형 Ⅱ. 이론·제도   **출제영역** 정책결정모형
출제빈도 ★★★   **난도** 중

정답찾기
① 킹던(Kingdon)의 정책흐름모형은 문제의 흐름(problem stream), 정책의 흐름(policy stream), 정치의 흐름(politics stream) 3가지 흐름을 제시한다. 쓰레기통모형에서 문제의 흐름, 해결책의 흐름, 참여자의 흐름, 선택기회의 흐름을 제시한다.

오답피하기
② 혼합탐사모형(Mixed Scanning Model)은 근본적 결정과 점증적 결정을 구분하고 이들 간의 지속적 상호작용을 강조한다.
③ 최적모형은 경제적 합리성뿐만 아니라 직관이나 통찰력 같은 초합리적 요소도 정책결정에서 중요하다고 본다.
④ 앨리슨의 조직과정모형(Model II)은 정부를 하위조직들의 집합체로 보고, 각 조직의 표준운영절차(SOP)가 정책결정에 영향을 미친다고 본다.

행복노트
정책 결정의 이론 모형

개인차원	집단차원
합리 모형	회사 모형
만족 모형	쓰레기통 모형
점증 모형	Allison 모형
혼합 모형	사이버네틱스 모형
최적 모형	정책딜레마 모형

정답 ①

제1절 정책결정의 유형과 과정

02 ☐☐☐   0303

합리적 정책결정 과정에서 정책문제를 정의할 때의 주요 요인이라고 보기 어려운 것은?   2013 서울 9급

① 관련 요소 파악
② 관련된 사람들이 원하는 가치에 대한 판단
③ 정책대안의 탐색
④ 관련 요소들 간의 인과관계 파악
⑤ 관련 요소들 간의 역사적 맥락 파악

출제유형 Ⅰ. 기본개념   **출제영역** 정책결정
출제빈도 ★   **난도** 하

정답찾기
③ 정책결정의 과정은 정책문제의 정의 및 목표의 설정 → 자료, 정보의 수집 및 분석 → 대안의 탐색과 평가 → 최종안의 선택으로 이루어진다. 정책대안의 탐색은 정책문제의 정의 그 이후의 단계이므로 정책문제를 정의할 때의 주요 요인이라고 보기 어렵다.

오답피하기
정책문제 정의는 정책문제의 구성요소, 원인·결과 등의 내용을 규정해 '무엇이 문제인지'를 밝히는 것이다. ① 관련 요소 파악, ② 관련된 사람들이 원하는 가치에 대한 판단, ④ 관련 요소들 간의 인과관계 파악, ⑤ 관련 요소들 간의 역사적 맥락 파악은 정책 문제 정의의 주요 요인에 해당한다.

행복노트
정책결정의 특성 및 과정

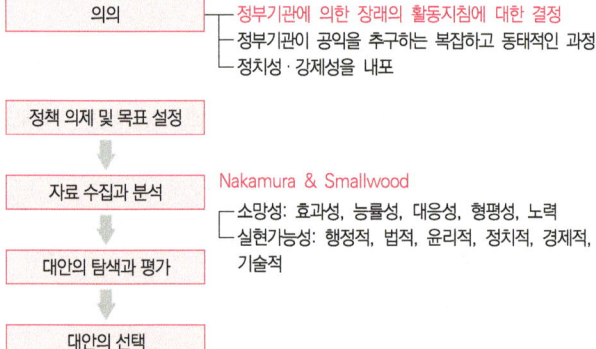

- 의의
  - 정부기관에 의한 장래의 활동지침에 대한 결정
  - 정부기관이 공익을 추구하는 복잡하고 동태적인 과정
  - 정치성·강제성을 내포
- 정책 의제 및 목표 설정
- 자료 수집과 분석 — Nakamura & Smallwood
  - 소망성: 효과성, 능률성, 대응성, 형평성, 노력
  - 실현가능성: 행정적, 법적, 윤리적, 정치적, 경제적, 기술적
- 대안의 탐색과 평가
- 대안의 선택

정답 ③

03
우리나라의 정책과정 참여자에 대한 설명으로 옳지 않은 것은?
2017 지방 9급

① 대통령은 국회와 사법부에 대한 헌법상의 권한을 통하여 영향력을 행사하며, 행정부 주요 공직자에 대한 임면권을 통하여 정책과정에서 주도적 역할을 수행한다.
② 행정기관은 법률 제정과 사법적 판단을 통하여 정책집행과정에서 실질적인 영향력을 행사한다.
③ 국회는 국정조사나 예산 심의 등을 통하여 행정부를 견제하고, 국정감사나 대정부질의 등을 통하여 정책집행과정을 평가한다.
④ 사법부는 정책집행으로 인한 사회적 갈등상황이 야기되었을 때 판결을 통하여 정책의 합법성이나 정당성을 판단한다.

04
정책과정 참여자에 대한 설명으로 옳지 않은 것은?
2017 지방 7급

① 의회는 중요한 정부 정책을 결정하는 공식적 참여자이다.
② 헌법재판소는 위헌심사를 통해 정책과정 전반에 영향을 미친다.
③ 정책전문가는 정책을 분석·평가하여 정책 대안을 제시한다.
④ 정당은 공식적 참여자로서 정책을 통제하기 위해 노력한다.

출제유형 Ⅰ. 기본개념 **출제영역** 정책결정과정
출제빈도 ★ **난도** 중

[정답찾기]
② 정책과정에서 행정기관이 준입법적 기능과 준사법적 기능은 있지만, <u>법률제정은 국회의 역할</u>이고, <u>사법적 판단은 사법부</u>의 고유 기능이다.

[오답피하기]
정책결정 과정의 참여자

| 공식적 참여자 | 입법부, 대통령, 행정관료와 부처, 사법부, 지방정부 |
| 비공식적 참여자 | 이익집단, 대중매체, 연구기관, 시민, 정당, 시민단체 |

정답 ②

출제유형 Ⅰ. 기본개념 **출제영역** 정책결정과정
출제빈도 ★ **난도** 중

[정답찾기]
④ 정당은 정책과정의 <u>비공식적</u> 참여자이다.

[오답피하기]
① 의회는 정책과정의 공식적인 참여자이다.
② 헌법재판소는 정책과정의 공식적인 참여자이다.
③ 정책전문가는 정책과정에서 정책아이디어와 자문의 중요한 원천으로 기능하며, 정내용의 분석·평가하여 대안을 제시하는 역할을 한다.

정답 ④

05　　　　　　　　　　　　　　　　0305

다양한 이해관계가 충돌하는 복잡한 정책상황에서 정책중재자의 중요성은 더욱 높아져 가고 있다. 정책 중재자에 대한 설명으로 옳지 않은 것은?　　　　2012 지방 7급

① 다원주의 정책상황에서 상대적으로 더 필요한 정책행위자이다.
② 갈등상황에 있는 정책 이해관계자들의 상호 정책학습을 촉진하는 역할을 한다.
③ 강력한 권위를 바탕으로 이해관계자들에게 압력을 가하는 중재방식을 사용하기도 한다.
④ 정부는 공식적 권위를 지닌 정책중재자로서 가장 민주적인 역할을 한다.

출제유형 Ⅰ. 기본개념　　**출제영역** 정책결정과정
출제빈도 ★　　**난도** 중

정답찾기
④ 정부는 공식적 권위를 지닌 정책중재자로서 가장 민주적인 역할을 한다고 보기 힘들다.

오답피하기
① 다원주의 정책상황에서 다양한 이해관계로 인해 갈등이 발생할 수 있으므로 정책중재자는 상대적으로 더 필요한 정책행위자이다.
② 정책중재자는 갈등상황에 있는 정책 이해관계자들의 상호 정책학습을 촉진하는 역할을 하기도 한다.
③ 정책중재자는 강력한 권위를 바탕으로 이해관계자들에게 압력을 가하는 중재방식을 사용하기도 한다.

정답 ④

06　　　　　　　　　　　　　　　　0306

합리성의 제약요인으로 가장 옳지 않은 것은?　　　　2019 서울 9급

① 다수 간의 조화된 가치 선호
② 감정적 요소
③ 비용의 과다
④ 지식 및 정보의 불완전성

출제유형 Ⅰ. 기본개념　　**출제영역** 정책결정과정
출제빈도 ★　　**난도** 중

정답찾기
① 다수 간의 조화된 가치 선호는 합리성이 높아지는 요인이다.

오답피하기
② 감정적 요소는 합리성 제약요인에 해당한다.
③ 비용의 과다는 합리성 제약요인에 해당한다.
④ 지식 및 정보의 불완전성은 합리성 제약요인에 해당한다.

■ 합리성 제약의 일반적 요인
① 인간의 선입관 및 감정적 요인
② 인간이 가치관이나 가치선호의 갈등
③ 지식 및 정보의 불완전성과 비대칭성
④ 특정사회의 문화적 요인이나 사회관습 및 기존의 가치체계
⑤ 매몰비용에 집착, 새로운 결정에 따른 비용의 과중부담
⑥ 과거의 습관이나 현상 유지의 타성 및 고정관념
⑦ 인간의 인지능력의 차이 및 인지능력의 한정성
⑧ 상호 경쟁적 이해관계 상황을 벗어날 수 없는 다원주의
⑨ 상호불신과 이기주의에 의한 죄수의 딜레마

정답 ①

07　0307

재니스(Janis)의 집단사고(groupthink)의 특성에 해당하지 않는 것은?　2023 국가 9급

① 토론을 바탕으로 한 집단지성의 활용
② 침묵을 합의로 간주하는 만장일치의 환상
③ 집단적 합의에 대한 이의 제기에 대한 자기 검열
④ 집단에 대한 과대평가로 집단이 실패할 리 없다는 환상

08　0308

재니스(Janis)가 주장한 집단사고(Groupthink) 예방 전략에 대한 설명으로 옳지 않은 것은?　2016 국가 9급

① 조직에서 결정하는 사안이나 정책에 대해서 외부 인사들이 재평가할 수 있는 체계를 구축해야 한다.
② 최고 의사결정자는 대안 탐색 단계마다 참여자 중 한 명에게 악역을 맡겨 다수의견에 반대되는 의견을 강제로 개진하게 한다.
③ 집단적 의사결정에서 의사결정 단위를 두 개 이상으로 나눈다.
④ 최종 대안을 도출한 후에는 각 참여자들에게 반대의견을 제시할 수 있는 기회를 부여하지 않는다.

출제유형 I. 기본개념　　**출제영역** 집단사고
출제빈도 ★　　**난도** 중

정답찾기

① 제니스(Irving I. Janis)는 「집단사고의 희생(Victims of Groupthinks, 1972)」에서 응집성이 강한 소수로 구성된 정책결정은 각자의 목표와 가치가 발현되지 못하고 하나의 동일한 방향으로 향하는 의사결정 성향을 말하며 의사결정 과정에서 동일성 추구(concurrence-seeking) 경향 때문에 의사결정의 민주성과 타당성 및 현실 검증 노력을 훼손하는 결과를 초래하게 된다. 따라서 <u>토론을 바탕으로 한 집단지성의 활용은 집단사고의 특성에 해당하지 않는다</u>.

오답피하기

② 침묵을 합의로 간주하는 만장일치의 환상은 집단사고의 특성이다.
③ 집단적 합의에 대한 이의 제기에 대한 자기 검열은 집단사고의 특성이다.
④ 집단에 대한 과대평가로 집단이 실패할 리 없다는 환상은 집단사고의 특성이다.

정답 ①

출제유형 I. 기본개념　　**출제영역** 정책결정과정
출제빈도 ★　　**난도** 중

정답찾기

④ 집단사고에 의한 희생을 예방하기 위해서는 반대의견을 제시하고 최종 대안을 도출한 후에도 각 참여자들에게 <u>반대의견을 제시할 수 있는 기회를 부여하여야 한다</u>.

오답피하기

①, ②, ③ 모두 집단사고를 예방할 수 있는 전략에 해당한다.

정답 ④

09
표준운영절차(SOP)에 대한 설명으로 옳은 것은? 2018 지방 9급

① 업무 담당자가 바뀌게 되면 표준운영절차로 인해 업무처리의 연속성을 유지하는 것이 어렵게 된다.
② 표준운영절차는 업무처리의 공평성을 확보하는 데 기여한다.
③ 표준운영절차에 따른 업무처리는 정책집행 현장의 특수성을 반영하기에 용이하다.
④ 정책결정모형 중 앨리슨(Allison)모형의 Model I은 표준운영절차에 따른 의사결정을 가정한다.

출제유형 Ⅰ. 기본개념 **출제영역** 정책결정과정
출제빈도 ★ **난도** 중

정답찾기
② 표준운영절차(SOP)란 업무처리과정을 표준화하는 것으로 표준화가 이루어지면 업무처리의 객관성과 공평성이 확보된다.

오답피하기
① 표준운영절차는 비록 업무 담당자가 바뀌더라도 업무처리의 연속성을 유지하게 하는 데 기여한다.
③ 표준운영절차는 표준화된 동일기준에 입각하여 업무처리가 되기 때문에 집행현장의 특수성을 반영하기 어렵다.
④ 정책결정모형 중 앨리슨(Allison)의 Model Ⅱ(조직과정모형)는 표준운영절차에 따른 의사결정을 가정한다.

정답 ②

제 2 절 정책결정의 이론모형

10
다음에서 제시하는 정책결정모형에 대한 설명으로 옳은 것은?
2021 지방 7급

> • 정책의 본질이 미래지향적 문제해결에 있고, 정책결정에서 가치비판적 발전관에 기초한 가치지향적 행동 추구의 중요성을 고려할 때 매우 중요한 의의가 있다.
> • 대안을 선택할 수 있는 기준이 명확해야 한다.
> • 기존 정책이나 사업의 매몰 비용으로 인해 현실 적합성이 떨어지는 한계가 있다.

① 시간의 흐름에 따라 환류되는 정보를 분석하여 잘못된 점이 있으면 수정·보완하는 방식이다.
② 문제성 있는 선호(Problematic Preferences), 불명확한 기술(Unclear Technology), 일시적 참여자(Part-time Participants)가 전제조건이다.
③ 갈등을 완전히 해결하지 못하고, 타협을 통한 봉합을 모색한다.
④ 같은 비용으로 최대의 목표산출을 얻을 수 있는 대안을 선택하는 행위를 의미한다.

출제유형 Ⅱ. 이론·제도 **출제영역** 정책결정모형
출제빈도 ★★★ **난도** 중

정답찾기
④ 정책의 본질을 미래지향적 문제 해결에 두고, 대안을 선택할 수 있는 기준이 명확하고, 매몰비용을 고려하지 않는 것은 정책결정 중 합리모형의 특징에 해당한다. 합리모형은 같은 비용으로 최대의 목표산출을 얻을 수 있는 대안을 선택하는 행위를 의미한다.

오답피하기
① 시간의 흐름에 따라 환류되는 정보를 분석하여 잘못된 점이 있으면 수정·보완하는 방식은 점증모형이나 사이버네틱스모형의 특징이다.
② 문제성 있는 선호(Problematic Preferences), 불명확한 기술(Unclear Technology), 일시적 참여자(Part-time Participants)가 전제조건인 것은 쓰레기통모형의 전제조건이다.
③ 갈등을 완전히 해결하지 못하고, 타협을 통한 봉합을 모색하는 것은 회사모형의 특징이다.

정답 ④

11 0311

합리모형에서 설명하는 합리성의 가정과 가장 거리가 먼 것은?

2013 서울 7급

① 문제 상황에 대한 명확성
② 각 대안 간의 우선순위의 명확성
③ 목표달성에 대한 만족 기준의 명확성
④ 각 대안의 비용과 편익의 명확성
⑤ 달성하고자 하는 목표의 명확성

출제유형 Ⅱ. 이론·제도 **출제영역** 정책결정모형
출제빈도 ★★★ 난도 중

정답찾기
③ 합리모형은 만족기준이 아닌 최적기준이 적용된다. 만족기준의 명확성은 만족모형의 정책결정기준은 최선의 기준보다는 만족할 만한 정도를 기준으로 만족모형의 가정으로 볼 수 있다.

오답피하기
합리모형에서는 목표는 주어진 것이며 유일불변의 목표임을 전제로 하므로 ⑤ 달성하고자 하는 목표의 명확성을 가정하고 ① 문제 상황을 정확히 판단하고 ④ 각 대안의 비용편익 분석을 통해서 ② 대안 간의 우선순위를 명확하게 판단하여 최적의 대안을 선택한다고 본다.

행복노트

합리모형

특징
- 목표달성을 위한 최선의 대안 탐색·선택
- 연역적, 규범적, 이상적 접근방법
- 정책결정자의 전지 전능의 가정(비현실적)
- 목표, 수단 분석모형(총체주의모형)
- 절대적(완전한) 합리성 추구 및 경제적 합리성 기준
- 계획적, 단발적 결정

한계
- 비현실적인 모형
- 모든 대안의 총체적 탐색 불가능
- 매몰비용, 기득권, 현실을 고려하지 않음
- 미래의 정확한 예측 불가능

정답 ③

12 0312

정책결정모형 중 점증모형에 대한 설명으로 옳지 않은 것은?

2022 지방 7급

① 정책대안을 모두 분석하기보다 한정된 정책대안에 주목한다.
② 시행착오를 반복하면서도 문제를 해결하려는 특성이 있다.
③ 인간의 인지적 한계를 인정하므로 급격한 개혁과 새로운 환경을 반영하는 혁신적 정책결정을 설명하기가 용이하다.
④ 정책결정에서 집단 참여의 합의 과정이 중시되고 목표와 수단이 탄력적으로 상호 조정된다.

출제유형 Ⅱ. 이론·제도 **출제영역** 정책결정모형
출제빈도 ★★★ 난도 중

정답찾기
③ 점증모형은 인간의 인지적 한계를 인정하므로 보수적이고 현상유지적이다. 급격한 개혁과 새로운 환경을 반영하는 혁신적 정책결정을 설명하기가 용이한 것은 합리모형이다.

오답피하기
① 점증모형은 정책대안을 모두 분석하기보다 한정된 정책대안에 주목한다.
② 점증모형은 시행착오를 반복하면서도 문제를 해결하려는 특성이 있다.
④ 점증모형은 정책결정에서 집단 참여의 합의 과정이 중시되고 목표와 수단이 탄력적으로 상호 조정된다.

점증모형(Lindblom, Wildavsky)

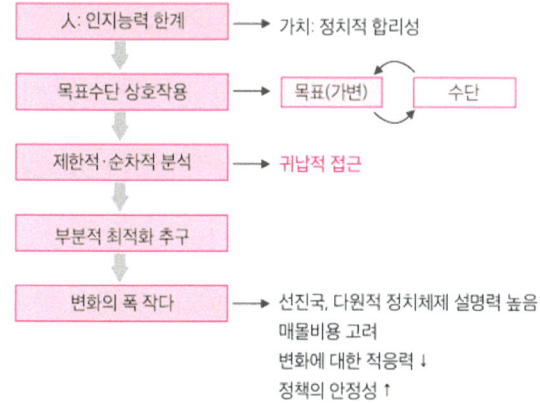

정답 ③

13 ▢▢▢ 0313

정책결정모형 중 점증모형에 대한 설명으로 옳지 않은 것은?

2015 국가 7급

① 정치적 현상유지를 옹호하므로 보수적이라는 비판을 받고 있다.
② 가장 합리적인 대안을 선택하기 위해 모든 대안을 검토해야 한다.
③ 정책결정과정에서 참여집단의 합의를 중시한다.
④ 목표와 수단이 뚜렷하게 구분되지 않기 때문에 목표－수단에 대한 분석은 부적절하다.

14 ▢▢▢ 0314

정책결정모형 중에서 점증모형을 주장하는 논리적 근거로 적절하지 않은 것은?

2014 국가 9급

① 정치적 실현 가능성
② 정책 쇄신성
③ 매몰비용
④ 제한적 합리성

출제유형	Ⅱ. 이론·제도	출제영역	정책결정모형
출제빈도	★★★	난도	중

정답찾기

② 가장 합리적인 대안을 선택하기 위해 모든 대안을 검토해야 한다는 것은 합리모형의 특성에 대한 설명이다. 점증모형은 실현가능한 대안을 검토한다.

오답피하기

① 점증모형은 기득권이나 현실을 중시하므로 보수적이라는 비판을 받는다.
③ 점증모형은 정치적 참여와 동의 또는 합의를 중시하는 모형이다.
④ 점증모형은 목표 역시 변화 가능하므로 목표와 수단이 뚜렷하게 구분되지 않기 때문에 목표－수단에 대한 분석은 부적절하다고 본다.

정답 ②

출제유형	Ⅱ. 이론·제도	출제영역	정책결정모형
출제빈도	★★★	난도	중

정답찾기

② 점증모형은 현재보다 약간 향상된 대안을 중시하므로 점진적 변화를 추구하는 모형이다. 따라서 정책 쇄신성은 합리모형의 특성이다.

오답피하기

① 점증모형은 최선의 정책결정보다는 바람직한 목적에 대한 근사치에 접근하려는 입장이므로, 경제적 합리성보다는 정치적 합리성(정책의 실현가능성)을 우선 존중하는 모형이다.
③ 점증모형은 기존정책을 토대로 점증적 가치만을 고려하여 정책을 결정하기 때문에 매몰비용을 인정한다.
④ 점증모형은 기존 정책을 무시하면서 새로운 정책을 형성하기에는 정책결정자의 시간·지식·비용의 한계가 있기 때문에 한정된 대안만 탐색하지 않을 수 없다는 것으로 제한적 합리성을 가정한다.

행복노트

점증모형(Lindblom, Wildavsky)

특징
- 기존 정책 ± α 대안선택(Lindblom, Wildavsky)
- 목표와 수단을 끊임없이 조정하면서 정책결정
- 인간능력 한계와 기술적 제약 인정, 부분적 최적화 추구
- 매몰비용, 기득권 중시 모형
- 정치적, 귀납적, 현실적, 실증적 접근법
- 목표와 수단을 끊임없이 조정하면서 정책결정
- 정치적 합리성 기준(→ 조정, 타협, 협상)
- 다원주의 사회 배경

한계
- 집단이기주의 발생, 형평성 상실 우려
- 보수적, 현상유지적, 비계획적 모형
- 기존정책 오류시 악순환 초래
- 신속한 환경변화 대응 부족 및 정책의 축소 곤란

정답 ②

15

점증적 정책결정의 한계로 적절하지 않은 것은?   2012 국회 9급

① 기존 정책이 잘못된 것이면 악순환을 초래한다.
② 사회가 불안정할 때는 적용이 곤란하다.
③ 지나치게 많은 분석 시간과 노력이 요구된다.
④ 혁신을 저해할 우려가 있다.
⑤ 환경변화에 대한 적응력이 약하다.

출제유형 Ⅱ. 이론·제도   **출제영역** 정책결정모형
출제빈도 ★★   난도 중

정답찾기
③ 지나치게 많은 분석 시간과 노력이 요구된다는 것은 합리모형의 특징이다. 점증적 결정은 기존 정책을 토대로 추가적 가치만 분석하기 때문에 많은 분석 시간과 노력이 요구되지 않는다.

오답피하기
① 근본적 혁신은 없이 기존정책 위에 추가적 변화가치만 검토대상으로 하기 때문에, 기존 정책이 잘못된 것이면 악순환을 초래한다.
② 점증모형은 점진적 변화를 추구하므로 사회가 불안정할 때는 적용이 곤란하다.
④, ⑤ 문제 상황의 변화에 민감하게 반응할 수 없어서 환경변화에 대한 적응력이 약하고 혁신을 저해할 우려가 있다.

정답 ③

16

다음 설명에 해당하는 정책결정모형은?   2020 국가 9급

> 지난 30년간 자료를 중심으로 전국의 자연재난 발생현황을 개략적으로 파악한 다음, 홍수와 지진 등 두 가지 이상의 재난이 한 해에 동시에 발생한 지역을 중심으로 다시 면밀하게 관찰하며 정책을 결정한다.

① 만족모형   ② 점증모형
③ 최적모형   ④ 혼합탐사모형

출제유형 Ⅱ. 이론·제도   **출제영역** 정책결정모형
출제빈도 ★★★   난도 중

정답찾기
④ 근본적 결정에서는 포괄적 합리모형을 적용하며, 세부적 결정에는 소수의 대안만 고려하는 점증모형을 적용하는 것은 혼합탐사모형에 해당한다. 전국의 자연재난 발생현황을 개략적으로 파악한 것은 합리모형으로 홍수와 지진 등 두 가지 이상의 재난이 한 해에 동시에 발생한 지역을 중심으로 다시 면밀하게 관찰하는 것은 점증모형을 적용한 것으로 볼 수 있다.

오답피하기
① 만족모형은 제한된 합리성에 바탕을 두고, 만족할 만한 대안의 선택에 타당성을 두는 현실적·심리적 모형이다.
② 점증모형은 다원주의 사회를 배경으로 참여집단 간의 합의를 중시하는 정치적 접근과 귀납적·현실적·실증적 접근법으로 린드블룸(Lindblom)과 윌다브스키(Wildavsky)가 주장하는 모형이다.
③ 최적모형은 드로어(Dror)는 정책결정 과정을 하나의 정치체제 맥락에서 파악하고, 정책결정체제의 성과를 최적화하려는 질적 모형이다.

정답 ④

17 　　　　　　　　　　　　　　　　0317

혼합주사모형(Mixed-scanning Model)에 대한 설명으로 옳은 것은?
2018 국가 7급

① 정책 결정과정을 이미 프로그램화되어 있는 특정한 상태를 유지하기 위한 것으로 파악한다.
② 정책의 결정을 근본적 결정과 세부적 결정으로 구분한다.
③ 갈등의 준해결, 문제 중심의 탐색, 불확실성의 회피, 조직의 학습, 표준운영절차(SOP)의 활용 등을 특징으로 한다.
④ 상황 변화에 따른 새로운 정보에 초점을 맞추는 것이 아니라 극히 제한된 투입 변수의 변동에 주의를 집중하여 의사결정을 한다.

18 　　　　　　　　　　　　　　　　0318

정책결정이론의 하나인 혼합탐사모형에 대한 설명으로 옳은 것은?
2012 서울 9급

① 정책결정자가 추구하는 가치들은 중요도에 따라 분류되고 서열화된다.
② 복잡한 상황을 단순화시켜 대안의 중요한 결과만을 예측한다.
③ 조직 내 하위조직 사이의 상이한 목표로 인한 갈등은 협상을 통해 해결한다.
④ 정책결정은 근본적인 결정과 세부적인 결정의 지속적인 상호작용에 의해 이루어진다.
⑤ 조직화된 무정부 상태를 긍정적인 측면에서 체계적으로 분석하고자 한다.

출제유형 Ⅱ. 이론·제도　　**출제영역** 정책결정모형
출제빈도 ★★★　　**난도** 중

정답찾기
② 혼합주사모형은 정책을 근본적 결정과 세부적 결정으로 나눈다. 근본적 결정은 합리모형을 적용하여 모든 대안에 대하여 결과를 개략적으로 살펴보고, 세부적 결정은 점증모형을 적용하여 한정된 대안에 대하여 결과를 면밀하게 살펴본다.

오답피하기
①, ④ 의사결정자는 새로운 정보는 무시하며 사전에 설정된 한정된 주요변수와 레퍼토리에 따라 결정함으로써 불확실성을 통제하는 사이버네틱스모형에 대한 설명이다.
③ 갈등의 준해결, 문제 중심의 탐색, 불확실성의 회피, 조직의 학습, 표준운영절차(SOP)의 활용 등을 특징으로 하는 것은 회사모형의 특징이다.

행복노트
혼합탐사(주사)모형(A. Etzioni)

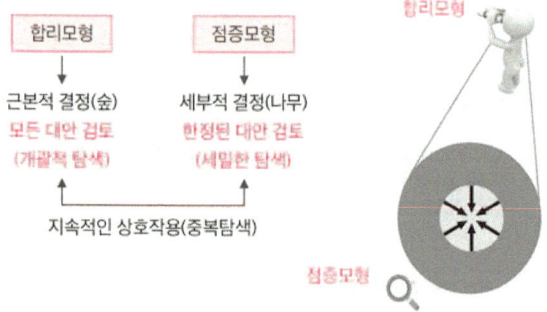

TIP
혼합탐사(주사)모형(A. Etzioni)
에취!(Etzioni) 주사 맞자!

정답 ②

출제유형 Ⅱ. 이론·제도　　**출제영역** 정책결정모형
출제빈도 ★★★　　**난도** 상

정답찾기
④ 혼합주사모형은 근본적 결정과 세부적 결정을 구분하고 근본적 결정은 합리모형을 택하고 세부적 결정은 점증모형을 택하여 상황에 따른 융통성 있는 적용을 한다.

오답피하기
① 정책결정자가 추구하는 가치들은 중요도에 따라 분류되고 서열화된다는 것은 합리모형에 대한 설명이다.
② 복잡한 상황을 단순화시켜 대안의 중요한 결과만을 예측한다는 것은 만족모형에 대한 설명이다.
③ 조직 내 하위조직 사이의 상이한 목표로 인한 갈등은 협상을 통해 해결한다는 것은 회사모형에 대한 설명이다.
⑤ 조직화된 무정부 상태를 긍정적인 측면에서 체계적으로 분석하고자 한다는 것은 쓰레기통모형에 대한 설명이다.

정답 ④

19
드로어(Dror)의 최적모형(Optimal Model)에서 말하는 메타정책결정(Metapolicy Making)에 대한 설명으로 가장 옳은 것은?

2018 서울 2회 7급

① 정책을 어떻게 평가할 것인가를 결정하는 '정책평가를 위한 정책결정'을 의미한다.
② 정책을 어떻게 집행할 것인가를 결정하는 '정책집행을 위한 정책결정'을 의미한다.
③ 정책을 어떻게 결정할 것인가를 결정하는 '정책결정을 위한 정책결정'을 의미한다.
④ 정책을 어떻게 종결할 것인가를 결정하는 '정책종결을 위한 정책결정'을 의미한다.

20
정책결정모형 중에서 합리적인 요소와 초합리적인 요소의 조화를 강조하는 모형은?

2013 지방 9급

① 최적모형(Optimal Model)
② 점증주의(Incrementalism)
③ 혼합탐사모형(Mixed-scanning Model)
④ 만족모형(Satisficing Model)

출제유형 Ⅱ. 이론·제도　　**출제영역** 정책결정모형
출제빈도 ★★★　　난도　중

정답찾기
① 합리적인 요소와 초합리적인 요소의 조화를 강조하는 모형은 <u>최적모형</u>이다.

오답피하기
최적모형(Y. Dror)

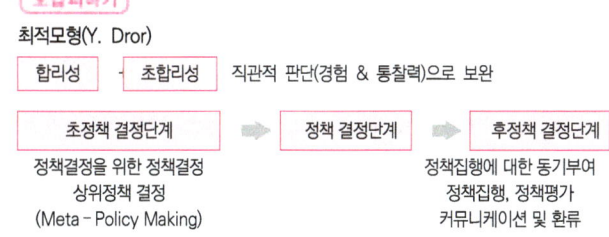

- 정책결정체제의 성과를 최적화하려는 질적 모형
- 합리모형의 비현실성과 점증모형의 보수성을 모두 경계
- 계량적 분석뿐만 아니라 직관적 판단에 의한 결정도 중시
- 합리성과 초합리성 중시하면서 혁신적 정책전환 모색

정답 ①

출제유형 Ⅱ. 이론·제도　　**출제영역** 정책결정모형
출제빈도 ★★★　　난도　상

정답찾기
③ 드로어(Dror)는 최적모형에서 정책결정의 단계를 상위의 정책결정, 본래 의미의 정책결정, 후 정책결정 이렇게 3단계로 나눈다. 이 중 상위정책(메타정책)의 결정이란 정책결정을 어떻게 할 것인지 정책결정을 위한 전략이나 체제를 결정하는 근원적인 정책결정을 말한다. 결정의 참여자, 시기, 결정을 위한 조직과 비용, 결정방식들을 결정하는 단계이다.

오답피하기
①, ②, ④ 모두 정책결정 이후의 결정에 해당한다.

정답 ③

21   0321

조직의 의사결정과정에서 나타나는 특성에 대한 개념을 바르게 연결한 것은?

2016 국가 7급

> A. 시간과 능력의 제약 때문에 정책결정자들은 모든 상황을 고려하기보다 특별히 관심을 끄는 부분에 대해서만 고려한다.
> B. 정책결정에서는 관련 집단들의 요구가 모두 성취되기보다는 서로 나쁘지 않을 정도의 수준에서 타협점을 찾는 경향이 있다.
> C. 반복적인 의사결정의 경험이 전수되며 시간의 흐름에 따라 결정수준이 개선되고 목표달성도가 높아지게 된다.
> D. 정책결정자들의 경험이 축적됨에 따라 가장 효율적이라고 판단되는 정책결정절차와 방식을 마련하게 되고 이를 활용한 정책결정이 증가한다.

> ㄱ. 조직의 학습   ㄴ. 표준운영절차 수립
> ㄷ. 갈등의 준해결   ㄹ. 문제중심의 탐색

	A	B	C	D
①	ㄱ	ㄴ	ㄷ	ㄹ
②	ㄱ	ㄷ	ㄹ	ㄴ
③	ㄹ	ㄴ	ㄷ	ㄱ
④	ㄹ	ㄷ	ㄱ	ㄴ

출제유형 Ⅱ. 이론·제도   **출제영역** 정책결정모형
출제빈도 ★★★   **난도** 중

정답찾기

④ 회사모형의 특성에 대한 문제이다. 회사모형은 하위 중간계층의 위치에 있는 관리자들이 실질적인 의사결정권을 행사하고 하위 조직들은 자체적인 표준운영절차(SOP)를 토대로 갈등 상황 최소화에 중점을 두고 있다.
  A. 특별히 관심을 끄는 부분에 대하여 탐색활동을 증대하는 것은 ㄹ. 문제중심의 탐색에 대한 설명이다.
  B. 완전한 해결보다는 서로 나쁘지 않을 정도의 수준에서 타협점, 타결점을 찾는 ㄷ. 갈등의 준해결을 의미한다.
  C. 결정작업이 거듭되는 과정에서 결정자들은 점차 많은 경험을 쌓게 된다. 이러한 것을 ㄱ. 조직의 학습이라고 한다.
  D. 정책결정자들의 경험이 축적됨에 따라 가장 효율적이라고 판단되는 정책결정절차와 방식을 마련하게 되는 것은 ㄴ. 표준운영절차(SOP)에 대한 설명이다.

정답 ④

22   0322

정책결정모형 중에서 회사모형에 대한 설명으로 옳지 않은 것은?

2015 국가 9급

① 회사조직이 서로 다른 목표를 지닌 구성원들의 연합체(Coalition)라고 가정한다.
② 연합모형 또는 조직모형이라고 불리기도 한다.
③ 조직이 환경에 대해 장기적으로 대응하고 환경 변화에 수동적으로 적응한다고 한다.
④ 문제를 여러 하위문제로 분해하고 이들을 하위조직에게 분담시킨다고 가정한다.

출제유형 Ⅱ. 이론·제도   **출제영역** 정책결정모형
출제빈도 ★★★   **난도** 중

정답찾기

③ 회사모형은 조직 환경이 불확실하기 때문에 장기적 대응이 어려워 환경에 대해 단기적 반응과 단기적 피드백을 중시한다.

오답피하기

회사모형(연합모형)

특징
- 만족모형을 회사나 조직에 적용시킨 것
- 문제를 여러 하위문제로 분해, 이를 하위조직에게 분담
- 조직 내 갈등 완전 해결 불가능(타협적 준해결)
- 불확실성의 회피, 단기 전략 치중
- 문제중심의 탐색
- 조직의 학습
- 표준운영절차 적극적 활용

정답 ③

23

사이어트(R. Cyert)와 마치(J. March)가 주장한 회사모형(Firm Model)의 내용이 아닌 것은? 2014 서울 9급

① 조직의 전체적 목표 달성의 극대화를 위하여 장기적 비전과 전략을 수립·집행한다.
② 조직 내 갈등의 완전한 해결은 불가능하며 타협적 준해결에 불과하다.
③ 정책결정 능력의 한계로 인하여 관심이 가는 문제 중심으로 대안을 탐색한다.
④ 조직은 반복적인 의사결정의 경험을 통하여 결정의 수준이 개선되고 목표달성도가 높아진다.
⑤ 표준운영절차(SOP; Standard Operation Procedure)를 적극적으로 활용한다.

24

쓰레기통모형에 대한 설명으로 옳은 것은? 2021 국가 7급

① 조직구성원의 응집성이 아주 강한 혼란상태에 있는 조직에서 의사결정이 어떻게 이루어지는가를 기술하고 설명한다.
② 불명확한 기술(Unclear Technology)은 조직에서 의사결정참여자의 범위와 그들이 투입하는 에너지가 유동적임을 의미한다.
③ 쓰레기통모형의 의사결정 방식에는 끼워넣기(by Oversight)와 미뤄두기(by Flight)가 포함된다.
④ 문제성 있는 선호(Problematic Preferences)는 목표와 수단 사이의 인과관계가 명확하지 않음을 의미한다.

출제유형 II. 이론·제도 **출제영역** 정책결정모형
출제빈도 ★★★ **난도** 중

정답찾기
① 조직의 전체적 목표 달성의 극대화를 위하여 장기적 비전과 전략을 수립·집행한다고 보는 것은 합리모형에 대한 설명이다. 회사모형은 결정자들이 가능한 한 불확실성을 줄이거나 회피하는 경향을 보이기 때문에, 단기전략에 치중하고 관련자들과 타협을 하며, 예측 가능한 결정절차를 선호한다.

오답피하기
② 단위조직 간에 발생하는 갈등은 전체목표라는 단위기준에 의해 완전히 해결되기보다는 협상을 통해 잠정적으로만 해결되어 조직 내 갈등의 완전한 해결은 불가능하며 타협적 준해결에 불과하다.
③ 회사모형의 정책결정자는 주어진 시간과 능력의 제약과 같은 정책결정 능력의 한계로 인하여 관심이 가는 문제 중심으로 대안을 탐색한다.
④ 조직은 반복적인 의사결정의 경험을 통하여 조직의 학습이 이루어져 결정의 수준이 개선되고 목표달성도가 높아진다.
⑤ 경험의 축적과 함께 가장 효율적이라고 생각되는 절차를 마련해두고 표준운영절차를 적극적으로 활용한다.

정답 ①

출제유형 II. 이론·제도 **출제영역** 정책결정모형
출제빈도 ★★★ **난도** 중

정답찾기
③ 쓰레기통모형의 의사결정 방식에는 날치기 때 끼워넣기(by Oversight)와 진빼기인 미뤄두기(by Flight)가 포함된다.

오답피하기
① 조직구성원의 응집성이 아주 약한 혼란상태에 있는 조직에서 의사결정이 어떻게 이루어지는가를 기술하고 설명한다.
② 유동적 참여자는 조직에서 의사결정 참여자의 범위와 그들이 투입하는 에너지가 유동적임을 의미한다.
④ 불명확한 기술(Unclear Technology)은 목표와 수단 사이의 인과관계가 명확하지 않음을 의미한다. 문제성 있는 선호(Problematic Preferences)는 참여자의 선호가 불분명한 상황을 의미한다.

정답 ③

25   0325

〈보기〉는 정책결정에 관한 어떤 모형을 설명하고 있다. 이 모형을 제안한 학자는?
    2019 서울 7급

| 보기 |

이 모형은 조직화된 혼란상태에서의 의사결정을 다루고 있다. 이 모형은 합리모형이 전제하고 있는 것처럼 모든 대안을 비교, 평가해 최선의 대안을 선택할 수 없다고 전제하고 문제의 선호, 불분명한 기술, 유동적 참여의 세 가지 요인이 의사결정 기회를 찾아 끊임없이 움직이며 이들의 흐름이 교차하는 시점에서 의사결정이 이루어진다고 설명한다.

① 드로(Y. Dror)
② 스미스와 메이(Smith & May)
③ 코헨, 마치와 올슨(Cohen, March & Olsen)
④ 에치오니(A. W. Etzioni)

26   0326

의사결정모형 중 쓰레기통모형의 내용이 아닌 것은?
    2016 지방 7급

① 진빼기 결정
② 의사결정을 구성하는 네 가지의 흐름
③ 조직화된 무정부 상태
④ 갈등의 준해결

출제유형 Ⅱ. 이론·제도   **출제영역** 정책결정모형
출제빈도 ★★★   **난도** 중

정답찾기
③ 조직화된 혼란상태에서의 의사결정을 다루는 모형은 <u>코헨, 마치와 올슨(Cohen, March & Olsen)</u>이 주장한 쓰레기통모형에 해당한다.

오답피하기
쓰레기통모형

전제조건
불분명한 선호 + 불분명한 인과모형 + 수시적, 유동적 참여

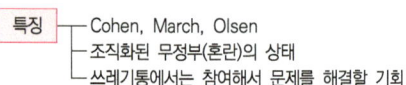

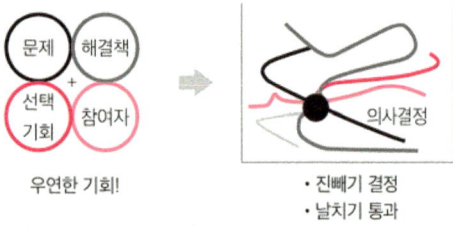

빨록한 암기 TIP
쓰레기통모형
코헹~(Cohen) 쓰레기 같은 현실에, 문제 해결은 참선을 통해!

정답 ③

정답찾기
④ <u>갈등의 준해결은 회사모형의 특징이다.</u>

오답피하기
①, ②, ③ 쓰레기통모형은 조직화된 혼란상태에서 의사결정에 필요한 네 가지 요소, 즉 <u>문제, 해결책, 선택기회, 참여자</u>가 독자적으로 흘러 다니다가 어떤 계기로 교차하여 만나게 될 때 결정이 이루어진다.

정답 ④

27　0327

앨리슨(Allison)의 관료정치모형(모형 Ⅲ)에 대한 설명으로 옳은 것은?　2023 국가 9급

① 정책결정은 준해결(quasi-resolution)적 상태에 머무르는 경우가 많다.
② 정책결정자들은 국가 전체의 이익이나 전략적 목표를 극대화하기 위한 결정을 한다.
③ 정책결정에 참여하는 구성원들 간의 목표 공유 정도와 정책결정의 일관성이 모두 매우 낮다.
④ 정부는 단일한 결정주체가 아니며 반독립적(semi-autonomous) 하위조직들이 느슨하게 연결된 집합체이다.

28　0328

앨리슨(Allison)모형 중 다음 내용에 초점을 두고 정책결정을 설명하는 것은?　2021 지방 9급

> 1960년대 쿠바 미사일 사태에서 미국은 해안봉쇄로 위기를 극복하였다. 정부의 각 부처를 대표하는 사람들은 위기 상황에서 각자가 선호하는 대안을 제시하였다. 대표자들은 여러 대안에 대하여 갈등과 타협의 과정을 거쳤고, 결국 해안봉쇄 결정이 내려졌다. 이는 대통령이 사태 초기에 선호했던 국지적 공습과는 다른 결정이었다. 물론 해안봉쇄가 위기를 해소하는 최선의 대안이라는 보장은 없었고, 부처에 따라서는 불만을 가진 대표자도 있었다.

① 합리적행위자모형　　② 쓰레기통모형
③ 조직과정모형　　　　④ 관료정치모형

출제유형 Ⅱ. 이론·제도　　**출제영역** 정책결정모형
출제빈도 ★★★　　**난도** 상

[정답찾기]
③ 관료정치모형은 정책결정에 참여하는 <u>구성원들 간의 목표 공유 정도와 정책결정의 일관성이 모두 매우 낮다.</u>

[오답피하기]
① <u>조직과정모형</u>에서 정책결정은 준해결(quasi-resolution)적 상태에 머무르는 경우가 많다.
② <u>합리적 행위자 모형</u>에서는 정책결정자들은 국가 전체의 이익이나 전략적 목표를 극대화하기 위한 결정을 한다.
④ <u>조직과정모형</u>에서는 정부는 단일한 결정주체가 아니며 반독립적(semi-autonomous) 하위조직들이 느슨하게 연결된 집합체이다.

정답 ③

출제유형 Ⅱ. 이론·제도　　**출제영역** 정책결정모형
출제빈도 ★★★　　**난도** 중

[정답찾기]
④ 각 부처를 대표하는 사람들은 위기 상황에서 각자가 선호하는 대안을 제시하고 대표자들은 여러 대안에 대하여 <u>갈등과 타협의 과정</u>을 거쳤으므로 <u>관료정치모형</u>에 해당한다.

[오답피하기]
앨리슨(Allison)모형
쿠바 미사일 위기 사건 연구 → 일반화

구 분	Model 1 합리적 행위자모형	Model 2 조직과정모형	Model 3 관료정치모형
권력의 소재	최고 지도자 (유기체)	느슨하게 연결된 하부 조직 (연합체)	개인의 집합 (개인의 집합체)
합리성	완전	제한	정치
행위자 목표	조직전체	전체 + 하부	전체 + 하부 + 개인
응집성	매우 강함	중간	매우 약함
정책 결정양태	명령·지시	SOP	정치적 타협, 흥정
적용	조직 전반	하위 계층	상위 계층
논리	합리모형	회사모형	쓰레기통모형

정답 ④

29

앨리슨(Allison)모형에 대한 설명으로 옳은 것은? 2019 국가 9급

① 합리적 행위자모형에서는 국가 전체의 이익과 국가목표 추구를 위해서 개인의 이익을 고려하지 않는 것을 경계하며 국가가 단일적인 결정자임을 부정한다.
② 조직과정모형에서 조직은 불확실성을 회피하기 위하여 정책결정을 할 때 표준운영절차(SOP)나 프로그램 목록(Program Repertory)에 의존하지 않는다.
③ 관료정치모형은 여러 다양한 문제에 관심을 갖는 다수의 행위자를 상정하며 이들의 목표는 일관되지 않는다.
④ 외교안보문제 분석에 있어서 설명력을 높이기 위한 대안적 모형으로 조직과정모형을 고려하지는 않는다.

30

앨리슨(Allison)은 쿠바 미사일 위기에 대한 분석을 통해 합리적 행위자모형, 조직과정모형, 관료정치모형이라는 세 가지 정책결정 모형을 제시하였다. 다음 중 조직과정모형의 가정은? 2015 국가 7급

① 정책산출물은 주로 관행과 표준적 절차에 따라 만들어진다.
② 의사결정자는 완벽한 정보를 가지고 주어진 목표의 극대화를 추구하는 합리적 존재이다.
③ 정책은 정치적 경쟁, 협상, 타협의 산물이다.
④ 정책결정의 행위주체는 독자성이 강한 다수 행위자들의 집합이다.

정답찾기

③ 앨리슨(Allison)의 관료정치모형은 조직을 여러 다양한 문제에 관심을 갖는 다수의 행위자들의 집합체로 상정하며 따라서 이들 목표 간에는 일관성이나 공유감, 응집력이 없다.

오답피하기

① 합리적 행위자모형에서는 국가를 하나의 합리적 유기체로 보면서 개인의 이익을 고려하지 않는 것을 전제하며 국가가 단일적인 결정자임을 인정한다.
② 조직과정모형은 회사모형과 전제조건이 유사하며 조직은 불확실성을 회피하기 위하여 정책결정을 할 때 표준운영절차(SOP)나 프로그램 목록(Program Repertory)을 활용한다.
④ 외교안보문제 분석에 있어서 설명력을 높이기 위한 대안적 모형으로 조직과정모형을 고려한다.

정답 ③

정답찾기

① 앨리슨(Allison)의 조직과정모형은 조직을 느슨하게 연결된 하부조직의 연합체로 보고 정책산출물은 주로 관행과 표준운영절차(SOP)에 의하여 만들어진다고 본다.

오답피하기

② 의사결정자는 완벽한 정보를 가지고 주어진 목표의 극대화를 추구하는 합리적 존재로 보는 것은 합리적 행위자모형(모형1)에 해당한다.
③ 정책은 정치적 경쟁, 협상, 타협의 산물로 보는 것은 관료정치모형(모형3)에 해당한다.
④ 정책결정의 행위주체는 독자성이 강한 다수 행위자들의 집합으로 보는 것은 관료정치모형(모형3)에 해당한다.

정답 ①

31
앨리슨(G. T. Allison)의 세 가지 의사결정모형에 대한 설명으로 옳지 않은 것은?
2015 국가 9급

① 집단적 의사결정을 국가의 정책결정에 적용하기 위해 합리적 행위자모형, 조직과정모형, 관료정치모형으로 분류하였다.
② 관료정치모형은 조직 하위계층에의 적용가능성이 높고, 조직과정모형은 조직 상위계층에의 적용가능성이 높다.
③ 실제 정책결정에서는 어느 하나의 모형이 아니라 세 가지 모형이 모두 적용될 수 있다.
④ 원래 국제정치적 사건과 위기적 사건에 대응하는 정책결정을 설명하기 위한 모형으로 고안되었으나, 일반정책에도 적용 가능하다.

32
앨리슨(Allison)의 정책결정모형 중 Model Ⅱ(조직과정모형)에 대한 설명으로 옳지 않은 것은?
2013 국가 9급

① 정부는 느슨하게 연결된 연합체이다.
② 권력은 반독립적인 하위조직에 분산된다.
③ 정책결정은 SOP에 의해 프로그램 목록에서 대안을 추출한다.
④ 정책결정의 일관성이 강하다.

출제유형 Ⅱ. 이론·제도 **출제영역** 정책결정모형
출제빈도 ★★★ 난도 중

정답찾기
② 관료정치모형은 조직의 상위계층에 적용가능하다면, 조직과정모형은 하위계층에 적용가능하다.

정답 ②

출제유형 Ⅱ. 이론·제도 **출제영역** 정책결정모형
출제빈도 ★★★ 난도 중

정답찾기
④ 정책결정의 일관성이 강한 것은 합리적 행위자 모형(모형 1)에 해당하는 설명이다.

오답피하기
① 정부를 단일(Unitary) 결정 주체가 아닌, 느슨하게 연결된 반독립적인 하위조직들의 연합체이다.
② 하위 중간계층의 위치에 있는 관리자들이 실질적인 의사결정권을 행사하므로 권력은 반독립적인 하위조직에 분산된다고 본다.
③ 정부지도자는 각 조직들의 활동에 간섭할 수는 있어도 철저히 통제할 수는 없기 때문에 정책결정은 주로 표준운영절차(SOP)에 의해 프로그램 목록에서 대안을 추출한다.

정답 ④

33
다음 중 앨리슨의 정책결정이론의 내용으로 옳은 것은?

2012 서울 7급

① 합리적 행위자모형에서 행위자의 목표는 조직 전체의 목표와 하위 조직들의 목표를 합한 것이다.
② 관료정치모형에서 권력의 소재는 조직의 하위단위들이다.
③ 합리적 행위자모형에서 목표의 공유도는 낮다.
④ 조직과정모형에서 정책결정의 양태는 정치적 타협, 흥정 등이다.
⑤ 관료정치모형은 쓰레기통모형과 공통점이 존재한다.

출제유형	Ⅱ. 이론·제도	출제영역	정책결정모형
출제빈도	★★★	난도	중

정답찾기
⑤ 관료정치모형과 쓰레기통모형은 모두 <u>목표에 대한 공유도 및 응집성이 낮은 상태</u>에서 결정이 이루어진다는 공통점을 가진다.

오답피하기
① 행위자의 목표는 조직 전체의 목표와 하위 조직들의 목표를 합한 것은 <u>조직과정 모형</u>의 특징이다.
② 권력의 소재는 조직의 하위단위들에 있는 것은 <u>조직과정모형</u>의 특징이다.
③ 합리적 행위자모형은 <u>목표의 공유도는 높</u>다.
④ 정책결정의 양태는 정치적 타협, 흥정 등으로 보는 것은 <u>관료정치모형</u>의 특징이다.

정답 ⑤

34
사이버네틱스(Cybernetics)의사결정모형에 대한 설명으로 옳지 않은 것은?

2018 국가 9급

① 주요 변수가 시스템에 의하여 일정한 상태로 유지되는 적응적 의사결정을 강조한다.
② 문제를 해결하고 목표를 달성하기 위해 정보와 대안의 광범위한 탐색을 강조한다.
③ 자동온도조절장치와 같이 사전에 프로그램된 메커니즘에 따라 의사결정이 이루어진다.
④ 한정된 범위의 변수에만 관심을 집중함으로써 불확실성을 통제하려는 모형이다.

출제유형	Ⅱ. 이론·제도	출제영역	정책결정모형
출제빈도	★★★	난도	중

정답찾기
② 사이버네틱스모형은 지속적으로 정보를 제어·환류함으로써 불확실성에 자동적으로 대응해 나가려는 적응적·시행착오적 의사결정모형에 해당하며 문제를 해결하고 목표를 달성하기 위해 정보와 대안의 광범위한 탐색을 강조하는 것은 분석적 패러다임의 특징이다.

오답피하기
사이버네틱스모형

특징
- 정책결정을 단순하게 묘사하고자 노력
- 주요변수가 시스템에 의해 유지되는 적응적 의사결정
- 프로그램된 메커니즘에 따라 습관적 의사결정
- 제한된 투입 변수의 변동에 집중함으로서 불확실성 통제
- 집단적 의사결정을 단순화로 접근
- 시행착오적으로 습득해 나가는 도구적 학습 제시

정답 ②

35

의사결정모형에 대한 설명으로 옳지 않은 것은? 2022 국가 9급

① '최적모형'은 정책결정자의 합리성뿐 아니라 직관·판단·통찰 등과 같은 초합리성을 아울러 고려한다.
② '쓰레기통모형'은 대학조직과 같이 조직구성원 사이의 응집력이 아주 약한 상태, 즉 조직화된 무정부상태(Organized Anarchy)에서 의사결정이 이루어지는 과정을 설명하려고 시도한다.
③ '점증모형'은 실제 정책의 결정이 점증적인 방식으로 이루어질 뿐 아니라 정책을 점증적으로 결정하는 것이 바람직하다는 입장을 견지한다.
④ '회사모형'은 조직의 불확실한 환경을 회피하고 조직 내 갈등을 극복하기 위하여 장기적인 전략과 기획의 중요성을 강조한다.

36

정책결정모형에 대한 설명으로 옳은 것만을 모두 고르면? 2020 지방 9급

ㄱ. 만족모형에서는 정책결정을 근본적 결정과 세부적 결정으로 구분한다.
ㄴ. 점증주의모형은 현상유지를 옹호하므로 보수적이라는 비판을 받고 있다.
ㄷ. 쓰레기통모형에서 의사결정의 네 가지 요소는 문제, 해결책, 선택기회, 참여자이다.
ㄹ. 갈등의 준해결과 표준운영절차(SOP)의 활용은 최적모형의 특징이다.

① ㄱ, ㄴ
② ㄱ, ㄹ
③ ㄴ, ㄷ
④ ㄷ, ㄹ

정답찾기

④ '회사모형'은 조직의 불확실한 환경을 회피하고 조직 내 갈등을 극복하기 위하여 장기적인 전략과 기획의 중요성을 강조하기보다는 단기 전략에 치중하고 관련자들과 타협을 하며, 예측 가능한 결정절차를 선호한다.

오답피하기

① '최적모형'은 정책결정자의 합리성뿐 아니라 직관·판단·통찰 등과 같은 초합리성을 아울러 고려한다.
② '쓰레기통모형'은 대학조직과 같이 조직구성원 사이의 응집력이 아주 약한 상태, 즉 조직화된 무정부상태(Organized Anarchy)에서 의사결정이 이루어지는 과정을 설명하려고 시도한다.
③ '점증모형'은 실제 정책의 결정이 점증적인 방식으로 이루어질 뿐 아니라 정책을 점증적으로 결정하는 것이 바람직하다는 입장을 견지한다.

정답 ④

정답찾기

ㄴ. 점증주의모형은 현상유지를 옹호하므로 보수적이라는 비판을 받고 있다.
ㄷ. 쓰레기통모형에서 의사결정의 네 가지 요소는 문제, 해결책, 선택기회, 참여자이다.

오답피하기

ㄱ. 근본적 결정과 세부적 결정으로 구분하는 모형은 만족모형이 아니라 에치오니(Etzioni)의 혼합탐사모형이다.
ㄹ. 갈등의 준해결과 표준운영절차(SOP)에 입각한 모형은 최적모형이 아니라 회사모형이다.

답 ③

37　□□□　　　　　　　　　　　　　　　　0337

정책결정모형에 대한 설명으로 옳지 않은 것은?　2019 지방 9급

① 린드블롬(Lindblom) 같은 점증주의자들은 합리모형이 불가능한 일을 정책결정자에게 강요함으로써 바람직한 정책결정에 도움을 주지 못한다고 주장한다.
② 사이먼(Simon)의 만족모형은 합리모형에 대한 심각한 도전이자, 인간의 인지능력이라는 기본적인 요소에서 출발했기에 이론적 영향이 컸다.
③ 에치오니(Etzioni)는 합리모형과 점증모형의 단점을 극복하기 위하여 최적모형을 주장하였다.
④ 스타인부르너(Steinbruner)는 시스템 공학의 사이버네틱스 개념을 응용하여 관료제에서 이루어지는 정책결정을 단순하게 묘사하고자 노력하였다.

38　□□□　　　　　　　　　　　　　　　　0338

정책결정모형에 대한 설명으로 옳은 것은?　2019 국가 7급

① 최적모형에 따르면 정책결정과 관련해 위험최소화 전략 대신 혁신전략을 취하는 것은 상위정책 결정(Meta – Policy Making)에 해당한다.
② 앨리슨(Allison)모형Ⅱ는 긴밀하게 연결된 하위 조직체들이 표준운영절차를 통해 상호의존적인 의사결정을 한다고 본다.
③ 만족모형은 의사결정자들이 만족할 만하고 괜찮은 해결책을 얻기 위해 몇 개의 대안만을 병렬적으로 탐색한다고 한다.
④ 쓰레기통모형은 의사결정을 위해서는 문제, 해결책, 참여자의 세 가지 요소가 필요하다고 본다.

출제유형 Ⅱ. 이론·제도　　**출제영역** 정책결정모형
출제빈도 ★★★　　**난도** 중

정답찾기
③ 에치오니(Etzioni)가 합리모형과 점증모형의 단점을 극복하기 위하여 주장한 것은 혼합탐사(주사)모형이다. 최적모형은 드로어(Dror)가 제시한 것이다.

오답피하기
① 린드블롬(Lindblom)은 합리모형의 비현실성을 지적하고 점증모형을 주장하였다.
② 사이먼(Simon)은 만족모형에서 합리모형이 강조한 경제인을 부정하고 의사결정자의 인지능력상 한계를 강조하였다.
④ 사이버네틱스모형은 와이너(Wiener)에 의하여 창시되고 애쉬비(Ashby)에 의하여 계승되었으며 스타인부르너(Steinbruner)에 의하여 응용되었다.

정답 ③

출제유형 Ⅱ. 이론·제도　　**출제영역** 정책결정모형
출제빈도 ★★★　　**난도** 상

정답찾기
① 위험최소화 전략 대신 혁신전략을 취하는 것은 최적모형에서 상위정책결정(Meta – Policy Making) 중 정책결정 전략의 결정에 해당한다.

오답피하기
② 앨리슨(Allison)모형Ⅱ는 느슨하게 연결된 하위조직들의 연합체들이 표준운영절차(SOP)를 통해 상호의존적인 의사결정을 한다고 본다.
③ 만족모형은 모든 대안을 탐색하지 않고 몇 개의 대안만을 병렬적이 아닌 무작위적이고 순차적으로 이루어진다.
④ 쓰레기통모형은 의사결정을 위해서는 문제의 흐름, 해결책의 흐름, 참여자의 흐름, 선택기회의 흐름 네 가지 요소가 필요하다고 본다.

정답 ①

39

정책결정모형에 대한 설명으로 옳지 않은 것은? 2017 국가 9급

① 점증모형 – 기존의 정책을 수정 보완해 약간 개선된 상태의 정책대안이 선택된다.
② 최적모형 – 정책결정자의 직관적 판단은 정책결정의 중요한 요인으로 인정되지 않는다.
③ 혼합주사모형 – 거시적 맥락의 근본적 결정에 해당하는 부분에서는 합리모형의 의사결정방식을 따른다.
④ 쓰레기통모형 – 조직화된 무질서 상태에서 어떠한 계기로 인해 우연히 정책이 결정된다.

40

정책결정모형에 대한 설명 중 가장 옳지 않은 것은?

2017 서울 9급

① 만족모형은 제한된 합리성을 반영하고 있다.
② 점증모형은 기존 정책을 중요시한다.
③ 회사모형은 의사결정자에 의해 조직의 의사결정이 통제된다고 본다.
④ 앨리슨(G. T. Allison)은 관료정치모형의 중요성을 언급하였다.

출제유형 Ⅱ. 이론·제도 **출제영역** 정책결정모형
출제빈도 ★★★ 난도 중

[정답찾기]
② 최적모형은 정책결정자의 직관적인 판단이나 초합리성 등을 정책결정의 중요한 요인으로 파악한다.

[오답피하기]
정책결정의 이론 모형(개인적 차원)

합리모형	완전한 합리성, 경제인, 연역적·규범적, 매몰비용 ×, 정치성 ×, 현실성 ×
만족모형	제한된 합리성, 만족대안＞최적대안, 행정인, 귀납적·경험적, 보수적
점증모형	정치적 합리성, 다원주의, 귀납적·현실적, 부분적 최적화, 목표-수단분석 ×, 이전투구
혼합모형	합리모형(근본) + 점증모형(세부) 변증법적 통합, 제3의 모형
최적모형	합리성(양) + 초합리성(질), 규범적·처방적, 환류 중시, 정치적 합리성 간과, 유토피아

출제유형 Ⅱ. 이론·제도 **출제영역** 정책결정모형
출제빈도 ★★★ 난도 중

[정답찾기]
③ 회사모형에 따르면 조직은 다양한 하위조직의 연합체이므로 이로 인한 갈등상태가 불가피하다고 본다. 따라서 의사결정자에 의하여 조직의 의사결정이 완전하게 통제되지 않고 서로 나쁘지 않을 정도의 수준에서 갈등의 준해결을 찾는다고 본다.

[오답피하기]
① 만족모형은 인간을 제한된 합리성을 가진 존재로 본다.
② 점증모형은 기존의 정책을 유지하거나 현재보다 약간 향상된 정책을 추구한다.
④ 앨리슨(Allison)은 정책결정을 참여자들 간의 갈등과 타협·흥정에 의해 이뤄지는 정치적 활동으로 설명하는 관료정치모형의 중요성을 언급하였다.

정답 ②

정답 ③

41 ☐☐☐ 0341

정책결정모형에 대한 설명으로 옳지 않은 것은? 2017 지방 7급

① 점증주의모형은 정책이 결정되는 현실적인 모습을 반영하고 있다.
② 쓰레기통모형은 정책결정의 우연성을 강조하여 정책결정이 이루어지게 되는 계기에 주목한다.
③ 혼합주사모형에서 세부적 결정은 합리 모형의 의사결정 방식으로 개선된 대안을 제시한다.
④ 최적모형은 계량적 분석뿐만 아니라 직관적 판단에 의한 결정의 중요성을 강조한다.

출제유형 Ⅱ. 이론·제도　**출제영역** 정책결정모형
출제빈도 ★★★　**난도** 중

정답찾기
③ 에치오니(Etzioni)의 혼합주사모형은 근본적 결정과 세부적 결정으로 나누고, 근본적 결정은 합리 모형을 적용하고, 세부적인 결정은 점증모형을 보완적으로 적용한다.

오답피하기
혼합탐사(주사)모형(A. Etzioni)

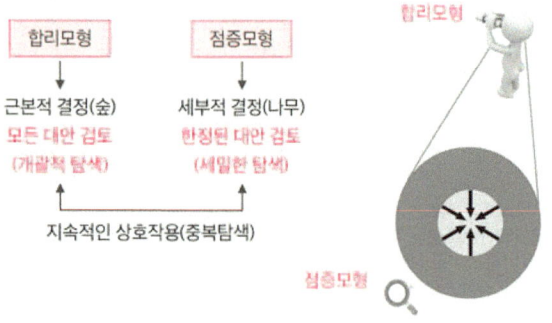

행복한 합격 TIP
혼합탐사(주사)모형(A. Etzioni)
에취!(Etzioni) 주사 맞자!

정답 ③

42 ☐☐☐ 0342

다음 중 정책결정모형에 대한 설명으로 가장 옳지 않은 것은? 2016 서울 7급

① 점증모형에서는 기존 정책을 수정 보완해 약간 개선된 상태의 정책대안을 채택하는 것이 일반적이다.
② 사이버네틱스(Cybernetics)모형은 습관적 의사결정을 설명하는 데에 활용된다.
③ 최적모형(Optimal Model)은 기존의 계량적 분석뿐만 아니라 직관적 판단에 의한 결정도 중요시한다.
④ 합리모형은 제한된 합리성(Bounded Rationality)에 의거하여 효용을 계산하며 효용을 극대화할 수 있는 대안을 선택한다.

출제유형 Ⅱ. 이론·제도　**출제영역** 정책결정모형
출제빈도 ★★★　**난도** 중

정답찾기
④ 합리모형은 절대적(완전한) 합리성에 의거하여 효용을 계산하며 효용을 극대화할 수 있는 대안을 선택한다.

오답피하기
점증모형(Lindblom, Wildavsky)

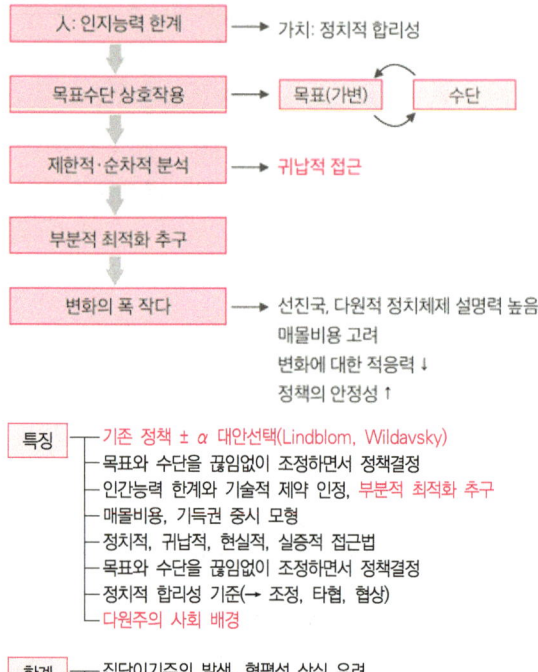

정답 ④

43

다음 중 정책결정모형과 그 내용의 연결이 옳지 않은 것은?

2015 서울 9급

① 쓰레기통모형 – 문제, 해결책, 수혜자, 선택기회의 흐름
② 만족모형 – 행정인(Administrative Man)
③ 조직과정모형 – SOP와 프로그램 목록
④ 최적모형 – 초합리성 강조

출제유형 Ⅱ. 이론·제도 **출제영역** 정책결정모형
출제빈도 ★★★ **난도** 중

정답찾기
① 쓰레기통모형은 의사결정의 네 가지 요소로서 <u>문제의 흐름, 해결책의 흐름, 참여자의 흐름, 선택 기회의 흐름</u>을 제시한다.

오답피하기
② 만족모형은 인간을 제한된 합리성을 가진 존재로 보며 <u>행정인(Administrative Man)</u>을 가정한다.
③ 조직과정모형은 <u>SOP와 프로그램 목록</u>에 의한 정책결정을 한다.
④ 최적모형은 기존의 계량적 분석뿐만 아니라 <u>직관적 판단에 의한 초합리성에 기반한</u> 결정도 중요시한다.

행복노트
쓰레기통모형

특징
- Cohen, March, Olsen
- 조직화된 무정부(혼란)의 상태
- 쓰레기통에서는 참여해서 문제를 해결할 기회 ×

전제조건
불분명한 선호 + 불분명한 인과모형 + 수시적, 유동적 참여

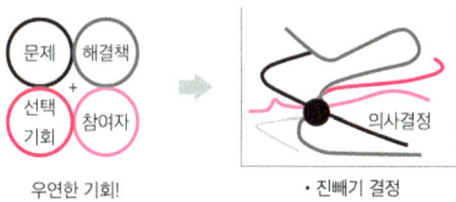

- 진빼기 결정
- 날치기 통과

TIP
쓰레기통모형
코헨~(Cohen) 쓰레기 같은 현실에, 문제 해결은 참선을 통해!

정답 ①

44

정책결정모형에 대한 설명으로 옳은 것은?

2024 지방 7급

① 혼합주사모형에서 '문제성 있는 선호(problematic preferences)'란 의사결정 참여자들이 무엇이 바람직한지에 관한 선호가 분명하지 않은 상태에서 결정에 참여하는 것이다.
② 최적모형에서 '불명확한 기술'이란 목표와 수단 사이의 인과관계가 명확하지 않은 것이다.
③ 쓰레기통모형에서 '문제중심의 탐색'이란 정책결정 능력의 한계로 관심 있는 문제 중심으로 대안을 탐색하는 것이다.
④ 앨리슨 모형(Allison Model)의 '합리적 행위자모형(모형 Ⅰ)'에 따르면 국가 또는 정부에 의해서 채택된 정책은 그 국가의 전략적 목표나 목적을 극대화하도록 의도된다.

출제유형 Ⅱ. 이론·제도 **출제영역** 정책결정모형
출제빈도 ★★★ **난도** 중

정답찾기
④ 앨리슨 모형(Allison Model)의 '합리적 행위자모형(모형 Ⅰ)'에 따르면 국가 또는 정부에 의해서 채택된 정책은 그 국가의 전략적 목표나 목적을 극대화하도록 의도된다. 합리적 행위자 모형은 국가를 통일된 행위자로 보고, 국가이익을 위한 합리적 선택을 한다고 가정한다.

오답피하기
① 혼합주사모형에서 '문제성 있는 선호(problematic preferences)'라는 개념은 사용되지 않는다. 이는 쓰레기통모형에서 사용하는 개념으로 의사결정 참여자들이 무엇이 바람직한지에 관한 선호가 분명하지 않은 상태에서 결정에 참여하는 것을 의미한다.
② 최적모형에서 '불명확한 기술'이란 개념도 사용되지 않는다. 이 역시 쓰레기통모형의 특징으로, 목표와 수단 사이의 인과관계가 명확하지 않은 것을 의미한다.
③ 쓰레기통모형이 아닌 회사모형에서 '문제중심의 탐색'이란 정책결정 능력의 한계로 관심 있는 문제 중심으로 대안을 탐색하는 것을 의미한다.

정답 ④

45　0345

정책결정모형에 대한 설명으로 옳은 것만을 모두 고른 것은?

2014 국가 7급

> ㄱ. 점증모형은 기존 정책을 토대로 하여 그보다 약간 개선된 정책을 추구하는 방식으로 결정하는 것이다.
> ㄴ. 만족모형은 모든 대안을 탐색한 후 만족할 만한 결과를 도출하는 것이다.
> ㄷ. 사이버네틱스모형은 설정된 목표달성을 위해 정보제어와 환류과정을 통해 자신의 행동을 스스로 조정해 나간다고 가정하는 것이다.
> ㄹ. 엘리슨모형은 정책문제, 해결책, 선택기회, 참여자의 네 요소가 독자적으로 흘러 다니다가 어떤 계기로 교차하여 만나게 될 때 의사결정이 이루어진다고 보는 것이다.

① ㄱ, ㄴ　② ㄱ, ㄷ
③ ㄴ, ㄹ　④ ㄷ, ㄹ

출제유형 Ⅱ. 이론·제도　**출제영역** 정책결정모형
출제빈도 ★★★　**난도** 중

정답찾기
ㄱ. 점증모형은 기존의 것을 기반으로 약간 향상된 정책을 추구하는 점진적인 정책결정모형이다.
ㄷ. 사이버네틱스모형은 고도의 불확실성하에서 정보를 지속적으로 제어하고 환류하면서 적응적으로 의사를 결정하는 현상유지 성향이 있는 비목적적 적응시스템이다.

오답피하기
ㄴ. 만족모형은 몇 가지 핵심 대안만 검토하여 의사결정자가 사전에 설정해 놓은 주관적 만족수준을 충족하는 선에서 결정하는 제한된 합리성의 의사결정모형이다.
ㄹ. 정책문제, 해결책, 선택기회, 참여자의 네 요소가 독자적으로 흘러 다니다가 어떤 계기로 교차하여 만나게 될 때 의사결정이 이루어진다고 보는 것은 쓰레기통모형에 대한 설명이다.

정답 ②

46　0346

정책결정모형에 관한 설명으로 옳은 것은?

2014 지방 9급

① 합리모형 - 일반적으로 인간의 제한된 분석능력을 보완할 수 있는 기능을 포함한다.
② 점증모형 - 정책결정과정에서 정치적 합리성보다 경제적 합리성을 더욱 중요시한다.
③ 사이버네틱스모형 - 습관적인 의사결정을 설명하는 데 유용하며 반복적인 의사결정과정의 수정이 환류된다.
④ 쓰레기통모형 - 위계적인 조직구조의 의사결정과정에 적용되며 정책갈등 상황해결에 유용하다.

출제유형 Ⅱ. 이론·제도　**출제영역** 정책결정모형
출제빈도 ★★★　**난도** 중

정답찾기
③ 사이버네틱스(Cybernetics)모형은 설정된 목표를 달성하기 위해 정보와 환류 과정을 통해 자신의 행동을 스스로 조정해 나간다고 가정하는 모형이다. 고차원의 목표가 반드시 사전에 존재하는 것으로 전제하지 않고 '실내 자동온도조절장치'처럼 어떤 중요 변수를 바람직한 상태로 유지하고자 하는 끊임없는 비목적적 적응모형이다.

오답피하기
① 일반적으로 인간의 제한된 분석능력을 보완할 수 있는 기능을 포함하는 것은 최적모형에 대한 설명이다.
② 정책결정과정에서 정치적 합리성보다 경제적 합리성을 더욱 중요시하는 것은 합리모형에 대한 설명이다. 점증모형은 정치적 합리성을 더욱 중요시한다.
④ 쓰레기통모형은 극도로 불확실하고 불합리하며 구성원의 응집성이 약한 복잡하고 혼란스러운 상황, 즉 조직화된 무정부(혼란)상태 속에서 조직이 어떠한 결정행태를 나타내는가에 연구의 초점을 둔 모형이다.

정답 ③

47 ☐☐☐ 0347
정책결정모형에 대한 설명으로 옳지 않은 것은? 2012 국가 7급

① 점증주의적 정책결정모형은 합리주의적 정책결정모형의 현실적 한계를 비판하면서 등장한 모형으로서 다원적 정치체제의 정책결정에 대한 설명력이 높다.
② 에치오니(A. W. Etzioni)의 혼합탐색모형에서는 세부적 결정 단계에서 대안의 종류를 한정적으로 고려하고 대안들에 대한 분석은 개략적으로 한다.
③ 쓰레기통모형에서는 문제, 해결책, 선택기회, 참여자의 네 요소가 독자적으로 흘러 다니다가 어떤 계기로 교차해 만나게 될 때 결정이 이뤄진다고 본다.
④ 사이먼(H. A. Simon)은 현실적 제약 조건을 고려하여 제한된 합리성을 추구하는 정책결정모형을 제시하였다.

48 ☐☐☐ 0348
딜레마이론에 대한 설명으로 옳은 것은? 2017 지방 9급 추가

① 부정확한 정보와 의사결정자의 결정 능력 한계로 인해 발생하는 딜레마 상황에 주목한다.
② 대안을 선택하지 않는 비결정도 딜레마에 대한 하나의 대응 형태로 볼 수 있다.
③ 두 대안이 추구하는 가치 간 충돌이 있는 경우 결국 절충안을 선택하게 된다.
④ 딜레마의 구성 요건으로서 단절성(Discreteness)이란 시간의 제약이 존재하므로 어떤 식의 결정이든 해야 함을 의미한다.

정답찾기
② 에치오니(Etzioni)의 혼합탐색모형은 근본적 결정과 세부적 결정을 구분하고 근본적 결정에서는 모든 대안을 검토하는 대신 중요한 결과만 개략적으로 예측하고 부분적 결정에서는 근본적 결정의 테두리 내에서 소수의 대안만 고려하면서 여러 가지 결과의 세밀한 분석을 하게 된다.

오답피하기
혼합탐사(주사)모형(A. Etzioni)

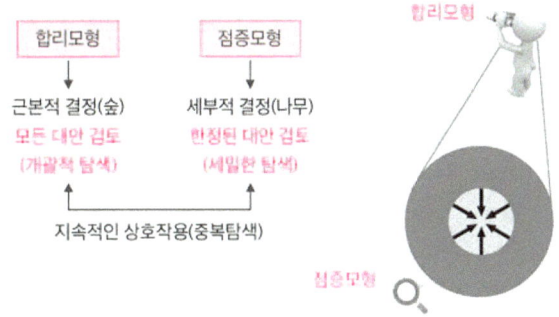

핵심만 콕콕 TIP
혼합탐사(주사)모형(A. Etzioni)
에취!(Etzioni) 주사 맞자!

정답찾기
② 대안을 선택하지 않는 비결정은 딜레마에 대한 소극적 대응전략의 하나이다. 정책딜레마란 정책결정을 해야 하지만 상충되는 정책대안들 가운데서 어떤 것도 선택하기 어려워 선택이 불가능하거나 어려운 상태를 말한다.

오답피하기
① 딜레마는 대안이 구체적이고 명료할 경우에 발생한다.
③ 두 대안의 가치 간 충돌의 경우는 분절성을 전제로 한다.
④ 딜레마의 구성 요건으로서 시간의 제약이 존재하므로 어떤 식의 결정이든 해야 함은 선택불가피성에 대한 설명이다.

정답 ②　　　　　　　　　　　　　　　　　　　　　정답 ②

49

다음 설명에 해당하는 개념은?

2025 국가 9급

> 공직자는 옳은 일을 하기 위해 비도덕적인 행위를 하는 상황에 놓이기도 한다. 왈처(Walzer)가 제시한 이 개념은 공직을 통해 대표성을 지닌 개인이 국가나 공동체의 대의를 위해, 개인의 가치관이나 윤리관에서는 수용할 수 없는 결정을 내려야 하는 문제 상황을 의미한다.

① 더러운 손의 딜레마(the problem of dirty hands)
② 선택의 역설(the paradox of choice)
③ 집단행동의 딜레마(collective action problems)
④ 편견의 동원(mobilization of bias)

출제유형 Ⅱ. 이론·제도 **출제영역** 정책결정모형
출제빈도 ★ **난도** 중

[정답찾기]
① '더러운 손의 딜레마'는 공직자가 공공의 이익을 위해 개인적으로는 도덕적으로 수용하기 어려운 결정을 내려야 하는 상황을 말한다. 왈처(Walzer)가 제시한 개념으로 문제 설명과 일치한다.

[오답피하기]
② 선택의 역설은 선택지가 많아질수록 오히려 결정하기 어려워지는 현상이다.
③ 집단행동의 딜레마는 개인이 협력하지 않고 무임승차하려는 경향으로 인해 공동의 이익 달성이 어려운 문제이다.
④ 편견의 동원은 특정 이슈나 갈등이 의사결정 과정에서 배제되는 현상이다.

정답 ①

50

정책결정요인론에 대한 설명으로 옳은 것은?

2022 국가 7급

① 정책의 내용에 영향을 미치는 요인이 무엇인가를 밝히는 이론으로, 사회경제적 요인의 중요성을 과소평가했다는 비판을 받고 있다.
② 도슨-로빈슨(Dawson-Robinson) 모형은 사회경제적 변수가 정치체제와 정책 모두에 영향을 미친다는 모형으로, 사회경제적 변수로 인해 정치체제와 정책의 상관관계가 유발된다고 설명한다.
③ 키-로커트(Key-Lockard) 모형은 사회경제적 변수가 정책에 직접적으로 영향을 미친다는 모형으로, 예를 들면 경제발전이 복지지출 수준에 직접 영향을 준다고 본다.
④ 루이스-벡(Lewis-Beck) 모형은 사회경제적 변수가 정책에 영향을 주는 직접효과가 있고, 정치체제가 정책에 독립적 영향을 주지 않는다고 설명한다.

출제유형 Ⅱ. 이론·제도 **출제영역** 정책결정요인론
출제빈도 ★★ **난도** 상

[정답찾기]
② 도슨-로빈슨(Dawson-Robinson) 모형은 사회경제적 변수가 정치체제와 정책 모두에 영향을 미친다는 모형으로, 사회경제적 변수로 인해 정치체제와 정책의 상관관계가 유발된다고 설명한다.

[오답피하기]
① 정책의 내용에 영향을 미치는 요인이 무엇인가를 밝히는 이론으로, 정치적 변수의 중요성을 과소평가하고 사회경제적 변수를 과대평가했다는 비판을 받고 있다.
③ 키-로커트(Key-Lockard) 모형은 정치적 변수가 정책에 직접적으로 영향을 미친다는 모형이다.
④ 루이스-벡(Lewis-Beck) 모형은 혼합모형을 주장하는 학자들로 사회경제적 변수가 정책에 영향을 주는 직접효과가 있고, 정치체제도 정책에 독립적 영향을 준다고 설명한다.

	정치적 변수 & 정책관계	정치적 변수 영향력	사회경제적 변수 영향력
Key-Lockard 정치적 요인이 주요 변수 강조 ⬇ 1940~50 정치학자			
Fabricant, Brazer 사회경제적 요인이 주요 변수 ⬇ 1950년대 경제학자			
Dawson&Robinson 허위관계 ⬇ 1960년대 정치학자	×		○
Cnudde&McCrone 혼란관계 1960 후반 정치학자	○		○

정답 ②

51 0351

정책결정요인론 중 도슨과 로빈슨(R. Dawson & J. Robinson)이 주장한 '경제적 자원모형'의 내용으로 옳지 않은 것은?

2014 국가 9급

① 소득, 인구 등의 사회·경제적 요인이 정책내용을 결정한다.
② 정치적 변수는 정책에 단독으로 영향을 미치지 못한다.
③ 정치체제는 환경변수와 정책내용 간의 매개변수가 아니다.
④ 사회경제적 변수, 정치체제, 정책은 순차적 관계에 있다.

출제유형 Ⅱ. 이론·제도   **출제영역** 정책결정모형
출제빈도 ★   **난도** 중

정답찾기
④ 도슨과 로빈슨(Dawson & Robinson)은 <u>사회경제적 변수 → 정치체제 → 정책 간의 순차적 관계를 부정하고 사회경제적 변수가 정치체제와 정책 모두에 대하여 영향을 미치며</u>, 이것이 정치체제와 정책의 상관관계에 허위변수로 작용한다고 주장한다.

오답피하기
정책결정요인론

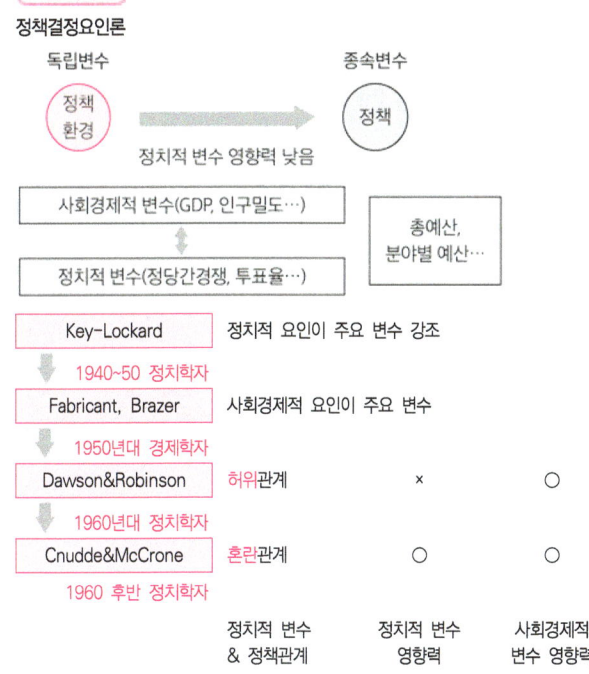

두문자 암기 TIP
정책결정요인론
(in 목욕탕) 락카 키 가져와~ 페브리즈가 경제적이래!,
사장님~ 다 허위입니다. 크 혼란만….

정답 ④

CHAPTER 04 기출 OX

1. 정당은 공식적 참여자로서 정책을 통제하기 위해 노력한다. ○X *2017 지방 7급*
   → 정당은 **비공식적 참여자**로서 정책을 통제하기 위해 노력한다. **X**

2. 정책의 본질이 미래지향적 문제 해결에 있고, 정책결정에서 가치비판적 발전관에 기초한 가치지향적 행동 추구의 중요성을 고려할 때 매우 중요한 의의가 있는 정책결정모형은 점증모형에 해당한다. ○X *2021 지방 7급*
   → 정책의 본질이 미래지향적 문제 해결에 있고, 정책결정에서 가치비판적 발전관에 기초한 가치지향적 행동 추구의 중요성을 고려할 때 매우 중요한 의의가 있는 정책결정모형은 **합리모형**에 해당한다. **X**

3. 만족모형에서는 정책결정을 근본적 결정과 세부적 결정으로 구분한다. ○X *2020 지방 9급*
   → **Etzioni의 혼합탐사모형**에서는 정책결정을 근본적 결정과 세부적 결정으로 구분한다. **X**

4. 점증주의모형은 현상유지를 옹호하므로 보수적이라는 비판을 받고 있다. ○X *2020 지방 9급*
   → 점증주의모형은 현상유지를 옹호하므로 보수적이라는 비판을 받고 있다. **O**

5. 지난 30년간 자료를 중심으로 전국의 자연재난 발생현황을 개략적으로 파악한 다음, 홍수와 지진 등 두 가지 이상의 재난이 한 해에 동시에 발생한 지역을 중심으로 다시 면밀하게 관찰하며 정책을 결정하는 것은 정책결정모형 중 최적모형에 해당한다. ○X *2020 국가 9급*
   → 지난 30년간 자료를 중심으로 전국의 자연재난 발생현황을 개략적으로 파악한 다음, 홍수와 지진 등 두 가지 이상의 재난이 한 해에 동시에 발생한 지역을 중심으로 다시 면밀하게 관찰하며 정책을 결정하는 것은 정책결정모형 중 **혼합탐사모형**에 해당한다. **X**

6. '혼합탐사모형'은 정책결정자의 합리성뿐 아니라 직관·판단·통찰 등과 같은 초합리성을 아울러 고려한다. ○X *2022 국가 9급*
   → '**최적모형**'은 정책결정자의 합리성뿐 아니라 직관·판단·통찰 등과 같은 초합리성을 아울러 고려한다. **X**

7. 갈등의 준해결과 표준운영절차(SOP)의 활용은 최적모형의 특징이다. ○X *2020 지방 9급*
   → 갈등의 준해결과 표준운영절차(SOP)의 활용은 **회사모형**의 특징이다. **X**

8. 쓰레기통모형에서 의사결정의 4가지 요소는 문제, 해결책, 선택기회, 참여자이다. ○X *2020 지방 9급*
   → 쓰레기통모형에서 의사결정의 네 가지 요소는 문제, 해결책, 선택기회, 참여자이다. **O**

9. 앨리슨(G. Allison)의 관료정치모형에서 정책의 산출물은 주로 관행과 표준적 절차에 따라 만들어진다. ○X *2015 국가 7급*
   → 앨리슨(G. Allison)의 **조직과정모형**에서 정책의 산출물은 주로 관행과 표준적 절차에 따라 만들어진다. **X**

10. 사이버네틱스모형은 상황 변화에 따른 새로운 정보에 초점을 맞추는 것이 아니라 극히 제한된 투입 변수의 변동에 주의를 집중하여 의사결정을 한다. ○X *2018 국가 7급*
    → 사이버네틱스모형은 상황 변화에 따른 새로운 정보에 초점을 맞추는 것이 아니라 극히 제한된 투입 변수의 변동에 주의를 집중하여 의사결정을 한다. **O**

11. 사이버네틱스모형은 반복적인 의사결정과정의 수정이 환류되는 모형으로, 습관적인 의사결정을 설명하는데는 유용하지 못하다. ○X *2014 지방 9급*
    → 사이버네틱스모형은 반복적인 의사결정과정의 수정이 환류되는 모형으로, 습관적인 의사결정을 설명하는데 **유용하다**. **X**

12. 대안을 선택하지 않는 비결정도 딜레마에 대한 하나의 대응 형태로 볼 수 있다. ○X *2017 지방 9급 추가*
    → 대안을 선택하지 않는 비결정도 딜레마에 대한 하나의 대응 형태로 볼 수 있다. **O**

13. 딜레마의 구성 요건으로서 단절성(Discreteness)이란 시간의 제약이 존재하므로 어떤 식의 결정이든 해야 함을 의미한다. ○X *2017 지방 9급 추가*
    → 딜레마의 구성 요건으로서 **선택불가피성**이란 시간의 제약이 존재하므로 어떤 식의 결정이든 해야 함을 의미한다. **X**

CHAPTER 04 키워드

1. 나카무라(R. Nakamura)와 스몰우드(F. Smallwood)는 정책대안의 _____을 평가하는 기준으로 노력, 능률성, 효과성, 형평성, 대응성을 제시하였다.   2011 지방 9급   **소망스러움 (Desirability)**

2. 정당, 이익집단, 언론기관 등은 정책결정의 _____ 참여자에 해당한다.   2014 경찰간부   **비공식**

3. 사이먼(Simon)은 현실적 제약조건을 고려하여 _____ 합리성을 추구하는 정책결정모형을 제시하였다.   2012 국가 7급   **제한된**

4. _____은 정책담당자들이 최선의 합리성을 추구하기보다는 시간과 공간, 재정적 측면에서의 여러 요인들을 고려하면서 만족할 만한 수준에서 결정을 한다는 견해이다.   2011 국회 8급   **만족모형**

5. 에치오니(A. Etzioni)의 _____에 의하면 결정은 근본적 결정과 세부적 결정으로 나누어질 수 있으며, 합리적 의사결정모형과 점진적 의사결정모형을 보완적으로 사용할 수 있다.   2020 지방 9급, 2013 국회 8급   **혼합탐사모형**

6. 정책결정모형 중에서 합리적인 요소와 _____ 요소의 조화를 강조하는 모형은 최적모형(Optimal Model)이다.   2013 지방 9급   **초합리적인**

7. 드로어(Y. Dror)의 _____ 정책결정은 정책을 어떻게 결정할 것인가를 결정하는 '정책결정을 위한 정책결정'을 의미한다.   2018 서울 2회 7급   **메타**

8. 갈등의 _____과 표준운영절차(SOP)의 활용은 회사모형의 특징이다.   2020 지방 9급, 2014 서울 9급   **준해결**

9. '_____'은 대학조직과 같이 조직구성원 사이의 응집력이 아주 약한 상태, 즉 조직화된 무정부상태(Organized Anarchy)에서 의사결정이 이루어지는 과정을 설명하려고 시도한다.   2022 국가 9급   **쓰레기통모형**

10. _____은 집단적 의사결정을 국가의 정책결정에 적용하기 위해 합리적 행위자 모형, 조직과정 모형, 관료정치 모형으로 분류하였다.   2015 국가 9급   **앨리슨(G. Allison)**

11. 앨리슨(G. Allison)의 _____은 구성원의 응집성이 높고 정부의 전략적 목표가 중시된다.   2011 경찰간부   **합리적 행위자모형**

12. 앨리슨(G. Allison)의 _____ 모형에서 정책의 산출물은 주로 관행과 표준적 절차에 따라 만들어진다.   2015 국가 7급   **조직과정**

13. _____ 모형은 정책 결정과정을 이미 프로그램화되어 있는 특정한 상태를 유지하기 위한 것으로 파악한다.   2018 국가 7급   **사이버네틱스**

14. _____ 이론은 분절성(Discreteness), 상충성(Trade-off), 균등성(Equality), 선택불가피성(Unavoidability) 등을 논리적 구성요건으로 한다.   2015 서울 7급   **딜레마**

CHAPTER 05 정책집행

대표문제

01 □□□ 0352

정책집행의 하향적 접근법과 상향적 접근법에 대한 설명으로 옳지 않은 것은?
2025 지방 9급

① 하향적 접근법은 정책결정자의 의도와 정책목표를 중시한다.
② 상향적 접근법은 집행과정을 이해하기 위해 일선집행관료의 행태에 주목한다.
③ 하향적 접근법은 정책목표와 정책수단 간 긴밀한 인과관계를 강조한다.
④ 상향적 접근법은 정책결정과 집행의 엄격한 분리를 강조한다.

출제유형 Ⅱ. 이론·제도   **출제영역** 정책집행 연구
출제빈도 ★★★   **정답률** 74%   **난도** 중

정답찾기
④ 상향적 접근법은 정책결정과 집행을 엄격하게 분리하지 않고 오히려 집행과정에서 정책이 변화하고 재형성될 수 있다고 본다. 일선집행관료들이 집행과정에서 실질적인 정책결정자 역할을 한다. 하향적 접근법은 정책결정과 집행의 엄격한 분리를 강조한다.

오답피하기
① 하향적 접근법은 정책결정자의 의도와 목표가 충실히 집행되어야 한다고 보므로 정책결정자의 의도와 정책목표를 중시한다.
② 상향적 접근법은 일선집행관료들의 재량과 행태가 정책집행에 미치는 영향을 중시하므로 일선집행관료의 행태에 주목한다.
③ 하향적 접근법은 정책목표 달성을 위해 적절한 정책수단이 선택되면 목표를 달성할 수 있다고 보므로 목표와 수단 간 긴밀한 인과관계를 가정한다.

정답 ④

제1절 정책집행의 이해

02 □□□ 0353

다음 설명에 해당하는 정책집행 모형을 제시한 학자는?
2022 국가 7급

> - 효과적인 정책집행을 위해 갖추어야 할 조건으로서 정책결정의 내용은 타당한 인과이론에 바탕을 두어야 하며 정책내용으로서 법령은 명확한 정책지침을 가지고 있어야 한다.
> - 집행과정에서 발생할 수 있는 변수들을 미리 예견할 수 있도록 해 주는 체크리스트로서의 기능을 한다는 장점이 있다.
> - 정책집행 현장의 일선관료들이나 대상집단의 전략 등을 과소평가하거나 쉽게 파악할 수 없다는 단점이 있다.

① 사바티어(Sabatier)와 마즈매니언(Mazmanian)
② 린드블롬(Lindblom)
③ 프레스만(Pressman)과 윌다브스키(Wildavsky)
④ 레인(Rein)과 라비노비츠(Rabinovitz)

출제유형 Ⅳ. 학자문제   **출제영역** 정책집행 모형
출제빈도 ★★   **난도** 하

정답찾기
① 제시된 설명은 하향적 집행방법에 해당하므로 사바티어(Sabatier)와 마즈매니언(Mazmanian)이 대표적 학자이다.

오답피하기
② 린드블롬(Lindblom)은 정책결정상의 점증주의자에 해당한다.
③ 프레스만(Pressman)과 윌다브스키(Wildavsky)의 집행론에서 현대적 정책집행론이 시작되었다.
④ 레인(Rein)과 라비노비츠(Rabinovitz)는 정책집행 과정을 기존의 단일방향적인 정책집행관으로부터 탈피해 순환의 원칙이 지배하는 과정으로 보고 있으며 그들은 정책집행자의 정책결정에의 개입양상을 지침개발, 자원배분, 감시과정의 3단계로 나누어서 설명하고 있습니다.

하향적 집행

- 의의 (Top-down)
  - Mazmanian & Sabatier, Van Meter & Van Horn 주장
  - 정치행정이원론 시각에서 분석: 정책집행 수단적 행위
  - 규범적 처방을 제시해주는 거시·연역적 접근
  - 고위직 주도, 안정되고 구조화된 정책상황 전제
  - 정책결정자는 정치·조직·기술적 과정 통제 가능 가정

- 장점
  - 총체적, 법적 구조화, 체크리스트 기능
  - 객관적인 집행 평가 가능

- 단점
  - 다원적 체제에서 명확하고 일관된 목표 설정 곤란
  - 집행자 재량 ×
  - 집행현장의 중요성 간과
  - 현실성 약함

정답 ①

03
밑줄 친 연구에 해당하는 것은?

2024 지방 9급

이 연구에서는 정책과 성과를 연결하는 모형에 정책 기준과 목표, 집행에 필요한 자원, 조직 간 의사소통과 집행 활동(enforcement activities), 집행기관의 특성, 경제·사회·정치적 조건, 정책집행자의 성향(disposition)이라는 변수를 제시하였다.

① 립스키(Lipsky)의 일선관료제 연구
② 오스트롬(Ostrom)의 제도분석 연구
③ 사바티어와 마즈마니언(Sabatier & Mazmanian)의 집행과정 연구
④ 반 미터와 반 혼(Van Meter & Van Horn)의 정책 집행과정 연구

출제유형 Ⅱ. 이론·제도   출제영역 정책집행
출제빈도 ★★   난도 중

정답찾기
④ 반 미터와 반 혼(Van Meter & Van Horn)의 정책 집행과정 연구에서 정책과 성과를 연결하는 모형에 정책 기준과 목표, 집행에 필요한 자원, 조직 간 의사소통과 집행 활동(enforcement activities), 집행기관의 특성, 경제·사회·정치적 조건, 정책집행자의 성향(disposition)이라는 변수를 제시하였다.

오답피하기
① 립스키(Lipsky)의 일선관료제 연구에서는 집행현장에서 일선관료의 재량과 자율을 강조한다.
② 오스트롬(Ostrom)의 제도분석 연구는 공공선택론에 해당한다.
③ 사바티어와 마즈마니언(Sabatier & Mazmanian)의 집행과정 연구는 성공적인 정책집행이 이루어지기 위한 조건을 제시하였다.

정답 ④

04
정책집행과 그 연구방법에 대한 설명으로 옳은 것만을 모두 고른 것은?

2014 지방 7급

ㄱ. 정책을 성공적으로 설계하기 위해서는 적절한 인과모형이 필요하다.
ㄴ. 프레스만(J. Pressman)과 윌다브스키(A. Wildavsky)는 정책집행연구의 초기 학자들로서 집행을 정책결정과 분리하지 않고 연속적인 과정으로 정의한다.
ㄷ. 정책 대상 집단 중 수혜집단의 조직화가 강할수록 정책집행이 용이하다.
ㄹ. 립스키(M. Lipsky)는 상향적 접근 방법을 주장한 학자로서 분명한 정책목표의 가능성을 부인하고 집행문제 해결에 초점을 맞춘다.

① ㄱ, ㄴ, ㄷ
② ㄱ, ㄷ, ㄹ
③ ㄴ, ㄷ, ㄹ
④ ㄱ, ㄴ, ㄷ, ㄹ

출제유형 Ⅱ. 이론·제도   출제영역 정책집행
출제빈도 ★★   난도 중

정답찾기
ㄱ. 성공적 정책설계를 위해서는 적절한 인과모형이 필요하다.
ㄴ. 프레스만(Pressman)과 윌다브스키(Wildavsky)는 정책결정과 집행은 분리·독립된 과정이 아니라 연속된 과정으로 본다.
ㄷ. 수혜집단의 조직화가 강하면 집행이 용이하고, 비용집단의 조직화가 강하면 집행이 어려워진다.
ㄹ. 립스키(Lipsky)는 일선관료제론에서 상향적 접근방법을 주장하였다.

정답 ④

05

정책집행의 접근방법에 대한 설명으로 옳은 것은? 2020 국가 7급

① 하향식 접근방법에서는 정책목표의 신축적 조정이 효과적인 정책집행을 가져온다고 하였다.
② 사바티어(Sabatier)와 매즈매니언(Mazmanian)은 상향식 접근방법의 대표적인 모형을 제시하였다.
③ 엘모어(Elmore)가 제안한 전방향적 연구(Forward Mapping)는 상향식 접근방법과 유사하다.
④ 고긴(Goggin)은 통계적 연구설계의 바탕 위에서 이론의 검증을 시도하는 제3세대 집행 연구를 주장하였다.

출제유형 Ⅱ. 이론·제도
출제영역 정책집행의 접근방법
출제빈도 ★★
난도 중

정답찾기
④ 고긴(Goggin)은 과거의 집행 연구를 제1세대 집행 연구와 제2세대 집행 연구 집행 단계로 구분하고, 앞으로의 집행 연구가 진일보하기 위해서는 과학적인 연구방법이 개발된 제3세대 집행 연구를 주장하였다.

오답피하기
① 하향적 접근방법에서는 정책목표가 명확하고 일관성이 있어야 효과적인 정책집행을 가져온다고 하였다.
② 사바티어(Sabatier)와 매즈매니언(Mazmanian)은 하향식 접근방법의 대표적인 모형을 제시하였다.
③ 엘모어(Elmore)가 제안한 후방향적 연구는 상향식 접근방법과 유사하다.

행복노트

정책집행 연구의 전개

고전적	정태적 정책관, 목표 수정 부당론, 계층적 조직관, 정책만능주의
현대적	Pressman & Wildavsky의 정책집행론
1세대 하향적 접근(1970년대)	실패사례 분석, 성공적 집행 전략 규명

Van Meter & Van Horn, Sabatier & Mazmanian

| 2세대 상향적 접근(1980년대) | 정책집행의 복잡한 현장 설명 |

Lipsky, Berman, Elmore, Hjern & Hull

| 3세대 과학적 접근(1990년대) | • 통계적 연구설계로 이론검증
• 과학적 연구방법의 개발과 정부간 관계에서의 집행연구 집중 |

고긴(Goggin), O'Tool

정답 ④

제 2 절 정책집행 접근방법과 모형

06

나카무라(Nakamura)와 스몰우드(Smallwood)의 정책결정자와 정책집행자의 관계에 따른 정책집행의 유형에 대한 설명으로 옳지 않은 것은? 2022 국가 9급

① '고전적 기술자형'은 정책결정자가 구체적인 목표를 설정하면, 정책집행자는 그 목표를 지지하고 목표달성을 위한 기술적인 수단을 강구하는 역할을 담당한다고 본다.
② '재량적 실험형'은 정책결정자가 추상적인 목표를 설정하면, 정책집행자는 정책결정자를 위해 목표와 수단을 명확하게 하는 역할을 담당한다고 본다.
③ '관료적 기업가형'은 정책집행자가 목표와 수단을 강구한 다음 정책결정자를 설득하고, 정책결정자는 정책집행자가 수립한 목표와 수단을 기술하는 역할을 담당한다고 본다.
④ '지시적 위임형'은 정책결정자가 구체적인 목표와 수단을 설정하면, 정책집행자는 정책결정자의 지시와 위임을 받아 정책대상집단과 협상하는 역할을 담당한다고 본다.

출제유형 Ⅳ. 학자문제
출제영역 정책집행의 유형
출제빈도 ★★★
난도 상

정답찾기
④ '지시적 위임형'은 정책결정자가 구체적인 목표를 수립하고 집행자에게 목표달성을 위하여 필요한 수단을 고안하도록 관리적 권한을 위임하며, 정책집행자는 정책결정자의 목표를 받아들이고 이러한 목표를 달성하기 위한 관리적 수단에 관하여 집행자들 상호 간에 협상한다.

오답피하기
① '고전적 기술자형'은 정책결정자가 구체적인 목표를 설정하면, 정책집행자는 그 목표를 지지하고 목표달성을 위한 기술적인 수단을 강구하는 역할을 담당한다고 본다.
② '재량적 실험형'은 정책결정자가 추상적인 목표를 설정하면, 정책집행자는 정책결정자를 위해 목표와 수단을 명확하게 하는 역할을 담당한다고 본다.
③ '관료적 기업가형'은 정책집행자가 목표와 수단을 강구한 다음 정책결정자를 설득하면, 정책결정자는 정책집행자가 수립한 목표와 수단을 기술하는 역할을 담당한다고 본다.

정답 ④

07 □□□ 0358

나카무라(Nakamura)와 스몰우드(Smallwood)의 정책결정자와 정책집행자의 관계 유형 중 다음 설명에 해당하는 것은?

2019 국가 9급

- 정책집행자는 공식적 정책결정자로 하여금 자신이 결정한 정책목표를 받아들이도록 설득 또는 강제할 수 있다.
- 정책집행자는 목표를 달성하기 위한 수단을 획득하기 위해 정책결정자와 협상한다.
- 미국 FBI의 국장직을 수행했던 후버(Hoover) 국장이 대표적인 예이다.

① 지시적 위임형
② 협상형
③ 재량적 실험가형
④ 관료적 기업가형

08 □□□ 0359

나카무라(Nakamura)와 스몰우드(Smallwood)가 제시한 가장 광범위한 재량을 갖는 정책집행자의 유형은?

2017 지방 7급

① 지시적 위임자형
② 관료적 기업가형
③ 협상가형
④ 재량적 실험가형

출제유형 Ⅳ. 학자문제 **출제영역** 정책집행의 유형

출제빈도 ★★★ **난도** 중

정답찾기
④ 제시문은 관료적 기업가형에 해당한다.

오답피하기
① 지시적 위임형에서는 행정적 수단을 확보하기 위한 집행자들 간의 협상이 이루어진다.
② 협상자형에서는 정책결정자와 집행자 간의 정책목표와 정책수단에 대한 의견일치가 안될 때 협상이 이루어진다.
③ 재량적 실험가형은 정책결정자가 추상적인 정책목표만 결정하고, 정책집행자에게 정책목표와 수단 등의 구체적인 내용 결정에 대해서 광범위한 재량권을 위임하는 유형이다.

행복노트
정책집행 집행자 유형: Nakamura & Smallwood 분류

정책집행 유형	정책결정자 역할	정책집행자 역할	실패 가능성	정책평가 기준
고전적 기술자형	구체적 목표 수립	기술적 권한 (미미한 재량)	기술적 실패 + 협상실패 + 목표왜곡 부집행 + 무책임성 + 정책의 사전오염	효과성
지시적 위임자형	구체적 목표 수립	행정적 권한 (재량○)		능률성
협상자형	결정자와 집행자 목표와 수단에 대한 협상			주민 만족도
재량적 실험가형	추상적 목표지지	목표와 수단의 재정의		수익자 대응성
관료적 기업가형	집행자가 설정한 목표지지	목표달성하기 위한 수단을 획득하기 위해 결정자와 협상		체제 유지도

정답 ④

출제유형 Ⅳ. 학자문제 **출제영역** 정책집행의 유형

출제빈도 ★★★ **난도** 하

정답찾기
② '고전적 기술가형 → 지시적 위임가형 → 협상형 → 재량적 실험형 → 관료적 기업가형'의 순으로 정책결정자의 통제는 약해지고 정책집행자의 재량은 커지므로 관료적 기업가형이 가장 광범위한 재량을 가지는 정책집행자이다.

오답피하기
정책집행 집행자 유형: Nakamura & Smallwood 분류

구 분	목표		수단		
	추상적	구체적	행정적	기술적	
고전적 기술관료형				○	결정자〉집행자
지시적 위임가형			○	○	결정자〉집행자
협상자형	협상 결과에 따라				결정자 = 집행자
재량적 실험가형	○		○	○	결정자〈집행자
관료적 기업가형	○	○	○	○	결정자〈집행자

정답 ②

09　　　　　　　　　　　　　　　　0360
정책집행의 하향식 접근(Top-down Approach)에 대한 설명으로 옳은 것만을 모두 고르면?　　2020 지방 9급

> ㄱ. 집행이 일어나는 현장에 초점을 맞춘다.
> ㄴ. 일선공무원의 전문지식과 문제해결능력을 중시한다.
> ㄷ. 하위직보다는 고위직이 주도한다.
> ㄹ. 정책결정자는 정책집행에 영향을 미치는 정치적·조직적·기술적 과정을 충분히 통제할 수 있다.

① ㄱ, ㄴ
② ㄱ, ㄷ
③ ㄴ, ㄹ
④ ㄷ, ㄹ

10　　　　　　　　　　　　　　　　0361
정책집행에 관한 연구 중에서 하향적(Top-down) 접근방법이 중시하는 효과적 정책집행의 조건으로 옳은 것만을 모두 고른 것은?
2013 지방 9급

> ㄱ. 일선관료의 재량권 확대
> ㄴ. 지배기관들(Sovereigns)의 지원
> ㄷ. 집행을 위한 자원의 확보
> ㄹ. 명확하고 일관성 있는 목표

① ㄱ, ㄴ
② ㄱ, ㄷ
③ ㄴ, ㄹ
④ ㄴ, ㄷ, ㄹ

출제유형 Ⅱ. 이론·제도　　**출제영역** 정책집행의 접근방법
출제빈도 ★★★　　**난도** 중

정답찾기
ㄷ. 하향식 접근은 의사결정권자의 상층부로부터 일선 집행 담당기관과 정책 대상집단을 대상으로 집행과정을 하위직보다는 고위직이 주도한다.
ㄹ. 정책결정자는 정책집행에 영향을 미치는 정치적·조직적·기술적 과정을 충분히 통제할 수 있다고 가정한다.

오답피하기
ㄱ. 집행이 일어나는 현장에 초점을 맞추는 것은 상향식 접근이다.
ㄴ. 일선공무원의 전문지식과 문제해결능력을 중시하는 것은 상향식 접근이다.

정답 ④

출제유형 Ⅱ. 이론·제도　　**출제영역** 정책집행의 접근방법
출제빈도 ★★★　　**난도** 중

정답찾기
④ 하향식 접근은 의사결정권자의 상층부로부터 일선 집행 담당기관과 정책 대상집단을 대상으로 집행과정이 이루어지므로 ㄴ. 지배기관들(Sovereigns)의 지원, ㄷ. 집행을 위한 자원의 확보, ㄹ. 명확하고 일관성 있는 목표는 하향적 접근방법이 중시하는 효과적 정책집행의 조건이다.

오답피하기
ㄱ. 일선관료의 재량권 확대는 상향적 접근방법에서 중시한다.

정답 ④

11　0362

정책집행에 대한 고전적인 하향적 접근법의 내용으로 적절하지 않은 것은?
2012 국회 9급

① 정책이 집행되는 동안 목표의 우선순위가 변하지 말아야 한다.
② 정책결정의 내용은 타당한 인과이론에 바탕을 둔 것이어야 한다.
③ 정책목표의 우선순위가 명료하여야 한다.
④ 유능하고 헌신적인 집행 관료가 정책집행을 담당하여야 한다.
⑤ 정책집행 담당자의 재량권이 인정되어야 한다.

출제유형 Ⅱ. 이론·제도　**출제영역** 정책집행의 접근방법
출제빈도 ★★★　**난도** 중

정답찾기
⑤ 정책집행 담당자의 재량권이 인정되어야 한다는 것은 상향적 접근법이다.

오답피하기
① 고전적 정책집행론은 정책결정과 정책집행은 엄격히 구분되는 입장으로서, 집행과정 동안 정책목표의 우선순위가 달라지지 않고 결정된 내용이 집행현장에서 그대로 집행되는 것을 성공적 집행이라 간주하는 접근이다.

행복노트
하향적 집행

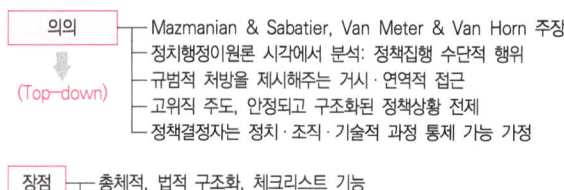

- 의의 (Top-down)
  - Mazmanian & Sabatier, Van Meter & Van Horn 주장
  - 정치행정이원론 시각에서 분석: 정책집행 수단적 행위
  - 규범적 처방을 제시해주는 거시·연역적 접근
  - 고위직 주도, 안정되고 구조화된 정책상황 전제
  - 정책결정자는 정치·조직·기술적 과정 통제 가능 가정
- 장점
  - 총체적, 법적 구조화, 체크리스트 기능
  - 객관적인 집행 평가 가능
- 단점
  - 다원적 체제에서 명확하고 일관된 목표 설정 곤란
  - 집행자 재량 ×
  - 집행현장의 중요성 간과
  - 현실성 약함

정답 ⑤

12　0363

정책집행의 상향적 접근방법에 대한 설명으로 옳은 것은?
2017 국가 9급

① 대표적인 모형은 사바티어(Sabatier)의 정책지지 연합모형(Advocacy Coalition Framework)이다.
② 정책결정과 정책집행은 뚜렷하게 구분된다고 본다.
③ 집행현장에서 일선관료의 재량과 자율을 강조한다.
④ 안정되고 구조화된 정책상황을 전제로 한다.

출제유형 Ⅱ. 이론·제도　**출제영역** 상향적 접근방법
출제빈도 ★★★　**난도** 중

정답찾기
③ 상향식 정책집행은 집행현장에서 일선관료의 재량과 자율을 강조하고 집행현장 상황에 따라 정책목표와 전략을 유연하게 수정하는 접근법이다.

오답피하기
① 사바티어(Sabatier)의 정책지지 연합모형은 통합모형이다.
② 결정과 집행이 뚜렷하게 구분되는 것은 하향적 접근이다.
④ 안정되고 구조화된 정책상황을 전제로 하는 것은 하향적 접근이다.

행복노트
상향적 집행

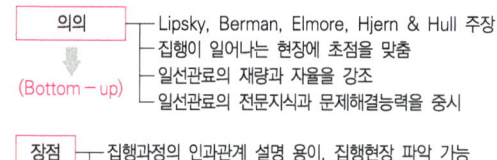

- 의의 (Bottom-up)
  - Lipsky, Berman, Elmore, Hjern & Hull 주장
  - 집행이 일어나는 현장에 초점을 맞춤
  - 일선관료의 재량과 자율을 강조
  - 일선관료의 전문지식과 문제해결능력을 중시
- 장점
  - 집행과정의 인과관계 설명 용이, 집행현장 파악 가능
  - 복잡한 상황 신축적 연구 가능
- 단점
  - 결정권자의 영향력 경시 및 거시적 틀 간과
  - 공식목표를 중시하지 않으므로 객관적 평가 곤란
  - 선출직 공무원에 대한 정책결정과 책임이라는 민주주의 기본가치 위배

정답 ③

13 0364

립스키(Lipsky)의 '일선관료제'에서 일선관료들이 처하는 업무환경의 특징으로 옳지 않은 것은? 2022 국가 9급

① 자원의 부족
② 일선관료 권위에 대한 도전
③ 모호하고 대립되는 기대
④ 단순하고 정형화된 정책대상집단

14 0365

립스키(M. Lipsky)의 일선관료제(Street-level Bureaucracy) 이론에 대한 설명으로 옳은 것은? 2018 국가 9급

① 일선관료는 고객에 대한 고정관념(Stereotype)을 타파함으로써 복잡한 문제와 불확실한 상황에 대처한다.
② 일선관료가 업무를 수행하는 기관에 대한 고객들의 목표기대는 서로 일치하고 명확하다.
③ 일선관료는 집행에 필요한 자원이 부족할 경우 대체로 부분적이고 간헐적으로 정책을 집행한다.
④ 일선관료는 계층제의 하위에 위치하기 때문에, 직무의 자율성이 거의 없고 의사결정에 있어서 재량권의 범위가 좁다.

출제유형 II. 이론·제도 **출제영역** 상향적 접근방법
출제빈도 ★★★ **난도** 중

정답찾기
④ 립스키(Lipsky)의 일선관료제에서는 불충분한 자원, 권위에 대한 위협과 도전, 모호하고 대립되는 기대를 업무환경의 특징으로 보았다. 그리고 일선관료는 다양한 비정형화된 정책대상집단 즉 고객을 스스로 유형화하여 차별적 대응하는 행동을 보인다고 본다.

정답 ④

출제유형 II. 이론·제도 **출제영역** 상향적 접근방법
출제빈도 ★★★ **난도** 중

정답찾기
③ 일선관료가 부족한 자원에 대처하는 가장 손쉬운 방법은 간헐적이고 기계적인 대응을 하는 것이다.

오답피하기
① 일선관료제는 일정한 자격기준에 따라 고객을 범주화하여 차별적으로 대우하는 특성을 지닌다.
② 일선행정관료들이 일하는 부서 자체의 목표들은 모호하거나 이율배반적인 경우가 많고 성과평가기준도 객관적이지 못하다.
④ 일선관료들은 업무사항이 너무 다양하고 복잡하고 인간적인 차원에서 대처해야할 것이 많으므로 직무의 자율성을 가지며 사실상 많은 재량권을 행사하고 있다. 하지만 그 재량권을 뒷받침할 수 있는 자원이 부족하다.

정답 ③

15 0366

립스키(M. Lipsky)의 일선관료제 이론에 대한 설명으로 옳지 않은 것은?
2013 지방 7급

① 일선관료(Street-level Bureaucrats)는 시민들과 직접 대면하면서 정책을 집행하는 사람이다.
② 일선관료들은 일반적으로 과중한 업무 부담을 가진다.
③ 일선관료들은 모호하고 대립적인 기대들이 존재하는 업무 환경 때문에 정책목표를 달성할 수 없는 경우가 많다.
④ 일선관료들의 재량권이 부족하여 업무가 지연된다.

출제유형 Ⅱ. 이론·제도 **출제영역** 상향적 접근방법
출제빈도 ★★★ 난도 중

정답찾기
④ 립스키(Lipsky)는 일선관료들이 상당한 재량권을 가지지만 자원이 불충분하여 업무가 지연된다고 주장한다.

오답피하기
일선관료제론(Lipsky) - 상향적 접근방법
1. 일선관료의 근무환경

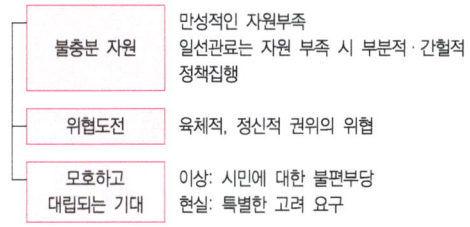

2. 일선관료의 특징

사람 대면↑, 고객 범주화하여 차별적 대우함, 재량권↑, 업무과다와 자원부족, 고객 요구에 민감 ×

정답 ④

16 0367

버먼(Berman)의 '적응적 집행'에 대한 설명으로 옳은 것은?
2018 지방 9급

① 미시집행 국면에서 발생하는 정책과 집행조직 사이의 상호적응이 이루어질 때 성공적으로 집행된다.
② 거시적 집행구조는 동원, 전달자의 집행, 제도화의 세 단계로 구분된다.
③ '행정'은 행정을 통해 구체화된 정부프로그램이 집행을 담당하는 지방정부의 사업으로 받아들여지는 것을 의미한다.
④ '채택'은 지방정부가 채택한 사업을 실행사업으로 변화시키는 것을 의미한다.

출제유형 Ⅱ. 이론·제도 **출제영역** 상향적 접근방법
출제빈도 ★★★ 난도 중

정답찾기
① 버먼(Berman)은 정책집행을 정형적 집행과 적응적 집행으로 구분하고 상향적 집행인 적응적 집행에서는 미시집행 국면에서 발생하는 정책과 집행조직 사이의 상호적응이 이루어질 때 성공적으로 집행된다고 보았다.

오답피하기
② 동원, 전달자의 집행, 제도화의 세 단계로 구분되는 것은 미시적 집행구조에 대한 설명이다. 거시적 집행구조의 통로는 행정(Administration), 채택(Adoption), 미시적 집행(Micro-implementation), 기술적 타당성(Technical Validity) 네 가지로 구성된다.
③ 행정을 통해 구체화된 정부프로그램이 집행을 담당하는 지방정부의 사업으로 받아들여지는 것은 채택에 해당하는 설명이다.
④ 지방정부가 채택한 사업을 실행사업으로 변화시키는 것은 미시적 집행에 해당한다.

행복노트
버먼(Berman) 적응적 집행

거시·정형적 집행(하향)	VS	미시·적응적 집행(상향)
거시적 집행구조		미시적 집행구조
─ 행정(정책 → 정부프로그램) ─ 채택(지방정부의 일로 받아들임) ─ 미시적 집행(실행사업으로 변화) ─ 기술적 타당성(인과이론을 의미)		─ 동원 ─ 전달자의 집행 ─ 제도화

TIP
Berman 적응적 집행
(미시적) 현장에 적응해~~

정답 ①

17 0368

정책집행 연구에 대한 설명으로 옳지 않은 것은? 2015 국가 7급

① 마즈마니언(Mazmanian)과 사바티어(Sabatier)는 하향식 접근방법의 발전에 기여하였다.
② 상향식 접근방법은 정책결정과 정책집행 간의 엄밀한 구분에 의문을 제기한다.
③ 상향식 접근론자들은 정책집행을 이해하기 위해서는 일선관료의 행태를 고찰하여야 한다고 본다.
④ 하향식 접근방법은 공식적 정책목표를 중요한 변수로 취급하지 않는다.

18 0369

정책집행에 대한 설명으로 가장 옳지 않은 것은? 2017 서울 9급

① 나카무라(R. T. Nakamura)와 스몰우드(F. Smallwood)는 정책결정자와 집행자 간의 관계에 따라 정책집행을 유형화하였다.
② 사바티어(P. Sabatier)는 정책지지연합모형을 제시하였다.
③ 버만(P. Berman)은 집행 현장을 강조하는 입장을 취하였다.
④ 엘모어(R. F. Elmore)는 일선현장에 종사하는 공무원이 정책집행에 가장 큰 영향을 미치는 행위자라고 하면서, 이를 전방접근법(Forward Mapping)이라고 했다.

출제유형 II. 이론·제도 **출제영역** 정책집행의 접근방법
출제빈도 ★★★ **난도** 중

정답찾기
④ 하향식 정책집행 접근은 정책집행을 수단적 행위로 파악하고 있기 때문에 **공식적 정책목표를 중요한 변수로 취급**한다.

오답피하기
① 마즈마니언(Mazmanian)과 사바티어(Sabatier)는 처음에 하향식 접근법을 주장하다가 나중에 통합모형을 주장하였다.
② 상향식 접근방법은 결정과 집행 간의 엄밀한 구분을 하지 않고 집행단계에서도 정책이 수정될 수 있다고 주장한다.
③ 상향식 접근방법은 정책을 집행하는 일선관료들의 행태에 관심을 둔다.

행복노트
하향적 접근 vs 상향적 접근

구 분	하향적 접근	상향적 접근
주요 행위자	상층부	일선 기관
연구전략	결정 → 집행	관료 → 네트워크
민주주의 모형	엘리트 민주주의	참여 민주주의
연구방법	거시·연역	미시·귀납
정책 상황	안정적, 구조화	유동적, 동태적
정책 목표의 수정	낮음	높음
평가기준	공식목표	현장적응성

정답 ④

출제유형 II. 이론·제도 **출제영역** 정책집행의 접근방법
출제빈도 ★★★ **난도** 중

정답찾기
④ 엘모어(Elmore)는 일선현장에 종사하는 공무원이 정책집행에 가장 큰 영향을 미치는 행위자라고 하면서, 이를 **후방접근법**이라고 했다.

오답피하기
① 나카무라(Nakamura)와 스몰우드(Smallwood)는 정책결정자와 집행자 간의 관계에 따라 정책집행모형을 고전적 기술자형, 지시적 위임가형, 협상자형, 재량적 실험가형, 관료적 기업가형으로 구분하였다.
② 사바티어(Sabatier)는 처음에는 하향식모형을 주장하다가 나중에는 통합모형(정책지지연합모형)을 주장하였다.
③ 버만(Berman)은 집행모형을 하향적(거시적) 집행구조와 상향적(미시적) 집행구조로 구분하고 이 중 집행현장을 강조하는 상향적 집행구조가 중요하다고 주장한다.

정답 ④

19 0370

정책집행에 대한 다음 설명 중 옳지 않은 것은? 2015 서울 9급

① 프레스만과 윌다브스키(Pressman & Wildavsky)는 집행과정상의 공동행위의 복잡성을 강조하였다.
② 버만(Berman)은 집행현장에서 집행조직과 정책사업 사이의 상호적응의 중요성을 강조하였다.
③ 나카무라와 스몰우드(Nakamura & Smallwood)의 정책집행자 유형 중 관료적 기업가형은 정책의 대략적인 방향을 정책결정자가 정하고 정책집행자들은 이 목표의 구체적 집행에 필요한 폭넓은 재량권을 위임받아 정책을 집행하는 유형이다.
④ 사바티어(Sabatier)는 정책집행의 하향식 접근법과 상향식접근법의 통합모형을 제시했다.

20 0371

정책집행연구의 접근방법에 대한 설명으로 옳은 것은?

2012 국가 7급

① 나카무라(R. T. Nakamura)와 스몰우드(F. Smallwood)의 관료적 기업가(Bureaucratic Entrepreneur)모형에 따르면 정보, 기술, 현실 여건들 때문에 정책결정자들은 구체적인 정책이나 목표를 설정하지 못하고 추상적인 수준에 머문다.
② 사바티어(P. Sabatier)의 정책지지연합모형(Advocacy Coalition Framework)은 하향식 접근방법의 분석단위를 채택하고, 여기에 영향을 미치는 요인으로 상향식 접근방법의 여러 가지 변수를 결합한다.
③ 일선집행관료이론을 주장한 립스키(M. Lipsky)는 일선의 문제성 있는 업무환경으로 자원부족, 권위에 대한 도전, 정책담당자의 보수성 등 세 가지를 제시하였다.
④ 버먼(P. Berman)의 상황론적집행모형에 따르면 거시적 집행구조는 실질적인 집행이 가능하고 의도한 효과가 발생되도록 프로그램을 어느 정도 구체화하는 것을 의미한다.

출제유형 Ⅱ. 이론·제도 **출제영역** 정책집행의 접근방법

출제빈도 ★★★ **난도** 중

정답찾기
③ 정책의 대략적인 방향을 정책결정자가 정하고 정책집행자들은 이 목표의 구체적 집행에 필요한 폭넓은 재량권을 위임받아 정책을 집행하는 유형은 재량적 실험가형에 대한 설명이다. 관료적 기업가형은 정책집행자가 정책결정자의 결정권을 장악하고 정책과정 전반을 완전히 통제하는 유형이다.

오답피하기

정책집행 집행자 유형: Nakamura & Smallwood 분류

정책집행 유형	정책결정자 역할	정책집행자 역할	실패 가능성	정책평가 기준
고전적 기술자형	구체적 목표 수립	기술적 권한 (미미한 재량)	기술적 실패	효과성
지시적 위임자형	구체적 목표 수립	행정적 권한 (재량 ○)	+ 협상실패	능률성
협상자형	결정자와 집행자 목표와 수단에 대한 협상		+ 목표왜곡 부집행	주민 만족도
재량적 실험가형	추상적 목표지지	목표와 수단의 재정의	+ 무책임성	수익자 대응성
관료적 기업가형	집행자가 설정한 목표지지	목표달성하기 위한 수단을 획득하기 위해 결정자와 협상	+ 정책의 사전오염	체제 유지도

정답 ③

출제유형 Ⅱ. 이론·제도 **출제영역** 정책집행의 접근방법

출제빈도 ★★★ **난도** 상

정답찾기
④ 버먼(Berman)의 상황론적 집행모형에 따르면 거시적 집행구조는 다양한 정책참여자들이 느슨하게 연계된 연합체적 성격의 구조로서, 집행구조의 통로는 행정, 채택, 미시적 집행, 기술적 타당성으로서 실질적인 집행이 가능하고 의도한 효과가 발생되도록 프로그램을 어느 정도 구체화하는 것을 의미한다.

오답피하기
① 정보, 기술, 현실 여건들 때문에 정책결정자들은 구체적인 정책이나 목표를 설정하지 못하고 추상적인 수준에 머무르는 것은 재량적 실험가형에 해당한다.
② 사바티어(Sabatier)의 정책지지연합모형은 상향적 접근으로 분석단위를 채택하고, 여기에 영향요인으로서 하향적 접근의 여러 변수와 사회경제적 상황과 법적 수단을 결합한다.
③ 립스키(Lipsky)는 불충분한 자원, 권위에 대한 도전, 모호하고 대립되는 기대 등의 세 가지를 제기하였다.

정답 ④

21

정책옹호연합모형(Advocacy Coalition Framework)에 대한 설명으로 옳지 않은 것은?
2021 지방 9급

① 외적인 환경변수를 정책 과정과 연계함으로써 정책변동을 설명한다.
② 정책학습을 통해 행위자들의 기저 핵심 신념(Deep Core Beliefs)을 쉽게 변화시킬 수 있다.
③ 옹호연합 사이에서 정치적 갈등 발생 시 정책중개자가 이를 조정할 수 있다.
④ 옹호연합은 그들의 신념 체계가 정부 정책에 관철되도록 여론, 정보, 인적자원 등을 동원한다.

22

다음 특징을 가진 정책변동모형은?
2019 지방 9급

- 분석단위로서 정책하위체제(Policy Sub-system)에 초점을 두고 정책변화를 이해한다.
- 신념체계, 정책학습 등의 요인은 정책변동에 영향을 준다.
- 정책변동 과정에서 정책중재자(Policy Mediator)가 중요한 역할을 한다.

① 정책패러다임변동(Paradigm Shift)모형
② 정책지지연합(Advocacy Coalition Framework)모형
③ 단절적 균형(Punctuated Equilibrium)모형
④ 정책흐름(Policy Stream)모형

출제유형 Ⅱ. 이론·제도　　**출제영역** 정책옹호연합모형
출제빈도 ★★★　　**난도** 중

정답찾기

② 정책학습을 통해 행위자들의 기저 핵심 신념(Deep Core Beliefs)을 쉽게 변화시킬 수 없고 장기간이 필요하다.

오답피하기

① 외적인 환경변수를 정책 과정과 연계함으로써 정책변동을 설명한다.
③ 옹호연합 사이에서 정치적 갈등 발생 시 정책중개자가 이를 조정할 수 있고 그 역할이 중시된다.
④ 옹호연합은 그들의 신념 체계가 정부 정책에 관철되도록 여론, 정보, 인적자원 등을 동원한다.

행복노트

사바티어(Sabatier) 통합모형(정책지지연합모형)

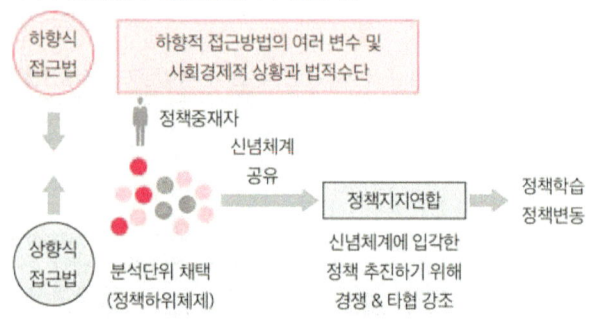

- 정책지지연합모형: 정책은 장기간에 걸쳐 점진적으로 변동
- 정책패러다임모형(Hall): 정책의 근본적 패러다임 급격히 변동 가능

정답 ②

출제유형 Ⅱ. 이론·제도　　**출제영역** 정책옹호연합모형
출제빈도 ★★★　　**난도** 중

정답찾기

② 사바티어와 마즈매니언(Sabatier & Mazmanian)의 정책지지연합모형의 특징에 해당한다.

정답 ②

23　□□□　0374

옹호연합모형(Advocacy Coalition Framework)에 대한 설명으로 옳은 것만을 모두 고르면?
　　　　　　　　　　　　　　　　　　　　2024 지방 9급

> ㄱ. 정책하위체제에 초점을 두어 정책변화를 이해한다.
> ㄴ. 정책지향학습은 옹호연합 내부만 아니라 옹호연합 사이에서도 발생한다.
> ㄷ. 행정규칙, 예산배분, 규정의 해석에 대한 결정은 정책 핵심 신념과 관련된다.
> ㄹ. 신념 체계 구조에서 규범적 핵심 신념은 관심 있는 특정 정책 규범에 적용되며, 이차적 측면(secondary aspects)보다 변화 가능성이 작다.

① ㄱ, ㄴ　　② ㄱ, ㄹ
③ ㄴ, ㄷ　　④ ㄷ, ㄹ

24　□□□　0375

매틀랜드(Matland)가 모호성(Ambiguity)과 갈등(Conflict)이라는 두 차원에 따라 분류한 네 가지 정책집행상황 중에서, 모호성이 낮고 갈등이 높은 상황에 대한 설명으로 옳지 않은 것은?
　　　　　　　　　　　　　　　　　　　　2015 지방 7급

① 갈등은 매수(Side Payment)나 담합(Logrolling) 등과 같은 방식으로 해결되기도 한다.
② 순응을 확보하기 위해서는 강압적 또는 보상적 수단이 중요해진다.
③ 정책집행과정은 대립적 이해관계를 가진 집행조직 외부의 행위자에 의해 영향을 많이 받는다.
④ 정책목표가 명확하지 않기 때문에 집행과정은 목표의 해석과정으로 이해될 수 있다.

출제유형 Ⅱ. 이론·제도　**출제영역** 정책옹호연합모형
출제빈도 ★★★　　　**난도** 하

정답찾기
① 옹호연합모형(Advocacy Coalition Framework)은 ㄱ. 정책하위체제에 초점을 두어 정책변화를 이해하고, ㄴ. 정책지향학습은 옹호연합 내부만 아니라 옹호연합 사이에서도 발생한다.

오답피하기
ㄷ. 행정규칙, 예산배분, 규정의 해석에 대한 결정은 이차적 신념과 관련된다.
ㄹ. 신념 체계 구조에서 정책 핵심 신념은 관심 있는 특정 정책 규범에 적용되며, 이차적 측면(secondary aspects)보다 변화 가능성이 작다. 규범적 핵심 신념은 모든 정책에 적용되는 근본가치를 의미한다.

정답 ①

출제유형 Ⅱ. 이론·제도　**출제영역** 통합모형
출제빈도 ★★★　　　**난도** 중

정답찾기
④ 모호성이 낮고 갈등이 높은 상황에는 정치적 집행모형이 적용된다. 정책목표가 명확하지 않기 때문에 집행과정은 목표의 해석과정으로 이해될 수 있는 것은 실험적집행모형에 해당한다.

오답피하기
①, ②, ③ 정치적 집행모형에 대한 설명이다. 정책집행과정은 대립적인 이해관계를 가진 집행조직 외부의 행위자들에 의해 영향을 받기 때문에 강제력을 행사하여 지지를 확보하거나 또는 협상을 통하여 합의를 이끌어낸다. 그러므로 순응을 확보하기 위해서는 강압적 또는 보상적인 수단이 중요하고 갈등은 매수, 담합, 날치기 통과 등을 통해 해결된다.

행복노트
매틀랜드(Matland)의 통합모형

구 분		갈등	
		낮음	높음
정책목표 모호성	낮음	관리적 집행 (자원확보 중시)	정치적 집행 (권력관계 중시)
	높음	실험적 집행 (맥락적 조건 중시)	상징적 집행 (연합체 형성)

⇒ 하향
⇒ 상향

정답 ④

제 3 절 정책집행의 영향요인

25 0376
정책집행에 영향을 미치는 요인에 대한 설명으로 옳은 것은?

2012 지방 9급

① 사바티어(Sabatier)는 정책대상집단의 행태변화의 정도가 크면 정책집행의 성공은 어렵다고 본다.
② 집행주체의 집행역량은 집행구조나 조직의 분위기에 영향을 받지 않는다.
③ 정책집행 과정에서 의사결정점(Decision Point)이 많을수록 신속하게 집행된다.
④ 정책수혜집단의 규모가 크고 조직화 정도가 강한 경우 집행이 어렵다.

출제유형 Ⅰ. 기본개념   **출제영역** 정책집행의 영향요인
출제빈도 ★★   **난도** 하

정답찾기
① 사바티어(Sabatier)는 대상 집단의 규모나 행태변화가 작을 때 성공적 집행이 된다고 보았다.

오답피하기
② 집행주체의 집행역량은 집행구조나 조직의 분위기에 영향을 받는다.
③ 윌다브스키와 프레스만은 정책집행 과정에서 의사결정점(Decision Point)이 많을수록 정책집행이 복잡해져, 신속한 집행이 어렵다고 주장한다.
④ 정책수혜집단의 규모가 크고 조직화 정도가 강한 경우 집행이 용이하다.

정답 ①

26 0377
정책집행에 대한 설명 중 옳지 않은 것은?

2013 서울 9급

① 정책의 희생집단보다 수혜집단의 조직화가 강하면 정책집행이 곤란하다.
② 집행은 명확하고 일관되게 이루어져야 한다.
③ 규제정책의 집행과정에서도 갈등은 존재한다고 본다.
④ 정책집행 유형은 집행자와 결정자와의 관계에 따라 달라진다.
⑤ 정책집행에는 환경적 요인도 작용한다.

정답찾기
① 수혜집단이 희생집단보다 조직화가 강하면 정책집행은 용이해진다.

오답피하기
② 집행은 명확하고 일관되게 이루어져야 한다.
③ 규제정책은 정부가 수혜집단과 희생집단을 선택하게 됨으로써 이 과정에서 갈등의 발생 가능성이 커지므로 규제정책의 집행 과정에서도 갈등은 존재한다고 본다.
④ 정책집행 유형은 집행자와 결정자와의 관계에 따라 달라진다.
⑤ 정책집행에는 대중의 여론과 지지와 같은 환경적 요인도 작용한다.

행복노트
정책집행의 영향요인

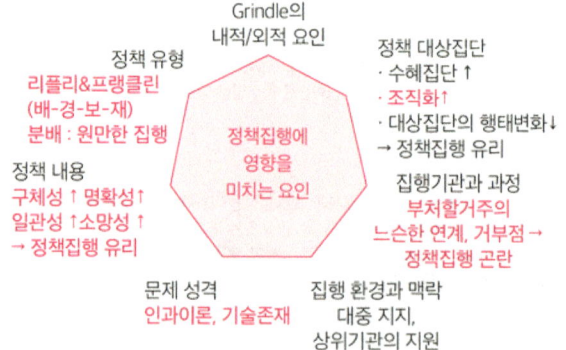

정답 ①

27　　　　　　　　　　　　　　　　0378
정책집행의 성공 가능성에 대한 설명으로 옳지 않은 것은?

2017 지방 9급

① 정책집행연구의 하향론자들은 복잡한 조직구조가 정책의 성공적 집행을 도와준다고 주장한다.
② 정책목표와 정책수단이 구체적일수록 정책집행이 성공할 가능성이 커진다는 주장이 있다.
③ 불특정 다수인이 혜택을 보는 경우보다 특정한 집단이 배타적으로 혜택을 보는 경우에 강력한 지지를 얻을 수도 있다.
④ 배분정책은 규제정책이나 재분배정책에 비하여 표준운영절차(SOP)에 따라 원만한 집행이 이루어질 가능성이 더 크다.

28　　　　　　　　　　　　　　　　0379
다음은 정책순응을 확보하기 위한 수단과 그 특징에 대한 설명이다. (가)~(다)에 들어갈 말을 바르게 연결한 것은?

2022 국가 7급

- (가) : 일선 집행관료는 큰 저항을 하지 않으나 정책에 의해 피해를 입는 대상집단은 의도적으로 불응의 핑계를 찾으려 한다.
- (나) : 도덕적 자각이나 이타주의적 고려에 의해 자발적으로 순응하는 사람들의 명예나 체면을 손상시키고 사람의 타락을 유발할 수 있다.
- (다) : 불응의 형태를 정확하게 점검 및 파악하기 어려운 경우가 많다는 약점이 있다.

	(가)	(나)	(다)
①	도덕적 설득	유인	처벌
②	도덕적 설득	처벌	유인
③	유인	도덕적 설득	처벌
④	처벌	유인	도덕적 설득

출제유형 Ⅰ. 기본개념　　**출제영역** 정책집행의 영향요인

출제빈도 ★★　　　　　난도 중

정답찾기
① 정책집행연구에서 하향론자들은 조직구조의 단순성을 주장한다.

오답피하기
② 정책목표와 정책수단이 구체적이면 이해가 용이하여 성공가능성이 커진다.
③ 강력한 지지는 특정 집단이 혜택을 보는 경우에 나타날 수 있다. 불특정다수인이 혜택을 보는 경우 집단행동의 딜레마가 발생한다.
④ 배분정책은 정책비용 부담이 특정집단에게 강요되는 것이 아니기 때문에 저항이 없는 상황에서 표준운영절차(SOP)에 따라 원활하게 집행할 가능성이 높다.

정답 ①

출제유형 Ⅰ. 기본개념　　**출제영역** 정책순응

출제빈도 ★★　　　　　난도 상

정답찾기
(가) 도덕적 설득은 일선 집행관료는 큰 저항을 하지 않으나 정책에 의해 피해를 입는 대상집단은 의도적으로 불응의 핑계를 찾으려 한다.
(나) 유인은 순응을 하는 경우에 혜택을 제공함으로써 순응자가 자발적으로 순응하도록 하는 방법으로서 도덕적 자각이나 이타주의적 고려에 의해 자발적으로 순응하는 사람들의 명예나 체면을 손상시키고 사람의 타락을 유발할 수 있다.
(다) 처벌은 순응하지 않는 행위에 대하여 처벌하거나 처벌하겠다고 위협하여 순응을 확보하는 방법으로서 불응의 형태를 정확하게 점검 및 파악하기 어려운 경우가 많다는 약점이 있다.

정답 ①

CHAPTER 05 기출 OX

1. 고긴(Goggin)은 통계적 연구설계의 바탕 위에서 이론의 검증을 시도하는 제1세대 집행 연구를 주장하였다.

2. 프레스먼(Pressman)과 윌다브스키(Wildavsky)의 성공적인 정책집행에 관한 오클랜드 사례분석에서 정책집행은 정책결정과 분리되어 독립적으로 수행해야 한다고 주장하였다.

3. 프레스만(A. Pressman)과 윌다브스키(A. Wildavsky)는 집행과정에서 나타나는 공동행위의 복잡성을 강조하였다.

4. 나카무라와 스몰우드의 고전적 기술자형은 집행자들이 집행 시 충분한 재량권을 부여 받고, 목표 달성을 위해 필요한 범위 내에서 행정적, 기술적, 협상적 권한을 소유한다.

5. 관료적 기업가형에서는 정책집행자 자신이 정책목표를 정하고 이 목표가 채택되도록 설득하며, 목표달성에 필요한 수단들을 확보하기 위해 정책결정자와 협상한다.

6. 정책집행의 하향식 접근(Top-down Approach)에서는 정책결정자는 정책집행에 영향을 미치는 정치적·조직적·기술적 과정을 충분히 통제할 수 있다고 본다.

7. 정책집행의 하향식 접근(Top-down Approach)에서는 일선공무원의 전문지식과 문제해결능력을 중시한다.

8. 정책집행의 상향식 접근은 하나의 정책에만 초점을 맞추므로 여러 정책이 동시에 집행되는 상황을 설명하기 곤란하다.

9. 정책집행의 상향적 접근은 정책문제를 둘러싸고 있는 행위자들의 동기, 전략, 행동, 상호작용 등에 주목하여 일선 공무원들의 전문지식과 문제해결능력을 중시한다.

10. 립스키(M. Lipsky)의 일선관료들은 모호하고 대립적인 기대들이 존재하는 업무환경 때문에 정책목표를 달성할 수 없는 경우가 많다.

11. 버만(P. Berman)의 상황론적집행모형에 따르면 미시적 집행구조는 실질적인 집행이 가능하고 의도한 효과가 발생되도록 프로그램을 어느 정도 구체화하는 것을 의미한다.

12. 엘모어(R. Elmore)는 일선현장에 종사하는 공무원이 정책집행에 가장 큰 영향을 미치는 행위자라고 하면서, 이를 전방접근법이라고 하였다.

13. 사바티어(P. Sabatier)의 정책지지연합모형은 하향식 접근방법의 분석단위를 채택하고, 여기에 영향을 미치는 요인으로 상향식 접근방법의 여러 가지 변수를 결합하는 모형이다.

14. 매틀랜드(Matland)가 분류한 정책집행모형 중 모호성이 낮고 갈등이 높은 상황에서는 매수(Sidepayment)나 담합(Logrolling) 등과 같은 방식으로 해결되기도 하며, 순응을 확보하기 위해서는 강압적 또는 보상적 수단이 중요해진다.

15. 배분정책은 규제정책이나 재분배정책에 비하여 표준운영절차(SOP)에 따라 원만한 집행이 이루어질 가능성이 더 크다.

---

1. 고긴(Goggin)은 통계적 연구설계의 바탕 위에서 이론의 검증을 시도하는 제3세대 집행 연구를 주장하였다. ×

2. 프레스먼(Pressman)과 윌다브스키(Wildavsky)의 성공적인 정책 집행에 관한 오클랜드 사례분석에서 정책집행은 정책결정과 연속적으로 수행해야 한다고 주장하였다. ×

3. 프레스만(A. Pressman)과 윌다브스키(A. Wildavsky)는 집행 과정에서 나타나는 공동행위의 복잡성을 강조하였다. o

4. 나카무라와 스몰우드의 지시적 위임가형은 집행자들이 집행 시 충분한 재량권을 부여 받고, 목표 달성을 위해 필요한 범위 내에서 행정적, 기술적, 협상적 권한을 소유한다. ×

5. 관료적 기업가형에서는 정책집행자 자신이 정책목표를 정하고 이 목표가 채택되도록 설득하며, 목표달성에 필요한 수단들을 확보하기 위해 정책결정자와 협상한다. o

6. 정책집행의 하향식 접근(Top-down Approach)에서는 정책결정자는 정책집행에 영향을 미치는 정치적·조직적·기술적 과정을 충분히 통제할 수 있다고 본다. o

7. 정책집행의 상향식 접근(Bottom-up Approach)에서는 일선 공무원의 전문지식과 문제해결능력을 중시한다. ×

8. 정책집행의 하향식 접근은 하나의 정책에만 초점을 맞추므로 여러 정책이 동시에 집행되는 상황을 설명하기 곤란하다. ×

9. 정책집행의 상향적 접근은 정책문제를 둘러싸고 있는 행위자들의 동기, 전략, 행동, 상호작용 등에 주목하여 일선 공무원들의 전문지식과 문제해결능력을 중시한다. o

10. 립스키(M. Lipsky)의 일선관료들은 모호하고 대립적인 기대들이 존재하는 업무환경 때문에 정책목표를 달성할 수 없는 경우가 많다. o

11. 버만(P. Berman)의 상황론적집행모형에 따르면 거시적 집행구조는 실질적인 집행이 가능하고 의도한 효과가 발생되도록 프로그램을 어느 정도 구체화하는 것을 의미한다. ×

12. 엘모어(R. Elmore)는 일선현장에 종사하는 공무원이 정책집행에 가장 큰 영향을 미치는 행위자라고 하면서, 이를 후방접근법이라고 하였다. ×

13. 사바티어(P.Sabatier)의 정책지지연합모형은 상향식 접근방법의 분석단위를 채택하고, 여기에 영향을 미치는 요인으로 하향식 접근방법의 여러 가지 변수를 결합하는 모형이다. ×

14. 매틀랜드(Matland)가 분류한 정책집행모형 중 모호성이 낮고 갈등이 높은 상황에서는 매수(Sidepayment)나 담합(Logrolling) 등과 같은 방식으로 해결되기도 하며, 순응을 확보하기 위해서는 강압적 또는 보상적 수단이 중요해진다. o

15. 배분정책은 규제정책이나 재분배정책에 비하여 표준운영절차(SOP)에 따라 원만한 집행이 이루어질 가능성이 더 크다. o

CHAPTER 05 키워드

1. 고긴(Goggin)은 통계적 연구설계의 바탕 위에서 이론의 검증을 시도하는 제 　　 세대 집행 연구를 주장하였다.　　　3
   2020 국가 7급

2. 나카무라(Nakamura)와 스몰우드(Smallwood)의 정책결정자와 정책집행자의 관계에 따른 정책집행의 유형 중 '　　　'은 정책결정자가 구체적인 목표를 설정하면, 정책집행자는 그 목표를 지지하고 목표달성을 위한 기술적인 수단을 강구하는 역할을 담당한다고 본다.　　　고전적 기술자형
   2022 국가 9급

3. 　　　기업가형에서는 정책집행자는 공식적 정책결정자로 하여금 자신이 결정한 정책목표를 받아들이도록 설득 또는 강제할 수 있고, 정책집행자는 목표를 달성하기 위한 수단을 획득하기 위해 정책결정자와 협상한다.　　　관료적
   2019 국가 9급

4. 정책집행의 　　　에서는 정책결정자는 정책집행에 영향을 미치는 정치적·조직적·기술적 과정을 충분히 통제할 수 있다고 본다.　　　하향식 접근
   2020 지방 9급

5. 정책집행의 　　　접근방법에서는 정책목표가 명확하고 일관성이 있어야 효과적인 정책집행을 가져온다고 하였다.　　　하향적
   2011 지방 7급

6. 정책집행의 상향식 접근(Bottom-up Approach)에서는 　　　공무원의 전문지식과 문제해결능력을 중시한다.　　　일선
   2020 지방 9급

7. 　　　관료는 집행에 필요한 자원이 부족할 경우 대체로 부분적이고 간헐적으로 정책을 집행한다.　　　일선
   2018 국가 9급

8. 　　　는 일선관료의 문제성 있는 업무환경으로 자원부족, 권위에 대한 도전, 모호하고 대립되는 기대 등 세 가지를 채택하고 있다.　　　립스키(M. Lipsky)
   2012 국가 7급

9. 　　　의 적응적 집행(상황론적 집행)구조에 따르면 미시집행 국면에서 발생하는 정책과 집행조직 사이의 상호적응이 이루어질 때 성공적으로 집행된다.　　　버만(P. Berman)
   2018 지방 9급

10. 　　　는 일선현장에 종사하는 공무원이 정책집행에 가장 큰 영향을 미치는 행위자라고 하면서, 이를 후방접근법이라고 하였다.　　　엘모어(R. Elmore)
    2017 서울 9급

11. 　　　의 정책지지연합모형은 상향식 접근방법의 분석단위를 채택하고, 여기에 영향을 미치는 요인으로 하향식 접근방법의 여러 가지 변수를 결합하는 모형이다.　　　사바티어(P. Sabatier)
    2012 국가 7급

12. 정책옹호연합모형은 외적인 환경변수를 정책 과정과 연계함으로써 정책변동을 설명하고, 옹호연합 사이에서 정치적 갈등 발생 시 　　　가 이를 조정할 수 있다.　　　정책중개자
    2021 지방 9급

13. 정책의 희생집단보다 　　　의 조직화가 강하면 정책집행이 용이하다.　　　수혜집단
    2013 서울 9급

14. 사바티어(P. Sabatier)와 마즈매니언(D. Mazmanian)은 효과적인 　　　의 전제조건으로 타당성 있는 인과이론, 명확한 정책지침, 정책목표의 집행과정에서 우선순위의 명확성, 유능하고 헌신적인 관료 등을 제시하였다.　　　집행
    2011 지방 9급

CHAPTER 06 정책평가와 환류

대표문제

01 ☐☐☐   0380
정책평가의 타당성에 대한 설명으로 옳지 않은 것은?

2025 지방 9급

① 외적 타당성(external validity)은 추정된 인과관계를 다른 상황에서도 일반화시킬 수 있는가를 의미한다.
② 구성적 타당성(construct validity)은 추상적 개념과 이를 측정하는 측정도구가 얼마나 일치하는가를 의미한다.
③ 통계적 결론의 타당성(statistical conclusion validity)은 표본자료의 통계적 검증에서 도출한 결론이 얼마나 정확한가를 의미한다.
④ 내적 타당성(internal validity)에 대한 논의는 우선 외적 타당성의 확보가 전제되어야 한다.

출제유형 Ⅰ. 기본개념   **출제영역** 정책평가의 타당성
출제빈도 ★★★   **난도** 중

정답찾기
④ 내적 타당성이 먼저 확보되어야 외적 타당성을 논할 수 있다. 내적 타당성이 확보되지 않은 상태에서 외적 타당성을 논하는 것은 의미가 없기 때문이다..

오답피하기
① 외적 타당성은 연구결과를 다른 상황, 시간, 집단에 일반화할 수 있는 정도를 의미하므로 설명이 옳다.
② 구성적 타당성은 추상적 개념을 측정하는 도구가 그 개념을 얼마나 정확하게 측정하는지를 나타내므로 설명이 옳다.
③ 통계적 결론의 타당성은 통계적 분석을 통해 도출한 결론의 정확성을 의미하므로 설명이 옳다.

타당도(Cook과 Cambell의 분류)

내적 타당도	인과적 결론의 적합성 정도
외적 타당도	결과의 일반화 = 다른 집단에의 적용가능성

- 내적타당성이 우선적용
- 둘 관계는 상충관계

통계적 결론의 타당도	정책결과의 측정위해 충분히 정밀한 연구설계 정도 1종 오류, 2종 오류 방지
구성적 타당도	이론적 구성요소들의 성공적 조작화 정도

정답 ④

제 1 절   정책평가

02 ☐☐☐   0381
정책평가에 대한 설명으로 옳은 것은?

2014 국가 7급

① 정책평가를 통해 최선의 정책대안을 선택한다.
② 정책평가의 양적 기법으로는 참여관찰법, 심층면접법 등을 들 수 있다.
③ 정책평가의 목적은 정책결정과 집행에 필요한 정보제공 및 정책과정의 책임성 확보에 있다.
④ 정책평가 연구에서는 현실적 제약으로 인해 준실험적 방법보다는 진실험적 방법이 많이 사용된다.

출제유형 Ⅰ. 기본개념   **출제영역** 정책평가
출제빈도 ★★   **난도** 중

정답찾기
③ 정책평가의 목적에는 정책과정의 책임성의 확보, 정책결정과 집행에 필요한 정보의 제공과 환류, 학문적 기여 등에 있다.

오답피하기
① 최선의 정책대안을 선택하는 것은 정책분석을 거쳐 정책결정 단계에 속한다.
② 참여관찰법이나 심층면접법은 질적 기법에 속한다. 양적 기법에는 실험적 평가와 통계분석이 해당한다.
④ 정책평가에서 현실적 제약으로 인해 준실험적 방법이 보다 많이 사용된다.

행복노트

정책평가

협 의	성과평가
광 의	정책과정이나 결과를 이해하고 가치 판단하는 과정
일 반	정책집행이후 인과관계 파악, 질적·양적심사
목 적	지식·자료 수집, 능률성 증진, 법적·관리적·정치적 책임성 확보, 새로운 정책의 방향전환, 고객의 지지획득

정답 ③

03　　　　　　　　　　　　　　　　　0382

정책평가에 대한 설명으로 가장 옳지 않은 것은?　　2018 서울 9급

① 총괄평가(Summative Evaluation)는 정책이 종료된 후에 그 정책이 당초 의도했던 효과를 가져왔는지의 여부를 판단하는 활동이다.
② 메타평가(Meta Evaluation)는 평가자체를 대상으로 하며, 평가활동과 평가체제를 평가해 정책평가의 질을 높이고 결과활용을 증진하기 위한 목적으로 활용된다.
③ 평가성 사정(Evaluability Assessment)은 영향평가 또는 총괄평가를 실시한 후에 평가의 유용성, 평가의 성과증진효과 등을 평가하는 활동이다.
④ 형성평가(Formative Evaluation)란 프로그램이 집행과정에 있으며 여전히 유동적일 때 프로그램의 개선을 위해서 실시하는 평가이다.

04　　　　　　　　　　　　　　　　　0383

정책 평가의 종류에 대한 설명으로 옳지 않은 것은?
2017 국가 7급 추가

① 평가성 사정은 본격적인 평가가능 여부와 평가결과의 프로그램 개선가능성 등을 진단하는 일종의 예비적 평가이다.
② 평가 주체에 따른 분류에서 시민단체에 의한 평가는 외부적 평가이다.
③ 정책비용의 측면을 고려하는 능률성 평가는 총괄평가에서 검토될 수 없다.
④ 형성평가는 집행 도중에 이루어지는 평가로서, 집행 관리와 전략의 수정 및 보완을 위한 것이다.

출제유형 Ⅰ. 기본개념　　**출제영역** 정책평가의 유형

출제빈도 ★★　　난도 중

정답찾기

③ 평가성 사정(Evaluability Assessment)은 전면적인 평가를 시작하기 전 평가의 유용성과 가능성, 평가의 성과증진효과 등을 미리 평가하는 활동이다.

오답피하기

① 총괄평가는 정책이 집행된 후에 수행되는 평가로 정책효과성 평가를 위한 목적으로 수행된다.
② 메타평가는 '평가에 대한 평가'로 일컫는다.
④ 형성평가는 정책이 집행되는 도중 실시하는 평가로 정책집행 과정에서 발생하는 문제점을 해결하려는 평가이다.

정책평가의 유형

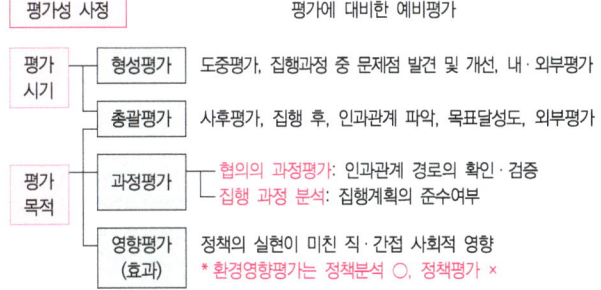

정답 ③

출제유형 Ⅰ. 기본개념　　**출제영역** 정책평가의 유형

출제빈도 ★★　　난도 중

정답찾기

③ 총괄평가는 정책이 종료된 후에 그 정책이 당초 의도했던 효과를 가져왔는지의 여부를 판단하는 평가로서 정책비용의 측면을 고려하는 능률성 평가는 총괄평가에서 검토될 수 있다.

오답피하기

① 평가성 사정에서는 정책평가를 본격적으로 시작하기 직전 착수직전분석이 이루어진다.
② 외부평가는 조직 외부 사람들에 의한 평가를 말한다.
④ 형성평가는 정책이 집행되는 도중, 사업계획을 형성·개발하는 과정에서 수행되고 피드백이 많이 진행된다.

정답 ③

05　0384

정책평가의 유형에 대한 설명으로 옳지 않은 것은?

2016 국가 7급

① 총괄평가(Summative Evaluation)는 정책집행이 종료된 후에 그 성과나 효과를 평가하는 것이다.
② 형성평가(Formative Evaluation)는 정책집행 도중에 과정의 적절성과 수단·목표 간 인과성 등을 평가하는 것이다.
③ 총괄평가는 주로 내부 평가자에 의해 수행되며, 평가결과를 환류하여 최종안을 개선하는 것이 목적이다.
④ 형성평가는 주로 내부 평가자 및 외부 평가자의 자문에 의해 평가를 진행하며, 정책집행 단계에서 정책 담당자 등을 돕기 위한 것이다.

06　0385

정책평가의 방법을 논리모형(논리 매트릭스)과 목표모형으로 구분할 경우, 논리모형에 대한 설명으로 옳지 않은 것은?

2017 국가 9급 추가

① 정책 프로그램이 특정 성과를 산출하기 위해 어떤 논리적 인과구조를 가지고 있는지를 명시적으로 보여준다.
② 프로그램이 해결하려는 정책문제 및 정책의 결과물이 무엇인지를 명확히 해주기 때문에 정책형성과정의 인과관계에 대한 가정의 오류와 정책집행의 실패를 구분할 수 있도록 한다.
③ 정책이 달성하려는 장기목표와 중단기목표들을 잘 달성했는지에 초점을 맞춘 평가모형이다.
④ 프로그램 논리의 분석 및 정리과정이 이해관계자의 정책 프로그램에 대한 이해를 높인다.

출제유형 Ⅰ. 기본개념　　**출제영역** 정책평가의 유형

출제빈도 ★★　　**난도** 중

정답찾기
③ 총괄평가는 주로 외부 평가자에 의해 수행되며, 평가 결과는 정책 프로그램의 지속, 중단, 확대 등 정책적 판단 혹은 의사결정에 활용된다.

오답피하기
① 총괄평가는 정책이 집행된 후에 효과성 판단을 위한 목적으로 수행된다.
② 형성평가는 정책이 집행되는 도중에 수행되는 평가이다.
④ 형성평가는 주로 정책집행 과정에서 발생하는 문제들을 해결하여 사업을 효율적으로 진행하기 위한 전략을 수립하기 위한 목적으로 수행된다.

정답 ③

출제유형 Ⅰ. 기본개념　　**출제영역** 정책평가의 유형

출제빈도 ★★　　**난도** 중

정답찾기
③ 정책이 달성하려는 장기목표와 중단기목표들을 잘 달성했는지에 초점을 맞춘 평가모형은 프로그램 목표모형에 해당한다.

오답피하기
프로그램논리모형(Program Logical Model)은 투입(자원) → 활동 → 산출 → 결과(단기, 중기, 장기영향) 및 문제해결 등으로 구성되는 프로그램의 인과경로를 시각적으로 잘 정리한 것으로 프로그램이 해결하려는 정책문제 및 정책의 결과물이 무엇인지를 명확히 해주기 때문에 정책형성과정의 인과관계에 대한 가정의 오류와 정책집행의 실패를 구분할 수 있도록 하므로 평가의 타당성을 제고시켜 주는 일종의 과정평가에 해당한다.

정답 ③

07 0386

정책평가의 일반적인 절차를 순서대로 바르게 나열한 것은?

2021 국가 7급

> ㄱ. 정책평가 대상 확정
> ㄴ. 평가 결과 제시
> ㄷ. 인과모형 설정
> ㄹ. 자료 수집 및 분석
> ㅁ. 정책목표 확인

① ㄱ → ㅁ → ㄷ → ㄹ → ㄴ
② ㅁ → ㄱ → ㄷ → ㄴ → ㄹ
③ ㅁ → ㄱ → ㄷ → ㄹ → ㄴ
④ ㅁ → ㄷ → ㄱ → ㄹ → ㄴ

출제유형 Ⅰ. 기본개념 **출제영역** 정책평가의 과정
출제빈도 ★ **난도** 중

정답찾기
③ 정책평가의 일반적인 절차는 ㅁ. 정책목표 확인 → ㄱ. 정책평가 대상 확정 → ㄷ. 인과모형 설정 → ㄹ. 자료 수집 및 분석 → ㄴ. 평가 결과 제시이다.

정답 ③

08 0387

정책평가를 위한 측정도구의 타당성과 신뢰성에 대한 설명으로 옳지 않은 것은?

2020 국가 9급

① 타당성은 없지만 신뢰성이 높은 측정도구가 있을 수 있다.
② 신뢰성이 없지만 타당성이 높은 측정도구는 있을 수 없다.
③ 신뢰성은 측정도구의 타당성을 담보할 수 있는 충분조건이다.
④ 타당성이 없는 측정도구는 제1종 오류를 범하는 원인이 될 수 있다.

출제유형 Ⅰ. 기본개념 **출제영역** 정책평가의 타당성
출제빈도 ★★★ **난도** 중

정답찾기
③ 신뢰성은 측정도구의 타당성을 담보할 수 있는 충분조건이 아니라 필요조건이다.

오답피하기
① 타당성은 없지만 신뢰성이 높은 측정도구가 있을 수 있다.
② 신뢰성이 없지만 타당성이 높은 측정도구는 있을 수 없다.
④ 타당성이 없는 측정도구는 인과관계를 제대로 측정할 수 없으므로 효과 없는 정책을 채택하는 제1종 오류를 범하는 원인이 될 수 있다.

행복노트
신뢰도: 일관성의 정도

> 동일 측정도구로 동일 평가지표 이용 → 동일 결과 발생 확률
> 일관성의 정도(재검사법, 복수양식법, 반분법, 내적 일관성 분석)

타당도 ⊂ 신뢰도 : 타당도↑, 신뢰도↑
타당도 ⇒ 신뢰도는 타당도를 확보하는 전제조건

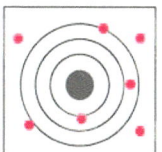
신뢰성과 타당성 낮음

신뢰성 ○ 타당성 ×

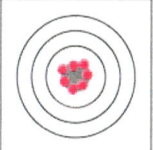
신뢰성과 타당성 높음

정답 ③

09　0388

다음 중 정책평가의 타당성 검토에 대한 설명으로 가장 옳지 않은 것은?　2017 서울 7급

① '청렴'이라는 이론적 구성요소에 대한 측정지표가 성공적으로 조작화되어 있는가를 살펴본다.
② '까마귀 날자 배 떨어진다'는 속담에서처럼 정책의 효과가 우연히 나타난 것은 아닌지, 다시 말해서 오직 정책에 기인한 것인지를 살펴본다.
③ 서울특별시를 대상으로 시범실시하여 효과적으로 나타난 A사업을 전국 광역시를 대상으로 확대 실시한 경우에도 효과적인지를 검토한다.
④ 정책의 대상집단과 내용 등이 동질적이나 정책평가시기를 달리하는 경우 각 시기별 정책결과 측정값의 상관관계를 분석한다.

출제유형 Ⅰ. 기본개념　**출제영역** 정책평가의 타당성
출제빈도 ★★★　**난도** 중

정답찾기
④ 정책의 대상집단과 내용 등이 동질적이나 정책평가 시기를 달리하는 경우 각 시기별 정책결과 측정값의 상관관계를 분석하는 것은 신뢰성에 대한 검토에 해당한다.

오답피하기
① 이론적 구성요소에 대한 측정지표가 성공적으로 조작화되어 있는가를 살펴보는 것은 구성적 타당성에 대한 설명이다.
② 정책의 효과가 우연히 나타난 것은 아닌지, 다시 말해서 오직 정책에 기인한 것인지를 살펴보는 것은 내적 타당성에 대한 설명이다.
③ 특정한 상황에서 얻은 정책평가의 일반화의 가능성을 나타내는 것은 외적 타당성이다.

행복노트
신뢰도: 일관성의 정도

> 동일 측정도구로 동일 평가지표 이용 → 동일 결과 발생 확률
> 일관성의 정도 (재검사법, 복수양식법, 반분법, 내적 일관성 분석)

신뢰도 ⊃ 타당도 : 타당도↑, 신뢰도↑
타당도 ⇒ 신뢰도는 타당도를 확보하는 전제조건

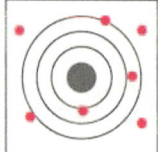
신뢰성과 타당성 낮음

신뢰성 ○ 타당성 ×

신뢰성과 타당성 높음

정답 ④

10　0389

정책평가에 대한 설명으로 옳지 않은 것은?　2012 국가 9급

① 정책평가의 외적 타당도란 특정한 상황에서 얻은 정책평가의 결과를 일반화할 수 있는 정도를 말한다.
② 정책평가의 내적 타당도란 관찰된 결과가 다른 경쟁적 요인들 보다는 해당 정책에 기인하는 것이라고 판단할 수 있는 정도를 의미한다.
③ A라는 정책이 집행된 이후에 그 정책의 목표 B가 달성된 것을 발견한 경우, 정책평가자는 A와 B 사이에 인과관계가 존재한다고 결론을 내릴 수 있다.
④ 신뢰도는 동일한 측정도구를 반복하여 사용했을 때 동일한 결과를 얻을 확률을 의미한다.

출제유형 Ⅰ. 기본개념　**출제영역** 정책평가의 타당성
출제빈도 ★★★　**난도** 중

정답찾기
③ A와 B 사이에 인과관계가 존재한다고 결론을 내리기 위해서는 시간적 선행성, 공동변화, 비허위적 관계 혹은 경쟁가설 배제 등이 충족되어야 한다. A라는 정책이 집행된 이후에 그 정책의 목표 B가 달성된 것을 발견한 경우, 정책평가자가 A와 B 사이에 인과관계가 존재한다고 결론을 내리기 위해서는 경쟁가설의 배제의 요건도 충족되어야 한다.

오답피하기
인과관계의 성립 조건
(1) 원인변수의 시간적 선행성(Temporal Precedence): 원인이 되는 사건이나 현상은 결과보다도 시간적으로 먼저 발생하여야 한다.
(2) 규칙적 동양성(同樣性) 또는 상시연결성(Constant Conjunction): 원인이 되는 현상이 변화하면 결과적인 현상도 항상 같이 변화해야 한다.
(3) 경쟁가설(Rival Hypothesis)의 배제원칙 또는 비허위적 관계: 결과변수의 변화가 추정된 원인이 아닌 제3의 변수 또는 외재적 변수에 의해 설명될 가능성이 없어야 한다는 것이다.

행복노트
인과관계
〈인과성 추론의 3요소〉
① X가 먼저발생
② X가 변하면 Y도 변함
③ 제3의 변수는 없어야 함

정답 ③

11 0390

정책평가의 논리에서 수단과 목표 간의 인과관계에 대한 설명으로 옳은 것만을 모두 고르면? 2020 지방 9급

> ㄱ. 정책목표의 달성이 정책수단의 실현에 선행해서 존재해야 한다.
> ㄴ. 특정 정책수단 실현과 정책목표 달성 간 관계를 설명하는 다른 요인이 배제되어야 한다.
> ㄷ. 정책수단의 변화 정도에 따라 정책목표의 달성 정도도 변해야 한다.

① ㄱ
② ㄷ
③ ㄱ, ㄴ
④ ㄴ, ㄷ

출제유형 Ⅰ. 기본개념   **출제영역** 정책평가의 타당성
출제빈도 ★★★   난도 중

정답찾기
④ 정책평가의 논리모형에서 수단과 목표 간의 인과관계의 요건은 시간적 선행성, 공동변화, 허위변수의 배제이다.
ㄴ. 특정 정책수단 실현과 정책목표 달성 간 관계를 설명하는 다른 요인이 배제되어야 한다는 것은 경쟁가설의 배제를 의미한다.
ㄷ. 정책수단의 변화 정도에 따라 정책목표의 달성 정도도 변해야 한다는 것은 공동변화에 대한 설명이다.

오답피하기
ㄱ. 시간적 선행성은 정책수단을 통해 정책목표의 달성이 이루어져야하는 것이므로 정책수단의 실현이 정책목표 달성에 선행해서 존재해야 한다.

정답 ④

12 0391

다음 제시문의 ㉠, ㉡에 들어갈 용어가 바르게 연결된 것은? 2016 지방 9급

> (㉠)는 독립변수인 정책수단과 함께 종속변수인 정책효과를 가져오는 요인으로 정책수단과 정책효과 사이의 인과관계를 과대 또는 과소평가하며, (㉡)는 독립변수인 정책수단의 효과가 전혀 없을 때, 숨어서 정책효과를 가져오는 변수로 정책수단과 정책효과 사이의 인과관계를 완전히 왜곡하는 요인이다.

	㉠	㉡
①	허위변수 (Spurious Variable)	매개변수 (Mediating Variable)
②	혼란변수 (Confounding Variable)	허위변수 (Spurious Variable)
③	혼란변수 (Confounding Variable)	매개변수 (Mediating Variable)
④	허위변수 (Spurious Variable)	혼란변수 (Confounding Variable)

출제유형 Ⅰ. 기본개념   **출제영역** 정책평가의 타당성
출제빈도 ★★★   난도 중

정답찾기
② 실질적 관계보다 과대 또는 과소평가하게 영향을 미치는 제3의 변수는 ㉠ 혼란변수이며, 실질적으로는 효과가 없음에도 불구하고, 마치 관계가 있는 것처럼 착각을 미치는 제3의 변수는 ㉡ 허위변수이다.

오답피하기

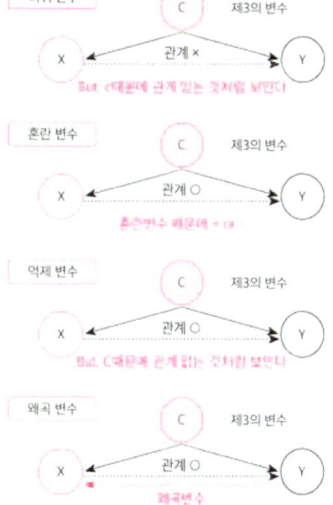

정답 ②

13 0392

정책변수에 대한 설명으로 옳은 것만을 모두 고르면?

2020 국가 9급

> ㄱ. 매개변수 – 독립변수의 원인인 동시에 종속변수의 원인이 되는 제3의 변수
> ㄴ. 조절변수 – 독립변수와 종속변수 간에 상호작용 효과를 나타나게 하는 제3의 변수
> ㄷ. 억제변수 – 독립변수와 종속변수 간에 상관관계가 없는데도 있는 것으로 나타나게 하는 제3의 변수
> ㄹ. 허위변수 – 독립변수와 종속변수 모두에게 영향을 미치며 이들 사이의 공동변화를 설명하는 제3의 변수

① ㄱ, ㄷ
② ㄱ, ㄹ
③ ㄴ, ㄷ
④ ㄴ, ㄹ

출제유형 Ⅰ. 기본개념   **출제영역** 정책평가의 타당성
출제빈도 ★★   **난도** 상

정답찾기
ㄴ. 조절변수는 독립변수와 종속변수 간에 상호작용효과(다른 독립변수 수준에 영향을 받는 것)를 나타나게 하는 제3의 변수를 말한다.
ㄹ. 허위변수는 독립변수와 종속변수 간에 상관관계가 없는데도 있는 것으로 나타나게 하는 제3의 변수로서 독립변수와 종속변수 모두에게 영향을 미치며 이들 사이의 공동변화를 설명하는 변수이다.

오답피하기
ㄱ. 매개변수는 독립변수의 결과이자 종속변수의 원인이 되는 변수이다.
ㄷ. 억제변수란 독립변수와 종속변수 간에 상관관계가 있는데도 없는 것처럼 효과를 억압하는 제3의 변수를 말한다.

정답 ④

14 0393

정책평가에서 내적 타당성에 대한 설명으로 옳지 않은 것은?

2019 지방 9급

① 준실험설계보다 진실험설계를 사용할 때 내적 타당성의 저해 요인이 다양하게 나타난다.
② 정책의 집행과 효과 사이에 존재하는 인과관계의 추론이 가능한 평가가 내적 타당성이 있는 평가이다.
③ 허위변수나 혼란변수를 배제할 수 있다면 내적 타당성을 높일 수 있다.
④ 선발요인이나 상실요인을 통제하기 위해서는 무작위배정이나 사전측정이 필요하다.

출제유형 Ⅰ. 기본개념   **출제영역** 정책평가의 타당성
출제빈도 ★★★   **난도** 중

정답찾기
① 준실험설계보다 진실험설계를 사용할 때 내적 타당성이 높아질 수 있다.

오답피하기
② 정책의 집행과 효과 사이에 존재하는 인과관계의 추론이 가능한 평가가 내적 타당성(정책과 정책효과 간의 인과적 결론의 적합성의 정도)이 있는 평가이다.
③ 허위변수나 혼란변수와 같은 외생변수의 통제를 철저히 할 수 있다면 내적 타당성을 높일 수 있다.
④ 선발요인이나 상실요인을 통제하기 위해서는 무작위배정이나 사전측정이 필요하다.

행복노트

정책평가를 위한 사회실험

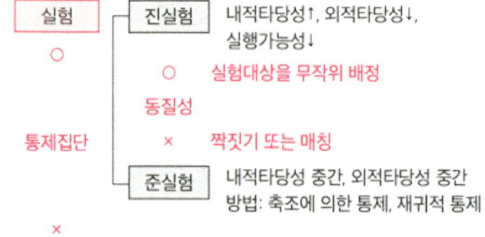

- 내적 타당성: 진실험 > 준실험 > 비실험
- 외적 타당성: 비실험 > 준실험 > 진실험
- 실현가능성: 비실험 > 준실험 > 진실험

정답 ①

15 ☐☐☐ 0394

정책평가에서 내적 타당성에 대한 설명으로 옳지 않은 것은?

2019 국가 7급

① 역사요인은 외부환경에서 발생하여 사전 및 사후측정값이 달라지게 만드는 어떤 사건을 말한다.
② 성숙효과는 실험대상자들이 사전측정의 내용에 대해 친숙하게 되어 사후측정값이 달라지는 것이다.
③ 상실요인은 정책집행 기간에 대상자 일부가 이탈하여 사전 및 사후측정값이 달라지는 것과 관련이 있다.
④ 선발요인은 실험집단 및 통제집단에 대한 무작위 배정과 사전측정을 통해 어느 정도 통제할 수 있다.

16 ☐☐☐ 0395

정책평가의 내적 타당성과 외적 타당성에 대한 설명으로 옳은 것은?

2018 국가 7급

① 역사요인, 성숙요인, 회귀요인은 모두 외적 타당성 저해 요인이다.
② 준실험이 갖는 약점은 주로 외적 타당성보다는 내적 타당성에 관한 것이다.
③ 실험대상자들이 실험의 대상으로 자신들이 관찰되고 있다는 사실을 알게 되어 평소와는 다른 행동을 함으로써 발생하는 효과는 내적 타당성의 저해요인이다.
④ 정책집행과 정책효과 사이의 인과관계를 정확히 파악할 수 있는 평가는 외적 타당성을 갖추었다고 볼 수 있다.

출제유형 Ⅰ. 기본개념　**출제영역** 정책평가의 타당성
출제빈도 ★★★　**난도** 중

정답찾기
② 실험대상자들이 사전측정의 내용에 대해 친숙하게 되어 사후측정값이 달라지는 것은 측정요인에 해당한다.

오답피하기
① 역사요인은 실험이 진행되는 동안 발생하여 사전 및 사후측정값이 달라지게 하는 사건을 의미한다.
③ 상실요인은 정책집행 기간에 대상자 일부가 이탈하여 측정값이 달라지는 현상을 의미한다.
④ 선발요인은 선발의 차이로 인해 실험집단과 통제집단 간 동질성을 확보하지 못하여 오류가 발생하는 것을 의미한다.

행복노트

타당도(Cook과 Cambell의 분류)

내적 타당도	인과적 결론의 적합성 정도
외적 타당도	결과의 일반화 = 다른 집단에의 적용가능성

- 내적 타당성이 우선적용　• 둘 관계는 상충관계

통계론 결론의 타당도	─ 정책결과의 측정위해 충분히 정밀한 연구설계 정도 └ 제1종 오류, 제2종 오류 방지
구성적 타당도	이론적 구성요소들의 성공적 조작화 정도

정답 ②

출제유형 Ⅰ. 기본개념　**출제영역** 정책평가의 타당성
출제빈도 ★★★　**난도** 중

정답찾기
② 준실험은 실험집단과 통제집단 간에 동질성을 확보하지 못하므로 진실험에 비하여 외적 타당성은 높지만 내적 타당성은 상대적으로 낮다.

오답피하기
① 역사요인, 성숙요인, 회귀요인은 모두 내적 타당성 저해요인이다.
③ 실험대상자들이 실험의 대상으로 자신들이 관찰되고 있다는 사실을 알게 되어 평소와는 다른 행동을 함으로써 발생하는 효과는 호손효과로서 외적 타당성 저해요인이다.
④ 인과적 추론의 정확성이 높은 평가는 내적 타당성을 갖추었다고 볼 수 있다.

정답 ②

17　　　　　　　　　　　　　　　　0396

Cook과 Cambell이 분류한 정책타당도에 대한 설명으로 옳지 않은 것은?
                                                    2014 서울 9급

① 내적 타당도는 정책수단과 정책효과 사이의 인과관계를 파악할 수 있게 한다.
② 외적 타당도는 정책이 다른 상황에서도 실험에서 발견된 효과들이 그대로 나타날 수 있는가이다.
③ 구성타당도(개념적 타당도)란 처리, 결과, 상황 등에 대한 이론적 구성요소들이 성공적으로 조작화된 정도를 말한다.
④ 결론타당도(통계적 타당도)란 정책실시와 영향의 관계에서 정확도를 의미한다.
⑤ 크리밍(Creaming)효과, 호손(Hawthorne)효과는 내적 타당도를 저해하는 요인이다.

18　　　　　　　　　　　　　　　　0397

내적 타당성의 위협요인에 대한 설명을 바르게 연결한 것은?
                                                    2016 국가 7급

ㄱ. 실험(Testing)효과　　ㄴ. 회귀(Regression)효과
ㄷ. 성숙(Maturation)효과　ㄹ. 역사(History)효과

A. 순전히 시간의 경과 때문에 발생하는 조사대상 집단의 특성 변화가 나타나는 경우
B. 정책 및 프로그램의 실시 전후 유사한 검사를 반복하는 경우에 시험에 친숙도가 높아져 측정값에 영향을 미치는 경우
C. 특정 프로그램처리가 집행될 즈음에 발생한 다른 어떤 외부적 사건 때문에 나타난 효과
D. 극단적인 점수를 얻은 실험대상들이 시간이 흐름에 따라 보다 덜 극단적인 상태로 표류하게 되는 경향

	ㄱ	ㄴ	ㄷ	ㄹ
①	B	A	D	C
②	B	D	A	C
③	D	C	B	A
④	D	C	A	B

출제유형 Ⅰ. 기본개념　　**출제영역** 정책평가의 타당성
출제빈도 ★★★　　**난도** 중

정답찾기
⑤ 크리밍(Creaming)효과와 호손(Hawthorne)효과는 외적 타당도를 저해하는 요인이다.

오답피하기
타당도(Cook과 Cambell의 분류)

| 내적 타당도 | 인과적 결론의 적합성 정도 |
| 외적 타당도 | 결과의 일반화 = 다른 집단에의 적용가능성 |

• 내적 타당성이 우선적용　　• 둘 관계는 상충관계

| 통계론 결론의 타당도 | ─ 정책결과의 측정위해 충분히 정밀한 연구설계 정도
└ 제1종 오류, 제2종 오류 방지 |
| 구성적 타당도 | 이론적 구성요소들의 성공적 조작화 정도 |

정답 ⑤

출제유형 Ⅰ. 기본개념　　**출제영역** 내적 타당성 위협요인
출제빈도 ★★★　　**난도** 중

정답찾기
ㄱ. 실험효과 – B: 실험효과란 측정 그 자체가 실험에 영향을 주는 것이다.
ㄴ. 회귀효과 – D: 회귀효과(회귀인공요소)는 극단적인 사전평가 결과를 기초로 개인들을 선발하고 다음의 측정에서 평균치로 회귀하는 경향성을 말한다.
ㄷ. 성숙효과 – A: 성장효과라고도 한다. 시간의 흐름에 따라 측정대상의 특징이 자연스럽게 성장하여 실험에 영향을 미치는 현상을 말한다.
ㄹ. 역사효과 – C: 역사효과(역사적 요소, 사건효과)란 실험기간 동안에 일어난 비의도적인 사건발생이 인과관계의 정확성을 그르치는 현상을 말한다.

정답 ②

19
0398

정책실험에서 내적 타당성을 위협하는 요인 중 다음 설명에 해당하는 것은?
2021 지방 9급

> 사전측정을 경험한 실험 대상자들이 측정내용에 대해 친숙해지거나 학습효과를 얻음으로써 사후측정 때 실험집단의 측정값에 영향을 주는 효과이며, '눈에 띄지 않는 관찰' 방법 등으로 통제할 수 있다.

① 검사요인 ② 선발요인
③ 상실요인 ④ 역사요인

20
0399

다음 내용에서 정책평가의 내적 타당성을 위협하는 요인은?
2016 국가 9급

> 정부는 혼잡통행료제도의 효과를 측정하기 위해 혼잡통행료 실시 이전과 실시 후의 도심의 교통 흐름도를 측정, 비교하였다. 그런데 두 측정시점 사이에 유류가격이 급등하는 상황이 발생하였다.

① 상실(Mortality)요인 ② 회귀(Regression)요인
③ 역사(History)요인 ④ 검사(Testing)요인

출제유형 Ⅰ. 기본개념 **출제영역** 내적 타당성 위협요인
출제빈도 ★★★ 난도 중

정답찾기
① 사전측정을 경험한 실험 대상자들이 측정 내용에 대해 친숙해지거나 학습효과를 얻음으로써 사후측정 때 실험집단의 측정값에 영향을 주는 효과는 검사요인에 해당한다.

오답피하기
② 선발요인은 실험집단과 통제집단의 구성원이 다르기 때문에 나타나는 요인을 말한다.
③ 상실요인은 조사기간 중에 관찰 대상집단의 일부가 중도 탈락·상실됨으로써 남아 있는 대상이 처음의 관찰대상 집단과 다른 특성을 갖게 되어 실험결과에 영향을 미치는 현상이다.
④ 역사요인은 조사를 하는 동안에 일어나는 우발적 사건이 미치는 영향요인을 말한다.

행복노트
타당도 저해요인

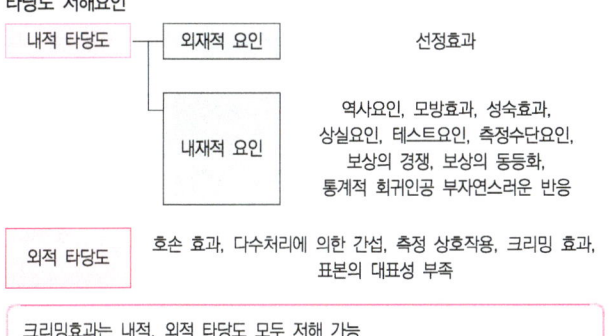

크리밍효과는 내적, 외적 타당도 모두 저해 가능

정답 ①

출제유형 Ⅰ. 기본개념 **출제영역** 내적 타당성 위협요인
출제빈도 ★★★ 난도 중

정답찾기
③ 혼잡통행료 제도라는 정책과 그 정책의 효과 간의 인과관계를 측정하는 과정에서 유류가격 인상이라는 비의도적인 사건이 발생한 것이므로 이는 역사요인에 해당한다.

오답피하기
① 상실(Mortality)요인이란 피실험자 상실요인은 조사기간 중에 관찰 대상집단의 일부가 중도 탈락·상실됨으로써 남아있는 대상이 처음의 관찰 대상집단과 다른 특성을 갖게 되어 실험결과에 영향을 미치는 현상이다.
② 회귀(Regression)요인이란 극단적인 점수를 얻은 실험대상들이 시간이 흐름에 따라 보다 덜 극단적인 상태로 표류하게 되는 경향을 말한다.
④ 검사(Testing)요인이란 정책 및 프로그램의 실시 전후 유사한 검사를 반복하는 경우에 시험에 친숙도가 높아져 측정값에 영향을 미치는 경우이다.

정답 ③

21

정책평가의 내적 타당성을 저해하는 요인들 중 외재적 요인은?

2014 지방 9급

① 선발요인
② 역사요인
③ 측정요인
④ 도구요인

22

A 지방자치단체는 알코올 중독자들을 위한 6개월 단주 교실을 운영하였다. 처음에는 50명의 수강자들로 시작하였는데, 중도에 탈락되어 20명만이 수료하였고, 그 중 15명이 단주에 성공하였다. A 지방자치단체는 단주교실 운영의 효과를 75%(수료자 20명 가운데 15명)가 단주에 성공했다고 평가하는 오류를 범하였다. 이는 평가의 내적 타당성을 위협하는 요인 중 어느 요인의 오류를 범한 것인가?

2012 국회 9급

① 역사적(History) 요인
② 선발(Selection)요인
③ 회귀(Regression)요인
④ 상실(Mortality)요인
⑤ 성숙(Maturation)요인

출제유형 Ⅰ. 기본개념   **출제영역** 내적 타당성 위협요인
출제빈도 ★★★   **난도** 하

정답찾기
① 내적 타당성을 저해하는 외재적 요인은 선발요인으로 실험집단과 통제집단을 구성할 때 두 집단에 서로 다른 개인들을 선발하여 할당함으로써 생길 수 있는 편견을 말한다.

오답피하기
② 역사요인은 특정 프로그램처리가 집행될 즈음에 발생한 다른 어떤 외부적 사건 때문에 나타난 효과이다.
③ 측정요인이란 정책 및 프로그램의 실시 전후 유사한 검사를 반복하는 경우에 시험에 친숙도가 높아져 측정값에 영향을 미치는 경우이다.
④ 도구요인이란 성능이 부실한 측정도구로 평가하는 경우 정확도가 떨어지는 것으로 조사자의 요인이라고도 한다.

정답 ①

출제유형 Ⅰ. 기본개념   **출제영역** 내적 타당성 위협요인
출제빈도 ★★★   **난도** 중

정답찾기
④ 피실험자 상실요인은 조사기간 중에 관찰 대상집단의 일부가 중도 탈락·상실됨으로써 남아있는 대상이 처음의 관찰 대상집단과 다른 특성을 갖게 되어 실험결과에 영향을 미치는 현상이다.

오답피하기
① 역사적(History) 요인은 특정 프로그램처리가 집행될 즈음에 발생한 다른 어떤 외부적 사건 때문에 나타난 효과이다.
② 선발(Selection)요인은 선발의 차이로 인해 실험집단과 통제집단 간 동질성을 확보하지 못하여 오류가 발생하는 것을 의미한다.
③ 회귀(Regression)요인은 극단적인 점수를 얻은 실험대상들이 시간이 흐름에 따라 보다 덜 극단적인 상태로 표류하게 되는 경향을 말한다.
⑤ 성숙(Maturation)요인은 순전히 시간의 경과 때문에 발생하는 조사대상 집단의 특성변화가 나타나는 경우를 말한다.

정답 ④

23 ☐☐☐ 0402

정책평가와 관련하여 실험결과의 외적 타당성을 저해하는 요인으로 옳지 않은 것은?

2021 국가 9급

① 연구자의 측정기준이나 측정도구가 변화되는 경우
② 표본으로 선택된 집단의 대표성이 약할 경우
③ 실험집단 구성원 자신이 실험대상임을 인지하고 평소와 다른 특별한 반응을 보일 경우
④ 실험의 효과가 크게 나타날 것으로 예상되는 집단만을 의도적으로 실험집단에 배정하는 경우

24 ☐☐☐ 0403

정책평가에 있어서 조건이 양호한 집단을 대상으로 정책수단을 실시한 후 그 결과가 좋게 나타난 정책수단을 다른 상황에 적용하려고 하는 경우에 나타나는 외적 타당성의 문제는?

2017 국가 9급 추가

① 크리밍효과(Creaming Effect)
② 성숙효과(Maturation Effect)
③ 허위상관(Spurious Correlation)
④ 호손효과(Hawthorne Effect)

출제유형 I. 기본개념   **출제영역** 외적 타당성 위협요인

출제빈도 ★★★   난도 중

정답찾기

① 연구자의 측정기준이나 측정도구가 변화되는 경우는 도구(측정수단)요인으로서 내적 타당도 저해요인에 해당한다.

오답피하기

② 표본으로 선택된 집단의 대표성이 약할 경우는 외적 타당도 저해요인에 해당한다.
③ 실험집단 구성원 자신이 실험대상임을 인지하고 평소와 다른 특별한 반응을 보일 경우는 호손효과로서, 외적 타당도 저해요인에 해당한다.
④ 실험의 효과가 크게 나타날 것으로 예상되는 집단만을 의도적으로 실험집단에 배정하는 경우는 크리밍효과로서, 외적 타당도 저해요인에 해당한다.

행복노트

타당도 저해요인

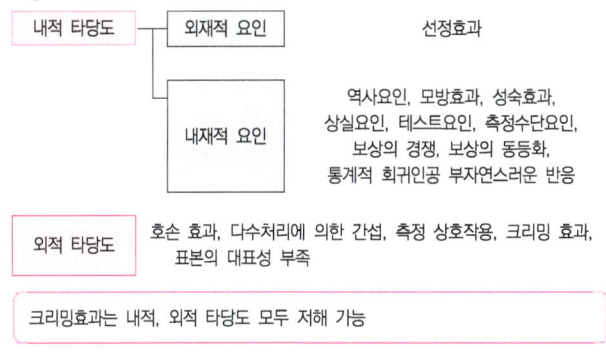

크리밍효과는 내적, 외적 타당도 모두 저해 가능

정답 ①

출제유형 I. 기본개념   **출제영역** 외적 타당성 위협요인

출제빈도 ★★★   난도 중

정답찾기

① 조건이 양호한 집단을 대상으로 정책수단을 실시한 후 그 결과가 좋게 나타난 정책수단을 다른 상황에 적용하려고 하는 경우는 정책평가의 외적 타당성을 저해하는 요인 중 하나인 크리밍효과에 해당한다.

오답피하기

② 성숙효과(Maturation Effect)란 순전히 시간의 경과 때문에 발생하는 조사대상 집단의 특성변화가 나타나는 경우를 말하는 것으로 내적 타당성을 저해하는 요인이다.
③ 허위상관(Spurious Correlation)이란 상관이 없는 두 확률변수의 경우 랜덤한 규칙을 수행했을 때 비율이나 지수들 사이에 상관관계가 존재함이 발견되는 경우를 설명하는 것이다.
④ 호손효과(Hawthorne Effect)란 실험집단으로 선정된 사람들이 조작없는 일상의 활동으로써 관찰하여야 함에도 불구하고, 특별히 선발되어 자신들이 관찰의 대상이 되어 있다고 의식함으로써 평소와는 다른 반응과 동기를 유발하게 되는 인위적 실험조작의 반응효과를 말한다.

정답 ①

25

정책의 효과를 확인하기 위한 평가설계에 대한 설명으로 옳은 것만을 모두 고르면?

2022 국가 7급

> ㄱ. 동일 정책대상집단에 대해 정책집행을 기준으로 여러 번의 사전, 사후 측정을 하여 정책효과를 추정하는 '단절적 시계열 설계'는 준실험설계 유형 중 하나이다.
> ㄴ. 내적 타당성을 위협하는 역사요인은 정책집행 기간이 상대적으로 길고 정책대상이 사람일 때 주로 나타나며 시간의 경과 때문에 발생하는 조사대상 집단의 특성 변화가 정책의 효과에 혼재되어 나타나는 경우를 말한다.
> ㄷ. 정책실험을 할 수 없는 경우, 통계분석 기법을 이용해서 정책효과의 인과관계를 추론하는 것을 비실험적 정책평가설계라고 하며 회귀분석이나 경로분석 등이 있다.

① ㄱ ② ㄱ, ㄷ ③ ㄴ, ㄷ ④ ㄱ, ㄴ, ㄷ

출제유형 I. 기본개념 **출제영역** 정책평가방법
출제빈도 ★★★ **난도** 상

정답찾기
ㄱ. 동일 정책대상집단에 대해 정책집행을 기준으로 여러 번의 사전, 사후측정을 하여 정책효과를 추정하는 '단절적 시계열설계'는 준실험설계 유형 중 하나이다.
ㄷ. 정책실험을 할 수 없는 경우, 통계분석 기법을 이용해서 정책효과의 인과관계를 추론하는 것을 비실험적 정책평가설계라고 하며 회귀분석이나 경로분석 등이 있다.

오답피하기
ㄴ. 내적 타당성을 위협하는 성숙요인은 정책집행 기간이 상대적으로 길고 정책대상이 사람일 때 주로 나타나며 시간의 경과 때문에 발생하는 조사대상 집단의 특성변화가 정책의 효과에 혼재되어 나타나는 경우를 말한다.

내적 타당도 저해요인

선발요인 (외재적)	실험집단과 통제집단의 구성원이 다르기 때문에 나타나는 요인 (무작위 배정과 사전측정으로 통제)
역사요인	외부환경에서 발생하여 사전 및 사후 측정값이 달라지게 만드는 어떤 사건
모방요인	통제집단의 구성원이 실험집단 구성원의 행동을 모방 (오염 혹은 확산효과)
성숙요인	순전히 시간의 경과 때문에 발생하는 조사대상 집단의 특성변화가 나타나는 경우
상실요인	정책집행 기간에 대상자 일부가 이탈하여 사전, 사후 측정값이 달라지는 것
측정요인	측정 자체가 평가되고 있는 대상에 영향을 주는 것(동일한 시험 2번 실시하면 사후 점수가 높음)
측정수단	상이한 난이도의 측정수단 사용 시

정답 ②

26

정책평가의 논리와 방법에 대한 설명으로 옳지 않은 것은?

2016 지방 7급

① 내적 타당성이란 다른 요인들이 작용한 효과를 제외하고 오로지 정책 때문에 발생한 순수한 효과를 정확히 추출해 내는 것과 관련되는 개념이다.
② 내적 타당성을 위협하는 성숙요인이란 순전히 시간의 경과 때문에 발생하는 조사대상집단의 특성변화를 말한다.
③ 진실험설계의 주요 형태 중 하나인 단일집단 사전사후측정설계는 동일한 정책대상집단에 대한 사전측정과 사후측정을 통해 정책효과를 추정하는 방식이다.
④ 결과변수에 영향을 미친다고 생각되는 제3변수들을 식별하여 통계분석모형에 포함시킨 후 정책효과를 추정하는 것은 비실험적 설계의 한 예이다.

출제유형 I. 기본개념 **출제영역** 정책평가방법
출제빈도 ★★ **난도** 상

정답찾기
③ 단일집단 사전사후측정설계는 동일한 정책대상집단에 대한 사전측정과 사후측정을 통해 정책효과를 추정하는 방식으로서 이는 준실험적 방법에 해당한다.

오답피하기
① 내적 타당성이란 다른 요인들이 작용한 효과를 제외하고 오로지 정책 때문에 발생한 순수한 효과를 정확히 추출해 내는 것과 관련되는 개념으로서, 정책과 정책효과간의 인과적 결론의 적합성 정도를 말한다.
② 내적 타당성을 위협하는 성숙요인이란 순전히 시간의 경과 때문에 발생하는 조사대상집단의 특성변화를 말한다.
④ 결과변수에 영향을 미친다고 생각되는 제3변수들을 식별하여 통계분석모형에 포함시킨 후 정책효과를 추정하는 것은 비실험적 설계의 한 예이다.

정답 ③

27　0406

정책평가를 위한 사회실험에 대한 설명으로 옳지 않은 것은?

2023 국가 9급

① 통제집단 사전·사후 설계는 검사효과를 통제할 수 있다.
② 준실험은 진실험에 비해 실행 가능성이 높다는 장점이 있다.
③ 회귀불연속 설계는 구분점(구간)에서 회귀직선의 불연속적인 단절을 이용한다.
④ 솔로몬 4집단 설계는 통제집단 사전·사후 설계와 통제집단 사후 설계의 장점을 갖는다.

출제유형 Ⅰ. 기본개념　　**출제영역** 정책평가방법
출제빈도 ★★　　　　　**난도** 상

정답찾기
① 통제집단 사전·사후 설계는 통제집단을 사전에 측정하고 사후에 다시 측정하므로 검사효과가 나타날 수 있다.

오답피하기
② 준실험은 진실험에 비해 실행 가능성이 높다는 장점이 있다.
③ 회귀불연속 설계는 구분점(구간)에서 회귀직선의 불연속적인 단절을 이용한다.
④ 솔로몬 4집단 설계는 통제집단 사전·사후 설계와 통제집단 사후 설계의 장점을 갖는다.

정책평가를 위한 사회실험

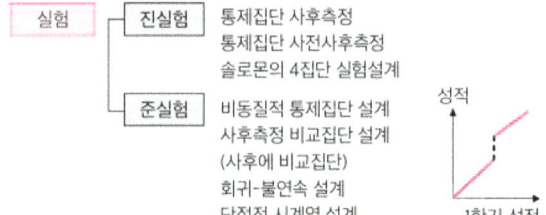

정답 ①

28　0407

사회실험에 대한 설명으로 옳은 것만을 모두 고르면?

2021 지방 7급

ㄱ. 자연과학의 실험실 실험과는 달리 상황에 따라 통제집단(Control Group) 또는 비교집단(Comparison group) 없이 진행할 수 있다.
ㄴ. 진실험 방법을 활용하여 사회실험을 진행하면 호손효과(Hawthorne Effect)를 방지할 수 있다는 점이 가장 큰 장점이다.
ㄷ. 아직 검증되지 않은 정책 프로그램에 대규모 투자를 하기 전에 그 결과를 미리 평가해 보는 것이 중요한 목적 중 하나이다.
ㄹ. 실험집단과 비교집단을 무작위배정(Random Assignment) 할 수 없어 집단 간 동질성 확보가 불가능하면, 준실험(Quasi-experiment)방법을 채택하여 진행할 수 있다.

① ㄱ, ㄴ　　② ㄱ, ㄹ
③ ㄴ, ㄷ　　④ ㄷ, ㄹ

출제유형 Ⅰ. 기본개념　　**출제영역** 정책평가방법
출제빈도 ★★　　　　　**난도** 중

정답찾기
ㄷ. 아직 검증되지 않은 정책프로그램에 대규모 투자를 하기 전에 그 결과를 미리 평가해 보는 것이 중요한 목적 중 하나이다.
ㄹ. 실험집단과 비교집단을 무작위배정할 수 없어 집단 간 동질성 확보가 불가능하면, 매칭과 같은 방법으로 비동질적인 통제집단으로 실시하는 준실험(Quasi-experiment) 방법을 채택하여 진행할 수 있다.

오답피하기
ㄱ. 사회실험은 반드시 실험집단과 이에 비교되는 통제집단 또는 비교집단이 존재하여야 한다. 통제집단이 없는 것은 비실험에 해당한다.
ㄴ. 진실험 방법을 활용하여 사회실험을 진행하면 호손효과(Hawthorne Effect)가 발생할 가능성이 크다.

정답 ④

29　0408

실험설계에 대한 설명으로 옳지 않은 것은?　2020 국가 7급

① 특정 정책의 효과성 판단을 위한 인과관계 입증에 활용될 수 있다.
② 진실험(True Experiment)과 준실험(Quasi-experiment)의 차이는 실험집단과 통제집단의 무작위배정에 의한 동질성 확보 여부이다.
③ 회귀-불연속설계나 단절적 시계열설계는 과거지향적(Retrospective)인 성격을 갖는 진실험설계(True Experiment)에 해당된다.
④ 짝짓기(Matching)를 통하여 제3의 요인에 관하여 실험집단과 통제집단을 동등화시킬 수 있다.

출제유형	Ⅰ. 기본개념	출제영역	정책평가방법
출제빈도	★★	난도	상

정답찾기
③ 회귀-불연속설계나 단절적 시계열설계는 과거지향적(Retrospective)인 성격을 갖는 준실험 설계에 해당된다.

오답피하기
① 실험설계는 특정 정책의 효과성 판단을 위한 인과관계 입증에 활용될 수 있다.
② 진실험(True Experiment)과 준실험(Quasi-experiment)의 차이는 실험집단과 통제집단의 무작위배정에 의한 동질성 확보 여부이다.
④ 짝짓기(Matching)를 통하여 제3의 요인에 관하여 실험집단과 통제집단을 동등화시킬 수 있다.

정답 ③

30　0409

정책평가방법에 대한 설명으로 옳지 않은 것은?　2014 지방 9급

① 진실험설계는 정책을 집행하는 실험집단과 집행하지 않는 통제집단을 구성하되, 두 집단이 동질적인 집단이 되도록 한다.
② 정책의 실험과정에서 실험대상자와 통제대상자들이 서로 접촉하는 경우에는 모방효과가 나타날 수 있다.
③ 준실험설계는 짝짓기(Matching) 방법으로 실험집단과 통제집단을 구성하여 정책영향을 평가하거나, 시계열적인 방법으로 정책영향을 평가한다.
④ 준실험설계는 자연과학 실험과 같이 대상자들을 격리시켜 실험하기 때문에, 호손효과(Hawthorne Effect)를 강화시킨다.

출제유형	Ⅰ. 기본개념	출제영역	정책평가방법
출제빈도	★★	난도	중

정답찾기
④ 진실험설계는 자연과학 실험과 같이 대상자들을 격리시켜 실험하기 때문에, 호손효과(Hawthorne Effect)를 강화시키고 외적 타당도를 저하시킨다.

오답피하기
정책평가를 위한 사회실험

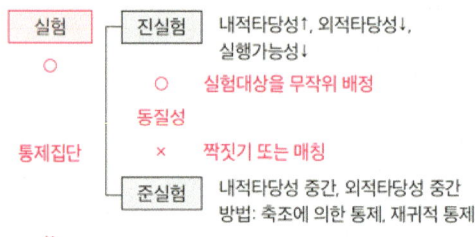

- 내적 타당성: 진실험 > 준실험 > 비실험
- 외적 타당성: 비실험 > 준실험 > 진실험
- 실현가능성: 비실험 > 준실험 > 진실험

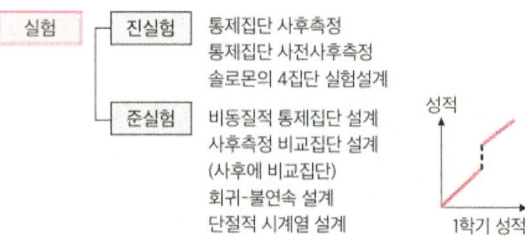

정답 ④

31

「정부업무평가 기본법」상 우리나라 정부업무평가제도에 대한 설명으로 옳지 않은 것은?   2022 국가 9급

① 특정평가는 국무총리가 중앙행정기관과 공공기관을 대상으로 국정을 통합적으로 관리하기 위한 목적을 갖는다.
② 국무총리 소속하에 심의 의결기구로서 정부업무평가위원회를 둔다.
③ 지방자치단체의 자체평가에 있어서 행정안전부장관은 평가 관련 사항에 대하여 지방자치단체를 지원할 수 있다.
④ 자체평가는 중앙행정기관 또는 지방자치단체가 소관 정책 등을 스스로 평가하는 것을 말한다.

32

정부에서 실시하고 있는 분석 및 평가제도에 대한 설명으로 옳은 것만을 모두 고르면?   2018 지방 9급

> ㄱ. 규제영향분석 – 「행정규제기본법」상 규제를 신설·강화할 때, 규제를 받는 집단과 국민이 부담해야 할 비용과 편익도 비교·분석해야 한다.
> ㄴ. 지방공기업평가 – 「지방공기업법」에 근거를 두고 있으며, 원칙적으로 지방자치단체장이 실시하되 필요 시 행정안전부장관이 실시할 수 있다.
> ㄷ. 정부업무평가 – 「정부업무평가 기본법」상 국무총리는 중앙행정기관의 자체평가 결과에 대해 필요 시 정부업무평가위원회의 심의·의결을 거쳐 재평가를 할 수 있다.
> ㄹ. 환경영향평가 – 2003년 「환경영향평가법」에 처음으로 근거가 명시된 후 발전해 온 평가제도이다.

① ㄱ, ㄷ
② ㄱ, ㄹ
③ ㄴ, ㄷ
④ ㄴ, ㄹ

출제유형 Ⅲ. 법령문제   **출제영역** 정부업무평가 기본법
출제빈도 ★★★   정답률 47%   난도 상

정답찾기
① 특정평가는 국무총리가 중앙행정기관을 대상으로 국정을 통합적으로 관리하기 위한 목적을 갖는 것으로서 공공기관은 특정평가의 대상에 해당하지 않는다.

> **관련조문**
> 「정부업무평가 기본법」 제2조 【정의】
> 4. '특정평가'라 함은 국무총리가 중앙행정기관을 대상으로 국정을 통합적으로 관리하기 위하여 필요한 정책 등을 평가하는 것을 말한다.

오답피하기
② 「정부업무평가 기본법」 제9조에 해당한다.
③ 「지방자치법」 제18조 제4항의 내용에 해당한다.
④ 「정부업무평가 기본법」 제2조(정의) 3. '자체평가'라 함은 중앙행정기관 또는 지방자치단체가 소관 정책 등을 스스로 평가하는 것을 말한다.

> **관련조문**
> 「정부업무평가 기본법」 제9조 【정부업무평가위원회의 설치】
> ① 정부업무평가의 실시와 평가기반의 구축을 체계적·효율적으로 추진하기 위하여 국무총리 소속하에 정부업무평가위원회를 둔다.
> ② 위원회는 다음 각호의 사항을 심의·의결한다.
> 「정부업무평가 기본법」 제18조 【지방자치단체의 자체평가】
> ④ 행정안전부장관은 평가의 객관성 및 공정성을 높이기 위하여 평가지표, 평가방법, 평가기반의 구축 등에 관하여 지방자치단체를 지원할 수 있다.

정답 ①

출제유형 Ⅲ. 법령문제   **출제영역** 정부업무평가 기본법
출제빈도 ★★★   난도 중

정답찾기
ㄱ. 「행정규제기본법」상 규제영향분석은 규제를 신설·강화할 때 규제를 받는 집단과 국민이 부담해야 할 비용과 편익을 비교·분석하는 것이다.
ㄷ. 정부업무평가 – 「정부업무평가 기본법」상 국무총리는 중앙행정기관의 자체평가 결과에 대해 필요시 정부업무평가위원회의 심의·의결을 거쳐 재평가를 할 수 있다.(「정부업무평가 기본법」 제17조)

오답피하기
ㄴ. 「지방공기업법」 제78조에 "행정안전부장관은 지방공기업의 경영 기본원칙을 고려하여 대통령령으로 정하는 바에 따라 지방공기업에 대한 경영평가를 하고, 그 결과에 따라 필요한 조치를 하여야 한다. 다만, 행정안전부장관이 필요하다고 인정하는 경우에는 지방자치단체의 장으로 하여금 경영평가를 하게 할 수 있다."고 규정되어 있다.
ㄹ. 환경영향평가제도는 「환경·교통·재해 등에 관한 영향평가법」(1999. 12. 31. 제정)에 의하여 2001년 1월부터 시행되어 온 평가제도이다. 그러나 이 법은 2009년 1월 「환경영향평가법」으로 개칭되었다.

정답 ①

33 0412

「정부업무평가 기본법」상 정책평가에 대한 설명으로 옳지 않은 것은?

2019 국가 9급

① 지방자치단체의 장은 정부업무평가시행계획에 기초하여 자체평가계획을 매년 수립하여야 한다.
② 국무총리는 2 이상의 중앙행정기관 관련 시책, 주요 현안시책, 혁신관리 및 대통령령이 정하는 대상부문에 대하여 특정평가를 실시하고, 그 결과를 공개하여야 한다.
③ 중앙행정기관 또는 지방자치단체의 소속기관이 행하는 정책은 정부업무평가의 대상에 포함된다.
④ 정부업무평가위원회는 위원장 1인과 14인 이내의 위원으로 구성한다.

34 0413

「정부업무평가 기본법」상 정부업무평가제도에 대한 설명으로 옳지 않은 것은?

2019 국가 7급

① 공공기관도 정부업무평가의 대상에 포함된다.
② 중앙행정기관뿐만 아니라 지방자치단체도 자체평가를 실시하여야 한다.
③ 재평가는 이미 실시된 평가의 결과, 방법 및 절차에 관하여 그 평가를 실시한 기관 외의 기관이 다시 평가하는 것이다.
④ 국가위임사무에 대하여 평가가 필요한 경우에는 행정안전부장관이 중앙행정기관의 장과 함께 특정평가를 실시할 수 있다.

출제유형 Ⅲ. 법령문제   **출제영역** 정부업무평가 기본법
출제빈도 ★★★   **난도** 중

정답찾기
④ 정부업무평가위원회는 임기 2년으로 위원장 2인을 포함한 15인 이내의 위원으로 구성한다.

오답피하기
① 지방자치단체의 장은 매년마다 자체평가를 실시하여야 한다.
② 특정평가란 국무총리가 중앙행정기관을 대상으로 국정을 통합적으로 관리하기 위하여 필요한 정책 등을 평가하는 것을 말한다.
③ 정부업무평가의 대상에 중앙행정기관 또는 지방자치단체의 소속기관과 중앙행정기관과 지방자치단체, 공공기관이 해당된다.

> 관련조문
> 「정부업무평가 기본법」제10조【위원회의 구성 및 운영】
> ① 위원회는 위원장 2인을 포함한 15인 이내의 위원으로 구성한다.

정답 ④

출제유형 Ⅲ. 법령문제   **출제영역** 정부업무평가 기본법
출제빈도 ★★★   **난도** 중

정답찾기
④ 국가위임사무에 대하여 평가가 필요한 경우에는 행정안전부장관이 중앙행정기관의 장과 함께 합동평가를 실시할 수 있다.

오답피하기
① 중앙행정기관, 지방자치단체, 중앙행정기관 또는 지방자치단체의 소속기관, 공공기관은 정부업무평가 대상기관이다.
② 중앙행정기관 또는 지방자치단체는 그 소관 정책 등을 스스로 평가하는 자체평가를 시행한다.
③ 재평가는 이미 실시된 평가의 결과·방법 및 절차에 관하여 그 평가를 실시한 기관 외의 기관이 다시 평가하는 것으로 필요 시 국무총리가 정부업무평가위원회의 심의·의결을 거쳐 재평가를 실시한다.

정답 ④

35　0414

「정부업무평가 기본법」에 의한 정부업무 평가제도에 대한 설명으로 옳지 않은 것은?　2017 국가 9급

① 김포시와 도로교통공단은 평가대상에 포함된다.
② 관세청장은 자체 평가위원회를 운영한다.
③ 행정자치부장관은 지방자치단체 합동평가위원회의 당연직 위원장이다.
④ 기획재정부장관은 정부업무평가위원회의 위원이다.

출제유형 Ⅲ. 법령문제　**출제영역** 정부업무평가 기본법
출제빈도 ★★★　난도 중

정답찾기
③ 지방자치단체 합동평가위원회 위원장은 민간위원 중 행정안전부장관이 지명한다.

오답피하기
① 「정부업무평가 기본법」 제2조 평가대상 기관은 중앙행정기관, 지방자치단체, 중앙행정기관 또는 지방자치단체 소속기관, 공공기관이다. 그러므로 김포시는 보통지방자치단체이고, 도로교통공단은 경찰청 산하 위탁집행형 공공기관이기 때문에 평가대상에 해당한다.
② 기획재정부 소속의 관세청장은 중앙행정기관의 장이므로 자체평가를 실시하여야 하고 자체 평가위원회를 운영해야 한다.
④ 기획재정부장관, 행정안전부장관, 국무조정실장은 정부업무평가위원이다.

정답 ③

36　0415

「정부업무평가 기본법」상 정부업무평가의 종류가 아닌 것은?　2017 지방 9급

① 중앙행정기관의 자체평가
② 공공기관에 대한 평가
③ 환경영향평가
④ 지방자치단체의 자체평가

출제유형 Ⅲ. 법령문제　**출제영역** 정부업무평가 기본법
출제빈도 ★★★　난도 중

정답찾기
③ 환경영향평가는 정부업무평가에 해당하지 않는다.

오답피하기
①, ②, ④ 「정부업무평가 기본법」상 정부업무평가의 종류로는 중앙행정기관의 자체평가, 지방자치단체의 자체평가, 특정평가 및 합동평가, 공공기관에 대한 평가가 있다.

행복노트
정부업무평가(「정부업무평가 기본법」)

중앙행정기관평가	자체평가 + 재평가, 재평가는 국무총리가 실시(임의)
지방자치단체평가	자체평가 + 합동평가(중앙행정기관의 장과 행안부장관이 국가위임사무에 대해)
특정평가	국무총리가 중앙행정기관을 대상으로 국정을 통합운영하기 위해서
공공기관 평가	외부기관(기재부)이 공공기관평가

주 체	평 가	기 관
국무총리	재평가, 특정평가	정부업무평가위
중앙·지자체	자체평가	자체평가위
행정안전부	지자체 합동평가	지자체 합동평가위

정답 ③

37   0416

「정부업무평가 기본법」상 정부업무평가제도에 대한 설명으로 옳은 것은?
                                                                        2017 지방 9급 추가

① 정부업무평가의 평가대상기관에 지방자치단체의 소속기관은 포함되지 않는다.
② 자체평가는 국무총리가 중앙행정기관을 대상으로 국정을 통합적으로 관리하기 위하여 필요한 정책 등을 평가하는 것이다.
③ 정부업무평가의 실시와 평가기반의 구축을 체계적·효율적으로 추진하기 위하여 국무총리 소속하에 정부업무평가위원회를 둔다.
④ 특정평가는 중앙행정기관 또는 지방자치단체가 소관 정책 등을 스스로 평가하는 것이다.

38   0417

정부업무평가 제도에 대한 설명으로 가장 옳지 않은 것은?
                                                                          2016 서울 9급

① 「정부업무평가 기본법」에 의한 정부업무평가 대상은 중앙행정기관과 지방자치단체를 포함하며, 공공기관은 제외된다.
② 지방자치단체 합동평가위원회는 행정안전부 소속 위원회로 「정부업무평가 기본법」에 설치근거를 둔다.
③ 정부업무평가 중 특정평가는 국무총리가 중앙행정기관을 대상으로 정책을 평가하는 것을 의미한다.
④ 중앙행정기관의 장은 그 소속 기관의 정책 등을 포함하여 자체평가를 실시하여야 한다.

출제유형 Ⅲ. 법령문제   **출제영역** 정부업무평가 기본법
출제빈도 ★★★   **난도** 중

정답찾기
③ 정부업무평가의 실시와 평가기반의 구축을 체계적·효율적으로 추진하기 위하여 국무총리 소속 하에 15인 이내의 정부업무평가위원회를 둔다.

오답피하기
① 정부업무평가의 대상기관은 중앙행정기관·지방자치단체·중앙행정기관 또는 지방자치단체의 소속기관·공공기관 등이다.
② 국무총리가 중앙행정기관을 대상으로 국정을 통합적으로 관리하기 위하여 필요한 정책 등을 평가하는 것은 특정평가에 해당한다.
④ 중앙행정기관 또는 지방자치단체가 소관 정책 등을 스스로 평가하는 것은 자체평가에 해당한다.

정답 ③

출제유형 Ⅲ. 법령문제   **출제영역** 정부업무평가 기본법
출제빈도 ★★★   **난도** 중

정답찾기
① 「정부업무평가 기본법」에 의한 정부업무평가 대상에는 중앙행정기관과 지방자치단체 및 공공기관도 포함된다.

┌ 관련조문 ┐
「정부업무평가 기본법」 제22조 【공공기관에 대한 평가】
① 공공기관에 대한 평가(이하 '공공기관평가'라 한다)는 공공기관의 특수성·전문성을 고려하고 평가의 객관성 및 공정성을 확보하기 위하여 공공기관 외부의 기관이 실시하여야 한다.

오답피하기
② 지방자치단체 합동평가위원회는 행정안전부 소속 위원회로 「정부업무평가 기본법」에 설치근거를 둔다.

┌ 관련조문 ┐
「정부업무평가 기본법」 제21조 【국가위임사무 등에 대한 평가】
① 지방자치단체 또는 그 장이 위임받아 처리하는 국가사무, 국고보조사업 그 밖에 대통령령이 정하는 국가의 주요시책 등(이하 이 조에서 '국가위임사무 등'이라 한다)에 대하여 국정의 효율적인 수행을 위하여 평가가 필요한 경우에는 행정안전부장관이 관계중앙행정기관의 장과 합동으로 평가(이하 '합동평가'라 한다)를 실시할 수 있다.

정답 ①

39 ☐☐☐ 0418
다음 중 정부업무 특정평가에 대한 설명으로 옳지 않은 것은?

2014 서울 7급

① 중앙행정기관 간 긴밀한 정책 협력체제 확립으로 정책 효과성을 제고할 수 있다.
② 국무총리가 중앙행정기관을 대상으로 국정통합관리 평가를 하는 것이다.
③ 평가방식으로 볼 때 하향식 평가방식이다.
④ 정권 차원에서 관심을 기울일 필요가 있는 정책을 특정평가 항목으로 추가하여 집중적 점검 및 평가를 실시할 수 있다.
⑤ 특정평가는 정부업무 성과관리의 한 종류이다.

출제유형 Ⅲ. 법령문제 **출제영역** 정부업무평가 기본법
출제빈도 ★★★ 난도 중

정답찾기
① 특정평가는 국무총리가 중앙행정기관을 대상으로 국정을 통합적으로 관리하기 위하여 필요한 정책 등을 평가하는 것을 말한다.

오답피하기
② 특정평가는 국무총리가 중앙행정기관을 대상으로 국정을 통합적으로 관리하기 위하여 필요한 정책 등을 평가하는 것을 말한다.
③ 특정평가는 하향식 평가방식이다.
④ 정권 차원에서의 관심사는 특정평가의 항목으로 추가하여 평가하는 것은 현실적으로 가능하다.
⑤ 특정평가는 정부업무 성과관리의 한 종류라고 볼 수 있다. 그러므로 국무총리는 중앙행정기관의 성과관리 실태 및 그 결과가 자체평가 및 특정평가에 반영되도록 하여야 한다.

정답 ①

40 ☐☐☐ 0419
정책변동에 대한 설명으로 옳지 않은 것은?

2020 국가 9급

① 킹던(Kingdon)의 정책흐름이론에 따르면 정책변동은 정책문제의 흐름, 정치의 흐름, 정책대안의 흐름이 결합하여 이루어진다.
② 무치아로니(Mucciaroni)의 이익집단 위상변동모형에서 이슈맥락은 환경적 요인과 같이 정책의 유지 혹은 변동에 영향을 미치는 정책요인을 말한다.
③ 실질적인 정책내용이 변하더라도 정책목표가 변하지 않는다면 이를 정책유지라 한다.
④ 정책목표를 달성하기 위한 전반적인 정책수단을 소멸시키고 이를 대체할 다른 정책을 마련하지 않는 것을 정책종결이라 한다.

출제유형 Ⅰ. 기본개념 **출제영역** 정책변동
출제빈도 ★★ 난도 중

정답찾기
③ 실질적인 정책내용이 변하더라도 정책목표가 변하지 않는다면 이는 정책유지가 아니라 정책승계이다.

오답피하기
① 킹던(Kingdon)의 정책흐름이론에 따르면 정책변동은 정책문제의 흐름, 정치의 흐름, 정책대안의 흐름이 결합하여 이루어진다.
② 무치아로니(Mucciaroni)의 이익집단 위상변동모형에서 기존의 점증모형과 쓰레기통 모형의 한계를 지적하며 이익집단의 위상의 기복을 설명하는데 제도맥락(정부 지도자의 정책에 대한 선호나 형태)과 이슈맥락(상황요소)이라는 두 가지 변수를 사용하고 있는데, 이슈맥락보다 제도적 맥락을 중요시한다.
④ 정책목표를 달성하기 위한 전반적인 정책수단을 소멸시키고 이를 대체할 다른 정책을 마련하지 않는 것을 정책종결이라 한다.

정답 ③

41　　　　　　　　　　　　　　　　　0420

호그우드(Hogwood)와 피터스(Peters)가 제시한 정책변동의 유형에 대한 설명으로 옳지 않은 것은?　　2022 지방 9급

① 정책혁신은 기존의 조직이나 예산을 기반으로 새로운 형태의 개입을 결정하는 것이다.
② 정책승계는 정책의 기본 목표는 유지하되, 정책을 대체 혹은 수정하거나 일부 종결하는 것이다.
③ 정책유지는 기존 정책의 기본 골격을 유지하면서 정책수단의 부분적인 변화만 이루어지는 것이다.
④ 정책종결은 다른 정책으로의 대체 없이 기존 정책을 완전히 중단하는 것이다.

42　　　　　　　　　　　　　　　　　0421

호그우드(Hogwood)와 피터스(Peters)의 정책변동에 대한 설명으로 옳지 않은 것은?　　2018 국가 7급

① 정책혁신은 기존의 조직과 예산을 활용하여 이전에 관여한 적이 없는 새로운 정책분야에 개입하는 것이다.
② 정책종결은 현존하는 정책을 완전히 소멸시키는 것으로 정책수단이 되는 사업과 지원 예산을 중단하고 이들을 대체할 다른 수단을 결정하지 않은 경우이다.
③ 과속차량 단속이라는 목표를 변경하지 않고 기존에 경찰관이 현장에서 직접 단속하는 수단을 무인 감시카메라 설치를 통한 단속으로 대체하는 것은 정책승계 중 선형적(Linear) 승계에 해당한다.
④ 정책유지는 현재의 정책을 기본적으로 유지하면서 정책수단의 부분적인 변화만 이루어지는 경우를 말한다.

출제유형 Ⅳ. 학자문제　　**출제영역** 정책변동
출제빈도 ★★　　**난도** 중

[정답찾기]
① 정책혁신은 기존의 조직이나 예산을 기반으로 하는 것이 아니라 새로운 정책을 형성할 뿐만 아니라 그에 관한 조직, 법률, 예산 등을 새로 만드는 것까지 포함하는 개념이다.

[오답피하기]

정책변동의 유형(Hogwood & Peters)

구 분	정책혁신	정책유지	정책승계	정책종결
변화 특징	무 → 유	기존정책 + 수단 유지 (조정)	기존정책 + 수단 폐지 (대체)	유 → 무
정책문제의 변화	새로운 문제 등장	문제의 지속	문제의 변질	문제의 소멸
프로그램, 예산, 조직	추가	지속	변경(대체)	종료

1. 정책 혁신(새로운 문제)
완전히 새로운 정책 채택
2. 정책 유지(문제의 지속)
정책목표 유지, 수단 유지
정책 기본 골격 유지
 • 목표: 저소득국민 기초생활보장
 • 수단: 최하위계층 → 차상위계층

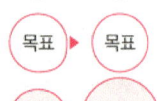

정답 ①

출제유형 Ⅳ. 학자문제　　**출제영역** 정책변동
출제빈도 ★★　　**난도** 중

[정답찾기]
① 정책혁신이란 완전히 새로운 정책을 채택하는 것을 의미한다. 기존의 조직과 예산을 활용하는 것이 아니라 새롭게 조직, 법률, 예산을 형성하여 이전에 관여한 적이 없는 새로운 정책분야에 개입하는 것이다.

[오답피하기]
② 정책종결은 정책이 완전히 소멸되는 것으로 정책수단이 되는 사업이나 예산 모두가 중단되고 대체할 다른 수단을 찾지 않는 경우이다.
③ 정책목표는 변동되지 않는 상태에서 정책내용을 완전히 새로운 것으로 바꾸는 것은 선형적 승계로 정책승계의 가장 전형적인 형태이다.
④ 정책유지는 현재 정책을 기본적으로 유지하지만 정책수단에 있어서는 부분적인 변화가 있을 수 있다.

정답 ①

43 ☐☐☐ 0422

정책혁신의 확산에 대한 설명으로 옳은 것은? 2019 국가 7급

① 로저스(E. Rogers)에 따르면, 혁신수용시간에 따라 수용자 수의 분포는 S자 형태를 띠고, 이들 수용자의 누적도수는 정규분포를 이룬다.
② 확산은 선진산업국가로부터 저개발지역으로 확산되는 '공간적 확산(Spatial Diffusion)'과 이웃지역으로부터의 모방을 통한 '계층적 확산(Hierarchical Diffusion)'으로 구분할 수 있다.
③ 혁신의 초기수용자는 소속집단의 신망을 받는 이들로서 그 사회에서 여론선도자일 가능성이 높다.
④ 혁신확산에 관한 연구는 주로 미시수준에 머물러 있고, 중위수준 및 거시수준에서의 연구는 여전히 미진한 실정이다.

44 ☐☐☐ 0423

정책승계유형에 대한 설명으로 가장 옳지 않은 것은? 2018 서울 2회 7급

① 선형승계: 새로운 정책이 과거의 정책을 대체하여 양자의 관계가 명확하게 나타나는 가장 단순한 형태의 정책승계
② 부분적 종결: 하나의 정책이 다수의 새로운 정책으로 분할되는 형태의 정책승계
③ 정책통합: 같은 분야의 정책이 합하여짐으로써 새로운 정책이 나타나는 형태의 정책승계
④ 우발적 승계: 타 분야의 정책변동에 연계하여 우발적인 변화가 나타나는 형태의 정책승계

출제유형 Ⅰ. 기본개념   **출제영역** 정책혁신

출제빈도 ★   난도 상

정답찾기
③ 혁신확산과정은 혁신수용시간에 따라 선도자, 초기수용자, 초기 다수, 후기 다수, 지체자의 순으로 나누어지는데 혁신의 초기수용자는 소속집단의 신망을 받는 이들로서 그 사회에서 여론선도자일 가능성이 높다.

오답피하기
① 로저스(E. Rogers)에 따르면, 혁신수용시간에 따라 수용자 수는 정규분포를 이루고, 이들 수용자의 누적도수는 S자 형태를 띤다.
② 확산은 선진산업국가로부터 저개발지역으로 확산되는 '계층적 확산(Hierarchical Diffusion)'과 이웃지역으로부터의 모방을 통한 '공간적 확산(Spatial Diffusion)'으로 구분할 수 있다.
④ 혁신확산이론은 시간이 경과함에 따라 새로운 아이디어와 사물이 확산되는 방식을 알려주는 이론으로 혁신 확산에 관한 연구는 주로 중위수준 및 거시수준에서의 연구에 머물러 있다.

정답 ③

출제유형 Ⅳ. 학자문제   **출제영역** 정책변동

출제빈도 ★   난도 상

정답찾기
② 하나의 정책이 다수의 새로운 정책으로 분할되는 형태의 정책승계는 정책분할에 해당하는 설명이다. 부분적 종결은 어떤 사업의 자원 투입이나 정책산출이 줄어드는 것을 말한다.

오답피하기
① 선형적 승계는 기존의 정책을 완전히 종결한 후 같은 정책영역에서 기존정책과 같거나 유사한 목적을 가진 정책을 채택하는 것을 의미한다.
③ 정책통합은 둘 이상의 정책들을 전부 또는 부분적으로 종결하고 같은 분야의 정책을 합해서 단일의 정책으로 새로 채택하는 것을 말한다.
④ 우발적 승계란 타 분야의 정책변동에 연계하여 우발적인 변화가 나타나는 형태의 정책승계이다.

정답 ②

45

다음과 같은 내용을 모두 포괄하는 정책변동의 유형은?

2017 국가 7급 추가

- 정책수단의 기본 골격이 달라지지 않으며, 주로 정책산출 부분이 변한다.
- 정책 대상집단의 범위가 변동된다거나 정책의 수혜 수준이 달라지는 경우와 관련이 있다.
- 저소득층 자녀에 대한 교육비 보조를 그 바로 위 계층의 자녀에게 확대하는 사례에 해당한다.

① 정책통합(Policy Consolidation)
② 정책분할(Policy Splitting)
③ 선형적 승계(Linear Succession)
④ 정책유지(Policy Maintenance)

출제유형 Ⅳ. 학자문제　　**출제영역** 정책변동
출제빈도 ★★　　　　　**난도** 상

정답찾기
④ 정책유지(Policy Maintenance)에 해당한다. 정책유지는 정책의 기본골격은 유지하면서 구체적인 구성요소를 완만하게 대체·변경하는 것을 말한다.

오답피하기
① 정책통합(Policy Consolidation)이란 둘 이상의 정책들을 전부 또는 부분적으로 종결하고 같은 분야의 정책을 합해서 단일의 정책으로 새로 채택하는 것을 말한다.
② 정책분할(Policy Splitting)이란 하나의 정책이 다수의 새로운 정책으로 분할되는 형태의 정책승계이다.
③ 선형적 승계(Linear Succession)이란 기존의 정책을 완전히 종결한 후 같은 정책영역에서 기존정책과 같거나 유사한 목적을 가진 정책을 채택하는 것을 의미한다.

정답 ④

46

호그우드와 피터스(Hogwood & Peters)의 정책변동유형 중 정책목적은 유지하되 세부적 정책수단을 변화시키는 유형은?

2013 서울 7급

① 정책창안　　② 정책종결
③ 정책유지　　④ 정책승계
⑤ 정책전환

출제유형 Ⅳ. 학자문제　　**출제영역** 정책변동
출제빈도 ★★　　　　　**난도** 중

정답찾기
④ 정책승계(Policy Succession)는 기본정책 목적은 변화시키지 않으면서, 세부적 정책수단의 일부 또는 전부를 모두 폐지하고 새로운 것으로 대체(Displacement)하는 경우를 말한다.

오답피하기
① 정책창안이란 정부가 관여하지 않고 있던 분야에 개입하기 위해 완전히 새로운 정책을 결정하는 것을 의미한다.
② 정책종결이란 정책목표가 달성되어 문제가 소멸되었거나 달성이 불가능한 경우, 기존정책을 완전히 소멸시키고 이를 대체할 정책을 만들지 않는 것을 말한다.
③ 정책유지란 정책의 기본적 골격은 유지하는 것이기 때문에, 외견상으로는 정책의 변동이 일어나지 않는 것으로 보이지만, 시간의 흐름에 따라 내용의 변화가 있는 상황을 말한다
⑤ 정책전환은 호그우드와 피터스(Hogwood & Peters)의 정책변동유형에 해당하지 않는다.

행복노트

정책변동의 유형(Hogwood & Peters)

구 분	정책혁신	정책유지	정책승계	정책종결
변화 특징	무 → 유	기존정책 + 수단 유지 (조정)	기존정책 + 수단 폐지 (대체)	유 → 무
정책문제의 변화	새로운 문제 등장	문제의 지속	문제의 변질	문제의 소멸
프로그램, 예산, 조직	추가	지속	변경(대체)	종료

정답 ④

47　　　　　　　　　　　　　　　　　0426

점증주의적 정책변동과 가장 관련이 깊은 것은?　　2012 지방 7급

① 수확체감의 법칙(Law of Diminishing Returns)
② 티핑 포인트(Tipping Point)
③ 단절적균형모형(Punctuated Equilibrium Model)
④ 자기강화기제(Self-reinforcing Mechanism)

48　　　　　　　　　　　　　　　　　0427

홀(Hall)에 의해 제시된 정책변동모형으로 정책목표, 정책수단, 정책환경의 세 가지 변수 중 정책목표와 정책수단에 급격한 변화가 발생하는 정책변동모형은?　　2016 지방 9급

① 쓰레기통모형
② 단절균형모형(Punctuated Equilibrium)
③ 정책지지 연합모형(Advocacy Coalition Framework)
④ 정책패러다임 변동모형

출제유형　Ⅰ. 기본개념　　　출제영역　정책변동
출제빈도　★★　　　　　　난도　중

정답찾기
① 점증주의 정책변동은 현상유지(Status Quo)의 변동이기 때문에 일정 범위 안에서 서서히 변동하는 정책변동으로서 수확체감의 법칙(Law of Diminishing Returns)이 적용된다.

오답피하기
② 급격한 변화(반응)가 일어나므로 비점증적 변동에 속한다.
③ 단절적균형모형(Punctuated Equilibrium Model)은 점증적이고 대폭적인 예산변화를 모두 다루는 점에서 비점증적 변동에 속한다.
④ 자기교정기제(Self-correcting Mechanism) 적용이 점증주의 정책변동의 특징이다.

행복노트
정책변동의 범위와 정도에 따른 유형

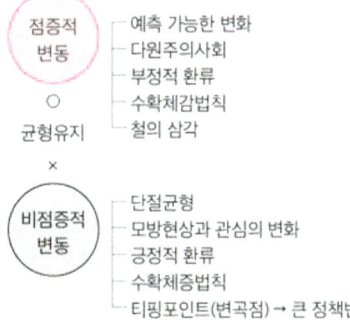

출제유형　Ⅳ. 학자문제　　　출제영역　정책변동모형
출제빈도　★　　　　　　　난도　중

정답찾기
④ 홀(Hall)이 제시한 정책패러다임 변동모형에 따르면 정책지지연합모형과 달리 정책패러다임의 변화로 근본적 정책변동이 가능하다고 본다.

오답피하기
① 쓰레기통모형은 코헨(Cohen)과 마치(March) 등이 주장하는 모형이다.
② 단절균형모형이란 점증주의이론의 한계를 비판하면서 등장한 이론으로 특정 사건이나 상황에 따라 균형 상태에서 급격한 변화가 발생하는 단절현상이 발생하여 점증적이고 대폭적인 예산변화를 모두 다루는 점에서 비점증적 변동에 속한다.
③ 정책지지연합모형은 핵심신념에 기초한 지지연합 간의 상호작용과 시간의 흐름에 따른 정책학습, 사회경제적 변동과 정치체제 구조의 변화로 정책변동이 일어난다고 보는 모형이다.

정답 ①　　　　　　　　　　　　　　　　　　　　　　　정답 ④

49 □□□ 0428

정책학습(Policy Learning)에 대한 설명으로 옳지 않은 것은?

2014 지방 7급

① 시행착오나 정책실패를 통해 더 나은 정책을 결정할 수 있는 방법을 얻을 수 있게 된다.
② 수단적 정책학습은 정책개입이나 집행설계의 실행가능성을 의미한다.
③ 사회적 정책학습이 성공적으로 적용되면 정책문제에 내재된 인과관계를 더 잘 이해하게 된다.
④ 정치적 학습은 단순한 프로그램 관리의 조정수준을 넘어서 정책의 목적들과 정부행동들의 성격과 적합성까지 포함한다.

출제유형 Ⅰ. 기본개념   **출제영역** 정책학습
출제빈도 ★   **난도** 중

정답찾기
④ 단순한 프로그램 관리의 조정수준을 넘어서 정책의 목적들과 정부행동들의 성격과 적합성까지 포함하는 것은 사회적 학습에 대한 설명이다. 정치적 학습은 주어진 정책적 사고나 문제를 주장함으로써 그러한 주장을 더 정교하도록 하는 전략의 하나로서, 정치적 변화에 대한 찬성과 반대의 주장을 통해 새로운 정치적 정보를 받아들이기 위해 그들의 전략과 전술을 변화시킬 때 나타나는 것이다.

오답피하기
① 시행착오나 정책실패를 통한 정책학습을 통해 더 나은 정책을 결정할 수 있는 방법을 얻을 수 있게 된다.
② 수단적 정책학습은 정책개입이나 집행설계의 실행가능성을 의미한다. 수단적용 후에 환류과정을 분석하고 설계에 따른 변화가 일어나 성과가 구체적으로 드러나게 되면 정책학습이 성공적으로 일어난다고 본다.
③ 사회적 정책학습이 성공적으로 적용되면 정책문제에 내재된 인과관계를 더 잘 이해하게 된다. 사회적 정책학습이 성공적으로 적용된다면 정책문제에 내재하는 인과이론을 더 잘 이해할 수 있다.

행복노트
메이(May)의 정책학습

경험 (시행착오)	결과: 긍정적 재생·반복 확률↑ → 결과: 부정적 재생·반복 확률↓	목표와 수단 조정
사회적 정책학습	정책 또는 사회적 구성에 관한 학습 • 문제와 목표의 인과성 검토 • 정부활동의 본질적 타당성 검토	사회 문제
수단적 정책학습	집행수단이나 관리기법에 대한 학습 • 목표와 대안의 인과성 검토 • 실행가능성 초점, 구체적 성과	정책 목표
정치적 정책학습	더 정교한 주장을 위한 전략 학습 • 새로운 정치적 정보 위해 전술 변화	정책 대안

정답 ④

CHAPTER 06 기출 OX

1. 정책평가의 논리에서 수단과 목표 간의 인과관계에서 정책목표의 달성이 정책수단의 실현에 선행해서 존재해야 한다. (O X) 2020 지방 9급

2. 정책평가의 논리에서 수단과 목표 간의 인과관계에서 특정 정책수단 실현과 정책목표 달성 간 관계를 설명하는 다른 요인이 배제되어야 한다. (O X) 2020 지방 9급

3. 정책변수 중 매개변수는 독립변수의 원인인 동시에 종속변수의 원인이 되는 제3의 변수이다. (O X) 2020 국가 9급

4. 총괄평가는 집행과정에서 나타나는 여러 문제점을 해결해 더 나은 집행전략과 방법을 모색하기 위해 실시한다. (O X) 2013 국회 9급

5. 정책평가를 위한 측정도구의 경우 타당성은 없지만 신뢰성이 높은 측정도구가 있을 수 있다. (O X) 2020 국가 9급

6. 신뢰성은 측정도구의 타당성을 담보할 수 있는 충분조건이다. (O X) 2020 국가 9급

7. 외적 타당성을 위협하는 내재적 요인으로 역사적 요소, 선발과 성숙의 상호작용, 측정요인 등이 있다. (O X) 2011 경찰간부

8. 준실험설계보다 진실험설계를 사용할 때 내적 타당성의 저해요인이 다양하게 나타난다. (O X) 2019 지방 9급

9. 상실요인은 정책집행 기간에 대상자 일부가 이탈하여 사전 및 사후측정값이 달라지는 것과 관련이 있다. (O X) 2019 국가 7급

10. 정책실험에서 내적 타당성을 위협하는 요인 중 역사요인은 사전측정을 경험한 실험대상자들이 측정내용에 대해 친숙해지거나 학습효과를 얻음으로써 사후측정 때 실험집단의 측정값에 영향을 주는 효과이며, '눈에 띄지 않는 관찰' 방법 등으로 통제할 수 있다. (O X) 2021 지방 9급

11. 진실험(True Experiment)과 준실험(Quasi-experiment)의 차이는 실험집단과 통제집단의 무작위배정에 의한 동질성 확보 여부이다. (O X) 2020 국가 7급

12. 「정부업무평가 기본법」상 특정평가는 국무총리가 중앙행정기관과 공공기관을 대상으로 국정을 통합적으로 관리하기 위한 목적을 갖는다. (O X) 2022 국가 9급

13. 자체평가는 국무총리가 중앙행정기관을 대상으로 국정의 통합관리를 위하여 필요한 정책 등을 평가하는 하향식 평가방식이다. (O X) 2014 서울 7급

14. 호그우드(Hogwood)와 피터스(Peters)가 제시한 정책변동의 유형 중 정책혁신은 기존의 조직이나 예산을 기반으로 새로운 형태의 개입을 결정하는 것이다. (O X) 2022 지방 9급

---

1. 정책평가의 논리에서 수단과 목표 간의 인과관계에서 정책수단의 실현이 정책목표의 달성에 선행해서 존재해야 한다. x

2. 정책평가의 논리에서 수단과 목표 간의 인과관계에서 특정 정책수단 실현과 정책목표 달성 간 관계를 설명하는 다른 요인이 배제되어야 한다. o

3. 정책변수 중 매개변수는 독립변수의 결과인 동시에 종속변수의 원인이 되는 제3의 변수이다. x

4. 형성평가는 진행평가라고도 하며 집행과정에서 나타나는 여러 문제점을 해결해 더 나은 집행전략과 방법을 모색하기 위해 실시한다. x

5. 정책평가를 위한 측정도구의 경우 타당성은 없지만 신뢰성이 높은 측정도구가 있을 수 있다. o

6. 신뢰성은 측정도구의 타당성을 담보할 수 있는 필요조건이다. x

7. 내적 타당성을 위협하는 내재적 요인으로 역사적 요소, 선발과 성숙의 상호작용, 측정요인 등이 있다. x

8. 진실험설계보다 준실험설계를 사용할 때 내적 타당성의 저해요인이 다양하게 나타난다. x

9. 상실요인은 정책집행 기간에 대상자 일부가 이탈하여 사전 및 사후측정값이 달라지는 것과 관련이 있다. o

10. 정책실험에서 내적 타당성을 위협하는 요인 중 검사요인은 사전측정을 경험한 실험대상자들이 측정내용에 대해 친숙해지거나 학습효과를 얻음으로써 사후측정 때 실험집단의 측정값에 영향을 주는 효과이며, '눈에 띄지 않는 관찰' 방법 등으로 통제할 수 있다. x

11. 진실험(True Experiment)과 준실험(Quasi-experiment)의 차이는 실험집단과 통제집단의 무작위배정에 의한 동질성 확보 여부이다. o

12. 「정부업무평가 기본법」상 특정평가는 국무총리가 중앙행정기관을 대상으로 국정을 통합적으로 관리하기 위한 목적을 갖는다. x

13. 특정평가는 국무총리가 중앙행정기관을 대상으로 국정의 통합관리를 위하여 필요한 정책 등을 평가하는 하향식 평가방식이다. x

14. 호그우드(Hogwood)와 피터스(Peters)가 제시한 정책변동의 유형 중 정책혁신은 새로운 조직이나 예산을 기반으로 새로운 형태의 개입을 결정하는 것이다. x

CHAPTER 06 키워드

1. _____ 는 정책집행 도중에 과정의 적절성과 수단·목표 간 인과성 등을 평가하는 것으로, 주로 내부평가자 및 외부평가자의 자문에 의해 평가를 진행하며, 정책집행단계에서 정책담당자 등을 돕기 위한 것이다.   2016 국가 7급   **형성평가**

2. _____ 는 정책집행이 종료된 후에 그 성과나 효과를 평가하는 사후적 평가작업이다.   2016 국가 7급   **총괄평가**

3. 두 사건 간에 시간적 선행성과 공동변화, 경쟁가설 배제라는 세 조건이 있으면 _____ 가 있는 것으로 인정된다.   2010 국회 9급   **인과관계**

4. 정책변수 중 _____ 변수는 독립변수의 결과인 동시에 종속변수의 원인이 되는 제3의 변수이다.   2020 국가 9급   **매개**

5. _____ 는 독립변수인 정책수단의 효과가 전혀 없을 때 숨어서 정책효과를 가져오는 변수로, 정책수단과 정책효과 사이의 인과관계를 완전히 왜곡하는 요인이다.   2016 지방 9급   **허위변수**

6. _____ 는 정책수단과 정책효과 사이의 인과관계를 파악할 수 있게 하며, 외적 타당도는 정책이 다른 상황에서도 실험에서 발견된 효과들이 그대로 나타날 수 있는가를 파악할 수 있게 한다.   2014 서울 9급   **내적 타당도**

7. _____ 의 타당성은 측정된 원인과 결과 사이에 관련이 있는지에 관한 통계적인 의사결정의 타당성을 말한다.   2012 경찰간부   **통계적 결론**

8. _____ 타당성은 처리, 결과, 모집단 및 상황들에 대한 이론적 구성요소들이 성공적으로 조작된 정도를 말한다.   2010 서울 9급   **구성**

9. 역사요인, 측정요인, 도구요인 등은 정책평가의 _____ 타당성을 저해하는 내재적 요인이다.   2014 지방 9급   **내적**

10. _____ 효과는 정책 및 프로그램의 실시 전후 유사한 검사를 반복하는 경우에 시험에 친숙도가 높아져 측정값에 영향을 미치는 경우이다.   2016 국가 7급   **실험(Testing)**

11. 신뢰성은 측정도구의 타당성을 담보할 수 있는 _____ 조건이다.   2020 국가 9급   **필요**

12. 진실험과 비교하여 준실험이 갖는 약점은 주로 외적 타당성보다는 _____ 타당성에 관한 것이다.   2018 국가 7급   **내적**

13. _____ 평가는 국무총리가 중앙행정기관을 대상으로 국정의 통합관리를 위하여 필요한 정책 등을 평가하는 하향식 평가방식이다.   2014 서울 7급   **특정**

14. 호그우드(Hogwood)와 피터스(Peters)가 제시한 정책변동의 유형 중 _____ 는 기존 정책의 기본골격을 유지하면서 정책수단의 부분적인 변화만 이루어지는 것이다.   2022 지방 9급   **정책유지**

CHAPTER 07 기획

제1절 기획의 기본적 이해

📝 대표문제

01 ☐☐☐   0429

다음 중 기획이 시장질서를 교란시키고 국민의 자유권을 침해하며 자유민주주의에 위배된다고 주장한 학자는?

2012 서울 9급

① 하이에크(F. A. Hayek)
② 파이너(H. Finer)
③ 오스트롬(V. Ostrom)
④ 사이몬(H. Simon)
⑤ 테일러(F. Taylor)

출제유형 Ⅳ. 학자문제   **출제영역** 기획의 이해

출제빈도 ★   난도 하

정답찾기

① 하이에크(Hayek)는 신자유주의자로서 기획은 "노예의 길"이라고 주장하며 국가기획과 민주주의는 양립이 불가능하다는 것을 주장하였다.

오답피하기

국가기획에 대한 찬반 논쟁

| 반대 | Hayek: 노예에의 길 '국가기획과 민주주의는 양립불가' |
| 찬성 | Finer: 반동에의 길 '기획의 자유 및 민주주의는 상호공존' |

정답 ①

제2절 기획의 논쟁과 발달

02 ☐☐☐   0430

전략기획(Strategic Planning)에 대한 설명으로 가장 옳지 않은 것은?

2022 군무원 9급

① 불확실한 미래에 체계적이고 능동적으로 대응하기 위한 전략을 만드는 과정이다.
② 상대적으로 정치 및 경제 등이 불안정한 환경 속에서 유용성이 높다.
③ 정책결정에 비해 외부환경에 개방되지 않고 전문가의 역할이 강조되는 편이다.
④ 환경에 대한 체계적인 분석과 조직진단을 통해 실현가능한 설계에 초점을 맞춘다.

출제유형 Ⅰ. 기본개념   **출제영역** 기획의 종류

출제빈도 ★   난도 중

정답찾기

② 전략기획은 정책기획과 운영기획의 중간 성격의 실천적 목표의 기획으로서 상대적으로 정치 및 경제 등이 안정된 환경 속에서 유용성이 높다.

오답피하기

기획의 유형

- **대상**
  - 경제기획: 경제개발, 경제안정, 물가안정 등
  - 사회기획: 보건, 위생, 주택, 교통 등
  - 자연 혹은 물리적 기획: 도시계획, 지역공간계획 등
  - 방위 기획: 전시계획으로 군사작전 등

- **반복성**
  - 단용기획: 재활용이 어려운 단기간의 구체적 계획
  - 상용기획: 동일한 계획을 반복해서 이용하는 계획

- **계층**
  - 정책 계획: 추상적 목표, 규범계획, 입법계획
  - 전략 계획: 실천적 목표
  - 운영 계획: 구체적 행동 스케줄

정답 ②

김규대 행정학
단원별 기출문제집
1200제

제 3 편
조직관리이론

Chapter 01 조직론의 기본적 이해
Chapter 02 조직의 구조와 형태
Chapter 03 조직관리의 이해
Chapter 04 조직의 인간관과 동기부여
Chapter 05 조직과 환경적응

CHAPTER 01 조직론의 기본적 이해

대표문제

01 ☐☐☐ 0431

블라우(Blau)와 스콧(Scott)의 조직유형에 대한 설명으로 옳지 않은 것은
2025 국가 9급

① '호혜적 조직(mutual-benefit associations)'은 고객이 주요 수익자가 되는 조직이다.
② '사업조직(business concerns)'은 조직의 소유자나 관리자가 주요 수익자가 된다.
③ '서비스조직(service organizations)'의 대표적인 예는 법률상담소, 학교, 사회사업기관 등이다.
④ '공익조직(commonweal organizations)'의 대표적인 예는 일반행정기관, 경찰서, 소방서 등이다.

출제유형 Ⅱ. 이론·제도 **출제영역** 조직이론
출제빈도 ★★★ **정답률** 84% **난도** 중

정답찾기
① 호혜적 조직은 구성원 자체가 주요 수익자가 되는 조직으로, 고객이 주요 수익자가 되는 것은 옳지 않다. 고객이 주요 수익자가 되는 조직은 서비스조직이다.

오답피하기
② 사업조직은 소유자나 관리자가 주요 수익자인 조직이다.
③ 서비스조직은 고객이 주요 수익자인 조직으로 법률상담소, 병원 등이 해당된다.
④ 공익조직은 일반 대중이 주요 수익자인 조직으로 행정기관, 경찰서, 소방서 등이 포함된다.

정답 ①

제1절 조직론의 기본적 이해

02 ☐☐☐ 0432

조직이론에 대한 설명 중 옳지 않은 것은?
2014 국가 9급

① 고전적 조직이론에서는 조직 내부의 효율성과 합리성이 중요한 논의 대상이었다.
② 신고전적 조직이론은 인간에 대한 관심을 불러 일으켰고 조직행태론 연구의 출발점이 되었다.
③ 신고전적 조직이론은 인간의 조직 내 사회적 관계와 더불어 조직과 환경의 관계를 중점적으로 다루었다.
④ 현대적 조직이론은 동태적이고 유기체적인 조직을 상정하며 조직발전(OD)을 중시해 왔다.

출제유형 Ⅱ. 이론·제도 **출제영역** 조직이론
출제빈도 ★★★ **난도** 중

정답찾기
③ 신고전적 조직이론은 인간의 조직 내 사회적 관계를 다루었지만 폐쇄체제 환경관에 입각하므로 조직과 환경의 관계를 중점적으로 다루지 못하였다.

오답피하기
① 고전적 조직이론에서는 연구대상인 조직을 환경과의 상호작용이 없는 폐쇄체제로 인식하였으며 조직 내부의 효율성과 합리성이 중요한 논의 대상이었다.
② 신고전적 조직이론은 경제적 측면보다 인간의 사회적·정서적·심리적 측면을 중시하고 인간관계와 비공식적 요인 및 조직의 불확실한 요인을 중시하였으며, 인간에 대한 관심을 불러 일으켰고 조직행태론 연구의 출발점이 되었다.
④ 현대적 조직이론은 조직의 외부환경을 복잡하고 다양한 것으로 이해하고 조직과 환경과의 동태적·유기적 관계를 중시하며 조직발전(OD)을 중시해 왔다.

정답 ③

03　　　0433

다음 중 고전적 조직이론(Classic Organization Theory)의 특징에 대한 설명으로 가장 옳지 않은 것은?　2015 국회 9급

① 기계론적 조직관에 입각하고 있다.
② 공조직과 사조직의 관리는 완전히 다르다는 공사행정이원론에 입각하고 있다.
③ 공식적인 조직구조를 강조한다.
④ 과학적 관리론과 밀접한 관련을 가지고 있다.
⑤ 테일러(Taylor)와 귤릭(Gulick) 등은 고전적 조직이론자들이다.

출제유형 Ⅱ. 이론·제도　　**출제영역** 고전적 조직이론
출제빈도 ★★★　　**난도** 중

정답찾기
② 고전적 조직이론은 공조직과 사조직의 관리는 다르지 않다는 공사행정일원론에 입각하고 있다.

오답피하기
① 고전적 조직이론은 조직은 기계로, 구성원은 부품으로 인식하는 기계론적 조직관에 입각하고 있다.
③ 고전적 조직이론은 공식적 구조를 중시한다.
④ 테일러(Taylor)의 과학적 관리론은 고전적 조직이론에 해당한다.
⑤ 테일러(Taylor)의 과학적 관리론과 최고관리층의 기능으로서 POSDCoRB와 조직의 원리를 강조한 귤릭(Gulick)의 행정관리설은 고전적 조직이론에 해당한다.

정답 ②

04　　　0434

신고전조직이론에 대한 설명으로 옳지 않은 것은?　2015 지방 9급

① 메이요(Mayo) 등에 의한 호손(Hawthorne)공장 실험에서 시작되었다.
② 공식조직에 있는 자생적, 비공식적 집단을 인정하고 수용한다.
③ 인간의 사회적 욕구와 사회적 동기유발 요인에 초점을 맞춘다.
④ 조직이란 거래비용을 감소하기 위한 장치로 기능한다고 본다.

출제유형 Ⅱ. 이론·제도　　**출제영역** 신고전조직이론
출제빈도 ★★★　　**난도** 중

정답찾기
④ 조직이란 거래비용을 감소하기 위한 장치로 기능한다고 보는 윌리엄슨(Williamson)의 거래비용이론은 외부환경을 중시하는 유기체제적 개방체제로 보며 조직이나 인간의 합리성을 강조하는 현대적 조직이론이다. 신고전조직이론은 인간관계론을 중심으로 한다.

오답피하기
조직론의 발달(D. Waldo 조직이론 유형)

구 분	고전이론	신고전이론	현대이론
이 론	과학적 관리론	인간관계론	상황이론
인간관	X인간(합리적)	Y인간(사회적)	복잡한 인간
환 경	폐쇄체제	폐쇄체제	개방체제
가 치	기계적 능률성	사회적 능률성	다원적 가치
변 수	구조/과업	인간	환경
구 조	공식 구조	비공식 구조	유기적 구조

정답 ④

05

신고전조직이론의 특징으로 가장 옳지 않은 것은? 2015 서울 9급

① 사회적 능력과 사회적 규범에 의한 생산성 결정
② 계층적 구조와 분업의 중시
③ 비경제적 요인과 비공식집단의 중시
④ 의사소통과 참여의 중시

출제유형 Ⅱ. 이론·제도 **출제영역** 신고전조직이론
출제빈도 ★★★ **난도** 중

정답찾기
② 계층적 구조와 분업의 중시는 <u>고전적 조직이론</u>의 특징이다.

오답피하기
① 신고전조직이론에서는 조직 내 비공식관계와 조직참여자의 사회·심리적 측면을 중요시하였으며 <u>사회적 능력</u>을 새로운 가치기준으로 삼았다.
③ 신고전조직이론에서는 경제적 측면보다 인간의 사회적·정서적·심리적 측면과 같이 <u>비경제적 요인과 비공식 집단 및 조직의 불확실한 요인</u>을 중시하였다.
④ 신고전조직이론에서는 조직참여자의 사회·심리적 측면을 중시하여 <u>의사소통과 참여</u>를 중시하였다.

정답 ②

06

신고전적 조직이론을 태동시킨 인간관계론 주창자들에 대한 설명 중 가장 옳지 않은 것은? 2015 서울 7급

① 메이요(E. Mayo) 등은 호손(Hawthorne) 공장 실험을 통해 조직의 생산성에 대한 구성원들 간의 사회적 관계의 중요성을 확인하였다.
② 맥그리거(D. McGregor)는 전통적 조직이론의 인간관을 위생이론(Hygene Theory), 새로운 조직이론의 인간관을 동기이론(Motivation Theory)으로 구분하였다.
③ 리커트(R. Likert)는 지원적 관계의 원리와 참여관리의 가치에 따라 구성원의 참여를 통해 조직의 효과성을 제고할 수 있다고 주장하였다.
④ 아지리스(C. Argyris)는 개인의 성격은 미성숙한 상태에서 성숙한 상태로 변하며 이러한 성격변화는 하나의 연속선상에 있다고 주장하였다.

출제유형 Ⅱ. 이론·제도 **출제영역** 신고전조직이론
출제빈도 ★★★ **난도** 중

정답찾기
② 맥그리거(McGregor)는 전통적 조직이론의 인간관을 <u>X이론적 인간관</u>, 새로운 조직이론의 인간관을 <u>Y이론적 인간관</u>으로 구분하였다. 전통적 조직이론의 인간관을 위생이론(Hygene Theory), 새로운 조직이론의 인간관을 동기이론(Motivation Theory)으로 구분한 것은 <u>허즈버그(Herzberg)</u>에 해당한다.

오답피하기
① 메이요(Mayo) 등은 <u>호손(Hawthorne) 공장 실험</u>을 통해 조직의 생산성에 대한 구성원들 간의 사회적 관계의 중요성을 확인하였다.
③ 리커트(Likert)는 체제이론에서 지원적 관계의 원리와 참여관리의 가치에 따라 <u>구성원의 참여를 통해 조직의 효과성</u>을 제고할 수 있다고 주장하였다.
④ 아지리스(Argyris)는 개인의 성격은 <u>미성숙한 상태에서 성숙한 상태</u>로 변하며 이러한 성격변화는 하나의 <u>연속선상</u>에 있다고 주장하였다.

정답 ②

07

민츠버그(Mintzberg)가 제시한 조직유형이 아닌 것은?

2023 지방 9급

① 기계적 관료제
② 애드호크라시(adhocracy)
③ 사업부제 구조
④ 홀라크라시(holacracy)

출제유형 Ⅱ. 이론·제도　　**출제영역** 민츠버그의 조직의 유형

출제빈도 ★★　　난도 하

정답찾기

④ 홀라크라시는 1967년 영국의 철학자이자 작가인 아서 케슬러(Koestler, A.)가 자신의 저서 《기계 속의 영혼(The Ghost in the Machine)》에서 언급한 '홀라키(holachy)'와 통치를 의미하는 어근인 크라시(cracy)를 조합하여 만든 합성어로서 '전체'를 뜻하는 그리스어 holos와 '통치'를 뜻하는 cracy가 합쳐진 말로 권한과 의사결정이 상위계급에 속하는 게 아닌 조직 전체에 걸쳐 분배되어있는 조직형태이다.

오답피하기

① 기계적 관료제는 민츠버그(Mintzberg)가 제시한 조직유형이다.
② 애드호크라시(adhocracy)는 임시체제로서 민츠버그(Mintzberg)가 제시한 조직유형이다.
③ 사업부제 구조는 민츠버그(Mintzberg)가 제시한 조직유형이다.

조직의 유형: Mintzberg(다차원적 분류)

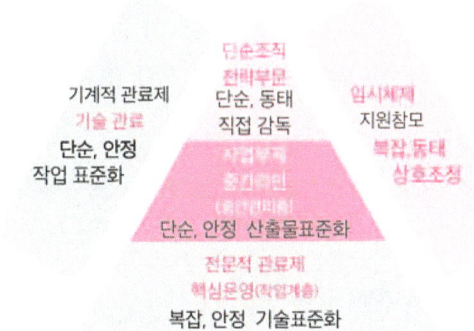

구 분	단순 구조	기계적 관료제	사업부제	전문적 관료제	임시체제
예	신생조직	행정부	재벌조직	학교, 병원	연구소
환 경	단순, 동태	단순, 안정	단순, 안정	복잡, 안정	복잡, 동태
핵심부문 (권력)	전략적 정점 (최고 관리자)	기술구조 (기술관료)	중간계선 (중간 관리층)	핵심운영 (작업계층)	지원참모
조정기제	직접감독	작업 표준화	산출물 표준화	기술 표준화	상호조정
공식화	낮음	높음	높음	낮음	낮음
분권정도	집권화	수평적 분권	제한된 수직적	수평적 수직적	선택적 분권화

정답 ④

08

민츠버그(H. Mintzberg)의 조직성장경로모형에 대한 설명으로 가장 옳지 않은 것은?

2019 서울 7급

① 지원스태프부문은 기본적인 과업흐름 내에서 발생하는 조직의 문제에 대해 지원하는 모든 전문가로 구성되어 있다.
② 조직은 핵심운영부문, 전략부문, 중간라인부문, 기술구조부문, 지원스태프부문으로 구성된다.
③ 전략부문은 조직을 가장 포괄적인 관점에서 관리하는 최고관리층이 있는 곳으로 조직의 전략을 형성한다.
④ 핵심운영부문은 조직의 제품이나 서비스를 생산해내는 기본적인 일들이 발생하는 곳이다.

출제유형 Ⅱ. 이론·제도　　**출제영역** 민츠버그의 조직의 유형

출제빈도 ★★　　난도 중

정답찾기

① 지원스태프부문은 임시특별조직의 핵심부문으로 기본적인 과업흐름 내가 아닌 과업흐름 외에서 발생하는 조직문제를 지원하는 모든 전문가로 구성되어 있다.

오답피하기

② 민츠버그(Mintzberg)는 조직을 핵심운영부문, 전략부문, 중간라인부문, 기술구조부문, 지원스태프부문으로 조직의 주요 구성부문을 제시하였다.
③ 전략부문은 조직에 관한 전반적 책임을 지는 부문이다.
④ 핵심운영부문은 조직의 제품이나 서비스를 생산하는 부문을 의미한다.

행복노트

조직의 유형: Mintzberg(다차원적 분류)

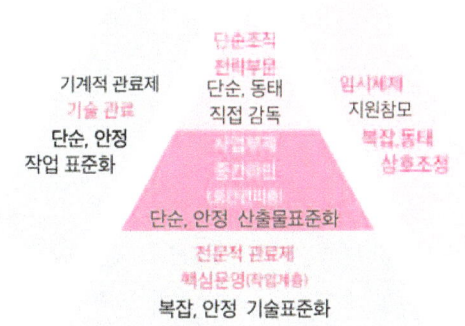

정답 ①

09　　　　　　　　　　　　　　　　　　0439

민츠버그(Mintzberg)는 조직을 단순구조, 기계적 관료제, 전문적 관료제, 할거적 양태(사업부제), 임시체제 등으로 구분하였다. 이 중 전문적 관료제의 특징으로 가장 옳지 않은 것은?

2015 서울 7급

① 높은 수평적 분화 수준
② 복잡하고 불안정적인 환경
③ 낮고 불명확한 공식화 수준
④ 높은 연결·연락 수준

출제유형 Ⅱ. 이론·제도
출제영역 민츠버그의 조직의 유형
출제빈도 ★★　　　　　　난도 중

정답찾기

② 전문적 관료제는 복잡하고 안정적인 환경하에서 적합한 조직으로 핵심운영부문의 힘이 강한 유형이다.

오답피하기

전문적 관료제는 전문가들로 구성된 핵심운영계층이 오랜 경험과 훈련으로 표준화된 기술을 내면화하여 자율권을 가지고 과업을 조정하므로 작업기술의 표준화를 중시하며 ④ 높은 연결·연락 수준과 ① 높은 수직·수평적 분권화 수준, ③ 낮은 공식화 수준이 구조적 특징이다

행복노트

구 분	단순 구조	기계적 관료제	사업부제	전문적 관료제	임시체제
예	신생조직	행정부	재벌조직	학교, 병원	연구소
환 경	단순, 동태	단순, 안정	단순, 안정	복잡, 안정	복잡, 동태
핵심부문 (권력)	전략적 정점(최고 관리자)	기술구조 (기술관료)	중간계선 (중간 관리층)	핵심운영 (작업계층)	지원참모
조정기제	직접감독	작업 표준화	산출물 표준화	기술 표준화	상호조정
공식화	낮음	높음	높음	낮음	낮음
분권정도	집권화	수평적 분권	제한된 수직적	수평적 수직적	선택적 분권화

정답 ②

10　　　　　　　　　　　　　　　　　　0440

외부환경의 불확실성에 대응하는 조직구조상의 특징에 따라 기계적 조직과 유기적 조직으로 구분하는 경우에, 유기적 조직의 특성에 해당하는 것만을 모두 고른 것은?

2015 국가 9급

ㄱ. 넓은 직무범위
ㄴ. 분명한 책임관계
ㄷ. 몰인간적 대면관계
ㄹ. 다원화된 의사소통채널
ㅁ. 높은 공식화 수준
ㅂ. 모호한 책임관계

① ㄱ, ㄹ, ㅂ　　　② ㄴ, ㄷ, ㅁ
③ ㄴ, ㄹ, ㅁ　　　④ ㄱ, ㄷ, ㅂ

출제유형 Ⅰ. 기본개념
출제영역 유기적 조직구조
출제빈도 ★★　　　　　　난도 중

정답찾기

① ㄱ. 넓은 직무범위, ㄹ. 다원화된 의사소통채널, ㅂ. 모호한 책임관계는 유기적 구조의 특징에 해당한다.

오답피하기

ㄴ. 분명한 책임관계, ㄷ. 몰인간적 대면관계, ㅁ. 높은 공식화 수준은 기계적 구조의 특징이다.

행복노트

조직의 유형: Robey 기계적 구조와 유기적 구조

기계적 구조(고층구조)
Weber 관료제 조직
수직적 계층제 +
엄격한 수평적 분업

좁은 통솔범위, 좁은 직무범위
공식, 분업↑
명확한 책임관계
성과측정이 가능
공식적, 몰인간적 대면관계
직위에 의한 권위의 정당성

유기적 구조
(저층구조)
지속적인
실험형 조직

넓은 통솔범위, 넓은 직무범위
분업이 어려운 과제,
모호한 책임관계
높은 팀워크, 복합적 동기부여
적응성, 인간적 대면관계
적은 규칙, 복합적 과제
전문성에 의한 권위의 정당성

정답 ①

11
0441

유기적 조직구조의 특징만으로 구성된 것은?   2012 서울 7급

① 넓은 통솔범위, 높은 팀워크, 적은 규칙, 복합적 과제, 적응성, 인간적 대면관계
② 모호한 책임관계, 성과측정이 가능, 저층구조, 표준운영절차
③ 공식적·몰인간적 대면관계, 분업이 어려운 과제, 복합적 동기부여, 분화된 채널
④ 적은 규칙과 절차, 직위에 의한 권위의 정당성 확보, 모호한 책임관계
⑤ 금전적 동기부여, 넓은 직무범위, 저층구조, 성과측정이 가능

출제유형 Ⅰ. 기본개념   **출제영역** 유기적 조직구조
출제빈도 ★★   난도 중

정답찾기
① 넓은 통솔범위, 높은 팀워크, 적은 규칙, 복합적 과제, 적응성, 인간적 대면관계는 유기적 구조의 특징이다.

오답피하기
② 성과측정이 가능하다고 보는 것과 표준운영절차는 기계적 구조의 특징이다.
③ 공식적·몰인간적 대면관계는 기계적 구조의 특징이다.
④ 직위에 의한 권위의 정당성 확보는 기계적 구조의 특징이다.
⑤ 금전적 동기부여와 성과측정이 가능한 것은 기계적 구조의 특징이다.

구 분	기계적 구조	유기적 구조
장 점	예측 가능성	적응성
직무범위	좁음	넓음
유연성	엄격, 일상	유연, 다양
통솔범위	좁음	넓음
계층의 수	많음(고층구조)	적음(저층구조)
인간관계	공식적·몰인간적	비공식적·인간적
복잡성	구분 명확, 배타적	구분 모호, 업무중복
집권성	높음	낮음
공식화	높음	낮음
책임규명	SOP, 분명	적은 규칙, 모호
성과 및 동기부여	성과측정 가능, 금전적 동기부여	성과측정 어려움, 복합적 동기부여

정답 ①

12
0442

조직구조의 유형에 대한 설명으로 옳지 않은 것은?   2023 국가 9급

① 사업(부)구조는 조직의 산출물에 기반을 둔 구조화 방식으로 사업(부) 간 기능 조정이 용이하다.
② 매트릭스구조는 수직적 기능구조에 수평적 사업구조를 결합시켜 조직운영상의 신축성을 확보한다.
③ 네트워크구조는 복수의 조직이 각자의 경계를 넘어 연결고리를 통해 결합 관계를 이루어 환경 변화에 대처한다.
④ 수평(팀제)구조는 핵심업무 과정 중심의 구조화 방식으로 부서 사이의 경계를 제거하여 의사소통을 원활하게 한다.

출제유형 Ⅰ. 기본개념   **출제영역** 조직구조의 유형
출제빈도 ★★★   난도 중

정답찾기
① 사업(부)구조는 조직의 산출물에 기반을 둔 구조화 방식으로 사업(부) 간 기능 조정이 불리하다.

오답피하기
② 매트릭스구조는 수직적 기능구조에 수평적 사업구조를 결합시켜 조직운영상의 신축성을 확보한다.
③ 네트워크구조는 복수의 조직이 각자의 경계를 넘어 연결고리를 통해 결합 관계를 이루어 환경 변화에 대처한다.
④ 수평(팀제)구조는 핵심업무 과정 중심의 구조화 방식으로 부서 사이의 경계를 제거하여 의사소통을 원활하게 한다.

사업구조 산출물 기반, 분권화된 자기완결적 사업부서화

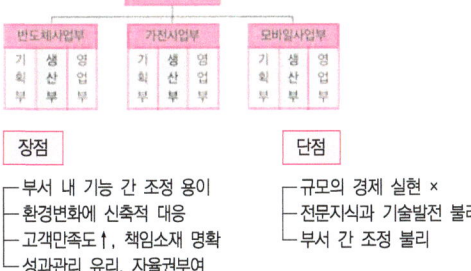

장점
- 부서 내 기능 간 조정 용이
- 환경변화에 신축적 대응
- 고객만족도 ↑, 책임소재 명확
- 성과관리 유리, 자율권부여

단점
- 규모의 경제 실현 ×
- 전문지식과 기술발전 불리
- 부서 간 조정 불리

정답 ①

13 ○○○ 0443

조직구조모형을 유기적인 성격이 약한 것에서부터 강한 것의 순서로 바르게 배열한 것은? 2012 국가 7급

① 네트워크구조 < 매트릭스구조 < 수평구조 < 사업구조 < 기능구조
② 기능구조 < 사업구조 < 수평구조 < 매트릭스구조 < 네트워크구조
③ 기능구조 < 사업구조 < 매트릭스구조 < 수평구조 < 네트워크구조
④ 기능구조 < 매트릭스구조 < 사업구조 < 수평구조 < 네트워크구조

14 ○○○ 0444

조직구조에 있어 기능구조와 사업구조의 장단점에 대한 설명으로 가장 옳지 않은 것은? 2016 서울 7급

① 기능구조는 중복과 낭비를 예방하고 기능 내에서 규모의 경제를 구현할 수 있다.
② 기능구조는 각 기능부서들 간의 조정과 협력이 요구되는 환경에 적응하기 곤란할 수 있다.
③ 사업구조는 의사결정의 상위 집중화로 최고관리층의 업무 부담이 증가될 수 있다.
④ 사업구조는 성과책임의 소재가 분명해 성과관리체제에 유리하다.

출제유형 Ⅰ. 기본개념 **출제영역** 조직구조모형
출제빈도 ★★ **난도** 하

정답찾기
③ 기능구조 → 사업구조 → 매트릭스구조 → 수평구조 → 네트워크구조로 갈수록 유기적 구조의 특징이 강해진다.

오답피하기
조직의 유형: Daft 조직유형

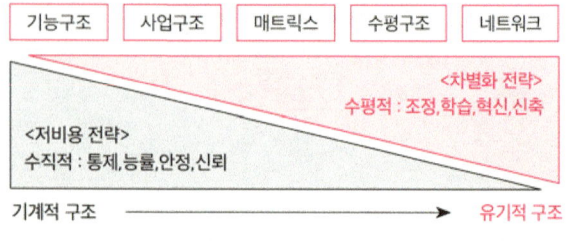

빈출한 힘기 TIP
조직의 유형: Daft 조직유형
다~ 기사 매수네!

정답 ③

출제유형 Ⅰ. 기본개념 **출제영역** 기능구조, 사업구조
출제빈도 ★★ **난도** 중

정답찾기
③ 의사결정의 상위 집중화로 최고관리층의 업무 부담이 증가될 수 있는 것은 기능구조에 대한 설명이다. 사업구조는 중간관리자에게 권한을 위임하고 성과에 대한 책임을 묻는 분권화된 자기완결적 조직구조이다.

오답피하기
기능구조와 사업구조

구 분	기능구조	사업구조
환경특성	안정된 환경	불확실한 환경
적용기술	일상적 기술	비일상적 기술
적합 환경	수평적 조정의 필요성이 낮을 때 효과적임	사업부서 내의 부서 간 상호의존성이 높은 경우 효과적임
유리한 상황	내적 능률성이 중요한 경우	외부지향적 목표를 가진 조직
규모의 경제	○	×
조 정	기능 간 조정이 어려움	사업부서 간 조정이 어려움

정답 ③

15

조직구조의 유형 중에서 기능별 구조(Functional Structure)와 비교하여 사업별 구조(Divisional Structure)가 가지는 장점으로 보기 어려운 것은?
2015 서울 7급

① 사업부서 내의 기능 간 조정이 용이하고 변화하는 환경에 신속하게 대응할 수 있다.
② 성과책임의 소재가 분명해 성과관리체제에 유리하다.
③ 특정 산출물별로 운영되기 때문에 고객만족도를 제고할 수 있다.
④ 중복과 낭비를 예방하고 기능 내에서 규모의 경제를 구현할 수 있다.

16

기능(Functional)구조와 사업(Project)구조의 통합을 시도하는 조직형태는?
2020 지방 9급

① 팀제조직
② 위원회조직
③ 매트릭스조직
④ 네트워크조직

정답찾기

④ 중복과 낭비를 예방하고 기능 내에서 규모의 경제를 구현할 수 있는 것은 기능별 구조의 장점에 대한 설명이다.

오답피하기

① 사업별 구조(Divisional Structure)는 각 부서는 자기완결 단위로 기능 간 조정이 용이하므로 환경변화에 좀 더 신축적이고, 대응적이다.
② 사업별 구조(Divisional Structure)는 성과에 대한 책임 소재가 명확해져서 성과관리에 유리하다.
③ 사업별 구조(Divisional Structure)는 특정 산출물별로 운영되기 때문에 고객만족도를 제고할 수 있다.

행복노트

사업구조 산출물 기반, 분권화된 자기완결적 사업부서화

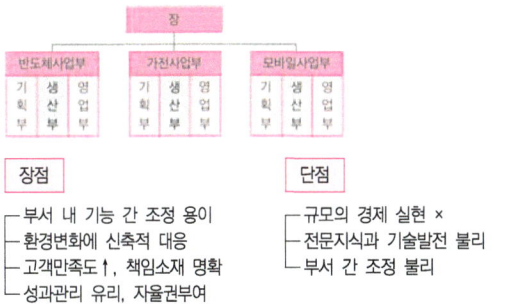

장점
- 부서 내 기능 간 조정 용이
- 환경변화에 신축적 대응
- 고객만족도↑, 책임소재 명확
- 성과관리 유리, 자율권부여

단점
- 규모의 경제 실현 ×
- 전문지식과 기술발전 불리
- 부서 간 조정 불리

정답 ④

정답찾기

③ 기능(Functional)구조와 사업(Project)구조의 통합을 시도하는 조직은 매트릭스 조직이다.

오답피하기

① 팀제조직은 상호보완적인 기능을 가진 소수의 사람들이 공동의 목표를 달성하기 위해 책임을 공유하고 문제해결을 위한 공동의 접근방법을 사용하는 조직이다.
② 위원회조직은 복수의 의사결정자로 구성되는 합의제조직이다.
④ 네트워크조직은 현재의 조직기능을 경쟁력 있는 핵심역량 중심으로 합리화하고, 나머지 기능은 외부기관과 상호전략적 제휴나 협력적 아웃소싱 등의 계약방식 등을 통해 효율적인 목표달성을 추구하는 수직적·수평적 통합과 지리적 분산의 장애를 극복하려는 유기적인 모듈형 조직이다.

정답 ③

17 0447

매트릭스(Matrix) 조직구조의 특징으로 옳지 않은 것은?

2014 지방 9급

① 잦은 대면과 회의를 통해 과업조정이 이루어지기 때문에 신속한 결정이 가능하다.
② 구성원들은 다양한 경험을 통해 전문기술을 개발하면서, 넓은 시야와 목표관을 가질 수 있다.
③ 급변하는 환경변화에 탄력적으로 대응할 수 있다.
④ 경직화되어 가는 대규모 관료제조직에 융통성을 부여해줄 수 있다.

18 0448

매트릭스구조에 대한 설명으로 옳지 않은 것은?

2012 지방 7급

① 기능부서의 신속한 대응성과 사업부서의 전문성에 대한 필요에 의해 결합된 조직이다.
② 기능부서 통제권한의 계층은 수직적으로 흐르고 사업부서간 조정권한의 계층은 수평적으로 흐르게 된다.
③ 조직구성원은 동시에 두 명의 상관에게 보고하는 체계를 가진다.
④ 개인들이 다양한 경험을 할 수 있기 때문에 전문기술의 개발과 더불어 넓은 시야를 갖출 수 있는 기회가 된다.

출제유형 Ⅰ. 기본개념 **출제영역** 매트릭스구조

출제빈도 ★★ **난도** 중

정답찾기

① 매트릭스조직은 기능구조와 사업구조의 화학적 결합을 시도하는 이중적 구조 때문에 잦은 대면과 회의를 통해 과업조정을 해야 하므로 신속한 결정이 어렵다.

오답피하기

매트릭스구조: 수직적(기능) + 수평적(사업)
이원적·복합적 권한체계, 화학적·입체적 구조, 탄력적 대응

장점
- 신속한 대응성(사업)과 전문성(기능) 통합
- 기존의 인적 자원 유연한 관리
- 불안정하고 급변하는 조직환경 적합
- 구성원 다양한 경험으로 인한 전문기술 개발
- 넓은 시야와 목표관 형성

적용 영역
- 조직규모 중간 정도
- 불확실한 환경
- 높은 전문성
- 빠른 혁신성
- 비일상적 기술 사용

단점
- 책임한계 불분명, 책임의식 약함
- 소속의 이중성, 명령통일의 원리 적용 ×
- 기능부서와 사업부서 간 권력균형 ×
- 갈등과 혼란으로 조정 불리
- 잦은 대면과 회의로 신속한 결정 곤란

정답 ①

출제유형 Ⅰ. 기본개념 **출제영역** 매트릭스구조

출제빈도 ★★★ **난도** 중

정답찾기

① 매트릭스조직은 기능부서의 전문성과 사업부서의 신속한 대응성에 대한 필요에 의해 결합된 조직이다.

오답피하기

② 기능부서 통제권한의 계층은 수직적 계층제 성격이 강하므로 수직적으로 흐르고 수평적 성격의 사업부서 간 조정권한의 계층은 수평적으로 흐르게 된다.
③ 소속의 이중성에 따른 두 명의 상관을 모시는 결과, 조직구성원은 동시에 두 명의 상관에게 보고하는 체계를 가진다.
④ 여러 분야의 전문가들 사이의 상호작용과 접촉 등으로 개인들이 다양한 경험을 할 수 있기 때문에 전문기술의 개발과 더불어 넓은 시야를 갖출 수 있는 기회가 된다.

정답 ①

19 □□□ 0449

결정과 기획 같은 핵심기능만 수행하는 조직을 중심에 놓고 다수의 독립된 조직들을 협력관계로 묶어 일을 수행하는 조직형태는?

2021 국가 9급

① 태스크포스
② 프로젝트팀
③ 네트워크조직
④ 매트릭스조직

20 □□□ 0450

네트워크 조직구조가 가지는 일반적인 장점에 대한 설명으로 가장 옳지 않은 것은?

2019 서울 9급

① 조직의 유연성과 자율성 강화를 통해 창의력을 발휘할 수 있다.
② 통합과 학습을 통해 경쟁력을 제고할 수 있다.
③ 조직의 네트워크화를 통해 환경변화에 따른 불확실성을 감소시킬 수 있다.
④ 조직의 정체성과 응집력을 강화시킬 수 있다.

출제유형 Ⅰ. 기본개념 **출제영역** 네트워크구조
출제빈도 ★★ **난도** 중

정답찾기

③ 결정과 기획 같은 핵심기능만 수행하는 조직을 중심에 놓고 다수의 독립된 조직들을 협력관계로 묶어 일을 수행하는 조직은 <u>네트워크조직</u>이다.

오답피하기

① 태스크포스는 <u>특수한 과업의 달성을 목표로 기존의 서로 다른 부서에서 사람들을 선발하여 구성한 팀</u>으로, 목적을 달성하면 해체되는 임시조직이다.
② 프로젝트팀은 전략적으로 중요하거나 창의성이 요구되는 <u>프로젝트를 진행</u>하기 위하여 여러 부서에서 적합한 사람들을 선발하여 구성한 조직이다.
④ 매트릭스조직은 <u>기능조직과 사업조직을 화학적으로 결합</u>한 구조로서 전문성과 대응성을 통합하고자 하는 조직이다.

행복노트

네트워크구조(핵심역량중심, 부수기능 외주)
- 조직은 분권, 공동목표 위한 수직적·수평적 통합 지향
- 다방면의 자발적, 느슨한 연결조직
- 의사결정시스템의 분권과 집권
- 복수의 리더, 정보기술의 활용, 물적 자원 축소
- 구조와 계층을 파괴한 실무자 중심

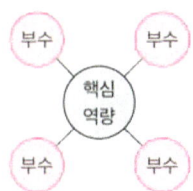

장점
- 조직의 유연성, 자율성 강화
- 신속한 대응과 창의성 발휘
- 환경의 불확실성 감소
- 통합 + 학습 → 경쟁력 제고
- 정보통신기술 → 시·공간적 제약↓

단점
- 외부기능 직접통제 곤란
- 대리인에 대한 감시·조정비용↑
- 제품의 안정적 공급 애로
- 조직경계 모호 → 정체성, 응집성↓

정답 ③

출제유형 Ⅰ. 기본개념 **출제영역** 네트워크구조
출제빈도 ★★ **난도** 중

정답찾기

④ 네트워크조직은 조직의 중요 기능은 핵심역량 위주로 합리화하고, 여타 기능은 외부 기관들과의 계약관계를 통해 수행하는 방식으로 <u>조직경계의 모호성으로 인해 조직정체성의 혼란이 초래될 수 있고, 응집력 있는 조직문화를 갖기 어렵다.</u>

오답피하기

① 네트워크조직은 조직의 유연성과 자율성 강화를 통해 신속하게 환경변화에 대응하고 창의력을 발휘할 수 있다.
② 네트워크조직은 암묵적 지식 같은 자산을 공동으로 사용하여 통합과 지속적 학습을 통해 경쟁력을 제고한다.
③ 조직의 네트워크화를 통해 환경변화에 따른 불확실성을 감소시킬 수 있다.

정답 ④

21

네트워크조직에 대한 설명으로 옳은 것만을 모두 고른 것은?

2015 국가 9급

> ㄱ. 구조의 유연성이 강조된다.
> ㄴ. 조직 간 연계장치는 수직적인 협력관계에 바탕을 둔다.
> ㄷ. 개방적 의사전달과 참여보다는 타율적 관리가 강조된다.
> ㄹ. 조직의 경계는 유동적이며 모호하다.

① ㄱ, ㄴ
② ㄱ, ㄹ
③ ㄴ, ㄷ
④ ㄷ, ㄹ

출제유형 Ⅰ. 기본개념　**출제영역** 네트워크구조
출제빈도 ★★　**난도** 중

정답찾기
ㄱ. 구조의 유연성이 강조되는 것은 네트워크조직의 특징이다.
ㄹ. 조직의 경계가 유동적이며 모호한 것은 네트워크조직의 특징이다.

오답피하기
ㄴ. 네트워크조직은 수평적 협력관계에 바탕을 둔다.
ㄷ. 네트워크조직은 개방적 의사전달과 참여, 자율적 관리를 강조한다.

정답 ②

22

네트워크조직의 **특성**에 대한 설명으로 옳지 않은 것은?

2014 국가 7급

① 응집력 있는 조직문화를 만드는 데 유리하다.
② 업무처리의 신속성과 유연성을 확보하는 데 유리하다.
③ 네트워크기관과 구성원들 간의 교류를 통한 신뢰관계형성이 중요하다.
④ 각기 높은 독자성을 지닌 조직단위나 조직들 간에 협력적 연계장치로 구성된 조직이다.

출제유형 Ⅰ. 기본개념　**출제영역** 네트워크구조
출제빈도 ★★★　**난도** 중

정답찾기
① 네트워크조직은 각각의 조직들이 핵심역량을 중심으로 상호수평적 연계망을 형성한 조직이기 때문에 응집력이 약하다.

오답피하기
② 네트워크조직은 신속성과 유연성을 확보하는 데 유리하다.
③, ④ 네트워크조직은 공동의 목적을 위해 각기 높은 독자성을 지닌 조직단위나 조직들 간에 협력적으로 연결되어 있으며 이들 간의 관계가 지속되기 위해서는 신뢰관계의 존재가 매우 중요하다.

정답 ①

23 0453
조직구조의 유형에 대한 설명으로 옳은 것은? 2017 지방 9급 추가

① 수평구조는 수직적 계층과 부서 간 경계를 제거하여 의사소통을 원활하게 만든 구조다.
② 기계적 조직에서는 효율적인 조직운영을 위해 권한과 책임이 분산되어 있다.
③ 위원회조직은 위원장에 의해 최종 의사결정이 이루어진다는 면에서 독임제로 운영되는 계층제와 유사성이 있다.
④ 애드호크라시는 변화에 신속하게 대응할 수 있다는 장점으로 인해 전통적인 관료제구조를 대체하기에 이르렀다.

24 0454
조직유형에 대한 설명으로 옳지 않은 것은? 2021 지방 7급

① 매트릭스조직은 기능 중심의 수직적 계층구조에 수평적 조직구조를 결합한 조직으로 명령통일의 원리에 부합한다.
② 태스크포스는 특수한 과업 완수를 목표로 기존의 다른 부서 외부업체 등에서 사람들을 선발하여 구성한 조직이며, 본래 목적을 달성하면 해체되는 임시조직이다.
③ 프로젝트팀은 전략적으로 중요하거나 창의성이 요구되는 프로젝트를 진행하기 위해 여러 부서에서 프로젝트 목적에 적합한 사람들을 선발해 구성한 조직이다.
④ 네트워크조직은 각기 높은 독자성을 지닌 조직 단위나 조직들 간에 협력적 연계를 통해 구성된 조직이며, 환경변화에 신속하게 적응할 수 있다.

출제유형 Ⅰ. 기본개념 **출제영역** 조직구조의 유형
출제빈도 ★★★ **난도** 중

정답찾기
① 수평구조는 수직적 계층과 부서 간 경계가 제거되어 <u>소통과 조정이 원활</u>하다.

오답피하기
② 기계적 조직은 베버(Weber)의 근대관료제 조직구조로서 <u>권한과 책임이 집중</u>되고 분업과 계층화가 엄격하다.
③ 위원회조직은 위원들의 <u>합의에 의한 의사결정</u>이 이루어지므로 독임제로 운영되는 계층제와 차이가 있다.
④ 애드호크라시(Adhocracy)는 변화에 대해 신속하게 대응을 할 수 있는 장점을 가지고 있으며 전통적 관료제구조와 <u>보완·공존</u> 관계이다.

행복노트
팀제조직(수평적 구조): 공동책임, 상호보완, 효율성 극대화

핵심업무과정 중심(팀 조직)

장점
— 환경 변화에 탄력적 대응
— 신속한 의사결정
— 인력의 소수 정예화
— 다기능 전문인력 양성 적합
— 창의성 발휘 및 정보교류 활성화

단점
— 팀장에 대한 높은 의존
— 직급 중심의 전통적 사고와 괴리
— 중간관리층 의욕 저하
— 책임과 권한 소재 불분명

적용 영역
신설조직, 협업이 강한 구조
자리가 부족한 조직
중요한 업무를 수행하는 조직
복합기능적인 과업 수행
전문가/신세대로 구성
동태적인 조직환경

정답 ①

출제유형 Ⅰ. 기본개념 **출제영역** 조직구조의 유형
출제빈도 ★★★ **난도** 중

정답찾기
① 매트릭스조직은 기능 중심의 수직적 계층구조에 수평적 조직구조를 결합한 조직으로 <u>명령통일의 원리에 부합하지 않는다</u>.

오답피하기
매트릭스 구조: 수직적(기능) + 수평적(사업)
이원적·복합적 권한체계, 화학적·입체적 구조, 탄력적 대응

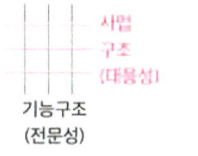
기능구조
(전문성)

장점
— 신속한 대응성(사업)과 전문성(기능) 통합
— 기존의 인적 자원 유연한 관리
— 불안정하고 급변하는 조직환경 적합
— 구성원은 다양한 경험으로 인한 전문기술 개발
— 넓은 시야와 목표관 형성

적용 영역
• 조직규모 중간 정도
• 불확실한 환경
• 높은 전문성
• 빠른 혁신성
• 비일상적 기술 사용

단점
— 책임한계 불분명, 책임의식 약함
— 소속의 이중성, 명령통일의 원리 적용 ×
— 기능부서와 사업부서 간 권력균형 ×
— 갈등과 혼란으로 조정 불리
— 잦은 대면과 회의로 신속한 결정 곤란

정답 ①

25

다음 조직에 관한 설명 중 가장 옳지 않은 것은? 2014 국회 9급

① 교차기능조직은 행정체제 전반에 걸쳐 관리작용을 분담하여 수행하는 참모조직을 의미한다.
② 독립통제기관은 일반행정 계서, 대통령, 외부 통제주체들의 중간에 위치하여 상당한 수준의 독자성과 자율성을 지닌 통제기관이다.
③ 태스크포스는 특수한 과업의 달성을 목표로 기존의 서로 다른 부서에서 사람들을 선발하여 구성한 팀으로, 목적을 달성하면 해체되는 임시조직이다.
④ 네트워크조직은 기능 중심의 수직적 분화가 되어 있는 기존의 지시 감독 라인에 횡적으로 연결된 또 하나의 지시 감독 라인을 인정하는 조직이다.
⑤ 위원회조직은 결정권한이 모든 위원들에게 분산되어 있고 위원들 간 합의를 통해 의사결정을 하는 조직유형이다.

출제유형 Ⅰ. 기본개념 **출제영역** 조직구조의 유형
출제빈도 ★★★ **난도** 중

정답찾기
④ 기능 중심의 수직적 분화가 되어 있는 기존의 지시 감독 라인에 횡적으로 연결된 또 하나의 지시 감독 라인을 인정하는 조직은 매트릭스조직에 해당한다.

오답피하기
① 교차기능조직은 행정체제 전반에 걸쳐 관리작용을 분담하여 수행하는 참모조직으로서 인사, 예산, 법제, 조달 등 횡적 지원조직을 의미한다.
② 독립통제기관은 일반행정 계서, 대통령, 외부 통제주체들의 중간에 위치하여 상당한 수준의 독자성과 자율성을 지닌 통제기관으로서 감사원과 국민권익위원회가 대표적인 예이다.
③ 태스크포스는 부서 간에 구성되는 임시조직이다.
⑤ 위원회는 합의제 행정기관이다.

정답 ④

26

조직구조에 대한 설명 중 가장 알맞은 것은? 2013 서울 9급

① 매트릭스조직은 수평적인 팀제와 유사하다.
② 정보통신기술의 발달로 통솔의 범위는 과거보다 좁아졌다고 판단된다.
③ 기계적 조직구조는 직무의 범위가 넓다.
④ 유기적인 조직은 안정적인 행정환경에서 성과가 상대적으로 높다.
⑤ 수평적 전문화 수준이 높을수록 업무는 단순해진다.

출제유형 Ⅰ. 기본개념 **출제영역** 조직구조
출제빈도 ★★★ **난도** 중

정답찾기
⑤ 수평적 전문화의 수준이 높을수록 구성원은 한 가지 주된 업무만 반복적으로 수행하게 되므로 업무는 단순해진다.

오답피하기
① 매트릭스조직은 이중적 조직구조를 가지므로 수평적 팀제와는 구분된다.
② 정보통신기술이 발달하면 통솔의 범위는 과거보다 넓어진다.
③ 기계적 조직구조는 직무의 범위가 좁다.
④ 유기적인 조직은 불확실한 행정환경에서 성과가 상대적으로 높다.

정답 ⑤

27　　　　　　　　　　　　　　0457

다음 〈보기〉 중 조직구조의 모형에 대한 설명으로 바르게 연결된 것은?　　　　　　　　　　2012 국가 9급

―| 보기 |―
ㄱ. 수평적 조정의 필요성이 낮을 때 효과적인 조직구조로서 규모의 경제를 제고할 수 있다.
ㄴ. 자기완결적 기능을 단위로 기능 간 조정이 용이하여 환경변화에 대한 대응이 신축적이다.
ㄷ. 조직구성원을 핵심 업무과정 중심으로 조직화하는 방식이다.
ㄹ. 조직 자체 기능은 핵심역량 위주로 하고 여타 기능은 외부 계약관계를 통해서 수행한다.

① ㄱ - 사업구조
② ㄴ - 매트릭스구조
③ ㄷ - 수직구조
④ ㄹ - 네트워크구조

출제유형 Ⅰ. 기본개념　　**출제영역** 조직구조의 모형

출제빈도 ★★★　　난도 중

[정답찾기]
④ ㄹ. 조직 자체 기능은 핵심역량 위주로 하고 여타 기능은 외부계약관계를 통해서 수행하는 것은 네트워크구조에 대한 설명이다.

[오답피하기]
ㄱ. 수평적 조정의 필요성이 낮을 때 효과적인 조직구조로서 규모의 경제를 제고할 수 있는 것은 기능구조에 대한 설명이다.
ㄴ. 자기완결적 기능을 단위로 기능 간 조정이 용이하여 환경변화에 대한 대응이 신축적인 것은 사업구조에 대한 설명이다.
ㄷ. 조직구성원을 핵심 업무과정 중심으로 조직화하는 방식은 수평적 구조에 대한 설명이다.

정답 ④

CHAPTER 01 기출 OX

1. 신고전적 조직론은 인간의 조직 내 사회적 관계 및 환경과의 관계를 고려하는 개방체제이론이다. (O/X) *2014 국가 9급*

   1. 신고전적 조직론은 인간의 조직 내 사회적 관계는 고려하였으나 환경과의 관계를 고려하지 못하는 폐쇄체제이론이다. **X**

2. 상황이론(Contingency Theory)은 모든 상황에서 적용되는 유일·최선의 조직구조를 찾는다. (O/X) *2021 지방 9급*

   2. 상황이론(Contingency Theory)은 모든 상황에서 적용되는 유일·최선의 조직구조는 존재하지 않는다고 본다. **X**

3. 민츠버그(H. Mintzberg)의 단순구조는 집권화되고 유기적인 조직구조로서, 단순하고 동태적인 환경에서 주로 발견된다. (O/X) *2011 국가 7급*

   3. 민츠버그(H. Mintzberg)의 단순구조는 집권화되고 유기적인 조직구조로서, 단순하고 동태적인 환경에서 주로 발견된다. **O**

4. 애드호크라시(Adhocracy)는 구조적으로 복잡성, 공식화, 집권성의 정도가 높으며, 고도의 창의성과 환경 적응성이 필요한 상황에서 유효한 임시조직이다. (O/X) *2016 국가 7급*

   4. 애드호크라시(Adhocracy)는 구조적으로 복잡성, 공식화, 집권성의 정도가 낮으며, 고도의 창의성과 환경 적응성이 필요한 상황에서 유효한 임시조직이다. **X**

5. 사업구조는 수평적 조정의 필요성이 낮을 때 효과적인 조직구조로서 규모의 경제를 제고할 수 있다. (O/X) *2012 국가 9급*

   5. 기능구조는 수평적 조정의 필요성이 낮을 때 효과적인 조직구조로서 규모의 경제를 제고할 수 있다. **X**

6. 사업구조는 각 기능의 조정이 사업부서 내에서 이루어지므로 분권적인 조직구조를 갖고 있다. (O/X) *2010 지방 9급*

   6. 사업구조는 각 기능의 조정이 사업부서 내에서 이루어지므로 분권적인 조직구조를 갖고 있다. **O**

7. 사업구조는 부서 간 조정이 용이하나 부서 내 조정이 곤란하여 사업영역 간 갈등이 발생한다. (O/X) *2014 국회 8급*

   7. 사업구조는 부서 내 기능 간 조정이 용이하나 부서 간 조정이 곤란하여 사업영역 간 갈등이 발생한다. **X**

8. 기능(Functional)구조와 사업(Project)구조의 통합을 시도하는 조직은 매트릭스조직이다. (O/X) *2020 지방 9급*

   8. 기능(Functional)구조와 사업(Project)구조의 통합을 시도하는 조직은 매트릭스조직이다. **O**

9. 매트릭스구조는 기능부서와 사업부서 간의 갈등이 높아 이를 해결하는 데 요구되는 시간과 노력의 낭비가 불가피하다. (O/X) *2015 경찰간부*

   9. 매트릭스구조는 기능부서와 사업부서 간의 갈등이 높아 이를 해결하는 데 요구되는 시간과 노력의 낭비가 불가피하다. **O**

10. 결정과 기획 같은 핵심기능만 수행하는 조직을 중심에 놓고 다수의 독립된 조직들을 협력 관계로 묶어 일을 수행하는 조직형태는 프로젝트 팀에 해당한다. (O/X) *2021 국가 9급*

    10. 결정과 기획 같은 핵심기능만 수행하는 조직을 중심에 놓고 다수의 독립된 조직들을 협력 관계로 묶어 일을 수행하는 조직형태는 네트워크조직에 해당한다. **X**

CHAPTER 01 키워드

1 _____ 조직이론은 전문화와 분업을 통하여 조직의 효과적 운영과 생산성 극대화를 추구한다. 2010 서울 7급 — 고전적

2 _____ 조직이론은 사회적 능력과 사회적 규범에 의한 생산성의 결정을 강조하였다. 2015 서울 9급 — 신고전적

3 메이요(E. Mayo) 등의 _____ 실험에서 시작된 신고전적 조직이론은 인간의 사회적 욕구와 사회적 동기유발에 초점을 맞추었다. 2015 경찰간부 — 호손(Hawthorne)

4 블라우와 스코트(Blau & Scott)의 국민일반을 수혜자로 하는 조직이며 국민에 의한 외재적 통제가 가능하도록 민주적 장치를 발전시키는 것이 가장 중요한 조직의 유형은 _____ 조직이다. 2015 경찰간부 — 공익

5 민츠버그(H. Mintzberg)의 _____ 관료제는 낮은 공식화와 수평적·수직적 분권을 특성으로 가진다. 2014 국회 8급 — 전문적

6 유기적 조직은 _____ 직무범위, 인간적 대면관계, 다원화된 의사소통채널, 모호한 책임관계 등을 특징으로 한다. 2015 국가 9급 — 넓은

7 민츠버그(H. Mintzberg)의 _____ 는 집권화되고 유기적인 조직구조로서, 단순하고 동태적인 환경에서 주로 발견된다. 2011 국가 7급 — 단순구조

8 _____ 는 중복과 낭비를 예방하고 기능 내에서 규모의 경제를 구현할 수 있지만, 각 기능부서들 간의 조정과 협력이 요구되는 환경에 적응하기 곤란할 수 있다. 2016 서울 7급 — 기능구조

9 _____ 는 성과책임의 소재가 분명해 성과관리 체제에 유리하지만 기능구조는 의사결정의 상위 집중화로 최고관리층의 업무부담이 증가될 수 있다. 2016 서울 7급 — 사업구조

10 기능(Functional)구조와 _____ 구조의 통합을 시도하는 조직은 매트릭스조직이다. 2020 지방 9급 — 사업(Project)

11 _____ 는 조직 구성원을 핵심 업무를 중심으로 배열하는 조직구조이다. 2011 국가 9급 — 수평구조

12 네트워크조직은 각기 높은 독자성을 지닌 조직단위나 조직들 간에 협력적 연계장치로 구성된 조직으로, 네트워크기관과 구성원들 간의 교류를 통한 _____ 관계 형성이 중요하다. 2014 국가 7급 — 신뢰

CHAPTER 02 조직의 구조와 형태

대표문제

01 ☐☐☐   0458

조직구조에 대한 설명으로 옳지 않은 것은?   2025 지방 9급

① 이음매 없는(seamless) 조직은 내부적 필요에 의해 조직단위와 기능을 분산적으로 설계한다.
② 네트워크 조직은 수직적 계층의 수가 최소화되고 유기적 구조로 환경적 변화에 적응성이 높다.
③ 매트릭스 조직은 기능적 조직의 역할과 프로젝트팀의 구조적 역할을 동시에 수행하는 이중구조의 성격을 갖는다.
④ 팀제는 수평적 구조와 자율적 권한부여로 구성원의 지식과 아이디어를 모아 창의적 문제해결에 유리하다.

출제유형 Ⅰ. 기본개념   **출제영역** 조직구조
출제빈도 ★★   **정답률** 78%   **난도** 중

정답찾기
① 이음매 없는(seamless) 조직은 내부적 필요보다는 고객의 요구와 외부환경 변화에 신속하게 대응하기 위해 조직의 경계를 허물고 통합적으로 설계하는 조직이다. 내부적 필요에 의한 분산적 설계가 아니라 고객중심의 통합적 설계가 특징이다.

오답피하기
② 네트워크 조직은 수직적 계층을 최소화하고 유기적 구조로 환경변화에 대한 적응성이 높다.
③ 매트릭스 조직은 기능적 조직과 프로젝트팀의 장점을 결합한 이중구조를 갖는다.
④ 팀제는 수평적 구조와 자율적 권한부여를 통해 구성원의 창의성과 문제해결 능력을 활용한다.

정답 ①

제 1 절 조직구조의 변수

02 ☐☐☐   0459

조직구조에 대한 설명으로 옳지 않은 것은?   2022 국가 7급

① 일상적 기술을 가진 조직의 경우 높은 공식화 구조를 가진다.
② 조직구조의 형태를 기계적 구조와 유기적 구조로 구분할 수 있다.
③ 환경이 복잡하고 불안정한 경우 유기적 구조가 적합하다.
④ 조직구조는 조직 내 여러 부문 간 결합의 형태로 구성원 간 상호작용과는 관련성이 없다.

출제유형 Ⅰ. 기본개념   **출제영역** 조직구조
출제빈도 ★★   **난도** 하

정답찾기
④ 조직구조는 조직 내 여러 부문 간 결합의 형태로 구성원 간 상호작용과는 관련성이 <u>있다</u>.

오답피하기
① 일상적 기술을 가진 조직의 경우 <u>높은 공식화 구조</u>를 가진다.
② 조직구조의 형태를 <u>기계적 구조와 유기적 구조</u>로 구분할 수 있다.
③ 환경이 복잡하고 불안정한 경우 <u>유기적 구조</u>가 적합하다

구 분	기계적 구조	유기적 구조
장 점	예측 가능성	적응성
직무범위	좁음	넓음
유연성	엄격, 일상	유연, 다양
통솔범위	좁음	넓음
계층의 수	많음(고층구조)	적음(저층구조)
인간관계	공식적·몰인간적	비공식적·인간적
복잡성	구분 명확, 배타적	구분 모호, 업무중복
집권성	높음	낮음
공식화	높음	낮음
책임규명	SOP, 분명	적은 규칙, 모호
성과 및 동기부여	성과측정 가능, 금전적 동기부여	성과측정 어려움, 복합적 동기부여

정답 ④

03　0460

조직구조에 대한 설명으로 옳지 않은 것은?　2016 국가 7급

① 수평적 분화가 심할수록 전문성을 가진 부서 간 커뮤니케이션과 업무협조가 용이하다.
② 수직적 분화는 조직의 종적인 분화로서 책임과 권한의 계층적 분화를 말한다.
③ 공간적(장소적) 분화는 조직의 구성원과 물리적인 시설이 지역적으로 분산되어 있는 정도를 말한다.
④ 조직구조의 복잡성은 조직이 얼마나 나누어지고 흩어져 있는가의 분화정도를 말한다.

출제유형 Ⅰ. 기본개념　**출제영역** 조직구조

출제빈도 ★★　난도 중

정답찾기
① 수평적 분화가 심할수록 전문성을 가진 부서 간 커뮤니케이션과 업무협조가 어려워진다.

오답피하기
② 수직적 분화는 조직의 종적인 분화로서 책임과 권한의 계층적 분화를 말한다.
③ 공간적(장소적) 분화는 조직의 구성원과 물리적인 시설이 지역적으로 분산되어 있는 정도를 말한다.
④ 조직구조의 복잡성은 조직이 얼마나 나누어지고 흩어져 있는가의 분화정도를 말한다.

행복노트
조직구조의 기본변수

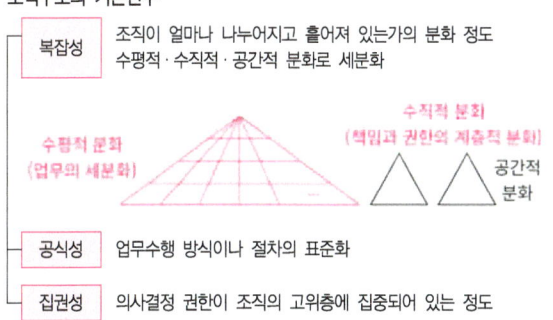

- 복잡성: 조직이 얼마나 나누어지고 흩어져 있는가의 분화 정도 / 수평적·수직적·공간적 분화로 세분화
- 공식성: 업무수행 방식이나 절차의 표준화
- 집권성: 의사결정 권한이 조직의 고위층에 집중되어 있는 정도

정답 ①

04　0461

조직의 구조적 특성에 대한 설명으로 옳지 않은 것은?　2015 지방 7급

① 복잡성은 조직의 분화정도를 의미하며, 단위 부서 간에 업무를 세분화하는 것을 수직적 분화라고 한다.
② 공간적 분화는 조직의 시설과 구성원이 물리적으로 분리되어 있는 정도를 의미한다.
③ 공식화는 일반적으로 업무수행 방식에 대한 공식적 규정의 수준을 의미한다.
④ 집권화는 의사결정 권한이 조직의 고위층에 집중되어 있는 정도를 의미한다.

출제유형 Ⅰ. 기본개념　**출제영역** 조직구조

출제빈도 ★★　난도 중

정답찾기
① 조직구조의 복잡성이 조직의 분화정도를 의미하며 단위 부서 간에 업무를 세분화 하는 것은 수평적 분화이다. 수직적 분화는 계층의 수로 나타난다.

오답피하기
③ 공식화는 일반적으로 업무수행 방식에 대한 공식적 규정의 수준을 의미하는 것으로 조직 내 직무의 표준화 정도라고도 할 수 있다.

행복노트
조직구조의 기본변수

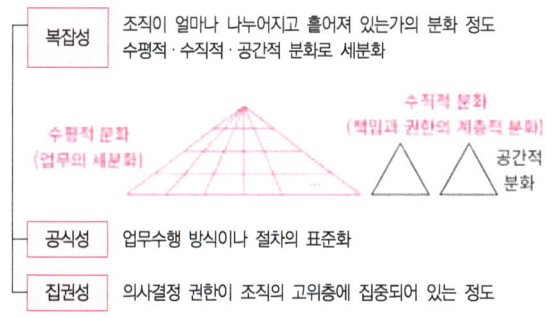

- 복잡성: 조직이 얼마나 나누어지고 흩어져 있는가의 분화 정도 / 수평적·수직적·공간적 분화로 세분화
- 공식성: 업무수행 방식이나 절차의 표준화
- 집권성: 의사결정 권한이 조직의 고위층에 집중되어 있는 정도

정답 ①

05

2014 국가 7급

조직구조 및 유형의 특성에 대한 설명으로 옳은 것은?

① 애드호크라시는 공식화 정도가 높고 분권화되어 있으며, 수직적 분화가 심한 특징을 보여주고 있다.
② 공식화는 자원배분을 포함한 의사결정 권한이 조직의 상하 직위 간에 어떻게 분배되어 있는가를 의미한다.
③ 복잡성은 조직이 얼마나 나누어지고 흩어져 있는가의 분화정도를 말하며, 수평적·수직적·공간적 분화 등으로 세분화할 수 있다.
④ 집권화는 업무수행 방식이나 절차가 표준화되어 있는 정도를 의미하며 직무기술서, 내부규칙, 보고체계 등의 명문화 정도로 측정할 수 있다.

출제유형 Ⅰ. 기본개념 **출제영역** 조직구조
출제빈도 ★★ **난도** 중

정답찾기
③ 조직구조의 복잡성은 조직이 얼마나 나누어지고 흩어져 있는가의 분화정도를 말하며, 수평적·수직적·공간적 분화 등으로 세분화할 수 있다.

오답피하기
① 애드호크라시는 공식화 정도가 낮고 분권화되어 있으며, 수직적 분화가 적은 특징을 보여주고 있다.
② 자원배분을 포함한 의사결정 권한이 조직의 상하 직위 간에 어떻게 분배되어 있는가를 의미하는 것은 집권화에 대한 설명이다.
④ 업무수행 방식이나 절차가 표준화되어 있는 정도를 의미하며 직무기술서, 내부규칙, 보고체계 등의 명문화 정도로 측정할 수 있는 것은 공식화에 대한 설명이다.

정답 ③

06

2013 지방 9급

조직구조에 대한 설명으로 옳지 않은 것은?

① 공식화(Formalization)의 수준이 높을수록 조직구성원들의 재량이 증가한다.
② 통솔범위(Span of Control)가 넓은 조직은 일반적으로 저층구조의 형태를 보인다.
③ 집권화(Centralization)의 수준이 높은 조직의 의사결정권한은 조직의 상층부에 집중된다.
④ 명령체계(Chain of Command)는 조직 내 구성원을 연결하는 연속된 권한의 흐름으로, 누가 누구에게 보고하는지를 결정한다.

출제유형 Ⅰ. 기본개념 **출제영역** 조직구조
출제빈도 ★★ **난도** 중

정답찾기
① 공식화(Formalization)의 수준이 높을수록 조직구성원들의 재량이 감소한다.

오답피하기
② 계층수가 적으면 통솔범위는 넓어지고, 계층수가 많으면 통솔범위는 좁아지기 때문에, 통솔범위와 계층제는 반비례 관계에 있다. 따라서 통솔범위(Span of Control)가 넓은 조직은 일반적으로 계층의 수가 적은 저층구조의 형태를 보인다.
③ 집권화(Centralization)의 수준이 높은 조직의 의사결정권한은 조직의 상층부에 집중된다.
④ 명령체계(Chain of Command)는 조직 내 구성원을 연결하는 연속된 권한의 흐름으로, 누가 누구에게 보고하는지를 결정한다.

정답 ①

07　　　　　　　　　　　　　　　　0464

조직의 규모에 대한 설명으로 가장 옳은 것은?　2019 서울 9급

① 조직의 규모가 클수록 공식화 수준이 낮아진다.
② 조직의 규모가 클수록 조직 내 구성원의 응집력이 강해진다.
③ 조직의 규모가 클수록 분권화되는 경향이 있다.
④ 조직의 규모가 클수록 복잡성이 낮아진다.

출제유형 Ⅰ. 기본개념　　**출제영역** 조직의 규모
출제빈도 ★★　　난도 중

정답찾기
③ 조직의 규모가 클수록 조직의 분권화 수준이 높아진다.

오답피하기
① 조직의 규모가 클수록 공식화 수준이 높아진다.
② 조직의 규모가 클수록 조직 내 구성원의 응집력은 약해진다.
④ 조직의 규모가 클수록 복잡성은 높아진다.

행복노트
조직구조의 상황변수 및 변수간 관계

- 규모　구성원의 수, 업무량, 고객의 순자산, 사업의 규모 …
- 환경　조직에 영향을 미칠 수 있는 요소
- 기술　투입 → 산출에 이용되는 지식·도구·기법

상황＼기본	복잡성	공식성	집권성
규모(큰)	+	+	−
환경(불확실)	+ (반대견해 있음)	−	−
기술(비일상)	+ (반대견해 있음)	−	−

정답 ③

08　　　　　　　　　　　　　　　　0465

조직구조의 상황요인에 대한 설명으로 〈보기〉에서 모두 고른 것은?　2018 서울 2회 7급

┤보기├
ㄱ. 비일상적 기술일 경우 공식화가 높아질 것이다.
ㄴ. 조직규모가 커짐에 따라 공식화가 높아질 것이다.
ㄷ. 환경의 불확실성이 높을수록 집권화가 높아질 것이다.
ㄹ. 비일상적 기술일수록 집권화가 낮아질 것이다.
ㅁ. 환경의 불확실성이 높을수록 공식화가 낮아질 것이다.

① ㄱ, ㄷ, ㄹ　② ㄴ, ㄹ, ㅁ
③ ㄷ, ㄹ, ㅁ　④ ㄱ, ㄴ, ㅁ

출제유형 Ⅰ. 기본개념　　**출제영역** 조직구조의 상황요인
출제빈도 ★★★　　난도 중

정답찾기
ㄴ. 조직규모가 커짐에 따라 공식화가 높아질 것이다.
ㄹ. 비일상적 기술일수록 전문성이 커지므로 집권화가 낮아질 것이다.
ㅁ. 환경의 불확실성이 높을수록 공식화가 낮아질 것이다.

오답피하기
ㄱ. 비일상적 기술일 경우 예외성이 크기 때문에 공식화가 낮아진다.
ㄷ. 환경의 불확실성이 높고 유동성이 높은 환경에서는 환경에의 적응을 위해 집권화가 낮아진다.

행복노트
조직구조의 상황변수 및 변수간 관계

- 규모　구성원의 수, 업무량, 고객의 순자산, 사업의 규모 …
- 환경　조직에 영향을 미칠 수 있는 요소
- 기술　투입 → 산출에 이용되는 지식·도구·기법

상황＼기본	복잡성	공식성	집권성
규모(큰)	+	+	−
환경(불확실)	+ (반대견해 있음)	−	−
기술(비일상)	+ (반대견해 있음)	−	−

정답 ②

09 0466

조직구조의 상황요인에 대한 설명 중 옳은 것은?   2013 서울 7급

① 비일상적 기술일수록 공식화가 높아질 것이다.
② 환경의 불확실성이 높을수록 집권화가 높아질 것이다.
③ 비일상적 기술일수록 집권화가 높아질 것이다.
④ 환경의 불확실성이 높을수록 공식화가 높아질 것이다.
⑤ 조직의 규모가 커짐에 따라 공식화가 높아질 것이다.

출제유형 Ⅰ. 기본개념   **출제영역** 조직구조의 상황요인
출제빈도 ★★★   **난도** 중

정답찾기
⑤ 조직규모가 커질수록 복잡성이 높아지고 공식화가 높아지며 집권화가 낮아진다.

오답피하기
① 비일상적 기술일수록 공식화가 낮아진다.
② 환경의 불확실성이 높을수록 분권화가 높아진다.
③ 비일상적 기술일수록 집권화가 낮아진다.
④ 환경의 불확실성이 높을수록 공식화가 낮아진다.

정답 ⑤

10 0467

페로(C. Perrow)의 기술유형 중 과업의 다양성과 문제의 분석가능성이 모두 높은 경우에 해당하는 기술은?   2019 국가 7급

① 장인기술
② 비일상적 기술
③ 공학적 기술
④ 일상적 기술

출제유형 Ⅳ. 학자문제   **출제영역** 페로의 기술유형
출제빈도 ★★   **난도** 중

정답찾기
③ 과업의 다양성과 문제의 분석가능성이 모두 높은 경우는 공학적 기술에 해당한다.

오답피하기
① 장인기술은 과업의 다양성과 문제의 분석가능성이 모두 낮은 경우에 해당한다.
② 비일상적 기술은 과업의 다양성이 높고 문제의 분석가능성이 낮은 경우에 해당한다.
④ 일상적 기술은 과업의 다양성이 낮고 문제의 분석가능성이 높은 경우에 해당한다.

행복노트

페로(Perrow) 기술유형론: 지식기술 중심의 분류

구 분		과업의 다양성	
		낮음(단순)	높음(복잡)
문제의 분석 가능성	낮음 (어려움)	장인기술 (공예, 연주, 도예)	비일상기술 (항공, 우주산업)
	높음 (쉬움)	일상기술 (은행창구업무)	공학기술 (회계, 변론)

| 일상기술 | 공학기술 | 장인기술 | 비일상기술 |

단순한 기술 기계적 구조 → 복잡한 기술 유기적 구조

합격된 합격 TIP

Perrow 기술유형론: 지식기술 중심의 분류
패는 기술은 일공장비!

정답 ③

11

기술과 조직구조의 관계에 대한 페로(Perrow)의 설명으로 옳지 않은 것은? 2020 지방 9급

① 정형화된(Routine) 기술은 공식성 및 집권성이 높은 조직구조와 부합한다.
② 비정형화된(Non-routine) 기술은 부하들에 대한 상사의 통솔범위를 넓힐 수밖에 없을 것이다.
③ 공학적(Engineering) 기술은 문제의 분석가능성이 높다.
④ 기예적(Craft) 기술은 대체로 유기적 조직구조와 부합한다.

출제유형 Ⅳ. 학자문제   **출제영역** 페로의 기술유형
출제빈도 ★★   난도 중

정답찾기
② 비정형화된(Non-routine) 기술은 과업의 다양성이 높고 문제의 분석가능성이 낮은 경우에 해당하므로 많은 수의 부하를 일괄적으로 통솔할 수 없기 때문에 <u>부하들에 대한 상사의 통솔범위를 좁힐 수밖에 없다.</u>

오답피하기
① 정형화된(Routine) 기술은 자동차 생산라인이나 은행 창구 업무처럼 과업의 다양성이 적고, 문제에 대한 분석가능성이 높아 <u>공식성 및 집권성이 높은 조직구조와 부합</u>한다.
③ 공학적(Engineering) 기술은 회계 및 변론처럼 <u>과업의 다양성과 복잡성은 높지만</u>, 수립된 공식이나 절차 및 기법에 의해 쉽게 해결할 수 있는 기술로서 문제의 <u>분석가능성이 높다.</u>
④ 기예적(Craft) 기술은 음악연주, 공예, 조각업무와 같이 예외적인 상황이 발생하는 빈도는 낮으나, 개별상황에 대처해야 하는 업무로서 대체로 <u>유기적 조직구조와 부합</u>한다.

정답 ②

12

톰슨(Thompson)의 기술 분류에 따른 상호의존성과 조정형태를 바르게 연결한 것은? 2021 지방 7급

① 집약형 기술(Intensive Technology) – 연속적 상호의존성(Sequential Interdependence) – 정기적 회의, 수직적 의사전달
② 공학형 기술(Engineering Technology) – 연속적 상호의존성(Sequential Interdependence) – 사전계획, 예정표
③ 연속형 기술(Long-Linked Technology) – 교호적 상호의존성(Reciprocal Interdependence) – 상호 조정, 수평적 의사전달
④ 중개형 기술(Mediating Technology) – 집합적 상호의존성(Pooled Interdependence) – 규칙, 표준

출제유형 Ⅳ. 학자문제   **출제영역** 톰슨의 기술 분류
출제빈도 ★   난도 중

정답찾기
④ 톰슨(Thompson)은 상호의존성에 따라 세 가지 기술유형, 즉 상호의존성이 가장 낮은 집합적 상호의존성의 '중개형 기술', 중간 정도의 연속적 상호의존성의 '연속형 기술', 그리고 가장 높은 교호적 상호의존성의 '집약형 기술'로 나누었다. <u>중개형 기술(Mediating Technology)</u>은 상호의존성이 가장 낮은 <u>집합적 상호의존성(Pooled Interdependence)</u>으로 조정 형태로 <u>규칙, 표준</u>을 사용한다.

오답피하기
① 연속형 기술(Long-linked Technology)은 <u>연속적 상호의존성(Sequential Interdependence)으로서 사전계획, 예정표를 조정형태로 사용한다.</u>
② 공학형 기술(Engineering Technology)은 페로(Perrow)의 기술유형에 해당한다.
③ 집약형 기술(Intensive Technology)은 <u>교호적 상호의존성(Reciprocal Interdependence)으로서 상호조정, 수평적 의사전달</u>을 조정형태로 사용한다.

행복노트

톰슨(Thompson) 기술유형론: 조직 간·개인 간 상호의존도

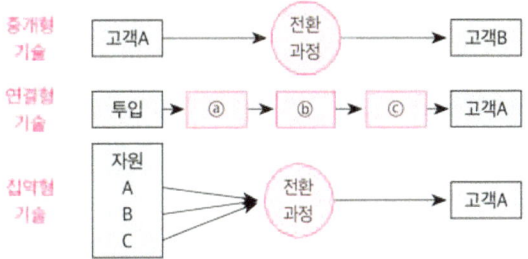

구 분	상호의존성	조직구조특성	조직형태	조정방법
중개형 기술	공유적, 집합적 · 은행	낮은 복잡성 높은 공식화	사업부제	표준화
연결형 기술	연속적, 상호의존 · 조립라인	적당한 복잡성 적당한 공식화	태스크포스	계획적
집약형 기술	호혜적, 교호적 · 종합병원	높은 복잡성 낮은 공식화	수평적 구조	상호적응

정답 ④

제2절 조직의 원리

13 □□□ 0470
일반적인 조직구조 설계원리에 대한 설명으로 옳은 것만을 모두 고르면? 2021 국가 7급

> ㄱ. 계선은 부하에게 업무를 지시하고, 참모는 정보제공, 자료 분석, 기획 등의 전문지식을 제공한다.
> ㄴ. 부문화의 원리는 일정한 기준에 따라 서로 기능이 같거나 유사한 업무를 조직단위로 묶는 것을 의미한다.
> ㄷ. 통솔범위가 넓을수록 고도의 수직적 분화가 일어나 고층구조가 형성되고, 좁을수록 평면구조가 이뤄진다.
> ㄹ. 명령통일의 원리는 부하가 한 사람의 상관으로부터 명령을 받게 해야 함을 의미한다.

① ㄱ, ㄴ, ㄷ
② ㄱ, ㄴ, ㄹ
③ ㄱ, ㄷ, ㄹ
④ ㄴ, ㄷ, ㄹ

14 □□□ 0471
조직구성 원리에 대한 설명으로 옳지 않은 것은? 2020 지방 9급

① 분업의 원리 - 일은 가능한 한 세분해야 한다.
② 통솔범위의 원리 - 한 명의 상관이 감독하는 부하의 수는 상관의 통제능력 범위 내로 한정해야 한다.
③ 명령통일의 원리 - 여러 상관이 지시한 명령이 서로 다를 경우 내용이 통일될 때까지 명령을 따르지 않아야 한다.
④ 조정의 원리 - 권한배분의 구조를 통해 분화된 활동들을 통합해야 한다.

출제유형 Ⅱ. 이론·제도 **출제영역** 조직구성의 원리
출제빈도 ★★★ **난도** 중

정답찾기
ㄱ. 계선은 부하에게 업무를 지시하고, 참모는 정보제공, 자료 분석, 기획 등의 전문지식을 제공한다.
ㄴ. 부문화의 원리는 일정한 기준에 따라 서로 기능이 같거나 유사한 업무를 조직단위로 묶는 것을 의미한다.
ㄹ. 명령통일의 원리는 부하가 한 사람의 상관으로부터 명령을 받게 해야 함을 의미한다.

오답피하기
ㄷ. 통솔범위가 좁을수록 고도의 수직적 분화가 일어나 고층구조가 형성되고, 넓을수록 평면구조가 이뤄진다.

정답 ②

출제유형 Ⅱ. 이론·제도 **출제영역** 조직구성의 원리
출제빈도 ★★★ **난도** 중

정답찾기
③ 명령통일의 원리는 명령과 보고체계가 오직 하나의 채널을 통하여, 한 사람의 부하는 오직 한 사람의 상관으로부터만 명령을 받고 보고하도록 해야 한다는 원리이다.

오답피하기
① 분업의 원리는 업무의 종류와 성질별로 나누어 조직구성원에게 가급적 한 가지 주된 업무를 분담시키는 것으로서 일은 가능한 한 세분해야 한다는 원리이다.
② 통솔범위의 원리는 한 명의 상관 또는 감독자가 효과적으로 통솔할 수 있는 부하 또는 조직단위의 수를 말하며, 감독자의 능력, 업무의 난이도, 돌발 상황의 발생가능성 등 다양한 요소를 고려하여 정해진다.
④ 조정의 원리는 공동목적을 효율적으로 달성하기 위하여 구성원의 행동 통일을 기하도록 집단적 노력을 질서 있게 배열하는 것으로서 권한배분의 구조를 통해 분화된 활동들을 통합해야 한다는 원리이다.

정답 ③

15 0472

굴릭(Gulick)의 조직 설계의 고전적 원리에 대한 설명으로 옳지 않은 것은? 2016 국가 7급

① 전문화의 원리란 전문화가 되면 될수록 행정능률은 올라간다는 것을 의미한다.
② 명령통일의 원리는 명령을 내리고 보고를 받는 사람이 한 사람이어야 한다는 것을 의미한다.
③ 통솔범위의 원리는 부하들을 효과적으로 통솔하기 위해 부하의 수가 한정되어야 한다는 것을 의미한다.
④ 부서편성의 원리는 조직편성의 기준을 제시하며, 그 기준은 목적, 성과, 자원 및 환경의 네 가지이다.

16 0473

계층제에 대한 설명으로 옳지 않은 것은? 2016 지방 9급

① 조직의 수직적 분화가 많이 이루어졌을 때 고층구조라 하고 수직적 분화가 적을 때 저층구조라 한다.
② 조직 내의 권한과 책임 및 의무의 정도가 상하의 계층에 따라 달라지도록 조직을 설계하는 것을 말한다.
③ 조직에서 지휘명령 등 의사소통, 특히 상의하달의 통로가 확보되는 순기능이 있다.
④ 엄격한 명령계통에 따라 상명하복의 관계 유지를 위해서는 통솔범위를 넓게 설정한다.

출제유형 Ⅳ. 학자문제   **출제영역** 굴릭의 조직 설계의 고전적 원리
출제빈도 ★★★   난도 중

정답찾기
④ 부서편성의 원리는 부처 조직편성의 원리 혹은 기준을 밝히는 것으로, 굴릭(Gulick)이 제시한 조직편성의 기준은 목적, 과정, 고객, 장소이다.

오답피하기
① 전문화의 원리는 업무를 세분화할수록 행정능률은 올라간다는 것을 의미한다.
② 명령통일의 원리는 조직구성원들이 각자 한 사람의 상관으로부터만 명령을 받아야 한다는 것을 의미한다.
③ 통솔범위의 원리는 상관의 능률적인 감독을 위해서는 통제하는 대상인원의 수가 한정되어야 한다는 것을 의미한다.

행복노트

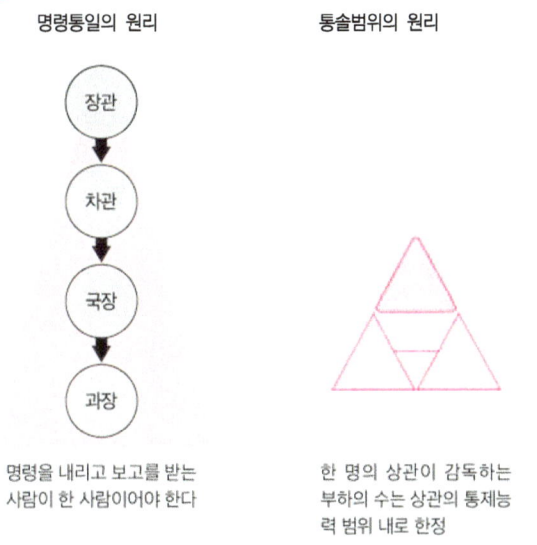

명령통일의 원리 — 명령을 내리고 보고를 받는 사람이 한 사람이어야 한다
통솔범위의 원리 — 한 명의 상관이 감독하는 부하의 수는 상관의 통제능력 범위 내로 한정

출제유형 Ⅰ. 기본개념   **출제영역** 계층제
출제빈도 ★★★   난도 중

정답찾기
④ 엄격한 명령계통에 따라 상명하복의 관계를 유지하기 위해서는 통솔범위를 좁게 설정해야 한다.

오답피하기
① 조직의 수직적 분화가 많이 이루어졌을 때 고층구조라 하고 수직적 분화가 적을 때 저층구조라 한다.
② 계층제는 조직 내의 권한과 책임 및 의무의 정도가 상하의 계층에 따라 달라지도록 조직을 설계하는 것을 말한다.
③ 계층제는 조직에서 지휘명령 등 의사소통, 특히 상의하달의 통로가 확보되는 순기능이 있다.

행복노트
계층제의 원리

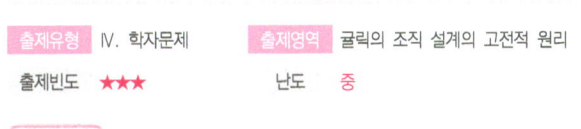

순기능
- 의사전달의 통로
- 책임소재의 명확화
- 정책의 일관성
- 조직의 안정성
- 갈등 조정·해결 수단
- 권력욕 충족

역기능
- 근무의욕 저하
- 의사전달의 왜곡
- 신속한 대응 불리
- 개성, 창의성 실현 곤란
- 부서 할거주의

정답 ④   정답 ④

17   0474

분업에 대한 설명으로 옳지 않은 것은?   2017 지방 9급

① 분업의 심화는 작업도구 · 기계와 그 사용방법을 개선하는 데 기여할 수 있다.
② 작업전환에 드는 시간(Change-over Time)을 단축할 수 있다.
③ 분업이 고도화되면 조직구성원에게 심리적 소외감이 생길 수 있다.
④ 분업은 업무량의 변동이 심하거나 원자재의 공급이 불안정한 경우에 더 잘 유지된다.

18   0475

수평적 전문화와 수직적 전문화에 대한 설명으로 옳지 않은 것은?
2013 국가 7급

① 전문가적 직무는 수평적 전문화와 수직적 전문화의 수준이 모두 높은 경우에 효과적이다.
② 직무확장(Job Enlargement)은 기존의 직무에 수평적으로 연관된 직무요소 또는 기능들을 추가하는 수평적 직무재설계의 방법으로서, 수평적 전문화의 수준이 낮아지는 것이다.
③ 고위관리직무는 수평적 전문화와 수직적 전문화의 수준이 모두 낮은 경우에 효과적이다.
④ 직무풍요화(Job Enrichment)는 직무를 맡는 사람의 책임성과 자율성을 높이고, 직무수행에 관한 환류가 원활히 이루어지도록 직무를 재설계하는 방법으로서, 수직적 전문화의 수준이 낮아지는 것이다.

출제유형 Ⅰ. 기본개념   **출제영역** 분업(전문화)
출제빈도 ★   **난도** 하

정답찾기
④ 업무량의 변동이 심하거나 원자재 공급이 불안정한 상황에서는 분업을 유지하기 어렵다.

오답피하기
① 분업의 심화는 동일한 업무의 기계적 반복으로 인해서 작업도구 · 기계와 그 사용방법을 개선하는 데 기여할 수 있다.
② 분업은 동일한 업무의 반복이므로 다른 업무를 하기 위한 작업전환에 드는 시간(Change-over Time)을 단축할 수 있다.
③ 분업이 고도화되면 기계적 · 반복적 업무로 인해 조직구성원에게 심리적 소외감이 생길 수 있다.

정답 ④

출제유형 Ⅰ. 기본개념   **출제영역** 분업(전문화)
출제빈도 ★★   **난도** 중

정답찾기
① 전문가적 직무는 수평적 전문화는 높지만, 수직적 전문화는 낮은 경우에 효과적이다.

오답피하기
분업(전문화)의 원리

구 분		수평적 전문화	
		높 다	낮 다
수직적 전문화	높 다	비숙련(단순) 직무	일선관리직무
	낮 다	전문가적 직무	고위관리직무

- 수평적 전문화(업무범위): 횡적 분화 → 완화: 직무확장
- 수직적 전문화(계층): 종적 분화 → 완화: 직무충실
- 직업의 전문화: 직무를 반복적 · 기계적 업무로 단순화
- 사람의 전문화: 그 분야의 전문가가 되는 것

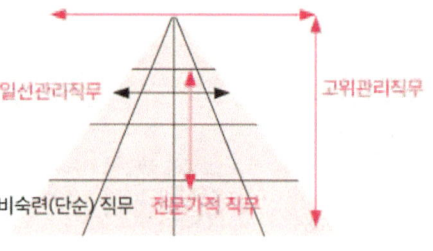

정답 ①

19   0476

조직구조의 설계에 있어서 '조정의 원리'에 대한 설명으로 옳지 않은 것은?
2018 국가 9급

① 수직적 연결은 상위계층의 관리자가 하위계층의 관리자를 통제하고 하위계층 간 활동을 조정하는 것을 목적으로 한다.
② 수직적 연결방법으로는 임시적으로 조직 내의 인적·물적 자원을 결합하는 프로젝트팀(Project Team)의 설치 등이 있다.
③ 수평적 연결은 동일한 계층의 부서 간 조정과 의사소통을 목적으로 한다.
④ 수평적 연결방법으로는 다수 부서 간의 긴밀한 연결과 조정을 위한 태스크포스(Task Force)의 설치 등이 있다.

20   0477

조직의 통합 및 조정방법에 대한 설명으로 옳지 않은 것은?
2016 국가 9급

① 민츠버그(Mintzberg)에 의하면 연락 역할 담당자는 상당한 공식적 권한을 부여받아 조직 내 부문 간 의사전달 문제를 처리한다.
② 태스크포스는 여러 부서에서 차출된 직원들로 구성되며 특정 과업이 해결된 후에는 해체된다.
③ 리커트(Likert)의 연결핀모형에 의하면 관리자는 연결핀으로서 자신이 관리하는 집단의 구성원인 동시에 상사에게 보고하는 관리자 집단의 구성원이다.
④ 차관회의는 조직 간 조정방법 중 하나이다.

출제유형 Ⅱ. 이론·제도   **출제영역** 조정의 원리
출제빈도 ★★★   난도 중

정답찾기
② 프로젝트팀의 설치는 <u>수평적 연결방법</u>에 해당한다.

오답피하기
조정의 원리(Daft, 수평적·수직적 조정장치)

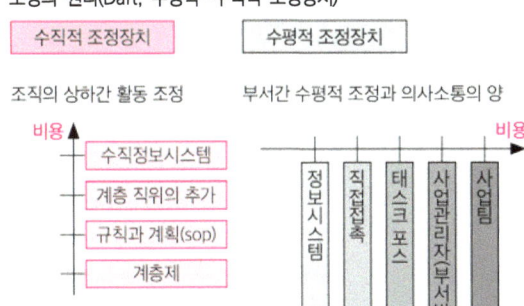

출제유형 Ⅱ. 이론·제도   **출제영역** 조정의 원리
출제빈도 ★★★   난도 중

정답찾기
① 민츠버그(Mintzberg)에 의하면 연락 역할 담당자는 상당한 <u>비공식적인 권한</u>을 부여받아 조직 내 부문 간 의사전달 문제를 처리한다.

오답피하기
② 태스크포스는 <u>특정 과업</u>을 수행하기 위해 소집되며 과업이 해결된 후에는 해체된다.
③ 리커트(Likert)의 연결핀모형에 의하면 조직을 일련의 중첩된 집단들로 구성되어 있다고 보고, <u>모든 관리자는 연결핀으로서 자신이 관리하는 집단의 구성원인 동시에 상사에게 보고하는 관리자 집단의 구성원이다.</u>
④ 차관회의는 위원회조직으로서 조직의 업무 수행상 발생하는 의견의 불일치나 마찰 등 일반적인 관심 사항을 처리하기 위해 정기적으로 소집되는 조직으로서, <u>서로 다른 단위 부서나 기능 부문의 중간계층에서 형성되는 조직 간 조정방법</u> 중 하나이다.

정답 ①

정답 ②

21
0478
조직관리에서 수직적 연결을 위한 조정기제가 아닌 것은?

2013 국가 7급

① 계층제
② 규칙과 계획
③ 수직정보시스템
④ 임시작업단(Task Force)

22
0479
조직의 원리에 대한 설명으로 옳지 않은 것은?

2017 지방 9급 추가

① 부성화(部省化)의 원리는 조정에 관한 원리에 해당한다.
② 통솔범위를 좁게 잡으면 계층의 수가 늘어난다.
③ 계선과 참모를 구분하는 것은 분업의 한 형태로 볼 수 있다.
④ 매트릭스조직은 명령통일의 원리를 위반한 것이다.

출제유형 II. 이론·제도   **출제영역** 조정의 원리
출제빈도 ★★   **난도** 중

정답찾기
① 부성화의 원리는 분업의 원리에 해당한다.

오답피하기
② 통솔범위와 계층의 수는 역관계이므로 통솔범위를 좁게 잡으면 계층의 수가 늘어난다.
③ 계선과 참모는 일종의 분업구조로 계선은 결정, 참모는 조언을 담당한다.
④ 매트릭스 조직은 기능별 구조와 사업별 구조를 화학적으로 결합시킨 구조이므로 명령통일의 원리를 위반한다.

행복노트
조직의 원리

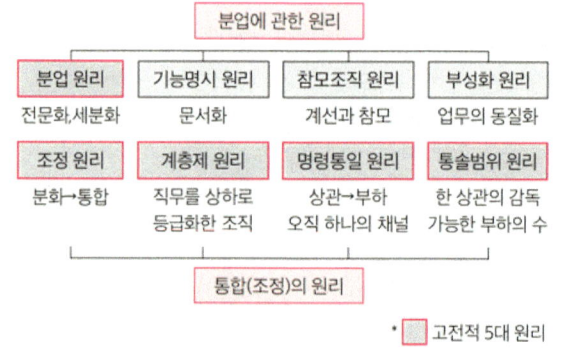

행복한 합격 TIP
조직의 원리
옛날부터 조명 계통은 통합을 해야 해

출제유형 II. 이론·제도   **출제영역** 조정의 원리
출제빈도 ★★   **난도** 하

정답찾기
④ 임시작업단은 수평적 연결장치에 속한다.

오답피하기
① 계층제는 의사소통의 통로로서 상위 계층에 보고하고, 문제의 해답을 아래 단계로 전달하는 명령체계는 수직적 연결 장치의 토대가 된다.
② 규칙은 구성원들이 의사소통이 없이도 업무가 조정될 수 있도록 표준정보자료를 제공하고, 계획은 구성원들에게 보다 장기적인 표준정보를 제공해주므로 수직적 연결 장치의 토대가 된다.
③ 수직정보시스템은 상관에 대한 정기보고서, 문서화된 정보, 전산에 기초한 의사소통 제도를 마련해 조직 상하 간 수직적 의사소통 능력을 제고하고, 효율적인 정보의 이동을 가져오므로 수직적 연결 장치의 토대가 된다.

정답 ④

정답 ①

23
조직의 원리에 대한 설명으로 옳지 않은 것은? 　2017 지방 9급

① 계층제의 원리는 조직 내의 권한과 책임 및 의무의 정도가 상하의 계층에 따라 달라지도록 조직을 설계하는 것이다.
② 통솔범위란 한 사람의 상관 또는 감독자가 효과적으로 통솔할 수 있는 부하 또는 조직단위의 수를 말하며, 감독자의 능력, 업무의 난이도, 돌발 상황의 발생 가능성 등 다양한 요소를 고려하여 정해진다.
③ 분업의 원리에 따라 조직 전체의 업무를 종류와 성질별로 나누어 조직구성원이 가급적 한 가지의 주된 업무만을 전담하게 하면, 부서 간 의사소통과 조정의 필요성이 없어진다.
④ 부성화의 원리는 한 조직 내에서 유사한 업무를 묶어 여러 개의 하위기구를 만들 때 활용되는 것으로 기능부서화, 사업부서화, 지역부서화, 혼합부서화 등의 방식이 있다.

24
베버(Weber)의 이념형(ideal type) 관료제에 대한 설명으로 옳지 않은 것은? 　2023 국가 9급

① 관료제 성립의 배경은 봉건적 지배체제의 확립이다.
② 법적·합리적 권위에 기초를 둔 조직구조와 형태이다.
③ 직위의 권한과 임무는 문서화된 법규로 규정된다.
④ 관료는 원칙적으로 상관이 임명한다.

출제유형 Ⅱ. 이론·제도　　**출제영역** 조직의 원리
출제빈도 ★★★　　난도 　중

정답찾기
③ 분업의 원리에 따라 조직 전체의 업무를 종류와 성질별로 나누어 조직구성원에게 한 가지의 주된 업무만을 전담시키는 것으로 부서 간 의사소통과 조정의 필요성이 커진다.

오답피하기
① 계층제의 원리는 조직에 있어서 직무를 권한과 책임의 정도에 따라 등급화하는 것을 의미한다.
② 통솔범위란 한 사람의 상관이 효과적으로 직접 통솔할 수 있는 수를 말하는 것으로, 상관의 능률적인 감독을 위해 감독자의 능력, 업무의 난이도 등 다양한 요소들을 고려하여 결정하여야 한다.
④ 부성화의 원리는 정부의 기능을 가장 능률적·합리적으로 달성하기 위해 일정한 기준에 따라 서로 연관된 업무를 묶어 구성해야 한다는 것으로 기능부서화, 사업부서화, 지역부서화, 혼합부서화 등의 방식이 있다.

정답 ③

출제유형 Ⅱ. 이론·제도　　**출제영역** 관료제
출제빈도 ★★★　　난도 　중

정답찾기
① 관료제 성립의 배경은 서구사회의 근대화 과정에서 합리적이고 작업능률을 극대화하는 추구이다.

오답피하기
② 법적·합리적 권위에 기초를 둔 조직구조와 형태이다.
③ 직위의 권한과 임무는 문서화된 법규로 규정된다.
④ 관료는 원칙적으로 상관이 임명한다.

정답 ①

25　0482

관료제에 대한 설명으로 옳지 않은 것은?　2022 국가 7급

① 계층제의 원리에 의해 체계가 확립된다.
② 업무에 대한 훈련을 받고 지식을 갖춘 전문적인 관료가 업무를 담당할 것을 요구한다.
③ 훈련된 무능은 관료가 제한된 분야에서 전문성은 있으나 새로운 상황에서 적응력과 업무능력이 떨어지는 현상이다.
④ 동조과잉은 적극적으로 새로운 과업을 찾아서 실행하기보다 현재의 주어진 업무만을 소극적으로 수행하는 것이다.

26　0483

막스 베버(Max Weber)가 말하는 관료제의 이념형(Ideal Type)에 대한 설명으로 가장 옳은 것은?　2018 서울 2회 7급

① 조직의 목표를 효율적으로 달성하기 위해서 순환근무를 강조한다.
② 법적/합리적 권위에 근거한 조직구조이다.
③ 도덕적 이상을 지닌 관료제의 형태를 말한다.
④ 문서화된 법규집보다 전문직업적 판단을 강조한다.

출제유형 Ⅱ. 이론·제도　　**출제영역** 관료제
출제빈도 ★★★　　**난도** 중

정답찾기
④ 무사안일은 적극적으로 새로운 과업을 찾아서 실행하기보다 현재의 <u>주어진 업무만을 소극적으로 수행하는</u> 것이다.

오답피하기
① 관료제는 계층제의 원리에 의해 체계가 확립된다.
② 관료제는 업무에 대한 훈련을 받고 지식을 갖춘 전문적인 관료가 업무를 담당할 것을 요구한다.
③ 훈련된 무능은 관료가 제한된 분야에서 전문성은 있으나 새로운 상황에서 적응력과 업무능력이 떨어지는 현상이다.

근대 관료제의 특징
- 권한의 명확성, 법규에 의한 지배
- 고도의 계층제, 분업과 집권화
- 문서주의
- 비정의성, 비개인화, 몰인간성
- 전문화, 전임화, 실적에 의한 임용
- 항구화

정답 ④

출제유형 Ⅱ. 이론·제도　　**출제영역** 이념형으로서의 근대 관료제
출제빈도 ★★★　　**난도** 중

정답찾기
② 베버(Weber)의 근대적 관료제모형은 <u>법적/합리적 권위</u>에 근거한다.

오답피하기
① 이념형 관료제는 조직의 목표를 효율적으로 달성하기 위해서 <u>전문화와 전임화</u>를 강조한다.
③ 베버(Weber)는 서구사회의 근대화 과정에서 생성된 <u>대규모 공공조직들의 공통적 특징을 통찰하고, 합리적이고 작업능률을 극대화할 수 있는 이상적인 조직형태로서의 관료제 이념형</u>을 제시하였다.
④ 관료제는 조직의 목표달성을 위해 필요한 절차와 방법이 기록된 규정이 존재하고 업무수행은 <u>문서</u>에 의한다.

정답 ②

27　0484

베버(M. Weber)가 주장한 이념형(Ideal Type)으로서의 근대 관료제에 대한 설명으로 옳지 않은 것은?　2017 국가 9급 추가

① 관료는 계급과 근무연한에 따라 정해진 금전적 보수를 받는다.
② 관료는 객관적·중립적 입장보다는 민원인의 입장에서 판단하고 결정한다.
③ 모든 직위의 권한과 관할범위는 법규에 의하여 규정된다.
④ 관료의 업무 수행은 문서에 의한다.

출제유형 Ⅱ. 이론·제도　**출제영역** 이념형으로서의 근대 관료제
출제빈도 ★★★　난도 중

정답찾기
② 베버(Weber)의 근대관료제 이념형은 관료들은 임무수행 시 개인적 이익이나 특별한 사정, 상대방의 지위 등에 구애되는 일 없이 공평무사함을 유지하는 비정의성에 입각한 객관적·중립적 행정을 강조한다.

오답피하기
근대관료제의 특징
- 권한의 명확성, 법규에 의한 지배
- 고도의 계층제, 분업과 집권화
- 문서주의
- 비정의성, 비개인화, 몰인간성
- 전문화, 전임화, 실적에 의한 임용
- 항구화

정답 ②

28　0485

관료제에 대한 설명으로 옳지 않은 것은?　2016 국가 7급

① 관료제(Bureaucracy)는 관료(Bureaucrat)에 의하여 통치(Cracy)된다는 의미로서 왕정이나 민주정(民主政)에 비해 관료가 국가정치와 행정의 중심역할을 수행한다는 의미가 있다.
② 관료제는 소수의 상관과 다수의 부하로 구성되는 피라미드 형태를 취하며 과두제(Oligarchy)의 철칙이 나타날 수 있다.
③ 관료제의 병리현상으로 과잉동조에 따른 목표대치, 할거주의, 훈련된 무능력 등을 들 수 있다.
④ 베버(Weber)의 이념형 관료제는 성과급 제도와 부합한다.

출제유형 Ⅱ. 이론·제도　**출제영역** 관료제
출제빈도 ★★★　난도 중

정답찾기
④ 베버(Weber)의 이념형 근대관료제에서의 관료는 계급과 근무연한에 따라 정해진 금전적 보수를 받는다.

오답피하기
근대관료제 병리
- 동조과잉: 목표와 수단이 대치되는 목표 대치 현상, 경직성 발생 (Merton)
- 인간성 상실: 몰주관적 대인관계, 자기실현욕구 좌절
- 할거주의: 소속부서 이익만 중시, 횡적 협조의 곤란 (Selznick)
- 형식주의: 문서에 의한 사무처리 강조, 번문욕례(red tape)
- 전문화로 인한 무능: 한 가지 분야에만 전문성, 다른 분야는 융통성 상실 (Veblen)
- 변동에 대한 저항: 국민의 요구에 대응×
- 관료제 내적·외적 가치로 인한 역기능: 형식주의(내적), 보신주의·책임회피(외적)
- 비히무스 증후군: 카멜리펀트-대규모화, 대응력 약화
- 무능력자의 승진: 능력넘는 수준까지 승진, 효율성 약화 (피터(Peter)의 원리)
- 무사안일주의와 권위주의: 상관의 지시만 따르는 소극적 행동 복지부동 성향 (굴드너(Gouldner))

정답 ④

29　0486

베버(Weber)의 관료제모형에 대한 설명으로 옳지 않은 것은?

2015 국가 7급

① 관료에게 지급되는 봉급은 업무수행 실적에 대한 평가에 따라 결정된다.
② 관료제모형은 계층제의 원리를 근간으로 한다.
③ 베버(Weber)는 정당성을 기준으로 권위의 유형을 전통적 권위, 카리스마적 권위, 법적·합리적 권위로 나누었는데 근대적 관료제는 법적·합리적 권위에 기초를 두고 있다고 주장한다.
④ 관료제모형은 '전문화로 인한 무능(Trained Incapacity)' 등 역기능을 초래할 수도 있다.

30　0487

베버(Weber)의 관료제모형을 설명한 것으로 옳지 않은 것은?

2014 지방 9급

① 조직이 바탕으로 삼는 권한의 유형을 전통적 권한, 카리스마적 권한, 법적·합리적 권한으로 나누었다.
② 직위의 권한과 관할범위는 법규에 의하여 규정된다.
③ 인간적 또는 비공식적 요인의 중요성을 간과하였다.
④ 관료제의 긍정적인 측면으로 목표대치 현상을 강조하였다.

출제유형 Ⅱ. 이론·제도　　**출제영역** 관료제
출제빈도 ★★★　　**난도** 중

정답찾기
① 관료에게 지급되는 봉급은 계급과 근무연한에 따라 정해진다.

오답피하기
② 관료제모형은 계층제의 원리를 근간으로 한다.
③ 베버(Weber)는 정당성을 기준으로 권위의 유형을 전통적 권위, 카리스마적 권위, 법적·합리적 권위로 나누었는데 근대적 관료제는 법적·합리적 권위에 기초를 두고 있다고 주장한다.
④ 전문화로 인한 무능은 베블렌(Veblen)의 표현으로, 극히 한정된 분야의 전문성을 지니면서 타 분야에 대한 이해와 융통성이 약화되는 문제를 유발하는 현상으로서 관료제의 병리현상에 대한 설명이다.

정답 ①

출제유형 Ⅱ. 이론·제도　　**출제영역** 관료제
출제빈도 ★★★　　**난도** 중

정답찾기
④ 목표보다는 수단(형식)에 불과한 규칙(절차)에 지나치게 집착함으로써 목표가 수단에 의해 대치(희생)되는 목표대치 현상은 관료제의 부정적인 측면에 해당한다.

오답피하기
① 베버(Weber)는 정당성을 기준으로 권위의 유형을 전통적 권위, 카리스마적 권위, 법적·합리적 권위로 나누었는데 근대적 관료제는 법적·합리적 권위에 기초를 두고 있다고 주장한다.
② 관료제모형에서는 모든 직위의 권한과 임무는 문서화된 법규에 의해 규정되고, 임무수행은 문서에 의하며, 문서주의는 업무처리의 객관성과 정확성, 책임성을 제고시킨다.
③ 관료제모형에서는 공식적 요인을 강조함으로써 인간적 또는 비공식적 요인의 중요성을 간과하였다.

정답 ④

31
베버(M. Weber)의 관료제론에 대한 설명으로 올바르지 않은 것은?

2014 서울 7급

① 개개 직위의 관할 범위는 법규에 의해서 규정된다.
② 이상적인 관료제는 비정의성(Impersonality)에 따라 움직인다.
③ 이상적인 관료제는 정치적 전문성에 의해 충원되는 제도를 갖는다.
④ 관료제는 일정한 자격 또는 능력에 따라 규정된 기능을 수행하는 분업의 원리에 따른다.
⑤ 조직은 엄격한 계층제의 원리에 따라 운영되고 상명하복의 질서 정연한 체제이다.

32
베버(M. Weber)가 제시한 이상형(Ideal Type)으로서의 관료제의 특성이 아닌 것은?

2014 국회 9급

① 협업구조
② 계층구조
③ 문서화된 법규
④ 비정의적 행동(Impersonal Conduct)
⑤ 실적주의

출제유형 Ⅱ. 이론·제도　　**출제영역** 관료제
출제빈도 ★★★　　**난도** 중

정답찾기
③ 베버(Weber)의 이상적 관료제는 <u>기술적·전문적 전문성에 의한 임용을 기반으로</u> 한다.

오답피하기
근대관료제의 특징
- 권한의 명확성, 법규에 의한 지배
- 고도의 계층제, 분업과 집권화
- 문서주의
- 비정의성, 비개인화, 몰인간성
- 전문화, 전임화, 실적에 의한 임용
- 항구화

출제유형 Ⅱ. 이론·제도　　**출제영역** 관료제
출제빈도 ★★★　　**난도** 중

정답찾기
① 협업구조는 탈관료제 조직의 특성이다.

오답피하기
② 베버(Weber)의 관료제는 <u>계층구조와 분업</u>을 특징으로 한다.
③ 베버(Weber)의 관료제는 합법성을 기반으로 하고 직위의 권한과 관할범위는 <u>문서화된 법규</u>에 의하여 규정된다.
④ 근대 관료제는 비정의적 행동을 특징으로 객관적이고 <u>중립적인 행정</u>을 강조한다.
⑤ 베버(Weber)의 관료제는 <u>실적에 의한 임용</u>을 기반으로 한다

정답 ③

정답 ①

33　　　　　　　　　　　　　　　　0490
베버(M. Weber)의 관료제이론에 대한 설명으로 옳지 않은 것은?
2013 지방 7급

① 계층제에서 근무하는 관료는 봉사 대상인 국민에게 책임을 져야 한다.
② 관료는 'Sine ira et studio'의 정신으로 업무를 수행하여야 한다.
③ 관료를 승진시킬 때에는 근무연한을 고려할 수 있다.
④ 보수를 받지 않고 봉사하는 사람은 관료라고 볼 수 없다.

34　　　　　　　　　　　　　　　　0491
막스 베버(M. Weber)가 제시한 관료제 조직의 특징에 관한 설명으로 옳지 않은 것은?
2012 서울 9급

① 기술적 능력에 의거한 조직 내 역할 분담과 분업체제
② 수직적·계층제적 권위구조
③ 규칙·규정에 의거한 일사불란한 행동통일
④ 과업책임의 소재 명확화
⑤ 인간적 감정을 고려한 공식적 문서위주의 업무처리 절차

[출제유형] Ⅱ. 이론·제도　　[출제영역] 관료제
[출제빈도] ★★★　　[난도] 중

[정답찾기]
① 계층제에서 근무하는 관료는 계층제의 상급자에 대한 책임을 강조한다.

[오답피하기]
② 라틴어 Sine ira et studio는 비정의성을 의미한다.
③ 관료를 승진시킬 때에는 명확한 계층서열을 지닌 공식적 구조로서 연공서열을 중시하므로 근무연한을 고려할 수 있다.
④ 관료는 공무에 전임직으로 봉사하고, 직무수행의 대가로서 급료를 규칙적으로 지급받으므로 보수를 받지 않고 봉사하는 사람은 관료라고 볼 수 없다.

정답 ①

[출제유형] Ⅱ. 이론·제도　　[출제영역] 관료제
[출제빈도] ★★★　　[난도] 중

[정답찾기]
⑤ 베버(Weber)의 근대관료제는 인간적 감정을 고려하지 않은 비정의성에 근거한 공식적 문서위주의 업무처리 절차 방식을 중시하였다.

[오답피하기]
탈관료제모형(Adhocracy) 특징

| 유기체 조직으로서 융통성·적응성·순발성·쇄신성을 띤 평면조직 |

Weber 관료제의 특징	탈관료제 주요 특징
권위의 업무영역 고정	문제해결 능력자에게 권한부여
성문화된 공식적인 틀	상황에 적응하는 변증법적 조직
비정의성	동료로서의 고객
직위의 계서제	비계서제구조의 평면조직
전문화	팀에 의한 문제해결, 집단적 의사결정
항구성 조직	임시조직
폐쇄적 의사소통	개방적인 의사소통

정답 ⑤

35　　　　　　　　　　　　　　0492

관료제 병리현상과 그 특징을 짝지은 것으로 옳지 않은 것은?

2022 지방 9급

① 할거주의 – 조정과 협조 곤란
② 형식주의 – 번거로운 문서 처리
③ 피터(Peter)의 원리 – 관료들의 세력 팽창 욕구로 인한 기구와 인력의 증대
④ 전문화로 인한 무능 – 한정된 분야의 전문성 강조로 타 분야에 대한 이해력 부족

36　　　　　　　　　　　　　　0493

관료제 병리현상에 대한 설명으로 옳지 않은 것은?　　2017 국가 9급

① 규칙이나 절차에 지나치게 집착하게 되면 목표와 수단의 대치 현상이 발생한다.
② 모든 업무를 문서로 처리하는 문서주의는 번문욕례(繁文縟禮)를 초래한다.
③ 자신의 소속기관만을 중요시함에 따라 타 기관과의 업무 협조나 조정이 어렵게 되는 문제가 나타난다.
④ 법규와 절차 준수의 강조는 관료제 내 구성원들의 비정의성(非情誼性)을 저해한다.

출제유형 Ⅱ. 이론·제도　　**출제영역** 관료제 병리현상
출제빈도 ★★　　**난도** 중

정답찾기
③ 피터(Peter)의 원리는 계층서열이 존중되는 관료조직의 특성으로 인해 결국 관료조직의 직위가 무능력자로 채워지는 경향을 말하는 것이다.

오답피하기
① 할거주의는 자신의 소속기관만을 중요시함에 따라 타 기관과의 업무 협조나 조정이 곤란한 문제가 나타난다.
② 형식주의는 모든 업무를 문서로 처리하는 문서주의로 인해 번문욕례(繁文縟禮)를 초래한다.
④ 베블렌(Veblen)은 극히 한정된 분야의 전문성을 지니면서 타 분야에 대한 이해와 융통성이 약화되는 문제를 유발하는 현상을 전문화로 인한 무능이라고 보았다.

행복노트
근대관료제 병리
- 동조과잉: 목표와 수단이 대치되는 목표 대치 현상, 경직성 발생 (Merton)
- 인간성 상실: 물주관적 대인관계, 자기실현욕구 좌절
- 할거주의: 소속부서 이익만 중시, 횡적 협조의 곤란 (Selznick)
- 형식주의: 문서에 의한 사무처리 강조, 번문욕례(red tape)
- 전문화로 인한 무능: 한 가지 분야에만 전문성, 다른 분야는 융통성 상실 (Veblen)
- 변동에 대한 저항: 국민의 요구에 대응×
- 관료제 내적·외적 가치로 인한 역기능: 형식주의(내적), 보신주의·책임회피(외적)
- 비히머스 증후군: 카멜리펀트–대규모화, 대응력 약화
- 무능력자의 승진: 능력넘는 수준까지 승진, 효율성 약화 (피터(Peter)의 원리)
- 무사안일주의와 권위주의: 상관의 지시만 따르는 소극적 행동 복지부동 성향 (굴드너(Gouldner))

정답 ③

출제유형 Ⅱ. 이론·제도　　**출제영역** 관료제 병리현상
출제빈도 ★★　　**난도** 중

정답찾기
④ 베버의 관료제는 비정의성을 지향하고, 법규와 절차 준수의 강조는 관료제 내 구성원들의 비정의성(非情誼性)을 강화한다.

오답피하기
① 규칙이나 절차에 지나치게 집착하게 되면 목표와 수단의 대치 현상이 발생한다.
② 모든 업무를 문서로 처리하는 문서주의는 번문욕례(繁文縟禮)를 초래한다.
③ 자신의 소속기관만을 중요시함에 따라 타 기관과의 업무 협조나 조정이 어렵게 되는 할거주의가 나타난다.

정답 ④

37 0494

전통적 관료제의 특징과 그 역기능을 연결한 것으로 옳지 않은 것은?

2017 국가 7급 추가

① 계층제 - 의사결정 지연과 상급자 권위에 대한 지나친 의존
② 비정의성(비인간화) - 주관적이고 재량적인 관료 행태
③ 전문화 - 훈련된 무능과 할거주의
④ 문서주의 - 형식주의와 번문욕례(繁文縟禮)

38 0495

관료제 병리현상에 대한 설명으로 옳은 것은?

2016 지방 7급

① 동조과잉과 형식주의로 인해 '전문화로 인한 무능' 현상이 발생한다.
② '피터의 원리(Peter Principle)'가 지적하듯이 무능력자가 승진하게 되는 경우가 생긴다.
③ 상관의 권위에 의존하면서 소극적으로 일을 처리하려는 할거주의가 나타난다.
④ 목표가 아닌 수단으로서의 규칙과 절차에 지나치게 집착하는 번문욕례(Red Tape) 현상이 나타난다.

출제유형 Ⅱ. 이론 · 제도   **출제영역** 관료제 병리현상
출제빈도 ★★   **난도** 중

정답찾기
② 비정의성은 관료들이 임무수행 시 절차에 따라 <u>인간적 감정을 고려하지 않는 업무처리 방식</u>을 중시하는 것으로서 <u>객관적인 법규에 입각한 공정한 행정행태</u>를 지향한다.

정답 ②

출제유형 Ⅱ. 이론 · 제도   **출제영역** 관료제 병리현상
출제빈도 ★★★   **난도** 중

정답찾기
② 피터의 원리(Peter Principle)는 계층서열이 존중되는 관료조직의 특성으로 인해 결국 <u>관료조직의 직위가 무능력자로 채워지는</u> 경향을 말하는 것으로 무능력자가 승진하게 되는 경우가 생긴다.

오답피하기
① 과도한 전문분업화로 인해 '전문화로 인한 무능' 현상이 발생한다.
③ 상관의 권위에 의존하면서 소극적으로 일을 처리하려는 <u>무사안일주의</u>가 나타난다.
④ 목표가 아닌 수단으로서의 규칙이나 절차에 집착하는 <u>동조과잉</u> 현상이 나타난다.

정답 ②

39 0496

관료제 병리에 관한 연구 내용과 학자 간 연결이 옳지 않은 것은?

2015 서울 9급

① 굴드너(Gouldner) – 관료들이 규칙의 범위 내에서 소극적으로 행동하는 무사안일주의를 초래한다.
② 굿셀(Goodsell) – 계층제 조직의 구성원이 각자의 능력을 넘는 수준까지 승진하게 되는 병리현상이 나타난다.
③ 머튼(Merton) – 최고관리자의 관료에 대한 지나친 통제가 관료들의 경직성을 초래한다.
④ 셀즈닉(Selznick) – 권한의 위임과 전문화가 조직 하위체제 간 이해관계의 지나친 분극을 초래한다.

40 0497

관료제의 여러 병리현상 중 '과잉동조'에 대한 설명으로 옳은 것은?

2014 국가 9급

① 목표 달성을 위해 마련된 규정이나 절차에 집착함으로써 결국 수단이 목표를 압도해버리는 현상
② 세분화된 특정 업무에서는 전문적인 능력이 있지만 그 밖의 업무에 대해서는 문외한이 되는 현상
③ 다양한 외부환경의 변화에 둔감하고 조직목표의 혁신에 적극적으로 저항하는 현상
④ 자신이 소속된 기관이나 부서만을 생각하고 다른 기관이나 부서를 배려하지 않는 현상

출제유형 Ⅱ. 이론·제도   **출제영역** 관료제 병리현상
출제빈도 ★★   **난도** 중

정답찾기
② 계층제 조직의 구성원이 각자의 능력을 넘는 수준까지 승진하게 되는 병리현상은 피터의 원리(Peter Principle)에 해당한다.

오답피하기

Merton (1952)	규칙엄수에 따른 형식주의, 동조과잉, 목표전환 등의 발생을 지적
Gouldner (1954)	하위층 직원을 통제하기 위한 비인격적 법규제정(규칙)이 현상유지적 반응을 초래한다고 주장
Selznick	권한위임과 전문화가 전체 목표보다는 하위 목표에 집착하는 병리의 원인이 된다고 주장
Peter Principle	Columbia대학교 교수 Peter가 주장한 원리로, 계층서열이 존중되는 관료조직의 특성으로 인해 결국 관료조직의 직위가 무능력자로 채워지는 경향

정답 ②

출제유형 Ⅱ. 이론·제도   **출제영역** 관료제 병리현상
출제빈도 ★★   **난도** 중

정답찾기
① 목표 달성을 위해 마련된 규정이나 절차에 집착함으로써 결국 수단이 목표를 압도해버리는 현상은 관료제의 병리현상 중 과잉동조에 해당한다.

오답피하기
② 세분화된 특정 업무에서는 전문적인 능력이 있지만 그 밖의 업무에 대해서는 문외한이 되는 현상은 전문가적 무능에 해당한다.
③ 다양한 외부환경의 변화에 둔감하고 조직목표의 혁신에 적극적으로 저항하는 현상은 변화에 대한 저항을 의미한다.
④ 자신이 소속된 기관이나 부서만을 생각하고 다른 기관이나 부서를 배려하지 않는 현상은 할거주의에 해당한다.

정답 ①

41

공무원 정원과 관련한 다음의 서술 중에서 옳은 것은?

2013 서울 9급

① 공무원 숫자가 지속적으로 늘어나는 현상과 관련해 사이먼(Simon)은 '공무원 팽창의 법칙'을 주장하였다.
② 김영삼 – 김대중 – 노무현 – 이명박 정부를 거치면서 우리나라 공무원 정원은 매번 일관되게 증가해 왔다.
③ 정부 규모 팽창과 관련하여 '부하배증의 법칙'과 '업무배증의 법칙'은 각각 별개로 작용하며 서로 영향을 주지는 않는다.
④ 행정기구의 팽창과 더불어 공무원 숫자가 증가하는 현상은 우리나라에만 해당하는 독특한 것이다.
⑤ '부하배증의 법칙'은 A라는 공무원이 과중한 업무에 허덕이게 될 때 자기의 동료 B를 보충받기보다는 자기를 보조해줄 부하 C를 보충받기를 원한다는 것이다.

42

관료제의 역기능 모형에 대한 설명으로 옳지 않은 것은?

2012 지방 7급

① 머튼(Merton)모형은 관료에 대한 최고관리자의 지나친 통제가 관료들의 경직성을 초래한다고 본다.
② 셀즈닉(Selznick)모형은 권한의 위임과 전문화가 조직 하위체제의 이해관계를 지나치게 분열시킨다고 본다.
③ 맥커디(McCurdy)모형은 계층제적 관료조직 내에서 구성원이 각자의 능력을 넘는 수준까지 승진하게 된다고 본다.
④ 굴드너(Gouldner)모형은 관료들의 규칙의 범위 내에서 최소한 행태만을 추구하여 무사안일주의를 초래한다고 본다.

출제유형 Ⅱ. 이론·제도   **출제영역** 공무원 정원

출제빈도 ★★   **난도** 중

정답찾기

⑤ '부하배증의 법칙'은 A라는 공무원이 과중한 업무에 허덕이게 될 때 자기의 동료 B를 보충받기보다는 자기를 보조해줄 부하 C를 보충받기를 원한다는 것으로 파킨슨의 법칙 중 제1공리에 대한 설명이다.

오답피하기

① 공무원 숫자가 지속적으로 늘어나는 현상과 관련해 파킨슨(Parkinson)은 '공무원 팽창의 법칙'을 주장하였다.
② 김영삼 – 김대중 – 노무현 – 이명박 정부를 거치면서 공무원 정원이 매번 일관되게 증가해 온 것은 아니다.
③ 부하배증의 법칙과 업무배증의 법칙은 악순환 관계를 통하여 증가한다.
④ 행정기구의 팽창과 더불어 공무원 숫자가 증가하는 현상은 세계 보편적 현상으로 보아야 한다.

정답 ⑤

출제유형 Ⅱ. 이론·제도   **출제영역** 관료제 병리현상

출제빈도 ★★★   **난도** 중

정답찾기

③ 계층제적 관료조직 내에서 구성원이 각자의 능력을 넘는 수준까지 승진하게 된다는 것은 피터의 원리에 대한 설명이다.

오답피하기

Merton (1952)	규칙엄수에 따른 형식주의, 동조과잉, 목표전환 등 발생을 지적
Gouldner (1954)	하위층 직원을 통제하기 위한 비인격적 법규제정(규칙)이 현상유지의 반응을 초래한다고 주장
Selznick	권한위임과 전문화가 전체 목표보다는 하위 목표에 집착하는 병리의 원인이 된다고 주장
Peter Principle	Columbia대학교 교수 Peter가 주장한 원리로, 계층서열이 존중되는 관료조직의 특성으로 인해 결국 관료조직의 직위가 무능력자로 채워지는 경향

정답 ③

43 ☐☐☐　　　　　　　　　　　　　　　　　0500
행정에 대한 정치적 통제와 관료제의 자율성에 대한 설명으로 가장 적절한 것은?　　　　　　　　　　　　　　2013 서울 7급
① 직업공무원이 선출직 공무원에게 책임을 지도록 조직화된 이유는 정부의 대응성을 제고하기 위함이다.
② 행정에 대한 정치적 통제의 강화는 행정의 안정성과 능률성을 제고할 수 있다.
③ 사회문제가 복잡해짐에 따라 직업공무원들의 행정적 재량행위에 대한 더욱 엄격한 통제가 요구된다.
④ 정부의 대응성과 능률성은 상호 보완적 관계를 가진다.
⑤ 행정의 능률성 제고를 위해서는 관료제에 대한 적절한 통제가 필요하다.

출제유형 Ⅰ. 기본개념　　**출제영역** 관료제의 자율성
출제빈도 ★　　난도 중

정답찾기
① 정부의 대응성 제고를 위해 행정은 의회의 통제를 받고, 직업공무원은 선출직 공무원에게 책임을 지도록 조직화되었다.

오답피하기
② 행정에 대한 정치적 통제의 강화는 행정의 안정성과 능률성의 저하를 가지고 올 수 있다.
③ 사회문제가 복잡해질수록 직업공무원들에게 재량권 부여가 요구된다.
④ 정부의 대응성과 능률성 사이에는 상충관계가 존재한다.
⑤ 행정의 대응성 제고를 위해서 관료제에 대한 적절한 통제가 필요하다.

정답 ①

44 ☐☐☐　　　　　　　　　　　　　　　　　0501
정부관료제와 민주주의 간의 갈등관계를 설명하는 내용으로서 적절치 않은 것은?　　　　　　　　　　　　　2012 국회 9급
① 정부관료제의 비민주적 속성은 공무원이 전문성을 강조하는 경향과 관련이 있다.
② 정부관료제의 계층적 속성은 민주주의 가치와 충돌하는 측면이 있다.
③ 대표관료제의 인적 구성을 통한 소극적 대표성은 정책과정의 적극적 대표성을 확보하는데 기여한다.
④ 행정조직 편제를 통한 대표성 확보도 정부관료제와 민주주의 간의 조화를 도모하기 위한 방법 중의 하나에 해당한다.
⑤ 시민참여를 통한 대표성 확보 방안은 직접 민주주의 이념을 반영하고 있다.

출제유형 Ⅰ. 기본개념　　**출제영역** 관료제와 민주주의
출제빈도 ★　　난도 중

정답찾기
③ 대표관료제는 정부관료제와 민주주의 간의 갈등관계를 설명하는 내용에 해당하지 않는다. 그리고 대표관료제의 인적 구성을 통한 소극적 대표성은 정책과정의 적극적 대표성을 확보하는데 기여한다고 단정적으로 볼 수는 없다.

오답피하기
① 공무원이 전문성을 강조하는 경향은 국민으로 하여금 통제를 어렵게 하므로 정부 관료제의 비민주적 속성이 나타나게 된다.
② 정부관료제의 계층적 속성은 위계질서와 명령통일의 강조 때문에 집단토론이 저지되고, 관료제 내의 권력을 소수 몇 사람에게만 집중시킴으로써 구성원의 자유나 권리가 위축되는 문제점은 민주주의 가치와 충돌하는 측면이 있다.
④ 행정조직 편제를 통한 대표성 확보는 국민에의 대응성을 향상시키므로 정부관료제와 민주주의 간의 조화를 도모하기 위한 방법 중의 하나에 해당한다.
⑤ 시민참여를 통한 대표성 확보 방안은 국민의 직접 참여를 전제로 하므로 직접 민주주의 이념을 반영하고 있다.

행복노트
관료제와 민주주의 대립×, 상호 보완 ○

공헌	갈등
공직의 기회균등	권력의 불균등
법 앞의 평등	과두제의 철칙
연고성의 배제	집단토론 ×
효율적 집행체제	과두제로 양자갈등 ○
	관료의 자기이익극대화 경향

정답 ③

45　　　　　　　　　　　　　　0502

블랙스버그 선언(Blacksburg Manifesto)과 행정재정립운동(refounding movement)에 대한 설명으로 옳지 않은 것은?

2023 지방 9급

① 블랙스버그 선언은 행정의 정당성을 침해하는 정치·사회적 상황을 비판했다.
② 행정재정립운동은 직업공무원제를 옹호했다.
③ 행정재정립운동은 정부를 재창조하기보다는 재발견해야 한다고 주장했다.
④ 블랙스버그 선언은 신행정학의 태동을 가져왔다.

출제유형 Ⅰ. 기본개념　　출제영역 블랙스버그 선언
출제빈도 ★　　난도 상

정답찾기
④ 블랙스버그 선언은 1983년 미국 행정학회 연례학술대회에서 당시 정부재창조 운동이 필요이상으로 관료 후려치기(bureaucrat bashing)를 하면서 행정의 정당성을 침해하고 있다고 비판하면서 Goodsell, Wamsley, Wolf, Rohr, White가 공동으로 발의한 선언으로서 신행정학 이후에 나타났다.

오답피하기
① 블랙스버그 선언은 행정의 정당성을 침해하는 정치·사회적 상황을 비판했다.
② 행정재정립운동은 직업공무원제를 옹호했다.
③ 행정재정립운동은 정부를 재창조하기보다는 재발견해야 한다고 주장했다.

관료제의 변천

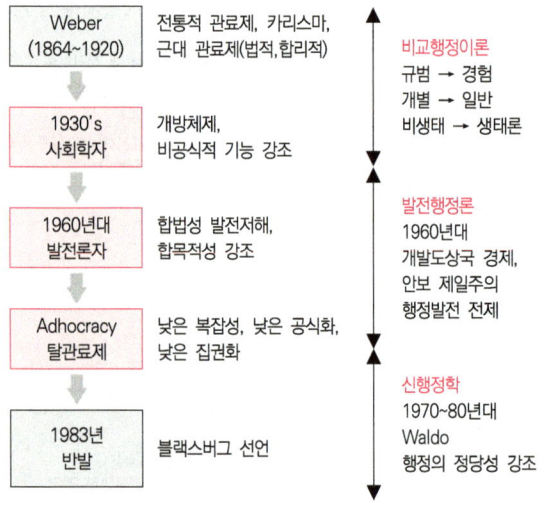

46　　　　　　　　　　　　　　0503

애드호크라시(adhocracy)에 대한 설명으로 옳지 않은 것은?

2022 지방 7급

① 업무가 비정형적일 때 유용하다.
② 변화에 신속하게 대응할 수 있는 장점이 있다.
③ 책임소재가 명확하여 갈등이 생길 가능성이 작다.
④ 조직 목표 달성을 위해 조직 내 전문 능력이 있는 구성원들을 연결하는 구조이다.

출제유형 Ⅰ. 기본개념　　출제영역 애드호크라시
출제빈도 ★★★　　난도 중

정답찾기
③ 애드호크라시(adhocracy)는 유기적 조직으로서 수평적인 상호조정과정을 거치고 탄력적으로 문제를 해결해야 되는 과정이 많으므로 책임소재가 불명확하여 갈등이 생길 가능성이 크다.

오답피하기
① 애드호크라시(adhocracy)는 업무가 비정형적일 때 유용하다.
② 애드호크라시(adhocracy)는 변화에 신속하게 대응할 수 있는 장점이 있다.
④ 애드호크라시(adhocracy)는 조직 목표 달성을 위해 조직 내 전문 능력이 있는 구성원들을 연결하는 구조이다.

관료제 vs 탈관료제모형(Adhocracy)

구 분		관료제	Adhocracy
조직 구조의 기본 변수	복잡성	높다	낮다
	공식성	높다	낮다
	집권성	높다	낮다
조직 환경		안정적·정태적	불확실성·동태적
조직 기술		일상적	비일상적(비정형적)
조직 규모		크다	작다
조직인		경제적 인간관	복잡한 인간관
조직 수명		반영구적	일시적

Adhocracy: 수평적 분화↑, 수직적 분화, 공식화, 집권화↓ (분업 발달)

정답 ④　　　　　　　　　　　　　　　　　　　　정답 ③

47 □□□ 0504

애드호크라시(Adhocracy)에 대한 설명으로 옳지 않은 것은?

2019 국가 7급

① 과업의 표준화나 공식화 정도가 상대적으로 낮기 때문에 구성원 간 업무상 갈등이 일어날 우려가 있다.
② 구조적으로 수평적 분화는 높은 반면 수직적 분화는 낮고, 공식화 및 집권화의 수준이 낮다.
③ 변화에 신속하게 대응할 수 있다는 장점으로 인해 최근에는 전통적 관료제조직모형을 대체할 정도로 많이 활용되고 있다.
④ 대표적인 예로는 네트워크조직, 매트릭스조직 등을 들 수 있다.

출제유형 Ⅰ. 기본개념 **출제영역** 애드호크라시
출제빈도 ★★★   난도 중

정답찾기
③ 애드호크라시는 변화에 신속하게 대응할 수 있다는 장점이 있지만 명확한 계층 구분이 없어 업무처리 과정에서 갈등과 비협조가 일어나는 단점이 있어 전통적 관료제 모형과 보완·공존 관계에 있다.

오답피하기
② 애드호크라시는 수직적 분화, 공식화, 집권화의 수준은 낮고 분업이 발달되어 있어 수평적 분화의 수준은 높다.

행복노트
관료제 vs 탈관료제모형(Adhocracy)

구 분		관료제	Adhocracy
조직 구조의 기본 변수	복잡성	높다	낮다
	공식성	높다	낮다
	집권성	높다	낮다
조직 환경		안정적·정태적	불확실성·동태적
조직 기술		일상적	비일상적(비정형적)
조직 규모		크다	작다
조직인		경제적 인간관	복잡한 인간관
조직 수명		반영구적	일시적

Adhocracy: 수평적 분화↑, 수직적 분화, 공식화, 집권화↓ (분업 발달)

정답 ③

48 □□□ 0505

애드호크라시(Adhocracy)에 대한 설명으로 옳지 않은 것은?

2016 국가 7급

① 구조적으로 복잡성, 공식화, 집권화의 정도가 낮은 수준이다.
② 고도의 창의성과 환경 적응성이 필요한 상황에서 유효한 임시조직이다.
③ 다양한 전문가들로 구성된 집합으로 조직화와 표준화가 신속하게 이뤄진다.
④ 업무 처리 과정에서 갈등과 비협조가 일어나고, 창의적 업무수행 과정에서 심적 스트레스를 많이 받는다.

출제유형 Ⅰ. 기본개념 **출제영역** 애드호크라시
출제빈도 ★★★   난도 중

정답찾기
③ 애드호크라시(Adhocracy)는 다양한 전문가들로 구성된 집합으로 조직화와 표준화가 신속하게 이루어지기 힘들며, 조직의 잠정성, 상황적응성을 강조한다.

오답피하기
탈관료제모형(Adhocracy) 특징

유기체 조직으로서 융통성·적응성·순발성·쇄신성을 띤 평면조직

Weber 관료제의 특징	탈관료제 주요 특징
권위의 업무영역 고정	문제해결 능력자에게 권한부여
성문화된 공식적인 틀	상황에 적응하는 변증법적 조직
비정의성	동료로서의 고객
직위의 계서제	팀에 의한 문제해결, 집단적 의사결정
항구성 조직	임시조직
폐쇄적 의사소통	개방적인 의사소통

정답 ③

49

애드호크라시(Adhocracy)에 대한 설명으로 가장 옳지 않은 것은?

2015 서울 7급

① 애드호크라시는 특정 업무를 수행하기 위해 다양한 분야의 전문가가 일시적으로 구성된 후 업무가 끝나면 해체되는 경우가 많다.
② 애드호크라시는 문제해결 지향적인 체계이다.
③ 애드호크라시는 변화가 심하고 적응력이 강한 임시적인 체계이다.
④ 애드호크라시는 수평적 조직형태를 갖추고 있기 때문에 권한과 책임을 둘러싼 갈등은 발생하지 않는다.

50

커크하트(Larry Kirkhart)는 연합적 이념형이라고 하는 반관료제적 모형을 제시하였는데, 이 모형이 강조하는 조직구조 설계원리의 처방에 해당하지 않는 것은?

2019 서울 7급

① 컴퓨터 활용
② 사회적 계층화의 억제
③ 고용관계의 안정성·영속성
④ 권한체제의 상황적응성

출제유형 Ⅰ. 기본개념   **출제영역** 애드호크라시
출제빈도 ★★★   **난도** 중

정답찾기
④ 애드호크라시는 수평적 조직형태를 갖추고 있으므로 권한과 책임이 모호하여 조직 내 갈등이 발생할 가능성이 높다.

오답피하기
② 애드호크라시의 adhoc은 라틴어 ad(to: 방향 또는 목적을 나타내는 접두어) + hoc(it: 특정사건 뜻하는)와 cracy는 그리스어 kratia(통치, 지배)의 합성어로 특정 사건(it) 해결 방향(to)의 조직구조를 의미하므로 문제해결 지향적인 체계이다.

정답 ④

출제유형 Ⅰ. 기본개념   **출제영역** 애드호크라시
출제빈도 ★   **난도** 중

정답찾기
③ 연합적 이념형에서는 고용관계의 안정성·영속성이 아닌 고용관계의 잠정성을 특징으로 한다.

오답피하기
①, ②, ④ 후기 산업사회의 사회적 여건을 배경으로 ㉠ 조직 간의 자유로운 인력이동, ㉡ 변화에 대한 적응, ㉢ 권한체제의 상황적응성, ㉣ 구조의 잠정성, ㉤ 조직 내의 상호의존적이며 협조적 관계, ㉥ 고객참여, ㉦ 컴퓨터의 활용, ㉧ 사회적 계층화의 억제 등을 강조한 '연합적 이념형'을 강조하고 있다.

정답 ③

51 ☐☐☐ 0508
학습조직에 대한 설명으로 부적절한 것은?   2013 지방 7급

① 관료제모형의 대안으로 등장하였다.
② 조직능력보다는 개인 능력을 제고하는데 초점을 맞춘다.
③ 능률성보다는 문제해결을 필수적 가치로 추구한다.
④ 성공하기 위해서는 사려 깊은 리더십이 필요하다.

출제유형 Ⅰ. 기본개념   **출제영역** 학습조직

출제빈도 ★★★   난도 중

정답찾기
② 학습조직은 집단학습을 통한 조직능력 제고에 초점을 맞추었다.

오답피하기
① 관료제모형의 대안으로 정보화시대의 조직으로 학습조직이 등장하였다.
③ 지식의 창출과 획득 및 전달에 능숙하며, 새로운 지식을 경영에 반영하기 위하여 기존의 행동방식을 바꾸는 데 능숙한 조직으로서 문제해결을 필수적 가치로 추구한다.
④ 리더에게는 구성원의 기본행태를 안내할 조직의 목표, 사명 및 핵심가치에 대한 통치이념을 제시하는 사회건축가로서의 역할과 공유비전의 창조자, 조직의 임무와 구성원을 지원하는데 사려 깊은 리더십이 필요하다.

행복노트
학습조직: 모든 구성원이 지식 창출, 획득, 전달하는 자기변혁 조직
- 사려깊은 리더십: 공유비전의 창조자, 조직 구성원 지원
- 직원 권한 부여: 분권, 통합적 훈련
- 협력적 네트워크를 통한 전략수립: 경쟁보단 협력
- 강한 조직문화: 부분보다 전체, 개인보다 조직
- 정보공유: 광범위한 의사소통, 자료접근 가능성 부여
- 수평적 조직구조: 급변하는 불확실한 환경에 신축적 대응

자기완성

사고의 틀 (종합적 균형적 사고)   학습조직을 위한 5가지 수련 (Senge)   시스템 중심의 사고 (유기적 시스템)

공동의 비전   집단적 학습

TIP
학습조직을 위한 5가지 수련(Senge)
자사고에서는 시집을 보면서 공부합니다

정답 ②

52 ☐☐☐ 0509
학습조직에 대한 설명으로 옳지 않은 것은?   2020 국가 7급

① 개방체제와 자아실현적 인간관을 바탕으로 새로운 지식을 창출하고자 한다.
② 연결된 체계 간의 상호작용을 이해하고, 이를 효과적으로 활용하기 위한 체계적 사고(Systems Thinking)를 강조한다.
③ 조직구성원들의 비전 공유를 중시한다.
④ 조직구성원의 합이 조직이 된다는 점에서, 조직 내 구성원 각자의 개인적 학습을 강조한다.

출제유형 Ⅰ. 기본개념   **출제영역** 학습조직

출제빈도 ★★★   난도 중

정답찾기
④ 학습조직은 구성원들이 함께 사고하고 조직의 의미를 자연스럽게 체화하도록 집단학습을 통한 조직능력 제고에 초점을 맞추었다.

오답피하기
① 개방체제와 자아실현적 인간관을 바탕으로 새로운 지식을 창출하고자 한다.
② 연결된 체계 간의 상호작용을 이해하고, 이를 효과적으로 활용하기 위한 체계적 사고(Systems Thinking)를 강조한다.
③ 조직구성원들의 비전 공유를 중시한다.

행복노트
학습조직: 모든 구성원이 지식 창출, 획득, 전달하는 자기변혁 조직
- 사려깊은 리더십: 공유비전의 창조자, 조직 구성원 지원
- 직원 권한 부여: 분권, 통합적 훈련
- 협력적 네트워크를 통한 전략수립: 경쟁보단 협력
- 강한 조직문화: 부분보다 전체, 개인보다 조직
- 정보공유: 광범위한 의사소통, 자료접근 가능성 부여
- 수평적 조직구조: 급변하는 불확실한 환경에 신축적 대응

자기완성

사고의 틀 (종합적 균형적 사고)   학습조직을 위한 5가지 수련 (Senge)   시스템 중심의 사고 (유기적 시스템)

공동의 비전   집단적 학습

TIP
학습조직을 위한 5가지 수련(Senge)
자사고에서는 시집을 보면서 공부합니다

정답 ④

제3절 조직구조의 형태

53 ☐☐☐ 0510

다음 〈보기〉에 제시된 계선기관에 관한 내용 중 옳은 것을 모두 고르면?

2015 국회 9급

보기

ㄱ. 권한 및 책임의 한계의 명확성, 신속한 결정력, 업무 수행 능률성 등의 장점이 있다.
ㄴ. 각 행정기관의 장의 인격을 연장·보완하는 역할을 하며 지휘·감독의 범위를 넓혀준다.
ㄷ. 기관장이 주관적·독단적 결정이나 조치를 취할 가능성이 존재하고, 조직의 경직성을 초래한다.
ㄹ. 전문적 지식과 경험으로 행정목표의 달성에 간접적으로 기여한다.

① ㄱ, ㄴ
② ㄱ, ㄷ
③ ㄱ, ㄴ, ㄹ
④ ㄱ, ㄷ, ㄹ
⑤ ㄱ, ㄴ, ㄷ, ㄹ

출제유형 Ⅰ. 기본개념   **출제영역** 계선기관
출제빈도 ★★★   **난도** 중

정답찾기
ㄱ. 권한 및 책임의 한계의 명확성, 신속한 결정력, 업무 수행 능률성 등은 계선의 장점에 해당한다.
ㄷ. 기관장이 주관적·독단적 결정이나 조치를 취할 가능성이 존재하고, 조직의 경직성을 초래하는 것은 계선의 단점에 해당한다.

오답피하기
ㄴ. 각 행정기관의 장의 인격을 연장·보완하는 역할을 하며 지휘·감독의 범위를 넓혀주는 것은 참모의 역할에 해당한다.
ㄹ. 전문적 지식과 경험으로 행정목표의 달성에 간접적으로 기여하는 것은 참모의 역할에 해당한다.

행복노트
계선과 막료(참모)의 장단점

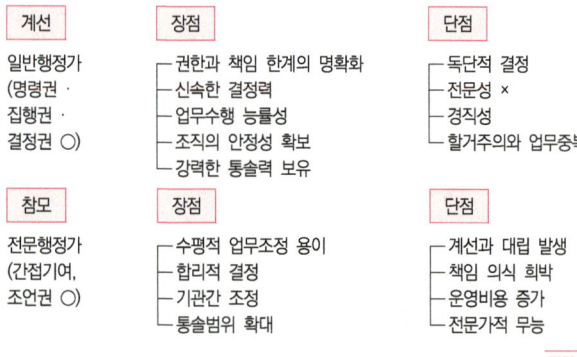

정답 ②

54 ☐☐☐ 0511

보조기관과 보좌기관에 대한 설명으로 옳지 않은 것은?

2014 지방 7급

① 보조기관은 위임·전결권의 범위 내에서 의사결정과 집행의 권한을 가진다.
② 보좌기관은 정책에 대한 최종적인 책임을 지지 않는 경우가 많으며 보조기관과 갈등을 유발할 수도 있다.
③ 보조기관이 보좌기관보다는 더 현실적이고 보수적인 속성을 가질 가능성이 높다.
④ 보좌기관은 목표달성 및 정책수행에 간접적으로 기여한다.

출제유형 Ⅰ. 기본개념   **출제영역** 보조기관과 보좌기관
출제빈도 ★★★   **난도** 중

정답찾기
③ 보조기관이 보좌기관보다는 더 현실적이고 보수적인 속성을 가질 가능성이 높다. 보조기관은 계선의 하부조직을 의미하고 보좌기관은 참모조직을 의미한다.

오답피하기
① 보조기관은 정책을 결정하고 결정된 정책을 집행하며, 경미한 결정은 위임받아 직접 결정하기도 한다.
② 보좌기관은 결정권이 없어 책임이 없으므로 갈등을 유발하기도 한다.
④ 보좌기관은 계선을 도와 간접적으로 공헌한다.

행복노트
계선과 막료(= 참모, 교차기능조직)

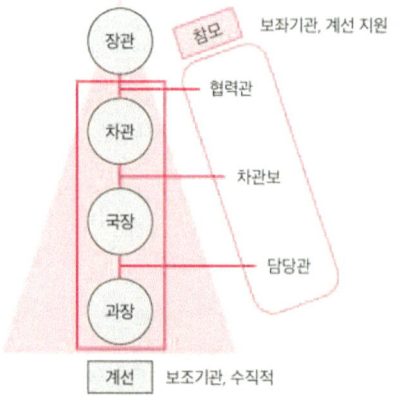

정답 ③

55　0512

정부위원회에 대한 설명으로 옳은 것만을 모두 고르면?

2022 지방 9급

> ㄱ. 책임성이 결여될 수 있다.
> ㄴ. 자문위원회는 업무가 계속성·상시성이 있어야 한다.
> ㄷ. 민주성을 제고하는 장점이 있다.
> ㄹ. 방송통신위원회, 공정거래위원회, 국민권익위원회, 금융위원회, 개인정보 보호위원회, 원자력안전위원회는 중앙행정기관이다.

① ㄱ, ㄷ
② ㄴ, ㄷ
③ ㄴ, ㄹ
④ ㄱ, ㄷ, ㄹ

56　0513

정부의 위원회조직에 대한 설명으로 옳지 않은 것은?

2019 국가 9급

① 결정에 대한 책임의 공유와 분산이 특징이다.
② 복수인으로 구성된 합의형 조직의 한 형태다.
③ 국민권익위원회는 의사결정의 권한이 없는 자문위원회에 해당된다.
④ 소청심사위원회는 행정관청적 성격을 지닌 행정위원회에 해당된다.

출제유형 Ⅰ. 기본개념　　**출제영역** 정부위원회

출제빈도 ★★★　　난도 중

정답찾기

ㄱ. 위원회는 복수의 구성원으로 이루어진 합의제 조직이기 때문에 책임이 분산되므로 책임성이 결여될 수 있다.
ㄷ. 위원회는 복수의 구성원으로 다수의 의견이 모아 결정하므로 민주성을 제고하는 장점이 있다.
ㄹ. 방송통신위원회, 공정거래위원회, 국민권익위원회, 금융위원회, 개인정보 보호위원회, 원자력안전위원회는 중앙행정기관이다.

오답피하기

ㄴ. 업무가 계속성·상시성이 있어야 하는 것은 행정위원회이고 자문위원회의 경우 업무의 계속성·상시성이 요구되지는 않는다.

행복노트

위원회: 복수의 의사결정권자로 구성된 합의제 행정기관

장점	단점
─ 행정의 중립성, 행정의 민주화 ─ 정책의 안정성·일관성 유지 ─ 결정의 신중성·공정성 확보 ─ 전문지식과 기술의 활용 ─ 조직 간 부문 간의 조정을 촉진	─ 행정의 기밀유지 곤란 ─ 비용·시간·노력 낭비 ─ 책임의식의 약화 ─ 결정의 지체로 신속 X

유형 1(3원설)

구 분	자 문	의 결	집 행
자문위원회	○	×	×
의결위원회	×	○	×
행정위원회	×	○	○

정답 ④

출제유형 Ⅰ. 기본개념　　**출제영역** 정부위원회

출제빈도 ★★★　　난도 중

정답찾기

③ 국민권익위원회는 의사결정의 구속력과 집행권 모두를 가지는 행정위원회이다.

오답피하기

①, ② 위원회는 복수의 구성원으로 구성되는 합의제 행정기관으로서, 결정에 대한 책임이 공유되고 분산된다.
④ 소청심사위원회는 행정관청적 성격을 지닌 행정위원회에 해당된다.

정답 ③

57   0514
위원회(Committee) 조직의 장점으로 보기 어려운 것은?

2012 지방 9급

① 집단결정을 통해 행정의 안정성과 지속성을 확보할 수 있다.
② 조직 각 부문 간의 조정을 촉진한다.
③ 경험과 지식을 지닌 전문가를 활용할 수 있다.
④ 의사결정과정이 신속하고 합의가 용이하다.

58   0515
정부의 각종 위원회에 대한 설명으로 가장 옳은 것은?

2018 서울 9급

① 의결위원회는 의사결정의 구속력은 있지만 집행권이 없다.
② 행정위원회의 대표적인 예로 공정거래위원회, 공직자윤리위원회 등을 들 수 있다.
③ 행정위원회는 독립지위를 가진 행정관청으로 결정권은 없고 집행권만 갖는다.
④ 자문위원회는 계선기관으로서 사안에 따라 조사·분석 등의 기능을 수행한다.

출제유형 Ⅰ. 기본개념   **출제영역** 정부위원회
출제빈도 ★★   **난도** 중

[정답찾기]
④ 위원회조직은 합의제 행정기관이므로 의사결정과정이 신속하지 못하고 합의의 도출도 용이하지 못하다.

[오답피하기]
① 집단결정을 통해 행정의 안정성과 지속성을 확보할 수 있는 것은 위원회(Committee) 조직의 장점에 해당한다.
② 조직 각 부문 간의 조정을 촉진하는 것은 위원회(Committee) 조직의 장점에 해당한다.
③ 경험과 지식을 지닌 전문가를 활용할 수 있는 것은 위원회(Committee) 조직의 장점에 해당한다.

[행복노트]
위원회: 복수의 의사결정권자로 구성된 합의제 행정기관

장점	단점
행정의 중립성, 행정의 민주화	행정의 기밀유지 곤란
정책의 안정성·일관성 유지	비용·시간·노력 낭비
결정의 신중성·공정성 확보	책임의식의 약화
전문지식과 기술의 활용	결정의 지체로 신속 X
조직 간 부문 간의 조정을 촉진	

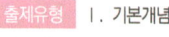

구 분	자 문	의 결	집 행
자문위원회	○	×	×
의결위원회	×	○	×
행정위원회	×	○	○

정답 ④

출제유형 Ⅰ. 기본개념   **출제영역** 정부위원회
출제빈도 ★★   **난도** 중

[정답찾기]
① 의결위원회는 자문위원회와 행정위원회의 중간조직으로 의사결정의 구속력은 있지만 집행권은 없다.

[오답피하기]
② 공정거래위원회는 행정위원회에 해당하나 공직자 윤리위원회는 의결위원회에 해당한다.
③ 행정위원회는 독립지위를 가진 행정관청으로 의사결정의 구속력과 집행권을 모두 갖는다.
④ 자문위원회는 참모기관으로서 사안에 따라 조사·분석 등의 기능을 수행한다.

정답 ①

59   0516
우리나라 행정기관 소속 위원회에 대한 설명으로 옳지 않은 것은?

2015 지방 9급

① 행정위원회와 자문위원회 등으로 크게 구분할 수 있다.
② 방송통신위원회, 금융위원회, 국민권익위원회는 행정위원회에 해당된다.
③ 관련분야 전문지식이 있는 외부전문가만으로 구성하여야 한다.
④ 자문위원회의 의사결정은 일반적으로 구속력을 갖지 않는다.

60   0517
행정기관위원회에 대한 설명으로 옳지 않은 것은?

2025 지방 9급

① 행정위원회는 합의제 행정기관으로 법률에 의하여 행정기관 소관 사무의 일부를 독립하여 수행할 필요가 있을 때 둔다.
② 자문위원회는 행정기관의 자문에 응해 의견을 제공하거나 심의·조정·협의를 통해 의사결정에 도움을 준다.
③ 행정위원회인 공정거래위원회는 의사결정의 권한은 갖지만 집행까지 책임지지는 않는다.
④ 다양한 이해관계자들의 참여와 의견 반영으로 다양성의 가치를 증진할 수 있다.

출제유형 Ⅰ. 기본개념   **출제영역** 정부위원회
출제빈도 ★★   난도 중

정답찾기
③ 행정기관 소속 위원회에 외부전문가와 내부공무원도 참여한다.

오답피하기
유형 1(3원설)

구 분	자 문	의 결	집 행
자문위원회	○	×	×
의결위원회	×	○	×
행정위원회	×	○	○

위원회의 유형 2(4원설)

- **자문위원회**: 구속력×, 행정관청×
  정부혁신위원회, 정책기획위원회, 세계화추진위원회
- **조정위원회**:
  - 자문 성격: 구속력×
    중앙수산조정위원회
  - 의결 성격: 구속력○
    중앙노동위원회, 중앙환경분쟁조정위원회
- **행정위원회**: 구속력○, 행정관청○
  방송통신위원회, 국민권익위원회, 소청심사위원회,
  독립규제위원회도 행정위원회의 일종임
- **독립규제위원회**: 행정부나 의회로부터 독립, 합의제(학문상 용어)
  금융통화위원회, 중앙선거관리위원회, 국가인권위원회

정답 ③

출제유형 Ⅰ. 기본개념   **출제영역** 정부위원회
출제빈도 ★★   난도 중

정답찾기
③ 공정거래위원회는 행정위원회로서 의사결정뿐만 아니라 집행까지 담당한다. 공정거래위원회는 독점규제 및 공정거래에 관한 법률 위반 행위에 대해 시정명령, 과징금 부과, 고발 등의 집행 권한을 행사한다.

오답피하기
① 행정위원회는 합의제 행정기관으로 독립성과 전문성이 요구되는 사무에 대해 법률에 근거하여 설치된다.
② 자문위원회는 행정기관의 의사결정을 돕는 자문 기능을 수행하는 것이 맞다.
④ 행정기관위원회는 다양한 분야의 전문가와 이해관계자가 참여하여 민주성과 다양성을 확보할 수 있다.

정답 ③

61

2016년 이후 정부조직의 변화에 대한 설명으로 옳지 않은 것은?

2019 지방 9급 변형

① 중소기업, 벤처기업 등에 관한 사무를 관장하는 중소벤처기업부를 신설하였다.
② 행정안전부의 외청으로 소방청을 신설하였다.
③ 국가보훈처가 국가보훈부가 되었다.
④ 한국수자원공사에 대한 관할권을 환경부에서 국토교통부로 이관하였다.

62

우리나라 정부조직에 대한 설명으로 옳지 않은 것은? 2025 국가 9급

① 중앙행정기관의 설치와 직무 범위는 법률로 정한다.
② 식품 및 의약품의 안전에 관한 사무를 관장하기 위하여 보건복지부 소속으로 식품의약품안전처를 둔다.
③ 국무총리가 특별히 위임하는 사무를 수행하기 위하여 부총리 2명을 둔다.
④ 특허청은 중앙책임운영기관의 유형에 해당한다.

[출제유형] I. 기본개념   **[출제영역]** 정부조직 개편
출제빈도 ★★   **난도** 중

[정답찾기]
④ 한국수자원공사에 대한 관할권은 국토교통부에서 환경부 소속기관으로 이관하였다.

[오답피하기]
① 중소벤처기업부는 2017년 11월 기존의 중소기업청을 확대·개편하여 신설된 부처이다.
② 소방청은 2017년 4월 국민안전처 소속이었던 중앙소방본부를 확대·개편하여 행정안전부 외청으로 신설되었다.
③ 국가보훈처는 2018년 8월 차관급 처에서 장관급 부로 격상되었다가 국가보훈부가 되었다.

정답 ④

[출제유형] I. 기본개념   **[출제영역]** 정부조직
출제빈도 ★★   **난도** 중

[정답찾기]
② 식품의약품안전처는 현재 보건복지부 소속이 아니라 국무총리 소속의 중앙행정기관이다.

[오답피하기]
① 중앙행정기관의 설치와 직무범위는 정부조직법에 따라 법률로 정한다.
③ 기획재정부장관과 교육부장관이 부총리를 겸하며, 국무총리가 특별히 위임하는 사무를 수행한다.
④ 특허청은 특허, 실용신안, 디자인, 상표 등에 관한 사무를 관장하는 산업통상자원부 소속의 중앙행정운영기관으로서 책임운영기관에 해당한다.

정답 ②

63
「정부조직법」상 행정기관의 소속으로 옳지 않은 것은?

2018 지방 9급

① 법제처 - 국무총리
② 국가정보원 - 대통령
③ 소방청 - 행정안전부장관
④ 특허청 - 기획재정부장관

64
중앙행정기관의 소속기관으로만 묶은 것은?

2018 국가 7급 변형

ㄱ. 지방자치인재개발원
ㄴ. 공정거래위원회
ㄷ. 특허청
ㄹ. 국가기록원
ㅁ. 국립중앙박물관
ㅂ. 국가유산청

① ㄱ, ㅂ
② ㄴ, ㄹ
③ ㄷ, ㅁ
④ ㄹ, ㅁ

출제유형 Ⅰ. 기본개념 **출제영역** 행정기관의 소속기관
출제빈도 ★★ 난도 중

정답찾기
ㄱ. 지방자치인재개발원은 행정안전부 산하 소속기관에 해당한다.
ㄹ. 국가기록원은 행정안전부 소속기관이다.
ㅁ. 국립중앙박물관은 문화체육관광부 소속기관이다.

오답피하기
ㄴ. 공정거래위원회는 국무총리소속의 중앙행정기관이다.
ㄷ. 특허청은 산업자원통상부 소속 중앙행정기관이다.
ㅂ. 국가유산청은 문화체육관광부 소속 중앙행정기관이다.

행복노트
중앙행정기관의 소속기관

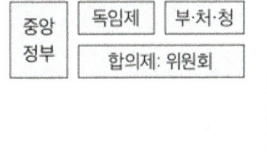

보조기관	계선 (차관, 차장, 실장, 국장 및 과장)
보좌기관	참모, 보조기관 보좌(차관보, 정책관, 기획관, 담당관)
특별지방 행정기관	• 소속: 국가 • 일: 지방 (지방국세청, 지방병무청 ⋯)
부속기관	행정권의 직접적인 행사를 임무로 하는 기관에 부속하여 지원하는 기관 (교육훈련기관, 시험연구기관)

출제유형 Ⅰ. 기본개념 **출제영역** 행정기관의 소속기관
출제빈도 ★★ 난도 중

정답찾기
④ 특허청은 산업통상자원부 소속이다. 기획재정부 소속 외청은 국세청, 관세청, 조달청, 통계청 등 네 개 기관이다.

오답피하기
① 법제처 등 네 개 처는 모두 국무총리 소속 중앙행정기관이다.
② 국가정보원은 「정부조직법」상 대통령 소속 행정기관이다.
③ 소방청과 경찰청은 행정안전부장관 소속 행정기관이다.

정답 ④

정답 ④

65 0522
정부조직에 대한 설명으로 옳은 것은? 2017 국가 9급
① 감사원은 「정부조직법」에서 정하는 합의제 행정기관에 해당한다.
② 금융감독원은 「정부조직법」에 따라 설치된 중앙행정기관이다.
③ 소청심사위원회는 행정자치부 소속으로 행정기관 소속 공무원의 징계처분에 관한 사무를 관장한다.
④ 특허청은 행정 및 재정상의 자율성이 부여되고 성과에 대해 책임을 지도록 하는 책임운영기관에 해당한다.

66 0523
다음 정부조직에 대한 설명으로 가장 옳은 것은? 2014 국회 9급
① 새만금개발청은 보통지방행정기관이다.
② 방송통신위원회는 국무총리 직속 합의제 행정기구이다.
③ 기획재정부 예산실장은 편제상 참모조직에 속한다.
④ 서울지방국세청은 특별지방행정기관이다.
⑤ 국무조정실장은 국무위원이다.

정답찾기
④ 특허청은 중앙행정기관이자 책임운영기관이다.

오답피하기
① 감사원은 「헌법」에 의한 합의제 헌법기관이다.
② 금융감독원은 「금융위원회의 설치 등에 관한 법률」에 따라 설치한 기관으로 금융위원회의 지도감독을 받아 금융기관에 대한 검사감독업무를 수행하는 무자본 특수법인으로서 중앙행정기관에 해당하지 않는다.
③ 소청심사위원회는 인사혁신처 소속이다.

정답 ④

정답찾기
④ 서울지방국세청은 특별지방행정기관으로 국세청이 설치한 일선기관이다.

오답피하기
① 새만금개발청은 행정중심복합도시건설청과 마찬가지로 중앙행정기관이다.
② 방송통신위원회는 대통령 직속 중앙행정기관인 행정위원회이다.
③ 기획재정부 예산실장은 계선조직에 속한다.
⑤ 국무조정실장은 국무위원은 아니지만 장관급에 해당한다.

정답 ④

67   0524

다음 〈보기〉 중 현재 행정부의 각 부 장관과 그 소속 행정 기관이 바르게 이어져 있는 것은?

2014 국회 9급

| 보기 |
ㄱ. 교육부장관 – 교육청
ㄴ. 국방부장관 – 방위사업청
ㄷ. 농림축산식품부장관 – 식품의약품안전처
ㄹ. 산업통상자원부장관 – 특허청

① ㄱ, ㄷ
② ㄱ, ㄹ
③ ㄴ, ㄷ
④ ㄴ, ㄹ
⑤ 없음

출제유형 Ⅰ. 기본개념   **출제영역** 소속기관
출제빈도 ★★   난도 중

정답찾기
ㄴ. 방위사업청은 국방부 소속 외청이다.
ㄹ. 특허청은 산업통상자원부 소속 외청이다.

오답피하기
ㄱ. 교육청은 지방자치단체 소속 특별지방행정기관이다.
ㄷ. 식품의약품안전처는 국무총리 소속 중앙행정기관이다.

정답 ④

68   0525

국무총리 직속의 위원회가 아닌 것은?

2014 서울 9급

① 공정거래위원회
② 금융위원회
③ 국민권익위원회
④ 원자력안전위원회
⑤ 방송통신위원회

출제유형 Ⅰ. 기본개념   **출제영역** 소속기관
출제빈도 ★★   난도 중

정답찾기
⑤ 방송통신위원회는 대통령 직속의 위원회이다.

오답피하기

비소속		중앙선거관리위원회, 국가인권위원회
대통령	행정위원회	방송통신위원회
	자문위원회	경제사회노동위원회, 국가균형발전위원회, 국가생명윤리심의위원회, 국가지식재산위원회, 농어업농어촌특별위원회, 일자리위원회, 자치분권위원회, 저출산고령사회위원회, 정책기획위원회
국무총리		공정거래위원회, 금융위원회, 국민권익위원회, 원자력안전위원회, 개인정보보호위원회

정답 ⑤

69

국무총리 소속기관이 아닌 것은?

2012 국가 9급

① 공정거래위원회
② 금융위원회
③ 방송통신위원회
④ 국민권익위원회

70

다음 중 「정부조직법」에 근거하여 설치된 기관이 아닌 것은?

2012 서울 9급

① 검찰청
② 병무청
③ 행정중심복합도시건설청
④ 경찰청
⑤ 특허청

출제유형 Ⅰ. 기본개념 **출제영역** 소속기관
출제빈도 ★★ **난도** 중

정답찾기
③ 방송통신위원회는 대통령 소속 위원회이다.

오답피하기
① 공정거래위원회은 국무총리 소속 위원회이다.
② 금융위원회은 국무총리 소속 위원회이다.
④ 국민권익위원회은 국무총리 소속 위원회이다.

정답 ③

출제유형 Ⅰ. 기본개념 **출제영역** 정부기관
출제빈도 ★★ **난도** 중

정답찾기
③ 행정중심복합도시건설청은 「행정중심복합도시 건설을 위한 특별법」에 근거하여 설치되었다.

오답피하기
① 검찰청은 정부조직법에 근거하여 설치된 기관이다.
② 병무청은 정부조직법에 근거하여 설치된 기관이다.
④ 경찰청은 정부조직법에 근거하여 설치된 기관이다.
⑤ 특허청은 정부조직법에 근거하여 설치된 기관이다.

정답 ③

71　0528

우리나라의 정부조직과 기능 간의 연결이 바르지 않은 것은?

2012 국가 9급

① 과학기술정보통신부 – 원자력 연구
② 기획재정부 – 예산편성지침 수립
③ 국무총리실 – 공기업 평가
④ 문화체육관광부 – 국정의 홍보

출제유형 Ⅰ. 기본개념　**출제영역** 정부조직의 기능
출제빈도 ★★　난도 중

정답찾기
③ 공기업에 대한 평가는 기획재정부에 속한 업무이다.

정답 ③

72　0529

행정기관에 대하여 관계법령에 규정된 내용으로 옳은 것은?

2018 국가 9급

① 부속기관이란 행정권의 직접적인 행사를 임무로 하는 기관에 부속하여 그 기관을 지원하는 행정기관을 말한다.
② 보조기관이란 행정기관이 그 기능을 원활하게 수행할 수 있도록 그 기관장을 보좌함으로써 행정기관의 목적달성에 공헌하는 기관을 말한다.
③ 하부기관이란 중앙행정기관에 소속된 기관으로서, 특별지방행정기관과 부속기관을 말한다.
④ 방송통신위원회, 공정거래위원회, 소청심사위원회 등은 행정기관의 소관 사무에 관하여 자문에 응하거나 조정, 협의, 심의 또는 의결 등을 하기 위해 복수의 구성원으로 이루어진 합의제 기관으로서 행정기관이 아니다.

출제유형 Ⅲ. 법령문제　**출제영역** 행정기관 관계법령
출제빈도 ★★　난도 중

정답찾기
① 부속기관이란 행정권의 직접적인 행사를 임무로 하는 기관에 부속하여 그 기관을 지원하는 행정기관으로 시험연구기관, 교육훈련기관, 문화기관 등이 해당된다.

오답피하기
② 행정기관이 그 기능을 원활하게 수행할 수 있도록 그 기관장을 보좌함으로써 행정기관의 목적달성에 공헌하는 기관은 보좌기관에 해당한다.
③ 하부기관은 보조기관과 보좌기관을 포함한다. 부속기관과 특별지방행정기관을 의미하는 것은 소속기관이다.
④ 방송통신위원회, 공정거래위원회, 소청심사위원회 등은 모두 합의제 기관이자 행정기관에 해당한다.

행복노트
중앙행정기관의 소속기관

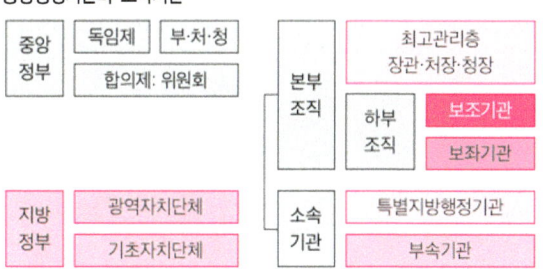

보조기관	계선(차관, 차장, 실장, 국장 및 과장)
보좌기관	참모, 보조기관 보좌(차관보, 정책관, 기획관, 담당관)
특별지방 행정기관	• 소속: 국가 • 일: 지방 (지방국세청, 지방병무청 …)
부속기관	행정권의 직접적인 행사를 임무로 하는 기관에 부속하여 지원하는 기관 (교육훈련기관, 시험연구기관)

정답 ①

73　　　　　　　　　　　　　　0530

우편사업, 우체국예금사업, 양곡관리사업, 조달사업을 수행하기 위한 특별회계예산의 운용에 관한 사항을 규정하고 있는 현행법은?

2017 지방 9급

① 「공공기관의 운영에 관한 법률」
② 「정부기업예산법」
③ 「예산회계법」
④ 「정부산하기관 관리기본법」

74　　　　　　　　　　　　　　0531

공공서비스의 공급 주체 중 정부 부처 행태의 공기업에 해당하는 것은?

2019 국가 9급

① 한국철도공사　　② 한국소비자원
③ 국립중앙극장　　④ 한국연구재단

출제유형 Ⅲ. 법령문제　　**출제영역** 「정부기업예산법」
출제빈도 ★★　　**난도** 중

정답찾기
② 우편사업, 우체국예금사업, 양곡관리사업, 조달사업을 수행하기 위한 특별회계예산의 운용에 관한 사항은 「정부기업예산법」에 근거를 두고 있다.

오답피하기
① 「공공기관의 운영에 관한 법률」은 공기업과 준정부기관에 적용된다.
③ 「예산회계법」은 「국가재정법」 제정으로 폐지되었다.
④ 「정부산하기관 관리기본법」은 「공공기관의 운영에 관한 법률」 제정과 함께 폐지되었다.

정답 ②

출제유형 Ⅰ. 기본개념　　**출제영역** 공기업
출제빈도 ★★　　**난도** 중

정답찾기
③ 국립중앙극장은 소속책임운영기관으로서 정부부처형 공기업에 해당한다.

오답피하기
① 한국철도공사는 준시장형 공기업이다.
② 한국소비자원은 위탁집행형 준정부기관이다.
④ 한국연구재단은 위탁집행형 준정부기관이다.

정답 ③

75 0532

공기업에 대한 설명으로 옳지 않은 것은? 2021 국가 9급

① 공공수요가 있으나 민간부문의 자본이 부족한 경우 공기업 설립이 정당화된다.
② 시장에서 독점성이 나타나는 경우 공기업 설립이 정당화된다.
③ 전통적인 자본주의적 사기업 질서에 반하여 사회주의적 간섭을 하는 것으로 볼 수 있다.
④ 주식회사형 공기업은 특별법 혹은 상법에 의해 설립되지만 일반행정기관에 적용되는 조직·인사 원칙이 적용된다.

출제유형 Ⅰ. 기본개념 **출제영역** 공기업

출제빈도 ★★ 난도 중

정답찾기

④ 주식회사형 공기업은 특별법 혹은 상법에 의해 설립되지만 일반행정기관에 적용되는 조직·인사 원칙이 적용되지 않는다.

오답피하기

공기업

구 분	정부부처형	준시장(공사)형	시장(주식회사)형
설치근거	정부조직법	특별법	회사법·특별법
법인격	없음	있음(당사자능력 보유)	
이 념	공공성 > 기업성	공공성 + 기업성	공공성 < 기업성
직원신분	공무원	임원: 준공무원, 직원: 회사원	
예산회계	「정부기업예산법」등 국가예산, 특별회계	「공공기관의 운영에 관한 법률」 국가예산 ×, 독립 채산제 ○	
예산성립	국회의결 필요	국회의결 불필요 (이사회 의결 성립)	
기 관	우편, 우체국예금 조달, 양곡관리 책임운영기관	한국철도공사 대한석탄공사	한국전력공사 한국가스공사

정답 ④

76 0533

「공공기관의 운영에 관한 법률」상 공공기관에 대한 설명으로 옳지 않은 것은? 2018 국가 7급 변형

① 위탁집행형 준정부기관은 기금관리형 준정부기관이 아닌 준정부기관을 의미한다.
② 기금관리형 준정부기관은 「국가재정법」에 따라 기금을 관리하거나 기금의 관리를 위탁받은 준정부기관을 의미한다.
③ 기획재정부장관은 공공기관을 공기업·준정부기관과 기타공공기관으로 구분하여 지정하되, 공기업과 준정부기관은 직원 정원이 300인 이상이면서 수입액 200억 이상이면서 자산규모가 30억 이상인 공공기관 중에서 지정한다.
④ 기획재정부장관은 지방자치단체가 설립하고 그 운영에 관여하는 기관을 공공기관으로 지정할 수 있다.

출제유형 Ⅲ. 법령문제 **출제영역** 공공기관

출제빈도 ★★ 난도 중

정답찾기

④ 기획재정부장관은 지방자치단체가 설립하고 그 운영에 관여하는 기관을 공공기관으로 지정할 수 없다.

> **관련조문**
> 「공공기관의 운영에 관한 법률」 제4조 【공공기관】
> ② 제1항의 규정에 불구하고 기획재정부장관은 다음 각 호의 어느 하나에 해당하는 기관을 공공기관으로 지정할 수 없다.
> 1. 구성원 상호 간의 상호부조·복리증진·권익향상 또는 영업질서 유지 등을 목적으로 설립된 기관
> 2. 지방자치단체가 설립하고, 그 운영에 관여하는 기관
> 3. 「방송법」에 따른 한국방송공사와 「한국교육방송공사법」에 따른 한국교육방송공사

오답피하기

공공기관: 국가 50% 이상 지분 / 30% 이상 지분 + 사실상 지배(상호부조기관, 지방공기업, KBS, EBS 제외)

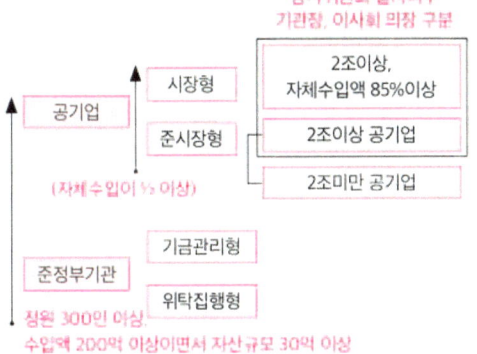

기타 공공기관	공기업과 준정부기관을 제외한 기관

정답 ④

77   0534

「공공기관의 운영에 관한 법률」의 내용에 대한 설명으로 옳지 않은 것은?　　2017 국가 7급

① 공공기관의 자율경영 및 책임경영체제의 확립, 경영합리화, 투명성 제고를 목적으로 한다.
② 기획재정부장관은 매년 직원 정원 100인 이상의 공공기관 중에서 공기업과 준정부기관을 지정한다.
③ 공기업은 시장형과 준시장형으로, 준정부기관은 위탁집행형과 기금관리형으로 구분된다.
④ 공기업과 준정부기관은 신규 지정된 해를 제외하고 매년 경영실적 평가를 받는다.

78   0535

「공공기관의 운영에 관한 법률」에 따른 기관 유형과 그 사례가 바르게 연결된 것은?　　2014 서울 9급

① 시장형 공기업 – 한국조폐공사
② 준시장형 공기업 – 한국마사회
③ 기금관리형 준정부기관 – 한국농어촌공사
④ 위탁집행형 준정부기관 – 국민연금공단
⑤ 기타공공기관 – 한국연구재단

출제유형 Ⅲ. 법령문제　　**출제영역** 공공기관
출제빈도 ★★　　**난도** 중

② 기획재정부장관은 매년 직원 정원이 300인 이상이면서 수입액 200억 이상이면서 자산규모가 30억 이상인 공공기관 중에서 공기업과 준정부기관을 지정한다.

오답피하기

① 「공공기관의 운영에 관한 법률」이 제정된 목적이다.
③ 공기업은 시장형과 준시장형으로, 준정부기관은 위탁집행형과 기금관리형으로 구분된다(「공공기관의 운영에 관한 법률」 제5조).
④ 공기업과 준정부기관은 신규 지정된 해를 제외하고 매년 기획재정부장관에게 경영실적 평가를 받는다.

┤관련조문├
「공공기관의 운영에 관한 법률」 제5조 【공공기관의 구분】
① 기획재정부장관은 공공기관을 공기업·준정부기관과 기타공공기관으로 구분하여 지정하되, 공기업과 준정부기관은 직원 정원이 50인 이상인 공공기관 중에서 지정한다.
② 기획재정부장관은 제1항의 규정에 따라 공기업과 준정부기관을 지정하는 경우 공기업은 자체수입액이 총수입액의 2분의 1 이상인 기관 중에서 지정하고, 준정부기관은 공기업이 아닌 공공기관 중에서 지정한다.
③ 기획재정부장관은 제1항 및 제2항의 규정에 따른 공기업과 준정부기관을 다음 각호의 구분에 따라 세분하여 지정한다.
1. 공기업
가. 시장형 공기업: 자산규모가 2조원 이상이고, 총수입액 중 자체수입액이 대통령령이 정하는 기준 이상인 공기업
나. 준시장형 공기업: 시장형 공기업이 아닌 공기업
2. 준정부기관
가. 기금관리형 준정부기관: 「국가재정법」에 따라 기금을 관리하거나 기금의 관리를 위탁받은 준정부기관
나. 위탁집행형 준정부기관: 기금관리형 준정부기관이 아닌 준정부기관

정답 ②

출제유형 Ⅲ. 법령문제　　**출제영역** 공공기관
출제빈도 ★★　　**난도** 중

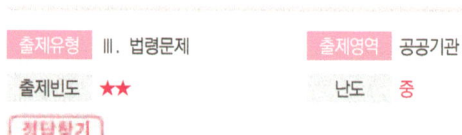

② 한국마사회는 준시장형 공기업에 해당한다.

오답피하기

① 한국조폐공사는 준시장형 공기업에 해당한다.
③ 한국농어촌공사는 위탁집행형 준정부기관에 해당한다.
⑤ 한국연구재단은 위탁집행형 준정부기관에 해당한다.
④ 국민연금공단은 기금관리형 준정부기관에 해당한다.

정답 ②

79　　0536

공공서비스 공급주체의 유형과 예시를 바르게 연결한 것은?

2017 국가 9급

① 준시장형 공기업 – 한국방송공사
② 시장형 공기업 – 한국마사회
③ 기금관리형 준정부기관 – 한국연구재단
④ 위탁집행형 준정부기관 – 한국소비자원

출제유형 Ⅰ. 기본개념　　**출제영역** 공공기관

출제빈도 ★★　　난도 중

정답찾기
④ 한국소비자원은 위탁집행형 준정부기관에 해당한다.

오답피하기
① 한국방송공사는 공공기관이 아니다.
② 한국마사회는 준시장형 공기업이다.
③ 한국연구재단은 위탁집행형 준정부기관에 해당한다.

정답 ④

80　　0537

다음 제시된 공기업 중 분류상 특징이 다른 것은? 2012 서울 7급 변형

① 한국철도공사　　② 한국가스공사
③ 한국공항공사　　④ 인천국제공항공사
⑤ 한국전력공사

출제유형 Ⅰ. 기본개념　　**출제영역** 공기업

출제빈도 ★★★　　난도 중

정답찾기
① 한국철도공사는 준시장형 공기업에 해당한다.

오답피하기
② 한국가스공사는 시장형 공기업에 해당한다.
③ 한국공항공사는 시장형 공기업에 해당한다.
④ 인천국제공항공사는 시장형 공기업에 해당한다.
⑤ 한국전력공사는 시장형 공기업에 해당한다.

행복노트

공기업	시장형 공기업(13)	(산업부) 한국가스공사, 한국남동발전㈜, 한국남부발전㈜, 한국동서발전㈜, 한국서부발전㈜, 한국석유공사, 한국수력원자력㈜, 한국전력공사, 한국중부발전㈜, 한국지역난방공사, ㈜강원랜드 (국토부) 인천국제공항공사, 한국공항공사, 한국도로공사
	준시장형 공기업 (17)	(기재부) 한국조폐공사, (문체부) 그랜드코리아레저㈜, (농식품부) 한국마사회, (산업부) ㈜한국가스기술공사, 한국광해광업공단, 한국전력기술㈜, 한전KDN㈜, 한전KPS㈜, (환경부) 한국수자원공사, (국토부) 제주국제자유도시개발센터, 주택도시보증공사, 한국부동산원, 한국철도공사, 한국토지주택공사, 주식회사 에스알, (해수부) 해양환경공단, (방통위) 한국방송광고진흥공사

정답 ①

81　0538
책임운영기관에 대한 설명으로 옳지 않은 것은?　2020 국가 9급

① 기관장에게 기관 운영의 자율성을 보장하고, 기관 운영 성과에 대해 책임을 지도록 한다.
② 공공성이 크기 때문에 민영화하기 어려운 업무를 정부가 직접 수행하기 위해 고안된 것이다.
③ 객관적이고 신뢰할 수 있는 성과평가 시스템 구축은 책임운영기관의 성공 여부를 결정짓는 요건 중의 하나이다.
④ 1970년대 영국에서 집행기관(Executive Agency)이라는 이름으로 처음 도입되었고, 우리나라는 1990년부터 운영하고 있다.

출제유형 Ⅰ. 기본개념　출제영역 책임운영기관
출제빈도 ★★★　난도 중

정답찾기
④ 책임운영기관은 <u>1980년대</u> 영국에서 집행기관(Executive Agency)이라는 이름으로 처음 도입되었고, 우리나라는 1990년이 아닌 <u>1999년</u>부터 운영하고 있다.

오답피하기
①, ②, ③ 책임운영기관은 결정기능과 집행기능을 분리시켜 서비스전달 및 집행기능을 띤 행정기관은 공공성을 유지하면서도 기관장에게는 예산 · 인사 · 조직관리 등에 대폭의 자율적 권한을 부여하고 기관 운영의 독립성과 성과에 따른 책임관리를 강조하는 관리방식의 정부기관이다. 따라서 객관적이고 신뢰할 수 있는 성과평가 시스템 구축은 책임운영기관의 성공 여부를 결정짓는 요건 중의 하나이다.

행복노트
책임운영기관의 특징

장점
- 결정기능과 집행기능 분리, 집행기능 중심
- 공공성 유지, 성과에 따른 책임관리 강조
- 개방화, 내부시장화(융통성과 책임성 조화)
- 내분봉(hive-in)방식(소속: 정부기관, 신분: 공무원)
- 행정안전부장관은 5년 단위로 기본계획 수립
- 책임운영기관의 설치 및 운영에 관한 법률에 근거하여 1999년 1월부터 시행
- 정부팽창의 은폐수단 혹은 민영화 회피수단 가능

정답 ④

82　0539
「책임운영기관의 설치 · 운영에 관한 법률」상 책임운영기관에 대한 설명으로 옳지 않은 것은?　2019 국가 9급

① 책임운영기관은 기관장에게 재정상의 자율성을 부여하고 그 운영성과에 대해 책임을 지도록 하는 행정기관의 특성을 갖는다.
② 소속책임운영기관에 두는 공무원의 총 정원 한도는 총리령으로 정하며, 이 경우 고위공무원단에 속하는 공무원의 정원은 부령으로 정한다.
③ 소속책임운영기관 소속 공무원의 임용시험은 기관장이 실시함을 원칙으로 한다.
④ 기관장의 근무기간은 5년의 범위에서 소속중앙행정기관의 장이 정하되, 최소한 2년 이상으로 하여야 한다.

출제유형 Ⅰ. 기본개념　출제영역 책임운영기관
출제빈도 ★★★　난도 중

정답찾기
② 소속책임운영기관에 두는 공무원의 총 정원 한도는 <u>대통령령</u>으로 정하며, 이 경우 고위공무원단에 속하는 공무원의 정원은 <u>총리령 또는 부령</u>으로 정한다.

| 관련조문 |
「책임운영기관의 설치 · 운영에 관한 법률」 제16조 【공무원의 정원】
① 소속책임운영기관에 두는 공무원의 총 정원 한도는 대통령령으로 정한다. 이 경우 다음 각호의 정원은 총리령 또는 부령으로 정하되, 대통령령으로 정하는 바에 따라 통합하여 정할 수 있다.
1. 공무원의 종류별 · 계급별 정원
2. 고위공무원단에 속하는 공무원의 정원

오답피하기
① 책임운영기관의 특징에 대한 설명이다.
③ 소속책임운영기관 소속 공무원의 임용시험은 기관장이 실시한다. 다만, 기관장이 단독으로 실시하기 곤란한 경우에는 중앙행정기관의 장이 실시하거나 다른 시험실시기관의 장과 공동으로 실시하거나 대통령령으로 정하는 다른 기관의 장에게 위탁하여 실시할 수 있다.
④ 「책임운영기관의 설치 · 운영에 관한 법률」 제7조 제3항에 명시되어 있는 내용이다.

| 관련조문 |
「책임운영기관의 설치 · 운영에 관한 법률」 제7조
③ 기관장의 근무기간은 5년의 범위에서 소속중앙행정기관의 장이 정하되, 최소한 2년 이상으로 하여야 한다. 이 경우 제12조 및 제51조에 따른 소속책임운영기관의 사업성과의 평가 결과가 우수하다고 인정되는 때에는 총 근무기간이 5년을 넘지 아니하는 범위에서 대통령령으로 정하는 바에 따라 근무기간을 연장할 수 있다.

정답 ②

83　□□□　0540

우리나라의 **책임운영기관**(Executive Agency)에 대한 설명으로 가장 옳지 않은 것은?　2019 서울 9급

① 신공공관리론(NPM)의 조직원리에 따라 등장한 성과 중심 정부 실현의 한 방안으로 도입되었다.
② 책임운영기관의 장에게 행정 및 재정상의 자율성을 부여하고 그 운영성과에 대하여 책임을 지도록 하는 행정기관을 말한다.
③ 책임운영기관은 사무성격에 따라 조사연구형, 교육훈련형, 문화형, 의료형, 시설관리형, 그 밖에 대통령령으로 정하는 기타 유형으로 구분된다.
④ 「책임운영기관의 설치·운영에 관한 법률」에 근거하여 1995년부터 제도가 시행되었다.

84　□□□　0541

책임운영기관에 대한 설명으로 옳지 않은 것은?　2013 서울 9급

① 책임운영기관은 집행 기능 중심의 조직이다.
② 책임운영기관의 성격은 정부기관이며 구성원은 공무원이다.
③ 책임운영기관은 융통성과 책임성을 조화시킬 수 있다.
④ 책임운영기관은 공공성이 강하고 성과관리가 어려운 분야에 적용할 필요가 있다.
⑤ 책임운영기관은 정부팽창의 은폐 수단 혹은 민영화의 회피 수단으로 사용될 가능성이 있다.

출제유형 Ⅰ. 기본개념　**출제영역** 책임운영기관
출제빈도 ★★★　난도 중

[정답찾기]
④ 「책임운영기관의 설치·운영에 관한 법률」에 근거하여 1999년 1월부터 제도가 시행되었다.

[오답피하기]
① 책임운영기관은 신공공관리론의 조직원리에 따라 등장한 제도이다.
② 책임운영기관이란 공공성과 경제원리에 따라 운영해야 할 필요가 있는 사무 또는 전문성이 있어 성과관리가 필요한 사무에 대하여 책임운영기관장에게 행정 및 재정상의 자율성을 부여하고 그 운영 성과에 대하여 책임을 지도록 하는 행정기관이다.
③ 책임운영기관은 사무성격에 따라 조사연구형, 교육훈련형, 문화형, 의료형, 시설관리형, 그 밖에 대통령령으로 정하는 기타 유형으로 구분된다.

정답 ④

출제유형 Ⅰ. 기본개념　**출제영역** 책임운영기관
출제빈도 ★★★　난도 중

[정답찾기]
④ 책임운영기관은 공공성을 띠고 성과측정기준의 개발과 성과의 측정이 가능한 사무에 적용하는 것이 바람직하다.

[오답피하기]
책임운영기관의 특징

- **장점**
  - 결정기능과 집행기능 분리, 집행기능 중심
  - 공공성 유지, 성과에 따른 책임관리 강조
  - 개방화, 내부시장화(융통성과 책임성 조화)
  - 내분봉(hive-in)방식(소속: 정부기관, 신분: 공무원)
  - 행정안전부장관은 5년 단위로 기본계획 수립
  - 책임운영기관의 설치 및 운영에 관한 법률에 근거하여 1999년 1월부터 시행
  - 정부팽창의 은폐수단 혹은 민영화 회피수단 가능

책임운영기관의 대상사무와 정원

- **대상사무**
  - 성과측정이 가능한 집행성질의 업무
  - 자율운영이 필요한 사무
  - 독립회계운영 필요
  - 공공성이 강한 사무
  - 소관사무구분이 어려운 사무

- **직원정원**
  - 총정원: 대통령령
  - 종류별·계급별 정원: 총리령 / 부령
  - 직급별 정원: 기본운영규정

정답 ④

CHAPTER 02 기출 OX

#	문제	정답 해설	O/X
1	집권성은 조직이 얼마나 나누어지고 흩어져 있는가의 분화 정도를 말하며, 수평적·수직적·공간적 분화 등으로 세분화할 수 있다. (2014 국가 7급)	**복잡성**은 조직이 얼마나 나누어지고 흩어져 있는가의 분화 정도를 말하며, 수평적·수직적·공간적 분화 등으로 세분화할 수 있다.	X
2	기술과 조직구조의 관계에 대한 페로(Perrow)의 모형에서 정형화된(Routine) 기술은 공식성 및 집권성이 높은 조직구조와 부합한다. (2020 지방 9급)	기술과 조직구조의 관계에 대한 페로(Perrow)의 모형에서 정형화된(Routine) 기술은 공식성 및 집권성이 높은 조직구조와 부합한다.	O
3	기술과 조직구조의 관계에 대한 페로(Perrow)의 모형에서 기예적(Craft) 기술은 대체로 유기적 조직구조와 부합한다. (2020 지방 9급)	기술과 조직구조의 관계에 대한 페로(Perrow)의 모형에서 기예적(Craft) 기술은 대체로 유기적 조직구조와 부합한다.	O
4	계층제의 원리는 구성원 상하 간 직무를 권한과 책임의 정도에 따라 등급화하고, 지휘·감독 체계가 형성하게 하는 조직편성의 원리이다. (2015 경찰간부)	계층제의 원리는 구성원 상하 간 직무를 권한과 책임의 정도에 따라 등급화하고, 지휘·감독 체계가 형성하게 하는 조직편성의 원리이다.	O
5	조직구성 원리 중 명령통일의 원리는 여러 상관이 지시한 명령이 서로 다를 경우 내용이 통일될 때까지 명령을 따르지 않아야 한다는 원리이다. (2020 지방 9급)	조직구성 원리 중 명령통일의 원리는 **명령과 보고체계는 오직 하나의 채널을 통하여, 한 사람의 부하는 오직 한 사람의 상관으로부터만 명령을 받고 보고하도록 해야 한다는 원리이다.**	X
6	조직구성 원리 중 통솔범위의 원리는 한 명의 상관이 감독하는 부하의 수는 상관의 통제능력 범위 내로 한정해야 한다는 것이다. (2020 지방 9급)	조직구성 원리 중 통솔범위의 원리는 한 명의 상관이 감독하는 부하의 수는 상관의 통제능력 범위 내로 한정해야 한다는 것이다.	O
7	분업은 목표가 분명하고 환경의 안정성이 높아 모든 것이 예측 가능할 때 더 잘 유지된다. (2017 지방 9급)	분업은 목표가 분명하고 환경의 안정성이 높아 모든 것이 예측 가능할 때 더 잘 유지된다.	O
8	수직적 연결방법으로는 임시적으로 조직 내의 인적·물적 자원을 결합하는 프로젝트팀(Project Team)의 설치, 다수 부서 간의 긴밀한 연결과 조정을 위한 태스크포스(Task Force)의 설치 등이 있다. (2018 국가 9급)	**수평적** 연결방법으로는 임시적으로 조직 내의 인적·물적 자원을 결합하는 프로젝트팀(Project Team)의 설치, 다수 부서 간의 긴밀한 연결과 조정을 위한 태스크포스(Task Force)의 설치 등이 있다.	X
9	관료제모형은 '전문화로 인한 무능(Trained Incapacity)' 등 역기능을 초래할 수도 있다. (2015 국가 7급)	관료제모형은 '전문화로 인한 무능(Trained Incapacity)' 등 역기능을 초래할 수도 있다.	O
10	애드호크라시는 과업의 표준화나 공식화 정도가 상대적으로 낮기 때문 구성원 간 업무상 갈등이 일어날 우려가 없다. (2019 국가 7급)	애드호크라시는 과업의 표준화나 공식화 정도가 상대적으로 낮기 때문에 구성원 간 업무상 갈등이 일어날 우려가 **있다**.	X
11	정부위원회 중 자문위원회는 업무가 계속성·상시성이 있어야 한다. (2022 지방 9급)	정부위원회 중 **행정위원회**는 업무가 계속성·상시성이 있어야 한다.	X
12	학습조직은 조직구성원의 합이 조직이 된다는 점에서, 조직 내 구성원 각자의 개인적 학습을 강조한다. (2020 국가 7급)	학습조직은 조직구성원의 합이 조직이 된다는 점에서, 조직 내 **구성원들의 집단적 학습**을 강조한다.	X
13	부속기관이란 행정권의 직접적인 행사를 임무로 하는 기관에 부속하여 그 기관을 지원하는 행정기관을 말한다. (2018 국가 9급)	부속기관이란 행정권의 직접적인 행사를 임무로 하는 기관에 부속하여 그 기관을 지원하는 행정기관을 말한다.	O
14	책임운영기관은 공공성이 크기 때문에 민영화하기 쉬운 업무를 정부가 직접 수행하기 위해 고안된 것이다. (2020 국가 9급)	책임운영기관은 공공성이 크기 때문에 민영화하기 **어려운** 업무를 정부가 직접 수행하기 위해 고안된 것이다.	X

CHAPTER 02 키워드

1. 조직구조의 **복잡성**은 조직이 얼마나 나누어지고 흩어져 있는가의 분화 정도로, 수평적 분화가 심할수록 전문성을 가진 부서 간 커뮤니케이션과 업무협조가 어렵다. _{2016 국가 7급}

2. **공식화**는 일반적으로 업무수행 방식에 대한 공식적 규정의 수준을 의미하며, 집권화는 의사결정 권한이 조직의 고위층에 집중되어 있는 정도를 의미한다. _{2015 지방 7급}

3. **집권화**는 자원배분을 포함한 의사결정 권한이 조직의 상하 직위 간에 어떻게 분배되어 있는가를 의미한다. _{2014 국가 7급}

4. 조직 규모가 커짐에 따라 공식화가 **높아질** 것이다. _{2018 서울 2회 7급}

5. 기술과 조직구조의 관계에 대한 페로(Perrow)의 모형에서 기예적(Craft) 기술은 대체로 **유기적** 조직구조와 부합한다. _{2020 지방 9급}

6. 톰슨(J. Thompson)은 업무처리 과정에서 일어나는 조직 간·개인 간 상호의존도를 기준으로 기술을 분류하고, 종합병원처럼 집약기술이 필요한 조직은 **수평적** 조정이 중요하다고 주장하였다. _{2016 서울 7급}

7. **계층제**의 원리는 조직 내의 권한과 책임 및 의무의 정도가 상하의 계층에 따라 달라지도록 조직을 설계하는 것이다. _{2017 지방 9급}

8. 조직구성 원리 중 **통솔범위**의 원리는 한 명의 상관이 감독하는 부하의 수는 상관의 통제능력 범위 내로 한정해야 한다는 것이다. _{2020 지방 9급}

9. 조직구성 원리 중 **분업**의 원리는 일은 가능한 한 세분해야 한다는 것이다. _{2020 지방 9급}

10. 목표가 아닌 수단으로서의 규칙과 절차에 지나치게 집착하는 **동조과잉** 현상이 나타난다. _{2016 지방 7급}

11. '**피터**의 원리'가 지적하듯이 무능력자가 승진하게 되는 경우가 생긴다. _{2016 지방 7급}

12. **학습조직**은 개방체계와 자아실현적 인간관에 기반을 두며, 수동적 학습과 능동적 학습을 포함한다. _{2016 교육행정}

13. 비공식적 조직은 사회적 욕구충족을 위해 어디까지나 **공식적** 조직 내에서 발생하는 조직을 말한다. _{2012 경찰승진}

14. 특허청은 행정 및 재정상의 자율성이 부여되고 성과에 대해 책임을 지도록 하는 **책임운영기관**에 해당한다. _{2017 국가 9급}

CHAPTER 03 조직관리의 이해

대표문제

01 ☐☐☐   0542

하우스(House)의 경로 – 목표모형에서 부하들의 욕구를 배려하고 그들의 복지에 관심을 가지며 구성원들의 인간관계를 강조하는 리더십은?   2025 지방 9급

① 지시적(directive) 리더십
② 후원적(supportive) 리더십
③ 참여적(participative) 리더십
④ 성취 지향적(achievement – oriented) 리더십

출제유형 Ⅱ. 이론·제도   **출제영역** 리더십이론
출제빈도 ★★★   **정답률** 70%   **난도** 중

정답찾기
② 후원(지원)적 리더십은 부하들의 욕구를 배려하고 그들의 복지에 관심을 가지며 구성원들의 인간관계를 강조하는 리더십이다. 친근하고 접근하기 쉬운 리더십 스타일로 부하들의 개인적 욕구와 복지에 관심을 보인다.

오답피하기
① 지시적 리더십은 부하들에게 구체적인 지침과 일정을 제시하고 명확한 업무기준을 설정하는 리더십이다.
③ 참여적 리더십은 부하들과 상의하고 그들의 제안과 의견을 의사결정에 반영하는 리더십이다.
④ 성취 지향적 리더십은 도전적인 목표를 설정하고 부하들의 우수한 성과를 기대하며 목표달성에 확신을 보이는 리더십이다.

정답 ②

제1절 행정관리의 의의와 효율화

02 ☐☐☐   0543

미헬스(Michels)의 '과두제의 철칙(Iron Law of Oligarchy)' 현상에 가장 부합하는 조직목표 변동 유형은?   2017 국가 7급

① 목표 승계(Succession)
② 목표 추가(Multiplication)
③ 목표 확대(Expansion)
④ 목표 대치(Displacement)

출제유형 Ⅰ. 기본개념   **출제영역** 조직목표 변동
출제빈도 ★★★   **난도** 중

정답찾기
④ 과두제의 철칙이란 소수가 지배하고 다수가 피지배자가 되는 현상을 의미한다. 하지만 소수간부에 의한 특권집단화와 국민의 이익보다는 자신의 이익을 위해 권력을 행사하고, 자신들이 만든 원리에 따라서만 행동하는 보수주의적 특권계층의 문제가 나타날 수 있으므로 이는 수단과 목표가 뒤바뀌는 목표의 대치, 전도, 왜곡 또는 동조과잉 현상을 의미하는 것이다.

오답피하기
① 목표 승계(Succession)란 애초에 목표가 달성 불가능하거나 완전히 달성된 경우, 같은 유형의 새로운 목표로 교체되는 목표변동 현상이다.
② 목표 추가(Multiplication)란 조직 존속을 위해 원래 목표에 새로운 목표를 추가하는 현상이다.
③ 목표 확대(Expansion)란 기존 목표의 범위가 넓어지거나 높아지는 것으로서, 9급 시험에 합격하고 7급으로 목표를 변동시키는 경우이다.

행복노트

정책 목표의 변동

목표의 대치	목표(1차적 목표)와 수단(2차적 목표)이 전도
목표의 전환	조직생존 위해 최초 목표 실현 불가능 → 성격이 다른 새로운 목표
목표의 승계	목표 달성 혹은 불가능 → 같은 유형 새로운 목표
목표의 다원화	원래 목표 + 새로운 목표
목표의 확대	목표 범위가 넓어지거나 높아지는 것
목표 비중변동	우선순위나 중요성의 비중 변화

정답 ④

03

조직목표 변동의 한 유형으로 조직이 추구하고자 하는 원래의 목표가 다른 목표로 뒤바뀌어 조직의 목표가 왜곡되는 현상을 일컫는 용어는?
2012 서울 9급

① 목표의 대치
② 목표의 추가
③ 목표의 승계
④ 목표의 비중변동
⑤ 목표의 감소

04

조직목표의 기능에 대한 설명으로 옳지 않은 것은? 2021 국가 9급

① 조직구성원들이 목표로 인해 일체감을 느끼기 때문에 구성원들의 동기를 유발해준다.
② 조직의 구조와 과정을 설계하는 준거를 제공하고 성과를 평가하는 기준이 되기도 한다.
③ 미래의 바람직한 상태를 밝혀 조직활동의 방향을 제시한다.
④ 조직이 존재하는 정당성의 근거가 될 수는 없다.

출제유형 Ⅰ. 기본개념 **출제영역** 조직목표 변동
출제빈도 ★ **난도** 중

정답찾기
① 조직이 추구하고자 하는 원래의 목표가 다른 목표로 뒤바뀌어 조직의 목표가 왜곡되는 현상은 목표의 대치에 해당한다.

오답피하기
② 목표의 추가란 조직 존속을 위해 원래 목표에 새로운 목표를 추가하는 현상이다.
③ 목표의 승계란 애초에 목표가 달성 불가능하거나 완전히 달성된 경우, 같은 유형의 새로운 목표로 교체되는 목표변동 현상이다.
④ 목표의 비중변동이란 조직이 동일유형의 복수의 목표를 지니고 있을 때, 조직 내 세력변동이나 최고 관리층의 교체, 정책변동 및 환경의 압력 등에 의해 기존 목표 간의 우선순위나 중요성의 비중이 달라지는 현상이다.
⑤ 목표의 감소는 기존 목표의 범위가 낮아지거나 좁아지는 것이다.

행복노트
정책 목표의 변동

목표의 대치	목표(1차적 목표)와 수단(2차적 목표)이 전도
목표의 전환	조직생존 위해 최초 목표 실현 불가능 → 성격이 다른 새로운 목표
목표의 승계	목표 달성 혹은 불가능 → 같은 유형 새로운 목표
목표의 다원화	원래 목표 + 새로운 목표
목표의 확대	목표 범위가 넓어지거나 높아지는 것
목표 비중변동	우선순위나 중요성의 비중 변화

정답 ①

출제유형 Ⅰ. 기본개념 **출제영역** 조직목표의 기능
출제빈도 ★ **난도** 하

정답찾기
④ 조직의 목표는 조직이 추구하는 미래의 바람직한 상태이므로 조직이 존재하는 정당성의 근거가 될 수 있다.

오답피하기
① 조직의 목표는 조직이 추구하는 미래의 바람직한 상태이므로 조직구성원들이 목표로 인해 일체감을 느끼기 때문에 구성원들의 동기를 유발해준다.
② 조직의 목표는 추구하는 바를 명확하게 해주므로 조직의 구조와 과정을 설계하는 준거를 제공하고 성과를 평가하는 기준이 되기도 한다.
③ 조직의 목표는 조직이 추구하는 미래의 바람직한 상태이므로 조직활동의 방향을 제시한다.

정답 ④

제2절 갈등

05 □□□ 0546
조직 내부에서 발생하는 갈등에 대한 설명으로 옳지 않은 것은?

2013 국가 9급

① 갈등은 양립할 수 없는 둘 이상의 목표를 추구하는 상황에서도 발생한다.
② 고전적 조직이론에서는 갈등을 중요하게 고려하지 않는다.
③ 행태론적 입장에서는 모든 갈등이 조직성과에 부정적 영향을 미치므로 제거되어야 한다고 본다.
④ 현대적 접근방식은 갈등을 정상적인 현상으로 보고 경우에 따라서는 조직 발전의 원동력으로 본다.

06 □□□ 0547
다음 중 의사결정자가 각 대안의 결과를 알고는 있으나 대안 간 비교 결과 어떤 것이 최선의 결과인지를 알 수 없어 발생하는 개인적 갈등의 원인은?

2017 서울 9급

① 비수락성(Unacceptability)
② 불확실성(Uncertainty)
③ 비비교성(Incomparability)
④ 창의성(Creativity)

출제유형 Ⅰ. 기본개념   **출제영역** 갈등관의 변천
출제빈도 ★★   **난도** 중

정답찾기
③ 신고전적 조직이론에서 모든 갈등이 조직성과에 부정적 영향을 미치므로 제거되어야 한다고 본다. 행태론적 입장에서는 갈등의 순기능적인 역할도 인정하면서 불가피한 것으로 인정한다.

오답피하기

갈등관의 변천(Robbins)

인식부재론	갈등에 대한 인식 ×(고전적 조직이론)
전통적 견해 (갈등역기능론)	갈등은 나쁜 것, 타파해야 하는 것 (신고전적 조직이론)
행태론적 견해 (갈등수용론)	갈등의 순기능, 불가피한 것 인정 but 갈등 조장 ×
상호작용적 견해 (갈등조장론)	긍정적 갈등 조장, 부정적 갈등 제거

정답 ③

출제유형 Ⅰ. 기본개념   **출제영역** 갈등의 원인
출제빈도 ★★   **난도** 하

정답찾기
③ 각 대안의 결과를 알고는 있으나 대안 간 비교 결과 어떤 것이 최선의 결과인지를 알 수 없어 발생하는 개인적 갈등의 원인은 비비교성에서 오는 갈등에 해당한다.

오답피하기

갈등의 원인: Simon & March 개인적 차원의 갈등

비수락성	결과 ○, 만족 ×
비비교성	결과 ○, 비교기준 ×
불확실성	결과를 알 수 없을 때

정답 ③

07

행정조직의 구조적인 측면에서 발생하는 갈등요인이 아닌 것은?

2016 지방 7급

① 개인의 이기적인 태도
② 기능이나 업무의 특성에 따른 분업구조
③ 제한된 자원의 하위 부서 간 공유
④ 업무의 연계성으로 인한 타인과의 협조 필요성 증가

출제유형 Ⅰ. 기본개념 **출제영역** 갈등의 원인
출제빈도 ★ **난도** 하

[정답찾기]
① 개인의 이기적인 태도는 개인적 측면에서 발생하는 갈등요인이다.

[오답피하기]
② 기능이나 업무의 특성에 따른 분업구조는 구조적 측면에서 발생하는 갈등요인이다.
③ 제한된 자원의 하위 부서 간 공유는 구조적 측면에서 발생하는 갈등 요인이다.
④ 업무의 연계성으로 인한 타인과의 협조 필요성 증가는 구조적 측면에서 발생하는 갈등요인이다.

정답 ①

08

토머스(K. Thomas)가 제시하고 있는 대인적 갈등관리 방안에 대한 설명으로 옳지 않은 것은?

2012 지방 9급

① 자신의 이익과 상대방의 이익을 만족시키려는 정도라는 두 가지 차원으로 구분하여 설명한다.
② 경쟁이란 상대방의 이익을 희생하여 자신의 이익을 추구하는 방안이다.
③ 순응이란 자신의 이익은 희생하면서 상대방의 이익을 만족시키려는 방안이다.
④ 타협이란 자신과 상대방의 이익 모두를 만족시키려는 방안이다.

출제유형 Ⅳ. 학자문제 **출제영역** 갈등관리 방안
출제빈도 ★★ **난도** 중

[정답찾기]
④ 자신과 상대방의 이익 모두를 만족시키려는 방안은 협동에 대한 설명이다.

[오답피하기]
① 토머스(Thomas)가 제시하고 있는 대인적 갈등관리 방안은 자신의 이익과 상대방의 이익을 만족시키려는 정도라는 두 가지 차원으로 구분하여 설명한다.
② 경쟁이란 상대방의 이익을 희생하여 자신의 이익을 추구하는 방안이다.
③ 순응이란 자신의 이익은 희생하면서 상대방의 이익을 만족시키려는 방안이다.

[행복노트]
Thomas 갈등해소 전략

구 분		타인의 이익 만족시키려는 정도(협조)		
		저	중	고
자신의 이익을 만족시키려는 정도(독단)	저	회피		순응
	중		타협	
	고	경쟁		협동

- 회피전략: 갈등상황에서 벗어나기 위한 방안
- 협동전략: 양자 모두 만족, 통합형 협상
- 타협전략: 양자간의 중간정도 만족, 갈등의 준해결, 임기응변
- 경쟁전략: 자신의 이익만 강제적 추구, 일방적 승리, 강압형
- 순응전략: 자신 – 희생, 상대방 – 만족, 수용형

정답 ④

09 ◻◻◻ 0550

토머스(K. Thomas)는 자신의 이익을 만족시키려는 정도와 상대방의 이익을 만족시키려는 정도의 두 차원을 가지고 개인과 개인 사이에서 발생하는 대인적 갈등의 관리방안 다섯 가지를 제시하고 있다. 그의 대인적 갈등관리 방안에 관한 설명으로 옳지 않은 것은?

2012 국회 9급

① 회피란 자신의 이익이나 상대방의 이익 모두에 무관심한 방안이다.
② 경쟁이란 상대방의 이익을 희생해 자신의 이익을 추구하려는 방안이다.
③ 순응이란 자신의 이익은 희생하면서 상대방의 이익을 만족시키려는 방안이다.
④ 협동이란 자신과 상대방의 이익 모두를 만족시키려는 방안이다.
⑤ 타협이란 자신의 이익을 극대화시키면서 상대방의 이익도 극대화시키려는 방안이다.

10 ◻◻◻ 0551

다음 중 조직에서 갈등이 발생할 수 있는 소지가 가장 적은 경우는?

2016 서울 9급

① 자원의 희소성이 강할 때
② 업무의 일방향 집중형 상호의존성이 강할 때
③ 개인 사이의 가치관 격차가 클 때
④ 분업구조의 성격이 강할 때

출제유형 IV. 학자문제 **출제영역** 갈등관리 방안
출제빈도 ★★ **난도** 중

[정답찾기]
⑤ 자신의 이익을 극대화시키면서 상대방의 이익도 극대화시키려는 방안은 협동에 대한 설명이다.

[오답피하기]
① 회피란 자신의 이익이나 상대방의 이익 모두에 무관심한 방안이다.
② 경쟁이란 상대방의 이익을 희생해 자신의 이익을 추구하려는 방안이다.
③ 순응이란 자신의 이익은 희생하면서 상대방의 이익을 만족시키려는 방안이다.
④ 협동이란 자신과 상대방의 이익 모두를 만족시키려는 방안이다.

정답 ⑤

출제유형 II. 이론·제도 **출제영역** 갈등 해소전략과 조성전략
출제빈도 ★ **난도** 상

[정답찾기]
② 업무의 일방향 집중형 상호의존성이 강할 때는 수직적 계층구조나 위계질서가 강할 때를 의미하는 것으로 이때는 권력 수준의 차이가 크기 때문에 갈등의 소지가 적다.

[오답피하기]
① 자원의 희소성이 강할 때는 한정된 자원을 서로 가지기 위해서 갈등이 나타난다.
③ 개인 사이의 가치관 격차가 클 때는 갈등이 나타날 가능성이 크다.
④ 구조의 분화, 즉 분업구조의 성격이 강할 때 갈등이 나타날 가능성이 크다.

행복노트
갈등의 해소전략과 조성전략

갈등 해소 전략	㉠ 문제해결 ㉢ 공동의 적 확인 ㉤ 회피 ㉦ 타협 ㉨ 태도변화 훈련 ㉫ 협상 ㉭ 계층제	㉡ 상위목표 제시 ㉣ 자원 증대 ㉥ 완화 ㉧ 상관의 명령 ㉩ 구조적 요인의 개편(조직 통폐합) ㉬ 집단 간 상호의존성 감소
갈등 조성 전략	㉠ 의사전달통로의 변경 ㉡ 정보전달 억제/정보과다 조성 ㉢ 구조의 분화 ㉣ 인사이동/직위 간 관계 재설정 ㉤ 리더십 스타일 변경 ㉥ 태도가 다른 사람들의 접촉 유도 ㉧ 경쟁상황의 창출	

- 갈등 해소 전략: 갈등의 역기능 제거
- 갈등 조성 전략: 갈등의 순기능 이용 → 발전 유도

정답 ②

11

갈등관리에 대한 설명으로 옳지 않은 것은? 2013 서울 7급

① 조직의 분업구조 관련 갈등예방을 위해서는 직급교육과 인사교류가 효과적이다.
② 자원의 희소성 관련 갈등예방을 위해서는 자원배분의 기준을 명확히 하는 것이 필요하다.
③ 조직침체 극복을 위한 갈등조장을 위해서는 불확실성을 높이는 전략이 유효하다.
④ 개인의 특성 관련 갈등예방을 위해서는 다른 사람과의 공감대 형성 능력 개발을 위한 교육이 바람직하다.
⑤ 업무의 상호의존성에 따른 갈등예방을 위해서는 부서 간 접촉의 필요성을 늘려주는 전략이 유효하다.

출제유형 Ⅱ. 이론·제도 **출제영역** 갈등 관리
출제빈도 ★ 난도 중

정답찾기
⑤ 업무의 상호의존성에 따른 갈등예방을 위해서는 과업수행의 공식화·표준화를 높이거나 상호 독립성을 부여하는 전략이 유효하다.

오답피하기
① 조직의 분업구조 관련 갈등예방을 위해서는 직급교육과 인사교류가 효과적이다.
② 자원의 희소성 관련 갈등예방을 위해서는 자원배분의 기준을 명확히 하는 것이 필요하다.
③ 조직침체 극복을 위한 갈등조장을 위해서는 불확실성을 높이는 전략이 유효하다.
④ 개인의 특성 관련 갈등예방을 위해서는 다른 사람과의 공감대 형성 능력 개발을 위한 교육이 바람직하다.

정답 ⑤

제3절 권력

12

프렌치(J. R. P. French, Jr.)와 레이븐(B. H. Raven)의 권력유형 분류에서 권력의 원천이 아닌 것은? 2018 국가 9급

① 준거(Reference)
② 전문성(Expertness)
③ 강제력(Coercion)
④ 상징(Symbol)

출제유형 Ⅳ. 학자문제 **출제영역** 권력의 유형분류
출제빈도 ★★ 난도 중

정답찾기
④ 프렌치(French)와 레이븐(Raven)이 주장한 권력의 다섯 가지 원천은 준거, 전문성, 강제력, 보상, 정통성으로, 상징은 해당하지 아니한다.

오답피하기
권력의 원천에 의한 분류(French & Raven)

TIP
권력의 원천에 의한 분류(French & Raven)
보강 준(중) 정전이 났다.

정답 ④

13

프렌치와 레이븐(French & Raven)이 주장하는 권력의 원천에 대한 설명으로 옳지 않은 것은? 2020 국가 9급

① 합법적 권력은 권한과 유사하며 상사가 보유한 직위에 기반한다.
② 강압적 권력은 카리스마 개념과 유사하며 인간의 공포에 기반한다.
③ 전문적 권력은 조직 내 공식적 직위와 항상 일치하는 것은 아니다.
④ 준거적 권력은 자신보다 뛰어나다고 생각하는 사람을 닮고자 할 때 발생한다.

출제유형 Ⅳ. 학자문제 **출제영역** 권력의 원천
출제빈도 ★★ **난도** 중

[정답찾기]
② 강압적 권력은 상대방을 처벌할 수 있을 때 성립하는 권력으로서 인간의 공포에 기반하나, 카리스마적 권력은 자신보다 월등하다고 느낌으로써 자발적으로 복종하는 것이다.

[오답피하기]
① 합법적 권력은 정통적 권력인 권한과 유사하며 상사가 보유한 직위에 기반한다.
③ 전문적 권력은 전문기술이나 지식, 정보에 기반한 권력으로서 조직 내 공식적 직위와 항상 일치하는 것은 아니다.
④ 준거적 권력은 자신보다 뛰어나다고 생각하는 사람을 닮고자 할 때 발생하는 권력이다.

정답 ②

제4절 리더십이론

14

리더십에 대한 다음 설명 중 가장 옳지 않은 것은? 2017 서울 9급

① 자질론은 지도자의 자질·특성에 따라 리더십이 발휘된다는 가정 하에, 지도자가 되게 하는 개인의 속성자질을 연구하는 이론이다.
② 행태이론은 눈에 보이지 않는 능력 등 리더가 갖춘 속성보다 리더가 실제 어떤 행동을 하는가에 초점을 맞춘 이론이다.
③ 상황론의 대표적인 예로 피들러(F. Fiedler)의 상황조건론, 하우스(R. J. House)의 경로-목표 모형 등이 있다.
④ 변혁적 리더십은 거래적 리더십을 기반으로 하므로 거래적 리더십과 중첩되는 측면이 있다.

출제유형 Ⅱ. 이론·제도 **출제영역** 리더십이론
출제빈도 ★★★ **난도** 중

[정답찾기]
④ 변혁적 리더십은 거래적 리더십이 아니라 카리스마 리더십을 기반으로 하므로 카리스마 리더십과 중첩되는 측면이 있다.

[오답피하기]
① 자질론은 지도자의 자질·특성에 따라 리더십이 발휘된다는 가정하에, 지도자가 되게 하는 개인의 속성·자질을 연구하는 이론이다.
② 행태이론은 눈에 보이지 않는 능력 등 리더가 갖춘 속성보다 리더가 실제 어떤 행동을 하는가에 초점을 맞춘 이론이다.
③ 상황론의 대표적인 예로 피들러(Fiedler)의 상황조건론, 하우스(House)의 경로-목표 모형 등이 있다.

행복노트

신속성론: 변혁적 리더십

| 의의 | 1980년대 경제 불황기에 혁신과 변동을 위해 리더의 개인적 영향력의 비중을 높이 평가함(Burns, Bass) |

구성 요소

카리스마 리더십	난관극복 리더십, 부하에게 자긍심 고취
영감적 리더십	도전적 목표와 임무, 미래에 대한 비전
개별적 배려	부하에 대한, 개인적 배려, 존중
지적 자극	새로운 관념 촉발

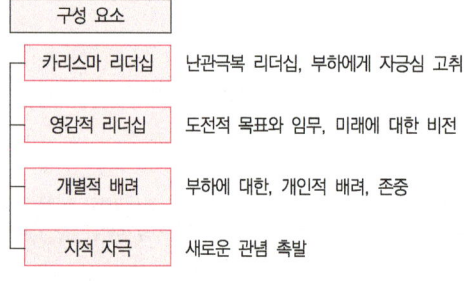

리더십이론 - 신속성론/변혁적 리더십의 특징
캬~영지 개 변혁

정답 ④

15 0556

리더십에 대한 설명으로 옳은 것은?   2017 지방 7급

① 피들러(Fiedler)는 리더십 유형을 결정하는 조건으로 부하의 성숙도를 중요시한다.
② 번스(Burns)의 거래적 리더십은 영감, 개인적 배려에 치중하고 조직에서 변화를 주도하는 리더십이다.
③ 하우스(House)의 참여적 리더는 부하들과 상담하고 의사결정 전에 부하들의 의견을 반영하려고 한다.
④ 블레이크와 모튼(Blake & Mouton)은 직원지향적 리더십이 가장 이상적인 리더십 유형이라고 규정한다.

출제유형 Ⅱ. 이론·제도   **출제영역** 리더십이론

출제빈도 ★★★   난도 중

[정답찾기]
③ 하우스(House)의 참여적 리더십은 구조화되지 않은 과업의 목표, 절차, 방법들의 결정 과정에 부하의 의견을 의사결정에 많이 반영하여 팀 또는 집단 중심의 관리를 중요시하는 리더십 유형으로서 참여적 리더는 부하들과 상담하고 의사결정 전에 부하들의 의견을 반영하려고 한다.

[오답피하기]
① 부하의 성숙도를 기준으로 리더십 유형을 중시한 사람은 허시와 블랜차드(Hersey & Blanchard)이다.
② 번스(Burns)의 변혁적 리더십은 영감, 개인적 배려에 치중하고 조직에서 변화를 주도하는 리더십이다.
④ 블레이크와 모튼(Blake & Mouton)은 인간에 대한 관심과 생산에 대한 관심이 함께 높은 단합(팀)형이 가장 바람직하다고 주장한다.

[행복노트]
하우스(House) 경로(통로)-목표 모형

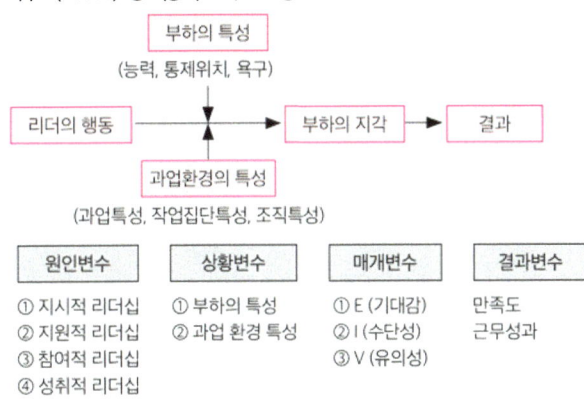

정답 ③

16 0557

리더십 이론에 대한 설명으로 옳은 것만을 모두 고른 것은?   2017 국가 7급 추가

ㄱ. 피들러(Fiedler)의 상황적합이론(Contingency Theory of Leadership)에서는 상황변수로 '리더와 부하의 관계', '직위 권력', '과업구조' 세 가지를 들고 있다.
ㄴ. 허시와 블랜차드(Hersey & Blanchard)의 경로-목표이론(Path-goal Theory of Leadership)에서는 상황변수로 부하의 능력과 의욕으로 구성되는 성숙도를 채택하였다.
ㄷ. 하우스(House)는 리더십을 거래적 리더십(Transactional Leadership)과 변혁적 리더십(Transformational Leadership)으로 구분하였다.
ㄹ. 블레이크와 모튼(Blake & Mouton)의 관리격자(Managerial Grid) 모형에 따르면 무기력형, 컨트리클럽형, 과업형, 중도형, 팀형이라는 기본적인 리더십 유형이 도출된다.

① ㄱ, ㄴ ② ㄱ, ㄹ
③ ㄴ, ㄷ ④ ㄷ, ㄹ

출제유형 Ⅱ. 이론·제도   **출제영역** 리더십이론

출제빈도 ★★★   난도 중

[정답찾기]
ㄱ. 피들러(Fiedler)의 상황적합이론은 상황변수를 리더와 부하의 관계, 직위권력, 임무구조로 파악하고 상황별 유·불리한 리더십모형을 제시하였다.
ㄹ. 블레이크와 모튼(Blake & Mouton)의 관리격자모형에 따르면 무관심형, 친목형, 과업형, 타협형, 단합형의 다섯 가지 유형으로 분류하였다.

[오답피하기]
ㄴ. 허시와 블랜차드(Hersey & Blanchard)의 리더십 상황이론에 대한 설명이다.
ㄷ. 거래적 리더십과 변혁적 리더십으로 구분한 사람은 번스(Burns)이다.

정답 ②

17 ☐☐☐ 0558
리더십 이론에 대한 설명으로 옳지 않은 것은? 2015 지방 9급

① 피들러(Fiedler)는 리더의 행태에 따라 권위주의형, 민주형, 자유방임형의 세 가지 유형으로 구분하였다.
② 행태이론은 리더의 자질보다 리더의 행태적 특성이 조직성과에 영향을 미친다고 본다.
③ 허시(Hersey)와 블랜차드(Blanchard)는 부하의 성숙도에 따라 리더의 역할이 달라져야 한다고 주장한다.
④ 하우스(House)의 경로-목표 이론에 의하면 참여적 리더십은 부하들이 구조화되지 않은 과업을 수행할 때 필요하다.

18 ☐☐☐ 0559
리더십에 관한 다음 설명 중 가장 옳지 않은 것은? 2015 서울 9급

① 특성론적 접근법은 주로 업무의 특성과 리더십 스타일 사이의 관계에 초점을 맞춘다.
② 행태론적 접근법은 리더의 행동과 효과성 사이의 관계에 관심을 갖는다.
③ 상황론적 접근법에 기초한 이론의 예로 피들러(F. Fiedler)의 상황적합적 리더십 이론, 하우스(R. J. House)의 경로-목표 모형 등을 들 수 있다.
④ 변혁적(Transformational) 리더십이 거래적(Transactional) 리더십보다 늘 행정에 유용한 것은 아니다.

출제유형 Ⅱ. 이론·제도 **출제영역** 리더십이론
출제빈도 ★★★ **난도** 중

정답찾기
① 리피트(Lippitt)와 화이트(White)가 리더의 행태에 따라 권위주의형, 민주형, 자유방임형의 세 가지 유형으로 구분하였다.

오답피하기
② 행태이론은 리더의 자질보다 리더의 행태적 특성이 조직성과에 영향을 미친다고 본다.
③ 허시(Hersey)와 블랜차드(Blanchard)는 부하의 성숙도에 따라 리더의 역할이 달라져야 한다고 주장한다.
④ 하우스(House)의 경로-목표 이론에 의하면 참여적 리더십은 부하들이 구조화되지 않은 과업을 수행할 때 필요하다.

행복노트
리더십이론 – 행태론

Iowa 대학 연구 (White & Lippit)	권위형(리더 > 부하), 민주형(가장 이상적), 방임형(리더 < 부하)
Michigan 대학 연구	직원중심과 생산중심에 따른 분류 직원중심형 리더십 vs 생산중심형 리더십
Ohio 대학 연구	구조설정과 배려에 따른 분류
관리그리드 모형 (Blake & Mouton)	생산과 인간에 대한 관심에 따른 분류 리더십 훈련 프로그램(관리유형도)

정답 ①

출제유형 Ⅱ. 이론·제도 **출제영역** 리더십이론
출제빈도 ★★★ **난도** 중

정답찾기
① 특성론적 접근법은 지도자의 자질·특성에 따라 리더십이 발휘된다는 가정하에 지도자가 되게 하는 개인의 속성·자질을 연구하는 접근법이다. 업무의 특성과 리더십 스타일 사이의 관계에 초점을 맞추는 것은 상황론적 접근법에 해당한다.

오답피하기
② 행태론적 접근법은 리더의 행동과 효과성 사이의 관계에 관심을 갖는다.
③ 상황론적 접근법에 기초한 이론의 예로 피들러(Fiedler)의 상황적합적 리더십 이론, 하우스의 경로-목표 모형 등을 들 수 있다.
④ 변혁적(Transformational) 리더십이 거래적(Transactional) 리더십보다 늘 행정에 유용한 것은 아니다.

정답 ①

19　□□□　0560
리더십에 대한 설명으로 옳은 것은?　2013 지방 9급

① 변혁적(Transformational) 리더십 – 무엇인가 가치있는 것을 교환함으로써 추종자에게 영향력을 행사하는 리더십
② 거래적(Transactional) 리더십 – 리더가 부하로 하여금 형식적 관례와 사고를 다시 생각하게 함으로써 새로운 관념을 촉발시키는 리더십
③ 카리스마적(Charismatic) 리더십 – 리더가 특출한 성격과 능력으로 추종자들의 강한 헌신과 리더와의 일체화를 이끌어내는 리더십
④ 서번트(Servant) 리더십 – 과업을 구조화하고 과업요건을 명확히 하는 리더십

20　□□□　0561
리더십이론에 대한 설명으로 옳지 않은 것은?　2013 서울 9급

① 로쉬(J. W. Lorsch)와 블랜차드(K. H. Blanchard)는 상황변수를 강조하였다.
② 행태론적 접근은 리더의 행위에 초점을 둔다.
③ 리더의 특성론적 접근은 지적 능력을 중요시하지 않는다.
④ 변혁적 리더십은 가치관이 중요하다고 본다.
⑤ 브룸(V. Vroom)은 규범적 리더십모형을 제시하였다.

출제유형 Ⅱ. 이론·제도　　**출제영역** 리더십이론
출제빈도 ★★★　　**난도** 중

정답찾기
③ 리더가 특출한 성격과 능력으로 추종자들의 강한 헌신과 리더와의 일체화를 이끌어내는 리더십은 카리스마적(Charismatic) 리더십이다.

오답피하기
① 무엇인가 가치있는 것을 교환함으로써 추종자에게 영향력을 행사하는 리더십은 거래적 리더십에 해당한다.
② 리더가 부하로 하여금 형식적 관례와 사고를 다시 생각하게 함으로써 새로운 관념을 촉발시키는 리더십은 변혁적 리더십 중 지적 자극을 촉발시키는 리더십에 해당한다.
④ 과업을 구조화하고 과업요건을 명확히 하는 리더십은 권위적인 지시적 리더십에 해당한다.

정답 ③

출제유형 Ⅱ. 이론·제도　　**출제영역** 리더십이론
출제빈도 ★★★　　**난도** 중

정답찾기
③ 리더십의 특성적 접근은 지적, 정신적, 육체적 능력과 자질을 중요시한다.

오답피하기
① 로쉬(Lorsch)와 블랜차드(Blanchard)는 리더십을 '인간관계중심(관계성 행동)'과 '임무중심(과업행동)' 행태를 기준으로 규정한 다음, 상황변수로서 '부하의 성숙도'라는 하나의 차원을 추가하여 삼차원적 모형을 제시하였으므로 상황변수를 강조하였다.
② 행태론적 접근은 리더의 상이한 행태유형에 따라 직원의 만족과 조직성과에 미치는 영향이 달라진다는 것으로 보고 있으므로 리더의 행위에 초점을 둔다.
④ 변혁적 리더십은 가치관이 중요하다고 본다.
⑤ 브룸(Vroom)과 예튼(Yetton)은 리더가 의사결정 시 부하를 어느 정도까지 참여시킬지를 상황에 따라 결정해야 한다고 주장하며 규범적 리더십모형을 제시하였다. 그들은 세 가지 큰 범주 안에 다섯 가지 형태로 리더십을 제시하였다. 세 가지 큰 범주는 독단적 리더십 유형, 협의적 리더십 유형, 집단적 리더십 유형이다. 독단적 리더십 안에 AⅠ, AⅡ 두 가지, 협의적 리더십 유형 안에 CⅠ, CⅡ 두 가지, 집단적 리더십 유형 안에 GⅡ 한 가지가 존재한다.

정답 ③

21 0562
리더십에 대한 설명으로 옳지 않은 것은? 2012 국가 7급

① 피들러(F. Fiedler)에 따르면 리더십의 효과성을 제고하기 위해서는 리더의 스타일을 정확히 파악하고 상황에 맞춰 리더를 배치하는 것이 필요하다.
② 하우스(R. J. House)의 경로-목표이론에 따르면 참여적 리더십은 부하들이 구조화되지 않은 과업을 수행할 때 필요하다.
③ 허시(P. Hersey)와 블랜차드(K. Blanchard)의 생애주기이론에 따르면 효과적 리더십을 위해서는 리더가 부하의 성숙도에 따라 다른 행동 양식을 보여야 한다.
④ 리더십대체이론(Leadership Substitutes Theory)에 따르면 구성원들이 충분한 경험과 능력을 갖추고 있는 상황에서는 지원적 리더십이 불필요하다.

22 0563
피들러(Fiedler)의 상황적합적 리더십이론에 대한 설명으로 옳지 않은 것은? 2021 국가 7급

① 리더와 부하의 관계, 부하의 성숙도, 과업구조의 조합에 따라 리더의 상황적 유리성(Situational Favorableness)을 설명한다.
② 리더에게 매우 유리한 상황인 경우 과업 지향적 리더십이 효과적이다.
③ LPC(Least Preferred Coworker) 점수를 사용하여 리더를 과업 지향적 리더와 관계 지향적 리더로 분류했다.
④ 리더가 처한 상황에 따라서 리더십의 효과성이 달라질 수 있다.

출제유형 Ⅱ. 이론·제도 **출제영역** 리더십이론
출제빈도 ★★★ **난도** 중

정답찾기
④ 리더십대체이론에 따르면 구성원들이 충분한 경험과 능력을 갖추고 있는 상황에서는 지시적 리더십이 불필요하고 지원적 리더십은 필요하다.

오답피하기
② 하우스의 경로-목표이론에서 참여적(Participative) 리더십은 구조화되지 않은 과업의 목표, 절차, 방법 등의 결정 과정에 부하의 의견을 의사결정에 많이 반영할 때 필요하다고 본다.

행복노트
커와 저미어(Kerr & Jermier) 리더십 대체물 접근법
리더십의 중요성을 감소시키는 상황적 요인을 대체물과 중화물로 나눔

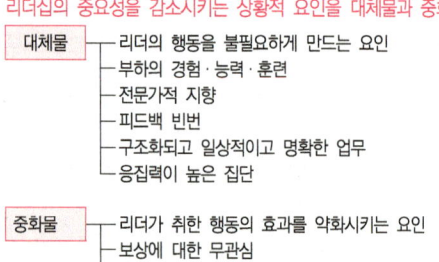

정답 ④

출제유형 Ⅱ. 이론·제도 **출제영역** 리더십이론
출제빈도 ★★ **난도** 중

정답찾기
① 피들러(Fiedler)의 상황적합적 리더십 이론의 상황변수는 리더와 부하의 관계, 과업구조의 조합, 직위에 부여된 권력에 따라 리더의 상황적 유리성(Situational Favorableness)을 설명한다. 부하의 성숙도는 허시와 블랜차드(Hersey & Blanchard)의 리더십 상황이론(생애주기이론)의 상황변수이다.

오답피하기
피들러(Fiedler)의 상황적응적 모형

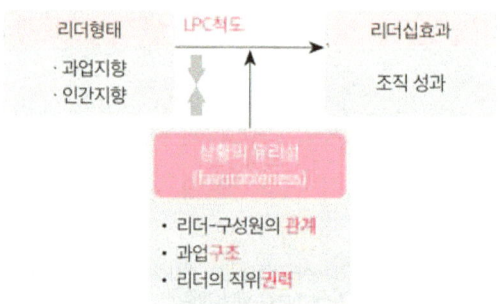

* 신뢰↑, 구조화↑, 권력의 수용도↑ ⇒ 상황 매우 유리

- 상황이 매우 유리, 불리 시 과업지향
- 중간 정도는 인간지향이 유리

행복한 합격 TIP
Fiedler의 상황적응적 모형
상황에 피들러(휘둘려)~!

정답 ①

23

허시(Hersey)와 블랜차드(Blanchard)는 부하의 성숙도(Maturity)에 따른 효과적인 리더십을 제시하였다. 부하가 가장 미성숙한 상황에서 점점 성숙해간다고 할 때, 가장 효과적인 리더십 유형을 〈보기〉에서 골라 순서대로 나열한 것은?

2019 서울 9급

보기
(가) 참여형   (나) 설득형
(다) 위임형   (라) 지시형

① (다) → (가) → (나) → (라)
② (라) → (가) → (나) → (다)
③ (라) → (나) → (가) → (다)
④ (라) → (나) → (다) → (가)

24

커와 저미어(S. Kerr & J. Jermier)가 주장한 '리더십 대체물 접근법'에 대한 설명으로 옳은 것만을 모두 고른 것은?

2014 지방 7급

ㄱ. 구조화되고, 일상적이며, 애매하지 않은 과업은 리더십의 대체물이다.
ㄴ. 조직이 제공하는 보상에 대한 무관심은 리더십의 대체물이다.
ㄷ. 부하의 경험, 능력, 훈련 수준이 높은 것은 리더십의 중화물이다.
ㄹ. 수행하는 과업의 결과에 대한 환류(Feedback)가 빈번한 것은 리더십의 대체물이다.

① ㄱ, ㄷ   ② ㄱ, ㄹ
③ ㄴ, ㄷ   ④ ㄴ, ㄹ

출제유형 Ⅱ. 이론·제도   **출제영역** 리더십이론

출제빈도 ★★   난도 중

정답찾기

③ 허시(Hersey)와 블랜차드(Blanchard)는 리더십을 부하의 성숙도에 따라 부하가 가장 미성숙한 상황에서 점점 성숙해간다고 할 때, 가장 효과적인 리더십 유형을 (라) 지시형, (나) 설득형, (가) 참여형, (다) 위임형으로 구분하였다.

허시(Hersey)와 블랜차드(Blanchard)의 리더십 상황이론

- 기준: 과업행동, 관계성 행동
- 상황변수: 부하의 성숙도
- 리더십: 지시, 설득, 참여, 위임

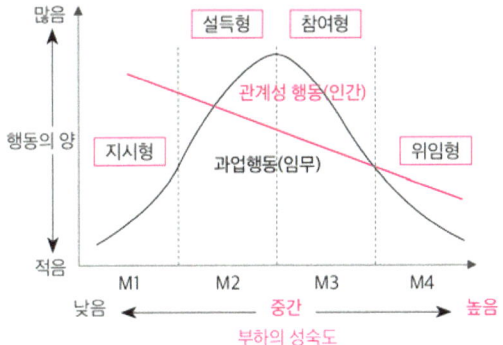

한번 더 TIP

허쉬와 블랜차드의 리더십상황이론
부하에게 허쉬 초콜릿~

정답 ③

출제유형 Ⅱ. 이론·제도   **출제영역** 리더십 대체물 접근법

출제빈도 ★★   난도 중

정답찾기

ㄱ. 구조화되고, 일상적이며, 애매하지 않은 과업은 리더십의 대체물이다.
ㄹ. 수행하는 과업의 결과에 대한 환류(Feedback)가 빈번한 것은 리더십의 대체물이다.

오답피하기

ㄴ. 조직이 제공하는 보상에 대한 무관심은 리더십의 중화물이다.
ㄷ. 부하의 경험, 능력, 훈련 수준이 높은 것은 리더십의 대체물이다.

행복노트

커와 저미어(Kerr & Jermier) 리더십 대체물 접근법
리더십의 중요성을 감소시키는 상황적 요인을 대체물과 중화물로 나눔

- **대체물** — 리더의 행동을 불필요하게 만드는 요인
  - 부하의 경험·능력·훈련
  - 전문가적 지향
  - 피드백 빈번
  - 구조화되고 일상적이고 명확한 업무
  - 응집력이 높은 집단

- **중화물** — 리더가 취한 행동의 효과를 약화시키는 요인
  - 보상에 대한 무관심
  - 리더의 통제 부족
  - 긴 공간적 거리

정답 ②

25
변혁적 리더십에 대한 설명으로 옳지 않은 것은? 2023 지방 9급

① 도전적 목표와 임무, 미래에 대한 비전을 추구하도록 격려한다.
② 구성원 개개인에게 관심을 가지고 배려한다.
③ 상황적 보상과 예외관리를 특징으로 한다.
④ 새로운 관점에서 문제를 재구성하고 해결책을 찾도록 자극한다.

출제유형 II. 이론·제도 **출제영역** 변혁적 리더십
출제빈도 ★★★ **난도** 중

정답찾기
③ 상황적 보상과 예외관리를 특징으로 하는 것은 거래적 리더십에 해당한다.

오답피하기
① 변혁적 리더십은 도전적 목표와 임무, 미래에 대한 비전을 추구하도록 격려한다.
② 변혁적 리더십은 구성원 개개인에게 관심을 가지고 배려한다.
④ 변혁적 리더십은 새로운 관점에서 문제를 재구성하고 해결책을 찾도록 자극한다.

교환적 리더십 vs 변혁적 리더십(Burns)

구 분	교환적(거래적) 리더십	변혁적 리더십
대 상	일반관리층	최고관리층
리더역할	역할, 과제 명확한 제시 보상으로 동기화	핵심가치 명확한 제시 새로운 비전 창출
관리전략	합리적 교환관계와 통제	비전공유, 내적 동기유발
욕구충족	하위욕구 충족	상위욕구 만족
관 점	폐쇄적, 단기적, 현실지향	개방적, 장기적, 미래지향
의사소통	하향적, 수직적	다방향적, 전범위적
조직구조	관료제, 기계적 구조	탈관료제, 단순구조, 임시구조

정답 ③

26
변혁적(Transformational) 리더십에 대한 설명으로 옳은 것은? 2021 지방 9급

① 적응보다 조직의 안정을 강조한다.
② 기계적 조직체계에 적합하며, 개인적 배려는 하지 않는다.
③ 부하에게 새로운 비전을 제시하며, 지적 자극을 통한 동기부여를 강조한다.
④ 리더와 부하의 관계를 경제적 교환관계로 인식하고, 보상에 관심을 둔다.

출제유형 II. 이론·제도 **출제영역** 변혁적 리더십
출제빈도 ★★★ **난도** 중

정답찾기
③ 변혁적 리더십은 부하에게 새로운 비전을 제시하며, 지적 자극을 통한 동기부여를 강조한다.

오답피하기
① 변혁적 리더십은 조직의 안정보다는 변화지향적으로 변화에 적응을 강조한다.
② 변혁적 리더십은 유기적 조직체계에 적합하며, 개인적 배려를 특징으로 한다.
④ 리더와 부하의 관계를 경제적 교환관계로 인식하고, 보상에 관심을 두는 것은 교환적 리더십의 특성이다.

행복노트
교환적 리더십 vs 변혁적 리더십(Burns)

구 분	교환적(거래적) 리더십	변혁적 리더십
대 상	일반관리층	최고관리층
리더역할	역할, 과제 명확한 제시 보상으로 동기화	핵심가치 명확한 제시 새로운 비전 창출
관리전략	합리적 교환관계와 통제	비전공유, 내적 동기유발
욕구충족	하위욕구 충족	상위욕구 만족
관 점	폐쇄적, 단기적, 현실지향	개방적, 장기적, 미래지향
의사소통	하향적, 수직적	다방향적, 전범위적
조직구조	관료제, 기계적 구조	탈관료제, 단순구조, 임시구조

정답 ③

27　　　　　　　　　　　　　　　　　　0568

'변혁적 리더십(Transformational Leadership)'에 대한 설명으로 옳지 않은 것은?　　　　　2019 지방 9급

① 리더가 인본주의, 평화 등 도덕적 가치와 이상을 호소하는 방식으로 부하들의 의식수준을 높인다.
② 리더가 부하들의 창의성을 계발하는 지적 자극(Intellectual Stimulation)을 중시한다.
③ 리더가 부하에게 특별한 관심을 보이거나 자긍심과 신념을 심어준다.
④ 조직참여의 기대가 적은 경우에 적합하며 예외관리에 초점을 둔다.

28　　　　　　　　　　　　　　　　　　0569

바스(Bass) 등이 제시한 '변혁적 리더십(Transformational Leadership)'에 대한 설명으로 옳지 않은 것은?　　　　2015 지방 7급

① 리더는 구성원 개개인의 니즈에 관심을 가지며 잠재력 개발을 돕는다.
② 리더는 성과계약과 같이 교환과 거래에 기반한 관리방식을 활용한다.
③ 리더는 혁신적이고 창조적인 관점에서 해결책을 구하도록 구성원을 자극하고 변화를 유도한다.
④ 리더는 조직이 나아갈 비전을 제시하고 구성원들과의 소통을 통하여 이를 공유하고자 한다.

[정답찾기]
② 리더가 성과계약과 같이 교환과 거래에 기반한 관리방식을 활용하는 것은 <u>거래적 리더십</u>에 해당한다.

[오답피하기]
신속성론: <u>변혁적 리더십</u>

| 의의 | 1980년대 경제 불황기에 혁신과 변동을 위해 리더의 개인적 영향력의 비중을 높이 평가함(Burns, Bass) |

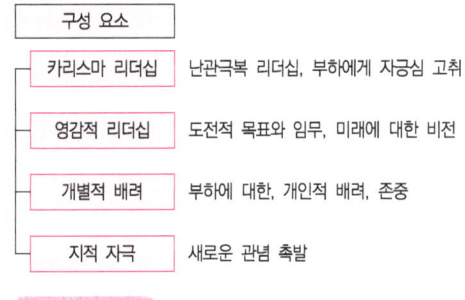

리더십이론 - 신속성론/변혁적 리더십의 특징
캬~영지 개 변혁

정답 ②

[출제유형] Ⅱ. 이론·제도　　**[출제영역]** 변혁적 리더십
출제빈도 ★★★　　난도 중

[정답찾기]
④ 조직참여의 기대가 적은 경우에 적합하며 예외관리에 초점을 둔 것은 <u>거래적 리더십</u>에 해당한다.

[오답피하기]
① 변혁적 리더십은 <u>도덕적 가치와 이상에 의한 영향화</u>를 중시한다.
② 변혁적 리더십은 과거의 관행을 타파하고 새로운 관념의 촉발을 중시하는 <u>지적 자극</u>을 중시한다.
③ 변혁적 리더십은 부하에 대한 <u>개별적 배려</u>를 중시한다.

정답 ④

29　　　　　　　　　　　　　　　　0570

변혁적 리더십(Transformational Leadership)의 특징이 아닌 것은?

2013 국가 7급

① 리더는 부하의 욕구와 직무수행에 필요한 자원을 정확히 파악하여 그에 대한 보상과 지원을 제공하고, 부하는 그에 상응하는 노력을 통하여 리더가 제시한 과업목표를 달성한다.
② 부하의 변화측면에 초점을 맞추어 재량권을 부여하고 부하를 리더로 키운다.
③ 부하의 자기 실현과 존중감 등 높은 수준의 욕구 실현에 관심을 갖는다.
④ 조직이 나아갈 비전을 제시하고 구성원들로 하여금 비전을 공유할 수 있도록 만든다.

출제유형 Ⅱ. 이론·제도　　출제영역 변혁적 리더십
출제빈도 ★★★　　난도 중

정답찾기

① 리더는 부하의 욕구와 직무수행에 필요한 자원을 정확히 파악하여 그에 대한 보상과 지원을 제공하고, 부하는 그에 상응하는 노력을 통하여 리더가 제시한 과업목표를 달성하는 것은 거래적 리더십의 특징이다.

오답피하기

② 변혁적 리더십은 부하의 변화 측면에 초점을 맞추어 재량권을 부여하고 부하를 리더로 키운다.
③ 변혁적 리더십은 부하의 자기 실현과 존중감 등 높은 수준의 욕구 실현에 관심을 갖는다.
④ 변혁적 리더십은 조직이 나아갈 비전을 제시하고 구성원들로 하여금 비전을 공유할 수 있도록 만든다.

정답 ①

30　　　　　　　　　　　　　　　　0571

리더십에 대한 설명으로 옳지 않은 것은?

2020 국가 7급

① 변혁적(Transformational) 리더십의 특성에는 영감적 동기부여, 자유방임, 지적 자극, 개별적 배려 등이 있다.
② 진성(Authentic) 리더십의 특성은 리더가 정직성, 가치의식, 도덕성을 바탕으로 팔로워들의 믿음을 이끌고, 팔로워들이 리더의 윤리성과 투명성을 믿으며 긍정적 감정을 느낀다는 것이다.
③ 서번트(Servant) 리더십은 자기 자신보다는 다른 사람에게 초점을 두고, 부하들의 창의성과 잠재력을 발휘할 수 있도록 봉사하는 리더십이다.
④ 거래적(Transactional) 리더십은 적극적 보상이나 소극적 보상을 통해 영향력을 행사한다.

출제유형 Ⅱ. 이론·제도　　출제영역 리더십이론
출제빈도 ★★★　　난도 중

정답찾기

① 변혁적(Transformational) 리더십의 특성에는 카리스마, 영감적 동기부여, 지적 자극, 개별적 배려 등이 있다. 자유방임은 특성에 해당하지 않는다.

오답피하기

② 진성(Authentic) 리더십은 진정성에 대한 개념을 바탕으로 자기가 어떤 사람이며 자기의 가치관과 신념은 무엇인지 알고 그에 일관되게 솔직하고 개방적으로 행동하는 사람의 리더십이다. 특성은 리더가 정직성, 가치의식, 도덕성을 바탕으로 팔로워들의 믿음을 이끌고, 팔로워들이 리더의 윤리성과 투명성을 믿으며 긍정적 감정을 느낀다는 것이다.
③ 서번트(Servant) 리더십은 자기 자신보다는 다른 사람에게 초점을 두고, 부하들의 창의성과 잠재력을 발휘할 수 있도록 봉사하는 리더십이다.
④ 거래적(Transactional) 리더십은 무언가 가치 있는 것을 적극적 보상이나 소극적 보상과 같이 교환함으로서 영향력을 행사한다.

행복노트

신속성론: 변혁적 리더십

의의	1980년대 경제 불황기에 혁신과 변동을 위해 리더의 개인적 영향력의 비중을 높이 평가함(Burns, Bass)

구성 요소	
카리스마 리더십	난관극복 리더십, 부하에게 자긍심 고취
영감적 리더십	도전적 목표와 임무, 미래에 대한 비전
개별적 배려	부하에 대한, 개인적 배려, 존중
지적 자극	새로운 관념 촉발

TIP

리더십이론 – 신속성론/변혁적 리더십의 특징
카~ 영지 개 변혁

정답 ①

31 0572

서번트(Servant) 리더십에 대한 설명으로 옳은 것만을 모두 고르면?

2022 지방 9급

ㄱ. 구성원들이 공동의 목표를 이뤄 나갈 수 있도록 환경을 조성하고 도와준다.
ㄴ. 보상과 처벌을 핵심 관리수단으로 한다.
ㄷ. 그린리프(Greenleaf)는 존중, 봉사, 정의, 정직, 공동체 윤리를 강조했다.
ㄹ. 리더의 최우선적인 역할은 업무를 명확하게 지시하는 것이다.

① ㄱ, ㄷ
② ㄱ, ㄹ
③ ㄴ, ㄷ
④ ㄴ, ㄹ

32 0573

탭스콧(D. Tapscott)이 주장한 지식정보사회의 리더십에 관한 설명으로 옳지 않은 것은?

2012 국회 9급

① 감정 및 가치관이나 상징적인 행태의 중요성과 어떠한 사건을 부하의 입장에서 볼 때 의미 있게 만드는 리더의 역할을 강조한다.
② 조직구성원 전체의 명백하고 공유된 비전과 끊임없는 학습의지를 강조한다.
③ 다양한 개인들의 역량이 효과적으로 결합될 수 있는 리더십의 발휘를 강조한다.
④ 조직구성원 누구나 리더로서의 기능을 수행해야 하는 네트워크화된 지능을 강조한다.
⑤ 상호연계적 리더십을 형성하고 발휘하는 데 있어서 최고관리자의 역할을 강조한다.

출제유형 Ⅱ. 이론·제도 **출제영역** 서번트 리더십
출제빈도 ★★ 난도 중

정답찾기
ㄱ. 서번트 리더십은 구성원들이 공동의 목표를 이뤄 나갈 수 있도록 환경을 조성하고 도와준다.
ㄷ. 그린리프(Greenleaf)는 존중, 봉사, 정의, 정직, 공동체 윤리를 강조했다.

오답피하기
ㄴ. 전통적 리더십에서 보상과 처벌을 핵심 관리수단으로 한다.
ㄹ. 전통적 리더십에서 리더의 최우선적인 역할은 업무를 명확하게 지시하는 것이다.

행복한 필기 TIP

신속성론: 발전적 리더십(서번트 리더십, 섬김의 리더십)

부하들을 신뢰하고 부하에게 헌신하는 리더십. 자율, 도덕적 요소, 종복, 헌신 강조

전통적 리더십	발전적 리더십
계층에 따른 지시	상호작용을 통한 이해 증진
구성원을 수단으로 취급	구성원을 목적으로 인식
수직적 상하관계	수평적 파트너십 중시
복종적, 수동적 구성원	주인의식, 책임감, 능동적 구성원
통일성 및 일사분란 선호	유연성, 다양성, 창의성 강조
전체, 위계질서 강조	수평적 공동체, 팀워크 중시

정답 ①

출제유형 Ⅱ. 이론·제도 **출제영역** 지식정보사회의 리더십
출제빈도 ★★★ 난도 중

정답찾기
① 감정 및 가치관이나 상징적인 행태의 중요성과 어떠한 사건을 부하의 입장에서 볼 때 의미 있게 만드는 리더의 역할을 강조하는 것은 변혁적 리더십의 특징이다.

오답피하기
② 공유된 비전과 학습의지는 탭스콧(Tapscott)이 주장한 지식정보사회의 리더십의 특징이다.
③ 개인역량의 결합은 탭스콧(Tapscott)이 주장한 지식정보사회의 리더십의 특징이다.
④ 네트워크화된 지능은 탭스콧(Tapscott)이 주장한 지식정보사회의 리더십의 특징이다.
⑤ 상호 연계적 리더십을 형성하고 발휘하는 데 있어서 최고관리자의 역할을 강조하는 것은 탭스콧(Tapscott)이 주장한 지식정보사회의 리더십의 특징이다.

행복노트

지식 정보사회의 리더십: 탭스콧(Tapscott)

의의 — 네트워크화 된 지능 시대에는 리더나 리더십 또한 상호 연계성을 지녀야 한다고 주장함

특징 ┬ 상호연계형 리더십: 특정 상관이 아닌 상호연계형 리더십
     ├ 공유된 비전과 학습의지
     ├ 개인역량의 결합
     ├ 최고관리자의 지원과 관심
     └ 변혁의 원동력: 네트워크화 된 지능 시대에 적절한 기술 사용

정답 ①

제 5 절 의사전달

33 ☐☐☐　　　0574

조직의 의사전달에 대한 설명으로 옳지 않은 것은?　2016 지방 9급

① 공식적 의사전달은 의사소통이 객관적이고 책임 소재가 명확하다는 장점이 있다.
② 비공식적 의사전달은 의사소통 과정에서의 긴장과 소외감을 극복하고 개인적 욕구를 충족시킨다는 장점이 있다.
③ 공식적 의사전달은 조정과 통제가 곤란하다는 단점이 있다.
④ 참여인원이 적고 접근가능성이 낮은 경우 의사전달체제의 제한성은 높다.

출제유형 Ⅰ. 기본개념　　**출제영역** 조직의 의사전달
출제빈도 ★★★　　**난도** 중

정답찾기
③ 조정과 통제가 곤란하다는 단점이 있는 것은 비공식적 의사전달의 특징이다.

오답피하기
① 공식적 의사전달은 의사소통이 객관적이고 책임 소재가 명확하다는 장점이 있다.
② 비공식적 의사전달은 의사소통 과정에서의 긴장과 소외감을 극복하고 개인적 욕구를 충족시킨다는 장점이 있다.
④ 참여인원이 적고 접근가능성이 낮은 경우 의사전달체제의 제한성은 높다.

행복노트

의사전달의 유형

구 분	공식적 의사전달	비공식적 의사전달
장 점	• 의사전달의 표준화 실현 • 상관의 권위 유지 • 책임소재의 명백 • 의사결정 용이 • 정보나 근거의 보존 용이	• 신속성, 다양성, 적응성 확보 • 배후사정 자세히 전달 • 융통성 높음 • 행동통일 확보
단 점	• 형식성 강조, 융통성 부족 • 신속한 대응 어려움 • 포괄적 정보전달 힘듦 • 배후내용 전달 어려움	• 책임소재 불분명 • 악용 위험 • 상관의 권위 손상 • 조정·통제 곤란 • 공식적 의사소통 왜곡

정답 ③

제 6 절 조직문화

34 ☐☐☐　　　0575

홉스테드(Hofstede)의 문화 차원에 대한 설명으로 옳지 않은 것은?　2021 국가 7급

① 불확실성 회피 정도가 강한 경우 공식적 규정을 많이 만들어 불확실한 요소를 최대한 통제하려 한다.
② 집단주의가 강한 문화는 개인주의가 강한 문화보다 상대적으로 느슨한 개인 간 관계를 더 중요시한다.
③ 권력거리가 큰 경우 제도나 조직 내에 내재되어 있는 상당한 권력의 차이를 자연스럽게 인정한다.
④ 남성성이 강한 문화는 여성성이 강한 문화보다 상대적으로 남성과 여성의 역할에 대한 분명한 차이를 인정하려고 한다.

출제유형 Ⅱ. 이론·제도　　**출제영역** 홉스테드의 문화 차원
출제빈도 ★　　**난도** 중

정답찾기
② 개인주의가 강한 문화는 집단주의가 강한 문화보다 상대적으로 느슨한 개인 간 관계를 더 중요시한다.

오답피하기
① 불확실성 회피 정도가 강한 경우 공식적 규정을 많이 만들어 불확실한 요소를 최대한 통제하려 한다.
③ 권력거리가 큰 경우 제도나 조직 내에 내재되어 있는 상당한 권력의 차이를 자연스럽게 인정한다.
④ 남성성이 강한 문화는 여성성이 강한 문화보다 상대적으로 남성과 여성의 역할에 대한 분명한 차이를 인정하려고 한다.

> **Greet Hofstede(홉스테드)의 유형**
> ① 권력격차(Power Distance): 권력을 가지지 못한 사람들이 권력의 불균형에 대해서 받아들이는 정도를 말한다. 권력격차가 강한(= 권력거리가 먼) 문화는 집권화와 권위주의 요소가 강하고 커뮤니케이션이 폐쇄적이다.
> ② 불확실성의 회피(Uncertainty Avoidance): 불확실성 회피 문화에서는 사람들이 위협감이나 불안감을 느끼게 된다면, 불확실성 수용 문화에서는 사람들이 유유자적하게 여긴다.
> ③ 개인주의(Individualism) vs 집단주의(Collectivism): 개인주의 문화에서는 집단보다 개인이익을 우선하는 데 비해, 집합주의 문화에서는 개인보다 일차 집단(가족, 친족, 공동체)의 이익을 우선하는 문화이다.
> ④ 남성성(Masculinity) vs 여성성(Femininity): 사회적 지배가치가 다른 사람을 돌보고 보호하는 것이 우선인지, 아니면 성취나 경쟁을 더 중요한 가치로 여기는지를 구분하는 문화차원이다. 남성성이 강한 문화에서는 남녀의 사회적 역할을 명확하게 구분하고 자기주장의 물질적인 성공을 추구하는 반면, 여성성이 강한 문화에서는 겸손하고 부드러우며 삶의 질에 관심을 두는 경향이 있다.
> ⑤ 장기지향성(Long Term Orientation) vs 단기지향성(Short Term Orientation): 장기지향 문화에서는 미래의 가치를 강조한다면, 단기지향 문화에서는 현재지향의 가치를 강조한다.

정답 ②

35
조직문화의 경쟁가치모형에 대한 설명으로 옳지 않은 것은?

2022 지방 9급

① 위계문화는 응집성을 강조한다.
② 혁신지향문화는 창의성을 강조한다.
③ 과업지향문화는 생산성을 강조한다.
④ 관계지향문화는 사기 유지를 강조한다.

36
조직문화의 접근방법에 대한 설명으로 옳지 않은 것은?

2014 서울 7급

① 특성론적 접근방법은 조직효과성을 향상시킬 수 있는 특정한 문화 특성이 존재한다고 여긴다.
② 문화강도적 접근방법은 조직효과성을 향상시키기 위해서는 강한 문화가 필요하다는 견해이다.
③ 특성론적 접근방법은 긍정적인 문화를 가진 조직이 그렇지 못한 조직보다 효과성이 높다고 간주한다.
④ 상황론적 접근방법은 구성원들이 가치를 강하게 공유하고 있는 조직의 효과성이 높다고 전제한다.
⑤ 문화유형론적 접근방법은 문화 유형의 특성에 따라 조직효과성이 각각 달라진다고 여긴다.

출제유형 Ⅱ. 이론·제도 **출제영역** 조직문화의 경쟁가치모형

출제빈도 ★★ 난도 상

[정답찾기]
① 위계문화는 상하 수직적 관계를 중시하는 문화로서 내적통합과 안정성을 강조한다. 응집성은 인간관계모형에서 나타나는 관계지향 문화에서 강조한다.

[오답피하기]
② 개방체제모형에서의 혁신지향문화는 창의성을 강조한다.
③ 합리적 목표모형에서의 과업지향문화는 생산성을 강조한다.
④ 인간관계모형에서의 관계지향문화는 사기 유지를 강조한다.

행복노트
퀸과 로보그(Quinn & Rohrbaugh)의 경쟁적 가치모형(효과성 측정모형)

구 분	인간(내부)	조직(외부)
통제 (안정)	내부과정모형(위계질서) 목표: 안정성, 균형 확보 수단: 정보관리, 의사소통 효과성기준: 조직안정성, 균형	합리적 목표모형(과업지향) 목표: 생산성,능률성, 수익성 수단: 계획, 목표 설정 효과성기준: 조직의 이윤, 생산성
유연성 (융통)	인간관계모형(집단문화) 목표: 인적자원 개발 수단: 응집력, 사기 및 훈련 효과성기준: 인적자원 개발	개방체제모형(혁신발전지향) 목표: 성장, 자원 확보 수단: 준비성, 외부평가 효과성기준: 조직성장여부

행복한 암기 TIP
퀸과 로보그의 경쟁적 가치모형
로봇 합체(는) 인내를 가지고 하자!

정답 ①

출제유형 Ⅱ. 이론·제도 **출제영역** 조직문화의 접근방법

출제빈도 ★★★ 난도 중

[정답찾기]
④ 구성원들이 가치를 강하게 공유하고 있는 조직의 효과성이 높다고 전제하는 것은 문화강도적 접근방법에 대한 설명이다.

[오답피하기]
① 특성론적 접근방법은 조직효과성을 향상시킬 수 있는 특정한 문화 특성이 존재한다고 여긴다.
② 문화강도적 접근방법은 조직 효과성을 향상시키기 위해서는 강한 문화가 필요하다는 견해이다.
③ 특성론적 접근방법은 긍정적인 문화를 가진 조직이 그렇지 못한 조직보다 효과성이 높다고 간주한다.

행복노트
Saffold의 조직문화접근법

특성론적 접근방법	조직 효과성을 향상시킬 수 있는 특정한 문화특성이 존재, 긍정적인 문화특성을 가지고 있는 조직이 효과성이 높음
문화강도적 접근방법	조직 효과성을 향상시키기 위해서는 강한 문화가 필요하다고 봄, 조직구성원들이 가치를 강하게 공유하고 있는 조직이 효과성이 높음
상황론적 접근방법	조직문화 특성과 상황요인들 간의 적합성에 따라 조직 효과성이 달라질 수 있음
문화유형론적 접근방법	각각의 문화유형 특성에 따라 조직 효과성 달라짐

정답 ④

37 0578

행정문화란 행정체제의 구성원들이 공유하는 가치와 신념, 그리고 태도와 행동양식의 총체라고 할 수 있다. 홉스테드(Hofstede)의 문화차원을 근거로 하였을 때 한국문화의 특성으로 보기 어려운 것은?

2015 국가 7급

① 개인주의 ② 온정주의
③ 권위주의 ④ 안정주의

38 0579

시민들의 가치관 변화가 행정조직 문화에 미친 영향으로 가장 적절하지 않은 것은?

2013 서울 9급

① 시민들의 프로슈머(Prosumer) 경향화는 관료주의적 문화와 적절한 조화를 형성할 것이다.
② 개인의 욕구를 중시하는 개인주의적 태도는 공동체적 가치관과 갈등을 빚기 시작했다.
③ 시민들의 가치관과 태도의 다양화에도 불구하고 행정기관들은 아직도 행정조직 고유의 가치관과 행동양식을 강조하고 있다고 볼 수 있다.
④ 1990년대 이전까지는 경제성장과 국가안보라는 뚜렷한 국가 목표가 있었다고 볼 수 있다.
⑤ 공공서비스 공급에서 행정조직 간 경쟁, 민간화가 활성화되고 있다.

출제유형 Ⅳ. 학자문제 **출제영역** 홉스테드의 문화차원
출제빈도 ★★★ **난도** 중

정답찾기
① 개인주의는 선진국 행정문화의 특징이다.

오답피하기
② 온정주의는 우리나라 행정문화의 특징이다.
③ 권위주의는 우리나라 행정문화의 특징이다.
④ 안정주의는 우리나라 행정문화의 특징이다.

행복노트

선진국과 개도국의 행정문화 비교

선진국	우리나라
합리주의	
실적주의	
상대주의	권위주의
모험주의	연고주의
객관주의	온정주의
전문주의	형식주의
세속주의	일반주의
중립주의	순응주의
민주주의	
개인주의	

정답 ①

출제유형 Ⅱ. 이론·제도 **출제영역** 행정조직 문화
출제빈도 ★ **난도** 중

정답찾기
① 시민들의 프로슈머 경향화로 인해 시민들이 단순히 소비자에만 머물지 않고 공공서비스 생산과정에 적극적으로 참여하는 생산자로서 자유롭고 개방적인 태도로 다양한 정보를 생산, 소통, 소비하게 된다. 그러므로 관료주의적 문화와 긴장과 견제의 관계 속에서 상호 충돌하는 모습이 형성된다.

오답피하기
② 개인의 욕구를 중시하는 개인주의적 태도는 공동체적 가치관과 갈등을 빚기 시작했다.
③ 시민들의 가치관과 태도의 다양화에도 불구하고 행정기관들은 아직도 행정조직 고유의 가치관과 행동양식을 강조하고 있다고 볼 수 있다.
④ 1990년대 이전까지는 경제성장과 국가안보라는 뚜렷한 국가 목표가 있었다고 볼 수 있다.
⑤ 공공서비스 공급에서 행정조직 간 경쟁, 민간화가 활성화되고 있다.

정답 ①

39　　　0580

행정문화의 특성에 대한 설명으로 옳지 않은 것은? 2012 서울 9급

① 구성원의 사고와 행동을 결정하는 요인이다.
② 개인에 의해 표현되지만 문화는 집합적이고 공유적이다.
③ 통합성을 유지하면서 하위문화를 포용한다.
④ 인간의 본능이 아니라 학습을 통해서 익힌 것이다.
⑤ 시간이 흘러도 변하지 않는 지속성을 가진다.

출제유형 Ⅱ. 이론·제도　　**출제영역** 행정문화의 특성
출제빈도 ★★★　　**난도** 중

[정답찾기]
⑤ 행정문화는 시간이 흐르면 따라 변화하는 <u>변동성</u>을 가진다.

[오답피하기]
① 행정문화란 행정체제 내의 관료들의 행태를 지배하고 있는 공유 가치관으로서 <u>구성원의 사고와 행동을 결정하는 요인</u>이다.
② 문화는 개인에 의해 표현되지만 <u>문화는 집합적이고 공유적</u>이다.
③ 행정문화는 <u>통합성을 유지하면서 하위문화를 포용</u>한다.
④ 문화는 인간의 본능이 아니라 <u>후천적 학습</u>을 통해서 익힌 것이다.

[행복노트]

행정문화의 의의 및 특성

- **의의**: 행정체제 내의 관료들의 행태를 지배하는 공유 가치관
- **특성**
  - 역사와 전통 및 행정관행과 관련되어 형성
  - 인간의 인위적 산물, 학습을 통한 공유
  - 새로운 행정문화의 정립을 위한 의식적 노력 요구
  - 기본적 가치, 신념, 행태적 특성 등을 통해 추론 가능
  - 가치와 윤리기준을 결정

순기능	역기능
• 구성원의 사고와 행동 인도 기준 • 구성원들의 사회화를 촉진 • 일탈행동 통제·구성원들의 일체감 형성에 기여	• 개혁의 장애요인 • 신속한 대응의 저해 • 강한 문화는 인적구성의 다양화에 저해

정답 ⑤

CHAPTER 03 기출 OX

1. 조직 내에서 과업의 상호의존성이 높은 경우 잠재적 갈등이 야기될 수 있다. — O

2. 토머스(K. Thomas)가 제시한 대안적 갈등관리 방안에서 강제 또는 경쟁은 상대방의 이익을 희생하여 자신의 이익을 추구하는 경우이다. — O

3. 갈등 당사자들에게 공동의 적을 확인시키고 이를 강조하는 전략은 갈등의 **해소전략**에 해당한다. — X

4. 프렌치(J. R. P. French, Jr.)와 레이븐(B. H. Raven)의 권력유형분류에서 권력의 원천은 **준거, 전문성, 강제력, 보상, 정통성**이다. — X

5. 리더십 행태이론에서는 눈에 보이지 않는 능력 등 리더가 갖춘 속성보다 리더가 실제 어떤 행동을 하는가에 초점을 맞춘다. — O

6. **변혁적** 리더십은 리더가 부하로 하여금 형식적 관례와 사고를 다시 생각하게 함으로써 새로운 관념을 촉발시키는 리더십이다. — X

7. 변혁적(Transformational) 리더십의 특성에는 영감적 동기부여, **카리스마**, 지적 자극, 개별적 배려 등이 있다. — X

8. 피들러(Fiedler)의 상황적합이론(Contingency Theory of Leadership)에서는 상황변수로 '리더와 부하의 관계', '직위 권력', '과업구조' 세 가지를 들고 있다. — O

9. **허시 & 블랜차드(Hersey & Blanchard)**의 3차원모형은 부하의 성숙도에 따라 리더의 역할이 달라져야 한다고 주장하는 이론이다. — X

10. 부하의 경험, 능력, 훈련 수준이 높은 것과 수행하는 과업의 결과에 대한 환류(Feedback)가 빈번한 것은 리더십의 **대체물**이다. — X

11. 하우스(R. House)의 경로-목표이론에 따르면 참여적 리더십은 부하들이 구조화되지 않은 과업을 수행할 때 필요하다. — O

12. **서번트** 리더십에서 봉사란 부하들을 육성하고, 지지하며, 위임하는 것을 포함하는 개념이다. — X

13. **서번트(Servant)** 리더십을 주장한 그린리프(Greenleaf)는 존중, 봉사, 정의, 정직, 공동체 윤리를 강조했다. — X

14. 공식적 의사전달은 조정과 통제가 **용이하다**. — X

CHAPTER 03 키워드

1. **조직목표**는 조직의 구조와 과정을 설계하는 준거를 제공하고 성과를 평가하는 기준이 되기도 하고, 미래의 바람직한 상태를 밝혀 조직활동의 방향을 제시한다. _{2021 국가 9급}

2. 1940년대 말을 기점으로 하여 1970년대 중반까지 널리 받아들여졌던 **행태주의적** 견해에 의하면 갈등이란 조직 내에서 필연적으로 발생하는 현상으로 보았다. _{2017 국회 8급}

3. 조직 내 갈등을 진행단계별로 분류할 때 **잠재적** 갈등은 갈등이 야기될 수 있는 상황 또는 조건을 의미한다. _{2020 국가 9급}

4. **비비교성**은 의사결정자가 각 대안의 결과를 알고는 있으나 대안 간 비교 결과 어떤 것이 최선의 결과인지를 알 수 없어 발생하는 개인적 갈등의 원인이다. _{2017 서울 9급}

5. 갈등관리 방안 중 **타협**은 갈등 당사자들이 서로 양보하여 갈등을 해결하는 것으로 분명한 승자나 패자가 없다. _{2016 국회 8급}

6. 프렌치와 레이븐(French & Raven)이 주장하는 권력의 원천 중 **합법적** 권력은 권한과 유사하며 상사가 보유한 직위에 기반한다. _{2020 국가 9급}

7. 베버(M. Weber)는 조직이 바탕으로 삼는 권한의 유형을 전통적 권한, 카리스마적 권한, **법적·합리적** 권한으로 나누었다. _{2014 지방 9급}

8. 리더십 **상황론**의 대표적인 예로 피들러(F. Fiedler)의 상황조건론, 하우스(R. House)의 경로-목표모형 등이 있다. _{2017 서울 9급}

9. 허시-블랜차드의 3차원 모형은 부하의 **성숙도**에 따라 리더의 역할이 달라져야 한다고 주장하는 이론이다. _{2015 지방 9급}

10. 하우스(R. House)의 **경로-목표** 이론에 따르면 참여적 리더십은 부하들이 구조화되지 않은 과업을 수행할 때 필요하다. _{2012 국가 7급}

11. **변혁적** 리더십은 거래적 리더십과 상반된다. _{2017 서울 9급}

12. **변혁적** 리더는 혁신적이고 창조적인 관점에서 해결책을 구하도록 구성원을 자극하고 변화를 유도하며, 조직이 나아갈 비전을 제시하고 구성원들과의 소통을 통하여 이를 공유하고자 한다. _{2015 지방 7급}

13. **서번트(Servant)** 리더십은 구성원들이 공동의 목표를 이뤄 나갈 수 있도록 환경을 조성하고 도와준다. _{2022 지방 9급}

14. **공식적** 의사전달의 장점은 의사소통이 객관적이고 책임소재가 명확하다는 것이지만, 비공식적 의사전달의 단점은 조정과 통제가 곤란하다는 점이다. _{2016 지방 9급}

CHAPTER 04 조직의 인간관과 동기부여

대표문제

01 ☐☐☐ 0581

동기유발의 과정을 설명하는 '과정이론'에 해당하는 것만을 모두 고르면?

2022 국가 9급

> ㄱ. 브룸(Vroom)의 기대이론
> ㄴ. 애덤스(Adams)의 공정성이론
> ㄷ. 로크(Locke)의 목표설정이론
> ㄹ. 앨더퍼(Alderfer)의 ERG이론
> ㅁ. 맥그리거(McGregor)의 X이론·Y이론

① ㄱ, ㄴ, ㄷ
② ㄱ, ㄴ, ㄹ
③ ㄴ, ㄷ, ㅁ
④ ㄷ, ㄹ, ㅁ

출제유형 Ⅱ. 이론·제도 **출제영역** 동기이론
출제빈도 ★★   **정답률** 76%   **난도** 하

정답찾기
① ㄱ. 브룸(Vroom)의 기대이론, ㄴ. 애덤스(Adams)의 공정성이론, ㄷ. 로크(Locke)의 목표설정이론은 동기유발의 과정을 설명하는 과정이론에 해당한다.

오답피하기
ㄹ. 앨더퍼(Alderfer)의 ERG이론은 내용이론에 해당한다.
ㅁ. 맥그리거(McGregor)의 X이론·Y이론은 내용이론에 해당한다.

정답 ①

제1절 인간관과 조직관리

02 ☐☐☐ 0582

다음 설명에 해당하는 조직의 인간관은?

2019 국가 9급

> • 인간을 자신의 이익을 극대화하기 위해 행동하는 존재로 본다.
> • 인간은 조직에 의해 통제·동기화되는 수동적 존재이며, 조직은 인간의 감정과 같은 주관적 요소를 통제할 수 있도록 설계돼야 한다.

① 합리적·경제적 인간관
② 사회적 인간관
③ 자아실현적 인간관
④ 복잡한 인간관

출제유형 Ⅰ. 기본개념 **출제영역** 조직의 인간관
출제빈도 ★★   **난도** 중

정답찾기
① 제시문은 고전적 조직의 인간관으로, 인간을 타산적·합리적 존재로 인식하고 인간의 피동성, 동기유발의 외재성, 인간욕구의 단순성 내지 획일성을 강조한 합리적 경제인간관에 해당한다.

오답피하기
② 신고전적 조직이론의 사회적 인간관은 인간관계론에서 비롯된 인간관으로서, 경제성보다는 인간의 사회성 내지 집단성을 강조하는 인간관이다.
③ 자아실현적 인간관은 성장이론의 인간모형으로서, 매슬로(Maslow)의 욕구단계 중 제5단계, 맥그리거(McGregor)의 Y이론, 리커트(Likert)의 체제, 베니스(Bennis)의 임시체제의 인간관과 상응한다.
④ 복잡한 인간관은 현대의 가장 대표적인 인간관으로서, 인간의 욕구는 사회·경제적 배경과 나이, 지위 등에 따라 제 각각 다양하기 때문에 개별적인 진단에 따른 처방을 필요로 하는 인간관이다.

행복노트

인간관

합리적 경제적 인간관	사회적 인간관	자기실현적 인간관	복잡한 인간관
고전적	신고전적	성장이론	직무특성론
수동적	사회성	능동적	현대이론
피동적	피동적	성취감	상황적응적
경제성	인간 강조	맥그리거 Y이론	복잡성
X이론	Y이론	아지리스 성숙인	Z이론
과학적 관리론	인간관계론	후기인간관계론	상황론
교환형 관리	통합형 관리		다원형 관리

정답 ①

03 □□□ 0583
후기 인간관계론에 대한 설명으로 옳지 않은 것은? 2019 국가 7급

① 합리적·경제적 인간관보다는 자아실현적 인간관과 더 부합한다.
② 개인은 다양한 차원에서 다양한 특성을 지니고 있으므로 상황에 따라 개인을 다양한 시각으로 이해할 필요가 있다.
③ 대표하는 이론으로는 맥그리거(McGregor)의 Y이론, 아지리스(Argyris)의 성숙인 등을 들 수 있다.
④ 의사결정 과정에 개인을 참여시키는 관리전략이 필요하다.

출제유형 Ⅱ. 이론·제도   출제영역 후기인간관계론
출제빈도 ★★   난도 중

정답찾기
② 개인은 다양한 차원에서 다양한 특성을 지니고 있으므로 상황에 따라 개인을 다양한 시각으로 이해할 필요가 있다는 것은 상황론에 따른 복잡한 인간관에 대한 설명이다.

오답피하기
① 과학적 관리론이 합리적·경제적 인간관, 인간관계론은 사회적 인간관에 부합한다고 하면, 후기 인간관계론은 자아실현적 인간관과 부합한다.
③ 후기 인간관계론은 맥그리거(McGregor)의 Y이론, 아지리스(Argyris)의 성숙인, 앨더퍼(Alderfer)의 성장 욕구로 대표된다.
④ 후기 인간관계론은 인간을 사회적 존재로 인식하여 조직의 주된 활동에 개인을 참가시킨다.

정답 ②

제2절 동기부여이론

04 □□□ 0584
동기부여 이론에 대한 설명으로 옳은 것은? 2023 지방 9급

① 로크(Locke)의 목표설정이론에서는 목표의 도전성(난이도)과 명확성(구체성)을 강조했다.
② 매슬로우(Maslow)의 욕구 5단계설에서는 욕구의 좌절과 퇴행을 강조했다.
③ 해크만과 올드햄(Hackman & Oldham)의 직무특성이론에서는 유의성, 수단성, 기대감을 동기부여의 핵심으로 보았다.
④ 앨더퍼(Alderfer)의 ERG이론에서는 위생요인이 충족되었다고 하더라도 동기부여가 되는 것은 아니라고 주장했다.

출제유형 Ⅱ. 이론·제도   출제영역 동기부여이론
출제빈도 ★★   난도 상

정답찾기
① 로크(Locke)의 목표설정이론에서는 목표의 도전성(난이도)과 명확성(구체성)을 강조했다.

오답피하기
② 매슬로우(Maslow)의 욕구 5단계설에서는 욕구의 좌절과 퇴행을 인정하지 않았다.
③ 유의성, 수단성, 기대감을 동기부여의 핵심으로 보는 것은 브룸(Vroom)의 기대이론이고, 해크만과 올드햄(Hackman & Oldham)의 직무특성이론에서는 기술 다양성, 직무정체성, 직무중요성, 자율성, 환류를 강조하였다.
④ 위생요인이 충족되었다고 하더라도 동기부여가 되는 것은 아니라고 주장한 것은 허즈버그(Herzberg)의 이원론에 해당한다.

Locke 목표설정이론
의식적인 목표, 성취의도 → 인간의 행동 결정
목표의 난이도, 구체성 → 개인의 성과 결정

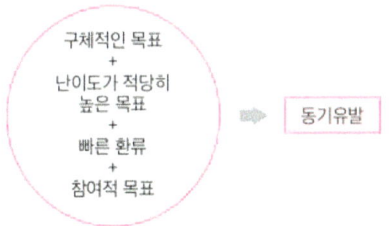

정답 ①

05 0585

동기부여이론에 대한 설명으로 옳지 않은 것은? 2022 국가 7급

① 앨더퍼(Alderfer)의 욕구내용 중 관계욕구는 머슬로(Maslow)의 생리적 욕구와 안전욕구에 해당한다.
② 브룸(Vroom)의 기대이론은 과정이론에 해당한다.
③ 허즈버그(Herzberg)는 위생요인이 충족되었다고 하더라도 동기부여가 되는 것은 아니라고 하였다.
④ 애덤스(Adams)는 투입한 노력 대비 얻은 보상에 대해서 준거인과 비교해 상대적으로 느끼는 공평함의 정도가 동기부여에 영향을 미친다고 하였다.

출제유형 Ⅱ. 이론·제도 **출제영역** 동기부여이론
출제빈도 ★★★ **난도** 중

정답찾기
① 앨더퍼(Alderfer)의 욕구내용 중 관계욕구는 머슬로(Maslow)의 안전욕구 일부와 사회적 욕구에 해당한다.

오답피하기
② 브룸(Vroom)의 기대이론은 과정이론에 해당한다.
③ 허즈버그(Herzberg)는 위생요인이 충족되었다고 하더라도 동기부여가 되는 것은 아니라고 하였다.
④ 애덤스(Adams)는 투입한 노력 대비 얻은 보상에 대해서 준거인과 비교해 상대적으로 느끼는 공평함의 정도가 동기부여에 영향을 미친다고 하였다.

Alderfer의 ERG 이론

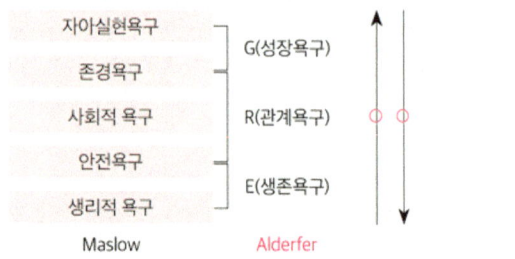

- Maslow보다 현실적
- 욕구 좌절-퇴행 요소도 포함
- 욕구의 복합성 강조

정답 ①

06 0586

동기부여이론에 대한 설명으로 옳은 것은? 2022 지방 7급

① 스키너(Skinner)의 강화이론은 인간의 내면적 과정에 초점을 맞추며, 행동의 결과보다 원인을 더 강조한다.
② 로크(Locke)의 목표설정이론에 따르면, 개인의 강력한 동기유발을 위해서는 추상적인 목표를 채택해야 한다.
③ 포터(Porter)와 롤러(Lawler)의 업적·만족 이론은 직무성취 수준이 직무 만족의 요인이 될 수 있다고 주장한다.
④ 공공봉사동기(public service motivation)이론은 공공부문 종사자와 민간부문 종사자의 가치체계는 차이가 없고, 개인이 공공부문에 근무하면서 공공봉사 동기를 처음으로 획득하므로, 조직문화와 외재적 보상을 강조한다.

출제유형 Ⅱ. 이론·제도 **출제영역** 동기부여이론
출제빈도 ★★★ **난도** 중

정답찾기
③ 포터(Porter)와 롤러(Lawler)의 업적·만족 이론은 직무성취 수준이 직무 만족의 요인이 될 수 있다고 주장한다.

오답피하기
① 스키너(Skinner)의 강화이론은 행동의 원인보다 결과를 더 강조한다.
② 로크(Locke)의 목표설정이론에 따르면, 개인의 강력한 동기유발을 위해서는 구체적인 목표를 채택해야 한다.
④ 공공봉사동기(public service motivation)이론은 공공부문 종사자와 민간부문 종사자의 가치체계는 차이가 있으며, 공공부문 종사자는 민간부문 종사자와 달리 외재적 보상보다 내재적 보상을 중시하는 경향이 있다.

Porter와 Lawler의 성과 만족 이론

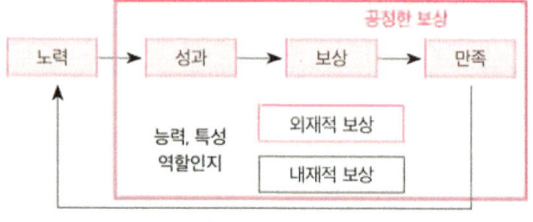

포터와 롤러는 보상의 공정성에 대한 개인의 만족감을 주요 변수로 삼아 기대이론을 보완함.
- 종래의 이론: 개인의 만족도에 의해 근무성과가 결정
- 포터와 롤러: 보상이 적절(공정)하면 높은 수준의 근무 성과가 만족을 초래할 수 있다고 봄

행복한 암기 TIP
포터(Porter)와 롤러(Lawler)의 성과 만족 이론
포터차는 성과에 대해 만족스러워~!

정답 ③

07　　　　　　　　　　　　　　　　0587
동기요인이론에 대한 설명으로 옳지 않은 것은?　2021 국가 9급

① 애덤스(Adams)의 공정성이론에 따르면 공정하다고 인식할 때 동기가 유발된다.
② 매클리랜드(McClelland)의 성취동기이론에 따르면 개인들의 욕구가 학습을 통해 개발될 수 있다.
③ 브룸(Vroom)의 기대이론에서 기대감은 특정 결과는 특정 노력으로 인해 나타날 수 있다는 가능성에 대한 개인의 신념으로 통상 주관적 확률로 표시된다.
④ 앨더퍼(Alderfer)의 ERG이론에 따르면 상위 욕구 충족이 좌절되면 하위 욕구를 충족시키고자 할 수 있다.

08　　　　　　　　　　　　　　　　0588
동기이론에 대한 설명으로 옳지 않은 것은?　2019 국가 9급

① 매슬로(Maslow)는 충족된 욕구는 동기부여의 역할이 약화되고 그 다음 단계의 욕구가 새로운 동기 요인이 된다고 하였다.
② 앨더퍼(Alderfer)는 매슬로의 5단계 욕구이론을 수정해서 인간의 욕구를 3단계로 나누었다.
③ 허즈버그(Herzberg)는 불만요인(위생요인)을 없앤다고 해서 적극적으로 만족감을 느끼는 것은 아니라고 했다.
④ 브룸(Vroom)의 기대이론에서 수단성(Instrumentality)은 특정한 결과에 대한 선호의 강도를 의미한다.

출제유형 Ⅱ. 이론·제도　　**출제영역** 동기이론
출제빈도 ★★★　　**난도** 중

정답찾기
① 애덤스(Adams)의 공정성 이론에 따르면 불공정하다고 인식할 때 동기가 유발된다.

오답피하기
② 매클리랜드(McClelland)의 성취동기이론에 따르면 개인들의 욕구가 학습을 통해 개발될 수 있다.
③ 브룸(Vroom)의 기대이론에서 기대감은 특정 결과는 특정한 노력으로 인해 나타날 수 있다는 가능성에 대한 개인의 신념으로 통상 주관적 확률로 표시된다.
④ 앨더퍼(Alderfer)의 ERG이론에 따르면 상위 욕구 충족이 좌절되면 하위 욕구를 충족시키고자 할 수 있다.

행복노트
과정이론: Adams 형평성이론
자신과 준거인 비교 보상의 비율이 기준 (크기 ×)

```
산출   ┬ 일치: 공평 - 행동유발 ×
────   ├ 과대보상: 불공평 인지 - 불안상태 감소 노력
투입   └ 과소보상: 불공평 인지 - 비율 맞추려고 노력
         해소하기 위해 행동유발
         (투입의 변경, 산출의 변경, 투입과 지각에 대한 산출변경, 준거인물의 변경)
```

정답 ①

출제유형 Ⅱ. 이론·제도　　**출제영역** 동기이론
출제빈도 ★★★　　**난도** 중

정답찾기
④ 브룸(Vroom)의 기대이론에서 특정한 결과에 대한 선호의 강도는 유의성에 해당한다.

오답피하기
① 매슬로(Maslow)는 하위 욕구가 부분적으로 충족되었을 때 동기 부여의 역할이 약화되어 상위 욕구가 발로될 것이라고 주장한다.
② 앨더퍼(Alderfer)는 매슬로의 5단계 욕구이론을 인간의 욕구를 3단계로 나누었다.
③ 허즈버그(Herzberg)는 불만과 만족은 별개의 차원이며, 불만요인(위생요인)을 없애는 것은 불만이 제거되는 것뿐이라고 주장한다.

행복노트
브룸(Vroom)의 기대이론(VIE이론)

결과발생에 대한 기대감(Expectancy), 결과에 따른 보상인 수단성(Instrumentality), 보상에 대한 매력성인 유인가(Valence)에 의해 동기유발 강도 결정된다고 봄

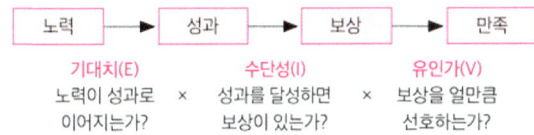

노력 → 성과 → 보상 → 만족

기대치(E) × 수단성(I) × 유인가(V)
노력이 성과로 　성과를 달성하면 　보상을 얼만큼
이어지는가? 　보상이 있는가? 　선호하는가?

TIP
Vroom의 기대이론(VIE이론)
부릉부릉(vroom) 기대해!!! 기수가 나를 유인해~

정답 ④

09 0589
동기이론에 대한 설명으로 옳지 않은 것은? 2016 지방 9급

① 매슬로(Maslow)는 상위 차원의 욕구가 충족되지 못하거나 좌절될 경우, 하위 욕구를 더욱 더 충족시키고자 한다고 주장하였다.
② 앨더퍼(Alderfer)는 ERG이론에서 매슬로의 욕구 5단계를 줄여서 생존욕구, 대인관계 욕구, 성장욕구의 세 단계를 제시하였다.
③ 허즈버그(Herzberg)는 욕구충족요인 이원론에서 불만족 요인(위생요인)을 제거한다고 해서 만족을 보장하는 것은 아니라고 주장하였다.
④ 애덤스(Adams)는 형평성이론에서 자신의 노력과 그 결과로 얻어지는 보상과의 관계를 다른 사람의 것과 비교해 상대적으로 느끼는 공평한 정도가 행동동기에 영향을 준다고 본다.

출제유형 II. 이론·제도 출제영역 동기이론
출제빈도 ★★★ 난도 중

정답찾기
① 매슬로(Maslow)의 욕구계층이론에서는 욕구 좌절 시 욕구의 후진적 퇴행적 진행을 고려하지 못한다. 앨더퍼(Alderfer)가 상위 차원의 욕구가 충족되지 못하거나 좌절될 경우, 하위 욕구를 더욱 더 충족시키고자 한다고 주장하였다.

오답피하기
매슬로(Maslow) 욕구계층이론의 특징 및 한계

특징	욕구는 어느정도 충족되면 다음 단계 욕구로 이행 인간은 항구적으로 무언가를 원하는 존재 충족된 욕구 → 동기로 작용 × 1 욕구 → 1 행위 역순 진행 인정 × 가장 우선순위 높은 욕구: 생리적 욕구 가장 궁극적 욕구: 자아실현 욕구
한계	욕구의 비고정성 충족된 욕구 → 강도가 약할 뿐 동기로 존재 가능 복합적 욕구 → 1 행위 유발 가능 욕구 좌절 시 역순 진행 욕구 유발의 비순차성

정답 ①

10 0590
동기이론에 대한 설명으로 가장 옳은 것은? 2019 서울 7급

① 매슬로(A. Maslow)는 욕구를 하위 욕구부터 상위 욕구까지 총 5단계로 분류하면서, 하위 욕구를 충족하게 되면 상위 욕구를 추구하게 되나, 하위 욕구인 생리적 욕구와 안전 욕구는 충족되더라도 필수적 욕구로 동기 유발이 지속된다고 주장하였다.
② 허즈버그(F. Herzberg)의 욕구충족요인 이원론은 불만요인(위생요인)은 개인의 불만족을 방지하는 효과를 가져 오는 요인으로 충족이 되지 않으면 심한 불만을 일으키지만 충족이 되면 강한 동기요인이 되기 때문에 개인의 불만에 대하여 관심을 갖고 관리해야 한다고 주장하였다.
③ 앨더퍼(C. Alderfer)의 ERG이론은 매슬로의 욕구5단계이론과 달리, 욕구 추구는 분절적으로 일어날 수도 있지만, 두 가지 이상의 욕구를 동시에 추구하기도 한다고 주장하였다.
④ 매클리랜드(D. McClelland)는 성취동기이론에서 공식 조직이 개인의 행태에 미치는 영향 연구를 통하여 미성숙 상태에서 성숙 상태로 발전하는 성격 변화의 경험이 성취동기의 기본이 된다고 주장하였다.

출제유형 II. 이론·제도 출제영역 동기이론
출제빈도 ★★★ 난도 중

정답찾기
③ 앨더퍼(Alderfer)의 ERG이론은 매슬로(Maslow)의 욕구5단계 이론을 3단계로 통합하였다. 또한 욕구 추구는 분절적으로 일어날 수도 있지만, 두 가지 이상의 욕구를 동시에 추구하기도 한다고 주장한다.

오답피하기
① 매슬로(Maslow)는 욕구를 하위 욕구부터 상위 욕구까지 총 5단계로 분류하면서, 하위 욕구를 충족하게 되면 상위 욕구를 추구하게 되나 하위 욕구는 어느 정도 충족이 될 경우 동기부여의 힘이 약해지고 다음 단계 욕구로 진행된다고 주장하였다.
② 허즈버그(Herzberg)의 욕구충족요인 이원론은 불만요인은 개인의 불만족을 방지하는 효과를 가져 오는 요인으로 충족되지 않으면 불만을 야기하지만 충족이 되더라도 동기요인으로 작용하지는 않는다.
④ 공식 조직이 개인의 행태에 미치는 영향 연구를 통하여 미성숙 상태에서 성숙 상태로 발전하는 성격 변화의 경험이 성취동기의 기본이 된다고 주장한 것은 아지리스(Argyris)의 미성숙·성숙이론에 해당한다.

정답 ③

11

주요 동기부여이론과 그로부터 도출할 수 있는 올바른 동기부여 방안이 가장 바르게 연결된 것은?

2017 서울 7급

① 브룸(Vroom)의 기대이론 - 개인의 선호에 부합하는 결과물을 유인으로 제시한다.
② 로크(Locke)의 목표설정이론 - 평이하고 구체적인 목표를 제시한다.
③ 허즈버그(Herzberg)의 2요인이론 - 낮은 보수를 인상한다.
④ 애덤스(Adams)의 형평성이론 - 프로젝트에 참여한 모든 사람에게 동일한 보상을 한다.

12

다음 중 동기부여이론에 대한 설명으로 가장 옳지 않은 것은?

2016 서울 9급

① 브룸(V. Vroom)의 기대이론 - 성취 욕구, 권력 욕구, 자율 욕구가 구성될 때 동기부여가 기대될 수 있다고 본다.
② 앨더퍼(C. Alderfer)의 ERG이론 - 매슬로의 욕구이론을 수정하여 개인의 기본 욕구를 존재 욕구, 관계 욕구, 성장 욕구의 3단계로 구분하였다.
③ 매슬로(A. Maslow)의 욕구이론 - 5단계의 욕구 체계 중 가장 하위의 욕구는 생리적 욕구 이다.
④ 포터(L. Porter)와 롤러(E. Lawler)의 기대이론 - 성과의 수준이 업무만족의 원인이 된다고 본다.

출제유형 Ⅱ. 이론·제도 **출제영역** 동기이론
출제빈도 ★★★ **난도** 중

정답찾기
① 브룸(Vroom)의 기대이론에 따르면 개인의 선호에 따른 결과물을 유인으로 제시하는 것이 동기부여를 극대화하는 방안이 된다.

오답피하기
② 로크(Locke)의 목표설정이론에 따르면, 목표가 적당한 난이도와 구체적일 때 인간은 더욱 노력하게 된다고 본다.
③ 허즈버그(Herzberg)의 욕구충족요인 이원론에 따르면 보수는 위생요인이므로 동기를 부여하지 못하며, 자아실현, 성취감 같은 동기요인을 충족시켜줘야 한다.
④ 애덤스(Adams)의 형평성이론에 따르면, 노력과 보상의 비율이 준거인의 그것과 일치하지 않을 때 불일치를 제거하는 쪽으로 동기유발이 된다.

정답 ①

출제유형 Ⅱ. 이론·제도 **출제영역** 동기이론
출제빈도 ★★★ **난도** 중

정답찾기
① 성취 욕구, 권력 욕구, 자율 욕구가 구성될 때 동기부여가 기대될 수 있다는 것은 매클리랜드(McClelland)의 성취동기이론에 대한 설명이다.

오답피하기
매클리랜드(McClelland) 성취동기이론

McClelland 성취동기이론
성취욕구 / 권력욕구 / 친교욕구

- 성취동기는 사회문화와 상호작용하는 과정에서 학습을 통해 취득
- 개인마다 욕구의 계층에 차이가 있음

성취욕구가 강한 사람의 특징
- 미래지향적, 변동 추구
- 중간수준의 적당한 목표를 상향수준 시 성과향상
- 빠른 피드백 추구

정답 ①

13   0593

조직인의 동기이론에 대한 설명으로 가장 옳지 않은 것은?

2016 서울 7급

① 핵맨과 올드햄(Hackman & Oldham)의 직무특성이론에 의하면 직무특성을 결정하는 변수로 기술다양성, 직무정체성, 직무중요성, 자율성, 환류를 들고 있다.
② 앨더퍼(Alderfer)의 ERG이론에 의하면 상위 욕구가 만족되지 않거나 좌절될 때 하위 욕구를 더욱 충족시키고자 한다는 좌절-퇴행법을 주장하였다.
③ 허즈버그(Herzberg)의 욕구충족요인 이원론에서 불만요인은 개인의 불만족을 방지하는 효과를 가져 오는 요인으로서, 충족되면 만족감을 갖게 되어 동기가 유발된다.
④ 매클리랜드(McClelland)의 성취동기이론에 의하면 성취 욕구는 행운을 바라는 대신 우수한 결과를 얻기 위해 높은 기준을 설정하고 이를 달성하려는 욕구이다.

출제유형 Ⅱ. 이론·제도   출제영역 동기이론
출제빈도 ★★★   난도 중

정답찾기
③ 허즈버그(Herzberg)의 욕구충족요인 이원론에서 불만요인은 개인의 불만족을 방지하는 효과를 가져 오는 요인으로서, 불만요인의 제거는 불만 없는 상태로 끝나는 것이고 만족요인이 충족되어야 만족감을 주고 동기요인으로 작용한다고 주장한다.

오답피하기
허즈버그(Herzberg) 이원론
- 불만요인: 위생요인, 동기유발로 작용 ×
- 만족요인: 동기요인, 동기유발로 작용 ○

불만요인(위생요인) 직무환경적 요소	만족요인(동기요인) 직무자체적 요소
• 회사의 정책 및 관리 • 감독 기술 • 작업조건 • 대인관계 • 급여·보수, 지위, 안전 • 복지시설	• 성취 • 인정 • 도덕적이고 보람있는 작업 자체 • 책임의 중대(직무충실) • 능력 및 지식의 신장 • 승진·성장과 발전
주변 환경에 영향을 미침	동기유발에 직접적으로 영향을 미침

행복한 합격 TIP
Herzberg 이원론
허즈번드는 불만은 없지만 만족도 없어요.

정답 ③

14   0594

조직 구성원의 인간관에 따른 조직관리와 동기부여에 관한 이론들로서 바르게 설명한 것을 모두 고른 것은?

2014 서울 9급

㉠ 허즈버그의 욕구충족요인 이원론에 의하면, 불만요인을 제거해야 조직원의 만족감을 높이고 동기가 유발된다는 것이다.
㉡ 로크의 목표설정이론에 의하면, 동기유발을 위해서는 구체성이 높고 난이도가 높은 목표가 채택되어야 한다는 것이다.
㉢ 합리적·경제적 인간관은 테일러의 과학적 관리론, 맥그리거의 X이론, 아지리스의 미성숙인 이론의 기반을 이룬다.
㉣ 자아실현적 인간관은 호손실험을 바탕으로 해서 비공식적 집단의 중요성을 강조하며, 자율적으로 문제를 해결하도록 한다.

① ㉠, ㉡, ㉢, ㉣   ② ㉠, ㉡, ㉢
③ ㉠, ㉡, ㉣   ④ ㉡, ㉢
⑤ ㉢, ㉣

출제유형 Ⅱ. 이론·제도   출제영역 인간관, 동기이론
출제빈도 ★★★   난도 중

정답찾기
㉡ 로크(Locke)의 목표설정이론에 의하면, 동기유발을 위해서는 구체성이 높고 난이도가 높은 목표가 채택되어야 한다는 것이다.
㉢ 합리적·경제적 인간관은 테일러(Taylor)의 과학적 관리론, 맥그리거(McGregor)의 X이론, 아지리스(Argyris)의 미성숙인 이론의 기반을 이룬다.

오답피하기
㉠ 허즈버그(Herzberg)는 불만요인의 제거는 불만 없는 상태로 끝나는 것이고 만족요인이 충족되어야 만족감을 주고 동기요인으로 작용한다고 주장한다.
㉣ 호손실험을 바탕으로 해서 비공식적 집단의 중요성을 강조한 것은 인간관계론에서 인식하는 사회적 인간관이다.

행복노트
인간관

합리적 경제적 인간관	사회적 인간관	자기실현적 인간관	복잡한 인간관
고전적 수동적 피동적 경제성 X이론 과학적 관리론	신고전적 사회성 피동적 인간 강조 Y이론 인간관계론	성장이론 능동적 성취감 맥그리거 Y이론 아지리스 성숙인 후기인간관계론	직무특성론 현대이론 상황적응적 복잡성 Z이론 상황론

교환형 관리   통합형 관리   다원형 관리

정답 ④

15　0595

조직구성원들의 동기이론에 대한 설명 중 옳은 것만을 모두 고르면?

2014 국가 9급

> ㄱ. ERG이론: 앨더퍼(C. Alderfer)는 욕구를 존재 욕구, 관계 욕구, 성장 욕구로 구분한 후 상위 욕구와 하위 욕구 간에 '좌절 – 퇴행' 관계를 주장하였다.
> ㄴ. X·Y이론: 맥그리거(D. McGregor)의 X이론은 매슬로(A. Maslow)가 주장했던 욕구계층 중에서 주로 상위 욕구를, Y이론은 주로 하위 욕구를 중요시하였다.
> ㄷ. 형평이론: 애덤스(J. Adams)는 자기의 노력과 그 결과로 얻어지는 보상을 준거인물과 비교하여 공정하다고 인식할 때 동기가 유발된다고 주장하였다.
> ㄹ. 기대이론: 브룸(V. Vroom)은 보상에 대한 매력성, 결과에 따른 보상, 그리고 결과발생에 대한 기대감에 의해 동기유발의 강도가 좌우된다고 보았다.

① ㄱ, ㄷ　　② ㄱ, ㄹ
③ ㄴ, ㄷ　　④ ㄷ, ㄹ

출제유형 Ⅱ. 이론·제도　　**출제영역** 동기이론, 과정이론
출제빈도 ★★★　　　　　　**난도** 중

정답찾기
ㄱ. ERG이론: 앨더퍼(Alderfer)는 욕구를 존재 욕구, 관계 욕구, 성장 욕구로 구분한 후 상위 욕구와 하위 욕구 간에 '좌절 – 퇴행' 관계를 주장하였다.
ㄹ. 기대이론: 브룸(Vroom)은 보상에 대한 매력성, 결과에 따른 보상, 그리고 결과발생에 대한 기대감에 의해 동기유발의 강도가 좌우된다고 보았다.

오답피하기
ㄴ. 맥그리거(McGregor)의 X이론은 매슬로(Moslow)가 주장한 <u>하위 욕구</u>에 속하고, Y이론은 주로 상위 욕구를 중시한다.
ㄷ. 애덤스(Adams)는 형평성이론에서 자신의 노력과 보상을 준거인물과 비교하여 <u>불공정하다고 인식할 때</u> 동기가 유발된다고 주장하였다.

행복노트

과정이론: 애덤스(Adams) 형평성이론
자신과 준거인 비교 보상의 비율이 기준 (크기 ×)

산출/투입
― 일치: 공평 – 행동유발 ×
― 과다보상: 불공평 인지 – 불안상태 감소 노력
― 과소보상: 불공평 인지 – 비율 맞추려고 노력
해소하기 위해 행동유발
(투입의 변경, 산출의 변경, 투입과 지각에 대한 산출변경, 준거인물의 변경)

정답 ②

16　0596

동기부여이론에 대한 설명 중 옳은 것은?

2013 서울 7급

① 허즈버그(Herzberg)의 욕구충족요인 이원론에 따르면 보수는 매우 중요한 동기요인이다.
② 내용이론에는 형평성이론과 기대이론이 있다.
③ 동기부여란 개인과 조직이 욕구의 결핍을 충족하기 위한 수단을 탐색하는 과정지향적 행동을 의미한다.
④ 포터(Porter)와 롤러(Lawler)는 보상의 공정성에 대한 개인의 만족감을 주요 변수로 삼아 기대이론을 보완하였다.
⑤ 매슬로(Maslow)에 따르면 자기실현 욕구는 사람마다 큰 차이가 없다.

출제유형 Ⅱ. 이론·제도　　**출제영역** 동기이론
출제빈도 ★★★　　　　　　**난도** 중

정답찾기
④ 포터(Porter)와 롤러(Lawler)의 성과만족이론은 <u>보상의 공정성에 대한 개인의 만족감을 주요 변수로 삼아 기대이론을 보완하였다.</u>

오답피하기
① 허즈버그(Herzberg)의 욕구충족요인 이원론에서 보수는 <u>불만(위생)요인</u>이다.
② 형평성이론과 기대이론은 <u>과정이론</u>에 해당한다.
③ 동기부여이론에서 욕구 결핍을 충족하기 위한 수단을 탐색하는 것은 <u>실체이론</u>이다.
⑤ 매슬로(Maslow)는 자기실현 욕구는 자신의 잠재능력을 최대한 개발하여 자기의 뜻을 펴고, 하고 싶은 일을 하고, 되고 싶은 인물이 되고자 하는 욕구로서, <u>사람마다 제각각 다르다</u>고 주장한다.

행복노트

포터(Porter)와 롤러(Lawler)의 성과만족이론

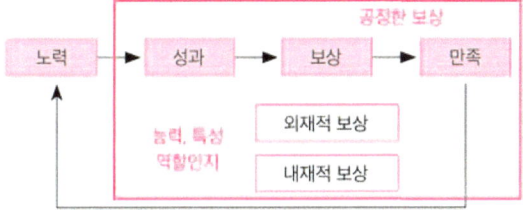

- 포터와 롤러는 보상의 공정성에 대한 개인의 만족감을 주요 변수로 삼아 기대이론을 보완함
- 종래의 이론: 개인의 만족도에 의해 근무성과가 결정
- 포터와 롤러: 보상이 적절(공정)하면 높은 수준의 근무 성과가 만족을 초래할 수 있다고 봄

TIP

포터(Porter)와 롤러(Lawler)의 성과만족이론
포터차는 성과에 대해 만족스러워~!

정답 ④

17   0597

동기부여 이론가들과 그 주장에 바탕을 둔 관리 방식을 연결한 것이다. 이들 중 동기부여 효과가 가장 낮다고 판단되는 것은?

2013 국가 9급

① 매슬로(Maslow) – 근로자의 자아실현 욕구를 일깨워 준다.
② 허즈버그(Herzberg) – 근로 환경 가운데 위생요인을 제거해 준다.
③ 맥그리거(McGregor)의 Y이론 – 근로자들은 작업을 놀이처럼 즐기고 스스로 통제할 줄 아는 존재이므로 자율성을 부여한다.
④ 앨더퍼(Alderfer) – 개인의 능력개발과 창의적 성취감을 북돋운다.

출제유형 Ⅱ. 이론·제도   **출제영역** 동기이론
출제빈도 ★★★   **난도** 중

정답찾기
② 허즈버그(Herzberg)는 근로 환경 가운데 위생(불만)요인 제거는 불만요인의 제거에 해당한다. 불만요인의 제거는 불만 없는 상태로 끝나는 것이고 만족요인이 충족되어야 만족감을 주고 동기요인으로 작용한다고 본다.

오답피하기
허즈버그(Herzberg) 이원론의 특징 및 한계

- **특징**
  - 위생요인과 동기요인은 독립적 불연속 관계
  - 직무만족의 반대: 직무 불만이 아니라 직무만족의 부재
  - 위생요인은 동기유발요인으로 작용 ×
  - 불만족 요인의 제거는 단기적인 효과(생산력 향상 ×)
- **한계**
  - 전문직 종사자(회계사, 기사) 대상 → 일반화 곤란
  - 중요사건기록법을 근거로 수집 → 근접경험에 의한 착오
  - 동기약화요인에 대한 설명 부족

정답 ②

18   0598

다음 중 동기부여에 대한 과정이론만을 모두 고른 것은?

2014 지방 9급

ㄱ. 애덤스(Adams)의 형평성이론
ㄴ. 브룸(Vroom)의 기대이론
ㄷ. 매클리랜드(McClelland)의 성취동기이론
ㄹ. 로크(Locke)의 목표설정이론

① ㄱ, ㄴ   ② ㄱ, ㄴ, ㄹ
③ ㄴ, ㄷ, ㄹ   ④ ㄷ, ㄹ

출제유형 Ⅱ. 이론·제도   **출제영역** 동기이론
출제빈도 ★★   **난도** 하

정답찾기
② ㄱ. 애덤스(Adams)의 형평성이론, ㄴ. 브룸(Vroom)의 기대이론, ㄹ. 로크(Locke)의 목표설정이론은 과정이론에 해당한다.

오답피하기
ㄷ. 매클리랜드(McClelland)의 성취동기이론은 내용이론에 해당한다.

행복노트
동기부여이론

내용이론(What)	과정이론(How)
Maslow 욕구계층이론 Alderfer ERG이론 McGregor X·Y이론 Z이론모형 Herzberg 이원론 Argyris 성숙·미성숙이론 McClelland 성취동기이론 Hackman & Oldham 직무특성이론	Adams 형평성이론 Vroom 기대이론 Porter & Lawler 성과·만족이론 Locke 목표설정이론 학습이론
동기유발의 실체가 무엇인가 (What) 욕구충족에 초점	동기가 어떻게 발휘되는가 (How) 동기유발과정에 초점

정답 ②

19

0599

동기이론 중 과정이론에 해당하는 것만을 모두 고르면?

2018 국가 7급

> ㄱ. 동기부여의 강도를 산정하는 기본개념으로 유인가(valence), 수단성(instrumentality), 기대감(expectancy)을 제시하였다.
> ㄴ. 직무가 조직화되는 방법에 따라 조직원의 노력 정도가 달라진다는 점에 착안하여 모든 직무를 다섯 가지 핵심 직무 차원으로 구분했다.
> ㄷ. 개인은 업적에 따라 보상을 받게 되며 이때 주어지는 보상은 공평한 것으로 지각되어야 하는데, 개인이 불공평하다고 인식하면 만족을 줄 수 없게 된다고 본다.
> ㄹ. 인간의 욕구를 존재, 관계, 성장의 3단계로 나누고 '좌절-퇴행' 접근법을 주장한다.
> ㅁ. 인간은 미성숙상태에서 성숙상태로 발전하는 과정에서 성격변화를 경험한다고 주장한다.

① ㄱ, ㄴ, ㄷ
② ㄱ, ㄹ, ㅁ
③ ㄴ, ㄷ, ㄹ
④ ㄴ, ㄷ, ㅁ

20

0600

동기부여와 관련된 이론을 내용이론과 과정이론으로 나누어 볼 때, 다음 중에서 과정이론에 해당하는 것은?

2013 서울 9급

① 욕구계층이론
② 기대이론
③ 욕구충족요인 이원론
④ 성취동기이론
⑤ X · Y이론

출제유형 Ⅱ. 이론 · 제도 **출제영역** 동기이론
출제빈도 ★★ **난도** 중

정답찾기
ㄱ. 동기부여의 강도를 산정하는 기본개념으로 유인가(Valence), 수단성(Instrumentality), 기대감(Expectancy)을 제시한 것은 브룸(Vroom)의 기대이론이며 과정이론에 해당한다.
ㄴ. 직무가 조직화되는 방법에 따라 조직원의 노력 정도가 달라진다는 점에 착안하여 모든 직무를 다섯 가지 핵심 직무 차원으로 구분한 것은 핵맨(Hackman) & 올드햄(Oldham)의 직무특성론에 대한 설명으로 주로 동기부여의 내용이론으로 구분하지만, 과정이론으로 보는 견해도 있다.
ㄷ. 개인은 업적에 따라 보상을 받게 되며 이때 주어지는 보상은 공평한 것으로 지각되어야 하는데, 개인이 불공평하다고 인식하면 만족을 줄 수 없게 된다고 보는 것은 애덤스(Adams)의 형평성이론에 대한 설명으로 과정이론에 해당한다.

오답피하기
ㄹ. 인간의 욕구를 존재, 관계, 성장의 3단계로 나누고 '좌절-퇴행' 접근법을 주장한 것은 앨더퍼(Alderfer)의 ERG이론으로 내용이론에 해당한다.
ㅁ. 인간은 미성숙상태에서 성숙상태로 발전하는 과정에서 성격변화를 경험한다고 주장한 것은 아지리스(Argyris)의 성숙-미성숙이론으로 내용이론에 해당한다.

정답 ①

출제유형 Ⅱ. 이론 · 제도 **출제영역** 동기이론
출제빈도 ★★ **난도** 하

정답찾기
② 브룸(Vroom)의 기대이론은 과정이론에 해당한다.

오답피하기
① 매슬로(Maslow)의 욕구계층이론은 내용이론이다.
③ 허즈버그(Herzberg)의 욕구충족요인 이원론은 내용이론이다.
④ 매클리랜드(McClelland)의 성취동기이론은 내용이론이다.
⑤ 맥그리거(McGregor)의 X · Y이론은 내용이론이다.

정답 ②

21 0601

매슬로(Maslow)의 욕구단계이론에 대한 설명으로 옳은 것은?

2017 국가 7급

① 가장 낮은 안전의 욕구부터 시작하여 다섯 가지의 위계적 욕구단계가 존재한다.
② 안전의 욕구와 사회적 욕구는 앨더퍼(Alderfer)의 ERG이론의 첫 번째 욕구단계인 존재욕구에 해당한다.
③ 어느 한 단계의 욕구가 완전히 충족되어야만 다음 단계의 욕구를 추구하게 되는 것은 아니다.
④ 사회적 욕구는 어떤 일을 행함으로써 느끼게 되는 자신감, 성취감 등을 의미한다.

22 0602

〈보기〉 이론의 내용과 잘 부합하는 조직관리 전략으로 가장 옳지 않은 것은?

2018 서울 2회 7급

| 보기 |
대부분의 사람들은 본질적으로 일을 싫어하며 가능하면 일을 하지 않으려고 한다. 또한 안전을 원하고 변화에 저항적이다.

① 정확한 업무지시와 감독을 강화해야 한다.
② 의사결정 시 부하직원을 참여시키고 권한을 확대해서 자율적으로 업무를 수행할 수 있게 한다.
③ 업무 평가 결과에 따른 엄격한 상벌의 원칙을 제시한다.
④ 관리자가 조직구성원에게 적절한 업무량을 부과하여 업무를 수행하게 해야 한다.

출제유형 II. 이론·제도 **출제영역** 매슬로의 욕구단계이론
출제빈도 ★★ **난도** 중

정답찾기
③ 매슬로(Maslow)는 하위 단계의 욕구가 어느 정도 충족되면 그 욕구는 동기부여의 힘을 상실하고 다음 단계 욕구로 진행된다고 주장한다.

오답피하기
① 가장 낮은 생리적 욕구부터 시작하여 다섯 가지의 위계적 욕구단계가 존재한다.
② 앨더퍼(Alderfer)의 ERG이론에서 존재욕구에는 매슬로의 생리적 욕구와 안전욕구가 포함된다. 사회적 욕구는 ERG이론의 관계 욕구에 해당한다.
④ 어떤 일을 행함으로써 느끼게 되는 자신감, 성취감 등은 자기실현욕구에 대한 설명이다. 사회적 욕구는 다른 사람과의 관계를 추구하는 과정에서 느끼는 소속이나 애정적 욕구를 의미한다.

정답 ③

출제유형 II. 이론·제도 **출제영역** 맥그리거의 X·Y이론
출제빈도 ★★★ **난도** 중

정답찾기
② 대부분의 사람들은 본질적으로 일을 싫어하며 가능하면 일을 하지 않으려고 한다. 또한 안전을 원하고 변화에 저항적이라고 보는 것은 맥그리거(McGregor)의 X이론에 해당한다. 하지만 의사결정의 부하들의 참여와 자율권 확대는 Y이론에 부합하는 조직관리 전략이다.

오답피하기
① 정확한 업무지시와 감독을 강화해야 한다고 보는 것은 X이론에 부합하는 조직관리 전략이다.
③ 업무 평가 결과에 따른 엄격한 상벌의 원칙을 제시하는 것은 X이론에 부합하는 조직관리 전략이다.
④ 관리자가 조직구성원에게 적절한 업무량을 부과하여 업무를 수행하게 해야 한다는 것은 X이론에 부합하는 조직관리 전략이다.

행복노트

맥그리거(McGregor) X·Y이론

X이론 — 해석: 인간은 일하기 싫어하는 게으르고 수동적인 존재
       — 관리: 경제적 보상체계의 강화, 집권적 의사결정

Y이론 — 해석: 인간은 자발적이고 의욕적인 참여, 능동적 활동도 중시
       — 관리: 경제적 보상 + 사회적 보상, 민주적 리더십,
         비공식조직 활용, 자율규제와 자율책임 강조

행복한 합격 TIP

McGregor X·Y이론
막 그려(mcgregor)~ X, Y

정답 ②

23

0603

다음 내용이 설명하는 인간관에 부합하는 조직관리 전략은?

2015 지방 9급

> 대부분의 사람들은 본질적으로 일을 싫어하는 것이 아니다. 사람들에게 일이란 작업조건만 제대로 정비되면 놀이를 하거나 쉬는 것과 같이 극히 자연스러운 것이며, 인간이 물리적·사회적 환경에 도전하는 여러 방법 중의 하나이다.

① 업무 지시를 정확하게 하고 엄격한 상벌 원칙을 제시해야 한다.
② 업무 평가 하위 10%에 해당하는 직원에 대한 20%의 급여 삭감 계획은 더욱 많은 업무 노력을 이끌어 낼 수 있는 방법이다.
③ 의사결정 시 부하직원을 참여시키고 자율적으로 업무를 수행할 수 있도록 해야 한다.
④ 관리자가 조직구성원에게 적절한 업무량을 부과하여 수행하게 해야 한다.

출제유형 Ⅱ. 이론·제도   **출제영역** 맥그리거의 X·Y이론
출제빈도 ★★   난도 중

정답찾기
③ 제시문은 맥그리거(McGregor)의 Y이론에 해당한다. Y이론의 인간관은 자율적으로 자기규제를 할 수 있는 자율적 행동과 자기규제, 자기평가 중시를 중시하는 인간이므로, 의사결정 시 부하직원을 참여시키고 자율적으로 업무를 수행할 수 있도록 해야 한다는 것이 Y이론에 부합하는 조직관리 전략이다.

오답피하기
①, ②, ④는 X이론의 인간관에 부합하는 조직관리 전략이다.

Y이론의 인간	Y이론하의 관리전략
① 인간은 일을 반드시 싫어하지는 않고, 상황조건에 따라 다르다. ② 조직의 목표달성을 위한 활동은 수동적인 명령·위협도 있지만, 개개인의 능동적 활동도 중시된다. ③ 인간은 자발적이고 의욕적인 참여를 통해 보람을 느끼고 책임의식도 갖고 있는 존재이다.	개인적 목표와 조직목표의 조화 ① 경제적 보상뿐만 아니라 사회적 보상체계를 강화해야 한다. ② 민주적 리더십 ③ 통솔범위 확대를 통한 분권화와 위임 강화 ④ 비공식조직의 활용 ⑤ 낮은 계층제(분권형 조직)의 활용 ⑥ 참여적 관리, MBO 및 자기평가제도의 도입

정답 ③

24

0604

맥그리거(McGregor)의 X이론 측면에서 조직의 관리전략에 적합하지 않은 것은?

2014 서울 7급

① 경제적 보상체계의 강화
② 권위주의적 리더십의 확립
③ 목표에 의한 관리체계의 구축
④ 상부책임제도의 강화
⑤ 고층적·계층적 조직구조의 확립

출제유형 Ⅱ. 이론·제도   **출제영역** 맥그리거의 X·Y이론
출제빈도 ★★   난도 중

정답찾기
③ 목표에 의한 관리(MBO)체계의 구축은 의사결정 시 부하직원을 참여시키고 자율적으로 업무를 수행할 수 있도록 하는 것이므로 Y이론에 토대를 둔 관리전략에 해당한다.

오답피하기
①, ②, ④, ⑤는 X이론 인간관에 부합하는 조직관리 전략이다.

X이론의 인간	X이론하의 관리전략
㉠ 인간은 본질적으로 게으르며, 가능한 한 일을 적게 하려 한다. ㉡ 일을 시키려면 강제, 명령, 위협, 벌칙이 가해져야 한다. ㉢ 야망이 없으며, 책임을 싫어하는 동시에 이끌려가기를 선호한다. ㉣ 수동적·소극적 성향으로 가정한다.	통제중심의 당근과 채찍에 의한 관리전략 ㉠ 경제적 보상체계의 강화 ㉡ 권위주의적 리더십 ㉢ 상급 관리자 책임제도 강화 ㉣ 공식조직에 의존 ㉤ 집권적 체제와 참여의 제한 ㉥ 엄격한 조직구조의 계층성

정답 ③

25 | 0605

허즈버그(Herzberg)의 욕구충족요인 이원론에서 위생요인에 해당하지 않는 것은?   2022 지방 9급

① 감독
② 대인관계
③ 보수
④ 성취감

26 | 0606

허즈버그(Herzberg)의 욕구충족요인 이원론에 대한 설명으로 옳지 않은 것은?   2017 국가 9급

① 욕구의 계층화를 시도한 점에서 매슬로(Maslow)의 욕구단계이론과 유사하다.
② 불만을 주는 요인과 만족을 주는 요인은 서로 다르다고 주장한다.
③ 무엇이 동기를 유발하는가에 초점을 두는 내용이론으로 분류된다.
④ 작업조건에 대한 불만을 해소한다고 하더라도 근무태도에 장기적인 영향을 미치지는 않는다고 본다.

출제유형 Ⅱ. 이론·제도 **출제영역** 허즈버그의 욕구충족요인 이원론
출제빈도 ★★ **난도** 중

[정답찾기]
④ 성취감은 직무 자체적 요소에 해당하므로 허즈버그(Herzberg)의 욕구충족요인이원론에서 만족요인(동기요인)에 해당한다.

[오답피하기]
① 감독은 직무환경적 요소에 해당하므로 위생요인에 해당한다.
② 대인관계는 직무환경적 요소에 해당하므로 위생요인에 해당한다.
③ 보수는 직무환경적 요소에 해당하므로 위생요인에 해당한다.

[행복노트]

Herzberg 이원론
- 불만요인: 위생요인, 동기유발로 작용 ×
- 만족요인: 동기요인, 동기유발로 작용

불만요인(위생요인) 직무환경적 요소	만족요인(동기요인) 직무 자체적 요소
• 회사의 정책 및 관리 • 감독 기술 • 작업조건 • 대인관계 • 급여·보수, 지위, 안전 • 복지시설	• 성취 • 인정 • 도덕적이고 보람있는 작업 자체 • 책임의 증대(직무충실) • 능력 및 지식의 신장 • 승진·성장과 발전
주변 환경에 영향을 미침	동기유발에 직접적으로 영향을 미침

TIP
Herzberg 이원론
허즈번드는 불만은 없지만 만족도 없어요.

정답 ④

출제유형 Ⅱ. 이론·제도 **출제영역** 허즈버그의 욕구충족요인 이원론
출제빈도 ★★ **난도** 중

[정답찾기]
① 허즈버그(Herzberg)의 욕구충족요인 이원론은 불만요인과 동기요인을 별개의 차원으로 분석한 이원론으로 욕구의 계층화를 시도하지 않았다.

[오답피하기]
② 불만을 주는 요인과 만족을 주는 요인은 서로 다르다고 주장한다.
③ 무엇이 동기를 유발하는가에 초점을 두는 내용이론으로 분류된다.
④ 작업조건에 대한 불만을 해소한다고 하더라도 근무태도에 장기적인 영향을 미치지는 않는다고 본다.

정답 ①

27

핵맨(Hackman)과 올드햄(Oldham)의 직무특성이론에 대한 설명 중 가장 옳지 않은 것은?   2015 국회 9급

① 기술다양성, 직무정체성, 직무중요성 등이 동기부여에 중요한 영향을 미친다고 가정한다.
② 구성원의 외재적 동기부여를 강조한 이론이다.
③ 구성원의 성장욕구가 강할 때 효과적인 이론이다.
④ 업무수행에 있어서 갖는 자율성을 강조한다.
⑤ 업무결과에 대한 환류는 동기부여에 긍정적 작용을 한다고 가정한다.

28

조직 내에서 구성원 A는 구성원 B와 동일한 정도로 일을 하였음에도 구성원 B에 비하여 보상을 적게 받았다고 느낄 때 애덤스(J. Stacy Adams)의 공정성이론에 의거하여 취할 수 있는 구성원 A의 행동 전략으로 가장 옳지 않은 것은?   2019 서울 9급

① 자신의 투입을 변화시킨다.
② 구성원 B의 투입과 산출에 대해 의도적으로 자신의 지각을 변경한다.
③ 이직을 한다.
④ 구성원 B의 투입과 산출의 실제량을 자신의 것과 객관적으로 비교하여 보상의 재산정을 요구한다.

출제유형 Ⅱ. 이론·제도   **출제영역** 핵맨과 올드햄의 직무특성이론
출제빈도 ★★   **난도** 상

정답찾기
② 핵맨(Hackman)과 올드햄(Oldham)의 직무특성이론은 <u>내재적 동기유발</u>을 강조한 이론이다.

오답피하기
핵맨과 올드햄(Hackman & Oldham) 직무특성이론

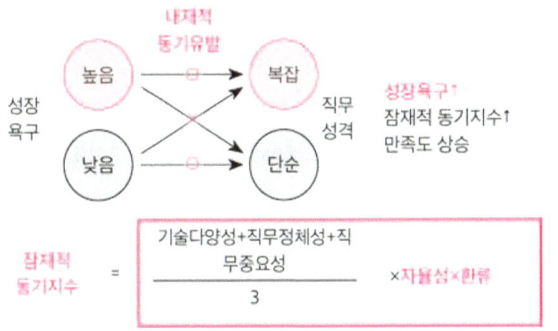

- 기술다양성: 직무를 수행하는데 요구되는 기술의 종류
- 직무정체성: 직무내용이 제품을 끝까지 완성시킬 수 있도록 구성
- 직무중요성: 직무가 다른 사람에게 영향을 미치는 정도
- 자율성: 개인적으로 느끼는 책임감의 정도
- 환류: 직무 수행성과에 대한 정보의 유무

행복한 평가 TIP
Hackman & Oldham 직무특성이론
오래된(old) 햄 먹으면 다중 정체성 환자

정답 ②

출제유형 Ⅱ. 이론·제도   **출제영역** 애덤스의 공정성이론
출제빈도 ★★   **난도** 중

정답찾기
④ 애덤스(Adams)의 공정성이론은 투입과 산출에 대한 <u>객관적 측정이 어려워 개인의 주관적 인식</u>에 전적으로 의존한다.

오답피하기
① 불형평성을 해소하기 위해 투입 또는 산출을 변화시켜 조정하는 것이다.
② 불형평성을 해소하기 위해 투입과 산출에 대한 본인의 지각을 바꾸는 것이다.
③ 불형평성을 해소하기 위한 여러 가지 방법을 취했음에도 불구하고 해소하지 못하는 경우, A는 <u>조직을 이탈하거나 다른 조직으로 이동</u>한다.

행복노트
과정이론: 애덤스(Adams) 형평성이론
자신과 준거인 비교 보상의 비율이 기준 (크기 ×)

산출/투입 ─ 일치: 공평 – 행동유발 ×
        ─ 과대보상: 불공평 인지 – 불안상태 감소 노력
        ─ 과소보상: 불공평 인지 – 비율 맞추려고 노력
        해소하기 위해 행동유발
        (투입의 변경, 산출의 변경, 투입과 지각에 대한 산출변경, 준거인물의 변경)

정답 ④

29 ☐☐☐ 0609

공정성(형평성)이론에서 자신(A)과 준거인물(B)을 비교하여 보상이 불공정하다고 느낄 때, 이를 해소하기 위한 자신(A)의 전략적 대응에 대한 추론으로 가장 옳지 않은 것은?

2018 서울 2회 7급

① 일을 열심히 하지 않는다.
② 준거인물(B)의 업무 방식을 참고하여 배울점을 찾는다.
③ 준거인물(B)이 자신(A)보다 훨씬 더 많은 시간을 일했을 것이라고 생각을 바꾼다.
④ 다른 비교대상을 찾는다.

30 ☐☐☐ 0610

브룸(Vroom)의 기대이론에 대한 설명으로 옳지 않은 것은?

2021 국가 7급

① 동기부여의 과정이론(Process Theory) 중 하나이다.
② 기대감(Expectancy)은 개인의 노력(Effort)이 공정한 보상(Reward)으로 이어질 것이라는 주관적 믿음을 의미한다.
③ 수단성(Instrumentality)은 개인의 성과(Performance)와 보상(Reward) 간의 관계에 대한 인식이다.
④ 유인가(Valence)는 개인이 특정 보상(Reward)에 대해 갖는 선호의 강도를 의미한다.

출제유형 Ⅱ. 이론·제도 출제영역 애덤스의 공정성이론
출제빈도 ★★ 난도 중

정답찾기
② 애덤스(Adams)의 형평성이론에서는 자신과 준거인을 비교하여 보상이 불공정하다고 느낄 때 그 불공평을 제거하는 방향으로 행동을 한다는 이론이다. 이때, 준거인물은 배울 점을 찾는 대상이 아니라 자신과 비교하여 투입과 산출의 비율을 비교하는 대상이며 준거인물의 변경 또한 하나의 방법이다.

오답피하기
① 일을 열심히 하지 않는 것은 자신의 직무에 대한 공헌도(투입)를 낮추는 것에 해당한다.
③ 준거인물(B)이 자신(A)보다 훨씬 더 많은 시간을 일했을 것이라고 생각을 바꾸는 것은 산출에 대한 지각 변경에 해당한다.
④ 다른 비교대상을 찾는 것은 준거인물의 변경에 해당한다.

정답 ②

출제유형 Ⅱ. 이론·제도 출제영역 브룸의 기대이론
출제빈도 ★★★ 난도 중

정답찾기
② 기대감(Expectancy)은 개인의 노력(Effort)이 공정한 보상이 아니라 성과로 이어질 것이라는 주관적 믿음을 의미한다.

오답피하기
브룸(Vroom)의 기대이론(VIE이론)

결과발생에 대한 기대감(Expectancy), 결과에 따른 보상인 수단성(Instrumentality), 보상에 대한 매력성인 유인가(Valence)에 의해 동기유발 강도 결정된다고 봄

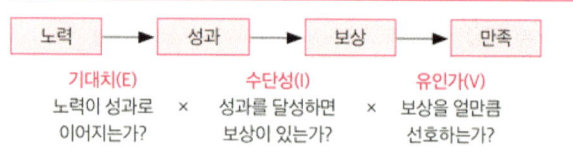

노력 → 성과 → 보상 → 만족

기대치(E) × 수단성(I) × 유인가(V)
노력이 성과로   성과를 달성하면   보상을 얼만큼
이어지는가?   보상이 있는가?   선호하는가?

행복한 합격 TIP
Vroom의 기대이론(VIE이론)
부릉부릉(vroom) 기대해!!! 기수가 나를 유인해~

정답 ②

31

공공봉사동기이론(Public Service Motivation)에 대한 설명으로 옳지 않은 것은?

2021 국가 9급

① 공사부문 간 업무성격이 다르듯이, 공공부문의 조직원들은 동기구조 자체도 다르다는 입장에 있다.
② 정책에 대한 호감, 공공에 대한 봉사, 동정심(Compassion) 등의 개념으로 구성되어 있다.
③ 공공봉사동기가 높은 사람을 공직에 충원해야한다는 주장의 근거가 될 수 있다.
④ 페리와 와이스(Perry & Wise)는 제도적 차원, 금전적 차원, 감성적 차원을 제시하였다.

32

동기유발요인으로 금전적·물질적 보상보다 지역공동체나 국가, 인류를 위해 봉사하려는 이타심에 주목하는 이론은?

2015 국가 7급

① 페리(Perry)의 공공서비스동기이론
② 스키너(Skinner)의 강화이론
③ 핵맨(Hackman)과 올드햄(Oldham)의 직무특성이론
④ 매슬로(Maslow)의 욕구계층이론

출제유형 Ⅱ. 이론·제도 **출제영역** 공공봉사동기이론
출제빈도 ★★ 난도 중

정답찾기
④ 페리와 와이스(Perry & Wise)는 합리적 차원, 규범적 차원, 감성적 차원을 제시하였다.

오답피하기
① 페리와 와이스(Perry & Wise)는 공공봉사동기이론에서 공직자들의 봉사정신과 이타심의 바탕에는 공공서비스 동기가 있다고 주장하며 공사부문 간 업무성격이 다르듯이, 공공부문의 조직원들은 동기구조 자체도 다르다는 입장에 있다.
② 공공봉사동기이론은 동기유발요인으로 금전적·물질적 보상보다 지역공동체나 국가, 인류를 위해 봉사하려는 이타심에 주목하는 이론으로서 정책에 대한 호감, 공공에 대한 봉사, 동정심(Compassion) 등의 개념으로 구성되어 있다.
③ 페리와 와이스(Perry & Wise)는 공공부문의 조직원들은 동기구조 자체가 다르다고 보기 때문에 공공봉사동기가 높은 사람을 공직에 충원해야 한다는 주장의 근거가 될 수 있다.

정답 ④

출제유형 Ⅱ. 이론·제도 **출제영역** 공공봉사동기이론
출제빈도 ★★ 난도 중

정답찾기
① 페리(Perry)는 공공봉사동기이론에서 공직자들의 봉사정신과 이타심의 바탕에는 공공봉사동기(Public Service Motive)가 있다고 주장한다.

오답피하기
② 스키너(Skinner)의 강화이론은 외적 자극에 의해 학습된 행동이 유발되는 과정을 설명하는 학습이론이다. 동기유발은 행동에 선행하는 자극 → 반응행동 → 행동에 결부되는 결과로서의 유인기제 등 세 가지 변수의 연쇄적인 관계에 의해 결정된다고 본다.
③ 핵맨(Hackman)과 올드햄(Oldham)의 직무특성이론은 직무특성이 직무 수행자의 성장욕구 수준에 부합될 때 직무 수행자에게 더 큰 의미와 책임감을 주고, 이로 인해 동기유발에 보다 크게 작용하게 된다는 이론이다.
④ 매슬로(Maslow)의 욕구계층이론은 모든 인간에게는 욕구결핍이 항상 존재하며, 그 결핍된 욕구가 행동동기를 자극한다고 주장하였다.

정답 ①

33 ☐☐☐ 0613

조직시민행동(Organizational Citizenship Behavior)에 대한 설명으로 옳지 않은 것은?
2016 국가 9급

① 공식적인 보상 시스템에 의하여 직접적으로 또는 명시적으로 인식되지 않는 직무역할 외 행동이다.
② 구성원들의 역할모호성 지각은 조직시민행동에 긍정적 영향을 미친다.
③ 구성원들의 절차공정성 지각은 조직시민행동에 긍정적 영향을 미친다.
④ 작업장의 청결을 유지하는 것은 조직시민행동 유형 중 양심 행동에 속한다.

출제유형 Ⅱ. 이론·제도 **출제영역** 조직시민행동
출제빈도 ★★ **난도** 중

정답찾기
② 조직시민행동이란 한 조직의 구성원으로서 보다 강력한 주인 의식과 사명감을 바탕으로 조직 발전을 위해 자신이 속한 조직의 발전을 위해 자발적으로 수행하는 다양한 지원 활동들을 의미하는 것으로 역할모호성은 조직시민행동에 부정적 영향을 끼친다.

오답피하기
① 조직시민행동에 대한 개념이다.
③ 절차공정성 지각은 구성원들의 조직시민행동 유발에 긍정적인 영향을 미친다.
④ 작업장의 청결을 유지하는 것은 양심 행동에 해당한다.

■ 조직시민행동의 개념과 유형
(1) 개념: 조직에서 공식적으로 요구하지 않음에도 불구하고 구성원이 자발적으로 조직의 효과성을 위하여 노력하는 행동
(2) 유형
① 이타적 행동: 타인을 도와주려는 친사회적 행동 또는 친밀한 행동
② 양심적 행동: 양심에 따라 조직이 요구하는 이상의 봉사나 노력을 하려는 행동
③ 신사적 행동: 정정당당히 행동하는 것으로 남의 험담을 하지 않는 것
④ 예의적 행동: 자기 때문에 남이 피해보지 않도록 미리 배려하는 행동
⑤ 공익적 행동: 조직활동에 책임의식을 갖고 솔선수범하는 행동

정답 ②

34 ☐☐☐ 0614

다음은 동기부여 실험에 대한 설명이다. (가)~(다)에 들어갈 말을 바르게 연결한 것은?
2022 국가 7급

유치원 어린이들을 세 집단으로 나누고 그림 그리기 놀이를 하였다. 첫 번째 집단에는 그림을 완성하면 선물을 준다고 약속하였고 그림을 완성한 어린이들에게는 약속한 선물을 주었다. 두 번째 집단에는 선물을 준다는 약속은 없었지만 그림을 완성한 어린이들에게는 깜짝 선물을 주었다. 세 번째 집단에는 어떤 약속도 선물도 없이 평소처럼 그림 그리기를 하였다.
그 이후, 그림 그리기 놀이를 계속하는지에 대한 집단 간 차이를 관찰하였다. 관찰 결과, 두 번째와 세 번째 집단은 그림 그리기 놀이를 계속하였지만 첫 번째 집단은 상대적으로 적은 수만이 그림 그리기 놀이를 계속하였다. 이러한 현상을 통해 학자들은 (가) 동기가 (나) 동기를 밀어내는 구축효과가 있다는 점을 제시하였으며 (나) 동기의 예시로는 (다) 을/를 들 수 있다.

	(가)	(나)	(다)
①	내재적	외재적	성과급
②	내재적	외재적	가치관 일치
③	외재적	내재적	처벌
④	외재적	내재적	일에 대한 즐거움

출제유형 Ⅱ. 이론·제도 **출제영역** 동기부여 실험
출제빈도 ★ **난도** 상

정답찾기
④ 그림을 완성하면 선물을 준다고 약속하였고 그림을 완성한 어린이들에게는 약속한 선물을 준 첫 번째 집단은 상대적으로 적은 수만이 그림 그리기 놀이를 계속한 것을 통해 학자들은 (가) 외재적 동기가 (나) 내재적 동기를 밀어내는 구축효과가 있다는 점을 제시하였으며 (나) 내재적 동기의 예시로는 (다) 일에 대한 즐거움 을/를 들 수 있다.

정답 ④

CHAPTER 04 기출 OX

1. 후기인간관계론에서 개인은 다양한 차원에서 다양한 특성을 지니고 있으므로 상황에 따라 개인을 다양한 시각으로 이해할 필요가 있다. (O/X) **2019 국가 7급**

2. 욕구단계이론이나 욕구충족요인 이원론은 동기를 유발하는 요인의 내용을 설명하는 내용이론이라기 보다는 동기를 유발하는 과정을 설명하는 과정이론에 해당한다. (O/X) **2011 서울 7급**

3. 매슬로(A. Maslow)의 욕구계층론에 대하여는 각 욕구단계가 명확히 구분되지 않는다는 비판이 있다. (O/X) **2016 사회복지**

4. 맥그리거(D. McGregor)의 X이론은 매슬로(A. Maslow)가 주장했던 욕구계층 중에서 주로 상위 욕구를, Y이론은 주로 하위 욕구를 중요시하였다. (O/X) **2014 국가 9급**

5. 매슬로(Maslow)는 충족된 욕구는 동기부여의 역할이 약화되고 그 다음 단계의 욕구가 새로운 동기 요인이 된다고 하였다. (O/X) **2019 국가 9급**

6. 앨더퍼(Alderfer)는 매슬로의 3단계 욕구이론을 수정해서 인간의 욕구를 5단계로 나누었다. (O/X) **2019 국가 9급**

7. 허즈버그(F. Herzberg)는 욕구충족요인이원론에서 불만족요인(위생요인)을 제거한다고 해서 만족을 보장하는 것은 아니라고 주장하였다. (O/X) **2016 지방 9급**

8. 욕구는 학습되는 것이므로 개인마다 욕구 계층에 차이가 있고, 학습된 욕구들은 성취, 권력, 친교 욕구 등으로 구분할 수 있다고 주장한 학자는 매클리랜드(D. McClelland)이다. (O/X) **2015 사회복지**

9. 직무특성이 수행자의 성장욕구 수준에 부합될 때 긍정적 동기가 유발된다는 직무특성이론을 주장한 학자는 핵맨(J. Hackman)과 올드햄(G. Oldham)이다. (O/X) **2015 사회복지**

10. 아지리스(Argyris)의 성숙 – 미성숙이론에서는 인간은 성숙상태에서 미성숙상태로 발전하는 과정에서 성격변화를 경험한다고 주장한다. (O/X) **2018 국가 7급**

11. 동기유발은 과업에 대한 개인의 기대감, 수단성, 보상의 유의성에 의해 결정된다고 주장한 학자는 브룸(V. Vroom)이다. (O/X) **2015 사회복지**

12. 브룸(Vroom)의 기대이론에서 수단성은 특정한 결과에 대한 선호의 강도를 의미한다. (O/X) **2019 국가 9급**

13. 브룸(V. Vroom)의 이론은 동기부여의 방안을 구체적으로 제시하지 못하는 한계가 있다. (O/X) **2015 국회 8급**

14. 로크(E. Locke)는 형평성이론에서 자신의 노력과 그 결과로 얻어지는 보상과의 관계를 다른 사람의 것과 비교해 상대적으로 느끼는 공평한 정도가 행동동기에 영향을 준다고 본다. (O/X) **2016 지방 9급**

---

1. **상황론**에서 개인은 다양한 차원에서 다양한 특성을 지니고 있으므로 상황에 따라 개인을 다양한 시각으로 이해할 필요가 있다. **X**

2. 욕구단계이론이나 욕구충족요인 이원론은 **동기를 유발하는 과정을 설명하는 과정이론이라기보다는 동기를 유발하는 요인의 내용을 설명하는 내용이론**에 해당한다. **X**

3. 매슬로(A. Maslow)의 욕구계층론에 대하여는 각 욕구단계가 명확히 구분되지 않는다는 비판이 있다. **O**

4. 맥그리거(D. McGregor)의 X이론은 매슬로(A. Maslow)가 주장했던 욕구계층 중에서 주로 하위 욕구를, Y이론은 주로 **상위 욕구**를 중요시하였다. **X**

5. 매슬로(Maslow)는 충족된 욕구는 동기부여의 역할이 약화되고 그 다음 단계의 욕구가 새로운 동기 요인이 된다고 하였다. **O**

6. 앨더퍼(Alderfer)는 매슬로의 **5**단계 욕구이론을 수정해서 인간의 욕구를 **3**단계로 나누었다. **X**

7. 허즈버그(F. Herzberg)는 욕구충족요인이원론에서 불만족요인(위생요인)을 제거한다고 해서 만족을 보장하는 것은 아니라고 주장하였다. **O**

8. 욕구는 학습되는 것이므로 개인마다 욕구 계층에 차이가 있고, 학습된 욕구들은 성취, 권력, 친교 욕구 등으로 구분할 수 있다고 주장한 학자는 매클리랜드(D. McClelland)이다. **O**

9. 직무특성이 수행자의 성장욕구 수준에 부합될 때 긍정적 동기가 유발된다는 직무특성이론을 주장한 학자는 핵맨(J. Hackman)과 올드햄(G. Oldham)이다. **O**

10. 아지리스(Argyris)의 성숙 – 미성숙이론에서는 인간은 **미성숙상태에서 성숙상태**로 발전하는 과정에서 성격변화를 경험한다고 주장한다. **X**

11. 동기유발은 과업에 대한 개인의 기대감, 수단성, 보상의 유의성에 의해 결정된다고 주장한 학자는 브룸(V. Vroom)이다. **O**

12. 브룸(Vroom)의 기대이론에서 **유의성**은 특정한 결과에 대한 선호의 강도를 의미한다. **X**

13. 브룸(V. Vroom)의 이론은 동기부여의 방안을 구체적으로 제시하지 못하는 한계가 있다. **O**

14. **애덤스(J. Adams)**는 형평성이론에서 자신의 노력과 그 결과로 얻어지는 보상과의 관계를 다른 사람의 것과 비교해 상대적으로 느끼는 공평한 정도가 행동동기에 영향을 준다고 본다. **X**

CHAPTER 04 키워드

1. _____ 인간모형에 의하면 인간은 경제적 유인의 제공에 의하여 동기를 유발시킬 수 있다.
   2011 서울 7급 — 합리적·경제적

2. _____ 인간관은 호손실험을 바탕으로 해서 비공식적 집단의 중요성을 강조하며, 자아실현적 인간관은 자율적으로 문제를 해결하는 것이 중요하다.
   2014 서울 9급 — 사회적

3. 매슬로(A. Maslow)의 욕구단계론, 앨더퍼(C. Alderfer)의 ERG이론은 내용이론에 속하고 브룸(V. Vroom)의 기대이론(VIE)은 _____ 이론에 속한다.
   2014 경찰간부 — 과정

4. _____ 에 의하면 인간의 욕구는 생리적 욕구, 안전 욕구, 사회적 욕구, 존중 욕구, 자기실현 욕구의 5개로 나누어져 있으며, 하위계층의 욕구가 충족되어야 상위계층의 욕구가 나타난다.
   2013 국회 8급 — 매슬로(A. Maslow)

5. 앨더퍼(C. Alderfer)의 ERG이론은 매슬로(Maslow)의 욕구이론을 수정하여 개인의 기본욕구를 존재 욕구, _____ 욕구, 성장욕구의 3단계로 구분하였다.
   2016 서울 9급 — 관계

6. _____ 의 이론에서 X이론은 하위 욕구를 중시하고 Y이론은 상위 욕구를 중시한다.
   2015 국회 8급 — 맥그리거(D. McGregor)

7. _____ 의 욕구충족요인 이원론에 의하면 작업조건에 대한 불만을 해소한다고 하더라도 근무태도에 장기적인 영향을 미치지는 않는다고 본다.
   2017 국가 9급 — 허즈버그(Herzberg)

8. 매클리랜드(D. McClelland)의 성취동기이론은 개인의 욕구를 성취 욕구, 친교 욕구, 권력 욕구로 분류하고 _____ 가 높을수록 생산성이 높아진다고 주장한다.
   2016 사회복지 — 성취 욕구

9. 핵맨(J. Hackman)과 올드햄(G. Oldham)의 직무특성이론에 의하면 직무특성을 결정하는 변수로 기술다양성, 직무정체성, 직무중요성, 자율성, _____ 를 들고 있다.
   2016 서울 7급 — 환류

10. _____ 이론은 공사부문 간 업무성격이 다르듯이, 공공부문의 조직원들은 동기구조 자체도 다르다는 입장에 있으며, 정책에 대한 호감, 공공에 대한 봉사, 동정심(Compassion) 등의 개념으로 구성되어 있다.
    2021 국가 9급 — 공공봉사동기

11. _____ 는 형평성이론에서 자신의 노력과 그 결과로 얻어지는 보상과의 관계를 다른 사람의 것과 비교해 상대적으로 느끼는 공평한 정도가 행동동기에 영향을 준다고 본다.
    2016 지방 9급 — 애덤스(J. Adams)

12. _____ 은 기대이론에서 동기부여의 정도는 사람들이 선호하는 결과를 가져올 때, 자신의 특정한 행동이 그 결과를 가져오는 수단이 된다고 믿는 정도에 따라 달라진다고 본다.
    2017 국회 8급 — 브룸(V. Vroom)

13. 브룸(V. Vroom)의 기대이론에서는 기대감(Expectancy), _____ , 유의성(Valence)이 동기를 결정한다.
    2014 경찰간부 — 수단성(Instrumentality)

14. _____ 의 목표설정이론은 인간의 행동이 의식적인 목표와 성취의도에 의해 결정된다고 가정한다.
    2010 국가 7급 — 로크(E. Locke)

CHAPTER 05 조직과 환경적응

대표문제

01 ☐☐☐ 0615

조직이론과 그 내용에 대한 설명으로 옳지 않은 것은?

2023 국가 9급

① 구조적 상황이론 – 불안정한 환경 속에 있는 조직은 유기적인 조직구조를 선택하는 것이 효과적이다.
② 전략적 선택이론 – 동일한 환경에 처한 조직도 환경에 대한 관리자의 지각 차이로 상이한 선택을 할 수 있다.
③ 거래비용이론 – 시장에서의 거래비용이 조직의 내부 거래비용보다 클 경우 내부 조직화를 선택한다.
④ 조직군 생태학이론 – 조직군의 변화를 이끄는 변이는 우연적 변화(돌연변이)로 한정되며, 계획적이고 의도적인 변화는 배제된다.

출제유형 Ⅱ. 이론·제도 **출제영역** 거시적 조직이론

출제빈도 ★★   **난도** 중

정답찾기

④ 조직군 생태학이론에서는 조직군의 변화를 이끄는 변이는 우연적 변화(돌연변이)뿐만 아니라 계획적이고 의도적인 변화도 포함된다.

오답피하기

① 구조적 상황이론 – 불안정한 환경 속에 있는 조직은 유기적인 조직구조를 선택하는 것이 효과적이다.
② 전략적 선택이론 – 동일한 환경에 처한 조직도 환경에 대한 관리자의 지각 차이로 상이한 선택을 할 수 있다.
③ 거래비용이론 – 시장에서의 거래비용이 조직의 내부 거래비용보다 클 경우 내부 조직화를 선택한다.

거시조직이론

	결정론	임의론
개별조직	구조적 상황론 (상황적응이론)	전략적 선택이론 자원의존이론
조직군	조직군 생태학 이론 제도적 동형화론 조직 경제학 (대리이론·거래비용이론)	공동체 생태학 이론

정답 ④

제 1 절 조직환경이론과 대응전략

02 ☐☐☐ 0616

현대조직이론에 대한 설명으로 옳은 것은?

2022 지방 7급

① 조직군생태론은 단일조직을 기본 분석단위로 하며, 환경에 대한 조직 적합도에 초점을 둔다.
② 거래비용이론은 자원의존이론의 한 접근법으로, 조직 간 거래비용보다는 조직 내 거래비용에 더 많은 관심을 둔다.
③ 상황론적 조직이론은 독립변수를 한정하고 상황적 조건들을 유형화해 중범위라는 제한된 수준 내의 일반성과 규칙성을 발견하려고 한다.
④ 대리인이론에 따르면 정보의 대칭성과 자산 불특정성이 합리적 선택을 제약하며, 주인 – 대리인 관계는 조직 내에서 나타나지 않는다.

출제유형 Ⅱ. 이론·제도 **출제영역** 거시적 조직이론

출제빈도 ★★   **난도** 중

정답찾기

③ 상황론적 조직이론은 독립변수를 한정하고 상황적 조건들을 유형화해 중범위라는 제한된 수준 내의 일반성과 규칙성을 발견하려고 한다.

오답피하기

① 조직군생태론은 조직군을 기본 분석단위로 하며, 환경에 대한 조직 적합도에 초점을 둔다.
② 거래비용이론은 조직경제학의 한 접근법으로, 조직 내 거래비용보다는 조직 간 거래비용에 더 많은 관심을 둔다.
④ 대리인이론에 따르면 정보의 대칭성과 자산 불특정성이 합리적 선택을 제약하며, 주인 – 대리인 관계는 조직 내에서 나타날 수도 있다.

정답 ③

03　　　0617

조직이론에 대한 설명으로 옳지 않은 것은?　2018 지방 9급

① 구조적 상황이론 – 상황과 조직특성 간의 적합 여부가 조직의 효과성을 결정한다.
② 전략적 선택이론 – 상황이 구조를 결정하기보다는 관리자의 상황판단과 전략이 구조를 결정한다.
③ 자원의존이론 – 조직의 안정과 생존을 위해서 조직의 주도적·능동적 행동을 중시한다.
④ 대리인이론 – 주인·대리인의 정보 비대칭 문제를 해결하기 위해 대리인에게 대폭 권한을 위임한다.

출제유형 Ⅱ. 이론·제도　**출제영역** 거시적 조직이론
출제빈도 ★★　정답률 77%　난도 중

정답찾기
④ 대리인이론은 주인과 대리인 간의 정보 비대칭 문제를 해결하기 위하여 대리인에 대한 적절한 통제를 강화해야 한다고 주장한다.

오답피하기
거시조직이론: 결정론적 관점(환경 → 조직, 수동적)

구조적 상황론	유일 최선(The One Best Way) 조직화 방법 × 상황과 조직특성 간의 적합여부가 효과성 결정
조직군 생태론	환경에 의해 선택된 조직은 살아남고 그렇지 않은 조직은 도태됨: 환경적 적합도 변이 → 선택 → 보존의 종단적 분석
제도적 동형화론	조직의 장이 생성되어 구조화되면, 내부조직뿐만 아니라 새로 진입하려는 조직들도 유사해지는 경향
조직 경제학	1. 거래비용 2. 주인 – 대리인이론

정답 ④

04　　　0618

조직이론에 대한 설명으로 옳지 않은 것은?　2017 국가 9급 추가

① 상황론적 조직이론에 따르면, 모든 상황에 적용되는 유일·최선의 조직구조나 관리방법은 없다.
② 거래비용이론에 따르면, 시장의 자발적인 교환행위에서 발생하는 거래비용이 관료제의 조정비용보다 클 경우 거래를 내부화하는 것이 효율적이다.
③ 주인 – 대리인이론에 따르면, 주인과 대리인 간에는 정보의 비대칭으로 인해 대리인의 도덕적 해이와 주인의 역선택이 발생할 수 있다.
④ 자원의존이론에 따르면, 조직은 환경으로부터 필요한 자원을 획득하기 위하여 환경에 피동적으로 순응하여야 한다.

출제유형 Ⅱ. 이론·제도　**출제영역** 거시적 조직이론
출제빈도 ★★　난도 중

정답찾기
④ 자원의존이론은 거시적 임의론으로서, 조직이 자원의존이론은 환경과의 관계에서 능동적 전략선택 행동을 중시하는 이론이다.

오답피하기
거시조직이론: 임의론적 관점(조직 → 환경, 능동적)

전략적 선택이론	관리자의 전략에 의해 조직구조가 결정
자원의존 이론	자원에 대한 관리자의 능동적, 적극적인 환경관리
공동체 생태학 이론	공동 노력에 의한 능동적 적응

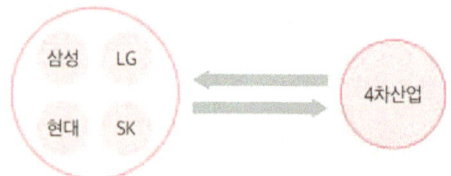

정답 ④

05

조직이론에 관한 설명으로 옳지 않은 것은? 2020 국가 7급

① 전략적 선택론은 조직 설계의 문제를 단순히 상황적응의 차원이 아니라 설계자의 자유재량에 의한 의사결정 산물로 파악한다.
② 번스(Burns)와 스토커(Stalker)는 조직을 둘러싼 환경의 성격 및 특성이 조직구조와 어떻게 관련되는지를 설명한다.
③ 조직군 생태학은 조직을 외부환경의 선택에 영향을 받을 뿐만 아니라 적극적으로 영향을 끼치는 능동적인 존재로 이해한다.
④ 버나드(Barnard)는 조직 내 인간적·사회적 측면을 강조한다.

06

현대조직이론에 대한 설명으로 옳지 않은 것은? 2017 국가 7급 추가

① 거래비용이론 – 탐색·거래·감시비용 등을 포함하는 거래비용의 절감을 위해 외부화 전략뿐만 아니라 내부화 전략도 가능하다.
② 조직군생태론 – 조직군을 분석단위로 하며, 개별 조직은 외부환경의 선택에 좌우되는 수동적인 존재이다.
③ 상황론 – 조직구조를 상황요인으로 강조하면서 이러한 상황에 적합한 조직의 기술과 전략 등을 처방한다.
④ 제도적 동형화론 – 조직의 장이 생성되어 구조화되면, 내부 조직뿐만 아니라 새로 진입하려는 조직들도 유사해지는 경향을 나타낸다.

출제유형 Ⅱ. 이론·제도 **출제영역** 거시적 조직이론
출제빈도 ★★ 난도 중

정답찾기
③ 조직군 생태학은 조직을 외부환경의 선택에 영향을 받는 피동적 존재로 이해하는 극단적인 환경결정론적 관점의 조직이론이다.

오답피하기
① 전략적 선택론은 조직 설계의 문제를 단순히 상황적응의 차원이 아니라 설계자의 상황판단과 전략에 있어 자유재량에 의한 의사결정 산물로 파악한다.
② 번스(Burns)와 스토커(Stalker)는 비교적 안정된 환경에서는 기계적 조직구조가 적합하고, 변동이 심한 환경에서는 유기적 조직구조가 적합하다고 주장하면서 조직을 둘러싼 환경의 성격 및 특성이 조직구조와 어떻게 관련되는지를 설명하였다.
④ 버나드(Barnard)는 인간관계론에서 관리자에 대한 연구를 하면서 조직 내 인간적·사회적 측면을 강조하였고 행태론에 영향을 끼쳤다.

행복노트

거시조직이론: 결정론적 관점(환경 → 조직, 수동적)

구조적 상황론	유일 최선(The One Best Way) 조직화 방법 × 상황과 조직특성 간의 적합여부가 효과성 결정
조직군 생태론	환경에 의해 선택된 조직은 살아남고 그렇지 않은 조직은 도태됨: 환경적 적합도 변이 → 선택 → 보존의 종단적 분석
제도적 동형화론	조직의 장이 생성되어 구조화되면, 내부조직뿐만 아니라 새로 진입하려는 조직들도 유사해지는 경향
조직 경제학	1. 거래비용 2. 주인–대리인이론

정답 ③

출제유형 Ⅱ. 이론·제도 **출제영역** 거시적 조직이론
출제빈도 ★★ 난도 중

정답찾기
③ 구조적 상황론은 조직의 환경적응을 중시하여 조직구조를 상황요인으로 강조하는 것이 아니라 규모, 기술, 환경 등을 상황요인으로 강조하면서 이러한 상황에 적합한 조직의 기술과 전략 등을 처방한다.

오답피하기
① 거래비용이론은 조정비용과 거래비용을 비교했을 때 거래비용이 더 크면 거래비용의 최소화를 위해서 거래의 내부화가 효과적이고, 조정비용이 더 크면 조정비용의 최소화를 위해 외부화가 효과적이라고 주장한다.
② 조직군 생태학이론은 조직군을 분석단위로 하며 조직의 변화가 외부환경의 선택에 따라 좌우된다고 주장한다.
④ 제도적 동형화론은 조직이나 제도의 변화는 사회적으로 정당하다고 인정받는 구조와 기능을 닮아가는 것을 의미한다.

정답 ③

07

다음 중 거시적 조직이론에 대한 설명으로 가장 옳지 않은 것은?

2016 서울 9급

① 전략적 선택이론은 임의론이다.
② 조직군생태론은 자연선택론을 취한다.
③ 조직군생태론은 결정론적이다.
④ 전략적 선택이론의 분석 단위는 조직군이다.

08

조직이론에 대한 설명으로 옳은 것만을 모두 고른 것은?

2013 지방 9급

> ㄱ. 베버(M. Weber)의 관료제론에 따르면, 규칙에 의한 규제는 조직에 계속성과 안정성을 제공한다.
> ㄴ. 행정관리론에서는 효율적 조직관리를 위한 원리들을 강조한다.
> ㄷ. 호손(Hawthorne)실험을 통하여 조직 내 비공식집단의 중요성이 부각되었다.
> ㄹ. 조직군생태이론(Population Ecology Theory)에서는 조직과 환경의 관계를 분석함에 있어 조직의 주도적·능동적 선택과 행동을 강조한다.

① ㄱ, ㄴ
② ㄱ, ㄴ, ㄷ
③ ㄱ, ㄷ, ㄹ
④ ㄴ, ㄷ, ㄹ

출제유형 Ⅱ. 이론·제도 **출제영역** 거시적 조직이론
출제빈도 ★★ **난도** 중

정답찾기
④ 전략적 선택이론의 분석 단위는 개별 조직이고 임의론에 해당한다.

오답피하기
① 전략적 선택이론은 분석단위는 개별조직이고 임의론에 해당한다.
② 조직군생태론은 분석단위는 조직군이고 자연선택론을 취한다.
③ 조직군생태론은 분석단위는 조직군이고 결정론적이다.

행복노트

거시조직이론

구 분	결정론	임의론
개별조직	구조적 상황론 (상황적응이론)	전략적 선택이론 자원의존이론
조직군	조직군 생태학이론 제도적 동형화론 조직경제학 (대리이론·거래비용이론)	공동체 생태학이론

정답 ④

출제유형 Ⅱ. 이론·제도 **출제영역** 거시적 조직이론
출제빈도 ★★ **난도** 중

정답찾기
ㄱ. 베버(M. Weber)의 관료제론에 따르면, 규칙에 의한 규제는 조직에 계속성과 안정성을 제공한다.
ㄴ. 행정관리론에서는 효율적 조직관리를 위한 원리들을 강조한다.
ㄷ. 호손(Hawthorne)실험을 통하여 조직 내 비공식집단의 중요성이 부각되었다.

오답피하기
ㄹ. 조직군생태이론(Population Ecology Theory)은 조직보다 환경의 절대성을 강조하는 환경결정론에 속하는 것으로, 환경에 의해 선택된 조직은 살아남고 선택되지 못한 조직은 도태된다는 이론으로서 개별 조직은 외부환경의 선택에 좌우되는 수동적인 존재로 본다.

행복노트

거시조직이론: 결정론적 관점(환경 → 조직, 수동적)

구조적 상황론	유일 최선(The One Best Way) 조직화 방법 × 상황과 조직특성 간의 적합여부가 효과성 결정
조직군 상태론	환경에 의해 선택된 조직은 살아남고 그렇지 않은 조직은 도태됨: 환경적 적합도 변이 → 선택 → 보존의 종단적 분석
제도적 동형화론	조직의 장이 생성되어 구조화되면, 내부조직뿐만 아니라 새로 진입하려는 조직들도 유사해지는 경향
조직 경제학	1. 거래비용 2. 주인-대리인이론

정답 ②

09

거시조직이론에 대한 다음 설명 중 사실과 다른 것은?

2012 서울 7급

① 구조적 상황론은 결정론적 이론이다.
② 전략적 선택이론은 임의론적 이론이다.
③ 조직경제학은 결정론적 이론에 해당한다.
④ 자원의존이론은 관리자를 주어진 환경에 무기력한 존재로 본다.
⑤ 공동체생태학이론은 관리자들의 능동적 상호작용을 중시한다.

출제유형 Ⅱ. 이론·제도 **출제영역** 거시적 조직이론
출제빈도 ★★ 난도 중

정답찾기
④ 자원의존이론은 자유의지론으로 관리자를 능동적인 존재로 인식한다.

오답피하기
거시조직이론

구 분	결정론	임의론
개별조직	구조적 상황론 (상황적응이론)	전략적 선택이론 자원의존이론
조직군	조직군 생태학이론 제도적 동형화론 조직경제학 (대리이론·거래비용이론)	공동체 생태학이론

정답 ④

10

상황적응적 접근방법(Contingency Approach)에 대한 설명으로 옳지 않은 것은?

2018년 국가 9급

① 체제이론의 거시적 관점에 따라 모든 상황에 적합한 유일최선의 관리방법을 모색한다.
② 체제이론에서와 같이 조직은 일정한 경계를 가지고 환경과 구분되는 체제의 하나로 본다.
③ 조직을 구성하고 운영하는 방법의 효율성은 그것이 처한 상황에 의존한다고 가정한다.
④ 연구대상이 될 변수를 한정하고 복잡한 상황적 조건들을 유형화함으로써 거대이론보다 분석의 틀을 단순화한다.

출제유형 Ⅱ. 이론·제도 **출제영역** 상황적응적 접근방법
출제빈도 ★★ 난도 중

정답찾기
① 상황이론은 개별조직이 놓여있는 상황에 따라 해결책은 다양할 수 있다는 이론으로 모든 상황에 적합한 유일최선의 관리방법을 부정한다.

오답피하기
② 체제이론에서와 같이 조직은 일정한 경계를 가지고 환경과 구분되는 체제의 하나로 본다.
③ 조직을 구성하고 운영하는 방법의 효율성은 그것이 처한 상황에 의존한다고 가정한다.
④ 연구대상이 될 변수를 한정하고 복잡한 상황적 조건들을 유형화함으로써 거대이론보다 분석의 틀을 단순화한다.

유일최선의 방법 부정	조직설계에서 상황적 조건을 초월한 보편적 원리나 '유일 최선의 방법' 적용을 부정하고, 상황조건이 다르면 효과적인 조직화의 방법도 달라져야 한다는 관점에서 구체적 상황에 적합한 조직설계의 관리방법을 강조하는 조건적 이론이다.
조직성과	업무과정보다는 객관적인 결과로서의 조직성과에 주목하면서 상황과 조직특성의 적합성 관계를 중시한다.
환경적응	조직의 환경적응을 중시하여 상황변수(환경·규모·기술)과 조직특성변수(조직구조·관리체계·관리과정) 간의 적합성 관계를 중시한다.
분석의 수준	행위주체로서의 조직 그 자체를 분석단위로 분석한다.
중범위이론	조직을 분석단위로 하는 중범위 이론이다. 사회현상에 대한 실증적 특수이론의 통합 중에서 사회현상에 대한 보다 일반적인 이론을 만들어 내리는 중범위 이론을 지향한다.

정답 ①

11 0625

다음 상황론적 조직이론(Contingent Theory)에 대한 설명 중 가장 옳은 것은?　　2016 서울 7급

① 우드워드(J. Woodward)는 제조업체의 생산기술에 따라 조직이 사용하는 기술의 유형을 구분하고, 대량생산 기술에는 관료제와 같은 기계적 구조가 효과적이지 않다고 주장하였다.
② 톰슨(V. A. Thompson)은 업무 처리 과정에서 일어나는 조직 간·개인 간 상호의존도를 기준으로 기술을 분류하고, 종합병원처럼 집약기술이 필요한 조직은 수직적 조정이 중요하다고 주장하였다.
③ 페로(C. Perrow)는 조직원이 업무를 처리하는 과정에서 발생하는 예외적인 사건의 정도와 업무 처리가 표준화된 절차에 의해 수행되는 정도를 기준으로 조직의 기술을 장인기술, 비일상적 기술, 일상적 기술, 공학적 기술로 유형을 구분하였다.
④ 상황론적 조직이론에서는 정책결정자가 환경에 대해 충분한 정보를 갖지 못하므로 환경이 조직구조에 영향을 미치지 않는다고 본다.

출제유형 Ⅱ. 이론·제도　　**출제영역** 상황론적 조직이론
출제빈도 ★★　　**난도** 중

정답찾기
③ 페로(Perrow)는 조직원이 업무를 처리하는 과정에서 발생하는 예외적인 사건의 정도와 업무 처리가 표준화된 절차에 의해 수행되는 정도를 기준으로 조직의 기술을 장인기술, 비일상적 기술, 일상적 기술, 공학적 기술로 유형을 구분하였다.

오답피하기
① 우드워드(Woodward)는 대량생산 기술은 표준화된 기술로 관료제와 같은 기계적 구조가 효과적이라고 주장하였다.
② 톰슨(Thompson)은 종합병원처럼 집약기술이 필요한 조직은 교호적 상호작용에 의한 조정이 중요하다고 주장하였다.
④ 상황론적 조직이론은 환경결정론에 속하기 때문에 환경이 조직구조에 중요한 영향을 미친다고 본다.

행복노트
페로(Perrow) 기술유형론: 지식기술 중심의 분류

구 분		과업의 다양성	
		낮음(단순)	높음(복잡)
문제의 분석 가능성	낮음(어려움)	장인기술(공예, 연주, 도예)	비일상기술(항공, 우주산업)
	높음(쉬움)	일상기술(은행창구업무)	공학기술(회계, 변론)

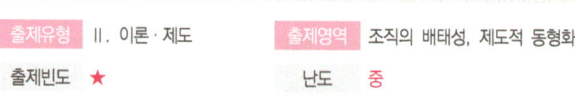

TIP
Perrow 기술유형론: 지식기술 중심의 분류
패는 기술은 일공장비!

정답 ③

12 0626

조직의 배태성(Embeddedness)과 제도적 동형화(Isomorphism)에 대한 설명으로 옳지 않은 것은?　　2017 지방 9급

① 조직 배태성의 특징은 조직구성원들이 정당성보다 경제적 이익을 추구하는 행위를 하려는 것이다.
② 조직의 제도적 동형화는 특정 조직이 환경에 있는 다른 조직을 닮는 것을 말한다.
③ 제도적 동형화에는 강압적 동형화, 모방적 동형화, 규범적 동형화 등이 있다.
④ 제도적으로 조직이 동형화될 경우 조직이 교란되는 것을 막을 수 있다.

출제유형 Ⅱ. 이론·제도　　**출제영역** 조직의 배태성, 제도적 동형화
출제빈도 ★　　**난도** 중

정답찾기
① 조직 배태성의 특징은 조직 구성원들이 경제적 이익보다 정당성을 추구하는 행위를 하려는 것이다.

오답피하기
② 제도적 동형화란 특정 조직이 사회적으로 정당하다고 인정받는 조직의 구조와 기능을 닮아가는 과정을 말한다.
③ 제도적 동형화의 유형으로는 강압적 동형화, 모방적 동형화, 규범적 동형화 등이 있다.
④ 제도적으로 조직이 동형화되면 조직이 교란되는 것을 예방할 수 있다.

정답 ①

13 0627

거래비용이론에 대한 설명으로 옳지 않은 것은? 2021 국가 7급

① 기회주의적 행동을 제어하는 데에는 시장이 계층제보다 효율적인 수단이다.
② 거래비용은 탐색비용, 거래의 이행 및 감시비용 등을 포함한다.
③ 시장의 자발적 교환행위에서 발생하는 거래비용이 계층제의 조정비용보다 크면 내부화하는 것이 효율적이다.
④ 거래비용이론은 조직이 생겨나고 일정한 구조를 가지는 이유를 조직경제학적으로 설명하는 접근방법이다.

출제유형 Ⅱ. 이론·제도   **출제영역** 거래비용이론
출제빈도 ★★   난도 중

정답찾기
① 거래비용이론에 따르면 거래비용이 크게 발생하는 시장에서 그 비용을 줄이고 기회주의적 행동을 제어하는 데에는 시장보다 계층제가 보다 효율적인 수단이다.

오답피하기
② 거래비용은 탐색비용, 거래의 이행 및 감시비용 등을 포함한다.
③ 시장의 자발적 교환행위에서 발생하는 거래비용이 계층제의 조정비용보다 크면 내부화하는 것이 효율적이다.
④ 거래비용이론은 조직이 생겨나고 일정한 구조를 가지는 이유를 조직경제학적으로 설명하는 접근방법이다.

정답 ①

14 0628

현대조직이론의 하나인 거래비용이론에 대한 설명으로 옳은 것은? 2014 서울 7급

① 거래비용의 최소화를 위해서는 거래를 외부화(Outsourcing)하는 것이 효율적이다.
② 생산보다는 비용에 관심을 가지며 조직을 거래비용 감소를 위한 장치로 파악한다.
③ 조직통합이나 내부 조직화는 조정비용이 거래비용보다 클 때 효과적이다.
④ 거래비용에는 거래 상대방의 기회주의적 행동에 대한 탐색비용은 포함되지 않는다.
⑤ 거래비용이론은 민간조직보다는 공공조직에서 적용가능성이 높다.

출제유형 Ⅱ. 이론·제도   **출제영역** 거래비용이론
출제빈도 ★★   난도 중

정답찾기
② 윌리암슨(Williamson)의 거래비용이론에서는 생산보다는 비용에 관심을 가지며 조직을 거래비용 감소를 위한 장치로 파악하였다.

오답피하기
① 윌리암슨(Williamson)은 거래비용을 줄이기 위해 거래의 내부화(insourcing)가 바람직하다고 주장하였다.
③ 조정비용보다 거래비용이 클 때 조직통폐합이나 내부조직화가 효과적이다.
④ 거래비용에는 거래 상대방의 기회주의적 행동에 대한 탐색비용이 포함된다.
⑤ 거래비용이론은 시장실패를 설명하기 위한 모형이므로 공공조직보다 민간조직에 적용가능성이 높다.

햇복노트
거래비용이론(Williamson)

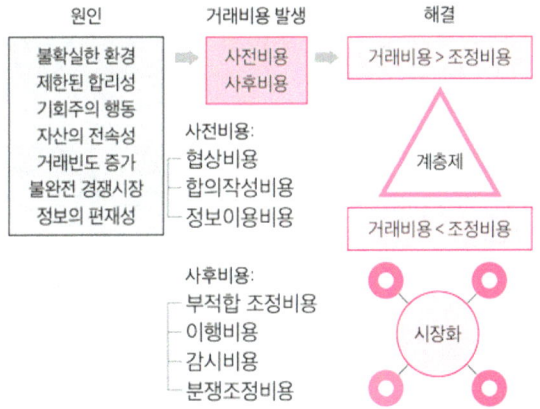

정답 ②

15　0629

상황론적 조직이론과 자원의존이론에 대한 다음 설명 중 가장 옳지 않은 것은?　2015 서울 9급

① 자원의존이론은 어떤 조직도 필요로 하는 자원을 모두 획득할 수는 없다는 것을 전제로 삼는다.
② 상황론적 조직이론은 모든 상황에 적합한 최선의 조직화 방법은 존재하지 않는다고 전제한다.
③ 자원의존이론은 조직이 생존과 발전에 필요한 자원을 환경에 의존하기 때문에 조직을 환경과의 관계에서 피동적 존재로 본다.
④ 상황론적 조직이론은 효과적인 조직 설계와 관리 방법은 조직환경에 달려 있다고 주장한다.

16　0630

조직군생태이론에 대한 설명으로 옳지 않은 것은?　2012 지방 7급

① 조직은 환경을 선택하는 능동적인 존재이다.
② 조직변화는 종단적 분석에 의해서만 검증 가능하다고 전제 한다.
③ 조직이 생겨나고 없어지는 원인을 환경적 적합도에서 찾는다.
④ 전략적 선택이나 집단적 행동의 중요성을 경시한다.

출제유형 Ⅱ. 이론·제도　**출제영역** 거래비용이론
출제빈도 ★★　**난도** 중

정답찾기
③ 자원의존이론은 조직이 생존과 발전에 필요한 자원을 환경에 의존하기 때문에 조직을 환경과의 관계에서 능동적 존재로 본다.

오답피하기
① 자원의존이론은 어떤 조직도 필요로 하는 자원을 모두 획득할 수는 없다는 것을 전제로 삼는다.
② 상황론적 조직이론은 모든 상황에 적합한 최선의 조직화 방법은 존재하지 않는다고 전제한다.
④ 상황론적 조직이론은 효과적인 조직 설계와 관리 방법은 조직환경에 달려 있다고 주장한다.

행복노트

거시조직이론

구 분	결정론	임의론
개별조직	구조적 상황론 (상황적응이론)	전략적 선택이론 자원의존이론
조직군	조직군 생태학이론 제도적 동형화론 조직경제학 (대리이론·거래비용이론)	공동체 생태학이론

정답 ③

출제유형 Ⅱ. 이론·제도　**출제영역** 조직군생태이론
출제빈도 ★★★　**난도** 중

정답찾기
① 조직군생태이론은 환경결정론이기 때문에 조직이 환경을 선택하는 것이 아니라 환경의 선택을 받는다.

오답피하기
② 조직변화는 종단적 분석에 의해서만 검증 가능하다고 전제한다.
③ 조직이 생겨나고 없어지는 원인을 환경적 적합도에서 찾는다.
④ 전략적 선택이나 집단적 행동의 중요성을 경시한다.

행복노트

거시조직이론: 결정론적 관점(환경 → 조직, 수동적)

구조적 상황론	유일 최선(The One Best Way) 조직화 방법 × 상황과 조직특성 간의 적합여부가 효과성 결정
조직군 생태론	환경에 의해 선택된 조직은 살아남고 그렇지 않은 조직은 도태됨: 환경적 적합도 변이 → 선택 → 보존의 종단적 분석
제도적 동형화론	조직의 장이 생성되어 구조화되면, 내부조직뿐만 아니라 새로 진입하려는 조직들도 유사해지는 경향
조직 경제학	1. 거래비용 2. 주인 – 대리인이론

정답 ①

17 0631
다음 행정이론에 대한 설명으로 옳지 않은 것은? 2019 국가 7급

> 변화 시작의 시간적 전후관계나 동반관계, 변화과정의 시간적 장단(長短)관계를 사회 현상 연구에 적용하는 접근방법이다. 정책이 실제로 실행되는 타이밍, 정책대상자들의 학습시간, 정책의 관련요인들 간 발생순서 등이 정책효과를 다르게 할 수 있다고 주장한다.

① 원인변수와 결과변수 간 인과관계가 원인변수들이 작용하는 순서에 따라 달라지지는 않는다고 본다.
② 정책이나 제도의 도입 이후 어느 시점에서 변경을 시도해야 바람직한 결과를 낳을 것인지에 주목한다.
③ 정책이나 제도의 효과는 어느 정도 숙성시간이 지난 후에 평가하는 것이 보다 합리적이라고 본다.
④ 시차적 요소에 대해 적절하게 고려하지 않아 정부개혁의 실패가 나타난다고 본다.

제 2 절 조직 동태화와 혁신

18 0632
행정개혁으로서의 리엔지니어링(BPR)에 대한 설명으로 옳은 것은? 2017 지방 7급

① 조직의 점진적 변화가 필요할 때 사용되며, 조직 문화는 개혁의 대상이 아니다.
② 조직 개선을 위한 논의는 구조, 기술, 형태 등과 같은 변수를 중심으로 이루어진다.
③ 공공부문과 민간부문의 리엔지니어링 환경은 차이가 없다.
④ 고객만족 가치를 창출하는 프로세스 개선에 초점을 둔다.

출제유형 Ⅱ. 이론·제도   **출제영역** 시차이론
출제빈도 ★   난도 중

정답찾기
① 제시문은 시차이론에 대한 설명이다. 시차이론은 인과관계를 평가할 때에는 일정한 시간적 고려가 있어야 한다는 행정이론으로 원인변수와 결과변수 간 인과관계가 원인변수들이 작용하는 순서에 따라 달라진다고 본다.

오답피하기
② 정책이나 제도의 도입 이후 어느 시점에서 변경을 시도해야 바람직한 결과를 낳을 것인지에 주목한다.
③ 정책이나 제도의 효과는 어느 정도 숙성시간이 지난 후에 평가하는 것이 보다 합리적이라고 본다.
④ 시차적 요소에 대해 적절하게 고려하지 않아 정부개혁의 실패가 나타난다고 본다.

정답 ①

출제유형 Ⅰ. 기본개념   **출제영역** 리엔지니어링
출제빈도 ★★★   난도 중

정답찾기
④ 리엔지니어링(BPR)은 업무프로세서를 근본적으로 다시 생각하고 급진적으로 재설계하는 것으로 결과적으로 고객만족 가치를 창출하는 프로세스 개선에 초점을 두는 것이 옳다.

오답피하기
① 조직의 획기적 혁신이 필요할 때 사용되고, 조직 문화는 개혁의 대상이 아니다.
② 조직 개선을 위한 논의는 업무수행의 절차와 같은 변수를 중심으로 이루어진다.
③ 리엔지니어링(BPR)은 공공부문과 민간부문의 리엔지니어링 환경은 성격상 차이가 있다.

정답 ④

19 0633

목표관리제(MBO)에 대한 설명으로 옳은 것만을 모두 고르면?

2022 국가 9급

ㄱ. 부하와 상사의 참여를 통해 목표를 설정한다.
ㄴ. 중·장기목표를 단기목표보다 강조한다.
ㄷ. 조직 내 외의 상황이 안정적이고 예측가능한 조직에서 성공 확률이 높다.
ㄹ. 개별 구성원의 직무 특수성을 반영하기 위하여 목표의 정성적, 주관적 성격이 강조된다.

① ㄱ, ㄴ   ② ㄱ, ㄷ
③ ㄴ, ㄹ   ④ ㄷ, ㄹ

출제유형 Ⅱ. 이론·제도   **출제영역** 목표관리제(MBO)
출제빈도 ★★★   **난도** 중

정답찾기

② 목표관리제(MBO)는 ㄱ. 부하와 상사의 참여를 통해 목표를 설정하고, ㄷ. 조직 내·외의 상황이 안정적이고 예측가능한 조직에서 성공확률이 높다.

오답피하기

ㄴ. 목표관리제(MBO)는 단기목표를 중·장기목표보다 강조한다.
ㄹ. 목표관리제(MBO)는 현실적이고 계량 가능한 단기적인 목표를 추구하는 결과관리이다.

정답 ②

20 0634

성과중심주의에 입각한 성과관리의 효용 또는 한계에 대한 설명으로 부적절한 것은?

2013 지방 7급

① 목표성취도에 유인기제를 연결하기 때문에 관리대상자들이 성과목표를 매우 높게 설정하는 행동 경향을 보인다.
② 관료적 조직문화의 변화를 유도한다.
③ 다양한 이해관계자들과 압력단체들의 개입 때문에 성과계획이 합리적으로 수립되기 어렵다.
④ 업무수행과 성과 사이에 개입하는 변수들이 많아 인과관계를 확인하기 어렵다.

출제유형 Ⅱ. 이론·제도   **출제영역** 성과관리의 효용 또는 한계
출제빈도 ★★★   **난도** 중

정답찾기

① 성과관리는 목표성취도에 유인기제를 연결하기 때문에 관리대상자들이 목표성취를 재빨리 달성하려고 하기 때문에 성과목표를 낮게 설정하는 행동 경향을 보일 가능성이 있다.

오답피하기

MBO(Management by Objectives)

장점 ─ 조직목표 + 개인목표(민주적 통합)
      ─ 책임의 명확화, 사기·만족감 향상
      ─ 갈등 해소
      ─ 자율화와 분권화로 관료제의 경직성 해소
      ─ 다면평정 기초, 관리의 융통성

단점 ─ 폐쇄모형 → 불확실한 환경에 부적합
      ─ 결과강조 → 목표의 전환 소지
      ─ 운영절차 복잡
      ─ 본질적 목표가 아닌 1차적 산출 치중

정답 ①

21 0635
조직발전(OD)에 대한 설명으로 가장 옳은 것은? 2017 서울 7급

① 조직 전체의 변화를 추구하는 계획적·의도적인 개입방법이다.
② 감수성훈련은 동료 간·동료와 상사 간의 상호작용을 진작시키기 위한 실제 근무상황에서 실시하는 기법이다.
③ 블레이크와 모튼(Blake & Mouton)은 과업형 리더를 가장 효과적인 관리유형으로 꼽았다.
④ 변화관리자의 도움으로 단기간에 급진적 조직변화를 추구한다.

출제유형 Ⅱ. 이론·제도 **출제영역** 조직발전(OD)
출제빈도 ★★★   난도 중

정답찾기
① 조직발전은 행태과학 지식을 이용하여 <u>조직 전체의 변화를 추구하기 위한 체계적이고 계획적인</u> 변동노력이다.

오답피하기
② 감수성훈련은 실제 근무상황과는 다른 <u>사회심리적으로 고립된 장소에서 실시하는 것</u>으로 구성원 간 비정형적인 체험을 통해서 자기에 대한 인식과 타인에 대한 이해의 기회를 갖게 된다.
③ 블레이크와 모튼(Blake & Mouton)은 <u>단합형을</u> 가장 이상적인 관리유형으로 꼽았다.
④ 조직발전(OD)은 <u>지속적이고 장기적 노력이 필요하다.</u>

행복노트
OD(조직발전): 구성원의 가치관·행태·신념 개선(구조·형태·기능 ×)

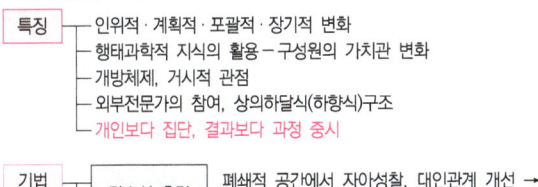

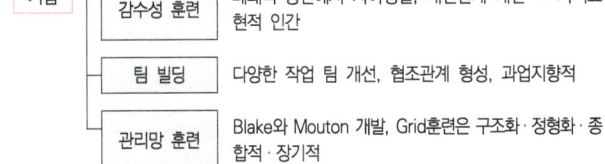

정답 ①

22 0636
다음 설명에 해당하는 교육훈련 방법은? 2019 국가 9급

> 서로 모르는 사람 10명 내외로 소집단을 만들어 허심탄회하게 자신의 느낌을 말하고 다른 사람이 자신을 어떻게 생각하는지를 귀담아 듣는 방법으로 훈련을 진행하기 위한 전문가의 역할이 요구된다.

① 역할연기
② 직무순환
③ 감수성훈련
④ 프로그램화 학습

출제유형 Ⅱ. 이론·제도 **출제영역** 교육훈련 방법
출제빈도 ★★★   난도 중

정답찾기
③ 제시문은 감수성훈련에 대한 설명이다. 감수성훈련은 폐쇄된 공간에서 10명 내외의 이질적이거나 동질적인 피훈련자끼리 자유로운 토론을 통하여 어떤 문제의 해결 방안이나 상대방에 대한 이해를 얻도록 하는 방법이다.

오답피하기
① 역할연기는 <u>어떤 사례를 그대로 연기하고 연기 내용을 비평·토론한 후 결론적인 설명을 하는 교육훈련 방법이다.</u> 주로 인간관계 또는 상하관계에 대한 교육이 많이 이루어진다.
② 직무순환은 <u>여러 분야의 직무를 직접 경험하도록 하기 위하여 계획된 순서에 따라 직무를 순환시키는 실무 훈련이다.</u>
④ 프로그램화 학습은 <u>인간행동의 심리학적 전문지식을 교육의 실천분야에서 응용한 프로그램에서 연유한다.</u>

정답 ③

23 0637

교육훈련 방법에 대한 설명으로 옳은 것은? 2019 국가 7급

① 직장 내 훈련(OJT: On-the-Job Training)은 감독자의 능력과 기법에 따라 훈련성과가 달라지며 많은 사람을 동시에 교육하기 어렵다.
② 감수성훈련(Sensitivity Training)은 원래 정신병 치료법으로 발달한 것으로 전문가의 지원을 받아 과제의 해결책을 도출하는 방법이다.
③ 모의연습(Simulation)은 T-집단훈련으로도 불리며 주어진 사례나 문제에서 어떠한 역할을 실제로 연기해 봄으로써 당면한 문제를 체험해 보는 방법이다.
④ 액션러닝(Action Learning)은 미국 GE사 전략적 인적자원개발 프로그램으로 활용된 것으로 태도와 행동의 변화를 통해 인간관계 기술을 향상하려는 것이 주된 목적이다.

24 0638

총체적 품질관리(TQM)에 대한 설명으로 옳지 않은 것은? 2014 지방 7급

① 품질관리가 서비스 생산 및 공급이 이루어지는 과정의 매 단계에서 이루어진다.
② 계획과 문제해결의 주된 방법은 집단적 과정이다.
③ TQM의 관심은 내향적이어서 고객의 필요에 따라 목표를 설정하는 것을 강조한다.
④ 산출물의 일관성 유지를 위해 과정통제계획과 같은 계량화된 통제수단을 활용한다.

출제유형 Ⅱ. 이론·제도 **출제영역** 교육훈련 방법
출제빈도 ★★★ **난도** 중

정답찾기
① 직장 내 훈련은 직장 내에서 감독자로부터 지도·훈련을 받는 것으로 감독자의 능력과 기법에 따라 훈련성과가 달라질 수 있으며 많은 구성원을 한꺼번에 훈련시킬 수 없다는 단점이 있다.

오답피하기
② 원래 정신병 치료법으로 발달한 것은 역할연기(Role Playing)이며, 전문가의 지원을 받아 과제의 해결책을 도출하는 방법은 액션러닝(Action Learning)이다. 감수성훈련(Sensitivity Training)은 외부환경을 차단시킨 상황 속에서 10명 내외의 비친근자로 구성된 소집단내에서 자유로운 성찰과 교류를 통해 대인관계에 대한 이해를 높이고 태도나 행동의 변화를 유도하는 방법이다.
③ 주어진 사례나 문제에서 어떠한 역할을 실제로 연기해 봄으로써 당면한 문제를 체험해 보는 방법은 역할연기에 대한 설명이고, T-집단훈련은 감수성훈련이다. 모의연습(Simulation)은 업무처리 시 직면하게 될 가상적인 상황을 설정하고 거기에 대처하도록 하는 훈련방법이다.
④ 태도와 행동의 변화를 통해 인간관계 기술을 향상하려는 것은 감수성훈련이고, GE사의 전략적 인적자원 개발 프로그램으로 활용된 것은 워크아웃 프로그램이다. 액션러닝(Action Learning)은 실제 현장에서 어떠한 일이 어떠한 상황에 일어나는 지를 체험하면서 배우게 하는 실천학습(성찰학습) 방법이다.

정답 ①

출제유형 Ⅱ. 이론·제도 **출제영역** 총체적 품질관리(TQM)
출제빈도 ★★★ **난도** 중

정답찾기
③ 총체적 품질관리(TQM)은 외부지향적이어서 고객의 필요에 따라 목표를 설정하고 품질도 평가한다.

오답피하기
① 품질관리가 서비스 생산 및 공급이 이루어지는 과정의 매 단계에서 이루어진다.
② 계획과 문제해결의 주된 방법은 집단적 과정이다.
④ 제품 품질의 일관성 유지를 위해 과정통제계획과 같은 통계적 사실과 데이터에 입각한 과정 분석을 중시한다.

행복노트
TQM: 품질을 제고하기 위한 과정에 대한 과학적 절차에 의한 기법

의의	고객만족과 전 직원의 참여 및 지속적 개선을 핵심으로 서비스 개선을 도모해 나가는 통합관리체계
Total	─ 모든 구성원에 의한 품질 결정(개인 x)
Quality	─ 모든 과정: 투입과 과정의 지속적 개선 ─ 고객이 품질의 최종평가자 ─ 산출초기에 품질 정착(예방적 관리)
Management	─ 탈관료제적 구조(계층제의 완전한 폐지 x)

정답 ③

25
총체적 품질관리(Total Quality Management)에 대한 설명으로 옳은 것만을 모두 고르면?　　2020 국가 9급

ㄱ. 고객의 요구를 존중한다.
ㄴ. 무결점을 향한 지속적 개선을 중시한다.
ㄷ. 집권화된 기획과 사후적 통제를 강조한다.
ㄹ. 문제해결의 주된 방법은 집단적 노력에서 개인적 노력으로 옮아간다.

① ㄱ, ㄴ　　② ㄱ, ㄷ
③ ㄴ, ㄹ　　④ ㄷ, ㄹ

26
전통적 관리와 TQM(Total Quality Management)에 대한 설명으로 가장 옳지 않은 것은?　　2018 서울 9급

① 전통적 관리체제는 기능을 중심으로 구조화되는 데 비해 TQM은 절차를 중심으로 조직이 구조화된다.
② 전통적 관리체제는 개인의 전문성을 장려하는 분업을 강조하는 데 비해 TQM은 주로 팀 안에서 업무를 수행할 것을 강조한다.
③ 전통적 관리체제는 상위층의 의사결정을 위한 정보체제를 운영하는 데 비해 TQM은 절차 내에서 변화를 이루는 사람들이 적시에 정확한 정보를 소유하는 데 초점을 둔다.
④ 전통적 관리체제는 낮은 성과의 원인을 관리자의 책임으로 간주하는 데 비해 TQM은 낮은 성과를 근로자 개인의 책임으로 간주한다.

출제유형 Ⅱ. 이론·제도　　**출제영역** 총체적 품질관리(TQM)
출제빈도 ★★★　　**난도** 중

정답찾기
ㄱ. 총체적 품질관리는 고객의 요구를 존중하고 고객이 품질의 최종결정자이다.
ㄴ. 총체적 품질관리는 조직의 전 과정을 통해서 무결점을 향한 지속적 개선을 중시한다.

오답피하기
ㄷ. 총체적 품질관리는 집권화된 기획이 아닌 전체 구성원에 의한 결정이 이루어지고, 사후적 통제가 아닌 사전적이고 예방적 통제가 이루어진다.
ㄹ. 총체적 품질관리는 집단적 노력과 총체적 헌신을 통한 품질 향상을 추구한다.

정답 ①

출제유형 Ⅱ. 이론·제도　　**출제영역** 총체적 품질관리(TQM)
출제빈도 ★★★　　**난도** 중

정답찾기
④ 전통적 관리체제는 낮은 성과의 원인을 근로자 개인의 책임으로 간주하는 데 반하여 TQM에서는 분업보다는 협업(팀워)구조에 의거한 관리방식이므로 낮은 성과의 원인을 조직의 연대적·총체적 책임으로 본다.

오답피하기
① 전통적 관리는 기능을 중심으로 하는 기계적 구조를 기반으로 하는 데 비하여 TQM은 절차를 중심으로 조직이 구조화된다.
② 전통적 관리는 개인의 분업을, TQM은 팀의 협업을 강조한다.
③ 전통적 관리는 상위층의 일방적·집권적 의사결정을 위한 정보관리를, TQM은 절차 내에서 구성원들 간 정보의 공유에 의한 의사결정을 중시한다.

정답 ④

27

목표관리제(MBO)와 성과관리제를 비교한 〈보기〉의 설명 중 옳은 것을 모두 고르면?

2019 서울 9급

┤ 보기 ├

ㄱ. 목표관리제는 개인이나 부서의 목표를 조직의 관리자가 제시한다는 측면에서 조직목표 달성을 위한 하향식 접근이다.
ㄴ. 목표관리제와 성과관리제 모두 성과지표별로 목표달성수준을 설정하고 사후의 목표달성도에 따라 보상과 재정지원의 차등을 약속하는 계약을 체결한다.
ㄷ. 성과평가에서는 평가의 타당성, 신뢰성, 객관성을 확보하는 것이 중요하다.
ㄹ. 성과관리는 조직의 비전과 목표로부터 이를 달성하기 위한 부서단위의 목표와 성과지표, 개인단위의 목표와 지표를 제시한다는 점에서 상향식 접근이다.

① ㄷ
② ㄴ, ㄷ
③ ㄱ, ㄴ, ㄷ
④ ㄴ, ㄷ, ㄹ

출제유형 Ⅱ. 이론·제도 **출제영역** 목표관리제(MBO), 성과관리제
출제빈도 ★★ **난도** 중

정답찾기
ㄴ. 목표관리제와 성과관리제 모두 사전에 성과지표별로 목표 달성 수준을 합의하고 사후의 목표 달성도에 따라 보상과 재정 지원의 차등을 약속하는 성과계약을 체결하게 된다. 성과평가는 성과지표의 달성도 여부를 판단하는 과정이다.
ㄷ. 성과평가에서는 평가의 타당성, 신뢰성, 객관성을 확보하는 것이 중요하다. 평가의 타당성·신뢰성·객관성이 확보되지 않을 경우 피평가자는 반발하고 저항한다.

오답피하기
ㄱ. 목표관리제는 상하 조직 구성원의 참여 과정을 통해서 협력적 목표를 설정한다는 점에서 조직 목표 달성을 위한 상향식 접근이다.
ㄹ. 성과관리는 조직의 비전과 목표로부터 이를 달성하기 위한 부서 단위의 목표와 성과지표, 개인 단위의 목표와 성과지표를 제시한다는 점에서 하향식 접근이다.

정답 ②

28

총체적 품질관리(TQM)와 목표관리(MBO)에 대한 설명으로 가장 옳은 것은?

2017 서울 9급

① TQM이 X이론적 인간관에 기반하고 있다면, MBO는 Y이론적 인간관에 기반하고 있다.
② TQM이 분권화된 조직관리 방식이라고 하면, MBO는 집권화된 조직관리 방식이다.
③ TQM이 조직 내부 성과의 효율성에 초점을 둔다면, MBO는 고객만족도 중심의 대응성에 초점을 둔다.
④ TQM이 팀 단위의 활동을 바탕으로 한다면, MBO는 개별 구성원의 활동을 바탕으로 한다.

출제유형 Ⅱ. 이론·제도 **출제영역** 총체적 품질관리(TQM), 목표관리(MBO)
출제빈도 ★★ **난도** 중

정답찾기
④ TQM은 팀 단위의 집단적 활동을 바탕으로 한다면, MBO는 개인 중심의 성과관리 제도이다.

오답피하기
① TQM과 MBO는 Y이론적 인간관에 입각하고 있다.
② TQM과 MBO는 분권화된 조직관리 방식이다.
③ MBO는 조직 내부 성과의 효율성에 초점을 둔다면, TQM은 고객만족도 중심의 대응성에 초점을 둔다.

행복노트
MBO VS TQM

구 분	MBO	TQM
기획시계	단기·미시·양적	장기·거시·질적
지향방향	대내적 성과향상	대외적 고객만족
관리특성	사후적 관리	사전적·예방적 관리
관리초점	결과지향	과정·절차·문화의 변동
계량화	중시	무시
보상방식	팀워크 중시하지만 개인별 보상	총체적 헌신(집단 중심)

정답 ④

29 0643

SWOT분석에 대한 설명으로 옳지 않은 것은? 2017 국가 7급

① 조직 내적 특성과 외부환경의 조합에 따른 맞춤형 대응전략 수립에 도움이 된다.
② 조직 외부환경은 기회와 위협으로, 조직 내부 자원·역량은 강점과 약점으로 구분한다.
③ 다양화 전략은 조직의 강점을 활용하여 위협을 회피하거나 최소화하는 전략이라고 볼 수 있다.
④ 기존 프로그램의 축소 또는 폐지는 약점 – 기회를 고려한 방어적 전략이라고 볼 수 있다.

30 0644

균형성과표(BSC)에 대한 설명으로 옳지 않은 것은? 2021 지방 9급

① 조직의 장기적 전략 목표와 단기적 활동을 연결할 수 있게 한다.
② 재무적 성과지표와 비재무적 성과지표를 통한 균형적인 성과관리 도구라고 할 수 있다.
③ 재무적 정보 외에 고객, 내부 절차, 학습과 성장 등 조직 운영에 필요한 관점을 추가한 것이다.
④ 고객 관점에서의 성과지표는 시민참여, 적법절차, 내부 직원의 만족도, 정책 순응도, 공개 등이 있다.

출제유형 Ⅱ. 이론·제도 **출제영역** SWOT 분석

출제빈도 ★ **난도** 중

정답찾기
④ 기존 프로그램의 축소 또는 폐지는 <u>약점 – 위협</u>을 고려한 방어적 전략이라고 볼 수 있다.

오답피하기
SM(전략적 관리)

구 분		환 경	
		위협(Threat)	기회(Opportunity)
역 량	약점(Weakness)	WT전략	WO전략
	강점(Strength)	ST전략	SO전략

- WT전략: 약점 보완, 위협 극복 → 방어적 전략
- WO전략: 약점 보완, 기회 활용 → 방향전환 전략
- ST전략: 강점 기반, 위협 극복 → 다양화 전략
- SO전략: 강점 기반, 기회 활용 → 공격적 전략

정답 ④

출제유형 Ⅱ. 이론·제도 **출제영역** 균형성과표(BSC)

출제빈도 ★★★ **난도** 중

정답찾기
④ 시민참여, 적법절차는 내부과정 관점에 해당하고, 내부 직원의 만족도는 <u>학습과 성장관점</u>에 해당하며, 정책 순응도, 공개는 <u>고객관점</u>에 해당한다.

오답피하기
① 조직의 장기적 전략 목표와 단기적 활동을 연결할 수 있게 한다.
② 재무적 성과지표와 비재무적 성과지표를 통한 <u>균형적인 성과관리 도구</u>라고 할 수 있다.
③ 재무적 정보 외에 고객, 내부 절차, 학습과 성장 등 조직 운영에 필요한 <u>관점을 추가</u>한 것이다.

정답 ④

31
균형성과표(BSC, Balanced Score Card)에 대한 설명으로 가장 옳지 않은 것은?
2019 서울 7급

① BSC는 관리자의 성과정보가 재무적 정보에 국한된 약점을 극복하고자 다양한 측면의 정보를 제공하며, 재무적 정보 외에 고객, 내부 절차, 학습과 성장 등 조직운영에 필요한 관점을 추가한 것이다.
② BSC의 장점은 거시적이고 추상적인 조직목표와 실천적 행동지표 간 인과관계를 확보함으로써 조직의 전략과 기획을 실행에 옮길 수 있게 한다는 것이다.
③ BSC는 조직 구성원 학습, 내부절차 및 성장과 함께, 정책 관련 고객의 중요성을 강조하지만, 고객이 아닌 이해당사자들에 대한 의사소통 채널에 대해서는 관심의 정도가 낮아 한계로 지적되고 있다.
④ BSC의 기본틀은 성과관리 체계로 이전의 관리 방식인 TQM이나 MBO와 크게 다르지 않고, 다만 거기에서 진화된 종합모형이라 평가 받고 있다.

32
균형성과표(BSC)에 대한 설명으로 옳지 않은 것은?
2017 지방 9급 추가

① 학습·성장 관점은 구성원의 능력개발이나 직무만족과 같이 주로 인적자원에 대한 성과를 포함한다.
② 무형자산에 대한 강조는 성과평가의 시간에 대한 관점을 단기에서 장기로 전환시킨다.
③ 고객 관점의 성과지표에는 고객만족도, 신규고객 증가수 등이 있다.
④ 내부 프로세스 관점에서는 통합적인 일처리절차보다 개별 부서별로 따로따로 이루어지는 일처리방식에 초점을 맞춘다.

정답찾기
③ BSC는 고객이나 이해당사자들에 대한 의사소통 채널로서도 기능을 하고 있다.

오답피하기
① BSC는 조직관리에 있어서 전통적 재무적 관점 외 고객의 관점, 내부프로세스 관점, 학습 및 성장 관점을 균형 있게 관리하는 포괄적 성과관리시스템이다.
② BSC는 전략관리시스템으로서 조직의 전략과 기획을 실행에 옮길 수 있게 한다.
④ BSC는 기존의 성과관리 시스템이었던 MBO의 한계를 보완하기 위해 도입된 것으로 보다 장기적 관점과 조직의 실질적 효과 측정이 가능하다는 점에서 TQM이나 MBO에서 진화된 모형으로 평가받고 있다.

정답 ③

정답찾기
④ 내부 프로세스 관점에서는 구성원들이나 개별부서로 하여금 조직의 전략목표를 달성하기 위한 필요한 성과가 무엇인지를 알려주어 구성원 간, 개별 부서 간 소통의 도구로 기능하는 데 도움을 주는 관점이므로 통합적인 일처리 절차에 초점을 맞춘다.

오답피하기
① 학습·성장 관점은 구성원의 능력개발이나 직무만족과 같이 주로 인적자원에 대한 성과를 포함한다.
② 무형자산에 대한 강조는 성과평가의 시간에 대한 관점을 단기에서 장기로 전환시킨다.
③ 고객 관점의 성과지표에는 고객만족도, 신규고객 증가수 등이 있다.

정답 ④

33
다음 중 BSC에 대한 설명으로 가장 옳지 않은 것은?

2016 서울 7급

① BSC는 고객 관점에서 고객만족도, 정책순응도, 민원인의 불만율, 신규 고객의 증감 등의 성과지표를 중요시한다.
② BSC는 추상성이 높은 비전에서부터 구체적인 성과지표로 이어지는 위계적인 체제를 가진다.
③ BSC는 조직의 목표를 달성하기 위하여 조직 구성원 간 의사소통의 도구로 기능한다.
④ BSC는 정부실패와 시장실패 등의 위기를 극복하기 위하여 비재무적 지표보다는 재무적 지표관리의 중요성을 강조한다.

34
균형성과표(BSC)에 대한 설명으로 옳은 것만을 모두 고른 것은?

2015 국가 9급

ㄱ. 조직의 비전과 목표, 전략으로부터 도출된 성과지표의 집합체이다.
ㄴ. 재무지표 중심의 기존 성과관리의 한계를 극복하기 위한 것이다.
ㄷ. 조직의 내부요소보다는 외부요소를 중시한다.
ㄹ. 재무, 고객, 내부 프로세스, 학습과 성장이라는 네 가지 관점 간의 균형을 중시한다.
ㅁ. 성과관리의 과정보다는 결과를 중시한다.

① ㄱ, ㄴ, ㅁ
② ㄴ, ㄷ, ㄹ
③ ㄱ, ㄴ, ㄹ
④ ㄷ, ㄹ, ㅁ

출제유형 Ⅱ. 이론·제도 **출제영역** 균형성과표(BSC)
출제빈도 ★★★ **난도** 중

정답찾기
④ BSC는 정부실패와 시장실패 등의 위기를 극복하기 위하여 <u>비재무적 지표와 재무적 지표관리의 중요성을 함께</u> 강조한다.

오답피하기
① BSC는 고객 관점에서 <u>고객만족도, 정책순응도, 민원인의 불만율, 신규 고객의 증감 등의 성과지표를 중요시한다.</u>
② BSC는 추상성이 높은 비전에서부터 구체적인 성과지표로 이어지는 <u>위계적인 체제</u>를 가진다.
③ BSC는 조직의 목표를 달성하기 위하여 <u>조직 구성원 간 의사소통의 도구로 기능</u>한다.

💡행복노트
BSC(균형성과 관리)

과거 + 현재 + 미래, 결과 + 과정, 대내 + 대외, 선행 + 후행
하향적, 연역적, 계서적, 거시적, 고객중심적 관리

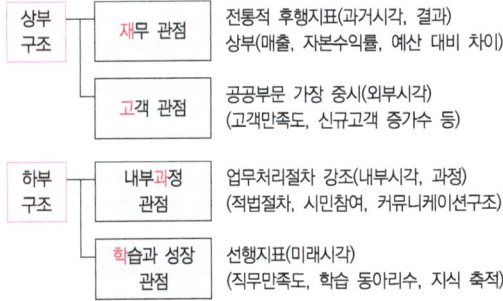

정답 ④

출제유형 Ⅱ. 이론·제도 **출제영역** 균형성과표(BSC)
출제빈도 ★★★ **난도** 중

정답찾기
③ 균형성과표(BSC)는 재무와 비재무, 결과와 과정, 과거와 현재 그리고 미래, 외부와 내부 등을 균형있게 고려한다.
ㄱ. 조직의 비전과 목표, 전략으로부터 도출된 <u>성과지표의 집합체</u>이다.
ㄴ. <u>재무지표 중심의 기존 성과관리의 한계를 극복하기 위한 것</u>이다.
ㄹ. <u>재무, 고객, 내부 프로세스, 학습과 성장이라는 네 가지 관점 간의 균형을 중시</u>한다.

오답피하기
ㄷ. 내부 관점과 외부 관점의 <u>균형</u>이 필요하다.
ㅁ. 성과관리의 <u>과정과 결과의 균형</u>을 중시한다.

정답 ③

35 0649

균형성과표(BSC)의 성과지표에 대한 설명 중 옳지 않은 것은?

2014 지방 9급

① 고객 관점에서의 성과지표에는 고객만족도, 정책순응도, 민원인의 불만율, 신규 고객의 증감 등이 있다.
② 내부 프로세스 관점의 성과지표에는 의사결정 과정의 시민참여, 적법적 절차, 커뮤니케이션 구조 등이 있다.
③ 재무적 관점의 성과지표는 전통적인 선행지표로서 매출, 자본 수익률, 예산 대비 차이 등이 있다.
④ 학습과 성장 관점의 성과지표에는 학습동아리 수, 제안건수, 직무만족도 등이 있다.

출제유형 Ⅱ. 이론·제도   **출제영역** 균형성과표(BSC)
출제빈도 ★★★   **난도** 중

[정답찾기]
③ 재무적 관점의 성과지표는 전통적인 <u>후행지표</u>로서 매출, 자본 수익률, 예산 대비 차이 등이 있다.

[오답피하기]
① 고객 관점에서의 성과지표에는 <u>고객만족도, 정책순응도, 민원인의 불만율, 신규 고객의 증감</u> 등이 있다.
② 내부 프로세스 관점의 성과지표에는 <u>의사결정 과정의 시민참여, 적법적 절차, 커뮤니케이션 구조</u> 등이 있다.
④ 학습과 성장 관점의 성과지표에는 <u>학습동아리 수, 제안건수, 직무만족도</u> 등이 있다.

정답 ③

CHAPTER 05 기출 OX

1. 전략적 선택이론은 관리자의 상황 판단과 전략이 구조를 결정하기보다는 상황이 구조를 결정한다. 2018 지방 9급
　→ 전략적 선택이론은 상황이 구조를 결정하기보다는 관리자의 상황 판단과 전략이 구조를 결정한다. ✗

2. 상황론적 조직이론은 모든 상황에 적합한 최선의 조직화 방법은 존재한다는 것을 전제하며, 효과적인 조직설계와 관리방법은 조직환경에 달려있다고 주장한다. 2015 서울 9급
　→ 상황론적 조직이론은 모든 상황에 적합한 최선의 조직화 방법은 존재하지 않는다는 것을 전제하며, 효과적인 조직설계와 관리방법은 조직환경에 달려있다고 주장한다. ✗

3. 조직통합이나 내부조직화는 거래비용이 조정비용보다 클 때 효과적이며, 거래비용의 최소화를 위해서는 거래를 외부화(Outsourcing)하는 것이 효율적이다. 2014 서울 7급
　→ 조직통합이나 내부조직화는 거래비용이 조정비용보다 클 때 효과적이며, 거래비용의 최소화를 위해서는 거래를 내부화(Insourcing)하는 것이 효율적이다. ✗

4. 주인-대리인이론에 따르면, 주인과 대리인 간에는 정보의 비대칭으로 인해 대리인의 역선택과 주인의 도덕적 해이가 발생할 수 있다. 2017 국가 9급 추가
　→ 주인-대리인이론에 따르면, 주인과 대리인 간에는 정보의 비대칭으로 인해 대리인의 도덕적 해이와 주인의 역선택이 발생할 수 있다. ✗

5. 전략적 선택이론은 조직구조의 변화가 외부환경 변수보다는 조직 내 정책결정자의 상황판단과 전략에 의해 결정된다고 보는 이론이다. 2015 국회 8급
　→ 전략적 선택이론은 조직구조의 변화가 외부환경 변수보다는 조직 내 정책결정자의 상황판단과 전략에 의해 결정된다고 보는 이론이다. ○

6. 자원의존이론에 따르면, 조직은 환경으로부터 필요한 자원을 획득하기 위하여 환경에 피동적으로 순응하여야 한다. 2017 국가 9급 추가
　→ 자원의존이론에 따르면, 조직은 환경으로부터 필요한 자원을 획득하기 위하여 환경에 주도적·능동적으로 행동해야 한다. ✗

7. 모의연습(Simulation)은 주어진 사례나 문제에서 어떠한 역할을 실제로 연기해 봄으로써 당면한 문제를 체험해 보는 방법이다. 2019 국가 7급
　→ 역할연기(Role Playing)는 주어진 사례나 문제에서 어떠한 역할을 실제로 연기해 봄으로써 당면한 문제를 체험해 보는 방법이다. ✗

8. 직장 내 훈련(OJT: On-the-Job Training)은 감독자의 능력과 기법에 따라 훈련성과가 달라지며 많은 사람을 동시에 교육하기 어렵다. 2019 국가 7급
　→ 직장 내 훈련(OJT: On-the-Job Training)은 감독자의 능력과 기법에 따라 훈련성과가 달라지며 많은 사람을 동시에 교육하기 어렵다. ○

9. SWOT 분석에서 기존 프로그램의 축소 또는 폐지는 약점-기회를 고려한 방어적 전략이라고 볼 수 있다. 2017 국가 7급
　→ SWOT 분석에서 기존 프로그램의 축소 또는 폐지는 약점-위협을 고려한 방어적 전략이라고 볼 수 있다. ✗

10. 목표관리제(MBO)는 중·장기목표를 단기목표보다 강조한다. 2022 국가 9급
　→ 목표관리제(MBO)는 단기목표를 중·장기목표보다 강조한다. ✗

11. 총체적 품질관리(Total Quality Management)에서 문제해결의 주된 방법은 집단적 노력에서 개인적 노력으로 옮겨간다. 2020 국가 9급
　→ 총체적 품질관리(Total Quality Management)에서 문제해결의 주된 방법은 개인적 노력에서 집단적 노력으로 옮겨간다. ✗

12. TQM과 MBO는 X이론적 인간관에 기반하고 있다. 2017 서울 9급
　→ TQM과 MBO는 Y이론적 인간관에 기반하고 있다. ✗

13. 균형성과표(BSC)는 재무적 정보 외에 고객, 내부 절차, 학습과 성장 등 조직 운영에 필요한 관점을 추가한 것이다. 2021 지방 9급
　→ 균형성과표(BSC)는 재무적 정보 외에 고객, 내부 절차, 학습과 성장 등 조직 운영에 필요한 관점을 추가한 것이다. ○

14. 균형성과표(BSC)는 무형자산에 대한 강조는 성과평가의 시간에 대한 관점을 장기에서 단기로 전환시킨다. 2017 지방 9급 추가
　→ 균형성과표(BSC)는 무형자산에 대한 강조는 성과평가의 시간에 대한 관점을 단기에서 장기로 전환시킨다. ✗

CHAPTER 05 키워드

1. **구조적** 상황이론은 상황과 조직특성 간의 적합 여부가 조직의 효과성을 결정한다. *2018 지방 9급*

2. **조직군생태론** 은 조직의 번성과 쇠퇴를 조직 스스로의 힘이 아닌 환경의 선택에 의해 좌우된다고 보는 이론이다. *2013 지방 9급*

3. **거래비용이론** 에서는 당사자 간의 협상 및 커뮤니케이션 비용과 계약의 준수를 감시하는 비용도 거래비용으로 포함된다. *2017 국가 9급*

4. 대리인이론은 주인·대리인의 **정보** 비대칭 문제를 해결하기 위해 대리인에게 적절한 통제를 가해야 한다. *2018 지방 9급*

5. **자원의존** 이론은 어떠한 조직도 필요로 하는 자원을 모두 획득할 수는 없다는 것을 전제로 하며, 조직의 환경에 대한 의존성을 인정하면서 환경의 제약으로부터 더 많은 자율성을 얻으려 하는 능동적 존재로 본다. *2015 서울 9급*

6. **혼돈이론(Chaos Theory)** 은 비선형적이고 역동적인 체제에서의 불규칙성을 중시하는 이론으로, 현실의 복잡성과 불확실성을 당연한 것으로 수용한다. *2011 지방 9급*

7. **감수성** 훈련은 대인적 지각과 수용능력을 제고하기 위한 외부환경으로부터 차단된 인위적 상황에서 실시하는 기법이다. *2017 서울 7급*

8. 목표관리제(MBO)는 부하와 상사의 **참여** 를 통해 목표를 설정한다. *2022 국가 9급*

9. 총체적 품질관리(Total Quality Management)는 **고객** 의 요구를 존중하고, 무결점을 향한 지속적 개선을 중시한다. *2020 국가 9급*

10. 전통적 관리체제는 낮은 성과의 원인을 **근로자** 의 책임으로 간주하는 데 비해 TQM은 낮은 성과를 관리자의 책임으로 간주한다. *2018 서울 9급*

11. TQM과 MBO는 **분권화** 된 조직관리 방식이다. *2017 서울 9급*

12. **균형성과표(BSC)** 는 조직의 장기적 전략 목표와 단기적 활동을 연결할 수 있게 하고, 재무적 성과지표와 비재무적 성과지표를 통한 균형적인 성과관리 도구라고 할 수 있다. *2021 지방 9급*

13. BSC는 **고객** 관점에서 고객만족도, 정책순응도, 민원인의 불만율, 신규 고객의 증감 등의 성과지표를 중요시한다. *2016 서울 7급*

Memo

김규대 교수

연세대학교 사회학과 졸업
연세대학교 행정대학원 석사 졸업

주요약력
現 박문각 행정학 대표강사
前 공단기 행정학 대표강사
　 군단기 행정학 대표강사
　 에듀윌 행정학 대표강사

주요저서
- 김규대 행정학 기본서
- 김규대 행정학 정복노트
- 김규대 행정학 단원별 기출문제집
- 김규대 행정학 기출 진도별 모의고사
- 김규대 미러링 모의고사

- 온라인 강의 www.pmg.co.kr
- 오프라인 강의 박문각공무원학원
- 온라인 카페 https://cafe.naver.com/orangezs8de

1권

김규대 행정학
단원별 기출문제집 1200제

발행일	2025년 9월 8일
집필	김규대, 김규대행정학연구실
발행처	(주)K&P Traders
E-mail	kptraders@naver.com
ISBN	979-11-93503-16-4
값	42,000원(전 2권)

본 교재에 대한 저작권은 (주)K&P Traders에 있습니다.
(주)K&P Traders의 동의 없이 본 교재를 복사·변형하여 판매·배포·전송하는 일체의 행위를 금합니다.

9급, 7급, 행정사, 군무원, 공사공단 대비

NEW 김규대
비주얼 행정학

단원별
기출문제
1200제 2권

김규대 지음

필수 기출문제, 기출 OX, 키워드까지
체계적인 3-step 구성!

기출 올인원(단원별+기진모)으로
공무원 행정학 단기 정복!

고득점 합격을 위한 '행복노트'와
'행복한 암기 TIP' 풀 장착

김규대 행정학

(주) K&P TRADERS

9급, 7급, 행정사, 군무원, 공사공단 대비

NEW 김규대
비주얼 행정학

단원별
기출문제
1200제 2쇄

김 규 대 행 정 학

(주) K&P TRADERS

차 례 ··· Contents

2권

제4편 인사행정론

CHAPTER 01 인사행정의 이론적 기초   6
CHAPTER 02 공직의 분류   26
CHAPTER 03 공무원의 임용과 능력발전   53
CHAPTER 04 공무원의 동기부여   76
CHAPTER 05 공무원의 통제   89

제5편 재무행정론

CHAPTER 01 재무행정의 기초   118
CHAPTER 02 예산결정이론과 예산과정   161
CHAPTER 03 예산행태와 예산개혁   188

제 6 편　행정환류론

CHAPTER 01	행정통제론	210
CHAPTER 02	미래의 행정	224
CHAPTER 03	정보사회와 행정	229

제 7 편　지방자치론

CHAPTER 01	지방자치의 이해	254
CHAPTER 02	지방자치의 체계	262
CHAPTER 03	지방자치단체의 기관	277
CHAPTER 04	주민의 참여	284
CHAPTER 05	지방재정	299
CHAPTER 06	정부 간 관계	319

김규대 행정학
단원별 기출문제집
1200제

제 4 편 인사행정론

Chapter 01 인사행정의 이론적 기초
Chapter 02 공직의 분류
Chapter 03 공무원의 임용과 능력발전
Chapter 04 공무원의 동기부여
Chapter 05 공무원의 통제

CHAPTER 01 인사행정의 이론적 기초

대표문제

01 ☐☐☐ 0650

실적주의 공무원제도에 대한 설명으로 옳은 것은?

2024 국가 9급

① 미국에서는 잭슨(Jackson) 대통령에 의해 공식화되었다.
② 공직의 일은 건전한 상식과 인품을 가진 일반 대중 누구나 수행할 수 있는 것이라고 전제하였다.
③ 공개경쟁시험, 신분보장, 정치적 중립이 핵심적인 요소이다.
④ 사회적 형평성을 가장 중요한 가치로 삼는 인사제도이다.

[출제유형] Ⅱ. 이론·제도 [출제영역] 엽관주의, 실적주의
출제빈도 ★★★   정답률 82%   난도 중

정답찾기
③ 실적주의 공무원제도는 공개경쟁시험, 신분보장, 정치적 중립이 핵심적인 요소이다.

오답피하기
① 엽관주의는 미국에서 잭슨(Jackson) 대통령에 의해 공식화되었다.
② 엽관주의에서 공직의 일은 건전한 상식과 인품을 가진 일반 대중 누구나 수행할 수 있는 것이라고 전제하였다.
④ 대표관료제가 사회적 형평성을 가장 중요한 가치로 삼는 인사제도이다.

정답 ③

제1절 인사행정의 특징과 흐름

02 ☐☐☐ 0651

전략적 인적자원관리에 대한 설명으로 옳지 않은 것은?

2017 국가 9급

① 장기적이며 목표·성과 중심적으로 인적자원을 관리한다.
② 개인의 욕구는 조직의 전략적 목표달성을 위해 희생해야 한다는 입장이다.
③ 인사업무 책임자가 조직 전략 수립에 적극적으로 관여한다.
④ 조직의 전략 및 성과와 인적자원관리 활동 간의 연계에 중점을 둔다.

[출제유형] Ⅱ. 이론·제도 [출제영역] 전략적 인적자원관리
출제빈도 ★★   난도 중

정답찾기
② 전략적 인적자원관리는 인본주의 인사관리로 직원을 자원으로 인식한다. 개인의 욕구와 조직목표 간의 조화, 일과 삶의 균형 등을 중시하는 이론이다.

오답피하기
① 전통적 인사행정은 단기적이고 통제중심의 관리를 한 반면 전략적 인적자원관리는 장기적이며 목표·성과 중심적으로 인적자원을 관리한다.
③ 인사 기능의 전략적 기능을 중시하여 인사업무 책임자가 조직 전략 수립에 적극적으로 관여한다.
④ 전략적 인적자원관리에서는 다양하고 차별적인 성과급과 과업중심의 합리적 관리를 추구하므로 조직의 전략 및 성과와 인적자원관리 활동 간의 연계에 중점을 둔다.

정답 ②

03

전통적인 연공주의 인적자원관리와 비교할 때 성과주의 인적자원관리의 특징으로 옳지 않은 것은?   2016 국가 7급

① 형식 요건을 중시하고 규격화된 임용 방식을 확대한다.
② 태도와 근속연수보다 성과와 능력 중심의 평가를 강조한다.
③ 직급파괴와 역량에 의한 승진을 강조한다.
④ 조기퇴직 및 전직 지원을 활성화한다.

출제유형 Ⅱ. 이론·제도   **출제영역** 성과주의 인적자원관리
출제빈도 ★★   난도 중

정답찾기
① 형식 요건을 중시하고 규격화된 임용 방식을 확대하는 것은 전통적인 연공주의 방식에 대한 설명이다. 성과주의 인적자원관리는 성과를 중시하고 다양한 방식의 유연한 임용을 특징으로 한다.

오답피하기
② 성과주의 인적자원관리에서는 전통적 연공주의 인적자원관리에서 강조한 태도와 근속연수보다 성과와 능력 중심의 평가를 강조한다.
③ 성과주의 인적자원관리에서는 복무관리에 있어서 보상과 포상을 활용하고 성과를 중시하므로 직급파괴와 역량에 의한 승진을 강조한다.
④ 성과주의 인적자원관리에서는 전통적인 인적자원관리와는 달리 조기퇴직 및 전직 지원을 활성화한다.

행복노트
인사행정의 개념과 변화 (공무원: 비용 → 자원)

구 분	전통적(소극적) 인사행정	현대적(적극적) 인사행정
구성원	비용, 통제대상	자원, 자산
변화수용	소극적 수용 및 위험회피	적극적 수용 및 위험감수
인사기능	행정적 기능	전략적 기능 중시
임용	규격화된 임용: 형식요건 중시	유연한 임용: 실적(성과) 중시
관리	인간중심 주종관계 관리	과업중심의 합리적 관리
교육훈련	공급자 중심 (내부기관에서 실시)	수요자 중심(내외구분 × 실제수요 중시)
보수체계	연공 서열의 보수체계	다양, 차별적 성과급 강화
복무관리	처벌·징계 위주	보상과 포상활용

정답 ①

04

다음 중앙인사기관의 유형에 대한 설명으로 옳은 것은?   2021 지방 7급

- 행정수반이 인사관리에 직접적인 책임을 지며, 인사기관의장은 행정수반을 보좌하여 집행업무를 담당한다.
- 인적자원 확보, 능력발전, 유지, 보상 등 인사관리에 대한 기능을 부처의 협조 하에 통합적으로 수행한다.
- 인사기관의 결정과 집행의 행위는 행정수반의 승인과 검토의 대상이 된다.

① 정치권력의 부당한 개입을 막아 정치적 중립성과 공직의 안정성을 확보할 수 있다.
② 인사기관의 구성방식을 통해서 인사 정책의 일관성을 확보할 수 있다.
③ 합의에 따른 결정방식으로 인사의 공정성을 유지하는 것이 중요하다.
④ 한 명의 인사기관의 장이 조직을 관장하고 행정수반의 지휘 아래 놓이게 된다.

출제유형 Ⅱ. 이론·제도   **출제영역** 중앙인사기관
출제빈도 ★★★   난도 중

정답찾기
④ 제시문은 비독립단독형 중앙인사기관의 특징에 해당한다. 따라서 한 명의 인사기관의 장이 조직을 관장하고 행정수반의 지휘 아래 놓이게 된다.

오답피하기
① 정치권력의 부당한 개입을 막아 정치적 중립성과 공직의 안정성을 확보할 수 있다는 것은 독립합의형 중앙인사기관의 특징에 해당한다.
② 인사기관의 구성방식을 통해서 인사 정책의 일관성을 확보할 수 있다는 것은 독립합의형 중앙인사기관의 특징에 해당한다.
③ 합의에 따른 결정방식으로 인사의 공정성을 유지하는 것이 중요하다는 것은 독립합의형 중앙인사기관의 특징에 해당한다.

정답 ④

05　　0654

중앙인사기관에 대한 설명으로 가장 옳지 않은 것은?

2017 서울 9급

① 우리나라의 중앙인사위원회는 합의제 중앙인사기관으로 1999년부터 2008년까지 존속했다.
② 미국의 연방인사위원회가 독립형 합의제 중앙인사기관의 대표적인 예이다.
③ 일본의 총무성은 중앙인사기관이 행정부의 한 부처로 속해있는 비독립형 단독제 기관의 예이다.
④ 현재 우리나라 인사혁신처는 합의제 중앙인사기관으로 설립되어 있다.

출제유형 Ⅱ. 이론·제도　　**출제영역** 중앙인사기관
출제빈도 ★★★　　**난도** 중

정답찾기
④ 현재 우리나라 인사혁신처는 비독립단독형 중앙인사기관이다.

오답피하기
① 우리나라 중앙인사위원회는 1999년 김대중 정부 때 설립되었다가 2008년 이명박 정부 때 행정안전부로 흡수 통합되었다.
② 미국의 연방인사위원회는 독립합의형 기관이었지만 카터(Carter) 행정부 때 인사관리처(OPM)와 실적주의보호위원회(MSPB)로 이원화되었다.
③ 일본은 비독립단독형인 총무성과 독립합의형인 인사원으로 인사기관이 이원화되어 있다.

행복노트
중앙인사행정기관

구 분	합의형	단독형
독립형	독립합의형	독립단독형
비독립형	비독립합의형	비독립단독형

- 독립합의형: 행정수반으로부터 독립된 지위, 합의에 의한 의사결정
- 비독립단독형: 행정수반에 의해 임명, 한 명의 기관장이 지휘

정답 ④

06　　0655

중앙인사기관에 대한 설명으로 옳지 않은 것은?

2016 지방 9급

① 독립합의형은 엽관주의를 배제하고 실적제를 발전시키는데 유리하지만, 책임소재가 불분명해질 수 있는 단점이 있다.
② 비독립단독형은 집행부형태로 인사행정의 책임이 분명하고 신속한 의사결정을 가능하게 해주지만, 인사행정의 정실화를 막기 어렵다.
③ 독립단독형은 독립합의형과 비독립단독형의 절충적 성격을 가진 형태로서 대표적인 예는 미국의 인사관리처나 영국의 공무원 장관실 등이다.
④ 정부 규모의 확대로 전략적 인적자원관리가 강조되어 중앙인사기관의 설치 및 기능이 중요시 된다.

출제유형 Ⅱ. 이론·제도　　**출제영역** 중앙인사기관
출제빈도 ★★★　　**난도** 중

정답찾기
③ 미국의 인사관리처와 영국의 공무원 장관실 등은 비독립단독형의 대표적 사례이다. 독립단독형은 일반적으로 존재하지 않는다.

오답피하기
① 독립합의형은 임용권자로부터 독립적이므로 엽관주의를 배제하고 실적제를 발전시키는 데 유리하지만, 합의형이므로 책임소재가 불분명해질 수 있는 단점이 있다.
② 비독립단독형은 단독형이므로 집행부형태로 인사행정의 책임이 분명하고 신속한 의사결정을 가능하게 해주지만, 임용권자로부터 비독립적이므로 인사행정의 정실화를 막기 어렵다.
④ 오늘날 전략적 인적자원관리가 더욱 강조되면서 중앙인사기관의 설치 및 기능이 더 중요시된다.

행복노트
독립합의형 vs 비독립단독형

구 분	독립합의형	비독립단독형
장 점	• 실적제 발전에 유리 • 신중한 의사결정 • 인사정책의 계속성 유지 • 이익집단의 요구 균형적 수용, 원만한 관계유지	• 책임소재 분명 • 신속한 의사결정 • 강력한 정책 추진 • 능률적 행정 • 신축적 대응 가능
단 점	• 책임 분산, 불명확성 • 인사정책의 결정 지연 • 강력한 정책추진의 곤란	• 정치적 독립성↓, 정실화 • 독선적 결정 우려 • 인사행정 일관성, 계속성 ×
기 구	• 미국: 실적제도보호위원회(MSPB) • 영국: 인사위원회(CSC) • 일본: 인사원(NPA)	• 한국: 인사혁신처 • 미국: 인사관리처(OPM) • 영국: 내각사무처 • 일본: 총무성 인사국 • 프랑스: 인사행정처

정답 ③

07

2014년 현재 우리나라와 같은 유형의 중앙인사기관이 갖는 특성으로 적절한 것은?

2014 국가 9급

① 인사에 대한 의사결정이 신속하고, 책임소재의 명확화가 가능한 유형이다.
② 행정수반의 적극적인 지원을 받고 있어 인사상의 공정성 확보가 용이하다.
③ 복수 위원들 간의 합의에 의한 결정방식을 특징으로 한다.
④ '1883년 「펜들턴(Pendleton)법」'에 의해 창설된 미국의 연방인사기구가 이 유형에 속한다.

출제유형 Ⅱ. 이론·제도 **출제영역** 중앙인사기관
출제빈도 ★★★ **난도** 하

정답찾기
① 우리나라의 중앙인사기관은 인사혁신처로 비독립단독형이다. 명확한 책임소재와 신속한 의사결정이 장점이지만 인사의 공정성 확보는 어렵다.

오답피하기
② 행정수반의 적극적인 지원을 받고 있어 인사상의 정실화 우려가 있다.
③ 복수 위원들 간의 합의에 의한 결정방식을 특징으로 하는 것은 독립합의형의 특징이다.
④ 1883년 「펜들턴(Pendleton)법」에 의해 독립합의형 기관인 연방인사위원회가 설치된다.

행복노트
비독립단독형의 장단점

장 점	단 점
㉠ 인사행정의 책임소재가 분명하다.	㉠ 정치적 독립성 부족으로 인사행정의 정실화를 초래할 수 있다.
㉡ 지휘부의 기관장 한 사람으로 구성되기 때문에 인사정책 결정이 신속하게 이루어지고 강력하게 추진될 수 있다.	㉡ 기관장의 독선적 결정을 막기 어렵다.
㉢ 행정수반은 인사행정을 자신의 관리수단으로 삼아 능률적 행정을 수행할 수 있다.	㉢ 중앙인사기관장이 바뀔 때마다 인사정책의 방향이 달라질 수 있으므로 인사행정의 일관성과 계속성이 결여되기 쉽다.
㉣ 인사행정의 지휘부가 한 사람이므로 행정의 필요와 변화에 신축적으로 대응할 수 있다.	㉣ 중앙인사기관이 행정수반 소속이므로 양당적이거나 초당적인 문제를 적절히 반영하기 어렵다.

정답 ①

제 2 절   인사행정의 발달

08

정실주의와 엽관제에 대한 설명으로 옳지 않은 것은?

2022 국가 7급

① 실적제로 전환을 위한 영국의 추밀원령은 미국의 펜들턴법보다 시기적으로 앞섰다.
② 엽관제는 전문성을 통한 행정의 효율성 제고와 정부관료의 역량 강화에 기여한 것으로 평가된다.
③ 미국의 잭슨 대통령은 엽관제를 민주주의의 실천적 정치원리로 인식하고 인사행정의 기본 원칙으로 채택하였다.
④ 엽관제는 관료제의 특권화를 방지하고 국민에 대한 대응성을 높인다는 점에서 현재도 일부 정무직에 적용되고 있다.

출제유형 Ⅱ. 이론·제도 **출제영역** 정실주의, 엽관주의
출제빈도 ★★★ **난도** 상중하

정답찾기
② 전문성을 통한 행정의 효율성 제고와 정부관료의 역량 강화에 기여한 것으로 평가되는 것은 실적주의이다.

오답피하기
① 실적제로 전환을 위한 영국의 추밀원령은 미국의 펜들턴법보다 시기적으로 앞섰다.
③ 미국의 잭슨 대통령은 엽관제를 민주주의의 실천적 정치원리로 인식하고 인사행정의 기본 원칙으로 채택하였다.
④ 엽관제는 관료제의 특권화를 방지하고 국민에 대한 대응성을 높인다는 점에서 현재도 일부 정무직에 적용되고 있다.

엽관주의
- 의의
  - 관직의 전리품화(전리품은 승자에게)
  - 실적능력 < 정치적 충성도와 공헌도
  - 정권교체, 공무원 교체 임용
- 비교
  - 엽관주의(미국): 당파성, 정치적 요인
  - 정실주의(영국): 귀속적 요인(학벌·혈연 등)

장 점	단 점
• 관료의 대응성 향상	• 행정의 중립성, 안정성, 지속성, 전문성, 공정성 저해
• 정치적 책임성 증대	• 공직남발로 인한 재정 낭비
• 관료제의 민주화에 기여	• 정당의 사병화(공익 저해)
• 관료의 특권 방지	• 부패의 발생(공직의 상품화)
• 공무원의 충성심 확보	• 직업관료제 발전 저해
• 정치 지도자의 지도력 강화	

정답 ②

09
0658

엽관주의의 정당화 근거로 옳지 않은 것은?

2021 국가 7급

① 행정 민주화에 기여
② 정치지도자의 행정 통솔력 강화
③ 정당정치 발달에 공헌
④ 행정의 안정성과 지속성 확보

10
0659

엽관제의 장점에 해당하지 않는 것을 〈보기〉에서 모두 고른 것은?

2018 서울 2회 7급

보기
ㄱ. 부정부패를 방지하기가 쉽다. ㄴ. 행정의 안정성과 지속성을 확보하기 쉽다. ㄷ. 정부관료제의 민주화에 기여한다. ㄹ. 정치적 책임을 확보하기 용이하다. ㅁ. 직업공무원제 정착에 도움이 된다. ㅂ. 공무원들의 충성심을 확보하기 용이하다.

① ㄱ, ㄴ, ㅁ
② ㄴ, ㄷ, ㅂ
③ ㄷ, ㄹ, ㅁ
④ ㄱ, ㄴ, ㄹ

출제유형 Ⅱ. 이론·제도　**출제영역** 엽관주의

출제빈도 ★★　**난도** 중

정답찾기
④ 행정의 안정성과 지속성 확보는 실적주의의 정당화 근거에 해당한다. 엽관주의는 정권교체 시 공직의 대량경질이 발생하므로 행정의 안정성과 지속성이 훼손되기 쉽다.

오답피하기
① 엽관주의는 정부관료제의 민주화로 인해 민주성과 책임성이 높아지므로 행정 민주화에 기여한다.
② 엽관주의는 공무원들의 충성심을 확보하기 용이하므로 정치지도자의 행정 통솔력 강화된다.
③ 엽관주의는 정당의 충성도에 따라 임용되므로 정당정치 발달에 공헌한다.

정답 ④

출제유형 Ⅱ. 이론·제도　**출제영역** 엽관주의

출제빈도 ★★　**난도** 중

정답찾기
ㄱ. 엽관주의는 정부관료제를 소수 정당 간부의 특수이익을 위한 도구로 전락시키므로 행정의 비능률과 낭비, 부정부패를 방지하기 어렵다.
ㄴ. 정권교체 시 공직의 대량경질이 발생하므로 행정의 안정성과 지속성이 훼손되기 쉽다.
ㅁ. 직업공무원제 정착에 도움이 되는 것은 실적주의에 해당한다.

오답피하기
ㄷ. 정부관료제의 민주화로 인해 민주성과 책임성이 높아진다.
ㄹ. 선거에서 이긴 정당이 정권을 잡으므로 정치적 책임을 확보하기 용이하다.
ㅂ. 엽관주의는 정당에 대한 공헌도와 충성도를 임용기준으로 삼기 때문에 선출직 정치인에 대한 공무원들의 충성심을 확보하기 용이하다.

정답 ①

11 ☐☐☐ 0660

엽관주의 인사의 단점에 대한 다음 설명 중 가장 옳지 않은 것은?

2015 서울 9급

① 행정의 안정성을 저해할 수 있다.
② 공무원의 정치적 중립을 저해한다.
③ 행정의 전문성을 저하시킬 수 있다.
④ 행정에 대한 민주적 통제를 약화시킨다.

출제유형 Ⅱ. 이론·제도 **출제영역** 엽관주의
출제빈도 ★★ **난도** 중

정답찾기
④ 엽관주의는 행정의 안정성과 정치적 중립, 전문성을 약화시키지만 행정에 대한 민주적 통제, 책임성, 대응성을 강화시킨다.

오답피하기
① 정권교체에 따른 공직의 대량교체로 인하여 행정의 중립성과 안정성 및 전문성을 저해한다.
② 공직취임이나 공무원의 신분유지가 소속정당이나 집권자에 대한 충성에 기반을 두게 되므로 공무원의 정치적 중립을 저해한다.
③ 소속정당이나 집권자에 대한 충성에 기반하여 공직취임이 이루어지므로 행정의 전문성을 저하시킬 수 있다.

행복노트

엽관주의

의의
- 관직의 전리품화(전리품은 승자에게)
- 실적능력 < 정치적 충성도와 공헌도
- 정권교체, 공무원 교체 임용

비교
- 엽관주의(미국): 당파성, 정치적 요인
- 정실주의(영국): 귀속적 요인(학벌·혈연 등)

장 점	단 점
• 관료의 대응성 향상	• 행정의 중립성, 안정성, 지속성, 전문성, 공정성 저해
• 정치적 책임성 증대	• 공직남발로 인한 재정 낭비
• 관료제의 민주화에 기여	• 정당의 사병화(공익 저해)
• 관료의 특권 방지	• 부패의 발생(공직의 상품화)
• 공무원의 충성심 확보	• 직업관료제 발전 저해
• 정치 지도자의 지도력 강화	

정답 ④

12 ☐☐☐ 0661

실적주의의 주요 구성요소로 보기 어려운 것은?

2012 지방 9급

① 공직취임의 기회균등
② 공무원 인적구성의 다양화
③ 신분보장 및 정치적 중립
④ 실적에 의한 임용

출제유형 Ⅱ. 이론·제도 **출제영역** 실적주의
출제빈도 ★★ **난도** 중

정답찾기
② 공무원 인적구성의 다양화는 대표관료제의 특성이다.

오답피하기
① 실적주의는 공개경쟁시험에 의한 채용방식을 취함으로써 공직취임의 기회균등 보장한다.
③ 실적주의는 공무원의 신분보장으로 인한 직업공무원제의 실현에 도움을 주고, 공무원의 정치적 중립성으로 인한 행정의 공정성을 확보할 수 있다.
④ 실적주의는 실적에 의한 임용으로 유능한 인재임용으로 인한 행정의 전문화에 기여한다.

정답 ②

13 ☐☐☐   0662

엽관주의와 실적주의에 대한 설명으로 옳지 않은 것은?

2016 지방 7급

① 엽관주의는 행정의 민주화에 공헌한다는 장점이 있다.
② 실적주의는 공무원의 정치적 중립을 강조한다.
③ 잭슨(Jackson) 대통령이 암살당한 사건은 미국에서 실적주의 도입의 배경이 되었다.
④ 엽관주의는 공직의 상품화를 가져올 가능성이 있다.

출제유형 Ⅱ. 이론·제도   **출제영역** 엽관주의, 실적주의
출제빈도 ★★★   **난도** 중

정답찾기
③ 1881년 가필드(Garfield) 대통령이 암살당한 사건은 미국에서 실적주의 배경이 되었고 1883년에 제정된 「펜들턴법」을 계기로 실적주의가 확립되었다.

오답피하기
① 엽관주의는 특권적 정부 관료제를 일반 대중에게 개방함으로써, 정부 관료제의 민주화에 기여한다는 장점이 있다.
② 실적주의는 공직에서 일할 개인의 객관적인 자격이나 능력 및 성적을 기준으로 운영되는 인사제도이므로 공무원의 정치적 중립을 강조한다.
④ 엽관주의는 매관매직이 가능하므로 공직의 상품화를 가져올 가능성이 있다.

정답 ③

14 ☐☐☐   0663

엽관주의와 실적주의에 대한 설명으로 옳은 것만을 모두 고르면?

2014 국가 9급

> ㄱ. 엽관주의는 실적 이외의 요인을 고려하여 임용하는 방식으로 정치적 요인, 혈연, 지연 등이 포함된다.
> ㄴ. 엽관주의는 정실임용에 기초하고 있기 때문에 초기부터 민주주의의 실천원리와는 거리가 멀었다.
> ㄷ. 엽관주의는 정치지도자의 국정지도력을 강화함으로써 공공정책의 실현을 용이하게 해 준다.
> ㄹ. 실적주의는 정치적 중립에 집착하여 인사행정을 소극화·형식화시켰다.
> ㅁ. 실적주의는 국민에 대한 관료의 대응성을 높일 수 있다는 장점이 있다.

① ㄱ, ㄷ   ② ㄴ, ㄹ
③ ㄴ, ㅁ   ④ ㄷ, ㄹ

출제유형 Ⅱ. 이론·제도   **출제영역** 엽관주의, 실적주의
출제빈도 ★★★   **난도** 중

정답찾기
ㄷ. 엽관주의는 정치지도자의 국정지도력을 강화함으로써 공공정책의 실현을 용이하게 해 준다.
ㄹ. 실적주의는 정치적 중립에 집착하여 인사행정을 소극화·형식화시켰다.

오답피하기
ㄱ. 엽관주의는 정치적인 요인만을 고려할 뿐 혈연, 지연 등을 고려하는 것은 정실주의의 특징이다.
ㄴ. 엽관주의는 정당에 대한 충성도를 기준으로 임용하기 때문에 민주주의의 실천원리와 관련성이 크다.
ㅁ. 국민에 대한 관료의 대응성을 높일 수 있는 것은 엽관주의 장점에 대한 설명이다.

행복노트
실적제 장·단점

장 점	단 점
• 공직취임의 기회균등 보장	• 행정의 대응성 약화
• 행정의 전문화에 기여	• 소외집단에게 불리 → 대표성 저해
• 정치적 중립 → 공정성 확보	• 국민의 요구에 둔감
• 신분보장 → 직업공무원제	
• 부패 감소	

정답 ④

15

대표관료제에 대한 설명으로 옳지 않은 것은? 2023 지방 9급

① 우리나라는 양성채용목표제, 장애인 의무고용제 등 다양한 균형인사제도를 통해 대표관료제의 논리를 반영하고 있다.
② 다양한 집단의 이익을 반영하는 실적주의 이념에 부합하는 인사제도이다.
③ 할당제를 강요하는 결과를 초래하고, 특정 집단에 대한 역차별 문제를 야기할 수 있다.
④ 임용 전 사회화가 임용 후 행태를 자동적으로 보장한다는 가정하에 전개되어 왔다.

16

대표관료제에 대한 설명으로 옳지 않은 것은? 2019 지방 9급

① 소극적 대표가 적극적 대표를 촉진한다는 가정 하에 제도를 운영해 왔다.
② 엽관주의 폐단을 시정하기 위해 등장하였으며 역차별의 문제를 완화할 수 있다.
③ 소극적 대표성은 전체 사회의 인구 구성적 특성과 가치를 반영하는 관료제의 인적 구성을 강조한다.
④ 우리나라는 균형인사제도를 통해 장애인·지방인재·저소득층 등에 대한 공직진출 지원을 하고 있다.

출제유형 Ⅱ. 이론·제도 **출제영역** 대표관료제
출제빈도 ★★ **난도** 중

정답찾기
② 실적주의의 폐단을 극복하고 다양한 집단의 이익을 반영하는 인사제도이다.

오답피하기
① 우리나라는 양성채용목표제, 장애인 의무고용제 등 다양한 균형인사제도를 통해 대표관료제의 논리를 반영하고 있다.
③ 할당제를 강요하는 결과를 초래하고, 특정 집단에 대한 역차별 문제를 야기할 수 있다.
④ 임용 전 사회화가 임용 후 행태를 자동적으로 보장한다는 가정하에 전개되어 왔다.

정답 ②

출제유형 Ⅱ. 이론·제도 **출제영역** 대표관료제
출제빈도 ★★★ **난도** 중

정답찾기
② 대표관료제는 실적주의의 폐단을 시정하기 위해 등장하였으며 한 국가 내에서 다양한 사회집단들의 구성비율에 따라 관료를 충원하는 원리가 적용되는 관료제로 오히려 역차별이 발생할 수 있다는 한계가 있다.

오답피하기
소극적 대표성과 적극적 대표성

| 소극적 대표 | 인구구성 비율대로 공직 구성. 구성론적 대표성 |
| 적극적 대표 | 출신집단의 이익을 적극반영. 역할론적 대표성 |

소극적 대표가 적극적 대표를 촉진한다는 가정하에 제도 운영.
But 임용 이후 사회화를 통한 동질화 가능성을 간과한다는 비판

정답 ②

17
대표관료제에 대한 설명으로 옳지 않은 것은? 2017 국가 9급

① 엽관주의의 폐단을 시정하기 위해 등장하였다.
② 관료의 국민에 대한 대응성과 책임성을 향상시킨다.
③ 형평성을 제고할 수 있으나 역차별의 문제가 발생할 수 있다.
④ 우리나라도 대표관료제적 임용정책을 시행하고 있다.

18
다음 중 대표관료제에 대한 설명으로 가장 옳지 않은 것은? 2015 국회 9급

① 임용 이후의 사회화를 통한 동질화 가능성을 간과한다는 비판을 받는다.
② 인간의 존엄과 평등을 중시한다는 점에서 자유주의 이념을 구현하기 위한 인사제도이다.
③ 대표관료제는 공무원의 정치적 중립 윤리와 상호 모순되는 경향이 있다.
④ 다양한 계층을 공직에 입문시켜 공직구성의 다양성과 다양한 관리기법을 촉진시킨다.
⑤ 적절한 능력을 갖춘 인재에 대한 역차별의 문제가 제기될 수 있다.

출제유형 Ⅱ. 이론·제도   **출제영역** 대표관료제
출제빈도 ★★★   **난도** 중

정답찾기
① 대표관료제는 실적주의의 공개경쟁시험이 결과적으로 특정집단에만 유리한 채용결과를 초래하게 됨으로써 관료의 국민적 대표성을 저해하는 실적주의의 폐단을 시정하기 위하여 등장하였다.

오답피하기
② 대표관료제는 소외집단의 욕구 반영에 기여함으로써 관료의 국민에 대한 대응성과 책임성을 향상시킨다.
③ 형평성을 제고할 수 있으나 할당제를 통한 보상적 인사정책 차별의 결과는 결국 우수한 능력의 지원자가 자신의 귀책사유도 없이 공직에서 배제되는 역차별의 문제가 발생할 수 있다.
④ 우리나라도 장애인·지방인재·저소득층 등에 대한 공직진출 지원 등의 대표관료제적 임용정책을 시행하고 있다.

정답 ①

출제유형 Ⅱ. 이론·제도   **출제영역** 대표관료제
출제빈도 ★★★   **난도** 중

정답찾기
② 대표관료제는 능력중심의 자유주의를 저해한다는 비판이 있다.

오답피하기
① 임용 이후의 사회화를 통한 동질화 가능성을 간과한다는 비판을 받는다.
③ 대표관료제는 공무원의 정치적 중립 윤리와 상호모순되는 경향이 있다.
④ 다양한 계층을 공직에 입문시켜 공직구성의 다양성과 다양한 관리기법을 촉진시킨다.
⑤ 적절한 능력을 갖춘 인재에 대한 역차별의 문제가 제기될 수 있다.

정답 ②

19

대표관료제(Representative Bureaucracy)에 대한 설명으로 옳지 않은 것은? 2015 국가 7급

① 킹슬리(Kingsley)가 처음 사용한 용어로서 엽관주의 인사제도의 폐단을 극복하기 위해 등장하였다.
② 관료제의 인적 구성 측면을 강조하며 관료제의 대표성과 대응성을 강화하기 위한 제도이다.
③ 우리나라의 양성평등채용목표제는 대표관료제의 발상을 반영한 것이라고 할 수 있다.
④ 행정의 전문성과 생산성을 저해할 수 있다는 비판이 있다.

20

다음 제도에 대한 설명으로 옳지 않은 것은? 2020 국가 7급

> 킹슬리(Kingsley)가 처음 사용한 용어로, 그 사회의 주요 인적 구성에 기반하여 정부관료제를 구성함으로써, 정부관료제 내에 민주적 가치를 주입하려는 의도에서 발달되었다.

① 관료들은 누구나 자신의 사회적 배경의 가치나 이익을 정책 과정에 반영시키려고 노력한다는 점을 전제로 한다.
② 크랜츠(Kranz)는 이 제도의 개념을 비례대표(Proportional Representation)로까지 확대하는 것에 반대한다.
③ 라이퍼(Riper)는 이 제도의 개념을 확대해 사회적 특성 외에 사회적 가치까지도 포함시키고 있다.
④ 현대 인사행정의 기본 원칙인 실적제를 훼손할 뿐만 아니라 역차별을 야기할 수 있다는 비판을 받는다.

출제유형 Ⅱ. 이론·제도   **출제영역** 대표관료제
출제빈도 ★★★   **난도** 하

정답찾기
① 대표관료제는 실적주의 폐단을 극복하기 위한 제도로 등장하였다.

오답피하기
② 관료제의 인적 구성 측면을 강조하며 관료제의 대표성과 대응성을 강화하기 위한 제도이다.
③ 우리나라의 양성평등채용목표제는 대표관료제의 발상을 반영한 것이라고 할 수 있다.
④ 행정의 전문성과 생산성을 저해할 수 있다는 비판이 있다.

행복노트

대표관료제

의의	— Kingsley: 인구비례에 따른 관료 충원 — 실적주의 폐단 극복, 민주적 가치 높이기 위해 주장 — 실적주의: 개인의 자격, 대표관료제: 집단주의 접근 — 양성평등, 지방인재 채용목표제, 장애인 고용촉진제
이론	— Kingsley: 공직을 사회의 축소판으로 만든다. — Krantz: 수적비율에 맞게 관료조직의 직위 차지(비례 대표제)
효용 비판	— 내부통제기능 강화, 실질적 기회균등의 보장, — 소외집단의 욕구반영, 행정의 정치적 능력 향상 — 전문성과 생산성 저하, 역차별과 수평적 형평성 침해, 사회분열 조장 가능성, 재사회화 영향

정답 ①

출제유형 Ⅱ. 이론·제도   **출제영역** 대표관료제
출제빈도 ★★★   **난도** 상

정답찾기
② 크랜츠(Kranz)는 대표관료제의 개념을 비례대표로까지 확대하여야 한다고 주장하였다.

오답피하기
③ 라이퍼(Riper)는 이 제도의 개념을 확대해 직업, 사회계층, 지역 등과 같은 사회적 특성에 의해 그 사회의 모든 계층과 집단을 합리적으로 대표할 수 있도록 구성되어야 할 뿐만 아니라 사회적 가치나 태도까지도 반영될 수 있도록 구성되어야 한다고 본다.

정답 ②

21
대표관료제이론이 상정하는 효과를 모두 고른 것은?

2013 지방 7급

> ㄱ. 다양한 집단을 참여시킴으로써 정부관료제를 민주화하는 데 기여한다.
> ㄴ. 공무원 신분보장을 통해 행정의 안정성과 계속성을 확보한다.
> ㄷ. 기회균등원칙을 보장함으로써 사회적 형평성을 제고한다.
> ㄹ. 정당의 대중화와 정당정치 발달에 기여한다.
> ㅁ. 국민의 다양한 요구에 대한 대응성을 제고한다.

① ㄱ, ㄴ, ㄷ   ② ㄱ, ㄷ, ㅁ
③ ㄴ, ㄷ, ㄹ   ④ ㄷ, ㄹ, ㅁ

출제유형 Ⅱ. 이론·제도 **출제영역** 대표관료제
출제빈도 ★★★ **난도** 중

정답찾기
ㄱ. 다양한 집단을 참여시킴으로써 정부관료제를 민주화하는 데 기여한다.
ㄷ. 기회균등원칙을 보장함으로써 사회적 형평성을 제고한다.
ㅁ. 국민의 다양한 요구에 대한 대응성을 제고한다.

오답피하기
ㄴ. 공무원 신분보장을 통해 행정의 안정성과 계속성을 확보하는 것은 직업공무원제의 특징이다.
ㄹ. 정당의 대중화와 정당정치 발달에 기여한 것은 엽관주의의 특징이다.

정답 ②

22
다음 〈보기〉의 제도들을 설명하는 개념과 가장 거리가 먼 것은?

2012 국회 9급

> ─ 보기 ─
> ㉠ 양성채용목표제   ㉡ 여성관리자임용목표제
> ㉢ 지방인재채용목표제 ㉣ 저소득층채용목표제
> ㉤ 장애인 의무고용제   ㉥ 이공계출신채용목표제

① 대표관료제   ② 임용할당제
③ 집단주의   ④ 균형인사정책
⑤ 교체임용주의

출제유형 Ⅱ. 이론·제도 **출제영역** 대표관료제
출제빈도 ★★★ **난도** 중

정답찾기
⑤ 보기의 제도들은 대표관료제의 정책수단들이다. 교체임용주의는 정권교체에 따라 공직이 교체되는 엽관제를 의미한다.

오답피하기
③ 대표관료제는 진보적 평등이념과 집단주의 접근에 바탕을 둔다.

행복노트
대표관료제
의의
- Kingsley: 인구비례에 따른 관료 충원
- 실적주의 폐단 극복, 민주적 가치 높이기 위해 주장
- 실적주의: 개인의 자격, 대표관료제: 집단주의 접근
- 양성평등, 지방인재 채용목표제, 장애인 고용촉진제

이론
- Kingsley: 공직을 사회의 축소판으로 만든다.
- Krantz: 수적비율에 맞게 관료조직의 직위 차지(비례 대표제)

효용 비판
- 내부통제기능 강화, 실질적 기회균등의 보장, 소외집단의 욕구반영, 행정의 정치적 능력 향상
- 전문성과 생산성 저하, 역차별과 수평적 형평성 침해, 사회분열 조장 가능성, 재사회화 영향

정답 ⑤

23

인사행정에 대한 설명으로 가장 옳지 않은 것은? 2019 서울 7급

① 균형인사정책은 대표관료제의 단점, 즉 소외집단에 대한 배려가 다른 집단에 대한 역차별을 불러올 가능성을 낮추는 데 기여할 수 있다.
② 대표관료제는 정부관료제 인적 구성의 대표성 확보를 통해 전체 국민에 대한 정부의 대응성을 향상시킬 수 있다.
③ 엽관제는 정당정치의 발달과 행정의 민주성 제고에 기여할 수 있다.
④ 엽관제는 정치지도자의 행정 통솔력을 강화시켜 정책 과정의 능률성을 제고할 수 있다.

출제유형 Ⅰ. 기본개념 **출제영역** 인사행정제도
출제빈도 ★★ **난도** 중

정답찾기
① 균형인사정책은 대표관료제에 해당하므로 <u>소외집단에 대한 배려가 다른 집단에 대한 역차별을 불러올 가능성이 높다.</u>

오답피하기
② 대표관료제는 한 국가 내에서 다양한 사회집단들의 구성비율에 따라 관료를 충원하는 원리가 적용되므로 인적 구성의 대표성을 확보할 수 있다.
③ 엽관제는 특정 정당에 충성하는 관료들을 선출하여 구성하는 것으로 민주정치의 발달과 행정의 민주화에 공헌한다.
④ 엽관제는 선출직 정치인들을 통해 관료집단에 대한 통제가 용이하며, 정책 과정의 능률성을 제고할 수 있다.

정답 ①

24

직업공무원제의 특징으로 옳지 않은 것은? 2022 국가 9급

① 직무급 중심 보수체계
② 능력발전의 기회 부여
③ 폐쇄형 충원방식
④ 신분의 보장

출제유형 Ⅱ. 이론·제도 **출제영역** 직업공무원제
출제빈도 ★★★ **난도** 중

정답찾기
① 직업공무원제는 생활급 중심의 보수체계를 특징으로 한다. 실적주의가 직무급 중심 보수체계를 특징으로 한다.

오답피하기
실적주의와 직업공무원제의 공통점과 차이점

구 분		직업공무원제	실적주의
차이점		영국, 독일, 프랑스, 일본	미국, 캐나다, 필리핀
		농업사회	산업사회
		계급제	직위분류제
		인간중심	직무중심
		생활급	직무급
		재직자 인사배치의 신축성	재직자 인사배치의 비융통성
		경력중시(일반 행정가)	경력무시(전문 행정가)
		계급 최하위 모집(폐쇄형)	모든 직급별 모집(개방형)
공통점		정치적 중립, 자격이나 능력에 의한 인사행정(정실배제), 신분보장, 공개경쟁시험(공직 취임에의 기회균등)	

정답 ①

25 0674

직업공무원제에 대한 설명으로 옳지 않은 것은? 2021 국가 7급

① 공무원의 신분을 보장해 행정의 연속성과 일관성을 유지하는 데 긍정적인 제도이다.
② 젊고 유능한 인재들이 공직을 보람 있는 직업으로 선택하여 일생을 바쳐 성실히 근무하도록 유도하는 인사제도이다.
③ 공무원이 환경적 요청에 민감하지 못하고 특권집단화할 염려가 있다.
④ 공무원의 일체감과 단결심 및 공직에 헌신하려는 정신을 강화하는 데 불리한 제도이다.

26 0675

직업공무원제에 대한 설명으로 옳지 않은 것은? 2019 지방 9급

① 젊고 우수한 인재가 공직을 직업으로 선택해 일생을 바쳐 성실히 근무하도록 운영하는 인사제도이다.
② 폐쇄적 임용을 통해 공무원집단의 보수화를 예방하고 전문행정가 양성을 촉진한다.
③ 행정의 안정성을 확보할 수 있고, 높은 수준의 행동규범을 유지하는 데 도움이 된다.
④ 조직 내에 승진적체가 심화되면서 직원들의 불만이 증가할 수 있다.

출제유형 Ⅱ. 이론·제도 **출제영역** 직업공무원제
출제빈도 ★★★ **난도** 중

정답찾기
④ 신분이 보장되므로 공무원의 일체감과 단결심 및 공직에 헌신하려는 정신을 강화하는 데 유리한 제도이다.

오답피하기
① 공무원의 신분을 보장해 행정의 연속성과 일관성을 유지하는 데 긍정적인 제도이다.
② 젊고 유능한 인재들이 공직을 보람 있는 직업으로 선택하여 일생을 바쳐 성실히 근무하도록 유도하는 인사제도이다.
③ 공무원이 환경적 요청에 민감하지 못하고 특권집단화할 염려가 있다.

행복노트
직업공무원제

- **의의**: 젊고 유능한 인재가 공직을 직업으로 선택해 일생 동안 성실히 근무하도록 운영하는 인사제도(폐쇄형·계급제로 운영될 때 정착성↑)
- **방안**
  - 실적주의 정신의 확립
  - 능력발전의 기회부여
  - 공직에 대한 사회적 평가의 제고
  - 적극적 모집
  - 보수 및 연금의 적정화
  - 장기적 인력수급계획의 수립

장 점	단 점
• 행정의 통일성·안정성 확보	• 행정의 전문성 저해(폐쇄적 임용)
• 인사행정의 객관성 증진	• 공직취임의 기회제한(연령, 학력)
• 사명감과 단체정신 제고	• 공무원집단 보수화, 대응성 부족
• 잠재능력 중시	• 승진적체 시 직원의 불만 증가
• 고위 공직자 양성에 유리	• 민주통제 곤란(지나친 신분보장)

정답 ④

정답찾기
② 직업공무원제는 폐쇄적 임용을 하기 때문에 공무원 집단이 보수화되고 전문행정가의 양성을 저해한다.

오답피하기
① 젊고 우수한 인재가 공직을 직업으로 선택해 일생을 바쳐 성실히 근무하도록 운영하는 인사제도는 직업공무원제에 해당한다.
③ 직업공무원제도는 폐쇄형에 입각하여 행정의 안정성을 확보하고 높은 수준의 행동규범을 유지할 수 있다.
④ 직업공무원제도는 인재의 외부진출이 이루어지지 않아 승진적체를 초래한다.

정답 ②

27

직업공무원제의 단점을 보완하는 것으로 옳지 않은 것은?

2020 지방 9급

① 개방형 인사제도
② 계약제 임용제도
③ 계급정년제의 도입
④ 정치적 중립의 강화

28

직업공무원제의 특징과 장단점에서 올바른 설명은?

2012 서울 7급

① 행정의 전문성 강화에 기여하는 대표적 제도이다.
② 행정의 안정성에 크게 도움을 주는 제도이다.
③ 행정의 합법성 유지에 기여하는 제도이다.
④ 관료제의 대응성 강화를 위해 대두된 제도이다.
⑤ 관료제 구성의 대표성 확보에 기여하는 제도이다.

출제유형 Ⅱ. 이론 · 제도 **출제영역** 직업공무원제
출제빈도 ★★★ **난도** 중

정답찾기
② 직업공무원제는 공무원의 신분보장으로 행정의 안전성에 크게 기여한다.

오답피하기
① 직업공무원제는 일반행정가 양성에 유리하므로 행정의 전문성이 저해되기 쉽다.
③ 직업공무원제는 행정의 자율성 유지에 기여한다.
④ 관료제의 대응성 강화를 위해 대두된 제도는 엽관주의에 해당한다.
⑤ 관료제 구성의 대표성 확보에 기여하는 제도는 대표관료제에 해당한다.

행복노트

직업공무원제

- **의의**: 젊고 유능한 인재가 공직을 직업으로 선택해 일생 동안 성실히 근무하도록 운영하는 인사제도(폐쇄형 · 계급제로 운영될 때 정착성↑)
- **방안**
  - 실적주의 정신의 확립
  - 능력발전의 기회부여
  - 공직에 대한 사회적 평가의 제고
  - 적극적 모집
  - 보수 및 연금의 적정화
  - 장기적 인력수급계획의 수립

장 점	단 점
• 행정의 통일성 · 안정성 확보	• 행정의 전문성 저해(폐쇄적 임용)
• 인사행정의 객관성 증진	• 공직취임의 기회제한(연령, 학력)
• 사명감과 단체정신 제고	• 공무원집단 보수화, 대응성 부족
• 잠재능력 중시	• 승진적체 시 직원의 불만 증가
• 고위 공직자 양성에 유리	• 민주통제 곤란(지나친 신분보장)

출제유형 Ⅱ. 이론 · 제도 **출제영역** 직업공무원제
출제빈도 ★★★ **난도** 중

정답찾기
④ 정치적 중립은 직업공무원제의 장점에 해당한다.

오답피하기
① 직업공무원제도는 폐쇄형에 계급제 바탕에서 발전하는 제도이므로 개방형 인사제도는 폐쇄형의 단점을 보완에 기여하게 된다.
② 계약제 임용제도는 지나친 신분보장에 의한 보수화를 보완해준다.
③ 계급정년제의 도입은 경직된 인사운영에 융통성을 보완시켜 줄 수 있는 제도이다.

정답 ④

정답 ②

29　0678

공무원인사제도에 대한 설명으로 옳지 않은 것은?　2018 국가 7급

① 직업공무원제도는 공직을 직업전문 분야로 확립시키기도 하지만, 행정의 전문성 약화를 가져오기도 한다.
② 엽관주의하에서는 행정의 민주성과 관료적 대응성의 향상은 물론 정책수행 과정의 효율성 제고도 기대할 수 있다.
③ 대표관료제는 역차별 문제의 발생과 실적주의 훼손의 비판이 제기되며, 사회적 소외집단을 배려하는 우리나라의 균형인사정책은 미국의 적극적 조치(Affirmative Action)의 관점에서 이해될 수 있다.
④ 총액인건비제도는 일반적으로 기구·정원 조정에 대한 재정당국의 중앙통제는 그대로 둔 채 수당의 신설·통합·폐지와 절감예산 활용 등에서의 부처 자율성을 부여하는 특성을 갖는다.

30　0679

인사행정제도에 대한 다음 설명 중 가장 옳은 것은?

2017 서울 9급

① 직업공무원제는 장기근무를 장려하고 행정의 계속성과 일관성을 유지하는 데 긍정적인 제도로 개방형 인사제도 및 전문행정가주의에 입각하고 있다.
② 엽관주의는 정당에의 충성도와 공헌도를 임용 기준으로 삼는 인사행정제도로 행정의 민주화에 공헌한다는 장점이 있다.
③ 실적주의는 개인의 능력이나 자격, 적성에 기초한 실적을 임용기준으로 삼는 인사행정제도로 정치지도자들의 행정통솔력을 강화시키는 데 기여한다.
④ 대표관료제는 전체 국민에 대한 정부의 대응성을 향상시키고 실적주의를 강화하여 행정의 능률성을 향상시키는 장점이 있다.

출제유형 Ⅱ. 이론·제도　**출제영역** 인사행정제도
출제빈도 ★★　**난도** 중

정답찾기
④ 총액인건비제도는 예산의 총액 내에서 보수, 조직, 정원 등에 대한 중앙정부의 통제를 줄이고 각 부처나 지방자치 단체의 자율성과 책임성을 높이려는 제도이다.

오답피하기
① 직업공무원제도는 전문직업주의 구현에는 기여하지만 일반행정가를 양성하므로 행정의 전문성은 약화시킨다.
② 엽관주의는 선거에서 승리한 정당이 공직을 구성하는 방식으로 행정의 대응성과 국민에 대한 책임성, 민주성을 구현할 수 있고 정치권과 행정부 간의 관계도 원만하므로 효율성을 제고시킬 수 있다.
③ 임용할당제인 대표관료제는 역차별의 논란과 실적주의의 훼손이라는 비판이 있으며, 미국의 1960년대 적극적 조치(Affirmative Action)관점에서 우리나라의 균형인사제도가 도입되었다.

정답 ④

출제유형 Ⅱ. 이론·제도　**출제영역** 인사행정제도
출제빈도 ★★　**난도** 중

정답찾기
② 엽관주의는 정당에의 충성도와 공헌도를 관직의 임용기준으로 삼는 제도로 행정의 민주화를 구현할 수 있다.

오답피하기
① 직업공무원제도는 계급제, 폐쇄형 인사제도 및 일반 행정가주의에 입각하고 있다.
③ 정치지도자들의 행정통솔력을 강화하는 데 기여하는 인사제도는 엽관주의이다. 실적주의는 개인의 능력을 공직 임용기준으로 삼으므로 정치지도자들의 공무원에 대한 행정통솔력 확보가 어렵다.
④ 대표관료제는 정부의 대응성을 향상시키고 형평성을 향상시킨다. 그러므로 실적주의를 저해하여 행정의 능률성을 떨어뜨릴 수 있다.

정답 ②

31 ○○○ 0680

인사행정의 주요 원리 및 제도에 대한 설명으로 옳지 않은 것은?

2017 국가 7급 추가

① 엽관주의 – 미국의 잭슨(Jackson) 대통령은 공무원의 장기 근무의 순기능을 강조하며 공직의 대중화를 도모하였다.
② 실적주의 – 미국에서는 「펜들턴법」의 제정으로 공개경쟁채용시험을 도입하고 연방인사위원회가 설치되었다.
③ 대표관료제 – 영국학자 킹슬리(Kingsley)는 정부관료제 구성에서 사회 내 주요 세력의 분포를 반영할 것을 제안하였다.
④ 직업공무원제 – 절대왕정시기의 관료제에 연원을 두고 있으며 장기 근무를 장려하여 공직을 전문 직업분야로 인식하게 하였다.

32 ○○○ 0681

인사행정제도에 관한 설명 중 적절하지 않은 것은? 2014 지방 9급

① 엽관주의는 정당에의 충성도와 공헌도를 관직 임용의 기준으로 삼는 제도이다.
② 엽관주의는 국민의 요구에 대한 관료적 대응성을 확보하기 어렵다는 단점을 갖는다.
③ 행정국가 현상의 등장은 실적주의 수립의 환경적 기반을 제공하였다.
④ 직업공무원제는 계급제와 폐쇄형 공무원제, 그리고 일반 행정가주의를 지향한다.

출제유형 Ⅱ. 이론·제도 **출제영역** 인사행정제도

출제빈도 ★★ **난도** 중

[정답찾기]
① 엽관제는 정권교체에 의해 대량의 공직경질이 이루어지므로 장기근무가 어려워 행정의 계속성, 일관성, 안정성 등을 훼손하는 단점이 있다.

[오답피하기]
엽관주의·실적주의·대표관료제 비교

구 분	엽관주의	실적주의	대표관료제
사용기준	정치적 충성도	공개경쟁채용	할당제
정치·행정 관계와 행동규범	정치행정일원론 (정치적 책임성)	정치행정이원론 (정치적 중립성)	행정의 책임성 (가치 지향적 형평성)
가치 접근	정치적 접근	관리적 접근	정치적 접근

정답 ①

출제유형 Ⅱ. 이론·제도 **출제영역** 인사행정제도

출제빈도 ★★ **난도** 중

[정답찾기]
② 엽관주의는 정권 교체 시 공무원이 교체 임용되므로 정권을 유지하기 위해서 국민의 요구에 대한 관료집단의 대응성을 확보할 수 있다.

[오답피하기]
① 엽관주의 임용기준은 실적 능력보다는 집권과정에서 개인이 기여한 정치적 충성도와 공헌도를 바탕으로 하기 때문에 정권교체와 동시에 공무원도 함께 교체되는 교체임용주의이다.
③ 행정국가현상의 등장은 행정이 복잡해지고 커짐에 따라 개인의 객관적 자격이나 능력 및 성적을 기준으로 채용되는 실적주의의 대두배경이 되었다.
④ 직업공무원제는 계급제와 폐쇄형 공무원제를 실시할 때 정착성이 높아지고 일반 행정가주의를 지향한다.

정답 ②

33　0682

인사제도에 대한 설명으로 옳지 않은 것은?　2013 국가 9급

① 직업공무원제가 성공하려면 우선 공직임용에서 연령 상한제를 폐지하는 것이 필수적이다.
② 대표관료제는 관료들이 출신 집단의 가치와 이익을 대변하리라는 기대에 기반을 둔다.
③ 엽관주의는 국민의 요구에 대한 대응성 향상에 도움이 되는 제도이다.
④ 폐쇄형 인사제도는 내부승진의 기회를 개방형보다 더 많이 제공한다.

34　0683

인사행정 관련 제도에 대한 설명으로 옳지 않은 것은?　2012 국가 7급

① 관료들이 출신 집단의 이익을 위해 적극적으로 행동하는 적극적 대표는 민주주의에 위협 요소로 작용할 수 있다.
② 직위분류제는 계급제에 비해 인력 활용의 융통성과 효율성이 높아 탄력적 인사관리가 가능하다는 장점을 가진다.
③ 우리나라에서 시행되고 있는 양성평등채용목표제, 지역인재추천채용제 등은 관료제의 대표성을 제고하기 위해 도입된 제도이다.
④ 엽관제는 선출직 정치지도자들을 통해 관료집단에 대한 통제를 용이하게 함으로써 관료제의 대응성을 제고할 수 있다.

출제유형 Ⅱ. 이론·제도　**출제영역** 인사행정 제도
출제빈도 ★★　**난도** 중

정답찾기
① 직업공무원제는 젊고 유능한 인재의 등용을 위해 연령과 학력을 제한하는 것이 필요하다.

오답피하기
② 대표관료제는 관료들이 출신 집단의 가치와 이익을 대변하리라는 기대에 기반을 둔다.
③ 엽관주의는 국민의 요구에 대한 대응성 향상에 도움이 되는 제도이다.
④ 폐쇄형 인사제도는 내부승진의 기회를 개방형보다 더 많이 제공한다.

행복노트

직업공무원제

| 의의 | 젊고 유능한 인재가 공직을 직업으로 선택해 일생 동안 성실히 근무하도록 운영하는 인사제도(폐쇄형·계급제로 운영될 때 정착성↑) |

| 방안 | ─ 실적주의 정신의 확립
─ 능력발전의 기회부여
─ 공직에 대한 사회적 평가의 제고
─ 적극적 모집
─ 보수 및 연금의 적정화
─ 장기적 인력수급계획의 수립 |

장 점	단 점
• 행정의 통일성·안정성 확보 • 인사행정의 객관성 증진 • 사명감과 단체정신 제고 • 잠재능력 중시 • 고위 공직자 양성에 유리	• 행정의 전문성 저해(폐쇄적 임용) • 공직취임의 기회제한(연령, 학력) • 공무원집단 보수화, 대응성 부족 • 승진적체 시 직원의 불만 증가 • 민주통제 곤란(지나친 신분보장)

정답 ①

출제유형 Ⅱ. 이론·제도　**출제영역** 인사행정제도
출제빈도 ★★　**난도** 중

정답찾기
② 인력 활용의 융통성과 효율성이 높아 탄력적 인사관리가 가능하다는 장점은 계급제의 특징이다.

오답피하기
① 대표관료제의 적극적 대표성이 지나치게 활성화되면 사회 분열과 갈등을 조장하여 민주주의에 대한 위협요인이 될 수 있다.

행복노트

계급제와 직위분류제 구분

구 분	계급제	직위분류제
분류기준	사람의 자격·능력·신분(사람 중심)	직무의 종류·책임도·곤란도(직무 중심)
인사관리	연공서열 중심	능력과 실적 중심
보수정책	생활급 (비합리적 보수제도)	직무급(공정한 보수, 보수 형평화)
인사배치	신축성 (횡적 이동 용이)	비신축성 (수직 이동 용이)
직업공무원제	확립 용이	확립 곤란
몰입	조직 몰입	직무 몰입
갈 등	갈등의 소지 있고 갈등 발생 시 조정 가능	갈등의 소지 적고 갈등 발생 시 조정 곤란

정답 ②

35

0684

인사제도에 대한 설명으로 옳지 않은 것은? 2012 국가 9급

① 직위분류제는 동일직무에 동일보수를 원칙으로 한다.
② 한국의 공무원제도는 계급제적 토대 위에 직위분류제적 요소가 가미된 혼합형 인사체계이다.
③ 특정직 공무원은 직업공무원제의 적용을 받는다.
④ 비교류형 인사체계는 교류형에 비해 기관 간 승진 기회의 형평성 확보에 유리하다.

출제유형 Ⅱ. 이론·제도   **출제영역** 인사행정 제도

출제빈도 ★★   **난도** 중

정답찾기
④ 기관 간 승진 기회의 형평성 확보에 유리한 제도는 <u>교류형 인사체계</u>이다.

오답피하기
① 직위분류제는 직무중심의 분류이므로 <u>동일직무에 동일보수</u>를 원칙으로 한다.
② 한국의 공무원제도는 계급제적 토대 위에 직위분류제적 요소가 가미된 혼합형 인사체계이다.
③ 경력직 공무원은 실적과 자격에 의하여 임용되고 신분이 보장되는 공무원을 말한다. 실적주의와 직업공무원제의 적용을 받으며 일반직·특정직으로 분류된다. 따라서 특정직 공무원은 직업공무원제의 적용을 받는다.

폐쇄형(비교류형)	개방형(교류형)
승진경쟁의 범위를 해당 부처에만 한정하는 제도	승진경쟁의 범위를 해당 부처에만 국한하지 않는 제도
㉠ 당해 부처 직원의 사기앙양 ㉡ 해당 전문분야 숙련자의 승진을 통한 행정능률의 향상 ㉢ 공무원간의 단결촉진에 기여	㉠ 부처 간 공무원의 질 향상과 균형유지에 기여 ㉡ 범정부 차원의 유능한 인재선발 ㉢ 부처 간 할거주의 및 배타성 배제에 기여

정답 ④

CHAPTER 01 기출 OX

#	문제	해설	정답
1	전략적 인적자원관리에서는 단기적이며 통제 지향적으로 인적자원을 관리한다. 2017 국가 9급	전략적 인적자원관리에서는 **장기적이며 목표·성과 중심적으로** 인적자원을 관리한다.	X
2	인사혁신처는 비독립형 단독제 형태의 중앙인사기관이다. 2020 국가 9급	인사혁신처는 비독립형 단독제 형태의 중앙인사기관이다.	O
3	우리나라의 중앙인사기관은 인사에 대한 의사결정이 신속하고, 책임소재의 명확화가 가능한 유형이다. 2014 국가 9급	우리나라의 중앙인사기관은 인사에 대한 의사결정이 신속하고, 책임소재의 명확화가 가능한 유형이다.	O
4	실적주의 인사제도는 행정의 전문성을 저하시키고 행정에 대한 민주적 통제를 강화시킨다. 2015 서울 9급	**엽관주의** 인사제도는 행정의 전문성을 저하시키고 행정에 대한 민주적 통제를 강화시킨다.	X
5	엽관주의는 정당에의 충성도와 공헌도를 관직임용의 기준으로 삼는 제도로 국민의 요구에 대한 관료적 대응성을 확보하기 쉽다는 장점을 갖는다. 2014 지방 9급	엽관주의는 정당에의 충성도와 공헌도를 관직임용의 기준으로 삼는 제도로 국민의 요구에 대한 관료적 대응성을 확보하기 쉽다는 장점을 갖는다.	O
6	엽관주의는 개인의 능력, 적성, 기술을 공직 임용 기준으로 한다. 2021 지방 9급	**실적주의**는 개인의 능력, 적성, 기술을 공직 임용 기준으로 한다.	X
7	직업 관료는 행정수반의 정책비전에 따른 변화를 추구하고, 정무직 공무원은 제도적 건전성을 통한 중립적 공공봉사를 중시한다. 2017 지방 9급	**정무직 공무원**은 행정수반의 정책비전에 따른 변화를 추구하고, **직업 관료**는 제도적 건전성을 통한 중립적 공공봉사를 중시한다.	X
8	실적주의는 미국에서 「펜들턴법」의 제정으로 공개경쟁채용시험을 도입하고 연방인사위원회가 설치되었다. 2017 국가 7급 추가	실적주의는 미국에서 「펜들턴법」의 제정으로 공개경쟁채용시험을 도입하고 연방인사위원회가 설치되었다.	O
9	직업공무원제는 행정의 계속성과 안정성 및 일관성 유지에는 불리하지만, 공무원집단을 환경적 요청에 민감하지 못하게 하고 특권 집권화할 우려가 높다. 2015 사회복지	직업공무원제는 행정의 계속성과 안정성 및 일관성 유지에는 **유리**하지만, 공무원집단을 환경적 요청에 민감하지 못하게 하고 특권 집권화할 우려가 높다.	X
10	직업공무원제의 단점을 개방형 인사제도, 계약제 임용제도, 계급정년제의 도입으로 보완할 수 있다. 2020 지방 9급	직업공무원제의 단점을 개방형 인사제도, 계약제 임용제도, 계급정년제의 도입으로 보완할 수 있다.	O
11	직업공무원제의 단점으로 정치적 중립의 강화를 들 수 있다. 2020 지방 9급	직업공무원제의 **장점**으로 정치적 중립의 강화를 들 수 있다.	X
12	대표관료제는 엽관주의 폐단을 시정하기 위해 등장하였으며 역차별의 문제를 완화할 수 있다. 2019 지방 9급	대표관료제는 실적주의 폐단을 시정하기 위해 등장하였으며 역차별의 문제가 **발생**할 수 있다.	X
13	대표관료제는 관료제의 인적 구성측면을 강조하며 관료제의 대표성과 대응성을 강화하기 위한 수단으로 도입되었다. 2015 국가 7급	대표관료제는 관료제의 인적 구성측면을 강조하며 관료제의 대표성과 대응성을 강화하기 위한 수단으로 도입되었다.	O
14	크랜츠(Kranz)는 대표관료제의 개념을 비례대표(Proportional Representation)로까지 확대하는 것에 반대한다. 2020 국가 7급	크랜츠(Kranz)는 대표관료제의 개념을 비례대표(Proportional Representation)로까지 **확대하여야 한다고 주장하였다**.	X

CHAPTER 01 키워드

1. 합의형은 엽관주의를 배제하고 실적제를 발전시키는 데 유리하지만, 책임소재가 불분명해질 수 있다는 단점이 있다.   2016 지방 9급   **독립**

2. 현재 우리나라 _____는 비독립 단독제 중앙인사기관으로 설립되어 있다.   2017 서울 9급   **인사혁신처**

3. _____는 정당에의 충성도와 공헌도를 임용기준으로 삼는 인사행정제도로, 행정의 민주화에 공헌한다는 장점이 있다.   2017 서울 9급   **엽관주의**

4. 엽관주의 인사제도는 행정의 안정성과 공무원의 _____을 저해할 수 있다.   2015 서울 9급   **정치적 중립**

5. 가필드 대통령이 암살당한 사건은 미국에서 _____ 도입의 배경이 되었다.   2016 지방 7급   **실적주의**

6. 직업관료는 직업적 _____에 따라 정책문제를 바라보고, 정무직 공무원은 정치적 이념에 따라 정책문제를 정의한다.   2017 지방 9급   **전문성**

7. _____는 개인의 능력이나 자격, 적성에 기초한 실적을 임용기준으로 삼는 인사행정제도로 행정의 전문화에 기여한다.   2017 서울 9급   **실적주의**

8. 「_____ 법」에는 공무원의 공개경쟁채용시험과 제대군인 임용 시 특혜 그리고 행정부로부터 독립된 중앙인사기관의 설치를 규정하고 있다.   2015 경찰간부   **팬들턴**

9. _____는 실적주의의 폐단을 시정하기 위해 등장하였으며, 관료의 국민에 대한 대응성과 책임성을 향상시킨다.   2017 국가 9급   **대표관료제**

10. 대표관료제는 형평성을 제고할 수 있으나 _____의 문제가 발생할 수 있다.   2017 국가 9급   **역차별**

11. 대표관료제라는 용어를 처음 사용한 사람은 _____이며, 크랜츠(H. Kranz)는 비례대표로 그 개념을 확대하였다.   2015 경찰간부   **킹슬리 (D. Kingsley)**

CHAPTER 02 공직의 분류

대표문제

01 □□□ 0685

직위분류제에 대한 설명으로 옳은 것만을 모두 고르면?

2025 지방 9급

ㄱ. 인사의 탄력성과 융통성이 높다.
ㄴ. 사람보다는 일을 기준으로 공직을 분류한다.
ㄷ. 동일직무에 동일보수를 지급하는 보수체계 확립이 장점이다.
ㄹ. 신분이 강하게 보장되어 직업공무원제 확립에 유리하다.

① ㄱ, ㄷ
② ㄱ, ㄹ
③ ㄴ, ㄷ
④ ㄴ, ㄹ

출제유형 Ⅱ. 이론·제도 **출제영역** 직위분류제
출제빈도 ★★★ **난도** 중

정답찾기
③ 직위분류제는 사람보다는 일(직무)을 기준으로 공직을 분류하는 제도이며, 동일한 직무에 대해서는 동일한 보수를 지급하는 보수체계를 확립할 수 있다는 장점이 있다.

오답피하기
[오답피하기]
ㄱ. 직위분류제는 세분화된 직무기술서에 따라 엄격하게 운영되므로 인사의 탄력성과 융통성이 낮다.
ㄹ. 직위분류제는 신분보장이 약하고 실적주의를 강조하므로 직업공무원제 확립에 불리하다. 계급제가 신분보장에 유리하다.

계급제와 직위분류제

계급제	직위분류제
개인 신분, 자격, 능력	직무 종류, 책임, 난이도

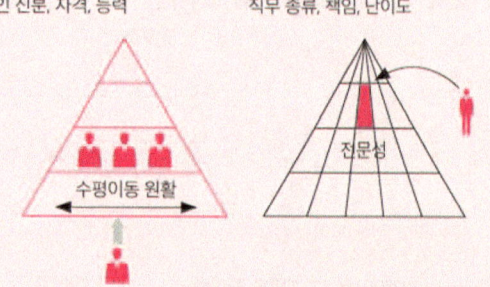

정답 ③

제1절 공무원의 종류

02 □□□ 0686

우리나라의 국가공무원과 지방공무원에 대한 설명으로 옳은 것은?

2014 국가 7급

① 인사관리에 적용하는 기본 법률이 동일하다.
② 고위공무원단제도는 동일하게 시행되고 있다.
③ 모두 「공무원연금법」의 적용을 받는다.
④ 특별지방행정기관에 소속된 공무원은 국가직이 아니다.

출제유형 Ⅰ. 기본개념 **출제영역** 국가공무원, 지방공무원
출제빈도 ★★ **난도** 하

정답찾기
③ 국가공무원과 지방공무원은 모두 「공무원연금법」의 적용을 받는다. 다만, 군인과 선거에 의하여 취임하는 공무원은 제외한다.

오답피하기
① 국가공무원은 「국가공무원법」, 지방공무원은 「지방공무원법」의 적용을 받는다.
② 고위공무원단제도는 국가공무원에게만 시행된다.
④ 특별지방행정기관은 국가의 특정한 중앙행정기관에 소속되어 그 권한에 속하는 행정사무를 관장하는 국가의 지방행정기관으로 소속된 공무원은 모두 국가공무원이다.

정답 ③

03 □□□ 0687

국가공무원과 지방공무원과의 비교에 대한 설명으로 적절한 것은?

2013 서울 7급

① 임기제 지방공무원은 지방자치단체의 채용계약에 따른다.
② 국가공무원과 지방공무원은 법적 근거로 「국가공무원법」을 따른다.
③ 국가공무원과 지방공무원의 보수재원은 모두 국비로 충당한다.
④ 정무직 지방공무원도 국회의 동의를 얻어야 한다.
⑤ 국가공무원과 지방공무원은 모두 임용권자가 대통령이나 소속 장관이다.

04 □□□ 0688

고위공무원단제도에 대한 설명으로 옳지 않은 것은?

2021 지방 9급

① 역량 중심의 인사관리
② 계급 중심의 인사관리
③ 성과와 책임 중심의 인사관리
④ 개방과 경쟁 중심의 인사관리

출제유형 I. 기본개념 **출제영역** 국가공무원, 지방공무원
출제빈도 ★★ **난도** 중

정답찾기
① 임기제 지방공무원은 지방자치단체의 채용계약에 따른다.

오답피하기
② 국가공무원의 법적 근거는 「국가공무원법」, 지방공무원의 법적 근거는 「지방공무원법」이다.
③ 국가공무원 보수재원은 국비로 충당하고 지방공무원의 보수재원은 지방자치단체의 비용으로 충당한다.
④ 정무직 지방공무원은 국회의 동의를 얻을 필요가 없다.
⑤ 국가공무원의 임용권자는 대통령이나 소속 장관이고 지방공무원의 임용권자는 지방자치단체의 장이다.

정답 ①

출제유형 II. 이론·제도 **출제영역** 고위공무원단제도
출제빈도 ★★★ **난도** 중

정답찾기
② 고위공무원단은 직무성과급적 연봉제를 실시하므로 계급 중심이 아닌 성과와 책임 중심의 인사관리를 실시한다.

오답피하기
고위공무원단(SES)의 의의

의의 ─ 전문성(직위분류제) + 일반행정가(계급제)
     ├ 개방과 경쟁, 성과와 책임, 능력발전, 부처 간 인사교류
     └ 2006년 7월 1일 노무현 정부에서 도입

① 미국: 직위분류제(기본) + 계급제
   카터 행정부 때 도입(1978년 「공무원제도개혁법」 개정)
② 영국: 계급제(기본) + 직위분류제
   우리나라 고위공무원단과 비슷

고위공무원단 제도(SES)

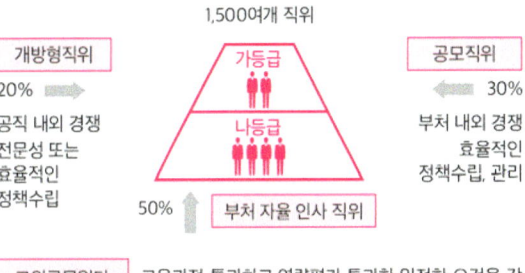

정답 ②

05　0689

고위공무원단제도에 대한 설명으로 옳은 것은?　2017 국가 7급

① 고위공무원단의 구성은 소속 장관별로 개방형 직위 30%, 공모 직위 20%, 기관자율 직위 50%로 이루어져 있다.
② 고위공무원단 직무 등급이 2009년 2등급에서 5등급으로 변경됨에 따라 계급중심의 인사관리로 회귀할 가능성이 높아졌다.
③ 적격 심사에서 부적격 결정을 받은 경우에 한해서만 직권면직이 가능하므로 제도 도입 전보다 고위공무원의 신분보장이 강화되었다.
④ 고위공무원단으로 관리되는 풀(Pool)에는 일반직 공무원 뿐만 아니라 외무공무원도 포함된다.

06　0690

고위공무원단제도에 대한 설명으로 옳지 않은 것은?

2016 국가 9급

① 전(全)정부적으로 통합 관리되는 공무원 집단이다.
② 계급제나 직위분류제적 제약이 약화되어 인사 운영의 융통성이 강화된다.
③ 고위공무원단에 속하는 모든 일반직 공무원의 신규채용 임용권은 각 부처의 장관이 가진다.
④ 성과계약을 통해 고위직에 대한 성과관리가 강화된다.

출제유형 Ⅱ. 이론·제도　**출제영역** 고위공무원단제도
출제빈도 ★★★　**난도** 중

정답찾기
④ 고위공무원단제도는 중앙부처 1~3급에 해당하는 실·국장급 공무원들을 범정부적으로 통합·관리하는 제도이다. 고위공무원단으로 관리되는 풀(Pool)에는 일반직 공무원, 별정직 공무원, 특정직 공무원 중 외무공무원이 포함된다.

오답피하기
① 고위공무원단은 소속 장관별로 개방형 직위 20%, 공모 직위 30%, 기관자율 직위 50%로 이루어져 있다.
② 고위공무원단의 직무 등급은 2009년 5등급에서 가, 나로 구분되는 2등급으로 변경되었다. 이에 따라 계급중심의 인사관리로 회귀할 가능성이 차단되었다.
③ 고위공무원의 경우 적격심사에서 부적격 결정 시에는 직권면직이 가능하도록 함으로써 신분보장이 완화되어 직업공무원을 저해할 우려가 있다.

행복노트
고위공무원단 제도(SES)

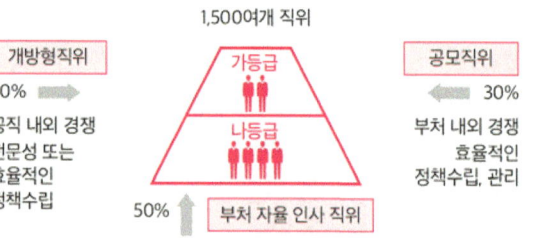

출제유형 Ⅱ. 이론·제도　**출제영역** 고위공무원단제도
출제빈도 ★★★　**난도** 중

정답찾기
③ 고위공무원단의 임용권은 대통령이 가진다. 다만, 대통령은 고위공무원단에 속하는 일반직 공무원의 신규채용, 승진임용, 기관 간 전보, 전직, 강임, 강등, 파면 등의 임용권을 제외한 일부 권한을 소속장관에게 위임할 수 있을 뿐이다.

오답피하기
① 고위공무원단은 중앙부처 1~3급에 해당하는 실·국장급 공무원들을 전(全)정부적으로 통합 관리되는 공무원 집단이다.
② 계급제나 직위분류제적 제약이 약화되어 특정 직무의 직위에 국한시키지 않고 기관 내 혹은 기관 간의 횡적 인사이동이 자유롭기 때문에 인사 운영의 융통성이 강화된다.
④ 소속기관장과 1년 단위의 직무성과계약을 체결하고, 급여에 대해서는 직무성과급제를 적용하여 고위직에 대한 성과관리가 강화된다.

행복노트
고위공무원단(SES)의 의의

의의 ─ 전문성(직위분류제) + 일반행정가(계급제)
　　　─ 개방과 경쟁, 성과와 책임, 능력발전, 부처간 인사교류
　　　─ 2006년 7월 1일 노무현 정부에서 도입

① 미국: 직위분류제(기본) + 계급제
　카터 행정부 때 도입(1978년 「공무원제도개혁법」 개정)
② 영국: 계급제(기본) + 직위분류제
　우리나라 고위공무원단과 비슷

정답 ④　　　정답 ③

07 ☐☐☐ 0691

「국가공무원법」상 우리나라 인사제도에 대한 설명으로 옳지 않은 것은?
2016 지방 9급

① 인사혁신처장은 고위공무원단에 속하는 공무원이 갖추어야 할 능력과 자질을 설정하고 이를 기준으로 고위공무원단 직위에 임용되려는 자를 평가하여 신규채용·승진임용 등 인사관리에 활용할 수 있다.
② 국가공무원은 경력직 공무원과 특수경력직 공무원으로 구분하고, 경력직 공무원은 다시 일반직 공무원과 특정직 공무원으로 나뉜다.
③ 개방형직위로 지정된 직위에는 외부 적격자뿐만 아니라 내부 적격자도 임용할 수 있다.
④ 고위공무원단에 속하는 일반직 공무원의 경우 소속 장관은 해당 기관에 소속되지 아니한 공무원에 대하여 임용제청을 할 수 없다.

출제유형 Ⅱ. 이론·제도 **출제영역** 우리나라 인사제도
출제빈도 ★★★ **난도** 중

정답찾기

④ 고위공무원단에 속하는 일반직 공무원의 경우 소속장관은 해당기관에 소속되지 아니한 공무원에 대해서도 임용제청을 할 수 있다.

┤관련조문├

「국가공무원법」제32조【임용권자】
① 행정기관 소속 5급 이상 공무원 및 고위공무원단에 속하는 일반직 공무원은 소속 장관의 제청으로 인사혁신처장과 협의를 거친 후에 국무총리를 거쳐 대통령이 임용하되, 고위공무원단에 속하는 일반직 공무원의 경우 소속 장관은 해당 기관에 소속되지 아니한 공무원에 대하여도 임용제청할 수 있다.

오답피하기

① 「국가공무원법」 제2조의2 제3항에 명시되어 있는 내용이다.

┤관련조문├

「국가공무원법」제2조2【임용권자】
③ 인사혁신처장은 고위공무원단에 속하는 공무원이 갖추어야 할 능력과 자질을 설정하고 이를 기준으로 고위공무원단 직위에 임용되려는 자를 평가하여 신규채용·승진임용 등 인사관리에 활용할 수 있다.

② 「국가공무원법」 제2조에 명시되어 있다.

┤관련조문├

「국가공무원법」제2조
① 국가공무원(이하 '공무원'이라 한다)은 경력직 공무원과 특수경력직 공무원으로 구분한다.
② '경력직 공무원' 1. 일반직 공무원, 2. 특정직 공무원

③ 「국가공무원법」 제28조의4에 명시되어 있다.

┤관련조문├

「국가공무원법」제28조의4
① 임용권자나 임용제청권자는 해당 기관의 직위 중 전문성이 특히 요구되거나 효율적인 정책 수립을 위하여 필요하다고 판단되어 공직 내부나 외부에서 적격자를 임용할 필요가 있는 직위에 대하여는 개방형 직위로 지정하여 운영할 수 있다.

정답 ④

08 ☐☐☐ 0692

'고위공무원단'에 대한 설명으로 옳지 않은 것은? 2014 지방 9급 변형

① 우리나라에서 '고위공무원'이 되기 위해서는 '역량평가'를 통과해야 한다.
② 미국의 '고위공무원단'제도는 엽관주의적 요소가 혼재되어 있다.
③ 우리나라의 경우 이명박 정부 시기인 2008년 7월 1일에 '고위공무원단' 제도를 도입하였다.
④ 미국에서는 '고위공무원단' 제도를 카터 행정부 시기인 1978년에 공무원제도개혁법 개정으로 도입하였다.

출제유형 Ⅱ. 이론·제도 **출제영역** 고위공무원단제도
출제빈도 ★★★ **난도** 중

정답찾기

③ 우리나라의 경우 노무현 정부 시기인 2006년 7월 1일에 '고위공무원단' 제도를 도입하였다.

오답피하기

① 우리나라에서 '고위공무원'이 되기 위해서는 '역량평가'를 통과해야 한다.
② 미국의 고위공무원단제도는 고위공무원들의 정치적 대응성을 높이고 정치적 통제력을 높이는 점에서 엽관주의적 요소가 혼재되어 있다.
④ 미국에서는 '고위공무원단' 제도를 카터(Carter) 행정부 시기인 1978년에 「공무원제도개혁법」 개정으로 도입하였다.

정답 ③

09
0693

역량평가에 대한 설명으로 옳은 것만을 모두 고르면?

2018 지방 9급 변형

> ㄱ. 역량은 조직의 평균적인 성과자의 행동특성과 태도를 의미한다.
> ㄴ. 다수의 훈련된 평가자가 평가대상자가 수행하는 역할과 행동을 관찰하고 합의하여 평가결과를 도출한다.
> ㄷ. 고위공무원단 역량평가의 대상은 문제인식, 전략적 사고, 성과지향, 변화관리, 고객만족, 조정·통합의 6가지 역량으로 구성되어 있다.
> ㄹ. 고위공무원단 후보자가 되기 위해서는 역량평가를 거친 후 반드시 고위공무원단 후보자 교육과정을 이수해야 한다.

① ㄱ, ㄴ
② ㄱ, ㄹ
③ ㄴ, ㄷ
④ ㄷ, ㄹ

출제유형 Ⅱ. 이론·제도 **출제영역** 역량평가제도
출제빈도 ★★ **난도** 중

정답찾기
ㄴ. 다수의 훈련된 평가자가 평가대상자가 수행하는 역할과 행동을 관찰하고 합의하여 평가결과를 도출한다.
ㄷ. 고위공무원단 인사규칙에 따르면 고위공무원단 역량평가의 대상은 문제인식, 전략적 사고, 성과지향, 변화관리, 고객만족, 조정·통합의 6가지 역량으로 구성되어 있다.

오답피하기
ㄱ. 역량은 직무에서 탁월한 성과를 나타내는 우수 성과자에게 일관되게 관찰되는 행동 특성과 태도를 의미한다.
ㄹ. 고위공무원단 인사규정제7조(고위공무원단후보자) ①제9조에 따른 역량평가를 통과한 사람으로서 다음 각 호의 어느 하나에 해당하는 사람은 고위공무원단후보자가 된다.

정답 ③

10
0694

다음 중 역량평가제도에 대한 설명으로 가장 옳은 것은?

2016 서울 9급

① 역량평가제도는 근무 실적 수준만으로 해당 업무 수행을 위한 역량을 보유하고 있는지에 대해 평가하는 것을 목적으로 한다.
② 역량평가제도는 대상자의 과거 성과를 평가하는 것이고, 성과에 대한 외부 변수를 통제하지 않는다.
③ 역량평가제도는 구조화된 모의 상황을 설정한 뒤 현실적 직무 상황에 근거한 행동을 관찰해 평가하는 방식이다.
④ 역량평가는 한 개의 실행 과제만을 활용하여 평가한다.

출제유형 Ⅱ. 이론·제도 **출제영역** 역량평가제도
출제빈도 ★★ **난도** 중

정답찾기
③ 역량평가는 구조화된 모의상황을 설정한 뒤 현실적 직무상황에 근거한 행동을 직접적이고 다양한 방식으로 관찰하여 구성원의 미래 역량을 판단하는 것이다.

오답피하기
① 역량평가는 단순한 근무실적을 넘어 공무원에게 요구되는 해당 업무 수행능력의 보유여부에 대한 평가를 목적으로 한다.
② 역량평가는 앞으로의 직무에 대한 잠재능력을 평가하는 것으로, 성과에 대한 외부변수를 통제함으로써 개인의 역량에 대한 객관적 평가가 시행된다.
④ 역량평가는 다양한 실행 과제를 종합적으로 활용하여 평가한다.

행복노트
역량평가: 구조화된 모의 상황을 설정한 뒤 현실적 직무 상황에 근거한 행동을 관찰해 평가하는 방식

구 분	역량평가	근무성적평가
대 상	고위공무원 등 주요 상위직	5급 이하
목 적	미래 잠재력을 사전에 검증	근무실적 및 직무수행능력 평가
주 체	다수의 훈련된 평가자	상급자(소수)
평가방법	비교적 객관적 (외부변수통제)	주관적

- 역량은 조직의 우수 성과자의 행동특성과 태도를 의미
- 고위공무원단 역량평가의 대상: 문제인식, 전략적 사고, 성과지향, 변화관리, 고객만족, 조정·통합

정답 ③

11
0695

다음 중 직무성과계약제에 대한 설명으로 가장 옳은 것은?

2017 서울 7급

① 직무성과계약제는 상·하급자 간의 합의를 통해 목표를 설정하고 성과계약의 내용이 구체적이며 상향식으로 체결된다는 점에서 목표관리제(MBO)와 유사하다.
② 직무성과계약제는 실·국장 등과 5급 이하 공무원 간에 공식적 성과계약을 체결한다.
③ 직무성과계약제는 주로 개인의 성과평가제도로 조직 전반의 성과관리를 중심으로 하는 균형성과지표(BSC)와 구분된다.
④ 직무성과계약제는 산출이나 성과보다는 투입부문의 통제에 초점을 두고 있다.

출제유형 Ⅱ. 이론·제도 **출제영역** 직무성과계약제
출제빈도 ★★ 난도 중

정답찾기
③ 직무성과계약제는 기관장과 고위관리자 간 개인별 성과계약에 기초한 성과관리제도이고 균형성과표(BSC)는 조직적 차원의 성과관리제도이다.

오답피하기
① 직무성과계약제는 상·하급자 간의 합의를 통해 목표를 설정한다는 점에서 목표관리제(MBO)와 유사하다. 그러나 직무성과계약제는 하향적으로 체결된다는 점에서 목표관리제(MBO)는 상향적으로 체결된다는 점에서 차이가 있다.
② 5급 이하는 직무성과계약제의 평가대상이 아니다. 직무성과계약제는 실·국장은 기관장과, 과장은 실·국장과 성과계약을 체결한다.
④ 직무성과계약제는 산출이나 성과에 초점을 두고 있다.

정답 ③

제 2 절 우리나라 실정법상의 공직분류: 경력직과 특수경력직

12
0696

공직 분류 체계에 대한 설명으로 옳은 것은?

2021 지방 9급

① 소방 공무원은 특수경력직 공무원에 해당한다.
② 국회 수석전문위원은 일반직 공무원에 해당한다.
③ 차관에서 3급 공무원까지는 특정직 공무원에 해당한다.
④ 경력직 공무원은 실적과 자격에 의해 임용되고 신분이 보장된다.

출제유형 Ⅰ. 기본개념 **출제영역** 공직 분류 체계
출제빈도 ★★★ 정답률 71% 난도 중

정답찾기
④ 경력직 공무원은 실적과 자격에 의해 임용되고 신분이 보장되는 실적주의와 직업공무원제가 적용되는 공무원이다.

오답피하기
① 소방 공무원은 특정직 공무원에 해당한다.
② 국회 수석전문위원은 별정직 공무원에 해당한다.
③ 차관급 이상 공무원은 정무직 공무원에 해당한다.

행복노트

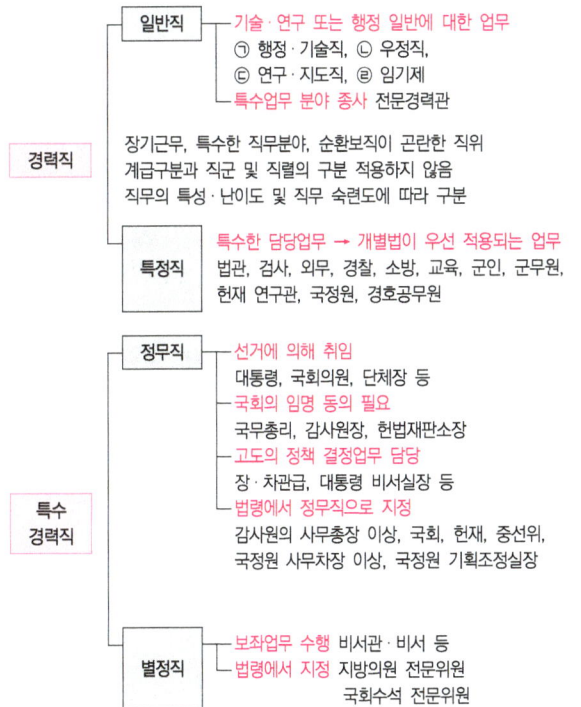

정답 ④

13　　　0697

특정직 공무원이 아닌 것은?　2019 서울 7급 변형

① 기술에 대한 업무를 담당하는 공무원
② 공립 대학 및 전문대학에 근무하는 교육공무원
③ 자치경찰공무원
④ 소방공무원

14　　　0698

특정직 공무원에 해당하지 않는 것은?　2018 지방 9급 변형

① 지방의회 전문위원
② 교육감 소속의 교육전문직원
③ 자치경찰공무원
④ 소방공무원

출제유형 Ⅱ. 이론·제도　　**출제영역** 공직분류
출제빈도 ★★　　**난도** 중

정답찾기
① 기술에 대한 업무를 담당하는 공무원은 <u>일반직</u> 공무원에 해당한다.

오답피하기
② 공립 대학 및 전문대학에 근무하는 교육공무원은 <u>특정직</u> 공무원에 해당한다.
③ 자치경찰공무원은 <u>특정직</u> 공무원에 해당한다.
④ 소방공무원은 <u>특정직</u> 공무원에 해당한다.

행복노트
우리나라 실정법상 공직 분류(경력직과 특수경력직)

보수, 복무규정은 국가공무원법의 적용

정답 ①

출제유형 Ⅱ. 이론·제도　　**출제영역** 공직분류
출제빈도 ★★　　**난도** 중

정답찾기
① 지방의회 전문위원은 <u>별정직</u> 공무원에 해당한다.

오답피하기
② 교육감 소속의 교육전문직원은 <u>특정직</u> 공무원에 해당한다.
③ 자치경찰공무원은 <u>특정직</u> 공무원에 해당한다.
④ 소방공무원은 <u>특정직</u> 공무원에 해당한다.

행복노트

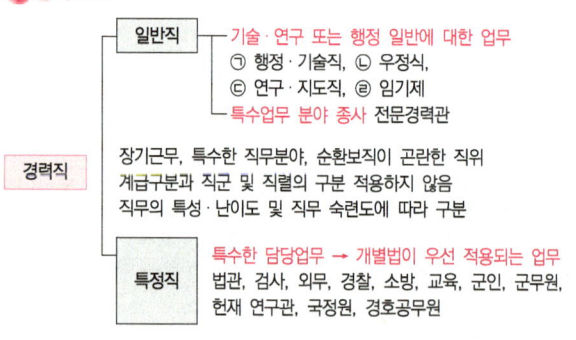

정답 ①

15 ☐☐☐ 0699

경력직 공무원에 관한 내용으로 옳지 않은 것은? 2012 서울 9급

① 실적과 자격에 의해서 임용된다.
② 신분이 보장되며 정년까지 공무원으로 근무할 것이 예정된다.
③ 특정직 공무원
④ 경찰공무원과 소방공무원
⑤ 별정직 공무원

16 ☐☐☐ 0700

전문경력관제도에 대한 설명으로 옳지 않은 것은? 2022 국가 7급

① 계급 구분과 직군 및 직렬의 분류를 적용하지 않는다.
② 직무의 특성, 난이도 및 직무에 요구되는 숙련도 등에 따라 가군, 나군, 다군으로 구분한다.
③ 전직시험을 거쳐 다른 일반직공무원을 전문경력관으로 전직시킬 수 있으나, 전문경력관을 다른 일반직공무원으로 전직시킬 수는 없다.
④ 소속 장관은 해당 기관의 일반직공무원 직위 중 순환보직이 곤란하거나 장기 재직 등이 필요한 특수 업무 분야의 직위를 인사혁신처장과 협의하여 전문경력관직위로 지정할 수 있다.

출제유형 Ⅱ. 이론·제도   **출제영역** 공직분류

출제빈도 ★★   **난도** 중

정답찾기
⑤ 별정직 공무원은 특수경력직 공무원에 해당한다.

오답피하기
①, ②, ③ 경력직 공무원이란 실적과 자격에 따라 임용되고 그 신분이 보장되며 평생토록 공무원으로 근무할 것이 예정되는 공무원으로 일반직·특정직 공무원이 해당된다.
④ 경찰공무원과 소방공무원은 특정직 공무원에 해당된다.

행복노트

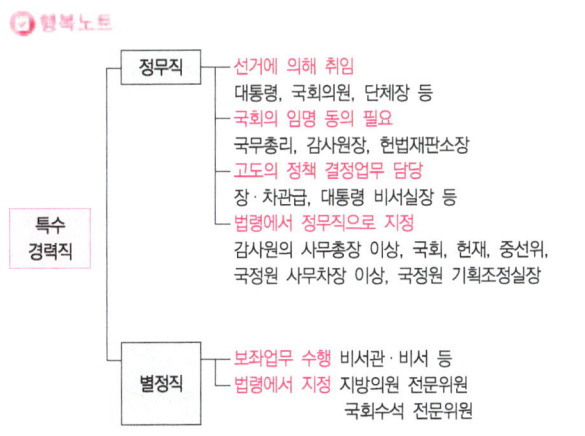

출제유형 Ⅱ. 이론·제도   **출제영역** 전문경력관 제도

출제빈도 ★   **난도** 상

정답찾기
③ 전직시험을 거쳐 다른 일반직공무원을 전문경력관으로 전직시키거나, 전문경력관을 다른 일반직공무원으로 전직시킬 수 있다.

오답피하기

┌ 관련조문 ┐

「전문경력관 규정」
제3조(전문경력관직위 지정) ① 임용령 제2조 제3호에 따른 소속 장관(이하 "소속 장관"이라 한다)은 해당 기관의 일반직공무원 직위 중 순환보직이 곤란하거나 장기 재직 등이 필요한 특수 업무 분야의 직위를 인사혁신처장과 협의하여 전문경력관직위로 지정할 수 있다.
제4조(직위군 구분) ① 제3조에 따른 전문경력관직위(이하 "전문경력관직위"라 한다)의 군(이하 "직위군"이라 한다)은 직무의 특성·난이도 및 직무에 요구되는 숙련도 등에 따라 가군, 나군 및 다군으로 구분한다.
제17조(전직) ① 임용권자는 다음 각 호의 어느 하나에 해당하는 경우에는 전직시험을 거쳐 전문경력관을 다른 일반직공무원으로 전직시키거나 다른 일반직공무원을 전문경력관으로 전직시킬 수 있다.

정답 ⑤   정답 ③

17　　　　　　　　　　　　　　　　0701

전문경력관제도에 대한 설명으로 옳지 않은 것은?　2018 국가 9급

① 소속 장관은 해당 기관의 일반직 공무원 직위 중 순환보직이 곤란하거나 장기 재직 등이 필요한 특수 업무 분야의 직위를 인사혁신처장과 협의하여 전문경력관직위로 지정할 수 있다.
② 일반직 공무원과 마찬가지로 계급 구분과 직군 및 직렬의 분류를 적용한다.
③ 전문경력관직위의 군은 직무의 특성·난이도 및 직무에 요구되는 숙련도 등에 따라 구분한다.
④ 임용권자는 일정한 경우에 전직시험을 거쳐 전문경력관을 다른 일반직 공무원으로 전직시킬 수 있다.

18　　　　　　　　　　　　　　　　0702

우리나라의 시간선택제 공무원제도에 대한 설명으로 옳은 것은?
　　　　　　　　　　　　　　　　　　　2017 지방 7급

① 2013년에 국가공무원, 2015년에 지방공무원을 대상으로 시간선택제 채용공무원 시험이 최초로 실시되었다.
② 시간선택제 채용공무원의 주당 근무시간은 40시간으로 한다.
③ 유연근무제도의 일환으로 도입되었으며, 기관 사정이나 정부의 일자리 나누기 정책 구현 등을 위해서는 활용되지 않는다.
④ 시간선택제 채용공무원을 통상적인 근무시간 동안 근무하는 공무원으로 임용하는 경우 어떠한 우선권도 인정하지 않는다.

출제유형 Ⅱ. 이론·제도　　**출제영역** 전문경력관제도
출제빈도 ★★　　**난도** 중

정답찾기

② 전문경력관은 특수분야와 관련하여 한 직위에 장기 근무할 수 있도록 임용하는 공무원으로 소속 장관은 해당 기관의 일반직 공무원 직위 중 전문성이 요구되는 특수한 직무분야로서 순환보직이 곤란한 직위에 대해서 전문경력관직위로 지정할 수 있으며 <u>일반직 공무원의 계급 구분이나 직군 및 직렬의 분류를 적용하지 아니할 수 있다.</u>

오답피하기

관련조문
「국가공무원법」제4조
② 다음 각 호의 공무원에 대하여는 대통령령 등으로 정하는 바에 따라 제1항에 따른 계급 구분이나 직군 및 직렬의 분류를 적용하지 아니할 수 있다.
1. 특수 업무 분야에 종사하는 공무원
2. 연구·지도·특수기술 직렬의 공무원
3. 인사관리의 효율성과 기관성과를 높이기 위하여 제1항의 계급 구분이나 직군 및 직렬의 분류를 달리 적용하는 것이 특히 필요하다고 인정되는 기관에 속한 공무원

정답 ②

출제유형 Ⅱ. 이론·제도　　**출제영역** 시간선택제 공무원제도
출제빈도 ★★　　**난도** 중

정답찾기

④ 시간선택제 채용공무원은 통상적인 근무시간 동안 근무하는 공무원으로 임용하는 경우 <u>어떠한 우선권도 인정하지 않는다.</u>

관련조문
「공무원임용령」제3조의3【시간선택제채용공무원의 임용】
③ 시간선택제 채용공무원을 통상적인 근무시간 동안 근무하는 공무원으로 임용하는 경우에는 어떠한 우선권도 인정하지 아니한다.

오답피하기

① 시간선택제 공무원제도는 2013년에 도입하여 실제 시험은 <u>국가공무원은 2014년에, 지방공무원은 2015년</u>에 처음 실시되었다.
② 주당 근무시간은 <u>15시간~35시간</u> 범위에서 조정할 수 있다.
③ 시간선택제 채용공무원은 유연근무제도의 일환으로 도입되었으며 기관 사정이나 <u>정부의 일자리 나누기 정책 구현 등을 위해서 활용되고 있다.</u>

정답 ④

19　0703

우리나라의 공무원에 대한 설명으로 옳지 않은 것은?

2017 국가 9급 추가

① 특수경력직 공무원은 경력직 공무원 이외의 공무원으로서 실적주의와 직업공무원제의 획일적인 적용을 받지는 않는다.
② 법관, 검사, 외무공무원, 경찰공무원, 소방공무원, 교육공무원, 군인, 군무원, 헌법재판소 헌법연구관, 국가정보원 직원 등은 경력직 공무원 중에서 특정직 공무원에 해당한다.
③ 선거로 취임하거나 임명할 때 국회의 동의가 필요한 공무원은 특수경력직 공무원 중에서 정무직 공무원에 해당한다.
④ 고위공무원단은 중앙행정기관과 지방자치단체의 실장·국장 및 이에 상당하는 보좌기관에 임용되어 재직 중이거나 파견·휴직 등으로 인사관리되고 있는 국가공무원과 지방공무원을 말한다.

출제유형 Ⅱ. 이론·제도　　**출제영역** 공직분류
출제빈도 ★★　　**난도** 중

정답찾기
④ 고위공무원단은 중앙행정기관과 지방자치단체의 실장·국장 및 이에 상당하는 보좌기관에 임용되어 재직 중이거나 파견·휴직 등으로 인사관리되고 있는 <u>국가공무원</u>을 말한다. <u>지방공무원 신분으로는 고위공무원단이 될 수 없다.</u>

오답피하기
고위공무원단(SES): 노무현 정부 때 실시(2006. 7.)

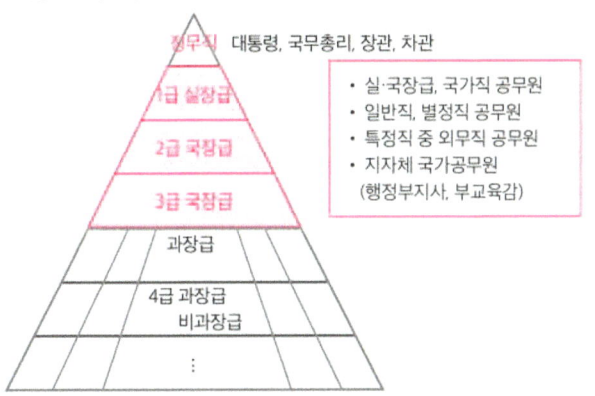

정답 ④

20　0704

우리나라 공무원 구분에 대한 설명으로 옳은 것은?

2025 지방 9급

① 임용주체와 경비부담을 기준으로 국가공무원과 지방공무원으로 나누며 지방공무원의 임용권자에는 지방의회의 의장도 포함된다.
② 별정직공무원은 기술·연구 또는 행정 일반에 대한 업무를 담당하는 경력직공무원이다.
③ 특정직공무원은 헌법재판소 헌법연구관, 경찰공무원, 군무원 등 특수 분야의 업무를 담당하는 특수경력직공무원이다.
④ 정무직공무원은 대통령, 국무총리 등 선거로 취임하거나 임명할 때 국회의 동의가 필요한 경력직공무원이다.

출제유형 Ⅱ. 이론·제도　　**출제영역** 공직분류
출제빈도 ★★　　**난도** 중

정답찾기
① 임용주체와 경비부담을 기준으로 국가공무원과 지방공무원으로 나누며 지방공무원의 임용권자에는 지방의회의 의장도 포함된다는 설명이 옳다. 지방공무원법에 따르면 지방의회 소속 공무원의 임용권자는 지방의회의 의장이다.

오답피하기
② 별정직공무원은 특수경력직공무원에 해당한다. 기술·연구 또는 행정 일반에 대한 업무를 담당하는 것은 <u>일반직공무원</u>에 대한 설명이다.
③ 특정직공무원은 헌법재판소 헌법연구관, 경찰공무원, 군무원 등 특수 분야의 업무를 담당하는 <u>경력직공무원</u>이다.
④ 정무직공무원은 <u>특수경력직공무원</u>에 해당한다.

정답 ①

21
정무직 공무원에 해당하지 않는 것은?　2019 국가 7급

① 국가정보원 차장
② 국무총리실 사무차장
③ 헌법재판소 사무차장
④ 감사원 사무차장

22
정무직 공무원과 직업관료 간의 일반적인 성향 차이에 대한 내용으로 옳지 않은 것은?　2017 지방 9급

① 정무직 공무원은 재임기간이 짧기 때문에 정책의 필요성이나 성패를 단기적으로 바라보지만, 직업관료는 신분보장이 되어 있기 때문에 장기적으로 바라보는 경향이 있다.
② 정무직 공무원은 행정수반의 정책비전에 따른 변화를 추구하고, 직업관료는 제도적 건전성을 통한 중립적 공공봉사를 중시한다.
③ 정무직 공무원은 직업적 전문성(Professionalism)에 따라 정책문제를 바라보고, 직업관료는 정치적 이념에 따라 정책문제를 정의한다.
④ 정책대안을 평가할 때 정무직 공무원은 조직 내부의 이익보다 정치적 반응에 더 큰 비중을 두고, 직업관료는 본인이 소속된 기관의 이익을 중시하는 경향이 있다.

출제유형 Ⅱ. 이론·제도　**출제영역** 공직분류
출제빈도 ★★　**난도** 중

정답찾기
④ 감사원 사무차장은 일반직 공무원에 해당한다.

오답피하기
①, ②, ③ 모두 정무직 공무원에 해당한다.

행복노트
우리나라 실정법상 공직 분류

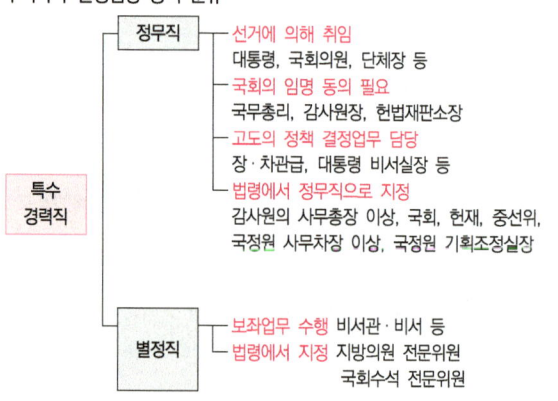

정답 ④

출제유형 Ⅱ. 이론·제도　**출제영역** 정무직 공무원, 직업관료
출제빈도 ★　**난도** 하

정답찾기
③ 직업적 전문성에 따라 정책문제를 바라보는 것은 직업관료이고 정치이념에 따라 정책문제를 정의하는 것은 정무직 공무원이다.

오답피하기
① 정무직 공무원은 재임기간이 짧기 때문에 안목이 단기적이지만, 직업관료는 신분보장이 강하므로 장기적으로 바라보는 경향이 있다.
② 정무직 공무원은 행정수반의 정책비전에 따른 변화를 추구하고, 직업관료는 제도적 건전성을 통한 중립적 공공봉사를 중시한다.
④ 정책대안을 평가할 때 정무직 공무원은 조직 내부의 이익보다 정치적 반응에 더 큰 비중을 두고, 직업관료는 본인이 소속된 기관의 이익을 중시하는 경향이 있다.

정답 ③

23 ☐☐☐
0707
( ) 안에 들어갈 말을 바르게 나열한 것은?
2016 국가 7급

「국가공무원법」상 행정각부의 차관은 (㉠) 공무원 중 (㉡) 공무원이다.

	㉠	㉡
①	경력직	일반직
②	경력직	특정직
③	특수경력직	별정직
④	특수경력직	정무직

제 3 절   인사체계의 유형: 개방형과 폐쇄형

24 ☐☐☐
0708
개방형 인사제도에 대한 설명으로 옳지 않은 것은?
2015 지방 9급

① 폭넓은 지식을 갖춘 일반행정가를 육성하는 데에 효과적이다.
② 기존 관료들에게 승진 기회가 축소될 수 있다는 불안감을 주고 사기를 저하시킬 수 있다.
③ 정실주의로 전락할 가능성이 있다.
④ 기존 내부 관료들에게 전문성 축적에 대한 자극제가 된다.

출제유형 Ⅱ. 이론·제도   **출제영역** 공직분류
출제빈도 ★★   난도 중

정답찾기
④ 행정각부의 차관은 ㉠ 특수경력직 공무원 중 ㉡ 정무직에 속한다.

오답피하기
우리나라 실정법상 공직 분류(경력직과 특수경력직)

보수, 복무규정은 국가공무원법의 적용

정답 ④

출제유형 Ⅱ. 이론·제도   **출제영역** 개방형 인사제도
출제빈도 ★★   난도 중

정답찾기
① 폭넓은 지식을 갖춘 일반행정가를 육성하는 데에 효과적인 것은 폐쇄형 인사제도에 해당한다.

오답피하기
폐쇄형과 개방형

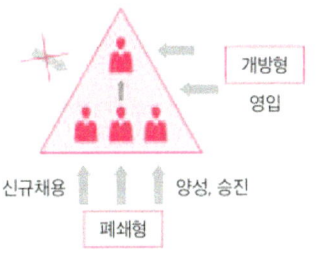

- 폐쇄형: 신규채용 - 최하위단계, 결원충원 - 내부승진
- 개방형: 외부신규채용 허용
- 개방형과 폐쇄형은 상호보완!

정답 ①

25
개방형 인사관리에 관한 설명으로 틀린 것은? 2014 서울 9급

① 충원된 전문가들이 관료집단에서 중요한 역할을 수행하게 된다.
② 개방형은 승진 기회의 제약으로, 직무의 폐지는 대개 퇴직으로 이어진다.
③ 정치적 리더십의 요구에 따른 고위층의 조직 장악력의 약화를 초래한다.
④ 공직의 침체, 무사안일주의 등 관료제의 병리를 억제한다.
⑤ 민간부문과의 인사교류로 적극적 인사행정이 가능하다.

출제유형 Ⅱ. 이론·제도 **출제영역** 개방형 인사제도
출제빈도 ★★ **난도** 중

정답찾기
③ 개방형 인사관리는 임용권자의 임용기능이 확대되고 재량권도 커지므로 정치적 리더십의 요구에 따른 <u>고위층의 조직 장악력이 강화</u>된다.

오답피하기
① 충원된 전문가들이 관료집단에서 <u>중요한 역할</u>을 수행하게 된다.
② 개방형은 <u>승진 기회의 제약</u>으로, 직무의 폐지는 대개 퇴직으로 이어진다.
④ 공직의 침체, 무사안일주의 등 <u>관료제의 병리를 억제</u>한다.
⑤ 민간부문과의 인사교류로 <u>적극적 인사행정이 가능</u>하다.

행복노트
개방형 장·단점

장 점	단 점
• 행정의 전문성 향상과 업무 수행의 질 향상	• 재직 공무원 승진 기회 저하
• 재직자의 자기개발의 촉진	• 현직 공무원의 사기 저하
• 행정에 대한 민주통제 용이	• 공직사회의 응집성, 일체감 및 안정성 저해
• 공직침체의 방지	• 직업공무원제 확립 곤란
• 정치적 리더십의 강화	• 임용비용의 증가
• 관료의 소극적 행태 시정	• 행정의 책임성 저하
• 보다 넓은 노동시장을 통한 임용의 융통성 향상	• 정실인사에 의한 자의적 인사
	• 구성원의 소외감 및 거부감

정답 ③

26
개방형 또는 폐쇄형 인사제도에 대한 설명으로 옳은 것은? 2021 국가 7급

① 개방형 인사제도는 외부전문가나 경력자에게 공직을 개방하여 새로운 지식과 기술, 아이디어를 수용해 공직사회의 침체를 막고 행정의 효율성을 높이는 데 유리하다.
② 일반적으로 폐쇄형 인사제도는 직위분류제에 바탕을 두고 있으며, 일반행정가보다 전문가 중심의 인력구조를 선호한다.
③ 개방형 인사제도는 폐쇄형 인사제도에 비해 안정적인 공직사회를 형성함으로써 공무원의 사기를 높이고 장기근무를 장려한다.
④ 폐쇄형 인사제도는 개방형 인사제도에 비해 내부승진과 경력 발전을 위한 교육훈련의 기회가 적다.

출제유형 Ⅱ. 이론·제도 **출제영역** 개방형, 폐쇄형 인사제도
출제빈도 ★★ **난도** 중

정답찾기
① 개방형 인사제도는 외부전문가나 경력자에게 공직을 개방하여 새로운 지식과 기술, 아이디어를 수용해 <u>공직사회의 침체를 막고 행정의 효율성을 높이는</u> 데 유리하다.

오답피하기
② 일반적으로 폐쇄형 인사제도는 <u>계급제</u>에 바탕을 두고 있으며, 전문행정가보다 <u>일반행정가</u> 중심의 인력구조를 선호한다.
③ <u>폐쇄형 인사제도는</u> 개방형 인사제도에 비해 안정적인 공직사회를 형성함으로써 <u>공무원의 사기를 높이고 장기근무를 장려</u>한다.
④ 폐쇄형 인사제도는 개방형 인사제도에 비해 <u>내부승진과 경력 발전을 위한 교육훈련의 기회가 많다</u>.

정답 ①

27
개방형 또는 폐쇄형 인사제도에 대한 설명으로 옳은 것은?

2017 지방 7급

① 개방형은 재직자의 승진기회가 많고 경력발전의 기회가 많다.
② 폐쇄형은 조직에 대한 소속감이 높고 공무원의 사기가 높다.
③ 개방형은 공무원의 신분보장이 강화됨으로써 행정의 안정성을 유지할 수 있다.
④ 폐쇄형은 국민의 요구에 민감하게 대응하며 행정에 대한 민주통제가 보다 용이하다.

제4절 공직분류 체계: 계급제와 직위분류제

28
계급제와 직위분류제에 대한 설명으로 옳지 않은 것은?

2022 지방 7급

① 계급제는 보직 관리 범위를 제한하여 공무원의 시야를 좁게 만드는 측면이 있다.
② 직위분류제는 공무원의 전문성을 강화하고 직무 중심의 동기유발이 가능하다.
③ 계급제는 공무원의 장기 근무를 유도하고 직업공무원제도 확립에 유리하다.
④ 직위분류제는 직무 한계와 책임 소재가 명확하다.

[출제유형] Ⅱ. 이론·제도 **[출제영역]** 개방형, 폐쇄형 인사제도
출제빈도 ★★ **난도** 중

정답찾기
② 폐쇄형의 경우 행정의 안정성이 높으므로 조직에 대한 소속감과 공무원의 사기가 높다.

오답피하기
① 재직자의 승진기회가 많고 경력발전의 기회가 많은 것은 폐쇄형에 해당한다.
③ 공무원의 신분보장이 강화됨으로써 행정의 안정성을 유지할 수 있다는 것은 폐쇄형에 해당한다. 개방형일 경우 신분보장이 약화된다.
④ 국민의 요구에 민감하게 대응하며 행정에 대한 민주통제가 보다 용이한 것은 개방형에 해당한다.

행복노트
폐쇄형과 개방형의 비교

구 분	폐쇄형	개방형
신분보장	보장적	임의적
배경제도	직업공무원제	실적주의
모 집	최하위 계급 모집	모든 계급별 모집
임용자격	일반교양	직무수행능력
보 수	생활급	직무급
훈 련	직장 내부 현장훈련	직장 외 교육훈련
승진기준	상위적격자	최적격자
양성 공무원	일반행정가	전문행정가

정답 ②

[출제유형] Ⅱ. 이론·제도 **[출제영역]** 계급제와 직위분류제
출제빈도 ★★★ **난도** 중

정답찾기
① 직위분류제는 보직 관리 범위를 제한하여 공무원의 시야를 좁게 만드는 측면이 있다.

오답피하기
② 직위분류제는 공무원의 전문성을 강화하고 직무 중심의 동기유발이 가능하다.
③ 계급제는 공무원의 장기 근무를 유도하고 직업공무원제도 확립에 유리하다.
④ 직위분류제는 직무 한계와 책임 소재가 명확하다.

계급제와 직위분류제 구분

구 분	계급제	직위분류제
분류기준	사람의 자격·능력·신분(사람 중심)	직무의 종류·책임도·곤란도(직무 중심)
인사관리	연공서열 중심	능력과 실적 중심
보수정책	생활급 (비합리적 보수제도)	직무급(공정한 보수, 보수 형평화)
인사배치	신축성 (횡적 이동 용이)	비신축성 (수직 이동 용이)
직업공무원제	확립 용이	확립 곤란
몰 입	조직 몰입	직무 몰입
갈 등	갈등의 소지 있고 갈등 발생 시 조정 가능	갈등의 소지 적고 갈등 발생 시 조정 곤란

정답 ①

29　0713

계급제의 장점에 대한 설명으로 옳지 않은 것은?　2017 국가 9급

① 공무원의 신분안정과 직업공무원제 확립에 기여한다.
② 인력활용의 신축성과 융통성이 높다.
③ 정치적 중립 확보를 통해 행정의 전문성을 제고할 수 있다.
④ 단체정신과 조직에 대한 충성심 확보에 유리하다.

출제유형 Ⅱ. 이론·제도　**출제영역** 계급제
출제빈도 ★★★　**난도** 중

정답찾기
③ 계급제는 폐쇄형 인사제도이므로 일반행정가 양성에 유리하므로 행정의 전문성이 저해된다.

오답피하기
① 계급제는 공무원의 신분안정과 직업공무원제 확립에 기여한다.
② 계급제는 엄격한 분류구조가 없으므로 인력활용의 신축성과 융통성이 높다.
④ 계급제는 조직에 대한 소속감이 높으므로 단체정신과 조직에 대한 충성심 확보에 유리하다.

행복노트
계급제와 직위분류제

계급제	직위분류제
개인 신분, 자격, 능력	직무 종류, 책임, 난이도

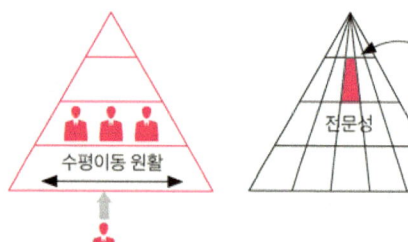

정답 ③

30　0714

다음 중 계급제에 대한 설명으로 가장 옳지 않은 것은?
　2016 서울 7급

① 계급제는 개인의 자격, 능력, 학벌 등에 의해 분류된 계급에 따라 직무가 부여되는 제도이다.
② 계급제는 정치적 민주화가 꽃을 피우기 훨씬 전부터 국가 체제를 유지하기 위한 공직 분류 체계의 기본 틀로 형성되었다.
③ 사회의 수평적 분화가 이루어지고 산업사회가 고도화됨에 따라 많은 나라가 계급제의 골격을 유지하면서 직위분류제를 도입하고 있다.
④ 계급제는 직위분류제에 비해 분류 구조와 보수 체계가 복잡하고 융통성이 적어 그 활용성이 떨어진다는 단점이 있다.

출제유형 Ⅱ. 이론·제도　**출제영역** 계급제
출제빈도 ★★★　**난도** 중

정답찾기
④ 계급제는 직위분류제에 비해 분류구조와 보수체계가 단순하며, 융통성이 높아서 활용성이 높다.

오답피하기
① 계급제는 사람 중심의 공직분류제도로서 개인의 자격, 능력, 학벌 등에 의해 분류된 계급에 따라 직무가 부여되는 제도이다.
② 계급제는 절대군주국가의 토대였던 직업관료주의 시절부터 공직분류의 기본틀로 형성되었다.
③ 사회가 발전함에 따라 계급제를 기본으로 하고 직위분류제가 가미되고 있다.

행복노트
계급제
- 개인 자격, 능력, 학벌 등에 의해 분류된 계급에 따라 직무부여
- 계급은 개인의 직무와 신분 및 능력을 나타냄
- 소속 조직에 대한 강한 소속감, 신분보장
- 계급 간의 차별성과 폐쇄성

장점	단점
• 일반행정가 양성에 유리	• 조직의 유연성, 역동성 부족
• 공무원 신분 안정	• 실적주의 확립 저해
• 인적자원의 탄력적 활용	• 정실인사 가능성
• 직업공무원제 확립에 기여	• 국민에의 대응성 부족
• 공무원 간 유대의식이 높아 능률성 제고 및 충성심 확보	• 시험의 타당성 저해
• 제도 운영의 간편성	• 경쟁력 약화

정답 ④

31 ☐☐☐　　　　　　　　　　　　　　　0715

다음 중 직위분류제에 대한 설명으로 가장 옳지 않은 것은?

2015 국회 9급

① 보수체계는 직무분석을 통해 결정된다.
② 상대적으로 직업훈련의 필요성이 계급제보다 덜하다.
③ 전문성 확보는 계급제보다 유리하다.
④ 직무조사는 분류될 직위의 직무에 대한 객관적인 정보수집이다.
⑤ 실적제 요소와 개방형 인사의 엽관제 요소를 모두 가지고 있다.

32 ☐☐☐　　　　　　　　　　　　　　　0716

직위분류제의 출발에 영향을 미친 것을 모두 고르면?

2013 국가 7급

> ㄱ. 과학적 관리론
> ㄴ. 종신고용보장
> ㄷ. 보수의 형평성 요구
> ㄹ. 실적주의(Merit System) 요구

① ㄱ, ㄷ
② ㄴ, ㄹ
③ ㄱ, ㄷ, ㄹ
④ ㄱ, ㄴ, ㄷ, ㄹ

출제유형 Ⅱ. 이론·제도　　**출제영역** 직위분류제
출제빈도 ★★★　　　　　　**난도** 중

정답찾기
① 직위분류제의 보수체계는 <u>직무평가</u>를 통해 결정된다.

오답피하기
② 직위분류제는 <u>전문지식이 있는 외부 전문가를 영입</u>하기 때문에 직업훈련의 필요성이 계급제보다 덜하다.
③ 직위분류제는 <u>직렬별 전문성</u> 확보가 유리하다.
④ 직무조사는 <u>분류될 직위의 직무에 대한 객관적인 정보수집</u>이다.
⑤ 직위분류제는 해당 직무를 수행할 수 있는 사람을 공직 내외 경쟁을 통해 임용하는 개방형 임용제와 주로 결합되므로 <u>기본적으로 실적주의 관점을 가지고 있고</u> 동시에 <u>엽관제의 개방형적 요소도 충족시킨다</u>고 볼 수 있다.

정답 ①

출제유형 Ⅱ. 이론·제도　　**출제영역** 직위분류제
출제빈도 ★★★　　　　　　**난도** 중

정답찾기
ㄱ. 과학적 관리론의 영향을 받아 <u>직위분류법 제정</u>으로 이어졌다.
ㄷ. 보수의 형평화 요구에 따라 <u>직무급</u>이 만들어졌다.
ㄹ. 실적주의 요구를 반영하여 도입되었다.

오답피하기
ㄴ. 직위분류제는 <u>신분보장이 약하므로</u> 종신고용보장에는 불리하다.

정답 ③

33 ☐☐☐ 0717

직위분류제의 단점은?

2020 지방 9급

① 행정의 전문성 결여
② 조직 내 인력 배치의 신축성 부족
③ 계급 간 차별 심화
④ 직무경계의 불명확성

출제유형 Ⅱ. 이론·제도 **출제영역** 직위분류제
출제빈도 ★★★ **난도** 중

정답찾기
② 직위분류제는 계급제에 비하여 <u>조직 내 인력배치의 신축성이 부족하다.</u>

오답피하기
① 행정의 전문성 결여는 계급제의 단점에 해당한다.
③ 계급 간 차별 심화는 계급제의 단점에 해당한다.
④ 직무경계의 불명확성은 계급제의 단점에 해당한다.

행복노트
직위분류제
- 직무중심의 객관적 분류(직무의 종류, 책임, 난이도에 따른 분류)
- 행정의 전문화 유도, 직무 중심의 인사행정 수행
- 조직계획의 단기적 합리성 확보 가능

장 점	단 점
• 합리적 인사기준 제시	• 인사배치의 탄력성 약화
• 정원관리 및 훈련수요 파악에 도움	• 횡적 조정의 곤란
• 직무급 보수결정의 합리성	• 직업공무원제 확립 저해
• 역할 갈등 감소	• 행정의 안정성 저해
• 행정의 전문화	• 일반행정가 양성 곤란
• 예산의 효율화	• 제도유지비용
• 정실인사 배제	• 장기적 행정계획 곤란
• 행정에 대한 민주통제에 기여	• 공무원의 다방면적 발전 곤란
• 노동시장의 안정에 기여	• 새로운 직무변화에 대한 신속한 적응 곤란

• 실적제 요소와 개방형 인사의 엽관제 요소를 모두 가지고 있음

정답 ②

34 ☐☐☐ 0718

직위분류제의 장점에 대한 설명으로 가장 옳지 않은 것은?

2018 서울 9급

① 근무성적평정을 객관적으로 할 수 있는 기준을 제시해준다.
② 직위 간의 권한과 책임의 한계를 명확히 해준다.
③ 전문직업인을 양성하는 데 도움이 되고 행정의 전문화에 기여한다.
④ 조직과 직무의 변화 등에 신속히 대응할 수 있다.

출제유형 Ⅱ. 이론·제도 **출제영역** 직위분류제
출제빈도 ★★★ **난도** 중

정답찾기
④ 직위분류제는 <u>엄격한 분류구조로 인하여 조직과 직무의 변화에 신속히 대응할 수 없다.</u>

오답피하기
① 직위분류제는 <u>직무의 성질·내용에 따라 공직을 분류하므로 채용·승진 등 인사 배치를 위한 합리적 기준</u>을 제공해 주고, <u>근무성적평정을 객관적으로 할 수 있는 기준</u>을 제시해준다.
② 직위분류제는 <u>직무의 내용이나 수준이 명확하게 나타나므로 권한과 책임의 한계가 수직적으로 또는 수평적으로 명확</u>하다.
③ 직위분류제는 <u>전문행정가를 양성</u>할 수 있고 행정의 전문화에 기여한다.

행복노트
직위분류제
- 직무중심의 객관적 분류(직무의 종류, 책임, 난이도에 따른 분류)
- 행정의 전문화 유도, 직무 중심의 인사행정 수행
- 조직계획의 단기적 합리성 확보 가능

장 점	단 점
• 합리적 인사기준 제시	• 인사배치의 탄력성 약화
• 정원관리 및 훈련수요 파악에 도움	• 횡적 조정의 곤란
• 직무급 보수결정의 합리성	• 직업공무원제 확립 저해
• 역할 갈등 감소	• 행정의 안정성 저해
• 행정의 전문화	• 일반행정가 양성 곤란
• 예산의 효율화	• 제도유지비용
• 정실인사 배제	• 장기적 행정계획 곤란
• 행정에 대한 민주통제에 기여	• 공무원의 다방면적 발전 곤란
• 노동시장의 안정에 기여	• 새로운 직무변화에 대한 신속한 적응 곤란

• 실적제 요소와 개방형 인사의 엽관제 요소를 모두 가지고 있음

정답 ④

35　0719

직위분류제의 장점에 대한 설명으로 옳지 않은 것은?

2015 국가 7급

① 동일 직렬에서 장기간 근무하기 때문에 전문가 양성에 도움이 된다.
② 동일 직무를 수행하는 직원이 동일한 보수를 받도록 하는 직무급 체계를 확립하는 것이 용이하다.
③ 직무의 성질·내용에 따라 공직을 분류하므로 채용·승진 등 인사배치를 위한 합리적 기준을 제공해 준다.
④ 특정 직위에 맞는 사람을 배치하는 제도이기 때문에 직위나 직무의 변화 상황에 신속히 대처할 수 있는 상황적응적인 인사제도라고 할 수 있다.

출제유형 Ⅱ. 이론·제도　　**출제영역** 직위분류제
출제빈도 ★★★　　**난도** 중

정답찾기
④ 직위분류제는 엄격한 횡적·종적 분류체계 때문에 직무의 변화에 신속하게 대처할 수 있는 상황적응적인 인사제도가 되지 못한다.

오답피하기
①, ②, ③ 직위분류제의 장점에 대한 설명이다.

행복노트

계급제와 직위분류제 구분

구 분	계급제	직위분류제
분류기준	사람의 자격·능력·신분(사람 중심)	직무의 종류·책임도·곤란도(직무 중심)
인사관리	연공서열 중심	능력과 실적 중심
보수정책	생활급 (비합리적 보수제도)	직무급(공정한 보수, 보수 형평화)
인사배치	신축성 (횡적 이동 용이)	비신축성 (수직 이동 용이)
직업공무원제	확립 용이	확립 곤란
몰 입	조직 몰입	직무 몰입
갈 등	갈등의 소지 있고 갈등 발생 시 조정 가능	갈등의 소지 적고 갈등 발생 시 조정 곤란

정답 ④

36　0720

계급제와 직위분류제에 대한 설명으로 가장 옳은 것은?

2019 서울 9급

① 과학적 관리론과 실적제의 발달은 직위분류제의 쇠퇴와 계급제의 발전에 기여했다.
② 우리나라 「국가공무원법」에는 직위분류제 주요 구성 개념인 '직위, 직군, 직렬, 직류, 직급' 등이 제시되어 있다.
③ 직위분류제는 공무원 개인의 능력이나 자격을 기준으로 공직분류체계를 형성한다.
④ 계급제와 직위분류제는 절대 양립불가능하며 우리나라는 계급제를 기반으로 한다.

출제유형 Ⅱ. 이론·제도　　**출제영역** 계급제, 직위분류제
출제빈도 ★★★　　**난도** 중

정답찾기
② 우리나라 「국가공무원법」 제5조에 직위분류제 주요 구성 개념인 '직위, 직군, 직렬, 직류, 직급' 등이 명시되어 있다.

오답피하기
① 과학적 관리론의 발달로 직무분석과 직무평가 방법이 발달하였고 실적제의 발달로 각 직책에서 요구하는 지식과 기술을 가진 사람의 채용을 강조함으로써 직위분류제의 발전에 기여했다.
③ 공무원 개인의 능력이나 자격을 기준으로 공직분류체계를 형성하는 것은 계급제에 해당한다.
④ 우리나라는 계급제를 기반으로 하며 직위분류제를 가미하였으므로 계급제와 직위분류제는 상호보완적이다.

정답 ②

37 □□□ 0721

직위분류제와 계급제의 특성에 대한 비교설명으로 옳지 않은 것은?

2014 지방 7급

① 직위분류제는 조직계획의 단기적 합리성을 확보할 수 있다.
② 직위분류제에서는 직무의 종류나 성격에 관계없이 폭넓은 인사이동이 가능하다.
③ 계급제에서는 직업공무원제 확립이 용이하다.
④ 계급제에서는 공무원 간의 유대의식이 높아 행정의 능률성을 제고할 수 있다.

출제유형 Ⅱ. 이론·제도　**출제영역** 계급제, 직위분류제
출제빈도 ★★★　**난도** 중

정답찾기
② 계급제에서 직무의 종류나 성격에 관계없이 폭넓은 인사이동이 가능하나 직위분류제는 직무중심의 제도이므로 전문행정가가 양성되므로 폭넓은 인사이동이 불가능하다.

오답피하기
① 직위분류제는 산업사회의 세분화된 직업구조를 반영하여, 합리적인 직무분석을 통해 한 사람이 수행할 수 있는 적정량의 직무를 체계적으로 분업화한 제도이므로 조직계획의 단기적 합리성을 확보할 수 있다.
③ 계급제에서는 장기간의 근무를 할 수 있으므로 공무원의 사기가 진작되어 직업공무원제 확립이 용이하다.
④ 계급제에서는 일반적 능력과 교양을 지닌 인재를 채용하기 때문에 타부서에 대한 이해 증진과 횡적 의사전달의 활성화로 협조·조정이 용이하므로 공무원 간의 유대의식이 높아 행정의 능률성을 제고할 수 있다.

정답 ②

38 □□□ 0722

공직의 분류에 대한 설명으로 옳지 않은 것은?

2013 지방 9급

① 계급제는 사람을 중심으로, 직위분류제는 직무를 중심으로 공직을 분류하는 인사제도이다.
② 직위분류제에 비해 계급제는 인적 자원의 탄력적 활용이라는 측면에서 유리한 제도이다.
③ 직위분류제에 비해 계급제는 폭넓은 안목을 지닌 일반행정가를 양성하는 데 유리한 제도이다.
④ 계급제에 비해 직위분류제는 공무원의 신분을 강하게 보장하는 경향이 있는 제도이다.

출제유형 Ⅱ. 이론·제도　**출제영역** 공직의 분류
출제빈도 ★★★　**난도** 중

정답찾기
④ 계급제가 직위분류제보다 신분보장이 강하다.

오답피하기
① 계급제는 사람을 중심으로, 직위분류제는 직무를 중심으로 공직을 분류하는 인사제도이다.
② 직위분류제에 비해 계급제는 인적 자원의 탄력적 활용이라는 측면에서 유리한 제도이다.
③ 직위분류제에 비해 계급제는 폭넓은 안목을 지닌 일반행정가를 양성하는 데 유리한 제도이다.

행복노트
계급제와 직위분류제 구분

구 분	계급제	직위분류제
분류기준	사람의 자격·능력·신분(사람 중심)	직무의 종류·책임도·곤란도(직무 중심)
인사관리	연공서열 중심	능력과 실적 중심
보수정책	생활급 (비합리적 보수제도)	직무급(공정한 보수, 보수 형평화)
인사배치	신축성 (횡적 이동 용이)	비신축성 (수직 이동 용이)
직업공무원제	확립 용이	확립 곤란
몰 입	조직 몰입	직무 몰입
갈 등	갈등의 소지 있고 갈등 발생 시 조정 가능	갈등의 소지 적고 갈등 발생 시 조정 곤란

정답 ④

39
0723

직위분류제의 주요 개념에 대한 설명으로 옳지 않은 것은?

2022 국가 9급

① '직위'는 한 사람의 공무원에게 부여할 수 있는 직무와 책임을 의미한다.
② '직급'은 직무의 종류가 유사하고 곤란도 책임도가 서로 다른 군(群)을 의미한다.
③ '직류'는 동일 직렬 내에서 담당분야가 동일한 직무의 군(群)을 의미한다.
④ '직무등급'은 직무의 곤란도 책임도가 유사해 동일 보수를 줄 수 있는 직위의 군(群)을 의미한다.

출제유형 Ⅱ. 이론·제도 **출제영역** 직위분류제의 구성요소
출제빈도 ★★★ **난도** 중

정답찾기
② '직급'은 <u>직무의 종류가 유사하고 곤란도·책임도가 상당히 유사한 직위의 군</u>을 의미한다.

오답피하기
직위분류제의 구성요소

직위	한 명의 공무원에게 부여할 수 있는 직무와 책임
직급	직무의 종류·곤란성과 책임도가 상당히 유사한 직위의 군 (행정 3급, 세무 3급)
등급	직무의 곤란성과 책임도가 상당히 유사한 직위의 군(3급)
직렬	직무의 종류가 유사하고 그 책임과 곤란성의 정도가 서로 다른 직급의 군(행정직렬)
직류	같은 직렬 내에서 담당 분야가 같은 직무의 군(일반행정)
직군	직무의 성질이 유사한 직렬의 군 (행정직렬+세무직렬+사회복지직렬 = 행정직군)

직위
직급: 행정 3급
등급: 곤란도, 책임도(3급)
직류: 일반행정
직렬: 종류에 따른 분류(행정직렬)
직군: 행정직군

정답 ②

40
0724

공직분류에 대한 설명으로 가장 옳은 것은?

2018 서울 9급

① 직무의 종류는 다르나 곤란도와 책임도가 상당히 유사한 직위의 군을 직렬이라고 한다.
② 직무의 종류는 유사하지만 곤란도와 책임도가 서로 다른 직무의 군을 직급이라고 한다.
③ 비슷한 성격의 직렬들을 모은 직위 분류의 대단위는 직군이라고 한다.
④ 동일한 직급 내에 담당 분야가 동일한 직무의 군으로 세분화한 것을 직류라고 한다.

출제유형 Ⅱ. 이론·제도 **출제영역** 직위분류제의 구성요소
출제빈도 ★★★ **난도** 중

정답찾기
③ 비슷한 성격의 <u>직렬들을 모은 직위 분류의 대단위</u>는 직군이라고 한다.

오답피하기
① 직무의 종류는 다르나 곤란도와 책임도가 상당히 유사한 직위의 군은 <u>등급</u>에 대한 설명이다.
② 직무의 종류는 유사하지만 곤란도와 책임도가 서로 다른 직급의 군은 <u>직렬</u>에 대한 설명이다.
④ 직류는 <u>동일한 직렬</u> 내에서 담당 분야가 동일한 직무의 군을 말한다.

정답 ③

41
직위분류제의 주요 개념에 대한 설명으로 옳은 것은?

2016 국가 9급

① 등급은 직위에 포함된 직무의 성질, 난이도, 책임의 정도가 유사해 채용과 보수 등에서 동일하게 다룰 수 있는 직위의 집단이다.
② 직류는 직무 종류가 광범위하게 유사한 직렬의 군이다.
③ 직렬은 직무 종류는 유사하나 난이도와 책임 수준이 다른 직급 계열이다.
④ 직군은 동일 직렬 내에서 담당 직책이 유사한 직무군이다.

출제유형 Ⅱ. 이론·제도 **출제영역** 직위분류제의 구성요소
출제빈도 ★★★ **난도** 중

정답찾기
③ 직렬은 직무 종류는 유사하나 난이도와 책임 수준이 다른 직급 계열이다.

오답피하기
① 직위에 포함된 직무의 성질, 난이도, 책임의 정도가 유사해 채용과 보수 등에서 동일하게 다룰 수 있는 직위의 집단은 직급에 해당한다. 등급은 직무의 종류는 다르지만 곤란도와 책임도 및 자격수준이 유사하여 동일한 보수를 지급할 수 있는 모든 직위를 포함하는 것이다.
② 직무 종류가 광범위하게 유사한 직렬의 군은 직군에 해당한다.
④ 동일 직렬 내에서 담당 직책이 유사한 직무군은 직류에 해당한다.

정답 ③

42
직위분류제를 형성하는 기본 개념들에 대한 다음 설명 중 옳지 않은 것은?

2015 서울 9급

① 직급 – 직무의 종류는 다르지만 그 곤란성·책임도 및 자격수준이 상당히 유사하여 동일한 보수를 지급할 수 있는 모든 직위를 포함하는 것
② 직류 – 동일한 직렬 내에서 담당 직책이 유사한 직무의 군
③ 직렬 – 난이도와 책임도는 서로 다르지만 직무의 종류가 유사한 직급의 군
④ 직군 – 직무의 종류가 광범위하게 유사한 직렬의 범주

출제유형 Ⅱ. 이론·제도 **출제영역** 직위분류제의 구성요소
출제빈도 ★★★ **난도** 중

정답찾기
① 직무의 종류는 다르지만 그 곤란성·책임도 및 자격수준이 상당히 유사하여 동일한 보수를 지급할 수 있는 모든 직위를 포함하는 것은 등급에 해당한다. 직급은 직무의 종류와 곤란성과 책임도가 상당히 유사한 직위의 군이다.

오답피하기

직위	한 명의 공무원에게 부여할 수 있는 직무와 책임
직급	직무의 종류·곤란성과 책임도가 상당히 유사한 직위의 군 (행정 3급, 세무 3급)
등급	직무의 곤란성과 책임도가 상당히 유사한 직위의 군(3급)
직렬	직무의 종류가 유사하고 그 책임과 곤란성의 정도가 서로 다른 직급의 군(행정직렬)
직류	같은 직렬 내에서 담당 분야가 같은 직무의 군(일반행정)
직군	직무의 성질이 유사한 직렬의 군 (행정직렬＋세무직렬＋사회복지직렬＝행정직군)

직위
직급: 행정 3급
등급: 곤란도, 책임도(3급)
직류: 일반행정
직렬: 종류에 따른 분류(행정직렬)
직군: 행정직군

정답 ①

43 0727

직무분석과 직무평가에 대한 설명으로 옳은 것은?　2020 국가 7급

① 직무분석은 직무들의 상대적인 가치를 체계적으로 분류하여 등급화하는 것이다.
② 직무자료 수집방법에는 관찰, 면접, 설문지, 일지기록법 등이 활용된다.
③ 일반적으로 직무평가 이후에 직무 분류를 위한 직무분석이 이루어진다.
④ 직무평가 방법으로 서열법, 요소비교법 등 비계량적 방법과 점수법, 분류법 등 계량적 방법을 사용한다.

출제유형 Ⅱ. 이론·제도　　**출제영역** 직무분석, 직무평가
출제빈도 ★★　　난도 중

정답찾기
② 직무분석 및 직무평가를 위한 직무자료 수집방법에는 관찰, 면접, 설문지, 일지기록법 등이 활용된다.

오답피하기
① 직무평가는 직무들의 상대적 가치를 체계적으로 분류하여 등급화하는 것이다.
③ 직무분류를 위한 직무분석이 이루어진 후에 등급과 직급을 결정하는 직무평가가 이루어진다.
④ 직무평가방법으로 서열법, 분류법 등 비계량적 방법과 점수법, 요소비교법 등 계량적 방법을 사용한다.

행복노트
직무분석과 직무평가의 비교

구 분	직무분석	직무평가
분 류	기준 직무의 성질과 종류	직무의 상대적 가치(곤란도와 책임도)
결과 내용	직군 〉직렬 〉직류	직급, 등급
목 적	직무중심의 객관화, 합리화	보수의 공정성과 합리성

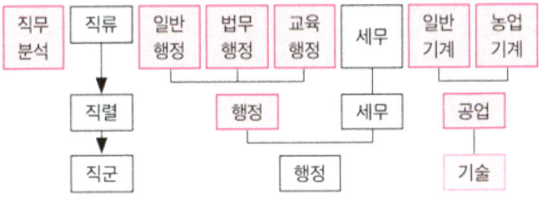

직무평가 방법

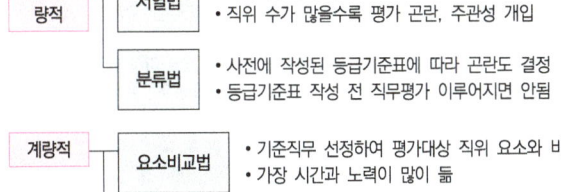

정답 ②

44 0728

직위분류제와 관련하여 다음 설명에 해당하는 것은?
　　　　　　　　　　　　　　　　　　2020 국가 9급

- 직무의 곤란성과 책임성을 기준으로 상대적 가치를 결정하는 것이다.
- 서열법, 분류법, 점수법 등을 활용한다.
- 개인에게 공정한 보수를 제공하는 데 필요한 작업이다.

① 직무조사　　② 직무분석
③ 직무평가　　④ 정급

출제유형 Ⅱ. 이론·제도　　**출제영역** 직무평가
출제빈도 ★★　　난도 하

정답찾기
③ 직무의 곤란성과 책임성을 기준으로 상대적 가치를 결정하는 것은 직무평가에 해당하며 서열법, 분류법, 점수법, 요소비교법 등을 활용한다.

오답피하기
① 직무조사는 현재의 재직자에게 기술서를 배부하여 개개 공무원이 수행하고 있는 직무내용·책임도·곤란도 등에 관한 모든 자료를 수집하는 것이다.
② 직무분석은 직무기술서(= 직무조사)를 토대로 직무의 성질과 종류에 따라서 직군 〉직렬 〉직류를 형성하는 작업이다.
④ 정급은 직급명세서가 작성되면 이를 지표로 하여 모든 직위를 해당 직군·직렬·직류와 등급·직급에 배정하는 것이다.

정답 ③

45   0729

직무평가 방법에 대한 설명으로 옳지 않은 것은?   2023 국가 9급

① 점수법은 직무를 구성하는 하위요소별 점수를 합산하여 평가하는 방법이다.
② 분류법은 미리 정한 등급기준표와 직무 전체를 비교하여 등급을 결정하는 비계량적 방법이다.
③ 서열법은 직무의 구성요소를 구별하지 않고 직무 전체의 중요도를 종합적으로 평가하는 방법이다.
④ 요소비교법은 기준직무(key job)와 평가할 직무를 상호 비교해 가며 평가하는 비계량적 방법이다.

46   0730

직무평가의 방법 중 점수법에 대한 설명으로 가장 옳은 것은?   2018 서울 9급

① 직무 전체를 종합적으로 판단해 미리 정해 놓은 등급기준표와 비교해가면서 등급을 결정한다.
② 대표가 될 만한 직무들을 선정하여 기준 직무(Key Job)로 정해 놓고 각 요소별로 평가할 직무와 기준 직무를 비교해가며 점수를 부여한다.
③ 비계량적 방법을 통해 직무기술서의 정보를 검토한 후 직무상호 간에 직무 전체의 중요도를 종합적으로 비교한다.
④ 직무평가기준표에 따라 직무의 세부 구성요소들을 구분한 후 요소별 가치를 점수화하여 측정하는데, 요소별 점수를 합산한 총점이 직무의 상대적 가치를 나타낸다.

출제유형 Ⅱ. 이론·제도   **출제영역** 직무평가방법
출제빈도 ★★   **난도** 중

정답찾기
④ 요소비교법은 기준직무(key job)와 평가할 직무를 상호 비교해 가며 평가하는 **계량적 방법**이다.

오답피하기
① 점수법은 직무를 구성하는 하위요소별 점수를 합산하여 평가하는 방법이다.
② 분류법은 미리 정한 등급기준표와 직무 전체를 비교하여 등급을 결정하는 비계량적 방법이다.
③ 서열법은 직무의 구성요소를 구별하지 않고 직무 전체의 중요도를 종합적으로 평가하는 방법이다.

직무평가 방법 구분

	서열법	분류법	요소비교법	점수법
평가 방법	비계량적 방법		계량적 방법	
비교 대상	직무 vs 직무 (상대평가)	직무 vs 기준표 (절대평가)	직무 vs 직무 (상대평가)	직무vs기준표 (절대평가)
척도 형태	서열	등급 기준	대표 직위별 선정과 요소별 보수액	직무평가기준표에 따른 평가요소별 점수
인사 고과	서열식 고과	등급제 고과	대인비교법	도표식 척도법
평가 대상	직무 전체		직무 구성 요소	

정답 ④

출제유형 Ⅱ. 이론·제도   **출제영역** 점수법
출제빈도 ★★★   **난도** 중

정답찾기
④ 직무평가기준표에 따라 직무의 세부 구성요소들을 구분한 후 요소별 가치를 점수화하여 측정하는데, 요소별 점수를 합산한 총점이 직무의 상대적 가치를 나타내는 것은 점수법에 대한 설명이다.

오답피하기
① 직무 전체를 종합적으로 판단해 미리 정해 놓은 등급기준표와 비교해가면서 등급을 결정하는 것은 분류법에 해당한다.
② 대표가 될 만한 직무들을 선정하여 기준 직무(Key Job)로 정해놓고 각 요소별로 평가할 직무와 기준 직무를 비교해가며 점수를 부여하는 것은 요소비교법에 해당한다. 요소비교법은 직무와 기준직무의 평가요소를 상호비교하여 분석하는 계량적인 방법이다.
③ 계량적 방법을 통해 직무기술서의 정보를 검토한 후 직무상호 간에 직무 전체의 중요도를 종합적으로 비교하는 것은 서열법에 해당한다.

🍀 행복노트
직무평가 방법

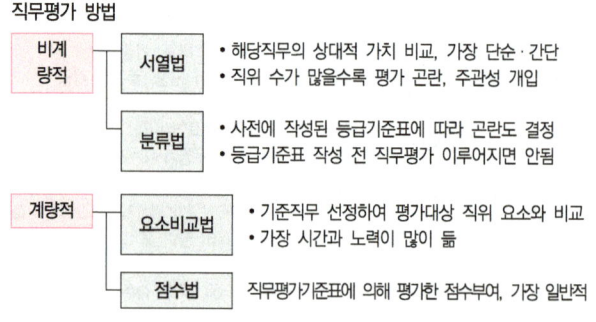

정답 ④

47   0731

직무평가 방법에 대한 설명으로 옳은 것은?   2017 지방 9급 추가

① 서열법은 직무와 직무를 직접 비교하기 때문에 주관성 배제에는 유리하지만 비용이 많이 든다는 단점이 있다.
② 점수법은 직무평가표에 따라 구성요소별 점수를 매기고, 이를 합계해 총점을 계산하므로 시간과 노력이 적게 든다는 장점이 있다.
③ 요소비교법은 점수법과 같이 시행의 단순성과 편의성으로 인해 가장 광범위하게 사용되고 있다.
④ 분류법에서는 등급기준표가 완성되기까지 직무평가가 이루어져서는 안 된다.

48   0732

직무평가 방법에 대한 설명으로 가장 옳지 않은 것은?
  2017 서울 7급

① 계량적 방법과 비계량적 방법이 있으며, 서열법과 분류법이 전자에 해당되고 요소비교법이 후자에 해당된다.
② 단순서열법은 직위의 수가 많을수록 평가가 어렵다.
③ 분류법은 직위의 등급 수를 정하고, 분류기준에 의거한 등급기준표의 작성이 필요하다.
④ 요소비교법은 대표직위를 선정하고 대표직위의 평가 요소별 서열을 정하는 과정이 필요하다.

출제유형 Ⅱ. 이론·제도   **출제영역** 직무평가 방법

출제빈도 ★★★   **난도** 중

정답찾기

④ 분류법은 미리 정해 놓은 등급기준표와 비교해가면서 등급을 결정하는 방법이므로 등급기준표가 완성되기까지 직무평가가 이루어져서는 안 된다.

오답피하기

① 직무 대 직무의 비교는 맞지만, 주관성이 개입되어 신뢰도가 떨어질 우려가 있고 시간과 비용이 적게 든다.
② 점수법은 총점 평가는 맞지만, 직무평가표 개발에 시간과 노력이 비교적 많이 들어간다.
③ 요소비교법은 직무와 기준직무의 평가요소를 상호비교하는 방식이므로 복잡하고 노력이 많이 든다. 또한 가장 광범위하게 사용되는 것은 점수법이다.

행복노트

직무평가방법 구분

구 분	서열법	분류법	요소비교법	점수법
평가방법	비계량적 방법		계량적 방법	
비교대상	직무 vs 직무 (상대평가)	직무 vs 기준표 (절대평가)	직무 vs 직무 (상대평가)	직무 vs 기준표 (절대평가)
척도형태	서열	등급 기준표	대표 직위별 선정과 요소별 보수액	직무평가기준표에 따른 평가 요소별 점수
인사고과	서열식 고과	등급제 고과	대인비교법	도표식척도법
평가대상	직무 전체		직무 구성 요소	

정답 ④

출제유형 Ⅱ. 이론·제도   **출제영역** 직무평가 방법

출제빈도 ★★★   **난도** 중

정답찾기

① 서열법, 분류법은 비계량적인 방법이고 점수법, 요소비교법은 계량적인 방법이다.

오답피하기

② 단순서열법은 직위와 직위의 단순 비교하는 방식으로 직위의 수가 많을수록 평가가 어렵다.
③ 분류법은 등급기준표의 작성이 필요하다.
④ 요소비교법은 직위와 기준직위를 서로 비교하는 상대평가이다.

정답 ①

49　　　　　　　　　　　　　　　　　　　　0733

직무평가방법과 설명이 바르게 연결된 것은?　2016 국가 9급

A. 서열법(Job Ranking)
B. 분류법(Classification)
C. 점수법(Point Method)
D. 요소비교법(Factor Comparison)

ㄱ. 직무 전체를 종합적으로 판단해 미리 정해 놓은 등급기준표와 비교해가면서 등급을 결정한다.
ㄴ. 대표가 될 만한 직무들을 선정하여 기준 직무(Key Job)로 정해놓고 각 요소별로 평가할 직무와 기준 직무를 비교해가며 점수를 부여한다.
ㄷ. 비계량적 방법을 통해 직무기술서의 정보를 검토한 후 직무 상호 간에 직무전체의 중요도를 종합적으로 비교한다.
ㄹ. 직무평가표에 따라 직무의 세부 구성요소들을 구분한 후 요소별 가치를 점수화하여 측정하는데, 요소별 점수를 합산한 총점이 직무의 상대적 가치를 나타낸다.

	A	B	C	D
①	ㄱ	ㄴ	ㄷ	ㄹ
②	ㄱ	ㄷ	ㄹ	ㄴ
③	ㄷ	ㄴ	ㄱ	ㄹ
④	ㄷ	ㄱ	ㄹ	ㄴ

출제유형 Ⅱ. 이론·제도　　**출제영역** 직무평가 방법
출제빈도 ★★★　　**난도** 중

정답찾기

④ A-ㄷ, B-ㄱ, C-ㄹ, D-ㄴ의 설명과 일치한다.
ㄱ: 직무 전체를 종합적으로 판단해 미리 정해 놓은 등급기준표와 비교해가면서 등급을 결정하는 것은 분류법에 대한 설명이다.
ㄴ: 대표가 될 만한 직무들을 선정하여 기준 직무(Key Job)로 정해놓고 각 요소별로 평가할 직무와 기준 직무를 비교해가며 점수를 부여하는 것은 요소비교법에 대한 설명이다.
ㄷ: 비계량적 방법을 통해 직무기술서의 정보를 검토한 후 직무 상호 간에 직무전체의 중요도를 종합적으로 비교하는 것은 서열법에 대한 설명이다.
ㄹ: 직무평가표에 따라 직무의 세부 구성요소들을 구분한 후 요소별 가치를 점수화하여 측정하는데, 요소별 점수를 합산한 총점이 직무의 상대적 가치를 나타내는 것은 점수법에 대한 설명이다.

정답 ④

CHAPTER 02 기출 OX

1. 전문경력관이란 직무 분야가 특수한 직위에 임용되는 특정직 공무원을 말한다. (O/X) *2020 국가 9급*

2. 고위공무원단의 구성은 소속 장관별로 개방형 직위 30%, 공모 직위 20%, 기관자율 직위 50%로 이루어져 있다. (O/X) *2017 국가 7급*

3. 역량평가제도에서 역량은 조직의 평균적인 성과자의 행동특성과 태도를 의미한다. (O/X) *2018 지방 9급*

4. 특수경력직 공무원은 신분이 보장되며 정년까지 공무원으로 근무할 것이 예정된다. (O/X) *2012 서울 9급*

5. 법관, 검사, 외무공무원, 경찰공무원, 소방공무원, 교육공무원, 군인, 군무원, 헌법재판소 헌법연구관, 국가정보원 직원 등은 경력직 공무원 중에서 특수경력직 공무원에 해당한다. (O/X) *2017 국가 9급 추가*

6. 일반직 공무원은 경력직과 특수경력직으로 구분된다. (O/X) *2017 지방 9급 추가*

7. 직업 관료는 재임기간이 짧기 때문에 정책의 필요성이나 성패를 단기적으로 바라보지만, 정무직 공무원은 신분보장이 되어 있기 때문에 장기적으로 바라보는 경향이 있다. (O/X) *2017 지방 9급*

8. 폐쇄형 임용제는 기존 관료들에게 승진의 기회가 축소될 수 있다는 불안감을 심어주어 사기를 저하시킬 수 있다. (O/X) *2015 지방 9급*

9. 개방형 직위로 지정된 직위에는 외부 적격자만 임용을 할 수 있고 내부 적격자는 임용할 수 없다. (O/X) *2016 지방 9급*

10. 직위분류제의 주요 개념 중 '직급'은 직무의 종류가 유사하고 곤란도·책임도가 서로 다른 군(群)을 의미한다. (O/X) *2022 국가 9급*

11. 일반적으로 직무평가 이후에 직무 분류를 위한 직무분석이 이루어진다. (O/X) *2020 국가 7급*

12. 직위분류제에서 직무의 곤란성과 책임성을 기준으로 상대적 가치를 결정하는 것으로서 서열법, 분류법, 점수법 등을 활용하고 개인에게 공정한 보수를 제공하는 데 필요한 작업은 직무분석이다. (O/X) *2020 국가 9급*

13. 계급제는 직무의 성질·내용에 따라 공직을 분류하므로 채용·승진 등 인사배치를 위한 합리적 기준을 제공해 준다. (O/X) *2015 국가 7급*

14. 직위분류제의 단점은 행정의 전문성 결여, 계급 간 차별 심화, 직무 경계의 불명확성을 들 수 있다. (O/X) *2020 지방 9급*

---

1. 전문경력관이란 직무 분야가 특수한 직위에 임용되는 **일반직** 공무원을 말한다. ✗

2. 고위공무원단의 구성은 소속 장관별로 개방형 직위 **20%**, 공모 직위 **30%**, 기관자율 직위 50%로 이루어져 있다. ✗

3. 역량평가제도에서 역량은 조직의 **우수 성과자**의 행동특성과 태도를 의미한다. ✗

4. **경력직** 공무원은 신분이 보장되며 정년까지 공무원으로 근무할 것이 예정된다. ✗

5. 법관, 검사, 외무공무원, 경찰공무원, 소방공무원, 교육공무원, 군인, 군무원, 헌법재판소 헌법연구관, 국가정보원 직원 등은 경력직 공무원 중에서 **특정직** 공무원에 해당한다. ✗

6. **경력직 공무원은 일반직과 특정직으로 나누어진다.** ✗

7. **정무직 공무원은** 재임기간이 짧기 때문에 정책의 필요성이나 성패를 단기적으로 바라보지만, **직업 관료는** 신분보장이 되어 있기 때문에 장기적으로 바라보는 경향이 있다. ✗

8. **개방형** 임용제는 기존 관료들에게 승진의 기회가 축소될 수 있다는 불안감을 심어주어 사기를 저하시킬 수 있다. ✗

9. 개방형 직위로 지정된 직위에는 **외부 적격자뿐만 아니라 내부 적격자도 임용할 수 있다.** ✗

10. 직위분류제의 주요 개념 중 '직급'은 직무의 종류가 유사하고 곤란도·책임도가 **상당히 유사한** 직위의 군(群)을 의미한다. ✗

11. 일반적으로 **직무 분류를 위한 직무분석 이후에 직무평가**가 이루어진다. ✗

12. 직위분류제에서 직무의 곤란성과 책임성을 기준으로 상대적 가치를 결정하는 것으로서 서열법, 분류법, 점수법 등을 활용하고 개인에게 공정한 보수를 제공하는 데 필요한 작업은 **직무평가**이다. ✗

13. **직위분류제는** 직무의 성질·내용에 따라 공직을 분류하므로 채용·승진 등 인사배치를 위한 합리적 기준을 제공해 준다. ✗

14. **계급제**의 단점은 행정의 전문성 결여, 계급 간 차별 심화, 직무 경계의 불명확성을 들 수 있다. ✗

CHAPTER 02 키워드

1. _____은 전(全)정부적으로 통합 관리되는 공무원 집단으로, 계급제나 직위분류제적 제약이 약화되어 인사운영의 융통성이 강화된다.   2016 국가 9급   **고위공무원단**

2. 고위공무원단에 속하는 모든 일반직 공무원의 신규채용 임용권은 _____이 가진다.   2016 국가 9급   **대통령**

3. 고위공무원단의 대상은 _____ 공무원을 제외한 일반직, 별정직, 특정직 공무원 모두에 해당한다.   2016 국회 8급   **정무직**

4. 다수의 훈련된 평가자가 평가대상자가 수행하는 역할과 행동을 관찰하고 합의하여 평가결과를 도출하는 것은 _____에 대한 설명이다.   2018 지방 9급   **역량평가**

5. 실적주의의 적용과 신분보장의 여부에 따라 _____과 특수경력직 공무원으로 구분된다.   2017 교육행정   **경력직**

6. 전문경력관이란 직무 분야가 특수한 직위에 임용되는 _____ 공무원을 말한다.   2020 국가 9급   **일반직**

7. 임기제 공무원은 근무기간을 정하여 임용하는 _____ 공무원이다.   2017 교육행정   **경력직**

8. 대통령, 비례대표 국회의원, 세종특별자치시장, 부산광역시 해운대구 의회의원 등은 _____ 공무원에 속한다.   2016 국회 8급   **정무직**

9. 개방형 직위는 고위공무원단 또는 과장급 직위 총수의 _____ % 범위에서 지정한다.   2016 교육행정   **20**

10. _____는 타 부처 공무원들과의 경쟁을 통하여 최적임자를 선발하는 제도로 경력직 고위공무원단 직위수의 30% 범위에서 지정한다.   2016 교육행정   **공모직위제도**

11. 계급제는 _____를 지향하므로 행정의 전문성을 저해할 수 있고, 단체 정신과 조직에 대한 충성심 확보에 유리하다.   2017 국가 9급   **일반행정가**

12. _____은 직위에 포함된 직무의 성질, 난이도, 책임의 종류가 유사해 채용과 보수 등에서 동일하게 다룰 수 있는 직위의 집단이다.   2016 국가 9급   **직급**

13. _____은 비계량적 방법을 통해 직무기술서의 정보를 검토한 후 직무 상호 간에 직무 전체의 중요도를 종합적으로 비교하는 방법이다.   2016 국가 9급   **서열법 (Job Ranking)**

14. 직위분류제는 동일한 직렬에서 장기간 근무하기 때문에 _____ 양성에 도움이 되며, 동일 직무를 수행하는 직원이 동일한 보수를 받도록 하는 직무급 체계를 확립하는 것이 용이하다.   2015 국가 7급   **전문가**

CHAPTER 03 공무원의 임용과 능력발전

대표문제

01 ☐☐☐　　　　　　　　　　　　　　　　0734

우리나라 균형인사정책에 대한 설명으로 옳지 않은 것은?

2025 지방 9급

① 장애인, 지방·지역인재, 양성평등, 이공계, 저소득층을 주요 대상으로 한다.
② 지방인재채용목표제, 전국 지역인재추천채용제, 양성평등채용목표제 순으로 도입하였다.
③ 장애인 구분모집제는 선발예정인원의 일정 규모를 장애인만 응시할 수 있도록 구분하여 시험을 실시한다.
④ 사회적 소수집단의 공직진출을 위한 지원정책으로 대표관료제의 적용사례라고 할 수 있다.

출제유형　Ⅰ. 기본개념　　출제영역　균형인사정책
출제빈도　★★★　　정답률　72%　　난도　중

정답찾기
② 우리나라 균형인사정책의 도입순서는 <u>양성평등채용목표제(2003) → 전국 지역인재추천채용제(2005) → 지방인재채용목표제(2007)</u>순이다. 설명에서 제시한 순서는 잘못되었다.

오답피하기
① 우리나라 균형인사정책은 장애인, 지방·지역인재, 양성평등, 이공계, 저소득층 등을 주요 대상으로 한다.
③ 장애인 구분모집제는 선발예정인원 중 일정 비율을 장애인만 응시할 수 있도록 구분하여 채용하는 제도이다.
④ 균형인사정책은 사회적 소수집단의 공직진출을 지원하는 정책으로 대표관료제의 적용사례에 해당한다.

정답 ②

제1절 공무원의 임용

02 ☐☐☐　　　　　　　　　　　　　　　　0735

임용에 대한 설명으로 옳지 않은 것은?

2014 국가 7급

① 징계로 해임처분을 받은 때부터 5년이 지나지 아니한 자는 공무원으로 임용될 수 없다.
② 승진의 기준으로 공무원 근무경력만을 중시하는 경우 행정의 능률성을 저하시킬 수 있다.
③ 전직과 전보는 부처 간 할거주의의 폐단을 타파하고 부처 간 협력조성을 위한 기반을 마련해 줄 수 있다.
④ 임용권자는 직제 또는 정원이 변경되거나 예산의 감소 등으로 직위가 폐직되었을 경우 또는 본인이 동의한 경우에는 소속 공무원을 강임할 수 있다.

출제유형　Ⅱ. 이론·제도　　출제영역　공무원 임용
출제빈도　★★　　난도　중

정답찾기
① 징계로 해임처분을 받은 공무원은 <u>3년간</u> 임용될 수 없다.

오답피하기
② 근무경력 중심의 승진은 승진에 대한 예측가능성은 높지만 구성원의 무사안일을 초래하므로 행정의 능률성이 저하될 수 있다.
③ 전직과 전보와 같은 부서 간 수평적 인사교류는 <u>부처 간 할거주의를 타파할 수 있고 부처 간 협력조성을 위한 기반을 마련해줄 수 있지만</u> 지나칠 경우 업무의 전문성을 저해할 수 있다.
④ 강임은 공무원을 현재보다 낮은 직급으로 임명하는 것으로 직제 또는 정원이 변경되거나 예산의 감소 등으로 직위가 폐직되었을 경우 또는 본인이 동의한 경우 임용권자에 의해 강임될 수 있다.

정답 ①

03 ☐☐☐ 0736

배치전환에 대한 설명으로 가장 옳지 않은 것은? 2019 서울 9급

① 능력의 정체와 퇴행현상을 방지할 수 있다.
② 직무의 부적응을 해소하고 조직 구성원에게 재적응의 기회를 부여할 수 있다.
③ 행정의 전문성과 능률성을 증진시킬 수 있다.
④ 정당한 징계절차에 의하지 않고 일종의 징계수단으로 활용될 가능성이 존재한다.

04 ☐☐☐ 0737

인사제도 중 임시적 배치전환의 일종으로 원래 소속기관에 소속된 상태에서 그 곳에서 보수를 받으며 일시적으로 국가적 사업을 지원하거나 개인의 능력발전을 위하여 다른 기관에 근무하는 것을 무엇이라고 하는가? 2012 서울 7급

① 직무대리　　② 전보
③ 파견　　　　④ 겸직
⑤ 순환보직

출제유형 Ⅱ. 이론·제도　　**출제영역** 공무원 임용
출제빈도 ★★　　**난도** 중

정답찾기
③ 배치전환은 전입, 전보, 전직, 파견 등을 포함하는 개념으로서 행정의 전문화·능률화를 저해할 수 있다.

오답피하기
① 배치전환은 직위의 수평적 이동이 이루어지므로 능력의 정체와 퇴행현상을 방지할 수 있다.
② 배치전환은 직무의 부적응을 해소하고 조직 구성원에게 재적응의 기회를 부여할 수 있는 장점을 가진다.
④ 정당한 징계절차에 의하지 않고 일종의 징계수단으로 활용될 가능성이 있으므로 배치전환은 정당하지 못한 용도로 활용될 수 있다.

정답 ③

출제유형 Ⅱ. 이론·제도　　**출제영역** 공무원 임용
출제빈도 ★★　　**난도** 중

정답찾기
③ 원래 소속기관에 소속된 상태에서 그 곳에서 보수를 받으며 일시적으로 국가적 사업을 지원하거나 개인의 능력발전을 위하여 다른 기관에 근무하는 것은 파견에 대한 설명이다.

오답피하기
① 직무대리는 공무원의 직급배정을 변경 없이 다른 직급의 업무를 수행하게 하는 것이다.
② 전보는 동일한 직렬과 직급 내에서 직위만 바꾸는 것이다.
④ 겸직은 두 가지 직업을 가지는 것을 말한다.
⑤ 순환보직은 주기적·순환적 배치를 통해 직무확장과 비슷한 효과를 거둘 수 있다.

정답 ③

05   0738

공무원의 인사이동에 대한 설명으로 옳은 것은?   2020 국가 9급

① 겸임은 한 사람에게 둘 이상의 직위를 부여하는 것으로 그 대상은 특정직 공무원이며, 겸임 기간은 3년 이내로 한다.
② 전직은 인사 관할을 달리하는 기관 사이의 수평적 인사이동에 해당하며, 예외적인 경우에만 전직시험을 거치도록 하고 있다.
③ 같은 직급 내에서 직위 등을 변경하는 전보는 수평적 인사이동에 해당하며, 전보의 오용과 남용을 방지하기 위해 전보가 제한되는 기간이나 범위를 두고 있다.
④ 예산 감소 등으로 직위가 폐지되어 하위 계급의 직위에 임용하려면 별도의 심사 절차를 거쳐야 하고, 강임된 공무원에게는 강임된 계급의 봉급이 지급된다.

출제유형 Ⅱ. 이론·제도   **출제영역** 공무원의 인사이동
출제빈도 ★★   난도 중

정답찾기
③ 같은 직급 내에서 직위 등을 변경하는 전보는 수평적 인사이동에 해당하며, 전보의 오용과 남용을 방지하기 위해 전보가 제한되는 기간이나 범위를 두고 있다.

오답피하기
① 겸임은 한 사람에게 둘 이상의 직위를 부여하는 것으로 그 대상은 특정직 공무원에 한정하지 않고, 겸임 기간은 3년 이내가 아니라 2년 이내로 한다.
② 인사 관할을 달리하는 기관 사이의 수평적 인사이동은 전입에 해당한다. 전직은 상이한 직렬의 동일한 계급이나 등급으로 수평이동 하는 것으로 원칙적으로 전직시험을 거치도록 하고 있다.
④ 예산 감소 등으로 직위가 폐지되어 하위 계급의 직위에 임용하는 것은 강임이고 강임 시 별도의 심사 절차를 거쳐야 하는 것은 아니며 강임된 공무원에게는 강임되기 전의 봉급이 보전된다.

│관련조문│
「공무원임용령」 및 「공무원보수규정」
「공무원임용령」 제40조 【겸임】
③ 제2항에 따른 겸임기간은 2년 이내로 하며, 특히 필요한 경우 2년의 범위에서 연장할 수 있다.
「공무원임용령」 제45조 【필수보직기간의 준수 등】
① 임용권자 또는 임용제청권자는 소속 공무원을 해당 직위에 임용된 날부터 필수보직기간(휴직기간, 직위해제처분기간, 강등 및 정직 처분으로 인하여 직무에 종사하지 아니한 기간은 포함하지 아니한다.)이 지나야 다른 직위에 전보할 수 있다. 이 경우 필수보직기간은 3년으로 하되, 실장·국장 밑에 두는 보조기관 또는 이에 상당하는 보좌기관인 직위에 보직된 3급 또는 4급 공무원과 고위공무원단 직위에 재직 중인 공무원의 필수보직기간은 2년으로 한다.
「공무원보수규정」 제6조 【강임 시 등의 봉급 보전】
① 강임된 사람에게는 강임된 봉급이 강임되기 전보다 많아지게 될 때까지는 강임되기 전의 봉급에 해당하는 금액을 지급한다.

정답 ③

06   0739

선발시험의 타당성과 신뢰성에 대한 설명으로 옳은 것은?
   2017 지방 7급

① 시험의 신뢰성은 시험과 기준의 관계이며, 재시험법은 시험의 횡적 일관성을 조사하는 것이다.
② 동시적 타당성 검증에서는 시험 합격자를 대상으로 시험성적과 일정기간을 기다려야 나타나는 근무실적을 시차를 두고 수집하여 비교하는 것이다.
③ 내용타당성은 직무에 정통한 전문가 집단이 시험의 구체적 내용이나 항목이 직무의 성공적 임무 수행에 얼마나 적합한 지를 판단하여 검증하게 된다.
④ 현재 근무하고 있는 재직자에게 시험을 실시한 결과 근무실적이 좋은 재직자가 시험성적도 좋았다면, 그 시험은 구성적 타당성을 갖추었다고 인정할 수 있다.

출제유형 Ⅱ. 이론·제도   **출제영역** 타당성, 신뢰성
출제빈도 ★★★   난도 중

정답찾기
③ 직무에 정통한 전문가 집단이 시험의 구체적 내용이나 항목이 직무의 성공적 임무 수행에 얼마나 적합한지를 판단하여 검증하게 되는 것은 내용타당성에 해당한다.

오답피하기
① 기준과 시험의 관계는 타당성이고, 재시험법은 시험의 종적 일관성에 해당한다.
② 시험 합격자를 대상으로 시험성적과 일정기간을 기다려야 나타나는 근무실적을 시차를 두고 수집하여 비교하는 것은 기준타당성 중 예측적 타당성에 해당한다.
④ 재직자의 시험성적과 근무실적을 비교하여 분석하는 것은 기준타당성 중 동시적 타당성에 해당한다.

행복노트
타당도 측정내용의 정확도

구 분	기준타당도	내용타당도	구성타당도
개 념	시험이 직무수행 능력을 예측할 수 있는지 여부	시험의 내용이 직무수행내용을 대표할 수 있는지 여부(전문가)	시험이 이론적으로 구성된 능력요소를 얼마나 정확하게 측정할 수 있는지 여부
판단 기준	시험성적 = 근무성적	시험내용 = 능력요소	시험내용 = 이론적 구성요소

• 수렴적 타당성: 1개념 - 다른 방법 - 결과수렴
• 차별적 타당성: 여러 개념 - 1방법 - 결과차별

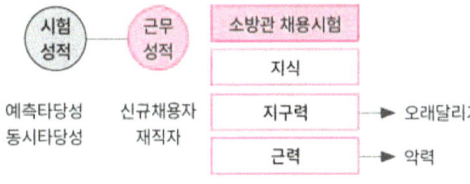

정답 ③

07 ◻◻◻   0740

선발시험의 신뢰성을 검증하는 방법에 해당하지 않는 것은?

2022 지방 7급

① 하나의 시험유형 내에서 각 문항 간의 상관관계를 종합하여 시험의 일관성을 검증한다.
② 시험성적과 본래 시험으로 예측하고자 했던 기준 사이에 얼마나 밀접한 상관관계가 있는가를 검증한다.
③ 시험을 본 수험자에게 일정한 시간이 지난 뒤, 다시 같은 문제로 시험을 보게 하여 두 점수 간의 일관성을 확인한다.
④ 문제 수준이 비슷한 두 개의 시험유형을 개발하여 동일 통제집단을 대상으로 시험을 보게 한 후 두 집단의 성적 간 상관관계를 분석한다.

08 ◻◻◻   0741

소방공무원의 선발시험에 대한 신뢰성과 타당성의 검증방법에 대한 연결로 옳지 않은 것은?

2014 지방 7급

① 동질이형법(Equivalent Forms) – 내용과 난이도에 있어 동질적인 Ⓐ, Ⓑ책형을 중앙소방학교 교육후보생들을 대상으로 시험을 보게 한 후, 두 책형의 성적 간 상관관계를 분석한다.
② 내용타당성 – 소방공무원을 선발하고자 할 때 그 직무에 정통한 전문가의 의견을 들어 선발시험의 내용을 구성한다.
③ 기준타당성 – 소방직 시험에 합격한 사람들에게 3개월 뒤 같은 문제로 시험을 보게 하여 두 점수간의 상관관계를 분석한다.
④ 구성타당성 – 지원자의 근력·지구력 등을 측정하기 위해 새로 만든 시험방법을 통해 측정한 점수와 기존의 시험방법으로 측정한 결과 간의 상관관계를 분석한다.

출제유형 Ⅱ. 이론·제도   **출제영역** 신뢰성
출제빈도 ★★   **난도** 상/중

[정답찾기]
② 시험성적과 본래 시험으로 예측하고자 했던 기준 사이에 얼마나 밀접한 상관관계가 있는가를 검증하는 것은 타당성 중 기준타당성을 검증하는 것이다.

[오답피하기]
① 신뢰성을 검증하는 방법 중 문항 간 일관성 검증방법은 하나의 시험유형 내에서 각 문항 간의 상관관계를 종합하여 시험의 일관성을 검증한다.
③ 신뢰성을 검증하는 방법 중 재시험법은 시험을 본 수험자에게 일정한 시간이 지난 뒤, 다시 같은 문제로 시험을 보게 하여 두 점수 간의 일관성을 확인한다.
④ 신뢰성을 검증하는 방법 중 동질이형법은 문제 수준이 비슷한 두 개의 시험유형을 개발하여 동일 통제집단을 대상으로 시험을 보게 한 후 두 집단의 성적 간 상관관계를 분석한다.

신뢰도 측정방법

재시험법	동일한 대상집단이 동일시험을 2회 이상 실시, 비교 시험 복수 실시, 시험의 종적 일관성 검증
동질이형법 (복수양식법)	내용과 난이도에 있어 동질적인(A책형, B책형)으로 나누어 시험 본 후 두 책형의 성적간 상관관계 분석
이분법	하나의 시험지에 문항만을 두 집단(홀수, 짝수)으로 나누어 성적을 상호비교
문항 간 일관성 검증법	시험의 모든 항목/문항을 서로 비교 시험 1번 실시, 시험의 횡적 일관성 검증

정답 ②

출제유형 Ⅱ. 이론·제도   **출제영역** 타당성
출제빈도 ★★★   **난도** 중

[정답찾기]
③ 소방직 시험에 합격한 사람들에게 3개월 뒤 같은 문제로 시험을 보게 하여 두 점수 간의 상관관계를 분석하는 것은 신뢰도에 해당하는 설명으로 측정방법 중 재시험법에 관한 내용이다. 기준타당성은 시험성적과 근무성적을 비교하여 검증한다.

[오답피하기]
① 책형을 달리하여 측정결과를 비교하는 것은 신뢰도 측정의 동질이형법에 대한 내용이다.
② 전문가에 의한 내용분석으로 검증하는 것은 내용타당성과 관련되어 있다.
④ 추상적 개념과 측정지표 간의 일치성 정도를 알 수 있는 것으로 새로 만든 시험방법을 통해 측정한 점수와 기존의 시험방법으로 측정한 점수의 상관관계를 분석하는 것은 구성타당성에 해당한다.

정답 ③

09　0742

다음에서 검증하고자 하는 선발시험의 효용성 기준은?

2012 지방 9급

> 인사혁신처는 2010년도 국가직 9급 공개경쟁채용시험을 통해 채용된 직원들의 시험성적을 이들의 채용 이후 1년 동안의 근무성적 결과와 비교하려고 한다.

① 타당성　　② 능률성
③ 실용성　　④ 신뢰성

10　0743

측정의 타당성에 대한 설명으로 옳은 것은?

2012 지방 7급

① 추상적 개념과 측정지표 간의 일치 정도를 구성개념 타당성이라 한다.
② 어떤 개념의 측정지표와 이미 타당성이 검증된 다른 기준과의 상관성 정도를 내용 타당성이라 한다.
③ 측정지표가 지표의 모집단을 대표하고 있는 정도를 기준타당성이라 한다.
④ 같은 개념을 상이한 측정방법으로 측정했을 때 그 측정값 사이의 상관관계의 정도를 차별적 타당성이라 한다.

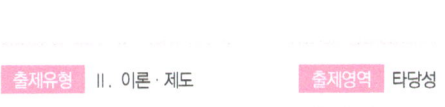

출제빈도 ★★★　　난도 중

정답찾기
① 타당성은 측정하려는 것을 얼마나 정확하게 측정했는지의 정도로서 시험성적과 근무성적의 비교는 타당성 중 기준타당성에 해당한다.

오답피하기
② 능률성은 투입 대비 산출을 말하는 것으로서 선발시험의 효용성 기준은 아니다.
③ 실용성은 실시 비용의 저렴성 및 실시와 채점의 용이성이다.
④ 신뢰성은 시험이 측정도구(형식, 시기 등)로서 가지는 일관성이다.

행복노트

시험의 요건
적격한 인재 선발, 실적주의 인사행정의 바탕(기회균등 + 행정능률)

신뢰도	일관성
타당도	측정내용의 정확도
객관도	공정한 채점
난이도	시험의 변별력
실용도	저렴한 비용, 실시와 채점의 용이성

정답 ①

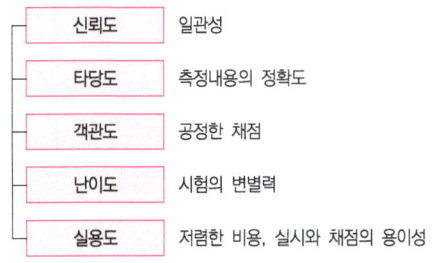

출제빈도 ★★★　　난도 중

정답찾기
① 추상적 개념과 측정지표 간의 일치 정도를 구성개념 타당성이라 한다.

오답피하기
② 어떤 개념의 측정지표와 이미 타당성이 검증된 다른 기준과의 상관성 정도는 기준타당성에 대한 개념이다.
③ 측정지표가 지표의 모집단을 대표하고 있는 정도는 내용타당성에 대한 설명이다.
④ 같은 개념을 상이한 측정방법으로 측정했을 때 그 측정값 사이의 상관관계의 정도는 수렴적 타당성에 관한 내용이다. 차별적 타당성은 상이한 개념을 같은 측정방법으로 측정했을 때 그 측정값들 간의 관계를 의미한다.

정답 ①

11

「공무원임용시험령」상의 면접시험 평정요소가 아닌 것은?

2014 국가 9급

① 공무원으로서의 정신자세
② 직장인으로서의 대인관계능력
③ 전문지식과 그 응용능력
④ 예의·품행 및 성실성

출제유형 Ⅱ. 이론·제도 **출제영역** 면접시험 평정요소
출제빈도 ★ **난도** 중

정답찾기
② 직장인으로서의 대인관계능력은 평정요소에 해당사항이 없다.

오답피하기
┌관련조문┐
「공무원임용시험령」 제5조【시험의 방법】
③ 면접시험은 해당 직무 수행에 필요한 능력 및 적격성을 검정하며, 다음 각호의 모든 평정요소를 각각 상, 중, 하로 평정한다.
1. 공무원으로서의 정신자세
2. 전문지식과 그 응용능력
3. 의사 표현의 정확성과 논리성
4. 예의·품행 및 성실성
5. 창의력·의지력 및 발전 가능성

정답 ②

제2절 공무원의 능력발전

12

역량기반 교육훈련(CBC: Competency-Based Curriculum)에 대한 설명으로 옳은 것만을 모두 고른 것은?

2017 국가 7급 추가

> ㄱ. 매클리랜드(McClelland)는 우수성과자의 인사 관련 행태를 역량으로 규정하고 이를 중심으로 한 인사관리를 주장하였다.
> ㄴ. 직무분석으로 도출된 직무명세서를 바탕으로 교육과정을 설계하는 직무지향적 교육훈련 방법이다.
> ㄷ. 역량모델은 전체 구성원에게 적용되는 공통역량, 원활한 조직운영을 위한 직무역량, 전문적 직무수행을 위한 관리역량으로 구성된다.
> ㄹ. 피교육자의 능력을 정확히 진단하여 부족한 부분(Gap)을 보충하는 교육이 가능하다.

① ㄱ, ㄴ
② ㄱ, ㄹ
③ ㄴ, ㄷ
④ ㄷ, ㄹ

출제유형 Ⅱ. 이론·제도 **출제영역** 교육훈련 방법
출제빈도 ★★ **난도** 중

정답찾기
ㄱ. 매클리랜드(McClelland)는 역량이란 직무에서 탁월한 성과를 나타내는 우수 성과자에게 일관되게 관찰되는 행동적 특성을 의미하며 인사관리는 이를 중심으로 해야 한다고 주장한다.
ㄹ. 역량모델을 기반으로 피교육자가 보유하고 있는 역량수준을 진단하여 필요수준과 현재수준 간 격차(Gap)를 확인하고 이를 보충하는 교육이 가능하다.

오답피하기
ㄴ. 역량기반 교육훈련(CBC: Competency-based Curriculum)은 학습자 또는 성과자 지향형 맞춤형 교육훈련이다.
ㄷ. 역량모델은 전체 구성원에게 적용되는 공통역량, 원활한 조직운영을 위한 관리역량, 전문적 직무수행을 위한 직무역량으로 구성된다.

행복노트

역량기반 교육훈련(CBC)
- 성과 창출에 필요한 구성원의 핵심역량을 추출하고, 현재의 수준과의 격차를 확인한 후 피교육자 지향의 맞춤형 교육훈련
- 역량: 직무에서 탁월한 성과를 나타내는 우수 성과자에게 일관되게 관찰되는 행동적 특성(McClelland)
- 역량모델: 전체직원에게 적용되는 공통역량
  원활한 조직운영을 위한 관리역량
  전문적 직무수행을 위한 직무역량

정답 ②

13　0746

공무원 교육훈련 방법에 대한 설명으로 옳지 않은 것은?

2016 지방 7급

① 현장훈련(On the Job Training)은 피훈련자가 실제 직무를 수행하면서 직무수행에 관한 지식과 기술을 배우는 방법이다.
② 강의, 토론회, 시찰, 시청각교육 등은 태도나 행동의 변화를 주된 목적으로 한다.
③ 액션러닝(Action Learning)은 소규모로 구성된 그룹이 실질적인 업무현장의 문제를 해결해 내고 그 과정에서 성찰을 통해 학습하도록 하는 행동학습(Learning by Doing) 교육훈련 방법이다.
④ 감수성훈련(Sensitivity Training)은 대인관계의 이해와 이를 통한 인간관계의 개선을 목적으로 한다.

14　0747

교육참가자들이 팀을 구성하여 실제 현안문제를 해결하면서 동시에 문제해결과정에 대한 성찰을 통해 학습하도록 지원하는 행동학습(Learning by Doing)으로서, 주로 관리자훈련에 사용되는 교육방식은?

2015 지방 7급

① 멘토링(Mentoring)
② 감수성훈련(Sensitivity Training)
③ 액션 러닝(Action Learning)
④ 워크아웃 프로그램(Work-out Program)

출제유형 Ⅱ. 이론·제도　　**출제영역** 교육훈련 방법

출제빈도 ★★　　**난도** 중

정답찾기

② 강의나 토론, 시찰, 시청각교육 등은 지식의 축적을 위한 훈련방법이다. 태도나 행동의 변화를 주된 목적으로 하는 것은 감수성 훈련, 사례연구, 역할연기, 회의 등이 있다.

오답피하기

교육훈련의 방법

- **강의**
  - 장　일시적으로 대다수 훈련 가능
  - 단　일방주입식으로 흥미 ×, 지식을 현장에 적용 곤란

- **분임연구**　분반으로 나눈 후 연구과제 연구 및 발표와 토론
  - 장　분석적 사고능력과 문제해결능력 개발
  - 단　상당한 시간과 노력필요, 소수의 대상자에만 적당

- **역할연기**　실제 조직에서 경험한 내용이나 가상의 시나리오를 가지고 문제해결 방식 찾는 것
  - 장　학습내용을 체험으로 배울 수 있음
  - 단　많은 사전준비로 내성적인 사람에겐 곤란

- **감수성훈련**　비정형적 상호작용, 개방적이고 공존하는 인간관계
  - 장　민주적 훈련, 대인관계의 이해와 이를 통한 인간관계 개선이 목적
  - 단　다수의 참여가 곤란

정답 ②

출제유형 Ⅱ. 이론·제도　　**출제영역** 교육훈련 방법

출제빈도 ★★　　**난도** 중

정답찾기

③ 교육참가자들이 팀을 구성하여 실제 현안문제를 해결하면서 동시에 문제해결과정에 대한 성찰을 통해 학습하도록 지원하는 행동학습(Learning by Doing)으로서, 주로 관리자훈련에 사용되는 교육방식은 액션 러닝에 대한 설명이다. 이론과 강의식 교육의 한계를 극복하기 위해 현장방문과 사례조사, 성찰미팅과 같은 체험식 교육기회를 제공함으로써 문제해결능력을 함양하기 위한 것이다.

오답피하기

① 멘토링(Mentoring)은 개인 간 신뢰를 토대로 일대일 방식으로 지도하여 조직 내 업무 역량을 배양하는 학습활동이다.
② 감수성훈련(Sensitivity Training)은 대인관계의 이해와 이를 통한 인간관계의 개선을 목적으로 한다.
④ 워크아웃 프로그램(Work-out Program)은 조직의 수평적·수직적 장벽을 제거하고, 전 구성원의 자발적 참여에 의한 각종 워크숍 운영을 통해 행정혁신, 관리자의 신속한 의사결정과 문제 해결을 도모하는 교육훈련 방식이다.

- **액션 러닝**
  - 소규모 그룹(팀)이 실질적인 업무현장의 문제를 해결하면서 성찰을 통해 학습하는 행동학습 교육훈련
  - 직접 현장 방문 및 문제해결능력 함양하는 관리자훈련 방식
  - 이론과 지식전달 위주의 강의식 교육 극복

- **멘토링**
  - 개인 간 신뢰를 바탕으로 일대일방식 지도
  - 조직 내 인재육성, 학습활동 촉진, 리더십 배양

- **학습 조직**　지식 창출 및 공유와 상시적 관리 역량 갖춤

- **워크 아웃**
  - 수직적·수평적 장벽 제거
  - 구성원의 자발적 참여와 신속한 의사결정과 문제 해결 도모

정답 ③

15 0748
공무원 교육훈련에 대한 저항 이유 중 저항주체가 나머지와 다른 하나는?
2015 지방 9급

① 교육훈련 결과의 인사관리 반영 미흡
② 교육훈련 발령을 불리한 인사조치로 이해하는 경향
③ 장기간의 훈련인 경우 복귀 시 보직 문제에 대한 불안감
④ 조직성과의 저하 및 훈련비용의 발생

출제유형	Ⅱ. 이론·제도	출제영역	교육훈련 방법
출제빈도	★★	난도	중

정답찾기
④ 조직성과의 저하 및 훈련비용의 발생은 훈련기관, 즉 교육자가 저항주체이다.

오답피하기
① 교육훈련 결과의 인사관리 반영 미흡은 피교육자가 저항주체이다.
② 교육훈련 발령을 불리한 인사조치로 이해하는 경향은 피교육자가 저항주체이다.
③ 장기간의 훈련인 경우 복귀 시 보직 문제에 대한 불안감은 피교육자가 저항주체이다.

정답 ④

16 0749
평상시 근무하면서 일을 배우는 직장 내 교육훈련방법으로 가장 옳지 않은 것은?
2015 서울 7급

① 실무지도
② 인턴십
③ 직무순환
④ 감수성훈련

출제유형	Ⅱ. 이론·제도	출제영역	교육훈련 방법
출제빈도	★★	난도	하

정답찾기
④ 감수성훈련은 직장 외 교육원훈련에 해당한다.

오답피하기
현장훈련: 실제직무를 수행하면서 직무수행에 대해 학습

구 분	현장훈련(OJT; On the Job Training)
종 류	실무지도, 직무순환, 인턴십, 임시배정, 시보 등
장 점	㉠ 고도의 기술성·전문성·정밀성 요구하는 훈련 ㉡ 실제적인 훈련 ㉢ 훈련 용이, 비용 절감 ㉣ 일과 훈련의 동시로 경제적 ㉤ 상관과 부하간의 원만한 관계
단 점	㉠ 대다수의 동시 훈련 곤란 ㉡ 예정된 계획에 따라 실시 곤란 ㉢ 일과 훈련이 모두 소홀히 될 여지 ㉣ 전문적인 교육훈련 곤란

정답 ④

17   0750

OJT(On the Job Training) 교육훈련방법 중 '직무순환'에 대한 설명으로 옳은 것은?   2012 국회 9급

① 일상 근무 중에 상관이 부하에게 직무수행에 관한 기술을 가르쳐 주거나 질문에 답하는 것이다.
② 여러 분야의 직무를 직접 경험하여 조직의 전반적인 업무를 익히는 것이다.
③ 특수 직위 등에 잠시 배정하여 경험을 쌓게 하여 앞으로 맡게 될 임무에 대비하게 하는 것이다.
④ 조직의 특정분야에 대한 이해와 함께 간단한 업무를 경험할 수 있는 기회를 제공하는 것이다.
⑤ 실제 조직생활에서 경험한 사례나 가상의 시나리오를 가지고 문제해결방식을 찾는 것이다.

출제유형 II. 이론·제도   **출제영역** 직무순환
출제빈도 ★   **난도** 중

정답찾기
② 직무순환은 여러 분야의 직무를 직접 경험하여 조직의 전반적인 업무를 익히는 것이다.

오답피하기
① 일상 근무 중에 상관이 부하에게 직무수행에 관한 기술을 가르쳐 주거나 질문에 답하는 것은 실무지도에 대한 설명이다.
③ 특수 직위 등에 잠시 배정하여 경험을 쌓게 하여 앞으로 맡게 될 임무에 대비하게 하는 것은 임시배정에 대한 설명이다.
④ 조직의 특정분야에 대한 이해와 함께 간단한 업무를 경험할 수 있는 기회를 제공하는 것은 인턴십에 대한 설명이다.
⑤ 실제 조직생활에서 경험한 사례나 가상의 시나리오를 가지고 문제해결방식을 찾는 것은 역할연기에 대한 설명이다.

정답 ②

18   0751

공무원 경력개발 시 준수해야 할 기본 원칙에 해당되지 않는 것은?   2014 지방 7급

① 적재적소의 원칙   ② 직급중심의 원칙
③ 인재양성의 원칙   ④ 자기주도의 원칙

출제유형 II. 이론·제도   **출제영역** 경력개발의 원칙
출제빈도 ★   **난도** 중

정답찾기
② 직급중심이 아니라 직무중심의 원칙이 공무원 경력개발 시 준수해야 할 기본 원칙에 해당한다.

오답피하기
경력개발의 원칙

적재적소의 원칙	직원을 적재적소에 배치하는 것
승진경로의 원칙	특정 공무원의 경력·전공·적성 등을 종합적으로 고려하여 적합한 승진경로모형 적용
인재양성의 원칙	인재의 외부충원보다는 내부에서 자체적으로 양성하는 것 원칙으로 함
직무와 역량 중심 원칙	직무중심의 경력계획 수립과 역량강화를 위해 보직 경로별 역량 수요의 흐름에 맞게 교육훈련 체계를 수립
개방성 및 공정경쟁 원칙	경력개발의 기회가 모든 직원에게 공평하게 제공되어야 하며, 보직 이동의 기회도 공정한 경쟁을 통하여 제공
자기주도의 원칙	직원 스스로 적극적인 경력목표와 경력개발계획을 작성하고 능동적으로 학습 실시

정답 ②

19 0752
근무성적평정에 대한 설명으로 옳지 않은 것은? 2022 지방 7급

① 다면평정법은 상급자, 동료, 부하, 고객 등 다양한 구성원에게 평정에 참여할 기회를 준다.
② 목표관리제 평정법은 참여를 통한 명확한 목표의 설정과 개인과 조직 간 목표의 통합을 추구한다.
③ 강제배분법은 평정치의 편중과 관대화 경향을 막기 위해 등급별로 비율을 미리 정해 놓는다.
④ 도표식 평정척도법은 근무성적을 객관적 사실에 기초하여 평가하므로 평정자의 편견이 개입할 가능성이 작다.

20 0753
공무원 평정제도에 대한 설명으로 옳은 것은? 2015 국가 7급

① 근무성적평가 결과는 승진 및 보직관리에는 이용되지 않고 성과급 지급에만 활용된다.
② 근무성적평정 결과와 공무원채용시험 성적의 일치성이 높을수록 시험의 타당성이 높다고 할 수 있다.
③ 역량평가제는 고위공무원으로 임용된 이후 업무실적을 평가하는 사후평가제도로서 고위공무원의 업무역량 강화에 기여할 수 있다.
④ 다면평가를 계서적 문화가 강한 조직에 적용할 경우 상급자와 하급자 간의 갈등을 최소화할 수 있다.

출제유형 Ⅱ. 이론·제도   **출제영역** 근무성적평정
출제빈도 ★★   **난도** 하

정답찾기
④ 도표식 평정척도법은 평정요소에 대한 등급 기준이 모호하여 평정자의 자의적 해석으로 인한 편견이 개입할 가능성이 크다.

오답피하기
① 다면평정법은 상급자, 동료, 부하, 고객 등 다양한 구성원에게 평정에 참여할 기회를 준다.
② 목표관리제 평정법은 참여를 통한 명확한 목표의 설정과 개인과 조직 간 목표의 통합을 추구한다.
③ 강제배분법은 평정치의 편중과 관대화 경향을 막기 위해 등급별로 비율을 미리 정해 놓는다.

근무성적평정의 유형(평정방법): 평정기법에 따른 분류

도표식 평정척도법	가장 널리 이용 한쪽엔 평정요소, 다른 쪽엔 우열 표시
장	평정표의 작성 간단, 평정 용이, 상벌의 목적, 계량화, 통계용이, 평가기준 안정적, 직관과 선험 바탕
단	합리적 평정 요소선정 곤란, 평가등급기준 모호, 연쇄효과

평정요소		매우우수	우수	보통	미흡	불량
직무수행 실적	실적의 질	⑤	④	③	②	①
	실적의 양	⑤	④	③	②	①
직무수행 능력	판단력	⑤	④	③	②	①
	기획력	⑤	④	③	②	①

정답 ④

출제유형 Ⅱ. 이론·제도   **출제영역** 공무원 평정제도
출제빈도 ★★★   **난도** 중

정답찾기
② 시험의 타당성이란 정확도를 의미하는 것으로 시험성적과 근무성적의 일치 정도가 높을수록 기준타당성이 높다.

오답피하기
① 근무성적평가 결과는 승진 및 보직관리, 성과급 지급에도 이용된다.
③ 역량평가제는 고위공무원으로 임용되기 전 미래 행동에 대한 잠재력을 측정하는 사전검증장치로 고위공무원의 승진임용 또는 신규임용 자료로 활용된다.
④ 다면평가는 계층제적 문화가 강한 사회에서는 상·하 간에 문제유발 가능성이 있어 갈등을 초래할 수 있다.

정답 ②

21　　　0754

다면평가제도에 대한 설명으로 가장 옳지 않은 것은?

2017 서울 9급

① 다수의 평가자가 참여해 합의를 통해 평가 결과를 도출하는 체계이며, 개별평가자의 오류를 방지하고 평가의 공정성을 확보할 수 있다.
② 개인을 평가할 때 직속상사에 의한 일방향의 평가가 아닌 다수의 평가자에 의한 다양한 방향에서의 평가이다.
③ 조직구성원들에게 조직 내외의 모든 사람과 원활한 인간관계를 증진시키려는 강한 동기를 부여함으로써 업무수행의 효율성을 제고할 수 있다.
④ 능력보다는 인간관계에 따른 친밀도로 평가가 이루어져 상급자가 업무추진보다는 부하의 눈치를 의식하는 행정이 이루어질 가능성이 높다.

22　　　0755

우리나라의 다면평가제도에 대한 설명으로 옳지 않은 것은?

2017 국가 9급 추가

① 민원인은 해당 공무원에 대한 다면평가에 참여할 수 없다.
② 다면평가의 결과는 해당 공무원에게 공개할 수 있다.
③ 다면평가의 결과는 승진, 전보, 성과급 지급 등에 참고자료로 활용될 수 있다.
④ 해당 공무원에게 평가정보를 다각적으로 제공하는 경우에는 능력개발을 유도할 수 있다.

출제유형 Ⅱ. 이론·제도　**출제영역** 다면평가제도
출제빈도 ★★★　**난도** 중

정답찾기
① 다면평가제는 다수의 평가자가 평가에 참여하므로 개별 평가자의 오류를 방지하고 평가의 객관성과 공정성을 확보할 수 있지만 합의를 통해 평가하는 것은 아니다.

오답피하기
② 다면평가는 주로 상급자, 동료, 하급자, 민원인에 의한 다양한 방향에서의 평정을 실시한다.
③ 다면평가는 조직 내외의 사람들과의 소통, 원만한 대인관계를 증진시키려는 동기를 부여한다.
④ 다면평가는 평정집단에 하급자도 포함되므로 상급 공무원이 부하직원들의 눈치를 보는 행정이 초래될 수 있다.

정답 ①

출제유형 Ⅱ. 이론·제도　**출제영역** 다면평가제도
출제빈도 ★★★　**난도** 중

정답찾기
① 우리나라 다면평가제도는 상급자, 동료, 부하, 민원인으로 다수의 평가자가 구성된다.

오답피하기
② 다면평가의 결과는 해당 공무원에게 공개할 수 있다.
③ 다면평가의 결과는 승진, 전보, 성과급 지급 등에 참고자료로 활용될 수 있다.
④ 해당 공무원에게 평가정보를 다각적으로 제공하는 경우에는 동기를 유발할 수 있고 능력개발을 유도할 수 있다.

정답 ①

23 ○○○　0756

다면평가제에 대한 설명으로 옳지 않은 것은?　2013 지방 7급

① 공무원의 국민에 대한 충성심을 강화하는 데 기여할 수 있다.
② 작업집단의 팀워크 발전에 기여할 수 있다.
③ 우리나라에서는 평가자를 행정기관 내부자에 국한한다.
④ 피평가자를 업무목표의 성취보다 원만한 대인관계 유지에 급급하도록 만들 우려가 있다.

24 ○○○　0757

성과평가의 방법과 모형에 대한 〈보기〉의 설명 중 옳은 것을 모두 고른 것은?　2018 서울 1회 7급

―| 보기 |―
ㄱ. 논리모형(Logic Model)은 직무활동이 설정된 성과목표를 성취하는 과정보다는 단기적인 산출물을 중시한다.
ㄴ. 성과표준평가법(Performance Standard Appraisal)은 구체적이고 측정 가능한 성과수준을 명시한다.
ㄷ. 균형성과평가법(Balanced Scorecard)은 내부과정의 관점보다는 고객 관점의 평가방법이다.
ㄹ. 행태관찰평가법(Behavioral Observation Scales)은 성과와 관련된 직무행태를 관찰하여 활동의 발생빈도를 측정한다.

① ㄴ, ㄹ
② ㄱ, ㄴ, ㄷ
③ ㄴ, ㄷ, ㄹ
④ ㄱ, ㄴ, ㄷ, ㄹ

출제유형 Ⅱ. 이론·제도　**출제영역** 다면평가제도
출제빈도 ★★★　**난도** 중

정답찾기
③ 우리나라 다면평가 평정자는 상급자, 동료, 부하 및 민원인으로 구성된다.

오답피하기
① 국민도 다면평가의 평정자이므로 공무원의 국민에 대한 충성심을 강화하는 데 기여할 수 있다.
② 상급자, 동료, 부하 모두 평정자이므로 작업집단의 팀워크 발전에 기여할 수 있다.
④ 다면평가의 단점으로 피평가자를 업무목표의 성취보다 원만한 대인관계 유지에 급급하도록 만들 인기영합에 빠질 우려가 있다.

행복노트
다면평정의 장·단점

장점	단점
㉠ 객관성·신뢰성·수용성 ↑	㉠ 평가의 책임소재 불명확
㉡ 팀워크가 강조되는 현대 새로운 조직유형에 부합	㉡ 상사와 부하간의 갈등소지
㉢ 인간관계 개선에 기여	㉢ 부하통솔 어려움
㉣ 피평가자의 자기반성 기회제공 + 자기개발 촉진 + 능력발전 기여	㉣ 부처 통합 시 출신부처에 따른 평가로 부처이기주의
㉤ 업무 효율성과 이해의 폭 넓힘	㉤ 능력보단 인기투표 경향
	㉥ 평가자 간 평가기준 다르면 평가결과의 형평성 저하

정답 ③

출제유형 Ⅱ. 이론·제도　**출제영역** 성과평가의 방법과 모형
출제빈도 ★★　**난도** 중

정답찾기
ㄴ. 성과표준평가법은 구체적이고 측정 가능한 성과수준을 명시한다.
ㄹ. 행태관찰평가법은 행태에 관한 구체적인 사건과 관찰된 사건의 발생빈도를 표시하는 척도를 구성하여 평정하는 방법이다.

오답피하기
ㄱ. 직무활동이 설정된 성과목표를 성취하는 과정보다는 단기적인 산출물을 중시하는 모형은 목표모형에 해당한다. 논리모형은 직무활동이 설정된 성과목표를 성취하는 과정을 중시하는 모형이다.
ㄷ. 균형성과평가법(Balanced Scorecard)은 내부과정 관점과 고객관점을 모두 중시한다. 재무관점, 고객관점, 업무과정, 학습과 성장 측면을 모두 중시한다.

정답 ①

25
근무성적평정에서 나타나기 쉬운 집중화 경향과 관대화 경향을 시정하기 위한 방법으로 적절한 것은?
2019 국가 9급

① 자기평정법
② 목표관리제 평정법
③ 중요사건기록법
④ 강제배분법

26
〈보기〉의 설명에 해당하는 근무성적 평정 방법으로 가장 옳은 것은?
2019 서울 9급

┤ 보기 ├
저는 학생들을 평가함에 있어 성적 분포의 비율을 미리 정해 놓고 등급을 줍니다. 비록 평가 대상 전원이 다소 부족하더라도 일정 비율의 인원이 좋은 평가를 받거나, 혹은 전원이 우수하더라도 일부의 학생은 낮은 평가를 받게 되지만, 이 방법을 통해 학생들의 성적 분포가 과도하게 한쪽으로 집중되는 것을 막아 평정 오차를 방지할 수 있다는 점에서 유용합니다.

① 강제배분법   ② 서열법
③ 도표식 평정척도법   ④ 강제선택법

출제유형 Ⅱ. 이론·제도   **출제영역** 강제배분법
출제빈도 ★★   난도 중

정답찾기
④ 강제배분법은 성적 분포의 비율을 미리 정해 놓는 평정 방법으로 집중화, 관대화 등을 방지할 수 있다.

오답피하기
① 자기평정법은 피평정자가 자신의 근무성적을 스스로 평가하는 방법이다.
② 목표관리제 평정법은 부하직원이 상사와의 면담을 통해 자신이 수행할 도전목표를 설정하고, 목표의 달성도를 중심으로 근무성적을 평정하는 방법이다.
③ 중요사건기록법은 피평정자의 근무실적에 큰 영향을 주는 중요사건들을 기술하는 평정 방법이다.

정답 ④

출제유형 Ⅱ. 이론·제도   **출제영역** 강제배분법
출제빈도 ★★   난도 중

정답찾기
① 강제배분법은 성적 분포의 비율을 미리 정해 놓는 평정 방법으로, 피평정자들의 성적 분포가 과도하게 집중되거나 관대화되는 것을 방지할 수 있다.

오답피하기
② 서열법은 피평정자 간의 근무성적을 서로 비교해서 서열을 정하는 방법이다.
③ 도표식 평정척도법은 공무원의 근무성정평정에 가장 많이 사용되는 방법으로 한쪽에는 실적, 능력, 태도 등을 나타내는 평정요소를 나열하고 다른 쪽에는 우열을 나타내는 등급을 숫자로 표시하는 방법이다.
④ 강제선택법은 비슷하게 보이는 문항 가운데서 피평정자의 특성에 가까운 것을 골라 표시하도록 하는 방법이다.

정답 ①

27

0760

근무성적평정의 오류 중 관대화 경향, 엄격화 경향, 집중화 경향을 방지할 수 있는 방법 중 가장 효과적인 것은?

2016 서울 9급

① 서술적 보고법
② 강제배분법
③ 연공서열법
④ 가점법

28

0761

공무원의 근무성적평정에 대한 설명으로 옳은 것은?

2019 지방 9급

① 평정대상자의 근무실적과 직무수행능력을 평가하지만 적성, 근무태도 등은 평가하지 않는다.
② 중요사건기록법은 평정대상자로 하여금 자신의 근무실적을 스스로 보고하도록 하는 방법이다.
③ 평정자가 평정대상자를 다른 평정대상자와 비교함으로써 발생하는 오류는 대비오차이다.
④ 우리나라의 6급 이하 공무원에게는 직무성과계약제가 적용되고 있다.

출제유형 Ⅱ. 이론·제도 **출제영역** 강제배분법

출제빈도 ★★★ **난도** 중

정답찾기

② 근무성적평정의 오류 중 관대화 경향, 엄격화 경향, 집중화 경향을 방지할 수 있는 방법 중 가장 효과적인 것은 강제배분법에 해당한다.

오답피하기

근무성적평정상의 오류

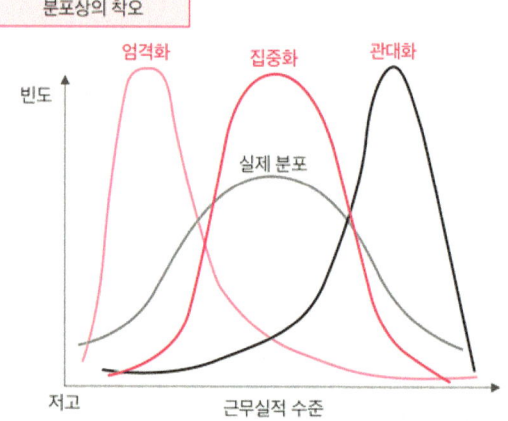

관대화	실제보다 후하게 평정
엄격화	실제보다 지나치게 박하게 평정
집중화	절대 다수를 중간등급에 집중화시켜 평가

방지대책
강제배분법과 서열법 활용
행태기준평정척도법 이용 → 불확실한 상황 평정 배제
의도적으로 중간을 택할 수 없는 체크리스트법 활용

정답 ②

출제유형 Ⅱ. 이론·제도 **출제영역** 근무성적평정 방법

출제빈도 ★★ **난도** 중

정답찾기

③ 평정자가 평정대상자를 다른 평정대상자와 비교함으로써 발생하는 오류는 대비오차이다.

오답피하기

① 공무원의 근무성적평정은 평정대상자의 근무실적과 직무수행능력을 주로 평가하며 적성, 근무태도 등도 평가할 수 있다.
② 평정대상자로 하여금 자신의 근무실적을 스스로 보고하도록 하는 방법은 자기평정법에 대한 설명이다.
④ 직무성과계약제는 우리나라의 4급 이상 공무원에게 적용되고 있다.

정답 ③

29

0762

근무성적평정방법에 대한 설명으로 옳지 않은 것은?

2015 지방 7급

① 도표식 평정척도법(Graphic Rating Scale)에서는 연쇄효과(Halo Effect)가 나타나기 쉽다.
② 대인비교법(Man-to-Man Comparison)은 평정기준으로 구체적인 인물을 활용한다는 점에서 평정의 추상성을 극복할 수 있다.
③ 산출기록법(Production Records)은 일정한 시간당 달성한 작업량과 같이 객관적 사실에 기초를 두고 평가하는 방법이다.
④ 체크리스트법(Check List)은 피평정자의 근무실적에 큰 영향을 주는 사건들을 평정자로 하여금 기술하게 하는 방법이다.

출제유형 Ⅱ. 이론·제도   **출제영역** 근무성적평정 방법
출제빈도 ★★   **난도** 중

정답찾기
④ 피평정자의 근무실적에 큰 영향을 주는 사건들을 평정자로 하여금 기술하게 하는 방법은 중요사건기록법에 해당한다.

오답피하기
근무성적평정의 유형(평정방법): 평정기법에 따른 분류

| 도표식 평정척도법 | 가장 널리 이용
한쪽엔 평정요소, 다른 쪽엔 우열 표시 |

- 장 평정표의 작성 간단, 평정 용이, 상벌의 목적, 계량화, 통계용이, 평가기준 안정적, 직관과 선형 바탕
- 단 합리적 평정 요소선정 곤란, 평가등급기준 모호, 연쇄효과

평정요소		매우 우수	우수	보통	미흡	불량
직무 수행실적	실적의 질	⑤	④	③	②	①
	실적의 양	⑤	④	③	②	①
직무 수행능력	판단력	⑤	④	③	②	①
	기획력	⑤	④	③	②	①

정답 ④

30

0763

근무성적평정 방법과 그 단점에 대한 설명으로 옳지 않은 것은?

2012 지방 7급

① 행태관찰척도법은 도표식평정척도법이 갖는 등급과 등급 간의 모호한 구분과 연쇄효과의 오류가 나타날 수 있다.
② 중요사건기록법은 평정자인 감독자와 피평정자인 부하가 해당사건에 대해 서로 토론하는 과정에서 피평정자의 태도와 직무수행을 개선하기 어렵고 이례적인 행동을 지나치게 강조하게 될 위험이 있다.
③ 강제배분법은 평정자가 미리 정해진 비율에 따라 평정대상자를 각 등급에 분포시키고 그 다음에 역으로 등급에 해당하는 점수를 부여하는 역산식 평정을 할 가능성이 높다.
④ 체크리스트평정법은 평정요소에 관한 평정항목을 만들기가 힘들 뿐만 아니라 질문 항목이 많을 경우 평정자가 곤란을 겪게 된다.

출제유형 Ⅱ. 이론·제도   **출제영역** 근무성적평정 방법
출제빈도 ★★   **난도** 중

정답찾기
② 중요사건기록법은 중요사건을 일지 형식으로 기록해놓고 체크하는 방법을 의미한다. 따라서 평정자인 감독자와 피평정자인 부하가 해당사건에 대해 서로 토론하는 과정에서 피평정자의 태도와 직무수행을 개선하기 용이하지만 이례적인 행동을 지나치게 강조하게 될 위험이 있다.

오답피하기

| 행태관찰척도법(BOS) | 행태기준 척도법 + 도표식 평정척도법
행태에 관한 사건 기준, 빈도수 표시 |

- 장 직무관련성↑, 평정의 주관성과 임의성↓
- 단 등급과 등급 간의 구분의 모호성, 연쇄 효과 오류 발생

부하와의 의사소통 평가

	거의 관찰 ×				매우 자주 관찰
새정책이 시행되면 게시한다.	1	2	3	4	5
주의력을 집중하여 대화한다.	1	2	3	4	5

완벽한 평가 TIP

행태관찰척도법
보스의 기도를 관찰하자!
(행태관찰척도법(BOS): 행태기준척도법 + 도표식 평정척도법)

정답 ②

31

공무원 근무성적평정제도에 대한 설명으로 옳지 않은 것은?

2012 국회 9급

① 공무원 개인의 능력, 가치, 근무성적을 평가하여 보수와 승진 등의 인사행정에 반영한다.
② 강제배분법은 평정의 방법을 기준으로 한 유형이다.
③ 감독자로서의 상급자와 하급자 간의 의사 전달과 인간관계 개선에 도움을 준다.
④ 현대적 의미에서는 직무수행실적을 측정하여 인사행정에 활용하는 소극적이고 통제적인 목적이 강하다.
⑤ 서열법은 다른 집단과 비교할 수 있는 객관적인 자료는 제시하지 못한다.

출제유형 Ⅱ. 이론·제도 **출제영역** 근무성적평정 방법

출제빈도 ★★ **난도** 중

정답찾기
④ 근무성적평정은 과거에는 통제적인 목적으로 쓰였지만 현대에는 비통제적인 목적 및 윤리관 확립, 능력발전의 계기로 활용하고 있다.

오답피하기

근무성적평정

- **개념**
  - 공무원 개인의 직무수행실적·태도·능력 평가
  - 인사관리와 성과상여금제의 기초자료로 이용
  - 공무원의 능력발전과 조직전체의 능률증진을 목적

- **요소**
  - 4급 이상: 성과목표 달성 등을 평가
  - 5급 이하: 평정요소별 탁월, 우수, 보통, 미흡, 불량 5단계

- **용도**
  - 상벌의 목적: 승급·승진·징계에 활용
  - 인사행정의 기준: 승진·승급·전직·전보·면직·징계 및 연봉제·성과상여금제의 기초자료
  - 시험의 타당도 측정: 성적과 근평의 결과 간 상관관계 인정
  - 공무원의 능력발전: 인간관계 개선 및 능력 발전

정답 ④

32

근무성적평정상의 오류에 대한 설명으로 옳지 않은 것은?

2023 지방 9급

① 평정자가 피평정자를 잘 모르는 경우 집중화 경향이 발생할 수 있다.
② 평정자의 평정기준이 일정하지 않은 경우 총계적 오류(total error)가 발생할 수 있다.
③ 연쇄효과(halo effect)는 초기 실적이나 최근의 실적을 중심으로 평가함으로써 발생하는 시간적 오류를 의미한다.
④ 관대화 경향의 폐단을 막기 위해 강제배분법을 활용할 수 있다.

출제유형 Ⅱ. 이론·제도 **출제영역** 근무성적평정상의 오류

출제빈도 ★★ **난도** 중

정답찾기
③ 초기 실적이나 최근의 실적을 중심으로 평가함으로써 발생하는 시간적 오류는 근접 오류를 의미한다.

오답피하기
① 평정자가 피평정자를 잘 모르는 경우 집중화 경향이 발생할 수 있다.
② 평정자의 평정기준이 일정하지 않은 경우 총계적 오류(total error)가 발생할 수 있다.
④ 관대화 경향의 폐단을 막기 위해 강제배분법을 활용할 수 있다.

정답 ③

33
0766

근무성적평정상의 오류 중 평가자가 일관성 있는 평정기준을 갖지 못하여 관대화 및 엄격화 경향이 불규칙하게 나타나는 것은?

2018년 국가 9급

① 연쇄효과(Halo Effect)
② 규칙적 오류(Systematic Error)
③ 집중화경향(Central Tendency)
④ 총계적 오류(Total Error)

34
0767

다음의 근무성적평정상의 오류 중 '어떤 평정자가 다른 평정자들보다 언제나 좋은 점수 또는 나쁜 점수를 주게 됨'으로써 나타나는 것은?

2013 서울 9급

① 집중화경향　　　② 관대화경향
③ 시간적 오류　　　④ 총계적 오류
⑤ 규칙적 오류

출제유형 Ⅱ. 이론·제도　　**출제영역** 근무성적평정상의 오류
출제빈도 ★★　　난도 중

[정답찾기]
④ 평가자가 일관성 있는 평정기준을 갖지 못하여 관대화 및 엄격화 경향이 불규칙하게 나타나는 오류는 총계적 오류에 대한 설명이다.

[오답피하기]
① 연쇄효과(Halo Effect)는 평정표상의 첫째 평정요소의 평정등급의 영향이 그 후의 평정요소를 평정하는 경우에 영향을 미치거나, 평정대상자의 전반적 인상에 의하여 모든 평정요소를 평정하는 경향(=현혹효과)을 말한다.
② 규칙적 오류는 평정자들이 특정 요소에 대하여 항상 후한 점수를 주거나 혹은 항상 나쁜 점수를 주는 평정자의 평정오차이다.
③ 집중화경향(Central Tendency)은 절대 다수를 중간등급에 집중화시켜 평가하는 경향이다.

정답 ④

출제유형 Ⅱ. 이론·제도　　**출제영역** 근무성적평정상의 오류
출제빈도 ★★　　난도 중

[정답찾기]
⑤ 평정자들이 일관된 경향을 보이는 것은 규칙적 오류이다.

[오답피하기]
① 집중화경향(Central Tendency)은 절대 다수를 중간등급에 집중화시켜 평가하는 경향이다.
② 관대화경향은 실제보다 후하게 평정하는 경향이다.
③ 시간적 오류란 평정자가 피평정자의 초기 업적을 더 크게 반영하는 최초효과나, 평정자가 쉽게 기억하고 있는 피평정자의 최근의 실적이나 사건일수록 평정에 더 크게 반영되는 근접오류를 말한다.
④ 총계적 오류는 평정자들의 평정기준이 일정치 않아 관대화(위로) 혹은 엄격화(아래) 경향이 불규칙하게 나타나는 오류를 말한다.

정답 ⑤

35　　　　　　　　　　　　　　　0768

근무성적평정 오차 중 사람에 대한 경직적 편견이나 고정관념 때문에 발생하는 오차는?
　　　　　　　　　　　　　　　　　　　2014 서울 9급

① 상동적 오차(Error of Stereotyping)
② 연속화의 오차(Error of Halo Effect)
③ 관대화의 오차(Error of Leniency)
④ 규칙적 오차(Systematic Error)
⑤ 시간적 오차(Recency Error)

출제유형 Ⅱ. 이론·제도　　**출제영역** 근무성적평정상의 오류
출제빈도 ★★　　**난도** 중

정답찾기
① 근무성적평정 오차 중 사람에 대한 경직적 편견이나 고정관념 때문에 발생하는 오차는 상동적 오차에 해당한다.

오답피하기
② 연속화의 오차는 평정표상의 특정 평정요소의 평정등급이 그 후의 평정요소를 평가하는 경우에 영향을 미치거나, 평정대상자의 전반적 인상에 의하여 모든 평정요소를 평정하는 연쇄효과를 의미한다.
③ 관대화의 오차는 평정이 우수한 쪽에 집중되는 경향으로서 피평정자와 불편한 인간관계에 놓이게 되는 것을 회피할 때 발견된다.
④ 규칙적 오차는 일관되게 과대 또는 과소평정되는 경우 발생한다.
⑤ 평정자가 피평정자의 초기 업적을 더 크게 반영하는 시간적 오류인 최초효과나, 평정자가 쉽게 기억하고 있는 피평정자의 최근의 실적이나 사건일수록 평정에 더 크게 반영되는 근접오류를 의미한다.

정답 ①

36　　　　　　　　　　　　　　　0769

국내 최고 대학을 졸업했기 때문에 일을 잘했을 것이라고 생각하여 피평정자에게 높은 근무성정평정 등급을 부여할 경우 평정자가 범하는 오류는?
　　　　　　　　　　　　　　　　　　　2020 지방 9급

① 선입견에 의한 오류
② 집중화경향으로 인한 오류
③ 엄격화경향으로 인한 오류
④ 첫머리 효과에 의한 오류

출제유형 Ⅱ. 이론·제도　　**출제영역** 근무성적평정상의 오류
출제빈도 ★★　　**난도** 중

정답찾기
① 평정대상자의 사실에 입각한 성과평가를 하기보다는 특정 학교 출신이라는 선입견으로 평정을 하였다면 그것은 선입견에 의한 오류에 해당하고 고정관념, 편견에 의한 오류를 말하는 것으로 상동적 오류라고도 한다.

오답피하기
② 집중화경향으로 인한 오류는 절대 다수를 중간등급에 집중화(中集化)시켜 평가하는 오류이다.
③ 엄격화경향으로 인한 오류 실제보다 지나치게 박(薄)하게 평정하는 오류이다.
④ 첫머리 효과에 의한 오류는 전체 기간을 평가하기보다는 첫인상이나 초기 업적에 영향을 크게 받아 발생하는 오류이다.

정답 ①

37　　　　　　　　　　　　　　　　0770

근무성적평정 과정상의 오류와 완화방법에 대한 설명으로 옳지 않은 것은?　　2021 국가 9급

① 일관적 오류는 평정자의 기준이 다른 사람보다 높거나 낮은 데서 비롯되며 강제배분법을 완화방법으로 고려할 수 있다.
② 근접효과는 전체 기간의 실적을 같은 비중으로 평가하지 못할 때 발생하며 중요사건기록법을 완화방법으로 고려할 수 있다.
③ 관대화경향은 비공식집단적 유대 때문에 발생하며 평정결과의 공개를 완화방법으로 고려할 수 있다.
④ 연쇄효과는 도표식 평정척도법에서 자주 발생하며 피평가자별이 아닌 평정요소별 평정을 완화방법으로 고려할 수 있다.

출제유형 Ⅱ. 이론·제도　　**출제영역** 근무성적평정상의 오류
출제빈도 ★★　　난도 중

정답찾기
③ 평정결과를 공개하면 비공식집단적 유대 때문에 관대화 경향이 더 많이 발생할 수 있다.

오답피하기

관대화	실제보다 후하게 평정
엄격화	실제보다 지나치게 박하게 평정
집중화	절대 다수를 중간등급에 집중화시켜 평가

방지대책
강제배분법과 서열법 활용
행태기준평정척도법 이용 → 불확실한 상황 평정 배제
의도적으로 중간을 택할 수 없는 체크리스트법 활용

연쇄 효과(현혹효과, 후광효과)
한 평정요소의 판단이 다른 요소에도 영향을 미침

방지대책
• 평정요소별로 모든 피평정자들을 평정
• 체크리스트 또는 강제선택법 사용 → 연관효과 배제
• 유사한 평정요소의 배치를 멀리하여 배열순서에 유의
• 평정요소를 타당도가 높은 순으로 나열

시간적 오류

| 최초효과 | 평정자가 피평정자의 초기 업적을 더 크게 반영 (= 첫머리 효과) |
| 근접오류 | 최근의 실적이나 사건 중심으로 평가 |

방지대책
• 평가를 전문으로 하는 평정센터를 설치, 운영
• 결과의 실적을 기준으로 하는 MBO 평정법 활용
• 중요사건기록법을 통해 평정일지 기록

정답 ③

38　　　　　　　　　　　　　　　　0771

성과평가제도에 대한 설명으로 옳은 것은?　　2017 국가 7급

① 일반직 공무원의 근무성적평정은 크게 5급 이상을 대상으로 한 '성과계약 등 평가'와 6급 이하를 대상으로 한 '근무성적평가'로 구분된다.
② '성과계약 등 평가'는 정기평가와 수시평가로 나눌 수 있으며, 정기평가는 6월 30일과 12월 31일 기준으로 연 2회 실시한다.
③ 다면평가는 평가의 객관성과 공정성을 제고할 수 있으나 각 부처가 반드시 이를 실시해야 하는 것은 아니다.
④ 역량평가제도는 5급 신규 임용자를 대상으로 업무수행에 필요한 충분한 역량을 보유하고 있는 지를 평가한다.

출제유형 Ⅱ. 이론·제도　　**출제영역** 성과평가제도
출제빈도 ★★　　난도 중

정답찾기
③ 다면평가는 평가의 객관성과 공정성을 제고할 수 있으나 각 부처가 반드시 이를 실시해야 하는 것은 아니다.

오답피하기
① 일반직 공무원의 근무성정평정은 크게 4급 이상을 대상으로 한 '성과계약 등 평가'와 5급 이하를 대상으로 한 '근무성적평가'로 구분된다.
② '근무성적평가'는 정기평가와 수시평가로 나눌 수 있고, 정기평가는 6월 말과 12월 말 기준으로 연 2회 실시한다.
④ 역량평가제도는 고위공무원과 과장급 직위에 임용되는 공무원을 대상으로 업무수행에 필요한 충분한 역량을 보유하고 있는지를 평가한다.

정답 ③

39

공무원을 대상으로 하는 성과평가제도에 대한 설명으로 가장 옳지 않은 것은?   2016 서울 9급

① 성과평가제도의 목적은 공무원의 능력과 성과를 향상시켜 성과 중심의 인사제도를 구성하는 것이 핵심 요소이다.
② 근무성적평가제도는 4급 이상 고위공무원단을 대상으로 시행한다.
③ 현행 평가제도는 직급에 따라 차별적 평가체제를 적용하고 있다.
④ 다면평가제도는 능력보다는 인간관계에 따른 친밀도로 평가가 이루어질 수 있다는 단점이 있다.

40

정부 성과평가에 대한 설명으로 옳지 않은 것은?   2013 국가 9급

① 성과평가는 개인의 성과를 향상시키기 위한 방법을 모색하기 위해서 사용될 수 있다.
② 총체적 품질관리(Total Quality Management)는 개인의 성과평가를 위한 도구로 도입되었다.
③ 관리자와 구성원의 적극적인 참여는 성과평가 성공에 있어서 중요한 역할을 한다.
④ 조직목표의 본질은 성과평가제도의 운영과 직접 관련성을 갖는다.

[정답찾기]
② 직무성과계약제는 4급 이상 고위공무원단을 대상으로 시행한다. 근무성적평가제도는 5급 이하 공무원에게 시행된다.

[오답피하기]
우리나라의 공무원 평정

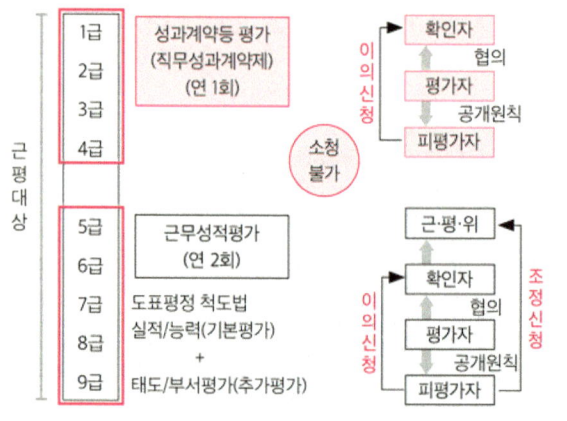

정답 ②

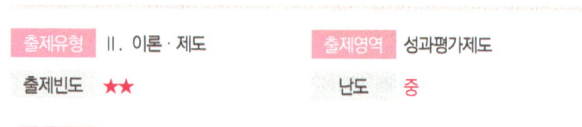

[정답찾기]
② 총체적 품질관리는 고객만족과 전 직원의 참여 및 지속적 개선을 핵심으로 서비스 개선을 도모해 나가는 통합관리체계로서 개인과 팀의 성과평가를 위한 도구로 도입되었다.

[오답피하기]
① 성과평가는 공무원 개인의 직무수행실적, 직무수행태도, 직무수행능력을 정기적으로 평가하므로 개인의 성과를 향상시키기 위한 방법을 모색하기 위해서 사용될 수 있다.
③ 관리자와 구성원의 적극적인 참여는 성과평가 성공에 있어서 중요한 역할을 한다.
④ 조직목표의 본질은 공무원 개인의 능력발전과 조직 전체의 능률증진을 목적으로 하는 직원평가인 성과평가제도의 운영과 직접 관련성을 갖는다.

정답 ②

41　　　　　　　　　　　　　　　0774
근무성적평가제에 대한 설명 중 가장 옳은 것은?　2017 서울 9급

① 4급 이상 공무원을 대상으로 한다.
② 매년 말일을 기준으로 연 1회 평가가 실시된다.
③ 평가단위는 소속 장관이 정할 수 있다.
④ 공정한 평가를 위해 평가자와 피평가자의 사전협의가 금지된다.

출제유형 Ⅱ. 이론·제도　　**출제영역** 근무성적평가제
출제빈도 ★★　　난도 중

정답찾기
③ 근무성적평가제는 5급 이하의 공무원을 대상으로 직급별로 구성한 평가 단위별로 실시하되, 소속 장관은 직무의 유사성 및 직급별 인원수 등을 고려하여 평가단위를 달리 정할 수 있다.

오답피하기
① 4급 이상 공무원은 성과계약 등 평가를 실시한다.
② 매년 말일을 기준으로 연 1회 평가가 실시하는 것은 성과계약 등 평가에 대한 설명이다. 근무성적평가제는 매년 6월 30일과 12월 31일 기준으로 연 2회 실시한다.
④ 근무성적평정의 공정성 타당성 확보를 위해 평가자와 피평가자의 사전협의 및 면담이 인정된다.

정답 ③

CHAPTER 03 기출 OX

1. 전보는 국가적 사업의 수행을 위해 공무원의 소속을 바꾸지 않고 일시적으로 다른 기관이나 국가기관 이외의 기관 및 단체에서 근무하게 하는 것을 말한다. (O／X) 2011 국회 8급

2. 승진의 기준으로 공무원의 근무경력만을 중시하는 경우 행정의 능률성을 상승시킬 수 있다. (O／X) 2014 국가 7급

3. 내용타당성은 시험 성적이 직무수행실적과 얼마나 부합하는가를 판단하는 타당성으로 두 요소 간 상관계수로 측정된다. (O／X) 2018 국가 7급

4. 시험의 신뢰성은 시험과 기준의 관계이며, 재시험법은 시험의 횡적 일관성을 조사하는 것이다. (O／X) 2017 지방 7급

5. 역량기반 교육훈련에서 역량모델은 전체 구성원에게 적용되는 공통역량, 원활한 조직운영을 위한 직무역량, 전문적 직무수행을 위한 관리역량으로 구성된다. (O／X) 2017 국가 7급

6. 감수성훈련(Sensitivity Training)은 대인관계의 이해와 이를 통한 인간관계의 개선을 목적으로 한다. (O／X) 2016 지방 7급

7. 교육원훈련은 피훈련자가 실제 직무를 수행하면서 직무수행에 관한 지식과 기술을 배우는 방법이다. (O／X) 2016 지방 7급

8. 민원인은 해당 공무원에 대한 다면평가에 참여할 수 없다. (O／X) 2017 국가 9급 추가

9. 근무성적평정에서 나타나기 쉬운 집중화경향과 관대화경향을 시정하기 위한 방법으로 적절한 것은 중요사건기록법이다. (O／X) 2019 국가 9급

10. 행태관찰척도법은 평정의 임의성과 주관성을 배제하기 위하여 도표식 평정척도법에 중요사건기록법을 가미한 방식이다. (O／X) 2014 국회 8급

11. 국내 최고 대학을 졸업했기 때문에 일을 잘했을 것이라고 생각하여 피평정자에게 높은 근무성적평정 등급을 부여할 경우 평정자가 범하는 오류는 선입견에 의한 오류이다. (O／X) 2020 지방 9급

12. 연쇄효과는 도표식 평정척도법에서 자주 발생하며 피평가자별이 아닌 평정요소별 평정을 완화방법으로 고려할 수 있다. (O／X) 2021 국가 9급

13. 우리나라의 6급 이하 공무원에게는 직무성과계약제가 적용되고 있다. (O／X) 2019 지방 9급

14. 근무성적평가제는 평가 실시 이전에 평가자와 피평가자의 사전협의가 허용되지 않는다. (O／X) 2017 서울 9급

15. 공무원 보수의 유형 중 연공급은 근속연수를 기준으로 하기 때문에 전문기술인력 확보에 유리하다. (O／X) 2022 지방 9급

---

1. **파견**은 국가적 사업의 수행을 위해 공무원의 소속을 바꾸지 않고 일시적으로 다른 기관이나 국가기관 이외의 기관 및 단체에서 근무하게 하는 것을 말한다. **X**

2. 승진의 기준으로 공무원의 근무경력만을 중시하는 경우 행정의 능률성을 **저하**시킬 수 있다. **X**

3. **기준타당성**은 시험 성적이 직무수행실적과 얼마나 부합하는가를 판단하는 타당성으로 두 요소 간 상관계수로 측정된다. **X**

4. 시험의 **타당성**은 시험과 기준의 관계이며, 재시험법은 시험의 **종적** 일관성을 조사하는 것이다. **X**

5. 역량기반 교육훈련에서 역량모델은 전체 구성원에게 적용되는 공통역량, 원활한 조직운영을 위한 **관리역량**, 전문적 직무수행을 위한 **직무역량**으로 구성된다. **X**

6. 감수성훈련(Sensitivity Training)은 대인관계의 이해와 이를 통한 인간관계의 개선을 목적으로 한다. **O**

7. **현장훈련**은 피훈련자가 실제 직무를 수행하면서 직무수행에 관한 지식과 기술을 배우는 방법이다. **X**

8. **상급자, 동료, 부하, 민원인**은 해당 공무원에 대한 다면평가에 참여할 수 **있다**. **X**

9. 근무성적평정에서 나타나기 쉬운 집중화경향과 관대화경향을 시정하기 위한 방법으로 적절한 것은 **강제배분법**이다. **X**

10. **행태기준척도법**은 평정의 임의성과 주관성을 배제하기 위하여 도표식 평정척도법에 중요사건기록법을 가미한 방식이다. **X**

11. 국내 최고 대학을 졸업했기 때문에 일을 잘했을 것이라고 생각하여 피평정자에게 높은 근무성적평정 등급을 부여할 경우 평정자가 범하는 오류는 선입견에 의한 오류이다. **O**

12. 연쇄효과는 도표식 평정척도법에서 자주 발생하며 피평가자별이 아닌 평정요소별 평정을 완화방법으로 고려할 수 있다. **O**

13. 우리나라의 **4급** 이상 공무원에게는 직무성과계약제가 적용되고 있다. **X**

14. 근무성적평가제는 평가 실시 이전에 평가자와 피평가자의 사전협의가 **허용된다**. **X**

15. 공무원 보수의 유형 중 연공급은 근속연수를 기준으로 하기 때문에 전문기술인력 확보에 **불리하다**. **X**

CHAPTER 03 키워드

1. _____은 국가적 사업의 수행을 위해 공무원의 소속을 바꾸지 않고 일시적으로 다른 기관이나 국가기관 이외의 기관 및 단체에서 근무하게 하는 것을 말한다.   2011 국회 8급   파견

2. 신뢰성은 측정도구를 구성하는 측정지표 간의 _____이다.   2013 국회 8급   일관성

3. 근무성적평정 결과와 공무원채용시험 성적의 일치성이 높을수록 시험의 _____이 높다고 할 수 있다.   2015 국가 7급   타당성

4. _____은 시험 성적이 직무수행실적과 얼마나 부합하는가를 판단하는 타당성으로 두 요소 간 상관계수로 측정된다.   2018 국가 7급   기준타당성

5. _____는 실제 직무상황과 같은 상황을 실현시킴으로써 문제를 빠르게 이해시키고 참여자들의 태도변화와 민감한 반응을 촉진시킨다.   2009 국가 7급   역할연기

6. _____ 훈련(Sensitivity Training)은 공무원들 간 비정형적 체험을 통해서 자기에 대한 인식과 타인에 대한 이해의 기회를 갖게 하여, 태도와 행동의 변화를 가져오고 궁극적으로 대인관계 기술을 향상시키려는 목적을 갖는다.   2017 교육행정   감수성

7. _____는 개인을 평가할 때 직속 상사에 의한 일방향의 평가가 아닌 다수의 평가자에 의한 다양한 방향에서의 평가이다.   2017 서울 9급   다면평가

8. _____은 전형적인 평정방법으로, 직관과 선험에 근거하여 평가요소를 결정하기 때문에 작성이 빠르고 쉬우며 경제적이라는 장점이 있다.   2015 국회 8급   도표식 평정척도법

9. _____에서는 평정자가 미리 정해진 비율에 따라 평정대상자를 각 등급에 분포시키는 방법으로, 미리 순서를 정하고 그 다음에 역으로 등급에 해당하는 점수를 부여하는 역산식 평정이 나타날 수 있다.   2012 지방 7급   강제배분법

10. _____은 성과와 관련된 직무행태를 관찰하여 활동의 발생빈도를 측정한다.   2018 서울 1회 7급   행태관찰평정법(Behavioral Observation Scales)

11. 국내 최고 대학을 졸업했기 때문에 일을 잘했을 것이라고 생각하여 피평정자에게 높은 근무성적평정 등급을 부여할 경우 평정자가 범하는 오류는 _____에 의한 오류이다.   2020 지방 9급   선입견

12. 어느 하나의 평정요소에 대한 평정자의 판단이 다른 평정요소의 평점에 영향을 미치는 현상을 _____ 착오라 한다.   2014 국회 8급   연쇄적

13. 직무성과계약제는 _____급 이상 공무원 간에 공식적 성과계약을 체결한다.   2017 서울 7급   4

14. 근무성적평가제는 _____급 이하의 공무원을 대상으로 하며, 매년 6월 30일과 12월 31일을 기준으로 연 2회 평가가 실시된다.   2017 서울 9급   5

CHAPTER 04 공무원의 동기부여

대표문제

01 ☐☐☐   0775

공무원의 보수에 대한 설명으로 옳지 않은 것은?

2025 국가 9급

① 직능급은 직무수행능력을 기준으로 기본급을 결정하는 보수체계이다.
② 연공급은 사람을 중심으로 하는 속인적 기본급이다.
③ 실적급은 근무실적을 기준으로 기본급을 결정하는 보수체계이다.
④ 계급제에서의 보수는 직무급이 특징이다.

출제유형 Ⅱ. 이론·제도   출제영역 공무원의 보수
출제빈도 ★★   정답률 81%   난도 중

정답찾기
④ 계급제에서의 보수는 직무급이 아니라 연공급이나 생활급이 특징이다. 직무급은 직위분류제에서의 보수 특징이다.

오답피하기
① 직능급은 직무수행능력에 따라 기본급을 결정하는 보수체계이다.
② 연공급은 근속연수나 나이 등 개인적 속성에 따라 결정되는 속인적 기본급이다.
③ 실적급은 성과나 업적 등 근무실적을 기준으로 기본급을 결정하는 보수체계이다.

행복노트
보수체계의 구성

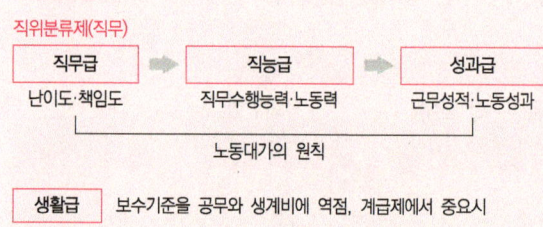

| 생활급 | 보수기준을 공무와 생계비에 역점, 계급제에서 중요시 |
| 연공급 | 근속연수·연령·경력·학력 등 속인적 요소(호봉제 바탕) 개인의 생산성이나 능력, 성과(공헌도)의 차이 반영 × |

정답 ④

제1절 공무원의 사기

02 ☐☐☐   0776

공무원의 사기관리에 대한 설명으로 옳은 것은?

2017 지방 9급

① 「공무원 제안 규정」상 우수한 제안을 제출한 공무원에게 인사상 특전을 부여할 수 있지만, 상여금은 지급할 수 없다.
② 소청심사제도는 징계처분과 같이 의사에 반하는 불이익 처분을 받은 공무원이 그에 불복하여 이의를 제기했을 때 이를 심사하여 결정하는 절차이다.
③ 우리나라는 공무원의 고충을 심사하기 위하여 행정자치부에 중앙고충심사위원회를 둔다.
④ 성과상여금제도는 공직의 경쟁력을 높이기 위하여 공무원 인사와 급여체계를 사람과 연공 중심으로 개편한 것이다.

출제유형 Ⅱ. 이론·제도   출제영역 공무원의 사기
출제빈도 ★★   난도 중

정답찾기
② 소청심사제도는 징계처분과 같이 의사에 반하는 신분상 불이익 처분을 받은 공무원이 그에 불복하여 이의를 제기했을 때 이를 심사하여 결정하는 절차이다.

오답피하기
① 우수한 제안을 제출한 공무원에게 인사상 특전은 물론 상여금 지급도 가능하다.
③ 우리나라는 공무원의 고충을 심사하기 위하여 인사혁신처에 중앙고충심사위원회를 둔다.
④ 성과상여금은 경쟁원리를 도입해 행정의 생산성을 향상하기 위해 전년도 실적을 바탕으로 지급하는 성과급의 일종으로 직무와 성과 중심으로 개편한 것이다.

정답 ②

03　0777

다양성관리(Diversity Management)에 대한 설명으로 옳지 않은 것은? 2021 국가 7급

① 오늘날 개인의 성격, 가치관의 차이와 같은 내면적 다양성의 중요성이 커지고 있다.
② 다양성관리란 내적·외적 차이를 가진 다양한 조직구성원을 공평하고 효율적으로 활용하기 위한 체계적인 인적자원관리 과정이다.
③ 균형인사정책, 일과 삶 균형정책은 다양성관리의 방안으로 볼 수 없다.
④ 대표관료제를 통한 조직 내 다양성증대는 실적주의와 충돌할 가능성이 있다.

04　0778

공무원고충처리에 대한 설명으로 옳지 않은 것은? 2021 지방 7급

① 5급 이상 공무원 및 고위공무원단에 속하는 일반직 공무원의 고충을 다루는 중앙고충심사위원회의 기능은 소청심사위원회가 관장한다.
② 고충처리대상은 인사·조직·처우 등의 직무조건과 성폭력범죄, 성희롱 등으로 인한 신상문제에 대하여 광범위하게 인정된다.
③ 소청심사위원회의 결정은 처분청에 대한 법적 기속력이 있지만, 고충심사위원회의 결정은 처분청에 대한 법적 기속력이 없다.
④ 고충심사위원회가 청구서를 접수한 때에는 30일 이내에 고충심사에 대한 결정을 해야 하고 그 결정은 위원 과반수의 출석과 과반수의 합의에 의한다.

출제유형 Ⅱ. 이론·제도　**출제영역** 고충처리제도, 소청심사제도
출제빈도 ★★　**난도** 중

정답찾기
④ 고충심사위원회가 청구서를 접수한 때에는 30일 이내에 고충심사에 대한 결정을 해야 하고 그 결정은 위원 과반수의 출석이 아닌 위원 3분의 2 이상의 출석과 과반수의 합의에 의한다.

오답피하기
① 5급 이상 공무원 및 고위공무원단에 속하는 일반직 공무원의 고충을 다루는 중앙고충심사위원회의 기능은 소청심사위원회가 관장한다.
② 고충처리대상은 인사·조직·처우 등의 직무조건과 성폭력범죄, 성희롱 등으로 인한 신상문제에 대하여 광범위하게 인정된다.
③ 소청심사위원회의 결정은 처분청에 대한 법적 기속력이 있지만, 고충심사위원회의 결정은 처분청에 대한 법적 기속력이 없다.

┌ 관련조문 ┐
「공무원고충처리규정」제7조【고충심사절차】
① 고충심사위원회가 청구서를 접수한 때에는 30일 이내에 고충심사에 대한 결정을 하여야 한다. 다만, 부득이하다고 인정되는 경우에는 고충심사위원회의 의결로 30일을 연장할 수 있다.

「공무원고충처리규정」제10조【고충심사위원회의 결정】
① 보통고충심사위원회의 결정은 제3조 제6항 전단, 제3조의2 제6항 전단, 제3조의3 제6항 전단 또는 제3조의4 제5항 전단에 따른 위원 5명 이상의 출석과 출석위원 과반수의 합의에 따른다.
② 중앙고충심사위원회의 결정은 위원(「국가공무원법」제9조 제3항에 따라 인사혁신처에 설치된 소청심사위원회의 상임위원과 비상임위원을 말한다) 3분의 2 이상의 출석과 출석 위원 과반수의 합의에 따른다.

정답 ④

출제유형 Ⅱ. 이론·제도　**출제영역** 다양성관리
출제빈도 ★　**난도** 중

정답찾기
③ 균형인사정책, 일과 삶 균형정책은 다양성관리의 방안으로 볼 수 있다.

오답피하기
① 오늘날 개인의 성격, 가치관의 차이와 같은 내면적 다양성의 중요성이 커지고 있다.
② 다양성관리란 내적·외적 차이를 가진 다양한 조직구성원을 공평하고 효율적으로 활용하기 위한 체계적인 인적자원관리 과정이다.
④ 대표관료제를 통한 조직 내 다양성 증대는 실적주의와 충돌할 가능성이 있다.

정답 ③

05 0779

고충처리제도와 소청심사제도에 대한 설명으로 옳지 않은 것은?

2015 지방 9급

① 양자 모두 공무원의 권익보호를 위한 제도이다.
② 고충심사위원회와 소청심사위원회의 결정은 관계기관의 장을 기속한다.
③ 중앙고충심사위원회의 기능은 인사혁신처 소청심사위원회에서 관장한다.
④ 소청심사제도는 공무원이 징계처분 기타 그 의사에 반하는 불이익 처분에 대해 이의를 제기하는 경우 이를 심사·결정하는 특별행정심판제도이다.

06 0780

제안제도의 직접적인 효용으로 옳지 않은 것은?

2012 국가 7급

① 행정절차의 간소화, 경비 절감 등의 업무 개선
② 공직의 침체방지와 비공식적 집단의 활성화
③ 조직구성원의 자기개발능력을 자극하여 창의력, 문제해결능력 신장
④ 참여의식의 조장으로 조직구성원의 사기 제고

출제유형 Ⅱ. 이론·제도   **출제영역** 고충처리제도, 소청심사제도
출제빈도 ★★   **난도** 중

정답찾기
② 고충심사위원회의 결정은 구속력이 없고 권고적 효력을 갖지만 소청심사위원회의 결정은 준사법적 행위로서 구속력이 있다.

오답피하기
고충심사와 소청심사 비교

구 분	고충심사	소청심사
목 적	공무원 개인의 애로 및 불만 해결	공무원의 권리구제
대상사유	근무조건·처우 등 일상의 신상문제	신분상 불이익처분이나 부작위
심사 성격	심사 기능	준사법적 기능
구속력	×	○

인사상 불이익처분이 대상인 소청심사보다 근무조건·인사관리·신상문제·직장생활 등에 관련된 불만을 대상으로 하는 고충심사의 범위가 더 넓다.

정답 ②

출제유형 Ⅱ. 이론·제도   **출제영역** 제안제도
출제빈도 ★★   **난도** 중

정답찾기
② 비공식적 집단의 활성화는 제안제도의 직접적인 효용으로 보기 힘들다.

오답피하기
제안제도
행정 운영의 능률화와 경제화를 위한 공무원의 창의적인 의견 제시, 이를 심사하고 채택하여 이에 대해 보상하는 제도

> **관련조문**
> 「국가공무원법」 제53조 【제안 제도】
> ① 행정 운영의 능률화와 경제화를 위한 공무원의 창의적인 의견이나 고안(考案)을 계발하고 이를 채택하여 행정 운영의 개선에 반영하도록 하기 위하여 제안 제도를 둔다.
> ② 제안이 채택되고 시행되어 국가 예산을 절약하는 등 행정 운영발전에 뚜렷한 실적이 있는 자에게는 상여금을 지급할 수 있으며 특별승진이나 특별승급을 시킬 수 있다.

정답 ②

07

다음 설명에 해당하는 유연근무제의 유형은? 2022 지방 9급

- 탄력근무제의 한 유형
- 1일 8시간에 구애받지 않음
- 주 3.5~4일 근무

① 재택근무형 ② 집약근무형
③ 시차출퇴근형 ④ 근무시간선택형

08

공무원의 근무방식과 형태에 대한 설명으로 옳지 않은 것은? 2019 국가 9급

① 유연근무제는 공무원의 근무방식과 형태를 개인·업무·기관특성에 따라 선택할 수 있는 제도이다.
② 시간선택제 근무는 통상적인 전일제 근무시간(주 40시간)보다 길거나 짧은 시간을 근무하는 제도이다.
③ 탄력근무제는 전일제 근무시간을 지키되 근무시간, 근무일수를 자율 조정할 수 있는 제도이다.
④ 원격근무제는 직장 이외의 장소에서 정보통신망을 이용하여 근무하는 제도이다.

출제유형 Ⅱ. 이론·제도 **출제영역** 유연근무제도
출제빈도 ★★ **난도** 중

[정답찾기]
② 탄력근무제의 한 유형으로서 1일 8시간에 구애받지 않고 10~12시간 근무하면서 주 3.5~4일 근무하는 유형은 <u>집약근무형</u>에 해당한다.

[오답피하기]
유연근무제
공직의 생산성과 삶의 질 향상을 위해 유연한 근무형태 선택 및 활용

시간근무제	주 15~35시간(1일 3시간 이상) 근무
탄력근무제	주 40시간, 자율적인 근무시간
시차출퇴근형	1일 8시간 근무, 출퇴근 시간 선택(7h~10h)
근무시간선택형	1일 4~12시간 근무, 주 5일 근무
집약근무형	주 40시간 근무를 주 3.5~4일로 압축하여 근무
재량근무형	출퇴근 의무 없이 프로젝트 수행으로 주 40시간 인정

. 시차출퇴근형, 근무시간선택형, 집약근무형, 재량근무형

| 원격근무제 | 특정 근무장소 ×, 정보통신망을 이용한 근무제도 심각한 보안위험이 예상되는 업무는 온라인 원격근무 × |

. 재택근무형, 스마트워크근무형

정답 ②

출제유형 Ⅱ. 이론·제도 **출제영역** 공무원의 근무방식과 형태
출제빈도 ★★ **난도** 중

[정답찾기]
② 시간선택제 근무란 통상적인 근무시간(주 40시간)보다 짧게 15시간에서 35시간 사이에서 조정 근무할 수 있는 일반직 공무원이다.

[오답피하기]
①, ③, ④ 유연근무제의 종류에 해당한다.

정답 ②

CHAPTER 04 공무원의 동기부여

09   0783

유연근무제도에 대한 설명으로 옳지 않은 것은?   2018 지방 9급

① 유연근무제도에는 시간선택제 전환근무제, 탄력근무제, 원격근무제가 포함된다.
② 원격근무제는 재택근무형과 스마트워크근무형으로 구분된다.
③ 심각한 보안위험이 예상되는 업무는 온라인 원격근무를 할 수 없다.
④ 재택근무자의 재택근무일에도 시간외근무수당 실적분과 정액분을 모두 지급하여야 한다.

10   0784

연공주의(seniority system)에 대한 설명으로 옳은 것만을 모두 고르면?   2023 국가 9급

ㄱ. 장기근속으로 조직에 대한 공헌도를 높인다.
ㄴ. 개인의 성과에 따른 적절한 보상을 통해 사기를 높인다.
ㄷ. 계층적 서열구조 확립으로 조직 내 안정감을 높인다.
ㄹ. 조직 내 경쟁을 통해서 개인의 역량 개발에 기여한다.

① ㄱ, ㄴ   ② ㄱ, ㄷ
③ ㄴ, ㄹ   ④ ㄷ, ㄹ

출제유형 Ⅱ. 이론·제도   **출제영역** 유연근무제도
출제빈도 ★★   **난도** 중

정답찾기
④ 재택근무자는 원칙적으로 초과근무를 할 수 없으나 기관장의 사전승인을 얻었을 때는 가능하다. 이 때, 공무원 보수 등의 업무지침에 따라 시간외근무수당 정액분은 지급이 가능하나 실적분은 지급할 수 없다.

오답피하기
① 유연근무제도에는 시간선택제 전환근무제, 탄력근무제, 원격근무제가 포함된다.
② 원격근무제는 재택근무형과 스마트워크 근무형으로 구분된다.
③ 심각한 보안위험이 예상되는 업무는 온라인 원격근무를 할 수 없다.

정답 ④

출제유형 Ⅱ. 이론·제도   **출제영역** 연공주의
출제빈도 ★★   **난도** 중

정답찾기
② 연공급은 근속연수·연령·경력·학력 등 속인적 요소의 차이에 따라 보수의 격차를 두는 보수체계로서 ㄱ. 장기근속으로 조직에 대한 공헌도를 높이고 ㄷ. 계층적 서열구조 확립으로 조직 내 안정감을 높인다.

오답피하기
ㄴ. 연공급은 개인의 실적이나 성과, 능력에 관계없이 계급과 근무연수에 따라 지급되므로 개인의 성과에 따른 적절한 보상을 통해 사기를 높일 수 없다. ㄹ. 조직 내 경쟁을 통해서 개인의 역량 개발에 기여하지 않는다.

연공급	근속연수·연령·경력·학력 등 속인적 요소 (호봉제 바탕) 개인의 생산성이나 능력, 성과(공헌도)의 차이 반영 ×

장점	단점
㉠ 조직에 대한 귀속의식 강화(생활보장)	㉠ 동일직무, 동일보수 곤란
㉡ 질서 확립과 사기유지(연공존중)	㉡ 전문기술인력 확보곤란
㉢ 인력관리의 용이(폐쇄적 인력시장)	㉢ 능력과 패기 있는 직원의 사기저하
㉣ 인사관리의 융통성과 실시의 용이성	㉣ 인건비 부담의 가중
㉤ 주된 직무가 불분명한 조직에 적절	㉤ 소극적 종속적 근무태도 유발
㉥ 상위직 적용 용이	

정답 ②

11 0785

「공무원보수규정」상 고위공무원단 소속 공무원에 적용되는 직무성과급적 연봉제에 대한 설명으로 옳지 않은 것은? 2017 지방 9급

① 고위공무원단에 속하는 모든 공무원에 대하여 적용한다.
② 기본연봉은 기준급과 직무급으로 구성된다.
③ 기준급은 개인의 경력 및 누적성과를 반영하여 책정된다.
④ 직무급은 직무의 곤란성 및 책임의 정도를 반영하여 직무등급에 따라 책정된다.

12 0786

공무원보수제도 중 연봉제에 대한 설명으로 옳지 않은 것은? 2016 지방 7급

① 직무성과급적 연봉제는 고위공무원단 소속 공무원에게 적용된다.
② 고정급적 연봉제에서 연봉은 기본연봉과 성과연봉으로 구성된다.
③ 직무성과급적 연봉제에서 기본연봉은 기준급과 직무급으로 구성된다.
④ 성과급적 연봉제와 직무성과급적 연봉제의 성과연봉은 전년도의 업무실적에 따른 평가결과에 따라 차등지급된다는 점에서 유사한 면이 있다.

출제유형 Ⅱ. 이론·제도   **출제영역** 직무성과급적 연봉제

출제빈도 ★★   **난도** 중

정답찾기
① 대통령경호처 소속 직원 중 고위공무원단에 속하는 별정직 공무원에 대해서는 호봉제를 적용하므로 고위공무원단 소속의 모든 공무원에게 직무성과급적 연봉제가 적용되는 것은 아니다.

오답피하기
② 직무성과급적 연봉제는 기준급(개인의 경력을 반영)과 직무급(직무의 곤란성 및 책임의 정도를 반영하는 직무등급에 따라 책정)으로 구성된다.
③ 고위공무원으로 신규 채용되는 사람의 기준급은 기준급 한계액의 하한액을 기준으로 하여 개인의 경력 및 누적성과를 반영하여 책정된다.
④ 직무급은 직무의 곤란성 및 책임의 정도를 반영하여 직무등급에 따라 책정된다.

> **관련조문**
> 「공무원 보수 규정」 제63조 【고위공무원의 보수】
> ① 고위공무원에 대해서는 별표 31에 따라 직무성과급적 연봉제를 적용한다. 다만, 대통령경호처 직원 중 고위공무원단에 속하는 별정직 공무원에 대해서는 호봉제를 적용한다.
> ② 직무성과급적 연봉제를 적용하는 고위공무원의 기본연봉은 개인의 경력 및 누적성과를 반영하여 책정되는 기준급과 직무의 곤란성 및 책임의 정도를 반영하여 직무등급에 따라 책정되는 직무급으로 구성한다.

정답 ①

출제유형 Ⅱ. 이론·제도   **출제영역** 연봉제

출제빈도 ★★   **난도** 중

정답찾기
② 고정급적 연봉제는 기본연봉으로만 구성된다. 기본연봉과 성과연봉으로 구성되는 것은 직무성과급적 연봉제와 성과급적 연봉제이다.

오답피하기
① 직무성과급적 연봉제는 고위공무원단 소속 공무원에게 적용된다.
③ 직무성과급적 연봉제에서 기본연봉은 기준급과 직무급으로 구성된다.
④ 성과급적 연봉제와 직무성과급적 연봉제의 성과연봉은 전년도의 업무실적에 따른 평가결과에 따라 차등지급된다는 점에서 유사한 면이 있다.

정답 ②

13 0787

총액인건비제도에 대한 설명으로 옳지 않은 것은? 2020 국가 7급

① 정원관리에 대한 각 부처의 자율성 확대를 목표로 한다.
② 김대중 정부에서 중앙행정기관 및 지방자치단체에 처음 도입되었으며, 공공기관으로 확대되었다.
③ 보수관리에 대한 각 부처의 자율성이 확대되었다.
④ 시행기관은 성과중심의 조직운영을 위하여 총액인건비제도를 활용할 수 있다.

출제유형 Ⅱ. 이론·제도　**출제영역** 총액인건비제도
출제빈도 ★★　**난도** 중

정답찾기
② 총액인건비제도는 노무현 정부에서 중앙행정기관 및 지방자치단체에서 처음 도입되었으며, 공공기관으로 확대되었다.

오답피하기

총액인건비제도 인건비의 총액한도 내 자율적 인적자원관리

도입	• 정부: 2007년부터 전면 실시 • 지방자치단체: 2014년 기준인건비제도로 변경
총정원	대통령령으로 정함, 총정원의 7% 이내 추가운영 가능
직급별 정원	4급 이상 정원은 대통령령에 총정원으로 통합규정, 5급 이하는 탄력적 운용 가능(3·4급은 4급 정원의 1/3, 4·5급은 5급 정원의 1/3으로 상한 비율 설정)
조직관리	• 국 단위 이상 기구: 대통령령 • 국 아래 보조기관: 총리령/부령으로 자율적 설치, 운용

기대효과	한 계
• 인사 자율화·분권화 • 성과와 책임의 조화	• 직급 인플레이션 발생 • 도덕적 해이, 총액인건비 산정 어려움

정답 ②

14 0788

2015년 공무원연금개혁에 대한 설명으로 옳지 않은 것은? 2022 지방 9급

① 퇴직연금 지급률을 1.7%로 단계적 인하
② 퇴직연금 수급 재직요건을 20년에서 10년으로 완화
③ 퇴직연금 기여율을 기준소득월액의 9%로 단계적 인상
④ 퇴직급여 산정 기준은 퇴직 전 3년 평균보수월액으로 변경

출제유형 Ⅱ. 이론·제도　**출제영역** 공무원연금제도
출제빈도 ★　**난도** 중

정답찾기
④ 퇴직급여 산정 기준은 퇴직 전 3년 평균보수월액이 아니라 평균기준소득월액이다. '평균기준소득월액'이란 재직기간 중 매년 기준소득월액을 공무원보수인상률 등을 고려하여 대통령령으로 정하는 바에 따라 급여의 사유가 발생한 날의 현재가치로 환산한 후 합한 금액을 재직기간으로 나눈 금액을 말한다

┌ 관련조문 ┐
「공무원연금법」 제43조 【퇴직연금 또는 퇴직연금일시금 등】
④ 제1항에 따른 퇴직연금의 금액은 재직기간 1년당(1년 미만인 경우 1개월은 12분의 1년으로 계산한다. 이하 같다) 평균기준소득월액의 1.7퍼센트로 한다. 다만, 재직기간은 36년을 초과할 수 없다.

오답피하기
① 퇴직연금 지급률을 1.9%에서 1.7%로 단계적 인하한다.
② 퇴직연금 수급 재직요건을 20년에서 10년으로 완화한다.
③ 퇴직연금 기여율을 기준소득월액의 7%에서 9%로 단계적 인상한다.

행복노트
공무원 연금개혁

구 분	종 전	개편(2016)
기여율	평균기준소득월액 7%	평균기준소득월액 9%
지급률	평균기준소득월액 1.9%	평균기준소득월액 1.7%
지급개시 연령	만 60세	만 65세
유족연금 지급률	퇴직연금의 70%	퇴직연금의 60%
기여금 납부기간	33년	36년
연금수령 조건	가입기간 20년	가입기간 10년

정답 ④

15 ☐☐☐ 0789

공무원연금제도에 대한 설명으로 옳은 것은?　2019 국가 7급

① 비기금제는 적립된 기금 없이 연금급여가 발생할 때마다 필요한 비용을 조달하여 지급하는 방식으로 미국 등이 채택하고 있다.
② 2009년 연금개혁으로 공무원연금의 적용대상이 확대됨에 따라 공무원연금공단 직원도 대상에 포함하게 되었다.
③ 공무원연금제도는 행정안전부가 관장하고, 그 집행은 공무원연금공단에서 실시하고 있다.
④ 비기여제는 정부가 연금재원의 전액을 부담하는 제도이다.

16 ☐☐☐ 0790

공무원연금은 재원의 형성방식에 따라 부과방식과 적립방식으로 나눌 수 있다. 부과방식과 비교한 적립방식의 장점이 아닌 것은?
　2017 지방 9급 추가

① 인구구조의 변화나 경기 변동에 영향을 덜 받는다.
② 인플레이션이 심하더라도 연금급여의 실질가치를 유지할 수 있다.
③ 연금재정 및 급여의 안정성을 꾀할 수 있다.
④ 기금 수익을 통해 장기 비용부담을 덜어 제도의 안정적인 운영이 가능하다.

정답찾기
② 적립방식은 기금제이고 부과방식은 비기금제이다. 적립방식인 기금제의 경우 인플레이션이 심하면 연금급여의 실질가치를 유지할 수 없다. 인플레이션에도 불구하고 연금급여의 실질가치가 유지되는 장점이 있는 것은 부과방식인 비기금제에 해당한다.

오답피하기
①, ③, ④ 기금제는 적립금의 운용을 통해 투자수익금까지 기금에 투입되므로 경기변동에 관계없이 연금재정의 안정을 유지할 수 있다.

행복노트
연금재정의 조성

연금재정 조성 (재원조달 방법) ─┬─ 기금제 ─ 기금 조성, 적립방식 (한국, 미국)
　　　　　　　　　　　　　　　└─ 비기금제 ─ 기금 조성 ×, 부과방식 (독일, 영국)

구 분	기금제	비기금제
개 념	사전 기금 조성	사전 기금 조성 ×
장 점	① 연금재정 및 급여 안정성 ② 일관성 있는 연금재정 ③ 인구구조의 변화와 무관	① 시행초 적은 부담 ② 간편한 운영 ③ 적은 관리비용
단 점	① 시행초 많은 부담 ② 인플레이션 취약 ③ 투자위험 노출	① 후세대 많은 부담 ② 불안정한 재정운영 ③ 인구구조변화에 취약

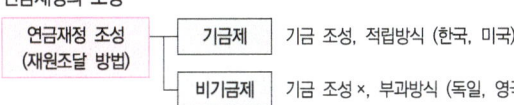

정답찾기
④ 비기여제는 재원 조성에 필요한 비용을 정부가 전액 부담하는 제도이다.

오답피하기
① 비기금제는 적립된 기금 없이 상황에 따라 연금지출에 소요되는 재원을 마련하는 부과 방식으로 영국, 프랑스, 독일 등이 채택하고 있다.
② 공무원연금공단직원은 준정부기관인 공공기관이므로 연금 대상에 포함되지 않는다.
③ 우리나라 공무원 연금은 인사혁신처장이 관장하고, 그 집행은 공무원연금공단에서 실시하고 있다.

정답 ④

정답 ②

17　0791

우리나라 공무원연금제도에 대한 설명으로 옳은 것만을 모두 고른 것은?　2016 국가 7급

> ㄱ. 최초의 공적연금제도로서 직업공무원을 대상으로 하는 특수직역연금제도이다.
> ㄴ. 「공무원연금법」상 공무원연금 대상에는 군인, 공무원 임용 전의 견습직원 등이 포함된다.
> ㄷ. 사회보험원리와 부양원리가 혼합된 제도이다.

① ㄱ
② ㄱ, ㄷ
③ ㄴ, ㄷ
④ ㄱ, ㄴ, ㄷ

출제유형 Ⅱ. 이론·제도　**출제영역** 공무원연금제도
출제빈도 ★　**난도** 중

정답찾기
ㄱ. 우리나라의 공무원연금제도는 <u>1960년 공무원연금법의 제정으로 직업공무원을 대상으로 하는 특수직역연금제도를</u> 최초로 실시하였다.
ㄷ. 우리나라 공무원연금제도는 정부와 공무원이 균등 부담하는 <u>사회보험원리</u>와 재정수지 부족액을 재정으로 보전하는 <u>부양원리</u>가 혼합된 제도로 운영된다.

오답피하기
ㄴ. 공무원연금법상 군인과 선거에 취임하는 공무원, 공무원 임용 전의 견습 직원 등은 연금대상에 <u>포함되지 않는다</u>.

정답 ②

18　0792

현행 법령상 공무원의 보수 및 연금제도에 대한 설명으로 옳지 않은 것은?　2021 지방 7급

① 호봉 간 승급에 필요한 기간은 1년이며, 직종별 구분 없이 하나의 봉급표가 적용된다.
② 고위공무원단에 속하는 공무원에 대해서는 대통령경호처 직원 중 별정직 공무원을 제외하고 직무성과급적 연봉제를 적용한다.
③ 「공무원연금법」상 퇴직급여에는 퇴직연금, 퇴직연금일시금, 퇴직연금공제일시금, 퇴직일시금이 있다.
④ 군인과 선거에 의하여 취임하는 공무원은 「공무원연금법」상의 공무원에서 제외된다.

출제유형 Ⅱ. 이론·제도　**출제영역** 공무원의 보수 및 연금제도
출제빈도 ★★　**난도** 중

정답찾기
① <u>호봉 간 승급에 필요한 기간은 1년이지만</u>, 직종별 구분 없이 하나의 봉급표가 적용되는 것은 아니다. 직종에 따라 일반직, 연구직, 지도직, 우정직, 군인, 경찰직, 헌법연구관 등 총 <u>11개 봉급표</u>가 다양하게 적용된다.

오답피하기
② 고위공무원단에 속하는 공무원에 대해서는 <u>대통령경호처 직원 중 별정직 공무원을 제외하고 직무성과급적 연봉제를 적용한다.</u>

> **관련조문**
> 「공무원보수규정」제63조【고위공무원의 보수】
> ① 고위공무원에 대해서는 별표 31에 따라 직무성과급적 연봉제를 적용한다. 다만, 대통령경호처 직원 중 고위공무원단에 속하는 별정직 공무원에 대해서는 호봉제를 적용한다

③ 「공무원연금법」상 퇴직급여에는 퇴직연금, 퇴직연금일시금, 퇴직연금공제일시금, 퇴직일시금이 있다.

> **관련조문**
> 「공무원연금법」제28조【급여】
> 공무원의 퇴직·사망 및 비공무상 장해에 대하여 다음 각호에 따른 급여를 지급한다.
> 1. 퇴직급여
>   가. 퇴직연금　나. 퇴직연금일시금
>   다. 퇴직연금공제일시금　라. 퇴직일시금

④ <u>군인과 선거에 의하여 취임하는 공무원</u>은 「공무원연금법」상의 공무원에서 제외된다.

> **관련조문**
> 「공무원연금법」제3조【정의】
> ① 이 법에서 사용하는 용어의 뜻은 다음과 같다.
>   1. '공무원'이란 공무에 종사하는 다음 각 목의 어느 하나에 해당하는 사람을 말한다.
>   가. 「국가공무원법」, 「지방공무원법」, 그 밖의 법률에 따른 공무원. 다만, 군인과 선거에 의하여 취임하는 공무원은 제외한다.
>   나. 그 밖에 국가기관이나 지방자치단체에 근무하는 직원 중 대통령령으로 정하는 사람

정답 ①

19　0793

「공무원의 노동조합 설립 및 운영 등에 관한 법률」상 단체교섭 대상은?　2017 국가 7급

① 기관의 조직 및 정원에 관한 사항
② 조합원의 보수에 관한 사항
③ 예산·기금의 편성 및 집행에 관한 사항
④ 정책의 기획 등 정책결정에 관한 사항

출제유형 Ⅱ. 이론·제도　　**출제영역** 공무원의 노동조합
출제빈도 ★★　　**난도** 중

정답찾기
② 근무조건에 해당하는 조합원의 보수에 관한 사항은 단체교섭의 대상이 될 수 있다.

오답피하기
①, ③, ④ 모두 재직자의 근무조건과는 관계없으므로 단체교섭 대상이 될 수 없다.

┤ 관련조문 ├─
「공무원의 노동조합 설립 및 운영 등에 관한 법률」 제8조
① 노동조합의 대표자는 그 노동조합에 관한 사항 또는 조합원의 보수·복지, 그 밖의 근무조건에 관하여 국회사무총장·법원행정처장·헌법재판소사무처장·중앙선거관리위원회사무총장·인사혁신처장(행정부를 대표한다)·특별시장·광역시장·특별자치시장·도지사·특별자치도지사·시장·군수·구청장(자치구의 구청장을 말한다) 또는 특별시·광역시·특별자치시·도·특별자치도의 교육감 중 어느 하나에 해당하는 사람(이하 '정부교섭대표'라 한다)과 각각 교섭하고 단체협약을 체결할 권한을 가진다. 다만, 법령 등에 따라 국가나 지방자치단체가 그 권한으로 행하는 정책결정에 관한 사항, 임용권의 행사 등 그 기관의 관리·운영에 관한 사항으로서 근무조건과 직접 관련되지 아니하는 사항은 교섭의 대상이 될 수 없다.

정답 ②

20　0794

공무원 단체활동 제한론의 근거로 옳지 않은 것은?　2013 국가 9급

① 실적주의 원칙을 침해할 우려가 있다.
② 공무원의 정치적 중립성이 훼손될 수 있다.
③ 공직 내 의사소통을 약화시킨다.
④ 보수인상 등 복지요구 확대는 국민부담으로 이어진다.

출제유형 Ⅱ. 이론·제도　　**출제영역** 공무원의 노동조합
출제빈도 ★★　　**난도** 중

정답찾기
③ 공무원노동조합은 행정과정의 민주화 및 행정발전, 공직 내 의사소통의 활성화와 내부 자율적 윤리 확립에 기여한다.

오답피하기
① 공무원노동조합의 경우 연공서열을 중시하므로 실적주의 원칙을 침해할 우려가 있다.
② 공무원노동조합의 경우 공무원의 정치적 중립성이 훼손될 수 있다.
④ 공무원노동조합의 보수인상 등 복지요구 확대는 국민부담으로 이어진다.

행복노트

공무원단체(공무원노동조합)

| 개념 | 공무원의 생존권 보장, 권익에 대한 적극적 관심, 공무원의 사기앙양과 행정능률의 향상을 위한 고찰 |

공무원단체에 관한 찬·반 논의

긍정론	부정론
㉠ 근로조건 개선	㉠ 주권과 공익에 대한 침해
㉡ 사기앙양	㉡ 업무의 불가결성과 독점성
㉢ 행정과정 민주화 및 행정발전	㉢ 실적주의 침해(연공서열)
㉣ 행정계획의 효율화	㉣ 정치적 중립성 훼손
㉤ 행정개선에의 기여	㉤ 복지요구로 국민부담 증가

정답 ③

21 ☐☐☐   0795

「공무원직장협의회의 설립·운영에 관한 법률」상 공무원직장협의회에 가입할 수 없는 공무원은?   2013 국가 7급 변형

① 5급 일반직 공무원
② 특정직 공무원 중 외무영사직렬공무원
③ 5급에 상당하는 별정직 공무원
④ 지휘·감독의 직책에 있는 공무원

출제유형 Ⅱ. 이론·제도   **출제영역** 공무원직장협의회
출제빈도 ★   **난도** 중

정답찾기
④ 지휘·감독의 직책에 있는 공무원은 공무원직장협의회에 가입이 배제된다.

오답피하기
① 5급 일반직 공무원은 공무원직장협의회에 가입할 수 있다.
② 특정직 공무원 중 외무영사직렬·외교정보기술직렬 외무공무원은 공무원직장협의회에 가입할 수 있다.
③ 별정직 공무원은 공무원직장협의회에 가입할 수 있다.

행복노트
공무원직장협의회

구 분	공무원직장협의회
법적 근거	• 헌법상 근거 없음 • 「공무원직장협의회의 설립 및 운영 등에 관한 법률」
설립 단위	• 기관 단위로 하나의 협의회만 설립 가능 • 두 개 이상 기관에 걸치는 연합협의회 설립 가능
설립 신고	해당기관장에게 설립신고
권리 범위	협의만 가능
가입 범위	• 일반직 공무원 및 이에 준하는 일반직 공무원 • 특정직 공무원 중 외무영사직렬·외교정보기술직렬 외무공무원, 경찰공무원, 소방공무원 • 별정직 공무원
가입 배제	• 지휘·감독의 직책에 있는 공무원 • 인사, 예산, 경리, 물품출납, 비서, 기밀, 보안, 경비, 자동차운전 및 그 밖에 이와 유사한 업무에 종사하는 공무원
전임자 지위	근무시간 외 수행(예외 인정)

정답 ④

CHAPTER 04 기출 OX

1. 중앙고충심사위원회의 기능은 행정안전부 소속의 소청심사위원회에서 관장한다. (O X)   2015 지방 9급

   1. 중앙고충심사위원회의 기능은 인사혁신처 소속의 소청심사위원회에서 관장한다.   x

2. 「공무원 제안 규정」상 우수한 제안을 제출한 공무원에게 인사상 특전을 부여할 수 있고, 상여금은 지급할 수 없다. (O X)   2017 지방 8급

   2. 「공무원 제안 규정」상 우수한 제안을 제출한 공무원에게 인사상 특전을 부여할 수 있고, 상여금도 지급할 수 있다.   x

3. 시간선택제 근무는 통상적인 전일제 근무시간(주 40시간)보다 길거나 짧은 시간을 근무하는 제도이다. (O X)   2019 국가 9급

   3. 시간선택제 근무는 통상적인 전일제 근무시간(주 40시간)보다 짧은(15시간에서 35시간 범위) 시간을 근무하는 제도이다.   x

4. 연봉제는 실적주의 및 직위분류제를 강화시키지만 직업공무원제 및 계급제는 약화시키는 경향이 있다. (O X)   2011 지방 7급

   4. 연봉제는 실적주의 및 직위분류제를 강화시키지만 직업공무원제 및 계급제는 약화시키는 경향이 있다.   o

5. 직무성과급적 연봉제는 고위공무원단에 속하는 모든 공무원에 대하여 적용한다. (O X)   2017 지방 9급

   5. 직무성과급적 연봉제는 고위공무원단에 속하는 모든 공무원에 대하여 적용되는 것은 아니다. 대통령경호처 소속 직원 중 고위공무원단에 속하는 별정직 공무원에 대해서는 호봉제가 적용된다.   x

6. 군인과 선거에 의하여 취임하는 공무원은 「공무원연금법」상의 공무원에 포함된다. (O X)   2021 지방 7급

   6. 군인과 선거에 의하여 취임하는 공무원은 「공무원연금법」상의 공무원에서 제외된다.   x

7. 기여제는 정부가 연금재원의 전액을 부담하는 제도이다. (O X)   2019 국가 7급

   7. 비기여제는 정부가 연금재원의 전액을 부담하는 제도이다.   x

8. 공무원단체는 실적주의 원칙을 침해할 우려가 있고 공무원의 정치적 중립성이 훼손될 수 있다. (O X)   2013 국가 9급

   8. 공무원단체는 실적주의 원칙을 침해할 우려가 있고 공무원의 정치적 중립성이 훼손될 수 있다.   o

9. 단체교섭이 결렬된 경우에 지방공무원노동조합은 해당 중앙노동위원회에 조정을 신청할 수 없다. (O X)   2011 지방 7급

   9. 단체교섭이 결렬된 경우에 지방공무원노동조합은 해당 중앙노동위원회에 조정을 신청할 수 있다.   x

10. 기관의 조직 및 정원에 관한 사항은 「공무원의 노동조합 설립 및 운영 등에 관한 법률」상 단체교섭 대상이 된다. (O X)   2017 국가 7급

    10. 기관의 조직 및 정원에 관한 사항은 「공무원의 노동조합 설립 및 운영 등에 관한 법률」상 단체교섭 대상이 되지 않는다.   x

CHAPTER 04 키워드

1	우리나라는 공무원의 고충을 심사하기 위하여 _____의 소청심사위원회가 중앙고충심사위원회의 기능을 대행한다. 2017 지방 9급	인사혁신처
2	공무원의 권익보호를 위한 제도로 _____ 심사제도는 결정에 대해 관계기관의 장을 기속하지만 고충처리제도는 결정에 대한 구속력이 없다. 2015 지방 9급	소청
3	「공무원 제안 규정」상 우수한 제안을 제출한 공무원에게 인사상 특전과 _____도 지급할 수 있다. 2017 지방 9급	상여금
4	재택근무자의 경우에는 공무원 보수 등의 업무지침에 따라 시간외근무수당의 _____은 지급가능하나 실적분을 지급할 수 없다. 2018 지방 9급	정액분
5	_____은 생계비를 기준으로 하는 보수로서 공무원과 그 가족의 기본적인 생활을 보장하기 위한 것이고, 근속급은 근속연수와 같은 인적요소를 기준으로 하는 보수이다. 2016 사회복지	생활급
6	공무원 보수의 유형 중 _____은 동일노동에 대한 동일 임금이라는 합리적인 보수 책정이 가능하다. 2022 지방 9급	직무급
7	_____ 연봉제에서 기본연봉은 기준급과 직무급으로 구성되는데 기준급은 개인의 경력 및 누적성과를 반영하여 책정되며, 직무급은 직무의 곤란성 및 책임의 정도를 반영하여 직무등급에 따라 책정된다. 2017 지방 9급	직무성과급적
8	_____ 제도는 공직의 경쟁력을 높이기 위하여 기존의 연공급을 실적급 혹은 능률급으로 개편한 것이다. 2017 지방 9급	성과상여금
9	_____ 제도는 일반적으로 기구·정원 조정에 대한 재정당국의 중앙통제를 줄이고 수당의 신설·통합·폐지와 절감예산 활용 등에서의 부처 자율성을 부여하는 특성을 갖는다. 2018 국가 7급	총액인건비
10	우리나라의 _____는 기금제를 채택하고 있는데 기금제는 운용·관리 비용이 많이 든다는 단점이 있다. 2011 국가 7급	공무원연금제도
11	「공무원연금법」상 공무원연금 대상에는 군인, 공무원 임용 전의 견습직원이 _____된다. 2016 국가 7급	제외
12	정책결정에 관한 사항 등 _____과 직접 관련되지 아니하는 사항은 단체교섭의 대상이 될 수 없다. 2011 지방 7급	근무조건
13	노동조합 _____는 임용권자의 동의를 받아 노동조합 업무에만 종사할 수 있다. 2011 지방 7급	전임자
14	현행 「공무원의 노동조합 설립 및 운영 등에 관한 법률」상 _____급 이하의 일반직 공무원 및 이에 상당하는 별정직·계약직 공무원의 경우 법령에 의해 금지된 자를 제외하고는 노동조합에 가입할 수 있다. 2011 지방 7급	6

CHAPTER 05 공무원의 통제

📝 대표문제

01 ☐☐☐   0796

공직부패의 유형과 사례가 바르게 연결된 것은?

2025 국가 9급

① 제도화된 부패 – A기관은 인·허가 관련 업무를 처리할 때 민원인에게 '급행료'를 받는 것이 관례화 되어 있다.
② 회색 부패 – 금융위기가 심각함에도 불구하고 경제안정이라는 공익을 위해 관련 공직자 B가 문제가 없다는 거짓말을 한다.
③ 거래형 부패 – 회계 담당 공무원 C는 공금을 횡령하여 이익을 편취한다.
④ 조직 부패 – 공무원 D는 담당직무를 수행하면서 개인적으로 금품을 수수한다.

출제유형 Ⅲ. 법령문제   **출제영역** 공직부패
출제빈도 ★★   **난도** 상

정답찾기
① 제도화된 부패는 인허가 업무 처리 시 뇌물수수가 관례화되어 당연시되는 상황으로, 문제의 A시장 사례와 일치한다.

오답피하기
② 금융위기가 심각해졌고 경제안정이라는 공익을 위해 관련 공직자 B가 문제가 없다는 거짓말을 하는 것은 백색부패에 해당한다.
③ 회계 담당 공무원 C는 공금을 횡령하여 이익을 편취하는 것은 비거래형 부패에 해당한다.
④ 조직 부패는 조직 차원의 부패인데, 제시된 사례는 개인적 금품수수로 개인 부패에 해당한다.

정답 ①

제1절 공직윤리와 부패

02 ☐☐☐   0797

우리나라 공무원의 기본권 제한에 대한 내용으로 가장 옳지 않은 것은?

2014 국회 9급

① 선거개입 금지
② 재산공개
③ 단체교섭권 금지
④ 정당지지 표명 금지
⑤ 겸직금지

출제유형 Ⅱ. 이론·제도   **출제영역** 공무원의 기본권 제한
출제빈도 ★   **난도** 중

정답찾기
③ 공무원은 공무원노조를 통하여 단결권, 단체교섭권이 허용된다.

오답피하기
① 「국가공무원법」에 선거개입 금지의무로 명시되어 있다.
② 「공직자윤리법」에 4급 이상 공무원의 재산공개의무가 명시되어 있다.
④ 「국가공무원법」에 정치적 중립의무를 가지므로 특정정당을 지지한다고 표명할 수 없다.
⑤ 「국가공무원법」에 겸직금지의무가 명시되어 있다.

정답 ③

03　0798

공무원의 정치적 중립의 정당화 근거로 옳지 않은 것은?

2022 국가 9급

① 엽관주의의 폐해를 극복하여 행정의 안정성과 전문성을 제고 할 수 있다.
② 공무원은 국민 전체의 이익을 위해 공평무사하게 봉사해야 하는 신분이다.
③ 공무원의 정치적 기본권을 강화하여 공직의 계속성을 제고할 수 있다.
④ 공명선거를 통해 민주적 기본질서를 제고할 수 있다.

출제유형	Ⅱ. 이론·제도	출제영역	공무원의 정치적 중립
출제빈도	★★	난도	중

정답찾기
③ 공무원의 정치적 중립에 대한 비판으로 공무원의 정치적 중립은 시민으로서 갖는 정치적 기본권인 참정권적 기본권의 제한을 초래한다고 본다.

오답피하기
① 공무원의 정치적 중립은 엽관주의의 폐해를 극복하여 행정의 안정성과 전문성을 제고할 수 있다.
② 공무원은 국민 전체의 이익을 위해 공평무사하게 봉사해야 하는 신분이므로 공무원의 정치적 중립이 필요하다.
④ 공무원의 정치적 중립은 공명선거를 통해 민주적 기본질서를 제고할 수 있다.

정답 ③

04　0799

공무원에게 정치적 중립이 요구되는 근거로 가장 미약한 것은?

2012 국가 9급

① 정치적 무관심화를 통한 직무수행의 능률성 확보를 위해 필요하다.
② 정치적 개입에 의한 부정부패를 방지하기 위해 필요하다.
③ 행정의 계속성과 전문성을 확보하기 위해 필요하다.
④ 공무원집단의 정치세력화를 방지하기 위해 필요하다.

출제유형	Ⅱ. 이론·제도	출제영역	공무원의 정치적 중립
출제빈도	★★	난도	중

정답찾기
① 정치적 중립은 정치적 무관심이 아닌 공평한 봉사와 직무수행의 능률성 확보를 위해 요구된다.

오답피하기
② 정치적 개입에 의한 부정부패를 방지하기 위해 필요하다.
③ 행정의 계속성과 전문성을 확보하기 위해 필요하다.
④ 공무원집단의 정치세력화를 방지하기 위해 필요하다.

행복노트

정치적 중립

필요성	㉠ 불편부당한 봉사 → 행정의 공익 증진 ㉡ 행정의 안정성과 자율성 확보 ㉢ 엽관주의 방지, 실적주의 확립 ㉣ 정치체제의 세력균형 유지, 정당의 구속 배제 ㉤ 민주정치 기본질서 확립과 관료제에 대한 신뢰 확보

정답 ①

05　0800

「국가공무원법」에서 제한하고 있는 공무원의 정치활동과 거리가 먼 것은?

2012 지방 7급

① 정당이나 그 밖의 정치단체의 결성에 관여하거나 가입하는 것
② 투표권 행사 여부에 대하여 사적 견해를 제시하는 것
③ 특정 정당의 지지를 위해 서명운동을 주재하거나 권유하는 것
④ 타인에게 정당이나 그 밖의 정치단체에 가입하도록 권유운동을 하는 것

출제유형 Ⅱ. 이론·제도　　**출제영역** 공무원의 정치적 중립
출제빈도 ★★　　난도 중

정답찾기
② 투표권 행사 여부에 대하여 사적 견해를 제시하는 것은 일반 시민으로서 당연히 행사할 수 있는 행위이다.

오답피하기
┌관련조문┐
「국가공무원법」 제65조 【정치 운동의 금지】
① 공무원은 정당이나 그 밖의 정치단체의 결성에 관여하거나 이에 가입할 수 없다.
② 공무원은 선거에서 특정 정당 또는 특정인을 지지 또는 반대하기 위한 다음의 행위를 하여서는 아니 된다.
　1. 투표를 하거나 하지 아니하도록 권유 운동을 하는 것
　2. 서명 운동을 기도(企圖)·주재(主宰)하거나 권유하는 것
　3. 문서나 도서를 공공시설 등에 게시하거나 게시하게 하는 것
　4. 기부금을 모집 또는 모집하게 하거나, 공공자금을 이용 또는 이용하게 하는 것
　5. 타인에게 정당이나 그 밖의 정치단체에 가입하게 하거나 가입하지 아니하도록 권유 운동을 하는 것
③ 공무원은 다른 공무원에게 제1항과 제2항에 위배되는 행위를 하도록 요구하거나, 정치적 행위에 대한 보상 또는 보복으로서 이익 또는 불이익을 약속하여서는 아니 된다.
④ 제3항 외에 정치적 행위의 금지에 관한 한계는 대통령령 등으로 정한다.

정답 ②

06　0801

행정윤리에 대한 설명으로 옳지 않은 것은?

2016 지방 9급

① 제도적 책임성이란 공무원이 전문가로서의 직업윤리와 책임감에 기초해서 자발적인 재량을 발휘해 확보되는 행정책임을 의미한다.
② 행정윤리는 사익보다는 공익과 밀접한 관계가 있다.
③ 결과주의에 근거한 윤리평가는 사후적인 것이며 문제의 해결보다는 행위 혹은 그 결과에 대한 처벌에 중점을 둔다.
④ 공무원 부패의 원인을 사회문화적 접근으로 보는 관점에서는 특정한 지배적 관습이나 경험적 습성이 부패를 조장한다는 입장이다.

출제유형 Ⅱ. 이론·제도　　**출제영역** 행정윤리
출제빈도 ★★★　　난도 중

정답찾기
① 공무원이 전문가로서의 직업윤리와 책임감에 기초해서 자발적인 재량을 발휘해 확보되는 행정책임은 자율적 책임성에 해당한다. 제도적 책임성은 법적으로 주어진 의무를 이행하지 않았을 경우 법률상의 제재를 수반하게 되는 타율적이고 수동적인 행정책임이다.

오답피하기
② 행정윤리는 사익보다는 공익과 밀접한 관계가 있다.
③ 결과주의에 근거한 윤리평가는 공무원의 행위에 대한 평가와 사후적으로 결과에 대한 적발과 처벌에 중점을 둔다.
④ 공무원 부패의 원인을 사회문화적 접근으로 보는 관점에서는 특정한 지배적 관습이나 경험적 습성이 부패를 조장한다는 입장이다.

행복노트
공직부패: 부패의 접근방법

도덕적	개인의 윤리의식, 자질, 도덕심의 부족
사회·문화적	특정한 지배적 관습이나 경험적 습성
제도적	그 사회의 제도나 법의 결함
체제론적	문화적 특성, 제도상의 결함, 구조상의 모순 및 관료의 비윤리적 행태 등 다양한 요인으로 발생
정치·경제학적	정경유착에 의한 부패
기능주의	근대화 과정의 국가들이 보편적으로 직면하게 되는 발전의 부산물이나 필요악으로 보는 입장
후기 기능주의	관료부패를 시대변화와 상관없이 자기 영속적인 것으로 봄
구조적	잘못된 의식구조나 권위주의적 가치관
권력문화적	과도한 권력집중으로 인한 권력남용이 원인
거버넌스적	정부주도의 독점적 통치구조에서 비롯

정답 ①

07

행정윤리의 특징에 대한 설명으로 옳지 않은 것은? 2014 지방 7급

① 공직자 윤리나 책임성을 평가하기 위해서는 결과주의와 의무론이 균형 있게 결합되어야 한다.
② 공무원들은 국민생활에 심대한 영향을 미칠 수 있는 독점적 권력을 행사하기 때문에 높은 직업윤리를 요구받게 된다.
③ OECD는 정부의 '신뢰적자(Confidence Deficit)' 문제를 해결하기 위한 방안으로 윤리의 확보를 제시하고 있다.
④ 행정윤리는 특정 시점이나 사실과 관계없이 규범성과 당위성을 가지고 작동되어야 한다.

출제유형 Ⅱ. 이론·제도　　**출제영역** 행정윤리
출제빈도 ★★★　　**난도** 중

정답찾기
④ 행정윤리는 특정 시기에 특정 사람들의 의식과 행태를 결정하는 것으로서 구체적이고 실질적인 것이다.

오답피하기
① 공직자 윤리나 책임성을 평가하기 위해서는 결과를 중심으로 옳고 그름을 판단하는 결과주의와 동기와 의도를 가지고 판단하는 의무주의가 균형 있게 결합되어야 한다.
② 행정윤리는 높은 직업윤리를 요구받게 된다.
③ 신공공관리론 이후 OECD는 윤리 확립을 위해 신뢰적자 즉, 불신의 해결을 강조하였다.

정답 ④

08

공직윤리 확보를 위한 제도에 대한 설명으로 옳지 않은 것은?
2021 지방 7급

① 국민권익위원회는 공익신고자등으로부터 보호조치를 신청 받은 때에는 바로 공익신고자등이 공익신고등을 이유로 불이익조치를 받았는지에 대한 조사를 시작하여야 한다.
② 취업심사대상자는 퇴직 전 3년 동안 소속하였던 부서의 업무와 밀접한 관련이 있는 기관에 퇴직일로부터 5년간 취업할 수 없다. 단, 관할 공직자윤리위원회로부터 취업 승인을 받은 경우는 예외로 한다.
③ 재직자는 퇴직공직자로부터 직무와 관련한 청탁 또는 알선을 받은 경우 이를 소속 기관의 장에게 신고하여야 한다.
④ 국민권익위원회는 접수된 부패행위 신고사항을 그 접수일부터 60일 이내에 처리하여야 한다. 단, 신고내용의 특정에 필요한 사항을 확인하기 위한 보완등이 필요하다고 인정되는 경우에는 그 기간을 30일 이내에서 연장할 수 있다.

출제유형 Ⅱ. 이론·제도　　**출제영역** 행정윤리
출제빈도 ★★★　　**난도** 중

정답찾기
② 취업심사대상자는 퇴직 전 3년 동안이 아니라 5년 동안 소속하였던 부서의 업무와 밀접한 관련이 있는 기관에 퇴직일로부터 5년간이 아니라 3년간 취업할 수 없다. 단, 관할 공직자윤리위원회로부터 취업 승인을 받은 경우는 예외로 한다.

오답피하기

┤관련조문├

「공익신고자보호법」 제22조 【불이익조치 금지 신청】
① 공익신고자등은 공익신고등을 이유로 불이익조치를 받을 우려가 명백한 경우(공익침해행위에 대한 증거자료의 수집 등 공익신고의 준비 행위를 포함한다)에는 위원회에 불이익조치 금지를 신청할 수 있다.
② 위원회는 불이익조치 금지 신청을 받은 때에는 바로 공익신고자등이 받을 우려가 있는 불이익조치가 공익신고등을 이유로 한 불이익조치에 해당하는지에 대한 조사를 시작하여야 한다.

「공직자윤리법」 제18조의4 【퇴직공직자 등에 대한 행위제한】
② 재직자는 퇴직공직자로부터 직무와 관련한 청탁 또는 알선을 받은 경우 이를 소속 기관의 장에게 신고하여야 한다.

「부패방지 및 국민권익위원회의 설치와 운영에 관한 법」 제59조 【신고의 처리】
⑧ 위원회는 접수된 신고사항을 그 접수일부터 60일 이내에 처리하여야 한다. 이 경우 제1항 제1호에 따른 사항을 확인하기 위한 보완등이 필요하다고 인정되는 경우에는 그 기간을 30일 이내에서 연장할 수 있다.

정답 ②

09

행정윤리 및 행정통제 제도에 대한 설명으로 옳지 않은 것은?

2013 지방 7급

① 「행정절차법」 – 국민의 권익을 제한하는 처분을 할 경우에는 당사자에게 사전 통지해야 한다.
② 내부고발자 보호제도 – 조직의 불법행위를 언론이나 국회 등 외부에 알린 조직구성원을 보호한다.
③ 옴부즈만(Ombudsman) – 행정이 잘못된 경우 해당 공무원에게 설명을 요구하고 필요한 사항을 조사하여 그 결과를 민원인에게 알려 준다.
④ 백지신탁 – 4급 이상 공무원은 이해의 충돌을 막기 위해 보유한 부동산을 수탁기관에 신탁해야 한다.

출제유형 Ⅱ. 이론·제도　**출제영역** 행정윤리 및 행정통제제도
출제빈도 ★★★　**난도** 중

정답찾기
④ 백지신탁제도는 보유한 부동산이 아니라 보유주식을 매각하거나 신탁계약을 체결하도록 하는 제도이다.

오답피하기
재산등록의무자와 공개의무자 비교

구 분	등록의무자	공개의무자
정무직	전원	전원
일반직·별정직	4급 이상	1급 이상
법관·검사	모든 법관 및 검사	고법 부장판사 이상 대검 검사급 이상
군 인	대령 이상	중장 이상
경찰·소방	총경, 소방정 이상	치안감, 소방정감 이상
공공기관	공기업의 장·부기관장 상임이사·상임감사	공기업의 장·부기관장 상임감사

기타 등록의무자: 세무, 회계, 감사, 감찰사무, 건축·토목·환경·식품위생분야의 대민업무의 7급 이상

정답 ④

10

신뢰성과 윤리문제가 국정 운영의 핵심 쟁점으로 제기되는 이유가 아닌 것은?

2013 서울 7급

① 지방 분권화 증대에 따른 중앙정부의 통제력 약화
② 재정적 압박으로 인해 효율성 가치에 치중
③ 경제 논리를 중심으로 한 민간부문 관리기법의 도입에 따른 생산성 강조
④ 정치적 후원의 증대와 고위공직자의 정치화에 따른 부패가능성 증대
⑤ 전통적 관리방식과 새로운 관리방식 간의 충돌과 갈등

출제유형 Ⅱ. 이론·제도　**출제영역** 신뢰성과 윤리문제
출제빈도 ★　**난도** 중

정답찾기
① 신뢰성과 윤리문제는 행정권한이 집중되거나 커질수록 핵심 쟁점으로 등장한다. 그러므로 지방 분권화 증대에 따른 중앙정부의 통제력이 약화된다면 쟁점대상에서 멀어질 것이다.

오답피하기
② 재정적 압박으로 인해 효율성 가치에 치중하면 윤리문제를 등한시할 수 있으므로 윤리문제가 핵심 쟁점으로 제기될 수 있다.
③ 경제 논리를 중심으로 한 민간부문 관리기법의 도입에 따른 생산성 강조는 행정윤리를 등한시할 수 있다.
④ 정치적 후원의 증대와 고위공직자의 정치화에 따른 부패가능성 증대로 인해 신뢰성과 윤리문제가 국정 운영의 핵심 쟁점으로 제기될 수 있다.
⑤ 전통적 관리방식과 새로운 관리방식 간의 충돌과 갈등 시 그 해결과정에서 신뢰성과 윤리문제가 국정 운영의 핵심 쟁점으로 제기될 수 있다.

정답 ①

11
「국가공무원법」에 명시된 공무원의 의무에 해당하지 않는 것은?

2021 국가 9급

① 부패행위 신고의무
② 품위유지의 의무
③ 복종의 의무
④ 성실의무

12
「국가공무원법」에서 규정하고 있는 공무원의 의무에 해당하지 않는 것은?

2013 지방 9급

① 공무원은 재직 중은 물론 퇴직 후에도 직무상 알게 된 비밀을 엄수하여야 한다.
② 공무원은 건강하고 쾌적한 환경을 보전하기 위하여 노력하여야 한다.
③ 공무원은 공무 외에 영리를 목적으로 하는 업무에 종사하지 못하며 소속기관장의 허가 없이 다른 직무를 겸할 수 없다.
④ 공무원은 국민 전체의 봉사자로서 친절하고 공정하게 직무를 수행하여야 한다.

출제유형 Ⅱ. 이론·제도 **출제영역** 공무원의 의무
출제빈도 ★★★ **난도** 중

정답찾기
① 부패행위 신고의무는 「부패방지 및 국민권익위원회의 설치와 운영에 관한 법률」에 명시되어 있다.

오답피하기
공직 윤리관련 법령

「국가공무원법」상 의무: 13대 의무
선서의 의무, 성실의 의무, 복종의 의무, 직장이탈금지의 의무, 친절·공정의 의무, 종교중립의 의무, 비밀엄수의 의무, 청렴의 의무, 영예 등의 수령 규제, 품위유지의 의무, 영리행위 및 겸직 금지, 정치활동의 금지, 집단행위 금지

「공직자윤리법」상 의무
이해충돌방지의 의무, 재산등록·공개 의무, 주식백지신탁 의무 선물 수수·신고·등록·인도 의무, 취업제한 의무, 행위제한 의무

「부패방지 및 국민권익위원회의 설치와 운영에 관한 법률」
공직자의 부패행위 신고의무, 내부고발자 보호제도, 국민감사청구제도, 비위면직자 취업제한

「부정청탁 및 금품 등 수수의 금지에 관한 법률」
공직자 등에 부정청탁 금지, 공직자 등의 금품 수수 금지

정답 ①

출제유형 Ⅱ. 이론·제도 **출제영역** 공무원의 의무
출제빈도 ★★★ **난도** 중

정답찾기
② 「국가공무원법」 규정에 쾌적한 환경보전 의무는 없다.

오답피하기
「국가공무원법」상 의무: 13대 의무
- 선서의 의무, 성실의 의무, 복종의 의무
- 직장이탈금지의 의무, 친절·공정의 의무
- 종교중립의 의무, 비밀엄수의 의무
- 청렴의 의무, 영예 등의 수령 규제
- 품위유지의 의무, 영리행위 및 겸직 금지
- 정치활동의 금지, 집단행위 금지

정답 ②

13　0808

공무원의 복무와 관련하여 「지방공무원법」에서 규정하고 있지 않은 것은?
2015 지방 7급

① 공무원은 소속 상사의 허가 없이 또는 정당한 이유 없이 직장을 이탈하지 못한다.
② 공무원은 외국 정부로부터 영예 또는 증여를 받을 경우에는 대통령의 허가를 받아야 한다.
③ 퇴직한 모든 공무원은 본인 또는 제3자의 이익을 위하여 퇴직 전 소속 기관의 임직원에게 법령을 위반하게 하거나 지위 또는 권한을 남용하게 하는 등 공정한 직무수행을 저해하는 부정한 청탁 또는 알선을 하여서는 아니 된다.
④ 공무원은 공무 외에 영리를 목적으로 하는 업무에 종사하지 못하며, 소속기관장의 허가 없이 다른 직무를 겸할 수 없다.

14　0809

우리나라의 행정윤리에 대한 설명으로 옳은 것만을 모두 고르면?
2020 국가 7급

ㄱ. 「공직자윤리법」상 지방의회 의원은 외국 정부 등으로부터 받은 선물의 신고 의무가 없다.
ㄴ. 우리나라에서는 내부고발자 보호제도를 법률로 규정하고 있다.
ㄷ. 「공직자윤리법」에 따르면 총경 이상의 경찰공무원과 소방정 이상의 소방공무원은 재산을 등록해야 한다.
ㄹ. 공무원의 주식백지신탁 의무는 「부패방지 및 국민권익위원회의 설치와 운영에 관한 법률」에 규정되어 있다.

① ㄱ, ㄴ
② ㄱ, ㄷ
③ ㄴ, ㄷ
④ ㄷ, ㄹ

출제유형 Ⅱ. 이론·제도　**출제영역** 공무원의 복무
출제빈도 ★★★　**난도** 중

정답찾기
③ 퇴직공직자의 취업 혹은 행위제한에 대한 규정은 「공직자윤리법」에 근거한다.

오답피하기
┤관련조문├
「공직자윤리법」 제18조의4 【퇴직공직자 등에 대한 행위제한】
① 퇴직한 모든 공무원과 공직유관단체의 임직원은 본인 또는 제3자의 이익을 위하여 퇴직 전 소속 기관의 공무원과 임직원에게 법령을 위반하게 하거나 지위 또는 권한을 남용하게 하는 등 공정한 직무수행을 저해하는 부정한 청탁 또는 알선을 해서는 아니 된다.

정답 ③

출제유형 Ⅱ. 이론·제도　**출제영역** 공직윤리
출제빈도 ★★★　**난도** 중

정답찾기
ㄴ. 우리나라에서는 내부고발자 보호제도를 「부패방지 및 국민권익위원회의 설치와 운영에 관한 법률」로 규정하고 있다.
ㄷ. 「공직자윤리법」에 따르면 총경 이상의 경찰공무원과 소방정 이상의 소방공무원은 재산을 등록해야 한다.

┤관련조문├
「공직자윤리법」 제3조 【등록의무자】
① 다음 각호의 어느 하나에 해당하는 공직자(이하 '등록의무자'라 한다)는 이 법에서 정하는 바에 따라 재산을 등록하여야 한다.
9. 총경(자치총경을 포함한다) 이상의 경찰공무원과 소방정 이상의 소방공무원

오답피하기
ㄱ. 「공직자윤리법」은 국가직 공무원, 지방직 공무원뿐만 아니라 공공기관이나 공직유관단체의 임직원까지를 대상으로 한다. 따라서 지방의회 의원도 외국 정부 등으로부터 받은 선물의 신고의무가 있다.
ㄹ. 공무원의 주식백지신탁 의무는 「공직자윤리법」에 규정되어 있다.

┤관련조문├
「공직자윤리법」 제15조 【외국 정부 등으로부터 받은 선물의 신고】
① 공무원 또는 공직유관단체의 임직원은 외국으로부터 선물(대가 없이 제공되는 물품 및 그 밖에 이에 준하는 것을 말하되, 현금은 제외한다. 이하 같다)을 받거나 그 직무와 관련하여 외국인(외국단체를 포함한다. 이하 같다)에게 선물을 받으면 지체 없이 소속기관·단체의 장에게 신고하고 그 선물을 인도하여야 한다.

정답 ③

15 ☐☐☐   0810

행정윤리에 대한 설명으로 옳지 않은 것은?   2018 국가 7급

① 「공직자윤리법」상 취업심사대상자는 퇴직일부터 3년간 퇴직 전 5년 동안 소속하였던 부서 또는 기관의 업무와 밀접한 관련성이 있는 취업제한기관에 취업할 수 없다.
② 각급 학교의 입학·성적·수행평가 등의 업무에 관하여 법령을 위반하여 처리·조작하도록 하는 행위는 「부정청탁 및 금품등 수수의 금지에 관한 법률」상 부정청탁에 해당한다.
③ 「부패방지 및 국민권익위원회의 설치와 운영에 관한 법률」에서는 내부고발자 보호제도를 규정하고 있다.
④ 공직자 행동강령은 공무원이 준수하여야 할 행동기준으로 「국가공무원법」에 규정되어 있다.

16 ☐☐☐   0811

공직윤리와 관련한 설명으로 가장 옳지 않은 것은?   2018 서울 9급

① 정무직 공무원과 일반직 4급 이상 공무원은 재산등록의무가 있다.
② 공무원이 직무와 관련하여 외국인으로부터 10만원 또는 100달러 이상의 선물을 받은 때에는 소속 기관·단체의 장에게 신고하고 그 선물을 인도하여야 한다.
③ 세무·감사·건축·토목·환경·식품위생분야의 대민업무 담당부서에 근무하는 일반직 7급 이상의 경우 재산등록 대상에 해당한다.
④ 4급 이상 공무원과 공직유관단체 임직원은 퇴직일로부터 2년간, 퇴직 전 5년간 소속 부서 또는 기관 업무와 밀접한 관련이 있는 사기업체에 취업할 수 없다.

출제유형 Ⅱ. 이론·제도   **출제영역** 공직윤리
출제빈도 ★★★   **난도** 중

정답찾기
④ 공직자 행동강령은 노무현 정부 때 「부패방지 및 국민권익위원회의 설치와 운영에 관한 법률」에 근거하여 대통령령으로 제정되었다.

오답피하기
① 「공직자윤리법」 제17조 취업제한의무에 관한 기준이다.
② 「부정청탁 및 금품 등 수수의 금지에 관한 법률」 제5조 부정청탁에 관한 내용이다.
③ 내부고발한 공무원의 신변보호 및 신분보장에 관련된 내부고발자 보호제도는 「부패방지 및 국민권익위원회의 설치와 운영에 관한 법률」에 규정되어 있다.

행복노트
공직 윤리관련 법령

「국가공무원법」상 의무: 13대 의무
  선서의 의무, 성실의 의무, 복종의 의무, 직장이탈금지의 의무, 친절·공정의 의무, 종교중립의 의무, 비밀엄수의 의무, 청렴의 의무, 영예 등의 수령 규제, 품위유지의 의무, 영리행위 및 겸직 금지, 정치활동의 금지, 집단행위 금지
「공직자윤리법」상 의무
  이해충돌방지의 의무, 재산등록·공개 의무, 주식백지신탁 의무 선물 수수·신고·등록·인도 의무, 취업제한 의무, 행위제한 의무
「부패방지 및 국민권익위원회의 설치와 운영에 관한 법률」
  공직자의 부패행위 신고의무, 내부고발자 보호제도, 국민감사청구제도, 비위면직자 취업제한
「부정청탁 및 금품 등 수수의 금지에 관한 법률」
  공직자 등에 부정청탁 금지, 공직자 등의 금품 수수 금지

정답 ④

출제유형 Ⅱ. 이론·제도   **출제영역** 공직윤리
출제빈도 ★★★   **난도** 중

정답찾기
④ 「공직자윤리법」상 재산등록의무자로 퇴직하는 4급 이상 공무원과 공직유관단체 임직원은 퇴직일로부터 3년간, 퇴직 전 5년간 소속 부서 또는 기관 업무와 밀접한 관련이 있는 사기업체에 취업할 수 없다.

오답피하기
① 「공직자윤리법」상 일반직 4급 이상 공무원과 정무직 공무원 등은 재산등록의무가 있다.
② 「공직자윤리법」상 모든 공무원은 직무와 관련하여 공무원이 직무와 관련하여 외국인으로부터 10만원 또는 100달러 이상의 선물을 받은 때에는 소속 기관·단체의 장에게 신고하고 그 선물을 인도하여야 한다.
③ 「공직자윤리법 시행령」에 따르면 세무·감사·건축·토목·환경·식품위생분야의 대민업무 담당부서에 근무하는 일반직 7급 이상의 공무원은 재산등록대상에 포함된다.

정답 ④

17
다음 중 공직윤리 확보를 위해 우리나라에서 시행하고 있는 제도에 관한 설명으로 가장 옳지 않은 것은? 2017 서울 7급

① 공직자 재산등록 및 공개 제도는 공직자, 공직후보자의 재산 정보를 등록 및 공개하는 제도로 우리나라「공직자윤리법」에 시행 근거를 두고 있다.
② 고위공직자의 직무 관련 주식 보유에 따른 공·사적 이해 충돌 방지를 위해 주식백지신탁제도를 도입, 운용하고 있다.
③ 현행「부정청탁 및 금품등 수수의 금지에 관한 법률」에 의하면 공직자는 직무관련 여부와 관계없이 동일인으로부터 1회에 100만원 또는 매 회계연도에 300만원을 초과하는 금품 등을 받을 수 없다.
④ 퇴직공직자 취업제한제도는 적용대상 공직자의 퇴직 후 5년간 그가 퇴직이전에 3년간 속해있던 소속 부서나 기관과 밀접한 업무관련성이 있는 기관으로의 취업을 제한한다.

18
「공직자윤리법」의 내용으로 옳지 않은 것은? 2017 국가 7급 추가

① 공무원의 가족이 외국 혹은 외국인으로부터 받은 선물은 신고 절차를 거친 후 지체 없이 당사자에게 반환하여야 한다.
② 취업심사대상자는 관할 공직자윤리위원회의 승인을 받지 않고는 취업제한기관에 퇴직일로부터 3년간 취업할 수 없다.
③ 한국은행과 공기업은 정부 공직자윤리위원회에 의해서 공직유관단체로 지정될 수 있다.
④ 공개대상자등 및 그 이해관계인이 보유하고 있는 주식의 직무관련성을 심사·결정하기 위하여 인사혁신처에 주식백지신탁 심사위원회를 둔다.

출제유형 Ⅱ. 이론·제도   **출제영역** 공직윤리

출제빈도 ★★★   **난도** 중

정답찾기
④ 퇴직공직자 취업제한제도는 퇴직 후 3년, 퇴직 전 5년간 속해있던 소속 부서나 기관의 업무와 밀접한 관련성이 있는 기관으로의 취업을 제한한다.

> 취업제한 의무
> 「공직자윤리법」제17조【퇴직공직자의 취업제한】
> ① 취업심사대상자(재산등록의무자였던 공직자)는 퇴직일부터 3년간 퇴직 전 5년 동안 소속하였던 부서 또는 기관의 업무와 밀접한 관련성이 있는 기관(취업제한기관)에 취업할 수 없다. 다만, 관할 공직자윤리위원회의 승인을 받은 때에는 그러하지 아니하다.

「공직자윤리법」: 퇴직공직자의 취업제한(취업심사 대상자)

정답 ④

출제유형 Ⅱ. 이론·제도   **출제영역** 공직윤리

출제빈도 ★★★   **난도** 중

정답찾기
① 공무원 또는 공직유관단체의 임직원은 외국으로부터 선물을 받거나 그 직무와 관련하여 외국인에게 선물을 받으면 지체 없이 소속 기관·단체의 장에게 신고하고 그 선물을 인도하여야 한다.

오답피하기
② 취업심사대상자는 관할 공직자윤리위원회의 승인을 받지 않으면, 퇴직일부터 3년간 퇴직 전 5년간 취업제한기관에 취업할 수 없다.
③ 「공직자윤리법」제3조의2에 규정되어 있다.
④ 「공직자윤리법」제14조의5 제1항에 규정되어 있다.

정답 ①

19　0814

「공직자윤리법」상 재산등록의무자로 옳지 않은 것은?

2022 지방 9급

① 법관 및 검사
② 소령 이상의 장교 및 이에 상당하는 군무원
③ 총경 이상의 경찰공무원과 소방정 이상의 소방공무원
④ 4급 이상의 일반직 공무원에 상당하는 보수를 받는 별정직 공무원

출제유형 Ⅱ. 이론·제도　**출제영역** 공직윤리
출제빈도 ★★★　**난도** 상

정답찾기
② 「공직자윤리법」상 재산등록의무자는 소령 이상의 장교 및 이에 상당하는 군무원이 아니라 대령 이상의 장교 및 이에 상당하는 군무원이다.

오답피하기
재산등록의무자와 공개의무자 비교

구 분	등록의무자	공개의무자
정무직	전원	전원
일반직·별정직	4급 이상	1급 이상
법관·검사	모든 법관 및 검사	고법 부장판사 이상 대검 검사급 이상
군인	대령 이상	중장 이상
경찰·소방	총경, 소방정 이상	치안감, 소방정감 이상
공공기관	공기업의 장·부기관장 상임이사·상임감사	공기업의 장·부기관장 상임감사

기타 등록의무자: 세무, 회계, 감사, 감찰사무, 건축·토목·환경·식품위생분야의 대민업무의 7급 이상

정답 ②

20　0815

다음 ⊙과 ⓒ에 들어갈 내용으로 옳은 것은?

2017 국가 9급

> 「공직자윤리법」에서는 퇴직공직자의 취업제한 및 행위제한 등을 규정하고 있는데, 취업심사대상자는 퇴직일부터 (⊙)간 퇴직 전 (ⓒ) 동안 소속하였던 부서 또는 기관의 업무와 밀접한 관련성이 있는 취업제한기관에 취업할 수 없다.

	⊙	ⓒ
①	3년	5년
②	5년	3년
③	2년	3년
④	2년	5년

출제유형 Ⅱ. 이론·제도　**출제영역** 퇴직공직자의 취업제한
출제빈도 ★★★　**난도** 중

정답찾기
① 「공직자윤리법」에서는 퇴직공직자는 퇴직일부터 ⊙ 3년간 퇴직 전 ⓒ 5년간 소속하였던 부서 또는 기관의 업무와 밀접한 관련성이 있는 취업제한기관에 취업할 수 없다.

오답피하기
취업제한 및 행위제한

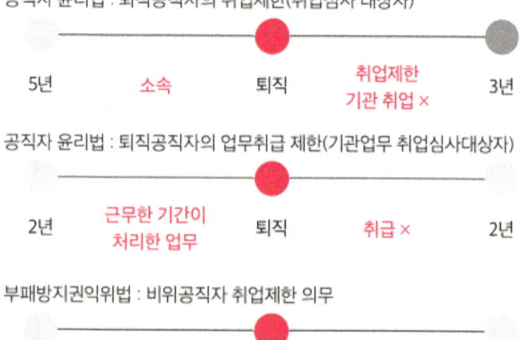

정답 ①

21 0816

다음 중 「공직자윤리법」의 내용으로 가장 옳지 않은 것은?

2015 서울 7급

① 이해충돌 방지 의무
② 정무직 공무원 등의 재산등록 의무
③ 외국 정부 등으로부터 받은 선물의 신고
④ 비위면직자의 취업제한

출제유형 Ⅱ. 이론·제도 **출제영역** 「공직자윤리법」
출제빈도 ★★★ **난도** 중

정답찾기
④ '비위면직자의 취업제한'은 「부패방지 및 국민권익위원회의 설치와 운영에 관한 법률」에 규정되어 있다.

오답피하기
공직 윤리관련 법령

「국가공무원법」상 의무: 13대 의무
선서의 의무, 성실의 의무, 복종의 의무, 직장이탈금지의 의무, 친절·공정의 의무, 종교중립의 의무, 비밀엄수의 의무, 청렴의 의무, 영예 등의 수령 규제, 품위유지의 의무, 영리행위 및 겸직 금지, 정치활동의 금지, 집단행위 금지

「공직자윤리법」상 의무
이해충돌방지의 의무, 재산등록·공개 의무, 주식백지신탁 의무 선물 수수·신고·등록·인도 의무, 취업제한 의무, 행위제한 의무

「부패방지 및 국민권익위원회의 설치와 운영에 관한 법률」
공직자의 부패행위 신고의무, 내부고발자 보호제도, 국민감사청구제도, 비위면직자 취업제한

「부정청탁 및 금품 등 수수의 금지에 관한 법률」
공직자 등에 부정청탁 금지, 공직자 등의 금품 수수 금지

정답 ④

22 0817

국민에 대한 봉사자로서 공직자가 지녀야 할 윤리를 확립할 목적으로 제정된 우리나라의 현행 「공직자윤리법」이 포함하고 있지 않은 내용은?

2012 국가 9급

① 내부고발자 보호
② 재산등록 및 공개
③ 선물신고
④ 퇴직공직자의 취업제한

출제유형 Ⅱ. 이론·제도 **출제영역** 「공직자윤리법」
출제빈도 ★★★ **난도** 중

정답찾기
① 내부고발자 보호는 「부패방지 및 국민권익위원회의 설치와 운영에 관한 법률」에 규정되어 있다.

정답 ①

23　0818

고충민원 처리 및 부패방지와 관련된 설명으로 옳지 않은 것은?

2016 지방 7급

① 내부고발자를 보호하기 위한 제도가 시행되고 있다.
② 공공기관의 부패행위에 대해 국민권익위원회에 감사를 청구할 수 있는 국민감사청구제도가 시행되고 있다.
③ 국민권익위원회 위원장과 위원의 임기는 각각 3년으로 하되, 1차에 한하여 연임할 수 있다.
④ 지방자치단체는 고충민원을 처리하기 위해 시민고충처리위원회를 둘 수 있다.

출제유형 Ⅱ. 이론·제도　**출제영역** 고충민원 처리 및 부패방지
출제빈도 ★★　**난도** 중

정답찾기
② 공공기관의 부패행위에 대해 국민권익위원회가 아닌 감사원에 감사를 청구할 수 있는 국민감사청구제도가 시행되고 있다.

오답피하기
① 내부고발자를 보호하기 위한 제도가 「부패방지 및 국민권익위원회의 설치와 운영에 관한 법률」에 규정되어 시행되고 있다.
③ 국민권익위원회 위원장과 위원의 임기는 각각 3년으로 하되, 1차에 한하여 연임할 수 있다.
④ 지방자치단체는 고충민원을 처리하기 위해 시민고충처리위원회를 둘 수 있다.

> **국민감사청구제도**
> **제72조【감사청구권】**
> ① 18세 이상의 국민은 공공기관의 사무처리가 법령위반 또는 부패행위로 인하여 공익을 현저히 해하는 경우 대통령령으로 정하는 일정한 수 이상의 국민의 연서로 감사원에 감사를 청구할 수 있다. 다만, 국회·법원·헌법재판소·선거관리위원회 또는 감사원의 사무에 대하여는 당해 기관의 장에게 감사를 청구하여야 한다.

정답 ②

24　0819

「공직자의 이해충돌 방지법」상 '사적이해관계자'로 규정하고 있는 대상이 아닌 것은?

2024 국가 9급

① 공직자 자신 또는 그 가족
② 공직자의 직무수행과 관련하여 이익 또는 불이익을 직접적으로 받는 다른 공직자
③ 공직자로 채용·임용되기 전 2년 이내에 공직자 자신이 재직하였던 법인 또는 단체
④ 공직자 자신 또는 그 가족이 임원·대표자·관리자 또는 사외이사로 재직하고 있는 법인 또는 단체

출제유형 Ⅱ. 이론·제도　**출제영역** 「이해충돌방지법」
출제빈도 ★★　**난도** 중

정답찾기
② 공직자의 직무수행과 관련하여 이익 또는 불이익을 직접적으로 받는 다른 공직자는 직무관련자에 해당한다.

> **관련조문**
> 공직자의 이해충돌 방지법
> 제2조(정의) 이 법에서 사용하는 용어의 뜻은 다음과 같다.
> 5. "직무관련자"란 공직자가 법령에 따라 수행하는 직무와 관련되는 자로서 다음 각 목의 어느 하나에 해당하는 개인·법인·단체 및 공직자를 말한다.
> 나. 공직자의 직무수행과 관련하여 이익 또는 불이익을 직접적으로 받는 개인이나 법인 또는 단체

오답피하기

> **관련조문**
> 공직자의 이해충돌 방지법
> 제2조(정의) 이 법에서 사용하는 용어의 뜻은 다음과 같다.
> 6. "사적이해관계자"란 다음 각 목의 어느 하나에 해당하는 자를 말한다.
> 가. 공직자 자신 또는 그 가족(「민법」 제779조에 따른 가족을 말한다. 이하 같다)
> 나. 공직자 자신 또는 그 가족이 임원·대표자·관리자 또는 사외이사로 재직하고 있는 법인 또는 단체
> 라. 공직자로 채용·임용되기 전 2년 이내에 공직자 자신이 재직하였던 법인 또는 단체

정답 ②

25
「부정청탁 및 금품 등 수수의 금지에 관한 법률」(일명 김영란법) 및 동법 시행령에 규정된 내용 중 가장 옳지 않은 것은?

2018년 서울 1회 7급

① 누구든지 직접 또는 제3자를 통하여 법에 규정된 직무를 수행하는 공직자 등에게 부정청탁을 해서는 아니 된다.
② 공직자 등이 직무와 관련하여 1회 100만원 이하의 금품을 수수하는 경우 형사 처벌할 수 있다.
③ 이 법의 적용대상은 언론사의 임직원은 물론 그 배우자를 포함한다.
④ 경조사비는 축의금, 조의금은 5만원까지 가능하고, 축의금과 조의금을 대신하는 화환이나 조화는 10만원까지 가능하다.

출제유형 Ⅱ. 이론·제도
출제영역 「부정청탁 및 금품 등 수수의 금지에 관한 법률 시행령」
출제빈도 ★★   난도 중

정답찾기
② 공직자 등은 직무 관련 여부 및 기부·후원·증여 등 그 명목에 관계없이 동일인으로부터 1회에 100만원 또는 매 회계연도에 300만원 초과의 금품 등을 받거나 요구 또는 약속해서는 아니 된다. 이 조항을 위반한 경우 형사처벌을 받을 수 있다. 또한 직무와 관련된 대가성 여부를 불문하고 이 금액 이하의 금품 등을 받거나 요구 또는 약속해서는 안 된다. 이 조항을 위반한 자에 대해서는 <u>3천만원 이하의 과태료를 부과한다</u>.

오답피하기
③ 공무원과 공직유관단체(공기업 등)의 임직원, 언론사 임직원, 학교법인의 교직원과 그 배우자 모두 이 법의 적용대상이다.
④ 경조사비는 축의금, 조의금은 5만원까지이지만 화환이나 조화는 10만원까지 가능하다.

> **공직자 등의 금품 수수금지**
> **제8조【금품 등의 수수 금지】**
> ① 공직자 등은 직무 관련 여부 및 기부·후원·증여 등 그 명목에 관계없이 동일인으로부터 1회에 100만원 또는 매 회계연도에 300만원을 초과하는 금품등을 받거나 요구 또는 약속해서는 아니 된다.
> ② 공직자 등은 직무와 관련하여 대가성 여부를 불문하고 제1항에서 정한 금액 이하의 금품등을 받거나 요구 또는 약속해서는 아니 된다.

정답 ②

26
「부정청탁 및 금품 등 수수의 금지에 관한 법률」상 금지하는 부정청탁에 해당하지 않는 것은?

2017 국가 9급

① 각급 학교의 입학·성적·수행평가 등의 업무에 관하여 법령을 위반하여 처리·조작하도록 하는 행위
② 공개적으로 공직자등에게 특정한 행위를 요구하는 행위
③ 공공기관이 주관하는 각종 수상, 포상, 우수기관 선정 또는 우수자 선발에 관하여 법령을 위반하여 특정 개인·단체·법인이 선정 또는 탈락되도록 하는 행위
④ 채용·승진·전보 등 공직자등의 인사에 관하여 법령을 위반하여 개입하거나 영향을 미치도록 하는 행위

출제유형 Ⅱ. 이론·제도
출제영역 「부정청탁 및 금품 등 수수의 금지에 관한 법률 시행령」
출제빈도 ★★   난도 중

정답찾기
② 공개적으로 공직자등에게 특정한 행위를 요구하는 행위는 부정청탁에 해당하지 않는다.

오답피하기
①, ③, ④ 모두 부정청탁행위이다.

> ─ 관련조문 ─
> 「부정청탁 및 금품 등 수수의 금지에 관한 법률」 제5조【부정청탁의 금지】
> ② 제1항에도 불구하고 다음 각호의 어느 하나에 해당하는 경우에는 이 법을 적용하지 아니한다.
>   1. 「청원법」, 「민원사무 처리에 관한 법률」, 「행정절차법」, 「국회법」 및 그 밖의 다른 법령·기준에서 정하는 절차·방법에 따라 권리침해의 구제·해결을 요구하거나 그와 관련된 법령·기준의 제정·개정·폐지를 제안·건의하는 등 특정한 행위를 요구하는 행위
>   2. 공개적으로 공직자 등에게 특정한 행위를 요구하는 행위
>   3. 선출직 공직자, 정당, 시민단체 등이 공익적인 목적으로 제3자의 고충민원을 전달하거나 법령·기준의 제정·개정·폐지 또는 정책·사업·제도 및 그 운영 등의 개선에 관하여 제안·건의하는 행위
>   4. 공공기관에 직무를 법정기한 안에 처리하여 줄 것을 신청·요구하거나 그 진행상황·조치결과 등에 대하여 확인·문의 등을 하는 행위
>   5. 직무 또는 법률관계에 관한 확인·증명 등을 신청·요구하는 행위
>   6. 질의 또는 상담형식을 통하여 직무에 관한 법령·제도·절차 등에 대하여 설명이나 해석을 요구하는 행위
>   7. 그 밖에 사회상규(社會常規)에 위배되지 아니하는 것으로 인정되는 행위

정답 ②

27

공직윤리 확보를 위한 행동강령(Code of Conduct)에 대한 설명으로 옳지 않은 것은?
2016 국가 9급

① 행동강령은 공무원에게 기대되는 바람직한 가치판단이나 의사결정을 담고 있으며, 공무원이 준수하여야 할 행동기준으로 작용한다.
② 「공무원 행동강령」은 「부패방지 및 국민권익위원회의 설치와 운영에 관한 법률」 제8조에 근거해 대통령령으로 제정되었다.
③ 「공무원 행동강령」은 중앙행정기관의 장 등에게 「공무원 행동강령」의 시행에 필요한 범위에서 해당 기관의 특성에 적합한 세부적인 기관별 공무원 행동강령을 제정하도록 규정하고 있다.
④ OECD 국가들의 행동강령은 1970년대부터 집중적으로 제정되었으며, 주로 법률 형식으로 규정하고 있다.

출제유형 II. 이론·제도　　**출제영역** 공직윤리 확보를 위한 행동강령
출제빈도 ★★　　**난도** 중

정답찾기
④ 「공무원 행동강령」은 법령에 규정된 의무를 구체화하기 위한 실천적 강령으로서 노무현 정부 때 대통령령으로 규정되었다.

오답피하기
자율적 공직윤리

| 공무원 윤리헌장 | 구속력×, 선언적 규정 |

① 공익성 추구의무 ② 투명성 ③ 창의성 ④ 전문성 ⑤ 다양성 ⑥ 청렴성

| 공무원 행동강령 | 법령에 규정된 의무를 구체화하기 위한 실천 강령 |

「부패방지 및 국민권익위원회의 설치와 운영에 관한 법률」 제8조에 근거하여 대통령령으로 제정

정답 ④

28

다음 공무원 부패의 원인에 대한 접근방법을 설명한 것 중 가장 옳지 않은 것은?
2016 서울 7급

① 도덕적 접근은 부패의 원인을 부패를 저지르는 관료 개인의 윤리의식과 자질의 탓으로 돌린다.
② 제도적 접근은 법과 제도상의 결함이나 운영의 미숙 등이 부정부패의 원인으로 작용한다고 본다.
③ 사회문화적 접근은 관료 부패를 사회문화적 환경의 독립변수로 본다.
④ 체제론적 접근은 관료 부패 현상을 관료 개인의 속성과 제도, 사회문화 환경 등 여러 요인이 복합적으로 상호 작용한 결과로 이해한다.

출제유형 II. 이론·제도　　**출제영역** 공무원 부패
출제빈도 ★★　　**난도** 중

정답찾기
③ 사회문화적 접근은 관료 부패를 사회문화적 환경의 종속변수로 본다.

오답피하기
공직부패: 부패의 접근방법

도덕적	개인의 윤리의식, 자질, 도덕심의 부족
사회·문화적	특정한 지배적 관습이나 경험적 습성
제도적	그 사회의 제도나 법의 결함
체제론적	문화적 특성, 제도상의 결함, 구조상의 모순 및 관료의 비윤리적 행태 등 다양한 요인으로 발생
정치·경제학적	정경유착에 의한 부패
기능주의	근대화 과정의 국가들이 보편적으로 직면하게 되는 발전의 부산물이나 필요악으로 보는 입장
후기 기능주의	관료부패를 시대변화와 상관없이 자기 영속적인 것으로 봄
구조적	잘못된 의식구조나 권위주의적 가치관
권력문화적	과도한 권력집중으로 인한 권력남용이 원인
거버넌스적	정부주도의 독점적 통치구조에서 비롯

정답 ③

29

부패의 원인에 관한 도덕적 접근방법의 입장과 가장 가까운 것은?

2021 지방 7급

① 부패는 관료 개인의 윤리의식과 자질로 인하여 발생한다.
② 부패는 관료 개인의 속성, 제도, 사회문화적 환경 등의 여러 요인이 복합적으로 상호작용한 결과이다.
③ 부패는 현실과 괴리된 법령의 이중적인 규제 기준과 모호한 법규정, 적절한 통제장치의 미비 등에 의해 발생한다.
④ 부패는 공식적 법규나 규범보다는 관습과 같은 사회문화적 환경에 의해 유발된다.

30

공무원 부패에 대한 체제론적 접근방법을 설명한 것으로 옳은 것은?

2015 국가 7급

① 공무원 부패는 개인들의 윤리의식과 자질 때문에 발생한다.
② 부패는 하나의 변수가 아니라 다양한 요인에 의해 복합적으로 나타난다.
③ 사회의 법과 제도상의 결함 때문에 부패가 발생한다.
④ 특정한 지배적 관습이나 경험적 습성과 같은 것이 부패를 조장한다.

출제유형 Ⅱ. 이론·제도 **출제영역** 공무원 부패
출제빈도 ★★   난도 중

정답찾기
① 부패의 원인에 관한 도덕적 접근방법은 부패를 관료 개인의 윤리의식과 자질로 인하여 발생한다고 본다.

오답피하기
② 부패를 관료 개인의 속성, 제도, 사회문화적 환경 등의 여러 요인이 복합적으로 상호작용한 결과라고 보는 것은 체제론적 접근방법에 해당한다.
③ 부패를 현실과 괴리된 법령의 이중적인 규제 기준과 모호한 법규정, 적절한 통제장치의 미비 등에 의해 발생한다고 보는 것은 제도적 접근방법에 해당한다.
④ 부패를 공식적 법규나 규범보다는 관습과 같은 사회문화적 환경에 의해 유발된다고 보는 것은 사회문화적 접근방법에 해당한다.

정답 ①

출제유형 Ⅱ. 이론·제도 **출제영역** 공무원 부패
출제빈도 ★★   난도 중

정답찾기
② 체제론적 부패는 종합적 입장에서 부패가 일어나는 것으로 인식하는 접근법으로 조직의 구조, 법률, 제도, 개인의 도덕심, 사회문화 등 다양한 요인에 의해서 복합적으로 나타나는 것으로 본다.

오답피하기
① 공무원 부패는 개인들의 윤리의식과 자질 때문에 발생한다는 것은 도덕적 접근법에 대한 설명이다.
③ 사회의 법과 제도상의 결함 때문에 부패가 발생한다는 것은 제도적 접근법에 대한 설명이다.
④ 특정한 지배적 관습이나 경험적 습성과 같은 것이 부패를 조장한다는 것은 사회문화적 접근법에 대한 설명이다.

정답 ②

31 0826

행정윤리를 벗어나는 행정권 오용행위에 대한 설명으로 옳은 것은?

2012 국가 7급

① '비윤리적 행위'란 공무원들이 고속도로 통행료를 착복하고 영수증을 허위 작성한다든가 또는 공공기금을 횡령하고 계약의 대가로 지불금의 일부를 가로채는 등의 행위를 말한다.
② '부정행위'란 공무원들이 친구 또는 특정 정파에 호의를 베풀거나 자신의 경제적 이익을 위해 어떤 결정을 내리는 행위를 말한다.
③ '입법의도의 편향된 해석'이란 정부가 환경보호 의견을 무시한 채 관련 법규에서 개발업자나 목재 회사 측의 편을 들어 벌목을 허용하는 등의 행위를 말한다.
④ '실책의 은폐'는 공무원들이 부여된 재량권을 행사하지 않고 적극적인 조치를 취하기를 꺼리는 현상을 말한다.

출제유형 Ⅱ. 이론·제도   **출제영역** 공무원 부패
출제빈도 ★★   **난도** 중

정답찾기
③ 행정권 오용행위 중 '입법의도의 편향된 해석'이란 정부가 환경보호 의견을 무시한 채 관련 법규에서 개발업자나 목재 회사 측의 편을 들어 벌목을 허용하는 등의 행위를 말한다.

오답피하기
① 공무원들이 고속도로 통행료를 착복하고 영수증을 허위 작성한다든가 또는 공공기금을 횡령하고 계약의 대가로 지불금의 일부를 가로채는 등의 행위는 부정행위에 해당한다.
② 공무원들이 친구 또는 특정 정파에 호의를 베풀거나 자신의 경제적 이익을 위해 어떤 결정을 내리는 행위는 비윤리적 행위에 해당한다.
④ 공무원들이 부여된 재량권을 행사하지 않고 적극적인 조치를 취하기를 꺼리는 현상은 무사안일 행위에 해당한다.

정답 ③

32 0827

공직부패의 유형에 대한 설명으로 옳지 않은 것은?

2022 국가 7급

① 인·허가 업무처리 시 소위 '급행료'를 당연하게 요구하는 행위를 일탈형 부패라고 한다.
② 정치인이나 고위공무원이 자신의 권력을 남용해 사적 이익을 추구하는 것을 권력형 부패라고 한다.
③ 공금 횡령, 회계 부정 등 거래 당사자 없이 공무원에 의해 일방적으로 발생하는 부패를 사기형 부패라고 한다.
④ 사회체제에 파괴적 영향을 미칠 잠재성이 있음에도 불구하고, 일부 집단은 처벌을 원하는 반면, 다른 집단은 처벌을 원하지 않는 경우를 회색부패라고 한다.

출제유형 Ⅰ. 기본개념   **출제영역** 공직부패의 유형
출제빈도 ★★   **난도** 하

정답찾기
① 인·허가 업무처리 시 소위 '급행료'를 당연하게 요구하는 행위를 제도화된 부패라고 한다.

오답피하기
② 정치인이나 고위공무원이 자신의 권력을 남용해 사적 이익을 추구하는 것을 권력형 부패라고 한다.
③ 공금 횡령, 회계 부정 등 거래 당사자 없이 공무원에 의해 일방적으로 발생하는 부패를 사기형 부패라고 한다.
④ 사회체제에 파괴적 영향을 미칠 잠재성이 있음에도 불구하고, 일부 집단은 처벌을 원하는 반면, 다른 집단은 처벌을 원하지 않는 경우를 회색부패라고 한다.

부패의 유형

유형	설명
개인적 부패	개인적 수준의 일탈행위로 발생
조직적 부패	공모에 의한 부패, 외부 노출 ×
일탈형 부패	개인의 윤리적 일탈, 돈 받고 단속 ×
제도화된 부패	급행료나 커미션이 당연히 되는 부패
권력형 부패	권력 엘리트나 고위직 공무원의 부패행위
생계형 부패	하위공직자의 생계유지형 부패
흑색 부패	악의 ○, 사회적 지탄 대상, 처벌 ○
회색 부패	해를 끼칠 잠재성 ○, 처벌의 모호성
백색 부패	선의의 거짓말, 처벌 ×
외부 부패	관료와 국민 간 형성, 뇌물수수, 특혜 교환
내부 부패	관료내부 형성, 공금횡령, 회계부정

정답 ①

33

공무원 부패의 사례와 그 유형을 바르게 연결한 것은?

2018 국가 9급

> ㄱ. 무허가 업소를 단속하던 공무원이 정상적인 단속활동을 수행하다가 금품을 제공하는 특정 업소에 대해서는 단속을 하지 않는다.
> ㄴ. 금융위기가 심각함에도 불구하고 국민들의 동요나 기업활동의 위축을 방지하기 위해 금융위기가 전혀 없다고 관련 공무원이 거짓말을 한다.
> ㄷ. 인·허가와 관련된 업무를 담당하는 공무원의 대부분은 업무를 처리하면서 민원인으로부터 의례적으로 '급행료'를 받는다.
> ㄹ. 거래당사자 없이 공금 횡령, 개인적 이익 편취, 회계 부정 등이 공무원에 의해 일방적으로 발생한다.

	ㄱ	ㄴ	ㄷ	ㄹ
①	제도화된 부패	회색 부패	일탈형 부패	생계형 부패
②	일탈형 부패	생계형 부패	조직 부패	회색 부패
③	일탈형 부패	백색 부패	제도화된 부패	비거래형 부패
④	조직 부패	백색 부패	생계형 부패	비거래형 부패

출제유형 Ⅱ. 이론·제도 **출제영역** 공무원 부패

출제빈도 ★★★   난도 상중하

정답찾기

③ ㄱ. 일탈형 부패, ㄴ. 백색 부패, ㄷ. 제도화된 부패, ㄹ. 비거래형 부패에 해당한다.

오답피하기

부패의 유형

- 개인적 부패 — 개인적 수준의 일탈행위로 발생
- 조직적 부패 — 공모에 의한 부패, 외부 노출 ×
- 일탈형 부패 — 개인의 윤리적 일탈, 돈 받고 단속 ×
- 제도화된 부패 — 급행료나 커미션이 당연시 되는 부패
- 권력형 부패 — 권력 엘리트나 고위직 공무원의 부패행위
- 생계형 부패 — 하위공직자의 생계유지형 부패
- 흑색 부패 — 악의 ○, 사회적 지탄 대상, 처벌 ○
- 회색 부패 — 해를 끼칠 잠재성 ○, 처벌의 모호성
- 백색 부패 — 선의의 거짓말, 처벌 ×

정답 ③

34

공무원 부패에 관한 설명으로 가장 옳지 않은 것은?

2017 서울 9급

① 인·허가와 관련된 업무를 처리할 때 소위 급행료를 지불하는 것을 당연시하는 관행은 제도화된 부패에 해당한다.
② 금융위기가 심각함에도 불구하고 국민들의 동요나 기업활동의 위축을 막기 위해 공직자가 거짓말을 하는 것은 회색 부패에 해당한다.
③ 무허가 업소를 단속하던 단속원이 정상적인 단속활동을 수행하다가 금품을 제공하는 특정 업소에 대해서 단속을 하지 않는 것은 일탈형 부패에 해당한다.
④ 공금 횡령, 개인적인 이익의 편취, 회계 부정 등은 비거래형 부패에 해당한다.

출제유형 Ⅱ. 이론·제도 **출제영역** 공무원 부패

출제빈도 ★★   난도 중

정답찾기

② 금융위기가 심각함에도 불구하고 국민들의 동요나 기업활동의 위축을 막기 위해 공직자가 거짓말을 하는 것은 선의의 거짓말로서 백색 부패에 해당한다.

오답피하기

① 인·허가와 관련된 업무를 처리할 때 소위 '급행료'의 지불을 당연시하는 것은 제도적 부패이다.
③ 무허가 업소를 단속하던 단속원이 정상적인 단속활동을 수행하다가 금품을 제공하는 특정 업소에 대해 단속을 하지 않는 것은 일탈형 부패로 개인적 부패이다.
④ 공금횡령, 개인적인 이익의 편취, 회계 부정 등은 상대방을 전제하지 않는 내부 부패이므로 비거래형 부패, 즉 사기형 부패이다.

정답 ②

35 0830

부패와 행정통제에 대한 설명으로 옳지 않은 것은? 2014 국가 7급

① 계층제는 공식적 행정통제 방법이다.
② 공금횡령은 거래형 부패에 해당된다.
③ 우리나라는 공공기관의 부패행위에 대해 국민감사청구제를 시행하고 있다.
④ 우리나라는 '모든 국민의 공공기관 부패방지 시책에 대한 협력의무'를 법률로 규정하고 있다.

출제유형 Ⅱ. 이론·제도 **출제영역** 공무원 부패, 행정통제
출제빈도 ★★ **난도** 중

정답찾기
② 공금횡령은 상대방을 전제로 하지 않는 비거래형 부패에 해당한다. 거래형 부패는 상대방을 전제로 하고 뇌물을 매개로 이권이나 특혜를 직접적으로 교환하는 것을 의미한다.

오답피하기
① 계층제는 상하 간 지휘·명령복종 또는 단일의 의사결정 체제를 확립하므로 공식적 행정통제방법이다.
③ 18세 이상의 국민은 공공기관의 부패행위에 대해 대통령령으로 정하는 일정한 수 이상의 국민의 연서로 감사원에 국민감사청구를 할 수 있다.
④ 부패방지 및 국민권익위원회의 설치와 운영에 관한 법률 제6조에 규정되어 있다.

정답 ②

36 0831

제도화된 부패(Institutionalized Corruption)의 특징이 아닌 것은? 2013 국가 7급

① 부패저항자에 대한 제재와 보복
② 부패행위자에 대한 보호와 관대한 처분
③ 실제로 지켜지지 않는 반부패 행동규범의 대외적 표방
④ 공식적 행동규범을 준수하려는 성향의 일상화

출제유형 Ⅱ. 이론·제도 **출제영역** 공무원 부패
출제빈도 ★★ **난도** 중

정답찾기
④ 제도화된 부패 상황에서는 부패가 일상화되고 제도화되어 있기 때문에 공식적 행동규범을 준수하려는 성향의 일상화는 보이지 않는다.

오답피하기
제도화된 부패(Institutionalized Corruption)의 특성

형식주의	반부패선언을 대외적으로 표방은 하지만, 조직 내에서는 사실상 위반을 방조·은폐한다.
부패저항자에 대한 제재와 보복	반부패 행동규범을 준수하려는 사람이나 부패를 폭로하려는 사람은 보복을 당하는 상황이다.
부패행위자의 보호	부패 사실이 외부에 노출되는 경우에도 관대한 처분을 받는 상황이다.
부패의 타성화	조직 내의 전반적 관행을 정당화함으로써 집단적으로 죄책감을 해소하며, 강력한 외적 압력이 없는 한 부패를 중단하려 하지 않는 상황이다.
통제자의 책임회피	부패적발의 책임을 맡은 사람이 오히려 변명하는데 급급하면서 공식적 책무수행을 꺼리는 상황이다.

정답 ④

37

부패의 유형과 그 예에 대한 설명으로 옳지 않은 것은?

2012 지방 7급

① 회색 부패는 금융위기가 심각함에도 불구하고 국가적 동요를 막기 위해 관련 공직자가 문제없다고 거짓말을 하는 것이다.
② 제도화된 부패는 인·허가와 관련된 업무를 처리할 때 소위 '급행료'를 지불하는 것이다.
③ 일탈형 부패는 무허가 업소를 단속하던 단속원이 금품을 제공하는 특정업소에 대해 단속을 하지 않는 것이다.
④ 개인 부패는 공무원 개인이 직무를 수행하면서 공금을 횡령한 것이다.

38

「국가공무원법」상 징계에 대한 설명으로 옳은 것은?

2018 국가 9급

① 징계는 파면·해임·정직·감봉·견책으로 구분한다.
② 정직은 1개월 이상 3개월 이하의 기간으로 하고, 정직 처분을 받은 자는 그 기간 중 공무원의 신분은 보유하나 직무에 종사하지 못하며 보수의 3분의 2를 감한다.
③ 감봉은 1개월 이상 3개월 이하의 기간 동안 보수의 3분의 1을 감한다.
④ 감사원에서 조사 중인 사건에 대하여는 조사개시 통보를 받은 후부터 징계 의결의 요구나 그 밖의 징계 절차를 진행할 수 있다.

정답찾기

① 금융위기가 심각함에도 불구하고 국가적 동요를 막기 위해 관련 공직자가 문제없다고 거짓말을 하는 것은 선의의 거짓말로 백색 부패이다.

오답피하기

부패의 유형

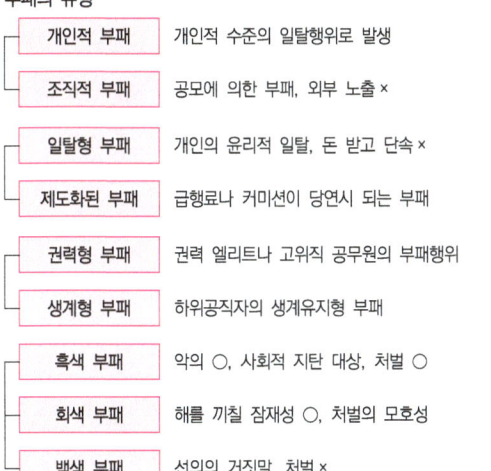

정답 ①

정답찾기

③ 감봉은 1개월 이상 3개월 이하의 기간 동안 보수의 3분의 1을 감한다.

오답피하기

① 징계는 파면·해임·강등·정직·감봉·견책으로 구분한다.
② 정직은 1개월 이상 3개월 이하의 기간으로 하고, 정직처분을 받은 사람은 그 기간 중 공무원의 신분은 보유하나 직무에 종사하지 못하며, 보수의 전액을 감한다.
④ 감사원에서 조사 중인 사건에 대하여는 조사개시 통보를 받은 날부터 징계 의결의 요구나 그 밖의 징계 절차를 진행할 수 없다.

정답 ③

39 □□□ 0834

다음 「국가공무원법」상 공무원의 징계에 대한 설명 중 가장 옳지 않은 것은? 2014 국회 9급

① 감봉은 보수의 불이익을 받는 것으로, 감봉기간 동안 보수액의 3분의 1이 감해진다.
② 해임은 공무원신분을 완전히 잃는 것으로 3년간 공무원 임용의 결격사유가 된다.
③ 정직은 공무원의 신분은 보유하나 직무에 종사할 수 없게 하는 징계의 한 종류이다.
④ 견책은 공무원의 잘못된 행동에 대하여 훈계하고 회개토록 하는 징계의 한 종류이다.
⑤ 강등은 1계급 아래로 직급을 내리고 공무원 신분은 보유하나 3개월간 직무에 종사하지 못하며 그 기간 중 보수의 3분의 2를 감하는 징계의 한 종류이다.

40 □□□ 0835

공무원의 징계에 대한 설명으로 옳지 않은 것은? 2013 국가 7급

① 징계로 파면처분을 받은 때부터 5년이 지나지 아니한 자와, 징계로 해임처분을 받은 때부터 3년이 지나지 아니한 자는 공무원으로 임용될 수 없다.
② 금품 및 향응 수수, 공금의 횡령·유용으로 징계 해임된 자의 퇴직급여는 감액하지 아니한다.
③ 탄핵 또는 징계에 의하여 파면된 경우, 재직기간이 5년 이상인 사람의 퇴직급여는 1/2을 감액하여 지급한다.
④ 탄핵 또는 징계에 의하여 파면된 경우, 재직기간이 5년 미만인 사람의 퇴직급여는 1/4을 감액하여 지급한다.

출제유형 Ⅱ. 이론·제도   **출제영역** 「국가공무원법」상 징계
출제빈도 ★★★   **난도** 중

정답찾기
⑤ 강등은 1계급 하향 조절하고 신분은 보장되나 3개월 간 직무수행이 금지되며 그 기간 중 보수의 전액을 감한다.

오답피하기

징계처분

견책	훈계하고 회개, 6개월간 승급 ×
감봉	1개월~3개월 보수 1/3 감함, 12개월간 승급 ×
정직	1~3개월간 직무종사 ×, 보수전액 감함, 18개월간 승급 ×

신분보장 ○

| 강등 | 1계급 아래로 직급을 내리는 것
3개월 간 직무종사 ×, 보수전액 감함, 18개월간 승급 × |
| 해임 | 강제퇴직, 3년간 공직임용 제한, 퇴직급여 영향 없음
But 금품, 공금횡령·유용 시(근무기간 5년 미만: 퇴직급여 1/8, 5년 이상: 1/4 감액) |

신분보장 ×

| 파면 | 강제 퇴직, 5년간 공직임용 제한, 퇴직급여 일부 삭감(근무기간 5년미만: 퇴직급여의 1/4, 5년 이상: 1/2 감액) |

행복한 암기 TIP

징계처분
파! 해 강정 감견 / 강정이 떡떡해! 18 / 오파(빠) 해삼 먹어

정답 ⑤

출제유형 Ⅱ. 이론·제도   **출제영역** 「국가공무원법」상 징계
출제빈도 ★★★   **난도** 중

정답찾기
② 금품 및 향응 수수, 공금횡령이나 유용으로 해임될 시에는 퇴직급여는 제한된다. 재직기간이 5년 미만인 사람의 퇴직급여는 1/8을 감액하여 지급하고, 재직기간이 5년 이상인 사람의 퇴직급여는 1/4을 감액하여 지급한다.

정답 ②

41

소청심사제도에 대한 설명으로 옳은 것은? 2017 국가 7급

① 소청심사위원회의 결정은 처분 행정청에 대해 권고와 같은 효력이 있다.
② 강임과 면직은 심사대상이나 휴직과 전보는 심사대상에 해당되지 않는다.
③ 지방소청심사위원회는 기초자치단체별로 설치되어 있다.
④ 지방소청심사위원회 위원은 자치단체장이 임명 또는 위촉하나 위원장은 위촉위원 중에서 호선한다.

42

행정안전부에 설치된 소청심사위원회에 대한 설명으로 옳지 않은 것은? 2014 국가 7급

① 「정당법」에 따른 정당의 당원, 「공직선거법」에 따라 실시하는 선거에 후보로 등록한 자는 소청심사위원회의 위원이 될 수 없다.
② 다른 법률로 정하는 바에 따라 특정직 공무원의 소청을 심사·결정할 수 있다.
③ 위원장 1명을 포함한 5명 이상 7명 이내의 상임위원으로 구성하고, 필요시 비상임위원을 둘 수 있다.
④ 행정기관 소속 공무원의 징계처분, 그 밖에 그 의사에 반하는 불리한 처분이나 부작위에 대한 소청을 심사·결정한다.

출제유형 Ⅱ. 이론·제도 **출제영역** 소청심사제도
출제빈도 ★★ **난도** 중

정답찾기
④ 지방소청심사위원회 위원은 <u>자치단체장이 임명 또는 위촉</u>하고 심사위원회에 위원장을 1명으로 두고 위원장은 위촉위원 중에서 호선한다.

오답피하기
① 소청심사위원회의 결정은 준사법적 행위로서 <u>구속력이 있다</u>.
② 각종 징계처분이나 공무원 자신의 의사에 반하는 불리한 처분 등에 <u>소청심사의 대상이 해당한다</u>. 다만, 승진탈락과 근평결과는 대상이 되지 아니한다.
③ 지방소청심사위원회는 <u>광역자치단체별</u>로 설치되어 있다.

행복노트
소청심사 대상

대상	제외 사항
㉠ 각종 징계 처분: 파면, 해임, 강등, 정직, 감봉, 견책	㉠ 공무원의 신분 변동에 해당하지 않는 처분
㉡ 의사에 반하는 불리한 처분: 강임, 휴직, 직위해제, 면직, 전보, (기각)계고, 경고 등	㉡ 일반적, 추상적 행정법령 개정 요구
	㉢ 행정청 내부적 의사결정 단계의 행위
㉢ 부작위: 복직, 청구 등	㉣ 법적 효과를 발생하지않는행위
	㉤ 승진 탈락, 근평 결과

정답 ④

출제유형 Ⅱ. 이론·제도 **출제영역** 소청심사위원회
출제빈도 ★★ **난도** 중

정답찾기
③ 위원장 1명을 포함한 5명 이상 7명 이내의 상임위원으로 구성하고, <u>비상임위원은 상임위원 수의 1/2 이상으로 구성되고, 위원장은 정무직에 해당한다</u>.

오답피하기
① 「정당법」에 따른 정당의 당원, 「공직선거법」에 따라 실시하는 선거에 후보자로 등록한 자, <u>「국가공무원법」제33조 결격사유에 해당하는 자</u>는 소청심사위원회의 위원이 될 수 없다.

행복노트
소청심사위원회

「국가공무원법」 제9조 【소청심사위원회의 설치】
① 행정기관 소속 공무원의 징계처분, 그 밖에 그 의사에 반하는 불리한 처분이나 부작위에 대한 소청을 심사·결정하게 하기 위하여 인사혁신처에 소청심사위원회를 둔다.
② 국회, 법원, 헌법재판소 및 선거관리위원회 소속 공무원의 소청에 관한 사항을 심사·결정하게 하기 위하여 국회사무처, 법원행정처, 헌법재판소사무처 및 중앙선거관리위원회사무처에 각각 해당 소청심사위원회를 둔다.
③ 국회사무처, 법원행정처, 헌법재판소사무처 및 중앙선거관리위원회사무처에 설치된 소청심사위원회는 위원장 1명을 포함한 위원 5명 이상 7명 이하의 비상임위원으로 구성하고, <u>인사혁신처에 설치된 소청심사위원회는 위원장 1명을 포함한 5명 이상 7명 이하의 상임위원과 상임위원 수의 2분의 1 이상인 비상임위원으로 구성하되, 위원장은 정무직으로 보한다</u>.
④ 제1항에 따라 설치된 소청심사위원회는 다른 법률로 정하는 바에 따라 특정직 공무원의 소청을 심사·결정할 수 있다.

정답 ③

43
계급정년제도에 대한 설명으로 옳지 않은 것은?

2017 국가 9급 추가

① 공무원이 일정한 기간 동안 승진하지 못하고 동일한 계급에 머물러 있으면, 그 기간이 만료된 때에 그 사람을 자동적으로 퇴직시키는 제도이다.
② 인적자원의 유동률을 높여 국민의 공직취임 기회를 확대할 수 있다.
③ 공무원의 교체를 촉진하여 낡은 관료문화 타파에 기여할 수 있다.
④ 모든 공무원의 직업적 안정성을 확보할 수 있다.

44
공무원의 직위해제에 대한 설명으로 옳은 것은?

2023 국가 9급

① 직위해제는 공무원 징계의 한 종류이다.
② 직위해제 처분을 받은 공무원은 잠정적으로 공무원 신분이 상실된다.
③ 직무수행 능력이 부족하거나 근무성적이 극히 나쁜 자에 대해서도 직위해제가 가능하다.
④ 직위해제의 사유가 소멸된 경우 임용권자는 인사위원회의 심의를 거쳐 3개월 이내에 직위를 부여하여야 한다.

출제유형 Ⅱ. 이론·제도 **출제영역** 계급정년제도
출제빈도 ★ **난도** 중

정답찾기
④ 계급정년제도는 공무원이 일정 기간 동안 승진하지 못하면, 그 기간이 만료된 때에 그 사람을 자동적으로 퇴직시키는 제도로서 행정의 안정성과 계속성이 저해되는 단점을 가진다. 현재 우리나라에는 경찰·검찰·군인 등 일부 특정직 중상위직에 일부 적용되고 있다.

오답피하기
정년 제도

연령 정년제도	60세 원칙(가장 일반적)
근속 정년제도	일정 근속연한 근무하면 자동 퇴직
계급 정년제	특정계급에서 일정기간 승진 ×  → 자동퇴직(군인, 경찰, 소방, 외무 중 상위 공무원 적용)

계급 정년제 적용의 장·단점

장 점	단 점
㉠ 전통적 관료문화 타파	㉠ 직업공무원제 확립 저해
㉡ 관료제의 민주화 요청 부합	㉡ 공무원 사기 저하
㉢ 공직의 적정유동률 유지	㉢ 숙달된 인력 손실 우려
㉣ 정실개입 방지	㉣ 이직률 조정 곤란
㉤ 성취지향적 공직풍토 조성	㉤ 행정의 안정성 저해
㉥ 무능한 공무원 도태	㉥ 실적주의 부합 ×

정답 ④

출제유형 Ⅱ. 이론·제도 **출제영역** 출제영역
출제빈도 ★★ **난도** 중

정답찾기
③ 직무수행 능력이 부족하거나 근무성적이 극히 나쁜 자에 대해서도 직위해제가 가능하다.

국가공무원법 제73조의3(직위해제)

① 임용권자는 다음 각 호의 어느 하나에 해당하는 자에게는 직위를 부여하지 아니할 수 있다.
  2. 직무수행 능력이 부족하거나 근무성적이 극히 나쁜 자
  3. 파면·해임·강등 또는 정직에 해당하는 징계 의결이 요구 중인 자
  4. 형사 사건으로 기소된 자(약식명령이 청구된 자는 제외한다)
  5. 고위공무원단에 속하는 일반직공무원으로서 제70조의2제1항제2호부터 제5호까지의 사유로 적격심사를 요구받은 자
  6. 금품비위, 성범죄 등 대통령령으로 정하는 비위행위로 인하여 감사원 및 검찰·경찰 등 수사기관에서 조사나 수사 중인 자로서 비위의 정도가 중대하고 이로 인하여 정상적인 업무수행을 기대하기 현저히 어려운 자
② 제1항에 따라 직위를 부여하지 아니한 경우에 그 사유가 소멸되면 임용권자는 지체 없이 직위를 부여하여야 한다.

오답피하기
① 직위해제는 공무원 징계의 한 종류에 해당하지 않는다.
② 직위해제 처분을 받은 공무원은 공무원 신분은 유지된다.
④ 직위해제의 사유가 소멸된 경우 임용권자는 지체없이 직위를 부여하여야 한다.

정답 ③

45　　　　　　　　　　　　　　　　0840

「국가공무원법」상 공무원 인사에 대한 설명으로 옳지 않은 것은?

2018 지방 9급

① 당연퇴직은 법이 정한 사유가 발생한 경우 별도의 처분 없이 공무원 관계가 소멸되는 것을 말한다.
② 직권면직은 법이 정한 사유가 발생한 경우 임용권자가 일방적으로 공무원 관계를 소멸시키는 것을 말한다.
③ 직위해제는 직무수행능력이 부족하거나 근무성적이 극히 나쁜 경우 공무원의 신분은 유지하지만 강제로 직무를 담당하지 못하게 하는 것이다.
④ 강임은 한 계급 아래로 직급을 내리는 것으로 징계의 종류 중 하나이다.

46　　　　　　　　　　　　　　　　0841

우리나라의 공무원 인사제도에 대한 내용으로 옳지 않은 것은?

2015 국가 9급

① 공무원이 인사에 관하여 자신의 의사에 반한 불리한 처분을 받았을 때에는 소청심사를 청구할 수 있다.
② 임용권자는 직무수행 능력이 부족하거나 근무성적이 극히 나쁜 자에게 직위를 부여하지 아니할 수 있다.
③ 직권면직은 「국가공무원법」상 징계의 한 종류로서, 임용권자가 특정한 사유에 해당되는 공무원을 직권으로 면직시키는 것이다.
④ 해임처분을 받은 때부터 3년, 파면처분을 받은 때부터 5년이 지나지 아니한 자는 공무원으로 임용될 수 없다.

출제유형 Ⅱ. 이론·제도　　**출제명역** 공무원 인사제도
출제빈도 ★★　　**난도** 중

정답찾기
④ 계급 아래로 직급을 내리는 것으로 징계의 종류 중 하나는 강등에 해당한다. 강임은 정부조직개편으로 폐지·과원 상태가 되었거나 본인의 희망에 의하여 하위직급으로 임용되는 것으로 징계에 해당하지 않는다.

오답피하기
① 당연퇴직은 「국가공무원법」상 결격사유가 발생한 경우 별도의 처분 없이 공무원 관계가 당연히 소멸되는 것을 의미한다.
② 직권면직은 형사사건으로 기소되는 등 법이 정한 사유가 발생한 경우 임용권자가 일방적으로 공무원 관계를 소멸시키는 것을 말한다.
③ 직위해제는 직무수행능력이 부족하거나 근무성적이 극히 나쁜 경우 공무원의 신분은 유지하되 강제로 직무를 담당하지 못하게 하는 것이다.

정답 ④

출제유형 Ⅱ. 이론·제도　　**출제명역** 공무원 인사제도
출제빈도 ★★　　**난도** 중

정답찾기
③ 견책, 감봉, 정직, 강등, 해임, 파면만이 징계에 속할 뿐, 직권면직이나 직위해제, 강임 등은 「국가공무원법」상 징계가 아니다.

오답피하기

직권면직

개념	직권으로 신분박탈(징계위원회 동의나 의견청취 필요)
특징	1. 직제·정원의 개폐 및 예산감소로 인한 감원 시 2. 휴직기간 만료, 직무 감당 능력 × 3. 직무능력 부족 및 성적불량으로 직위해제된 자의 향상을 기대할수 없을 때 4. 전직시험에서 3회이상 불합격인 자 5. 징병검사·입영 등 명령기피 및 군복무 이탈 6. 해당자격증 효력 상실 / 면허 취소 7. 고위공무원이 부적격 결정을 받은 때

직위해제

개념	일정기간 직위부여 ×
사유	1. 직무수행능력 부족한 자 2. 중징계 의결 중인 자 3. 형사사건으로 기소된 자 4. 고위공무원단 일반직 공무원으로서 적격심사 요구받은 자 5. 금품비위/성범죄로 수사 중인 자

정답 ③

47　□□□　0842

우리나라의 공무원 인사제도에 대한 설명으로 옳지 않은 것은?

2015 국가 9급

① 공무원을 수직적으로 이동시키는 내부 임용의 방법으로는 전직과 전보가 있다.
② 강등은 1계급 아래로 직급을 내리고(고위공무원단에 속하는 공무원은 3급으로 임용하고, 연구관 및 지도관은 연구사 및 지도사로 한다) 공무원 신분은 보유하나 3개월간 직무에 종사하지 못하며 그 기간 중 보수의 전액을 감한다.
③ 청렴하고 투철한 봉사 정신으로 직무에 모든 힘을 다하여 공무 집행의 공정성을 유지하고 깨끗한 공직 사회를 구현하는 데에 다른 공무원의 귀감이 되는 공무원은 특별승진임용하거나 일반 승진시험에 우선 응시하게 할 수 있다.
④ 임용권자는 만 8세 이하(취학 중인 경우에는 초등학교 2학년 이하)의 자녀를 양육하기 위하여 필요하거나 여성공무원이 임신 또는 출산하게 되어 휴직을 원하면 대통령령으로 정하는 특별한 사정이 없으면 휴직을 명하여야 한다.

출제유형 Ⅱ. 이론·제도　**출제영역** 공무원 인사제도
출제빈도 ★★　**난도** 중

정답찾기
① 전직과 전보는 수평적으로 이동시키는 내부 임용 방법이다.

오답피하기
② 강등은 1계급 아래로 직급을 내리고(고위공무원단에 속하는 공무원은 3급으로 임용하고, 연구관 및 지도관은 연구사 및 지도사로 한다) 공무원 신분은 보유하나 3개월간 직무에 종사하지 못하며 그 기간 중 보수의 전액을 감한다.
③ 청렴하고 투철한 봉사 정신으로 직무에 모든 힘을 다하여 공무 집행의 공정성을 유지하고 깨끗한 공직 사회를 구현하는 데에 다른 공무원의 귀감이 되는 공무원은 특별승진임용하거나 일반 승진시험에 우선 응시하게 할 수 있다.
④ 임용권자는 만 8세 이하(취학 중인 경우에는 초등학교 2학년 이하)의 자녀를 양육하기 위하여 필요하거나 여성공무원이 임신 또는 출산하게 되어 휴직을 원하면 대통령령으로 정하는 특별한 사정이 없으면 휴직을 명하여야 한다.

정답 ①

48　□□□　0843

공무원 신분의 변경과 소멸에 대한 설명으로 옳지 않은 것은?

2022 국가 9급

① 직권면직은 법률상 징계의 종류로 규정되어 있지 않다.
② 정직은 징계처분의 일종으로, 정직 기간 중에는 보수의 1/2을 감하도록 되어 있다.
③ 임용권자는 사정에 따라서는 공무원 본인의 의사에도 불구하고 휴직을 명해야 한다.
④ 임용권자는 직무수행 능력 부족을 이유로 직위해제를 받은 공무원이 직위해제 기간에 능력의 향상을 기대하기 어렵다고 인정된 때에 직권면직을 통해 공무원의 신분을 박탈할 수 있다.

출제유형 Ⅱ. 이론·제도　**출제영역** 공무원 신분의 변경과 소멸
출제빈도 ★★★　**정답률** 75%　**난도** 중

정답찾기
② 정직은 1개월 이상 3개월 이하의 기간으로 하고, 정직 처분을 받은 자는 그 기간 중 공무원의 신분은 보유하나 직무에 종사하지 못하며 보수의 전액을 감한다.

오답피하기
① 징계의 종류에는 견책, 감봉, 정직, 강등, 해임, 파면이 있다
③ 「국가공무원법」 제71조(휴직) ① 공무원이 다음 각호의 어느 하나에 해당하면 임용권자는 본인의 의사에도 불구하고 휴직을 명하여야 한다.
④ 「국가공무원법」 제70조(직권 면직) ① 임용권자는 공무원이 다음 각호의 어느 하나에 해당하면 직권으로 면직시킬 수 있다.
　5. 제73조의3 제3항(직위해제)에 따라 대기 명령을 받은 자가 그 기간에 능력 또는 근무성적의 향상을 기대하기 어렵다고 인정된 때

행복노트

징계처분

견책	훈계하고 회개, 6개월간 승급 ×
감봉	1개월~3개월 보수 1/3 감함, 12개월간 승급 ×
정직	1~3개월간 직무종사 ×, 보수전액 감함, 18개월간 승급 ×

신분보장 ○

강등	1계급 아래로 직급을 내리는 것 3개월 간 직무종사 ×, 보수전액 감함, 18개월간 승급 ×
해임	강제퇴직, 3년간 공직임용 제한, 퇴직급여 영향 없음 But 금품, 공금횡령·유용 시(근무기간 5년 미만: 퇴직급여 1/8, 5년 이상: 1/4 감액)

신분보장 ×

파면	강제 퇴직, 5년간 공직임용 제한, 퇴직급여 일부 삭감(근무기간 5년미만: 퇴직급여의 1/4, 5년 이상: 1/2 감액)

행복한 암기 TIP

징계처분
파! 해 강정 감견 / 강정이 딱딱해! 18 / 오파(빠) 해삼 먹어

정답 ②

49

공무원 신분의 변경과 소멸에 대한 설명으로 옳은 것은?

2014 서울 7급

① 면직 처분에 대하여는 소청심사를 청구할 수 있으나, 승진 탈락에 대하여는 청구할 수 없다.
② 직제와 정원규정이 바뀌어 현재의 공무원 수가 정원을 초과한 경우는 당연퇴직 요건에 해당한다.
③ 권고사직은 의원면직의 형식을 취하므로 강제퇴직이라고 볼 수 없다.
④ 직위해제를 받게 되면 직무를 담당하지 못하게 되어 공무원의 신분을 유지할 수 없다.
⑤ 강임은 승진과 반대로 현 직급보다 낮은 하위 직급에 임용되는 것으로 징계에 해당한다.

출제유형 Ⅱ. 이론·제도 **출제영역** 공무원 인사제도
출제빈도 ★★ 난도 중

정답찾기
① 인사혁신처 소속 소청심사위원회는 징계처분·강임·휴직·직위해제·면직처분 등 공무원 본인의 의사에 반하는 불리한 처분 또는 부작위 등이 소청심사의 대상이다. 하지만 승진 탈락은 소청심사의 대상이 아니다.

오답피하기
② 직제와 정원규정이 바뀌어 현재의 공무원 수가 정원을 초과한 경우는 직권면직 사유에 해당한다.
③ 권고사직은 의원면직의 형식이지만 사실상 강제퇴직이다. 권고사직은 「국가공무원법」상의 제도는 아니다.
④ 직위해제는 공무원의 신분을 유지하되 강제적으로 직무를 담당하지 못하는 것이다.
⑤ 강임은 하위직급에 임용되는 것으로 강등과 달리 징계에 해당하지 않는다.

정답 ①

50

우리나라 인사제도에 대한 설명으로 옳지 않은 것은?

2020 국가 9급

① 인사혁신처는 비독립형 단독제 형태의 중앙인사기관이다.
② 전문경력관이란 직무 분야가 특수한 직위에 임용되는 일반직 공무원을 말한다.
③ 별정직 공무원의 근무상한연령은 65세이며, 일반임기제 공무원으로 채용할 수 있다.
④ 각 부처의 고위공무원을 범정부적 차원에서 효율적으로 관리하고자 고위공무원단 제도를 운영하고 있다.

출제유형 Ⅱ. 이론·제도 **출제영역** 공무원 인사제도
출제빈도 ★★ 난도 중

정답찾기
③ 별정직 공무원의 근무상한연령은 65세가 아니라 60세이다.

오답피하기
① 인사혁신처는 비독립형 단독제 형태의 중앙인사기관이다.
② 전문경력관이란 직무 분야가 특수한 직위에 임용되는 일반직 공무원을 말한다.
④ 각 부처의 고위공무원을 범정부적 차원에서 효율적으로 관리하고자 고위공무원단 제도를 2006년 노무현 정부 때부터 운영하고 있다.

관련조문
「별정직 공무원 인사규정」 제6조 【근무상한연령】
① 별정직 공무원의 근무상한연령은 60세로 한다. 다만, 「대통령 등의 경호에 관한 법률」 제6조에 따른 별정직 공무원에 대해서는 임용권자나 임용제청권자가 근무상한연령을 따로 정할 수 있다.

정답 ③

CHAPTER 05 기출 OX

1. 「공직자윤리법」상 취업심사대상자는 퇴직일부터 5년간 퇴직 전 3년 동안 소속하였던 부서 또는 기관의 업무와 밀접한 관련성이 있는 취업제한기관에 취업할 수 없다. ⊙⊗ 2018 국가 7급

2. 공직자 행동강령은 공무원이 준수하여야 할 행동기준으로 「국가공무원법」에 규정되어 있다. ⊙⊗ 2018 국가 7급

3. 공개적으로 공직자 등에게 특정한 행위를 요구하는 행위는 「부정청탁 및 금품 등 수수의 금지에 관한 법률」상 금지하는 부정청탁에 해당한다. ⊙⊗ 2017 국가 7급

4. 부패의 원인에 관한 제도적 접근방법은 부패는 관료 개인의 윤리의식과 자질로 인하여 발생한다는 것이다. ⊙⊗ 2020 지방 7급

5. 부패에 대한 체제론적 접근방법은 공무원의 부패를 다양한 원인에 의해 발생하는 복합적 현상으로 본다. ⊙⊗ 2015 국가 7급

6. 정직은 1개월 이상 3개월 이하의 기간으로 하고, 정직 처분을 받은 자는 그 기간 중 공무원의 신분은 보유하나 직무에 종사하지 못하여 보수의 3분의 1을 감한다. ⊙⊗ 2015 지방 7급

7. 공무원이 인사에 관하여 자신의 인사에 반한 불리한 처분을 받았을 때에는 소청심사를 청구할 수 있다. ⊙⊗ 2015 국가 9급

8. 공무원의 면직 처분에 대하여는 소청심사를 청구할 수 있으나 승진 탈락에 대하여는 청구할 수 없다. ⊙⊗ 2014 서울 7급

9. 직권면직은 임용권자가 특정한 사유에 해당하는 공무원을 직권으로 면직시키는 것으로 징계에 해당한다. ⊙⊗ 2015 국가 9급

10. 직권면직은 공무원이 일정한 기간 동안 승진하지 못하고 동일한 계급에 머물러 있으면, 그 기간이 만료된 때에 그 사람을 자동적으로 퇴직시키는 제도이다. ⊙⊗ 2017 국가 9급 추가

11. 직위해제를 받게 되면 공무원의 신분은 유지할 수 있으나 직위는 부여하지 않는다. ⊙⊗ 2014 서울 7급

12. 「국가공무원법」상 강임은 한 계급 아래로 직급을 내리는 것으로 징계의 종류 중 하나이다. ⊙⊗ 2018 지방 9급

13. 같은 직급 내에서 직위 등을 변경하는 전보는 수평적 인사이동에 해당하며, 전보의 오용과 남용을 방지하기 위해 전보가 제한되는 기간이나 범위를 두고 있다. ⊙⊗ 2020 국가 9급

14. 겸임은 한 사람에게 둘 이상의 직위를 부여하는 것으로 그 대상은 특정직 공무원이며, 겸임 기간은 3년 이내로 한다. ⊙⊗ 2020 국가 9급

---

1. 「공직자윤리법」상 취업심사대상자는 퇴직일부터 **3년간** 퇴직 전 **5년** 동안 소속하였던 부서 또는 기관의 업무와 밀접한 관련성이 있는 취업제한기관에 취업할 수 없다. ✗

2. 공직자 행동강령은 공무원이 준수하여야 할 행동기준으로 **대통령령**에 규정되어 있다. ✗

3. 공개적으로 공직자 등에게 특정한 행위를 요구하는 행위는 「부정청탁 및 금품 등 수수의 금지에 관한 법률」상 금지하는 부정청탁에 **해당하지 않는다**. ✗

4. 부패의 원인에 관한 **도덕적** 접근방법은 부패는 관료 개인의 윤리의식과 자질로 인하여 발생한다는 것이다. ✗

5. 부패에 대한 체제론적 접근방법은 공무원의 부패를 다양한 원인에 의해 발생하는 복합적 현상으로 본다. ○

6. 정직은 1개월 이상 3개월 이하의 기간으로 하고, 정직 처분을 받은 자는 그 기간 중 공무원의 신분은 보유하나 직무에 종사하지 못하여 보수의 **전액**을 감한다. ✗

7. 공무원이 인사에 관하여 자신의 인사에 반한 불리한 처분을 받았을 때에는 소청심사를 청구할 수 있다. ○

8. 공무원의 면직 처분에 대하여는 소청심사를 청구할 수 있으나 승진 탈락에 대하여는 청구할 수 없다. ○

9. 직권면직은 임용권자가 특정한 사유에 해당하는 공무원을 직권으로 면직시키는 것으로 징계에 **해당하지 않는다**. ✗

10. **계급정년제도는** 공무원이 일정한 기간 동안 승진하지 못하고 동일한 계급에 머물러 있으면, 그 기간이 만료된 때에 그 사람을 자동적으로 퇴직시키는 제도이다. ✗

11. 직위해제를 받게 되면 공무원의 신분은 유지할 수 있으나 직위는 부여하지 않는다. ○

12. 「국가공무원법」상 **강등은** 한 계급 아래로 직급을 내리는 것으로 징계의 종류 중 하나이다. ✗

13. 같은 직급 내에서 직위 등을 변경하는 전보는 수평적 인사이동에 해당하며, 전보의 오용과 남용을 방지하기 위해 전보가 제한되는 기간이나 범위를 두고 있다. ○

14. 겸임은 한 사람에게 둘 이상의 직위를 부여하는 것으로 그 대상은 특정직 공무원에 **한정하지 않고**, 겸임 기간은 **2년** 이내로 한다. ✗

CHAPTER 05 키워드

1. 공무원의 _____은 행정의 계속성과 전문성을 확보하고 공무원 집단의 정치세력화를 방지하기 위해서이다.   *2012 국가 9급*   **정치적 중립**

2. 품위 유지의 의무, 복종의 의무, 성실 의무 등은 _____에 명시된 공무원의 의무에 해당한다.   *2021 국가 9급*   **「국가공무원법」**

3. 공직자 재산등록 및 공개제도는 공직자, 공직후보자의 재산 정보를 등록 및 공개하는 제도로 우리나라 「_____」에 시행근거를 두고 있다.   *2017 서울 7급*   **공직자윤리법**

4. 정무직 공무원과 일반직 ___급 이상 공무원은 재산등록의무가 있다.   *2018 서울 9급*   **4**

5. 「공직자윤리법」에서는 퇴직공직자의 취업제한 및 행위제한 등을 규정하고 있는데, 취업심사 대상자는 퇴직일로부터 3년간 퇴직 전 ___년 동안 소속하였던 부서 또는 기관의 업무와 밀접한 관련성이 있는 취업제한기관에 취업할 수 없다.   *2017 국가 9급*   **5**

6. 각급 학교의 입학·성적·수행평가 등의 업무에 관하여 법령을 위반하여 처리·조작하도록 하는 행위는 「부정청탁 및 금품 등 수수의 금지에 관한 법률」상 금지하는 _____에 해당한다.   *2017 국가 9급*   **부정청탁**

7. 현행 「부정청탁 및 금품 등 수수의 금지에 관한 법률」에 의하면 공직자는 _____ 여부와 관계없이 동일인으로부터 1회에 100만 원 또는 매 회계연도에 300만 원을 초과하는 금품 등을 받을 수 없다.   *2017 서울 7급*   **직무관련**

8. 공직자 행동강령은 공무원이 준수하여야 할 행동기준으로 노무현 정부 때 _____으로 제정되었다.   *2018 국가 7급*   **대통령령**

9. 부패에 관한 _____ 접근은 부패의 원인을 부패를 저지르는 관료 개인의 윤리의식과 자질의 탓으로 돌린다.   *2016 서울 7급*   **도덕적**

10. 공무원 부패의 원인을 _____ 접근으로 보는 관점에서는 특정한 지배적 관습이나 경험적 습성이 부패를 조장한다는 입장이다.   *2016 지방 9급*   **사회문화적**

11. 무허가 업소를 단속하던 공무원이 정상적인 단속활동을 수행하다가 금품을 제공하는 특정 업소에 대해서는 단속을 하지 않는 것은 _____ 부패의 예이다.   *2018 국가 9급*   **일탈형**

12. _____은 동일 직렬 내의 하위 직급에 임용되는 것으로 징계에 해당되지 않는다.   *2018 지방 9급*   **강임**

13. 징계로 해임처분을 받은 때부터 3년이 지나지 아니한 자는 공무원으로 임용될 수 없고, 파면 처분을 받은 때부터 ___년이 지나지 아니한 자는 공무원으로 임용될 수 없다.   *2015 지방 7급*   **5**

14. _____은 법이 정한 사유가 발생한 경우 임용권자가 일방적으로 공무원 관계를 소멸시키는 것을 말한다.   *2018 지방 9급*   **직권면직**

김규대 행정학
단원별 기출문제집
1200제

제 **5** 편

재무행정론

Chapter 01 재무행정의 기초
Chapter 02 예산결정이론과 예산과정
Chapter 03 예산행태와 예산개혁

CHAPTER 01 재무행정의 기초

대표문제

01 ☐☐☐ 0846

중앙정부의 일반회계에 대한 설명으로 옳지 않은 것은?
2025 지방 9급

① 조세수입 등을 주요 재원으로 한다.
② 특정한 세입과 특정한 세출의 연계를 배제한다.
③ 세출은 주로 국가의 존립과 유지를 위한 기본적 경비로 구성된다.
④ 국가의 고유 기능 수행을 위해 양곡관리, 조달, 우편사업, 우체국예금, 책임운영기관 등 총 6개의 일반회계가 설치되어 있다.

출제유형 Ⅱ. 이론·제도 **출제영역** 정부예산의 종류
출제빈도 ★★★ **난도** 중

정답찾기
④ 국가의 고유 기능 수행을 위해 양곡관리, 조달, 우편사업, 우체국예금, 책임운영기관 등 총 6개의 일반회계가 설치되어 있다는 설명이 틀렸다. 일반회계는 단일한 하나의 회계이며, 여기서 언급된 것들은 특별회계에 해당한다. 일반회계는 국가의 일반적인 행정활동에 필요한 경비를 처리하는 회계로 하나만 존재한다.

오답피하기
① 일반회계는 조세수입, 세외수입, 공채수입 등을 주요 재원으로 한다.
② 일반회계는 통일성의 원칙에 따라 특정한 세입과 특정한 세출 간의 연계를 배제하는 것이 원칙이다.
③ 일반회계의 세출은 국방, 치안, 외교, 일반행정 등 국가의 존립과 유지를 위한 기본적 경비로 구성된다.

정답 ④

제1절 예 산

02 ☐☐☐ 0847

머스그레이브(Musgrave)의 정부 재정기능의 기본 원칙에 대한 설명으로 옳지 않은 것은?
2018 지방 9급

① 시장실패를 교정하고 사회적 최적 생산과 소비수준이 이루어지도록 해야 한다.
② 세입 면에서는 차별 과세를 하고, 세출 면에서는 사회보장적 지출을 통해 소외계층을 지원해야 한다.
③ 고용, 물가 등과 같은 거시경제 지표들을 안정적으로 조절해야 한다.
④ 정부에 부여된 목적과 자원을 연계하여 소기의 성과를 거둘 수 있도록 관료를 통제해야 한다.

출제유형 Ⅳ. 학자문제 **출제영역** 예산의 기능
출제빈도 ★★ **난도** 중

정답찾기
④ 머스그레이브(Musgrave)의 정부 재정기능은 경제적 측면에 입각한 것으로 자원배분, 경제안정화, 소득재분배 기능이다. 관료를 통제하는 것은 머스그레이브(Musgrave)의 재정기능의 기본원칙에 해당하지 않는다.

오답피하기
① 시장실패를 교정하고 사회적 최적 생산과 소비수준이 이루어지도록 해야 한다는 것은 자원배분 기능이다.
② 세입 면에서는 차별 과세를 하고, 세출 면에서는 사회보장적 지출을 통해 소외계층을 지원해야 한다는 것은 소득재분배 기능이다.
③ 고용, 물가 등과 같은 거시경제 지표들을 안정적으로 조절해야 한다는 것은 경제안정화 기능이다.

정답 ④

03

다음 중 머스그레이브(R. A. Musgrave)가 주장한 재정의 3대 기능 중 '공공재의 외부효과 및 소비의 비경합성과 비배재성에 기인한 시장실패(Market Failure)를 재정을 통해서 교정하고 사회적 최적 생산과 소비수준이 이루어지도록 한다.'라는 내용과 관련성이 가장 높은 재정의 기능은?

2015 서울 7급

① 소득재분배 기능
② 경제안정화 기능
③ 자원배분 기능
④ 행정적 기능

04

예산의 기능에 대한 다음 설명 중 올바르지 않은 것은?

2012 서울 7급

① 윌다브스키(A. Wildavsky)는 예산을 경제적 투쟁의 결과물로 보았다.
② 알렌 쉬크(A. Shick)는 예산의 본질적 기능으로 통제기능, 관리기능, 계획기능을 제시하였다.
③ 합리주의 예산에 입각하여 예산의 경제원리를 강조할 경우 예산의 기획기능이 강조되면서 예산운영은 집권화된다.
④ 목표관리(MBO)예산은 예산운영의 참여와 관리기능을 강조하였다.
⑤ 시장에서의 자원배분이 바람직하지 않을 때 이를 시정하는 것은 예산의 경제적 기능에 속한다.

출제유형 Ⅳ. 학자문제　　**출제영역** 예산의 기능
출제빈도 ★★　　**난도** 중

정답찾기
③ 시장실패(Market Failure)를 재정을 통해서 교정하고 사회적 최적 생산과 소비수준이 이루어지도록 하는 것은 재정의 3대 기능 중 자원배분 기능에 해당한다.

오답피하기
머스그레이브의 재정의 3대 기능(경제적 기능)

자원배분	사회적 효용 극대화
소득재분배	사회적 약자에 대한 배려, 형평성 제고
경제안정화	정부지출과 조세징수를 통한 경기조절

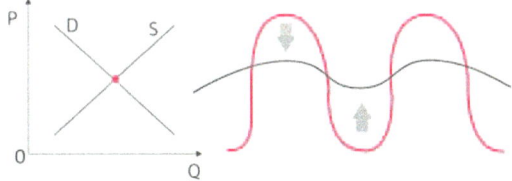

정답 ③

출제유형 Ⅳ. 학자문제　　**출제영역** 예산의 기능
출제빈도 ★★　　**난도** 중

정답찾기
① 윌다브스키(Wildavsky)는 다원주의 정치학자로서 예산을 협상과 타협에 의한 정치적 과정의 결과물로 주장한다.

오답피하기
예산의 기능

정치적 기능	(윌다브스키) 정치적 이해관계가 조정·통합하는 기능
행정적 기능	(쉬크) 인적·물적 자원을 배분하고 이를 능률적으로 이용하도록 하는 기능(통제, 관리, 계획, 평가적 기능)
계획적 기능	수지균형에 관한 예정된 계획
법적 기능	행정에 대한 법적 강제력 부여와 집행의 기능
경제적 기능	(머스그레이브) 자원배분, 소득재분배, 경제안정화 기능

정답 ①

05

우리나라에서 예산과 법률의 차이에 대한 설명으로 옳은 것은?

2019 국가 7급

① 일반적으로 법률은 국가기관과 국민에 대해 구속력을 갖지만, 예산은 국가기관에 대해서만 구속력을 갖는다.
② 대통령은 국회가 의결한 법률안에 대해 거부권이 있지만, 국회의결 예산에 대해서는 사안별로만 재의요구권이 있다.
③ 국회에 제출된 법률안은 의결기한에 제한이 있으나, 예산안은 매년 12월 2일까지 예산결산특별 위원회의 심사를 마쳐야 한다.
④ 국회는 발의·제출된 법률안을 수정·보완할 수 있지만, 제출된 예산안은 정부의 동의 없이는 수정할 수 없다.

06

우리나라의 예산안과 법률안의 의결방식에 대한 설명으로 가장 옳지 않은 것은?

2018 서울 9급

① 법률에 대해서는 대통령의 거부권 행사가 가능하지만 예산은 거부권을 행사할 수 없다.
② 예산으로 법률의 개폐가 불가능하지만, 법률로는 예산을 변경할 수 있다.
③ 법률과 달리 예산안은 정부만이 편성하여 제출할 수 있다.
④ 예산안을 심의할 때 국회는 정부가 제출한 예산안의 범위 내에서 삭감할 수 있고, 정부의 동의 없이 지출예산의 각 항의 금액을 증가하거나 새 비목을 설치할 수 없다.

출제유형 Ⅱ. 이론·제도 **출제영역** 예산과 법률의 차이

출제빈도 ★★ **난도** 중

정답찾기
① 법률은 국가기관과 국민에 대하여 모두 구속력을 갖지만, 예산은 의결의 형식을 가지므로 국가기관에 대해서만 구속력을 갖는다.

오답피하기
② 대통령은 법률에 대해서는 거부권 행사가 가능하지만 예산에 대해서는 재의요구권을 인정하지 않는다.
③ 국회에 제출된 법률안은 의결기한에 제한이 없으나 예산안은 회계연도 개시 30일 전(매년 12월 2일)까지 본회의의 의결을 마쳐야 한다.
④ 국회는 발의·제출된 법률안을 자유로이 수정·보완할 수 있지만 예산안을 심의할 때 국회는 정부가 제출한 예산안의 범위 내에서 삭감할 수 있으나, 정부의 동의 없이 지출예산 각 항의 금액을 증액하거나 새 비목을 설치할 수 없다.

정답 ①

출제유형 Ⅱ. 이론·제도 **출제영역** 예산안과 법률안의 의결방식

출제빈도 ★★ **난도** 중

정답찾기
② 우리나라 예산은 법률이 아닌 의결형식이므로 예산과 법률은 상호구속의 관계를 가진다. 그러므로 예산으로 법률을 변경할 수 없고, 법률로 예산을 변경할 수 없다.

오답피하기
① 법률에 대해서는 대통령이 거부권을 행사할 수 있지만 예산은 의결형식이므로 거부권을 행사할 수 없다.
③ 법률은 정부와 국회가 모두 제출 가능하나 예산은 정부만이 제출할 수 있다.
④ 예산은 정부가 제출한 것이므로 국회는 정부가 제출한 예산안의 범위 내에서 삭감은 자유롭지만 정부의 동의 없이 지출예산의 각항의 금액을 증가하거나 새 비목을 설치할 수는 없다.

정답 ②

07

우리나라 행정환경의 주요 행위자들 간의 관계에 대한 설명으로 옳지 않은 것은? 2017 지방 9급

① 국회는 국민의 대표기관으로서 민주주의 원칙에 합당하게 행정이 이루어지고 있는지를 감시하고 통제하는 권한을 가진다.
② 정부는 국회에 법률안을 제출할 수 있고, 대통령은 법률에서 구체적으로 범위를 정하여 위임받은 사항과 법률을 집행하기 위하여 필요한 사항에 관하여 대통령령을 발할 수 있다.
③ 헌법재판소의 위헌 결정은 행정부의 활동에 지대한 영향을 미칠 수 있다.
④ 대통령은 국회가 확정한 본예산에 대하여 재의를 요구할 수 있다.

출제유형 Ⅰ. 기본개념   **출제영역** 예산의 형식
출제빈도 ★   난도 중

정답찾기
④ 우리나라는 예산주의 형식을 지니므로 대통령의 재의 요구나 거부권 행사가 불가능하다.

오답피하기
예산의 형식

예산주의
― 세입예산(구속력 ×: 추정치) ← 세법(영구세)
― 세출예산(구속력 ○)   한국·일본

법률주의
― 세입예산법(구속력 ○) ← 세법(일년세)
― 세출예산법(구속력 ○)   영국·미국

구 분	예산주의	법률주의
채택 국가	한국·일본	영국·미국
의결 방식	의회 의결	법률로서 확정
공표권·거부권	행사 불가능	행사 가능
조세 성격	영구세주의 (조세법)	일년세주의 (매년 세입법 개정)

정답 ④

08

다음은 우리나라의 예산에 관한 설명이다. 옳지 않은 설명은? 2014 서울 7급

① 예산은 정부만이 제안권을 갖고 있고 국회는 제안권을 갖고 있지 않다.
② 예산안을 심의할 때 국회는 정부가 제출한 예산안의 범위 내에서 삭감할 수 있으나, 정부의 동의 없이 지출예산 각 항의 금액을 증액할 수 없다.
③ 예산은 국가기관만을 구속한다.
④ 예산은 국회의 의결로 성립하지만 정부의 수입 지출의 권한과 의무는 별도의 법률로 규정된다.
⑤ 국회에서 의결된 예산에 대해서 대통령이 거부권을 행사할 수 있다.

출제유형 Ⅰ. 기본개념   **출제영역** 예산과 법률의 차이
출제빈도 ★★   난도 중

정답찾기
⑤ 우리나라는 법률에 대한 대통령의 거부권은 인정하지만, 예산은 국회 의결로 확정되기 때문에 거부권이 인정되지 않는다.

오답피하기
우리나라의 예산과 법률의 차이(성립절차)

구 분	예 산	법 률
제출권자	정부	정부와 국회의원
제출기한	회계연도 개시 120일 전	제한 없음
심의기한	회계연도 개시 30일 전	제한 없음
심의범위	정부 동의 없이 증액 및 새 비목 설치 불가, 감액 가능	자유로운 수정 가능
거부권 행사	대통령 거부권 행사 불가	대통령 거부 가능
공 포	공포 불필요, 의결로 확정	공포로서 효력 발생

정답 ⑤

09

입법부 우위의 전통적 예산원칙에서 '국민의 눈높이에서 국민이 쉽게 이해할 수 있도록 예산서의 과목과 구조가 작성되어야 한다'는 원칙은?

2025 지방 9급

① 명료성의 원칙
② 완전성의 원칙
③ 공개성의 원칙
④ 한정성의 원칙

10

「국가재정법」상 다음 원칙의 예외에 대한 규정으로 옳지 않은 것은?

2017 지방 9급

- 한 회계연도의 모든 수입을 세입으로 하고, 모든 지출을 세출로 한다.
- 한 회계연도의 세입과 세출은 모두 예산에 계상하여야 한다.

① 수입대체경비에 있어 수입이 예산을 초과하거나 초과할 것이 예상되는 때에는 그 초과수입을 대통령령이 정하는 바에 따라 그 초과수입에 직접 관련되는 경비 및 이에 수반되는 경비에 초과지출할 수 있다.
② 국가가 현물로 출자하는 경우에는 이를 세입세출예산 외로 처리할 수 있다.
③ 국가가 외국차관을 도입하여 전대하는 경우에는 이를 세입세출예산 외로 처리할 수 있다.
④ 출연금이 지원된 국가연구개발사업의 개발 성과물 사용에 따른 대가를 사용하는 경우에는 이를 세입세출예산 외로 처리할 수 있다.

출제유형 II. 이론·제도 **출제영역** 예산의 전통적 원칙
출제빈도 ★★★ **난도** 중

정답찾기
① 명료성의 원칙은 예산이 국민이 쉽게 이해할 수 있도록 명확하고 간단하게 작성되어야 한다는 원칙이다. 국민의 눈높이에서 예산서의 과목과 구조가 작성되어야 한다는 것은 명료성의 원칙에 해당한다.

오답피하기
② 완전성의 원칙은 모든 세입과 세출이 예산에 빠짐없이 계상되어야 한다는 원칙이다.
③ 공개성의 원칙은 예산내용이 국민에게 공개되어야 한다는 원칙이다.
④ 한정성의 원칙은 예산에서 정한 목적과 한도 내에서만 지출해야 한다는 원칙이다.

정답 ①

출제유형 II. 이론·제도 **출제영역** 예산의 전통적 원칙
출제빈도 ★★★ **난도** 중

정답찾기
④ 한 회계연도의 모든 수입을 세입으로 하고, 모든 지출을 세출로 하며, 한 회계연도의 세입과 세출은 모두 예산에 계상하여야 한다는 것은 전통적 예산원칙으로서 예산총계주의의 원칙에 해당한다. 출연금이 지원된 국가연구개발사업의 개발 성과물 사용에 따른 대가를 사용하는 경우에는 이를 세입세출예산 외로 처리할 수 있다는 것은 2014년 국가재정법 제53조 제5항이 삭제되어 지금은 적용되지 않는다.

오답피하기
① 수입대체경비는 국가재정법상 예산총계주의(완전성) 원칙의 예외에 해당한다.
② 현물출자는 국가재정법상 예산총계주의(완전성) 원칙의 예외에 해당한다.
③ 전대차관은 국가재정법상 예산총계주의(완전성) 원칙의 예외에 해당한다.

정답 ④

11

예산의 원칙과 그 내용, 예외사항을 순서대로 나열한 것으로 옳지 않은 것은?
2017 국가 9급 추가

① 사전의결의 원칙 – 회계연도 개시 전 예산 확정 – 준예산
② 통일성의 원칙 – 특정수입과 특정지출의 연계 금지 – 특별회계
③ 단일성의 원칙 – 세입과 세출 내역의 명시적 나열 – 이용과 전용
④ 완전성의 원칙 – 예산총계주의 – 전대차관

출제유형 Ⅱ. 이론·제도   **출제영역** 예산의 전통적 원칙
출제빈도 ★★★   난도 중

정답찾기
③ 단일성의 원칙은 국가예산은 하나의 예산으로 편성해야 한다는 것이다. 하지만 세입과 세출 내역의 명시적 나열은 명확성의 원칙을 말하고 이용과 전용은 한정성의 원칙의 예외이다.

오답피하기
노이마르크의 예산의 전통적 원칙

| 단일성 | 하나의 예산으로 편성 |

예외: 추가경정예산, 기금, 특별회계

| 완전성 | 빠짐없이 예산에 기록(국가재정법상 예산총계 주의) |

예외: 수입대체경비, 기금, 순계예산, 현물출자, 전대차관

| 정확성(엄밀성) | 예산과 결산의 일치 |

예외: 적자예산, 흑자예산의 발생

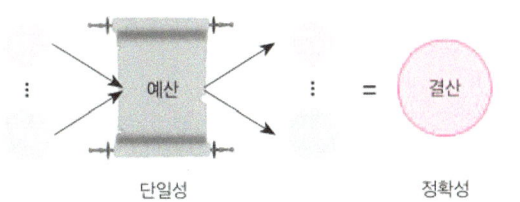

정답 ③

12

다음 보기에서 ㉠과 ㉡에 해당하는 내용을 바르게 연결한 것은?
2016 국가 9급

┤보기├
(㉠)은(는) 국가가 특별한 용역 또는 시설을 제공하고 그 제공을 받은 자로부터 비용을 징수하는 경우의 당해 경비로서 기획재정부장관이 정하는 경비를 의미하며, 「국가재정법」상 (㉡)의 예외로 규정되어 있다.

	㉠	㉡
①	수입대체경비	예산총계주의 원칙
②	전대차관	예산총계주의 원칙
③	전대차관	예산 공개의 원칙
④	수입대체경비	예산 공개의 원칙

출제유형 Ⅱ. 이론·제도   **출제영역** 예산의 전통적 원칙
출제빈도 ★★★   난도 중

정답찾기
① ㉠ 수입대체경비는 일정 사업에서 수입이 예산을 초과할 때 그 초과수입을 직접 관련된 경비에 비용으로 지출할 수 있도록 한 제도로서 ㉡ 예산총계주의 원칙의 예외로 규정되어 있다.

오답피하기
수입대체경비

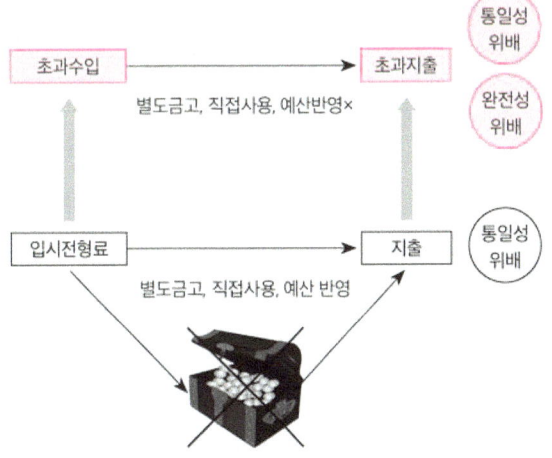

정답 ①

13 □□□ 0858
예산원칙에 대한 설명으로 옳지 않은 것은? 2016 지방 7급

① 입법부가 사전에 의결한 사항만 집행이 가능하다는 사전의결의 원칙의 예외로는 긴급명령과 준예산 등이 있다.
② 예산총계주의는 모든 세입과 세출이 예산에 계상되어야 한다는 것을 의미한다.
③ 정부가 특정 수입과 특정 지출을 직접 연계해서는 안 된다는 한계성 원칙의 예외로는 예비비, 계속비 등이 있다.
④ 예산은 결산과 일치해야 한다는 예산 엄밀성의 원칙은 정확성의 원칙이라고도 불린다.

14 □□□ 0859
예산의 원칙과 그 예외 사항에 대한 설명으로 옳은 것은? 2015 지방 9급

① 특정 수입과 특정 지출이 연계되어서는 안 된다는 것은 '단일성의 원칙'이다.
② 예산은 주어진 목적, 규모 그리고 시간에 따라 집행되어야 한다는 원칙은 '예산총계주의'이다.
③ 예산구조나 과목은 이해하기 쉽도록 단순해야 한다는 것은 '통일성의 원칙'이다.
④ 특별회계는 '통일성의 원칙'과 '단일성의 원칙'의 예외적인 장치에 해당된다.

출제유형 Ⅱ. 이론·제도 **출제영역** 예산의 전통적 원칙
출제빈도 ★★★ **난도** 중

정답찾기
③ 정부가 특정 수입과 특정 지출을 직접 연계해서는 안 된다는 것은 **통일성 원칙**이다. 통일성 원칙의 예외로는 목적세, 수입대체경비, 특별회계, 기금 등이 있다. 한계성의 원칙은 예산의 목적·금액·기간에 명확한 한계 필요하다는 것으로서 **예비비나 계속비 등은 한계성 원칙의 예외**이다.

오답피하기
노이마르크의 예산의 전통적 원칙

| 공개성 | 공개성 예산내역 국민에게 공개 |
예외: 국방비, 국정원예산, 신임예산

| 명료성 | 명료성 명확하고 알기 쉽게 분류 |
예외: 총괄예산, 예비비, 신임예산

| 사전의결 | 미리 국회의결 필요 |
예외: 사고이월, 전용, 이체, 예비비지출, 준예산, 긴급재정·경제처분

| 한정성(한계성) | 예산의 목적·금액·기간에 명확한 한계필요 |
예외: 목적 외 사용금지의 원칙 - 이용, 전용, 이체
초과지출금지의 원칙 - 예비비, 추가경정예산
회계연도 독립의 원칙 - 이월, 계속비, 국고채무부담 행위, 지난연도 수입

| 단일성 | 하나의 예산으로 편성 |
예외: 추가경정예산, 기금, 특별회계

| 완전성 | 빠짐없이 예산에 기록(국가재정법상 예산총계 주의) |
예외: 수입대체경비, 기금, 순계예산, 현물출자, 전대차관

| 정확성(엄밀성) | 예산과 결산의 일치 |
예외: 적자예산, 흑자예산의 발생

행복한 합격 TIP
예산의 전통적 원칙
사공 한명 완전 단정 통통

정답 ③

출제유형 Ⅱ. 이론·제도 **출제영역** 예산의 전통적 원칙
출제빈도 ★★★ **난도** 중

정답찾기
④ 특별회계는 특정한 세입으로 특정한 목적의 세출을 충당하기 위해 일반의 세입·세출과 구별되어 경리되는 예산으로서, **단일성의 원칙 및 통일성의 원칙의 예외**에 해당한다.

오답피하기
① 특정 수입과 특정 지출이 연계되어서는 안 된다는 것은 **통일성의 원칙**에 해당한다.
② 예산은 주어진 목적, 규모 그리고 시간에 따라 집행되어야 한다는 원칙은 **한정성의 원칙**에 해당한다.
③ 예산구조나 과목은 이해하기 쉽도록 단순해야 한다는 것은 **명료성의 원칙**에 해당한다.

정답 ④

15 ☐☐☐ 0860

다음은 예산의 원칙에 대한 설명이다. 바르게 짝지어진 것은?

2015 서울 9급

> A: 한 회계연도의 세입과 세출은 모두 예산에 계상하여야 한다.
> B: 모든 수입은 국고에 편입되고 여기에서부터 지출이 이루어져야 한다.

① A: 예산 단일의 원칙   B: 예산 총계주의 원칙
② A: 예산 총계주의 원칙 B: 예산 단일의 원칙
③ A: 예산 통일의 원칙   B: 예산 총계주의 원칙
④ A: 예산 총계주의 원칙 B: 예산 통일의 원칙

출제유형 Ⅱ. 이론·제도   **출제영역** 예산의 전통적 원칙
출제빈도 ★★★   난도 중

정답찾기
④ 한 회계연도의 세입과 세출은 모두 예산에 계상하여야 한다는 A는 예산 총계주의(완전성) 원칙에 대한 설명이고, 모든 수입은 국고에 편입되고 여기에서부터 지출이 이루어져야 한다는 B는 예산 통일(통일성)의 원칙에 대한 설명이다.

오답피하기
노이마르크의 예산의 전통적 원칙

통일성	전체세입 → 전체지출(특정세입, 특정지출 연계금지)
	예외: 목적세, 수입대체경비, 특별회계, 기금

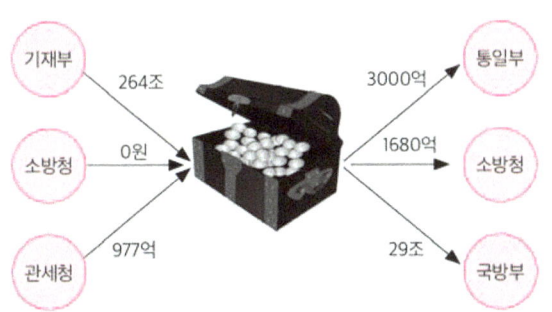

정답 ④

16 ☐☐☐ 0861

다음 중 예산의 원칙과 종류에 대한 설명으로 옳은 것은?

2015 국회 9급

① '모든 예산은 공개되어야 한다.'는 공개성의 원칙에는 국방비·국가정보원 예산 등 안보 관련 체제유지비도 포함된다.
② '특정 수입과 특정 지출이 연계되어야 한다.'는 '통일성의 원칙'을 위해 특별회계와 목적세가 있다.
③ 추가경정예산은 '한계성의 원칙' 및 '단일성의 원칙'의 예외에 해당한다.
④ 기금은 재정 운영의 신축성 제고를 위해 국회의 심의를 거치지 않을 수 있다.
⑤ 국가재정의 기본법에 성인지 예산제도를 명문화한 것은 우리나라가 최초이나 지방재정에는 아직 적용하지 않고 있다.

출제유형 Ⅱ. 이론·제도   **출제영역** 예산의 전통적 원칙
출제빈도 ★★★   난도 중

정답찾기
③ 추가경정예산은 예산 부족 시 추가로 편성하는 예산으로 국가예산은 하나의 예산으로 편성해야 한다는 단일성원칙의 예외이자, 예산에 계상된 금액 이상의 초과 지출은 허용되지 않는다는 한계성원칙 중 초과 지출 금지 원칙의 예외에 해당한다.

오답피하기
① 국방비·국가정보원 예산 등 안보 관련 체제 유지비는 공개성 원칙의 예외이다.
② 특별회계와 목적세는 '특정 수입과 특정 지출은 연계되어서는 안 된다'는 '통일성의 원칙'의 예외에 해당한다.
④ 기금은 예산은 아니지만 국회의 심의를 거쳐야 한다.
⑤ 성인지 예산의 경우 중앙정부는 2010년, 지방정부는 2013년에 도입하여 적용하고 있다.

정답 ③

17 0862
다음 중 전통적 예산원칙에 해당하지 않는 것은? 2014 서울 7급

① 예산은 국민에게 공개되고 누구나 알 수 있어야 한다.
② 예산집행 전 입법부의 의결을 거쳐야 한다.
③ 예산은 회계연도 내에 집행되어야 한다.
④ 사업계획과 예산편성이 연계되어야 한다.
⑤ 예산은 주어진 목적 범위 내에서 집행되어야 한다.

18 0863
예산한정성원칙의 예외로 볼 수 없는 것은? 2014 국가 7급

① 예비비 편성
② 추가경정예산
③ 특별회계 운용
④ 예산의 이용 및 전용

출제유형 Ⅱ. 이론·제도 **출제영역** 예산의 전통적 원칙
출제빈도 ★★★ **난도** 중

정답찾기
④ 사업계획과 예산편성이 연계되어야 한다는 행정부계획의 원칙은 현대적 예산원칙에 해당한다.

오답피하기
① 예산은 국민에게 공개되고 누구나 알 수 있어야 한다는 것은 공개성의 원칙으로서 전통적 예산원칙에 해당한다.
② 예산집행 전 입법부의 의결을 거쳐야 한다는 것은 사전의결의 원칙으로서 전통적 예산원칙에 해당한다.
③ 예산은 회계연도 내에 집행되어야 한다는 것은 한정성의 원칙 중 회계연도 독립의 원칙으로서 전통적 예산원칙에 해당한다.
⑤ 예산은 주어진 목적 범위 내에서 집행되어야 한다는 것은 한정성의 원칙 중 목적 외 사용금지의 원칙으로서 전통적 예산원칙에 해당한다.

행복노트
스미스(Smith)의 현대적 원칙

행정부 계획의 원칙	행정부 사업계획과 유기적 관련
행정부 책임의 원칙	자율적 재정통제와 책임 필요
보고의 원칙	각 기관의 재정 및 업무보고에 기초
수단구비의 원칙	효율적 운영을 위한 적절한 수단 구비
다원적 절차의 원칙	다양한 예산절차 필요
시기 신축성의 원칙	사업계획의 신축성을 행정부가 조정
행정부 재량의 원칙	행정부에 많은 재량권 부여
상호교류적 원칙	중앙과 부처예산담당기구 간 교류 및 협력

정답 ④

출제유형 Ⅱ. 이론·제도 **출제영역** 예산의 전통적 원칙
출제빈도 ★★★ **난도** 중

정답찾기
③ 특별회계는 단일성과 통일성의 원칙의 예외이다. 한정성의 원칙은 예산이 사용목적, 사용금액 및 사용기간에 명확한 한계가 있어야 한다는 것으로 회계연도 독립의 원칙, 초과지출 금지의 원칙, 목적 외 사용금지의 원칙을 포함한다.

오답피하기
① 예비비의 편성은 한정성원칙 중 초과지출금지 원칙의 예외에 해당한다.
② 추가경정예산은 한정성원칙 중 초과지출금지 원칙의 예외에 해당한다.
④ 예산의 이용과 전용은 한정성원칙 중 목적 외 사용금지 원칙의 예외에 해당한다.

정답 ③

19　0864

예산원칙의 예외에 대한 설명으로 옳지 않은 것은?　2013 지방 9급

① 특별회계는 단일성의 원칙에 대한 예외이다.
② 준예산제도는 사전의결의 원칙에 대한 예외이다.
③ 예산의 이용(移用)은 한계성의 원칙에 대한 예외이다.
④ 목적세는 공개성의 원칙에 대한 예외이다.

출제유형 Ⅱ. 이론·제도　**출제영역** 예산의 전통적 원칙의 예외
출제빈도 ★★★　　난도　중

정답찾기
④ 목적세는 <u>특정한 용도로 사용하기 위한 조세</u>를 말하며, 교육세·농어촌 특별세·지역자원시설세·지방교육세 등이 있는데 이는 <u>통일성의 원칙에 대한 예외이다</u>.

오답피하기
① 특별회계는 특정한 세입으로 특정한 목적의 세출을 충당하기 위해 일반의 세입·세출과 구별되어 경리되는 예산으로서 <u>단일성의 원칙과 통일성원칙에 대한 예외이다</u>.
② 준예산제도는 새로운 회계연도가 개시될 때까지 예산이 성립되지 못할 경우 국회의 사전의결 없이 정부가 일정한 범위 내에서 전년도에 준하여 지출을 할 수 있도록 하는 제도로서 <u>사전의결의 원칙에 대한 예외이다</u>.
③ 예산의 이용(移用)은 입법과목(장-관-항) 간 상호융통을 말하며 <u>한계성의 원칙에 대한 예외이다</u>.

정답 ④

20　0865

예산통일성원칙에 대한 예외가 아닌 것은?　2013 지방 7급

① 특별회계
② 목적세
③ 계속비
④ 수입대체경비

출제유형 Ⅱ. 이론·제도　**출제영역** 예산의 전통적 원칙의 예외
출제빈도 ★★★　　난도　중

정답찾기
③ 계속비는 <u>한정성(한계성)의 원칙 중 회계연도독립의 원칙의 예외</u>에 해당한다.

오답피하기

통일성	전체세입 → 전체지출(특정세입, 특정지출 연계금지)
	예외: 목적세, 수입대체경비, 특별회계, 기금

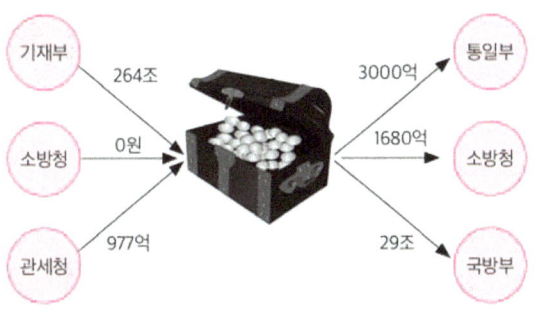

정답 ③

21 0866

예산의 원칙에 대한 설명 중 옳지 않은 것은? 2013 서울 9급

① 공개성의 원칙에는 예외가 있다.
② 사전의결의 원칙에는 예외가 있다.
③ 통일성의 원칙은 회계장부가 하나여야 한다는 원칙이다.
④ 목적세는 예산원칙의 예외이다.
⑤ 총괄예산제도는 명확성의 원칙과 관련이 있다.

출제유형 Ⅱ. 이론·제도 **출제영역** 예산의 전통적 원칙
출제빈도 ★★★ **난도** 중

정답찾기
③ 회계장부가 하나여야 한다는 원칙은 단일성의 원칙에 해당한다. 통일성의 원칙은 모든 수입은 한 곳에 합쳐서 지출되어야 한다는 원칙으로, 특정세입이 특정세출로 연계되어서는 안 된다는 원칙이다.

오답피하기
① 국방비, 국정원예산, 신임예산은 공개성의 원칙의 예외이다.
② 사고이월, 준예산, 예비비지출, 전용, 긴급재정경제처분 등은 사전의결의 원칙의 예외에 해당한다.
④ 목적세는 통일성원칙의 예외이다.
⑤ 항목별로 예산을 구분하지 않는 총액의 범위 안에서 자율적으로 지출할 수 있는 가능성을 부여하는 총괄예산제도는 명확성의 원칙의 예외이다.

정답 ③

22 0867

자원관리의 효율성과 계획성을 강조하는 현대적 예산제도의 원칙에 해당하지 않는 것은? 2017 지방 7급

① 행정부에 의한 책임부담의 원칙
② 예산관리수단 확보의 원칙
③ 공개의 원칙
④ 다원적 절차채택의 원칙

출제유형 Ⅱ. 이론·제도 **출제영역** 예산의 현대적 원칙
출제빈도 ★★★ **난도** 중

정답찾기
③ 공개의 원칙은 국민의 알 권리의 보호를 위하여 예산의 편성부터 결산에 이르기까지 예산운영의 전반적 내용이 국민에게 공개되어야 한다는 원칙으로서 전통적 예산원칙에 해당한다.

오답피하기
①, ②, ④ 현대적 예산제도의 원칙에 해당한다.

행복노트
스미스(Smith)의 현대적 원칙

행정부 계획의 원칙	행정부 사업계획과 유기적 관련
행정부 책임의 원칙	자율적 재정통제와 책임 필요
보고의 원칙	각 기관의 재정 및 업무보고에 기초
수단구비의 원칙	효율적 운영을 위한 적절한 수단 구비
다원적 절차의 원칙	다양한 예산절차 필요
시기 신축성의 원칙	사업계획의 신축성을 행정부가 조정
행정부 재량의 원칙	행정부에 많은 재량권 부여
상호교류적 원칙	중앙과 부처예산담당기구 간 교류 및 협력

정답 ③

23

다음 예산의 원칙 중 스미스(H. Smith)가 주장한 현대적 예산의 원칙은?

2016 서울 9급

① 예산은 미리 결정되어 회계연도가 시작되면 바로 집행할 수 있도록 해야 한다.
② 예산의 편성, 심의, 집행은 공식적인 형식을 가진 재정보고 및 업무보고에 기초를 두어야 한다.
③ 모든 예산은 공개되어야 한다.
④ 예산구조나 과목은 국민들이 이해하기 쉽게 단순해야 한다.

24

정부가 동원하는 공공재원에 대한 설명으로 옳지 않은 것은?

2019 국가 9급

① 조세로 투자된 자본시설은 개인이 대가를 지불하지 않는 것으로 인식되어 과다 수요 혹은 과다 지출된 비효율성 문제가 발생할 수 있다.
② 수익자부담금은 시장기구와 유사한 매커니즘을 통해 공공서비스의 최적 수준을 지향하여 자원배분의 효율성을 제고할 수 있다.
③ 국공채는 사회간접자본(SOC) 관련 사업이나 시설로 인해 편익을 얻게 될 경우 후세대도 비용을 분담하기 때문에 세대 간 형평성을 훼손시킨다.
④ 조세의 경우 납세자인 국민들은 정부지출을 통제하고 성과에 대한 직접적인 책임을 요구할 수 있다.

출제유형 Ⅱ. 이론·제도　**출제영역** 예산의 현대적 원칙
출제빈도 ★★★　**난도** 중

정답찾기
② 예산의 편성, 심의, 집행은 공식적인 형식을 가진 재정보고 및 업무보고에 기초를 두어야 한다는 것은 현대적 예산원칙 중 보고의 원칙에 해당한다.

오답피하기
① 예산은 미리 결정되어 회계연도가 시작되면 바로 집행할 수 있도록 해야 한다는 것은 전통적 예산원칙 중 사전의결의 원칙에 해당한다.
③ 모든 예산은 공개되어야 한다는 것은 전통적 예산원칙 중 공개성의 원칙에 해당한다.
④ 예산구조나 과목은 국민들이 이해하기 쉽게 단순해야 한다는 것은 전통적 예산원칙 중 명료성(명확성)의 원칙에 해당한다.

정답 ②

출제유형 Ⅰ. 기본개념　**출제영역** 공공재원
출제빈도 ★　**난도** 중

정답찾기
③ 국공채는 국가나 지방자치단체가 공공지출 경비의 재원을 조달하기 위해 부담하는 채무로 사회간접자본(SOC) 관련 사업이나 시설로 인해 편익을 얻게 될 경우 후세대도 비용을 분담하기 때문에 세대 간 비용부담의 형평성을 높여준다.

오답피하기
① 조세를 통해 투자된 자본시설은 대가를 지불하지 않는 자유재로 인식되어 과다수요 혹은 과다지출되는 비효율성 문제가 발생한다.
② 수익자부담금은 이익을 보는 사람이 비용을 부담하는 것으로서 시장기구와 유사한 메커니즘을 통해 공공서비스의 최적 수준을 결정할 수 있어 불필요한 수요를 줄이고, 자원배분의 효율성을 제고할 수 있다.
④ 납세자인 국민들은 정부지출을 통제하고 성과에 대한 직접적인 책임을 강하게 요구할 수 있다.

정답 ③

25 ☐☐☐ 0870
예산과 재정관리에 대한 설명으로 옳지 않은 것은? 2018 국가 9급

① 우리나라의 예산은 행정부가 제출하고 국회가 심의·확정하지만, 미국과 같은 세출예산법률의 형식은 아니다.
② 조세는 현 세대의 의사결정에 대한 재정부담을 미래세대로 전가하지 않는다는 장점이 있다.
③ 성과주의 예산제도의 도입에도 불구하고 품목별 예산제도는 우리나라에서 여전히 활용되고 있다.
④ 추가경정예산은 예산의 신축성 확보를 위한 제도로서, 최소 1회의 추가경정예산을 편성하도록 「국가재정법」에 규정되어 있다.

26 ☐☐☐ 0871
「국가재정법」 제1조에 규정된 재정운영 목적과 그에 대한 설명으로 옳지 않은 것은? 2014 지방 7급

① 재정운영의 형평성은 구성원 사이의 재화와 서비스를 공평하게 나누는 것을 의미하며, 이를 위하여 성인지 예산제도를 규정하고 있다.
② 재정의 투명성이란 재정의 편성부터 심의, 집행에 이르는 과정에서의 제반 사항 및 경과를 일반 국민들이 확인할 수 있는 정도를 의미한다.
③ 재정 건전성은 지출이 수입의 범위 내에서 충당되어 국채발행이나 차입이 없는 재정운용 또는 다소 적자가 발생하더라도 장기적으로 상환 가능할 정도로 크지 않은 재정운용을 의미한다.
④ 성과지향성이란 투입을 중심으로 하는 전통적인 재정운용방식에서 벗어나 성과를 중심으로 재정사업을 평가·관리하는 것을 의미하며, 재정지출뿐만 아니라 조세지출에도 적용된다.

출제유형 Ⅰ. 기본개념 **출제영역** 예산과 재정 관리
출제빈도 ★★ **난도** 하

정답찾기
④ 추가경정예산은 예산의 신축성 확보를 위한 제도로서 추가경정예산의 편성사유는 제한적이지만 편성횟수의 제한은 없다.

오답피하기
① 우리나라의 예산은 행정부가 제출하고 국회가 심의·확정하는 예산주의에 해당하므로 미국과 같은 세출예산법률의 형식은 아니다.
② 조세는 현 세대의 의사결정에 대한 재정 부담을 미래세대로 전가하지 않는다는 장점이 있다.
③ 성과주의 예산제도의 도입에도 불구하고 품목별 예산제도는 우리나라에서 여전히 활용되고 있다.

행복노트
추가경정예산

「헌법」 제45조
정부는 예산에 변경을 가할 필요가 있을 때에는 추가경정예산안을 편성하여 국회에 제출할 수 있다.

정답 ④

출제유형 Ⅲ. 법령문제 **출제영역** 「국가재정법」
출제빈도 ★★★ **난도** 중

정답찾기
① 「국가재정법」 제1조에는 재정운용의 효율성, 성과지향성, 투명성, 건전성, 공공성을 규정하고 있으며 형평성에 대한 규정은 없다. 성인지 예산제도는 세입예산과 세출예산이 남성과 여성에게 미치는 효과를 분석하여 국가재정이 실질적 양성평등의 방향으로 유도될 수 있도록 성주류화(Gender Mainstreaming)의 관점에서 추진되는 예산제도이다.

오답피하기
우리나라 예산관련 법률: 「국가재정법」

「국가재정법」 제1조 【목적】
이 법은 국가의 예산·기금·결산·성과관리 및 국가채무 등 재정에 관한 사항을 정함으로써 효율적이고 성과지향적이며 투명한 재정운용과 건전 재정의 기틀을 확립하고 재정운용의 공공성을 증진하는 것을 목적으로 한다.

정답 ①

27

현행 「국가재정법」에서 규율하고 있는 제도들 중 재정운용의 건전성 강화 목적과 직접적 관련이 있는 사항을 〈보기〉에서 모두 고른 것은?

2018 서울 2회 7급

── 보기 ──
ㄱ. 성인지예산서 및 결산서 도입
ㄴ. 예산·기금 지출에 대한 국민 감시와 예산성과금 지급
ㄷ. 추가경정예산안 편성의 제한
ㄹ. 세계잉여금 일정 비율의 공적자금 등 상환 의무화
ㅁ. 국가채무관리계획 수립
ㅂ. 국가 보증채무 부담의 국회 사전 동의
ㅅ. 국세 감면의 제한
ㅇ. 재정정보의 연 1회 이상 공개 의무화
ㅈ. 법률안 재정 소요 추계제도
ㅊ. 예산, 기금 간 여유재원의 상호 전출·입

① ㄱ, ㄴ, ㄷ, ㄹ, ㅁ, ㅂ
② ㄴ, ㄹ, ㅂ, ㅅ, ㅇ, ㅊ
③ ㄴ, ㄷ, ㅁ, ㅅ, ㅇ, ㅊ
④ ㄷ, ㄹ, ㅁ, ㅂ, ㅅ, ㅈ

28

세계잉여금에 대한 설명으로 옳은 것만을 모두 고르면?

2020 국가 9급

ㄱ. 일반회계, 특별회계가 포함되고 기금은 제외된다.
ㄴ. 적자 국채 발행 규모와 부(-)의 관계이며, 국가의 재정건전성을 파악하는데 효과적이다.
ㄷ. 결산의 결과 발생한 세계잉여금은 전액 추가경정예산에 편성하여야 한다.

① ㄱ
② ㄷ
③ ㄱ, ㄴ
④ ㄴ, ㄷ

출제유형 Ⅲ. 법령문제 **출제영역** 「국가재정법」
출제빈도 ★★★ **난도** 상

정답찾기
ㄷ. 추가경정예산의 남발로 인한 재정낭비를 방지하기 위한 제도이다.
ㄹ. 잉여금을 추가경정예산 등으로 사용하는 관행을 억제하기 위함이다.
ㅁ. 국가채무의 팽창을 방지하기 위한 제도이다.
ㅂ. 보증채무행위 남발로 인한 국고손실을 방지하기 위한 제도이다.
ㅅ. 국세감면의 제한은 무분별한 국세 감면을 막기 위함이다.
ㅈ. 재원확보 없는 무분별한 사업추진을 방지하기 위한 제도이다.

오답피하기
ㄱ. 성인지예산서와 결산서의 작성은 양성평등의 인식제고와 실질적 예산배분의 변화를 유도하기 위한 목적의 제도이다.
ㄴ, ㅇ. 예산과정의 투명성을 제고하기 위한 제도이다.
ㅊ. 재정운용의 효율성과 관련된 제도이다.

정답 ④

출제유형 Ⅱ. 이론·제도 **출제영역** 세계잉여금
출제빈도 ★★ **난도** 중

정답찾기
ㄱ. 세계잉여금은 일반회계, 특별회계가 포함되고 기금은 제외된다.

오답피하기
ㄴ. 적자 국채 발행의 경우 세계잉여금에서는 세입으로 계산되므로 적자 국채 발행 규모와 부(-)의 관계가 나타나지는 않는다. 세계잉여금은 국채발행 등 빚으로 조달된 수입도 포함하므로 재정건전성을 평가하기에는 부적절하며, 일반적으로 국가 빚으로 조달한 금액을 제외한 수입과 지출의 차이인 재정수지로 판단하는 것이 옳다.
ㄷ. 결산의 결과 발생한 세계잉여금은 전액 추가경정예산에 편성하여야 하는 것은 아니다.

정답 ①

29　0874

「국가재정법」상 재정건전화에 대한 설명으로 옳지 않은 것은?

2018 국가 7급

① 국세감면율이란 당해 연도 국세 수입총액 대비 국세감면액 총액의 비율을 말한다.
② 국가의 회계 또는 기금의 국고채무부담행위는 국가채무에 해당한다.
③ 국가가 보증채무를 부담하고자 하는 때에는 미리 국회의 동의를 얻어야 한다.
④ 정부는 국회에서 추가경정예산안이 확정되기 전에 이를 미리 배정하거나 집행할 수 없다.

30　0875

우리나라의 재정건전성 관련 제도에 대한 설명으로 가장 옳은 것은?

2017 서울 9급

① 총사업비관리제도는 예비타당성조사제도와 같은 시기에 도입되었다.
② 예비타당성조사는 총사업비 500억원 이상이면서 국가재정지원이 300억원 이상인 신규사업 중에 일정한 절차를 거쳐 실시한다.
③ 토목사업은 400억원 이상일 경우 총사업비관리 대상이다.
④ 재정사업자율평가제도는 2004년부터 실시되었다.

출제유형 Ⅲ. 법령문제　　**출제영역** 「국가재정법」
출제빈도 ★★★　　**난도** 중

정답찾기
① 국세감면율은 국세수입총액과 국세감면액 총액 대비 국세감면액이 차지하는 비율이다.

오답피하기
「국가재정법」: 재정운용의 건전성 강화

예비비의 계상한도 설정	일반회계 예산총액의 1% 이내의 금액을 예비비로 계상할 수 있음
재정부담을 수반하는 법령의 제정 및 개정	재정부담이 소요되는 법률안을 제출 시 5회계연도의 재정수입·지출의 증감액에 관한 추계자료와 이에 상응하는 재원조달방안을 법률안에 첨부
국세 감면의 제한	국세 감면비율을 대통령령 이하가 되도록 제한하는 것은 무분별한 국세 감면을 막고 재정건전성을 확보하기 위함 국세감면률 = $\dfrac{\text{국세감면액}}{(\text{국세수입총액} + \text{국세감면액})}$
추경예산안 편성사유의 제한	㉠ 전쟁이나 대규모 재해 발생 ㉡ 경기침체, 대량실업 등 중대한 변화 발생 ㉢ 법령에 따라 국가가 지급해야 할 지출의 발생과 증가
세계잉여금 처리	일반회계 예산의 세입 부족을 보전하기 위한 목적으로 해당 연도에 이미 발행한 국채의 금액 범위에서는 해당 연도에 예상되는 초과 조세수입을 이용하여 국채를 우선 상환 가능
국가채무관리 계획의 국회 제출	회계연도 개시 120일 전까지 예산안과 함께 국회 제출을 의무화
국가보증 채무부담 및 관리	① 국가가 보증채무를 부담하고자 하는 때 미리 국회의 동의를 얻어야 함 ② 기획재정부장관은 국가보증채무의 부담 및 관리에 관한 국가보증채무관리계획 작성

정답 ①

출제유형 Ⅱ. 이론·제도　　**출제영역** 재정건전성 관련 제도
출제빈도 ★★★　　**난도** 중

정답찾기
② 예비타당성조사는 총사업비 500억원 이상이면서 국가재정지원이 300억원 이상인 신규 사업 중 일정한 절차를 거쳐 실시한다.

오답피하기
① 총사업비관리제도는 1994년 처음 도입되었고, 예비타당성조사제도는 1999년부터 도입되었다.
③ 토목사업은 500억 이상인 경우에 총사업비 관리대상이 된다.
④ 재정사업자율평가제도는 2005년부터 실시되었다.

정답 ②

31
재정성과관리와 재정건전성에 대한 설명으로 옳지 않은 것은?

2017 국가 9급

① 중기지방재정계획은 「지방재정법」에 근거한 사후예산제도로 지방재정 건전화를 추구한다.
② 통합재정수지는 재정건전성 분석, 재정의 실물경제 효과 분석, 재정운용의 통화부문에 대한 영향 분석 등에 활용될 수 있다.
③ 총사업비관리제도는 시작된 대형 사업에 대한 총사업비를 관리해 재정지출의 생산성 제고를 도모한다.
④ 예비타당성조사는 대규모 신규 사업에 대한 예산편성 및 기금운용계획을 수립하기 위하여 기획재정부장관 주관으로 실시하는 사전적인 타당성 검증·평가제도이다.

출제유형 Ⅱ. 이론·제도 **출제영역** 재정성과관리와 재정건전성
출제빈도 ★★★ **난도** 중

정답찾기
① 중기지방재정계획은 「지방재정법」에 근거한 사전예산제도로 지방재정 건전화를 추구한다.

오답피하기
「국가재정법」: 기타 중요한 제도

예비타당성 조사	총 사업비가 500억 이상이고 국가의 재정지원 규모가 300억 이상인 신규사업에 대한 예산 편성 시 필요
총사업비의 관리	각 중앙관서장이 2년 이상이 소요되는 대규모 사업에 대해 기재부장관과 협의(토목사업: 500억, 건축사업 200억 이상)
예산 총계주의 원칙의 예외 인정	수입대체경비, 현물출자, 외국차관 전대, 차관물자대, 전대차관을 상환하는 경우
결산의 국회 제출	국가결산보고서를 매년 5월 31일까지 국회 제출
기금운용계획의 변경가능 범위	정부가 자율적으로 변경할 수 있는 범위 비금융성기금: 20%, 금융성기금: 30%

정답 ①

32
국가채무에 대한 설명으로 옳지 않은 것은?

2019 지방 9급

① 기획재정부장관은 국가채무관리계획을 수립하여야 한다.
② 국채를 발행하고자 할 때에는 국회의 의결을 얻어야 한다.
③ 우리나라가 발행하는 국채의 종류에 국고채와 재정증권은 포함되지 않는다.
④ 우리나라의 GDP 대비 국가채무비율은 일본과 미국보다 낮은 상태이다.

출제유형 Ⅱ. 이론·제도 **출제영역** 국가채무
출제빈도 ★ **난도** 중

정답찾기
③ 우리나라가 발행하는 국채의 종류에는 국고채와 재정증권은 포함된다.

오답피하기
① 기획재정부장관은 국가채무관리계획을 수립한 후 매년 국회 예산결산특별위원회에 보고하여야 한다.
② 국채를 발행하기 위해서는 국회의 의결을 거쳐야 하고 기획재정부장관이 발행한다.
④ 일본과 미국의 GDP 대비 국가채무비율이 우리나라의 GDP 대비 국가채무비율보다 높다.

행복노트
국채 및 국고채무부담행위의 사전의결

「헌법」 제58조
국채를 모집하거나 예산 외에 국가의 부담이 될 계약을 체결하려 할 때에는 정부는 미리 국회의 의결을 얻어야 한다.

국채의 종류

국고채 (재정증권)	세금이 부족할 때 발행하는 가장 일반적인 국채
외국환평형 기금채권	외환 시장의 안정을 위해 발행하는 국채
국민주택채권	국민주택건설에 필요한 자금을 마련하기 위한 국채

정답 ③

33
0878

우리나라의 국가채무에 대한 설명으로 가장 옳지 않은 것은?

2016 서울 9급

① 국가채무의 범위는 「국가회계법」 제91조 제2항에 따라 결정된다.
② 정부의 대지급 이행이 확정된 채무의 경우 국공채 및 차입금이 아니더라도 국가채무에 포함시킨다.
③ 국가의 회계 또는 기금이 인수하여 보유하고 있는 채권과 차입금은 국가채무 대상에서 제외시킨다.
④ 보증채무는 재정통계에 포함시키지 않는다.

출제유형 Ⅱ. 이론·제도 **출제영역** 국가채무
출제빈도 ★ **난도** 상

정답찾기
① 국가채무에 대한 범위는 「국가재정법」 제91조 제2항에 따라 결정된다.

오답피하기
② 정부의 대지급 이행이 확정된 채무의 경우 국공채 및 차입금이 아니더라도 국가채무에 포함시킨다.
③ 국가의 회계 또는 기금이 인수 또는 매입하여 보유하고 있는 채권은 국가채무에서 제외된다.
④ 보증채무행위는 국고채무부담행위와 분리되어 현재는 재정통계에 포함되지 않는다.

행복노트
국가채무 vs 국가부채(Liability)

「국가재정법」 제91조 【국가채무의 관리】
② 금전채무는 다음 각호의 어느 하나에 해당하는 채무를 말한다.
  1. 국가의 회계 또는 기금이 발행한 채권
  2. 국가의 회계 또는 기금의 차입금
  3. 국가의 회계 또는 기금의 국고채무부담행위
  4. 제1호 및 제2호에 준하는 채무로서 대통령령이 정하는 채무
③ 다음 각호의 해당하는 채무는 국가채무에 포함하지 아니한다.
  1. 「국고금관리법」 제32조 제1항의 규정에 따른 재정증권 또는 한국은행으로부터의 일시차입금
  2. 제2항 제1호에 해당하는 채권 중 국가의 회계 또는 기금이 인수 또는 매입하여 보유하고 있는 채권
  3. 제2항 제2호에 해당하는 차입금 중 국가의 다른 회계 또는 기금으로부터의 차입금

정답 ①

34
0879

예산성과금에 대한 설명으로 옳지 않은 것은?

2014 서울 9급

① 각 중앙관서의 장은 예산낭비신고센터를 설치·운영하여야 한다.
② 각 중앙관서의 장은 예산의 집행 방법 또는 제도의 개선 등으로 인하여 수입이 증대되거나 지출이 절약된 때에는 이에 기여한 자에게 성과금을 지급할 수 있다.
③ 각 중앙관서의 장은 직권으로 성과금을 지급하거나 절약된 예산을 다른 사업에 사용할 수 있다.
④ 예산낭비신고, 예산절감과 관련된 제안을 받은 중앙관서의 장 또는 기금관리 주체는 그 처리 결과를 신고 또는 제안을 한 자에게 통지하여야 한다.
⑤ 예산 낭비를 신고하거나 예산 낭비 방지 방안을 제안한 일반 국민도 성과금을 받을 수 있다.

출제유형 Ⅱ. 이론·제도 **출제영역** 예산성과금
출제빈도 ★★ **난도** 중

정답찾기
③ 각 중앙관서의 장은 예산성과금 심사위원회의 심사를 거친 후 성과금을 지급하거나 절약된 예산을 다른 사업에 사용할 수 있다.

오답피하기
불법 재정지출에 대한 국민감시제도의 도입

「국가재정법」 제100조 【예산·기금의 불법지출에 대한 국민감시】
① 국가의 예산 또는 기금을 집행하는 자, 재정지원을 받는 자, 각 중앙관서의 장 또는 기금관리주체와 계약 그 밖의 거래를 하는 자가 법령을 위반함으로써 국가에 손해를 가하였음이 명백한 때에는 누구든지 집행에 책임 있는 중앙관서의 장 또는 기금관리주체에게 불법지출에 대한 증거를 제출하고 시정을 요구할 수 있다.
② 제1항의 규정에 따라 시정요구를 받은 중앙관서의 장 또는 기금관리주체는 대통령령이 정하는 바에 따라 그 처리결과를 시정요구를 한 자에게 통지하여야 한다.
③ 중앙관서의 장 또는 기금관리주체는 제2항의 규정에 따른 처리결과에 따라 수입이 증대되거나 지출이 절약된 때에는 시정요구를 한 자에게 제49조의 규정에 따른 예산성과금을 지급할 수 있다.

「국가재정법」 제49조 【예산성과금의 지급 등】
② 각 중앙관서의 장은 제1항의 규정에 따라 성과금을 지급하거나 절약된 예산을 다른 사업에 사용하고자 하는 때에는 예산성과금심사위원회의 심사를 거쳐야 한다.

정답 ③

35
다음은 「국가재정법」상 예비타당성조사에 대한 내용이다. (가)와 (나)에 들어갈 숫자로 옳은 것은?

2022 지방 9급

> 기획재정부장관은 총사업비가 <u>(가)</u> 억원 이상이고 국가의 재정지원 규모가 <u>(나)</u> 억원 이상인 으로서 건설공사가 포함된 사업 등에 대한 예산을 편성하기 위하여 미리 예비타당성조사를 실시하고, 그 결과를 요약하여 국회 소관 상임위원회와 예산결산특별위원회에 제출하여야 한다.

	(가)	(나)
①	300	100
②	300	200
③	500	250
④	500	300

출제유형 Ⅱ. 이론·제도　　**출제영역** 예비타당성조사
출제빈도 ★★★　　난도 하

정답찾기
④ 기획재정부장관은 총사업비가 500억원 이상이고 국가의 재정지원 규모가 300억원 이상인 신규 사업으로서 건설공사가 포함된 사업 등에 대한 예산을 편성하기 위하여 미리 예비타당성조사를 실시한다.

오답피하기
예비타당성조사 도입(1999년 도입)

> 「국가재정법」 제38조 【예비타당성 조사】
> ① 기획재정부장관은 총사업비가 500억원 이상이고 국가의 재정지원 규모가 300억원 이상인 신규 사업으로서 대규모사업에 대한 예산을 편성하기 위하여 미리 예비타당성조사를 실시하고, 그 결과를 요약하여 국회 소관 상임위원회와 예산결산특별위원회에 제출하여야 한다.

- 경제적 타당성뿐만 아니라 정책적 타당성도 분석 대상
- 경제적 타당성: 수요, 편익, 비용 추정, 재무성 평가, 민감도
- 정책적 타당성: 지역경제 파급효과, 정책의 일관성, 상위계획과 연계성, 사업에서의 위험 요인, 환경영향, 균형발전을 위한 낙후도 평가

정답 ④

36
예비타당성조사에 대한 설명으로 옳은 것은?

2019 지방 9급

① 조사대상 사업의 경제성, 정책적 필요성 등을 종합적으로 검토하여 그 타당성 여부를 판단한다.
② 중앙행정기관의 장은 예비타당성조사를 실시하고 기획재정부장관과 그 결과를 협의해야 한다.
③ 신규사업 중 총사업비가 300억원 이상이 사업은 예비타당성 조사대상에 포함된다.
④ 기존에 유지된 타당성조사의 문제점을 보완하기 위해 2013년부터 도입하였다.

출제유형 Ⅱ. 이론·제도　　**출제영역** 예비타당성조사
출제빈도 ★★★　　난도 중

정답찾기
① 조사대상 사업의 경제성, 정책적 필요성 등을 종합적으로 검토하여 그 타당성 여부를 판단한다.

오답피하기
② 예비타당성조사는 기획재정부장관이 실시한다.
③ 신규사업 중 총사업비가 500억원 이상이면서 국가재정 지원규모가 300억원 이상이고 건설공사가 포함된 사업이나 정보화·연구개발사업 등인 경우 예비타당성 조사대상에 포함된다.
④ 기존에 유지된 타당성조사의 문제점을 보완하기 위해 <u>1999년부터 도입되었고 2000년부터 적용하고 있는</u> 제도이다.

정답 ①

37　□□□　0882

예비타당성 조사의 분석 내용을 경제성 분석과 정책적 분석으로 구분할 때, 경제성 분석에 해당하는 것은?

2015 국가 9급

① 상위계획과의 연관성
② 지역경제에의 파급효과
③ 사업추진 의지
④ 민감도분석

출제유형 Ⅱ. 이론·제도　**출제영역** 예비타당성조사
출제빈도 ★★★　**난도** 중

정답찾기
④ 민감도분석은 경제성 분석에 해당한다.

오답피하기
①, ②, ③ 상위계획과의 연관성, 지역경제에의 파급효과, 사업추진 의지 등은 정책적 분석에 해당한다.

경제성 분석	정책적 분석
ㄱ. 비용편익 비율(B/C Ratio) ㄴ. 순현재가치(NPV) ㄷ. 내부수익률(IRR)	ㄱ. 지역경제 파급효과 ㄴ. 정책의 일관성 ㄷ. 상위계획과 연계성 ㄹ. 사업에서의 위험 요인 ㅁ. 환경영향 ㅂ. 균형발전을 위한 낙후도 평가

정답 ④

38　□□□　0883

예비타당성 조사제도에 대한 설명으로 옳지 않은 것은?

2014 국가 7급

① 경제적 타당성뿐만 아니라 정책적 타당성도 분석의 대상이 된다.
② 사업 주무 부처(기관)에서 수행하며, 기술적인 검토와 예비 설계 등에 초점을 맞춘다.
③ 경제적 타당성의 분석을 위해 수요, 편익, 비용을 추정하고 재무성 평가와 민감도분석을 시행한다.
④ 대형 신규사업에서 발생할 수 있는 예산 낭비를 방지하고 재정운용의 효율성을 제고하기 위해 도입되었다.

출제유형 Ⅱ. 이론·제도　**출제영역** 예비타당성조사
출제빈도 ★★★　**난도** 중

정답찾기
② 사업 주무 부처(기관)에서 수행하며, 기술적인 검토와 예비 설계 등에 초점을 맞추는 것은 타당성 조사제도에 대한 설명이다.

오답피하기
①, ③, ④ 예비타당성조사제도는 기획재정부에서 수행하며 경제적 타당성과 정책적 타당성을 분석함으로써 대형 신규사업의 신중한 착수와 재정투자의 효율성 제고를 위한 제도이다.

행복노트

예비타당성조사 도입(1999년 도입)

> 「국가재정법」제38조 【예비타당성 조사】
> ① 기획재정부장관은 총사업비가 500억원 이상이고 국가의 재정지원 규모가 300억원 이상인 신규 사업으로서 대규모사업에 대한 예산을 편성하기 위하여 미리 예비타당성조사를 실시하고, 그 결과를 요약하여 국회 소관 상임위원회와 예산결산특별위원회에 제출하여야 한다.

- 경제적 타당성뿐만 아니라 정책적 타당성도 분석 대상
- 경제적 타당성: 수요, 편익, 비용 추정, 재무성 평가, 민감도
- 정책적 타당성: 지역경제 파급효과, 정책의 일관성, 상위계획과 연계성, 사업에서의 위험 요인, 환경영향, 균형발전을 위한 낙후도 평가

정답 ②

39 0884

「국가재정법」 및 「지방자치법」상 정부와 지방자치단체의 장은 국회와 지방의회에 회계연도 개시 며칠 전까지 예산안을 제출해야 하는가? 2018 국가 7급

	정부	광역지방자치단체	기초지방자치단체
①	90일	40일	30일
②	90일	50일	30일
③	120일	50일	40일
④	120일	50일	30일

출제유형 Ⅲ. 법령문제　　**출제영역** 중앙정부 예산제도, 지방정부 예산제도
출제빈도 ★　　**난도** 상

정답찾기
③ 「국가재정법」상 예산은 정부의 경우 회계연도 개시 120일 전까지, 광역지방자치단체의 경우 회계연도 개시 50일 전까지, 기초지방자치단체의 경우 40일 전까지 제출해야 한다.

오답피하기
중앙정부 예산제도와 지방정부 예산제도 비교

구 분	중앙정부 예산제도	지방정부 예산제도
제출 기한	회계연도 개시 120일 전	광역 단체: 50일 전 기초 단체: 40일 전
의결 기한	회계연도 개시 30일 전	광역 단체: 15일 전 기초 단체: 10일 전
과세 근거	법정주의 (국가재정법, 회계법)	법정주의 (지방재정법, 회계법)
재정운용 계획	국가재정운용계획	중기지방재정계획
예산의 구성	예산총칙, 세입세출예산, 계속비, 명시이월, 국고채무부담행위	예산총칙, 세입세출예산, 계속비, 명시이월, 채무부담행위

행복노트
지방정부 예산제도
오광(5광)은 사기(4기)야~ 오광은 15점, 사기치네 10~~

정답 ③

제 2 절　예산의 종류와 분류

40 0885

예산의 종류에 관한 설명으로 옳지 않은 것은? 2012 서울 9급

① 일반회계예산의 세입은 조세수입에 의존한다.
② 기금은 세입·세출 예산에 의하지 않고 예산 외로 운용할 수 있다.
③ 특정한 세입으로 특정한 세출에 충당함으로써 일반회계와 별도로 구분해서 경리할 필요가 있을 때 특별회계예산을 설치한다.
④ 특별회계예산의 세입은 자체 세입이나 일반회계로부터의 전입금으로 구성된다.
⑤ 특별회계예산은 국가에서 특정사업을 운영할 때 대통령령으로 설치한다.

출제유형 Ⅰ. 기본개념　　**출제영역** 예산의 종류
출제빈도 ★★★　　**난도** 중

정답찾기
⑤ 일반회계, 특별회계, 기금 모두 법률로 설치한다.

오답피하기
① 일반회계예산은 일반적인 세입으로 일반적인 지출을 담당하기 위해 편성한 예산이며 국가재정의 중심적인 예산으로서 주된 세입예산 재원은 조세수입에 의존한다.
② 기금은 일반적 예산원칙을 벗어나 탄력적으로 운용할 수 있도록 특정 사업을 위해 보유하는 특정자금이므로 세입·세출 예산에 의하지 않고 예산 외로 운용할 수 있다.
③ 특정한 세입으로 특정한 세출에 충당함으로써 일반회계와 별도로 구분해서 경리할 필요가 있을 때 특별회계예산을 설치한다.
④ 특별회계예산의 세입은 자체 세입이나 일반회계로부터의 전입금으로 구성된다.

┤관련조문├
「국가재정법」 제4조【회계구분】
① 국가의 회계는 일반회계와 특별회계로 구분한다.
② 일반회계는 조세수입 등을 주요 세입으로 하여 국가의 일반적인 세출에 충당하기 위하여 설치한다.
③ 특별회계는 국가에서 특정한 사업을 운영하고자 할 때, 특정한 자금을 보유하여 운용하고자 할 때, 특정한 세입으로 특정한 세출에 충당함으로써 일반회계와 구분하여 회계처리할 필요가 있을 때에 법률로써 설치한다.

「국가재정법」 제5조【기금의 설치】
① 기금은 국가가 특정한 목적을 위하여 특정한 자금을 신축적으로 운용할 필요가 있을 때에 한하여 법률로써 설치하되, 정부의 출연금 또는 법률에 따른 민간부담금을 재원으로 하는 기금은 법률에 의하지 아니하고는 이를 설치할 수 없다.
② 제1항의 규정에 따른 기금은 세입세출예산에 의하지 아니하고 운용할 수 있다.

정답 ⑤

41
특별회계예산에 대한 설명으로 옳지 않은 것은? 2017 지방 7급

① 임시적인 성격이 강하기 때문에 국회의 심의를 받지 않는다.
② 특별회계예산은 세입과 세출을 별도로 계리한다.
③ 특별회계의 경우 각각의 개별법이 마련되어 운영되는 것이 일반적이다.
④ 재정운영 주체의 자율성 증대를 통해 운영의 효율성을 높일 수 있을 때 필요하다.

42
「국가재정법」상 특별회계를 설치할 수 있는 근거법률이 아닌 것은? 2017 국가 7급

① 「국가균형발전 특별법」
② 「정부기업예산법」
③ 「군인연금특별회계법」
④ 「책임운영기관의 설치·운영에 관한 법률」

출제유형 Ⅰ. 기본개념 **출제영역** 특별회계예산
출제빈도 ★★★ **난도** 중

정답찾기
① 특별회계, 일반회계, 기금 모두 국회의 심의·의결 대상이다.

오답피하기
세입·세출의 성질에 따른 구분: 일반회계와 특별회계

일반적인 세입(조세)으로 일반적인 지출을 담당하는 회계 — 예산 — 특정한 세입으로 특정한 목적의 세출을 충당하는 회계

일반회계 / 특별회계

예산에서 특별회계가 많을수록 경직성 초래하지만 특별회계는 집행의 재량성은 큼

┌ 기업특별회계
│ 우편사업, 양곡관리
│ 조달, 우체국예금,
│ 책임운영기관
└ 기타특별회계
   광역지역발전, 교도작업
   교통시설, 국방·군사시설이전
   우체국보험, 주한미군기지이전
   행복도시이전……

일반회계	─ 일반적인 세입으로 일반적인 지출을 담당하는 회계 ─ 단일성, 통일성의 원칙에 입각한 예산
특별회계	─ 특정한 세입으로 특정한 목적의 세출을 충당하는 회계. ─ 단일성, 통일성의 원칙의 예외
특별회계 종류	─ 특정한 사업 운영: 우편, 우체국예금, 조달, 양곡 + 책임운영기관 ─ 특정한 자금을 보유하고 운용 ─ 특정세입으로 특정세출 충당
특별회계 특징	─ 조세 외의 별도의 수입이 재원 ─ 국회의 심의를 받음 ─ 정부기업예산법이나 개별법 적용 ─ 재정운용의 자율성 하지만 재정팽창의 수단이 됨

정답 ①

출제유형 Ⅰ. 기본개념 **출제영역** 특별회계예산
출제빈도 ★★★ **난도** 중

정답찾기
③ 군인연금은 기금으로 운영되고 「군인연금특별회계법」은 2007년부터 폐지되었다.

오답피하기
① 「국가균형발전 특별법」에 근거하여 국가균형발전특별회계를 설치할 수 있다.
② 「정부기업예산법」에 근거하여 정부기업특별회계를 설치할 수 있다.
④ 「책임운영기관의 설치·운영에 관한 법률」에 근거하여 책임운영기관특별회계를 설치할 수 있다.

정답 ③

43　0888

다음 중 특별회계예산의 특징으로 가장 옳지 않은 것은?

2016 서울 9급

① 특별회계예산은 세입과 세출의 수지가 명백하다.
② 특별회계예산에서는 행정부의 재량이 확대된다.
③ 특별회계예산은 국가재정의 전체적인 관련성을 파악하기 곤란하다.
④ 특별회계예산에서는 입법부의 예산통제가 용이해진다.

44　0889

우리나라 특별회계에 대한 설명으로 옳지 않은 것은?

2014 지방 9급

① 예산단일성과 예산통일성원칙에 대한 예외이다.
② 일반회계와 구분해 경리할 필요가 있을 때 설치하므로, 일반회계로부터 전입은 금지된다.
③ 정부가 "2014년 세출예산은 약 367.5조원이다"라고 발표했다면, 여기에는 특별회계 지출이 포함된 규모이다.
④ 2014년 현재 정부기업 특별회계로는 '양곡관리', '조달' 등이 운영되고 있다.

출제유형 Ⅰ. 기본개념　　**출제영역** 특별회계예산

출제빈도 ★★★　　난도 중

정답찾기
④ 특별회계예산은 전통적 예산의 원칙인 단일성 예외 제도로서 예산구조의 복잡성으로 인해 의회의 통제가 어려워져 재정팽창의 요인으로 작용한다.

오답피하기
① 특별회계예산도 국회의 심의를 받으므로 세입과 세출의 수지가 명백하다.
② 특별회계예산에서는 집행에 있어서 행정부의 재량이 확대된다.
③ 특별회계예산은 특정한 세입으로 특정한 목적의 세출을 충당하는 회계이므로 국가재정의 전체적인 관련성을 파악하기 곤란하다.

정답 ④

출제유형 Ⅰ. 기본개념　　**출제영역** 특별회계예산

출제빈도 ★★★　　난도 중

정답찾기
② 일반회계와 특별회계 또는 기금 상호 간에는 전출·입 등 상당한 교류가 있다.

오답피하기
① 특정한 세입으로 특정한 목적의 세출을 충당하기 위해 일반의 세입세출과 구별되어 경리되는 예산이므로 예산단일성과 예산통일성원칙에 대한 예외이다.
③ 정부의 세출예산에 특별회계 지출은 포함된다.
④ 2014년 현재 정부기업 특별회계로는 양곡관리, 조달, 우편, 우체국예금이 운영되고 있다.

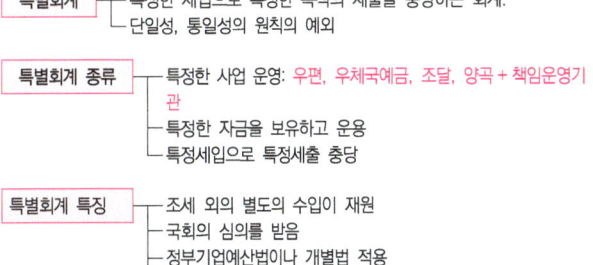

정답 ②

45 0890

우리나라 특별회계에 대한 설명으로 옳지 않은 것은?

2013 지방 7급

① 특별회계 설립 주체에 따라 중앙정부 특별회계와 지방자치단체 특별회계로 구분한다.
② 특정한 사업을 운영하기 위한 중앙정부 특별회계의 일례로 교육비특별회계가 있다.
③ 「지방공기업법」에 따라 설립된 모든 지방직영기업은 지방자치단체 공기업특별회계 대상이다.
④ 중앙정부의 기업특별회계에는 책임운영기관특별회계와 「정부기업예산법」의 적용을 받는 우편사업·우체국예금·양곡관리·조달특별회계가 있다.

출제유형 Ⅰ. 기본개념　　**출제영역** 특별회계예산
출제빈도 ★★★　　**난도** 중

정답찾기
② 교육비특별회계는 지방정부가 운영하는 특별회계이다.

오답피하기
① 특별회계는 그 설립 주체에 따라 중앙정부 특별회계와 지방자치단체 특별회계로 구분된다.
③ 지방자치단체는 「지방공기업법」 제2조에 해당하는 지방직영기업이 운영하는 수도사업, 공업용 수도사업, 궤도사업, 자동차운송사업, 지방도로사업, 하수도사업, 주택사업, 택지사업마다 모두 특별회계를 설치하여야 한다.
④ 중앙정부의 기업특별회계에는 책임운영기관특별회계와 우편사업, 우체국예금, 양곡관리, 조달특별회계가 있다.

정답 ②

46 0891

특별회계 예산과 기금에 대한 설명으로 옳지 않은 것은?

2021 지방 9급

① 기금은 특정 수입과 지출의 연계가 강하다.
② 특별회계 예산은 세입과 세출이라는 운영 체계를 지닌다.
③ 특별회계 예산은 합목적성 차원에서 기금보다 자율성과 탄력성이 강하다.
④ 특별회계 예산과 기금은 모두 결산서를 국회에 제출하여야 한다.

출제유형 Ⅰ. 기본개념　　**출제영역** 특별회계예산
출제빈도 ★★★　　**난도** 중

정답찾기
③ 특별회계 예산은 합목적성 차원에서 기금보다 자율성과 탄력성이 약하다.

오답피하기
일반회계·특별회계·기금 비교

구 분	예 산		기 금
	일반회계	특별회계	
설치 이유	국가고유의 일반적 재정활동	특정사업, 특정자금 운영, 특정세입으로 특정세출 충당	특정 목적을 위해 특정 자금을 신축적으로 운용 필요시
재원조달 및 운용형태	조세 수입	자체세입이나 일반회계 전입금	출연금, 부담금 등 다양한 재원으로 융자사업 등을 수행
집행 절차	합법성에 입각해 엄격히 통제		합목적성 차원에서 상대적으로 자율성과 탄력성 보장
수입과 지출 연계	×	○	○
계획 변경	이용, 전용, 추가경정예산 편성		• 비금융성 기금: 지출금액의 20% 내 자율 • 금융성 기금: 지출금액의 30% 내 자율
국회 승인	필요		

우리나라 총재정에서의 비중: 일반회계 〉 기금 〉 특별 회계

정답 ③

47
우리나라 기금 운영에 대한 설명으로 옳지 않은 것은?

2015 국가 7급

① 기금이란 국가가 특정한 목적을 위하여 특정한 자금을 신축적으로 운용할 필요가 있을 때에 한하여 법률로써 설치한다.
② 기금운용계획안은 국회의 심의와 의결을 거쳐 확정된다.
③ 군인연금, 공무원연금, 국민연금은 기금으로 운영된다.
④ 주한 미군기지 이전, 행정중심 복합도시 건설 등 기존의 일반회계에서 처리하기 곤란한 대규모 국책사업을 실행하기 위해 운영된다.

48
예산 외 공공재원으로서의 기금에 대한 설명으로 옳지 않은 것은?

2014 국가 7급

① 정부는 매년 기금운용계획안을 마련하여 국무회의 의결을 받아야 하며, 국회에 제출할 필요는 없다.
② 출연금, 부담금 등 다양한 재원으로 융자 사업 등을 수행한다.
③ 특정 수입과 지출을 연계한다는 점에서 특별회계와 공통점이 있다.
④ 합목적성 차원에서 예산에 비하여 운영의 자율성과 탄력성이 높다.

출제유형 Ⅰ. 기본개념   **출제영역** 기금

출제빈도 ★★★   **난도** 중

정답찾기
④ 일반회계에서 처리하기 곤란한 대규모 국책사업을 시행하기 위해 특별회계를 설치 및 운영되는데 주한 미군기지 이전 특별회계, 행정중심 복합도시건설 특별회계가 현재 설치·운영되고 있다.

오답피하기
① 기금이란 국가가 <u>특정한 목적</u>을 위하여 <u>특정한 자금을 신축적으로 운용할 필요가 있</u>을 때에 한하여 법률로써 설치한다.
② 기금운용계획안은 <u>국회의 심의와 의결</u>을 거쳐 확정된다.
③ <u>군인연금, 공무원연금, 국민연금</u>은 기금으로 운영된다.

행복노트
기 금

개념	예산외로 운용되는 제 3의 예산으로서, 특정사업을 위해 탄력적으로 운용할 수 있는 특정 자금

유형	- 비금융성 기금: 국가가 직접 관리
	  20%범위 내에서 국회의 의결없이 변경가능 통합예산 포함(공무원연금기금 등)
	- 금융성 기금: 금융적 성격을 띠고 설립된 기금
	  30%범위 내에서 국회의 의결없이 변경가능 통합예산 불포함(신용보증기금 등)

특징	- 조세가 아닌 정부출연금, 민간부담금, 차입금 등에 의존 - 단일성, 통일성, 완전성 원칙의 예외 - 예산에 비해 국회 등의 통제가 약하고 신축성이 높음 - 특정 수입과 지출의 연계가 허용, 적립 가능 - 기금관리주체는 안정성, 유동성, 수익성 및 공공성을 고려하여 기금 자산을 투명하고 효율적으로 운용 - 재정 인플레이션 및 재정통제 약화의 문제점

정답 ④

출제유형 Ⅰ. 기본개념   **출제영역** 기금

출제빈도 ★★★   **난도** 중

정답찾기
① 정부는 매년 기금운용계획안을 마련하여 <u>국무회의 의결을 거쳐, 회계연도 개시 120일 전까지 국회에 제출해야한다.</u>

오답피하기
② 기금은 <u>출연금, 부담금</u> 등 다양한 재원으로 융자 사업 등을 수행한다.
③ 기금은 국가가 특정한 목적을 위하여 특정한 자금을 신축적으로 운영할 필요가 있을 때 설치하는 것으로 <u>특정수입과 지출을 연계</u>하는 데 있어 특별회계와 성격이 비슷하다.
④ 기금은 합목적성 차원에서 상대적으로 <u>자율성과 탄력성이</u> 보장된다.

정답 ①

49 0894

동일 회계연도 예산의 성립을 기준으로 볼 때 시기적으로 빠른 것부터 순서대로 바르게 나열한 것은?

2022 국가 9급

① 본예산, 수정예산, 준예산
② 준예산, 추가경정예산, 본예산
③ 수정예산, 본예산, 추가경정예산
④ 잠정예산, 본예산, 준예산

50 0895

예산 유형에 대한 〈보기〉의 설명 중 옳은 것을 모두 고르면?

2019 서울 9급

┤ 보기 ├

ㄱ. 준예산은 회계연도 개시 전까지 예산이 의결되지 않을 경우 편성하는 예산이다.
ㄴ. 본예산은 매 회계연도 개시 전에 국회의 심의·의결을 거쳐 성립되는 예산이다.
ㄷ. 추가경정예산은 본예산과 별개로 성립하며 결산 심의 역시 별도로 이루어진다.
ㄹ. 우리나라는 1960년도 이후부터 잠정예산제도를 채택하고 있다.

① ㄱ, ㄴ ② ㄱ, ㄹ
③ ㄴ, ㄷ ④ ㄷ, ㄹ

출제유형 Ⅰ. 기본개념 **출제영역** 예산의 유형
출제빈도 ★★ **난도** 상

정답찾기
③ 수정예산은 정부가 예산안을 국회에 제출한 후 국회의 심의·확정 전에 부득이한 사정으로 수정해 제출하는 예산이고, 본예산은 국회의 예산 심의를 거쳐 최초로 확정된 당초예산이다. 추가경정예산은 본예산 성립 이후에 발생한 사유로 인해 추가·편성된 예산이다. 예산 성립을 기준으로 보면 수정예산이 가장 빠르다. 수정예산이 제출되지 않으면 처음 제출된 당초예산이 심의 의결되어 본예산이 확정된다. 하지만 당초예산이 제출되고 그 이후에 수정예산이 제출되면 수정예산이 먼저 성립하게 된다. 따라서 <u>성립기준으로 하면 수정예산, 본예산, 추가경정예산 순이다.</u>

정답 ③

출제유형 Ⅰ. 기본개념 **출제영역** 예산의 유형
출제빈도 ★★ **난도** 중

정답찾기
ㄱ. 준예산은 본예산이 회계연도 개시일 전까지 예산이 의결되지 않을 경우 편성하는 예산이다.
ㄴ. 본예산은 매 회계연도 개시 전에 국회의 심의를 거쳐 정기국회에서 정상적으로 통과된 예산을 말한다.

오답피하기
ㄷ. 추가경정예산은 본예산과 별개로 성립하나 <u>결산은 본예산과 함께 이루어진다.</u>
ㄹ. 우리나라는 1960년부터 <u>준예산제도</u>를 채택하고 있다.

정답 ①

51　□□□　0896

예산을 성립시기에 따라 분류한 것으로 옳은 것은?

2012 지방 9급

① 일반회계, 특별회계
② 본예산, 수정예산, 추가경정예산
③ 정부출자기관예산, 정부투자기관예산
④ 잠정예산, 가예산, 준예산

출제유형 Ⅰ. 기본개념　　출제영역 성립시기별 예산 구분

출제빈도 ★★　　난도 중

정답찾기

② 본예산은 회계연도 개시 90일 전까지 제출하여 국회에서 승인된 당초예산이고 <u>본예산 성립</u>을 기준으로 본예산 성립 이전에 수정예산, 본예산 성립 이후에 추가경정예산이 성립된다.

오답피하기

① 일반회계, 특별회계는 <u>세입세출의 성질</u>에 따른 분류이다.
③ 정부출자기관예산, 정부투자기관예산은 현재 사용하지 않는 명칭이다.
④ 잠정예산, 가예산, 준예산은 <u>예산이 성립되지 않았을 경우</u>를 대처하기 위한 제도들이다.

행복노트

성립시기별 예산 구분: 수정예산, 본예산, 추가경정예산

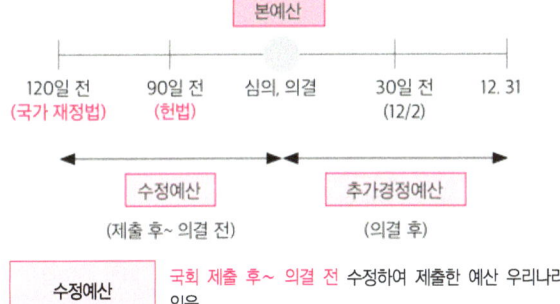

수정예산	국회 제출 후~ 의결 전 수정하여 제출한 예산 우리나라 경험 있음
본예산	국회의 예산 심의 거쳐 최초 확정, 당초예산
추가경정예산	본예산 성립 후 추가·편성된 예산, 의결로 집행

㉠ 전쟁이나 대규모 재해 발생
㉡ 경기침체, 대량실업, 남북관계의 변화, 경제협력과 같은 대내·외 여건에 중대한 변화가 발생하였거나 발생할 우려가 있는 경우
㉢ 법령에 따라 국가가 지급해야 할 지출의 발생과 증가

정답 ②

52　□□□　0897

「국가재정법」상 추가경정예산안 편성이 가능한 사유에 해당하지 않는 것은?

2021 국가 9급

① 전쟁이나 대규모 재해가 발생한 경우
② 남북관계의 변화와 같은 중대한 변화가 발생한 경우
③ 경기침체, 대량실업 같은 중대한 변화가 발생할 우려가 있는 경우
④ 경제협력, 해외원조를 위한 지출을 예비비로 충당해야 할 우려가 있는 경우

출제유형 Ⅲ. 법령문제　　출제영역 추가경정예산

출제빈도 ★★★　　난도 중

정답찾기

④ 경제협력, 해외원조를 위한 지출을 예비비로 충당해야 할 우려가 있는 경우는 <u>추가경정예산안 편성사유에 해당하지 않는다.</u>

오답피하기

추가경정예산안 편성사유의 제한

「국가재정법」제89조【추가경정예산안의 편성】
① 정부는 다음 각 호의 어느 하나에 해당하게 되어 이미 확정된 예산에 변경을 가할 필요가 있는 경우에는 추가경정예산안을 편성할 수 있다.
　1. 전쟁이나 대규모 재해가 발생한 경우
　2. 경기침체, 대량실업, 남북관계의 변화, 경제협력과 같은 대내·외 여건에 중대한 변화가 발생하였거나 발생할 우려가 있는 경우
　3. 법령에 따라 국가가 지급하여야 하는 지출이 발생하거나 증가하는 경우

정답 ④

53　　0898
추가경정예산에 대한 설명으로 옳지 않은 것은?　2013 지방 9급

① 예산이 성립된 후에 생긴 사유로 이미 성립된 예산에 변경을 가할 필요가 있을 때 정부가 편성하는 예산이다.
② 예산 팽창의 원인이 될 수 있으므로, 「국가재정법」에서 그 편성 사유를 제한하고 있다.
③ 과거에 추가경정예산이 편성되지 않은 연도도 있었다.
④ 본예산과 별개로 성립되므로 당해 회계연도의 결산에는 포함되지 않는다.

54　　0899
예산 불성립에 따른 예산 종류에 대한 설명으로 옳지 않은 것은?　2023 지방 9급

① 준예산은 전년도 예산을 기준으로 예산을 편성해 운영하는 제도이다.
② 현재 우리나라는 준예산제도를 채택하고 있다.
③ 가예산은 1개월분의 예산을 국회의 의결을 거쳐 집행하는 것으로 우리나라가 운영한 경험이 있다.
④ 잠정예산은 수개월 단위로 임시예산을 편성해 운영하는 것으로 가예산과 달리 국회의 의결이 불필요하다.

출제유형 Ⅲ. 법령문제　　**출제영역** 추가경정예산
출제빈도 ★★★　　**난도** 중

[정답찾기]
④ 추가경정예산은 본예산과 별개로 성립하지만, 일단 성립 후에는 본예산과 통합하여 전체로 집행하기 때문에 당해 회계연도 결산에 포함된다.

[오답피하기]
성립시기별 예산 구분: 수정예산, 본예산, 추가경정예산

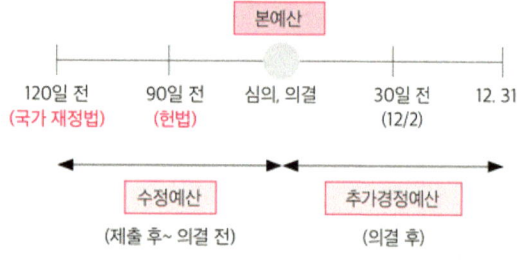

수정예산	국회 제출 후~ 의결 전 수정하여 제출한 예산 우리나라 경험 있음
본예산	국회의 예산 심의 거쳐 최초 확정, 당초예산
추가경정예산	본예산 성립 후 추가·편성된 예산, 의결로 집행

㉠ 전쟁이나 대규모 재해 발생
㉡ 경기침체, 대량실업, 남북관계의 변화, 경제협력과 같은 대내·외 여건에 중대한 변화가 발생하였거나 발생할 우려가 있는 경우
㉢ 법령에 따라 국가가 지급해야 할 지출의 발생과 증가

정답 ④

출제유형 Ⅱ. 이론·제도　　**출제영역** 정부예산의 종류
출제빈도 ★★　　**난도** 중

[정답찾기]
④ 잠정예산은 수개월 단위로 임시예산을 편성해 운영하는 것으로 가예산과 같이 국회의 의결이 필요하다.

[오답피하기]
① 준예산은 전년도 예산을 기준으로 예산을 편성해 운영하는 제도이다.
② 현재 우리나라는 준예산제도를 채택하고 있다.
③ 가예산은 1개월분의 예산을 국회의 의결을 거쳐 집행하는 것으로 우리나라가 운영한 경험이 있다.

각국의 예산 불성립 시 대응방안

구분	사용 기간	국회 의결	지출가능 항목	채택 국가
가예산	1개월 이내	필요	전반적	프랑스, 제1공화국
준예산	무제한	불필요	한정적	독일, 우리나라 (1960년 이후)
잠정예산	수개월	필요	전반적	미국, 영국, 일본, 캐나다

준예산 특징
─ 국회 의결 필요 × (사전의결원칙의 예외)
─ 지방정부만 편성 사례 ○
─ 헌법/법률에 의해 설치된 기관 유지비, 법률상 지출의무의 이행, 승인된 계속비

정답 ④

55

준예산에 대한 설명으로 옳지 않은 것은? 2021 국가 7급

① 예산안이 회계연도 개시일까지 국회에서 의결되지 못한 경우에 활용된다.
② 국회의 의결을 필요로 한다.
③ 법률상 지출 의무를 이행하기 위한 경우에 집행할 수 있다.
④ 이미 예산으로 승인된 사업의 계속을 위해 집행할 수 있다.

출제유형 Ⅰ. 기본개념　　**출제영역** 준예산
출제빈도 ★★　　난도 하

정답찾기
② 준예산은 회계연도가 개시될 때까지 예산안이 의결되지 못할 때 활용하는 제도이기에 국회의 의결을 필요로 하지 않는다.

오답피하기
┌ 관련조문 ┐
「헌법」제54조
③ 새로운 회계연도가 개시될 때까지 예산안이 의결되지 못한 때에는 정부는 국회에서 예산안이 의결될 때까지 다음의 목적을 위한 경비는 전년도 예산에 준하여 집행할 수 있다.
　1. 「헌법」이나 법률에 의하여 설치된 기관 또는 시설의 유지·운영
　2. 법률상 지출의무의 이행
　3. 이미 예산으로 승인된 사업의 계속

정답 ②

56

다음 내용의 괄호 안에 해당하는 것은? 2016 국가 9급

> 최근 미국은 의회의 연방예산처리 지연으로 예산편성 및 집행에 큰 어려움을 겪으면서 행정업무가 마비되는 사태를 겪은 바 있다. 우리나라는 새로운 회계연도가 개시될 때까지 예산안이 국회에서 의결되지 못한 경우에 대비하여 ( )제도를 시행하고 있다.

① 준예산　　② 가예산
③ 수정예산　　④ 잠정예산

출제유형 Ⅰ. 기본개념　　**출제영역** 준예산
출제빈도 ★★　　난도 하

정답찾기
① 우리나라는 새로운 회계연도가 개시될 때까지 예산안이 국회에서 의결되지 못한 경우에 대비하여 준예산 제도를 시행하고 있다.

오답피하기
각국의 예산 불성립 시 대응방안

구 분	사용 기간	국회 의결	지출가능 항목	채택 국가
가예산	1개월 이내	필요	전반적	프랑스, 제1공화국
준예산	무제한	불필요	한정적	독일, 우리나라 (1960년 이후)
잠정예산	수개월	필요	전반적	미국, 영국, 일본, 캐나다

준예산 특징
- 국회 의결 필요 × (사전의결원칙의 예외)
- 지방정부만 편성 사례 ○
- 헌법/법률에 의해 설치된 기관 유지비, 법률상 지출의무의 이행, 승인된 계속비

정답 ①

57
우리나라의 통합재정에 대한 설명으로 옳지 않은 것은?

2023 국가 9급

① 세입과 세출은 경상거래와 자본거래로 구분하여 작성한다.
② 통합재정의 범위에는 일반정부와 공기업 등 공공부문 전체가 포함된다.
③ 정부의 재정이 국민 경제에 미치는 효과를 파악하고자 하는 예산의 분류체계이다.
④ 통합재정 산출 시 내부거래와 보전거래를 제외함으로써 세입·세출을 순계 개념으로 파악한다.

58
통합재정에 대한 설명으로 옳은 것은?

2019 지방 9급

① 일반회계, 특별회계, 기금을 포함한다.
② 통합재정의 기관 범위에 공공기관은 포함되지만, 지방자치단체는 포함되지 않는다.
③ 국민의 입장에서 느끼는 정부의 지출 규모이며 내부거래를 포함한다.
④ 2005년부터 정부의 재정규모 통계로 사용하고 있으며 세입과 세출을 총계개념으로 파악한다.

출제유형 Ⅰ. 기본개념　　**출제영역** 통합재정

출제빈도 ★★　　**난도** 상

[정답찾기]
② 통합재정의 범위에는 중앙정부와 지방정부의 비금융 공공부문이다.

[오답피하기]
① 세입과 세출은 경상거래와 자본거래로 구분하여 작성한다.
③ 정부의 재정이 국민 경제에 미치는 효과를 파악하고자 하는 예산의 분류체계이다.
④ 통합재정 산출 시 내부거래와 보전거래를 제외함으로써 세입·세출을 순계 개념으로 파악한다.

통합예산

의의	정부 전체의 재정 규모를 파악하고 재정이 국민경제에 미치는 영향을 효과적으로 파악하고자 하는 제도
특징	─ 중앙정부 + 지방정부, 일반회계 + 특별회계 + 기금, 일반정부 + 비금융공기업을 모두 포함하고 관리 ─ 내부거래와 보전거래 차감으로 순계 개념으로 작성 ─ 재정이 국민경제에 미치는 영향을 효과적으로 파악 ─ IMF에 제출 후 국제적 비교 가능, 현금주의로 작성 ─ 재정적자, 재정흑자 어떻게 보전되고 처리되는지 명시
한계	융자지출을 재정수지상 흑자요인임에도 불구하고, 당해 연도 적자요인으로 파악

정답 ②

출제유형 Ⅰ. 기본개념　　**출제영역** 통합재정

출제빈도 ★★　　**난도** 상

[정답찾기]
① 통합재정은 일반회계, 특별회계, 기금을 모두 포괄한 국가재정 전체를 의미하며 회계간의 중복분인 내부거래를 공제한 예산순계개념으로 작성된다.

[오답피하기]
② 통합재정의 기관 범위에는 비금융공공부문과 중앙정부와 지방자치단체가 포함되지만 정부산하의 공공기관은 포함되지 않는다.
③ 통합재정은 재정건전성을 파악하기 위해 회계 간 전출입거래 등 이중거래나 내부거래를 제거한 순수한 재정규모를 파악한다.
④ 통합재정은 1979년부터 IMF 권고에 의해 작성하고 있으나 세입과 세출을 순계개념으로 파악한다.

정답 ①

59   0904

통합재정 또는 통합예산에 대한 설명으로 가장 옳지 않은 것은?

2015 서울 7급

① 국가예산의 세입·세출을 총계개념으로 파악하여 재정 건전성을 판단한다.
② 중앙재정을 일반회계와 특별회계 외에 기금 및 세입세출 외 자금을 포함해 파악한다.
③ 통합재정은 중앙재정, 지방재정, 지방교육재정(교육비특별회계)을 포함한다.
④ 재정이 국민경제에 미치는 효과를 효과적으로 파악하게 한다.

60   0905

다음 중 우리나라 통합재정 범위에 포함되지 않는 것은?

2015 국회 9급

① 중앙정부(일반정부)
② 지방정부(일반정부)
③ 중앙정부 기업 특별회계
④ 지방정부 공기업 특별회계
⑤ 중앙은행 등 공공금융기관

출제유형 Ⅰ. 기본개념   **출제영역** 통합재정

출제빈도 ★★   난도 상

정답찾기
① 통합재정은 재정건전성을 파악하기 위해 회계 간 전출입거래 등 이중거래나 내부거래를 제거한 순계개념으로 파악한다. 통합재정은 일반회계, 특별회계, 기금을 모두 포괄한 국가재정 전체를 의미하므로 재정건전성 파악에 도움을 준다.

오답피하기
통합예산

의의	정부 전체의 재정 규모를 파악하고 재정이 국민경제에 미치는 영향을 효과적으로 파악하고자 하는 제도
특징	- 중앙정부 + 지방정부, 일반회계 + 특별회계 + 기금, 일반정부 + 비금융공기업을 모두 포함하고 관리 - 내부거래와 보전거래 차감으로 순계 개념으로 작성 - 재정이 국민경제에 미치는 영향을 효과적으로 파악 - IMF에 제출 후 국제적 비교 가능, 현금주의로 작성 - 재정적자, 재정흑자 어떻게 보전되고 처리되는지 명시
한계	융자지출을 재정수지상 흑자요인임에도 불구하고, 당해 연도 적자요인으로 파악

정답 ①

출제유형 Ⅰ. 기본개념   **출제영역** 통합재정

출제빈도 ★★   난도 상

정답찾기
⑤ 중앙정부의 공공기관과 공공금융기관, 금융성기금은 통합재정에 포함되지 않는다.

오답피하기
우리나라 통합예산의 범위

통합 재정				공공금융부문
일반 정부		비금융 공기업		
중앙정부	지방정부	중앙정부	지방정부	
일반회계 특별 회계 비금융성 기금 세입세출 외	일반회계 특별회계 기금 교육비 특별회계	기업 특별회계	공기업 특별회계	

정답 ⑤

61
기획재정부에서 국가재정규모를 파악할 때 사용하는 '중앙정부 총지출' 산출방식으로 옳은 것은?

2014 국가 9급

① 일반회계 + 특별회계 + 기금
② 일반회계 + 특별회계 + 기금 − 내부거래
③ 경상지출 + 자본지출 + 융자지출
④ 경상지출 + 자본지출 + 융자지출 − 융자회수

정답찾기
③ 경상지출 + 자본지출 + 융자지출은 중앙정부 총지출 산출방식에 해당한다.

오답피하기
② 총수입은 일반회계 + 특별회계 + 기금 − 내부거래 − 보전거래로 계산한다.
④ 경상지출 + 자본지출 + 융자지출 − 융자회수는 순수 재정활동 규모를 나타내는 통합재정규모에서의 총지출에 해당한다.

행복노트
재정규모지표

통합재정규모	1979년 IMF권고로 사용, 예산 순계개념으로 작성
수입: 일반회계 + 특별회계 + 기금 − 내부거래 − 보전거래 − 융자회수	
지출: 경상지출 + 자본지출 + 순융자	
총지출규모	2005년 이후 국가재정규모 공식발표 시 사용
수입: 일반회계 + 특별회계 + 기금 − 내부거래 − 보전거래	
지출: 경상지출 + 자본지출 + 융자지출	
일반정부 재정규모	OECD국민계정 기준으로 한국은행이 작성
중앙 및 지방 정부 일반회계 + 특별회계 + 기금+비영리공공기관	

정답 ③

62
다음 중 자본예산제도의 특징으로 가장 옳지 않은 것은?

2016 서울 7급

① 재정안정화효과 증진
② 중장기 예산운용 가능
③ 부채의 정당화
④ 예산의 적자재정 편성

정답찾기
① 자본예산은 경기안정화효과는 증진시킬 수 있으나 자본예산은 일반적으로 장기부채에 의존하는 것이 당연시되므로 재정안정화효과는 감소시킨다.

오답피하기
② 자본지출은 중장기적 재정계획수립이 용이하며 정부의 신용향상에 도움을 준다.
③ 공채의 발행(부채의 증가)은 다른 한편의 자산의 증가로 나타남으로써 부채를 정당화시킬 수 있다.

행복노트
자본예산제도(CBS: Capital Budget System)

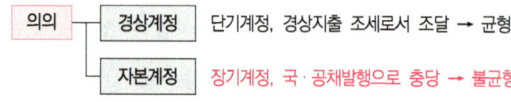

- 의의
  - 경상계정: 단기계정, 경상지출 조세로서 조달 → 균형
  - 자본계정: 장기계정, 국·공채발행으로 충당 → 불균형
- 특징
  - 불경기 극복 수단, 부채의 정당화
  - 정부의 순자산상태의 증감 불변
  - 수익자부담 원칙의 구현
  - 경기변동에 따른 장기적 균형 중시
  - 스웨덴 최초 도입

정답 ①

63　　　　　　　　　　　　　　　　0908

다음 중 자본예산에 대한 설명으로 옳은 것은?　　2015 국회 9급

① 사회간접자본 투자에 적절하지 않다.
② 선심성사업 억제에 효과적이다.
③ 유효수요 창출에 적절하지 않다.
④ 인플레이션을 조장할 우려가 있다.
⑤ 균형예산이 용이하다.

64　　　　　　　　　　　　　　　　0909

총액배분·자율편성제도에 대한 설명으로 옳지 않은 것은?
　　　　　　　　　　　　　　　　2018 지방 9급

① 전략기획과 분권확대를 예산편성방식에 도입하기 위해 실시하고 있다.
② 각 중앙부처는 소관정책과 우선순위에 입각해 연도별 재정규모, 분야별·부문별 지출한도를 제시한다.
③ 지출한도가 사전에 제시되기 때문에 부처의 재정사업에 대한 책임과 권한을 강화할 수 있다.
④ 부처의 재량을 확대하였지만 기획재정부는 사업별 예산통제기능을 유지하고 있다.

출제유형 II. 이론·제도　　**출제영역** 자본예산제도
출제빈도 ★★　　**난도** 중

정답찾기
④ 자본예산은 공채발행이나 차입금에 의한 적자재정 편성 및 팽창예산으로 인플레이션을 조장할 우려가 있다.

오답피하기
① 외부효과가 크고 장기간 국민경제에 효과를 유발하는 사회간접자본 투자에 적절하다.
② 적자재정으로 선심성사업을 남발할 수 있다.
③ 대규모 자본사업의 투자로 인해 유효수요를 창출에 적절하다.
⑤ 일시적으로 적자예산을 편성하는 불균형예산이다.

정답 ④

출제유형 II. 이론·제도　　**출제영역** 총액배분·자율편성제도
출제빈도 ★★★　　**난도** 중

정답찾기
② 중앙예산기관은 소관정책과 우선순위에 입각해 연도별 재정규모, 분야별·부문별 지출한도를 제시한다.

오답피하기
① 전략기획은 하향식으로 통제하고 자율과 분권확대를 예산편성 방식에 도입하기 위해 실시하고 있는 제도이다.
③ 재정당국에서 지출한도를 사전에 제시하고 지출한도 내에서 자율성을 부여하므로 부처의 재정사업에 대한 책임과 권한을 강화할 수 있다.
④ 자금관리 등 미시적인 부분은 부처의 재량을 확대하였고 기획재정부는 지출한도 하달을 통해 사업별 예산통제기능을 유지하고 있다.

정답 ②

65   0910

정부 각 기관에 배정될 예산의 지출한도액은 중앙예산기관과 행정수반이 결정하고 각 기관의 장에게는 그러한 지출한도액의 범위 내에서 자율적으로 목표달성 방법을 결정하는 자율권을 부여하는 예산관리모형은 무엇인가?   2014 서울 9급

① 총액배분·자율편성예산제도
② 목표관리예산제도
③ 성과주의예산제도
④ 결과기준예산제도
⑤ 계획예산제도

66   0911

총액배분·자율편성 예산제도에 대한 설명으로 옳지 않은 것은?
                                                                 2013 국가 7급

① 사전에 결정된 예산의 지출한도 내에서 각 부처가 자율적으로 예산을 편성해 운영한다.
② 부처의 자율성이 높아지는 예산제도로 상향식(Bottom-up) 방식이다.
③ 중기적 시각에서 정부 전체의 재정규모를 검토하기 때문에 전략적 계획의 발전을 촉진하고 재정의 경기조절기능을 강화할 수 있다.
④ 미래예측을 강조함으로써 점증주의적 예산편성 관행을 바꾸는 데 기여할 수 있다.

출제유형 Ⅱ. 이론·제도   **출제영역** 총액배분·자율편성제도
출제빈도 ★★★   **난도** 중

정답찾기
① 정부 각 기관에 배정될 예산의 지출한도액은 중앙예산기관과 행정수반이 결정하고 각 기관의 장에게는 그러한 지출한도액의 범위 내에서 자율적으로 목표달성 방법을 결정하는 자율권을 부여하는 예산관리모형은 총액배분·자율편성제도에 해당한다.

행복노트
지출통제예산(ECB): 총액배분·자율편성제도

- **의의**
  - 사전에 결정된 예산의 지출한도 내에서 각 부처 자율 편성
  - 거시적이고 하향적 예산, 성과지향적 예산

- **특징**
  - 중앙예산기관이 정책, 우선순위에 입각해 지출한도 제시
  - 부처의 자율과 책임강조 but 기재부 예산통제기능 유지
  - 기재부: 전체업무 담당
  - 개별사업부처: 세부업무 담당
  - 관련기관의 광범위한 참여와 토론
  - 5년 단위의 국가재정운용계획에 기초하여 재원 배분

- **공헌 한계**
  - 비용 및 예산 절감의 효과, 신축적인 예산 대응
  - 지나친 재량의 허용으로 자금의 오용 발생

정답 ①

출제유형 Ⅱ. 이론·제도   **출제영역** 총액배분·자율편성제도
출제빈도 ★★★   **난도** 중

정답찾기
② 최고 관리자나 의회가 지출의 상한선을 하향적(Top-down)으로 결정하면, 각 부서는 필요에 따라 재원을 신축성 있게 전용할 수 있도록 재량권을 허용하는 성과지향적 예산이다.

오답피하기
③ 5년 단위의 국가재정운용계획에 기초하여 국가재원을 전략적으로 배분하고, 재정건전성과 투명성을 제고해 나가는 계획이므로 중기적 시각에서 정부 전체의 재정규모를 검토하기 때문에 전략적 계획의 발전을 촉진하고 재정의 경기조절기능을 강화할 수 있다.
④ 중기적 시각에서 정부 전체의 재정규모를 검토하기 때문에 전략적 계획의 발전을 촉진하고 미래예측을 강조함으로써 점증주의적 예산 편성 관행을 바꾸는 데 기여할 수 있다.

정답 ②

67　0912
성인지예산제도에 대한 설명으로 옳은 것은?　2021 국가 7급

① 2010회계연도 성인지예산서가 처음으로 국회에 제출되었다.
② 성인지예산제도의 목적은 여성성을 지원하는 것이다.
③ 1984년 독일에서 처음 도입되었다.
④ 우리나라 성인지예산제도는 예산사업만을 대상으로 하고 기금사업을 제외한다.

출제유형 Ⅱ. 이론·제도　**출제영역** 성인지예산제도
출제빈도 ★★★　　난도 중

정답찾기
① 우리나라는 2010년부터 성인지예·결산제도를 도입하였고 지방정부는 2013년 도입하면서 최초로 성평등예산을 「국가재정기본법」에 명문화하여 의무화하였다. 따라서 2010 회계연도 성인지예산서가 처음으로 국회에 제출되었다.

오답피하기
② 성인지예산제도의 목적은 여성성을 지원하는 것이 아니라 실질적 양성평등이다.
③ 1984년 호주에서 처음 도입되었다.
④ 우리나라 성인지예산제도는 예산사업 및 기금사업을 포함한다.

관련조문
「국가재정법」 제68조의2 【성인지 기금운용계획서의 작성】
① 정부는 기금이 여성과 남성에게 미칠 영향을 미리 분석한 보고서(이하 '성인지 기금운용계획서'라 한다)를 작성하여야 한다.
② 성인지 기금운용계획서에는 성평등 기대효과, 성과목표, 성별 수혜분석 등을 포함하여야 한다.

정답 ①

68　0913
우리나라의 성인지예산제도에 대한 설명으로 옳지 않은 것은?　2018 국가 9급

① 정부는 예산이 여성과 남성에게 미치는 효과를 평가하고, 그 결과를 정부의 예산편성에 반영하기 위하여 노력하여야 한다.
② 성인지예산서는 기획재정부 장관이 각 중앙관서의 장과 협의하여 제시한 작성기준 및 방식 등에 따라 여성가족부 장관이 작성한다.
③ 성인지예산서에는 성인지 예산의 개요, 규모, 성평등 기대효과, 성과목표 및 성별 수혜 분석 등의 내용이 포함되어야 한다.
④ 성인지결산서에는 집행실적, 성평등 효과분석 및 평가 등이 포함되어야 한다.

출제유형 Ⅱ. 이론·제도　**출제영역** 성인지예산제도
출제빈도 ★★★　　난도 중

정답찾기
② 성인지예산서는 세입과 세출이 남녀에게 미칠 영향을 분석하여 차별이 없도록 하는 우리나라의 양성평등예산으로 기획재정부장관이 여성가족부장관과 협의하여 제시한 작성기준 및 방식 등에 따라 각 중앙관서의 장이 작성한다.

오답피하기
관련조문
「국가재정법」 제16조 【예산의 원칙】
정부는 예산의 편성 및 집행에 있어서 다음 각호의 원칙을 준수하여야 한다.
5. 정부는 예산이 여성과 남성에게 미치는 효과를 평가하고, 그 결과를 정부의 예산편성에 반영하기 위하여 노력하여야 한다.

「국가재정법」 제26조 【성인지 예산서의 작성】
① 정부는 예산이 여성과 남성에게 미칠 영향을 미리 분석한 보고서(성인지(性認知)예산서)를 작성하여야 한다.
② 성인지예산서에는 성평등 기대효과, 성과목표, 성별 수혜분석 등을 포함하여야 한다.

정답 ②

69 0914

성인지예산(Gender Budgeting)에 대한 설명으로 옳지 않은 것은?

2012 지방 9급

① 예산과정에 성주류화(Gender Mainstreaming)의 적용을 의미한다.
② 성 중립적(Gender Neutral) 관점에서 출발한다.
③ 우리나라는 「국가재정법」에서 성인지예산서와 결산서 작성을 의무화하였다.
④ 성인지적 관점의 예산운영은 새로운 재정운영의 규범이 되고 있다.

70 0915

조세지출예산제도에 대한 설명으로 옳지 않은 것은?

2020 지방 9급

① 세제지원을 통해 제공한 혜택을 예산지출로 인정하는 것이다.
② 예산지출이 직접적 예산집행이라면 조세지출은 세제상의 혜택을 통한 간접지출의 성격을 띤다.
③ 직접 보조금과 대비해 눈에 보이지 않는 숨겨진 보조금이라고 이해할 수 있다.
④ 세금 자체를 부과하지 않는 비과세는 조세지출의 방법으로 볼 수 없다.

출제유형 Ⅱ. 이론·제도 **출제영역** 성인지예산제도
출제빈도 ★★★ **난도** 중

정답찾기
② 성인지예산은 기존의 예산제도가 성을 고려하지 않은 몰성인지(Gender Blind) 또는 성중립(Gender Neutral)으로 인해 남성과 여성간의 불평등을 초래한다는 인식에서 출발하여, 여성과 남성이 동등한 혜택을 누리고 불평등이 발생하지 않도록 정부의 모든 정책을 젠더(Gender; 성)의 관점에서 살피면서 양성평등을 실현하려는 예산제도이다.

오답피하기
성인지예산(남녀평등예산)(2010: 중앙, 2013: 지방)

의의 — 세입세출예산이 남녀에게 미치는 효과 분석
— 실질적 양성평등 유도, 성주류화 관점

특징 — 예산 전체에 대해 성별 균형 도모, 예산 전과정에서 고려
— 성인지 예산서: 성인지예산 개요, 규모, 성평등 기대효과, 성과목표 및 성별 수혜 분석 등 포함
— 성인지 결산서: 집행실적, 성평등 효과분석 및 평가 포함
— 최초로 국가재정기본법에 명문화

「국가재정법 시행령」 제9조 【성인지예산서의 내용 및 작성기준】
② 성인지예산서는 기획재정부장관이 여성가족부장관과 협의하여 제시한 작성기준 및 방식 등에 따라 각 중앙관서의 장이 작성한다.

정답 ②

출제유형 Ⅱ. 이론·제도 **출제영역** 조세지출예산제도
출제빈도 ★★★ **난도** 중

정답찾기
④ 조세지출예산제도는 부과해야 할 조세를 부과하지 아니하고, 비과세나 감면 등으로 지원하는 간접 지원의 성격을 지니고 있으므로, 비과세는 조세지출의 방법으로 볼 수 있다.

오답피하기
① 세제지원을 통해 제공한 혜택을 예산지출로 인정하는 것이다.
② 예산지출이 직접적 예산집행이라면 조세지출은 세제상의 혜택을 통한 간접지출의 성격을 띤다.
③ 직접보조금과 대비해 눈에 보이지 않는 숨겨진 보조금이라고 이해할 수 있다.

행복노트
조세제출

의의 조세 감면을 통한 간접 지출

특징 — 경직성과 지속성↑, 가시성↓
— 형식은 조세지만 실질은 지출
— 조세우대조치이며 특혜의 가능성 큼, 자의적 운영
— '숨겨진 보조금'이라는 비판, 저소득층에 불리

유형 비과세, 면세, 소득공제, 세액감면 및 공제, 특혜세율 등

정답 ④

71　0916

예산제도에 대한 설명으로 옳은 것은?　2021 지방 7급

① 주민참여예산제도는 정부가 지역주민에 대해 비과세, 감면, 공제 등 세제상 각종 유인장치를 통해 간접적 지원을 해주는 제도이다.
② 예비타당성조사는 총사업비와 국가의 재정지원 규모가 일정 금액 이상인 신규사업 중 특정 요건에 해당하는 경우에 실시하며, 국회가 의결로 요구하는 사업에 대해서도 실시하여야 한다.
③ 예산성과금은 수입이 증대되거나 지출이 절약된 때에 이에 기여한 자에게 지급할 수 있으며 절약된 예산은 다른 사업에 사용할 수 없다.
④ 총사업비관리제도는 소요 기간에 관계없이 고속도로, 국도 등 일정 규모 이상의 대규모 사업의 경우, 사업 규모·총사업비 및 사업기간 등을 정하여 미리 기획재정부장관과 사전협의할 것을 요구한다.

72　0917

재정·예산제도에 대한 설명으로 옳은 것은?　2019 국가 7급

① 조세지출예산제도는 조세지출의 투명성과 항구성·지속성을 제고하는 장점이 있다.
② 통합재정은 일반회계, 특별회계, 기금을 모두 포괄하며, 재정활동의 전모를 파악할 수 있도록 융자지출을 통합재정수지의 계산에 포함하고 있다.
③ 성인지 예산제도는 각 지출부처가 기획재정부와 여성가족부의 지휘 아래 대부분의 재정사업에 대해 성인지 예산서·결산서를 작성하도록 하고 있다.
④ 예비타당성조사는 대규모 건설사업, 정보화사업, 연구개발사업 등을 대상으로 하며, 교육·보건·환경 분야 등에는 아직 적용되지 않고 있다.

출제유형 Ⅱ. 이론·제도　　**출제영역** 예산제도
출제빈도 ★★★　　**난도** 중

정답찾기
② 예비타당성조사는 총사업비와 국가의 재정지원 규모가 일정 금액 이상인 신규사업 중 특정 요건에 해당하는 경우에 실시하며, 국회가 의결로 요구하는 사업에 대해서도 실시하여야 한다.

> **관련조문**
> 「국가재정법」 제38조 【예비타당성조사】
> ① 기획재정부장관은 총사업비가 500억원 이상이고 국가의 재정지원 규모가 300억원 이상인 신규 사업으로서 다음 각호의 어느 하나에 해당하는 대규모사업에 대한 예산을 편성하기 위하여 미리 예비타당성조사를 실시하고, 그 결과를 요약하여 국회 소관 상임위원회와 예산결산특별위원회에 제출하여야 한다.
> ④ 기획재정부장관은 국회가 그 의결로 요구하는 사업에 대하여는 예비타당성조사를 실시하여야 한다.

오답피하기
① 정부가 지역주민에 대해 비과세, 감면, 공제 등 세제상 각종 유인장치를 통해 간접적 지원을 해주는 제도는 조세지출예산에 해당한다.
③ 예산성과금은 수입이 증대되거나 지출이 절약된 때에 이에 기여한 자에게 지급할 수 있으며 절약된 예산은 다른 사업에 사용할 수 있다.
④ 「국가재정법」 제50조 총사업비관리제도는 소요 기간에 관계없는 것이 아니라 완성에 2년 이상 소요되는 도로, 국도 등 일정 규모 이상의 대규모 사업의 경우, 사업 규모·총사업비 및 사업기간 등을 정하여 미리 기획재정부장관과 사전협의할 것을 요구한다.

정답 ②

출제유형 Ⅱ. 이론·제도　　**출제영역** 재정·예산제도
출제빈도 ★★★　　**난도** 중

정답찾기
② 통합재정은 일반회계, 특별회계, 기금을 모두 포함하며 정부의 재정활동을 파악하는 예산으로, 융자지출까지도 통합재정수지의 계산(적자요인)으로 포함하고 있다.

오답피하기
① 조세지출예산제도는 조세지출의 투명성을 제고하고 조세지출의 항구성과 지속성을 타파하는 제도이다.
③ 성인지 예산제도는 각 지출부처가 기획재정부장관이 여성가족부장관과 협의하여 제시한 작성기준 및 방식 등에 따라 성인지 예산 작성 사업에 대해 성인지예산서·결산서를 작성하도록 하고 있다.
④ 예비타당성조사는 대규모 건설사업, 정보화사업, 연구개발사업, 교육, 보건, 환경 분야, 문화 및 관광, 산업·중소기업 분야 등을 대상으로 한다.

정답 ②

73　　　　　　　　　　　　　　　　0918
우리나라 예산제도에 대한 설명으로 옳지 않은 것은?

2021 국가 9급

① 국회는 정부의 동의 없이 정부가 제출한 지출예산 각 항의 금액을 증가시킬 수 없다.
② 정부가 예산안 편성 시 감사원의 세출예산요구액을 감액하고자 할 때에는 국무회의에서 감사원장의 의견을 구하여야 한다.
③ 정부는 회계연도 개시 전까지 예산안이 의결되지 못한 때에는 전년도 예산에 준해 모든 예산을 편성해 운영할 수 있다.
④ 국회는 감사원이 검사를 완료한 국가결산보고서를 정기회 개회 전까지 심의·의결을 완료해야 한다.

74　　　　　　　　　　　　　　　　0919
우리나라의 예산제도에 대한 설명으로 옳지 않은 것은?

2017 국가 9급 추가

① 통합재정은 일반회계, 특별회계, 기금 등을 포괄한 국가 전체 재정을 의미한다.
② 조세지출예산제도는 세금을 징수하기 위해 지출한 예산을 통합적으로 관리하기 위한 예산제도이다.
③ 성인지예산서는 예산이 남성과 여성에 미칠 영향을 미리 분석한 보고서로 정부가 예산안과 함께 국회에 제출해야 하는 첨부서류이다.
④ 각 중앙관서의 장은 예산요구서를 제출할 때에 다음 연도 예산의 성과계획서 및 전년도 예산의 성과보고서를 기획재정부장관에게 함께 제출하여야 한다.

출제유형 Ⅱ. 이론·제도　　**출제영역** 우리나라 예산제도
출제빈도 ★★★　　**정답률** 58%　　**난도** 중

정답찾기
③ 정부는 회계연도 개시 전까지 예산안이 의결되지 못한 때에는 전년도 예산에 준해 모든 예산을 편성해 운영할 수 있는 것이 아니라 한정된 목적을 위한 경비로 운영할 수 있다.

오답피하기
① 국회는 정부의 동의 없이 정부가 제출한 지출예산 각 항의 금액을 증가시킬 수 없다.
② 정부가 예산안 편성 시 감사원의 세출예산요구액을 감액하고자 할 때에는 국무회의에서 감사원장의 의견을 구하여야 한다.
④ 국회는 감사원이 검사를 완료한 국가결산보고서를 정기회 개회 전까지 심의·의결을 완료해야 한다.

행복노트
국회예산 의결주의, 준예산제도

┌─관련조문─
│ 「헌법」 제54조
│ ① 국회는 국가의 예산안을 심의·확정한다.
│ ② 정부는 회계연도마다 예산안을 편성하여 회계연도 개시 90일 전까지 국회에 제출하고, 국회는 회계연도 개시 30일 전까지 이를 의결하여야 한다.
│ ③ 새로운 회계연도가 개시될 때까지 예산안이 의결되지 못한 때에는 정부는 국회에서 예산안이 의결될 때까지 다음의 목적을 위한 경비는 전년도 예산에 준하여 집행할 수 있다.
│ 　1. 헌법이나 법률에 의하여 설치된 기관 또는 시설의 유지·운영
│ 　2. 법률상 지출의무의 이행
│ 　3. 이미 예산으로 승인된 사업의 계속
└─

정답 ③

출제유형 Ⅱ. 이론·제도　　**출제영역** 우리나라의 예산제도
출제빈도 ★★★　　**난도** 중

정답찾기
② 조세지출예산제도는 조세감면이나 세제상의 보조 및 장려를 하면서 징수해야 할 세금을 징수하지 않고 감면이나 보조금으로 지불한 액수를 예산에 밝혀서 국회의 통제를 받도록 하는 제도이다.

오답피하기
조세지출과 조세지출예산제도

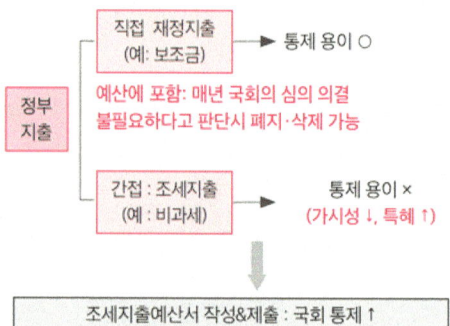

정답 ②

75

우리나라 정부재정에 대한 설명으로 옳지 않은 것은?

2016 국가 7급

① 일반회계예산의 세입은 원칙적으로 조세수입을 재원으로 하고 세출은 국가사업을 위한 기본적 경비지출로 구성된다.
② 실질적인 정부의 총예산 규모를 파악하는 데에는 예산순계 기준보다 예산총계 기준이 더 유용하다.
③ 중앙관서의 장은 특별회계를 신설하고자 하는 때에는 해당 법률안을 입법예고하기 전에 특별회계 신설에 관한 계획서를 기획재정부장관에게 제출하며 그 신설의 타당성에 관한 심사를 요청하여야 한다.
④ 중앙정부의 통합재정 규모는 일반회계, 특별회계, 기금, 세입세출 외 항목을 포함하지만 내부거래와 보전거래는 제외한다.

76

우리나라의 재정정책 관련 예산제도에 대한 설명으로 옳은 것은?

2014 지방 9급

① 지출통제예산은 구체적 항목별 지출에 대한 집행부의 재량행위를 통제하기 위한 예산이다.
② 우리나라의 통합재정수지에 지방정부예산은 포함되지 않는다.
③ 우리나라의 통합재정수지에서는 융자지출을 재정 수지의 흑자요인으로 간주한다.
④ 조세지출예산제도는 국회 차원에서 조세감면의 내역을 통제하고 정책효과를 판단하기 위한 제도이다.

출제유형 Ⅱ. 이론·제도 **출제영역** 우리나라의 예산제도

출제빈도 ★★★ **난도** 중

정답찾기

② 실질적 정부의 총예산 규모는 내부거래와 보전거래를 차감한 예산순계 기준으로 파악하는 것이 더 유용하다.

오답피하기

① 일반회계예산의 세입은 원칙적으로 조세수입을 재원으로 하고 세출은 국가사업을 위한 기본적 경비지출로 구성된다.
③ 중앙관서의 장은 특별회계를 신설하고자 하는 때에는 해당 법률안을 입법예고하기 전에 특별회계 신설에 관한 계획서를 기획재정부장관에게 제출하며 그 신설의 타당성에 관한 심사를 요청하여야 한다.
④ 중앙정부의 통합재정 규모는 일반회계, 특별회계, 기금, 세입세출 외 항목을 포함하지만 내부거래와 보전거래는 제외한다.

행복노트

통합예산

의의	정부 전체의 재정 규모를 파악하고 재정이 국민경제에 미치는 영향을 효과적으로 파악하고자 하는 제도
특징	- 중앙정부 + 지방정부, 일반회계 + 특별회계 + 기금, 일반정부 + 비금융공기업을 모두 포함하고 관리 - 내부거래와 보전거래 차감으로 순계 개념으로 작성 - 재정이 국민경제에 미치는 영향을 효과적으로 파악 - IMF에 제출 후 국제적 비교 가능, 현금주의로 작성 - 재정적자, 재정흑자 어떻게 보전되고 처리되는지 명시
한계	융자지출을 재정수지상 흑자요인임에도 불구하고, 당해 연도 적자요인으로 파악

정답 ②

출제유형 Ⅱ. 이론·제도 **출제영역** 우리나라의 예산제도

출제빈도 ★★★ **난도** 중

정답찾기

④ 조세지출예산은 '사회·경제적 목적을 달성하기 위하여 세제상의 혜택을 통해 지원해 주는 조세감면의 구체적인 내역을 예산구조를 통해 명확하게 밝힘으로써 조세지출의 관리·통제를 용이하게 해주는 예산제도'로 행정부에 위임되어 있는 조세감면의 집행을 국회차원에서 통제하고자 하는 것이다.

오답피하기

① 지출통제예산은 총액배분자율편성으로 항목별 구분을 없애고 지출을 총액으로만 통제하고 구체적인 항목별 지출에 대해서는 집행부에 대해 재량을 확대하는 성과 지향적 예산이다.
② 지방정부예산도 우리나라의 통합재정수지에 포함된다.
③ 융자지출을 재정수지의 적자요인으로 간주하고 있다.

정답 ④

77
예산의 분류 방법과 분류 기준을 바르게 연결한 것은?

2022 지방 7급

	분류 방법	분류 기준
①	기능별 분류	정부가 무슨 일을 하는 데 얼마를 쓰느냐
②	조직별 분류	정부가 무엇을 구입하는 데 얼마를 쓰느냐
③	경제 성질별 분류	누가 얼마를 쓰느냐
④	시민을 위한 분류	국민경제에 미치는 총체적인 효과가 어떠한가

78
예산 분류별 장단점에 대한 설명으로 옳지 않은 것은?

2021 지방 7급

① 예산의 기능별 분류의 단점은 회계 책임이 불명확하다는 점이다.
② 예산의 조직별 분류의 장점은 예산지출의 목적(대상)을 파악하기 쉽다는 점이다.
③ 예산의 기능별 분류의 장점은 국민이 정부 예산을 이해하기 쉽다는 점이다.
④ 예산의 품목별 분류의 단점은 예산집행의 신축성을 저해한다는 점이다.

출제유형 Ⅱ. 이론·제도　**출제영역** 예산의 분류
출제빈도 ★★★　**난도** 중

정답찾기
① 기능별 분류는 정부가 무슨 일을 하는 데 얼마를 쓰느냐를 기준으로 분류하는 것으로 시민을 위한 분류로 볼 수 있다.

오답피하기
② 조직별 분류는 누가 얼마를 쓰느냐로 분류한다.
③ 경제 성질별 분류는 국민경제에 미치는 총체적인 효과가 어떠한가를 기준으로 분류한다.
④ 시민을 위한 분류는 기능별 분류로 볼 수 있다. 품목별 분류는 정부가 무엇을 구입하는 데 얼마를 쓰느냐로 분류하는 것이다.

예산의 분류
정부가 예산을 운용하기 용이하도록 일정한 기준에 따라 예산을 체계적으로 배열한 것을 의미

조직별 분류	어느 부처가 얼마의 예산을 소비하는지?
기능별 분류	정부가 무슨 일을 하는데 얼마의 예산을 쓰는가?
품목별 분류	무엇을 구입하는데 얼마의 예산을 소비하는지?
경제성질별 분류	국민경제에 미치는 총체적인 효과가 어떠한가?

정답 ①

출제유형 Ⅱ. 이론·제도　**출제영역** 예산분류
출제빈도 ★★★　**난도** 중

정답찾기
② 예산의 조직별 분류는 조직 전체의 예산파악은 용이하나 사업에 대한 세부적 내용을 알기 곤란하여 예산지출의 목적(대상)을 파악하기가 곤란하다.

오답피하기
① 예산의 기능별 분류의 단점은 그 기능에 다양한 정부조직이 복합적으로 참여하므로 회계책임이 불명확하다는 점이다.
③ 예산의 기능별 분류의 장점은 정부가 무슨 기능을 하는지에 따라 예산을 분류한 것이므로 국민이 정부예산을 이해하기 쉽다는 점이다.
④ 예산의 품목별 분류는 예산을 투입 항목에 따라 세세히 분류하는 것으로서 경직적이고 통제중심의 분류이다. 따라서 예산집행의 신축성을 저해한다.

정답 ②

79

우리나라 정부예산의 과목구조에 대한 설명으로 옳은 것은?

2013 서울 7급

① 우리나라 예산은 소관별로 구분된 후 목별로 분류되고 마지막으로 기능을 중심으로 분류된다.
② 성질별로 분류할 때 물건비는 목(성질)에 해당하고, 운영비는 세목에 해당한다.
③ 기능을 중심으로 장은 부문, 관은 분야, 항은 프로그램, 세항은 단위사업을 의미한다.
④ 장 사이의 상호융통(전용)은 국회의 통제를 받는다.
⑤ 세항의 경우 입법과목이고, 목은 행정과목이다.

80

프로그램 예산제도에 대한 설명으로 옳지 않은 것은?

2016 국가 7급

① 동일한 정책목표를 가진 단위사업들을 하나의 프로그램으로 묶어 예산 및 성과 관리의 기본단위로 삼는다.
② 우리나라에서는 지방자치단체가 2004년부터, 중앙정부는 2008년부터 공식적으로 채택하였다.
③ 자원배분의 투명성을 높일 수 있고, 일반 국민이 예산사업을 쉽게 이해할 수 있게 한다.
④ 우리나라가 도입한 배경에는 투입 중심 예산운용의 한계를 극복하고자 하는 측면이 있었다.

출제유형 Ⅱ. 이론·제도　　**출제영역** 정부예산의 과목구조
출제빈도 ★★　　난도 상

정답찾기
② 성질별로 분류할 때 물건비는 목(성질)에 해당하고 물건비를 더 세분화시킨 운영비는 세목에 해당한다.

오답피하기
① 우리나라 예산은 소관별로 구분된 후 기능을 중심으로 분류되고 마지막으로 목 중심으로 분류된다.
③ 기능을 중심으로 장은 분야, 관은 부문, 항은 프로그램, 세항은 단위사업을 의미한다.
④ '장' 사이의 상호융통은 이용에 해당되고 이용은 국회의 통제를 받고 전용은 국회의 통제를 받지 않는다.
⑤ 세항과 목은 행정과목이다.

정답 ②

출제유형 Ⅱ. 이론·제도　　**출제영역** 프로그램예산제도
출제빈도 ★★★　　난도 상

정답찾기
② 프로그램예산제도는 우리나라에서 중앙정부는 2007년부터, 지방정부는 2008년부터 도입되었다.

오답피하기
① 프로그램예산제도에서 프로그램은 동일한 정책목표하에 추진되는 여러 개의 단위사업을 하나로 묶은 것을 의미한다.
③ 프로그램 중심의 예산에서는 전 부처 예산을 프로그램 중심으로 디지털 예산회계정보시스템 홈페이지에 공개하므로 자원배분의 투명성을 높이고 일반 국민들이 예산사업을 쉽게 이해할 수 있게 된다.
④ 투입중심예산운용의 한계인 통제중심재정운영을 극복하기 위해 프로그램 중심의 성과, 자율, 책임중심재정운영을 도입하였다.

정답 ②

81　　　　　　　　　　　　　　　　0926
우리나라 중앙예산기관의 변천에 대한 설명으로 옳지 않은 것은?
2022 국가 7급

① 국무총리 직속 기획처 예산국이 우리나라에서 처음으로 중앙예산기관의 역할을 담당하였다.
② 1961년 설립된 경제기획원은 수입·지출의 총괄기능을 담당하였으며, 재무부는 중앙예산기관의 역할을 담당하였다.
③ 김영삼 정부는 1994년 정부조직개편을 통해 경제기획원과 재무부를 재정경제원으로 통합하여 세제, 예산, 국고 기능을 일원화하였다.
④ 현재는 기획재정부 예산실이 중앙예산기관의 역할을 담당하고 있다.

출제유형 Ⅰ. 기본개념　　**출제영역** 중앙예산기관의 변천
출제빈도 ★　　**난도** 상

정답찾기
② 1961년 설립된 재무부는 수입·지출의 총괄기능을 담당하였으며, 경제기획원은 중앙예산기관의 역할을 담당하였다.

오답피하기
① 1948년 국무총리 직속 기획처 예산국이 우리나라에서 처음으로 중앙예산기관의 역할을 담당하였다.
③ 김영삼 정부는 1994년 정부조직개편을 통해 경제기획원과 재무부를 재정경제원으로 통합하여 세제, 예산, 국고 기능을 일원화하였다.
④ 2008년 이명박 정부에서 통합적으로 설립된 기획재정부 예산실이 현재까지 중앙예산기관의 역할을 담당하고 있다.

정답 ②

CHAPTER 01 기출 OX

1	관료를 통제하는 것은 머스그레이브(Musgrave)의 정부 재정기능의 기본 원칙에 해당한다. 2018 지방 9급	1	자원배분, 경제안정화, 소득재분배기능이 머스그레이브(Musgrave)의 정부 재정기능의 기본 원칙에 해당한다. ×
2	일반적으로 예산은 국가기관과 국민에 대해 구속력을 갖지만, 법률은 국가기관에 대해서만 구속력을 갖는다. 2019 국가 7급	2	일반적으로 법률은 국가기관과 국민에 대해 구속력을 갖지만, 예산은 국가기관에 대해서만 구속력을 갖는다. ×
3	정부가 특정 수입과 특정 지출을 직접 연계해서는 안 된다는 단일성 원칙의 예외로는 목적세, 수입대체경비 등이 있다. 2015 지방 9급	3	정부가 특정 수입과 특정 지출을 직접 연계해서는 안 된다는 통일성 원칙의 예외로는 목적세, 수입대체경비 등이 있다. ×
4	특별회계는 예산의 이용 및 전용과 마찬가지로 예산 한정성의 원칙이 적용되지 않는다. 2021 지방 7급	4	특별회계는 예산의 이용 및 전용과 마찬가지로 예산 한정성의 원칙이 적용된다. 특별회계는 통일성과 단일성 원칙의 예외에 해당한다. ×
5	특정한 세입으로 특정한 세출에 충당함으로써 일반회계와 별도로 구분해서 경리할 필요가 있을 때 기금을 설치한다. 2012 서울 9급	5	특정한 세입으로 특정한 세출에 충당함으로써 일반회계와 별도로 구분해서 경리할 필요가 있을 때 특별회계를 설치한다. ×
6	정부가 동원하는 공공재원 중 국공채는 사회간접자본(SOC) 관련 사업이나 시설로 인해 편익을 얻게 될 경우 후세대도 비용을 분담하기 때문에 세대 간 형평성을 훼손시킨다. 2019 국가 9급	6	정부가 동원하는 공공재원 중 국공채는 사회간접자본(SOC) 관련 사업이나 시설로 인해 편익을 얻게 될 경우 후세대도 비용을 분담하기 때문에 세대 간 형평성을 높여준다. ×
7	우리나라의 예산은 행정부가 제출하고 국회가 심의·확정하는, 미국과 같은 세출예산법률의 형식에 해당한다. 2018 국가 9급	7	우리나라의 예산은 행정부가 제출하고 국회가 심의·확정하지만, 미국과 같은 세출예산법률의 형식은 아니다. ×
8	통합재정수지는 재정건전성 분석, 재정의 실물경제 효과 분석, 재정운용의 통화부문에 대한 영향 분석 등에 활용될 수 있다. 2017 국가 9급	8	통합재정수지는 재정건전성 분석, 재정의 실물경제 효과 분석, 재정운용의 통화부문에 대한 영향 분석 등에 활용될 수 있다. o
9	신규 사업 중 총사업비가 300억원 이상의 사업은 예비타당성 조사대상에 포함된다. 2019 지방 9급	9	신규 사업 중 총사업비가 500억원(국고지원 300억) 이상의 사업은 예비타당성 조사대상에 포함된다. ×
10	조세지출 예산제도는 세제 지원을 통해 제공한 혜택을 예산지출로 인정하는 것을 말한다. 2020 지방 9급	10	조세지출 예산제도는 세제 지원을 통해 제공한 혜택을 예산지출로 인정하는 것을 말한다. o
11	총액배분·자율편성제도는 부처의 재량을 확대하였으므로 기획재정부는 사업별 예산통제 기능을 상실하였다. 2018 지방 9급	11	총액배분·자율편성제도는 부처의 재량을 확대하였지만 기획재정부는 사업별 예산통제 기능을 유지하고 있다. ×
12	성인지 예산서는 기획재정부장관이 각 중앙관서의 장과 협의하여 제시한 작성기준 및 방식 등에 따라 여성가족부 장관이 작성한다. 2018 국가 9급	12	성인지 예산서는 기획재정부장관이 여성가족부장관과 협의하여 제시한 작성기준 및 방식 등에 따라 각 중앙관서의 장이 작성한다. ×
13	예산의 품목별 분류는 예산집행기관의 재량통제에 유용하고 사업의 지출성과와 결과에 대한 측정도 가능하다. 2015 국회 8급	13	예산의 품목별 분류는 예산집행기관의 재량통제에 유용하지만 사업의 지출성과와 결과에 대한 측정은 곤란하다. ×
14	총액배분·자율편성예산제도, 디지털 예산회계시스템 등과 같은 예산개혁의 실효성을 확보하기 위한 제도적 기반으로서 프로그램 예산제도가 도입되었다. 2016 사회복지	14	총액배분·자율편성예산제도, 디지털 예산회계시스템 등과 같은 예산개혁의 실효성을 확보하기 위한 제도적 기반으로서 프로그램 예산제도가 도입되었다. o

CHAPTER 01 키워드

1. _____는 통제－관리－기획이라는 예산의 세 가지 지향을 제시하였다.   2017 국가 9급   **쉬크(Shick)**

2. 공공재의 외부효과 및 소비의 비경합성과 비배제성에 기인한 시장실패를 재정을 통해서 교정하고 사회적 최적생산과 소비 수준이 이루어지도록 하는 것은 머스그레이브(Musgrave)가 제시한 _____ 기능에 해당한다.   2015 서울 7급   **자원배분**

3. 우리나라의 예산은 미국과 달리 _____의 형식으로 통과되므로 법률보다는 하위의 효력을 갖는다.   2012 경찰간부   **의결**

4. 특정 수입과 특정 지출이 연계되어서는 안 된다는 것은 _____의 원칙이고, 예산 구조나 과목은 이해하기 쉽도록 단순해야 한다는 것은 명확성의 원칙이다.   2015 지방 9급   **통일성**

5. 예산 _____ 원칙은 주어진 목표, 규모, 시간에 따라서 집행되어야 한다는 것이다.   2011 군무원 9급   **한정성**

6. _____는 모든 세입과 세출이 예산에 계상되어야 한다는 것을 의미한다.   2016 지방 7급   **예산총계주의**

7. 예산안은 세출예산법안의 형식으로 국회에서 의결되며, 「헌법」은 회계연도 개시 _____일 전까지 정부가 제출한 예산안을 의결하여야 한다고 규정하고 있다.   2015 지방 7급   **30**

8. 한국의 국회는 정부의 _____ 정부가 제출한 지출예산 각 항목의 금액을 증액하거나 새 비목을 설치할 수 없다.   2012 경찰간부   **동의 없이**

9. 「국가재정법」상 예산은 회계연도 개시 _____ 전까지, 지방자치법상 지방예산은 광역단체의 경우 회계연도 개시 50일 전까지, 기초단체의 경우 40일 전까지 제출해야 한다.   2018 국가 7급   **120일**

10. 일반회계는 국가 고유의 일반적 재정활동을, _____는 특정한 세입으로 특정한 사업을 운용하기 위해 설치된다.   2011 서울 9급   **특별회계**

11. _____은 예산 성립 후에 생긴 사유로 편성하는 것이다.   2016 국회 8급   **추가경정예산**

12. _____ 예산제도에서는 세제 지원을 통해 제공한 혜택을 예산지출로 인정하는 것이다.   2020 지방 9급   **조세지출**

13. _____는 중장기 예산운용, 부채의 정당화, 예산의 적자재정 편성 등의 특징을 지닌다.   2016 서울 7급   **자본예산제도**

14. 예산의 _____ 분류는 예산집행기관의 재량통제에는 유용하지만 사업의 지출 성과와 결과에 대한 측정은 곤란하다.   2015 국회 8급   **품목별**

CHAPTER 02 예산결정이론과 예산과정

대표문제

01 ☐☐☐ 0927

우리나라 정부의 예산제도에 대한 설명으로 옳은 것은?

2025 지방 9급

① 회계연도는 매년 3월 1일부터 다음 해 2월 28일까지이다.
② 예산안 국회 제출 기한은 헌법상 회계연도 개시 90일 전까지이나 「국가재정법」상 회계연도 개시 120일 전까지이다.
③ 각 중앙관서의 장은 한 회계연도가 끝나기 전에 해당 회계연도의 중앙관서결산보고서를 기획재정부장관에게 제출하여야 한다.
④ 회계연도 개시 전까지 예산안이 국회에서 의결되지 못한 경우 잠정예산을 편성해야 한다.

출제유형 Ⅱ. 이론·제도 **출제영역** 예산제도

출제빈도 ★★★   난도 중

정답찾기
② 예산안 국회 제출 기한은 헌법상 회계연도 개시 90일 전까지이나 「국가재정법」상 회계연도 개시 120일 전까지이다. 헌법 제54조 제2항은 정부는 회계연도 개시 90일 전까지 예산안을 국회에 제출해야 한다고 규정하고 있고, 국가재정법 제33조는 더 엄격하게 120일 전까지 제출하도록 규정하고 있다.

오답피하기
① 우리나라 회계연도는 매년 1월 1일부터 12월 31일까지이다.
③ 각 중앙관서의 장은 한 회계연도가 끝난 후 다음 연도 2월 말까지 해당 회계연도의 결산보고서를 기획재정부장관에게 제출해야 한다.
④ 회계연도 개시 전까지 예산안이 국회에서 의결되지 못한 경우에는 준예산을 편성해야 한다.

정답 ②

제 1 절 예산결정이론

02 ☐☐☐ 0928

예산이론에 대한 설명으로 옳은 것은?

2017 국가 7급

① 루이스(Lewis)는 예산배분결정에 경제학적 접근법을 적용하여, '상대적 가치', '증분분석', '상대적 효과성'이라는 세 가지 분석명제를 제시한다.
② 니스카넨(Niskanen)의 예산극대화모형은 의회 의원들이 재선 가능성을 높이기 위해 지역구 예산을 극대화하는 행태에 분석초점을 둔다.
③ 윌로비와 서메이어(Willoughby & Thurmaier)의 다중합리성모형은 의원들의 복수의 합리성 기준이 의회의 예산결정에 미치는 영향을 주로 분석한다.
④ 단절균형예산이론(Punctuated Equilibrium Theory)은 급격한 단절적 예산변화를 설명하고, 나아가 그러한 변화를 예측할 수 있는 장점이 있다.

출제유형 Ⅱ. 이론·제도 **출제영역** 예산결정이론

출제빈도 ★★   난도 상

정답찾기
① 루이스(Lewis)는 예산배분결정에 경제학적 접근법을 적용함으로써, '상대적 가치', '증분분석', '상대적 효과성'이라는 세 가지 분석명제를 제시하였다.

오답피하기
② 니스카넨(Niskanen)의 예산극대화모형은 행정 관료들이 자신의 효용을 극대화시키기 위해 예산을 극대화시키는 행태에 분석초점을 두는 이론이다.
③ 윌로비와 서메이어(Willoughby & Thurmaier)의 다중합리성모형은 중앙예산기관의 예산분석가들의 복수의 합리성 기준이 의회의 예산결정에 미치는 영향을 주로 분석한다.
④ 단절균형예산이론은 사후적인 분석에 적절하며 급격한 단절을 겪은 후에 다시 균형을 이뤄나간다는 이론으로 급격한 단절로 인한 변화를 미리 예측할 수 없다.

정답 ①

03

예산결정에 대한 공공선택론적 관점의 설명으로 옳은 것은?

2014 국가 9급

① 본질적 문제해결보다는 보수적 방식을 통해 예산의 정치적 합리성이 제고될 수 있다.
② 니스카넨(W. Niskanen)에 의하면 예산결정에 있어 관료의 최적수준은 정치인의 최적수준보다 낮다.
③ 정치인과 관료들은 개인효용함수에 따라 권력이나 예산규모의 극대화를 추구한다.
④ 재원배분 형태는 장기균형과 역사적 상황에 따른 단기의 급격한 변화를 반복한다.

04

점증주의적 예산결정에 대한 설명으로 옳지 않은 것은?

2017 지방 9급 추가

① 현상유지(Status Quo)적 결정에 치우칠 수 있다.
② 자원이 부족한 경우 소수기득권층의 이해를 먼저 반영하게 되어 사회적 불평등을 야기할 우려가 있다.
③ 다수의 참여자들 간 고리형의 상호작용을 통한 합의를 중시하는 합리주의와는 달리 선형적 과정을 중시한다.
④ 긴축재정 시의 예산행태를 잘 설명해주지 못한다.

출제유형 Ⅱ. 이론·제도   **출제영역** 예산결정이론
출제빈도 ★★   **난도** 중

정답찾기
③ 공공선택론은 예산결정에 있어서 정치인들이나 관료 모두 개인 효용함수에 따라 자신들의 권력이나 예산규모의 극대화를 추구하는 이기적인 존재로 가정한다.

오답피하기
① 본질적 문제해결보다는 보수적 방식을 통해 예산의 정치적 합리성이 제고될 수 있는 것은 점증모형에 해당한다.
② 니스카넨(Niskanen)에 의하면 예산결정에 있어 관료는 개인효용함수에 따라 과잉생산을 하므로 관료의 최적수준은 정치인의 최적수준보다 높다.
④ 재원배분 형태는 장기균형과 역사적 상황에 따른 단기의 급격한 변화를 반복하는 것은 단절균형모형에 해당한다.

정답 ③

출제유형 Ⅱ. 이론·제도   **출제영역** 점증주의적 예산결정
출제빈도 ★★   **난도** 중

정답찾기
③ 점증주의적 예산결정은 다수의 참여자들 간 고리형의 상호작용을 통한 합의를 중시한다.

오답피하기
① 점증주의는 보수적 특성을 지니기 때문에 기득권과 현상을 유지하는 데 치우칠 수 있다.
② 점증주의는 자원이 부족한 경우 우선적으로 소수 기득권층의 이해를 반영하므로 사회 불평등을 일으킬 우려가 있다.
④ 점증주의는 긴축 행태보다 예산의 지속적인 팽창을 잘 설명한다.

정답 ③

05

점증주의 예산결정이론의 특성이 아닌 것은?   2016 지방 9급

① 현실설명력은 높지만 본질적인 문제해결방식이 아니며 보수적이다.
② 정책과정상의 갈등을 완화하고 해결하는 데 필요한 정치적 합리성을 갖는다.
③ 계획예산제도(PPBS)와 영기준예산제도(ZBB)는 점증주의 접근을 적용한 대표적 사례이다.
④ 자원이 부족한 경우 소수 기득권층의 이해를 먼저 반영하게 되어 사회적 불평등을 야기할 우려가 있다.

06

예산상의 점증주의를 유발하는 요인에 해당되지 않는 것은?   2014 지방 7급

① 관계의 규칙성
② 외부적 요인의 영향 결여
③ '예산통일의 원칙'의 예외
④ 좁은 역할 범위를 지닌 참여자 간의 협상

출제유형 Ⅱ. 이론·제도   **출제영역** 점증주의적 예산결정
출제빈도 ★★   **난도** 중

정답찾기
③ 계획예산제도(PPBS)와 영기준예산제도(ZBB)는 합리모형의 접근을 적용한 대표적 사례이다. 품목별예산제도와 성과주의예산제도가 점증모형을 적용한 대표적 사례이다.

오답피하기
①, ② 점증모형은 정치적 합리성에 입각하였고 현실성은 높지만, 현상 유지적 성격으로 근본적인 문제해결방식이 아니며 보수적이라는 한계를 갖는다.
④ 자원이 부족한 경우 소수 기득권층의 이해를 반영하여 사회불평등을 야기할 우려가 있다.

                                  정답 ③

출제유형 Ⅱ. 이론·제도   **출제영역** 점증주의
출제빈도 ★★   **난도** 중

정답찾기
③ 예산통일성의 원칙이 지켜지는 보통세가 증가할 때에는 여러 사업에 조금씩 분산되기 때문에 점증적 행태를 띨 가능성이 커지지만, 예산통일성의 원칙의 예외인 특별회계나 목적세가 많아지는 경우 해당 사업에만 대폭 증가된 예산이 사용할 수 있으므로 점증주의가 타당성을 지니기 어렵다.

오답피하기
① 국회와 행정부 간의 선형적 관계를 지니게 되면 점증주의가 작용할 수 있다.
② 점증주의는 예산범주들끼리 경쟁을 하지 않고 주어진 예산 범주 내에서 수요 결정에만 관심을 가지기 때문에 외부적 요인의 영향이 결여된다.
④ 좁은 역할 범위를 지닌 참여자 간 협상에 이르게 되면 대폭적인 변화가 불가하므로 점증주의를 유발하는 요인에 해당한다.

                                  정답 ③

07

다중합리성 예산모형(Multiple Rationalities Model of Budgeting)의 근간이 되는 두 모형에 대한 설명으로 옳지 않은 것은?

2020 국가 7급

① 루빈(Rubin)의 실시간 예산운영(Real-time Budgeting)모형은 세입, 세출, 균형, 집행, 과정 등과 관련한 의사결정 흐름 개념을 활용하고 있다.
② 킹던(Kingdon)의 의제설정모형은 정책과정의 복잡하고 불확실한 역동성을 부각시킨다는 점에서 다중합리성모형의 중요한 모태라고 할 수 있다.
③ 루빈(Rubin)의 실시간 예산운영(Real-time Budgeting)모형에서 다섯 가지의 의사결정 흐름은 느슨하게 연계된 상호의존성을 가지고 있다.
④ 루빈(Rubin)의 실시간 예산운영(Real-time Budgeting)모형에서 예산균형 흐름에서의 의사결정은 기술적 성격이 강하며, 책임성(Accountability)의 정치적 특징을 갖는다.

08

서메이어(K. Thumaier)와 윌로비(K. Willoughby)의 예산 운영의 다중합리성모형에 대한 설명으로 가장 옳은 것은? 2019 서울 7급

① 정부예산의 결과론적 접근방법에 근거한다.
② 미시적 수준의 예산상의 의사결정을 설명하고 탐구한다.
③ 정부예산의 성공을 위해서는 예산과정 각 단계에서 예산활동과 행태를 구분해서는 안 된다고 주장하였다.
④ 예산과정과 정책과정 간의 연계점의 인식틀을 제시하기 위해 킹던(J. W. Kingdon)의 정책결정모형과 그린과 톰슨(Green & Thompson)의 조직과정모형을 통합하고자 하였다.

출제유형 Ⅱ. 이론·제도 **출제영역** 다중합리성 예산모형
출제빈도 ★★ **난도** 상

정답찾기
④ 루빈(Rubin)의 실시간 예산운영(Real-time Budgeting)모형에서 예산균형 흐름에서의 의사결정은 제약조건의 정치적 특징을 갖는다. 예산집행의 흐름에서의 의사결정은 기술적 성격이 강하며, 책임성(Accountability)의 정치적 특징을 갖는다.

오답피하기
① 루빈(Rubin)의 실시간 예산운영(Real-time Budgeting)모형은 세입, 세출, 균형, 집행, 과정 등과 관련한 의사결정 흐름 개념을 활용하고 있다.
② 킹던(Kingdon)의 의제설정모형은 정책과정의 복잡하고 불확실한 역동성을 부각시킨다는 점에서 다중합리성모형의 중요한 모태라고 할 수 있다.
③ 루빈(Rubin)의 실시간 예산운영(Real-Time Budgeting)모형에서 다섯 가지의 의사결정 흐름은 느슨하게 연계된 상호의존성을 가지고 있다.

행복노트
다중합리성모형(K. Thumaier & K. Willougby)

킹던 정책결정모형 — 통합 — 루빈 실시간 예산운영모형
문제+정책+정치 과정: 세입, 세출, 균형, 집행, 과정
        정치: 설득, 선택, 제약조건, 책임, 참여

정부예산의 과정적 접근을 통해 기회의 창이 열릴 때 분석적 고려 및 정치적인 고려해서 중앙예산실 예산분석가들이 제안을 적시에 제출하여 예산결정에 영향을 미친다고 주장

특징
— 예산 과정 각 단계의 예산활동과 행태 분석
— 미시적 수준의 예산상 의사결정 설명하고 탐구
— 킹던의 정책결정모형 + 루빈의 실시간 예산 운영모형

정답 ④

출제유형 Ⅱ. 이론·제도 **출제영역** 다중합리성모형
출제빈도 ★★★ **난도** 상

정답찾기
② 다중합리성모형은 정부예산의 과정적 접근(Process Approach)을 통하여 예산 과정 각 단계에서 수많은 정보들을 이용하여 기회의 창이 열릴 때를 기다렸다가 분석적 고려뿐만 아니라 정치적인 고려까지 해서 만든 자신들의 제안을 적시에 제출하여 예산 결정에 영향을 미친다고 주장함으로써 미시적 수준의 예산상의 의사결정을 설명하고 탐구한다.

오답피하기
① 정부예산의 과정적 접근방법에 근거한다.
③ 다중합리성모형은 정부 예산의 성공을 위해서는 예산과정 각 단계에서 나타나는 예산 활동 및 행태를 구분해야 함을 주장한다.
④ 다중합리성모형은 킹던(Kingdon)의 정책결정모형과 루빈(Irene S. Rubin)의 실시간 예산운영모형을 통합하여 예산 과정과 정책 과정 간의 연계점의 인식 틀을 제시하였다.

정답 ②

제 2 절   예산과정

09 ☐☐☐   0935

예산주기에 비추어 볼 때 2021년도에 볼 수 없는 예산과정은?

2021 국가 9급

① 국방부의 2022년도 예산에 대한 예산요구서 작성
② 기획재정부의 2021년도 예산에 대한 예산 배정
③ 대통령의 2022년도 예산안에 대한 국회 시정연설
④ 감사원의 2021년도 예산에 대한 결산검사보고서 작성

10 ☐☐☐   0936

예산과정에 대한 설명으로 옳은 것은?

2019 지방 9급

① 각 중앙부처가 총액한도를 지정한 후에 사업별 예산을 편성하고 있어 기획재정부의 사업별 예산 통제 기능은 미약하다.
② 예산제도 개선 등으로 절약된 예산 일부를 예산 성과금으로 지급할 수 있지만 다른 사업에 사용할 수는 없다.
③ 예산집행의 신축성을 확보하기 위해 예비비, 총액계상 제도 등을 활용하고 있다.
④ 예산과정은 예산편성 - 예산집행 - 예산심의 - 예산결산의 순으로 이루어진다.

출제유형 V. 기타문제   **출제영역** 예산과정
출제빈도 ★★★   정답률 57%   난도 중

정답찾기

④ 감사원의 2021년도 예산에 대한 결산검사보고서 작성은 2022년 4월 10일부터 5월 20일까지 이루어진다.

오답피하기

① 국방부의 2022년도 예산에 대한 예산요구서는 2021년 5월 31일까지 제출한다.
② 기획재정부의 2021년도 예산에 대한 예산 배정는 2021년에 분기별로 이루어진다.
③ 대통령의 2022년도 예산안에 대한 국회 시정연설은 2021년도에 2022년 예산안을 국회제출하면서 이루어진다.

📒 행복노트

결산과정

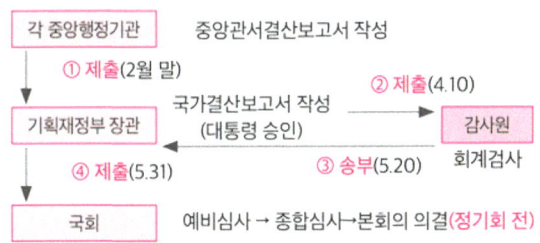

한 회계연도의 세입, 세출을 확정된 계수로 표시하여 국회 심의불법·부당 → 본회의 의결 후 변상 및 징계 요구 → 처리결과 국회보고

정답 ④

출제유형 Ⅱ. 이론·제도   **출제영역** 예산과정
출제빈도 ★★★   난도 중

정답찾기

③ 예비비는 예측하지 못한 지출이나 예산부족 시에 대비한 경비를 의미하고, 총액계상 제도는 예산을 총액으로 편성·심의하는 예산으로 예산집행의 신축성을 확보하기 위한 제도이다.

오답피하기

① 총액배분 자율편성 예산제도는 기획재정부가 총액 한도를 지정한 후에 각 중앙부처가 사업별 예산을 편성하고 있어 기획재정부의 사업별 예산통제 기능은 유지되고 있다.
② 예산의 집행방법 또는 제도의 개선 등으로 인하여 수입이 증대되거나 지출이 절약된 때에는 이에 기여한 자에게 예산 성과금을 지급할 수도 있고 절약된 예산을 다른 사업에 사용할 수 있다.
④ 예산과정은 예산편성 - 예산심의 - 예산집행 - 예산결산의 순이다.

정답 ③

11

예산과정에 대한 설명으로 옳지 않은 것은? 2017 지방 9급 추가

① 단원제에서의 예산심의는 양원제의 경우보다 심의를 신속하게 할 수 있으나 신중한 심의가 어렵다.
② 과거 중앙예산기관과 결산관리기관을 분리하기도 했다.
③ 예산의 배정은 국가예산을 회계체계에 따라 질서 있게 집행하도록 하기 위한 내부통제의 기능을 수행한다.
④ 상향식 예산관리모형인 총액배분 자율편성 예산제도는 전략적 재원배분을 촉진한다.

출제유형 Ⅱ. 이론·제도   **출제영역** 예산과정
출제빈도 ★★★   **난도** 중

정답찾기
④ 총액배분 자율편성 예산제도는 전략적 재원배분을 촉진하지만 지출한도 및 중장기 재정계획을 재정당국이 사전에 결정·시달하기 때문에 하향식 예산관리모형이다.

오답피하기
① 단원제에서의 예산심의는 양원제의 경우보다 심의를 신속하게 할 수 있으나 신중한 심의가 어려우며, 양원제는 심의는 신속하지 않지만 신중한 심의가 가능하다.
② 과거 우리나라는 기획예산처를 중앙예산기관으로 국고수지총괄기관인 재정경제부를 결산관리기관으로 분리하여 운영하였다.
③ 예산의 배정은 국가예산을 회계체계에 따라 질서 있게 집행하도록 하기 위한 내부통제의 기능을 수행한다.

정답 ④

12

우리나라의 예산과정에 대한 설명으로 옳지 않은 것은? 2017 국가 7급 추가

① 기획재정부는 매년 당해 연도부터 5회계연도 이상의 기간에 대한 재정운용계획을 수립하여 회계연도 개시 120일 전까지 국회에 제출하여야 한다.
② 예산안편성지침에 중앙관서별 지출한도를 포함하여 통보할 수 있는 총액배분·자율편성제도가 도입되어서, 기획재정부의 사업별 예산통제 기능이 상실되었다.
③ 국회 본회의 중심이 아니라 국회 상임위원회와 예산결산특별위원회 중심으로 예산이 심의된다.
④ 예산의 이용(移用)과 전용, 예산의 이체(移替), 예비비, 계속비는 예산집행의 신축성을 보장하기 위한 것이다.

출제유형 Ⅱ. 이론·제도   **출제영역** 예산과정
출제빈도 ★★★   **난도** 중

정답찾기
② 총액배분·자율편성제도는 재정당국이 국가재정운용계획에 근거하여 분야별·부처별·부문별로 지출한도를 제시하면, 각 부처는 소관 정책과 우선순위에 입각하여 자율적으로 지출한도 내에서 사원의 재원을 배분하는 하향적 예산편성제도에 해당하므로 기획재정부의 사업별 예산통제 기능은 유지할 수 있다.

오답피하기
① 기획재정부는 매년 당해 연도부터 5회계연도 이상의 기간에 대한 재정운용계획을 수립하여 회계연도 개시 120일 전까지 국회에 제출하여야 한다(「국가재정법」 제7조).
③ 국회에서의 실질적인 예산 심의는 상임위원회의 예비심사와 예산결산특별위원회의 종합심사를 중심으로 한다.
④ 예산의 이용(移用)과 전용, 예산의 이체(移替), 예비비, 계속비는 예산집행의 신축성을 보장하기 위한 것이다.

정답 ②

13 0939

우리나라 예산과정에 대한 설명으로 옳은 것은? 2015 지방 9급

① 정부는 회계연도마다 예산안을 편성하여 회계연도 개시 60일 전까지 국회에 제출해야 한다.
② 예산총액배분 자율편성제도는 중앙예산기관과 정부부처 사이의 정보 비대칭성을 완화하려는 목적을 갖고 있다.
③ 예산집행의 신축성을 확보하기 위한 제도로서 이용, 총괄예산, 계속비, 배정과 재배정 제도가 있다.
④ 예산불성립 시 조치로서 가예산 제도를 채택하고 있다.

출제유형 Ⅱ. 이론·제도 **출제영역** 예산과정
출제빈도 ★★★   난도 중

정답찾기
② 예산총액배분 자율편성제도는 지출한도만 중앙예산기관이 정해주고 사업의 우선순위나 기관의 전문성 등은 해당 정부부처에 맡기는 것으로 중앙예산기관과 정부부처 사이의 정보 비대칭성을 완화하려는 목적을 갖고 있다.

오답피하기
① 정부는 회계연도마다 예산안을 편성하여 회계연도 개시 국가재정법상 120일 전까지 국회에 제출해야 한다.
③ 이용, 총괄예산, 계속비는 예산집행의 신축성을 확보하기 위한 제도이지만 예산의 배정과 재배정 제도는 재정 통제를 위한 제도이다.
④ 우리나라는 준예산 제도를 채택하고 있다. 가예산 제도는 제1공화국 때 사용한 제도이다.

정답 ②

14 0940

우리나라의 예산과정에 대한 설명으로 옳은 것은? 2015 지방 7급

① 국회에서는 본회의보다 상임위원회와 예산결산특별위원회를 중심으로 예산이 심의된다.
② 국회는 정부의 동의 없이 새 비목을 설치할 수 없지만, 정부가 제출한 지출예산 각항의 금액을 증가할 수 있다.
③ 예산안은 세출예산법안의 형식으로 국회에서 의결된다.
④ 「국회법」에서는 국회가 회계연도 개시 30일 전까지 정부가 제출한 예산안을 의결하여야 한다고 규정하고 있다.

출제유형 Ⅱ. 이론·제도 **출제영역** 예산과정
출제빈도 ★★★   난도 중

정답찾기
① 우리나라는 위원회 중심주의로 상임위원회와 예산결산특별위원회 중심으로 예산이 심의된다.

오답피하기
② 국회는 정부의 동의 없이 새 비목을 설치할 수 없고 정부가 제출한 지출예산 각항의 금액을 증가할 수 없다.
③ 우리나라는 예산안은 세출예산 형식으로 국회에서 의결된다.
④ 「헌법」에서 국회가 회계연도 개시 30일 전까지 정부가 제출한 예산안을 의결하여야 한다고 규정하고 있다.

행복노트
예산주기

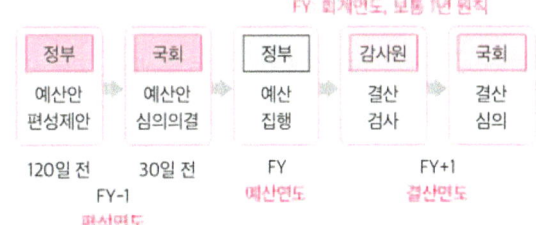

구 분		헌 법	국가재정법	국회법
예산	제출	90일 전	120일 전	
	의결	30일 전		
결산	제출		5. 31.	
	의결			정기회 개회 전

정답 ①

15 0941
정부 예산 편성에 대한 설명으로 옳지 않은 것은? 2022 지방 7급

① 국가재정운용계획은 중·장기적 국가비전과 정책 우선순위를 고려한 계획으로 단년도 예산편성의 기본틀이 된다.
② 기획재정부는 예산안 편성 시 사전에 지출한도를 설정하고 각 중앙부처는 그 한도 내에서 예산을 자율적으로 편성한다.
③ 기획재정부는 예비타당성조사를 실시하여 정치·경제적 이해관계가 배제될 수 있도록 예산배분의 타당성을 검토한다.
④ 각 중앙관서의 장은 완성에 2년 이상이 소요되는 사업으로서 대통령령으로 정하는 대규모사업에 대하여는 그 사업규모·총사업비 및 사업기간을 정하여 미리 기획재정부장관과 협의해야 한다.

16 0942
현행 「국가재정법」에 의한 우리나라 예산편성절차에 관한 설명으로 가장 옳은 것은? 2018 서울 2회 7급

① 중앙관서의 장은 매년 3월 31일까지 다음 회계연도의 신규 사업계획서를 기획재정부장관에게 제출한다.
② 기획재정부장관은 국무총리의 승인을 얻어 예산안편성지침을 4월 30일까지 중앙관서의 장에게 통보한다.
③ 중앙관서의 장은 6월 30일까지 예산요구서를 기획재정부 장관과 국회예산결산특별위원회에 제출한다.
④ 행정부 예산안은 대통령의 승인을 거쳐 회계연도 개시 120일 전까지 국회에 제출한다.

출제유형 Ⅱ. 이론·제도 **출제영역** 예산편성절차
출제빈도 ★★★ **난도** 중

정답찾기
③ 기획재정부는 예비타당성조사를 실시하여 정치·경제적 이해관계를 충분히 검토하여 예산배분의 타당성을 검토한다.

오답피하기
① 국가재정운용계획은 중·장기적 국가비전과 정책 우선순위를 고려한 계획으로 단년도 예산편성의 기본틀이 된다.
② 총액배분자율편성예산제도는 기획재정부가 예산안 편성 시 사전에 지출한도를 설정하고 각 중앙부처는 그 한도 내에서 예산을 자율적으로 편성한다.
④ 총사업비제도는 각 중앙관서의 장은 완성에 2년 이상이 소요되는 사업으로서 대통령령으로 정하는 대규모사업에 대하여는 그 사업규모·총사업비 및 사업기간을 정하여 미리 기획재정부장관과 협의해야 한다.

예비타당성조사 도입(1999년 도입)

┌ 관련조문 ┐
「국가재정법」 제38조【예비타당성 조사】
① 기획재정부장관은 총사업비가 500억원 이상이고 국가의 재정지원 규모가 300억원 이상인 신규 사업으로서 대규모사업에 대한 예산을 편성하기 위하여 미리 예비타당성조사를 실시하고, 그 결과를 요약하여 국회 소관 상임위원회와 예산결산특별위원회에 제출하여야 한다.

- 경제적 타당성뿐만 아니라 정책적 타당성도 분석 대상
- 경제적 타당성: 수요, 편익, 비용 추정, 재무성 평가, 민감도
- 정책적 타당성: 지역경제 파급효과, 정책의 일관성, 상위계획과 연계성, 사업에서의 위험 요인, 환경영향, 균형발전을 위한 낙후도 평가

정답 ③

출제유형 Ⅲ. 법령문제 **출제영역** 예산편성절차
출제빈도 ★★★ **난도** 중

정답찾기
④ 종래에는 「헌법」과 마찬가지로 90일 전까지였으나 2014년 「국가재정법」의 개정으로 행정부 예산안은 대통령의 승인을 거쳐 회계연도 개시 120일 전까지 국회에 제출하게 되었다.

오답피하기
① 중앙관서의 장은 매년 1월 31일까지 다음 회계연도의 신규 사업계획서를 기획재정부장관에게 제출한다.

┌ 관련조문 ┐
「국가재정법」 제28조【중기사업계획서의 제출】
각 중앙관서의 장은 매년 1월 31일까지 당해 회계연도부터 5회계연도 이상의 기간 동안의 신규사업 및 기획재정부장관이 정하는 주요 계속사업에 대한 중기사업계획서를 기획재정부장관에게 제출하여야 한다.

② 기획재정부장관은 국무회의의 심의를 거쳐 대통령의 승인을 얻어 예산안편성지침을 3월 31일까지 각 중앙관서의 장에게 통보하여야 한다.
③ 중앙관서의 장은 5월 31일까지 예산요구서를 기획재정부장관에게 제출하여야 한다.

정답 ④

17 0943

「국가재정법」상 정부가 국회에 제출하는 예산안에 첨부하여야 하는 서류가 아닌 것은? 2014 서울 9급

① 세입세출예산 총계표 및 순계표
② 세입세출예산사업별 설명서
③ 국고채무부담행위 설명서
④ 예산정원표와 예산안편성기준단가
⑤ 국가채무관리계획

18 0944

우리나라 예산심의의 특징으로 가장 옳지 않은 것은? 2017 서울 7급

① 정치 체계의 성격상 예산심의 과정이 의원내각제에 비해 상대적으로 엄격하지 않다.
② 일반적으로 예산의 심의에서 본회의는 형식적인 경우가 많다.
③ 국회는 정부의 동의 없이 금액 증가나 새로운 비목을 설치하지 못한다.
④ 예산심의 과정에서 국회 상임위원회가 소관 부처의 이해관계를 대변하기 쉽다.

출제유형 Ⅲ. 법령문제 **출제영역** 예산안 첨부 서류

출제빈도 ★ 난도 상

정답찾기
⑤ 국가채무관리계획은 「국가재정법」 제7조 국가재정운용계획 수립에 포함되는 사항으로 매년 국회로 제출하여야 하는 서류지만, 예산안에 첨부하는 서류는 아니다.

오답피하기
회계연도 120일 전까지 국회에 제출하여야 할 자료

기획재정부장관은 매년 회계연도 개시 120일 전까지 다음 각호의 서류를 국회에 제출하여야 한다.
1. 제92조에 따른 국가보증채무관리계획
2. 「공공기관의 운영에 관한 법률」 제39조의2에 따른 중장기 재무관리계획
3. 「사회기반시설에 대한 민간투자법」 제24조의2에 따른 임대형 민자사업 정부지급금추계서

정답 ⑤

출제유형 Ⅱ. 이론·제도 **출제영역** 예산심의

출제빈도 ★★★ 난도 중

정답찾기
① 우리나라의 정치형태는 대통령제에 해당되며 입법부와 행정부는 철저한 권력분립으로 서로 견제의 대상이므로 예산심의 과정이 의원내각제보다 엄격하다.

행복노트
② 우리나라는 상임위원회와 예산결산특별위원회를 중심으로 하는 위원회 중심주의로 본회의는 형식적인 성격이 강하다.
③ 국회는 심의과정에서 정부의 동의 없이 정부예산안에 대해 금액증가나 새로운 비목을 설치하지 못한다.
④ 국회는 정부 예산을 통제·감독하며 예산심의 과정에서는 상임위원회가 소관 부처의 이해관계를 대변하여 증액 지향적이고 예산결산특별위원회는 반대로 삭감 지향적이다.

정답 ①

19

국회의 예산심의에 대한 설명으로 옳지 않은 것은? 2016 국가 9급

① 상임위원회의 예비심사를 거친 정부예산안은 예산결산특별위원회에 회부되고, 예산결산특별위원회에서 종합심사가 종결되면 본회의에 부의된다.
② 예산결산특별위원회는 소관 상임위원회의 동의 없이 상임위원회에서 삭감한 세출예산 각 항의 금액을 증액할 수 있다.
③ 국회는 정부의 동의 없이 정부가 제출한 지출예산 각 항의 금액을 증가하거나 새 비목을 설치할 수 없다.
④ 국회의장은 예산안을 소관 상임위원회에 회부할 때에는 심사기간을 정할 수 있으며, 상임위원회가 이유 없이 그 기간 내에 심사를 마치지 아니한 때에는 이를 바로 예산결산특별위원회에 회부할 수 있다.

출제유형 Ⅱ. 이론·제도 **출제영역** 예산심의
출제빈도 ★★★ **난도** 중

정답찾기

② 상임위원회의 예비심사를 거친 정부예산안은 예산결산특별위원회에 회부되고, 예산결산특별위원회에서 종합심사기 이루어지는데 상임위원회에서 삭감한 세출예산 각 항의 금액을 상임위원회의 동의 없이 증액할 수 없다.

오답피하기

예산심의절차

위원회 중심주의, 심의의 엄격성, 소극적 수정

「국회법」제84조【예산안·결산의 회부 및 심사】
⑤ 소관상임위원회에서 삭감한 세출예산 각항의 금액을 증가하게 하거나 새 비목을 설치할 경우에는 소관상임위원회의 동의를 얻어야 한다.
⑥ 국회의장은 예산안과 결산을 소관 상임위원회에 회부시 심사기간 정할 수 있고, 이유없이 심사를 마치지 아니할 때 예결위 회부 할 수 있다.

정답 ②

20

다음 〈보기〉 중 국회 예산심의에 대한 설명으로 옳은 것을 모두 고르면? 2015 국회 9급

보기

ㄱ. 상임위원회의 예비심사를 거친 예산안은 예산결산특별위원회에 회부된다.
ㄴ. 예산결산특별위원회의 심사를 거친 예산안은 본회의에 부의된다.
ㄷ. 예산결산특별위원회를 구성할 때에는 그 활동기한을 정하여야 한다. 다만, 본회의의 의결로 그 기간을 연장할 수 있다.
ㄹ. 예산결산특별위원회는 소관상임위원회의 동의하에 새 비목을 설치할 수 있다.

① ㄱ, ㄴ
② ㄱ, ㄷ
③ ㄱ, ㄴ, ㄷ
④ ㄱ, ㄴ, ㄹ
⑤ ㄱ, ㄴ, ㄷ, ㄹ

출제유형 Ⅱ. 이론·제도 **출제영역** 예산심의
출제빈도 ★★★ **난도** 중

정답찾기

ㄱ. 상임위원회의 예비심사를 거친 예산안은 예산결산특별위원회에 회부된다.
ㄴ. 예산결산특별위원회의 심사를 거친 예산안은 본회의에 부의된다.
ㄹ. 예산결산특별위원회는 소관상임위원회의 동의하에 새 비목을 설치할 수 있다.

오답피하기

ㄷ. 예산결산특별위원회는 상설된 특별위원회이므로 활동기한을 정하지 않는다.

행복노트

예산심의 특징
- 심의의 엄격성(의원내각제보다 대통령제에서 엄격)
- 정치적 성격이 강함, 우리나라는 예산안건으로 처리(법률 ×)
- 미국은 증액보정권 ○, 우리나라와 영국은 증액보정권 ×
- 위원회 중심(예산결산특별위원회와 상임위원회)
- 회계연도 개시 30일 전까지 심의·의결
- 헌법상 심의기간은 60일(회계연도 90일 전 제출∼30일 전 의결)

정답 ④

21

행정부 예산안에 대한 입법부의 예산 심의에 대한 설명으로 가장 적절치 않은 것은? 2012 국회 9급

① 예산결정과정에서 입법부의 정치개입을 배제하기 위해 제도적으로 보완된 것이다.
② 역사적으로 왕권을 통제하기 위한 재정통제의 일환으로 등장하였다.
③ 입법부의 예산 심의 기능은 정책 형성과 행정 감독으로 나눌 수 있다.
④ 국가의 거시 경제적 여건은 입법부의 예산 심의에 영향을 미친다.
⑤ 예산 심의의 형태는 정부형태와 입법부의 구조적 특성 등에 따라 차이가 있다.

22

재정 민주주의에 대한 설명으로 옳지 않은 것은? 2013 국가 9급

① 재정 민주주의는 '대표 없이 과세 없다'라는 표현에서 나타나듯이 재정 주권이 납세자인 국민에게 있다는 의미를 내포하고 있다.
② 납세자인 시민이 국가 또는 지방자치단체의 재정지출과 관련된 부정과 낭비를 감시하는 납세자 소송제도는 재정 민주주의의 본질을 잘 반영하고 있다.
③ 주민참여 예산제도는 예산편성과정에 주민참여를 확대함으로써 지방재정 운영의 투명성 및 공정성을 제고하여 재정 민주주의에 기여한다.
④ 정부 예산집행의 신축성을 확대하기 위하여 만들어진 예산의 전용제도는 국회의 동의를 구해야 하므로 재정 민주주의 확보에 기여하는 제도적 장치이다.

출제유형 Ⅱ. 이론·제도 **출제영역** 예산심의
출제빈도 ★★★ **난도** 중

정답찾기
① 입법부의 예산심의는 재정민주주의 실현을 위하여 도입된 것이다.

오답피하기
② 입법부에서의 예산심의는 자의적인 과세를 행하였던 왕권을 통제하기 위한 재정통제의 일환으로 등장하였다.
③ 입법부의 예산 심의 기능은 정책 형성기능과 심의과정에서 예산을 삭감하는 것과 같은 행정 감독으로 나눌 수 있다.
④ 국가의 거시 경제적 여건을 반영하여 입법부는 예산 심의를 하게 된다.
⑤ 예산 심의의 형태는 정부형태와 입법부의 구조적 특성 등에 따라 차이가 있다. 의원내각제보다 대통령제에서 더 엄격하게 심의가 이루어진다.

정답 ①

출제유형 Ⅰ. 기본개념 **출제영역** 재정 민주주의
출제빈도 ★ **난도** 중

정답찾기
④ 예산의 전용제도는 행정과목(세항·세세항·목) 간의 상호융통으로 국회의 동의를 구하지 않고 기획재정부장관의 승인을 얻어 각 세항 또는 목의 금액을 전용할 수 있는 예산집행의 신축성 유지 방안에 해당한다.

오답피하기
예산의 집행의 재정통제 제도와 신축성 유지방안

| 재정통제 | 입법부의 통제의도와 재정 한계 엄수 |
| 신축성 유지 | 예산 성립 후의 여건 변화에 적응 |

재정통제	신축성 유지
• 예산의 배정과 재배정	• 이용, 전용, 이체, 이월
• 예비타당성 조사	• 예비비와 예비금
• 재무관의 지출원인행위 통제	• 계속비
• 회계기록 및 재정보고	• 국고채무부담행위
• 정원·보수의 통제	• 수입대체경비
• 계약의 통제	• 총액승인 예산
• 국고채무부담행위에 대한 통제	• 긴급배정
• 총사업비의 관리	• 추가경정예산

정답 ④

23 ☐☐☐　　　0949

예산의 집행에 대한 설명으로 옳은 것은?　　2020 국가 9급

① 기획재정부장관은 각 중앙관서의 장에게 예산을 배정한 때에는 감사원에 통지하여야 한다.
② 기획재정부장관은 반기별 예산배정계획을 작성하여 국회의 심의를 받은 뒤에 예산을 배정한다.
③ 중앙관서의 장에게 자금을 사용할 수 있는 권한을 부여하는 것을 예산 재배정이라고 한다.
④ 기획재정부장관은 매년 2월 말까지 예산집행지침을 각 중앙관서의 장과 국회예산정책처에 통보하여야 한다.

24 ☐☐☐　　　0950

예산집행에 대한 설명으로 옳지 않은 것은?　　2019 국가 9급

① 예산의 재배정은 행정부처의 장이 실무부서에게 지출을 할 수 있는 권한을 부여하는 것을 의미한다.
② 예산의 전용을 위해서 정부 부처는 미리 국회의 승인을 받아야 한다.
③ 예비비는 공무원 인건비 인상을 위한 인건비 충당을 목적으로 사용할 수 없다.
④ 사고이월은 집행과정에서 재해 등의 이유로 불가피하게 다음 연도로 이월된 경비를 말한다.

출제유형 II. 이론·제도　　**출제영역** 예산의 집행
출제빈도 ★★★　　**난도** 중

【정답찾기】
① 기획재정부장관은 각 중앙관서의 장에게 예산을 배정한 때에는 감사원에 통지하여야 한다.

【오답피하기】
② 기획재정부장관은 분기별 예산배정계획을 작성하여 국회의 심의가 아니라 국무회의의 심의를 거친 후 대통령의 승인을 얻어야 한다.
③ 중앙관서의 장에게 자금을 사용할 수 있는 권한을 부여하는 것을 예산 재배정이 아니라 예산 배정이라고 한다.
④ 기획재정부장관은 매년 2월 말까지가 아니라 1월 말까지 예산집행지침을 각 중앙관서의 장에게 통보하여야 한다.

┌─ 관련조문 ─
「국가재정법 시행령」 제18조 【예산집행지침의 통보】
① 기획재정부장관은 법 제44조에 따른 예산집행지침을 매년 1월말까지 각 중앙관서의 장에게 통보하여야 한다.
「국가재정법」 제43조 【예산의 배정】
① 기획재정부장관은 제42조의 규정에 따른 예산배정요구서에 따라 분기별 예산배정계획을 작성하여 국무회의의 심의를 거친 후 대통령의 승인을 얻어야 한다.
② 기획재정부장관은 각 중앙관서의 장에게 예산을 배정한 때에는 감사원에 통지하여야 한다.
③ 기획재정부장관은 필요한 때에는 대통령령으로 정하는 바에 따라 회계연도 개시 전에 예산을 배정할 수 있다.
④ 기획재정부장관은 예산의 효율적인 집행 관리를 위하여 필요한 때에는 제1항의 규정에 따른 분기별 예산배정계획에도 불구하고 개별사업계획을 검토하여 그 결과에 따라 예산을 배정할 수 있다.
⑤ 기획재정부장관은 재정수지의 적정한 관리 및 예산사업의 효율적인 집행관리 등을 위하여 필요한 때에는 제1항의 규정에 따른 분기별 예산배정계획을 조정하거나 예산배정을 유보할 수 있으며, 배정된 예산의 집행을 보류하도록 조치를 취할 수 있다.
└─

정답 ①

출제유형 II. 이론·제도　　**출제영역** 예산의 집행
출제빈도 ★★★　　**난도** 중

【정답찾기】
② 정부 부처가 미리 국회의 승인을 받아야 하는 것은 예산의 이용에 해당한다. 전용은 행정과목의 융통으로 국회승인 없이 기획재정부장관의 승인을 얻어 할 수 있다.

【오답피하기】
① 중앙관서의 장이 그 부속기관이나 하위 기관에 예산액을 배정하는 것을 재배정이라 한다.
③ 일반회계 예산 총액의 100분의 1 이내의 금액을 예비비로 세입·세출예산에 계상할 수 있다. 다만 예산총칙 등에 따라 미리 사용 목적을 지정해 놓은 예비비의 경우 별도로 세입·세출예산에 계상할 수 있지만 공무원의 보수 인상을 위한 인건비 충당을 위하여는 예비비의 사용 목적을 지정할 수 없다.
④ 사고이월은 지출원인행위를 하였으나 불가피한 사유로 연도 내에 지출을 하지 못한 경우와 지출원인행위를 하지 아니한 그 부대경비의 경우를 이월하는 것을 의미한다.

정답 ②

25 0951

예산 관련 제도들 중 나머지 셋과 성격이 다른 것은?

2014 국가 9급

① 예비비와 총액계상예산
② 이월과 계속비
③ 이용과 전용
④ 배정과 재배정

26 0952

예산집행의 신축성을 유지하기 위한 제도로 옳지 않은 것은?

2022 국가 9급

① 계속비
② 수입대체경비
③ 예산의 재배정
④ 예산의 이체

출제유형 Ⅱ. 이론·제도 **출제영역** 예산 관련 제도

출제빈도 ★★★ **난도** 중

정답찾기
④ 예산의 배정과 재배정은 예산집행의 통제방안에 해당한다.

오답피하기
①, ②, ③ 예산집행의 신축성 유지 방안에 해당한다.

오답피하기
예산집행의 재정통제 제도와 신축성 유지방안

| 재정통제 | 입법부의 통제의도와 재정 한계 엄수 |
| 신축성 유지 | 예산성립 후의 여건 변화에 적응 |

재정통제	신축성 유지
• 예산의 배정과 재배정	• 이용, 전용, 이체, 이월
• 예비타당성 조사	• 예비비와 예비금
• 재무관의 지출원인행위 통제	• 계속비
• 회계기록 및 재정보고	• 국고채무부담행위
• 정원·보수의 통제	• 수입대체경비
• 계약의 통제	• 총액승인 예산
• 국고채무부담행위에 대한 통제	• 긴급배정
• 총사업비의 관리	• 추가경정예산

정답 ④

출제유형 Ⅱ. 이론·제도 **출제영역** 예산집행의 신축성을 유지하기 위한 방안

출제빈도 ★★★ **난도** 하

정답찾기
③ 예산의 재배정은 예산집행의 통제를 위한 제도이다.

정답 ③

27 0953

예산집행의 신축성을 유지하기 위한 방안에 대한 설명 중 가장 옳지 않은 것은?
2017 서울 9급

① 이체란 정부조직 등에 관한 법령의 제정 개정 또는 폐지로 인하여 중앙관서의 직무와 권한에 변동이 있을 때 관련 예산을 이동하는 것이다.
② 전용이란 입법 과목 간 상호융통으로, 각 중앙관서의 장은 예산의 목적범위 안에서 재원의 효율적 활용을 위하여 기획재정부장관의 승인을 얻어 각 세항 또는 목의 금액을 전용할 수 있다.
③ 이월이란 당해 연도 예산액의 일정 부분을 다음 연도로 넘겨서 사용할 수 있는 제도이다.
④ 계속비란 완성에 수년도를 요하는 사업에 대해 그 경비의 총액과 연도별 지출액을 정하여 미리 국회의 의결을 얻은 범위 안에서 수년도에 걸쳐 지출하는 경비이다.

28 0954

「국가재정법」상 예산집행에 있어서 신축성을 보장하는 규정으로 옳지 않은 것은?
2015 지방 7급

① 각 중앙관서의 장은 예산이 정한 각 기관 간 또는 각 장·관·항 간에 상호 이용(移用)할 수 없다. 다만, 예산집행상 필요에 따라 미리 예산으로써 국회의 의결을 얻은 때에는 기획재정부장관의 승인을 얻어 이용하거나 기획재정부장관이 위임하는 범위 안에서 자체적으로 이용할 수 있다.
② 각 중앙관서의 장은 예산의 목적범위 안에서 재원의 효율적 활용을 위하여 대통령령이 정하는 바에 따라 기획재정부장관의 승인을 얻어 각 세항 또는 목의 금액을 전용(轉用)할 수 있다.
③ 행정안전부장관은 정부조직 등에 관한 법령의 제정·개정 또는 폐지로 인하여 중앙관서의 직무와 권한에 변동이 있는 때에는 기획재정부장관의 요구에 따라 그 예산을 상호이용하거나 이체(移替)할 수 있다.
④ 세출예산 중 경비의 성질상 연도 내에 지출을 끝내지 못할 것이 예측되는 때에는 그 취지를 세입세출예산에 명시하여 미리 국회의 승인을 얻은 후 다음 연도에 이월하여 사용할 수 있다.

출제유형 Ⅱ. 이론·제도 **출제영역** 예산집행의 신축성을 유지하기 위한 방안
출제빈도 ★★★ **난도** 중

정답찾기
② 전용이란 행정 과목 간 상호융통으로, 각 중앙관서의 장은 예산의 목적범위 안에서 재원의 효율적 활용을 위하여 기획재정부장관의 승인을 얻어 각 세항 또는 목의 금액을 전용할 수 있다.

오답피하기
① 이체는 정부조직 등에 관한 법령의 제정·개정 또는 폐지로 인하여 중앙관서의 직무와 권한에 변동이 있을 때 관련 예산도 이에 따라 책임소관을 변경하여 사용하는 것이다.
③ 이월은 시기적 신축성을 위한 제도로 당해 회계연도 예산의 일정액을 다음 연도에 넘겨서 사용하는 것이다.
④ 계속비는 완성에 수년도를 요하는 공사나 제조 및 연구개발사업을 위하여 총액과 연부액을 정해 미리 국회의 의결을 얻어 수년에 걸쳐 지출하는 것이다.

정답 ②

출제유형 Ⅱ. 이론·제도 **출제영역** 예산집행의 신축성을 유지하기 위한 방안
출제빈도 ★★★ **난도** 중

정답찾기
③ 기획재정부장관은 정부조직 등에 관한 법령의 제정·개정 또는 폐지로 인하여 중앙관서의 직무와 권한에 변동이 있는 때에는 그 중앙관서장의 요구에 따라 그 예산을 상호이용하거나 이체할 수 있다.

오답피하기
① 예산의 이용에 대한 설명이다.
② 예산의 전용에 대한 설명이다.
④ 명시이월에 대한 설명이다.

정답 ③

29　0955

예산집행의 신축성을 보장하기 위한 장치가 아닌 것은?

2015 국가 7급

① 예산총계주의
② 예산의 이체와 이월
③ 예비비
④ 수입대체경비

출제유형 Ⅱ. 이론·제도
출제영역 예산집행의 신축성을 유지하기 위한 방안
출제빈도 ★★★
난도 중

[정답찾기]
① 예산총계주의는 완전성의 원칙으로 재정통제 지향의 전통적 예산의 원칙이다.

[오답피하기]
②, ③, ④ 모두 신축성 유지 방안이다.

[오답피하기]

이용	입법과목(장·관·항)간의 상호융통, 국회의결 ○
전용	행정과목(세항·목)간의 상호융통, 국회의결 ×
이체	정부조직 개폐 시 예산의 책임소재 변경, 국회의결 ×
이월	─ 당해 예산을 다음 연도에 넘겨 사용(명시이월, 사고이월) 　─ 명시이월: 국회 승인 ○, 재차이월 ○ 　─ 사고이월: 국회 승인 ×, 재차이월 ×
예비비	─ 예산 외 지출 / 초과지출 충당하기 위한 경비 　─ 일반예비비: 1% 이내 편성, 기재부장관 책임, 　─ 설치는 국회 의결 ○, 지출은 사후 승인 ○
계속비	─ 수년을 요하는 대규모 공사에 수년간 지출(5년이내) 예외적: 10년 (필시 국회의결 거쳐 연장 가능) 　─ 연부액은 다시 국회의결 후 지출
국고채무부담행위	법률, 세출예산, 계속비 외 정부가 채무부담 국회의결 필요. 지출권한은 아님
수입대체경비	지출이 수입을 대체할 때, 수입금을 직접 대체사용인정, 예산 총계주의 원칙의 예외
총액계상예산	세부 내용을 미리 확정하기 어려운 경우 총액으로 예산 계상
수입·지출의 특례	정상적인 지출방식 택하지 않은 수입지출 특례
추가경정예산	예산 성립 후 추가로 편성된 예산
긴급배정과 재정 긴급명령권	회계연도 개시 전 긴급배정, 헌법상 대통령의 재정긴급명령권 행사

정답 ①

30　0956

예산집행의 신축성을 유지하는 방법에 대한 설명으로 옳지 않은 것은?

2014 서울 7급

① 계속비의 지출 기간은 5년 이내이며 필요한 경우 국회의 의결을 얻어 연장할 수 있는데, 매년 연부액은 국회의 의결을 받아야 한다.
② 사고이월은 지출원인행위를 하였으나 연도 내에 지출하지 못한 경비와 지출원인행위를 하지 않은 부대경비를 다음 연도에 지출하는 것을 말한다.
③ 예산의 전용(轉用)은 행정 과목 간의 융통을 뜻하며, 이용(移用)은 입법 과목 간의 융통을 뜻한다.
④ 이체(移替)는 정부조직 등에 관한 법령의 제정, 개정 또는 폐지로 인하여 그 직무와 권한의 변동이 있을 때, 중앙관서장의 요구에 의하여 기획재정부 장관이 허용하는 제도이다.
⑤ 국고채무부담행위는 법률에 의한 것, 세출예산금액, 그리고 계속비 범위 이외의 것에 한하여 사전에 국회의 의결을 얻어 지출할 수 있는 권한이다.

출제유형 Ⅱ. 이론·제도
출제영역 예산집행의 신축성을 유지하기 위한 방안
출제빈도 ★★★
난도 중

[정답찾기]
⑤ 국고채무부담행위는 법률에 의한 것과 세출예산금액 또는 계속비의 총액의 범위 안의 것 외에 채무를 부담하는 행위를 하는 때에는 미리 예산으로써 국회의 의결을 얻어야 하는 행위로서 채무를 부담할 권한만을 부여하는 것이지 지출할 수 있는 권한을 가지는 것은 아니다.

정답 ⑤

31　0957

예산집행의 신축성 유지 방안에 관한 설명으로 옳지 않은 것은?

2012 서울 9급

① 세출예산의 장(章), 관(款), 항(項)은 행정과목으로 예산의 전용(轉用)이 가능하다.
② 예산이 이용(移用)은 입법과목 간의 융통을 말한다.
③ 예산의 이체(移替)는 정부조직 등에 관한 법령의 제·개정, 폐지 등의 사유가 있을 때 사용하는 방안이다.
④ 이월(移越)은 당해 회계연도 예산을 차년도 예산으로 사용하는 것이다.
⑤ 예측할 수 없는 예산 외 지출 또는 예산초과지출에 충당하기 위해 예비비를 둔다.

출제유형 Ⅱ. 이론·제도　**출제영역** 예산집행의 신축성을 유지하기 위한 방안
출제빈도 ★★★　**난도** 중

정답찾기
① 세출예산의 장(章), 관(款), 항(項)은 입법과목으로 예산의 이용(移用)이 가능하다.

오답피하기
② 예산이 이용(移用)은 입법과목 간의 융통을 말한다.
③ 예산의 이체(移替)는 정부조직 등에 관한 법령의 제·개정, 폐지 등의 사유가 있을 때 사용하는 방안이다.
④ 이월(移越)은 당해 회계연도 예산을 차년도 예산으로 사용하는 것이다.
⑤ 예측할 수 없는 예산 외 지출 또는 예산초과지출에 충당하기 위해 예비비를 둔다.

정답 ①

32　0958

「국가재정법」에 규정되어 있는 예산의 전용에 대한 설명으로 가장 옳은 것은?

2019 서울 7급

① 각 중앙관서의 장이 예산을 전용한 경우에는 반기별로 그 전용내역을 감사원에 제출하여야 한다.
② 각 중앙관서의 장은 당초 예산에 계상되지 아니한 사업을 추진하는 경우에도 예산을 전용할 수 있다.
③ 각 중앙관서의 장은 회계연도마다 기획재정부장관이 위임하는 범위 안에서 각 세항 또는 목의 금액을 자체적으로 전용할 수 있다.
④ 각 중앙관서의 장은 예산의 목적범위 안에서 재원의 효율적 활용을 위하여 기획재정부장관의 승인을 얻어 각 관, 항, 세항의 금액을 전용할 수 있다.

출제유형 Ⅱ. 이론·제도　**출제영역** 예산의 전용
출제빈도 ★★★　**난도** 중

정답찾기
③ 「국가재정법」 제46조 제2항의 각 중앙관서의 장은 회계연도마다 기획재정부장관이 위임하는 범위 안에서 각 세항 또는 목의 금액을 자체적으로 전용할 수 있다고 명시되어 있다.

오답피하기
① 각 중앙관서의 장이 예산을 전용한 경우에는 분기별로 그 전용내역을 감사원에 제출하여야 한다.
② 각 중앙관서의 장은 당초 예산에 계상되지 아니한 사업을 추진하는 경우에는 전용할 수 없다.
④ 각 중앙관서의 장은 예산의 목적범위 안에서 재원의 효율적 활용을 위하여 기획재정부장관의 승인을 얻어 행정과목(세항·목)의 금액을 전용할 수 있다.

관련조문
「국가재정법」 제46조 【예산의 전용】
① 각 중앙관서의 장은 예산의 목적범위 안에서 재원의 효율적 활용을 위하여 대통령령이 정하는 바에 따라 기획재정부장관의 승인을 얻어 각 세항 또는 목의 금액을 전용할 수 있다. 이 경우 사업 간의 유사성이 있는지, 재해대책 재원 등으로 사용할 시급한 필요가 있는지, 기관운영을 위한 필수적 경비의 충당을 위한 것인지 여부 등을 종합적으로 고려하여야 한다.
② 각 중앙관서의 장은 제1항의 규정에 불구하고 회계연도마다 기획재정부장관이 위임하는 범위 안에서 각 세항 또는 목의 금액을 자체적으로 전용할 수 있다.
③ 제1항 및 제2항에도 불구하고 각 중앙관서의 장은 다음 각호의 어느 하나에 해당하는 경우에는 전용할 수 없다.
1. 당초 예산에 계상되지 아니한 사업을 추진하는 경우
2. 국회가 의결한 취지와 다르게 사업 예산을 집행하는 경우

정답 ③

33

예산의 이용과 전용에 대한 설명으로 옳은 것은? 2021 국가 7급

① 이용은 입법과목 사이의 상호융통으로 국회의 의결을 얻으면 기획재정부 장관의 승인이나 위임 없이도 할 수 있다.
② 기관(機關) 간 이용도 가능하다.
③ 세출예산의 항(項) 간 전용은 국회 의결 없이 기획재정부장관의 승인을 얻어서 할 수 있다.
④ 이용과 전용은 예산 한정성원칙의 예외로 볼 수 없다.

출제유형 Ⅱ. 이론·제도 **출제영역** 예산의 이용과 전용
출제빈도 ★★★ **난도** 중

정답찾기
② 각 기관 간 또는 각 장·관·항 간에 상호이용(移用)도 가능하다.

오답피하기
① 이용은 입법과목 사이의 상호융통으로 국회의 의결을 얻은 때에는 기획재정부장관의 승인을 얻어 이용하거나 기획재정부장관이 위임하는 범위 안에서 자체적으로 이용할 수 있다.
③ 세출예산의 항(項) 간 이용은 국회 의결을 받아 기획재정부장관의 승인을 얻어서 할 수 있다.
④ 이용과 전용은 예산 한정성원칙의 예외로 볼 수 있다.

관련조문
「국가재정법」제47조【예산의 이용·이체】
① 각 중앙관서의 장은 예산이 정한 각 기관 간 또는 각 장·관·항 간에 상호 이용(移用)할 수 없다. 다만, 다음 각호의 어느 하나에 해당하는 경우에 한정하여 미리 예산으로써 국회의 의결을 얻은 때에는 기획재정부장관의 승인을 얻어 이용하거나 기획재정부장관이 위임하는 범위 안에서 자체적으로 이용할 수 있다.
1. 법령상 지출의무의 이행을 위한 경비 및 기관운영을 위한 필수적 경비의 부족액이 발생하는 경우
2. 환율변동·유가변동 등 사전에 예측하기 어려운 불가피한 사정이 발생하는 경우
3. 재해대책 재원 등으로 사용할 시급한 필요가 있는 경우
4. 그 밖에 대통령령으로 정하는 경우

정답 ②

34

다음은 예산의 이용과 전용에 대한 설명이다. ㉠과 ㉡에 해당하는 것은? 2016 지방 7급

> 이용은 국회에서 승인된 예산 중 (㉠) 간 울타리를 뛰어넘어 자금을 이전하는 것을 말하며 이를 위해서는 국회의 승인을 받아야 한다. 반면, 전용은 (㉡) 간 울타리를 뛰어넘어 자금을 이전하는 것을 말하며 이를 위해서는 국회의 승인을 받을 필요가 없다.

	㉠	㉡
①	장	관, 항, 세항, 목
②	장, 관	항, 세항, 목
③	장, 관, 항	세항, 목
④	장, 관, 항, 세항	목

출제유형 Ⅱ. 이론·제도 **출제영역** 예산의 이용과 전용
출제빈도 ★★★ **난도** 중

정답찾기
③ 이용은 국회에서 승인된 예산 중 입법과목인 (㉠ 장, 관, 항) 간 울타리를 뛰어넘어 자금을 이전하는 것을 말하며 이를 위해서는 국회의 승인을 받아야 한다. 반면, 전용은 행정과목인 (㉡ 세항, 목) 간 울타리를 뛰어넘어 자금을 이전하는 것을 말하며 이를 위해서는 국회의 승인을 받을 필요가 없다.

오답피하기
이용·전용

입법과목(상호융통: 이용)			행정과목(상호융통: 전용)		
기능별 분류		사업별 분류		품목별 분류	
장	관	항	세항	세세항	목	세목
분야	부문	프로그램 (정책사업)	단위사업	세부사업	편성비목 (대품목)	통계비목 (소품목)
사회복지	노인· 청소년	노인 의료보장	노인돌봄 서비스	독거노인 보호지원	여비	국내여비

A프로그램 ➡ B프로그램
국회의결 ○, 기재부장관 승인 ○

a1 ➡ a2
국회의결 ×, 기재부장관 승인 ○

정답 ③

35
우리나라의 경우 기획재정부장관이 회계연도 개시 전에 예산을 배정할 수 없는 경비는?

2014 서울 7급

① 과년도 지출
② 외국에서 지급하는 경비
③ 여비
④ 선박의 운영·수리 등에 소요되는 경비
⑤ 각 관서에서 필요한 부식물의 매입경비

출제유형 Ⅱ. 이론·제도　　**출제영역** 긴급배정
출제빈도 ★　　**난도** 상

정답찾기
① 과년도 지출은 지난 연도에 속하는 채무 확정액으로 지출하지 못한 경비는 현 연도 세출예산에서 지출하되, 그 경비가 소속된 연도의 해당 과목 가운데 쓰지 아니한 금액을 원칙적으로 초과하지 못하는 제도이다. 예산집행의 신축성 부여 방법 중, 지출의 특례에 속하는 것으로 긴급배정에 해당하지 않는다.

오답피하기
┌ 관련조문 ┐
「국가재정법 시행령」 제16조 【예산의 배정】
⑤ 법 제43조 제3항에 따라 회계연도 개시 전에 예산을 배정할 수 있는 경비는 다음 각호와 같다.
1. 외국에서 지급하는 경비
2. 선박의 운영·수리 등에 소요되는 경비
3. 교통이나 통신이 불편한 지역에서 지급하는 경비
4. 각 관서에서 필요한 부식물의 매입경비
5. 범죄수사 등 특수 활동에 소요되는 경비
6. 여비
7. 경제정책상 조기집행을 필요로 하는 공공사업비
8. 재해복구사업에 소요되는 경비

정답 ①

36
예산의 신축성 유지 방법 중 '정부조직개편'과 가장 관련 있는 것은?

2012 지방 7급

① 전용(轉用)
② 이용(移用)
③ 이체(移替)
④ 이월(移越)

출제유형 Ⅱ. 이론·제도　　**출제영역** 예산집행의 신축성을 유지하기 위한 방안
출제빈도 ★★　　**난도** 중

정답찾기
③ 이체는 정부조직개편으로 인한 책임소관의 변경을 의미한다.

오답피하기
┌ 관련조문 ┐
「국가재정법」 제47조 【예산의 이용·이체】
② 기획재정부장관은 정부조직 등에 관한 법령의 제정·개정 또는 폐지로 인하여 중앙관서의 직무와 권한에 변동이 있는 때에는 그 중앙관서의 장의 요구에 따라 그 예산을 상호이용하거나 이체(移替)할 수 있다.

정답 ③

37

집중구매제도의 장점에 대한 설명으로 옳지 않은 것은?

2012 지방 7급

① 재정적 통제체계를 향상시킬 수 있다.
② 긴급 수요나 예상외의 수요에 신속히 대처할 수 있다
③ 대량구매의 이점을 활용할 수 있다.
④ 일괄구매를 통해 구입절차를 단순화할 수 있다.

38

우리나라의 결산에 대한 설명으로 옳지 않은 것은?

2018 국가 9급

① 결산은 한 회계연도의 수입과 지출 실적을 확정적 계수로 표시하는 행위이다.
② 정부는 감사원의 검사를 거친 국가결산보고서를 국회에 제출하여야 한다.
③ 결산은 국회의 심의를 거쳐 국무회의의 의결과 대통령의 승인으로 종료된다.
④ 각 중앙관서의 장은 회계연도마다 소관 기금의 결산보고서를 중앙관서결산보고서에 통합하여 작성하여야 한다.

출제유형 Ⅱ. 이론·제도 **출제영역** 집중구매제도

출제빈도 ★★ 난도 중

정답찾기
④ 일괄구매 방식의 집중구매는 구매절차가 복잡하여 시간이 많이 소요되고 비용이 증가하여 신속한 구매활동이 저해된다.

오답피하기
② 집중구매는 다량의 물품보관으로 긴급수요나 예상 외의 수요에 신속히 대응함으로써 부처 간의 상호융통을 기할 수 있고 신축성이 유지된다.

오답피하기
구매행정
정부가 업무수행에 필요한 재화를 적기 적소에 적재·적량·적가로 구입하는 행위, 집중구매(중앙에서 구입)와 분산구매(수요부처 구입)

집중구매 장·단점

장 점	단 점
• 예산의 절약	• 구매절차의 복잡성
• 조달업무의 전문화	• 적기·적재 공급의 곤란
• 구매규격의 표준화	• 특수품목 구매에 부적합
• 조달업무의 통제 및 조정가능	• 대기업 편중 우려
• 구매정책수립의 용이성	• 호환성과 개별선호 반영의 곤란
• 공급자의 편의성	
• 신축성의 유지(긴급수요, 예상외 수요 신속 대처 가능)	

정답 ④

출제유형 Ⅱ. 이론·제도 **출제영역** 예산결산

출제빈도 ★★★ 난도 중

정답찾기
③ 결산은 국무회의의 심의와 대통령의 승인을 거쳐 감사원의 결산 검사 후 국회의 최종 심의를 통하여 종료된다.

오답피하기
④ 각 중앙관서의 장은 회계연도마다 소관 기금의 결산 보고서를 통합하여 작성한 중앙관서 결산보고서를 기획재정부장관에게 제출해야 한다.

오답피하기
결산과정

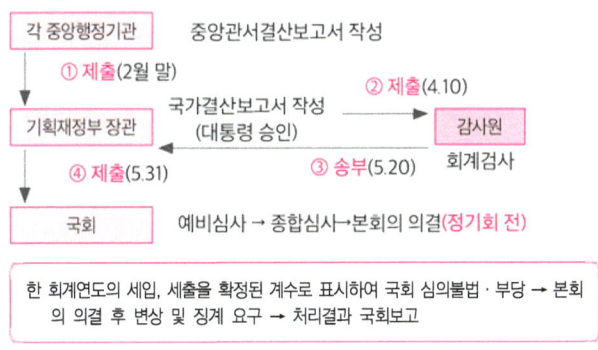

한 회계연도의 세입, 세출을 확정된 계수로 표시하여 국회 심의불법·부당 → 본회의 의결 후 변상 및 징계 요구 → 처리결과 국회보고

정답 ③

39

국회의 결산심사에 대한 설명으로 옳지 않은 것은? 2013 국가 7급

① 예산집행과정에서 위법 또는 부당한 지출이 있었는지의 여부를 확인하는 통제기능과, 예산운용에 대한 평가결과를 다음 연도 예산 심의에 반영하는 환류기능을 수행한다.
② 예산결산특별위원회의 결산심사는 제안설명과 전문위원의 검토보고를 듣고, 종합정책질의, 부별심사 또는 분과위원회심사 및 찬반토론을 거쳐 표결한다.
③ 결산의 심사결과 위법 또는 부당한 사항이 있는 때에 국회는 본회의 의결 후 정부 또는 해당기관에 변상 및 징계조치 등 그 시정을 요구하고, 정부 또는 해당기관은 시정요구를 받은 사항을 지체 없이 처리하여 그 결과를 국회에 보고하여야 한다.
④ 예산결산특별위원회 위원장은 결산을 소관상임위원회에 회부할 때에 심사기간을 정할 수 있으며, 상임위원회가 이유 없이 그 기간 내에 심사를 마치지 아니한 때에는 이를 바로 예산결산특별위원회에 회부할 수 있다.

출제유형 II. 이론·제도
출제영역 예산결산
출제빈도 ★★★
난도 중

정답찾기
④ 국회의장은 예산안과 결산을 소관 상임위원회에 회부할 때에는 심사기간을 정할 수 있으며, 상임위원회가 이유 없이 그 기간 내에 심사를 마치지 아니한 때에는 이를 바로 예산결산특별위원회에 회부할 수 있다.

정답 ④

40

(가)~(라)에 들어갈 숫자를 바르게 연결한 것은? 2021 지방 7급

- 정부는 재정운용의 효율화와 건전화를 위하여 매년 해당회계연도부터 (가)회계연도 이상의 기간에 대한 재정운용계획을 수립하여야 한다.
- 기획재정부장관은 대통령의 승인을 얻은 다음연도의 예산안 편성지침을 매년 (나)월 31일까지 각 중앙관서의 장에게 통보해야 한다.
- 기획재정부장관은 「국가회계법」에 따라 회계연도마다 국가결산보고서를 작성하여 대통령의 승인을 얻어 다음 연도 4월 (다)일까지 감사원에 제출하여야 한다.
- 예산의 편성 및 의결, 집행, 그리고 결산 및 회계검사의 단계가 일정한 주기로 반복되는 것을 예산주기 또는 예산순기라고 하는데 우리나라의 경우 통상 (라)년이다.

	(가)	(나)	(다)	(라)
①	10	3	10	1
②	5	3	10	3
③	5	5	20	1
④	10	5	20	3

출제유형 II. 이론·제도
출제영역 예산결산
출제빈도 ★★★
난도 중

정답찾기
② 국가재정운용계획은 기본적으로 5개년 단위로 수립한다. 기획재정부장관이 예산안편성지침을 3월 31일까지 각 부처에게 한다. 기획재정부장관은 4월 10일까지 감사원에 국가결산보고서를 제출해야 한다. 우리나라의 예산주기 또는 예산순기는 T-1년에 예산의 편성 및 의결, 그리고 T년에 집행, T+1년에 결산 및 회계검사가 이루어지므로 통상 3년이다.

오답피하기

관련조문
「국가재정법」 제7조【국가재정운용계획의 수립 등】
① 정부는 재정운용의 효율화와 건전화를 위하여 매년 해당 회계연도부터 5회계연도 이상의 기간에 대한 재정운용계획을 수립하여 회계연도 개시 120일 전까지 국회에 제출하여야 한다.
제29조【예산안편성지침의 통보】
① 기획재정부장관은 국무회의의 심의를 거쳐 대통령의 승인을 얻은 다음 연도의 예산안편성지침을 매년 3월 31일까지 각 중앙관서의 장에게 통보하여야 한다.
제59조【국가결산보고서의 작성 및 제출】
기획재정부장관은 「국가회계법」에서 정하는 바에 따라 회계연도마다 작성하여 대통령의 승인을 받은 국가결산보고서를 다음 연도 4월 10일까지 감사원에 제출하여야 한다.

정답 ②

41　0967

정부회계제도의 기장방식에 대한 〈보기〉의 설명과 바르게 짝지어진 것은?
2018 서울 9급

보기
ㄱ. 현금의 수불과는 관계 없이 경제적 자원에 변동을 주는 사건이 발생된 시점에 거래를 인식하는 방식이다.
ㄴ. 하나의 거래를 대차평균의 원리에 따라 차변과 대변에 이중 기록하는 방식이다.

	ㄱ	ㄴ
①	현금주의	복식부기
②	발생주의	복식부기
③	발생주의	단식부기
④	현금주의	단식부기

42　0968

정부회계의 기장 방식에 대한 설명으로 옳지 않은 것은?
2018 국가 9급

① 단식부기는 발생주의 회계와, 복식부기는 현금주의 회계와 서로 밀접한 연계성을 갖는다.
② 단식부기는 현금의 수지와 같이 단일 항목의 증감을 중심으로 기록하는 방식이다.
③ 복식부기에서는 계정 과목 간에 유기적 관련성이 있기 때문에 상호 검증을 통한 부정이나 오류의 발견이 쉽다.
④ 복식부기는 하나의 거래를 대차 평균의 원리에 따라 차변과 대변에 동시에 기록하는 방식이다.

출제유형 II. 이론·제도　　**출제영역** 정부회계제도의 기장방식
출제빈도 ★★　　**난도** 중

정답찾기
② ㄱ은 현금의 유입과 유출과는 관계없이 거래나 사건이 발생된 시점에 인식하는 <u>발생주의</u>, ㄴ은 거래의 이중성을 회계처리에 반영해 기록하는 <u>복식부기</u>에 해당한다.

오답피하기
정부회계
① 기장방식에 따른 분류

단식부기　거래의 일면만 기록, 대체로 현금의 증가와 감소 기록
복식부기　차변·대변 양면에 기록, 즉 주고 받는 양측면 다 기록
　　　　　자산, 부채, 자본, 수익, 비용 등 재정상태 모두 기록

② 거래 인식기준에 따른 분류

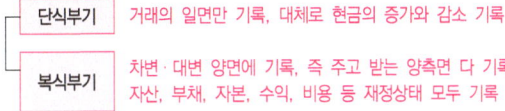

현금주의　현금의 유출이나 유입 시 기록
발생주의　거래가 발생한 시점 기준 수익과 비용으로 인식

정답 ②

출제유형 II. 이론·제도　　**출제영역** 정부회계제도의 기장방식
출제빈도 ★★　　**난도** 중

정답찾기
① <u>단식부기</u>는 <u>현금주의</u>와, <u>복식부기</u>는 <u>발생주의</u>와 밀접한 연계성을 갖는다.

오답피하기
② 단식부기는 현금의 수지와 같이 단일 항목의 증감을 중심으로 기록하는 방식이다.
③ 복식부기에서는 계정 과목 간에 유기적 관련성이 있기 때문에 <u>상호 검증을 통한 부정이나 오류의 발견</u>이 쉽다.
④ 복식부기는 하나의 거래를 <u>대차 평균의 원리</u>에 따라 차변과 대변에 동시에 기록하는 방식이다.

오답피하기
단식부기와 복식부기

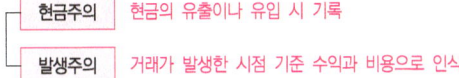

단식부기		복식부기	
		차 변	대 변
수입	지출	자산의 증가 부채의 감소 자본(순자산)의 감소 비용의 발생	자산의 감소 부채의 증가 자본(순자산)의 증가 수익의 발생
재정상태 경영성과		자산 = 비용	부채 + 자본(순자산) 수익

차변의 합 = 대변의 합
대차 평균의 원리
자기검증의 원리

정답 ①

43 ○○○　　　　　　　　　　　　　　　　0969

최근 정부회계제도 개혁의 일환으로 도입되고 있는 복식부기의 장점이 아닌 것은?

2012 국가 7급

① 정부재정활동의 효율성, 투명성, 책임성을 제고할 수 있다.
② 정부재정에 있어 미래지향적 재정관리의 기반을 조성할 수 있다.
③ 공공부문의 생산성 향상을 위한 유용한 회계정보의 활용을 기대할 수 있다.
④ 상당액의 부채가 존재해도 현금으로 지출되지 않은 경우 재정건전 상태로 결산이 가능하다.

44 ○○○　　　　　　　　　　　　　　　　0970

다음 괄호 안에 들어갈 내용으로 바르게 짝지어진 것은?

2014 지방 9급

> 정부회계의 '발생주의'는 정부의 수입을 (㉠) 시점으로, 정부의 지출을 (㉡) 시점으로 계산하는 방식을 의미한다.

	㉠	㉡
①	현금수취	현금지불
②	현금수취	지출원인행위
③	납세고지	현금지불
④	납세고지	지출원인행위

출제유형 Ⅱ. 이론·제도　　**출제영역** 정부회계 복식부기

출제빈도 ★★　　**난도** 중

정답찾기

④ 상당액의 부채가 존재해도 현금으로 지출되지 않은 경우 재정건전 상태로 결산이 가능한 것은 <u>현금주의, 단식부기</u> 방식의 특징에 해당한다.

오답피하기

단식부기와 복식부기의 장단점

• 단식부기

장점	• 쉽게 처리가능, 적은 비용, 간단명료한 시스템 • 정부는 이익추구 조직 × 정당화 근거로 작용
단점	• 총괄적이고 체계적인 현황 파악 곤란 • 회계 건전성 파악 곤란, 오류의 자기검증 기능 약함 • 회계 간의 연계성 분석 기능 부족

• 복식부기

장점	• 총량 데이터 작성 유리 • 대차평균 원리와 내부통제 기능 → 데이터 신뢰성 ↑ • 정보의 즉시성 확보 + 자동적 기말 금액 산출 가능 • 국민에 대한 신뢰 확보 기여
단점	• 회계처리 절차가 복잡, 회계관련 비용 많이 듦

정답 ④

출제유형 Ⅱ. 이론·제도　　**출제영역** 정부회계 발생주의

출제빈도 ★★　　**난도** 중

정답찾기

④ 발생주의는 거래가 실제로 발생한 시점에 거래를 인식하는 방식으로서 현금으로 회수될 채권이 발생하면 수익으로 인식하고, 현금을 지불할 채무가 발생하였다면 비용으로 인식한다. 따라서 정부회계의 '발생주의'는 정부의 수입을 ㉠ <u>납세고지</u> 시점으로, 정부의 지출을 ㉡ <u>지출원인행위</u> 시점으로 계산하는 방식을 의미한다.

정답 ④

45

우리나라의 국가재무제표에 대한 설명으로 옳지 않은 것은?

2017 국가 7급 추가

① 재무제표는 국가결산보고서에 포함되어 국회에 제출하도록 하고 있다.
② 「국가회계법」에 따르면 재무제표는 재정상태표, 재정운영표, 순자산변동표, 현금흐름표로 구성된다.
③ 재정상태표는 재정상태표일 현재 국가 재정상태를 보여 주는 것이다.
④ 재정상태표에는 현금주의와 단식부기가, 재정운영표에는 발생주의와 복식부기가 각각 적용되고 있다.

출제유형 Ⅱ. 이론·제도 **출제영역** 국가재무제표
출제빈도 ★★ **난도** 중

정답찾기
④ 우리나라의 정부회계 제도는 2009 회계연도부터 국가재정 전 부문에 <u>발생주의·복식부기 회계제도</u>를 전면적으로 도입하였다.

오답피하기
① 결산개요, 세입세출결산, 재무제표, 성과보고서로 국가결산보고서는 구성된다. 재무제표는 국가결산보고서에 포함되어 국회에 제출하도록 하고 있다.
② 재무제표는 「<u>국가회계법</u>」에 따라 <u>재정상태표, 재정운영표, 순자산변동표, 현금흐름표</u>로 구성된다.
③ 재정상태표는 특정 시점에서의 재무상태를 나타내는 표이다. 재정상태표일은 재정상태표의 작성 기준일을 의미하며 해당 연도의 12월 31일로 현재 국가 재정상태를 보여 주는 것이다.

정답 ④

46

중앙정부 결산보고서상의 재무제표로 옳은 것은?

2022 국가 9급

① 손익계산서, 순자산변동표, 현금흐름표
② 대차대조표, 재정운영보고서, 이익잉여금처분계산서
③ 재정상태표, 재정운영표, 순자산변동표, 현금흐름표
④ 재정상태보고서, 순자산변동표, 현금흐름보고서

출제유형 Ⅱ. 이론·제도 **출제영역** 재무제표의 구성요소
출제빈도 ★★ **난도** 중

정답찾기
③ 중앙정부 결산보고서상의 재무제표는 <u>재정상태표, 재정운영표, 순자산변동표, 현금흐름표</u>로 구성된다.

오답피하기
┤관련조문├
「국가회계법」 제14조 【결산보고서의 구성】
결산보고서는 다음 각호의 서류로 구성된다.
1. 결산 개요
2. 세입세출결산(중앙관서결산보고서 및 국가결산보고서의 경우에는 기금의 수입지출결산을 포함하고, 기금결산보고서의 경우에는 기금의 수입지출결산을 말한다)
3. 재무제표
 가. 재정상태표
 나. 재정운영표
 다. 순자산변동표
 라. 현금흐름표
4. 성과보고서

정답 ③

47

국고채무부담행위에 대한 설명으로 옳은 것만을 모두 고르면?

2024 국가 9급

ㄱ. 사항마다 필요한 이유를 명백히 하고 그 행위를 할 연도와 상환연도, 채무부담의 금액을 표시해야 한다.
ㄴ. 국가가 금전 급부 의무를 부담하는 행위로서 그 채무 이행의 책임은 다음 연도 이후에 부담됨을 원칙으로 한다.
ㄷ. 국가가 채무를 부담할 권한과 채무의 지출권한을 부여받은 것으로, 지출을 위한 국회 의결 대상에서 제외된다.
ㄹ. 단년도 예산 원칙의 예외라는 점에서 계속비와 동일하지만, 공사나 제조 및 연구개발 사업 등 대상이 한정되어 있다는 점에서는 대상이 한정되지 않는 계속비와 차이가 있다.

① ㄱ, ㄴ
② ㄱ, ㄹ
③ ㄴ, ㄷ
④ ㄷ, ㄹ

출제유형 Ⅲ. 법령문제 **출제영역** 국고채무부담행위
출제빈도 ★ **난도** 상

정답찾기
ㄱ. 국고채무부담행위는 사항마다 필요한 이유를 명백히 하고 그 행위를 할 연도와 상환연도, 채무부담의 금액을 표시해야 한다.(국가재정법 제25조 3항)
ㄴ. 국고채무부담행위는 국가가 금전 급부 의무를 부담하는 행위로서 그 채무 이행의 책임은 다음 연도 이후에 부담됨을 원칙으로 한다.

오답피하기
ㄷ. 국고채무부담행위는 국가가 채무를 부담할 권한을 부여받은 것이지, 채무의 지출권한을 부여받은 것은 아니므로 지출을 위한 권한은 국회 의결 대상에 포함된다.
ㄹ. 단년도 예산 원칙의 예외라는 점에서 계속비와 동일하지만, 계속비의 경우 공사나 제조 및 연구개발 사업 등 대상이 한정되어 있지만, 대상이 한정되지 않는 국고채무부담행위와 차이가 있다.

정답 ①

48

정부회계에 대한 설명으로 옳지 않은 것은?

2022 지방 9급

① 국가회계는 디브레인(dBrain) 시스템을 통해, 지방자치단체회계는 e-호조 시스템을 통해 처리된다.
② 재무회계는 현금주의 단식부기 회계방식이, 예산회계는 발생주의 복식부기 방식이 적용된다.
③ 발생주의에서는 미수수익이나 미지급금을 자산과 부채로 표시할 수 있다.
④ 재무제표는 거래가 발생하면 차변과 대변 양쪽에 동일한 금액으로 이중기입하는 복식부기 방식을 채택하고 있다.

출제유형 Ⅱ. 이론·제도 **출제영역** 정부회계
출제빈도 ★★ **난도** 상

정답찾기
② 재무회계는 발생주의 복식부기 회계방식이, 예산회계는 현금주의 단식부기 방식이 적용된다.

오답피하기
① 국가회계는 디브레인(dBrain) 시스템을 통해, 지방자치단체회계는 e-호조 시스템을 통해 처리된다.
③ 발생주의에서는 미수수익이나 미지급금을 자산과 부채로 표시할 수 있다.
④ 재무제표는 거래가 발생하면 차변과 대변 양쪽에 동일한 금액으로 이중기입하는 복식부기 방식을 채택하고 있다.

구 분	예산회계(현금주의)	재무회계(발생주의)
인식기준	모든 거래를 현금의 유출, 유입 시점에서 수입과 지출로 인식	현금의 유출, 유입에 관계없이 원인이 되는 거래가 발생한 시점에서 수익과 비용을 인식
인식범위	수입 및 지출	수익 및 비용, 이에 따라 수반되는 자산과 부채계정
결산보고서	세입세출결산서	재무제표
관계법령	국가재정법	국가회계법

정답 ②

49

중앙정부의 지출 성격상 의무지출에 해당하는 것만을 모두 고르면?
2022 국가 7급

> ㄱ. 지방교부세
> ㄴ. 유엔 평화유지활동(PKO) 예산 분담금
> ㄷ. 정부부처 운영비
> ㄹ. 지방교육재정교부금
> ㅁ. 국채에 대한 이자지출

① ㄱ, ㄴ, ㅁ
② ㄴ, ㄷ, ㄹ
③ ㄱ, ㄴ, ㄹ, ㅁ
④ ㄱ, ㄷ, ㄹ, ㅁ

50

재정준칙에 대한 설명으로 옳지 않은 것은?
2022 지방 7급

① 국가채무준칙은 재정 건전성을 확보하기 위해 국가채무 규모에 상한선을 설정한다.
② 재정수지준칙은 경기변동과 무관하게 설정되므로 경제 안정화를 오히려 저해할 수 있다.
③ 재정지출준칙은 경제성장률이나 재정적자 규모의 예측에 의존하지 않는다.
④ 재정수입준칙은 조세지출을 우회적으로 활용함으로써 재정건전성이 훼손될 가능성이 있다.

출제유형 Ⅲ. 법령문제 **출제영역** 의무지출
출제빈도 ★   **난도** 상

정답찾기
ㄱ. 지방교부세
ㄴ. 유엔 평화유지활동(PKO) 예산 분담금
ㄹ. 지방교육재정교부금
ㅁ. 국채에 대한 이자지출

> **관련조문**
> 국가재정법 시행령 제2조 【국가재정운용계획의 수립 등】
> ③ 법 제7조제2항제4호의2에 따른 의무지출의 범위는 다음 각 호와 같다. 〈신설 2011. 12. 30., 2020. 7. 1.〉
> 1. 「지방교부세법」에 따른 지방교부세, 「지방교육재정교부금법」에 따른 지방교육재정교부금 등 법률에 따라 지출의무가 정하여지고 법령에 따라 지출규모가 결정되는 지출
> 2. 외국 또는 국제기구와 체결한 국제조약 또는 일반적으로 승인된 국제법규에 따라 발생되는 지출
> 3. 국채 및 차입금 등에 대한 이자지출

오답피하기
ㄷ. 정부부처 운영비는 의무지출에 해당하지 않는다.

정답 ③

출제유형 Ⅱ. 이론·제도 **출제영역** 재정준칙
출제빈도 ★★   **난도** 상

정답찾기
④ 재정지출준칙은 조세지출을 우회적으로 활용함으로써 재정건전성이 훼손될 가능성이 있다.

오답피하기
① 국가채무준칙은 재정 건전성을 확보하기 위해 국가채무 규모에 상한선을 설정한다.
② 재정수지준칙은 경기변동과 무관하게 설정되므로 경제 안정화를 오히려 저해할 수 있다.
③ 재정지출준칙은 경제성장률이나 재정적자 규모의 예측에 의존하지 않는다.

재정준칙

재정준칙	장점	단점
재정수지준칙	• 명확한 운용지침 가능 • 부채건전성과 직접 연관 • 감독 및 커뮤니케이션 용이	• 경기안정화 기능 미비 • 기초재정수지는 통제불능 요인에 의한 채무심화 우려
지출준칙	• 명확한 운용지침 가능 • 정부규모 조정 용이 • 감독 및 커뮤니케이션 용이	• 세입제약이 없어 부채건전성과 직접적 연관 없음 • 지출한도를 맞추려다 지출배분에 불필요한 변화가 발생 가능
채무준칙	• 부채건전성과 직접 연관 • 감독 및 커뮤니케이션 용이	• 경기안정화 기능 미비 • 단기에 대한 명확한 운영지침 없음 • 한시적 조치가 될 수 있음 • 통제불능 요인에 의한 채무심화 우려
수입(세입)준칙	• 정부규모 조정 용이 • 세입정책 향상	• 지출제약이 없어 부채건전성과 직접적 연관 없음

정답 ④

CHAPTER 02 기출 OX

1. 계획예산제도(PPBS)와 영기준예산제도(ZBB)는 점증주의 접근을 적용한 대표적 사례이다. (O／X) 2016 지방 9급

1. 계획예산제도(PPBS)와 영기준예산제도(ZBB)는 합리주의 접근을 적용한 대표적 사례이다. ✗

2. 정부는 회계연도마다 예산안을 편성하여 회계연도 개시 「국가재정법」에 의하면 90일 전, 헌법에 의하면 120일 전까지 국회에 제출하여야 한다. (O／X) 2015 국가 9급

2. 정부는 회계연도마다 예산안을 편성하여 회계연도 개시 「국가재정법」에 의하면 120일 전, 헌법에 의하면 90일 전까지 국회에 제출하여야 한다. ✗

3. 예산과정은 예산편성 – 예산집행 – 예산심의 – 예산결산의 순으로 이루어진다. (O／X) 2019 지방 9급

3. 예산과정은 예산편성 – 예산심의 – 예산집행 – 예산결산의 순으로 이루어진다. ✗

4. 예산주기에 비추어 볼 때 감사원의 2021년도 예산에 대한 결산검사보고서 작성은 2021년도에 볼 수 없는 예산과정이다. (O／X) 2021 국가 9급

4. 예산주기에 비추어 볼 때 감사원의 2021년도 예산에 대한 결산검사보고서 작성은 2021년도에 볼 수 없는 예산과정이다. ○

5. 상향식 예산관리모형인 총액배분·자율편성 예산제도는 전략적 재원배분을 촉진한다. (O／X) 2017 지방 9급 추가

5. 하향식 예산관리모형인 총액배분·자율편성 예산제도는 전략적 재원배분을 촉진한다. ✗

6. 중앙관서의 장에게 자금을 사용할 수 있는 권한을 부여하는 것을 예산 재배정이라고 한다. (O／X) 2020 국가 9급

6. 중앙관서의 장에게 자금을 사용할 수 있는 권한을 부여하는 것을 예산 배정이라고 한다. ✗

7. 예산의 배정은 행정부처의 장이 실무부서에게 지출을 할 수 있는 권한을 부여하는 것을 의미한다. (O／X) 2019 국가 9급

7. 예산의 재배정은 행정부처의 장이 실무부서에게 지출을 할 수 있는 권한을 부여하는 것을 의미한다. ✗

8. 세출예산의 장(章), 관(款), 항(項)은 행정과목으로 예산의 이용이 가능하다. (O／X) 2012 서울 9급

8. 세출예산의 장(章), 관(款), 항(項)은 입법과목으로 예산의 이용이 가능하다. ✗

9. 정부조직 등에 대한 법령의 제정·개정·폐지로 인해 그 직무권한에 변동이 있을 때 예산도 이에 따라서 변동시키는 것을 이월이라 한다. (O／X) 2011 국회 8급

9. 정부조직 등에 대한 법령의 제정·개정·폐지로 인해 그 직무권한에 변동이 있을 때 예산도 이에 따라서 변동시키는 것을 이체라 한다. ✗

10. 정부는 회계연도 개시 전까지 예산안이 의결되지 못한 때에는 전년도 예산에 준해 모든 예산을 편성해 운영할 수 있다. (O／X) 2021 국가 9급

10. 정부는 회계연도 개시 전까지 예산안이 의결되지 못한 때에는 전년도 예산에 준해 한정된 목적을 위한 예산을 편성해 운영할 수 있다. ✗

11. 단식부기는 발생주의 회계와, 복식부기는 현금주의 회계와 서로 밀접한 연계성을 갖는다. (O／X) 2018 국가 9급

11. 단식부기는 현금주의 회계와, 복식부기는 발생주의 회계와 서로 밀접한 연계성을 갖는다. ✗

12. 「국가회계법」에 따르면 재무제표는 재정상태표, 재정운영표, 순자산변동표로 구성된다. (O／X) 2017 국가 7급 추가

12. 「국가회계법」에 따르면 재무제표는 재정상태표, 재정운영표, 순자산변동표로 구성된다. ○

13. 세계잉여금에는 일반회계, 특별회계가 포함되고 기금은 제외된다. (O／X) 2020 국가 9급

13. 세계잉여금에는 일반회계, 특별회계가 포함되고 기금은 제외된다. ○

14. 세계잉여금에서 적자 국채 발행 규모와 부(-)의 관계이며, 국가의 재정 건전성을 파악하는 데 효과적이다. (O／X) 2020 국가 9급

14. 세계잉여금에서 적자 국채 발행 규모와 부(-)의 관계가 나타나지 않으며, 국가의 재정 건전성을 파악하는 데 효과적이지 못하다. ✗

CHAPTER 02 키워드

1. _____ 모형을 적용한 대표적인 예산제도에는 영기준예산제도가 있다. 　　2017 교육행정　　**합리주의**

2. 점증주의 예산결정이론은 정책과정상의 갈등을 완화하고 해결하는 데 필요한 _____ 합리성을 갖는다. 　　2016 지방 9급　　**정치적**

3. 다중합리성 예산모형의 근간이 되는 두 모형 중 _____ 의 실시간 예산운영(Real-time Budgeting) 모형은 세입, 세출, 균형, 집행, 과정 등과 관련한 의사결정 흐름 개념을 활용하고 있다. 　　2020 국가 7급　　**루빈(Rubin)**

4. 정부는 회계연도마다 예산안을 편성하여 회계연도 개시 _____ 전까지 국회에 제출하도록 「국가재정법」에 규정되어 있다. 　　2015 국가 9급　　**120일**

5. 기획재정부장관은 국무회의의 심의를 거쳐 대통령의 승인을 얻은 다음 연도의 _____ 을 매년 3월 31일까지 각 중앙관서의 장에게 통보하여야 한다. 　　2014 국회 8급　　**예산안편성지침**

6. 우리나라 예산심의는 정치체계의 성격상 예산심의 과정이 의원내각제에 비해 상대적으로 _____ 하다. 　　2017 서울 7급　　**엄격**

7. 예산결산특별위원회는 소관 상임위원회의 _____ 를 받아 상임위원회에서 삭감한 세출예산 각 항의 금액을 증액할 수 있다. 　　2016 국가 9급　　**동의**

8. 예비타당성조사는 총사업비 _____ 이상이면서 국가재정지원이 300억원 이상인 신규사업 중에 일정한 절차를 거쳐 실시한다. 　　2017 서울 9급　　**500억원**

9. 중앙관서의 장에게 자금을 사용할 수 있는 권한을 부여하는 것을 예산 _____ 이라고 한다. 　　2020 국가 9급　　**배정**

10. 예산의 _____ 은 세항과 목 간의 융통을 의미하며, 중앙관서의 장은 예산의 효율적인 활용을 위하여 대통령령이 정하는 바에 따라 기획재정부장관의 승인을 얻어 재원을 사용할 수 있다. 　　2017 교육행정　　**전용**

11. _____ 란 정부조직 등에 관한 법령의 제정·개정 또는 폐지로 인하여 중앙관서의 직무와 권한에 변동이 있을 때 관련 예산을 이동하는 것이다. 　　2017 서울 9급　　**이체**

12. _____ 은 한 회계연도의 수입과 지출 실적을 확정적 계수로 표시하는 행위이다. 　　2018 국가 9급　　**결산**

13. 결산은 _____ 의 결산확인·검사 다음에 의회의 결산심의 과정을 통하여 확정된다. 　　2018 국가 9급　　**감사원**

14. 복식부기는 하나의 거래를 _____ 의 원리에 따라 차변과 대변에 동시에 기록하는 방식이다. 　　2018 국가 9급　　**대차 평균**

CHAPTER 03 예산행태와 예산개혁

대표문제

01 ☐☐☐

성과주의 예산제도에 대한 설명으로 옳은 것만을 모두 고르면?

2025 국가 9급

ㄱ. 행정의 재량 범위를 축소시켜 입법부의 통제가 상대적으로 용이하다.
ㄴ. 각 사업마다 가능한 한 업무 측정단위를 선정하여 업무를 계량화한다.
ㄷ. 사례로는 미국 테네시계곡개발청(TVA) 사업의 예산제도가 있다.
ㄹ. 이 제도는 1970년대 미국 연방정부 예산에 도입되었다.

① ㄱ, ㄴ
② ㄱ, ㄹ
③ ㄴ, ㄷ
④ ㄷ, ㄹ

출제유형 Ⅱ. 이론·제도 **출제영역** 예산제도
출제빈도 ★★★ **난도** 상

정답찾기
③ ㄴ과 ㄷ이 옳은 설명이다. 성과주의 예산제도는 업무 측정단위를 선정하여 계량화하며, 미국 TVA 사업의 예산제도가 대표적 사례이다.

오답피하기
ㄱ. 성과주의 예산제도는 행정부에 재량을 부여하고 성과에 따라 평가하므로 오히려 재량 범위가 확대된다.
ㄹ. 성과주의 예산제도는 1950년대에 도입되었고, 1970년대에 도입된 것은 영기준 예산제도(ZBB)이다.

정답 ③

제1절 예산의 행태

02 ☐☐☐ 0977

윌다브스키(A. Wildavsky)의 예산행태 유형 중 국가의 경제력은 낮지만 재정예측력이 높은 경우에 나타나는 행태는?

2019 국가 7급

① 점증적 예산(Incremental Budgeting)
② 반복적 예산(Repetitive Budgeting)
③ 세입예산(Revenue Budgeting)
④ 보충적 예산(Supplemental Budgeting)

출제유형 Ⅱ. 이론·제도 **출제영역** 세입예산
출제빈도 ★ **난도** 중

정답찾기
③ 윌다브스키(Wildavsky)의 예산행태 유형 중 국가의 경제력은 낮지만 재정예측력이 높은 경우에 나타나는 행태는 세입예산(Revenue Budgeting)에 해당한다.

오답피하기
① 점증적 예산(Incremental Budgeting)은 국가의 경제력과 재정 예측력이 모두 높은 경우에 나타난다.
② 반복적 예산(Repetitive Budgeting)은 국가의 경제력과 재정 예측력이 모두 낮은 경우에 나타난다.
④ 보충적 예산(Supplemental Budgeting)은 국가의 경제력은 높고 재정 예측력이 낮은 경우에 나타난다.

행복노트
윌다브스키(Wildavsky)의 예산행태 유형

구 분		정부의 재정력(경제력)	
		크 다	작 다
재정의 예측 가능성	높 다	점증예산 (美·英·佛·日 등 선진국)	세입(양입제출)예산 (선진국 도시정부)
	낮 다	대체점증(추가·보충) 예산(행정능력 낮은 후진국)	반복예산 (후진국)

정답 ③

제 2 절 예산개혁과 예산제도의 전개

03
1980년대 이후 주요 국가들의 예산개혁에 대한 설명으로 옳은 것은? 2019 국가 7급

① 성과주의예산제도는 재정사업에 대한 투입보다는 그 결과에 대한 관심을 강조하고 있으나, 정작 성과측정, 사업원가 산정, 성과-예산의 연계 등에서 여전히 많은 난관이 있다.
② 중기재정계획은 단년도 예산의 장점인 안정성과 일관성보다는 재정건전성 등 중장기적 거시 재정목표의 효과적인 추구를 위해 도입되었다.
③ 하향식 예산편성제도는 추계한 예산총량을 전략적 우선순위에 따라 먼저 부문별·부처별로 배분하여 예산의 기술적 효율성(Technical Efficiency)의 제고를 우선적인 목적으로 한다.
④ 총액배분자율편성예산제도는 기획재정부가 부문별·부처별로 예산상한을 할당하는 집권화된 예산편성 방식으로, 부처의 사업별 재원배분에 대한 보다 세밀한 관리·통제 필요성에 따라 도입되었다.

04
미국의 예산개혁과 결부시켜 쉬크(A. Schick)가 도출한 예산제도의 주된 지향점으로 볼 수 없는 것은? 2012 국가 9급

① 성과지향
② 통제지향
③ 기획지향
④ 관리지향

출제유형 Ⅱ. 이론·제도 **출제영역** 예산개혁
출제빈도 ★★ **난도** 중

정답찾기
① 성과주의예산제도는 재정사업에 대한 투입보다는 그 산출·성과·결과를 중시하지만 성과측정, 사업원가 산정, 성과-예산의 연계 등에 어려움을 겪고 있다.

오답피하기
② 중기재정계획은 단년도 예산편성방식의 문제점을 극복하고자 재원 배분의 안정성과 일관성을 제고하기 위한 제도이다.
③ 하향식 예산편성제도는 추계한 예산총량을 전략적 우선순위에 따라 먼저 부문별·부처별로 배분하여 예산의 부문 간 효율성의 제고를 우선으로 한다.
④ 총액배분·자율편성제도는 기획재정부가 부문별·부처별로 예산상한을 할당하고 각 부처의 자율성을 강화하므로 집권과 분권의 조화를 추구하는 예산제도이다.

정답 ①

출제유형 Ⅱ. 이론·제도 **출제영역** 예산개혁
출제빈도 ★★ **난도** 하

정답찾기
① 쉬크(Schick)는 예산제도의 주된 지향을 통제지향, 관리지향, 계획지향으로 구분하였고 1980년대 이후 성과지향이 주장되었다.

오답피하기
쉬크(A. Shick)의 행정적 기능

통제적 기능(LIBS)	재정민주주의, 과세 동의권
관리적 기능(PBS)	능률적 예산운영
계획적 기능(PPBS)	장기계획과 예산의 연계
평가적 기능(ZBB)	신보수주의 이념

예산의 세 가지 지향

정답 ①

05　0980
예산제도와 그 특성의 연결이 가장 옳지 않은 것은?　2017 서울 9급

① 품목별 예산제도(LIBS) – 통제지향
② 성과주의예산제도(PBS) – 관리지향
③ 계획예산제도(PPBS) – 기획지향
④ 영기준예산제도(ZBB) – 목표지향

출제유형 Ⅱ. 이론·제도　**출제영역** 예산제도
출제빈도 ★★★　**난도** 중

정답찾기
④ 영기준예산제도는 <u>감축 중심</u>의 예산이다.

오답피하기
영기준예산제도(ZBB) 미국 카터(Carter)행정부에서 도입

계속사업, 신규사업 모두 영점에서 분석, 우선순위 감축중심의 예산

특징
─ 조직구성원의 참여가 높은 분권적·상향적 예산
─ 계속사업과 신규사업 모두 고려
─ 의사결정 단위별 결정, 폐쇄체제적 예산편성(조직구조)
─ 주관적 우선순위 판단

장 점	단 점
• 완전한 합리모형 • 경직성 타파, 탄력성 확보 • 관리자의 참여 → 상향적 • 국민의 조세부담 완화 • 예산운영의 다양성과 신축성 • 의사결정능력의 향상 • 변동대응성 향상	• 시간과 노력의 과중 • 기득권자의 저항 • 정보획득의 애로 • 소규모조직의 희생 가능성 • 경직성 경비 축소 곤란 • 계산전략의 한계 • 비경제적 요인 간과

정답 ④

06　0981
예산제도에 대한 설명으로 옳지 않은 것은?　2017 국가 9급

① 쉬크(Schick)는 통제-관리-기획이라는 예산의 세 가지 지향(Orientation)을 제시하였다.
② 영기준예산제도(ZBB)가 단위사업을 사업-재정계획에 따라 장기적인 예산편성 쪽으로 방향을 잡았다면, 계획예산제도(PPBS)는 당해 연도의 예산 제약 조건을 먼저 고려한다.
③ 우리나라는 예산편성과 성과관리의 연계를 위해 재정사업자율평가제도를 실시하고 있다.
④ 조세지출 예산제도는 조세지출의 내용과 규모를 주기적으로 공표해 조세지출을 관리하는 제도이다.

출제유형 Ⅱ. 이론·제도　**출제영역** 예산제도
출제빈도 ★★★　**난도** 중

정답찾기
② 계획예산제도(PPBS)가 단위사업을 사업-재정계획에 따라 장기적인 예산편성 쪽으로 방향을 잡았다면, 영기준예산제도(ZBB)는 <u>당해 연도의 예산 제약조건을 먼저 고려한다</u>.

오답피하기
계획예산(PPBS)

특징
─ 장기적 계획과 단기적 예산을 유기적으로 연결
─ 체제분석 기법을 활용한 합리적 자원배분 추구
─ 전문분석가의 자료를 토대로 결정자가 단독으로 결정

장기계획(Planning)	장기재정계획 수립, 조직의 목표 설정 (B/C, E/C 분석)
사업계획(Programing)	사업계획 확정, 장기계획 실행을 위한 구체적 활동, 개방체제적 관점(부서별 ×)
예산배정(Budgeting)	1회계연도의 실행예산 편성

정답 ②

07
예산제도에 대한 설명으로 옳지 않은 것은? 2021 지방 9급

① 품목별 예산제도는 행정부의 재량권을 확대하기 위해 도입되었다.
② 성과주의예산제도에서는 사업의 단위원가를 기초로 예산을 편성한다.
③ 계획예산제도에서는 장기적인 기획과 단기적인 예산편성을 연계하여 합리적 예산 배분을 시도한다.
④ 영기준예산제도는 예산을 편성할 때 전년도 예산에 구애받지 않는다.

08
예산제도에 대한 설명으로 옳지 않은 것은? 2020 국가 9급

① 품목별 예산제도는 일에 대한 정보를 제공하며, 세입과 세출의 유기적 연계를 고려한다.
② 성과주의예산제도는 업무량과 단위당 원가를 곱하여 예산액을 산정한다.
③ 계획예산제도는 비용편익분석 등을 활용함으로써 자원 배분의 합리화를 추구한다.
④ 영기준예산제도는 예산 편성에서 의사결정단위(Decision Unit) 설정, 의사결정 패키지 작성 등이 필요하다.

출제유형 Ⅱ. 이론·제도 **출제영역** 예산제도
출제빈도 ★★★ **정답률** 78% **난도** 중

정답찾기
① 품목별 예산제도는 행정부의 재량을 제한하고 의회의 권한을 강화하는 통제지향적 예산제도이다.

오답피하기
② 성과주의예산제도에서는 예산을 사업별 활동별로 편성하고 사업의 단위원가를 기초로 하여 원가의 양으로 예산을 편성한다.
③ 계획예산제도에서는 장기적인 기획과 단기적인 예산편성을 체계적으로 연계하여 합리적 예산 배분을 시도한다.
④ 영기준예산제도는 예산을 편성할 때 계속사업과 신규사업 모두 영점에서 분석하여 전년도 예산에 구애받지 않는다.

행복노트
예산제도의 흐름과 변천

시기/제도	특징	성격
1920(Taft건의) LIBS(품목별 예산)	통제중심(합법성) 품목: 보도블록	점증주의
1950(Truman) PBS(성과주의 예산)	관리중심(능률성) 사업: 도로포장사업	점증주의 대안간 우선순위 ×
1965(Johnson) PPBS(계획예산)	기획중심(효과성) 목표: 교통흐름개선	합리주의 환산 곤란, 하향, 참여 ×
1973(Nixon) MBO(목표관리예산)	참여중심 단기적, 상향적	합리주의 ×
1979(Carter) ZBB(영기준예산)	감축중심 계속사업, 신규사업 모두 검토	합리주의
1990년대 NPBS(신성과주의예산)	성과 + 자율 + 책임 국정전반에 연계된 성과관리	신성과주의

정답 ①

출제유형 Ⅱ. 이론·제도 **출제영역** 예산제도
출제빈도 ★★★ **난도** 중

정답찾기
① 품목별 예산제도는 통제지향의 지출대상에 따라 세출예산을 분류한 것이므로 일에 대한 정보를 제공하지 못하고, 세입과 세출의 유기적 연계를 고려하지 못한다.

오답피하기
② 성과주의예산제도는 정부의 각 사업 및 세부사업에 대한 성과목표에 근거를 두고 비용을 산정하는 관리지향의 예산제도로서 업무량과 단위당 원가를 곱하여 예산액을 산정한다.
③ 계획예산제도는 계획과 예산이 하나의 체제를 형성하여, 장기적인 계획수립과 단기적인 예산편성을 비용편익분석과 같은 체제분석 기법들을 이용한 프로그램화를 통하여 유기적으로 관련시킴으로써 자원배분에 관한 의사결정을 합리적이고 일관성 있게 행하려는 사업예산 제도이다.
④ 영기준예산제도는 의사결정단위를 선정하고 의사결정 패키지를 작성하고 사업의 우선순위를 결정하고 그것을 토대로 실행예산의 편성과 배정이 이루어진다.

정답 ①

09　0984

예산제도에 대한 설명으로 옳지 않은 것은?　2017 국가 7급 추가

① 계획예산제도는 중장기적 전략기획에 따라 일관성 있게 예산이 뒷받침되는 전략예산체계를 지향한다.
② 품목별 예산제도는 회계책임을 명백히 할 수 없기 때문에 예산의 유용이나 남용을 방지할 수 없다.
③ 영기준예산제도는 미국 카터행정부에서 채택되었던 것으로, 전년도 예산의 답습이 아니라 백지상태에서 현행사업을 재검토하고자 한 것이다.
④ 성과주의예산제도는 예산을 사업별로 편성하여, 사업 수행의 최종산출물을 강조하였다.

10　0985

다음 중 예산제도에 대한 설명으로 가장 옳지 않은 것은?
　2016 서울 9급

① 품목별 예산(LIBS)의 정책결정방식은 분권적·참여적이다.
② 계획예산(PPBS)은 기획의 책임이 중앙에 집중되어 있다.
③ 영기준예산(ZBB)은 기획의 책임이 분권화되어 있다.
④ 성과주의예산(PBS)과 목표관리예산(MBO)은 모두 관리에 초점이 맞추어져 있다.

출제유형 Ⅱ. 이론·제도　**출제영역** 예산제도
출제빈도 ★★★　**난도** 중

정답찾기
② 품목별 예산제도는 지출대상별로 예산액을 명확히 배정함으로써 회계책임을 분명히 할 수 있기 때문에 예산의 유용이나 남용을 방지할 수 있는 장점을 가지고 있다.

행복노트
품목별 예산(LIBS)

특징 ─ 재정통제를 통한 재정민주주의 구현, 입법부 중심
　　　└ 지출 품목에 따라 편성하는 투입 중심의 예산

장점	단점
• 회계책임과 예산통제 용이	• 예산 운영의 경직성
• 의회의 예산심의 용이	• 자원배분의 비효율성
• 자원 배분상 갈등 축소	• 성과 불분명
• 인사행정의 유용한 정보 제공	• 추진 사업현황과 우선순위 파악 곤란
• 이익집단의 저항 회피	• 장기계획 수립 곤란

정답 ②

출제유형 Ⅱ. 이론·제도　**출제영역** 예산제도
출제빈도 ★★★　**난도** 중

정답찾기
① 정책결정방식이 분권적·참여적인 것은 목표관리예산(MBO)에 해당한다. 품목별 예산(LIBS)의 정책결정 방식은 분권적·점증주의적이다.

오답피하기
② 계획예산(PPBS)은 전문분석가가 제공한 자료를 토대로 결정자가 단독으로 결정함으로써 고도의 집권화 경향을 띠고 있으므로 기획의 책임이 중앙에 집중되어 있다.
③ 영기준예산(ZBB)은 예산편성 과정에 관리수준에 있는 모든 계선기관의 전 계층이 참여하며 성과를 강조하므로 기획의 책임이 분권화되어 있다.
④ 성과주의예산(PBS)은 정부의 각 사업 및 세부사업에 대한 성과목표에 근거를 두고 비용을 산정하는 관리지향의 예산제도이므로 목표관리예산(MBO)과 함께 모두 관리에 초점이 맞추어져 있다.

정답 ①

11 ☐☐☐ 0986

예산제도에 대한 설명으로 옳지 않은 것은?   2015 지방 7급

① 계획예산제도(PPBS)는 계획(Plan) – 사업(Program) – 예산(Budget)의 체계적 연계를 강조한다.
② 영기준예산제도(ZBB)는 원칙적으로 정부사업과 예산항목을 원점(Zero Base)에서 재검토하는 예산제도이다.
③ 목표관리예산제도(MBO)는 참여를 통해 설정한 세부사업의 목표를 예산 편성과 연계하는 제도이다.
④ 품목별 예산제도(Line – item Budgeting)는 주어진 재원 수준에서 달성한 산출물 수준을 성과지표에 표시한다.

12 ☐☐☐ 0987

예산이론에 대한 다음 설명 중 맞는 것은?   2012 서울 7급

① 성과주의예산은 기획지향적 예산이다.
② 품목별 예산은 통제지향적 예산이다.
③ 계획예산은 관리지향적 예산이다.
④ 영기준예산은 산출지향적 예산이다.
⑤ 자본예산은 경기회복을 위하여 자본계정보다 경상계정을 더 중시한다.

출제유형 Ⅱ. 이론·제도   **출제영역** 예산제도
출제빈도 ★★★   **난도** 중

[정답찾기]
④ 주어진 재원 수준에서 달성한 산출물 수준을 성과지표에 표시하는 것은 <u>신성과주의 예산제도</u>에 해당한다. 품목별 예산은 비용과 통제 중심의 예산제도이다.

[오답피하기]
신성과주의(NPBS) 예산제도(결과지향적 예산제도)

- **특징**
  - 재정사업의 운영과정이나 기능에 초점
  - 예산지출에 의한 사업의 실질적 결과에 초점
  - 발생주의 회계, 성과 중심 예산 집행
  - 총액통제와 집행과정 자율성, 성과 연계 책임성 확보
  - 합리주의 ×, 점증주의 ×

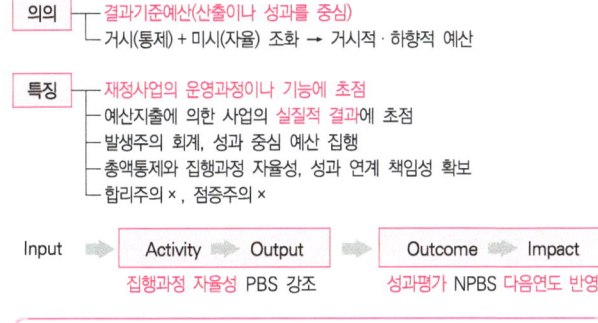

거리청소사업: 거리 청결도, 주민의 만족도 다음연도 예산배분에 반영

정답 ④

출제유형 Ⅱ. 이론·제도   **출제영역** 예산제도
출제빈도 ★★★   **난도** 중

[정답찾기]
② 품목별 예산은 <u>통제지향적</u> 예산이다.

[오답피하기]
① 성과주의 예산은 <u>관리지향적</u> 예산이다.
③ 계획예산은 <u>기획지향적</u> 예산이다.
④ 영기준예산은 <u>감축지향적</u> 예산이다.
⑤ 자본예산은 경기회복을 위하여 경상계정보다 <u>자본계정</u>을 더 중시한다.

정답 ②

13

품목별예산제도(line-item budget system)에 대한 설명으로 옳지 않은 것은?

2023 지방 9급

① 미국에서 공무원의 부정부패를 막고 행정의 능률을 향상시키기 위해 도입되었다.
② 정부 활동에 대한 총체적인 사업계획과 우선순위 결정에 유리하다.
③ 예산 집행의 책임성을 확보할 수 있는 통제지향 예산제도이다.
④ 특정 사업의 지출 성과에 대해서는 파악하기 어렵다.

14

품목별 예산제도에 대한 설명으로 옳은 것은?

2019 국가 9급

① 지출을 통제하고 공무원들로 하여금 회계적 책임을 쉽게 확보할 수 있는 데 용이하다.
② 미국 케네디 행정부의 국방장관인 맥나마라(McNamara)가 국방부에 최초로 도입하였다.
③ 거리 청소, 노면 보수 등과 같이 활동 단위를 중심으로 예산재원을 배분한다.
④ 능률적인 관리를 위하여 구성원의 참여를 촉진한다는 점에서는 목표에 의한 관리(MBO)와 비슷하다.

출제유형 Ⅱ. 이론·제도 출제영역 품목별 예산제도
출제빈도 ★★★   난도 중

정답찾기
② 정부 활동에 대한 총체적인 사업계획과 우선순위 결정에 유리한 것은 계획예산제도에 해당한다.

오답피하기
① 품목별예산제도는 미국에서 공무원의 부정부패를 막고 행정의 능률을 향상시키기 위해 도입되었다.
③ 품목별예산제도는 예산 집행의 책임성을 확보할 수 있는 통제지향 예산제도이다.
④ 품목별예산제도는 특정 사업의 지출 성과에 대해서는 파악하기 어렵다.

품목별 예산(LIBS)

특징 ┬ 재정통제를 통한 재정민주주의 구현, 입법부 중심
     └ 지출 품목에 따라 편성하는 투입 중심의 예산

장 점	단 점
• 회계책임과 예산통제 용이	• 예산 운영의 경직성
• 의회의 예산심의 용이	• 자원배분의 비효율성
• 자원 배분상 갈등 축소	• 성과 불분명
• 인사행정의 유용한 정보 제공	• 추진 사업현황과 우선순위 파악 곤란
• 이익집단의 저항 회피	• 장기계획 수립 곤란

정답 ②

출제유형 Ⅱ. 이론·제도 출제영역 품목별 예산제도
출제빈도 ★★★   난도 중

정답찾기
① 지출을 통제하고 공무원들로 하여금 회계적 책임을 쉽게 확보 할 수 있는 데 용이한 것은 품목별 예산제도에 해당하고 재정민주주의를 구현하는 데 용이하다.

오답피하기
② 미국 케네디 행정부의 국방장관인 맥나마라(McNamara)가 국방부에 최초로 도입한 것은 계획예산제도에 해당한다.
③ 거리 청소, 노면 보수 등과 같이 활동 단위를 중심으로 예산재원을 배분하는 것은 성과주의예산제도에 해당한다. 성과주의예산제도는 예산을 사업별·활동별로 분류하여 편성하되, 업무 단위의 원가와 양을 계산하여 편성하는 제도이다.
④ 품목별 예산제도는 통제지향적 예산제도로 MBO와 성격이 다르다. 능률적인 관리를 위하여 구성원의 참여를 촉진한다는 것은 영기준예산에 해당한다.

정답 ①

15
품목별 예산제도에 대한 설명으로 옳지 않은 것은?

2017 지방 9급 추가

① 비교적 운영하기 쉬우나 회계책임이 분명하지 않은 단점이 있다.
② 지출품목마다 그 비용이 얼마인가에 따라 예산을 배정하는 제도이다.
③ 예산담당 공무원들에게 필요한 핵심적 기술은 회계기술이다.
④ 예산집행자들의 재량권을 제한함으로써 행정의 정직성을 확보하려는 제도이다.

16
품목별 예산제도에 대한 설명으로 옳지 않은 것은? 2016 지방 9급

① 재정민주주의 구현에 유리한 통제지향 예산제도이다.
② 정부활동의 중복방지와 통합·조정에 유리한 예산제도이다.
③ 지출 대상에 따라 자세히 예산이 표시되어 있으므로 예산 심의가 용이하다.
④ 정부가 수행하는 사업과 그 효과에 대한 명확한 정보를 제공하지 못한다.

출제유형 Ⅱ. 이론·제도　　**출제영역** 품목별 예산제도
출제빈도 ★★★　　　　　　난도　중

정답찾기
① 품목별 예산제도는 지출 품목의 대상과 성질에 따라 예산을 편성하므로 회계책임이 분명하다는 장점이 있다.

오답피하기
② 품목별 예산은 지출품목마다 그 비용이 얼마인가에 따라 예산을 배정하는 비용과 통제 중심의 예산이다.
③ 예산담당 공무원에게 필요한 핵심 기술은 회계학적 기술이다.
④ 품목별 예산은 예산 집행자들의 재량권을 제한함으로써 행정부의 재정통제에 유리하다.

정답 ①

출제유형 Ⅱ. 이론·제도　　**출제영역** 품목별 예산제도
출제빈도 ★★★　　　　　　난도　중

정답찾기
② 품목별 예산제도는 정부 운영에 필요한 공통 품목을 중심으로 예산을 편성하므로 정부활동의 중복방지와 통합 조정이 어려운 예산제도이다.

오답피하기
①, ③ 품목별 예산제도는 지출의 대상과 성질에 따라 예산을 편성하므로 공무원의 회계책임을 분명히 할 수 있고, 의회의 예산심의 및 통제가 용이하여 재정민주주의 구현에 유리하다.
④ 품목별 예산은 엄격히 품목을 중심으로 예산을 편성하므로 정부의 사업과 그 효과에 대한 정보 확인이 어렵다.

정답 ②

17

예산관리모형 중 '품목별 예산제도(LIBS)'에 대한 설명으로 옳지 않은 것은?

2012 국가 7급

① 갈등을 야기할 수 있는 어려운 선택을 분할하기 때문에 모든 어려움에 한꺼번에 직면하지 않아도 된다.
② 기획지향적이라기보다는 통제지향적이다.
③ 회계책임을 묻는 데 용이하다.
④ 지출품목마다 그 비용이 얼마인가에 따라 예산을 배정하기 때문에 효율성 판단이 용이하다.

18

성과주의예산제도(PBS: Performance Budgeting System)의 장점에 대한 설명으로 가장 옳지 않은 것은?

2018 서울 2회 7급

① 평가 대상 업무 단위가 중간 산출물인 경우가 많아 예산성과의 질적인 측면까지 평가할 수 있다.
② 계량화된 정보를 통해 합리적인 의사결정과 관리 개선에 기여할 수 있다.
③ 입법부의 예산심의를 간편하게 만든다.
④ 사업 또는 활동별로 예산이 편성되기 때문에 국민들이 정부의 추진사업을 쉽게 이해할 수 있다.

출제유형 Ⅱ. 이론·제도   **출제영역** 품목별 예산제도

출제빈도 ★★★   **난도** 중

정답찾기

④ 지출품목마다 그 비용이 얼마인가에 따라 예산을 배정하기 때문에 성과가 불분명하므로 효율성 판단이 용이하지 못하다. 그리고 품목별 예산제도는 전년도 예산을 기준으로 점증적이기 때문에 자원배분이 비효율적이다.

오답피하기

품목별 예산(LIBS)

특징
— 재정통제를 통한 재정민주주의 구현, 입법부 중심
— 지출 품목에 따라 편성하는 투입 중심의 예산

장 점	단 점
• 회계책임과 예산통제 용이	• 예산 운영의 경직성
• 의회의 예산심의 용이	• 자원배분의 비효율성
• 자원 배분상 갈등 축소	• 성과 불분명
• 인사행정의 유용한 정보 제공	• 추진 사업현황과 우선순위 파악 곤란
• 이익집단의 저항 회피	• 장기계획 수립 곤란

정답 ④

출제유형 Ⅱ. 이론·제도   **출제영역** 성과주의예산제도

출제빈도 ★★★   **난도** 중

정답찾기

① 성과주의예산은 평가대상 업무단위가 중간 산출물인 경우가 많아 예산 성과의 질적인 측면은 평가할 수 없다. 예를 들어 경찰의 순찰시간이 치안유지의 확보를 보장하지 못하는 것과 같다.

오답피하기

② 업무량이나 단위원가 등 계량화된 정보를 통해 합리적인 의사결정과 관리개선에 도움을 받을 수 있으므로 관리층에게 유용한 행정관리 수단이 된다.
③ 사업별로 예산 산출 근거가 제시되기 때문에 입법부의 예산심의를 간편하게 만든다.
④ 사업 또는 활동별로 예산이 편성되기 때문에 정부가 무슨 사업을 추진하는지 국민들이 쉽게 이해할 수 있다.

정답 ①

19 ☐☐☐ 0994

성과주의예산제도에 대한 설명으로 옳은 것은? 2013 서울 7급

① 운영관리를 위한 지침으로 효과적이다.
② 기획기능을 상대적으로 강조한다.
③ 회계책임을 명확하게 한다.
④ 예산비목의 증가를 통제하기 쉽다.
⑤ 입법부에 의한 예산통제에 효과적이다.

20 ☐☐☐ 0995

다음의 단점 혹은 한계로 인하여 정착이 어려운 예산제도는? 2021 국가 7급

- 사업구조를 작성하는 것이 어렵다.
- 결정구조가 집권화되는 문제가 있다.
- 행정부처의 직원들이 복잡한 분석 기법을 이해하기 어렵다.

① 품목별 예산제도
② 성과주의예산제도
③ 계획예산제도
④ 영기준예산제도

출제유형 Ⅱ. 이론·제도   **출제영역** 성과주의예산제도
출제빈도 ★★★   **난도** 중

정답찾기
① 성과주의예산제도는 정부의 각 사업 및 세부사업에 대한 성과목표에 근거를 두고 비용을 산정하는 관리지향의 예산제도로서 운영관리를 위한 지침으로 효과적이다.

오답피하기
② 기획기능을 상대적으로 강조하는 것은 계획예산제도의 특징이다.
③, ④, ⑤ 품목별 예산의 특징이다.

행복노트
성과주의예산제도(PBS, 실적예산, 원가예산)

- **의의**
  - 정부의 각 사업 및 세부 사업에 대한 성과목표에 근거를 두고 비용을 산정하는 관리지향의 예산제도
  - 예산을 사업별·활동별로 편성
  - 업무단위와 원가의 양을 계산
  - 예산과 사업을 연계시킬 수 있음

장 점	단 점
• 의회와 국민의 이해 증진	• 표준적 성과측정 지표 곤란
• 자금 배분의 합리화	• 단위원가계산 및 업무단위 선정 곤란
• 예산과 사업의 연계	• 합리적 자원배분 곤란
• 신축성 있는 재정 운영	• 장기적·전략적 목표의식 결여
• 책임의식 강화와 능률성 구현	• 소규모단위사업에 국한
	• 업무단위가 중간산출물이 많아 성과의 질적인 측면 측정 곤란

분류체계	기능 → 세부기능 → 사업 → 세부사업 → 활동
구성요소	업무단위, 예산액 = 업무량 × 단위원가

정답 ①

출제유형 Ⅱ. 이론·제도   **출제영역** 계획예산제도
출제빈도 ★★★   **난도** 중

정답찾기
③ 계획예산제도는 장기적인 계획과 단기적인 예산을 프로그램 작성을 통해 유기적으로 연계하여 예산을 편성하는 제도이다. 하지만 계획과 예산을 연계시키는 과정이 상당히 복잡하고 사업구조를 작성하는 것이 어렵고 정부주도에 따른 결정구조의 집권화의 문제가 있다. 그리고 전문적이기에 행정부처의 직원들이 복잡한 분석 기법을 이해하는 것이 어렵다.

정답 ③

21　　　　　　　　　　　　　　　　0996
A 예산제도에서 강조하는 기능은?　　2020 지방 9급

> A 예산제도는 당시 미국의 국방장관이었던 맥나마라(McNamara)에 의해 국방부에 처음 도입되었고, 국방부의 성공적인 예산개혁에 공감한 존슨(Johnson) 대통령이 1965년에 전 연방정부에 도입하였다.

① 통제
② 관리
③ 기획
④ 감축

출제유형 Ⅱ. 이론·제도　　**출제영역** 계획예산제도
출제빈도 ★★★　　**난도** 중

정답찾기
③ 계획예산제도(PPBS)의 역사적 맥락에 대한 설명이다. 계획예산제도(PPBS)는 기획 지향의 예산제도이다.

오답피하기
존슨 행정부의 원자력발전사업 예산(PPBS 사례)

Plan-ning	Programing						Budgeting
	Cate-gory	Subcate-gory	Element	1966	1967	1968	
전력량 해소	발전 사업	원자력 발전	부지선정	○			부지선정예산 용지매수예산
			용지매수	○			
			철거 및 보상		○		
			본관 신축			○	

PPBS 장점과 단점

장 점	단 점
• 계획과 예산의 연결 • 조직의 통합적 운영 • 의사결정의 일원화, 집권화 • 자원배분의 합리화 • 정세변화에 대한 적응성 • 사업부서 간 갈등 조정	• 집권화의 강화 • 정치적·심리적 요인 경시 • 목표 설정 및 목표 전환 곤란 • 시간과 인력의 낭비 • 환산작업의 어려움

정답 ③

22　　　　　　　　　　　　　　　　1000
계획예산제도(PPBS)에 대한 설명으로 옳지 않은 것은?
　　2013 국가 9급

① 품목별 예산은 하향식 예산과정을 수반하나, PPBS는 상향식 접근이 원칙이다.
② 품목별 예산과는 달리 부서별로 예산을 배정하지 않고 정책별로 예산을 배분한다.
③ PPBS는 집권화를 강화시킨다.
④ 계량적인 기법인 체제분석, 비용편익분석 등을 사용한다.

출제유형 Ⅱ. 이론·제도　　**출제영역** 계획예산제도
출제빈도 ★★★　　**난도** 중

정답찾기
① 품목별 예산은 상향식 접근이고 PPBS(계획예산제도)는 하향식 접근이다.

오답피하기
② 품목별 예산과는 달리 부서별로 예산을 배정하지 않고 정책별로 예산을 배분하므로 부처할거주의의 극복에 기여한다.
③ 계획예산제도(PPBS)는 의사결정체제는 전문분석가가 제공한 자료를 토대로 결정자가 단독으로 결정함으로써 고도의 집권화경향을 띠고 집권화를 강화시킨다.
④ 계획예산제도(PPBS)는 계량적인 기법인 체제분석, 비용편익분석 등을 사용하여 의사결정자의 주관적 편견을 배제하고 객관적인 판단을 내리도록 하는 제도이다.

정답 ①

23

다음 설명에 해당하는 예산제도는?
2018 지방 9급

- 합리적 선택을 강조하는 총체주의 방식의 예산제도이다.
- 조직구성원의 참여가 상대적으로 높은 분권화된 관리체계를 갖는다.
- 예산편성에 비용·노력의 과다한 투입을 요구한다는 비판을 받는다.

① 성과주의예산제도
② 계획예산제도
③ 영기준예산제도
④ 품목별 예산제도

출제유형 Ⅱ. 이론·제도   **출제영역** 영기준예산제도
출제빈도 ★★★   난도 중

정답찾기
③ 영기준예산제도(Zero Base Budgeting)는 계속사업과 신규사업 모두를 원점에서부터 재검토하는 합리주의 예산방식이자 비용노력의 과다한 투입을 요구한다는 비판을 받는다. 또한 계획예산제도(PPBS)의 하향식 예산의 문제점을 해결하기 위하여 MBO의 장점을 받아들인 상향식 예산제도이다.

오답피하기
영기준예산제도(ZBB): 미국 카터(Carter)행정부에서 도입

계속사업, 신규사업 모두 영점에서 분석, 우선순위 감축중심의 예산

특징
- 조직구성원의 참여가 높은 분권적·상향적 예산
- 계속사업과 신규사업 모두 고려
- 의사결정 단위별 결정, 폐쇄체제적 예산편성(조직구조)
- 주관적 우선순위 판단

장 점	단 점
• 완전한 합리모형	• 시간과 노력의 과중
• 경직성 타파, 탄력성 확보	• 기득권자의 저항
• 관리자의 참여 → 상향적	• 정보획득의 애로
• 국민의 조세부담 완화	• 소규모조직의 희생 가능성
• 예산운영의 다양성과 신축성	• 경직성 경비 축소 곤란
• 의사결정능력의 향상	• 계산전략의 한계
• 변동 대응성 향상	• 비경제적 요인 간과

정답 ③

24

다음 중 ZBB에 대한 설명으로 가장 옳지 않은 것은?
2016 서울 7급

① 과거연도의 예산지출이 참고자료로 고려되지 않는다.
② 예산의 과대추정을 억제할 수 있다.
③ 비용편익 분석과 시스템 분석을 주요 수단으로 활용한다.
④ 각 부처에서 지출규모에 대한 결정을 한다.

출제유형 Ⅱ. 이론·제도   **출제영역** 영기준예산제도
출제빈도 ★★★   난도 중

정답찾기
③ 비용편익분석과 시스템 분석을 주요 수단으로 활용하는 것은 계획예산(PPBS)에 해당한다.

오답피하기
①, ② 영기준예산은 원점에서부터 모든 사업을 검토하므로 과거연도의 예산지출을 참고자료로 고려하지 않고 예산의 점증현상을 막고 과대추정을 억제할 수 있다.
④ 영기준예산(ZBB)는 상향식 예산제도이므로 각 부처가 지출규모에 대한 결정을 스스로 한다.

행복노트
PPBS와 ZBB 비교

구 분	기 간	예산 중점	체 제	조직적 측면	관리 특성	B/C 분석	희소송
PPBS	장기적 (5년)	목표	개방 체제 (부서별 경계 무시)	집권적· 하향적	최고 관리 층의 관리 수단	신규 사업 중심	완화된 희소성
ZBB	단기적 (1년)	사업 평가	폐쇄 체제 (부서별 경계 인정)	분권적· 상향적	일선 관리 자의 관리 수단	신규 및 기존 사업에 적용	만성적 희소성

정답 ③

25
영기준예산제도의 단점으로 옳은 것만을 모두 고른 것은?

2014 지방 7급

ㄱ. 계산전략의 한계
ㄴ. 정보획득의 애로
ㄷ. 예산통제의 애로
ㄹ. 경직성 경비로 인한 한계
ㅁ. 재정구조의 경직화
ㅂ. 비경제적 요인의 간과

① ㄱ, ㄴ, ㄹ, ㅂ
② ㄱ, ㄷ, ㄹ, ㅁ
③ ㄱ, ㄷ, ㄹ, ㅂ
④ ㄴ, ㄷ, ㅁ, ㅂ

26
다음 특징에 해당하는 예산관리제도는?

2017 지방 7급

- 사업 시행 후 기존 사업과 지출에 대해 입법기관이 재검토한다.
- 정부의 불필요한 행위나 활동을 폐지하고 효율적인 정부를 추구하려는 노력이다.
- 특정 조직이나 사업에 대해 존속시킬 타당성이 없다고 판명되면 자동적으로 폐지하는 제도이다.
- 매 회계연도마다 반복되는 예산과정에서 비교적 독립적으로 진행할 수 있다.

① 영기준예산제
② 일몰제
③ 계획예산제
④ 성과주의예산제

출제유형 Ⅱ. 이론·제도 **출제영역** 영기준예산제도
출제빈도 ★★★ **난도** 중

정답찾기
ㄱ. 영기준예산은 계산전략의 포괄적인 적용이 힘들고 비용·노력의 과다한 투입을 요구하는 한계가 있다.
ㄴ. 정확한 정보를 산출할 기술이 없거나 담당 직원들의 시각차이 또는 편견으로 인해 정보전달의 장애가 생길 수 있다.
ㄹ. 경직성 경비 또는 비탄력적 예산지출이 많으면 영기준예산제도의 활용이 어렵다.
ㅂ. 영기준예산은 예산결정에 깊이 작용하는 정치적 고려 등 비경제적 요인의 영향을 간과한다.

행복노트
ㄷ. 영기준예산은 모든 사업을 원점에서부터 재평가하여 실행예산을 반영하려는 제도이기 때문에 예산·계획·통제기능의 연계를 강조한다.
ㅁ. 영기준예산은 지속적인 사업의 재평가를 통하여 우선순위가 낮은 사업은 감축시킴으로써 재정의 경직성을 타파할 수 있고 탄력적인 재정운용을 확보할 수 있다.

정답 ①

출제유형 Ⅱ. 이론·제도 **출제영역** 일몰제
출제빈도 ★ **난도** 하

정답찾기
② 일몰법은 입법기관이 존속 결정을 하지 않는 한 일정기간이 만료되면 정부의 특정 사업 또는 프로그램이 폐지되도록 규정하는 것이다.

오답피하기
① 일몰법은 입법부에서 행해지는 반면, 영기준예산제도는 행정부의 예산편성과정에서 행해지는 것이다.

행복노트

일몰법(SL)
특정조직, 사업을 존속시킬 타당성 × 자동적으로 폐지하는 제도
특징
─ 사업시행 후 기존사업과 지출에 대해 입법기관이 재검토
─ 정부의 불필요한 행위나 활동 폐지, 효율적 정부 추구
─ 반복되는 예산과정에서 비교적 독립적 진행가능
─ 감축관리 지향
─ 일몰법은 입법부에서 실시, 영기준예산제도는 행정부의 예산편성과정에서 실시

정답 ②

27 □□□ 1005

신성과주의예산(New Performance Budgeting)의 특징으로 가장 옳지 않은 것은?
2018 서울 1회 7급

① 투입요소 중심이 아니라 산출 또는 성과를 중심으로 예산을 운용하는 제도이다.
② 과거의 성과주의예산과 비교하여 프로그램구조와 회계제도에 미치는 영향이 훨씬 광범위하고 포괄적이다.
③ 책임성 확보를 위해 시행되고 있는 성과관리를 예산과 연계시킨 제도이다.
④ 예산집행에서의 자율성을 부여하되, 성과평가와의 연계를 통해 책임성을 확보하고자 한다.

28 □□□ 1006

결과 지향적 예산제도(New Performance Budgeting; Result-oriented Budgeting)에 대한 설명으로 옳지 않은 것은?
2017 국가 7급

① 20세기 후반부터 주요 국가들이 재정사업의 운영과정이나 기능에 초점을 두고 새로운 성과주의 예산체계를 도입하기 시작했다.
② 재정사업의 목표, 결과, 재원을 연계하여 예산을 '성과에 대한 계약'의 개념으로 활용한다.
③ 각 부처 재정사업 담당자들에 대한 동기부여를 강조하고 이들에게 더 많은 권한을 부여하고자 한다.
④ 미국 클린턴 행정부는 결과 지향적 예산제도의 일환으로 PART(Program Assessment Rating Tool)를 도입했다.

출제유형 Ⅱ. 이론·제도   **출제영역** 신성과주의예산제도
출제빈도 ★★   **난도** 중

정답찾기
② 신성과주의는 투입보다는 산출이나 성과를 중시하며 이를 책임성과 연관시키는 1990년대 결과기준예산제도이다. 신성과주의예산은 재정사업의 운영과정이나 기능에 초점을 두며 성과정보의 예산과정에의 활용을 강조한다는 점에서 과거의 성과주의예산보다 프로그램구조와 회계제도에 미치는 영향이 적고 제한적이다.

오답피하기
성과주의와 신성과주의 비교

구 분	1950년대 성과주의(PBS)	1990년대 신성과주의(NPBS)
초점	통제 및 관리위주	자율과 책임의 연계
성과 정보	투입과 업무량에 대한 정보	산출과 성과에 대한 정보
성과 책임	정치적이고 도덕적인 책임	구체적 책임과 보상시스템
경로 가정	단선적 가정(투입 = 성과)	복선적 가정(투입 ≠ 성과)
성과 관점	공무원의 성과	고객의 만족감
회계방식	사실상 현금주의	완전한 발생주의
연계범위	예산제도에 국한	국정전반에 연계
결정흐름	상향식(분권)	집권과 분권의 조화

정답 ②

출제유형 Ⅱ. 이론·제도   **출제영역** 신성과주의예산제도
출제빈도 ★★   **난도** 중

정답찾기
④ PART(Program Assessment Rating Tool)는 부시정부가 추진한 결과지향적 예산제도의 일환이고 클린턴 행정부가 도입한 것은 GRPA(Government Performance and Results Act)이다.

행복노트
① 20세기 후반 1990년대 주요 선진국들은 재정사업의 운영과정이나 기능에 초점을 둔 신성과주의 예산을 도입하였다.
② 예산을 '성과에 대한 계약'의 개념으로 활용하여 각 수준의 관리자들과 기관장 간에 성과에 대한 책임을 묻는다.
③ 신성과주의예산은 예산제도의 형식을 강조하기보다 각 부처 재정사업 담당자들에게 더 많은 자율성을 부여함으로써 예산절감 인센티브를 촉발시키고자 한다.

정답 ④

29　1007

우리나라의 재정사업 성과관리에 대한 설명으로 옳지 않은 것은?

2023 국가 9급

① 재정사업 성과관리의 내용은 성과목표관리와 성과평가로 구성된다.
② 재정사업 성과평가 결과는 지출 구조조정 등의 방법으로 재정운용에 반영될 수 있다.
③ 재정사업 심층평가 결과 기획재정부장관이 필요하다고 판단하면 재정사업 자율평가를 실시할 수 있다.
④ 재정사업 자율평가는 미국 관리예산처(OMB)의 PART(Program Assessment Rating Tool)를 우리나라 실정에 맞게 도입한 제도이다.

30　1008

1990년대에 새롭게 주목받게 된 성과관리예산제도에 대한 설명으로 옳지 않은 것은?

2015 국가 7급

① 투입보다는 산출 또는 성과를 중심으로 삼고 있다.
② 거리청소사업으로 예를 들면, 거리의 청결도와 주민의 만족도 등을 다음연도 예산배분에 반영하는 것이다.
③ 장기적인 기획과 단기적인 예산편성을 유기적으로 연결하여 합리적인 자원 배분을 이루려는 제도다.
④ 모든 조직에 공통적으로 적용할 수 있는 표준적 성과측정 지표를 개발하기 어렵다는 점은 성과관리예산제도의 단점으로 지적된다.

출제유형 Ⅱ. 이론·제도　　**출제영역** 재정사업 성과관리

출제빈도 ★★　　**난도** 상

정답찾기

③ 재정사업 자율평가 결과 기획재정부장관이 필요하다고 판단하면 재정사업 심층평가를 실시할 수 있다.

국가재정법 시행령 제39조의3(재정사업의 성과평가 등)

① 기획재정부장관은 법 제85조의8제1항에 따라 각 중앙관서의 장과 기금관리주체에게 기획재정부장관이 정하는 바에 따라 주요 재정사업을 스스로 평가(이하 "재정사업자율평가"라 한다)하도록 요구할 수 있으며, 다음 각 호의 어느 하나에 해당하는 사업에 대해서는 심층평가를 실시할 수 있다.
  1. 재정사업자율평가 결과 추가적인 평가가 필요하다고 판단되는 사업
  2. 부처간 유사·중복 사업이나 비효율적인 사업추진으로 예산낭비의 소지가 있는 사업
  3. 향후 지속적 재정지출 급증이 예상되어 객관적 검증을 통해 지출효율화가 필요한 사업
  4. 그 밖에 심층적인 분석·평가를 통해 사업추진 성과를 점검할 필요가 있는 사업

오답피하기

① 재정사업 성과관리의 내용은 성과목표관리와 성과평가로 구성된다.
② 재정사업 성과평가 결과는 지출 구조조정 등의 방법으로 재정운용에 반영될 수 있다.
④ 재정사업 자율평가는 미국 관리예산처(OMB)의 PART(Program Assessment Rating Tool)를 우리나라 실정에 맞게 도입한 제도이다.

정답 ③

출제유형 Ⅱ. 이론·제도　　**출제영역** 신성과주의예산제도

출제빈도 ★★　　**난도** 중

정답찾기

③ 장기적인 기획과 단기적인 예산편성을 유기적으로 연결하여 합리적인 자원 배분을 이루려는 제도는 계획예산제도에 대한 설명이다.

오답피하기

① 투입보다는 산출 또는 성과를 중심으로 삼고 있다.
② 성과주의예산은 고객만족 등 최종적인 성과까지 중시하여 다음연도 예산 배분에 반영하는 제도이다.
④ 모든 조직에 공통적으로 적용할 수 있는 표준적 성과측정 지표를 개발하기 어렵다는 점은 성과관리예산제도의 단점으로 지적된다.

정답 ③

31
1009

급속한 환경변화에 대응하는 현대행정의 재정운영 패러다임 전환에 대한 설명으로 옳지 않은 것은? 2012 국회 9급

① 선진국에서는 재정개혁의 영향으로 투입중심에서 성과중심으로의 전환이 이루어지고 있다.
② 아날로그 정보 시스템에서 디지털 정보시스템으로 전환이 이루어지고 있다.
③ 과거 행정관료 중심에서 납세자인 시민들이 주체가 되는 방향으로 전환되고 있다.
④ 정부회계의 경우 발생주의 회계에서 현금주의 회계로 전환되고 있다.
⑤ 몰성인지적 관점에서 성인지적 관점의 성인지예산(Gender Budgeting)으로 전환되고 있다.

32
1010

「국가재정법」, 「국가회계법」 등 관련법은 정부가 성과계획서와 성과보고서를 각각 예산안과 결산보고서에 포함시켜 국회에 제출하도록 규정하고 있다. 이처럼 재정운용과 관련하여 성과 관리적 요소가 강화된 배경으로 옳지 않은 것은? 2012 국가 9급

① 재정지출의 효율화 및 예산 절감의 필요성 증대
② 재정운용의 투명성 및 책임성 제고 요구 증대
③ 국가재정운용계획, 총액배분 자율편성 예산제도의 시행에 따른 체계적 성과관리의 중요성 증대
④ 지출의 합법성 제고 및 오류방지 요구 증대

출제유형 Ⅱ. 이론·제도 **출제영역** 현대행정의 재정운영 패러다임 전환
출제빈도 ★★★ 난도 중

정답찾기
④ 정부회계 방향은 현금주의에서 발생주의로 전환되고 있다.

오답피하기
최근 재정운영 패러다임의 변화

종전의 패러다임	새로운 패러다임	관련제도
투입(Input) 중심	성과(Performance) 중심	재정성과 관리제도
유량(Flow) 중심	유량(Flow) 및 저량(Stock) 중심	복식부기·발생주의 회계제도
아날로그(Analog) 중심	디지털(Digital) 정보 시스템	디브레인시스템/e호조시스템
관리자(Managers) 중심	납세자 중심 (Taxpayers Sovereignty)	주민참여 예산제도/주민소송제
몰성인지 (Gender Blind) 예산	성인지 (Gender Sensitivity)	성인지예산제도

정답 ④

출제유형 Ⅱ. 이론·제도 **출제영역** 재정운용
출제빈도 ★★ 난도 중

정답찾기
④ 지출의 합법성 제고 및 오류방지 요구 증대는 전통적인 회계감사의 방향으로 작용하였던 가치이다. 최근 성과관리적 요소가 강화된 배경으로는 재정운영의 효율성·투명성·책임성의 요구의 확대가 있다.

정답 ④

33

dBrain System에 대한 설명으로 옳지 않은 것은? 2017 국가 7급

① 노무현 정부 당시 재정개혁의 일환으로 구축이 추진되었다.
② 예산편성, 집행, 결산, 사업관리 등 재정업무 전반을 종합적으로 연계 처리하도록 하는 통합재정정보시스템이다.
③ dBrain 구축이 완료됨에 따라 총액배분 자율편성 예산제도의 도입이 가능해졌다.
④ UN 공공행정상을 수상하는 등 국제적으로 호평을 받고 있다.

출제유형 Ⅱ. 이론·제도   **출제영역** dBrain System
출제빈도 ★★   **난도** 상

정답찾기
③ 총액배분·자율편성제도가 2004년에 도입되었고 dBrain 시스템은 2007년에 구축되었다.

오답피하기
① 디지털 예산 회계정보시스템(dBrain System)은 2007년 노무현 정부 시절 성과 중심의 재정개혁 일환으로 등장하였다.
② 디지털 예산 회계정보시스템(dBrain System)은 예산의 편성, 집행, 자금 및 국유재산 관리, 결산 등 국가 재정의 전 과정을 모두 포괄한다.
④ 디지털 예산 회계정보시스템(dBrain System)은 2013년 UN 공공행정상을 수상하였다.

정답 ③

34

현행 한국의 예산과정에 시민들이 참여할 수 있는 제도적 장치들에 관한 설명으로 옳지 않은 것은? 2012 국회 9급

① 예산편성 단계에서 특정 사업 또는 정책의 시행과 관련해 주민발안 또는 주민투표제도를 이용할 수 있다.
② 예산과정에서 필요한 정보를 얻기 위해서 정보공개청구제도를 활용할 수 있다.
③ 예산이 불법·부당하게 지출된 경우에는 주민감사청구 또는 주민소환을 제기할 수도 있다.
④ 지방정부에서는 참여예산제를 도입하여 예산편성에 시민의 참여를 제도화할 수 있다.
⑤ 중앙정부를 대상으로 국가의 재정지출과 관련된 부정과 낭비에 대한 납세자소송제도를 활용할 수 있다.

출제유형 Ⅱ. 이론·제도   **출제영역** 예산과정의 참여
출제빈도 ★★   **난도** 중

정답찾기
⑤ 현재 지방정부를 대상으로 한 주민소송만을 인정하고 있으므로 중앙정부를 대상으로 국가의 재정지출과 관련된 부정과 낭비에 대한 납세자소송제도를 활용할 수 없다.

오답피하기
최근 재정운영 패러다임의 변화

종전의 패러다임	새로운 패러다임	관련제도
투입(Input) 중심	성과(Performance) 중심	재정성과 관리제도
유량(Flow) 중심	유량(Flow) 및 저량(Stock) 중심	복식부기·발생주의 회계제도
아날로그(Analog) 중심	디지털(Digital) 정보 시스템	디브레인시스템/e호조시스템
관리자(Managers) 중심	납세자 중심 (Taxpayers Sovereignty)	주민참여 예산제도/주민소송제
물성인지(Gender Blind) 예산	성인지(Gender Sensitivity)	성인지예산제도

구 분	참여 예산제	주민(국민)소송제	주민(국민) 감사제 & 예산금
중앙정부	○	×	○
지방정부	○	○	○

정답 ⑤

35

다음 중 국가예산제도 개혁에 관한 설명으로 가장 옳지 않은 것은?

2017 서울 7급

① 디지털예산회계시스템(BAR): 성과중심형 예산시스템으로 발생주의·복식부기 회계제도를 기반으로 한 과학적 예산 관리 제도
② 조세지출예산제도: 예산지출을 절약하거나 조세를 통해 국고수입을 증대시킨 경우 그 성과의 일부를 기여자에게 인센티브로 지급하는 제도
③ 총액배분·자율편성(Top-down) 예산제도: 각 부처가 국가재정운용계획에 의해 설정된 1년 예산 상한선 내에서 자율적으로 예산을 편성하는 제도
④ 주민참여예산제도: 예산편성권을 지역사회와 지역주민에게 분권화함으로써 예산편성과정에 해당 지역주민들이 직접 참여하는 제도

출제유형 Ⅱ. 이론·제도   **출제영역** 국가예산제도개혁
출제빈도 ★★   **난도** 중

정답찾기
② 예산지출을 절약하거나 조세를 통해 국고수입을 증대시킨 경우 그 성과의 일부를 기여자에게 인센티브로 지급하는 제도는 <u>예산성과금제도</u>에 해당한다. 조세지출예산제도는 예산서 작성을 통해 조세지출의 내용과 규모를 체계적으로 분류하고, 주기적으로 공표하여 행정부에 일임된 조세지출을 입법부 차원에서 국회차원에서 <u>통제하고, 정책효과를 판단하고자</u> 하는 제도이다.

오답피하기
① 디지털예산회계시스템(BAR)은 <u>범정부적인 성과중심형 예산회계정보시스템</u>이다.
③ 총액배분 자율편성제도는 <u>1년간 지출한도를 정해주고</u> 한도 내에서 각 부처가 자율적으로 예산을 편성하는 제도이다.
④ 주민참여예산제도는 <u>예산편성과정에 주민들이 직접 참여하는 제도</u>이다.

정답 ②

CHAPTER 03 기출 OX

1. 윌다브스키(Wildavsky)의 예산행태 유형 중 국가의 경제력은 낮지만 재정 예측력이 높은 경우에 나타나는 행태는 보충적 예산(Supplemental Budgeting)이다. (O/X) 2019 국가 7급

2. 하향식 예산편성제도는 추계한 예산총량을 전략적 우선순위에 따라 먼저 부문별·부처별로 배분하여 예산의 기술적 효율성(Technical Efficiency)의 제고를 우선적인 목적으로 한다. (O/X) 2019 국가 7급

3. 품목별예산제도는 회계 책임을 명백히 할 수 없기 때문에 예산의 유용이나 남용을 방지할 수 없다. (O/X) 2017 국가 7급 추가

4. 성과주의 예산제도는 업무량과 단위당 원가를 곱하여 예산액을 산정한다. (O/X) 2020 국가 9급

5. 품목별예산제도는 미국 케네디 행정부의 국방장관인 맥나마라(McNamara)가 국방부에 최초로 도입하였다. (O/X) 2019 국가 9급

6. 계획예산제도는 비용편익분석 등을 활용함으로써 자원 배분의 합리화를 추구한다. (O/X) 2020 국가 9급

7. 영기준예산은 과거연도의 예산지출이 참고자료로 고려되지 않으므로 예산의 과대추정을 억제할 수 있다. (O/X) 2016 서울 7급

8. 영기준예산은 최고관리자에게 각 기관의 업무수행에 대한 보다 상세한 자료를 입수할 수 있게 해준다. (O/X) 2015 사회복지

9. 영기준예산제도(ZBB)가 단위사업을 사업-재정계획에 따라 장기적인 예산편성 쪽으로 방향을 잡았다면, 계획예산제도(PPBS)는 당해연도의 예산 제약 조건을 먼저 고려한다. (O/X) 2017 국가 9급

10. 일몰제는 특정 조직이나 사업에 대해 존속시킬 타당성이 없다고 판명되면 자동적으로 폐지하는 제도로서, 매 회계연도마다 반복되는 예산과정에서 비교적 독립적으로 진행할 수 있다. (O/X) 2017 지방 7급

11. 신성과주의 예산은 과거의 성과주의 예산과 비교하여 프로그램 구조와 회계제도에 미치는 영향이 훨씬 광범위하고 포괄적이다. (O/X) 2018 서울 1회 7급

12. 성과지향성이란 투입을 중심으로 하는 전통적인 재정운용방식에서 벗어나 성과를 중심으로 재정사업을 평가·관리하는 것을 의미하며, 재정지출뿐만 아니라 조세지출에도 적용된다. (O/X) 2014 지방 7급

13. dBrain System은 예산편성, 집행, 결산, 사업관리 등 재정업무 전반을 종합적으로 연계 처리하도록 하는 통합재정정보시스템이다. (O/X) 2017 국가 7급

14. 각 중앙관서의 장은 성과금을 지급하거나 절약된 예산을 다른 사업에 자유롭게 사용할 수 있다. (O/X) 2014 서울 9급

---

1. 윌다브스키(Wildavsky)의 예산행태 유형 중 국가의 경제력은 낮지만 재정 예측력이 높은 경우에 나타나는 행태는 세입 예산(Revenue Budgeting)이다. ✗

2. 하향식 예산편성제도는 추계한 예산총량을 전략적 우선순위에 따라 먼저 부문별·부처별로 배분하여 예산의 부문 간 효율성(Technical Efficiency)의 제고를 우선적인 목적으로 한다. ✗

3. 품목별예산제도는 회계 책임을 명백히 할 수 있기 때문에 예산의 유용이나 남용을 방지할 수 있는 장점을 가지고 있다. ✗

4. 성과주의 예산제도는 업무량과 단위당 원가를 곱하여 예산액을 산정한다. O

5. 계획예산제도는 미국 케네디 행정부의 국방장관인 맥나마라(McNamara)가 국방부에 최초로 도입하였다. ✗

6. 계획예산제도는 비용편익분석 등을 활용함으로써 자원 배분의 합리화를 추구한다. O

7. 영기준예산은 과거연도의 예산지출이 참고자료로 고려되지 않으므로 예산의 과대추정을 억제할 수 있다. O

8. 영기준예산은 최고관리자에게 각 기관의 업무수행에 대한 보다 상세한 자료를 입수할 수 있게 해준다. O

9. 계획예산제도(PPBS)가 단위사업을 사업-재정계획에 따라 장기적인 예산편성 쪽으로 방향을 잡았다면, 영기준예산제도(ZBB)는 당해 연도의 예산 제약조건을 먼저 고려한다. ✗

10. 일몰제는 특정 조직이나 사업에 대해 존속시킬 타당성이 없다고 판명되면 자동적으로 폐지하는 제도로서, 매 회계연도마다 반복되는 예산과정에서 비교적 독립적으로 진행할 수 있다. O

11. 신성과주의 예산은 과거의 성과주의 예산과 비교하여 프로그램 구조와 회계제도는 이미 정착되어 있으므로 프로그램 구조와 회계제도에 미치는 영향이 훨씬 적고 제한적이다. ✗

12. 성과지향성이란 투입을 중심으로 하는 전통적인 재정운용방식에서 벗어나 성과를 중심으로 재정사업을 평가·관리하는 것을 의미하며, 재정지출뿐만 아니라 조세지출에도 적용된다. O

13. dBrain System은 예산편성, 집행, 결산, 사업관리 등 재정업무 전반을 종합적으로 연계 처리하도록 하는 통합재정정보시스템이다. O

14. 각 중앙관서의 장은 성과금을 지급하거나 절약된 예산을 다른 사업에 사용하고자 할 때 예산성과금 심사위원회의 심사를 거쳐야 한다. ✗

CHAPTER 03 키워드

1. 품목별예산제도는 재정민주주의 구현에 유리한 _____ 예산제도이다. 2016 지방 9급 — **통제지향**

2. 성과주의 예산제도는 업무량과 단위당 _____ 를 곱하여 예산액을 산정한다. 2020 국가 9급 — **원가**

3. _____ 예산제도는 평가 대상 업무 단위가 중간 산출물인 경우가 많아 예산성과의 질적인 측면까지 평가할 수 없다는 단점이 있다. 2018 서울 2회 7급 — **성과주의**

4. 계획예산제도는 비용편익분석 등을 활용함으로써 자원 배분의 _____ 를 추구한다. 2020 국가 9급 — **합리화**

5. 계획예산은 경제적 합리성을 중시하는 합리주의 예산으로, 비용편익분석과 같은 체제분석을 통하여 사업을 평가하며 _____ 계획과 단기적인 예산을 유기적으로 결합하고자 노력한다. 2011 경찰간부 — **장기적인**

6. 계획 예산제도(PPBS)는 계획(Plan), 사업(Program), 예산(Budget)의 체계적 연계를 강조하는 예산제도이고, _____ 는 원칙적으로 정부사업과 예산항목을 원점(Zero Base)에서 재검토하는 예산제도이다. 2015 지방 7급 — **영기준예산제도(ZBB)**

7. 품목별 예산은 _____ 예산과정을 수반하나, 계획예산은 하향식 접근이 원칙이다. 2013 국가 9급 — **상향식**

8. 계획 예산제도가 단위사업을 사업–재정계획에 따라 장기적인 예산편성 쪽으로 방향을 잡았다면, 영기준예산제도는 당해 연도의 예산제약조건을 먼저 고려하는 _____ 예산제도이다. 2017 국가 9급 — **단기적인**

9. 영기준예산은 예산과정에 대한 관리자 및 실무자의 참여를 촉진시키며 전년도 답습주의로 인한 재정의 _____ 을 완화할 수 있게 한다. 2015 사회복지 — **경직성**

10. _____ 은 성과중심형 예산시스템으로 발생주의·복식부기 회계제도를 기반으로 한 과학적 예산관리제도이다. 2017 서울 7급 — **디지털예산회계시스템(BAR)**

11. 각 중앙관서의 장은 예산낭비신고센터를 설치·운영하여야 하며, 예산낭비를 신고하거나 예산낭비 방지방안을 제안한 일반 국민도 _____ 을 받을 수 있다. 2014 서울 9급 — **성과금**

12. 각 중앙관서의 장은 성과금을 지급하거나 절약된 예산을 다른 사업에 사용하고자 할 때 _____ 의 심사를 거쳐야 한다. 2014 서울 9급 — **예산성과금 심사위원회**

13. 성과관리제는 성과지향적 예산제도로서 _____ 을 부여하고 동시에 책임성을 강화시킨 제도로서 성과나 생산성을 직접적으로 제고함을 목적으로 한다. 2011 경찰간부 — **자율성**

14. 납세자인 시민이 국가 또는 지방자치단체의 재정지출과 관련된 부정과 낭비를 감시하는 _____ 는 재정민주주의의 본질을 잘 반영하고 있다. 2013 국가 9급 — **납세자 소송제도**

김규대 행정학
단원별 기출문제집
1200제

제 6 편
행정환류론

Chapter 01 행정통제론
Chapter 02 미래의 행정
Chapter 03 정보사회와 행정

CHAPTER 01 행정통제론

대표문제

01 ☐☐☐ 1014

행정통제와 행정책임에 대한 설명으로 옳은 것만을 모두 고르면?

2021 지방 9급

> ㄱ. 파이너(Finer)는 법적·제도적 외부통제를 강조한다.
> ㄴ. 감사원의 직무감찰과 회계감사는 외부통제에 해당한다.
> ㄷ. 프리드리히(Friedrich)는 내재적 통제보다 객관적·외재적 책임을 강조한다.

① ㄱ
② ㄴ
③ ㄱ, ㄷ
④ ㄴ, ㄷ

출제유형 Ⅰ. 기본개념   출제영역 행정통제, 행정책임
출제빈도 ★★   정답률 68%   난도 중

정답찾기
ㄱ. 파이너(Finer)는 외재적 책임인 법적·제도적 외부통제를 강조한다.

오답피하기
ㄴ. 감사원의 직무감찰과 회계감사는 공식적 통제이자 내부통제에 해당한다.
ㄷ. 프리드리히(Friedrich)는 객관적·외재적 책임보다 내재적 통제를 강조한다.

 행복노트

행정책임

| 의의 | 행정관료가 공식적 직무를 수행할 때 도덕적·법률적 규범에 따라 행동해야 할 국민에 대한 의무, 결과책임 + 과정책임 |

행정책임: 외재적 책임과 내재적 책임

외재적 책임 파이너 (Finer)	• 외재적·객관적 책임 • 외부통제(국민, 의회, 사법부) • 절차의 중시 • 법률, 계층구조, 제재의 존재
내재적 책임 프리드리히 (Friedrich)	• 자율적·주관적 책임 • 내부통제(도덕, 직업윤리, 전문지식) • 절차의 준수 및 책임의 완수는 별개 • 제재의 부재 • 기능적 책임: 객관적으로 확립된 기술적 기준에 따라 판단하고 행동할 책임 • 정치적 책임: 국민정서에 반응하면서 행동해야 할 책임

정답 ①

제 1 절 행정책임

02 ☐☐☐ 1015

행정책임과 행정통제에 대한 설명 중 옳지 않은 것은?

2013 서울 9급

① 행정통제의 중심과제는 궁극적으로 민주주의와 관료제 간의 조화문제로 귀결된다.
② 행정통제는 설정된 행정목표와 기준에 따라 성과를 측정하는 데 초점을 맞추면 별도의 시정노력은 요구되지 않는 특징이 있다.
③ 행정책임은 행정관료가 도덕적·법률적 규범에 따라 행동해야 하는 국민에 대한 의무이다.
④ 행정통제란 어떤 측면에서는 관료로부터 재량권을 빼앗는 것이다.
⑤ 행정책임은 국가적 차원에서 국민에 대한 국가 역할의 정당성을 확인하는 것이다.

출제유형 Ⅰ. 기본개념   출제영역 행정통제, 행정책임
출제빈도 ★★   난도 중

정답찾기
② 행정통제는 설정된 행정목표와 기준에 따라 성과를 측정하는 데 초점을 맞추어 불일치가 일어나면 시정조치 노력이 요구된다.

정답 ②

제 2 절 행정통제

03 ☐☐☐ 1016

행정통제에 대한 설명으로 가장 옳지 않은 것은? 2019 서울 9급

① 행정권한의 강화 및 행정재량권의 확대가 두드러지면서 행정책임 확보의 수단으로서 행정통제의 중요성이 커지고 있다.
② 의회는 국가의 예산을 심의하고 승인하거나 혹은 지출을 금지하거나 제한하는 등의 조치를 통하여 행정부를 통제한다.
③ 행정이 전문성과 복잡성을 띠게 된 현대 행정국가 시대에는 내부통제보다 외부통제가 점차 강조되고 있다.
④ 일반 국민은 선거권이나 국민투표권의 행사를 통하여 행정을 간접적으로 통제한다.

04 ☐☐☐ 1017

롬젝(Romzeck)의 행정책임 유형에 대한 설명으로 옳지 않은 것은? 2023 국가 9급

① 계층적 책임 – 조직 내 상명하복의 원칙에 따라 통제된다.
② 법적 책임 – 표준운영절차(SOP)나 내부 규칙(규정)에 따라 통제된다.
③ 전문가적 책임 – 전문직업적 규범과 전문가집단의 관행을 중시한다.
④ 정치적 책임 – 민간 고객, 이익집단 등 외부 이해관계자의 기대에 부응하는가를 중시한다.

출제유형 Ⅱ. 이론·제도 **출제영역** 행정통제
출제빈도 ★★★ **난도** 중

【정답찾기】
③ 현대 행정국가 시대에는 복잡성과 전문성으로 인해 내부통제가 점차 강조되고 있다.

【오답피하기】
① 최근 행정권한의 강화 및 행정재량권의 확대가 두드러지면서 행정 책임의 중요성이 커지면서 그 수단인 행정통제의 비중이 커지고 있다.
② 의회는 국가의 예산을 심의하고 승인하거나 혹은 지출을 금지하거나 제한하는 등의 조치를 통하여 행정부를 통제한다.
④ 일반 국민은 선거권이나 국민투표권의 행사를 통하여 행정을 간접적으로 통제한다.

답 ③

출제유형 Ⅳ. 학자문제 **출제영역** 행정책임
출제빈도 ★ **난도** 상

【정답찾기】
② 법적 책임 – 정부기관에서 제정한 법률을 어길 때 통제된다.

【오답피하기】
① 계층적 책임 – 조직 내 상명하복의 원칙에 따라 통제된다.
③ 전문가적 책임 – 전문직업적 규범과 전문가집단의 관행을 중시한다.
④ 정치적 책임 – 민간 고객, 이익집단 등 외부 이해관계자의 기대에 부응하는가를 중시한다.

Dubnick & Romzek의 행정책임의 유형

		통제의 원천	
		내부	외부
조직의 자율성(통제의 정도)	낮음 (높음)	관료적 책임 (규칙, 감독, 명령, 규율)	법률적 책임 (법적 제재 및 계약적 책임)
	높음 (낮음)	전문가적 책임 (관료의 전문성과 자율성)	정치적 책임 (이해관계자들의 필요, 요구를 충족)

- 관료적 책임: 상위자의 기대에 부응할 의무의 책임
- 법률적 책임: 법률을 어길 때 강력한 제재를 수반하는 책임
- 정치적 책임: 대통령, 국회의원, 이익단체 등 주요 이해관계자들의 필요와 요구를 충족시키는 기대에 대한 대응성
- 전문가적 책임: 관련 기술이나 전문 지식을 가진 관료들이 자신의 업무에 대한 재량권과 자율성에 대한 책임

정답 ②

05　　　　　　　　　　　　　　　　　　1018

행정책임 확보 방안 중 내부통제에 해당하는 것은?

2022 지방 7급

① 공정한 감시와 견제기능을 하는 시민단체 활동
② 부정청탁금지법 제정과 같은 국회의 입법 활동
③ 부당한 행정에 대한 언론의 감시 활동
④ 중앙부처의 예산 편성과 집행에 대한 기획재정부의 관리 활동

출제유형 Ⅰ. 기본개념　　**출제영역** 행정책임

출제빈도 ★★★　　**난도** 하

정답찾기
④ 중앙부처의 예산 편성과 집행에 대한 기획재정부의 관리 활동은 공식적 통제이면서 내부적 통제이다.

오답피하기
① 공정한 감시와 견제기능을 하는 시민단체 활동은 비공식적 통제이면서 외부통제이다.
② 부정청탁금지법 제정과 같은 국회의 입법 활동은 공식적 통제이면서 외부통제이다.
③ 부당한 행정에 대한 언론의 감시 활동은 비공식적 통제이면서 외부통제이다.

행복노트
행정통제의 의의 및 유형(Gilvert)
- 행정책임 보장을 위한 사전적·사후적 제재 수반
  성과측정 + 시정조치, 통제(대응성)와 자율(능률성)의 조화 필요

구분		통제자의 위치	
		외부통제	내부통제
공식성 여부	공식	· 입법부 · 사법부 · 헌법재판소 · 옴부즈만제도	· 계층제 및 인사관리제도 · 청와대와 국무조정실 · 상급기관, 직무명령 · 독립통제기관 · 중앙행정부처(교차기능)
	비공식	· 이익집단 · 시민 · 여론·매스컴·인터넷 · 전문가집단 및 정당	· 공무원 자율적 직업윤리 · 동료집단의 평가와 비판

정답 ④

06　　　　　　　　　　　　　　　　　　1019

행정통제의 유형 중 외부통제가 아닌 것은?

2020 지방 9급

① 감사원의 직무감찰
② 의회의 국정감사
③ 법원의 행정명령 위법 여부 심사
④ 헌법재판소의 권한쟁의심판

출제유형 Ⅱ. 이론·제도　　**출제영역** 행정통제

출제빈도 ★★★　　**난도** 상

정답찾기
① 감사원의 직무감찰은 내부통제이고 공식적 통제이다.

오답피하기
② 의회의 국정감사는 외부통제이고 공식적 통제이다.
③ 법원의 행정명령 위법 여부 심사는 외부통제이고 공식적 통제이다.
④ 헌법재판소의 권한쟁의심판은 외부통제이고 공식적 통제이다.

행복노트
행정통제의 의의 및 유형(Gilvert)
- 행정책임 보장을 위한 사전적·사후적 제재 수반
  성과측정 + 시정조치, 통제(대응성)와 자율(능률성)의 조화 필요

구분		통제자의 위치	
		외부통제	내부통제
공식성 여부	공식	· 입법부 · 사법부 · 헌법재판소 · 옴부즈만제도	· 계층제 및 인사관리제도 · 청와대와 국무조정실 · 상급기관, 직무명령 · 독립통제기관 · 중앙행정부처(교차기능)
	비공식	· 이익집단 · 시민 · 여론·매스컴·인터넷 · 전문가집단 및 정당	· 공무원 자율적 직업윤리 · 동료집단의 평가와 비판

정답 ①

07
1020

행정통제의 유형 중 공식적·내부통제 유형에 포함되는 방식으로 가장 옳은 것은? 2019 서울 9급

① 정당에 의한 통제
② 감사원에 의한 통제
③ 사법부에 의한 통제
④ 동료집단의 평판에 의한 통제

08
1021

정부통제를 내부통제와 외부통제로 구분할 때, 내부통제가 아닌 것은? 2018 서울 9급

① 감찰통제
② 예산통제
③ 인력의 정원통제
④ 정당에 의한 통제

출제유형 Ⅱ. 이론·제도 **출제영역** 행정통제

출제빈도 ★★★   **난도** 중

[정답찾기]

② 감사원에 의한 통제는 공식적·내부통제이다.

[오답피하기]

① 정당에 의한 통제는 비공식적·외부통제에 해당한다.
③ 사법부에 의한 통제는 공식적·외부통제에 해당한다.
④ 동료집단에 의한 통제는 비공식적·내부통제에 해당한다.

행복노트

행정통제의 의의 및 유형(Gilvert)

- 행정책임 보장을 위한 사전적·사후적 제재 수반
  성과측정 + 시정조치, 통제(대응성)와 자율(능률성)의 조화 필요

구 분		통제자의 위치	
		외부통제	내부통제
공식성 여부	공식	• 입법부 • 사법부 • 헌법재판소 • 옴부즈만제도	• 계층제 및 인사관리제도 • 청와대와 국무조정실 • 상급기관, 직무명령 • 독립통제기관 • 중앙행정부처(교차기능)
	비공식	• 이익집단 • 시민 • 여론·매스컴·인터넷 • 전문가집단 및 정당	• 공무원 자율적 직업윤리 • 동료집단의 평가와 비판

정답 ②

출제유형 Ⅱ. 이론·제도 **출제영역** 행정통제

출제빈도 ★★★   **난도** 중

[정답찾기]

④ 정당에 의한 통제는 외부통제이자 비공식적 통제에 해당한다.

[오답피하기]

① 감찰통제는 감사원의 기능으로 내부통제이자 공식적 통제에 해당한다.
② 예산통제는 기획재정부의 기능으로 내부통제이자 공식적 통제에 해당한다.
③ 인력의 정원통제는 행정안전부의 기능으로 내부통제이자 공식적 통제에 해당한다.

정답 ④

09　1022

행정통제에 대한 설명으로 옳지 않은 것은?　2017 지방 9급 추가

① 감사원에 의한 통제는 회계검사, 직무감찰, 성과감사 등이 있다.
② 사법통제는 행정이 이미 이루어진 후의 소극적 사후조치라는 한계가 있다.
③ 입법통제는 행정명령·처분·규칙의 위법여부를 심사하는 외부통제 방법이다.
④ 언론은 행정부의 과오를 감시하고 비판하며 공개하는 역할을 수행함으로써 행정에 영향을 미친다.

출제유형　Ⅱ. 이론·제도　출제영역　행정통제
출제빈도　★★★　난도　중

정답찾기
③ 행정명령·처분·규칙의 위법여부를 심사하는 외부통제 방법은 사법통제에 해당한다.

오답피하기
① 감사원의 기능은 회계검사, 직무감찰, 결산확인, 성과감사이다.
② 사법통제는 행정이 이미 이루어진 후의 소극적 사후조치라는 한계가 있다.
④ 언론은 행정부의 과오를 감시하고 비판하며 공개하는 역할을 수행함으로써 행정에 영향을 미치므로 외부통제이자 비공식적 통제에 해당한다.

정답 ③

10　1023

행정통제에 대한 설명으로 옳지 않은 것은?　2017 지방 9급

① 독립통제기관(Separate Monitoring Agency)은 일반행정기관과 대통령 그리고 외부적 통제중추들의 중간 정도에 위치하며, 상당한 수준의 독자성과 자율성을 누린다.
② 헌법재판제도는 헌법을 수호하고 부당한 국가권력으로부터 국민의 권리와 자유를 보호하는 과정에서 행정에 대한 통제기능을 수행한다.
③ 교차기능조직(Criss-cross Organizations)은 행정체제 전반에 걸쳐 관리작용을 분담하여 수행하는 참모적 조직단위들로서 내부적 통제체제로부터 완전히 독립되어 있다.
④ 국무총리 소속 국민권익위원회는 옴부즈만적 성격을 가지며, 국민권익위원회의 위원장과 부위원장은 국무총리의 제청으로 대통령이 임명한다.

출제유형　Ⅱ. 이론·제도　출제영역　행정통제
출제빈도　★★★　난도　중

정답찾기
③ 교차기능조직은 횡적지원 및 조정기능을 통한 관리작용을 분담하여 수행하는 참모조직단위로 기획재정부, 행정안전부, 인사혁신처, 조달청, 법제처 등이 여기에 해당한다. 그러므로 교차기능조직의 통제는 내부통제이자 공식적 통제로 사전적 통제기능을 수행한다.

행복노트
① 독립통제기관은 중앙통제조직으로 독자성과 자율성의 성격을 지닌다.
④ 국민권익위원회는 국무총리 소속으로 위원장과 부위원장은 국무총리의 제청으로 대통령이 임명하고, 국민권익위원회는 옴부즈만적 성격을 지닌다.

오답피하기
교차기능조직에 의한 통제

- 의의
  - 행정체제 전반의 관리작용을 분담하는 참모적 조직
  - 내부 공식적 통제로 사전적 통제기능 수행

- 기능
  - 인사통제: 인사혁신처에 의한 인사감사
  - 기구 및 정원통제: 행정안전부의 정부조직 개편
  - 예산통제: 기획재정부의 예산사정
  - 물자통제: 조달청의 물자관리
  - 법제통제: 법제처의 법규명령심사

정답 ③

11 □□□ 1024

행정통제 중 내부통제에 해당하는 것만을 모두 고른 것은?

2016 국가 7급

> ㄱ. 입법부에 의한 통제
> ㄴ. 사법부에 의한 통제
> ㄷ. 감사원에 의한 통제
> ㄹ. 시민에 의한 통제
> ㅁ. 공무원으로서 직업윤리

① ㄱ, ㄴ ② ㄴ, ㄷ
③ ㄷ, ㅁ ④ ㄹ, ㅁ

12 □□□ 1025

행정부에 대한 외부통제에 해당하는 것만을 모두 고르면?

2021 국가 9급

> ㄱ. 행정안전부의 각 중앙행정기관 조직과 정원 통제
> ㄴ. 국회의 국정조사
> ㄷ. 기획재정부의 각 부처 예산안 검토 및 조정
> ㄹ. 국민들의 조세부과 처분에 대한 취소소송
> ㅁ. 국무총리의 중앙행정기관에 대한 기관평가
> ㅂ. 환경운동연합의 정부정책에 대한 반대
> ㅅ. 중앙행정기관장의 당해 기관에 대한 자체평가
> ㅇ. 언론의 공무원 부패 보도

① ㄱ, ㄷ, ㅁ, ㅅ ② ㄴ, ㄷ, ㄹ, ㅁ
③ ㄴ, ㄹ, ㅁ, ㅇ ④ ㄴ, ㄹ, ㅂ, ㅇ

출제유형 Ⅱ. 이론·제도 **출제영역** 행정통제

출제빈도 ★★★ **난도** 중

정답찾기
ㄷ. 감사원에 의한 통제는 내부통제이자 공식적 통제에 해당한다.
ㅁ. 공무원으로서 직업윤리는 내부통제이자 비공식적 통제에 해당한다.

오답피하기
ㄱ. 입법부에 의한 통제는 외부통제이자 공식적 통제이다.
ㄴ. 사법부에 의한 통제는 외부통제이자 공식적 통제이다.
ㄹ. 시민에 의한 통제는 외부통제이자 비공식적 통제이다.

정답 ③

출제유형 Ⅱ. 이론·제도 **출제영역** 행정통제

출제빈도 ★★★ **난도** 중

정답찾기
ㄴ. 국회의 국정조사는 외부통제이자 공식적 통제이다.
ㄹ. 국민들의 조세부과 처분에 대한 취소소송은 외부통제이자 공식적 통제이다.
ㅂ. 환경운동연합의 정부정책에 대한 반대는 외부통제이자 비공식적 통제이다.
ㅇ. 언론의 공무원 부패 보도는 외부통제이자 비공식적 통제이다.

오답피하기
ㄱ. 행정안전부의 각 중앙행정기관 조직과 정원 통제는 내부통제이자 공식적 통제이다.
ㄷ. 기획재정부의 각 부처 예산안 검토 및 조정은 내부통제이자 공식적 통제이다.
ㅁ. 국무총리의 중앙행정기관에 대한 기관평가는 내부통제이자 공식적 통제이다.
ㅅ. 중앙행정기관장의 당해 기관에 대한 자체평가는 내부통제이자 공식적 통제이다.

행복노트

행정통제의 의의 및 유형(Gilvert)
- 행정책임 보장을 위한 사전적·사후적 제재 수반
  성과측정 + 시정조치, 통제(대응성)와 자율(능률성)의 조화 필요

구 분		통제자의 위치	
		외부통제	내부통제
공식성 여부	공식	• 입법부 • 사법부 • 헌법재판소 • 옴부즈만제도	• 계층제 및 인사관리제도 • 청와대와 국무조정실 • 상급기관, 직무명령 • 독립통제기관 • 중앙정부부처(교차기능)
	비공식	• 이익집단 • 시민 • 여론·매스컴·인터넷 • 전문가집단 및 정당	• 공무원 자율적 직업윤리 • 동료집단의 평가와 비판

정답 ④

13

우리나라의 행정통제에 대한 설명으로 옳은 것은? 2015 지방 9급

① 행정기관 및 공무원의 직무에 관한 감찰을 하기 위하여 대통령 소속하에 감사원을 두고 있다.
② 권위주의적 정치·행정문화 속에서 행정의 내·외부통제가 보다 효과적으로 이루어졌다.
③ 헌법재판소는 행정에 대한 통제기능은 수행하지 못한다.
④ 입법부의 구성이 여당 우위일 경우에 효과적인 행정통제기능을 수행할 수 있다.

14

행정에 대한 시민단체의 역할로 옳지 않은 것은? 2015 국가 7급

① 국민에게 교육을 실시하는 등 사회에 필요한 재화와 서비스의 제공자 역할을 한다.
② 정당과 함께 행정에 대한 공식적 통제자 역할을 한다.
③ 소수 약자의 인권이나 재산권 침해 등에 대한 대변자 역할을 한다.
④ 이익집단 간 갈등이나 지역이기주의로 나타나는 지역 간 갈등 등에 대한 조정자 역할을 한다.

출제유형 Ⅱ. 이론·제도 **출제영역** 행정통제
출제빈도 ★★★ **난도** 중

정답찾기
① 행정기관 및 공무원의 직무에 관한 감찰을 하기 위하여 대통령 소속하에 헌법기관인 감사원을 두고 있다.

오답피하기
② 권위주의적 정치·행정문화 속에서 행정의 내부·외부통제가 효과적으로 이루어지기 힘들다.
③ 헌법재판소는 권한쟁의, 헌법소원심판, 탄핵심판, 위헌법률 심판 등 행정에 대한 통제기능을 수행한다.
④ 입법부의 구성이 야당 우위일 경우에 효과적인 행정통제기능을 수행할 수 있다.

정답 ①

출제유형 Ⅱ. 이론·제도 **출제영역** 행정통제
출제빈도 ★★★ **난도** 중

정답찾기
② 정당과 시민단체는 외부통제이자 비공식적 통제에 해당한다.

오답피하기
① 시민단체는 국민에게 교육을 실시하는 등 사회에 필요한 재화와 서비스의 제공자 역할을 한다.
③ 시민단체는 소수 약자의 인권이나 재산권 침해 등에 대한 대변자 역할을 한다.
④ 시민단체는 이익집단 간 갈등이나 지역이기주의로 나타나는 지역 간 갈등 등에 대한 조정자 역할을 한다.

정답 ②

15 ☐☐☐ 1028

행정부에 대한 국회의 통제수단으로 가장 옳지 않은 것은?

2014 국회 9급

① 국무위원에 대한 해임건의권
② 국정조사권
③ 법규명령심사권
④ 국무총리임명동의권
⑤ 예산안심의권

16 ☐☐☐ 1029

다음 중 한국의 국회가 갖고 있는 행정부 통제장치가 아닌 것은?

2012 서울 7급

① 국정감사권
② 국무위원해임의결권
③ 정부조직입법권
④ 조세법률주의
⑤ 공직청문회제도

출제유형 Ⅱ. 이론·제도 **출제영역** 행정부 통제

출제빈도 ★★★ **난도** 중

정답찾기
③ 법규명령심사권은 사법부의 권한이다. 법규명령은 법규의 성격을 띠는 명령으로 대통령령, 총리령, 부령 등을 의미한다.

오답피하기
① 국회는 국무총리·국무위원에 대한 해임건의권으로 행정부를 통제한다.
② 국회는 국정조사권으로 행정부를 통제한다.
④ 국회는 국무총리, 대법원장, 대법관, 헌법재판소장, 감사원장에 대한 임명동의권을 가진다.
⑤ 국회는 예산안 심의권으로 행정부를 통제할 수 있다.

행복노트
행정부 통제

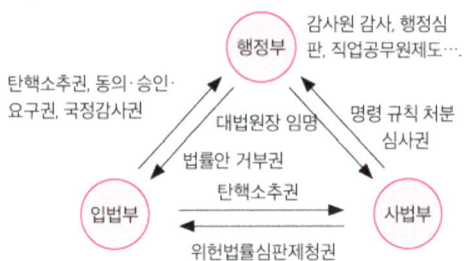

행정부 내부의 통제	감사원 감사, 행정심판, 직업공무원제도
국회에 의한 통제	입법권, 예산안 심의·동의 및 승인권, 계엄 해제 요구권, 국정감사 및 조사권, 국무위원 해임 건의권, 탄핵소추권, 청문회제도
법원에 의한 통제	대법원의 명령 규칙 처분 심사권, 행정소송
국민에 의한 통제	선거, 정당, 대중매체를 이용한 정치참여 • 참정권, 재판청구권, 헌법소원 • 여론 형성을 통한 영향력 행사

정답 ③

출제유형 Ⅱ. 이론·제도 **출제영역** 행정부 통제

출제빈도 ★★★ **난도** 중

정답찾기
② 국회는 국무위원해임건의권만 가질 뿐 해임의결권은 갖지 않는다.

오답피하기
① 국회는 국정감사권, 국정조사권으로 행정부를 통제한다.
③ 국회는 정부조직에 관한 입법권을 가지고 행정부를 통제할 수 있다.
④ 국회는 조세법률주의 행정부의 세입을 통제할 수 있다.
⑤ 국회는 공직청문회제도를 통해 행정부의 인사를 통제할 수 있다.

정답 ②

17　1030

다음과 같은 행정현실에서 가장 적합한 행정통제 방안은?

2012 지방 9급

> 현재 지방관서에서 하루속히 척결해야 할 것은 관급공사와 관련한 비리이다. 드물지만 간판도 없는 유령회사가 관급 공사를 따내는 경우도 있다. 전관예우라고나 할까? 전직 기관장이 공사를 따내는 경우인데, 그들은 공사를 맡고 난 다음에 회사를 설립하기도 한다. 관급공사를 시의원이나 구의원이 맡는 것도 큰 문제이다. 행정을 감시해야 할 사람에게 시정을 맡기는 것은 어불성설이다. 이런 실태는 행정경험과 해당분야에 대한 전문성을 갖고 합법성과 합목적성을 구별할 수 있는 전문가만이 발견해 낼 수 있다.

① 시민에 의한 통제
② 입법부에 의한 통제
③ 사법부에 의한 통제
④ 감사원에 의한 통제

출제유형 Ⅱ. 이론·제도　**출제영역** 행정통제
출제빈도 ★★★　**난도** 중

정답찾기
④ 행정경험과 해당분야에 대한 전문성으로써 합법성과 합목적성을 구별할 수 있는 통제는 독립통제기관인 감사원에 의한 통제이다.

정답 ④

18　1031

옴부즈만제도에 대한 설명으로 옳은 것은?

2021 국가 7급

① 시민의 요구가 없다면 직권으로 조사활동을 할 수 없다.
② 부족한 인력과 예산으로 국민의 권익을 구제하는 데 한계가 있다.
③ 사법부가 임명한다.
④ 시정조치를 법적으로 강제할 수 있는 권한이 있다.

출제유형 Ⅱ. 이론·제도　**출제영역** 옴부즈만제도
출제빈도 ★★★　**난도** 중

정답찾기
② 옴부즈만제도는 부족한 인력과 예산으로 국민의 권익을 구제하는 데 한계가 있다.

오답피하기
① 시민의 요구가 없어도 직권으로 조사활동을 할 수 있다.
③ 옴부즈만을 임명하는 주체는 입법기관, 행정수반 등 국가별로 상이하지만 일반적으로 입법부가 임명한다.
④ 시정조치를 법적으로 강제할 수 있는 권한이 없다.

행복노트
옴부즈만제도

- **의의**
  - 1809년 스웨덴 최초 도입
  - 국민의 권리를 구제해 주는 행정감찰관제도

- **특징**
  - 소속기관 다양하지만 일반적으로 입법부 소속
  - 직무상 엄격히 독립
  - 간접통제(직접 취소·변경 불가)
  - 합법성뿐만 아니라 합목적성(위법·부당) 여부 다룸
  - 조사권, 시찰권 인정, 소추권은 대부분 불인정
  - 신청+직권에 의한 조사 가능

- **공헌 한계**
  - 신속한 처리와 적은 비용, 쉬운 접근성
  - 문제의 근본적 원인에 대한 대책 마련×, 강제권×

TIP
옴부즈만제도
옴스옴스~~

정답 ②

19. 1032

옴부즈만(Ombudsman)제도에 대한 설명으로 옳지 않은 것은?

2019 지방 9급

① 우리나라의 국민권익위원회는 헌법상 독립성을 보장하기 위해 대통령 소속으로 설치되었다.
② 옴부즈만을 임명하는 주체는 입법기관, 행정수반 등 국가별로 상이하다.
③ 스웨덴에서는 19세기에 채택되었다.
④ 행정에 대한 통제기능을 수행한다.

20. 1033

옴부즈만(Ombudsman)에 대한 설명으로 가장 옳지 않은 것은?

2018년 서울 2회 7급

① 옴부즈만은 스웨덴어로 대리자·대표자를 의미한다.
② 영국과 미국에서는 민정관 또는 호민관이라는 뜻으로 사용된다.
③ 우리나라의 경우 1998년에 출범한 공정거래위원회가 옴부즈만 제도의 시초이다.
④ 통상적으로 옴부즈만은 의회나 정부에 의해 임명되며, 임명하는 기관으로부터 직무상 엄격히 독립되어 국정을 통제한다.

출제유형 Ⅱ. 이론·제도 **출제영역** 옴부즈만제도
출제빈도 ★★★ **난도** 중

정답찾기
① 우리나라의 국민권익위원회는 <u>국무총리 소속의 법률상 기구</u>이다.

오답피하기
② 옴부즈만을 임명하는 주체는 입법기관, 행정수반 등 국가별로 상이하고 각 나라마다 옴부즈만의 소속과 권한 등이 다르지만 대개 입법부 소속의 공무원으로 구성된다.
③ 스웨덴에서는 <u>1809년(19세기)</u>에 채택되었다.
④ 옴부즈만이란 <u>공무원의 위법·부당한 행위로 말미암은 잘못된 행정에 대해 관련 공무원의 설명을 요구하고, 조사하여 민원인에게 결과를 알려주고 언론을 통해 공표함으로써 국민의 권리를 구제하는 행정감찰관제도</u>이므로 행정에 대한 통제기능을 수행한다.

행복노트
옴부즈만제도
- **의의**
  - 1809년 스웨덴 최초 도입
  - 국민의 권리를 구제해 주는 행정감찰관제도
- **특징**
  - 소속기관 다양하지만 일반적으로 입법부 소속
  - 직무상 엄격히 독립
  - 간접통제(직접 취소·변경 불가)
  - 합법성뿐만 아니라 합목적성(위법·부당) 여부 다룸
  - 조사권, 시찰권 인정, 소추권은 대부분 불인정
  - 신청+직권에 의한 조사 가능
- **공헌 한계**
  - 신속한 처리와 적은 비용, 쉬운 접근성
  - 문제의 근본적 원인에 대한 대책 마련 ×, 강제권 ×

옴부즈만제도
옴스옴스~~

정답 ①

출제유형 Ⅱ. 이론·제도 **출제영역** 옴부즈만제도
출제빈도 ★★★ **난도** 중

③ 우리나라의 옴부즈만제도의 시초는 <u>1994년 출범한 국민고충처리위원회</u>이다.

오답피하기
우리나라 옴부즈만제도(국민권익위원회)
- **의의**
  - 고충민원처리, 부패방지, 행정심판의 기능
  - '부패방지 및 국민권익위설치에 관한 법률' 근거
  - 우리나라 옴부즈만 시초: 1994년 국민고충처리위원회
- **특징**
  - 국무총리 소속, 법률상 기관
  - 신청에 의한 조사만 가능(직권조사권 ×), 직권조정은 가능
  - 사후심사와 내부통제(입법부, 사법부 ×)
  - 합법성 + 합목적성 대상
  - 각 지자체는 시민고충처리위원회를 설치

정답 ③

21

옴부즈만(Ombudsman)제도의 일반적 특징에 대한 설명으로 옳지 않은 것은?

2017 지방 7급

① 옴부즈만은 비교적 임기가 짧고 임기보장이 엄격하게 적용되지 않는다.
② 옴부즈만에게 민원을 신청할 수 있는 사안은 행정 관료의 불법행위와 부당행위를 포함한다.
③ 옴부즈만은 행정기관의 결정에 대해 직접 취소·변경할 수 있는 권한을 갖지 않는다.
④ 업무처리에 있어 절차상의 제약이 크지 않아 옴부즈만에 대한 시민들의 접근이 용이하다.

정답찾기
① 옴부즈만은 직무수행상 독립성을 갖는 기관으로 임기보장이 엄격하게 적용되고 스웨덴의 옴부즈만의 임기는 4년이다.

오답피하기
② 옴부즈만의 조사대상은 불법행위는 물론 부당행위, 태만이나 과실도 해당된다.
③ 옴부즈만은 행정기관의 결정에 대해 직접적인 취소권을 갖지 않는다.
④ 옴부즈만은 사법부에 의한 판결보다 비용 및 절차상의 제약이 크지 않아 시민들의 접근이 용이하다.

정답 ①

22

옴부즈만(Ombudsman)제도에 대한 설명으로 옳은 것만을 모두 고른 것은?

2016 지방 9급

ㄱ. 옴부즈만제도는 설치주체에 따라 크게 의회 소속형과 행정기관 소속형으로 구분된다.
ㄴ. 옴부즈만제도는 정부 행정활동의 비약적인 증대에 따른 시민의 권리침해 가능성에 대해 충분한 구제제도를 두기 위하여 핀란드에서 최초로 도입되었다.
ㄷ. 옴부즈만은 행정행위의 합법성뿐만 아니라 합목적성 여부도 다룰 수 있다.
ㄹ. 우리나라의 경우 대통령 직속의 국민권익위원회가 옴부즈만에 해당한다.

① ㄱ, ㄴ
② ㄱ, ㄷ
③ ㄷ, ㄹ
④ ㄴ, ㄹ

정답찾기
ㄱ. 옴부즈만은 일반적으로 의회 소속형이지만 우리나라처럼 행정기관 소속형인 경우도 있다.
ㄷ. 옴부즈만은 합법성과 합목적성을 모두 다룰 수 있다.

오답피하기
ㄴ. 옴부즈만제도는 스웨덴에서 최초로 도입되었다.
ㄹ. 우리나라의 국민권익위원회는 국무총리 소속이다.

정답 ②

23 1036

옴부즈만제도(Ombudsman)에 대한 설명으로 옳지 않은 것은?

2012 서울 9급

① 행정부가 입법부의 통제로부터 자율권을 갖기 위한 수단이다.
② 정의롭지 못하거나 잘못된 행정에 대해 관련 공무원의 설명을 요구한다.
③ 옴부즈만은 법적으로 확립되고, 기능적으로 자율적이다.
④ 제도의 기본 성격은 청원이나 진정과 비슷하다.
⑤ 독립적 조사권, 시찰권, 소추권 등의 권한을 갖고 있다.

출제유형 Ⅱ. 이론·제도 **출제영역** 옴부즈만제도

출제빈도 ★★★   난도 중

정답찾기

① 옴부즈만제도는 입법부 소속의 공무원에 의한 행정통제 방식으로 입법부가 행정부를 통제하기 위한 제도이다.

오답피하기

② 정의롭지 못하거나 잘못된 행정에 대해 관련 공무원의 설명을 요구한다.
③ 옴부즈만은 법적으로 확립되고, 기능적으로 자율적이다.
④ 조사권과 시찰권은 대부분 나라에서 인정하고 있지만 공소를 제기할 수 있는 소추권은 인정하지 않으므로 기본 성격은 청원이나 진정과 비슷하다.
⑤ 옴부즈만의 권한으로 독립적 조사권, 시찰권, 소추권이 있다. 하지만 대부분의 나라에서 소추권은 보통 인정하지 않는다.

정답 ①

CHAPTER 01 기출 OX

1. 파이너(Finer)는 법적·제도적 외부통제를 강조한다. — O

2. 프리드리히(Friedrich)는 개인적인 도덕적 의무감에 호소하는 책임보다 외재적·민주적 책임의 중요성을 강조하였다. — X
   프리드리히(Friedrich)는 외재적·민주적 책임보다 개인적인 도덕적 의무감에 호소하는 책임을 강조하였다.

3. 제도적 책임성이란 공무원이 전문가로서의 직업윤리와 책임감에 기초해서 자발적인 재량을 발휘해 확보되는 행정책임을 의미한다. — X
   자율적 책임성이란 공무원이 전문가로서의 직업윤리와 책임감에 기초해서 자발적인 재량을 발휘해 확보되는 행정책임을 의미한다.

4. 국회의 국정감사는 외부·공식적 통제이고, 국무조정실에 의한 통제는 내부·비공식적 통제이다. — X
   국회의 국정감사는 외부·공식적 통제이고, 국무조정실에 의한 통제는 내부·공식적 통제이다.

5. 감사원의 직무감찰은 행정통제의 유형 중 외부통제이다. — X
   감사원의 직무감찰은 행정통제의 유형 중 내부통제이다.

6. 의회의 국정감사는 행정통제의 유형 중 외부통제이고 공식적 통제이다. — O

7. 법원의 행정명령 위법 여부 심사는 행정통제의 유형 중 외부통제이고 공식적 통제이다. — O

8. 긍정적 환류통제는 실적이 목표에서 이탈된 것을 발견하고 후속되는 행동이 전철을 밟지 않도록 시정하는 통제이다. — X
   부정적 환류통제는 실적이 목표에서 이탈된 것을 발견하고 후속되는 행동이 전철을 밟지 않도록 시정하는 통제이다.

9. 교차기능조직(Criss-cross Organizations)은 행정체제 전반에 걸쳐 관리 작용을 분담하여 수행하는 참모적 조직단위들로서 내부적 통제체제로부터 완전히 독립되어 있다. — X
   교차기능조직(Criss-cross Organizations)은 행정체제 전반에 걸쳐 관리 작용을 분담하여 수행하는 참모적 조직단위들로서 내부적 통제체제이다.

10. 옴부즈만은 국민의 요구나 신청에 의해 활동을 개시하는 것이 일반적이지만, 예외적으로 직권으로 조사 활동을 개시하기도 한다. — O

11. 옴부즈만에게 민원을 신청할 수 있는 사안은 행정 관료의 불법행위와 부당행위를 포함한다. — O

12. 옴부즈만은 행정기관의 결정에 대해 직접 취소·변경할 수 있는 권한을 갖는다. — X
    옴부즈만은 행정기관의 결정에 대해 직접 취소·변경할 수 있는 권한을 갖지 않는다.

13. 대통령 소속 국민권익위원회는 옴부즈만적 성격을 가지며, 국민권익위원회의 위원장과 부위원장은 국무총리의 제청으로 대통령이 임명한다. — X
    국무총리 소속 국민권익위원회는 옴부즈만적 성격을 가지며, 국민권익위원회의 위원장과 부위원장은 국무총리의 제청으로 대통령이 임명한다.

14. 옴부즈만제도를 의회형과 행정부형으로 구분할 경우, 국민권익위원회의 고충민원처리제도는 전자에 속한다. — X
    옴부즈만제도를 의회형과 행정부형으로 구분할 경우, 국민권익위원회의 고충민원처리제도는 후자에 속한다.

CHAPTER 01 키워드

1. _____ 는 객관적·외재적 책임보다 내재적 통제를 강조한다.   2021 지방 9급   **프리드리히(Friedrich)**

2. _____ 는 개인적인 도덕적 의무감에 호소하는 책임보다 외재적·민주적 책임의 중요성을 강조하였다.   2021 지방 7급   **파이너(Finer)**

3. 전통적으로 책임성은 _____ 책임성(Accountability)과 자율적 책임성(Responsibility)으로 구분되어 논의되었다.   2017 서울 9급   **제도적**

4. _____ 책임성은 공무원의 자율적이고 능동적인 행정 책임을 의미한다.   2018 서울 1회 7급   **자율적**

5. _____ 의 과정은 목표와 계획에 따른 통제 기준의 확인, 실제 행정과정에 대한 정보의 수집, 과정평가·효과평가 등의 실시, 통제주체의 시정조치 순으로 이루어진다.   2013 국가 7급   **행정통제**

6. 감사원의 직무감찰은 행정통제의 유형 중 _____ 이다.   2020 지방 9급   **내부통제**

7. 입법부의 통제, 옴부즈만의 제도, 사법부의 통제 등은 행정에 대한 통제의 유형 중 _____ 에 속한다.   2015 경찰간부   **외부통제**

8. 감찰통제, 예산통제, 인력의 정원통제는 _____ 에 해당한다.   2018 서울 9급   **내부통제**

9. 의회의 국정감사는 행정통제의 유형 중 외부통제이고 _____ 통제이다.   2020 지방 9급   **공식적**

10. 법원의 행정명령 위법 여부 심사는 행정통제의 유형 중 _____ 통제이고 공식적 통제이다.   2020 지방 9급   **외부**

11. 국무총리 소속으로 설치된 국민권익위원회는 행정체제 내의 _____ 이며, 대통령이 임명하는 옴부즈만의 일종이다.   2017 국회 8급   **독립통제기관**

12. _____ 는 어떤 측면에서는 관료로부터 재량권을 빼앗는 것으로, 그 중심과제는 궁극적으로 민주주의와 관료제 간의 조화 문제로 귀결된다.   2013 서울 9급   **행정통제**

13. 옴부즈만제도는 정부 행정활동의 비약적인 증대에 따른 시민의 권리침해 가능성에 대해 충분한 구제제도를 두기 위하여 _____ 에서 최초로 도입되었다.   2016 지방 9급   **스웨덴**

14. _____ 는 고충민원을 처리하고 그에 관련된 불합리한 행정제도 개선을 권고할 수 있다.   2010 국회 8급   **국민권익위원회**

CHAPTER 02 미래의 행정

대표문제

01 ☐☐☐ 1037

행정개혁에 대한 저항을 극복하는 전략 및 방법에 관한 설명으로 옳은 것은? 2021 국가 7급

① 경제적 손실 보상, 임용상 불이익 방지는 규범적·사회적 전략이다.
② 개혁지도자의 신망 개선, 의사전달과 참여의 원활화, 사명감 고취는 공리적·기술적 전략이다.
③ 교육훈련과 자기계발 기회 제공은 규범적·사회적 전략이다.
④ 개혁 시기 조정은 강제적 전략이다.

출제유형 Ⅰ. 기본개념 　**출제영역** 행정개혁
출제빈도 ★★ 　정답률 65% 　난도 중

정답찾기
③ 교육훈련과 자기계발 기회 제공은 규범적·사회적 전략이다.

오답피하기
① 경제적 손실 보상, 임용상 불이익 방지는 공리적·기술적 전략이다.
② 개혁지도자의 신망 개선, 의사전달과 참여의 원활화, 사명감 고취는 규범적·사회적 전략이다.
④ 개혁 시기 조정은 공리적·기술적 전략이다.

행복노트
행정개혁의 저항 극복 대책

규범적·사회적 전략	공리적·기술적 전략	강제적 전략
• 개혁지도자 신망 개선 • 의사전달과 참여 ↑ • 사명감·자존감 고취 • 교육훈련과 자기계발 • 불만해결 기회 제공 • 충분한 시간의 허용	• 개혁의 시기 조절 • 경제적 손실 보상 • 개혁안의 명확화 • 개혁의 공공성 강조 • 적절한 인사배치 • 개혁방법, 기술 수정 • 호혜적 전략	• 강제나 제재 • 명령 • 불이익처분 • 긴장 조성 • 권력구조 개편

정답 ③

제1절 행정개혁

02 ☐☐☐ 1038

행정개혁의 접근방법에 대한 설명으로 옳지 않은 것은? 2015 국가 9급

① 사업(산출)중심적 접근방법은 행정활동의 목표를 개선하고 서비스의 양과 질을 개선하려는 접근방법으로 분권화의 확대, 권한 재조정, 명령계통 수정 등에 관심을 갖는다.
② 과정적 접근방법은 행정체제의 과정 또는 일의 흐름을 개선하려는 접근방법이다.
③ 행태적 접근방법의 하나인 조직발전(OD: Organizational Development)은 의식적인 개입을 통해서 조직 전체의 임무수행을 효율화하려는 계획적이고 지속적인 개혁활동이다.
④ 문화론적 접근방법은 행정문화를 개혁함으로써 행정체제의 보다 근본적이고 장기적인 개혁을 성취하려는 접근방법이다.

출제유형 Ⅰ. 기본개념 　**출제영역** 행정개혁
출제빈도 ★★ 　난도 중

정답찾기
① 행정개혁에서 분권화 확대나 권한 재조정 및 명령계통 수정 등은 고전적인 구조중심의 접근법에 해당한다.

오답피하기
② 과정적 접근방법은 행정체제의 과정 또는 일의 흐름을 개선하려는 접근방법이다.
③ 행태적 접근방법의 하나인 조직발전(OD: Organizational Development)은 의식적인 개입을 통해서 조직 전체의 임무수행을 효율화하려는 계획적이고 지속적인 개혁활동이다.
④ 문화론적 접근방법은 행정문화를 개혁함으로써 행정체제의 보다 근본적이고 장기적인 개혁을 성취하려는 접근방법이다.

행복노트
행정개혁의 접근법

구조중심적	구조설계를 개선함으로써 행정개혁의 목표 달성(규모 축소 또는 확대, 분권화 확대, 통솔범위 재조정 …)
과정적	운영과정 또는 일의 흐름 개선(목표관리(MBO), 관리과학(OR), 총체적 품질관리(TQM), 업무과정재설계(BPR))
형태적	관료의 가치관과 행태 개선을 통한 인간중심의 접근(감수성 훈련, 조직발전(OD))
사회중심적	행정활동의 목표를 개선하고 서비스의 양과 질을 개선(정책분석 평가, 생산성 측정, 직무검사, 행정책임 평가)
문화론적	행정문화를 개혁함으로써 행정체제를 보다 근본적이고 장기적인 개혁을 성취하려는 접근방법

정답 ①

03

행정개혁에 대한 저항을 극복하는 방법에 관한 설명으로 옳지 않은 것은? 2015 지방 7급

① 강제적 방법은 저항을 근본적으로 해결하기보다는 단기적으로 또는 피상적으로 해결하는 방법으로서, 장래에 더 큰 저항을 야기할 위험이 있다.
② 공리적·기술적 방법에는 개혁의 시기조절, 경제적 손실에 대한 보상, 개혁이 가져오는 가치와 개인적 이득의 실증 등이 있다.
③ 규범적·사회적 방법에는 개혁지도자의 신망 개선, 의사전달과 참여의 원활화, 사명감 고취와 자존적 욕구의 충족 등이 있다.
④ 저항을 가장 근본적으로 해결하는 방법은 공리적·기술적 방법이다.

04

1990년대 이후부터 2000년대 초반까지 영·미 등 주요 선진국 행정개혁의 특징과 거리가 먼 것은? 2012 국가 7급

① 시장원리의 도입을 통한 행정서비스 공급의 효율성 향상을 꾀한다.
② 책임성 향상에 대한 요구가 증가함에 따라 내부관리에 대한 규제를 보다 강화한다.
③ 자원배분의 기준으로서 투입보다는 성과를 중시한다.
④ 책임성과 효율성을 동시에 강조한다.

출제유형 Ⅰ. 기본개념 　**출제영역** 행정개혁
출제빈도 ★★ 　**난도** 중

정답찾기
② 내부관리에 대한 규제를 강화하기보다는 각 기관 관리자에게 <u>보다 많은 융통성을 부여</u>하며 권한위임과 자율성·융통성이 부여되는 만큼 결과에 대한 책임성 확보를 위해 통제를 강화하였으며, 투입과 절차에 대한 통제에 중점을 두기보다는 <u>성과</u>를 강조하였다.

오답피하기
정부혁신의 사례(영국)

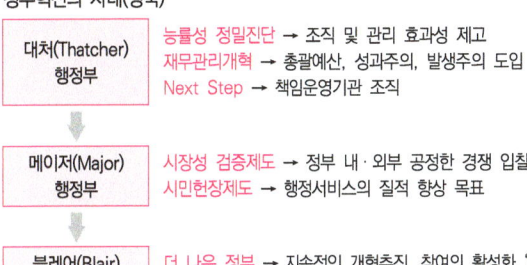

정부혁신의 사례(미국)

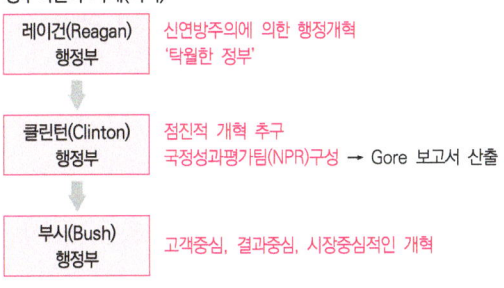

출제유형 Ⅰ. 기본개념 　**출제영역** 행정개혁
출제빈도 ★★ 　**난도** 중

정답찾기
④ 행정개혁의 저항극복 대책으로서 가장 근본적인 해결방법은 <u>규범적·사회적 전략</u>이다. 다만, 시간과 노력의 소모가 크다는 한계가 있다.

오답피하기
① 강제적 방법은 저항을 근본적으로 해결하기보다는 <u>단기적으로 또는 피상적으로 해결하는 방법</u>으로, 장래에 더 큰 저항을 야기할 위험이 있다.
② 공리적·기술적 방법에는 <u>개혁의 시기조절, 경제적 손실에 대한 보상, 개혁이 가져오는 가치와 개인적 이득의 실증</u> 등이 있다.
③ 규범적·사회적 방법에는 <u>개혁지도자의 신망 개선, 의사전달과 참여의 원활화, 사명감 고취와 자존적 욕구의 충족</u> 등이 있다.

정답 ④

정답 ②

05
역대 정부의 조직개편에 대한 설명으로 옳지 않은 것은?

2017 지방 7급

① 김대중 정부는 대통령 소속의 중앙인사위원회를 신설하고, 내무부와 총무처를 행정자치부로 통합하였다.
② 노무현 정부는 국무총리 소속의 국정홍보처를 신설하고, 행정안전부 산하에 소방방재청을 신설하였다.
③ 이명박 정부는 기획예산처, 국정홍보처, 정보통신부, 해양수산부, 과학기술부 등을 다른 부처와 통폐합하였다.
④ 박근혜 정부는 행정안전부를 안전행정부로 개편하고, 식품의약품안전청을 식품의약품안전처로 개편하였다.

출제유형 Ⅰ. 기본개념　　**출제영역** 행정개혁
출제빈도 ★　　**난도** 중

정답찾기
② 국무총리 소속의 국정홍보처 신설은 김대중 정부 때 신설되었다. 행정안전부 산하에 <u>소방방재청을 신설한 것은 노무현 정부</u> 때이다.

오답피하기
① 김대중 정부는 <u>대통령 소속의 중앙인사위원회를 신설</u>하고, 내무부와 총무처를 행정자치부로 통합하였다.
③ 이명박 정부는 기획예산처, 국정홍보처, 정보통신부, 해양수산부, 과학기술부 등을 <u>다른 부처와 통폐합</u>하였다.
④ 박근혜 정부는 행정안전부를 <u>안전행정부로 개편</u>하고, 식품의약품안전청을 <u>식품의약품안전처로 개편</u>하였다.

정답 ②

06
정부혁신의 일반적 특징으로 옳지 않은 것은?

2012 국가 7급

① 행정을 인위적·의식적·계획적으로 변화시키려는 것이므로, 개혁 주도자들에 의해 계획적이고 전략적으로 추진되어야 한다.
② 조직관리의 기술적인 속성과 함께 권력투쟁, 타협, 설득이 병행되는 정치적·사회심리적 과정으로, 행정 내부에서만 이루어지는 것이 아니라 행정 외부의 정치세력들과 상호연결되어 있다.
③ 반드시 의도한 결과만을 초래하는 것이 아니라 의도하지 않는 결과를 초래할 수도 있으며, 부작용과 저항, 나아가 개혁의 실패까지도 나타날 수 있다.
④ 생태적 속성을 지닌 비연속적 과정으로, 새로운 개혁 조치들이 개혁집단에 의해 주도되어 집행되는 제도로서 정착되기 위해서는 단기집약적인 노력이 필요하다.

출제유형 Ⅰ. 기본개념　　**출제영역** 정부혁신
출제빈도 ★★　　**난도** 중

정답찾기
④ 생태적 속성을 지닌 <u>연속적</u> 과정으로, 새로운 개혁 조치들이 개혁집단에 의해 주도되어 집행되는 제도로서 정착되기 위해서는 <u>장기적인 노력</u>이 필요하다.

오답피하기
행정 개혁

의의	─ 정치적 이념을 실현하고 행정의 효율성 제고 ─ 조직 개편 + 기술 개선 + 가치관 변화 + 의사결정 포함
특징	─ 인위적·의식적·계속적 과정으로 계획적·전략적 추진 ─ 동태적·의식적·정치적·사회심리적 과정 ─ 행정외부의 정치세력들과 상호연결 ─ 구조·행태 등 다양한 요소와 관련, 저항 수반성
성공 요인	─ 점진적·부분적 폭과 속도, 장기적인 노력 ─ 상향적 참여 활발 ─ 정부 주도

정답 ④

CHAPTER 02 기출 OX

1. 행정개혁의 과정적 접근방법은 행정문화를 개혁함으로써 행정체제의 보다 근본적이고 장기적인 개혁을 성취하려는 접근방법이다. 〔O X〕   2015 국가 9급

1. 행정개혁의 문화론적 접근방법은 행정문화를 개혁함으로써 행정체제의 보다 근본적이고 장기적인 개혁을 성취하려는 접근방법이다.   x

2. 행정개혁의 행태적 접근방법의 하나인 조직발전(OD)은 의식적인 개입을 통해서 조직 전체의 임무 수행을 효율화하려는 계획적이고 지속적인 개혁활동이다. 〔O X〕   2015 국가 9급

2. 행정개혁의 행태적 접근방법의 하나인 조직발전(OD)은 의식적인 개입을 통해서 조직 전체의 임무 수행을 효율화하려는 계획적이고 지속적인 개혁활동이다.   o

3. 저항을 극복하는 규범적·사회적 방법에는 개혁의 시기조정, 경제적 손실에 대한 보상, 개혁이 가져오는 가치와 개인적 이득의 실증 등이 이에 해당한다. 〔O X〕   2015 지방 7급

3. 저항을 극복하는 공리적·기술적 방법에는 개혁의 시기조정, 경제적 손실에 대한 보상, 개혁이 가져오는 가치와 개인적 이득의 실증 등이 이에 해당한다.   x

4. 노무현 정부는 국무총리 소속의 국정홍보처를 신설하고, 행정안전부 산하에 소방방재청을 신설하였다. 〔O X〕   2017 지방 7급

4. 김대중 정부는 국무총리 소속의 국정홍보처를 신설하고, 노무현 정부는 행정안전부 산하에 소방방재청을 신설하였다.   x

5. 박근혜 정부는 국가보훈처는 장관급으로 격상하고 대통령경호실은 차관급으로 하향 조정하며 명칭을 대통령경호처로 변경했다. 〔O X〕   2018 서울 1회 7급

5. 문재인 정부는 국가보훈처는 장관급으로 격상하고 대통령경호실은 차관급으로 하향 조정하며 명칭을 대통령경호처로 변경했다.   x

6. 시민헌장(Citizen's Chapter)은 선택, 정보공개, 친절과 도움, 불만처리 절차의 공표 등을 기본원리로 한다. 〔O X〕   2010 서울 7급

6. 시민헌장(Citizen's Chapter)은 선택, 정보공개, 친절과 도움, 불만처리 절차의 공표 등을 기본원리로 한다.   o

7. 영국은 의무경쟁입찰제도(CCT)를 대체하기 위한 최고의 가치 프로그램(Best Value)을 추구하도록 하면서 개혁을 추진하였다. 〔O X〕   2011 지방 9급

7. 영국은 의무경쟁입찰제도(CCT)를 대체하기 위한 최고의 가치 프로그램(Best Value)을 추구하도록 하면서 개혁을 추진하였다.   o

8. 정부혁신은 생태적 속성을 지닌 비연속적 과정으로, 새로운 개혁 조치들이 개혁집단에 의해 주도되어 집행되는 제도로서 정착되기 위해서는 단기 집약적인 노력이 필요하다. 〔O X〕   2012 국가 7급

8. 정부혁신은 생태적 속성을 지닌 연속적 과정으로, 새로운 개혁 조치들이 개혁집단에 의해 주도되어 집행되는 제도로서 정착되기 위해서는 장기적인 노력이 필요하다.   x

CHAPTER 02 키워드

1. 행정개혁의 접근방법 중 분권화의 확대, 권한 재조정, 명령계통 수정 등은 행정활동의 목표를 개선하고 서비스의 양과 질을 개선하려는 접근방식인 _____ 접근방법에 해당한다.   2015 국가 9급   구조적

2. 행정개혁의 _____ 접근방법은 행정체제의 과정 또는 일의 흐름을 개선하려는 접근방법이다.   2015 국가 9급   과정적

3. 조직발전(OD)은 _____ 접근법이고 총체적 품질관리(TQM)은 과정적 접근법이다.   2015 국가 9급   행태적

4. 행정개혁의 _____ 접근방법은 행정문화를 개혁함으로써 행정체제의 보다 근본적이고 장기적인 개혁을 성취하려는 접근방법이다.   2015 국가 9급   문화론적

5. 저항을 극복하는 _____ 방법에는 개혁지도자의 신망 개선, 의사전달과 참여의 원활화, 사명감 고취와 자존적 욕구의 충족 등이 있다.   2015 지방 7급   규범적·사회적

6. _____ 방법은 저항을 근본적으로 해결하기보다는 단기적으로 또는 피상적으로 해결하는 방법으로서, 장래에 더 큰 저항을 야기할 위험이 있다.   2015 지방 7급   강제적

7. 행정개혁에 대한 저항을 극복하는 전략 및 방법 중 경제적 손실 보상, 임용상 불이익 방지는 _____ 전략이다.   2021 국가 7급   공리적·기술적

8. 행정개혁에 대한 저항을 극복하는 전략 및 방법 중 교육훈련과 자기계발 기회 제공은 _____ 전략이다.   2021 국가 7급   규범적·사회적

CHAPTER 03 정보사회와 행정

📝 대표문제

01 ☐☐☐ 1043

데이터기반행정에 대한 설명으로 옳지 않은 것은?

2025 지방 9급

① 우리나라는 2020년 「데이터기반행정 활성화에 관한 법률」을 제정하였다.
② 데이터기반행정이란 공공기관이 생성하거나 취득하여 관리하고 있는 데이터를 수집하고 분석하여 정책 수립 및 결정에 활용하는 행정을 의미한다.
③ 데이터 분석뿐만 아니라 정책결정자의 경험에 근거한 의사결정을 지향하여 객관적이고 과학적인 행정을 구현하고자 한다.
④ 행정안전부장관은 데이터기반행정을 체계적으로 추진하기 위하여 데이터기반행정 활성화를 위한 기본계획을 3년마다 수립하여야 한다.

출제유형 Ⅰ. 기본개념 **출제영역** 데이터기반행정
출제빈도 ★★ **난도** 중

정답찾기
③ 데이터 분석뿐만 아니라 정책결정자의 경험에 근거한 의사결정을 지향하여 객관적이고 과학적인 행정을 구현하고자 한다는 설명이 틀렸다. 데이터기반행정은 정책결정자의 주관적 경험이나 직관에 의존하지 않고, 객관적인 데이터 분석에 근거하여 과학적이고 합리적인 의사결정을 하는 것을 지향한다.

오답피하기
① 우리나라는 2020년 12월 「데이터기반행정 활성화에 관한 법률」을 제정하였다는 설명이 옳다.
② 데이터기반행정의 정의가 법률상 정의와 일치하므로 설명이 옳다.
④ 행정안전부장관은 데이터기반행정 활성화를 위한 기본계획을 3년마다 수립해야 한다는 설명이 옳다.

정답 ③

제1절 정보사회와 전자정부

02 ☐☐☐ 1044

「전자정부법」상 전자정부 추진에 대한 설명으로 옳지 않은 것은?

2021 지방 7급

① 「고등교육법」상 사립대학은 적용받지 않는다.
② 행정기관 등의 장은 해당기관의 전자정부의 구현·운영 및 발전을 위한 기본계획을 5년마다 수립하여야 한다.
③ 전자정부의 날이 지정되었다.
④ 필요한 경우 둘 이상의 지방자치단체가 공동으로 지역정보통합센터를 설립·운영할 수 있다.

출제유형 Ⅲ. 법령문제 **출제영역** 전자정부법
출제빈도 ★★ **정답률** 79% **난도** 상

정답찾기
① 「전자정부법」상 전자정부의 대상기관에 「고등교육법」상 사립대학도 적용받는다.

「전자정부법」제2조【정의】
1. '전자정부'란 정보기술을 활용하여 행정기관 및 공공기관(이하 '행정기관 등'이라 한다)의 업무를 전자화하여 행정기관 등의 상호 간의 행정업무 및 국민에 대한 행정업무를 효율적으로 수행하는 정부를 말한다.
3. '공공기관'이란 다음 각 목의 기관을 말한다.
 가. 「공공기관의 운영에 관한 법률」 제4조에 따른 법인·단체 또는 기관
 나. 「지방공기업법」에 따른 지방공사 및 지방공단
 다. 특별법에 따라 설립된 특수법인
 라. 「초·중등교육법」,「고등교육법」및 그 밖의 다른 법률에 따라 설립된 각급 학교
 마. 그 밖에 대통령령으로 정하는 법인·단체 또는 기관

「고등교육법」제2조【학교의 종류】
고등교육을 실시하기 위하여 다음 각호의 학교를 둔다.
1. 대학   2. 산업대학
3. 교육대학 4. 전문대학
5. 방송대학·통신대학·방송통신대학 및 사이버대학
6. 기술대학 7. 각종학교

「전자정부법」제5조【전자정부기본계획의 수립】
① 중앙사무관장기관의 장은 전자정부의 구현·운영 및 발전을 위하여 5년마다 제5조의2 제1항에 따른 행정기관등의 기관별 계획을 종합하여 전자정부기본계획을 수립하여야 한다.

제5조의3【전자정부의 날】
① 전자정부의 우수성과 편리함을 국민에게 알리고 국제적 위상을 제고하는 등 지속적으로 전자정부의 발전을 촉진하기 위하여 매년 6월 24일을 전자정부의 날로 한다.

제55조【지역정보통합센터 설립·운영】
① 지방자치단체는 정보자원을 효율적으로 관리하고 지역정보화를 통합적으로 추진하기 위하여 지역정보통합센터를 설립·운영할 수 있고, 필요한 경우 국가와 지방자치단체 또는 둘 이상의 지방자치단체가 공동으로 지역정보통합센터를 설립·운영할 수 있다.

정답 ①

03 ❑❑❑ 1045
전자정부에 대한 설명으로 옳지 않은 것은? 2020 국가 7급

① 온라인 참여포털 국민신문고는 국민의 고충 민원과 제안을 원스톱으로 접수 및 처리하는 것을 목적으로 한다.
② 디지털예산회계시스템(D-Brain)은 재정업무의 전 과정을 온라인으로 수행하고 재정사업의 현황을 실시간으로 파악할 수 있는 통합재정정보시스템이다.
③ 스마트워크(Smart Work)란 통신, 방송, 인터넷 등을 통합한 멀티미디어 서비스를 안전하게 제공하는 통합네트워크를 의미한다.
④ 전자정부 2020 기본계획은 「전자정부법」에 따라 2016년부터 2020년까지 5개년 계획으로 수립되었다.

04 ❑❑❑ 1046
정보 격차에 대한 설명으로 옳지 않은 것은? 2017 국가 9급 추가

① 경제협력개발기구(OECD)는 정보 격차를 '개인, 가정, 기업 및 지역들 간에 상이한 사회·경제적 여건에서 비롯된 정보통신기술에 대한 접근 기회와 다양한 활동을 위한 인터넷 이용에서의 차이'로 정의했다.
② '정보화마을'은 우리나라에서 도농 간 정보 격차 해소를 위해 시행한 지역정보화정책의 사례이다.
③ 「국가정보화 기본법」은 국가기관과 지방자치단체뿐 아니라 민간 기업에 대해서도 정보격차 해소 시책을 마련할 의무를 규정하고 있다.
④ 「장애인차별금지 및 권리구제 등에 관한 법률」은 정보통신·의사소통 등에서의 정당한 편의제공의무에 관한 규정을 두고 있다.

출제유형 Ⅰ. 기본개념 **출제영역** 전자정부
출제빈도 ★★★ **난도** 중

정답찾기
③ 통신, 방송, 인터넷 등을 통합한 멀티미디어 서비스를 안전하게 제공하는 통합네트워크를 의미하는 것은 광대역 통합망(Broadband convergence Network; BcN)이다. 스마트워크(Smart Work)는 시간과 장소에 얽매이지 않고 언제 어디서나 일할 수 있는 체제를 말한다.

오답피하기
전자정부

의의	정보기술(IT)을 활용하여 공공기관 사무를 전자화함으로써 행정기관 상호 간 또는 국민에 대한 행정업무를 효율적으로 수행하는 정부

기존정부	전자정부
정부 중심, 정부 편의 위주 행정	시민 중심, 시민 편의 위주 행정
책임소재가 불분명한 행정	책임소재가 분명한 행정
시간과 공간의 제약이 있는 행정	시간과 공간의 제약이 없는 행정
신체부자유자 또는 외국인에게는 거의 불가능한 행정	신체부자유자나 외국인에게도 열려있는 행정

정답 ③

출제유형 Ⅰ. 기본개념 **출제영역** 정보 격차
출제빈도 ★★ **난도** 중

정답찾기
③ 「국가정보화 기본법」이 전면 개정되어 「지능정보화 기본법」이 시행중이다. 기존과 마찬가지로 「지능정보화 기본법」에서도 국가와 지방자치단체에 대해서는 정보격차 해소 시책을 마련할 의무를 규정하고 있으나 민간 기업에 대해서는 이 의무를 규정하고 있지 않다.

오답피하기
① '개인, 가정, 기업 및 지역들 간에 상이한 사회·경제적 여건에서 비롯된 정보통신기술에 대한 접근 기회와 다양한 활동을 위한 인터넷 이용에서의 차이'는 경제협력개발기구(OECD)가 규정한 정보격차의 개념이다.
② '정보화 마을'은 행정안전부가 추진하고 있는 지역정보화정책의 사례이다.
④ 「장애인차별금지 및 권리구제 등에 관한 법률」 제11조와 제21조에 의하면 사용자는 장애인이 해당 직무를 수행함에 있어서 정보통신·의사소통 등에서의 정당한 편의를 제공하도록 규정하고 있다.

정답 ③

05
1047

지식정보사회의 도래는 사회의 모든 곳에 지대한 영향을 미치고 있다. 다음 중 지식정보사회가 행정조직에 미칠 영향에 대한 설명으로 적절하지 않은 것은? 2013 서울 7급

① 정보화의 진전에 따라 오히려 정부관료제의 계층제적 구조가 강화될 수도 있다는 우려도 있다.
② 환경에 신속하게 적응하기 위해 조직구조를 보다 경직화할 필요가 있다.
③ 조직의 신축성이 더욱 요구되고 있다.
④ 수평적인 형태로 연결된 네트워크 구조가 증가할 것이다.
⑤ 조직의 신축성을 보장하는 조직이론의 탄생을 강요하고 있다.

06
1048

지식관리시스템(KMS: Knowledge Management System)의 성공요인에 대한 설명으로 옳지 않은 것은? 2015 지방 7급

① 조직적 지식의 창출보다는 조직구성원의 개인적 지식 축적을 강조한다.
② 개인 또는 부서가 업무결과로 얻은 새로운 지식을 다른 구성원들과 공유하는 문화를 조성한다.
③ 지식을 효과적으로 발굴하고 활용할 수 있는 제도와 조직구조를 정비한다.
④ 지식관리의 촉진제이자 실질적인 도구인 정보기술 인프라를 구축한다.

출제유형 Ⅰ. 기본개념　**출제영역** 지식정보사회

출제빈도 ★★　　난도 중

정답찾기
② 환경에 신속하게 적응하기 위해서는 조직구조를 보다 유연하게 할 필요가 있다.

오답피하기
① 정보화의 진전에 따라 오히려 정부관료제의 계층제적 구조가 강화될 수도 있다는 우려도 있다.
③ 조직의 신축성이 더욱 요구되고 있다.
④ 수평적인 형태로 연결된 네트워크 구조가 증가할 것이다.
⑤ 조직의 신축성을 보장하는 조직이론의 탄생을 강요하고 있다.

행복노트
지식정보화 사회

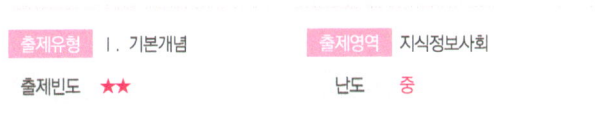

출제유형 Ⅱ. 이론·제도　**출제영역** 지식관리시스템

출제빈도 ★★　　난도 중

정답찾기
① 지식관리시스템은 통합적인 지식관리 프로세스를 지원하는 정보기술시스템으로서, 성공하기 위해서는 지식관리의 총괄관리자를 배치하고, 조직의 지식창조와 공유를 자극할 수 있도록 해야 한다.

오답피하기
②, ④ 지식관리시스템이 성공하기 위해서는 지식의 창출과 공유, 확산을 위해 신뢰와 협력의 문화를 만들어야 하고 정보 기술 인프라를 구축해야 한다.
③ 지식관리시스템의 성공요인으로 조직구성원 모두가 활용할 수 있는 정보시스템과 네트워크 공동 작업에 의한 지식창출이 가능하도록 그룹웨어시스템의 구축이 있다.

정답 ①

정답 ②

07 1049

지식관리시스템을 성공적으로 구축하고 그 효과를 실현하기 위한 방안과 거리가 먼 것은?

2012 지방 9급

① 지식관리를 위한 제도적인 지원과 문화의 형성
② 통합적이고 수직적인 조직구조의 형성
③ 전문적인 인적자원의 확보
④ 지식관리시스템을 가능하게 하는 통합적 정보기술의 확보

출제유형 Ⅱ. 이론·제도 **출제영역** 지식관리시스템
출제빈도 ★★ **난도** 중

정답찾기
② 지식관리시스템을 성공적으로 구축하기 위해서는 통합적인 시스템 구축과 수평적인 조직구조 형성이 바람직하다.

오답피하기
지식행정관리

구 분	기존행정관리	지식행정관리
구성원 능력	조직구성원의 기량과 경험이 일괄적으로 소모	조직구성원의 전문적 자질 향상
지식 소유	지식의 개인 사유화	지식의 공동 조직 재산화
지식 공유	지식의 분철, 파편화	공유를 통한 지식가치 향상
지식 활용	정보, 지식의 중복 활용	조직의 업무능력향상
조직 성과	계층제적 피라미드 구조	유기적 네트워크 구조의 학습 조직기반 구축

정답 ②

08 1050

다음 중 지식행정관리의 기대효과로 가장 옳지 않은 것은?

2015 서울 7급

① 조직구성원의 전문적 자질 향상
② 지식공유를 통한 지식가치의 확대 재생산
③ 학습조직 기반 구축
④ 지식의 개인 사유화 촉진

출제유형 Ⅱ. 이론·제도 **출제영역** 지식행정관리
출제빈도 ★★ **난도** 중

정답찾기
④ 지식행정관리는 지식의 공유화를 촉진한다.

오답피하기
① 기존의 행정관리에서는 조직구성원의 기량과 경험을 일괄적으로 소모시키나 지식행정관리에서는 조직구성원의 전문적 자질을 향상시킨다.
② 정보공유와 활용, 조정이 잘 이루어질 수 있는 정보 네트워크를 활용한 지식공유를 통한 지식가치의 확대 재생산이 이루어진다.
③ 변혁적 리더십을 발휘하여 지식의 창출과 공유 및 확산을 위한 학습조직 기반을 구축하여야 한다.

정답 ④

09 1051

전통적 행정관리와 비교한 새로운 지식행정관리의 특징으로 보기 어려운 것은?

2014 지방 9급

① 공유를 통한 지식가치 향상 및 확대 재생산
② 지식의 조직 공동재산화
③ 계층제적 조직 기반
④ 구성원의 전문가적 자질 향상

출제유형 Ⅱ. 이론·제도　**출제영역** 지식행정관리
출제빈도 ★★　**난도** 중

정답찾기
③ 계층제적 조직을 기반으로 하는 것은 전통적 행정관리이며 새로운 지식행정관리는 학습조직 등 탈계층제적 조직을 기반으로 한다.

오답피하기
지식행정관리

구 분	기존행정관리	지식행정관리
구성원 능력	조직구성원의 기량과 경험이 일괄적으로 소모	조직구성원의 전문적 자질 향상
지식 소유	지식의 개인 사유화	지식의 공동 조직 재산화
지식 공유	지식의 분절, 파편화	공유를 통한 지식가치 향상
지식 활용	정보, 지식의 중복 활용	조직의 업무능력향상
조직 성과	계층제적 피라미드 구조	유기적 네트워크 구조의 학습 조직기반 구축

정답 ③

10 1052

지식을 암묵지(Tacit Knowledge)와 형식지(Explicit Knowledge)로 구분할 경우, 암묵지에 해당하는 것만을 모두 고른 것은?

2013 지방 9급

> ㄱ. 업무매뉴얼
> ㄴ. 조직의 경험
> ㄷ. 숙련된 기능
> ㄹ. 개인적 노하우(Know-how)
> ㅁ. 컴퓨터 프로그램
> ㅂ. 정부보고서

① ㄱ, ㄴ, ㄷ
② ㄴ, ㄷ, ㄹ
③ ㄷ, ㄹ, ㅁ
④ ㄹ, ㅁ, ㅂ

출제유형 Ⅰ. 기본개념　**출제영역** 지식의 유형
출제빈도 ★★　**난도** 하

정답찾기
② ㄴ. 조직의 경험, ㄷ. 숙련된 기능, ㄹ. 개인적 노하우(Know-how)는 언어로 표현하기 힘든 주관적 지식으로 암묵지에 해당한다.

오답피하기
ㄱ. 업무매뉴얼은 말과 글로써 표현된 것으로 형식지에 해당한다.
ㅁ. 컴퓨터 프로그램은 언어로 표현 가능하므로 형식지에 해당한다.
ㅂ. 정부 보고서는 형식지에 해당한다.

행복노트
지식의 유형 및 순환과정: 암묵지와 형식지의 순환

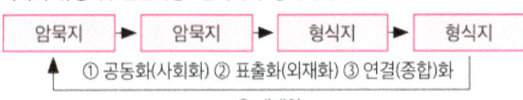

구 분	암묵지	형식지
정 의	언어로 표현하기 힘든 주관적 지식	언어로 표현 가능한 객관적 지식
사 례	조직의 경험, 숙련된 기능, 개인적 노하우	연구보고서, 책, 데이터베이스, 메뉴얼
획 득	개인적 경험을 통한 획득	언어를 통해 습득
특 성	추상적, 개인적, 비체계적 지식	구체적, 공식적, 체계적 지식
전 수	어려움(체험적 전수)	상대적 쉬움(메뉴얼 방식)

정답 ②

11

전자정부와 지식관리에 대한 설명으로 옳지 않은 것은?

2012 국가 9급

① 전자정부의 발달과 함께 공공정보의 개인 사유화가 심화되었다.
② 지식관리는 계층제적 조직보다는 학습조직을 기반으로 한다.
③ 전자 거버넌스의 확대는 직접민주주의에 대한 가능성을 높인다.
④ 정보이용 계층에 대한 정보화정책으로서 정보격차 해소 정책이 중요해졌다.

12

유비쿼터스 전자정부에 대한 설명으로 옳은 것만을 모두 고르면?

2020 지방 9급

ㄱ. 기술적으로 브로드밴드와 무선, 모바일 네트워크, 센싱, 칩 등을 기반으로 한다.
ㄴ. 서비스 전달 측면에서 지능적인 업무수행과 개개인의 수요에 맞는 맞춤형 서비스를 제공한다.
ㄷ. Any-time, Any-where, Any-device, Any-network, Any-service 환경에서 실현되는 정부를 지향한다.

① ㄱ, ㄴ
② ㄱ, ㄷ
③ ㄴ, ㄷ
④ ㄱ, ㄴ, ㄷ

출제유형 Ⅰ. 기본개념 **출제영역** 전자정부
출제빈도 ★★ **난도** 중

정답찾기
① 전자정부가 발달할수록 공공정보의 공동재산화가 심화된다.

오답피하기
전자정부의 효용과 가치 및 예측되는 현상

대내적 가치 (후방행정, 행정구조, 관리)	대외적 가치 (전방행정, 행정서비스)
• 효율성과 생산성 제고 • 기술결정론(IT 발달, 공급) • 사무자동화, 재택근무 • 원격교육, 원격회의 • EDI(전자문서교환), BPR, CRM(고객관계관리) ⋯	• 민주성, 개방성, 투명성 제고 • 사회결정론(참여민주주의, 수요) • 고객위주의 행정 • 인터넷, 전자참여, 전자민주주의 • 전자거버넌스, 정보공개

• 직무간 경계와 기능 간 경계가 모호해짐
• 조직규모 줄어들고 수평적 관계 중시
• 중간관리층 규모 축소 및 행정농도 낮아짐
• 분권화 촉진 및 집권화를 위해 사용 가능

정답 ①

출제유형 Ⅰ. 기본개념 **출제영역** 전자정부
출제빈도 ★★ **난도** 중

정답찾기
ㄱ, ㄴ, ㄷ 모두 유비쿼터스 전자정부에 대한 설명이다.
ㄱ. 기술적으로 브로드밴드와 무선, 모바일 네트워크, 센싱, 칩 등을 기반으로 한다.
ㄴ. 서비스 전달 측면에서 지능적인 업무수행과 개개인의 수요에 맞는 맞춤형 서비스를 제공한다.
ㄷ. Any-time, Any-where, Any-device, Any-network, Any-service 환경에서 실현되는 정부를 지향한다.

오답피하기
유비쿼터스 정부

의미 특징	• 전자정부의 발전된 형태 • 언제 어디서나 중단 없이 정보서비스 제공 • 맞춤 정보 제공 • 고객 지향성, 실시간성, 형평성 등의 가치 추구 • 쌍방향 정보제공
목표	5C(컴퓨팅, 커뮤니케이션, 접속, 콘텐츠, 조용함)
	5Any(언제, 어디서나, 어느 기기에 구애받지 않고 경제적이고 편리하게)

정답 ④

13
유비쿼터스 정부(U-government)의 특성과 거리가 먼 것은?

2013 국가 9급

① 중단 없는 정보 서비스 제공
② 맞춤 정보 제공
③ 고객 지향성, 실시간성, 형평성 등의 가치 추구
④ 일방향 정보 제공

출제유형 Ⅰ. 기본개념 **출제영역** 전자정부
출제빈도 ★★ **난도** 중

정답찾기
④ 일방향 정보제공은 정부 1.0의 특징이다. 유비쿼터스 정부는 정부 3.0으로 양방향·개인별 맞춤정보 제공의 특성을 띤다.

오답피하기

구 분	정부 1.0 (1995~2000)	정부 2.0 (2005~2010)	정부 3.0 (2015~2020) (유비쿼터스)
접근성	First Stop Shop (단일 창구)	One Stop Shop (중개)	My Government (개인)
중 심	정부 중심	시민 중심	개인 중심
서비스	일방향	양방향	맞춤형
기반 기술	온라인 위주	브로드밴드	시멘틱 기술

정답 ④

14
전자정부 구현에 따른 기대효용으로 거리가 먼 것은?

2014 국가 9급

① 정보의 공개와 상호작용을 통한 행정의 신뢰성 확보
② 정보의 집중화를 통한 신속하고 집권적인 정책결정
③ 정보통신 기술을 활용한 업무 효율성 제고
④ 정부 정보에 대한 시민의 접근성 강화

출제유형 Ⅰ. 기본개념 **출제영역** 전자정부
출제빈도 ★★ **난도** 중

정답찾기
② 전자정부 구현에 따라 정보의 분산과 공유를 통해 신속하고 분권적인 정책결정의 확립이 기대된다.

오답피하기
전자정부의 효용과 가치 및 예측되는 현상

대내적 가치 (후방행정, 행정구조, 관리)	대외적 가치 (전방행정, 행정서비스)
• 효율성과 생산성 제고 • 기술결정론(IT 발달, 공급) • 사무자동화, 재택근무 • 원격교육, 원격회의 • EDI(전자문서교환), BPR, CRM(고객관계관리) …	• 민주성, 개방성, 투명성 제고 • 사회결정론(참여민주주의, 수요) • 고객위주의 행정 • 인터넷, 전자참여, 전자민주주의 • 전자거버넌스, 정보공개
• 직무 간 경계와 기능 간 경계가 모호해짐 • 조직규모 줄어들고 수평적 관계 중시 • 중간관리층 규모 축소 및 행정농도 낮아짐 • 분권화 촉진 및 집권화를 위해 사용 가능	

정답 ②

15　　　　　　　　　　　　　　　　1057

전자정부(E-government) 구현과정에서 예측되는 현상으로 옳지 않은 것은?

2014 국가 7급

① 직무 간 경계와 기능 간 경계가 점점 명확해진다.
② 조직규모가 줄어들고 수평적 관계가 중요해진다.
③ 중간관리층 규모가 축소되고 행정농도가 낮아진다.
④ 분권화를 촉진시키지만 집권화를 위해서 사용될 수도 있다.

출제유형 Ⅰ. 기본개념　　**출제영역** 전자정부
출제빈도 ★★　　**난도** 중

정답찾기
① 전자정부 구현과정에서는 고객 중심의 맞춤서비스를 추구하고 이음매 없는 조직으로 변화함에 따라 직무 간 경계와 기능 간 경계가 점점 더 모호해지고 상호협력적 관계로 발전하게 된다.

오답피하기
② 고객별 맞춤서비스는 다품종 소량생산과 관련되어 조직규모가 줄어들고 수평적인 평면조직이나 네트워크 조직이 바람직하다.
③ 전자정부는 정보통신기술을 활용하여 조직을 관리하므로 중간관리자층 규모는 축소되고, 고객에게 직접 서비스를 제공하는 실무층의 규모와 권한이 증대될 것으로 예상되므로 행정농도는 낮아질 것이다.
④ 전자정부는 일반적으로 분권화와 관련되지만 정보통신기술을 활용한 통제의 용이성과 통솔범위의 확대는 집권화로 연결될 수 있다.

정답 ①

16　　　　　　　　　　　　　　　　1058

전자정부의 역기능에 해당하는 내용과 그 요인을 〈보기〉에서 모두 고른 것은?

2018 서울 2회 7급

┌─ 보기 ┐
ㄱ. 인포데믹스(Infordemics)
ㄴ. 집단극화(Group Polarization)
ㄷ. 선택적 정보접촉(Selective Exposure to Information)
ㄹ. 정보격차(Digital Divide)
└──────┘

① ㄱ, ㄴ　　　　② ㄷ, ㄹ
③ ㄱ, ㄴ, ㄹ　　④ ㄱ, ㄴ, ㄷ, ㄹ

출제유형 Ⅰ. 기본개념　　**출제영역** 전자정부
출제빈도 ★★　　**난도** 중

정답찾기
ㄱ. 인포데믹스(Infordemics)란 정보(Information)와 전염병(Epidemics)의 합성어로, 근거 없는 각종 루머들이 IT 기기나 미디어를 통해 확산되면서 사회, 정치, 경제, 안보에 치명적 위기를 초래하는 것을 의미한다.
ㄴ. 집단극화(Group Polarization)란 집단의 의사결정이 개인의 의사결정보다 더 극단적인 방향으로 이행하는 현상이다. 인터넷 공간에서는 네티즌들이 쉽게 동원·조작됨으로써 집단극화의 가능성을 높이게 된다.
ㄷ. 선택적 정보접촉(Selective Exposure to Information)이란 자신의 입장에 유리한 정보들을 선택하는 것이다.
ㄹ. 정보격차(Digital Divide)란 정보접근과 정보이용이 가능한 자와 그렇지 못한 자 간에 정보접근능력의 차이로 인하여 발생하는 혜택의 격차를 의미한다.

정답 ④

17

전자민주주의 혹은 전자정부의 부정적 효과와 연관된 개념을 〈보기〉에서 모두 고르면?

2015 국회 9급

| 보기 |

ㄱ. 모자이크 민주주의(Mosaic Democracy)
ㄴ. 전자 파놉티콘(Electronic Panopticon)
ㄷ. 정보격차(Digital Divide)
ㄹ. 프라이버시(Privacy)

① ㄱ, ㄴ, ㄷ
② ㄱ, ㄴ, ㄹ
③ ㄱ, ㄷ, ㄹ
④ ㄴ, ㄷ, ㄹ
⑤ ㄱ, ㄴ, ㄷ, ㄹ

18

전자정부 구현사례에 대한 설명으로 옳지 않은 것은?

2022 국가 7급

① 'G2B'의 대표적 사례는 '나라장터'이다.
② 'G2C'는 조달 관련 온라인 서비스를 통합적으로 제공하는 것이다.
③ 'G4C'는 단일창구를 통한 민원업무혁신사업으로 데이터베이스 공동활용시스템 구축을 내용으로 한다.
④ 'G2G'는 정부 내 업무처리의 전자화를 내용으로 하고 있으며 대표적 사례로는 '온-나라시스템'이 있다.

출제유형 Ⅰ. 기본개념   **출제영역** 전자정부
출제빈도 ★★   난도 하

정답찾기
② 'G2B'는 조달 관련 온라인 서비스를 통합적으로 제공하는 것이다.

오답피하기
① 'G2B'의 대표적 사례는 '나라장터'이다.
③ 'G4C'는 단일창구를 통한 민원업무혁신사업으로 데이터베이스공동활용시스템 구축을 내용으로 한다.
④ 'G2G'는 정부 내 업무처리의 전자화를 내용으로 하고 있으며 대표적 사례로는 '온-나라시스템'이 있다.

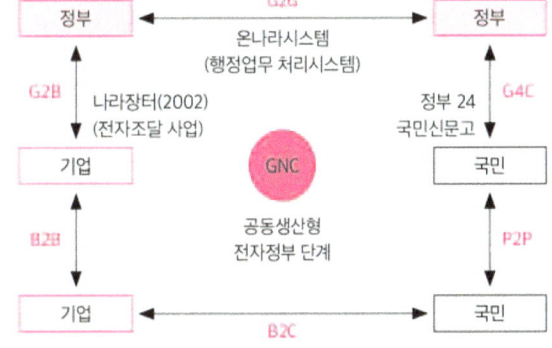

출제유형 Ⅰ. 기본개념   **출제영역** 전자정부
출제빈도 ★★   난도 중

정답찾기
ㄴ. 전자 파놉티콘은 정보의 독점으로 감시가 강화되는 전자전제주의를 의미한다.
ㄷ. 정보를 가진 자와 그렇지 못한 자 간의 정보격차가 극심해진다.
ㄹ. 정보접근이 용이해져 개인의 프라이버시가 침해될 우려가 크다.

오답피하기
ㄱ. 토플러(A. Toffler)는 다수 의견만 중시하는 것이 아닌 소수세력의 다양성과 조화로움을 추구하는 전자민주주의와도 상통하는 개념으로 전자정부의 긍정적 효과에 해당한다.

정답 ④

정답 ②

19

전자정부의 발전단계에 대한 설명으로 가장 옳지 않은 것은?

2018 서울 2회 7급

① 우리나라의 나라장터(G2B)는 2002년 개설된 범정부적 전자조달사업으로서 입찰공고 및 조달정보 제공, 제안서 제출시스템 등을 갖추고 있다.
② 미국의 'Challenge.gov' 프로그램은 국민을 프로슈머 협력자로 보기보다는 정부 정책을 홍보해야 할 대상으로 여긴다.
③ 정부의 '국민신문고'나 서울시의 '천만상상 오아시스' 시스템은 참여형 전자거버넌스의 예이다.
④ 공동생산형 전자정부 단계에서는 정부와 국민이 공동 생산자로 등장하기 때문에 GNC(Government and Citizen)로 약칭된다.

20

정보통신기술을 활용한 행정개선 사례로 옳지 않은 것은?

2017 국가 7급

① 정부서울청사 등에 스마트워크센터를 설치하여 운영하고 있다.
② 민원서비스를 통합적으로 제공하는 '정부24'를 도입하였다.
③ 정부에 대한 불편사항 제기, 국민제안, 부패 및 공익 신고 등을 위해 '국민신문고'를 도입하였다.
④ 공공기관의 공사, 용역, 물품 등의 발주정보를 공개하고 조달절차를 인터넷으로 처리하도록 '온나라시스템'을 도입하였다.

출제유형 Ⅰ. 기본개념 **출제영역** 전자정부
출제빈도 ★★ **난도** 중

정답찾기
② 'Challenge.gov' 프로그램은 연방부처 및 기관들이 정책현안 및 문제 해결을 위한 정책 솔루션 공모안을 제시하고, 일정기간 동안 다양한 정책 솔루션을 수렴하여 심사한 뒤, 선정된 아이디어에 일정 금액을 포상하는 등 국민들의 정책참여에 대한 동기부여를 촉진하는 방법으로 국민을 정보를 생산도 하고 소비도 하는 프로슈머로 본다.

오답피하기
① 나라장터(G2B)는 2002년 조달청이 구축한 국가종합전자조달시스템을 말한다.
③ 국민신문고나 천만상상 오아시스 시스템은 대표적인 참여형 전자거버넌스의 예이다.
④ 공동생산형 전자정부 단계에서는 정부와 국민이 공동 생산자로 등장한다.

정답 ②

출제유형 Ⅰ. 기본개념 **출제영역** 전자정부
출제빈도 ★★ **난도** 중

정답찾기
④ 공공기관의 공사, 용역, 물품 등의 발주정보를 공개하고 조달절차를 인터넷으로 처리하도록 '나라장터'를 도입하였다. '온나라시스템'은 행정안전부가 정부 내부 업무 처리과정과 과제관리, 문서관리 등 전반적인 행정 프로세스를 전자문서 등을 이용하여 표준화한 행정업무처리시스템이다.

오답피하기
① 스마트워크센터는 원격근무 사무실에서 인터넷 망을 통해 사무를 처리하는 시스템으로 시간과 장소에 얽매이지 않아도 되고 이용자가 자신의 원래 근무지가 아닌 주거지와 가까운 지역에서 근무할 수 있도록 환경을 제공하는 원격근무용 업무공간을 말한다.
② 정부24는 국민 누구나 언제 어디서든, 24시간 365일 인터넷으로 필요한 민원을 안내받고, 신청하고, 발급·열람할 수 있는 서비스이다.
③ 국민신문고는 정부에 대한 불편사항 제기, 국민제안, 부패 및 공익 신고를 간편하게 신청하고 처리하는 범정부 대표 온라인 소통 창구로, 모든 행정기관 사법부, 주요 공공기관과 연결되어 원스톱 서비스를 제공한다.

정답 ④

21　　　　　　　　　　　　　　　　　1063
「전자정부법」에서 정의하고 있는 다음의 개념은?　2022 국가 9급

> 일정한 기준과 절차에 따라 업무, 응용, 데이터, 기술, 보안 등 조직 전체의 구성요소들을 통합적으로 분석한 뒤 이들 간의 관계를 구조적으로 정리한 체제 및 이를 바탕으로 정보화 등을 통하여 구성요소들을 최적화하기 위한 방법

① 전자문서
② 정보기술아키텍처
③ 정보시스템
④ 정보자원

출제유형 Ⅲ. 법령문제　　**출제영역** 「전자정부법」
출제빈도 ★★　　**난도** 중

정답찾기
② 제시문의 개념은 정보기술아키텍처에 해당한다.

오답피하기
┌ 관련조문 ┐
「전자정부법」 제2조 【정의】
12. '정보기술아키텍처'란 일정한 기준과 절차에 따라 업무, 응용, 데이터, 기술, 보안 등 조직 전체의 구성요소들을 통합적으로 분석한 뒤 이들 간의 관계를 구조적으로 정리한 체제 및 이를 바탕으로 정보화 등을 통하여 구성요소들을 최적화하기 위한 방법을 말한다.

정답 ②

22　　　　　　　　　　　　　　　　　1064
현행 전자정부 관련 법령상 우리나라 전자정부서비스에 대한 설명으로 옳지 않은 것은?　2012 국가 7급

① 행정기관의 장은 해당 기관에서 처리할 민원 사항에 대하여 관계 법령에서 종이문서로 신청하도록 규정하고 있는 경우 전자문서로 신청을 하게 할 수 없다.
② 민원사항과 관련하여 전자문서로 신청을 하는 경우 전자문서에 첨부되는 서류는 전자화 문서로 할 수 있다.
③ 행정기관의 장은 민원인이 제출하여야 하는 구비서류가 행정기관이 전자문서로 발급할 수 있는 문서인 경우에는 직접 그 구비서류를 발급하는 기관으로부터 발급받아 업무를 처리해야 한다.
④ 행정기관의 장은 전자민원창구를 설치할 경우 특별한 사유가 없으면 소속기관마다 설치할 것이 아니라 하나의 창구로 설치해야 한다.

출제유형 Ⅲ. 법령문제　　**출제영역** 「전자정부법」
출제빈도 ★★　　**난도** 중

정답찾기
① 행정기관 등의 장은 해당 기관에서 처리할 민원사항 등에 대하여 관계 법령에서 종이문서로 신청, 신고 또는 제출 등을 하도록 규정하고 있는 경우에도 전자문서로 신청 등을 하게 할 수 있다.

┌ 관련조문 ┐
「전자정부법」 제7조 【전자적 민원처리 신청】
① 행정기관 등의 장(행정권한을 위탁받은 자를 포함한다. 이하 이 절에서 같다)은 해당 기관에서 처리할 민원사항 등에 대하여 관계 법령(지방자치단체의 조례 및 규칙을 포함한다. 이하 같다)에서 문서·서면·서류 등의 종이문서로 신청, 신고 또는 제출 등(이하 '신청 등'이라 한다)을 하도록 규정하고 있는 경우에도 전자문서로 신청 등을 하게 할 수 있다.

오답피하기
② 「전자정부법」 제7조 제3항에 규정되어 있는 내용이다.
┌ 관련조문 ┐
「전자정부법」 제7조 【전자적 민원처리 신청】
③ 제1항 및 제2항에 따라 전자문서로 신청 등 또는 통지 등을 하는 경우 전자문서에 첨부되는 서류는 전자화문서로도 할 수 있다.

③ 「전자정부법」 제8조 제1항에 규정되어 있는 내용이다.
④ 「전자정부법」 제9조 제1항에 규정하고 있는 내용이다.

정답 ①

23　1065

「전자정부법」에서 규정하는 전자정부의 원칙에 해당되지 않는 것은?

2014 지방 7급

① 개인정보 및 사생활의 보호
② 행정정보의 공개 및 공동이용의 확대
③ 중복투자의 방지 및 상호운용성 증진
④ 행정기관 및 국가공무원의 통제 효율성 확대

출제유형 Ⅲ. 법령문제　　**출제영역** 「전자정부법」
출제빈도 ★★　　**난도** 중

정답찾기
④ 행정기관 및 국가공무원의 통제 효율성 확대는 전자정부의 원칙에 해당되지 않는다.

「전자정부법」 제4조 【전자정부의 원칙】
① 행정기관 등은 전자정부의 구현·운영 및 발전을 추진할 때 다음 각호의 사항을 우선적으로 고려하고 이에 필요한 대책을 마련하여야 한다.
1. 대민서비스의 전자화 및 국민편익의 증진
2. 행정업무의 혁신 및 생산성·효율성의 향상
3. 정보시스템의 안전성·신뢰성의 확보
4. 개인정보 및 사생활의 보호
5. 행정정보의 공개 및 공동이용의 확대
6. 중복투자의 방지 및 상호운용성 증진
② 행정기관 등은 전자정부의 구현·운영 및 발전을 추진할 때 정보기술아키텍처를 기반으로 하여야 한다.
③ 행정기관 등은 상호간에 행정정보의 공동이용을 통하여 전자적으로 확인할 수 있는 사항을 민원인에게 제출하도록 요구하여서는 아니 된다.
④ 행정기관 등이 보유·관리하는 개인정보는 법령에서 정하는 경우를 제외하고는 당사자의 의사에 반하여 사용되어서는 아니 된다.

정답 ④

24　1066

우리나라 정부 3.0에 대한 설명으로 가장 옳지 않은 것은?

2016 서울 9급

① 정부 3.0은 공공정보를 적극 개방하고 공유하여 부처 간 소통과 협력을 중시한다.
② 정부 3.0은 원스톱 서비스 제공을 위해 직접방문과 인터넷을 중심기반으로 설계되었다.
③ 정부 3.0에서의 행정서비스는 양방향·맞춤형 제공을 지향한다.
④ 정부 3.0은 민원24 서비스를 확대하여 개인별 생활민원정보를 하나의 창구에서 통합안내한다.

출제유형 Ⅱ. 이론·제도　　**출제영역** 정부 3.0
출제빈도 ★★　　**난도** 중

정답찾기
② 정부 3.0은 24시간 접근 가능한 논스톱 서비스 제공을 위해 유무선 모바일기기와 인터넷을 중심기반으로 설계되었다.

오답피하기
정부 3.0

의미	• 개방, 공유, 소통, 협력의 핵심가치 • 부처 간 칸막이 제거 → 국민맞춤형 서비스 제공
추진 기본 계획	• 공공정보 적극 공개 • 공공데이터 민간활용 활성화 • 민간의 능동적 참여 강화 • 빅데이터를 활용한 과학적 행정 구현 • 수요자 맞춤형 서비스 제공 • 원스톱 지원 강화 및 서비스 접근성 제고

빅데이터: 정형·비정형의 다양한 데이터 집합

크기(Volume)	초대용량의 크기와 방대한 규모
다양성(Variety)	다양한 정형, 비정형 데이터, 유형 다양화
속도(Velocity)	시간에 민감, 분석 속도 중요

정답 ②

25

정부운영의 새로운 패러다임인 정부 3.0의 내용으로 옳지 않은 것은?

2015 지방 9급

① 정부 3.0의 핵심 키워드는 협력, 소통, 맞춤형 서비스, 일자리 창출, 칸막이 해소 등이다.
② 정부 3.0의 운영 방향은 공공정보의 개방과 공유, 정부-국민 간의 소통과 협력을 포함하고 있다.
③ 정부 3.0에서는 공공기관의 정보 제공에 초점을 둔 정부 중심의 국가 운영 거버넌스를 의미한다.
④ 정부 3.0은 기술적 관점에서 모바일 스마트 기반의 차세대 전자 정부로 이해할 수 있다.

26

'정부 3.0 추진 기본계획'의 과제 중에서 공공정보가 민간의 창의성 및 혁신적인 아이디어와 결합하여 새로운 비즈니스를 창출할 수 있는 생태계를 조성하는 것과 관련이 있는 과제는?

2014 지방 7급

① 공공정보 적극 공개로 국민의 알 권리 충족
② 공공데이터의 민간 활용 활성화
③ 민관 협치 강화
④ 빅데이터를 활용한 과학적 행정 구현

출제유형 Ⅱ. 이론·제도   **출제영역** 정부 3.0

출제빈도 ★★   **난도** 중

정답찾기
③ 서비스 방식에서 정부 1.0은 정부주도의 일방향 정보공개로, 정부 2.0에서는 시민 중심의 양방향 정보제공으로, 정부 3.0은 민관협치를 강화하고 개인중심의 양방향·개인별 맞춤형 제공의 특성을 띤다.

오답피하기

전자정부 패러다임

구 분	정부 1.0 (1995~2000)	정부 2.0 (2005~2010)	정부 3.0 (2015~2020) (유비쿼터스)
접근성	First Stop Shop (단일 창구)	One Stop Shop (중개)	My Government (개인)
중심	정부 중심	시민 중심	개인 중심
서비스	일방향	양방향	맞춤형
기반기술	온라인 위주	브로드밴드	시멘틱 기술

정답 ③

출제유형 Ⅱ. 이론·제도   **출제영역** 정부 3.0

출제빈도 ★★   **난도** 중

정답찾기
② 정부 3.0 중 공공데이터의 민간활용 활성화로 새로운 일자리를 창출할 수 있다.

정답 ②

27　□□□　1069

최근 정부의 정부 3.0에 대한 설명 중 옳지 않은 것은?

2014 서울 7급

① 개방, 공유, 소통 및 협력을 핵심가치로 사용하고 있다.
② 인터넷 사용과 함께 정부와 국민의 면대면 접촉을 강화하는 전략을 강조하고 있다.
③ 정부의 직접참여보다는 민간의 능동적 참여를 유도하는 플랫폼 정부를 지향하고 있다.
④ 국민 개개인의 행복에 초점을 둔 맞춤형 서비스 제공을 강조하고 있다.
⑤ 부처 간 칸막이를 없애고 소통과 협력을 통한 일하는 방식의 개선을 강조하고 있다.

출제유형 Ⅱ. 이론·제도　**출제영역** 정부 3.0
출제빈도 ★★　**난도** 중

정답찾기
② 정부 3.0은 정부와 국민의 면대면 접촉을 강화하는 전략이 아닌 무선 인터넷·스마트 모바일을 통한 다면적·상호 반응형으로 맞춤형 정보 서비스 제공을 중시하는 정부이다.

오답피하기
① 개방, 공유, 소통 및 협력을 핵심가치로 사용하고 있다.
③ 정부 3.0은 정부의 개입 없이 민간의 능동적 참여를 유도하는 플랫폼 정부를 지향한다.
④ 국민 개개인의 행복에 초점을 둔 맞춤형 서비스 제공을 강조하고 있다.
⑤ 부처 간 칸막이를 없애고 소통과 협력을 통한 일하는 방식의 개선을 강조하고 있다.

정답 ②

28　□□□　1070

기존 전자정부와 비교한 스마트 전자정부의 특징이 아닌 것은?

2016 지방 7급

① 개인별 맞춤형 통합서비스 제공
② 스마트폰, 태블릿 PC, 스마트 TV 등 다매체 활용
③ 공급자 중심의 서비스 개발
④ 1회 신청으로 연관 민원 일괄처리

출제유형 Ⅱ. 이론·제도　**출제영역** 스마트 전자정부
출제빈도 ★★　**난도** 중

정답찾기
③ 스마트 전자정부는 수요자 중심의 서비스, 중단 없는 서비스, 실시간 정보공개 등 국민이 요구하기 전에 먼저 알아서 개개인의 수요에 맞는 맞춤형 서비스를 제공하는 정부이다.

오답피하기
전자정부와 유비쿼터스 정부

구 분	전자정부	유비쿼터스 정부
기술적 측면	초고속 정보통신망 온라인 네트워크 기술 기반	무선모바일 네트워크 기반
업무방식 측면	신속, 투명, 효율, 민주성	고객지향성, 형평성, 실시간성, 지능성(중간관리층 규모 축소 및 행정농도 낮아짐)
정부서비스 전달방법 측면	신속하고 민주적이며 투명한 서비스 제공	맞춤형 행정서비스 지능적 업무수행

정답 ③

29 1071
스마트사회 및 스마트 정부의 모습과 거리가 먼 것은?

2013 지방 7급

① 유연성·창의성·인간중심 가치가 중시되는 사회이다.
② 정부는 국민이 요구하기 전에 먼저 알아서 서비스를 제공한다.
③ 스마트워크의 확산으로 현장에서 업무를 처리하고 실시간으로 입력하기 때문에 효율성과 생산성이 제고된다.
④ 재난 발생 후 최대한 빠른 시간 내에 복구하는 것을 정책 목표로 추구한다.

출제유형 Ⅱ. 이론·제도   **출제영역** 스마트 전자정부
출제빈도 ★★   난도 중

정답찾기
④ 스마트 정부는 재난 발생 후 빠른 시간 내에 복구하는 것을 목표로 하는 것이 아니라 재난에 대한 실시간 대응체제로 반응하는 것을 정책 목표로 추구한다.

오답피하기
① 유연성·창의성·인간중심 가치가 중시되는 사회이다.
② 정부는 국민이 요구하기 전에 먼저 알아서 서비스를 제공한다.
③ 스마트워크의 확산으로 현장에서 업무를 처리하고 실시간으로 입력하기 때문에 효율성과 생산성이 제고된다.

정답 ④

30 1072
빅데이터에 대한 설명으로 옳지 않은 것은?

2021 국가 7급

① 사진은 빅데이터에 포함되지 않는다.
② 정형 데이터도 포함하는 개념이다.
③ 각종 센서 장비의 발달로 데이터가 늘어나면서 나타났다.
④ 데이터를 실시간으로 처리하기도 한다.

출제유형 Ⅰ. 기본개념   **출제영역** 빅데이터
출제빈도 ★★★   난도 하

정답찾기
① 사진은 빅데이터에 포함된다.

오답피하기
② 다양한 정형 데이터, 비정형 데이터도 포함하는 개념이다.
③ 각종 센서 장비의 발달로 데이터가 늘어나면서 나타났다.
④ 데이터를 실시간으로 처리하기도 한다.

빅데이터: 정형·비정형의 다양한 데이터 집합

크기(Volume)	초대용량의 크기와 방대한 규모
다양성(Variety)	다양한 정형, 비정형 데이터, 유형 다양화
속도(Velocity)	시간에 민감, 분석 속도 중요

정답 ①

31 □□□ 1073

기존 데이터와 비교할 때 빅데이터의 주요 특징이 아닌 것은?

2017 지방 9급

① 속도(Velocity)
② 다양성(Variety)
③ 크기(Volume)
④ 수동성(Passivity)

32 □□□ 1074

우리나라의 공공부문 빅데이터 정책에 대한 설명으로 옳지 않은 것은?

2017 국가 7급 추가

① 과거 국가정보화전략위원회에서는 공공부문의 빅데이터 활용 시나리오를 제시하였다.
② 빅데이터의 유통 활성화를 위해서는 데이터 보안, 암호화, 비식별화 등 개인정보보호를 위한 기술 개발이 중요하다.
③ 우리나라는 현재 빅데이터 활성화를 목표로 한 기본법이 시행되고 있지만 아직 지방자치단체의 조례는 제정되지 않았다.
④ 반정형화된 데이터나 비정형 데이터에 이르기까지 활용하는 데이터의 수준이나 폭이 확대되고 있다.

출제유형 I. 기본개념 **출제영역** 빅데이터
출제빈도 ★★★ **난도** 하

정답찾기
④ 수동성은 빅데이터의 주요 특징이 아니다.

오답피하기
① 빅데이터는 시간에 민감하고 분석속도가 중요하므로 속도(Velocity)는 빅데이터의 주요 특징이다.
② 빅데이터는 다양한 정형, 비정형 데이터와 다양한 유형의 데이터를 모두 포함하므로 다양성(Variety)은 빅데이터의 주요 특징이다.
③ 초대용량의 크기와 방대한 규모의 데이터이므로 크기(Volume)는 빅데이터의 주요 특징이다.

정답 ④

출제유형 I. 기본개념 **출제영역** 빅데이터
출제빈도 ★★★ **난도** 하

정답찾기
③ 우리나라는 현재 빅데이터 활성화를 목표로 한 기본법이 마련되어 있지 않지만 부산, 광주, 경기, 전북 등 지방자치단체의 경우 「빅데이터 활용에 관한 조례」가 제정되어 있다.

오답피하기
① 박근혜 정부의 정부 3.0을 구체화하기 위한 전략이다.
② 빅데이터의 유통 활성화를 위해서는 개인정보보호 기술을 개발해야 한다.
④ 빅데이터의 형태는 정형화된 데이터, 반정형화된 데이터, 비정형 데이터를 모두 포함한다.

정답 ③

33

데이터 기반의 과학적 정책 수립을 위하여 빅데이터의 중요성이 커지고 있다. 빅데이터에 대한 설명으로 옳지 않은 것은?

2015 국가 7급

① 빅데이터 부상의 이유로 페이스북(Facebook)·트위터(Twitter) 등의 소셜네트워크서비스(SNS)의 보급 확대를 들 수 있다.
② 인터넷쇼핑업체인 아마존(Amazon)이 고객 행동 패턴 데이터를 분석하여 상품 추천 시스템을 도입한 것은 빅데이터를 활용한 사례이다.
③ 빅데이터는 비정형적 데이터가 아닌 정형적 데이터를 지칭한다.
④ 빅데이터를 활성화하기 위해서는 개인정보 보호 장치가 제도적으로 선행될 필요가 있다.

출제유형 Ⅰ. 기본개념 **출제영역** 빅데이터
출제빈도 ★★★ **난도** 하

정답찾기
③ 빅데이터는 기존의 관리 방법이나 분석체계로는 처리하기 어려운 대량의 정형 또는 비정형 데이터 포함하며 주기가 짧은 데이터들의 집합체를 의미한다.

오답피하기
①, ②, ④ 빅데이터의 중요성이나 수단, 사례의 옳은 설명이다.

정답 ③

34

정보화와 전자정부 등에 대한 설명으로 옳지 않은 것은?

2016 국가 9급

① E-거버넌스는 모범적인 거버넌스를 실현하기 위하여 다양한 차원의 정부와 공공부문에서 정보통신기술의 잠재력을 활용하기 위한 과정과 구조의 실현을 추구한다.
② 웹접근성이란 장애인 등 정보 소외계층이 웹사이트에 있는 정보에 접근할 수 있도록 편의를 제공하는 것을 말한다.
③ 빅데이터(Big Data)의 3대 특징은 크기, 정형성, 임시성이다.
④ 지역정보화 정책의 기본 목표는 지역경제의 활성화, 주민의 삶의 질 향상, 행정의 효율성 강화이다.

출제유형 Ⅰ. 기본개념 **출제영역** 전자정부
출제빈도 ★★ **난도** 중

정답찾기
③ 빅데이터의 3대 특징은 크기, 다양성, 속도이다.

오답피하기
① E-거버넌스는 모범적인 거버넌스를 실현하기 위하여 다양한 차원의 정부와 공공부문에서 정보통신기술의 잠재력을 활용하기 위한 과정과 구조의 실현을 추구한다.
② 웹접근성이란 장애인 등 정보 소외계층이 웹사이트에 있는 정보에 접근할 수 있도록 편의를 제공하는 것을 말한다.
④ 지역정보화 정책의 기본 목표는 지역경제의 활성화, 주민의 삶의 질 향상, 행정의 효율성 강화이다.

빅데이터: 정형·비정형의 다양한 데이터 집합

크기(Volume)	초대용량의 크기와 방대한 규모
다양성(Variety)	다양한 정형, 비정형 데이터, 유형 다양화
속도(Velocity)	시간에 민감, 분석 속도 중요

정답 ③

35　　　　　　　　　　　　　　　1077

4차 산업혁명에 관한 설명으로 옳지 않은 것은?　2021 지방 9급

① 초연결성, 초지능성 등의 특징이 있다.
② 대량 생산 및 규모의 경제 확산이 핵심이다.
③ 사물인터넷은 스마트 도시 구현에 도움이 된다.
④ 빅데이터를 활용한 맞춤형 공공 서비스 제공이 가능하다.

출제유형 Ⅰ. 기본개념　　**출제영역** 4차 산업혁명
출제빈도 ★★　　**난도** 중

정답찾기
② 대량 생산 및 규모의 경제 확산은 <u>2차 산업혁명</u>에 해당한다.

오답피하기
① 초연결성, 초지능성 등의 특징이 있다.
③ 사물인터넷은 <u>스마트 도시 구현</u>에 도움이 된다.
④ 빅데이터를 활용한 <u>맞춤형 공공 서비스 제공</u>이 가능하다.

행복노트
4차 산업혁명

의 미	인공 지능(AI), 사물 인터넷(IoT), 빅데이터, 모바일 등 첨단 정보통신 기술이 경제·사회 전반에 융합되어 혁신적인 변화가 나타나는 차세대 산업혁명
특 징	• 산업과 산업 간의 초연결성을 바탕으로 초지능성 창출 • 사이버 물리 시스템 혁명(1, 2, 3차 혁명을 하나로) • AI, IoT, 빅데이터 등의 신기술을 기존 제조업과 융합하여 생산능력과 효율을 극대화

정답 ②

36　　　　　　　　　　　　　　　1078

4차 산업혁명에 대한 설명으로 가장 옳지 않은 것은?
　　　　　　　　　　　　　　　　　2019 서울 7급

① 산업과 산업 간의 초연결성을 바탕으로 초지능성을 창출한다.
② 3차 산업혁명의 연장선상이며 근본적인 특성을 공유하고 있다.
③ 사이버 물리 시스템(Cyber-physical System) 혁명이라고 할 수 있다.
④ IoT, 인공지능, 빅데이터 등의 신기술을 기존 제조업과 융합해 생산능력과 효율을 극대화시킨다.

출제유형 Ⅰ. 기본개념　　**출제영역** 4차 산업혁명
출제빈도 ★★　　**난도** 중

정답찾기
② 4차 산업혁명은 <u>3차 산업혁명의 연장선상</u>이지만 <u>근본적인 특성은 달리</u>한다.

오답피하기
① 4차 산업혁명은 산업과 산업간의 초연결성을 바탕으로 초지능성을 창출하며 융합과 혁신을 이끌어낸다.
③ 사이버 물리시스템 혁명은 <u>1차, 2차 오프라인 혁명과 3차의 온라인혁명</u>이 하나로 연결되는 것을 의미한다.
④ Iot(사물인터넷), 인공지능, 자율 주행 자동차, 3D 프린터, 빅데이터 등이 4차 산업혁명의 대표적인 예이다.

정답 ②

33

데이터 기반의 과학적 정책 수립을 위하여 빅데이터의 중요성이 커지고 있다. 빅데이터에 대한 설명으로 옳지 않은 것은?

2015 국가 7급

① 빅데이터 부상의 이유로 페이스북(Facebook)·트위터(Twitter) 등의 소셜네트워크서비스(SNS)의 보급 확대를 들 수 있다.
② 인터넷쇼핑업체인 아마존(Amazon)이 고객 행동 패턴 데이터를 분석하여 상품 추천 시스템을 도입한 것은 빅데이터를 활용한 사례이다.
③ 빅데이터는 비정형적 데이터가 아닌 정형적 데이터를 지칭한다.
④ 빅데이터를 활성화하기 위해서는 개인정보 보호 장치가 제도적으로 선행될 필요가 있다.

출제유형 Ⅰ. 기본개념 **출제영역** 빅데이터
출제빈도 ★★★   **난도** 하

정답찾기
③ 빅데이터는 기존의 관리 방법이나 분석체계로는 처리하기 어려운 대량의 정형 또는 비정형 데이터 포함하며 주기가 짧은 데이터들의 집합체를 의미한다.

오답피하기
①, ②, ④ 빅데이터의 중요성이나 수단, 사례의 옳은 설명이다.

정답 ③

34

정보화와 전자정부 등에 대한 설명으로 옳지 않은 것은?

2016 국가 9급

① E-거버넌스는 모범적인 거버넌스를 실현하기 위하여 다양한 차원의 정부와 공공부문에서 정보통신기술의 잠재력을 활용하기 위한 과정과 구조의 실현을 추구한다.
② 웹접근성이란 장애인 등 정보 소외계층이 웹사이트에 있는 정보에 접근할 수 있도록 편의를 제공하는 것을 말한다.
③ 빅데이터(Big Data)의 3대 특징은 크기, 정형성, 임시성이다.
④ 지역정보화 정책의 기본 목표는 지역경제의 활성화, 주민의 삶의 질 향상, 행정의 효율성 강화이다.

출제유형 Ⅰ. 기본개념 **출제영역** 전자정부
출제빈도 ★★   **난도** 중

정답찾기
③ 빅데이터의 3대 특징은 크기, 다양성, 속도이다.

오답피하기
① E-거버넌스는 모범적인 거버넌스를 실현하기 위하여 다양한 차원의 정부와 공공부문에서 정보통신기술의 잠재력을 활용하기 위한 과정과 구조의 실현을 추구한다.
② 웹접근성이란 장애인 등 정보 소외계층이 웹사이트에 있는 정보에 접근할 수 있도록 편의를 제공하는 것을 말한다.
④ 지역정보화 정책의 기본 목표는 지역경제의 활성화, 주민의 삶의 질 향상, 행정의 효율성 강화이다.

빅데이터: 정형·비정형의 다양한 데이터 집합

크기(Volume)	초대용량의 크기와 방대한 규모
다양성(Variety)	다양한 정형, 비정형 데이터, 유형 다양화
속도(Velocity)	시간에 민감, 분석 속도 중요

정답 ③

35　1077

4차 산업혁명에 관한 설명으로 옳지 않은 것은?　2021 지방 9급

① 초연결성, 초지능성 등의 특징이 있다.
② 대량 생산 및 규모의 경제 확산이 핵심이다.
③ 사물인터넷은 스마트 도시 구현에 도움이 된다.
④ 빅데이터를 활용한 맞춤형 공공 서비스 제공이 가능하다.

출제유형 Ⅰ. 기본개념　　**출제영역** 4차 산업혁명
출제빈도 ★★　　**난도** 중

정답찾기
② 대량 생산 및 규모의 경제 확산은 2차 산업혁명에 해당한다.

오답피하기
① 초연결성, 초지능성 등의 특징이 있다.
③ 사물인터넷은 스마트 도시 구현에 도움이 된다.
④ 빅데이터를 활용한 맞춤형 공공 서비스 제공이 가능하다.

행복노트

4차 산업혁명

의 미	인공 지능(AI), 사물 인터넷(IoT), 빅데이터, 모바일 등 첨단 정보통신 기술이 경제·사회 전반에 융합되어 혁신적인 변화가 나타나는 차세대 산업혁명
특 징	• 산업과 산업 간의 초연결성을 바탕으로 초지능성 창출 • 사이버 물리 시스템 혁명(1, 2, 3차 혁명을 하나로) • AI, IoT, 빅데이터 등의 신기술을 기존 제조업과 융합하여 생산능력과 효율을 극대화

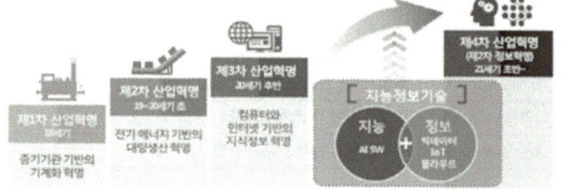

정답 ②

36　1078

4차 산업혁명에 대한 설명으로 가장 옳지 않은 것은?　2019 서울 7급

① 산업과 산업 간의 초연결성을 바탕으로 초지능성을 창출한다.
② 3차 산업혁명의 연장선상이며 근본적인 특성을 공유하고 있다.
③ 사이버 물리 시스템(Cyber-physical System) 혁명이라고 할 수 있다.
④ IoT, 인공지능, 빅데이터 등의 신기술을 기존 제조업과 융합해 생산능력과 효율을 극대화시킨다.

출제유형 Ⅰ. 기본개념　　**출제영역** 4차 산업혁명
출제빈도 ★★　　**난도** 중

정답찾기
② 4차 산업혁명은 3차 산업혁명의 연장선상이지만 근본적인 특성은 달리한다.

오답피하기
① 4차 산업혁명은 산업과 산업간의 초연결성을 바탕으로 초지능성을 창출하며 융합과 혁신을 이끌어낸다.
③ 사이버 물리시스템 혁명은 1차, 2차 오프라인 혁명과 3차의 온라인혁명이 하나로 연결되는 것을 의미한다.
④ Iot(사물인터넷), 인공지능, 자율 주행 자동차, 3D 프린터, 빅데이터 등이 4차 산업혁명의 대표적인 예이다.

정답 ②

37
우리나라 공공기관의 정보공개제도에 대한 설명으로 옳지 않은 것은?
2022 국가 7급

① 당시 법률의 구체적 위임은 없었으나 청주시에서 우리나라 최초로 행정정보공개조례가 제정되었다.
② 청구에 의한 공개도 가능하지만 특정 정보는 별도의 청구 없이도 사전에 공개해야 한다.
③ 비공개 대상 정보를 제외한 모든 정보를 공개 대상으로 하는 네거티브 방식을 취하고 있다.
④ 정보목록은 비공개 대상 정보가 포함된 경우라도 공공기관이 작성, 공개하여야 한다.

출제유형 Ⅱ. 이론·제도 **출제영역** 정보공개제도
출제빈도 ★★ **난도** 중

정답찾기
④ 정보목록은 비공개 대상 정보가 포함된 경우에는 공공기관이 갖추어 두지 아니하거나 공개하지 아니할 수 있다.

> **관련조문**
> 「공공기관의 정보공개에 관한 법률」
> 제8조(정보목록의 작성·비치 등) ① 공공기관은 그 기관이 보유·관리하는 정보에 대하여 국민이 쉽게 알 수 있도록 정보목록을 작성하여 갖추어 두고, 그 목록을 정보통신망을 활용한 정보공개시스템 등을 통하여 공개하여야 한다. 다만, 정보목록 중 제9조 제1항에 따라 공개하지 아니할 수 있는 정보가 포함되어 있는 경우에는 해당 부분을 갖추어 두지 아니하거나 공개하지 아니할 수 있다.

오답피하기
① 당시 법률의 구체적 위임은 없었으나 청주시에서 우리나라 최초로 행정정보공개조례가 제정되었다.
② 청구에 의한 공개도 가능하지만 특정 정보는 별도의 청구 없이도 사전에 공개해야 한다.

> **관련조문**
> 「공공기관의 정보공개에 관한 법률」
> 제7조(정보의 사전적 공개 등) ① 공공기관은 다음 각 호의 어느 하나에 해당하는 정보에 대해서는 공개의 구체적 범위, 주기, 시기 및 방법 등을 미리 정하여 정보통신망 등을 통하여 알리고, 이에 따라 정기적으로 공개하여야 한다. 다만, 제9조 제1항 각 호의 어느 하나에 해당하는 정보에 대해서는 그러하지 아니하다.
> 1. 국민생활에 매우 큰 영향을 미치는 정책에 관한 정보

③ 비공개 대상 정보를 제외한 모든 정보를 공개 대상으로 하는 네거티브 방식을 취하고 있다.

정답 ④

38
우리나라의 행정정보공개제도에 대한 설명으로 옳지 않은 것은?
2014 국가 9급

① 국정에 대한 국민의 참여와 국정 운영의 투명성 확보를 목적으로 한다.
② 중앙행정기관의 경우 전자적 형태의 정보 중 공개대상으로 분류된 정보는 공개청구가 없더라도 공개하여야 한다.
③ 정보의 공개 및 우송 등에 드는 비용은 실비 범위에서 청구인이 부담한다.
④ 정보공개 청구는 말로써도 할 수 있으나 외국인은 청구할 수 없다.

출제유형 Ⅱ. 이론·제도 **출제영역** 행정정보공개제도
출제빈도 ★★ **난도** 중

정답찾기
④ 정보공개청구는 문서 또는 말로도 할 수 있으며, 외국인도 대통령령으로 정하는 일정한 경우에는 청구할 수 있다.

오답피하기
① 국정에 대한 국민의 참여와 국정 운영의 투명성 확보를 목적으로 한다.
② 중앙행정기관의 경우 전자적 형태의 정보 중 공개대상으로 분류된 정보는 공개청구가 없더라도 공개하여야 한다고 「공공기관의 정보공개에 관한 법률」 제8조의2에 규정되어 있다.
③ 정보의 공개 및 우송 등에 드는 비용은 실비 범위에서 청구인이 부담한다.

행복노트
정보공개

의의 공공기관의 정보를 국민의 청구에 의해 공개하는 것

특징
- 모든 국민(일정한 외국인 가능), 말로도 청구 가능
- 국가기관, 지방자치단체, 공공기관, 공·사립교 대상
- 원칙적으로 모든 정보 공개(일부 제외)
- 중앙행정기관은 전자적 형태의 정보 중 공개대상으로 분류된 정보는 공개청구가 없어도 공개하여야 함
- 청구 후 10일 이내 공개여부 결정, 10일 연장 가능
- 정보공개 및 운송 등에 드는 비용은 청구인 부담

> **제외 정보**
> ㉠ 다른 법령, 조례에 비공개 규정
> ㉡ 국가안보, 국방, 외교, 통일 등 중대한 국익 침해 가능성
> ㉢ 개인 프라이버시 침해 우려(담당 공무원 성명, 직무 제외)

정답 ④

39 1081

행정정보공개에 대한 설명으로 옳지 않은 것은? 2012 지방 7급

① 국민생활에 큰 영향을 미치는 정책정보는 청구가 없더라도 공개해야 한다.
② 유비쿼터스(Ubiquitous) 정부의 실현은 행정정보공개제도의 실질적 구현에 긍정적인 영향을 미칠 수 있다.
③ 행정정보공개의 확대는 공무원의 도전적이고 적극적인 행태를 조장한다.
④ 정보공개청구제도는 특정청구인을 대상으로 한다.

출제유형 Ⅱ. 이론·제도   **출제영역** 행정정보공개제도

출제빈도 ★★   **난도** 중

정답찾기
③ 행정정보공개의 확대는 공무원의 소극적이고 무사안일 행태를 조장할 가능성이 있다.

오답피하기
① 국민생활에 큰 영향을 미치는 정책정보는 청구가 없더라도 공개해야 한다.
② 유비쿼터스(Ubiquitous) 정부의 실현은 행정정보공개제도의 실질적 구현에 긍정적인 영향을 미칠 수 있다.
④ 정보공개청구제도는 특정청구인을 대상으로 한다.

행복노트

행정정보공개의 효과

장 점	단 점
㉠ 국민의 알권리 충족 ㉡ 주민참여의 활성화 ㉢ 행정의 책임성 확보 ㉣ 행정의 부패방지 효과 ㉤ 국민의 신뢰성 증대 ㉥ 주민감시 활동의 증가 ㉦ 열린 행정 구현 실현	㉠ 국가기밀 유출과 사생활 침해 ㉡ 기존문서 훼손 및 정보왜곡 ↑ ㉢ 비용과 업무량 증가 ㉣ 소극적인 무사안일 행태 조장 ㉤ 정보공개 혜택의 형평성 상실

구 분	행정 PR	정보공개
자발성	○	×
가공성	○	×
대상 범위	광범위	제한적

정답 ③

CHAPTER 03 기출 OX

1. 지식관리는 학습조직의 기반을 구축하고 지식의 공유화를 촉진할 것이다. 2015 서울 7급
2. 전자민주주의에서 정보의 비대칭성이 발생하지 않도록 정보관리는 배제성의 원리가 적용되어야 한다. 2015 사회복지
3. 전자민주주의의 부정적 측면으로 전자 – 전제주의(Tele – facism)가 나타날 수 있다. 2015 사회복지
4. 온라인 참여포털 국민신문고는 국민의 고충 민원과 제안을 원스톱으로 접수 및 처리하는 것을 목적으로 한다. 2020 국가 7급
5. 정부 3.0은 공공정보를 적극 개방하고 공유하여 부처 간 소통과 협력을 중시하며, 일방향·개인별 실시간 맞춤을 제공한다. 2016 서울 9급
6. 기존 데이터와 비교할 때 빅데이터의 주요 특징은 속도(Velocity), 다양성(Variety), 크기(Volume), 수동성(Passivity)이다. 2017 지방 9급
7. 모든 국민은 정보의 공개를 청구할 권리를 가지며, 외국인의 정보공개청구에 관하여는 법률로 정한다. 2016 사회복지
8. 행정정보공개제도는 국정에 대한 국민의 참여와 국정운영의 투명성 확보를 목적으로 하며, 중앙행정기관의 경우 전자적 형태의 정보 중 공개대상으로 분류된 정보는 공개청구가 없더라도 공개하여야 한다. 2014 국가 9급
9. 우리나라의 행정정보공개청구는 말로써 할 수 있고 외국인도 청구할 권리를 가진다. 한편, 정보의 공개 및 우송 등에 드는 비용은 실비의 범위에서 정부가 부담한다. 2014 국가 9급
10. 공공기관의 공사, 용역, 물품 등의 발주정보를 공개하고 조달절차를 인터넷으로 처리하도록 '온나라시스템'을 도입하였다. 2017 국가 7급
11. 유비쿼터스 전자정부는 서비스 전달 측면에서 지능적인 업무수행과 개개인의 수요에 맞는 맞춤형 서비스를 제공한다. 2020 지방 9급
12. 스마트워크(Smart Work)란 통신, 방송, 인터넷 등을 통합한 멀티미디어 서비스를 안전하게 제공하는 통합네트워크를 의미한다. 2020 국가 7급
13. 4차 산업혁명은 대량 생산 및 규모의 경제 확산이 핵심이다. 2021 지방 9급
14. 4차 산업혁명은 초연결성, 초지능성 등의 특징과 빅데이터를 활용한 맞춤형 공공 서비스 제공이 가능하다. 2021 지방 9급

---

1. 지식관리는 학습조직의 기반을 구축하고 지식의 공유화를 촉진할 것이다. o
2. 전자민주주의에서 정보의 비대칭성이 발생하지 않도록 정보관리는 비배제성의 원리가 적용되어야 한다. x
3. 전자민주주의의 부정적 측면으로 전자 – 전제주의(Tele – facism)가 나타날 수 있다. o
4. 온라인 참여포털 국민신문고는 국민의 고충 민원과 제안을 원스톱으로 접수 및 처리하는 것을 목적으로 한다. o
5. 정부 3.0은 공공정보를 적극 개방하고 공유하여 부처 간 소통과 협력을 중시하며, 양방향·개인별 실시간 맞춤을 제공한다. x
6. 기존 데이터와 비교할 때 빅데이터의 주요 특징은 속도(Velocity), 다양성(Variety), 크기(Volume), 복잡성(Complexity)이다. x
7. 모든 국민은 정보의 공개를 청구할 권리를 가지며, 외국인의 정보공개청구에 관하여는 대통령령으로 정한다. x
8. 행정정보공개제도는 국정에 대한 국민의 참여와 국정운영의 투명성 확보를 목적으로 하며, 중앙행정기관의 경우 전자적 형태의 정보 중 공개대상으로 분류된 정보는 공개청구가 없더라도 공개하여야 한다. o
9. 우리나라의 행정정보공개청구는 말로써도 할 수 있고 외국인도 청구할 권리를 가진다. 한편, 정보의 공개 및 우송 등에 드는 비용은 실비의 범위에서 청구인이 부담한다. x
10. 공공기관의 공사, 용역, 물품 등의 발주정보를 공개하고 조달절차를 인터넷으로 처리하도록 '나라장터'를 도입하였다. x
11. 유비쿼터스 전자정부는 서비스 전달 측면에서 지능적인 업무수행과 개개인의 수요에 맞는 맞춤형 서비스를 제공한다. o
12. 광대역 통합망(Broadband convergence Network; BcN)이란 통신, 방송, 인터넷 등을 통합한 멀티미디어 서비스를 안전하게 제공하는 통합네트워크를 의미한다. x
13. 2차 산업혁명은 대량 생산 및 규모의 경제 확산이 핵심이다. x
14. 4차 산업혁명은 초연결성, 초지능성 등의 특징과 빅데이터를 활용한 맞춤형 공공 서비스 제공이 가능하다. o

CHAPTER 03 키워드

1. 자료는 사물이나 사실을 기호로 표시한 것이고, _____ 는 자료가 사용자에게 의미 있는 형태로 가공된 결과이다.
   2011 지방 7급 — 정보

2. _____ 는 조직 구성원의 전문적 자질을 향상시키고 지식 공유를 통하여 지식가치의 확대 재생산에 기여할 것이다.
   2015 서울 7급 — 지식관리

3. _____ 은 조직 구성원의 개인적 지식 축적보다는 조직적 지식의 창출을 강조하며, 개인 또는 부서가 업무 결과로 얻은 새로운 지식을 다른 구성원들과 공유하는 문화를 강조한다.
   2015 지방 7급 — 지식관리시스템 (Knowledge Management System)

4. _____ 이란 장애인 등 정보 소외계층이 웹사이트에 있는 정보에 접근할 수 있도록 편의를 제공하는 것을 말한다.
   2016 국가 9급 — 웹접근성

5. 「전자정부법」상 행정기관 등의 장은 해당기관의 전자정부의 구현·운영 및 발전을 위한 기본계획을 _____ 년마다 수립하여야 한다.
   2021 지방 7급 — 5

6. 전자정부의 _____ 은 인포데믹스(Infordemics), 집단극화(Group Polarization), 선택적 정보접촉(Selective Exposure to Information), 정보격차(Digital Divide)이다.
   2018 서울 2회 7급 — 역기능

7. _____ 이란 개방, 공유, 소통, 협력의 핵심가치들을 통해 국정과제를 해결하고 국민행복을 추구하는 정부이다.
   2015 국가 9급 — 정부 3.0

8. _____ 는 기존 데이터와 비교할 때, 속도, 다양성, 크기 등의 특징을 지닌다.
   2017 지방 9급 — 빅데이터

9. 행정정보공개의 확대는 공무원의 _____ 행태를 조장한다.
   2012 지방 7급 — 소극적

10. 지방자치단체는 그 소관 사무에 관하여 법령의 범위에서 정보공개에 관한 _____ 를 정할 수 있다.
    2016 사회복지 — 조례

11. 우리나라의 행정정보공개청구는 말로써도 할 수 있고 외국인도 청구할 권리를 가진다. 한편, 정보의 공개 및 우송 등에 드는 비용은 실비의 범위에서 _____ 이 부담한다.
    2014 국가 9급 — 청구인

12. 공공기관은 정보공개의 청구를 받으면 부득이한 사유로 _____ 일의 기간 내에 공개여부를 결정할 수 없을 때에는 그 기간이 끝나는 다음 날부터 10일 이내에 공개 여부를 결정하여야 한다.
    2016 사회복지 — 10

13. _____ 산업혁명은 초연결성, 초지능성 등의 특징으로 하고 빅데이터를 활용한 맞춤형 공공 서비스 제공이 가능하다.
    2021 지방 9급 — 4차

CHAPTER 03 기출 OX

#	문제		정답
1	지식관리는 학습조직의 기반을 구축하고 지식의 공유화를 촉진할 것이다.	지식관리는 학습조직의 기반을 구축하고 지식의 공유화를 촉진할 것이다.	ㅇ
2	전자민주주의에서 정보의 비대칭성이 발생하지 않도록 정보관리는 배제성의 원리가 적용되어야 한다.	전자민주주의에서 정보의 비대칭성이 발생하지 않도록 정보관리는 **비배제성**의 원리가 적용되어야 한다.	x
3	전자민주주의의 부정적 측면으로 전자-전제주의(Tele-facism)가 나타날 수 있다.	전자민주주의의 부정적 측면으로 전자-전제주의(Tele-facism)가 나타날 수 있다.	ㅇ
4	온라인 참여포털 국민신문고는 국민의 고충 민원과 제안을 원스톱으로 접수 및 처리하는 것을 목적으로 한다.	온라인 참여포털 국민신문고는 국민의 고충 민원과 제안을 원스톱으로 접수 및 처리하는 것을 목적으로 한다.	ㅇ
5	정부 3.0은 공공정보를 적극 개방하고 공유하여 부처 간 소통과 협력을 중시하며, 일방향·개인별 실시간 맞춤을 제공한다.	정부 3.0은 공공정보를 적극 개방하고 공유하여 부처 간 소통과 협력을 중시하며, **양방향**·개인별 실시간 맞춤을 제공한다.	x
6	기존 데이터와 비교할 때 빅데이터의 주요 특징은 속도(Velocity), 다양성(Variety), 크기(Volume), 수동성(Passivity)이다.	기존 데이터와 비교할 때 빅데이터의 주요 특징은 속도(Velocity), 다양성(Variety), 크기(Volume), **복잡성(Complexity)**이다.	x
7	모든 국민은 정보의 공개를 청구할 권리를 가지며, 외국인의 정보공개청구에 관하여는 법률로 정한다.	모든 국민은 정보의 공개를 청구할 권리를 가지며, 외국인의 정보공개청구에 관하여는 **대통령령**으로 정한다.	x
8	행정정보공개제도는 국정에 대한 국민의 참여와 국정운영의 투명성 확보를 목적으로 하며, 중앙행정기관의 경우 전자적 형태의 정보 중 공개대상으로 분류된 정보는 공개청구가 없더라도 공개하여야 한다.	행정정보공개제도는 국정에 대한 국민의 참여와 국정운영의 투명성 확보를 목적으로 하며, 중앙행정기관의 경우 전자적 형태의 정보 중 공개대상으로 분류된 정보는 공개청구가 없더라도 공개하여야 한다.	ㅇ
9	우리나라의 행정정보공개청구는 말로써 할 수 있고 외국인도 청구할 권리를 가진다. 한편, 정보의 공개 및 우송 등에 드는 비용은 실비의 범위에서 정부가 부담한다.	우리나라의 행정정보공개청구는 말로써도 할 수 있고 외국인도 청구할 권리를 가진다. 한편, 정보의 공개 및 우송 등에 드는 비용은 실비의 범위에서 **청구인**이 부담한다.	x
10	공공기관의 공사, 용역, 물품 등의 발주정보를 공개하고 조달절차를 인터넷으로 처리하도록 '온나라시스템'을 도입하였다.	공공기관의 공사, 용역, 물품 등의 발주정보를 공개하고 조달절차를 인터넷으로 처리하도록 '**나라장터**'를 도입하였다.	x
11	유비쿼터스 전자정부는 서비스 전달 측면에서 지능적인 업무수행과 개개인의 수요에 맞는 맞춤형 서비스를 제공한다.	유비쿼터스 전자정부는 서비스 전달 측면에서 지능적인 업무수행과 개개인의 수요에 맞는 맞춤형 서비스를 제공한다.	ㅇ
12	스마트워크(Smart Work)란 통신, 방송, 인터넷 등을 통합한 멀티미디어 서비스를 안전하게 제공하는 통합네트워크를 의미한다.	**광대역 통합망(Broadband convergence Network; BcN)**이란 통신, 방송, 인터넷 등을 통합한 멀티미디어 서비스를 안전하게 제공하는 통합네트워크를 의미한다.	x
13	4차 산업혁명은 대량 생산 및 규모의 경제 확산이 핵심이다.	**2차** 산업혁명은 대량 생산 및 규모의 경제 확산이 핵심이다.	x
14	4차 산업혁명은 초연결성, 초지능성 등의 특징과 빅데이터를 활용한 맞춤형 공공 서비스 제공이 가능하다.	4차 산업혁명은 초연결성, 초지능성 등의 특징과 빅데이터를 활용한 맞춤형 공공 서비스 제공이 가능하다.	ㅇ

CHAPTER 03 키워드

1	자료는 사물이나 사실을 기호로 표시한 것이고, _____는 자료가 사용자에게 의미 있는 형태로 가공된 결과이다. 2011 지방 7급	정보
2	_____는 조직 구성원의 전문적 자질을 향상시키고 지식 공유를 통하여 지식가치의 확대 재생산에 기여할 것이다. 2015 서울 7급	지식관리
3	_____은 조직 구성원의 개인적 지식 축적보다는 조직적 지식의 창출을 강조하며, 개인 또는 부서가 업무 결과로 얻은 새로운 지식을 다른 구성원들과 공유하는 문화를 강조한다. 2015 지방 7급	지식관리시스템 (Knowledge Management System)
4	_____이란 장애인 등 정보 소외계층이 웹사이트에 있는 정보에 접근할 수 있도록 편의를 제공하는 것을 말한다. 2016 국가 9급	웹접근성
5	「전자정부법」상 행정기관 등의 장은 해당기관의 전자정부의 구현·운영 및 발전을 위한 기본계획을 _____년마다 수립하여야 한다. 2021 지방 7급	5
6	전자정부의 _____은 인포데믹스(Infordemics), 집단극화(Group Polarization), 선택적 정보접촉(Selective Exposure to Information), 정보격차(Digital Divide)이다. 2018 서울 2회 7급	역기능
7	_____이란 개방, 공유, 소통, 협력의 핵심가치들을 통해 국정과제를 해결하고 국민행복을 추구하는 정부이다. 2015 국가 9급	정부 3.0
8	_____는 기존 데이터와 비교할 때, 속도, 다양성, 크기 등의 특징을 지닌다. 2017 지방 9급	빅데이터
9	행정정보공개의 확대는 공무원의 _____ 행태를 조장한다. 2012 지방 7급	소극적
10	지방자치단체는 그 소관 사무에 관하여 법령의 범위에서 정보공개에 관한 _____를 정할 수 있다. 2016 사회복지	조례
11	우리나라의 행정정보공개청구는 말로써도 할 수 있고 외국인도 청구할 권리를 가진다. 한편, 정보의 공개 및 우송 등에 드는 비용은 실비의 범위에서 _____이 부담한다. 2014 국가 9급	청구인
12	공공기관은 정보공개의 청구를 받으면 부득이한 사유로 _____일의 기간 내에 공개여부를 결정할 수 없을 때에는 그 기간이 끝나는 다음 날부터 10일 이내에 공개 여부를 결정하여야 한다. 2016 사회복지	10
13	_____ 산업혁명은 초연결성, 초지능성 등의 특징으로 하고 빅데이터를 활용한 맞춤형 공공 서비스 제공이 가능하다. 2021 지방 9급	4차

Memo

김규대 행정학
단원별 기출문제집
1200제

제 7 편
지방자치론

Chapter 01　지방자치의 이해
Chapter 02　지방자치의 체계
Chapter 03　지방자치단체의 기관
Chapter 04　주민의 참여
Chapter 05　지방재정
Chapter 06　정부 간 관계

CHAPTER 01 지방자치의 이해

대표문제

01 □□□ 1082

우리나라 지방자치의 역사에 대한 설명으로 옳은 것은?

2022 국가 7급

① 제헌의회가 성립하면서 1949년 전국에서 도의회의원 선거가 실시되었다.
② 1991년 지방선거에서 지방의회의원을 선출하였으나, 지방자치단체장 선거는 실시되지 않았다.
③ 1995년부터 주민직선제에 의한 시·도교육감 선거가 실시되면서 실질적 의미의 교육자치가 시작되었다.
④ 1960년 지방선거에서는 서울특별시장·도지사 선거는 실시되었으나, 시·읍·면장 선거는 실시되지 않았다.

출제유형 Ⅰ. 기본개념 **출제영역**
출제빈도 ★★★ **정답률** **난도**

정답찾기
② 1991년 노태우 정부때 부활한 지방선거에서는 지방의회의원을 선출하였으나, 지방자치단체장 선거는 실시되지 않았다.

오답피하기
① 1948년 제헌의회가 성립하였고, 1952년에 최초의 지방선거가 실시되었다.
③ 2007년에 주민직선제에 의한 시·도교육감 선거가 실시되면서 실질적 의미의 교육자치가 시작되었다.
④ 1960년 장면정부에서 실시된 지방선거에서는 서울특별시장·도지사 선거, 시·읍·면장 선거, 지방의원 모두 주민직선으로 선출되었다.

정답 ②

제1절 지방자치의 의미

02 □□□ 1083

지방분권화가 확대되는 이유로 옳지 않은 것은?

2021 지방 7급

① 내생적 발전전략에 기반한 도시경쟁력 확보가 중요해지고 있다.
② 중앙집권체제가 초래하는 낮은 대응성과 구조적 부패 등은 국가 성장의 장애요인으로 작용하고 있다.
③ 사회적 인프라가 어느 정도 갖춰진 국가에서는 지역 간 평등한 공공서비스의 수요가 증가하고 있다.
④ 신공공관리론에 근거한 정부혁신이 강조되고 있다.

출제유형 Ⅰ. 기본개념 **출제영역** 지방분권화
출제빈도 ★★ **정답률** 68% **난도** 중

정답찾기
③ 지역 간 평등한 공공서비스의 수요가 증가하는 경우 중앙집권화가 적합하다.

오답피하기
① 내생적 발전전략에 기반한 도시경쟁력 확보가 중요해지는 경우 지방분권화의 확대가 필요하다.
② 중앙집권체제가 초래하는 낮은 대응성과 구조적 부패 등은 국가 성장의 장애 요인으로 작용하고 있는 경우 지방분권화의 확대가 필요하다.
④ 분권화와 경쟁이 중요한 신공공관리론에 근거한 정부혁신이 강조되고 있는 경우 지방분권화의 확대가 필요하다.

정답 ③

제 2 절 지방자치의 계보

03
지방자치의 이념과 사상적 계보에 대한 설명으로 가장 옳은 것은?

2019 서울 9급

① 자치권의 인식에서 주민자치는 전래권으로, 단체자치는 고유권으로 본다.
② 주민자치는 지방분권의 이념을, 단체자치는 민주주의 이념을 강조한다.
③ 주민자치는 의결기관과 집행기관을 분리하여 대립시키는 기관분리형을 채택하는 반면, 단체자치는 의결기관이 집행기관도 되는 기관통합형을 채택한다.
④ 사무구분에서 주민자치는 자치사무와 위임사무를 구분하지 않지만, 단체자치는 이를 구분한다.

출제유형 Ⅰ. 기본개념 **출제영역** 지방자치의 계보

출제빈도 ★★★   난도 중

정답찾기
④ 주민자치하에서는 위임사무가 존재하지 않으므로 주민자치는 자치사무와 위임사무를 구분하지 않는다. 그러나 단체자치하에서는 국가의 보통일선기관으로서 위임사무로 처리하고 지방자치단체가 자치단체로서 자치사무도 처리하므로 위임사무와 자치사무를 구분한다.

오답피하기
① 자치권의 인식에서 주민자치는 고유권으로, 단체자치는 전래권으로 본다.
② 주민자치는 민주주의 이념을, 단체자치는 지방분권의 이념을 강조한다.
③ 주민자치는 의결기관이 집행기관도 되는 기관통합형을 채택하고 단체자치는 의결기관과 집행기관을 분리하여 대립시키는 기관분리형을 채택한다.

행복노트
지방자치의 계보

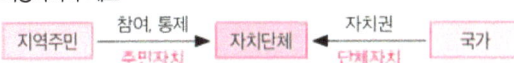

정답 ④

04
지방자치의 두 요소인 주민자치와 단체자치에 대한 설명으로 가장 옳은 것은?

2018 서울 9급

① 주민자치의 원리는 주로 영국과 미국에서 발달하였으며, 단체자치의 원리는 주로 독일과 프랑스에서 발달하였다.
② 주민자치가 지방자치의 형식적·법제적 요소라고 한다면, 단체자치는 지방자치를 실현하기 위한 내용적·본질적 요소라고 할 수 있다.
③ 단체자치에서는 법률에 의해 권한이 명시적·한시적으로 규정되어 사무를 자주적으로 처리할 수 있는 재량의 범위가 크다.
④ 단체자치에서는 입법통제와 사법통제가 주된 통제방식이다.

출제유형 Ⅰ. 기본개념 **출제영역** 지방자치의 계보

출제빈도 ★★★   난도 중

정답찾기
① 주민자치는 영국과 미국 등에서 발달하였고 단체자치는 독일과 프랑스 등에서 발달하였다.

오답피하기
② 단체자치가 지방자치의 형식적·법제적 요소라고 한다면, 주민자치는 지방자치를 실현하기 위한 내용적·본질적 요소라고 할 수 있다.
③ 주민자치에서는 법률에 의해 권한이 명시적·한시적으로 규정되어 사무를 자주적으로 처리할 수 있는 재량의 범위가 크다.
④ 입법통제와 사법통제가 주된 통제방식인 것은 주민자치에 해당한다. 단체자치는 행정적 통제를 주된 방식으로 한다.

구 분	주민자치	단체자치
이념적 기초	민주주의	지방분권 사상
자치의 의미	정치적·이념적 의미	법률적·형식적 의미
역사적 기원	영미법계(영국, 미국)	대륙법계(독일, 프랑스)
자치권 주체	주민	중앙정부
자치권 성질	고유권설	전래권설
자치권 범위	광범위	협소
주민참여	높음	낮음
통제	주민통제(상향식)	중앙통제(하향식)
자치권 부여방식	개별적 지정주의	포괄적 위임주의
중앙통제의 수단	간접통제(입법·사법)	직접통제(행정통제)
중앙통제의 정도	약함	강함
중앙 지방의 관계	기능적 협력관계	권력적 감독관계
지방정부 형태	기관통합형	기관대립형

정답 ①

제3절 지방자치의 효용과 비판

05 □□□ 1086

다음 중 지방자치의 의의로 가장 옳지 않은 것은?   2015 서울 9급

① 민주주의의 훈련
② 다양한 정책실험의 실시
③ 공공서비스의 균질화
④ 지역주민에 대한 행정의 반응성 제고

06 □□□ 1087

다음 중 소규모 자치행정 구역을 지지하는 논리로 맞는 것을 모두 고른 것은?   2015 지방 9급

ㄱ. 티부(Tiebout)모형을 지지하는 공공선택이론가들의 관점
ㄴ. 새뮤얼슨(Samuelson)의 공공재공급이론
ㄷ. 지역격차의 완화에 공헌
ㄹ. 주민과 지방정부 간의 소통·접촉 기회 증대

① ㄱ, ㄷ   ② ㄱ, ㄹ
③ ㄴ, ㄷ   ④ ㄴ, ㄹ

출제유형 Ⅰ. 기본개념   **출제영역** 지방자치의 의의
출제빈도 ★   **난도** 하

정답찾기
③ 공공서비스의 다양화가 지방자치의 의의에 해당하고, 공공서비스의 균질화는 중앙집권을 통해 기대되는 장점이다.

오답피하기
지방자치 효용과 비판

구 분	효 용	비 판
정치적 측면	• 풀뿌리 민주주의 • 정국마비의 방지	• 부분집착과 전체소홀 • 위기대응능력의 저하
행정적 측면	• 지역실정에 맞는 행정 • 정책의 지역적 실험	• 낭비와 비능률 • 님비 현상
경제적 측면	• 사회후생의 극대화 • 자원배분의 효율성	• 규모경제의 상실 • 분배, 경제시책의 실패
사회적 측면	• 경쟁성과 창의성 제고 • 주체의식, 책임의식↑ • 다원적 사회의 형성	• 지역주의와 배타성 • 지역이기주의로 인한 기능마비

정답 ③

출제유형 Ⅱ. 이론·제도   **출제영역** 지방분권
출제빈도 ★★   **난도** 중

정답찾기
② 소규모 자치행정 구역을 지지하는 논리는 지방분권을 의미한다.
ㄱ. 티부(Tiebout)모형을 지지하는 공공선택이론가들의 관점은 지방자치와 효율성의 관계를 긍정적으로 보았다.
ㄹ. 주민과 지방정부의 밀접한 소통과 접촉은 지방분권을 가능하게 한다.

오답피하기
ㄴ. 새뮤얼슨(Samuelson)은 지방자치와 효율성의 관계를 부정적 관계로 본 학자로 정치논리에 의하여 서비스가 공급되는 것이 불가피하다는 중앙정부의 공공재 공급을 설명한다.
ㄷ. 지역격차 해소는 중앙집권의 장점이다. 오히려 지방분권으로 지역 간 격차가 발생한다.

정답 ②

07 1088

오츠(Oates)의 분권화정리가 성립하기 위한 조건에 대한 설명으로 옳은 것만을 모두 고르면? 2021 국가 7급

> ㄱ. 중앙정부의 공공재 공급 비용이 지방정부의 공공재 공급 비용보다 더 적게 든다.
> ㄴ. 공공재의 지역 간 외부효과가 없다.
> ㄷ. 지방정부가 해당 지역에서 파레토 효율적 수준으로 공공재를 공급한다.

① ㄱ
② ㄷ
③ ㄱ, ㄴ
④ ㄴ, ㄷ

제 4 절 지방자치의 변천과 현대적 경향

08 1089

신중앙집권화 촉진 요인으로 적절하지 않은 것은? 2012 국가 7급

① 유엔의 '리우선언'(1992)에 따른 환경보존행동계획
② 정보통신기술 및 교통의 발달로 인한 생활권역의 확대
③ 경제력 및 세원의 편재로 인한 지방자치단체 간 재정력 격차의 확대
④ 환경문제, 보건문제 등 전국적인 문제의 발생

출제유형 II. 이론·제도 출제영역 오츠의 분권화정리
출제빈도 ★ 난도 상

정답찾기
④ 경제학자 오츠(Oates)가 제시한 분권화정리(Decentralization Theorem)는 지역공공재를 중앙정부가 생산하든 지방정부가 생산하든 비용은 똑같기 때문에, 중앙정부가 모든 지역에 대해 지역공공재를 생산해서 배분하는 것보다는 각 지방정부가 스스로 알아서 판단해서 공급하는 것이 효율적이라는 것이다. 쉽게 말하면 중앙집권제도보다 지방분권제도가 효율적이라는 것이다. 그러기 위해서는 ㄴ. 공공재의 지역 간 외부효과가 없고, ㄷ. 지방정부가 해당 지역에서 파레토 효율적 수준으로 공공재를 공급한다는 가정이 필요하다.

오답피하기
ㄱ. 중앙정부와 지방정부의 공공재 공급 비용은 동일하게 든다고 가정한다.

정답 ④

출제유형 I. 기본개념 출제영역 신중앙집권화
출제빈도 ★★ 난도 중

정답찾기
① 리우선언은 환경적으로 건전하고 지속가능한 발전을 주제로 범세계적 차원의 협력방안을 모색하면서, 지방자치단체의 참여와 협조가 중요함을 밝힘으로써 지방분권화의 활성화에 기여하였다.

오답피하기
② 생활권역과 경제활동권역의 확대로 인한 지역적·부분적 이해가 전국적 이해관계로 확대되는 경향에 대비하기 위해 신중앙집권화가 촉진된다.
③ 경제력 및 세원의 편재로 인한 지방자치단체 간 재정력 격차의 확대로 인해 국가적 차원에서 지방예산에 대한 조정필요성이 확대되므로 신중앙집권화가 촉진된다.
④ 환경문제, 보건문제 등 전국적인 문제의 발생으로 인해 신중앙집권화가 촉진된다.

정답 ①

제5절 우리나라의 지방자치의 변천

09 □□□ 1090

중앙과 지방의 권한배분에 대한 설명으로 옳지 않은 것은?

2017 국가 9급

① 지방분권 및 지방행정체제 개편을 추진하기 위하여 국무총리 소속으로 지방자치발전위원회를 둔다.
② 국가는 지방자치단체에 이양한 사무가 원활히 처리될 수 있도록 행정적·재정적 지원을 병행하여야 한다.
③ 중앙행정기관의 장과 지방자치단체의 장이 사무를 처리할 때 의견을 달리하는 경우 이를 협의·조정하기 위하여 국무총리소속으로 행정협의조정위원회를 둔다.
④ 「지방자치법」은 원칙적으로 사무배분방식에 있어서 포괄적 예시주의를 취하고 있다.

10 □□□ 1091

우리나라의 중앙정부와 지방자치단체 간의 관계에 대한 설명으로 옳지 않은 것은?

2014 국가 9급

① 보충성의 원칙에 따라 중앙정부가 처리하기 곤란한 사무는 지방자치단체가 보충적으로 처리해야 한다.
② 자치권은 법적 실체 간의 권한배분관계에서 배태된 개념으로 중앙정부가 분권화시킨 결과이다.
③ 적절한 재원 조치 없는 사무의 지방이양은 자치권을 오히려 제약하는 문제를 야기한다.
④ 사무처리에 필요한 법규를 자율적으로 제정할 수 있는 자치입법권에 대해 제약적인 규정을 두고 있다.

출제유형 Ⅱ. 이론·제도   **출제영역** 중앙과 지방의 권한배분
출제빈도 ★★   **난도** 중

정답찾기
① 지방분권 및 지방행정체제 개편을 추진하기 위하여 <u>대통령 소속으로 지방자치발전위원회</u>를 둔다.

┌ 관련조문 ┐
「지방자치분권 및 지방행정체제개편에 관한 특별법」 제44조 【자치분권위원회의 설치】
자치분권 및 지방행정체제 개편을 추진하기 위하여 대통령 소속으로 자치분권위원회를 둔다.

오답피하기
④ 「지방자치법」은 원칙적으로 사무배분방식에 있어서 <u>포괄적 예시주의</u>를 취하고 있다.

┌ 관련조문 ┐
「지방자치법」 제13조 【지방자치단체의 사무 범위】
① 지방자치단체는 관할 구역의 자치사무와 법령에 따라 지방자치단체에 속하는 사무를 처리한다.
② 제1항에 따른 지방자치단체의 사무를 예시하면 다음 각호와 같다. 다만, 법률에 이와 다른 규정이 있으면 그러하지 아니하다.
  1. 지방자치단체의 구역, 조직, 행정관리 등에 관한 사무
    가. 관할 구역 안 행정구역의 명칭·위치 및 구역의 조정
    나. 조례·규칙의 제정·개정·폐지 및 그 운영·관리
    다. 산하(傘下) 행정기관의 조직관리
    라. 산하 행정기관 및 단체의 지도·감독
    마. 소속 공무원의 인사·후생복지 및 교육 (이하 생략)

정답 ①

출제유형 Ⅰ. 기본개념   **출제영역** 중앙정부와 지방자치단체 간의 관계
출제빈도 ★★   **난도** 중

정답찾기
① 보충성의 원칙에 따라 <u>지방자치단체가 처리하기 곤란한 사무는 중앙정부가 보충적으로 처리해야 한다.</u>

오답피하기
② 자치권은 법적 실체 간의 권한배분관계에서 배태된 개념으로 <u>중앙정부가 분권화시킨</u> 결과이다.
③ 적절한 재원 조치 없는 사무의 지방이양은 기능분담과 재원배분이 일치하지 않아 자치권을 오히려 제약하는 문제를 야기한다.
④ 조례나 규칙과 같은 사무처리에 필요한 법규를 자율적으로 제정할 수 있는 <u>자치입법권</u>에 대해 제약적인 규정을 두고 있다.

정답 ①

11 1092
지방선거에 대한 설명으로 옳은 것은? 2019 국가 9급

① 이승만 정부에서 처음으로 시·읍·면 의회의원을 뽑는 지방선거가 실시되었다.
② 박정희 정부부터 노태우 정부 시기까지는 지방선거가 실시되지 않았다.
③ 지방자치단체장과 지방의회의원을 동시에 뽑는 선거는 김대중 정부에서 처음으로 실시되었다.
④ 2010년 지방선거부터 정당공천제가 기초지방의원까지 확대되었지만 많은 문제점이 지적되면서 현재는 실시되지 않고 있다.

12 1093
우리나라의 지방선거에 대한 설명으로 가장 옳은 것은? 2018 서울 2회 7급

① 현재 광역-기초자치단체장 및 광역-기초의회 의원 선거 모두에 정당공천제가 허용되고 있다.
② 광역의회의 지역구 선거는 기본적으로 중선거구제를 채택하고 있다.
③ 기초의회 지역구 선거는 기본적으로 소선거구제에 입각하고 있다.
④ 소선거구제의 경우에 풀뿌리 민주주의의 기반이 되는 주민과 의원과의 관계가 멀어질 수 있다는 단점이 있다.

출제유형 Ⅰ. 기본개념 **출제영역** 지방선거
출제빈도 ★★ **난도** 중

정답찾기
① 1948년 대한민국 정부 수립 이후 이승만 정부에 의해서 1952년 처음으로 시·읍·면 의회의원을 뽑는 지방선거가 실시되었다.

오답피하기
② 박정희 정부부터 전두환 정부 시기까지는 지방선거가 실시되지 않았다. 1991년 6월 노태우 정부에 의하여 지방의원에 대한 선거가 다시 시작되면서 지방의회가 구성되었다.
③ 지방자치단체장과 지방의회의원을 동시에 뽑는 선거는 1995년 6월 김영삼 정부에서 처음으로 실시되었다.
④ 2010년 지방선거부터 정당공천제가 기초지방의원까지 확대되었으며 일부 문제점이 있음에도 불구하고 현재도 정당공천이 실시되고 있다. 다만, 교육감의 선거에 있어서 후보자의 정당표방 및 정당의 후보자 추천은 금지되어 있다.

행복노트
지방자치단체장(집행기관) 권한

자치단체장의 권한	• 통할 대표권 • 임면권 • 사무의 관리집행권 • 선결처분권 • 기관시설의 설치권	• 지휘감독권 • 재의요구권 • 규칙제정권 • 지방채발행권

「지방자치법」 제120조 【지방의회의 의결에 대한 재의 요구와 제소】
① 지방자치단체의 장은 지방의회의 의결이 월권이거나 법령에 위반되거나 공익을 현저히 해친다고 인정되면 그 의결사항을 이송받은 날부터 20일 이내에 이유를 붙여 재의를 요구할 수 있다.
② 제1항의 요구에 대하여 재의한 결과 재적의원 과반수의 출석과 출석의원 3분의 2 이상의 찬성으로 전과 같은 의결을 하면 그 의결사항은 확정된다.
③ 지방자치단체의 장은 제2항에 따라 재의결된 사항이 법령에 위반된다고 인정되면 대법원에 소(訴)를 제기할 수 있다.

정답 ①

출제유형 Ⅱ. 이론·제도 **출제영역** 지방선거
출제빈도 ★★ **난도** 중

정답찾기
① 현재 광역-기초자치단체장 및 광역-기초의회 의원 선거 모두에 정당공천제가 허용되고 있다.

오답피하기
② 광역의회의 지역구 선거는 기본적으로 소선거구제를 채택하고 있다.
③ 기초의회 지역구 선거는 기본적으로 중선거구제를 채택하고 있다.
④ 소선거구제는 후보자와 유권자의 접촉이 보다 빈번하므로 주민과 의원과의 관계가 긴밀해질 수 있다는 장점이 있다.

행복노트
지방의회의 의원선거와 선거구제

선출직명	피선거권	임기	연임여부
대통령	40세 이상	5년	불가능
국회의원	18세 이상	4년	가능
특별시장, 광역시장, 도지사			3회 가능
구청장, 시장, 군수			
특별시, 광역시, 도의회 의원			가능
구, 시, 군 의회 의원			

선거의 종류	지역구 선거구제	지역구 선출방식	비례대표제
국회의원	소선거구제	다수대표제	정당명부식
광역의회 의원	소선거구제	다수대표제	정당명부식
기초의원 의원	중선거구제	소수대표제	정당명부식

정답 ①

CHAPTER 01 기출 OX

1. 민주주의의 훈련, 다양한 정책실험의 실시, 지역주민에 대한 행정의 반응성 제고 등은 지방자치의 의의에 해당한다. (O/X)
   2015 서울 9급

   1. 민주주의의 훈련, 다양한 정책실험의 실시, 지역주민에 대한 행정의 반응성 제고 등은 지방자치의 의의에 해당한다. **O**

2. 주민자치는 중앙집권체제가 발전한 나라에서 쉽게 뿌리내릴 수 있다. (O/X)
   2010 서울 7급

   2. 단체자치는 중앙집권체제가 발전한 나라에서 쉽게 뿌리내릴 수 있다. **X**

3. 주민자치는 지방정부를 중앙정부의 하부기관으로 보기도 한다. (O/X)
   2010 서울 7급

   3. 단체자치는 지방정부를 중앙정부의 하부기관으로 보기도 한다. **X**

4. 단체자치는 권한부여 방식으로 포괄적 위임주의를 채택하고, 주민자치는 개별적 지정주의를 채택하는 경향이 있다. (O/X)
   2016 국회 9급

   4. 단체자치는 권한부여 방식으로 포괄적 위임주의를 채택하고, 주민자치는 개별적 지정주의를 채택하는 경향이 있다. **O**

5. 사무구분에서 단체자치는 자치사무와 위임사무를 구분하지 않지만 주민자치는 이를 구분하며, 중앙정부와 지방정부의 관계에서 주민자치는 기능적 협력관계의 성격이 강하지만 단체자치는 권력적 감독관계의 성격이 강하다. (O/X)
   2016 국회 9급

   5. 사무구분에서 주민자치는 자치사무와 위임사무를 구분하지 않지만 단체자치는 이를 구분하며, 중앙정부와 지방정부의 관계에서 주민자치는 기능적 협력관계의 성격이 강하지만 단체자치는 권력적 감독관계의 성격이 강하다. **X**

6. 지방분권 및 지방행정체제 개편을 추진하기 위하여 국무총리 소속으로 지방자치발전위원회를 둔다. (O/X)
   2017 국가 9급

   6. 지방분권 및 지방행정체제 개편을 추진하기 위하여 대통령 소속으로 지방자치발전위원회를 둔다. **X**

7. 가까운 지방정부가 처리할 수 있는 업무에 상급 지방정부나 중앙정부가 관여해서는 안 된다는 것은 지방분권 추진 원칙 중 보충성의 원칙에 해당한다. (O/X)
   2020 지방 9급

   7. 가까운 지방정부가 처리할 수 있는 업무에 상급 지방정부나 중앙정부가 관여해서는 안 된다는 것은 지방분권 추진 원칙 중 보충성의 원칙에 해당한다. **O**

8. 민간이 처리할 수 있다면 정부가 관여해서는 안 된다는 것은 지방분권 추진 원칙 중 포괄성의 원칙에 해당한다. (O/X)
   2020 지방 9급

   8. 민간이 처리할 수 있다면 정부가 관여해서는 안 된다는 것은 지방분권 추진 원칙 중 보충성의 원칙에 해당한다. **X**

9. 우리나라 지방자치에서는 자치사법권은 인정되고 있다. (O/X)
   2020 국가 9급

   9. 우리나라 지방자치에서는 자치사법권은 인정되고 있지 않다. **X**

10. 우리나라 지방자치에서는 자치입법권은 지방의회만이 행사할 수 있는 전속적 권한이다. (O/X)
    2020 국가 9급

    10. 우리나라 지방자치에서는 자치입법권은 지방의회만이 행사할 수 있는 전속적 권한이 아니다. 지방자치 단체장도 규칙을 제정할 수 있다. **X**

CHAPTER 01 키워드

1. 주민자치는 　　　　　의 참여를 핵심으로 한다.   2015 서울 7급   **주민**

2. 　　　　　에서는 지방자치단체는 지방의 자치행정기관으로서 이중적 지위를 갖는다.   2017 국회 8급   **단체자치**

3. 　　　　　의 원리는 주로 영국과 미국에서 발달하였으며, 단체자치의 원리는 주로 독일과 프랑스에서 발달하였다.   2018 서울 9급   **주민자치**

4. 단체자치는 권한부여 방식으로 　　　　　를 채택하고, 주민자치는 개별적 지정주의를 채택하는 경향이 있다.   2016 국회 9급   **포괄적 위임주의**

5. 단체자치는 자치권을 　　　　　로부터 부여받은 권리로, 주민자치는 자치권을 국가 이전의 고유권으로 인식한다.   2019 서울 9급 기출 변형   **국가**

6. 　　　　　는 민주주의 훈련, 다양한 정책실험의 실시, 지역 주민에 대한 행정의 반응성 제고 등의 효용을 지닌다.   2015 서울 9급   **지방자치**

7. 가까운 지방정부가 처리할 수 있는 업무에 상급 지방정부나 중앙정부가 관여해서는 안 된다는 것은 지방분권 추진 원칙 중 　　　　　의 원칙에 해당한다.   2020 지방 9급   **보충성**

8. 보충성의 원칙은 지방사무는 원칙적으로 　　　　　에 우선 권한을 부여해야 하는 원칙으로, 사무 관할권의 입증 책임을 중앙정부에 부담하게 한다.   2014 국가 9급   **지방정부**

CHAPTER 02 지방자치의 체계

대표문제

01 □□□ 1094

지방정부의 사무에 대한 설명으로 옳지 않은 것은?

2023 지방 9급

① 기관위임사무의 처리에 드는 경비는 중앙정부와 지방정부가 공동 부담하는 것이 원칙이다.
② 단체위임사무는 집행기관장이 아닌 지방정부 그 자체에 위임된 사무이다.
③ 지방의회는 단체위임사무의 처리 과정에 관한 조례를 제정할 수 있다.
④ 중앙정부는 자치사무에 대해 합법성 위주의 통제를 주로 한다.

출제유형 I. 기본개념 **출제영역** 지방정부의 사무
출제빈도 ★★★ **난도** 중

정답찾기
① 기관위임사무의 처리에 드는 경비는 중앙정부가 부담하는 것이 원칙이고 단체위임사무의 처리에 드는 경비는 중앙정부와 지방정부가 공동 부담하는 것이 원칙이다.

오답피하기
② 단체위임사무는 집행기관장이 아닌 <u>지방정부 그 자체에 위임된</u> 사무이다.
③ 지방의회는 <u>단체위임사무의 처리 과정에 관한 조례를 제정할 수 있다.</u>
④ 중앙정부는 <u>자치사무에 대해 합법성 위주의 통제를 주로 한다.</u>

자치사무 VS 단체위임사무 VS 기관위임사무

구 분	자치사무	단체위임사무	기관위임사무
사무성질	지자체 고유사무	자치단체에 위임된 사무 (by 개별법)	자치단체장에게 위임된 사무
조례제정여부	○	○	×
지방의회관여	○	○	×
보조금 종류	장려적 보조금 (자치단체 전액부담)	부담금 (국가·지방 공동부담)	교부금 (국가 전액 부담)
배상책임	지방책임	국가·지방책임	국가책임
국가감독	합법성, 사후감독	합법+합목적, 사후적	교정적, 예방적
사무예시	자치단체 존립·유지사무, 주민복지사무 등	보건소, 예방접종, 재해구호, 국세 및 도세징수, 생활보호 등	선거 및 투표관련 사무, 천연기념물 관리, 병역자원관리 등

정답 ①

제 1 절 지방자치단체의 구성

02 □□□ 1095

우리나라의 지방자치 계층에 대한 설명으로 옳지 않은 것은?

2017 국가 9급

① 제주특별자치도는 자치계층 측면에서 단층제로 운영되고 있다.
② 자치계층은 주민공동체의 정책결정 및 집행의 단위로서 정치적 민주성 가치가 중요시된다.
③ 세종특별자치시의 관할구역으로 자치구를 둘 수 있다.
④ 자치계층으로 군을 두고 있는 광역시가 있다.

출제유형 II. 이론·제도 **출제영역** 지방자치 계층
출제빈도 ★★ **난도** 중

정답찾기
③ 세종특별자치시 설치 등에 관한 특별법에 따르면 세종특별자치시는 <u>단층제로서 자치구를 둘 수 없다.</u>

오답피하기
① 제주특별자치도는 자치계층 측면에서 단층제로 운영되고 있으며 기초자치단체가 아니라 행정시로서 서귀포시와 제주시를 두고 있다.
② 자치계층은 <u>주민공동체의 정책결정 및 집행의 단위로서 정치적 민주성 가치가 중요시된다.</u>
④ <u>부산광역시 기장군과 대구광역시 달성군</u>과 같이 자치계층으로 군을 두고 있는 광역시가 있다.

지방자치단체의 계층

중층제	한 구역에 여러 개의 자치단체가 중첩되는 구조. 우리나라(2층), 프랑스(3층) 등
단층제	한 구역에 하나의 자치단체가 모든 지방사무를 처리. 스코틀랜드, 북아일랜드 등

중층제

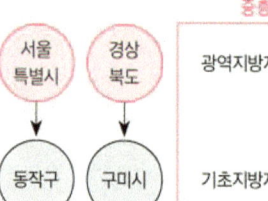

정답 ③

제 2 절 　 우리나라 지방자치단체

03 □□□ 1096
우리나라 지방자치에 대한 설명으로 옳은 것은? 　2020 국가 9급
① 자치사법권은 인정되고 있다.
② 지방자치단체의 예산안 편성권은 지방자치단체장에 속한다.
③ 자치입법권은 지방의회만이 행사할 수 있는 전속적 권한이다.
④ '세종특별자치시'와 제주특별자치도의 '제주시'는 기초자치단체로서 자치권을 가지고 있다.

출제유형 Ⅱ. 이론·제도　　**출제영역** 지방자치제도
출제빈도 ★★★　　난도 중

정답찾기
② 지방자치단체의 예산안 편성권은 지방자치단체장에 속하고, 예산안 심의권은 지방의회의 권한이다.

오답피하기
① 자치사법권은 인정되지 않는다.
③ 지방의회에서는 조례를 제정하고 지방자치단체장은 규칙을 제정할 수 있으므로 자치입법권은 지방의회만이 행사할 수 있는 전속적 권한은 아니다.
④ '세종특별자치시'는 광역자치단체이고 제주특별자치도의 '제주시'는 행정시로서 기초자치단체로서의 자치권을 가지고 있지 않다.

정답 ②

04 □□□ 1097
우리나라의 지방자치제도에 대한 설명으로 옳은 것은?
　2017 지방 7급
① 시·군의 지방세 세목에는 담배소비세, 주민세, 지방소득세, 재산세, 자동차세가 있다.
② 지방의회는 지방자치단체를 외부에 대표하는 기능, 국가위임사무 집행 기능 등을 가진다.
③ 지방자치단체는 2층제이며, 16개의 광역자치단체와 220개의 기초자치단체가 설치되어 있다.
④ 기관통합형 구조를 채택하고 있으며, 기초자치단체장 선거에서는 정당공천제를 실시하지 않고 있다.

출제유형 Ⅱ. 이론·제도　　**출제영역** 지방자치제도
출제빈도 ★★★　　난도 중

정답찾기
① 시·군세에는 담배소비세, 주민세, 지방소득세, 재산세, 자동차세가 해당된다.

오답피하기
② 지방자치단체장은 지방자치단체를 외부에 대표하고 국가위임사무를 집행함으로써 지방자치단체의 목적을 적극적으로 실현하는 집행기관이다.
③ 지방자치단체는 2층제, 즉 중층제이며, 17개의 광역자치단체와 226개의 기초자치단체가 설치되어 있다.
④ 우리나라는 지방자치단체의 의회 및 집행기관의 구성을 따로 법률로 정하는 바에 따라 달리 할 수 있는 기관자율화를 실시하고 있으며, 기초자치단체장 선거에서 정당공천제를 실시하고 있다.

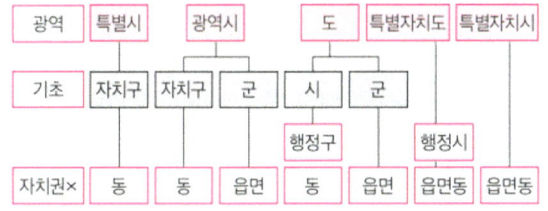

정답 ①

05
1098

우리나라 지방자치제에 대한 설명으로 옳지 않은 것은?

2016 국가 9급 변형

① 지방자치단체의 의사를 결정하는 의결기관과 의사를 집행하는 집행기관은 법률로 정하는 바에 따라 지방자치단체의 장의 선임방법을 포함한 지방자치단체의 기관구성 형태를 달리 할 수 있다.
② 지방분권화의 세계적 흐름에 따라 지방사무의 배분방식은 제한적 열거방식을 채택하고 있다.
③ 자치경찰제는 현재 전국적으로 실시되고 있다.
④ 특별지방행정기관은 중앙행정기관이 소관 사무를 집행하기 위해 설치한 지방행정기관이며, 세무서와 출입국관리사무소는 특별지방행정기관에 해당한다.

출제유형 Ⅱ. 이론·제도 **출제영역** 지방자치제도
출제빈도 ★★★ **난도** 중

정답찾기
② 우리나라는 지방분권화의 세계적 흐름과는 달리 자치단체가 처리할 사무목록을 일괄적으로 나열한 포괄적 예시주의를 채택하고 있다.

오답피하기
① 지방자치단체의 의사를 결정하는 의결기관과 의사를 집행하는 집행기관을 법률로 정하는 바에 따라 지방자치단체의 장의 선임방법을 포함한 지방자치단체의 기관구성 형태를 달리 할 수 있다.
③ 자치경찰제는 현재 전국적으로 실시되고 있다(「국가경찰과 자치경찰의 조직 및 운영에 관한 법률」 제4조).
④ 특별지방행정기관은 중앙행정기관이 소관 사무를 집행하기 위해 설치한 지방행정기관이며, 세무서와 출입국관리사무소는 특별지방행정기관에 해당한다.

관련조문
「지방자치법」 제4조 【지방자치단체의 기관구성 형태의 특례】
① 지방자치단체의 의회(이하 '지방의회'라 한다)와 집행기관에 관한 이 법의 규정에도 불구하고 따로 법률로 정하는 바에 따라 지방자치단체의 장의 선임방법을 포함한 지방자치단체의 기관구성 형태를 달리 할 수 있다.
② 제1항에 따라 지방의회와 집행기관의 구성을 달리하려는 경우에는 「주민투표법」에 따른 주민투표를 거쳐야 한다.

정답 ②

06
1099

우리나라 지방자치제도에 대한 설명으로 옳지 않은 것은?

2016 국가 7급

① 자치사무(고유사무)와 달리 법령에 의하여 지방자치단체에 속하는 사무(단체위임사무)에 관해서는 조례로 규정할 수 없다.
② 합의제 행정기관의 설치·운영에 관하여 필요한 사항은 대통령령 또는 조례로 정한다.
③ 지방자치단체는 공공시설을 부정사용한 자에 대하여 과태료를 부과하는 규정을 조례로 정할 수 있다.
④ 지방자치단체는 공공시설을 관계 지방자치단체의 동의를 얻어 그 지방자치단체의 구역 밖에 설치할 수 있다.

출제유형 Ⅱ. 이론·제도 **출제영역** 지방자치제도
출제빈도 ★★★ **난도** 중

정답찾기
① 자치사무와 해당 자치단체 자체에 위임된 단체위임사무에 대해서 조례를 제정하는 것이 가능하고 원칙적으로 조례제정 대상이 될 수 없는 것은 기관위임사무이다.

오답피하기
② 합의제 행정기관의 설치·운영에 관하여 필요한 사항은 대통령령 또는 조례로 정한다(「지방자치법」 제129조 제2항).
③ 지방자치단체는 공공시설을 부정사용한 자에 대하여 과태료를 부과하는 규정을 조례로 정할 수 있다(「지방자치법」 제156조 제2항).
④ 지방자치단체는 공공시설을 관계 지방자치단체의 동의를 얻어 그 지방자치단체의 구역 밖에 설치할 수 있다(「지방자치법」 제161조 제3항).

행복노트
자치사무 VS 단체위임사무 VS 기관위임사무

구 분	자치사무	단체위임사무	기관위임사무
사무성질	지자체 고유사무	자치단체에 위임된 사무 (by 개별법)	자치단체장에게 위임된 사무
조례제정여부	○	○	×
지방의회관여	○	○	×
보조금 종류	장려적 보조금 (자치단체 전액부담)	부담금 (국가 지방 공동부담)	교부금 (국가 전액 부담)
배상책임	지방책임	국가·지방책임	국가책임
국가감독	합법성, 사후감독	합법+합목적, 사후적	교정적, 예방적
사무예시	자치단체 존립·유지사무, 주민복지사무 등	보건소, 예방접종, 재해구호, 국세 및 도세징수, 생활보호 등	선거 및 투표관련 사무, 천연기념물 관리, 병역자원관리 등

정답 ①

07 □□□ 1100

「지방자치법」상 우리나라 지방자치단체에 대한 설명으로 옳지 않은 것은? 2016 지방 9급

① 지방자치단체인 구는 특별시와 광역시의 관할 구역 안의 구만을 말한다.
② 자치구가 아닌 구의 명칭과 구역의 변경은 그 지방자치단체의 조례로 정한다.
③ 주민은 지방자치단체와 그 장의 권한에 속하는 사무의 처리가 법령에 위반되거나 공익을 현저히 해친다고 인정되면 감사를 청구할 수 있다.
④ 주민은 그 지방자치단체의 장뿐만 아니라 지방에 속한 모든 의회의원까지도 소환할 권리를 가진다.

08 □□□ 1101

지방자치에 대한 설명 중 가장 옳지 않은 것은? 2014 국회 9급

① 단체자치는 중앙정부가 지역단위의 지방행정기관을 설치하고 자치정부로서의 법인격과 일정한 사무에 대한 자치권을 부여하는 지방자치의 방식이다
② 지방자치는 구역, 주민, 지방정부, 자치권을 그 구성요소로 한다.
③ 지방정부의 자치권은 자치입법권, 자치행정권, 자치조직권, 자치재정권으로 구성된다.
④ 보충성의 원칙은 모든 공공사무는 기본적으로 중앙정부가 담당하고 지방정부는 이를 보충해야 한다는 원칙이다.
⑤ 지방정부의 사무 중 기관위임사무는 국가적 차원의 이해관계가 크게 걸려있는 사무로 지방의회는 이러한 사무의 처리에서 배제된다.

출제유형 Ⅱ. 이론·제도 **출제영역** 지방자치제도

출제빈도 ★★★ **난도** 중

[정답찾기]
④ 지방의회의원 중 비례대표 의원은 제외되므로 모든 의원을 소환할 수 없다

[오답피하기]
① 지방자치단체인 구는 특별시와 광역시의 관할 구역 안의 구만을 말하며 인구 50만 이상의 시에는 구를 둘 수 있는데 이는 자치구가 아닌 행정구이다.
② 자치구가 아닌 구의 명칭과 구역의 변경은 그 지방자치단체의 조례로 정한다.
③ 주민은 지방자치단체와 그 장의 권한에 속하는 사무의 처리가 법령에 위반되거나 공익을 현저히 해친다고 인정되면 감사를 청구할 수 있다.

행복노트

지방자치단체의 구역개편

구 분		폐치분합	명칭변경	구역변경	경계변경	한자명칭변경
자치	광역자치단체	법률	법률	법률	대통령령	대통령령
	기초자치단체	법률	법률	법률	대통령령	대통령령
행정구역	행정구·읍·면·동·리	행안부장관 승인 후 조례	조례	조례	–	–

정답 ④

출제유형 Ⅱ. 이론·제도 **출제영역** 지방자치제도

출제빈도 ★★★ **난도** 중

[정답찾기]
④ 보충성의 원칙은 모든 공공사무는 기본적으로 지방정부가 담당하고 중앙정부는 이를 보충해야 한다는 원칙을 뜻한다.

[오답피하기]
① 단체자치는 중앙정부가 지역단위의 지방행정기관을 설치하고 자치정부로서의 법인격과 일정한 사무에 대한 자치권을 부여하는 지방자치의 방식이다.
② 지방자치는 구역, 주민, 지방정부, 자치권을 그 구성요소로 한다.
③ 자치권은 자치입법권, 자치행정권, 자치조직권, 자치재정권으로 구성되며 자치외교권과 자치사법권은 포함되지 않는다.
⑤ 지방정부의 사무 중 기관위임사무는 국가적 차원의 이해관계가 크게 걸려있는 사무로 지방의회는 이러한 사무의 처리에서 배제된다.

행복노트

지방자치권

자치입법권	법령의 범위 안에서 조례(의회)와 규칙(단체장) 제정 가능
자치조직권	과·사업소·출장소·지방공사조직을 자치적으로 결정할 수 있는 권한, 조직개편과 인사권 해당 2014년 총액인건비 → 기준인건비 제도로 변화 (총정원, 인건비 총액 관리) (정원관리 자율)
자치재정권	재원을 자율적으로 조달·지출할 수 있는 권한 조세법률주의로 인해 자주재정권이 제약됨

• 자치입법권, 자치행정권, 자치조직권, 자치재정권 포함
• 외교·국방·자치사법권 인정 ×

정답 ④

09 1102

우리나라 지방행정체제와 관련된 내용으로 옳지 않은 것은?

2013 국가 9급

① 자치구의 자치권 범위는 시·군의 경우와 같다.
② 특별시·광역시·도는 같은 수준의 자치행정계층이다.
③ 광역시가 아닌 시라도 인구 50만 이상의 경우에는 자치구가 아닌 구를 둘 수 있다.
④ 군은 광역시나 도의 관할 구역 안에 둔다.

출제유형 Ⅱ. 이론·제도 **출제영역** 지방자치제도
출제빈도 ★★★ **난도** 중

정답찾기
① 지방자치단체인 자치구는 특별시와 광역시의 관할 구역 안의 구만을 말하며, 자치구의 자치권의 범위는 법령으로 정하는 바에 따라 시·군과 다르게 할 수 있다.

오답피하기
② 특별시, 광역시, 도, 특별자치도, 특별자치시는 모두 정부의 직할로 광역자치단체에 해당한다.
③ 인구 50만 이상의 시는 자치구가 아닌 구를 둘 수 있다.
④ 군은 광역시나 도의 관할 구역 안에 속한다.

행복노트
우리나라 각 지방자치단체

특별시	광역자치단체, 특례 인정(∵ 수도)(기초: 자치구)
광역시	6개, 광역시 요건 법정화 ×(기초: 군, 자치구)
도	8개, 도의 요건 법정화 ×(기초: 시, 군) 인구 100만 이상 대도시(특례시) 특례 가능
특별자치도	기초자치단체 ×, 행정시 ○(서귀포시, 제주시) 도지사 소속 자치경찰단, 감사위원회(자체 감사) 인사의 자율성 부여(기준인건비 적용 배제)
세종특별시	세종시특별법: (기초: 군·자치구 ×) 지방자치법에서는 설치가능, 읍·면·동 설치 가능

- 자치구는 시·군보다 자치권이 좁고 세수의 수도 작음
- 인구 50만 이상의 시에는 자치구가 아닌 구를 둘 수 있음

정답 ①

10 1103

우리나라 지방자치제에 대한 설명으로 옳지 않은 것은?

2012 지방 9급 변형

① 지방자치단체와 지방의회의 기관 구성은 자율화되었다.
② 지방자치단체는 법인으로 한다.
③ 주민투표제, 주민감사청구제, 주민소환제를 실시하고 있다.
④ 자치입법권, 자치조직권, 자치재정권, 자치사법권을 인정하고 있다.

출제유형 Ⅱ. 이론·제도 **출제영역** 지방자치제도
출제빈도 ★★★ **난도** 중

정답찾기
④ 우리나라는 자치사법권과 자치외교권이 허용되지 않는다.

오답피하기
① 지방자치단체와 지방의회의 기관 구성은 자율화되었다.

관련조문
「지방자치법」 제4조【지방자치단체의 기관구성 형태의 특례】
① 지방자치단체의 의회(이하 '지방의회'라 한다)와 집행기관에 관한 이 법의 규정에도 불구하고 따로 법률로 정하는 바에 따라 지방자치단체의 장의 선임방법을 포함한 지방자치단체의 기관구성 형태를 달리 할 수 있다.
② 제1항에 따라 지방의회와 집행기관의 구성을 달리하려는 경우에는 「주민투표법」에 따른 주민투표를 거쳐야 한다.

② 지방자치단체는 법인으로 한다.

관련조문
「지방자치법」 제3조【지방자치단체의 법인격과 관할】
① 지방자치단체는 법인으로 한다.
② 특별시, 광역시, 특별자치시, 도, 특별자치도(이하 '시·도'라 한다)는 정부의 직할(直轄)로 두고, 시는 도의 관할 구역 안에, 군은 광역시나 도의 관할 구역 안에 두며, 자치구는 특별시와 광역시의 관할 구역 안에 둔다.
③ 특별시·광역시 또는 특별자치시가 아닌 인구 50만 이상의 시에는 자치구가 아닌 구를 둘 수 있고, 군에는 읍·면을 두며, 시와 구(자치구를 포함한다)에는 동을, 읍·면에는 리를 둔다.
④ 제10조 제2항에 따라 설치된 시에는 도시의 형태를 갖춘 지역에는 동을, 그 밖의 지역에는 읍·면을 두되, 자치구가 아닌 구를 둘 경우에는 그 구에 읍·면·동을 둘 수 있다.
⑤ 특별자치시와 특별자치도의 하부행정기관에 관한 사항은 따로 법률로 정한다.

정답 ④

제 3 절 　 지방자치단체의 관할구역

11 ☐☐☐ 1104

기초지방자치단체 구역 설정 시 일반적 기준으로 고려되지 않는 것은?
2013 국가 9급

① 재원조달 능력
② 주민 편의성
③ 노령화 지수
④ 공동체와 생활권

출제유형 Ⅱ. 이론·제도　　**출제영역** 기초지방자치단체 구역 설정
출제빈도 ★　　**난도** 하

정답찾기
③ 노령화 지수는 기초지방자치단체 구역 설정 시 일반적 기준으로 고려하지 않는다.

오답피하기

■ Millspaugh의 구역설정 기준
경제적·평화적 공동체로서의 성격을 유지할 수 있는지 여부, 행정의 경제성과 능률성을 고양할 수 있는지 여부, 자주적 재원조달 능력이 있으며 주민이 쉽게 접근할 수 있는 규모인지를 고려해야 한다는 것이다.
㉠ 공동사회 요소: 공동사회란 자연적·사회적·경제적으로 자기 완결적인 일체성을 가지는 생활권 및 지역경제권을 의미하는데, 인위적인 행정구역도 이러한 공동생활권·지역경제권과 일치해야 한다.
㉡ 적정 서비스 단위: 적정한 인구규모와 충분한 업무량이 있어야 하고, 그 구역주민이 요구하는 행정수요를 충족시키는 데 있어 최소의 경비로서 최대의 행정효과를 가져 올 수 있는 선에서 행정구역이 정해져야 한다(행정의 경제성과 능률성).
㉢ 재정적 자립성: 지방단체의 자기재원과 자체수입으로 그 단체 및 주민이 요구하는 행정수요를 감당할 수 있는 선에서 구역이 정해져야 하며, 자체수입으로 자기 업무를 수행할 수 없는 빈약한 지방단체는 그 단체의 구역을 통합 또는 폐지하여야 한다.
㉣ 행정적 편의성: 지방단체의 관할권이 미치는 지리적 범위가 주민의 행정접근면(주민의 접근 용이성)에서 주민의 행정적 편의를 기초로 정해져야 한다.

정답 ③

제 4 절 　 지방자치권

12 ☐☐☐ 1105

우리나라 지방자치단체의 권한(자치권)으로 옳지 않은 것은?
2021 국가 9급

① 지방자치단체는 법률의 위임이 있어야 주민의 권리를 제한하는 조례를 제정할 수 있다.
② 지방자치단체는 주민의 복지증진과 사업의 효율적 수행을 위하여 지방공기업을 설치·운영할 수 있다.
③ 지방자치단체는 조례를 위반한 행위에 대하여 조례로써 1,500만원 이하의 과태료를 정할 수 있다.
④ 지방자치단체조합도 따로 법률로 정하는 바에 따라 지방채를 발행할 수 있다.

출제유형 Ⅲ. 법령문제　　**출제영역** 지방자치권
출제빈도 ★★　　**난도** 중

정답찾기
③ 지방자치단체는 조례를 위반한 행위에 대하여 조례로써 <u>1,000만원 이하의 과태료</u>를 정할 수 있다.

┤관련조문├
「지방자치법」 제34조 【조례위반에 대한 과태료】
① 지방자치단체는 조례를 위반한 행위에 대하여 조례로써 1천만원 이하의 과태료를 정할 수 있다.

오답피하기
① 권리의 제한과 의무의 부과에 관한 것은 법률로 가능하므로 주민의 권리를 제한하는 조례는 법률의 위임이 있어야 한다.
② 지방자치단체는 주민의 복지증진과 사업의 효율적 수행을 위하여 지방공기업을 설치·운영할 수 있다.
④ 지방자치단체조합도 따로 법률로 정하는 바에 따라 지방채를 발행할 수 있다.

┤관련조문├
「지방자치법」 제28조 【조례】
지방자치단체는 법령의 범위 안에서 그 사무에 관하여 조례를 제정할 수 있다. 다만, 주민의 권리 제한 또는 의무 부과에 관한 사항이나 벌칙을 정할 때에는 법률의 위임이 있어야 한다.

「지방자치법」 제163조 【지방공기업의 설치·운영】
① 지방자치단체는 주민의 복지증진과 사업의 효율적 수행을 위하여 지방공기업을 설치·운영할 수 있다.

「지방자치법」 제139조 【지방채무 및 지방채권의 관리】
① 지방자치단체의 장이나 지방자치단체조합은 따로 법률로 정하는 바에 따라 지방채를 발행할 수 있다.

정답 ③

13

우리나라 지방자치단체의 자치재정권에 대한 설명으로 옳지 않은 것은?

2017 지방 9급

① 지방세 탄력세율 제도는 지방자치단체 재정의 신축성과 자율성을 제고하기 위한 제도이다.
② 지방자치단체는 법령의 위임이 없더라도 조례의 제정을 통하여 지방 세목을 설치할 수 있다.
③ 지방자치단체의 장은 재정투자사업에 관한 예산안을 편성할 경우 대통령령이 정하는 바에 따라 사전에 그 필요성과 타당성에 대한 심사를 하여야 한다.
④ 지방자치단체의 장은 재해예방 및 복구사업을 위한 자금 조달에 필요할 때에는 지방채를 발행할 수 있다.

14

다음 중 우리나라 지방자치권의 제약에 대한 설명으로 가장 옳지 않은 것은?

2015 국회 9급

① 자치사법권이 부여되어 있지 않아 다른 OECD 국가들에 비해 상대적으로 자치권이 제약되어 있다.
② 자치재정권의 경우 조례를 통한 독립적인 지방 세목은 설치할 수 없다.
③ 자치조직권에 있어서 중앙정부 승인 사항의 과다로 인한 제약이 있다.
④ 총액인건비제의 전면 도입으로 자치조직 권한이 일부 축소되었다.
⑤ 지방자치단체의 사무 중에서 개별법 우선 적용의 원칙에 의해 자치입법권은 제약되고 있다.

출제유형 Ⅲ. 법령문제　**출제영역** 자치재정권
출제빈도 ★★★　**난도** 중

정답찾기
② 우리나라는 조세법률주의에 입각하여 지방 세목은 오직 법률로만 설치할 수 있다.

오답피하기
① 지방세 탄력세율 제도는 정해진 세율을 법률의 위임 또는 대통령령 등의 명령이나 지방정부의 조례에 의해 다르게 정할 수 있으므로 지방자치단체 재정의 신축성과 자율성을 제고하기 위한 제도이다.
③ 지방자치단체의 장은 재정투자사업에 관한 예산안을 편성할 경우 대통령령이 정하는 바에 따라 사전에 그 필요성과 타당성에 대한 심사를 하여야 한다.

> **관련조문**
> 「지방재정법」 제37조 【투자심사】
> ① 지방자치단체의 장은 다음 각 호의 사항에 대해서는 대통령령으로 정하는 바에 따라 사전에 그 필요성과 타당성에 대한 심사(이하 '투자심사'라 한다)를 하여야 한다.
> 　1. 재정투자사업에 관한 예산안 편성

④ 지방자치단체의 장은 재해예방 및 복구사업을 위한 자금 조달에 필요할 때에는 지방채를 발행할 수 있다.

> **관련조문**
> 「지방재정법」 제11조 【지방채의 발행】
> ① 지방자치단체의 장은 다음 각 호를 위한 자금 조달에 필요할 때에는 지방채를 발행할 수 있다.
> 　1. 공유재산의 조성 등 소관 재정투자사업과 그에 직접적으로 수반되는 경비의 충당
> 　2. 재해예방 및 복구사업
> 　3. 천재지변으로 발생한 예측할 수 없었던 세입결함의 보전
> 　4. 지방채의 차환

정답 ②

출제유형 Ⅰ. 기본개념　**출제영역** 지방자치권
출제빈도 ★★★　**난도** 중

정답찾기
④ 총액인건비제는 중앙정부가 정해주는 총액인건비 범위 안에서 조직과 정원관리가 자율적으로 이루어지는 것으로 전면 도입된 후 자치조직 권한이 강화되었으며 2014년 이후 기준인건비제도로 명칭이 변경되었다.

오답피하기
① 우리나라는 자치사법권과 자치외교권이 부여되어 있지 않아 상대적으로 자치권이 제약되어 있다.
② 조세법률주의로 인해 자치재정권의 경우 조례를 통한 독립적인 지방 세목은 설치할 수 없다.
③, ⑤ 중앙정부의 승인을 얻어야 하는 사항이 많고 개별법 우선의 원칙이 적용되어 자치권이 제약받고 있다.

정답 ④

15

지방자치단체의 조례에 관한 설명으로 옳은 것을 모두 고른 것은?
2014 지방 9급

> ㄱ. 지방자치단체의 장은 법령이나 조례가 위임한 범위에서 그 권한에 속하는 사무에 관하여 규칙을 제정할 수 있다.
> ㄴ. 지방의회에서 의결된 조례안은 10일 이내에 지방자치단체의 장에게 이송되어야 한다.
> ㄷ. 재의요구를 받은 조례안은 재적의원 과반수의 출석과 출석의원 과반수의 찬성으로 재의요구를 받기 전과 같이 의결되면, 조례로 확정된다.
> ㄹ. 지방자치단체의 장은 재의결된 조례가 법령에 위반된다고 판단되면 재의결된 날부터 20일 이내에 대법원에 제소할 수 있다.

① ㄱ, ㄴ ② ㄴ, ㄹ
③ ㄱ, ㄹ ④ ㄷ, ㄹ

출제유형 Ⅰ. 기본개념 **출제영역** 조례
출제빈도 ★★★   난도 중

정답찾기
ㄱ. 지방자치단체의 장은 법령이나 조례가 위임한 범위에서 그 권한에 속하는 사무에 관하여 규칙을 제정할 수 있다.
ㄹ. 지방자치단체의 장은 재의결된 조례가 법령에 위반된다고 판단되면 재의결된 날부터 20일 이내에 대법원에 제소할 수 있다.

오답피하기
ㄴ. 지방의회에서 의결된 조례안은 5일 이내에 지방자치단체의 장에게 이송되어야 한다.
ㄷ. 재의요구를 받은 조례안은 재적의원 과반수의 출석과 출석의원 2/3 이상의 찬성으로 재의요구를 받기 전과 같이 의결되면, 조례로 확정된다.

행복노트
지방자치권(조례 제정 절차)

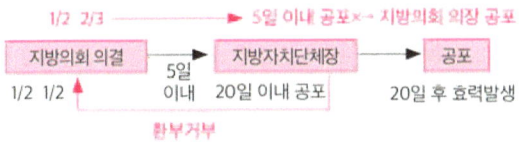

정답 ③

16

우리나라 지방자치단체의 권한에 대한 설명으로 옳지 않은 것은?
2013 지방 9급

① 지방자치단체는 법령이나 상급 지방자치단체의 조례를 위반하여 그 사무를 처리할 수 없다.
② 지방자치단체는 그 사무를 분장하기 위하여 필요한 행정기구와 지방공무원을 둔다.
③ 지방자치단체는 조례와 규칙으로 정하는 바에 따라 지방세를 부과·징수할 수 있다.
④ 지방자치단체는 관할 구역의 자치사무와 법령에 따라 지방자치단체에 속하는 사무를 처리한다.

출제유형 Ⅰ. 기본개념 **출제영역** 지방자치권
출제빈도 ★★   난도 중

정답찾기
③ 우리나라는 조세법률주의이므로 지방자치단체는 법률로 정하는 바에 따라 지방세를 부과 및 징수할 수 있으며 조례와 규칙으로 정하는 바에 따라 지방세를 부과·징수할 수 없다.

오답피하기
지방자치권

자치입법권	법령의 범위 안에서 조례(의회)와 규칙(단체장) 제정 가능
자치조직권	과·사업소·출장소·지방공사조직을 자치적으로 결정할 수 있는 권한, 조직개편과 인사권 해당 2014년 총액인건비 → 기준인건비 제도로 변화 (총정원, 인건비 총액 관리) (정원관리 자율)
자치재정권	재원을 자율적으로 조달·지출할 수 있는 권한 조세법률주의로 인해 자주재정권이 제약됨

• 자치입법권, 자치행정권, 자치조직권, 자치재정권 포함
• 외교·국방·자치사법권 인정 ×

정답 ③

17 □□□ 1110
우리나라 자치재정권에 대한 설명으로 옳지 않은 것은?

2012 지방 9급

① 지방자치단체는 법률로 정하는 바에 따라 지방세를 부과 징수할 수 있다.
② 지방자치단체는 공공시설의 이용 또는 재산의 사용에 대하여 사용료를 징수할 수 있다.
③ 지방자치단체는 행정목적을 달성하기 위하여 특정한 자금을 운용하기 위한 기금을 설치할 경우 행정안전부장관의 승인을 얻어야 한다.
④ 지방자치단체의 장이나 지방자치단체조합은 따로 법률이 정하는 바에 따라 지방채를 발생할 수 있다.

출제유형 Ⅰ. 기본개념 **출제영역** 자치재정권
출제빈도 ★★ **난도** 중

정답찾기
③ 지방자치단체는 행정목적을 달성하기 위하여 특정한 자금을 운용하기 위한 기금을 설치할 경우 조례로 정할 수 있다.

├ 관련조문 ┤
「지방자치법」 제159조 【재산과 기금의 설치】
① 지방자치단체는 행정목적을 달성하기 위한 경우나 공익상 필요한 경우에는 재산을 보유하거나 특정한 자금을 운용하기 위한 기금을 설치할 수 있다.
② 제1항의 재산의 보유, 기금의 설치·운용에 관하여 필요한 사항은 조례로 정한다.

행복노트
① 지방자치단체는 법률로 정하는 바에 따라 지방세를 부과·징수할 수 있다.

├ 관련조문 ┤
「지방자치법」 제152조 【지방세】
지방자치단체는 법률로 정하는 바에 따라 지방세를 부과·징수할 수 있다.

② 지방자치단체는 공공시설의 이용 또는 재산의 사용에 대하여 사용료를 징수할 수 있다.

├ 관련조문 ┤
「지방자치법」 제153조 【사용료】
지방자치단체는 공공시설의 이용 또는 재산의 사용에 대하여 사용료를 징수할 수 있다.

④ 지방자치단체의 장이나 지방자치단체조합은 따로 법률이 정하는 바에 따라 지방채를 발생할 수 있다.

├ 관련조문 ┤
「지방자치법」 제139조 【지방채무 및 지방채권의 관리】
① 지방자치단체의 장이나 지방자치단체조합은 따로 법률로 정하는 바에 따라 지방채를 발행할 수 있다.

정답 ③

18 □□□ 1111
자치경찰제도에 대한 설명으로 옳지 않은 것은?

2021 지방 9급

① 지역 실정에 맞는 치안행정을 펼칠 수 있다.
② 경찰 업무의 통일성과 효율성을 높일 수 있다.
③ 제주자치경찰단은 주민의 생활안전활동에 관한 사무를 수행한다.
④ 자치경찰사무를 관장하기 위하여 광역자치단체에 시·도자치경찰위원회를 둔다.

출제유형 Ⅱ. 이론·제도 **출제영역** 자치경찰제도
출제빈도 ★★ **난도** 중

정답찾기
② 경찰 업무의 통일성과 효율성을 높일 수 있는 것은 국가경찰제도에 해당한다.

행복노트
① 자치경찰제도는 지방자치단체가 담당하므로 지역 실정에 맞는 치안행정을 펼칠 수 있다.
③ 제주자치경찰단은 주민의 생활안전활동에 관한 사무, 지역교통활동에 관한 사무를 수행한다.
④ 자치경찰사무를 관장하기 위하여 광역자치단체에 시·도자치경찰위원회를 둔다.

「국가경찰과 자치경찰의 조직 및 운영에 관한 법률」
가. 경찰의 사무를 국가경찰사무와 자치경찰사무로 각각 구분하여 정함(제4조).
나. 자치경찰사무를 관장하기 위해 시·도지사 소속으로 시·도 자치경찰위원회를 합의제 행정기관으로 두고, 그 권한에 속하는 업무를 독립적으로 수행하도록 함(제18조).

정답 ②

제 5 절 지방자치단체의 사무

19
단체위임사무와 기관위임사무에 대한 설명으로 옳지 않은 것은?

2020 국가 9급

① 지방의회는 기관위임사무에 대해 조례제정권을 행사할 수 없다.
② 보건소의 운영업무와 병역자원의 관리업무는 대표적인 기관위임사무이다.
③ 중앙정부는 단체위임사무에 대해 사전적 통제보다 사후적 통제를 주로 한다.
④ 기관위임사무의 처리를 위한 비용은 국가가 부담한다.

출제유형 Ⅰ. 기본개념   **출제영역** 지방자치단체의 사무
출제빈도 ★★★   **난도** 중

정답찾기
② 병역자원의 관리업무는 대표적인 기관위임사무에 해당하나 보건소의 운영업무는 대표적인 단체위임사무에 해당한다.

오답피하기
① 기관위임사무는 법령규정에 의해 중앙정부 또는 상급자치단체로부터 도, 시, 군, 자치구 등의 장에게 위임된 사무로 지방의회는 기관위임사무에 대해 조례제정권을 행사할 수 없다.
③ 중앙정부는 단체위임사무에 대해 사전적 통제보다 사후적 통제를 주로 한다.
④ 기관위임사무의 처리를 위한 비용은 위임기관인 국가가 부담한다.

정답 ②

20
우리나라 지방자치단체의 사무에 대한 설명으로 옳지 않은 것은?

2017 국가 7급 추가

① 위임사무와 자치사무로 구분되며, 위임사무는 다시 기관위임사무와 단체위임사무로 구분된다.
② 병역자원의 관리업무 등 주로 국가적 이해관계가 크게 걸려 있는 사무는 단체위임사무에 속한다.
③ 제주특별자치도에서는 국가경찰과 자치경찰이 함께 활동할 수 있다.
④ 「지방자치법」에서 지방자치단체의 사무를 예시하고 있지만, 법률에 이와 다른 규정이 있으면 그렇지 않다.

출제유형 Ⅰ. 기본개념   **출제영역** 지방자치단체의 사무
출제빈도 ★★★   **난도** 중

정답찾기
② 병역자원의 관리업무 등 주로 국가적 이해관계가 크게 걸려 있는 사무는 기관위임사무에 속한다. 단체위임사무는 지역적 이해관계와 국가적 이해관계가 공존하는 사무의 특징을 가진다.

오답피하기
① 우리나라 지방사무는 자치사무와 위임사무로 구분되고 위임사무는 단체위임사무, 기관위임사무로 구분된다.
③ 제주특별자치도에서는 국가경찰과 도지사 소속의 자치경찰이 함께 활동할 수 있다.
④ 「지방자치법」 제13조 제2항의 단서에 해당한다.

행복노트
계층 간 기능배분 방식(우리나라: 포괄적 예시주의)

「지방자치법」 제13조 【지방자치단체의 사무범위】
① 지방자치단체는 관할 구역의 자치사무와 법령에 따라 지방자치단체에 속하는 사무를 처리한다.
② 제1항에 따른 지방자치단체의 사무를 예시하면 다음 각호와 같다. 다만 법률에 이와 다른규정이 있으면 그러하지 아니하다.
1. 지방자치단체의 구역, 조직, 행정관리 등
2. 주민의 복지증진
3. 농림·수산·상공업 등 산업 진흥
4. 지역개발과 자연환경보전 및 생활환경시설의 설치·관리
5. 교육·체육·문화·예술의 진흥
6. 지역민방위 및 지방소방
7. 국제교류 및 협력

정답 ②

21

우리나라 지방자치단체의 사무구분에 대한 설명으로 옳은 것은?

2014 국가 9급

① 자치사무와 단체위임사무는 자치단체가 전액 경비를 부담하며, 기관위임사무는 원칙적으로 자치단체와 위임기관이 공동으로 부담한다.
② 단체위임사무는 법령에 의해 하급 자치단체장에게 위임된 사무이며, 기관위임사무는 법령에 의해 국가 또는 다른 자치단체로부터 위임된 사무이다.
③ 자치사무와 단체위임사무의 처리를 위해 자치단체는 조례를 제정하는 것이 가능한데, 기관위임사무는 원칙적으로 조례제정 대상이 아니다.
④ 자치사무는 지방의회의 관여(의결, 사무감사 및 사무조사)대상이지만, 단체위임사무와 기관위임사무는 관여 대상이 아니다.

22

기관위임사무에 대한 설명으로 옳지 않은 것은?

2015 국가 9급

① 법령에 의하여 국가 또는 상급 지방자치단체로부터 지방자치단체의 장에게 위임된 사무를 말한다.
② 국가와 지방자치단체 사이의 행정적 책임의 소재를 명확하게 해 준다.
③ 지방자치단체를 국가의 하급기관으로 전락시키는 요인으로 작용할 수 있다.
④ 전국적으로 획일적인 행정을 강조함으로써 지방적 특수성이 희생되기도 한다.

출제유형 Ⅰ. 기본개념 **출제영역** 지방자치단체의 사무
출제빈도 ★★★ **난도** 중

정답찾기
③ 자치사무와 단체위임사무의 처리를 위해 자치단체는 조례를 제정하는 것이 가능한데, 기관위임사무는 원칙적으로 조례제정 대상이 아니다.

오답피하기
① 자치사무는 자치단체 전액 경비를 부담하고 단체위임사무는 자치단체와 국가가 공동 부담하며 기관위임사무는 원칙적으로 국가가 전액 부담한다.
② 단체위임사무는 법령에 의해 지방자치단체에 위임된 사무이고, 기관위임사무는 법령 및 일반통첩에 의하여 지방자치단체의 기관장에게 위임된 사무이다.
④ 자치사무와 단체위임사무는 지방의회의 관여를 받지만 기관위임사무는 관여 대상이 아니다.

정답 ③

출제유형 Ⅰ. 기본개념 **출제영역** 지방자치단체의 사무
출제빈도 ★★★ **난도** 중

정답찾기
② 기관위임사무는 지방자치단체장이 중앙정부의 대리인(Agent) 자격에서 처리하는 사무이며 지방의회의 의결대상이나 감독대상이 아니다. 국가와 지방자치단체 사이의 행정적 책임의 소재를 불명확하게 하는 단점이 있다.

오답피하기
① 기관위임사무는 법령에 다른 규정이 없는 한 지방자치단체의 장에게 위임하여 행한다.
③ 지방자치단체를 국가의 하급기관으로 전락시켜 중앙집권을 초래할 수 있다.
④ 전국적으로 획일적인 행정을 강조함으로써 지방적 특수성이 희생되기도 한다.

정답 ②

제6절 계층 간 기능배분

23

「지방자치법」상 지방자치단체 종류별 사무배분의 기준에 대한 설명으로 옳지 않은 것은?

2022 국가 7급

① 인구 30만 이상의 시에 대해서는 도가 처리하는 사무의 일부를 직접 처리하게 할 수 있다.
② 시·군 및 자치구가 독자적으로 처리하기 어려운 사무는 시·도의 사무이다.
③ 지방자치단체의 구역, 조직, 행정관리 등은 시·도와 시·군 및 자치구에 공통된 사무이다.
④ 국가와 시·군 및 자치구 사이의 연락·조정 등의 사무는 시·도의 사무이다.

출제유형 Ⅲ. 법령문제   **출제영역** 사무배분
출제빈도 ★★   **난도** 하

정답찾기
① 인구 50만 이상의 시에 대해서는 도가 처리하는 사무의 일부를 직접 처리하게 할 수 있다.

오답피하기
② 시·군 및 자치구가 독자적으로 처리하기 어려운 사무는 시·도의 사무이다.
③ 지방자치단체의 구역, 조직, 행정관리 등은 시·도와 시·군 및 자치구에 공통된 사무이다.
④ 국가와 시·군 및 자치구 사이의 연락·조정 등의 사무는 시·도의 사무이다.

관련조문
지방자치법 제14조【지방자치단체의 종류별 사무배분기준】
① 제13조에 따른 지방자치단체의 사무를 지방자치단체의 종류별로 배분하는 기준은 다음 각 호와 같다. 다만, 제13조 제2항 제1호의 사무는 각 지방자치단체에 공통된 사무로 한다.
1. 시·도
가. 행정처리 결과가 2개 이상의 시·군 및 자치구에 미치는 광역적 사무
나. 시·도 단위로 동일한 기준에 따라 처리되어야 할 성질의 사무
다. 지역적 특성 살리면서 시·도 단위로 통일성을 유지할 필요가 있는 사무
라. 국가와 시·군 및 자치구 사이의 연락·조정 등의 사무
마. 시·군 및 자치구가 독자적으로 처리하기 어려운 사무
바. 2개 이상의 시·군 및 자치구가 공동으로 설치하는 것이 적당하다고 인정되는 규모의 시설을 설치하고 관리하는 사무
2. 시·군 및 자치구
제1호에서 시·도가 처리하는 것으로 되어 있는 사무를 제외한 사무. 다만, 인구 50만 이상의 시에 대해서는 도가 처리하는 사무의 일부를 직접 처리하게 할 수 있다.

정답 ①

24

중앙정부의 지방자치단체 사무배분 원칙에 대한 설명으로 옳은 것만을 모두 고르면?

2021 국가 7급

ㄱ. 지역주민생활과 밀접한 관련이 있는 사무는 원칙적으로 시·군 및 자치구의 사무로 배분하여야 한다.
ㄴ. 서로 관련된 사무들을 배분할 때는 포괄적으로 배분하여야 한다.
ㄷ. 시·군 및 자치구가 처리하기 어려운 사무는 국가보다는 시·도에 우선적으로 배분하여야 한다.
ㄹ. 시·군 및 자치구가 해당 사무를 원활히 처리할 수 있도록 행정적·재정적 지원을 병행하여야 한다.
ㅁ. 주민의 편익증진과 집행의 효과 등을 고려하여 지방 자치단체 상호 간 중복되지 않도록 해야 한다.

① ㄱ, ㄷ, ㅁ
② ㄴ, ㄷ, ㄹ
③ ㄱ, ㄴ, ㄹ, ㅁ
④ ㄱ, ㄴ, ㄷ, ㄹ, ㅁ

출제유형 Ⅰ. 기본개념   **출제영역** 사무배분 원칙
출제빈도 ★★★   **정답률** 79%   **난도** 중

정답찾기
ㄱ. 지역주민생활과 밀접한 관련이 있는 사무는 원칙적으로 시·군 및 자치구의 사무로 배분하여야 한다는 것은 보충성의 원칙에 해당한다.
ㄴ. 서로 관련된 사무들을 배분할 때는 포괄적으로 배분하여야 한다는 것은 포괄성의 원칙에 해당한다.
ㄷ. 시·군 및 자치구가 처리하기 어려운 사무는 국가보다는 시·도에 우선적으로 배분하여야 한다는 것은 보충성의 원칙에 해당한다.
ㄹ. 시·군 및 자치구가 해당 사무를 원활히 처리할 수 있도록 행정적·재정적 지원을 병행하여야 한다는 것은 적극적 보충성 원칙에 해당한다.
ㅁ. 주민의 편익증진과 집행의 효과 등을 고려하여 지방 자치단체 상호 간 중복되지 않도록 해야 한다는 것은 비경합성의 원칙에 해당한다.

오답피하기

관련조문
「지방자치법」 제11조【사무배분의 기본원칙】
① 국가는 지방자치단체가 사무를 종합적·자율적으로 수행할 수 있도록 국가와 지방자치단체 간 또는 지방자치단체 상호 간의 사무를 주민의 편익증진, 집행의 효과 등을 고려하여 서로 중복되지 아니하도록 배분하여야 한다.
② 국가는 제1항에 따라 사무를 배분하는 경우 지역주민생활과 밀접한 관련이 있는 사무는 원칙적으로 시·군 및 자치구의 사무로, 시·군 및 자치구가 처리하기 어려운 사무는 시·도의 사무로, 시·도가 처리하기 어려운 사무는 국가의 사무로 각각 배분하여야 한다.
③ 국가가 지방자치단체에 사무를 배분하거나 지방자치단체가 사무를 다른 지방자치단체에 재배분할 때에는 사무를 배분받거나 재배분 받는 지방자치단체가 그 사무를 자기의 책임하에 종합적으로 처리할 수 있도록 관련 사무를 포괄적으로 배분하여야 한다.

정답 ④

25
지방분권추진원칙 중 다음 설명에 해당하는 것은? 2020 지방 9급

- 기능 배분에 있어 가까운 정부에게 우선적 관할권을 부여한다.
- 민간이 처리할 수 있다면 정부가 관여해서는 안 된다.
- 가까운 지방정부가 처리할 수 있는 업무에 상급 지방정부나 중앙정부가 관여해서는 안 된다.

① 보충성의 원칙
② 포괄성의 원칙
③ 형평성의 원칙
④ 경제성의 원칙

출제유형 Ⅱ. 이론·제도　**출제영역** 중앙과 지방의 기능배분
출제빈도 ★★★　**난도** 중

정답찾기
① **보충성의 원칙**은 '하급단위에서 잘 처리할 수 있는 업무를 상급단위에서 직접 처리해서는 안 된다'는 원칙이다. 가능한 사무수행의 우선권을 작은 행정단위에 우선적으로 위임하고, 중앙정부는 보충적 역할을 하는 것이 바람직하다는 의미에서 기초자치단체 우선의 원칙이라고도 한다.

오답피하기
② **포괄성의 원칙**은 상호밀접하게 연관된 사무는 뭉쳐서 이양하라는 원칙으로서 각 지방정부가 배분받은 사무에 대해서는 완전(Full)하고 배타적(Exclusive)인 권한을 행사할 수 있도록 해야 한다.
③ **형평성의 원칙**은 자치단체 간에 차등을 두지 말고 가급적 균등하게 배분해야 한다는 원칙이다.
④ **경제성의 원칙**은 사무를 각 단체의 규모, 행정 재정능력, 인구수 등을 고려하여 최소 경비로 최대의 효과를 도모할 수 있는 단계의 단체에 배분하는 원칙이다.

정답 ①

26
「지방자치법」상 지방자치단체의 사무처리에 관한 설명으로 가장 옳지 않은 것은? 2018 서울 9급

① 지방자치단체는 법령을 위반하여 그 사무를 처리할 수 없다.
② 행정처리 결과가 2개 이상의 시·군 및 자치구에 미치는 광역적 사무는 시·도가 처리한다.
③ 시·도와 시·군 및 자치구의 사무가 서로 경합하면 시·도에서 먼저 처리한다.
④ 지방자치단체는 법률에 다른 규정이 있는 경우를 제외하고 외교, 국방, 사법, 국세 등 국가의 존립에 필요한 사무를 처리할 수 없다.

출제유형 Ⅱ. 이론·제도　**출제영역** 중앙과 지방의 기능배분
출제빈도 ★★★　**난도** 중

정답찾기
③ 시·도와 시·군 및 자치구의 사무가 서로 경합하면 보충성의 원리에 따라 기초자치단체인 시·군·구에서 먼저 처리하는 것이 원칙이다.

오답피하기
① 「지방자치법」 제12조 제3항에 규정되어 있다.

┤관련조문├
「지방자치법」 제12조 【사무처리의 기본원칙】
③ 지방자치단체는 법령을 위반하여 사무를 처리할 수 없으며, 시·군 및 자치구는 해당 구역을 관할하는 시·도의 조례를 위반하여 사무를 처리할 수 없다.

② 「지방자치법」 제14조 제1항에 규정되어 있다.

┤관련조문├
「지방자치법」 제14조 【지방자치단체의 종류별 사무배분기준】
① 제13조에 따른 지방자치단체의 사무를 지방자치단체의 종류별로 배분하는 기준은 다음 각 호와 같다. 다만, 제13조 제2항 제1호의 사무는 각 지방자치단체에 공통된 사무로 한다.
1. 시·도
가. 행정처리 결과가 2개 이상의 시·군 및 자치구에 미치는 광역적 사무

④ 「지방자치법」 제15조에 규정되어 있다.

┤관련조문├
「지방자치법」 제15조 【국가사무의 처리제한】
지방자치단체는 다음 각 호에 해당하는 국가사무를 처리할 수 없다. 다만, 법률에 이와 다른 규정이 있는 경우에는 국가사무를 처리할 수 있다.
1. 외교, 국방, 사법(司法), 국세 등 국가의 존립에 필요한 사무 (이하 생략)

정답 ③

CHAPTER 02 기출 OX

1. 단층제에서는 중층제에서보다 기초자치단체와 중앙정부의 의사소통이 원활하지 못할 수 있다. (O/X) — 2011 국가 9급
   → 중층제에서는 단층제에서보다 기초자치단체와 중앙정부의 의사소통이 원활하지 못할 수 있다. **x**

2. '세종특별자치시'와 제주특별자치도의 '제주시'는 기초자치단체로서 자치권을 가지고 있다. (O/X) — 2020 국가 9급
   → '세종특별자치시'와 제주특별자치도의 '제주시'는 기초자치단체로서 자치권을 가지고 있지 않다. **x**

3. 지방자치단체인 구는 특별시와 광역시의 관할 구역 안의 구만을 말한다. (O/X) — 2016 지방 9급
   → 지방자치단체인 구는 특별시와 광역시의 관할 구역 안의 구만을 말한다. **o**

4. 우리나라 지방자치단체는 2층제이며, 16개의 광역자치단체와 220개의 기초자치단체가 설치되어 있다. (O/X) — 2017 지방 7급
   → 우리나라 지방자치단체는 2층제이며, 17개의 광역자치단체와 226개의 기초자치단체가 설치되어 있다. **x**

5. 지방자치단체는 공공시설을 관계 지방자치단체의 동의를 얻어 그 지방자치단체의 구역 밖에 설치할 수 있다. (O/X) — 2016 국가 7급
   → 지방자치단체는 공공시설을 관계 지방자치단체의 동의를 얻어 그 지방자치단체의 구역 밖에 설치할 수 있다. **o**

6. 지방자치단체는 법률의 위임이 없어도 주민의 권리를 제한하는 조례를 제정할 수 있다. (O/X) — 2021 국가 9급
   → 지방자치단체는 법률의 위임이 있어야 주민의 권리를 제한하는 조례를 제정할 수 있다. **x**

7. 자치구가 아닌 구의 명칭과 변경은 그 지방자치단체의 조례로 정한다. (O/X) — 2016 지방 9급
   → 자치구가 아닌 구의 명칭과 변경은 그 지방자치단체의 조례로 정한다. **o**

8. 지방의회는 지방자치단체를 외부에 대표하는 기능, 국가위임사무 집행 기능 등을 가진다. (O/X) — 2017 지방 7급
   → 지방자치단체의 장은 지방자치단체를 외부에 대표하는 기능, 국가위임사무 집행 기능 등을 가진다. **x**

9. 우리나라 지방자치단체의 사무는 위임사무와 자치사무로 구분되며, 자치사무는 다시 기관위임사무와 단체위임사무로 구분된다. (O/X) — 2017 국가 7급 추가
   → 우리나라 지방자치단체의 사무는 위임사무와 자치사무로 구분되며, 위임사무는 다시 기관위임사무와 단체위임사무로 구분된다. **x**

10. 지방의회는 기관위임사무에 대해 조례제정권을 행사할 수 없다. (O/X) — 2020 국가 9급
    → 지방의회는 기관위임사무에 대해 조례제정권을 행사할 수 없다. **o**

11. 기관위임사무의 처리를 위한 비용은 지방자치단체가 부담한다. (O/X) — 2020 국가 9급
    → 기관위임사무의 처리를 위한 비용은 국가가 부담한다. **x**

12. 중앙정부는 단체위임사무에 대해 사전적 통제보다 사후적 통제를 주로 한다. (O/X) — 2020 국가 9급
    → 중앙정부는 단체위임사무에 대해 사전적 통제보다 사후적 통제를 주로 한다. **o**

13. 병역자원의 관리업무 등 주로 국가적 이해관계가 크게 걸려 있는 사무는 단체위임사무에 속한다. (O/X) — 2017 국가 7급 추가
    → 병역자원의 관리업무 등 주로 국가적 이해관계가 크게 걸려 있는 사무는 기관위임사무에 속한다. **x**

14. 「지방자치법」은 원칙적으로 사무배분방식에 있어서 개별적 지정주의를 취하고 있다. (O/X) — 2017 국가 9급
    → 「지방자치법」은 원칙적으로 사무배분방식에 있어서 포괄적 예시주의를 취하고 있다. **x**

CHAPTER 02 키워드

번호	문제	출처	정답
1	우리나라 지방자치단체는 _____으로 한다.	2012 지방 9급	법인
2	특별시·광역시·도는 같은 수준의 자치행정계층이고, _____의 자치권 범위는 법령으로 정하는 바에 따라 시·군과 다르게 할 수 있다.	2013 국가 9급	자치구
3	제주특별자치도는 자치계층 측면에서 _____로 운영되고 있다.	2017 국가 9급	단층제
4	세종특별자치시의 관할구역으로 _____를 둘 수 없으며, 자치계층으로 군을 두고 있는 광역시도 있다.	2017 국가 9급	자치구
5	자치구가 아닌 구의 명칭과 변경은 그 지방자치단체의 _____로 정한다.	2016 지방 9급	조례
6	지방자치단체는 _____의 위임이 있어야 주민의 권리를 제한하는 조례를 제정할 수 있다.	2021 국가 9급	법률
7	지방의회에서 의결된 조례안은 _____일 이내에 지방자치단체의 장에게 이송되어야 하고, 재의요구를 받은 조례안은 재적의원 과반수의 출석과 출석의원 2/3이상의 찬성으로 조례로 확정된다.	2014 지방 9급	5
8	지방자치단체는 _____로 정하는 바에 따라 지방세를 부과·징수할 수 있다.	2016 사회복지	법률
9	지방자치단체는 조례를 위반한 행위에 대하여 조례로써 _____만원 이하의 과태료를 정할 수 있다.	2021 국가 9급	1,000
10	자치경찰제도로 인해 지역 실정에 맞는 치안 행정을 펼칠 수 있으며, 자치경찰 사무를 관장하기 위하여 광역자치단체에 _____를 둔다.	2021 지방 9급	시·도자치경찰위원회
11	지방의회는 _____위임사무에 대해 조례제정권을 행사할 수 없다.	2020 국가 9급	기관
12	기관위임사무의 처리를 위한 비용은 _____가 부담한다.	2020 국가 9급	국가
13	보건소의 운영업무는 _____에 해당하고 병역자원의 관리업무는 기관위임사무이다.	2020 국가 9급	단체위임사무
14	우리나라의 지방사무의 배분방식은 _____를 채택하고 있다.	2016 국가 9급	포괄적 예시주의

CHAPTER 03 지방자치단체의 기관

대표문제

01 □□□ 1120

지방자치단체의 기관구성 형태에 대한 설명으로 옳지 않은 것은?   2022 국가 7급

① 기관통합형은 행정에 주민들의 의사를 보다 정확하게 반영할 수 있다는 장점이 있다.
② 기관통합형은 지방의회에서 의결기능과 집행기능을 모두 수행하는 형태로, 영국의 의회형이 대표적이다.
③ 기관대립형 중 약시장 – 의회형은 시장의 고위직 지방공무원 인사에 대해서 의회의 동의를 요하는 반면, 시장은 지방의회 의결에 대한 거부권을 가진다.
④ 기관대립형은 견제와 균형을 통해 권력남용을 방지하는 장점이 있지만, 의결기관과 집행기관 간의 대립 및 마찰 가능성이 있다는 단점이 있다.

출제유형 Ⅰ. 기본개념 **출제영역** 지방자치단체의 기관구성
출제빈도 ★★★   **난도** 중

정답찾기
③ 기관대립형 중 약시장 – 의회형은 시장의 고위직 지방공무원인사에 대해서 의회의 동의를 요하는 한편, 시장은 <u>지방의회의결에 대한 거부권을 가지지 못한다.</u>

오답피하기
① 기관통합형은 행정에 <u>주민들의 의사를 보다 정확하게 반영</u>할 수 있다는 장점이 있다.
② 기관통합형은 <u>지방의회에서 의결기능과 집행기능을 모두 수행하는 형태로, 영국의 의회형</u>이 대표적이다.
④ 기관대립형은 <u>견제와 균형을 통해 권력남용을 방지하는 장점</u>이 있지만, 의결기관과 집행기관 간의 대립 및 마찰 가능성이 있다는 단점이 있다.

기관대립형의 형태

강시장 의회형	• 시장에게 시행정의 모든 책임을 귀속시킨 형태 • 우리나라에서 채택하고 있는 방식
약시장 의회형	• 의회가 정책결정권은 물론 인사 및 시의 일상행정 분야에 관여하는 형태 • 시장은 의회의결에 대한 거부권도 없으며, 예산편성 및 관리책임도 의회가 가짐
의회 지배인형	시장은 의원중에서 선출하고, 지방의회가 행정전문가인 시정관리관 임명, 시정관리관(전문지배인)이 실질적 행정의 총책임자로서 역할을 하는 형태
의회 수석행정 관형	• 시장은 대의회관계 등 대외업무를 관장하고, 시장을 보좌하는 행정 전문인을 수석행정관으로 임명 • 강시장 – 의회형과 의회 – 지배인형의 장점만을 결합

정답 ③

제1절 지방정부의 구성

02 □□□ 1121

지방자치단체의 기관구성에 대한 설명으로 옳지 않은 것은?
2017 지방 9급 추가 변형

① 「지방자치법」에서는 기관대립형 구조만을 채택하고 있다.
② 기관대립형은 행정책임의 소재가 분명하다는 장점이 있다.
③ 기관통합형은 영국의 의회형이 대표적이다.
④ 기관대립형은 의결기관과 집행기관을 이원적으로 구성해 상호 견제와 균형을 도모한다.

출제유형 Ⅱ. 이론·제도 **출제영역** 지방자치단체의 기관구성
출제빈도 ★★★   **정답률** 83%   **난도** 중

정답찾기
① 우리나라는 개정 전 「지방자치법」에 따르면 지방의회와 자치단체장을 명확하게 구분하는 기관대립형 구조였으나 <u>개정된 지방자치단체와 지방의회의 기관 구성은 자율화되었다.</u>

관련조문
「지방자치법」 제4조 【지방자치단체의 기관구성 형태의 특례】
① 지방자치단체의 의회(이하 '지방의회'라 한다)와 집행기관에 관한 이 법의 규정에도 불구하고 따로 법률로 정하는 바에 따라 지방자치단체의 장의 선임방법을 포함한 지방자치단체의 기관구성 형태를 달리 할 수 있다.
② 제1항에 따라 지방의회와 집행기관의 구성을 달리하려는 경우에는 「주민투표법」에 따른 주민투표를 거쳐야 한다.

오답피하기
② 기관대립형은 의결기관과 집행기관이 명확하게 분리되어 행정책임의 소재가 분명하다는 장점이 있다.
③ 영국은 대표적인 기관통합형이다.
④ 기관대립형은 <u>의결기관과 집행기관을 이원화하여 상호 견제와 균형을 도모</u>한다.

행복노트

기관통합형

의결기능과 집행기능을 지방의회에 귀속시키는 형태(영미계, 프랑스)

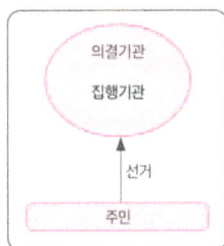

장점
㉠ 정책과정의 일관성 유지와 낭비나 지연 감소 ㉡ 민주정치와 책임정치 실현 ㉢ 주민의사의 정확한 반영 ㉣ 신속하고 탄력성 있는 집행
단점
㉠ 행정의 전문성 부족 우려 ㉡ 권력남용 가능성

정답 ①

03 ☐☐☐ 1122

지방자치단체의 기관구성에 대한 설명으로 옳지 않은 것은?

2016 지방 9급

① 기관대립형(기관분리형)은 견제와 균형을 통해 민주적이고 합리적인 지방자치를 실시하는 방식이다.
② 기관통합형은 주민 직선으로 지방의회를 구성하고 의회 의장이 단체장을 겸하는 방식이다.
③ 기관대립형(기관분리형)은 집행부와 의회의 기구가 병존함에 따라 비효율성을 줄일 수 있다는 장점이 있다.
④ 기관통합형은 의결기능과 집행기능이 통합되어 있기 때문에 지방자치행정을 기관 간 마찰 없이 안정적으로 수행할 수 있다는 장점이 있다.

제 2 절 지방의회(의결기관)

04 ☐☐☐ 1123

「지방자치법」상 지방의회에 대한 내용으로 옳지 않은 것은?

2018 국가 9급

① 지방의회는 조례로 정하는 바에 따라 위원회를 둘 수 있으며, 위원회의 종류는 상임위원회와 특별위원회로 한다.
② 지방의회는 그 의결로 소속 의원의 사직을 허가할 수 있다. 다만, 폐회 중에는 의장이 허가할 수 있다.
③ 의장은 의결에서 표결권을 가지지 못하며, 찬성과 반대가 같으면 부결된 것으로 본다.
④ 지방의회에서 부결된 의안은 같은 회기 중에 다시 발의하거나 제출할 수 없다.

출제유형 Ⅱ. 이론 · 제도   **출제영역** 지방자치단체의 기관구성
출제빈도 ★★★   **난도** 중

정답찾기
③ 기관대립형은 집행부와 의회의 기구가 병존되어 있어 갈등과 대립이 있는 경우에는 <u>행정의 비효율성을 초래할 수 있다.</u>

오답피하기
① 기관대립형은 집행부와 의회의 기구가 병존되어 있어 <u>상호 견제와 균형을 통해 민주적인 지방자치를 실시할 수 있다.</u>
② 기관통합형은 의결기관과 집행기능을 모두 하나의 기관에 집중되어 있으며 <u>주민 직선으로 지방의회를 구성하고 단체장은 의회가 선출하거나 의장이 겸하는 방식</u> 등으로 운용해 나간다.
④ 기관통합형은 <u>의결기관과 집행기관이 통합되어 있으므로 기관 사이의 마찰을 피하고, 안정적으로 수행할 수 있다.</u>

📝 행복노트

기관대립형

의결기능과 집행기능이 따로 분리되어 상호 견제와 균형 유지
(일본, 이탈리아, 우리나라에서 채택)

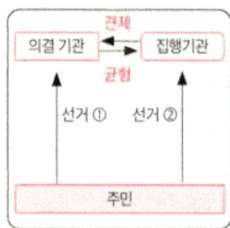

	장점
	⊙ 실질적 주민통제 가능
	ⓒ 권력남용과 전횡 방지에 기여
	ⓒ 부처할거주의 예방과 행정의 전문화에 기여

	단점
	⊙ 이원적 구성으로 비효율성
	ⓒ 갈등 시 지방행정 혼란과 마비

정답 ③

출제유형 Ⅲ. 법령문제   **출제영역** 지방의회
출제빈도 ★★   **난도** 중

정답찾기
③ 지방의회 의장은 의결에 있어서 표결권을 갖지만 찬성과 반대가 같은 경우 <u>캐스팅보트를 가지지는 못하며 부결된 것으로 본다.</u>

오답피하기
① 「지방자치법」 제64조 ① 지방의회는 <u>조례로 정하는 바에 따라 위원회를 둘 수 있다.</u> ② 위원회의 종류는 소관 의안과 청원 등을 심사·처리하는 상임위원회와 특정한 안건을 일시적으로 심사·처리하기 위한 특별위원회 두 가지로 한다.
② 「지방자치법」 제89조(의원의 사직) <u>지방의회는 그 의결로 소속 의원의 사직을 허가할 수 있다. 다만, 폐회 중에는 의장이 허가할 수 있다.</u>
④ 「지방자치법」 제80조 일사부재의의 원칙에 따라 <u>지방의회에서 부결된 의안은 같은 회기 중에 다시 발의하거나 제출할 수 없다.</u>

정답 ③

05
1124

지방의회가 지방자치단체에 대하여 행사할 수 있는 권한으로 옳지 않은 것은? 2016 서울 7급

① 예산불성립 시 예산집행
② 선결처분의 사후승인
③ 행정사무의 감사·조사
④ 청원서의 이송·보고요구

06
1125

다음은 지방의원의 권한과 의무에 관한 설명이다. 옳은 것끼리 연결된 것은? 2014 서울 7급

> ㉠ 지방의원은 직무수행과 관련해 면책특권이 인정되지 않고 있다.
> ㉡ 집행기관의 행정사무 처리사항을 조사 및 감사할 권한을 가진다.
> ㉢ 임시회의 소집요구권이 없다.
> ㉣ 광역의회의원은 정당공천을 받을 수 없다.
> ㉤ 이해관계가 있는 안건에는 참여가 금지되어 있다.

① ㉡, ㉢, ㉤
② ㉡, ㉣
③ ㉡, ㉢, ㉣
④ ㉠, ㉣
⑤ ㉠, ㉡, ㉤

출제유형 I. 기본개념   **출제영역** 지방의회
출제빈도 ★★   난도 중

정답찾기
① 예산불성립 시 예산집행은 지방자치단체 장이 행사할 수 있는 권한이다.

오답피하기
② 선결처분의 사후승인은 지방의회의 권한이다.
③ 행정사무의 감사·조사는 지방의회의 권한이다.
④ 청원서의 이송·보고요구는 지방의회의 권한이다.

행복노트

지방의회(의결 기관) 권한

의결권	• 조례의 제정 및 개폐 • 예산 및 결산의 승인 • 기금의 설치·운용 • 중요재산의 취득·처분 • 청원의 수리와 처리 • 외국자치단체와의 교류·협력 • 법령에 규정된 것을 제외한 사용료 등의 부과·징수
자율권	• 의장 및 부의장의 선출 • 의장 불신임 의결권 • 자율운영권(불신임권, 의사자율권, 의원경찰권 등) • 지방의회 사무기구 인력운영의 자율운영권 신설(지방의회 의장이 처리)
서류제출 요구권	• 본회의나 위원회는 의결로 서류제출을 지자체장에게 요구 가능(위원회가 서류제출 요구시 의장에게 보고) • 폐회 중에도 요구있으면 의장이 요구할 수 있음
행정사무 감사 및 조사권	• 행정감사(매년 1회 실시)(시·도: 14일, 시·군·자치구: 9일, 행정 전반 대상) • 행정조사(특정사안)(의원 1/3이상의 발의, 본회의 의결로 실시)

정답 ①

출제유형 I. 기본개념   **출제영역** 지방의회
출제빈도 ★★★   난도 중

정답찾기
㉠ 지방의원은 직무수행과 관련해 면책특권이 인정되지 않고 있다.
㉡ 지방의원은 집행기관의 행정사무 처리사항을 조사 및 감사할 권한을 가진다.
㉤ 지방의원은 이해관계가 있는 안건에는 참여가 금지되어 있다.

오답피하기
㉢ 지방의회의장은 지방자치단체의 장이나 재적의원 3분의 1 이상의 의원이 요구하면, 15일 이내에 임시회를 소집하여야 한다(「지방자치법」 제54조 제3항).
㉣ 광역의회의원은 정당공천을 받을 수 있다. 하지만 교육감의 선거에 있어서 후보자의 정당표방 및 정당의 후보자 추천은 금지되어 있다.

정답 ⑤

07　1126

「지방자치법」상 지방의회 의원이 받을 수 있는 징계의 사례가 아닌 것은?
2020 국가 7급

① A 의원은 45일간 출석정지를 내용으로 하는 징계를 받았다.
② B 의원은 공개회의에서 사과를 하는 징계를 받았다.
③ C 의원은 재적의원 3분의 2 이상 찬성에 따라 제명되는 징계를 받았다.
④ D 의원은 공개회의에서 경고를 받는 징계를 받았다.

출제유형 Ⅲ. 법령문제　　**출제영역** 지방의회의원 징계
출제빈도 ★　　**난도** 상

정답찾기

① 「지방자치법」상 의원의 징계에 있어 출석정지는 30일 이내에서 이루어지므로 A 의원은 45일간 출석정지를 내용으로 하는 징계는 불가하다.

> **관련조문**
> 「지방자치법」 제100조【징계의 종류와 의결】
> ① 징계의 종류는 다음과 같다.
>   1. 공개회의에서의 경고
>   2. 공개회의에서의 사과
>   3. 30일 이내의 출석정지
>   4. 제명
> ② 제1항 제4호에 따른 제명 의결에는 재적의원 3분의 2 이상의 찬성이 있어야 한다.

정답 ①

08　1127

「지방자치법」상 지방의회의 의결사항으로 옳은 것만을 모두 고른 것은?
2013 지방 9급

> ㄱ. 예산의 심의·확정
> ㄴ. 법령에 규정된 수수료의 부과 및 징수
> ㄷ. 외국 지방자치단체와의 교류협력에 관한 사항

① ㄱ, ㄴ
② ㄱ, ㄷ
③ ㄱ, ㄴ, ㄷ
④ ㄴ, ㄷ

출제유형 Ⅰ. 기본개념　　**출제영역** 지방의회
출제빈도 ★★★　　**난도** 중

정답찾기

ㄱ. 예산의 심의·확정은 지방의회의 의결사항이다.
ㄷ. 외국 지방자치단체와의 교류협력에 관한 사항은 지방의회의 의결사항이다.

오답피하기

ㄴ. 법령에 규정된 것을 제외한 수수료의 부과 및 징수는 지방의회의 의결사항이다.

행복노트

지방의회(의결 기관) 권한

의결권	• 조례의 제정 및 개폐 • 예산 및 결산의 승인 • 기금의 설치·운용 • 중요재산의 취득·처분 • 청원의 수리와 처리 • 외국자치단체와의 교류·협력 • 법령에 규정된 것을 제외한 사용료 등의 부과·징수
자율권	• 의장 및 부의장의 선출 • 의장 불신임 의결권 • 자율운영권(불신임권, 의사자율권, 의원경찰권 등) • 지방의회 사무기구 인력운영의 자율운영권 신설(지방의회 의장이 처리)
서류제출 요구권	• 본회의나 위원회는 의결로 서류제출을 지자체장에게 요구 가능(위원회가 서류제출 요구시 의장에게 보고) • 폐회 중에도 요구있으면 의장이 요구할 수 있음
행정사무 감사 및 조사권	• 행정감사(매년 1회 실시)(시·도: 14일, 시·군·자치구: 9일, 행정 전반 대상) • 행정조사(특정사안)(의원 1/3이상의 발의, 본회의 의결로 실시)

정답 ②

09 □□□ 1128

「지방공무원법」상 인사위원회의 위원으로 임명되거나 위촉될 수 없는 사람은?   2023 국가 9급

① 지방의회의원
② 법관·검사 또는 변호사 자격이 있는 사람
③ 공무원으로서 20년 이상 근속하고 퇴직한 사람
④ 초등학교·중학교·고등학교 교장 또는 교감으로 재직하는 사람

제 3 절 지방자치단체장(집행기관)

10 □□□ 1129

우리나라에서 지방자치단체의 장이 지방의회에 대하여 행사할 수 있는 권한이 아닌 것은?   2012 국회 9급

① 지방의회의 의결이 월권이거나 법령에 위반되거나 공익을 현저히 해친다고 인정되는 경우의 재의요구권
② 지방의회의 의결이 예산상 집행 불가능한 경비를 포함하고 있는 경우의 재의요구권
③ 법령에 따라 지방자치단체에서 의무적으로 부담하여야 할 경비를 삭감하는 의결을 할 경우의 재의요구권
④ 재의요구에 대한 의회사무를 지방의회가 이행하지 않고 있을 경우의 직무이행명령권
⑤ 재의결된 사항이 법령에 위배된다고 판단하여 대법원에 제소할 수 있는 제소권

출제유형 Ⅲ. 법령문제 **출제영역** 지방공무원법
출제빈도 ★ **난도** 상

정답찾기
① 지방의회의원은 「지방공무원법」상 인사위원회의 위원으로 임명되거나 위촉될 수 없는 사람이다.

오답피하기

지방공무원법 제7조(인사위원회의 설치)
⑤ 지방자치단체의 장과 지방의회의 의장은 각각 소속 공무원(국가공무원을 포함한다) 및 다음 각 호에 해당하는 사람으로서 인사행정에 관한 학식과 경험이 풍부한 사람 중에서 위원을 임명하거나 위촉하되, 위원의 자격요건에 관하여 필요한 사항은 대통령령으로 정한다. 다만, 시험위원은 시험실시기관의 장이 따로 위촉할 수 있다.
  1. 법관·검사 또는 변호사 자격이 있는 사람
  2. 대학에서 조교수 이상으로 재직하거나 초등학교·중학교·고등학교 교장 또는 교감으로 재직하는 사람
  3. 공무원(국가공무원을 포함한다)으로서 20년 이상 근속하고 퇴직한 사람
  4. 「비영리민간단체 지원법」에 따른 비영리민간단체에서 10년 이상 활동하고 있는 지역단위 조직의 장
  5. 상장법인의 임원 또는 「공공기관의 운영에 관한 법률」 제5조에 따라 지정된 공기업의 지역단위 조직의 장으로 근무하는 사람
⑥ 다음 각 호의 어느 하나에 해당하는 사람은 위원으로 위촉될 수 없다.
  1. 제31조 각 호의 어느 하나에 해당하는 사람
  2. 「정당법」에 따른 정당의 당원
  3. 지방의회의원

정답 ①

출제유형 Ⅰ. 기본개념 **출제영역** 지방자치단체장
출제빈도 ★★ **난도** 중

정답찾기
④ 직무이행명령은 지방자치단체의 장이 법령의 규정에 따라 그 의무에 속하는 국가위임사무 또는 시·도위임사무의 관리와 집행을 명백히 게을리하고 있다고 인정될 때, 주무부장관이나 광역자치단체장이 이행 사항을 명령하는 권한을 뜻한다. 재의요구에 대한 의회사무를 지방의회가 이행하지 않고 있을 경우는 직무이행명령권의 대상에 해당하지 않는다.

오답피하기
① 지방의회의 의결이 월권이거나 법령에 위반되거나 공익을 현저히 해친다고 인정되는 경우의 재의요구권
② 지방의회의 의결이 예산상 집행 불가능한 경비를 포함하고 있는 경우의 재의요구권
③ 법령에 따라 지방자치단체에서 의무적으로 부담하여야 할 경비를 삭감하는 의결을 할 경우의 재의요구권
⑤ 재의결된 사항이 법령에 위배된다고 판단하여 대법원에 제소할 수 있는 제소권

정답 ④

CHAPTER 03 기출 OX

1. 기관통합형은 의결기관과 집행기관을 이원적으로 구성해 상호 견제와 균형을 도모한다. (O/X) *2017 지방 9급 추가*

   기관대립형은 의결기관과 집행기관을 이원적으로 구성해 상호 견제와 균형을 도모한다. **X**

2. 기관통합형은 기관대립형과는 달리 지방의회만을 주민 직선으로 구성한다. (O/X) *2012 지방 7급*

   기관통합형은 기관대립형과는 달리 지방의회만을 주민 직선으로 구성한다. **O**

3. 기관통합형은 행정책임의 소재가 분명하다는 장점이 있다. (O/X) *2017 지방 9급 추가*

   기관대립형은 행정책임의 소재가 분명하다는 장점이 있다. **X**

4. 예산의 심의·확정, 법령에 규정된 것을 포함한 수수료의 부과 및 징수, 외국 지방자치단체와의 교류 협력에 관한 사항 등은 지방의회의 의결사항이다. (O/X) *2013 지방 9급*

   예산의 심의·확정, 법령에 규정된 것을 **제외한** 수수료의 부과 및 징수, 외국 지방자치단체와의 교류 협력에 관한 사항 등은 지방의회의 의결사항이다. **X**

5. 지방의회의장은 의결에 있어서 표결권을 가지며, 가부동수인 때에는 가결된 것으로 본다. (O/X) *2018 국가 9급*

   지방의회의장은 의결에 있어서 표결권을 가지며, 가부동수인 때에는 **부결**된 것으로 본다. **X**

6. 지방의회 의장 또는 부의장에 대한 불신임의결은 재적의원 4분의 1 이상 발의와 재적의원 과반수의 찬성으로 행한다. (O/X) *2013 국회 8급*

   지방의회 의장 또는 부의장에 대한 불신임의결은 재적의원 4분의 1이상 발의와 재적의원 과반수의 찬성으로 행한다. **O**

7. 지방자치단체는 조례를 위반한 행위에 대하여 조례로써 1,500만원 이하의 과태료를 정할 수 있다. (O/X) *2021 국가 9급*

   지방자치단체는 조례를 위반한 행위에 대하여 조례로써 **1,000**만원 이하의 과태료를 정할 수 있다. **X**

8. 지방의회는 지방자치단체의 장을 감시하고 통제하는 기능을 하지만, 지방자치단체의 장에 대한 불신임권은 행사할 수 있다. (O/X) *2015 사회복지*

   지방의회는 지방자치단체의 장을 감시하고 통제하는 기능을 하지만, 지방자치단체의 장에 대한 불신임권은 **갖고 있지 않다**. **X**

9. 지방자치단체의 예산안 편성권은 지방자치단체장에 속한다. (O/X) *2020 국가 9급*

   지방자치단체의 예산안 편성권은 지방자치단체장에 속한다. **O**

10. 지방자치단체의 장은 법령이나 조례가 위임한 범위에서 그 권한에 속하는 사무에 관하여 규칙을 제정할 수 있다. (O/X) *2014 지방 9급*

    지방자치단체의 장은 법령이나 조례가 위임한 범위에서 그 권한에 속하는 사무에 관하여 규칙을 제정할 수 있다. **O**

11. 지방자치단체의 장은 지방자치단체에 대하여 선결처분의 사후승인, 행정사무의 감사·조사, 청원서의 이송·보고요구 등의 권한을 가진다. (O/X) *2016 서울 7급*

    지방의회는 지방자치단체에 대하여 선결처분의 사후승인, 행정사무의 감사·조사, 청원서의 이송·보고요구 등의 권한을 가진다. **X**

12. 부단체장은 「지방자치법」상 지방자치단체의 장의 보좌기관에 해당한다. (O/X) *2011 국가 7급*

    부단체장은 「지방자치법」상 지방자치단체의 장의 **보조기관**에 해당한다. **X**

13. 지방자치단체장과 지방의회의원을 동시에 뽑는 선거는 김대중 정부에서 처음으로 실시되었다. (O/X) *2019 국가 9급*

    지방자치단체장과 지방의회의원을 동시에 뽑는 선거는 **김영삼** 정부에서 처음으로 실시되었다. **X**

14. 자치경찰제도는 경찰 업무의 통일성과 효율성을 높일 수 있다. (O/X) *2021 지방 9급*

    자치경찰제도는 경찰 업무의 통일성과 효율성을 **저해할 수 있다**. **X**

CHAPTER 03 키워드

1. _____은 의결기능과 집행기능이 통합되어 있기 때문에 지방자치행정을 기관 간 마찰 없이 안정적으로 수행할 수 있다는 장점이 있다.   2016 지방 9급   **기관통합형**

2. 지방정부의 기관구성 형태 중 _____ 형태에서는 주민 직선으로 선출된 의원들이 집행부서의 장을 맡는다.   2021 지방 9급   **위원회 (Commission)**

3. _____은 견제와 균형을 통해 민주적이고 합리적인 지방자치를 실시하는 방식으로, 집행부와 의회의 기구가 병존함에 따라 비효율성이 발생한다는 단점이 있다.   2016 지방 9급   **기관대립형**

4. 「지방자치법」상 지방의회 의원이 받을 수 있는 징계의 종류는 공개회의에서의 경고, 공개회의에서의 사과, _____일 이내의 출석정지, 제명이다.   2020 국가 7급   **30**

5. 재의요구를 받은 조례안은 재적의원 과반수의 출석과 출석의원 _____ 이상의 찬성으로 재의 요구를 받기 전과 같이 의결되면, 조례로 확정된다.   2014 지방 9급   **3분의 2**

6. 지방자치단체의 예산안 편성권은 _____에 속한다.   2020 국가 9급   **지방자치단체장**

7. 지방자치단체의 장은 법령이나 조례가 위임한 범위에서 그 권한에 속하는 사무에 관하여 _____을 제정할 수 있다.   2014 지방 9급   **규칙**

8. _____는 지방자치단체에 대하여 선결처분의 사후승인, 행정사무의 감사·조사, 청원서의 이송·보고요구 등의 권한을 가진다.   2016 서울 7급   **지방의회**

9. 부단체장은 「지방자치법」상 지방자치단체의 장의 _____에 해당한다.   2011 국가 7급   **보조기관**

10. 행정기구의 설치는 _____이 정하는 범위 안에서 지방자치단체의 조례로 정한다.   2017 국회 8급   **대통령령**

CHAPTER 04 주민의 참여

📝 대표문제

01 ☐☐☐ 1130
다음 설명에 해당하는 제도는? 2025 지방 9급

> 주민이 지방자치단체의 조례를 제정하거나 개정하거나 폐지할 것을 청구할 수 있는 제도로 주민의 직접참여를 보장하고 지방자치행정의 민주성과 책임성을 높이는 것을 목적으로 한다.

① 주민소환제도
② 주민감사청구제도
③ 주민발안제도
④ 주민소송제도

출제유형 Ⅱ. 이론·제도 **출제영역** 주민참여제도
출제빈도 ★★★ **정답률** 56% **난도** 중

정답찾기
③ 주민발안제도는 주민이 지방자치단체의 조례를 제정하거나 개정하거나 폐지할 것을 청구할 수 있는 제도이다. 주민의 직접참여를 보장하여 지방자치행정의 민주성과 책임성을 높이는 것을 목적으로 한다.

오답피하기
① 주민소환제도는 주민이 지방자치단체장이나 지방의회의원을 해임시킬 수 있는 제도이다.
② 주민감사청구제도는 주민이 지방자치단체의 사무처리에 대해 감사를 청구할 수 있는 제도이다.
④ 주민소송제도는 주민이 지방자치단체장 등의 위법한 재무회계행위에 대해 손해배상을 청구할 수 있는 제도이다.

정답 ③

제 1 절 주민과 주민참여

02 ☐☐☐ 1131
「지방자치법」에서는 지방자치단체의 구역 안에 주소를 가진 자를 주민의 자격이 있는 것으로 정의하고 있다. 주민이 갖는 권리에 해당하지 않는 것은? 2018년 서울 1회 7급 변형

① 법령으로 정하는 바에 따라 그 지방자치단체에서 실시하는 지방의회의원과 지방자치단체의 장의 선거에 참여할 권리를 가진다.
② 지방자치단체의 의회에 조례를 제정하거나 개정하거나 폐지할 것을 청구할 수 있다.
③ 주민에게 과도한 부담을 주거나 중대한 영향을 미치는 지방자치단체의 주요 결정사항 등에 대하여 주민투표를 발의할 수 있다.
④ 지방자치단체의 장 및 지방의회의원(비례대표 지방의회의원은 제외)을 소환할 권리를 가진다.

출제유형 Ⅰ. 기본개념 **출제영역** 주민의 권리
출제빈도 ★★ **난도** 중

정답찾기
③ 주민은 과도한 부담을 주거나 중대한 영향을 미치는 지방자치단체의 주요 결정사항 등에 대하여 주민투표를 청구할 수 있다. 하지만 발의는 오로지 지방자치단체의 장만이 할 수 있다.

> **관련조문**
> 「주민투표법」 제9조 【주민투표의 실시요건】
> ② 18세 이상 주민 중 제5조 제1항 각호의 어느 하나에 해당하는 사람(같은 항 각호 외의 부분 단서에 따라 주민투표권이 없는 사람은 제외한다. 이하 '주민투표청구권자'라 한다)은 주민투표청구권자 총수의 20분의 1 이상 5분의 1 이하의 범위에서 지방자치단체의 조례로 정하는 수 이상의 서명으로 그 지방자치단체의 장에게 주민투표의 실시를 청구할 수 있다

오답피하기
① 법령으로 정하는 바에 따라 그 지방자치단체에서 실시하는 지방의회의원과 지방자치단체의 장의 선거에 참여할 권리를 가진다.
② 지방자치단체의 의회에 조례를 제정하거나 개정하거나 폐지할 것을 청구할 수 있다.
④ 주민은 그 지방자치단체의 장 및 비례대표의원을 제외한 지방의회의원을 소환할 권리를 가진다.

정답 ③

03   1132

시민의 행정참여로 인한 역기능이라고 볼 수 없는 것은?

2014 서울 7급

① 행정에 참여하는 시민의 대표성과 공정성 확보의 어려움
② 행정에 참여하는 시민의 전문성 결여로 인한 의사결정의 지연과 부실
③ 공동체 전체 이익보다는 지엽적인 특수이익에 집착할 가능성
④ 시민참여에 따른 시간과 비용의 과다 소요로 인한 행정의 지체와 비능률 초래
⑤ 시민의 행정참여로 인한 시민의 정책순응 약화

출제유형 Ⅰ. 기본개념　**출제영역** 주민참여
출제빈도 ★★　난도 중

정답찾기
⑤ 시민의 행정참여는 그 과정에서 주민과의 대화를 추진함으로써 보다 적극적으로 주민의 합의와 지지를 확보하여 정책집행 과정에서의 시민의 정책순응을 높여주는 긍정적 측면이 있다.

오답피하기
주민참여

순기능	역기능
• 대의민주주의 보완 • 사회적 형평성 제고 • 사회적 교육기능 • 정부 신뢰성 증진, 책임행정 • 일선기관의 권한 강화	• 전문화 저해 • 시간과 비용의 과다 소요 • 행정의 지체와 적시성 저해 • 지엽적 특수이익에 집착 • 시민의 대표성, 공정성 확보곤란 • 권력에의 흡수·포섭가능 • 행정책임의 회피·전가 수단

정답 ⑤

04   1133

다음 중 주민의 직접적 지방행정참여제도와 가장 거리가 먼 것은?

2016 서울 9급

① 주민소환제도
② 주민감사청구제도
③ 주민협의회제도
④ 주민참여예산제도

출제유형 Ⅱ. 이론·제도　**출제영역** 주민참여제도
출제빈도 ★★★　난도 중

정답찾기
③ 주민협의회제도는 주민의 간접적 지방행정참여제도에 해당한다.

오답피하기
주민참여의 유형

간접참여	직접참여
• 의회나 시민단체를 통한 참여 • 의회, 선거, 투표 • 연합회 • 위원회 • 주민협의회 등	• 주민발안 • 주민투표 • 규칙 제정·개정·폐지 의견제출 • 주민 감사청구 • 주민소송 • 주민소환 • 주민에 대한 정보공개

정답 ③

05　□□□　1134

우리나라의 주민직접참여제도에 대한 다음 설명 중 가장 옳지 않은 것은?
2015 서울 9급

① 주민은 해당 지방자치단체의 의회에 조례를 제정·개정하거나 폐지할 것을 청구할 수 있다.
② 지방자치단체의 장은 주민에게 과도한 부담을 주거나 중대한 영향을 미치는 지방자치단체의 주요 결정사항 등에 대하여 주민투표에 부칠 수 있다.
③ 주민은 해당 지방자치단체와 그 장의 권한에 속하는 사무의 처리가 법령에 위반되거나 공익을 현저히 해친다고 인정되면 감사를 청구할 수 있다.
④ 주민은 그 지방자치단체의 장 및 비례대표 지방의회의원을 포함한 지방의회의원을 소환할 권리를 가진다.

06　□□□　1135

다음 중 우리나라 주민직접참여제도에 관한 설명으로 가장 옳은 것은?
2014 국회 9급

① 2014년 현재 「지방자치법」상 주민직접참여제도로는 주민투표, 주민소송, 주민소환만이 인정되고 있다.
② 지방의회는 주민에게 과도한 부담을 주거나 중대한 영향을 미치는 지방자치단체의 주요 결정사항 등에 대하여 주민투표에 부칠 수 있다.
③ 「주민투표법」은 특정 지방자치단체의 주민이 국가정책에 관해 주민투표를 하는 것을 허용하지 않는다.
④ 주민소송의 구체적인 사항과 절차는 주민소송법을 따르고, 행정소송법의 규정은 적용되지 않는다.
⑤ 비례대표 지방의회의원은 주민소환의 대상이 아니다.

출제유형 Ⅱ. 이론·제도　　**출제영역** 주민참여제도
출제빈도 ★★★　　**난도** 중

[정답찾기]
④ 주민은 그 지방자치단체의 장 및 비례대표 지방의회의원을 제외한 지방의회의원을 소환할 권리를 가진다.

[오답피하기]
① 주민은 해당 지방자치단체의 의회에 조례를 제정·개정하거나 폐지할 것을 청구할 수 있는 것은 주민조례개폐청구권에 해당한다.
② 지방자치단체의 장은 주민에게 과도한 부담을 주거나 중대한 영향을 미치는 지방자치단체의 주요 결정사항 등에 대하여 주민투표에 부칠 수 있다는 것은 주민투표제도에 해당한다.
③ 주민은 해당 지방자치단체와 그 장의 권한에 속하는 사무의 처리가 법령에 위반되거나 공익을 현저히 해친다고 인정되면 감사를 청구할 수 있다는 것은 주민감사청구권에 해당한다.

정답 ④

출제유형 Ⅱ. 이론·제도　　**출제영역** 주민참여제도
출제빈도 ★★★　　**난도** 중

[정답찾기]
⑤ 주민은 그 지방자치단체의 장 및 비례대표 지방의회의원을 제외한 지방의회의원을 소환할 권리를 가진다.

[오답피하기]
① 주민감사 및 주민발안 등도 직접참여제도에 해당한다.
② 지방자치단체장은 주민에게 과도한 부담을 주거나 중대한 영향을 미치는 지방자치단체의 주요 결정 사항 등에 대하여 주민투표에 부칠 수 있다.
③ 「주민투표법」은 특정 지방자치단체의 주민이 국가정책에 관해 주민투표를 하는 것을 허용한다.

> **｜관련조문｜**
> 「주민투표법」 제8조【국가정책에 관한 주민투표】
> ① 중앙행정기관의 장은 지방자치단체를 폐지하거나 설치하거나 나누거나 합치는 경우 또는 지방자치단체의 구역을 변경하거나 주요시설을 설치하는 등 국가정책의 수립에 관하여 주민의 의견을 듣기 위하여 필요하다고 인정하는 때에는 주민투표의 실시구역을 정하여 관계 지방자치단체의 장에게 주민투표의 실시를 요구할 수 있다. 이 경우 중앙행정기관의 장은 미리 행정안전부장관과 협의하여야 한다.

④ 주민소송의 구체적인 사항과 절차는 「지방자치법」 제22조 제1항에 따른 소송에 관하여 「지방자치법」에 규정된 것 외에는 「행정소송법」에 따른다(「지방자치법」 제22조 제18항).

정답 ⑤

제 2 절 　 우리나라의 주민참여제도

07 　 □□□ 　 1136
2021년 1월 전부개정된 「지방자치법」에서 처음으로 도입된 주민참여 제도는?
2023 국가 9급
① 주민소환
② 주민의 감사청구
③ 조례의 제정과 개정·폐지 청구
④ 규칙의 제정과 개정·폐지 관련 의견 제출

출제유형 Ⅲ. 법령문제 　 **출제영역** 주민참여제도
출제빈도 ★★★ 　 **난도** 하

정답찾기
④ 규칙의 제정과 개정·폐지 관련 의견 제출은 2021년 1월 전부개정된 「지방자치법」에서 처음으로 도입된 주민참여 제도이다.

오답피하기
주민의 규칙의 제정과 개정·폐지 의견 제출

| 의의 | 주민은 권리·의무와 직접 관련되는 규칙에 대한 제정 및 개정·폐지 의견을 지방자치단체의 장에게 제출 |

─ 관련조문 ─
지방자치법 제20조【규칙의 제정과 개정·폐지 의견 제출】
① 주민은 제29조에 따른 규칙(권리·의무와 직접 관련되는 사항으로 한정한다)의 제정, 개정 또는 폐지와 관련된 의견을 해당 지방자치단체의 장에게 제출할 수 있다.
② 법령이나 조례를 위반하거나 법령이나 조례에서 위임한 범위를 벗어나는 사항은 제1항에 따른 의견 제출 대상에서 제외한다.
③ 지방자치단체의 장은 제1항에 따라 제출된 의견에 대하여 의견이 제출된 날부터 30일 이내에 검토 결과를 그 의견을 제출한 주민에게 통보하여야 한다.
④ 제1항에 따른 의견 제출, 제3항에 따른 의견의 검토와 결과 통보의 방법 및 절차는 해당 지방자치단체의 조례로 정한다.

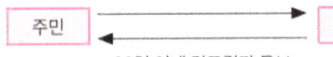
권리·의무와 직접 관련되는 사항
주민 ⇄ 지방자치단체의 장
30일 이내 검토결과 통보

정답 ④

08 　 □□□ 　 1137
주민참여제도 중 지방자치 실시 이후 가장 먼저 도입된 것은?
2018년 서울 1회 7급
① 주민소환제
② 조례제정개폐청구제
③ 주민투표제
④ 주민소송제

출제유형 Ⅱ. 이론·제도 　 **출제영역** 주민참여제도
출제빈도 ★★★ 　 **난도** 중

정답찾기
② 주민조례개폐청구제도는 주민감사청구제도와 함께 1999년 가장 먼저 도입되었다.

오답피하기
① 주민소환제도는 2007년에 도입되었다.
③ 주민투표제는 2004년에 도입되었다.
④ 주민소송제는 2006년에 도입되었다.

행복노트
우리나라 주민직접참여제도

제 도	근거 법률	도입 연도
주민조례개폐청구제도	「지방자치법」	1999
주민감사청구제도		
주민투표제도	「지방자치법」, 「주민투표법」	2004
주민소송제도	「지방자치법」	2006
주민소환제도	「지방자치법」, 「주민소환에 관한 법률」	2007

정답 ②

09 □□□ 1138

「지방자치법」이 규정하고 있는 제도가 아닌 것은?　2015 국가 7급

① 주민소환제도
② 주민정보공개청구제도
③ 주민소송제도
④ 주민감사청구제도

출제유형 Ⅱ. 이론·제도　**출제영역** 주민참여제도
출제빈도 ★★★　**난도** 중

정답찾기
② 주민정보공개청구제도는 「공공기관의 정보공개에 관한 법률」에서 규정하고 있다.

오답피하기
① 주민소환제도는 「지방자치법」 제25조에 규정되어 있다.
③ 주민소송제도는 「지방자치법」 제22조에 규정되어 있다.
④ 주민감사청구제도는 「지방자치법」 제21조에 규정되어 있다.

> 「지방자치법」 제25조 【주민소환】
> ① 주민은 그 지방자치단체의 장 및 지방의회의원(비례대표 지방 의회의원은 제외한다)을 소환할 권리를 가진다.
>
> 「지방자치법」 제22조 【주민소송】
> ④ 제2항에 따른 소송은 다음 각호의 구분에 따른 날부터 90일 이내에 제기하여야 한다.
> ⑤ 개인적 피해 및 손해를 입지 않은 주민도 공익소송·민중소송의 형태로 청구 가능하다.
>
> 「지방자치법」 제21조 【주민의 감사청구】
> ① 지방자치단체의 18세 이상의 주민으로서 다음 각호의 어느 하나에 해당하는 사람은 시·도는 300명, 제198조에 따른 인구 50만 이상 대도시는 200명, 그 밖의 시·군 및 자치구는 150명 이내에서 그 지방자치단체의 조례로 정하는 수 이상의 18세 이상의 주민이 연대 서명하여 그 지방자치단체와 그 장의 권한에 속하는 사무의 처리가 법령에 위반되거나 공익을 현저히 해친다고 인정되면 시·도의 경우에는 주무부장관에게, 시·군 및 자치구의 경우에는 시·도지사에게 감사를 청구할 수 있다.

정답 ②

10 □□□ 1139

「지방자치법」에서 정한 주민참여의 방식으로 옳지 않은 것은?　2013 지방 7급

① 주민의 조례제정청구
② 주민의 감사청구
③ 주민총회
④ 주민소송

출제유형 Ⅱ. 이론·제도　**출제영역** 주민참여제도
출제빈도 ★★★　**난도** 중

정답찾기
③ 주민총회에 대한 규정은 「지방자치법」에 규정된 주민참여방식에 해당하지 않는다.

오답피하기
① 주민의 조례제정청구는 「지방자치법」 제19조에 규정되어 있다.
② 주민감사청구제도는 「지방자치법」 제21조에 규정되어 있다.
④ 주민소송제도는 「지방자치법」 제22조에 규정되어 있다.

> **관련조문**
> 「지방자치법」 제19조 【조례의 제정과 개정·폐지 청구】
> ① 주민은 지방자치단체의 조례를 제정하거나 개정하거나 폐지할 것을 청구할 수 있다.
> ② 조례의 제정·개정 또는 폐지청구의 청구권자·청구대상·청구요건 및 절차 등에 관한 사항은 따로 법률로 정한다.
>
> 「지방자치법」 제22조 【주민소송】
> ④ 제2항에 따른 소송은 다음 각호의 구분에 따른 날부터 90일 이내에 제기하여야 한다.
> ⑤ 개인적 피해 및 손해를 입지 않은 주민도 공익소송·민중소송의 형태로 청구 가능하다.
>
> 「지방자치법」 제21조 【주민의 감사청구】
> ① 지방자치단체의 18세 이상의 주민으로서 다음 각호의 어느 하나에 해당하는 사람은 시·도는 300명, 제198조에 따른 인구 50만 이상 대도시는 200명, 그 밖의 시·군 및 자치구는 150명 이내에서 그 지방자치단체의 조례로 정하는 수 이상의 18세 이상의 주민이 연대 서명하여 그 지방자치단체와 그 장의 권한에 속하는 사무의 처리가 법령에 위반되거나 공익을 현저히 해친다고 인정되면 시·도의 경우에는 주무부장관에게, 시·군 및 자치구의 경우에는 시·도지사에게 감사를 청구할 수 있다.

정답 ③

11
1140

「지방자치법」상 주민참여 수단에 대한 설명으로 옳지 않은 것은?

2019 국가 9급

① 지방자치단체의 장은 주민에게 과도한 부담을 주거나 중대한 영향을 미치는 지방자치단체의 주요 결정사항 등에 대하여 주민투표에 부칠 수 있다.
② 18세 이상의 주민은 그 지방자치단체와 그 장의 권한에 속하는 사무의 처리가 법령에 위반되거나 공익을 현저히 해친다고 인정되면 감사를 청구할 수 있다.
③ 주민은 그 지방자치단체의 장을 소환할 권리를 갖지만, 비례대표 지방의회의원을 소환할 권리를 가지고 있지는 못하다.
④ 주민은 행정기구를 설치하거나 변경하는 것에 관한 사항이나 공공시설의 설치를 반대하는 사항의 조례를 제정하거나 개정하거나 폐지할 것을 청구할 수 있다.

12
1141

우리나라의 주민참여제도에 대한 설명으로 옳은 것은?

2017 지방 7급

① 지방자치제가 1995년 부활한 이후 주민투표제, 주민소환제, 주민소송제, 주민참여예산제의 순서로 도입되었다.
② 주민소환청구요건이 엄격해 실제로 주민소환제를 통해 주민소환이 확정된 지방자치단체장이나 지방의회의원은 없다.
③ 기획재정부장관은 지방자치단체별 주민참여예산제도의 운영에 대한 평가를 실시할 수 있다.
④ 주민투표는 특정한 사항에 대하여 찬성 또는 반대의 의사표시를 하거나 두 가지 사항 중 하나를 선택하는 형식으로 실시하여야 한다.

출제유형 Ⅱ. 이론·제도 **출제영역** 주민참여제도
출제빈도 ★★★ **난도** 중

정답찾기
④ 주민은 행정기구를 설치하거나 변경하는 것에 관한 사항이나 공공시설의 설치를 반대하는 사항의 조례를 제정하거나 개정하거나 폐지할 것을 청구할 수 없다.

오답피하기
① 「지방자치법」상 주민참여의 수단 중 주민투표에 대한 규정이다.
② 지방자치단체의 18세 이상의 주민으로서 다음 각 호의 어느 하나에 해당하는 사람은 시·도는 300명, 제198조에 따른 인구 50만 이상 대도시는 200명, 그 밖의 시·군 및 자치구는 150명 이내에서 그 지방자치단체의 조례로 정하는 수 이상의 18세 이상의 주민이 연대 서명하여 그 지방자치단체와 그 장의 권한에 속하는 사무의 처리가 법령에 위반되거나 공익을 현저히 해친다고 인정되면 시·도의 경우에는 주무부장관에게, 시·군 및 자치구의 경우에는 시·도지사에게 감사를 청구할 수 있다.
③ 주민은 그 지방자치단체의 장 및 비례대표 지방의회의원을 제외한 지방의회의원을 소환할 권리를 가진다.

행복노트
주민조례개폐청구제도
- **의의**
  - 주민발안의 일종(간접발안)
  - 주민들이 지자체장에게 조례의 개폐를 청구하던 것을 주민들이 직접 지방자치단체의 의회에 청구가능
- **제외대상**
  - 법령을 위반하는 사항
  - 지방세·사용료·수수료·부담금의 부과·징수·감면 사항
  - 행정기구 설치·변경 해당하는 사항
  - 공공시설의 설치를 반대하는 사항

정답 ④

출제유형 Ⅱ. 이론·제도 **출제영역** 주민참여제도
출제빈도 ★★★ **난도** 중

정답찾기
④ 주민투표는 특정한 사항에 대하여 찬성 또는 반대의 의사표시를 하거나 두 가지 사항 중 하나를 선택하는 형식으로 실시하여야 한다.

오답피하기
① 2004년 주민투표제, 2006년 주민소송제, 2006년 주민참여예산제, 2007년 주민소환제 순으로 도입되었다.
② 2007년 경기도 하남시에서 지방의회의원의 주민소환이 확정되었다.
③ 행정안전부장관은 지방자치단체별 주민참여예산제도의 운영에 대한 평가를 실시할 수 있다.

> **관련조문**
> 「지방재정법」제39조【지방예산 편성 등 예산과정의 주민 참여】
> ④ 행정안전부장관은 지방자치단체의 재정적·지역적 여건 등을 고려하여 대통령령으로 정하는 바에 따라 지방자치단체별 주민참여예산제도의 운영에 대하여 평가를 실시할 수 있다.

정답 ④

13 1142
우리나라의 주민참여제도에 대한 설명으로 옳지 않은 것은?
2017 국가 9급 추가

① 지방자치단체의 장은 주민에게 과도한 부담을 주거나 중대한 영향을 미치는 지방자치단체의 주요 결정사항 등에 대하여 주민투표에 부칠 수 있다.
② 개인의 사생활을 침해할 우려가 있는 사항이라도, 사무의 처리가 법령에 위반되거나 공익을 현저히 해친다고 인정되면 주민 감사청구를 할 수 있다.
③ 주무부장관이나 시·도지사는 주민 감사청구를 처리(각하 포함)할 때 청구인의 대표자에게 반드시 증거 제출 및 의견 진술의 기회를 주어야 한다.
④ 지방자치단체의 장은 대통령령으로 정하는 바에 따라 지방예산 편성 과정에 주민이 참여할 수 있는 절차를 마련하여 시행하여야 한다.

14 1143
주민참여제도에 대한 설명으로 옳지 않은 것은?
2016 지방 7급

① 주민투표제도, 주민발안제도, 주민소환제도가 모두 시행되고 있다.
② 「지방자치법」은 주민감사청구 요건으로 시·군·자치구의 경우 19세 이상 주민 500명 이상의 연서를 받아 감사를 청구할 수 있도록 규정하고 있다.
③ 지방자치단체장에 대한 주민소환투표가 실시된 적이 있다.
④ 「지방재정법」은 지방자치단체의 장이 주민참여예산제도를 의무적으로 시행하도록 규정하고 있다.

출제유형 Ⅱ. 이론·제도 **출제영역** 주민참여제도
출제빈도 ★★★ **난도** 중

정답찾기
② 개인의 사생활을 침해할 우려가 있는 사항에 대해서는 주민 감사청구를 할 수 없다.

오답피하기
① 「지방자치법」 제18조에 규정된 사항이다.
③ 「지방자치법」 제21조에 규정된 사항이다.
④ 「지방재정법」 제39조에 규정된 주민참여예산제도에 대한 설명이다.

행복노트
주민감사청구제도(주민소송의 전치적 절차)

- **의의**
  - 법령 위반/공익을 현저히 해칠 시
  - 시도지사(기초), 주무부장관(광역)에게 청구
- **요건**
  - 18세 이상 주민의 연서
  - 광역단체(시·도): 300명
  - 인구 50만 이상의 시: 200명
  - 그 밖의 시·군 및 자치구: 150명
- **제외대상**
  - 수사 또는 재판에 관여하는 사항
  - 개인의 사생활을 침해할 우려가 있는 사항
  - 다른 기관에서 감사하거나 감사 중인 사항
  - 동일한 사항에 대하여 소송진행 중이거나 판결 확정 시
  - 사무처리 있었던 날/끝난 날부터 3년 지나면 제기 ×

법령위반/공익 저해 시 청구
주민 ↔ (광역)주무부장관 / (기초)시·도지사
60일 이내 감사결과 통보

정답 ②

출제유형 Ⅱ. 이론·제도 **출제영역** 주민참여제도
출제빈도 ★★★ **난도** 중

정답찾기
② 지방자치단체의 18세 이상의 주민으로서 다음 각호의 어느 하나에 해당하는 사람은 시·도는 300명, 제198조에 따른 인구 50만 이상 대도시는 200명, 그 밖의 시·군 및 자치구는 150명 이내에서 그 지방자치단체의 조례로 정하는 수 이상의 18세 이상의 주민이 연대 서명하여 그 지방자치단체와 그 장의 권한에 속하는 사무의 처리가 법령에 위반되거나 공익을 현저히 해친다고 인정되면 시·도의 경우에는 주무부장관에게, 시·군 및 자치구의 경우에는 시·도지사에게 감사를 청구할 수 있다.

오답피하기
① 주민투표제도는 2004년, 주민발안제도는 1999년, 주민소환제도는 2007년부터 모두 시행되고 있다.
③ 지방자치단체장에 대한 주민소환투표는 2007년 하남시장에 대해 실시된 적이 있다.
④ 「지방재정법」에 지방자치단체의 장이 주민참여예산제도를 의무적으로 시행하도록 규정하고 있다.

관련조문
「지방재정법」 제39조 【지방예산 편성 등 예산과정의 주민 참여】
① 지방자치단체의 장은 대통령령으로 정하는 바에 따라 지방예산 편성 등 예산과정(「지방자치법」 제39조에 따른 지방의회의 의결사항은 제외한다. 이하 이 조에서 같다)에 주민이 참여할 수 있는 제도(이하 이 조에서 '주민참여예산제도'라 한다)를 마련하여 시행하여야 한다.

정답 ②

15 □□□
1144

우리나라의 주민참여제도에 대한 연결로 옳지 않은 것은?

2014 지방 7급

① 주민투표제도 - 주민에게 과도한 부담을 주거나 중대한 영향을 미치는 지방자치단체의 주요 결정사항으로서, 그 지방자치단체의 조례로 정하는 사항을 주민이 직접 결정하는 제도이다.
② 주민참여예산제도 - 법령이 정하는 절차에 따라 수렴된 주민의 의견을 검토하고, 그 결과를 예산편성에 반영하지 않을 수도 있다.
③ 주민발의제도 - 주민이 직접 조례의 제정 및 개폐를 청구할 수 있는 제도로, 주민은 지방자치단체의 장에게 이를 청구하게 되어 있다.
④ 주민소환제도 - 주민은 그 지방자치단체의 장 및 지방의회의원을 소환할 수 있다. 단, 비례대표의원은 제외된다.

16 □□□
1145

「지방자치법」상 주민에 의한 조례의 제정 및 개폐 청구대상에 포함되지 않는 것만을 모두 고른 것은?

2016 국가 7급

> ㄱ. 지방세의 부과·징수에 관한 사항
> ㄴ. 행정기구를 설치하거나 변경하는 것에 관한 사항
> ㄷ. 공공시설의 설치를 반대하는 사항

① ㄱ
② ㄱ, ㄷ
③ ㄴ, ㄷ
④ ㄱ, ㄴ, ㄷ

출제유형 Ⅱ. 이론·제도　**출제영역** 주민참여제도

출제빈도 ★★★　**난도** 중

정답찾기

③ 주민은 지방자치단체의 조례를 제정하거나 개정하거나 폐지할 것을 <u>지방자치단체의 의회</u>에 청구할 수 있다.

오답피하기

① 주민투표에 대한 설명이다.
② 주민참여예산제도는 예산 편성 시 주민이 참여할 절차를 마련해야 하지만 수렴된 주민의견의 반영은 임의사항이므로 예산편성에 반영하지 않아도 된다.
④ 주민소환제도에 대한 설명이다.

정답 ③

출제유형 Ⅱ. 이론·제도　**출제영역** 주민참여제도

출제빈도 ★★★　**난도** 중

정답찾기

④ ㄱ. 지방세의 부과·징수에 관한 사항, ㄴ. 행정기구를 설치하거나 변경하는 것에 관한 사항, ㄷ. 공공시설의 설치를 반대하는 사항 모두 청구대상에서 제외된다.

오답피하기

┌ 관련조문 ┐
「지방자치법」 제15조【조례의 제정과 개폐 청구】
② 다음 각호의 사항은 제1항에 따른 청구대상에서 제외한다.
1. 법령을 위반하는 사항
2. 지방세·사용료·수수료·부담금의 부과·징수 또는 감면에 관한 사항
3. 행정기구를 설치하거나 변경하는 것에 관한 사항이나 공공시설의 설치를 반대하는 사항

정답 ④

17
「지방자치법」상 주민의 감사청구에 대한 설명으로 옳지 않은 것은?

2018 지방 9급

① 주민의 감사청구는 사무처리가 있었던 날이나 끝난 날부터 3년이 지나면 제기할 수 없다.
② 주무부장관이나 시·도지사는 감사청구를 수리한 날부터 60일 이내에 감사청구된 사항에 대하여 감사를 끝내는 것을 원칙으로 한다.
③ 다른 기관에서 감사한 사항이라도 새로운 사항이 발견되거나 중요 사항이 감사에서 누락된 경우는 감사청구의 대상이 될 수 있다.
④ 지방자치단체의 19세 이상의 주민은 시·도는 500명, 인구 50만명 이상 대도시는 200명, 그 밖의 시·군 및 자치구는 100명을 넘지 아니하는 범위에서 그 지방자치단체의 조례로 정하는 19세 이상의 주민 수 이상의 연서로 감사를 청구할 수 있다.

18
우리나라의 주민감사청구제도에 대한 설명으로 옳지 않은 것은?

2014 지방 7급

① 19세 이상의 주민은 50만 이상의 대도시의 경우에는 19세 이상 주민 500명을 넘지 않는 범위 내에서 해당 지방자치단체가 조례로 정하는 주민 수 이상의 연서로 청구할 수 있다.
② 사무처리가 있었던 날이나 끝난 날부터 3년이 지나면 제기할 수 없다.
③ 주무부장관이나 시·도지사는 감사청구를 수리한 날부터 60일 이내에 감사 청구된 사항에 대하여 감사를 끝내야 한다. 다만, 그 기간에 감사를 끝내기가 어려운 정당한 사유가 있으면 그 기간을 연장할 수 있다.
④ 주무부장관이나 시·도지사는 감사결과에 따라 기간을 정하여 해당 지방자치단체의 장에게 필요한 조치를 요구할 수 있다.

정답찾기 (17)
④ 지방자치단체의 18세 이상의 주민으로서 다음 각호의 어느 하나에 해당하는 사람은 시·도는 300명, 제198조에 따른 인구 50만 이상 대도시는 200명, 그 밖의 시·군 및 자치구는 150명 이내에서 그 지방자치단체의 조례로 정하는 수 이상의 18세 이상의 주민이 연대서명하여 그 지방자치단체와 그 장의 권한에 속하는 사무의 처리가 법령에 위반되거나 공익을 현저히 해친다고 인정되면 시·도의 경우에는 주무부장관에게, 시·군 및 자치구의 경우에는 시·도지사에게 감사를 청구할 수 있다.

오답피하기
① 「지방자치법」 제21조 제3항에 규정된 내용이다.
② 「지방자치법」 제21조 제9항에 규정된 내용이다.
③ 「지방자치법」 제21조 제2항 제3호에 규정된 내용이다.

> **관련조문**
> 「지방자치법」 제21조【주민의 감사청구】
> ③ 제1항에 따른 청구는 사무처리가 있었던 날이나 끝난 날부터 3년이 지나면 제기할 수 없다.
> ⑨ 주무부장관이나 시·도지사는 감사 청구를 수리한 날부터 60일 이내에 감사 청구된 사항에 대하여 감사를 끝내야 하며, 감사 결과를 청구인의 대표자와 해당 지방자치단체의 장에게 서면으로 알리고, 공표하여야 한다.

정답 ④

정답찾기 (18)
① 지방자치단체의 18세 이상의 주민으로서 다음 각호의 어느 하나에 해당하는 사람은 시·도는 300명, 제198조에 따른 인구 50만 이상 대도시는 200명, 그 밖의 시·군 및 자치구는 150명 이내에서 그 지방자치단체의 조례로 정하는 수 이상의 18세 이상의 주민이 연대 서명하여 그 지방자치단체와 그 장의 권한에 속하는 사무의 처리가 법령에 위반되거나 공익을 현저히 해친다고 인정되면 시·도의 경우에는 주무부장관에게, 시·군 및 자치구의 경우에는 시·도지사에게 감사를 청구할 수 있다.

오답피하기
주민감사청구제도(주민소송의 전치적 절차)

- **의의**
  - 법령 위반/공익을 현저히 해칠 시
  - 시도지사(기초), 주무부장관(광역)에게 청구
- **요건**
  - 18세 이상 주민의 연서
  - 광역단체(시·도): 300명
  - 인구 50만 이상의 시: 200명
  - 그 밖의 시·군 및 자치구: 150명
- **제외대상**
  - 수사 또는 재판에 관여하는 사항
  - 개인의 사생활을 침해할 우려가 있는 사항
  - 다른 기관에서 감사하거나 감사 중인 사항
  - 동일한 사항에 대하여 소송진행 중이거나 판결 확정 시
  - 사무처리 있었던 날/끝날 날부터 3년 지나면 제기 ×

주민 ─ 법령위반/공익 저해 시 청구 → (광역)주무부장관/(기초)시·도지사
← 60일 이내 감사결과 통보

정답 ①

19　□□□　1148

우리나라 지방자치단체 주민투표제도에 대한 설명으로 가장 옳은 것은?　2019 서울 9급 변형

① 1994년 「지방자치법」 개정에서 도입된 이래 지금까지 시행되고 있다.
② 주민투표에 부쳐진 사항은 법에서 정한 경우를 제외하고는 주민투표권자 총수의 4분의 1 이상의 투표와 유효 투표 수 과반수의 득표로 확정된다.
③ 지방자치단체의 장은 주민 또는 지방의회의 청구에 의한 경우가 아닌 자신의 직권으로 주민투표를 실시 할 수 없다.
④ 일반 공직선거와 마찬가지로 외국인은 어떠한 경우에도 주민투표에 참여할 수 없다.

20　□□□　1149

주민소환제에 대한 설명으로 옳은 것은?　2014 서울 7급

① 주민은 그 지방자치단체의 장 및 비례대표를 포함한 지방의회의원을 소환할 권리를 가진다.
② 선출직 지방공직자의 임기만료일로부터 1년 미만일 때에는 주민소환투표의 실시를 청구할 수 없다.
③ 주민소환은 주민소환투표권자 총수의 2분의 1 이상의 투표자와 유효투표 총수 과반수의 찬성으로 확정된다.
④ 지방행정의 민주성과 책임성을 제고할 목적으로 도입한 주민 간접참여 방식의 제도이다.
⑤ 주민소환투표의 효력에 이의가 있는 경우 투표결과가 공표된 날부터 10일 이내에 소청할 수 있다.

출제유형 Ⅱ. 이론·제도　**출제영역** 주민참여제도
출제빈도 ★★★　**난도** 중

정답찾기
② 주민투표에 부쳐진 사항은 법에서 정한 경우를 제외하고는 주민투표권자 총수의 4분의 1 이상의 투표와 유효 투표 수 과반수의 득표로 확정된다.

> **관련조문**
> 「주민투표법」 제24조 【주민투표결과의 확정】
> ① 주민투표에 부쳐진 사항은 주민투표권자 총수의 4분의 1 이상의 투표와 유효투표수 과반수의 득표로 확정된다. 다만, 다음 각호의 어느 하나에 해당하는 경우에는 찬성과 반대 양자를 모두 수용하지 아니하거나, 양자택일의 대상이 되는 사항 모두를 선택하지 아니하기로 확정된 것으로 본다.
> 1. 전체 투표수가 주민투표권자 총수의 4분의 1에 미달되는 경우
> 2. 주민투표에 부쳐진 사항에 관한 유효득표수가 동수인 경우

오답피하기
① 2004년 1월 29일 「주민투표법」이 제정·시행되었다.
③ 지방자치단체의 장은 주민, 지방의회의 청구 또는 직권으로 주민투표의 실시가 가능하다.
④ 일반 공직선거와 다르게 외국인은 지방자치단체의 조례로 정한 경우 주민투표에 참여할 수 있다.

정답 ②

출제유형 Ⅱ. 이론·제도　**출제영역** 주민참여제도
출제빈도 ★★★　**난도** 중

정답찾기
② 선출직 지방공직자의 임기만료일로부터 1년 미만일 때에는 주민소환투표의 실시를 청구할 수 없다.

오답피하기
① 주민은 그 지방자치단체의 장 및 비례대표를 제외한 지방의회의원을 소환할 권리를 가진다.
③ 현재 「주민소환법」에 따르면 주민소환은 주민소환투표권자 총수의 3분의 1 이상의 투표와 유효투표의 과반수 찬성으로 확정된다. 하지만 입법예고된 「주민소환법」에 의하면 '주민투표총수의 4분의 1 이상의 투표와 유효투표수 과반수의 득표로 확정된다'로 명시되어 있는바 개정되면 정족수가 바뀐다.
④ 주민소환제는 주민 직접 참여방식의 제도이다.
⑤ 주민소환투표의 효력에 이의가 있는 경우에는 투표결과가 공표된 날로부터 14일 이내에 관할선거관리위원회 위원장을 피소청인으로 하여 소청할 수 있고 소청에 대한 결정에 관하여 불복이 있는 소청인은 관할선거관리위원회 위원장을 피고로 하여 그 결정서를 받은 날부터 10일 이내에 법원에 소를 제기할 수 있다.

정답 ②

21

우리나라 주민참여예산제도에 대한 설명으로 옳지 않은 것은?

2021 국가 7급

① 주민이 참여할 수 있는 예산의 범위는 「지방재정법」에 규정되어 있다.
② 지방자치단체의 장은 주민참여예산제도를 마련하여 시행해야 할 법적 의무가 있다.
③ 지방자치단체 중 최초로 주민참여예산조례를 제정한 곳은 광주광역시 북구이다.
④ 지방의회 예산심의권 침해 논란이 있다.

22

참여예산제도에 대한 설명으로 옳지 않은 것은?

2018 국가 7급

① 브라질의 포르투 알레그리(Porto Alegre)시는 참여예산제도를 도입한 대표적인 사례이다.
② 예산과정에의 시민참여는 중앙정부와 지방정부 모두 가능하지만, 참여예산제는 주로 지방정부를 대상으로 시행된다.
③ 참여예산제는 과정적 측면보다는 결과적 측면의 이념을 지향한다.
④ 예산 과정의 단계별로 볼 때 예산편성 단계에서의 참여에 초점을 둔다.

출제유형 Ⅱ. 이론·제도   **출제영역** 주민참여제도
출제빈도 ★★★   **난도** 중

정답찾기
① 주민이 참여할 수 있는 예산의 범위는 「지방재정법」에 규정되어 있는 것이 아니라 지방자치단체의 조례로 정한다.

> **관련조문**
> 「지방재정법」 제39조 【지방예산 편성 등 예산과정의 주민 참여】
> ⑤ 주민참여예산기구의 구성·운영과 그 밖에 필요한 사항은 해당 지방자치단체의 조례로 정한다.

오답피하기
② 지방자치단체의 장은 주민참여예산제도를 마련하여 시행해야 할 법적 의무가 있다.

> **관련조문**
> 「지방재정법」 제39조 【지방예산 편성 등 예산과정의 주민 참여】
> ① 지방자치단체의 장은 대통령령으로 정하는 바에 따라 지방예산 편성 등 예산과정(「지방자치법」 제39조에 따른 지방의회의 의결사항은 제외한다. 이하 이 조에서 같다)에 주민이 참여할 수 있는 제도(이하 이 조에서 '주민참여예산제도'라 한다)를 마련하여 시행하여야 한다.

③ 지방자치단체 중 최초로 주민참여예산조례를 제정한 곳은 광주광역시 북구로서 2004년에 제정되었다.
④ 주민들이 지방자치단체의 예산과정에 직접 참여하는 과정에서 지방의회의 고유권한인 지방의회 예산심의권 침해 논란이 있다.

정답 ①

출제유형 Ⅱ. 이론·제도   **출제영역** 주민참여제도
출제빈도 ★★★   **난도** 중

정답찾기
③ 참여예산제도는 예산편성과정의 주민들이 참여하는 제도로 과정지향적인 예산제도이다.

오답피하기
① 주민참여예산제도는 브라질의 포르투 알레그리(Porto Alegre)시에서 최초로 도입되었다.
② 예산과정에의 시민참여는 중앙과 지방정부 모두 가능하지만 참여예산제는 주로 지방정부에 먼저 도입되어 지방정부를 대상으로 시행되고 있다.
④ 참여예산제도는 예산편성과정에서의 참여에 중점을 둔다.

정답 ③

23 □□□ 1152

우리나라 시민 예산 참여에 대한 설명으로 옳지 않은 것은?

2012 서울 9급

① 예산편성 단계에서 특정 사업의 시행과 관련하여 주민발안을 할 수 있다.
② 필요한 정보를 얻기 위해서 정보공개청구제도를 이용할 수 있다.
③ 예산이 부당하게 지출된 경우에 주민감사청구를 제기할 수 있다.
④ 중앙정부와 지방정부를 대상으로 국민소송제도를 입법화했다.
⑤ 납세자소송은 국민에 대한 재정 주권의 실현을 보장하는 제도라고 할 수 있다.

24 □□□ 1153

온라인 시민 참여유형과 관련제도가 바르게 연결된 것은?

2017 서울 9급

① 정책결정형 – 행정절차법
② 협의형 – 국민의 입법제안
③ 협의형 – 옴부즈만제도
④ 정책결정형 – 정보공개법

출제유형 Ⅱ. 이론·제도 **출제영역** 주민참여제도
출제빈도 ★★★ **난도** 중

정답찾기
④ 중앙정부를 대상으로 하는 국민소송제도는 입법화되어있지 않고 지방정부를 대상으로 주민소송제도만 입법화되었다.

오답피하기
주민참여예산제도

| 의의 | 예산 편성 과정에서 주민이 참여하는 제도 |

- 브라질의 포르투 알레그리시에서 1989년 최초로 시행
- 지방자치 단체의 장 의무적으로 시행해야 함(지방재정법)
- 예산편성 과정의 민주화를 중시
- 지방정부(2006년), 중앙정부(2018년 1월)
- 법령이 정하는 절차에 따라 수렴된 주민의 의견을 검토하고 그 결과를 예산편성에 반영하지 않을 수 있음

─ 관련조문 ─
「지방재정법」 제39조 【지방예산 편성 등 예산과정의 주민 참여】
① 지방자치단체의 장은 대통령령으로 정하는 바에 따라 지방예산 편성 등 예산과정에 주민이 참여할 수 있는 제도를 마련하여 시행하여야 한다.

정답 ④

출제유형 Ⅱ. 이론·제도 **출제영역** 주민참여제도
출제빈도 ★★★ **난도** 중

정답찾기
③ 옴부즈만제도는 시민들이 제기하는 불평불만을 독립된 옴부즈만이 조사하여 그 결과에 따라 시정을 촉구하는 제도로 강제력이 없고 시민과 옴부즈만 사이의 협의수준에 머무르는 모형으로 협의형에 해당한다.

오답피하기
① 「행정절차법」은 협의형에 해당한다.
② 국민의 입법 제안은 정책결정형에 해당한다.
④ 「정보공개법」은 정보제공형에 해당한다.

행복노트
온라인 시민참여 유형

모형	특징	사례
정보 제공형	정부의 정보제공	정보공개제도
협의형	정책적 순응확보를 위해 정부와 시민간 쌍방향 소통	옴부즈만제도, 행정절차법
정책결정형	시민들이 적극적 참여와 주도적 결정	주민참여예산제도, 주민발안

정답 ③

25
다음 중 커뮤니티 비즈니스(Community Business)에 대한 설명으로 가장 옳지 않은 것은?
2017 서울 7급

① 혁신적인 중소기업의 창업 촉진과 육성 그리고 도시의 발전이라는 두 가지 과제를 동시에 해결하기 위해 시도되었다.
② 일본에서 커뮤니티 비즈니스란 마을 만들기 경험의 축적이 비즈니스 차원으로 전개된 것이다.
③ 커뮤니티 비즈니스는 지역공동체 단위의 사회적 기업을 함께 공유한다는 점에서 사회적 기업과 유사점이 강하다.
④ 일본에서는 버블경제 붕괴 후, 구도심 쇠퇴현상이 발생하자, 지역 재활성화를 위한 방안으로 1990년대 중반부터 이 용어를 사용하기 시작했다.

26
지방자치에 있어서 주민들의 참여제도에 관한 설명 중 옳지 않은 것은?
2012 서울 9급

① 오늘날에는 자문위원회, 도시계획위원회, 환경연합회, 협의회 등을 통한 직접적인 참여제도가 주류를 이루고 있다.
② 오늘날에는 사회적 소외계층에 대한 참여 기회의 확대가 강조된다.
③ 오늘날에는 적극적인 참여 방식으로서의 공동생산과 파트너십이 강조된다.
④ 오늘날에는 개별 자치단체 내 커뮤니티를 활용한 참여가 강조된다.
⑤ 오늘날에는 첨단 정보통신 수단에 의한 텔레참여(Tele-participation)가 강조된다.

[출제유형] Ⅱ. 이론·제도 **[출제영역]** 커뮤니티 비즈니스
출제빈도 ★ **난도** 중

[정답찾기]
① 커뮤니티 비지니스는 정부실패로 인한 지역재생, 지역커뮤니티 활성화를 위한 이론이다.

[오답피하기]
②, ④ 일본은 지진 등 자연재해에 대응한 시민사회의 역할 증대, 고령화와 글로벌화에 따른 지역 간 격차 확대, 국가 및 지자체의 재정악화 등을 방지하기 위해 커뮤니티 비즈니스를 추진하였다.
③ 커뮤니티 비지니스는 비영리성을 추구하고 지역주민이 주체가 되어 지역의 다양한 문제 해결이나 삶의 질 향상, 지역 활성화를 목적으로 하는 것으로 이는 사회적 기업과 유사성이 있다.

정답 ①

[출제유형] Ⅱ. 이론·제도 **[출제영역]** 주민참여제도
출제빈도 ★★★ **난도** 중

[정답찾기]
① 오늘날에는 자문위원회, 도시계획위원회, 환경연합회, 협의회 등을 통한 간접적인 참여제도가 주류를 이루고 있다.

[오답피하기]
④ 개별 자치단체 내 주민들 간의 상호친목과 상호신뢰를 증진시킬 수 있도록 대면적인 상호작용이 가능한 규모의 커뮤니티를 구성함으로써 공동체 의식과 자치능력을 동시에 향상된다.

정답 ①

CHAPTER 04 기출 OX

1. 우리나라는 주민의 직접적 참여제도로 주민소환제도, 주민감사청구제도, 주민참여예산제도 등을 도입하고 있다. (O X)
   2016 서울 9급

2. 주민은 지방자치단체장 뿐만 아니라 비례대표 지방의원을 포함한 모든 의회의원을 소환할 권리를 가진다. (O X)
   2016 지방 9급

3. 주민소환은 지방행정의 민주성과 책임성을 제고할 목적으로 도입한 주민의 간접참여방식의 제도이다. (O X)
   2014 서울 7급

4. 온라인 시민참여의 유형과 관련하여 「행정절차법」은 협의형에 속하고 국민의 입법제안은 정책결정형에 속한다. (O X)
   2017 서울 9급

5. 주민의 감사청구는 사무처리가 있었던 날이나 끝난 날부터 1년이 지나면 제기할 수 없다. (O X)
   2018 지방 9급

6. 다른 기관에서 감사한 사항이라도 새로운 사항이 발견되거나 중요 사항이 감사에서 누락된 경우는 감사청구의 대상이 될 수 있다. (O X)
   2018 지방 9급

7. 「지방자치법」은 주민감사청구 요건으로 시·군·자치구의 경우 300명을 넘지 아니하는 범위에서 주민의 연서를 받아 감사를 청구할 수 있도록 규정하고 있다. (O X)
   2016 지방 7급

8. 주민소송의 소송 대상은 주민감사를 청구한 사항 중 공금지출에 관한 사항, 해당 지방자치단체를 당사자로 하는 매매·임차·도급계약에 관한 사항 등 재무·회계에 관한 사항이다. (O X)
   2016 교육행정

9. 주민은 행정기구를 설치하거나 변경하는 것에 관한 사항이나 공공시설의 설치를 반대하는 사항의 조례를 제정하거나 개정하거나 폐지할 것을 청구할 수 있다. (O X)
   2019 국가 9급

10. 지방자치단체의 장은 주민에게 과도한 부담을 주거나 중대한 영향을 미치는 지방자치단체의 주요 결정사항 등에 대하여 주민투표에 부쳐야 한다. (O X)
    2019 국가 9급

11. 우리나라 주민투표제도에서 지방자치단체장은 지방의회의 동의 없이 직권으로 주민투표를 실시할 수 있다. (O X)
    2015 서울 7급

12. 주민참여예산제는 법령이 정하는 절차에 따라 수렴된 주민의 의견을 검토하고, 그 결과를 예산편성에 반드시 반영하여야 한다. (O X)
    2014 지방 7급

13. 일본에서는 버블경제 붕괴 후 구도심 쇠퇴현상이 발생하자, 지역 재활성화를 위한 방안으로 1990년대 중반부터 커뮤니티 비즈니스(Community Business)라는 용어를 사용하기 시작했다. (O X)
    2017 서울 7급

14. 참여예산제는 과정적 측면보다는 결과적 측면의 이념을 지향한다. (O X)
    2018 국가 7급

---

1. 우리나라는 주민의 직접적 참여제도로 주민소환제도, 주민감사청구제도, 주민참여예산제도 등을 도입하고 있다. **o**

2. 주민은 지방자치단체장 뿐만 아니라 비례대표 지방의원을 제외한 모든 의회의원을 소환할 권리를 가진다. **x**

3. 주민소환은 지방행정의 민주성과 책임성을 제고할 목적으로 도입한 주민의 직접참여방식의 제도이다. **x**

4. 온라인 시민참여의 유형과 관련하여 「행정절차법」은 협의형에 속하고 국민의 입법제안은 정책결정형에 속한다. **o**

5. 주민의 감사청구는 사무처리가 있었던 날이나 끝난 날부터 3년이 지나면 제기할 수 없다. **x**

6. 다른 기관에서 감사한 사항이라도 새로운 사항이 발견되거나 중요 사항이 감사에서 누락된 경우는 감사청구의 대상이 될 수 있다. **o**

7. 「지방자치법」은 주민감사청구 요건으로 시·군·자치구의 경우 150명을 넘지 아니하는 범위에서 주민의 연서를 받아 감사를 청구할 수 있도록 규정하고 있다. **x**

8. 주민소송의 소송 대상은 주민감사를 청구한 사항 중 공금지출에 관한 사항, 해당 지방자치단체를 당사자로 하는 매매·임차·도급계약에 관한 사항 등 재무·회계에 관한 사항이다. **o**

9. 주민은 행정기구를 설치하거나 변경하는 것에 관한 사항이나 공공시설의 설치를 반대하는 사항의 조례를 제정하거나 개정하거나 폐지할 것을 청구할 수 없다. **x**

10. 지방자치단체의 장은 주민에게 과도한 부담을 주거나 중대한 영향을 미치는 지방자치단체의 주요 결정사항 등에 대하여 주민투표에 부칠 수 있다. **x**

11. 우리나라 주민투표제도에서 지방자치단체장은 지방의회의 동의를 얻어 직권으로 주민투표를 실시할 수 있다. **x**

12. 주민참여예산제는 법령이 정하는 절차에 따라 수렴된 주민의 의견을 검토하고, 그 결과를 예산편성에 반영하지 않을 수도 있다. **x**

13. 일본에서는 버블경제 붕괴 후 구도심 쇠퇴현상이 발생하자, 지역 재활성화를 위한 방안으로 1990년대 중반부터 커뮤니티 비즈니스(Community Business)라는 용어를 사용하기 시작했다. **o**

14. 참여예산제는 결과적 측면보다는 과정적 측면의 이념을 지향한다. **x**

CHAPTER 04 키워드

| 1 | 우리나라는 주민의 _____ 참여제도로 주민소환제도, 주민감사청구제도, 주민참여예산제도 등을 도입하고 있다.
 2016 서울 9급 | 직접적 |

| 2 | 주민은 해당 지방자치단체와 그 장의 권한에 속하는 사무의 처리가 법령에 위반되거나 공익을 현저히 해친다고 인정되면 _____ 를 청구할 수 있다.
 2015 서울 9급 | 감사 |

| 3 | 주무부장관이나 시·도지사는 감사청구를 수리한 날부터 _____ 일 이내에 감사청구된 사항에 대하여 감사를 끝내는 것을 원칙으로 한다.
 2018 지방 9급 | 60 |

| 4 | 지방자치단체의 18세 이상의 주민은 시도는 300명, 인구 50만명 이상 대도시는 _____ 명, 그 밖의 시·군 및 자치구는 150명을 넘지 아니하는 범위에서 그 지방자치단체의 조례로 정하는 18세 이상의 주민 수 이상의 연서로 감사를 청구할 수 있다.
 2018 지방 9급 | 200 |

| 5 | 지방자치단체장은 주민에게 과도한 부담을 주거나 중대한 영향을 미치는 지방자치단체의 주요 결정사항 등에 대하여 _____ 에 부칠 수 있다.
 2014 국회 9급 | 주민투표 |

| 6 | 우리나라 주민투표제도에서 지방자치단체장은 지방의회의 _____ 를 얻어 직권으로 주민투표를 실시할 수 있다.
 2015 서울 7급 | 동의 |

| 7 | 주민소송의 소송 대상은 _____ 를 청구한 사항 중 공금지출에 관한 사항, 해당 지방자치단체를 당사자로 하는 매매·임차·도급계약에 관한 사항 등 재무·회계에 관한 사항이다.
 2016 교육행정 | 주민감사 |

| 8 | _____ 는 주민소환투표청구권자 중 일정 수 이상의 서명으로 지방자치단체의 장 혹은 지방의회의원(비례 대표 제외) 등을 소환하도록 청구할 수 있는 제도이다.
 2016 국회 8급 | 주민소환제도 |

| 9 | 예산과정에의 _____ 는 중앙정부와 지방정부 모두 가능하지만, 참여예산제는 주로 지방정부를 대상으로 시행된다.
 2018 국가 7급 | 시민참여 |

| 10 | 참여예산제는 결과적 측면보다는 _____ 측면의 이념을 지향한다.
 2018 국가 7급 | 과정적 |

CHAPTER 05 지방재정

대표문제

01 □□□ 1156

우리나라 지방재정조정제도에 대한 설명으로 옳은 것은?

2021 지방 7급

① 「지방교부세법」상 지방교부세는 보통교부세, 특별교부세, 부동산교부세 및 소방안전교부세로 구분된다.
② 지방교부세는 중앙정부가 국가사무를 지방정부에 위임하거나 지방정부가 추진하는 사업경비의 전부 또는 일부를 보조하거나 지원하기 위한 제도이다.
③ 조정교부금은 전국적 최소한 동일 행정서비스 수준 보장을 위해 중앙정부가 내국세의 일정 비율을 자치단체에 배분하는 것이다.
④ 지방교부세 대비 국고보조금의 비중 증가는 지방재정의 자율성을 강화한다.

출제유형 Ⅱ. 이론·제도 **출제영역** 지방재정조정제도
출제빈도 ★★★   정답률 75%   난도 중

정답찾기
① 「지방교부세법」상 지방교부세는 보통교부세, 특별교부세, 부동산교부세 및 소방안전교부세로 구분된다.

┌ 관련조문 ─────────────────────┐
「지방교부세법」 제3조【교부세의 종류】
지방교부세(이하 '교부세'라 한다)의 종류는 보통교부세·특별교부세·부동산교부세 및 소방안전교부세로 구분한다.
└──────────────────────────┘

오답피하기
② 중앙정부가 국가 사무를 지방정부에 위임하거나 지방정부가 추진하는 사업 경비의 전부 또는 일부를 보조하거나 지원하기 위한 제도는 국고보조금이다.
③ 전국적 최소한 동일 행정서비스 수준 보장을 위해 중앙정부가 내국세의 일정 비율을 자치단체에 배분하는 것은 지방교부세이다.
④ 지방교부세 대비 국고보조금의 비중 증가는 특정재원이 증가하므로 지방재정의 자율성을 약화시킨다.

정답 ①

제1절 지방재정

02 □□□ 1157

지방재정의 세입항목 중 자주재원에 해당하는 것은?

2020 지방 9급

① 지방교부세
② 재산임대수입
③ 조정교부금
④ 국고보조금

출제유형 Ⅰ. 기본개념 **출제영역** 지방재정
출제빈도 ★★★   난도 중

정답찾기
② 재산임대수입은 자주재원으로서 경상적 세외수입에 해당한다.

오답피하기
① 지방교부세는 국가에 의존하는 의존재원이다.
③ 조정교부금은 광역자치단체에 의존하는 의존재원이다.
④ 국고보조금은 국가에 의존하는 의존재원이다.

행복노트
지방재정의 구성체계

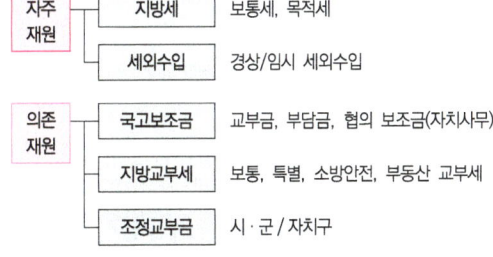

정답 ②

03　□□□　1158

우리나라의 지방재정에 대한 설명으로 가장 옳지 않은 것은?

2017 서울 9급

① 지방자치단체의 세입재원은 크게 자주재원과 의존재원으로 나눌 수 있는데, 자주재원에는 지방세와 세외수입이 있고, 의존재원에는 국고보조금과 지방교부세 등이 있다.
② 지방세 중 목적세로는 담배소비세, 레저세, 자동차세, 지역자원시설세, 지방교육세 등이 있다.
③ 지방교부세는 지방자치단체 간 재정력의 불균형을 조정하는 재원으로, 보통교부세 특별교부세 부동산교부세 및 소방안전교부세로 구분한다.
④ 지방재정자립도를 높이기 위해 국세의 일부를 지방세로 전환할 경우 지역 간 재정불균형이 심화될 수 있다.

04　□□□　1159

우리나라 지방자치단체의 세입·세출에 대한 설명으로 옳지 않은 것은?

2017 국가 9급 추가

① 의존재원의 비중이 높아지면 재정분권이 취약해질 수 있다.
② 보통교부세는 중앙정부가 용도를 제한하여 지방자치단체의 재량권이 없는 재원이다.
③ 지방세와 세외수입은 자주재원에 속하고, 보조금은 의존재원에 속한다.
④ 현행법상 지방자치단체의 관할구역 자치사무에 필요한 경비는 그 지방자치단체가 전액을 부담한다.

출제유형 Ⅰ. 기본개념　　**출제영역** 지방재정

출제빈도 ★★★　　**난도** 중

정답찾기
② 지방세 중 목적세로는 지역자원시설세와 지방교육세가 있다.

오답피하기
① 우리나라의 세입재원은 지방세와 세외수입으로 구성된 자주재원과 국고보조금과 지방교부세로 구성된 의존재원으로 나눌 수 있다.
③ 지방교부세에는 보통교부세, 특별교부세, 부동산교부세, 소방안전교부세로 구성된다.
④ 지방자치단체 간의 세원이 고루 분포되어 있지 않기 때문에 국세의 지방세 전환 시 재정불균형이 심화될 수 있다.

정답 ②

출제유형 Ⅰ. 기본개념　　**출제영역** 지방재정

출제빈도 ★★★　　**난도** 중

정답찾기
② 중앙정부가 용도를 제한하여 지방자치단체의 재량권이 없는 재원은 특별교부세이다. 보통교부세는 용도가 제한되지 않은 일반재원으로 교부되므로 지방자치단체의 재량권이 많은 재원이다.

오답피하기
① 의존재원이 많아지면 재정자립도가 저하되고 재정분권이 취약해질 수 있다.
③ 지방세와 세외수입은 자주재원에 해당하고, 지방교부세와 보조금은 의존재원에 해당한다.
④ 현행법상 지방자치단체의 관할구역 자치사무에 필요한 경비는 그 지방자치단체가 전액을 부담한다.

정답 ②

05 1160
지방재정에 대한 설명으로 옳은 것은? 2016 지방 7급

① 지방교부세의 기본목적은 지방자치단체 간 재정격차를 줄임으로써 기초적인 행정서비스가 제공될 수 있도록 하는 데 있다.
② 세외수입은 연도별 신장률이 안정적이며 그 종류와 형태가 다양하다.
③ 보통교부세, 특별교부세, 분권교부세, 부동산교부세 등의 지방교부세가 운영되고 있다.
④ 대부분의 국고보조사업에는 차등보조율이 적용되고 있다.

제 2 절 자주재원

06 1161
특별시·광역시의 보통세와 도의 보통세에 공통적으로 속하는 세목만을 모두 고르면? 2022 지방 9급

ㄱ. 지방소득세	ㄴ. 지방소비세
ㄷ. 주민세	ㄹ. 레저세
ㅁ. 재산세	ㅂ. 취득세

① ㄱ, ㄴ, ㄹ
② ㄱ, ㄷ, ㅁ
③ ㄴ, ㄹ, ㅂ
④ ㄷ, ㅁ, ㅂ

출제유형 I. 기본개념 **출제영역** 지방재정
출제빈도 ★★★ **난도** 중

정답찾기
① 지방교부세의 기본목적은 지방자치단체 간 재정격차를 줄임으로써 기초적인 행정서비스가 제공될 수 있도록 하는 데 있다.

오답피하기
② 세외수입은 연도별 신장률이 불안정하고 지방 간 불균형성과 회계연도 간 불규칙성이 강하다.
③ 지방교부세는 보통교부세, 특별교부세, 소방안전교부세, 부동산교부세 등으로 운영되고 있다. 분권교부세는 폐지되었다.
④ 「보조금 관리에 관한 법률」에 따라 대부분의 국고보조사업에는 기준보조율이 적용되며, 필요에 따라 차등보조율이 적용된다.

정답 ①

출제유형 I. 기본개념 **출제영역** 지방재정
출제빈도 ★★★ **난도** 중

정답찾기
③ 특별시·광역시의 보통세와 도의 보통세에 공통적으로 속하는 세목은 ㄴ. 지방소비세, ㄹ. 레저세, ㅂ. 취득세가 해당한다.

오답피하기
ㄱ. 지방소득세는 특별시·광역시의 보통세이고 시·군세의 보통세이다.
ㄷ. 주민세는 특별시·광역시의 보통세이고 시·군세의 보통세이다.
ㅁ. 재산세는 자치구세의 보통세이고 시·군세의 보통세이다.

정답 ③

07
1162

국세에 해당하는 것으로만 묶은 것은?   2018 국가 7급

ㄱ. 취득세	ㄴ. 자동차세
ㄷ. 종합부동산세	ㄹ. 인지세
ㅁ. 등록면허세	ㅂ. 주세

① ㄱ, ㄹ ② ㄴ, ㄷ
③ ㄷ, ㅁ ④ ㄹ, ㅂ

출제유형 Ⅱ. 이론·제도 **출제영역** 국세
출제빈도 ★★ **난도** 중

정답찾기
④ ㄷ. 종합부동산세, ㄹ. 인지세, ㅂ. 주세는 국세에 해당한다.

오답피하기
ㄱ. 취득세, ㄴ. 자동차세, ㅁ. 등록면허세는 지방세에 해당한다.

행복노트
자주재원(지방세)

구 분	광역자치단체		기초자치단체	
	특별시·광역시세	도세	자치구세	시·군세
보통세	취득세, 주민세, 자동차세, 담배소비세, 레저세, 지방소비세, 지방소득세	취득세, 등록면허세, 레저세, 지방소비세	등록면허세, 재산세	지방소득세, 주민세, 담배소비세, 자동차세, 재산세,
목적세	지방교육세, 지역자원시설세	지방교육세, 지역자원시설세		

행복한 암기 TIP
기초자치단체
스스로 등재, 우리 시·군에서는 소주담배 자재

정답 ④

08
1163

다음 〈보기〉 중 조세를 실제로 부담하는 사람과 직접 납부하는 사람이 서로 다른 국세는 모두 몇 가지인가?   2014 국회 9급

| 보기 |
| ㄱ. 2014년도 자동차세 ㄴ. 2014년도 주세 |
| ㄷ. 2014년도 담배소비세 ㄹ. 2014년도 부가가치세 |

① 없음 ② 한 가지
③ 두 가지 ④ 세 가지
⑤ 네 가지

출제유형 Ⅰ. 기본개념 **출제영역** 국세
출제빈도 ★★ **난도** 중

정답찾기
③ 국세 중 간접세에 대한 질문으로 주세와 부가가치세가 이에 해당한다.
ㄴ. 2014년도 주세는 국세이면서 보통세이며 간접세이다.
ㄹ. 2014년도 부가가치세는 국세이면서 보통세이며 간접세이다.

직접세와 간접세

| 직접세 | 조세납부의책임자 = 조세부담주체 |
| 간접세 | 조세납부의책임자 ≠ 조세부담주체 |

오답피하기
ㄱ. 2014년도 자동차세는 지방세이면서 보통세이며 특별시·광역시세이자 시·군세에 해당한다.
ㄷ. 2014년도 담배소비세는 지방세이면서 보통세이며 특별시·광역시세이자 시·군세에 해당한다.

행복노트
국세

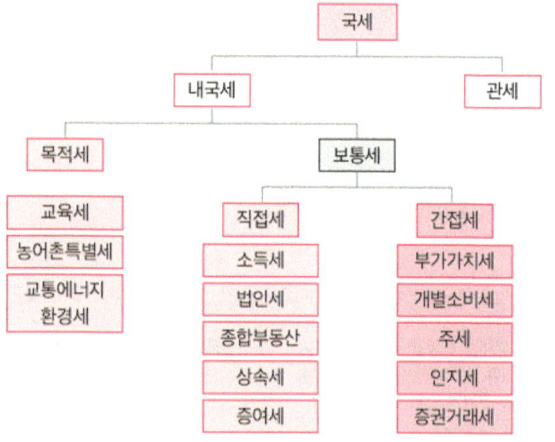

정답 ③

09
지방세제에 대한 설명으로 옳지 않은 것은? 2015 지방 9급

① 지방소비세는 국세인 부가가치세의 일부를 일정한 기준에 따라 광역지방자치단체에 이전하는 일종의 세원공유 방식의 지방세이다.
② 지역자원시설세와 지방교육세는 목적세이다.
③ 레저세는 국세인 개별소비세와 지방세인 경주·마권세의 일부가 전환된 세목이다.
④ 지방세는 재산과세의 비중이 높으며 중앙정부의 부동산 정책과 지역경제 상황에 따라 영향을 받는다.

출제유형 I. 기본개념 **출제영역** 자주재원
출제빈도 ★★★ **난도** 중

정답찾기
③ 레저세는 과거 경주·마권세의 명칭을 변경한 것이다. 국세인 개별소비세는 과거 특별소비세의 명칭이 변경된 것이다.

정답 ③

10
다음은 지방세 각 세목에 대한 설명이다. 목적세에 해당하는 것을 모두 고르면? 2013 국가 7급

ㄱ. 국세인 부가가치세의 일부를 지방세로 전환한 세금이다. 납세의무자는 부가가치세를 납부할 의무가 있는 자이며, 국가에 부가가치세를 납부하면 국가가 납세액의 일정 비율을 지방자치단체로 이전하는 형식을 취한다.
ㄴ. 지하·해저자원, 관광자원, 수자원, 특수지 형 등 지역자원의 보호 및 개발, 지역의 특수한 재난예방 등 안전 관리사업 및 환경보호·개선 사업, 그 밖에 지역 균형 개발사업에 필요한 재원을 확보하거나 소방시설, 오물 처리 시설, 수리 시설 및 그 밖의 공공시설에 필요한 비용을 충당하기 위하여 부과한다.
ㄷ. 소득분과 종업원분으로 구분한다. 소득분은 지방자치단체에서 소득세 및 법인세의 납세의무가 있는 자에게 부과하고, 종업원분은 종업원에게 급여를 지급하는 사업주에게 부과한다.
ㄹ. 지방 교육의 질적 향상에 필요한 지방 교육재정의 확충에 소요되는 재원을 확보하기 위하여 부과한다. 레저세, 담배소비세, 주민세 균등분 등의 납세의무자에게 부과한다.

① ㄱ, ㄴ
② ㄱ, ㄹ
③ ㄴ, ㄷ
④ ㄴ, ㄹ

출제유형 I. 기본개념 **출제영역** 자주재원
출제빈도 ★★★ **난도** 중

정답찾기
④ 지방세 중 목적세는 지역자원시설세와 지방교육세로 구성된다.
  ㄴ. 지역자원시설세에 대한 설명이다.
  ㄹ. 지방교육세에 대한 설명이다.

오답피하기
ㄱ. 지방소비세에 대한 설명이고 지방세 중 보통세에 해당한다.
ㄷ. 지방소득세에 대한 설명이고 지방세 중 보통세에 해당한다.

정답 ④

11
다음 중 지방세에 해당하지 않는 것은?
2013 서울 9급

① 자동차세 ② 재산세
③ 등록세 ④ 취득세
⑤ 교육세

12
「지방세기본법」상 특별시·광역시의 세원이 아닌 것은?
2016 지방 9급

① 취득세 ② 자동차세
③ 등록면허세 ④ 레저세

출제유형 Ⅰ. 기본개념 **출제영역** 자주재원
출제빈도 ★★★ **난도** 중

정답찾기
⑤ 교육세는 국세이면서 목적세에 해당한다.

오답피하기
① 자동차세는 지방세이면서 보통세이며 특별시·광역시세이자 시·군세에 해당한다.
② 재산세는 지방세이면서 보통세이며 자치구세이자 시·군세에 해당한다.
③ 등록세는 지방세이면서 보통세이며 자치구세이자 도세에 해당한다.
④ 취득세는 지방세이면서 보통세이며 특별시·광역시세이자 도세에 해당한다.

행복노트

자주재원(지방세)

구분	광역자치단체		기초자치단체	
	특별시·광역시세	도세	자치구세	시·군세
보통세	취득세, 주민세, 자동차세, 담배소비세, 레저세, 지방소비세, 지방소득세	취득세, 등록면허세, 레저세, 지방소비세	등록면허세, 재산세	지방소득세, 주민세, 담배소비세, 자동차세, 재산세
목적세	지방교육세, 지역자원시설세	지방교육세, 지역자원시설세		

행복쌤 참가 TIP

기초자치단체
스스로 등재, 우리 시·군에서는 소주담배 자재

정답 ⑤

출제유형 Ⅰ. 기본개념 **출제영역** 자주재원
출제빈도 ★★★ **난도** 중

정답찾기
③ 등록면허세는 지방세이면서 보통세이며 자치구세이자 도세에 해당한다.

오답피하기
① 취득세는 지방세이면서 보통세이며 특별시·광역시세이자 도세에 해당한다.
② 자동차세는 지방세이면서 보통세이며 특별시·광역시세이자 시·군세에 해당한다.
④ 레저세는 특별시·광역시세이자 도세에 해당한다.

정답 ③

13　□□□　1168

다음 〈보기〉에서 특별(광역)시세로만 짝지어진 것은?

2016 서울 7급

| 보기 |

가. 레저세　　　　나. 담배소비세
다. 지방소비세　　라. 주민세
마. 자동차세　　　바. 재산세
사. 지방교육세　　아. 등록면허세
자. 지역자원시설세

① 가, 나, 다　　　② 라, 마, 바
③ 라, 마, 아　　　④ 사, 아, 자

출제유형 Ⅰ. 기본개념　　출제영역 자주재원
출제빈도 ★★★　　난도 중

정답찾기
가. 레저세는 특별시·광역시세이자 도세에 해당한다.
나. 담배소비세는 특별시·광역시세이자 시·군세에 해당한다.
다. 지방소비세는 특별시·광역시세이자 도세에 해당한다.
라. 주민세는 특별시·광역시세이자 시·군세에 해당한다.
마. 자동차세는 특별시·광역시세이자 시·군세에 해당한다.
사. 지방교육세는 특별시·광역시세이자 목적세에 해당한다.
자. 지역자원시설세는 특별시·광역시세이자 목적세에 해당한다.

오답피하기
바. 재산세는 자치구세이자 시·군세에 해당한다.
아. 등록면허세는 자치구세이자 도세에 해당한다.

정답 ①

14　□□□　1169

서울특별시에서 확보할 수 있는 자주재원으로 볼 수 없는 것은?

2014 서울 9급

① 주민세　　　　② 담배소비세
③ 상속세　　　　④ 취득세
⑤ 자동차세

출제유형 Ⅰ. 기본개념　　출제영역 자주재원
출제빈도 ★★★　　난도 중

정답찾기
③ 상속세는 국세이므로 서울특별시에서 확보할 수 없다.

오답피하기
① 주민세는 특별시·광역시세이자 시·군세에 해당한다.
② 담배소비세는 특별시·광역시세이자 시·군세에 해당한다.
④ 취득세는 특별시·광역시세이자 도세에 해당한다.

행복노트

자주재원(지방세)

구 분	광역자치단체		기초자치단체	
	특별시·광역시세	도세	자치구세	시·군세
보통세	취득세, 주민세, 자동차세, 담배소비세, 레저세, 지방소비세, 지방소득세	취득세, 등록면허세, 레저세, 지방소비세	등록면허세, 재산세	지방소득세, 주민세, 담배소비세, 자동차세, 재산세,
목적세	지방교육세, 지역자원시설세	지방교육세, 지역자원시설세		

행복한 암기 TIP

기초자치단체
스스로 등재, 우리 시·군에서는 소주담배 자재

정답 ③

15

현행 지방세의 탄력세율 제도에 대한 설명으로 옳은 것만을 모두 고르면?

2022 지방 7급

ㄱ. 지방세 일부 세목의 세율에 대해 일정 범위 내에서 지방자치단체가 자율적으로 결정할 수 있다.
ㄴ. 레저세, 지방소비세는 탄력세율이 적용되지 않는다.
ㄷ. 조례로 담배소비세, 주행분 자동차세에 대해 표준세율의 50%를 가감하는 방식과 같이 일정 비율을 가감하는 방식이 주로 활용된다.

① ㄱ
② ㄱ, ㄴ
③ ㄴ, ㄷ
④ ㄱ, ㄴ, ㄷ

16

재정수입의 측면에서 '지방세의 세원이 특정지역에 편재되어있지 않고 고루 분포되어 있어야 한다.'라는 내용과 관련된 지방세의 원칙은?

2015 서울 7급

① 세수안정의 원칙
② 책임분담의 원칙
③ 응익성의 원칙
④ 보편성의 원칙

출제유형 Ⅲ. 법령문제 **출제영역** 탄력세율제도
출제빈도 ★★ **난도** 상

정답찾기

ㄱ. 지방세 일부 세목의 세율에 대해 일정 범위 내에서 지방자치단체가 자율적으로 결정할 수 있다.
ㄴ. 레저세, 지방소비세는 탄력세율이 적용되지 않는다.

┌ 관련조문 ┐
지방세법 제42조【과세표준 및 세율】 ① 레저세의 과세표준은 승자투표권, 승마투표권 등의 발매금총액으로 한다.
② 레저세의 세율은 100분의 10으로 한다.
지방세법 제69조【과세표준 및 세액】 ① 지방소비세의 과세표준은 「부가가치세법」에 따른 부가가치세의 납부세액에서 「부가가치세법」 및 다른 법률에 따라 부가가치세의 감면세액 및 공제세액을 빼고 가산세를 더하여 계산한 세액으로 한다.
② 지방소비세의 세액은 제1항의 과세표준에 1천분의 253을 적용하여 계산한 금액으로 한다.

오답피하기

ㄷ. 대통령령으로 담배소비세, 주행분 자동차세에 대해 표준세율의 30%를 가감하는 방식과 같이 일정 비율을 가감하는 방식이 주로 활용된다.

┌ 관련조문 ┐
「지방세법」
제52조【세율】 ① 담배소비세의 세율은 다음 각 호와 같다.
② 제1항에 따른 세율은 그 세율의 100분의 30의 범위에서 대통령령으로 가감할 수 있다.
제136조【세율】 ① 자동차세의 세율은 과세물품에 대한 교통ㆍ에너지ㆍ환경세액의 1천분의 360으로 한다.
② 제1항에 따른 세율은 교통ㆍ에너지ㆍ환경세율의 변동 등으로 조정이 필요하면 그 세율의 100분의 30의 범위에서 대통령령으로 정하는 바에 따라 가감하여 조정할 수 있다.

정답 ②

출제유형 Ⅰ. 기본개념 **출제영역** 자주재원
출제빈도 ★★★ **난도** 중

정답찾기

④ 지방세의 세원이 특정지역에 편재되어있지 않고 고루 분포되어 있어야 한다는 것은 보편성의 원칙에 해당한다.

오답피하기

지방세의 원칙(재정 수입 측면)

충분성의 원칙	세원자체가 빈약하지 않고 지방자치를 위하여 충분한 금액이어야 함
보편성의 원칙	세원이 특정지역에 편재되지 않고, 각 지역에 보편적으로 존재할 것
신장성의 원칙	늘어나는 행정수요에 대응 할 수 있도록 세수가 확대되어야 함
안정성의 원칙	경기변동에 상관없이 자산과세 중심처럼 세수가 안정적으로 확보될 수 있어야 함
신축성의 원칙	자치단체의 특성에 따라 탄력적으로 운영이 되어야 함

정답 ④

17　1172

지방세 세원확보 원칙과 우리나라 지방자치단체의 문제점을 연결한 것으로 옳지 않은 것은?　2012 국가 9급

① 충분성 – 지방세 수입이 지방사무의 양에 비교하여 충분하지 못하다.
② 안정성 – 소득과세 중심으로 세원 확보가 매우 불안정하다.
③ 보편성 – 수도권과 비수도권의 세원이 심각하게 불균형적이다.
④ 자율성 – 지방세의 세목설정 권한이 인정되지 않기 때문에 자율성이 상대적으로 떨어진다.

출제유형 Ⅰ. 기본개념　**출제영역** 자주재원
출제빈도 ★★★　난도 중

정답찾기
② 우리나라 지방세는 재산세 중심이므로 안정성이 있으나 신장성이 약하다.

오답피하기
① 지방세의 경우 많은 세목에 비해 빈약한 세원을 가지므로 지방세 수입이 지방사무의 양에 비교하여 충분하지 못하다.
③ 보편성의 원칙은 세원이 특정지방에 편재되지 않고 모든 지방에 골고루 분포되어야 하지만 현실은 수도권에 치중되어 있어 불균형적이다.
④ 조세법정주의로 인해서 지방세의 세목설정 권한이 인정되지 않기 때문에 자율성이 상대적으로 떨어진다.

정답 ②

18　1173

「지방공기업법」에 근거한 지방공기업에 대한 설명으로 가장 옳지 않은 것은?　2019 서울 7급

① 지방공기업은 수도사업(마을상수도사업은 제외한다), 공업용수도사업, 주택사업, 토지개발사업, 하수도사업, 자동차운송사업, 궤도사업(도시철도사업을 포함한다)을 할 수 있다.
② 지방공기업에 관한 경영평가는 원칙적으로 행정안전부 장관의 주관으로 이루어진다.
③ 공사의 운영을 위하여 필요한 경우에는 자본금의 2분의 1을 넘지 아니하는 범위에서 지방자치단체 외의 자로 하여금 공사에 출자하게 할 수 있다. 단, 외국인 및 외국법인은 제외한다.
④ 지방공기업에 대한 경영평가, 관련정책의 연구, 임직원에 대한 교육 등을 전문적으로 지원하기 위하여 지방공기업평가원을 설립한다.

출제유형 Ⅲ. 법령문제　**출제영역** 지방공기업
출제빈도 ★★　난도 중

정답찾기
③ 공사의 운영을 위하여 필요한 경우에는 자본금의 2분의 1을 넘지 아니하는 범위에서 지방자치단체 외의 자(외국인 및 외국 법인을 포함한다)로 하여금 공사에 출자하게 할 수 있다.

오답피하기
① 「지방공기업법」 제2조에 명시되어 있는 지방직영기업 대상사업들이다.
② 「지방공기업법」 제78조에 명시되어 있는 내용으로 지방공기업에 대한 경영평가는 원칙적으로 행정안전부 장관의 주관으로 이루어지고, 필요시 자치단체의 장으로 하여금 평가하게 할 수 있다.
④ 「지방공기업법」 제78조의4에 명시되어 있는 내용이다.

┤관련조문├
「지방공기업법」 제78조【경영평가 및 지도】
① 행정안전부장관은 제3조에 따른 지방공기업의 경영 기본원칙을 고려하여 대통령령으로 정하는 바에 따라 지방공기업에 대한 경영평가를 하고, 그 결과에 따라 필요한 조치를 하여야 한다. 다만, 행정안전부장관이 필요하다고 인정하는 경우에는 지방자치단체의 장으로 하여금 경영평가를 하게 할 수 있다.
「지방공기업법」 제78조의4【지방공기업평가원의 설립·운영】
① 지방공기업에 대한 경영평가, 관련 정책의 연구, 임직원에 대한 교육 등을 전문적으로 지원하기 위하여 지방공기업평가원(이하 '평가원'이라 한다)을 설립한다.

정답 ③

19 1174

지방공기업 유형 중 지방직영기업에 대한 설명으로 가장 옳지 않은 것은?
2017 서울 9급

① 지방자치단체가 행정조직 형태로 직접 운영하는 사업을 말한다.
② 지방자치단체의 장이 지방직영기업의 관리자를 임명한다.
③ 소속된 직원은 공무원 신분이 아니다.
④ 지방공기업법 시행령에 따라 경영평가가 매년 실시되어야하나 행정안전부장관이 이에 대해 따로 정할 수 있다.

20 1175

지방공기업의 유형 중 지방직영기업에 대한 설명으로 가장 옳지 않은 것은?
2017 서울 7급

① 지방자치단체가 일반회계와 구분되는 공기업특별회계를 설치해 독립적으로 회계를 운영하는 형태의 기업이다.
② 지방직영기업의 직원은 대부분 민간인 신분이다.
③ 지방자치단체가 직접 사업 수행을 위해 소속 행정기관의 형태로 설립하여 경영한다.
④ 일반적으로 상수도사업, 하수도사업, 공영개발, 지역개발 기금 등이 지방직영기업에 속한다.

출제유형 Ⅱ. 이론·제도 **출제영역** 지방공기업
출제빈도 ★★ **난도** 중

정답찾기
③ 지방직영공기업은 지방자치단체가 사업의 주체가 되어 직접 행정조직형태로 운영하는 사업을 말한다. 그러므로 소속된 직원의 신분도 공무원 신분이다.

오답피하기
② 지방직영기업의 관리자는 해당 지방자치단체의 공무원으로서 지방자치단체의 장이 임명한다.

행복노트
지방공기업 중 지방직영기업

지방직영기업
- 지방자치단체가 행정조직 형태로 직접 운영하는 사업
- 상수도사업, 하수도사업, 공영개발, 개발기금
- 지방자치단체가 일반회계와 구분되는 공기업특별회계로 독립적으로 회계를 운영
- 지방자치단체의 장이 지방직영기업의 관리자를 임명
- 소속된 직원은 공무원 신분
- 지방공기업법 시행령에 따라 경영평가가 매년 실시, 행정안전부장관이 이에 대해 따로 정할 수 있음

지방직영기업
- 지방자치단체가 행정조직 형태로 직접 운영하는 사업
- 상수도사업, 하수도사업, 공영개발, 개발기금
- 지방자치단체가 일반회계와 구분되는 공기업특별회계로 독립적으로 회계를 운영
- 지방자치단체의 장이 지방직영기업의 관리자를 임명
- 소속된 직원은 공무원 신분
- 지방공기업법 시행령에 따라 경영평가가 매년 실시, 행정안전부장관이 이에 대해 따로 정할 수 있음

정답 ③

출제유형 Ⅲ. 법령문제 **출제영역** 지방공기업
출제빈도 ★★ **난도** 중

정답찾기
② 지방직영기업의 직원은 대부분 공무원 신분이다.

> **관련조문**
> 「지방공기업법」 제7조 【관리자】
> ② 관리자는 대통령령으로 정하는 바에 따라 해당 지방자치단체의 공무원으로서 지방직영기업의 경영에 관하여 지식과 경험이 풍부한 사람 중에서 지방자치단체의 장이 임명하며, 임기제로 할 수 있다.

오답피하기
① 지방직영기업은 공기업특별회계로 운용된다.
③ 지방직영기업은 행정기관으로서의 성격을 가진다.
④ 지방직영기업은 일반적으로 상수도사업, 하수도사업, 공영개발, 지역개발 기금 등이 해당된다.

정답 ②

21

다음은 각종 지역사업을 나열한 것이다. 이 중 현행 「지방공기업법」에 규정된 지방공기업 대상사업(당연적용사업)이 아닌 것만을 모두 고르면?

2013 국가 9급

> ㄱ. 수도사업(마을상수도사업은 제외)
> ㄴ. 주민복지사업
> ㄷ. 공업용수도사업
> ㄹ. 공원묘지사업
> ㅁ. 주택사업
> ㅂ. 토지개발사업

① ㄱ, ㄷ
② ㄴ, ㄹ
③ ㄷ, ㅁ
④ ㄹ, ㅂ

22

지방공공서비스 공급과 관련된 설명으로 옳지 않은 것은?

2013 지방 7급

① 영국에서는 의무경쟁입찰제도가 최고가치 경쟁으로 전환되었다.
② 사바스(E. S. Savas)의 분류에 따르면, 계약·허가·보조금 등은 지방정부가 공급을 결정하고 민간부문이 생산을 담당하는 공급유형에 속한다.
③ 니스카넨(W. Niskanen)의 예산극대화모형에 따르면, 관료들의 행태 때문에 지방정부의 예산규모가 사회적으로 효율적인 수준보다 더 커질 수 있다.
④ 시민공동생산 논의는 시민과 지역주민을 정규생산자로 파악하는 데에서 출발한다.

출제유형 Ⅲ. 법령문제 **출제영역** 지방공기업

출제빈도 ★★ **난도** 중

정답찾기

② ㄴ. 주민복지사업, ㄹ. 공원묘지사업은 지방공기업법 대상사업에 해당되지 않는다.

오답피하기

ㄱ, ㄷ, ㅁ, ㅂ. 지방공기업법 대상사업이다.

> ─ 관련조문 ├─
> 「지방공기업법」 제2조 【적용 범위】
> ① 이 법은 다음 각호의 어느 하나에 해당하는 사업(그에 부대되는 사업을 포함한다. 이하 같다) 중 제5조에 따라 지방자치단체가 직접 설치·경영하는 사업으로서 대통령령으로 정하는 기준 이상의 사업(이하 '지방직영기업'이라 한다)과 제3장 및 제4장에 따라 설립된 지방공사와 지방공단이 경영하는 사업에 대하여 각각 적용한다.
> 1. 수도사업(마을상수도사업은 제외한다)
> 2. 공업용수도사업
> 3. 궤도사업(도시철도사업을 포함한다)
> 4. 자동차운송사업
> 5. 지방도로사업(유료도로사업만 해당한다)
> 6. 하수도사업
> 7. 주택사업
> 8. 토지개발사업
> 9. 주택(대통령령으로 정하는 공공복리시설을 포함한다)·토지 또는 공용·공공용 건축물의 관리 등의 수탁

정답 ②

출제유형 Ⅰ. 기본개념 **출제영역** 지방공공서비스

출제빈도 ★★★ **난도** 중

정답찾기

④ 시민공동생산에서는 지역주민들을 자원봉사형태의 공동생산자(Co-Producer)로 파악한다.

오답피하기

① 영국에서는 1980년대 의무경쟁입찰(CCT)이 2000년부터 '최고가치(BT: Best Value)' 정책으로 전환되었다.
② 사바스(Savas)의 분류에 따르면, 계약·허가·보조금 등은 지방정부가 공급을 결정하고 민간부문이 생산을 담당하는 유형이다.
③ 니스카넨(Niskanen)의 예산극대화모형에 따르면, 관료들은 자신의 효용을 극대화시키기 때문에 예산규모도 사회적 효율적 수준보다 더 커지게 된다.

정답 ④

제3절 의존재원

23 □□□ 1178

지방재정에 대한 설명으로 가장 옳지 않은 것은? 2019 서울 7급

① 지방수입에 있어서 자주재원의 핵심은 지방세와 세외수입으로 지방세는 법률이 정하는 바에 따라 강제적으로 징수하고, 세외수입은 지방세 외의 모든 수입을 포함하는 개념이다.
② 의존재원은 지방교부세, 국고보조금, 조정교부금, 지방채로 구성되며, 지방자치단체에서 필요로 하거나, 부족한 재원을 외부에서 조달한다는 특징이 있다.
③ 지방자치단체 지방수입의 구조에서 가장 두드러진 특징 중 하나는 자주재원에 비해 의존재원이 매우 많다는 점으로, 지방자치단체의 국가재정에 대한 의존도가 상당히 크다 할 수 있다.
④ 재정자립도는 지방자치단체 총 예산규모 중 자주재원이 차지하는 비율로 그 산식에 있어서 분모와 분자에 모두 자주재원이 존재함으로 인해 재정자립도를 결정하는 데에 중요한 요인은 의존재원이 된다.

24 □□□ 1179

지방재정의 구성요소 중 의존재원의 기능으로 적절하지 않은 것은? 2018 국가 7급

① 지방자치단체에 대한 유도·조정을 통한 국가차원의 통합성 유지
② 지방재정의 안정성 확보
③ 지방재정의 지역 간 불균형 시정
④ 지방자치단체의 다양성과 지방분권화 촉진

출제유형 Ⅱ. 이론·제도   **출제영역** 의존재원
출제빈도 ★★★   **난도** 중

정답찾기
② 의존재원은 지방교부세, 국고보조금, 조정교부금으로 구성된 것으로 지방자치단체에서 필요로 하거나, 부족한 재원을 외부에서 조달한다는 특징이 있다. 지방채는 자주재원도 의존재원도 아닌 제3의 재원이다.

오답피하기
지방재정의 구성체계

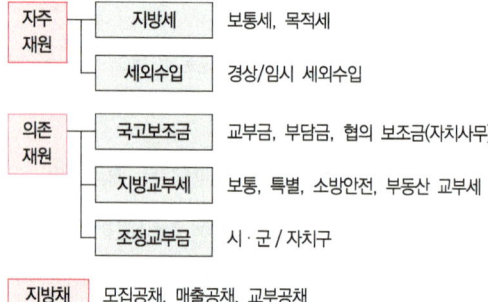

출제유형 Ⅱ. 이론·제도   **출제영역** 의존재원
출제빈도 ★★★   **난도** 중

정답찾기
④ 의존재원이란 자치단체가 상급단체나 중앙정부로부터 지원을 받는 조정재원이므로 재정상 통제가 수반되어 지방자치단체의 다양성과 지방분권화를 저해한다.

오답피하기
① 의존재원은 자치단체 간 재정격차를 해소하고 국가차원의 재정통제가 수반되고 통합성 유지를 가능하게 한다.
② 지방자치단체의 의존재원은 지방자치단체로 하여금 안정적인 재원을 확보하게 할 수 있다.
③ 지방교부세는 지방재정의 지역 간 불균형을 시정하여 국민적 최저(National Minimum)구현을 가능하게 한다.

정답 ②

정답 ④

25 ◻◻◻ 1180
국고보조금에 대한 설명으로 옳은 것은? 　　2017 국가 7급

① 내국세 총액의 일정비율과 「종합부동산세법」에 따른 종합부동산세 총액을 재원으로 한다.
② 사업별 보조율은 50%로 사업비의 절반은 지방자치단체가 부담해야 한다.
③ 국고보조사업의 수행에서 중앙정부의 감독을 받으므로 지방자치단체의 자율성이 약화될 우려가 있다.
④ 중앙관서의 장은 보조사업을 수행하려는 자로부터 신청받은 보조금의 명세 및 금액을 조정하여 행정안전부장관에게 보조금 예산을 요구하여야 한다.

26 ◻◻◻ 1181
다음 〈보기〉 중 국고보조금에 대한 설명으로 옳은 것을 모두 고르면? 　　2015 국회 9급

― 보기 ―
ㄱ. 지방자치단체의 행정이 중앙정부의 지배체제하에 놓이게 됨으로써 지방자치단체의 자유로운 활동이 저해된다.
ㄴ. 내국세 총액의 일정 비율과 종합부동산세를 국가보조금의 재원으로 하고 있으므로 모든 자치단체가 공유하는 독립재원이다.
ㄷ. 국고보조금은 자치단체 간 재정격차를 시정해 주는 기능을 한다.
ㄹ. 일반적으로 매년 수입되는 경상재원으로 분류된다.

① ㄱ, ㄴ
② ㄱ, ㄷ
③ ㄱ, ㄹ
④ ㄴ, ㄷ
⑤ ㄷ, ㄹ

출제유형 Ⅱ. 이론·제도　**출제영역** 의존재원
출제빈도 ★★★　**난도** 중

정답찾기
③ 국고보조금은 보조사업의 수행과정에서 중앙정부의 재정상 통제가 수반되어 지방자치단체의 자율성이 약화될 우려가 있다.

오답피하기
① 내국세 총액의 19.24%, 종합부동산세의 전액, 담배에 부과되는 개별소비세의 45% 그리고 전년도 결산 정산액을 재원으로 하는 것은 지방교부세에 대한 내용이다.
② 사업별 보조율은 매년 예산으로 정해지며 사업의 종류에 따라 다르다.
④ 중앙관서의 장은 보조사업을 수행하려는 자로부터 신청 받은 보조금의 명세 및 금액을 조정하여 기획재정부장관에게 보조금 예산을 요구하여야 한다.

행복노트
의존재원(국고 보조금)
- **의의**: 국가가 시책상 또는 자치단체 사정상 교부하는 자금
  - 특정재원, 의존재원, 무상재원, 경상재원, 수직적 조정재원
- **종류**:
  - 장려적 보조금(협의): 자치사무의 필요 상당액 부과
  - 부담금: 단체위임사무 중 경비 전부/일부 부담
  - 위탁금(교부금): 기관위임사무 중 경비 전부 지원
- **효용**: 통일적 행정수준의 확보, 사회자본의 계획적 정비
  - 긴급하고 큰 특수재정수요에 기여, 외부효과를 유발
- **의의**: 지방의 자주성↓, 지방비 부담↑
  - 지방정부간 재정력 격차 심화, 교부절차 번잡성

정답 ③

출제유형 Ⅱ. 이론·제도　**출제영역** 의존재원
출제빈도 ★★★　**난도** 중

정답찾기
ㄱ. 국고보조금은 특정 재원으로 용도가 정해지기 때문에 중앙정부의 재정상 통제가 수반된다.
ㄹ. 국고보조금은 특정 재원과 경상 재원의 성격을 가진다.

오답피하기
ㄴ. 국고보조금은 중앙정부의 일반회계와 특별회계를 재원으로 하고 지방교부세는 내국세 총액의 19.24%와 종합부동산세의 전액 그리고 담배에 부과되는 개별소비세의 45%와 전년도 결산 정산액을 재원으로 한다.
ㄷ. 자치단체 간 재정격차를 시정해 주는 기능을 하는 것은 지방교부세에 해당한다. 국고보조금은 자비부담능력이 있는 지방자치단체에 치중하게 되어 지역 간 재정격차가 가중될 수 있다.

정답 ③

27   1182

지방교부세에 대한 설명으로 옳지 않은 것은?

2022 국가 9급

① 지역 간 재정력 격차를 완화시키는 재정균등화 기능을 수행한다.
② 보통교부세, 특별교부세, 부동산교부세, 소방안전교부세로 구분한다.
③ 신청주의를 원칙으로 하며 각 중앙관서의 예산에 반영되어야한다.
④ 부동산교부세는 종합부동산세를 재원으로 하며 전액을 지방자치단체에 교부한다.

28   1183

지방재정조정제도 중 「지방교부세법」에서 규정하고 있지 않은 것은?

2018 지방 9급

① 소방안전교부세
② 보통교부세
③ 조정교부금
④ 부동산교부세

[정답찾기]
③ 신청주의를 원칙으로 하며 각 중앙관서의 예산에 반영되어야 하는 것은 국고보조금에 해당하고 지방교부세는 자치단체의 재정 부족액을 기준으로 포괄적으로 배분한다.

[오답피하기]
① 지방교부세는 지역 간 재정력 격차를 완화시키는 재정균등화 기능을 수행한다.
② 지방교부세는 보통교부세, 특별교부세, 부동산교부세, 소방안전교부세로 구분한다.
④ 부동산교부세는 종합부동산세를 재원으로 하며 전액을 지방자치단체에 교부한다.

┌─관련조문─────────────────────
│ 「지방교부세법」 제9조의3 【부동산교부세의 교부】
│ ① 부동산교부세는 지방자치단체에 전액 교부하여야 한다.
└──────────────────────────

정답 ③

[정답찾기]
③ 조정교부금은 「지방재정법」에서 규정하고 있는 제도로 광역자치단체가 기초자치단체에 대하여 실시하는 재정조정제도이다.

[오답피하기]
조정교부금

제도	자치구 조정교부금	시·군 조정교부금
교부주체	특별시, 광역시	광역시, 도
교부대상	관내 자치구	관내 시·군
재원	시세(보통세)의 일정액	징수 광역세의 27%
근거법률	「지방자치법」, 「지방재정법」	「지방재정법」

광역자치단체가 기초자치단체에게 재정을 조정해주는 제도 일반재원

정답 ③

29

「지방교부세법」상 지방교부세에 대한 설명으로 옳지 않은 것은?

2017 지방 9급

① 지방교부세의 재원에는 종합부동산세 총액, 담배에 부과하는 개별소비세 총액의 일부 등이 포함된다.
② 보통교부세의 산정기일 후에 발생한 재난을 복구하거나 재난 및 안전관리를 위한 특별한 재정수요가 생기거나 재정수입이 감소한 경우 특별교부세를 교부할 수 있다.
③ 지방교부세의 종류는 보통교부세, 특별교부세, 부동산교부세 및 교통안전교부세로 구분한다.
④ 지방행정 및 재정운용 실적이 우수한 지방자치단체에 재정지원 등 특별한 재정수요가 있을 경우 특별교부세를 교부할 수 있다.

30

지방재정에 대한 설명으로 옳지 않은 것은?

2021 지방 9급

① 재정자립도는 일반회계 세입 중 지방세와 세외수입이 차지하는 비중을 말한다.
② 국고보조금은 지방재정운영의 자율성을 제고한다.
③ 지방교부세는 지역 간의 재정불균형을 시정하기 위한 제도이다.
④ 지방자치단체는 재해예방 및 복구사업에 경비를 조달하기 위해서 지방채를 발행할 수 있다.

출제유형 Ⅱ. 이론·제도 **출제영역** 의존재원
출제빈도 ★★★ **난도** 중

[정답찾기]
③ 지방교부세의 종류로 보통교부세, 특별교부세, 부동산교부세, 소방안전교부세가 있다.

[오답피하기]
① 지방교부세의 재원에는 내국세의 19.24%, 종합부동산세 총액, 담배개별소비세 총액의 45% 등이 있다.
② 보통교부세의 산정기일 후에 발생한 재난을 복구하거나 재난 및 안전관리를 위한 특별한 재정수요가 생기거나 재정수입이 감소한 경우 특별교부세를 교부할 수 있다.
④ 지방행정 및 재정운용 실적이 우수한 지방자치단체에 재정지원 등 특별한 재정수요가 있을 경우 특별교부세를 교부할 수 있다.

정답 ③

출제유형 Ⅱ. 이론·제도 **출제영역** 의존재원
출제빈도 ★★★ **난도** 중

[정답찾기]
② 국고보조금은 국가가 시책상 또는 자치단체 사정상 교부하는 자금으로서 특정재원이므로 지방재정운영의 자율성을 저해한다.

[오답피하기]
① 재정자립도는 일반회계 세입 중 자주재원(지방세와 세외수입)이 차지하는 비중을 말한다.
③ 지방교부세는 지역 간의 재정불균형을 시정하기 위한 제도로서 일반재원, 무상재원, 수직적·수평적 조정재원이다.
④ 지방자치단체는 재해예방 및 복구사업에 경비를 조달하기 위해서 지방채를 발행할 수 있다.

행복노트

국고보조금과 지방교부세의 비교

구 분	국고보조금	지방교부세
근 거	「보조금 관리에 관한 법률」	「지방교부세법」
재 원	일반회계, 특별회계	내국세 19.24% + 담배부과 개별소비세 45% + 종합 부동산세 전액 + 정산액
성 격	수직적	수평적 + 수직적
배분방식	국가목적의 우선순위	자치단체의 재정부족액 기준
주무부처	기획재정부	행정안전부
기 능	자원배분의 효율화	재정의 형평화
지방부담	있음(정률보조)	없음(정액보조)

정답 ②

31
지방자치단체의 예비비에 대한 설명으로 옳지 않은 것은?

2021 지방 9급

① 예측할 수 없는 예산 외의 지출에 충당하기 위하여 예산에 계상한다.
② 일반회계의 경우 예산총액의 100분의 1 이내의 금액을 예비비로 계상하여야 한다.
③ 지방의회의 예산안 심의 결과 감액된 지출항목에 대해 예비비를 사용할 수 있다.
④ 재해·재난 관련 목적 예비비는 별도로 예산에 계상할 수 있다.

제4절 지방채

32
지방채에 대한 설명으로 옳은 것은?

2018 국가 7급

① 지방자치단체조합의 장은 지방채를 발행할 수 없다.
② 이미 발행한 지방채의 차환을 위해서 지방자치단체의 장은 지방채를 발행할 수 없다.
③ 제주특별자치도지사는 제주특별자치도의 발전과 관계가 있는 사업을 위하여 필요하면 도의회 의결을 마친 후 외채 발행과 지방채 발행 한도액의 범위를 초과한 지방채 발행을 할 수 있다.
④ 외채를 발행할 경우에는 지방채 발행 한도액 범위더라도 지방의회의 의결을 거치기 전에 기획재정부장관의 승인을 받아야 한다.

출제유형 Ⅱ. 이론·제도 **출제영역** 예비비
출제빈도 ★★ **난도** 상

정답찾기
③ 지방의회의 예산안 심의 결과 감액된 지출항목에 대해 예비비를 사용할 수 없다.

┌ 관련조문 ┐
「지방재정법」 제43조 【예비비】
① 지방자치단체는 예측할 수 없는 예산 외의 지출 또는 예산 초과 지출에 충당하기 위하여 일반회계와 교육비특별회계의 경우에는 각 예산 총액의 100분의 1 이내의 금액을 예비비로 예산에 계상하여야 하고, 그 밖의 특별회계의 경우에는 각 예산 총액의 100분의 1 이내의 금액을 예비비로 예산에 계상할 수 있다.
② 제1항에도 불구하고 재해·재난 관련 목적 예비비는 별도로 예산에 계상할 수 있다.
③ 지방자치단체의 장은 지방의회의 예산안 심의 결과 폐지되거나 감액된 지출항목에 대해서는 예비비를 사용할 수 없다.
④ 지방자치단체의 장은 예비비로 사용한 금액의 명세서를 「지방자치법」 제150조 제1항에 따라 지방의회의 승인을 받아야 한다.

정답 ③

출제유형 Ⅱ. 이론·제도 **출제영역** 지방채
출제빈도 ★★ **난도** 중

정답찾기
③ 보통 지방채를 발행하기 위해서 행정안전부장관의 승인을 얻어야 하지만 제주특별자치도의 경우 특별법상 특례에 따라 행정안전부 장관의 승인 없이도 발행할 수 있다.

오답피하기
① 행정안전부장관으로부터 사전 승인을 받는다면 지방자치단체조합의 장도 지방채를 발행할 수 있다.
② 이미 발행한 지방채의 차환을 위해서 지방자치단체의 장은 지방채를 발행할 수 있다.
④ 외채를 발행할 때는 지방채 발행 한도액 범위더라도 지방의회의 의결을 거치기 전에 행정안전부장관의 승인을 얻어야 한다.

┌ 관련조문 ┐
「제주특별자치도 설치 및 국제자유도시 조성을 위한 특별법」 제126조 【지방채 등의 발행 특례】
도지사는 제주자치도의 발전과 관계가 있는 사업을 위하여 필요하면 「지방재정법」 제11조에도 불구하고 도의회의 의결을 마친 후 외채 발행과 지방채 발행 한도액의 범위를 초과한 지방채 발행을 할 수 있다. 이 경우 「지방재정법」 제11조 제2항에서 대통령령으로 정하는 지방채 발행 한도액을 초과하여 지방채를 발행하려면 도의회 재적의원 과반수가 출석하고 출석의원 3분의 2 이상의 찬성을 받아야 한다.

정답 ③

제5절   지방재정력 판단

33 □□□   1188
우리나라 지방자치단체의 재정에 대한 설명으로 옳은 것은?

2014 국가 7급

① 지방세는 재산보유에 대한 과세보다 재산거래에 대한 과세의 비중이 상대적으로 높다.
② 재정력지수는 지방자치단체의 전체 재원에 대한 자주재원(지방세 수입, 지방세 외 수입)의 비율을 의미한다.
③ 재정자립도란 일반회계 세입에서 자주재원과 지방교부세를 합한 일반재원의 비중으로 생계급여 등 사회복지 분야에서 차등보조율을 설계할 때 사용된다.
④ 지방재정조정제도는 크게 지방자치단체에 재원 사용의 자율성을 전적으로 부여하는 국고보조금과 특정한 사업에 사용할 것을 조건으로 선택적으로 지원하는 지방교부세로 구분한다.

34 □□□   1189
지방자치단체의 재정자립도에 대한 설명으로 가장 옳지 않은 것은?

2019 서울 9급

① 재정자립도는 세입총액에서 지방세수입과 세외수입이 차지하는 비율을 나타낸다.
② 자주재원이 적더라도 중앙정부가 지방교부세를 증액하면 재정자립도는 올라간다.
③ 재정자립도가 높다고 지방정부의 실질적 재정이 반드시 좋다고 볼 수는 없다.
④ 국세의 지방세 이전은 재정자립도 증대에 도움이 된다.

출제유형 Ⅱ. 이론·제도   **출제영역** 지방재정력

출제빈도 ★★   난도 중

정답찾기
① 재산보유에 대한 과세는 보유세고 재산거래에 대한 과세는 거래세이다. 지방세는 전체적으로 보유세보다 거래세의 비중이 상대적으로 높다.

오답피하기
② 지방자치단체의 전체 재원에 대한 자주재원(지방세 수입, 지방세 외 수입)의 비율은 재정자립도에 대한 설명이다. 재정력지수는 기준재정수요액 대비 기준재정수입액의 비율이다.
③ 일반회계 세입에서 자주재원과 지방교부세를 합한 일반재원의 비중으로 생계급여 등 사회복지 분야에서 차등보조율을 설계할 때 사용되는 것은 재정자주도에 대한 설명이다.
④ 지방재정조정제도는 크게 지방자치단체에 재원 사용의 자율성을 전적으로 부여하는 지방교부세와 특정한 사업에 사용할 것을 조건으로 선택적으로 지원하는 국고보조금으로 구분한다.

햄복노트
지방재정력의 평가지표

재정규모	자주재원 + 의존재원 + 지방채	지방재정자립도 반영 ×
재정자립도	(지방세 + 세외수입 − 지방채)/일반회계 세입	재정의 건전성 판단 불가
재정자주도	(자주재원 + 지방교부세 + 조정교부금)/일반회계 세입	재정자립도 미반영 차등보조율 설계 시 사용
재정력지수	기준재정수입액/기준재정수요액	지수↑ → 재정력↑ 보통교부세 교부기준

정답 ①

출제유형 Ⅱ. 이론·제도   **출제영역** 지방재정력

출제빈도 ★★★   난도 중

정답찾기
② 재정자립도는 지방자치단체의 일반회계 세입총액 가운데 자주재원이 차지하는 비중을 의미한다. 자주재원이 적더라도 중앙정부가 지방교부세를 증액하면 재정자립도는 낮아진다.

오답피하기
① 재정자립도는 세입총액에서 자주재원 즉, 지방세수입과 세외수입이 차지하는 비율을 나타낸다.
③ 지방재정자립도는 비율지표이기 때문에 지방자치단체의 재정의 규모나 재정력을 알려주지 못한다. 그러므로 재정자립도를 통해 지방정부의 실질적 재정은 알 수 없다.
④ 재정자립도는 총세입에서 자주재원이 차지하는 비율로서 국세의 지방세 이전은 자주재원이 커지므로 재정자립도 증대에 도움이 된다.

정답 ②

35

지방자치단체 재정자립도 개념의 한계에 대한 설명으로 옳지 않은 것은?
2012 국가 7급

① 지방자치단체의 일반회계만을 고려하고 특별회계와 기금 등을 종합적으로 고려하지 못하므로 지방자치단체의 실제 재정력이 과소평가된다.
② 일반회계에서 차지하는 자체재원의 비율이 높을수록 재정자립도가 높게 산정되기 때문에 지방교부세를 받은 지방자치단체는 재정력이 커짐에도 불구하고 재정자립도는 반대로 낮아지게 된다.
③ 지방자치단체의 세출을 중심으로 산정되기 때문에 지방자치단체의 재정력을 효과적으로 파악하기 곤란하다.
④ 지방자치단체 간의 상대적 재정 규모를 평가하지 못하는 문제가 있다.

출제유형 Ⅱ. 이론·제도   **출제영역** 지방재정력
출제빈도 ★★★   **난도** 중

정답찾기
③ 지방재정자립도는 지방자치단체 일반회계 총세입 가운데 자주재원이 차지하는 비중을 의미하는 것으로 세입을 중심으로 산정된다.

행복노트
① 지방자치단체의 일반회계만을 고려하고 특별회계와 기금 등을 종합적으로 고려하지 못하므로 지방자치단체의 실제 재정력이 과소평가된다.
② 일반회계에서 차지하는 자체재원의 비율이 높을수록 재정자립도가 높게 산정되기 때문에 지방교부세를 받은 지방자치단체는 재정력이 커짐에도 불구하고 재정자립도는 반대로 낮아지게 된다.
④ 재정자립도는 지방자치단체 간의 상대적 재정 규모를 평가하지 못하는 문제가 있다.

정답 ③

CHAPTER 05 기출 OX

1. 지방자치단체의 세입재원은 크게 자주재원과 의존재원으로 나눌 수 있는데, 자주재원에는 지방세와 세외 수입이 있고, 의존재원에는 국고보조금과 지방교부세 등이 있다. (O/X) — 2017 서울 9급

   → 지방자치단체의 세입재원은 크게 자주재원과 의존재원으로 나눌 수 있는데, 자주재원에는 지방세와 세외 수입이 있고, 의존재원에는 국고보조금과 지방교부세 등이 있다. **O**

2. 재산임대수입은 지방재정의 세입항목 중 자주재원에 해당한다. (O/X) — 2020 지방 9급

   → 재산임대수입은 지방재정의 세입항목 중 자주재원에 해당한다. **O**

3. 지방교부세, 조정교부금, 국고보조금은 지방재정의 세입항목 중 자주재원에 해당한다. (O/X) — 2020 지방 9급

   → 지방교부세, 조정교부금, 국고보조금은 지방재정의 세입항목 중 **의존**재원에 해당한다. **X**

4. 지방자치단체의 세입재원 중 의존재원의 비중이 높아지면 재정분권이 취약해질 수 있다. (O/X) — 2017 국가 9급 추가

   → 지방자치단체의 세입재원 중 의존재원의 비중이 높아지면 재정분권이 취약해질 수 있다. **O**

5. 지방자치단체의 세입재원은 크게 자주재원과 의존재원으로 나눌 수 있는데, 자주재원에는 국고보조금과 지방교부세 등이 있고, 의존재원에는 지방세와 세외수입이 있다. (O/X) — 2017 서울 9급

   → 지방자치단체의 세입재원은 크게 자주재원과 의존재원으로 나눌 수 있는데, 자주재원에는 **지방세와 세외수입이 있고**, 의존재원에는 **국고보조금과 지방교부세 등이 있다**. **X**

6. 서울특별시에서 확보할 수 있는 자주재원에는 주민세, 담배소비세, 취득세, 자동차세 등이 있다. (O/X) — 2014 서울 9급

   → 서울특별시에서 확보할 수 있는 자주재원에는 주민세, 담배소비세, 취득세, 자동차세 등이 있다. **O**

7. 세외수입은 연도별 신장률이 안정적이며 그 종류와 형태가 다양하다. (O/X) — 2016 지방 7급

   → 세외수입은 연도별 신장률이 **불안정적이며** 그 종류와 형태가 다양하다. **X**

8. 자동차 운송사업은 지방영기업 대상에 해당되지 않는다. (O/X) — 2017 국회 8급

   → 자동차 운송사업은 지방영기업 대상에 **해당된다**. **X**

9. 의존재원은 지방자치단체의 다양성과 지방분권화를 촉진한다. (O/X) — 2018 국가 7급

   → 의존재원은 지방자치단체의 다양성과 지방분권화를 **저해**한다. **X**

10. 지방교부세의 종류는 보통교부세, 특별교부세, 부동산교부세 및 교통안전교부세로 구분한다. (O/X) — 2017 지방 9급

    → 지방교부세의 종류로 보통교부세, 특별교부세, 부동산교부세 및 **소방**안전교부세로 구분한다. **X**

11. 외채를 발행할 경우에는 지방채 발행 한도액 범위더라도 지방의회의 의결을 거치기 전에 기획재정부장관의 승인을 받아야 한다. (O/X) — 2018 국가 7급

    → 외채를 발행할 경우에는 지방채 발행 한도액 범위더라도 지방의회의 의결을 거치기 전에 **행정안전부장관**의 승인을 받아야 한다. **X**

12. 지방자치단체의 장은 재해예방 및 복구사업을 위한 자금조달에 필요할 때에는 지방채를 발행할 수 있다. (O/X) — 2017 지방 9급

    → 지방자치단체의 장은 재해예방 및 복구사업을 위한 자금조달에 필요할 때에는 지방채를 발행할 수 있다. **O**

13. 일반적으로 특정재원의 비중이 커지면 지출선택의 범위가 넓어져 재정운영의 자주성과 탄력성이 커진다. (O/X) — 2014 경찰간부

    → 일반적으로 **일반재원**의 비중이 커지면 지출선택의 범위가 넓어져 재정운영의 자주성과 탄력성이 커진다. **X**

14. 재정자주도는 일반회계 세입 중 지방세와 세외수입이 차지하는 비중을 말한다. (O/X) — 2021 지방 9급

    → **재정자립도**는 일반회계 세입 중 지방세와 세외수입이 차지하는 비중을 말한다. **X**

CHAPTER 05 키워드

번호	내용	정답
1	지방자치단체의 세입재원은 크게 자주재원과 의존재원으로 나눌 수 있는데, _____ 에는 지방세와 세외수입이 있고, 의존재원에는 국고보조금과 지방교부세 등이 있다. 2017 서울 9급	자주재원
2	재산임대수입은 지방재정의 세입항목 중 _____ 에 해당한다. 2020 지방 9급	자주재원
3	_____ 에 해당되는 것은 종합부동산세, 인지세, 주세 등이다. 2018 국가 7급	국세
4	_____ 는 재산과세의 비중이 높으며, 중앙정부의 부동산 정책과 지역경제 상황에 따라 영향을 받는다. 2015 지방 9급	지방세
5	재정수입의 측면에서 지방세의 세원이 특정 지역에 편재되어 있지 않고 고루 분포되어 있어야 한다는 것을 _____ 의 원칙이라 한다. 2015 서울 7급	보편성
6	지방직영기업은 지방자치단체가 행정조직 형태로 _____ 운영하는 사업을 말하며, 지방자치단체의 장이 지방직영기업의 관리자를 임명한다. 2017 서울 9급	직접
7	지방교부세, 조정교부금, 국고보조금은 지방재정의 세입항목 중 _____ 에 해당한다. 2020 지방 9급	의존재원
8	중앙정부가 지방자치단체에 대해 사무와 기능을 위탁할 때 _____ 을 지원하는 경우도 있다. 2015 해경간부 변형	국고보조금
9	_____ 의 기본 목적은 지방자치단체 간 재정격차를 줄임으로써 기초적인 행정서비스가 제공될 수 있도록 하는 데 있다. 2016 지방 7급	지방교부세
10	보통교부세의 산정기일 후에 발생한 재난을 복구하거나 재난 및 안전관리를 위한 특별한 재정수요가 생기거나 재정수입이 감소한 경우 _____ 를 교부할 수 있다. 2017 지방 9급	특별교부세
11	_____ 이 필요하다고 인정하는 경우에는 지방자치단체장의 신청이 없는 경우에도 일정한 기준을 정하여 특별교부세를 교부할 수 있다. 2017 교육행정	행정안전부장관
12	지방소득세, 담배소비세, 취득세 등은 서울이 자치구에 교부하는 _____ 의 재원으로 사용될 수 있다. 2015 서울 9급	조정교부금
13	외채를 발행할 경우에는 지방채 발행 한도액 범위더라도 지방의회의 의결을 거치기 전에 행정안전부장관의 _____ 을 받아야 한다. 2018 국가 7급	승인
14	_____ 는 기준재정수요액 대비 기준재정수입액의 비율이다. 2014 국가 7급	재정력 지수

CHAPTER 06 정부 간 관계

대표문제

01 □□□
1191
「지방자치법」상 특별지방자치단체에 대한 설명으로 옳지 않은 것은?
2025 지방 9급

① 특별지방자치단체는 법인으로 한다.
② 특별지방자치단체는 2개 이상의 지방자치단체가 공동으로 특정한 목적을 위하여 광역적으로 사무를 처리할 필요가 있을 때 설치할 수 있다.
③ 구성 지방자치단체의 지방의회의원은 특별지방자치단체의 의회 의원을 겸할 수 있다.
④ 특별지방자치단체를 구성하는 지방자치단체는 상호 협의에 따른 규약을 정하여 구성 지방자치단체의 지방의회 의결을 거쳐 기획재정부장관의 승인을 받아야 한다.

출제유형	Ⅲ. 법령문제	출제영역	특별지방자치단체
출제빈도	★★	난도	상

정답찾기
④ 특별지방자치단체 설치 시 승인권자는 기획재정부장관이 아니라 행정안전부장관이다. 지방자치에 관한 사무는 행정안전부가 주무부처이므로 행정안전부장관의 승인을 받아야 한다.

오답피하기
① 특별지방자치단체는 법인격을 갖는다.
② 특별지방자치단체는 2개 이상의 지방자치단체가 공동으로 특정 목적을 위해 광역적 사무처리가 필요할 때 설치할 수 있다.
③ 구성 지방자치단체의 지방의회의원은 특별지방자치단체 의회의원을 겸할 수 있다.

정답 ④

제 1 절 중앙과 지방의 관계모형

02 □□□
1192
지방자치에 관한 이론에 대한 설명으로 옳은 것은?
2022 지방 7급

① 피터슨(Peterson)의 저서 『도시한계(City Limits)』에 따르면, 개방체제로서의 지방정부는 재분배정책보다 개발정책을 추구하는 경향이 있다.
② 라이트(Wright)는 정부 간 관계를 분쟁형, 창조형, 교환형으로 분류하고, 연방정부와 주정부 간 사회적·문화적 측면의 동태적 관계를 기술하였다.
③ 로즈(Rhodes)의 정부 간 관계론은 지방정부가 조직자원과 재정자원 측면에서 중앙정부보다 우월한 지위에 있다고 본다.
④ 티부(Tiebout)의 발에 의한 투표(voting with feet)가 가능하기 위해서는 주민의 자유로운 이동성, 공공서비스 제공에서 외부효과 존재 등의 전제조건이 충족되어야 한다.

출제유형	Ⅱ. 이론·제도	출제영역	지방자치에 관한 이론
출제빈도	★★	난도	상

정답찾기
① 피터슨(Peterson)의 저서 『도시한계(City Limits)』에 따르면, 개방체제로서의 지방정부는 생산적 노동과 자본을 유입시키는 개발정책을 지향하지, 이들을 유출시키고, 빈민 등을 유입시키는 재분배정책은 지양할 수밖에 없으므로 재분배정책보다 개발정책을 추구하는 경향이 있다.

오답피하기
② 라이트(Wright)는 정부 간 관계를 분리형, 중첩형, 포괄형으로 분류하고, 연방정부와 주정부의 권력관계 및 기능적 상호의존관계를 기준으로 분류하였다.
③ 로즈(Rhodes)의 정부 간 관계론은 중앙정부가 조직자원과 재정자원 측면에서 지방정부보다 우월한 지위에 있다고 본다.
④ 티부(Tiebout)의 발에 의한 투표(voting with feet)가 가능하기 위해서는 주민의 자유로운 이동성, 공공서비스 제공에서 외부효과 부존재 등의 전제조건이 충족되어야 한다.

전략적 협상관계 (Rhodes)	모든 정부간의 상호작용은 자원의 교환과정 대리인 모형, 동반자 모형 및 권력의존 모형

권력의존 모형

중앙정부	법적 자원, 재정자원에서 우위
지방정부	정보자원과 조직자원에서 우위

정답 ①

03 □□□ 1193

정부 간 관계에 대한 설명으로 옳은 것은? 2018 국가 7급

① 미국 건국초기에는 연방의 권한이 상대적으로 강했으며, 연방과 주의 권한을 명확히 구분하지 않았다.
② 딜런의 규칙(Dillon's Rule)에 의하면 지방정부는 '주정부의 피조물'로서 명시적으로 위임된 사항 외에도 포괄적인 권한을 지닌다.
③ 영국의 경우 개별적으로 수권받은 사무에 대해서는 지방자치단체가 자치권을 보유하지만, 그 범위를 벗어나는 행위는 금지된다.
④ 일본의 경우 메이지유신 이래 강력한 중앙집권적 체제를 유지해 왔으며, 국가의 관여를 폐지하거나 축소시키는 등의 분권개혁은 이루어지지 못했다.

출제유형 II. 이론·제도   **출제영역** 정부 간 관계
출제빈도 ★★   **난도** 중

[정답찾기]
③ 영국의 경우 개별적으로 수권받은 사무에 대해서는 지방자치단체가 자치권을 보유하지만, 그 범위를 벗어나는 행위는 금지되는 개별적 수권방식을 취한다.

[오답피하기]
① 미국 건국초기에는 연방의 권한이 상대적으로 제한되어 있었으며, 연방정부와 주정부의 권한이 명백하게 구분되어 이중연방제라 불리기도 했다.
② 딜런의 규칙(Dillon's Rule)에 의하면 지방정부는 '주정부의 피조물'로서 명시적으로 위임된 사항 외에는 포괄적인 권한을 지닐 수 없다고 보았다.
④ 일본의 경우 메이지유신 이래 강력한 중앙집권적 체제를 유지해 왔으며 1990년대 들어 지방분권화를 통한 중앙집권형체제의 개혁에 착수하였다.

정답 ③

04 □□□ 1194

정부간관계(IGR)모형에 대한 설명으로 옳은 것만을 모두 고른 것은? 2016 지방 9급

ㄱ. 로즈(Rhodes)모형에서 지방정부는 중앙정부에 완전히 예속되는 것도 아니고 완전히 동등한 관계가 되는 것도 아닌 상태에서 상호의존한다.
ㄴ. 로즈(Rhodes)는 지방정부는 법적 자원, 재정적 자원에서 우위를 점하며, 중앙정부는 정보자원과 조직자원의 측면에서 우위를 점한다고 주장한다.
ㄷ. 라이트(Wright)는 정부 간 관계를 포괄형, 분리형, 중첩형의 세 유형으로 나누고, 각 유형별로 지방정부의 사무내용, 중앙·지방 간 재정관계와 인사관계의 차이가 있음을 밝히고 있다.
ㄹ. 라이트(Wright)모형 중 포괄형에서는 정부의 권위가 독립적인데 비하여, 분리형에서는 계층적이다.

① ㄱ, ㄴ   ② ㄴ, ㄷ, ㄹ   ③ ㄱ, ㄷ   ④ ㄱ, ㄴ, ㄷ

출제유형 IV. 학자문제   **출제영역** 정부 간 관계
출제빈도 ★★   **난도** 중

[정답찾기]
ㄱ. 로즈(Rhodes)모형에서 지방정부는 중앙정부에 완전히 예속되는 것도 아니고 완전히 동등한 관계가 되는 것도 아닌 상태에서 상호의존한다.
ㄷ. 라이트(Wright)는 정부 간 관계를 포괄형, 분리형, 중첩형의 세 유형으로 나누고, 각 유형별로 지방정부의 사무내용, 중앙·지방 간 재정관계와 인사관계의 차이가 있음을 밝히고 있다.

[오답피하기]
ㄴ. 로즈(Rhodes)는 중앙정부와 지방정부의 관계를 상호의존적으로 보았으며 중앙정부는 법적 자원, 재정적 자원에서 우위를 점하고 지방정부는 정보자원과 조직자원의 측면에서 우위를 점한다고 주장한다.
ㄹ. 라이트(Wright)모형 중 분리형에서는 정부의 권위가 독립적인 데 비하여 포괄형에서는 계층적이다.

로즈(Rhodes)의 전략적협상관계모형
로즈(Rhodes)는 5가지 형태의 자원, 즉 헌법적 지위 및 법적 지위, 재정력, 정치적 정당성과 여론을 동원할 수 있는 능력, 조직역량, 지식정보자원으로 분류하고, 모든 정부 간의 상호작용은 자원의 교환과정으로 보면서, 대리인모형, 동반자모형 및 권력의존모형으로 설명하였다.
① 대리인모형: 지방정부에 대한 중앙정부의 통제를 강조하는 모형
② 동반자모형: 지방이 고유한 권한을 가지고 독자적인 결정을 내릴 수 있기 때문에 중앙정부와 상하관계에 있다고 보지 않고, 다소 불편한 동반자관계로 보는 모형
③ 권력의존모형: 중앙과 지방 간의 관계를 Positive-sum의 상호의존체제로 보고, 양자가 가지고 있는 다양한 자원에 의해 서로 영향을 주고받는 매우 복잡한 관계로 보는 모형. 정부가 보유하는 네 가지 자원(법적 자원, 재정자원, 조직자원, 정보자원) 중에서 중앙정부는 법적 자원, 재정자원에서 우위를, 지방정부는 정보자원과 조직자원의 측면에서 우위를 점한다고 주장하였다.

정답 ③

05　　　　　　　　　　　　　　　　　　　1195

라이트(D. S. Wright)의 정부간관계모형에 대한 설명으로 옳은 것은?
　　　　　　　　　　　　　　　　　　2013 서울 7급

① 대립형은 정책을 둘러싸고 정부 간 경쟁 관계를 유지한다.
② 포함형은 정부 간 관계의 이상적 모형으로 간주된다.
③ 포함형은 정치적 타협과 협상에 의한 정부 간 상호의존관계이다.
④ 중첩형은 지방정부가 중앙정부에 종속된 경우이다.
⑤ 분리형은 재정과 인사 등의 독립적 기능이 있다.

출제유형 Ⅳ. 학자문제　　**출제영역** 정부 간 관계
출제빈도 ★★　　**난도** 중

정답찾기
⑤ 라이트(Wright)의 정부간관계모형 중 분리형은 재정과 인사 등의 독립적 기능이 있다.

오답피하기
① 정책을 둘러싸고 정부 간 경쟁 관계를 유지하는 것은 분리형에 대한 설명이다. 또한 라이트(Wright)의 정부간관계모형에는 대립형이 없다.
②, ③ 정부 간 관계의 이상적 모형으로 간주하며, 정치적 타협과 협상에 의한 정부 간 상호의존관계로 보는 것은 중첩형에 해당한다.
④ 지방정부가 중앙정부에 종속된 경우는 포함형에 해당한다.

행복노트
라이트(D. Wright)의 정부간관계모형

분리형 (대등)	수평적, 경쟁적 연방정부 주정부 독립, 대등 지방정부 주정부 종속	
중첩형 (절충)	수평적, 상호협력 + 경쟁 이상적	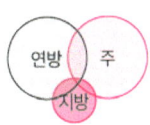
포괄형 (내포)	수직적, 통제적 포괄적 계층적 지배, 우리나라	

정답 ⑤

제2절　중앙과 지방의 기능배분

06　　　　　　　　　　　　　　　　　　　1196

지역사회의 권력구조를 설명하는 성장기구론에 대한 설명으로 옳은 것만을 모두 고른 것은?
　　　　　　　　　　　　　　　　　2017 국가 7급 추가

> ㄱ. 자기 소유의 주택가격 상승을 원하는 주민들이 많을수록 성장연합이 더 강한 힘을 발휘하는 경향이 있다.
> ㄴ. 토지문제와 개발문제 그리고 이와 연계된 도시의 공간 확장 문제 등과 관련이 있다.
> ㄷ. 반성장연합은 일부 지역주민과 환경운동 집단 등으로 이루어진다.
> ㄹ. 성장연합은 반성장연합에 비해서 토지 또는 부동산의 교환가치보다는 사용가치를 중시한다.

① ㄱ, ㄴ, ㄷ　　　② ㄱ, ㄴ, ㄹ
③ ㄱ, ㄷ, ㄹ　　　④ ㄴ, ㄷ, ㄹ

출제유형 Ⅱ. 이론·제도　　**출제영역** 지역사회의 권력구조
출제빈도 ★★　　**난도** 중

정답찾기
ㄱ. 주택가격 상승은 토지관련 기업인들에게 개발의 정당성을 확보하게 하므로 성장연합에게 더 강한 힘을 발휘하게 한다.
ㄴ. 성장기구론은 지역사회의 정치와 경제를 토지의 가치를 높이고자 하는 성장연합이 지역사회를 주도한다는 이론이다.
ㄷ. 성장연합은 토지자산가, 개발업자 등 토지관련 기업인으로 이루어진다. 반면 반성장연합은 일반 지역주민과 환경운동집단 등으로 이루어진다.

오답피하기
ㄹ. 성장연합은 토지 또는 부동산의 교환가치를 중시하고 반성장연합은 사용가치를 중시한다.

정답 ①

07
1197

지역사회 및 지방자치단체의 권력구조에 대한 이론과 이에 대한 설명으로 옳은 것은?
2012 국가 9급

① 신다원론(Neo-pluralism) – 기업이나 개발관계자들의 우월적 지위를 주민이나 지방정부가 용인하지 않는다.
② 엘리트론(Elite Theory) – 엘리트 계층 내의 분열과 다툼이 최소화되기 때문에 내부 조정과 외부 사회화의 과정은 의미를 지니기 어렵다.
③ 성장기구론(Growth Machine) – 성장연합과 반성장연합의 대결구도에서 대체로 반성장연합이 승리하여 권력을 쟁취한다.
④ 레짐이론(Regime Theory) – 지방정부와 지방의 민간부문 주요 주체가 연합하여 권력기반을 형성한다.

제 3 절 중앙통제

제 4 절 우리나라의 중앙통제

08
1198

지방자치단체장(서울시장)의 직무이행명령에 대한 설명 중 가장 옳지 않은 것은?
2018년 서울 1회 7급

① 서울시장이 국가위임사무의 관리와 집행을 명백히 게을리하고 있다고 인정되면 주무부장관이 기간을 정하여 서면으로 이행할 사항을 명령할 수 있다.
② 주무부장관은 서울시장이 국가위임사무에 대한 이행명령을 이행하지 아니하면 서울시의 비용부담으로 대집행하거나 행정상·재정상 필요한 조치를 할 수 있다.
③ 서울시장은 주무부장관의 이행명령에 이의가 있으면 이행 명령서를 접수한 날부터 20일 이내에 대법원에 소를 제기할 수 있다.
④ 위 ③의 경우 서울시장은 이행명령의 집행을 정지하게 하는 집행정지결정을 신청할 수 있다.

출제유형 Ⅱ. 이론·제도   **출제영역** 지역사회의 권력구조
출제빈도 ★★   **난도** 중

정답찾기
④ 레짐이론(Regime Theory)은 지방정부와 지방의 민간부문 주요주체가 연합을 형성하여 지역사회를 이끌어간다는 협의체이론이다.

오답피하기
① 신다원론(Neo-pluralism)은 기업이나 개발관계자들의 우월적 지위를 주민이나 지방정부가 용인하는 이론이다.
② 엘리트론(Elite Theory)은 엘리트 계층 내의 분열과 다툼이 나타나므로 내부 조정과 외부 사회화의 과정은 중요한 의미를 지닌다.
③ 성장기구론은 성장연합과 반성장연합의 대결구도에서 대체로 성장연합이 우위를 점한다.

정답 ④

출제유형 Ⅱ. 이론·제도   **출제영역** 지방자치단체장의 직무이행명령
출제빈도 ★★★   **난도** 중

정답찾기
③ 서울시장은 주무부장관의 이행명령에 이의가 있으면 이행 명령서를 접수한 날부터 15일 이내에 대법원에 소를 제기할 수 있다.

오답피하기
위임사무의 관리·집행의 해태 시 직무이행명령

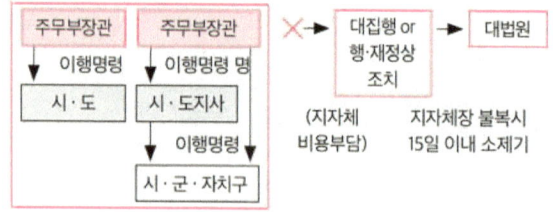

정답 ③

09　1199

「지방자치법」상 지방자치단체에 대한 국가의 지도·감독에 대한 설명으로 옳지 않은 것은?　2014 지방 9급

① 중앙행정기관의 장이나 시·도지사는 지방자치단체의 사무에 관하여 조언 또는 권고하거나 지도할 수 있으며, 이를 위하여 필요하면 지방자치단체에 자료의 제출을 요구할 수 있다.
② 지방자치단체의 자치사무에 관한 그 장의 명령이나 처분이 법령에 위반되거나 현저히 부당하여 공익을 해친다고 인정되면 시·도에 대하여는 주무부장관이, 시·군 및 자치구에 대하여는 시·도지사가 기간을 정하여 서면으로 시정할 것을 명하고, 그 기간에 이행하지 아니하면 이를 취소하거나 정지할 수 있다.
③ 지방자치단체의 장이 법령의 규정에 따라 그 의무에 속하는 국가위임사무나 시·도위임사무의 관리와 집행을 명백히 게을리 하고 있다고 인정되면 시·도에 대하여는 주무부장관이, 시·군 및 자치구에 대하여는 시·도지사가 기간을 정하여 서면으로 이행할 사항을 명령할 수 있다.
④ 행정안전부장관이나 시·도지사는 지방자치단체의 자치사무에 관하여 보고를 받거나 서류·장부 또는 회계를 감사할 수 있다.

출제유형 Ⅱ. 이론·제도　**출제영역** 지방자치단체에 대한 국가의 지도·감독
출제빈도 ★★★　**난도** 중

정답찾기
② 지방자치단체의 사무에 관한 그 장의 명령이나 처분이 법령에 위반되거나 현저히 부당하여 공익을 해친다고 인정되면 시·도에 대하여는 주무부장관이, 시·군 및 자치구에 대하여는 시·도지사가 기간을 정하여 서면으로 시정할 것을 명하고, 그 기간에 이행하지 아니하면 이를 취소하거나 정지할 수 있다. 단, 지방자치단체의 자치사무에 관한 그 장의 명령이나 처분에 대해서는 <u>법령을 위반하는 것에 한</u>한다.

오답피하기
┌ 관련조문 ┐
「지방자치법」 제184조【지방자치단체의 사무에 대한 지도와 지원】
① 중앙행정기관의 장이나 시·도지사는 지방자치단체의 사무에 관하여 조언 또는 권고하거나 지도할 수 있으며, 이를 위하여 필요하면 지방자치단체에 자료의 제출을 요구할 수 있다.
「지방자치법」 제189조【지방자치단체의 장에 대한 직무이행명령】
① 지방자치단체의 장이 법령의 규정에 따라 그 의무에 속하는 국가위임사무나 시·도위임사무의 관리와 집행을 명백히 게을리하고 있다고 인정되면 시·도에 대하여는 주무부장관이, 시·군 및 자치구에 대하여는 시·도지사가 기간을 정하여 서면으로 이행할 사항을 명령할 수 있다.
「지방자치법」 제190조【지방자치단체의 자치사무에 대한 감사】
① 행정안전부장관이나 시·도지사는 지방자치단체의 자치사무에 관하여 보고를 받거나 서류·장부 또는 회계를 감사할 수 있다. 이 경우 감사는 법령위반사항에 대해서만 한다.

정답 ②

10　1200

「지방자치법」상 지방자치단체에 대한 국가의 지도·감독의 내용으로 옳지 않은 것은?　2013 국가 7급

① 중앙행정기관의 장과 지방자치단체의 장이 사무를 처리할 때 의견을 달리하는 경우 이를 협의·조정하기 위하여 국무총리 소속으로 행정협의조정위원회를 둔다.
② 지방자치단체나 그 장이 위임받아 처리하는 국가사무에 관하여 시·도에서는 주무부장관의, 시·군 및 자치구에서는 1차로 시·도지사의, 2차로 주무부장관의 지도·감독을 받는다.
③ 행정안전부장관이나 시·도지사는 지방자치단체의 자치사무가 공익을 현저히 해친다고 판단되면 지방자치단체의 서류·장부 또는 회계를 감사할 수 있다.
④ 지방의회의 의결이 공익을 현저히 해친다고 판단되면 시·도에 대하여는 주무부장관이, 시·군 및 자치구에 대하여는 시·도지사가 재의를 요구하게 할 수 있다.

출제유형 Ⅱ. 이론·제도　**출제영역** 지방자치단체에 대한 국가의 지도·감독
출제빈도 ★★★　**난도** 중

정답찾기
③ 행정안전부장관이나 시·도지사는 지방자치단체의 자치사무가 <u>법령위반사항에 해당</u>된다고 판단되면 지방자치단체의 서류·장부 또는 회계를 감사할 수 있다.

오답피하기
지방자치단체의 자치사무에 대한 감사

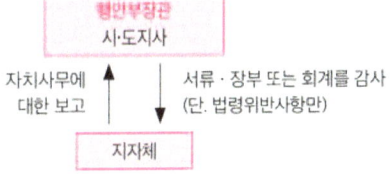

┌ 관련조문 ┐
「지방자치법」 제190조【지방자치단체의 자치사무에 대한 감사】
① 행정안전부장관이나 시·도지사는 지방자치단체의 자치사무에 관하여 보고를 받거나 서류·장부 또는 회계를 감사할 수 있다. 이 경우 감사는 법령위반사항에 대해서만 한다.
② 행정안전부장관 또는 시·도지사는 제1항에 따라 감사를 하기 전에 해당 사무의 처리가 법령에 위반되는지 등을 확인하여야 한다.

정답 ③

제5절 특별지방행정기관

11 ☐☐☐ 1201

특별지방행정기관에 대한 설명으로 옳은 것은? 2019 국가 7급

① 국가의 사무를 집행하기 위해 설치한 일선집행기관으로 고유의 법인격을 가지고 있다.
② 전문분야의 행정을 보다 효율적으로 수행하기 위해 설치하나 행정기관 간의 중복을 야기하기도 한다.
③ 특별지방행정기관의 예로는 자치구가 아닌 일반행정구가 있다.
④ 특별지방행정기관은 지방행정의 전문성을 제고하여 지방분권강화에 긍정적인 역할을 미친다.

12 ☐☐☐ 1202

특별지방행정기관에 대한 설명으로 옳지 않은 것은?
2017 지방 9급 추가

① 고유의 법인격은 물론 자치권도 가지고 있지 않다.
② 관할 범위가 넓을수록 이용자인 고객의 편리성이 향상된다.
③ 주민들의 직접통제와 참여가 용이하지 않은 문제가 있다.
④ 특별지방행정기관의 예로 교도소, 세관, 우체국 등을 들 수 있다.

출제유형 Ⅱ. 이론·제도 **출제영역** 특별지방행정기관
출제빈도 ★★ **난도** 중

정답찾기
② 특별지방행정기관은 국가의 지역별 소관 사무를 분담하여 전문분야의 행정을 효율적으로 수행하기 위하여 설치하나 지방자치단체와의 기능 중복으로 인하여 인력·예산 낭비 등의 비효율을 야기한다.

오답피하기
① 특별지방행정기관은 국가의 사무를 집행하기 위해 설치한 일선기관으로 자치권과 법인격을 가지고 있지 않다.
③ 특별지방행정기관의 예로는 지방경찰서, 지방고용노동청, 지방세무서, 교도소, 세관, 우체국 등이 있다. 자치구가 아닌 일반행정구는 하부행정기관이다.
④ 특별지방행정기관은 지방행정의 전문성을 제고할 수는 있으나 지방자치를 저해할 수 있어 지방분권에 부정적인 영향을 미칠 수 있다.

행복노트
특별지방행정기관

지방자치단체	특별지방행정기관
중앙정부로부터 간접통제	중앙정부로부터 직접통제
정치상 집권·분권	행정상 집권·분권
고유사무처리	위임사무처리
법인격, 과세권, 자치권 ○	법인격, 과세권, 자치권 ×
종합성 강조	전문성 강조
자치행정 + 위임행정	지방자치와 무관, 관치행정

- 지방에 설치된 국가의 일선기관이자 중앙의 하부기관
- 경찰서, 부산지방노동청, 부산지방국세청, 부산지방경찰청 등

정답 ②

출제유형 Ⅱ. 이론·제도 **출제영역** 특별지방행정기관
출제빈도 ★★ **난도** 중

정답찾기
② 특별지방행정기관은 국가가 각 지역에 설치한 일선하급기관으로 광역행정에는 유리하지만 관할 범위가 넓을수록 이용자인 고객의 편리성이 감소된다.

오답피하기
① 특별지방행정기관은 국가의 일선기관일 뿐 자치단체가 아니므로 고유의 법인격과 자치권을 갖고 있지 않다.
③ 특별지방행정기관은 주민참여, 자치행정 등을 저해한다.
④ 특별지방행정기관의 예로는 지방경찰서, 지방고용노동청, 지방세무서, 교도소, 세관, 우체국 등이 있다.

정답 ②

13
특별지방행정기관에 대한 설명으로 옳지 않은 것은?

2015 국가 9급

① 관할지역 주민들의 직접적인 통제와 참여가 용이하기 때문에 책임행정을 실현할 수 있다.
② 출입국관리, 공정거래, 근로조건 등 국가적 통일성이 요구되는 업무를 수행한다.
③ 현장의 정보를 중앙정부에 전달하거나 중앙정부와 지방자치단체 사이의 매개역할을 수행하기도 한다.
④ 국가의 사무를 집행하기 위해 중앙정부에서 설치한 일선행정기관으로 자치권을 가지고 있지 않다.

출제유형 Ⅱ. 이론·제도 **출제영역** 특별지방행정기관
출제빈도 ★★ **난도** 중

정답찾기
① 특별지방행정기관은 중앙의 전국적 통일성을 위해 설치한 국가의 일선기관이므로 주민의 직접적 통제와 참여가 곤란하여 행정책임을 실현하기 어렵다.

오답피하기
특별지방행정기관의 장·단점

장점	• 업무수행의 통일성 기여 • 업무수행의 전문성 확보 기여 • 공공서비스의 형평성 제고 기여 • 광역행정의 추진 유리, 지역적 특성을 고려한 근린 행정 • 일선지역에서 신속한 사무처리 가능
단점	• 주민의 직접적 참여, 통제 곤란(책임행정 곤란) • 행정서비스의 종합성 약화 • 현지성 저해 • 행정의 이원성, 중복성 초래 • 집권화 및 중앙통제의 강화, 행정 민주화 저해 • 신속한 결정 곤란과 행정절차의 번잡성 초래 • 기관 상호 간 수평적 조정 곤란

정답 ①

14
특별지방행정기관에 대한 설명으로 옳은 것은?

2014 서울 9급

① 국가적 통일성보다는 지역의 특수성을 중요시하여 설치한다.
② 지방자치의 발전에 기여한다.
③ 지방자치단체와 명확한 역할배분이 이루어져 행정의 효율성을 높일 수 있다.
④ 지역별 책임행정을 강화할 수 있다.
⑤ 주민들의 직접 통제와 참여가 용이하지 않다.

출제유형 Ⅱ. 이론·제도 **출제영역** 특별지방행정기관
출제빈도 ★★ **난도** 중

정답찾기
⑤ 특별지방행정기관은 국가의 일선기관이므로 주민들의 참여와 통제가 용이하지 않다.

오답피하기
① 특별지방행정기관은 지역의 특수성보다는 국가적 통일성을 중요시하여 설치한다.
② 중앙의 전국적 통일성을 확보하는 것이 목적이므로 지방자치 발전을 약화시킬 수 있다.
③ 특별지방행정기관과 지방자치단체 간에 특정한 사무의 일부 또는 전부가 중복해서 행해지고 있어 비효율성을 초래한다.
④ 특별지방행정기관은 중앙의 적극적 통일성 확보를 강조하므로 지역별 책임행정이 결여될 수 있다.

정답 ⑤

15　　　　　　　　　　　　　　　1205
특별지방행정기관에 해당하지 않는 것은?　　2013 지방 9급

① 농촌진흥청
② 유역환경청
③ 국립검역소
④ 지방국토관리청

제6절　정부 간 분쟁

16　　　　　　　　　　　　　　　1206
우리나라의 중앙정부와 지방정부 간 관계에 대한 설명으로 옳지 않은 것은?　　2015 지방 9급

① 중앙정부와 지방정부 간의 인사교류 활성화는 소모적 갈등의 완화에 기여할 수 있다.
② 특별지방행정기관과 지방정부 간 기능이 유사·중복되어 갈등이 발생하기도 한다.
③ 중앙정부와 지방정부 간 재원 및 재정 부담을 둘러싼 갈등이 심화되고 있다.
④ 중앙정부와 지방정부 간 갈등을 해결하기 위하여 설치된 행정협의조정위원회의 결정은 강제력을 가진다.

출제유형 Ⅱ. 이론·제도　　**출제영역** 특별지방행정기관
출제빈도 ★★　　**난도** 상

정답찾기
① 농촌진흥청은 「정부조직법」상 중앙행정기관 중 하나이다.

오답피하기
② 유역환경청은 환경부 소속의 특별지방행정기관이다.
③ 국립검역소는 보건복지부 소속의 특별지방행정기관이다.
④ 지방국토관리청은 국토교통부장관 소속의 특별지방행정기관이다.

행복노트

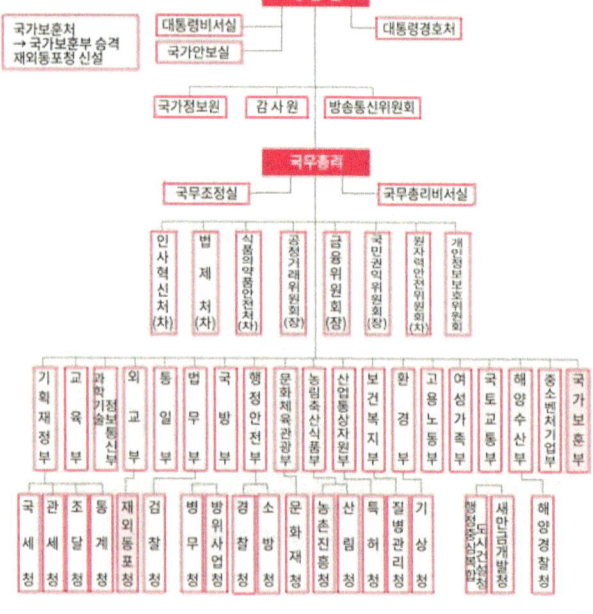

출제유형 Ⅱ. 이론·제도　　**출제영역** 중앙정부와 지방정부 간 관계
출제빈도 ★★　　**난도** 중

정답찾기
④ 중앙정부와 지방정부 간 갈등을 해결하기 위하여 설치된 국무총리실의 행정협의조정위원회의 결정은 강제력을 지니지 않는다.

오답피하기
정부 간 분쟁

방향	수직적 분쟁	중앙정부와 자치단체 간의 분쟁
	수평적 분쟁	광역자치 간 또는 기초자치 간 분쟁
내용	권한분쟁	국가기관 간, 국가기관과 자치단체 간, 자치단체 간 분쟁
	이익분쟁	정부 상호 간 추구하는 이익의 차이에서 비롯
	비용분쟁	상호 간 비용분담의 문제로 일어나는 분쟁
유치·기피	유치분쟁	유리한 시설의 입지를 두고 발생, 핌피현상
	기피분쟁	비선호 시설을 기피하는 현상, 님비현상

정답 ①　　정답 ④

17 1207

중앙정부와 지방정부 간 갈등관계에 대한 설명으로 가장 옳지 않은 것은?

2015 서울 7급

① 중앙정부와 지방정부 간 공식적인 갈등조정 기구는 대통령소속의 행정협의조정위원회이다.
② 중앙정부와 지방정부 간 국책사업 갈등에는 지역주민이 갈등의 당사자로 참여하는 경우가 있다.
③ 중앙정부와 지방정부는 사무권한과 관련한 갈등의 경우 헌법재판소에 권한쟁의심판을 청구할 수 있다.
④ 취득세 감면조치는 중앙정부와 지방정부의 갈등요인으로 작용할 수 있다.

출제유형 Ⅱ. 이론·제도 출제영역 중앙정부와 지방정부 간 관계
출제빈도 ★★   난도 중

정답찾기
① 중앙정부와 지방정부 간 공식적인 갈등조정 기구는 <u>국무총리 소속의 행정협의조정위원회</u>이다.

오답피하기
행정협의조정위원회와 분쟁조정위원회

구 분	행정협의조정위원회	분쟁조정위원회
소 속	국무총리 소속	중앙(행정안전부), 지방(시·도지사)
설 치	법률상 필수기관	법률상 필수기관
분 쟁	중앙과 지방 간의 분쟁	지방자치단체 간 분쟁
구속력	구속력 있음, 강제력 없음	구속력 있음
조 정	당사자 신청주의	당사자 신청주의 또는 직권

정답 ①

18 1208

중앙행정기관의 장과 지방자치단체의 장이 사무를 처리할 때 의견을 달리하는 경우 이를 협의·조정하기 위하여 설치하는 기구는?

2014 서울 9급

① 행정협의조정위원회
② 중앙분쟁조정위원회
③ 지방분쟁조정위원회
④ 행정협의회
⑤ 갈등조정협의회

출제유형 Ⅱ. 이론·제도 출제영역 중앙정부와 지방정부 간 관계
출제빈도 ★★   난도 중

정답찾기
① 중앙행정기관의 장과 지방자치단체의 장 간 협의 조정을 위해 <u>국무총리 소속으로 행정협의조정위원회</u>를 두고 있다.

오답피하기
②, ③ 지방자치단체 간의 분쟁을 조정하고자 할 때에는 지방자치단체 중앙분쟁조정위원회 또는 지방자치단체 지방분쟁조정위원회가 설치된다.

행복노트
지방 간 분쟁조정제도

중앙 분쟁조정위원회	• 행정안전부소속 • 광역을 달리하는 자치단체 간 분쟁조정 • 광역과 기초자치 간 분쟁조정
지방 분쟁조정위원회	• 시·도지사 소속 • 동일 광역 내 기초자치단체 간 분쟁조정

정답 ①

제 7 절 광역행정

19 ☐☐☐ 1209
광역행정에 대한 설명으로 옳지 않은 것은? 2019 지방 9급
① 기존의 행정구역을 초월해 더 넓은 지역을 대상으로 행정을 수행한다.
② 행정권과 주민의 생활권을 일치시켜 행정 효율성을 증진시킬 수 있다.
③ 규모의 경제를 확보하기 어렵다.
④ 지방자치단체 간에 균질한 행정서비스를 제공하는 계기로 작용해 왔다.

20 ☐☐☐ 1210
자치단체 상호 간의 적극적 협력을 제고하기 위한 제도적, 비제도적 방식에 해당하지 않는 것은? 2016 서울 9급
① 자치단체조합
② 전략적 협력
③ 분쟁조정위원회
④ 사무위탁

출제유형 Ⅱ. 이론·제도 **출제영역** 광역행정
출제빈도 ★★★ **난도** 중

정답찾기
③ 광역행정은 기존의 자치구역보다 더 넓은 구역을 대상으로 하므로 통일적 행정 처리를 통해 <u>규모의 경제를</u> 실현할 수 있다.

오답피하기
광역행정

의의	둘 이상의 자치단체 구역에 걸쳐서 행정사무를 통일적·종합적·현지성에 맞게 공동처리하여 효율성과 합목적성 높이고자 하는 지방행정의 방식
촉진 요인	─ 생활권역과 행정권역의 일치도모 ─ 산업·경제의 고도성장과 지역개발의 필요성 ─ 행정능력 향상의 필요성 ─ 규모경제의 요청 ─ 행정수준 평준화의 요청
대상 사무	─ 도시간 이해관계 직결된 도시기반 및 공급시설 사무 ─ 여러 자치단체에 걸친 환경에 관한 사무(대기오염 …) ─ 고도의 전문화된 서비스 및 시설(특수병원 …) ─ 상호협력을 요하는 사무(쓰레기 수거 처리 …)
순기능	• 행정권과 생활권을 일치시켜 행정 효율성 증진 • 지역이기주의 극복 • 행정서비스의 균질화 및 평준화 • 규모의 경제 실현 → 효율성↑, 경비절감 • 정치적 책임성의 명확화
역기능	• 지방자치의 위협 • 일상적인 행정수요의 경시 • 지방행정의 관료적 지배 현상 초래 • 행정서비스의 비용과 편익 분리

정답 ③

출제유형 Ⅱ. 이론·제도 **출제영역** 광역행정
출제빈도 ★★ **난도** 중

정답찾기
③ 적극적 협력이란 자발적이고 사전적, 수평적, 능동적인 협력을 뜻하고 소극적 협력이란 분쟁을 해결하기 위한 수동적, 수직적, 타율적, 하향적 협력을 의미한다. <u>분쟁조정위원회는 지방자치단체 간의 분쟁의 조정과 협의사항의 조정에 필요한 사항을 심의·의결하기 위한 제도적 방식이자 소극적인 방식이다.</u>

오답피하기
① 자치단체조합은 적극적 협력방식이다.
② 전략적 협력은 적극적 협력방식이다.
④ 사무위탁은 적극적 협력방식이다.

정답 ③

21

특별지방자치단체에 대한 설명으로 옳지 않은 것은? 2022 국가 9급

① 2개 이상의 지방자치단체가 공동으로 특정한 목적을 위하여 광역적으로 사무를 처리할 필요가 있을 때에는 특별지방자치단체를 설치할 수 있다.
② 보통의 지방자치단체와 같이 법인격을 갖는다.
③ 특별지방자치단체의 의회는 규약으로 정하는 바에 따라 구성 지방자치단체의 의회 의원으로 구성한다.
④ 구성 지방자치단체의 장은 「지방자치법」 상 겸임 제한 규정에 의해 특별지방자치단체의 장을 겸할 수 없다.

출제유형 Ⅲ. 법령문제 **출제영역** 특별지방자치단체
출제빈도 ★★ **정답률** 62% **난도** 상

정답찾기
④ 구성 지방자치단체의 장은 「지방자치법」상 겸임 제한 규정에도 불구하고 특별지방자치단체의 장을 겸할 수 있다.

┌ 관련조문 ┐
「지방자치법」 제205조 【집행기관의 조직 등】
② 구성 지방자치단체의 장은 제109조에도 불구하고 특별지방자치단체의 장을 겸할 수 있다.

오답피하기
┌ 관련조문 ┐
「지방자치법」 제199조 【설치】
① 2개 이상의 지방자치단체가 공동으로 특정한 목적을 위하여 광역적으로 사무를 처리할 필요가 있을 때에는 특별지방자치단체를 설치할 수 있다. 이 경우 특별지방자치단체를 구성하는 지방자치단체(이하 '구성 지방자치단체'라 한다)는 상호협의에 따른 규약을 정하여 구성 지방자치단체의 지방의회 의결을 거쳐 행정안전부장관의 승인을 받아야 한다.
③ 특별지방자치단체는 법인으로 한다.
「지방자치법」 제204조 【의회의 조직 등】
① 특별지방자치단체의 의회는 규약으로 정하는 바에 따라 구성 지방자치단체의 의회의원으로 구성한다.

정답 ④

22

「지방자치법」상 지방자치단체조합에 대한 설명으로 옳지 않은 것은? 2021 지방 7급

① 2개 이상의 지방자치단체가 하나 또는 둘 이상의 사무를 공동으로 처리할 필요가 있을 때에 소정의 절차를 거쳐 설립할 수 있는 법인이다.
② 설립뿐 아니라 규약변경이나 해산의 경우에도 지방의회의 의결을 거쳐야 한다.
③ 해산한 경우에 그 재산의 처분은 행정안전부장관의 승인을 받아야 한다.
④ 구성원인 시·군 및 자치구가 2개 이상의 시·도에 걸치는 지방자치단체조합은 행정안전부장관의 지도·감독을 받는다.

출제유형 Ⅱ. 이론·제도 **출제영역** 지방자치단체조합
출제빈도 ★★ **난도** 상

정답찾기
③ 지방자치단체조합을 해산한 경우에 그 재산의 처분은 관계지방자치단체의 협의에 따른다.

오답피하기
┌ 관련조문 ┐
「지방자치법」 제176조 【지방자치단체조합의 설립】 ① 2개 이상의 지방자치단체가 하나 또는 둘 이상의 사무를 공동으로 처리할 필요가 있을 때에는 규약을 정하여 지방의회의 의결을 거쳐 시·도는 행정안전부장관의 승인, 시·군 및 자치구는 시·도지사의 승인을 받아 지방자치단체조합을 설립할 수 있다. 다만, 지방자치단체조합의 구성원인 시·군 및 자치구가 2개 이상의 시·도에 걸쳐 있는 지방자치단체조합은 행정안전부장관의 승인을 받아야 한다.
「지방자치법」 제181조 【지방자치단체조합의 규약 변경 및 해산】 ① 지방자치단체조합의 규약을 변경하거나 지방자치단체조합을 해산하려는 경우에는 제176조제1항을 준용한다.
② 지방자치단체조합을 해산한 경우에 그 재산의 처분은 관계 지방자치단체의 협의에 따른다.
「지방자치법」 제180조 【지방자치단체조합의 지도·감독】 ① 시·도가 구성원인 지방자치단체조합은 행정안전부장관, 시·군 및 자치구가 구성원인 지방자치단체조합은 1차로 시·도지사, 2차로 행정안전부장관의 지도·감독을 받는다. 다만, 지방자치단체조합의 구성원인 시·군 및 자치구가 2개 이상의 시·도에 걸쳐 있는 지방자치단체조합은 행정안전부장관의 지도·감독을 받는다.

정답 ③

CHAPTER 06 기출 OX

1. 라이트(Wright)는 정부 간 관계를 포괄형, 분리형, 중첩형의 세 유형으로 나누고, 각 유형별로 지방정부의 사무내용, 중앙·지방 간 재정관계와 인사관계의 차이가 있음을 밝히고 있다. 2016 지방 9급

2. 영국의 경우 개별적으로 수권받은 사무에 대해서는 지방자치단체가 자치권을 보유하지만, 그 범위를 벗어나는 행위는 금지된다. 2018 국가 7급

3. 미국 건국초기에는 연방의 권한이 상대적으로 강했으며, 연방과 주의 권한을 명확히 구분하지 않았다. 2018 국가 7급

4. 성장기구론에서 성장연합은 비성장연합에 비해 부동산의 사용가치(Use Value), 즉 일상적 사용으로부터 오는 편익을 중시한다. 2021 국가 7급

5. 주무부장관은 서울장이 국가위임사무에 대한 이행명령을 이행하지 아니하면 서울의 비용부담으로 대집행하거나 행정상·재정상 필요한 조치를 할 수 없다. 2018년 서울 1회 7급

6. 특별지방행정기관은 국가의 사무를 집행하기 위해 설치한 일선집행기관으로 고유의 법인격을 가지고 있다. 2019 국가 7급

7. 특별지방행정기관은 주민들의 직접 통제와 참여가 용이하다. 2017 지방 9급 추가

8. 특별지방행정기관의 예로 교도소, 세관, 우체국 등을 들 수 있다. 2017 지방 9급 추가

9. 중앙정부와 지방정부 간 갈등을 해결하기 위하여 설치된 행정협의조정위원회의 결정은 강제력을 지닌다. 2015 지방 9급

10. 광역행정은 기존의 행정구역을 초월해 더 넓은 지역을 대상으로 행정을 수행한다. 2019 지방 9급

11. 광역행정은 규모의 경제를 확보하기 어렵다. 2019 지방 9급

12. 광역행정은 행정권과 주민의 생활권의 불일치시켜 행정 효율성을 저하시킬 수 있다. 2019 지방 9급

13. 「지방자치법」상 지방자치단체조합은 2개 이상의 지방자치단체가 하나 또는 둘 이상의 사무를 공동으로 처리할 필요가 있을 때에 소정의 절차를 거쳐 설립할 수 있는 법인이다. 2021 지방 7급

---

1. 라이트(Wright)는 정부 간 관계를 포괄형, 분리형, 중첩형의 세 유형으로 나누고, 각 유형별로 지방정부의 사무내용, 중앙·지방 간 재정관계와 인사관계의 차이가 있음을 밝히고 있다. **O**

2. 영국의 경우 개별적으로 수권받은 사무에 대해서는 지방자치단체가 자치권을 보유하지만, 그 범위를 벗어나는 행위는 금지된다. **O**

3. 미국 건국초기에는 연방의 권한이 상대적으로 제한되어 있었으며, 연방정부와 주정부의 권한이 명확히 구분하였다. **X**

4. 성장기구론에서 비성장연합은 성장연합에 비해 부동산의 사용가치(Use Value), 즉 일상적 사용으로부터 오는 편익을 중시한다. **X**

5. 주무부장관은 서울장이 국가위임사무에 대한 이행명령을 이행하지 아니하면 서울의 비용부담으로 대집행하거나 행정상·재정상 필요한 조치를 할 수 있다. **X**

6. 특별지방행정기관은 국가의 사무를 집행하기 위해 설치한 일선집행기관으로 고유의 법인격을 가지고 있지 않다. **X**

7. 특별지방행정기관은 주민들의 직접 통제와 참여가 용이하지 않다. **X**

8. 특별지방행정기관의 예로 교도소, 세관, 우체국 등을 들 수 있다. **O**

9. 중앙정부와 지방정부 간 갈등을 해결하기 위하여 설치된 행정협의조정위원회의 결정은 강제력을 지니지 않는다. **X**

10. 광역행정은 기존의 행정구역을 초월해 더 넓은 지역을 대상으로 행정을 수행한다. **O**

11. 광역행정은 규모의 경제를 확보하기 용이하다. **X**

12. 광역행정은 행정권과 주민의 생활권을 일치시켜 행정 효율성을 증진시킬 수 있다. **X**

13. 「지방자치법」상 지방자치단체조합은 2개 이상의 지방자치단체가 하나 또는 둘 이상의 사무를 공동으로 처리할 필요가 있을 때에 소정의 절차를 거쳐 설립할 수 있는 법인이다. **O**

CHAPTER 06 키워드

1. 라이트모형 중 분리형에서는 정부의 권위가 독립적인 데 비하여 _____ 에서는 계층적이다. 〈2016 지방 9급〉 — **포괄형**

2. 라이트(Deil Wright)의 정부 간 관계모형 중 _____ 은 미국의 연방정부, 주정부, 지방정부가 경쟁과 협력의 관계를 맺는다. 〈2014 서울 7급〉 — **중첩권위형**

3. 지역사회 권력구조에 관한 이론 중 _____ 이론은 기업을 비롯한 민간부문 주요 주체들과의 연합이나 연대하는 특성을 갖는다. 〈2020 국가 7급〉 — **레짐**

4. 지역사회 권력구조에 관한 이론 중 _____ 에서 비성장연합은 성장연합에 비해 부동산의 사용가치(Use Value), 즉 일상적 사용으로부터 오는 편익을 중시한다. 〈2020 국가 7급〉 — **성장기구론**

5. 「지방자치법」상 지방자치단체의 사무에 관한 그 장의 명령이나 처분이 법령에 위반되거나 현저히 부당하여 공익을 해친다고 인정되면 시·도에 대하여는 주무부 장관이, 시·군 및 자치구에 대하여는 시·도지사가 기간을 정하여 서면으로 시정할 것을 명하고, 그 기간에 이행하지 아니하면 이를 취소하거나 정지할 수 있다. 이 경우 _____ 에 관한 명령이나 처분에 대하여는 법령을 위반하는 것에 한한다. 〈2014 지방 9급〉 — **자치사무**

6. 서울장이 국가위임사무의 관리와 집행을 명백히 게을리하고 있다고 인정되면 _____ 이 기간을 정하여 서면으로 이행할 사항을 명령할 수 있다. 〈2018 서울 1회 7급〉 — **주무부장관**

7. 우리나라 지방자치단체 시·도지사가 국가위임사무에 대한 이행명령을 서면 고지한 기간 안에 이행하지 아니하면 주무부장관이 그 지방자치단체의 비용부담으로 _____ 할 수 있다. 〈2015 서울 7급〉 — **대집행**

8. 우리나라 지방자치단체의 자치사무라고 하더라도 법령을 위반한다고 인정되면 _____ 이 회계를 감사할 수 있다. 〈2015 서울 7급〉 — **행정안전부장관**

9. 특별지방행정기관은 관할지역 주민들의 직접적인 통제와 참여가 원활하지 않으므로 _____ 행정을 실현하기 곤란하다. 〈2015 국가 9급〉 — **책임**

10. 중앙정부와 지방정부 간 공식적인 갈등조정 기구는 국무총리 소속의 _____ 이다. 〈2015 서울 7급〉 — **행정협의조정위원회**

11. _____ 이란 둘 이상의 지방자치단체 관할구역에 걸쳐서 공동적 또는 통일적으로 수행되는 행정을 말한다. 〈2010 지방 9급〉 — **광역행정**

12. 2개 이상의 지방자치단체가 공동으로 특정한 목적을 위하여 광역적으로 사무를 처리할 필요가 있을 때에는 _____ 를 설치할 수 있다. 〈2022 국가 9급〉 — **특별지방자치단체**

Memo

Memo

Memo

Memo

김규대 교수

연세대학교 사회학과 졸업
연세대학교 행정대학원 석사 졸업

주요약력
現 박문각 행정학 대표강사
前 공단기 행정학 대표강사
　 군단기 행정학 대표강사
　 에듀윌 행정학 대표강사

주요저서
- 김규대 행정학 기본서
- 김규대 행정학 정복노트
- 김규대 행정학 단원별 기출문제집
- 김규대 행정학 기출 진도별 모의고사
- 김규대 미러링 모의고사

- 온라인 강의 www.pmg.co.kr
- 오프라인 강의 박문각공무원학원
- 온라인 카페 https://cafe.naver.com/orangezs8de

2권

김규대 행정학
단원별 기출문제집
1200제

발행일	2025년 9월 8일
집필	김규대, 김규대행정학연구실
발행처	(주)K&P Traders
E-mail	kptraders@naver.com
ISBN	979-11-93503-16-4

본 교재에 대한 저작권은 (주)K&P Traders에 있습니다.
(주)K&P Traders의 동의 없이 본 교재를 복사·변형하여 판매·배포·전송하는 일체의 행위를 금합니다.